EDITOR GENERAL
CHRIS FUJIWARA

momentos clave

100 AÑOS DE CINE

ACTORES, ACTRICES, PELÍCULAS, ESCENAS, DIÁLOGOS Y ACONTECIMIENTOS QUE HAN MARCADO EL PANORAMA DEL CINE

BLUME

BLUME

Título original:
Movies. The Little Black Book

Traducción:
Laura Molina García

Revisión técnica de la edición en lengua española:
Llorens Esteve
Historiador de cine

Coordinación de la edición en lengua española:
Cristina Rodríguez Fischer

Primera edición en lengua española 2009

Av. Mare de Déu de Lorda, 20
08034 Barcelona
Tel. 93 205 40 00 Fax 93 205 14 41
e-mail: info@blume.net

I.S.B.N.: 978-84-8076-845-0

Impreso en China

WWW.BLUME.NET

momentos clave

100 AÑOS DE CINE

CONTENIDO

COLABORADORES

Geoff Andrew es jefe del programa de cine del National Film Theatre de Londres y colabora como redactor en la revista *Time Out London*. Ha escrito un buen número de libros sobre cine, entre los que se incluyen estudios sobre Nicholas Ray, sobre los directores de cine independiente estadounidense de las décadas de 1980 y 1990, así como monografías sobre *10* de Abbas Kiarostami o sobre la trilogía de los Tres Colores de Kieslowski. En 2007 dio una conferencia sobre Velázquez y el cine en la National Gallery de Londres.

Sonia Benjamin está cursando un doctorado sobre cine y medios de comunicación en la Escuela de Estudios Orientales y Africanos de Londres (SOAS, por sus siglas en inglés). Su tesis, *El cine de las pequeñas cosas: el cine en malabar en una India globalizada*, analiza la lucha que, durante la última década, ha llevado a cabo el cine en malabar, el idioma del estado de Kerala, por encontrar una nueva identidad.

Paolo Bertolin es un crítico de cine y periodista italiano que colabora regularmente con *Il Manifesto* y *Cineforum*. Ha escrito también para *The Korea Times*, *Senses of Cinema*, *Cinemaya*, *Ekran* y Koreanfilm.org.

Fred Camper lleva mucho tiempo escribiendo y dando conferencias sobre cine y arte. Vive en Chicago y ha escrito sobre el séptimo arte para *Film Culture*, *Artforum*, *Chicago Reader* y muchas otras publicaciones. Ha impartido clases en varias escuelas y universidades, y es también pintor. Su página web es http://www.fredcamper.com.

Tim Cavanaugh es en la actualidad redactor de *Los Angeles Times*. Fue redactor y reportero de *Reason* y Suck.com y ha escrito para *Washington Post*, *Boston Globe*, *San Francisco Chronicle*, *Beirut Daily Star*, *Wired*, *Newsday*, *Salon* y muchas otras publicaciones.

Paolo Cherchi Usai, restaurador cinematográfico, crítico y escritor, es además director del National Film and Sound Archive of Australia (Archivo Sonoro y Cinematográfico de Australia), así como cofundador del Festival de Cine Mudo de Pordenone y de la escuela de restauración y conservación cinematográfica L. Jeffrey Selznick School of Film Preservation, situada en Nueva York. Ha escrito, entre otros, *Silent Cinema: An Introduction* y *La muerte del cine*. Es autor de la película muda *Passio*, una reflexión visual sobre los retos y las limitaciones de la conservación cinematográfica.

Antoine Coppola es escritor, profesor, director y crítico de cine, así como asesor de diversos festivales cinematográficos. Entre sus libros se incluyen *Asian Cinema*, *Le Cinéma de Guy Debord*, *Image and Power* o *South Korean Cinema*. Ha dirigido varios documentales y películas, como *Cruel Tales of De Sade* y *The Communards*.

Jean-Pierre Coursodon nació en París en 1935, pero vive en Estados Unidos desde 1965. Es autor o coautor de una docena de libros sobre el cine estadounidense, entre ellos: *Buster Keaton*, *American Directors*, *50 Años de cine norteamericano* (escrito conjuntamente con Bertrand Tavernier). También ha traducido al francés las biografías de varios directores estadounidenses, así como los dos volúmenes de la autobiografía de Michael Powell.

Mark Cousins es realizador y director de festivales de cine. Su último libro, *Historia del cine*, se ha traducido a diez idiomas, incluido el mandarín. Ha rodado un documental con Abbas Kiarostami. Su último festival, Cinema China, que revisaba ocho décadas de la historia del cine chino, se ha celebrado en veinte ciudades del Reino Unido.

Nick Deocampo es un prestigioso director y autor filipino. Ha escrito varios ensayos y libros sobre el cine filipino y asiático. Entre sus últimas obras publicadas se encuentran *Cine: Spanish Influences on Early Cinema in the Philippines* y *Lost Films of Asia*.

Rashmi Doraiswamy es profesora de la Academy of Third World Studies (Academia de Estudios sobre el Tercer Mundo) de la Universidad de Jamia Millia Islamia, de Nueva Delhi. Escribe y da conferencias sobre cine, literatura y cultura. En 1995, ganó el National Award for Best Film Critic (Premio Nacional al mejor crítico de cine).

Rachel Dwyer, profesora adjunta de Estudios Indios y Cine en SOAS, Universidad de Londres. Ha escrito, entre otros, *Yash Chopra*, *Cinema India* (con Divia Patel), *100 Bollywood Films* y *Filming the Gods*.

David Ehrenstein lleva más de cuarenta años escribiendo sobre cine y arte. Sus trabajos se han publicado en *Film Culture*, *Film Quaterly*, *Film Comment*, *Cahiers du Cinema*, *Positif* y *Sight & Sound*. Entre sus libros destacan *The Scorsese Picture* y *Open Secret: Gay Hollywood 1928-2000*.

Jean-Michel Frodon es el director de redacción de *Cahiers du Cinema* y ha escrito varios libros sobre cine.

Chris Fujiwara es autor de *Jacques Tourneur: The Cinema of Nightfall* y redactor de la revista *Undercurrent* (http:// www.fipresci.org/undercurrent). Ha escrito sobre cine para numerosos periódicos, revistas y antologías. Muy pronto Faber & Faber va a publicar su libro sobre Otto Preminger. Su página web es http://www.insanemute.com.

Meenu Gaur está cursando el doctorado en el Centro de Cine y Medios de Comunicación, SOAS, Universidad de Londres. Es también directora independiente de documentales y cofundadora de Sacred Media Cow, un colectivo de investigación independiente con sede en la SOAS (http://www.sacredmediacow.com).

Aaron Gerow es profesor adjunto de cine japonés en la Universidad de Yale. Ha publicado numerosos artículos en diferentes idiomas sobre el cine japonés y la cultura popular. Está preparando un libro sobre la película *Una página de locura* y el cine mudo japonés. Recientemente ha publicado un libro sobre Takeshi Kitano.

Violet Glaze enseña historia del cine en el Institute College of Art de Maryland y colabora asiduamente con varias publicaciones y revistas *on-line*. Sus tres películas preferidas de todos los tiempos son *Taxi Driver*, *El moderno Sherlock Holmes* y *El imperio contraataca*. Puede encontrar su trabajo en http://www.violetglaze.com.

Joshua Glenn es un escritor, redactor y erudito de Boston. Fue redactor y editor de Hermenaut, así como redactor adjunto de la sección «Ideas» del *Boston Globe*.

Barry Keith Grant, profesor de Cine y Cultura Popular de la Universidad de Brock de Ontario, Canadá. Ha escrito numerosos libros, de entre los que el más reciente es *Film Genre: Iconography and Ideology*. Edita libros sobre cine para las editoriales Wayne State University Press y Blackwell Publishing, y ha sido redactor jefe de la *Schirmer Encyclopedia of Film*.

A. S. Hamrah es escritor y trabaja en el análisis semiótico de las marcas. Vive en Brooklyn, Nueva York.

James Harvey es autor de *Romantic Comedy in Hollywood: from Lubitsch* *to Sturges* y *Movie Love in the Fifties*, ambas publicadas por Knopf y ahora disponibles también en edición rústica en Da Capo Press. Ha escrito para numerosas publicaciones, como *New York Review of Books* o *Film Comment*. En la actualidad está trabajando en un libro sobre la presencia de las estrellas que publicará Faber & Faber.

Bruce Hodson trabaja en la actualidad en la State Library of Queensland, pero lleva más de treinta años dedicado a labores de programación y conservación cinematográfica.

Christoph Huber es crítico de música y cine para el diario austríaco *Die Presse*; también es redactor de la revista *Cinema Scope* y escribe las notas de la programación del Museo de Cine de Austria. Además, ha colaborado en varios libros y en numerosas publicaciones sobre cine.

Dina Iordanova es catedrática de estudios de cine y directora del Centro de Estudios Cinematográficos de la Universidad de St. Andrews. Experta en el cine de Europa del Este y de los Balcanes, ha publicado también numerosos trabajos sobre el arte y la industria cinematográfica internacional, así como sobre festivales de cine.

Robert Keser enseña cine en la National-Louis University de Chicago. Es redactor adjunto de *Bright Lights Film Journal* y escribe de manera regular para *Senses of Cinema* y *Slant*.

Stuart Klawans es el crítico de cine de *Nation* desde 1988. Es el autor de *Film Follies: The Cinema Out of Order* y de *Left in the Dark: Film Reviews and Essays, 1988-2001*.

Frank Lafond es profesor de estudios de cine en la Faculté Libre des Lettres et Sciences Humaines de Lille, Francia. Ha escrito sobre cine para diversas publicaciones. Su libro más reciente es *Jacques Tourneur, les figures de la peur*.

Dennis Lim es director editorial del Museo de la Imagen en Movimiento y redactor jefe de la página web del museo, Moving Image Source. Escribe para *The New York Times*, *Los Angeles Times* y *Cinema Scope*. Fue el redactor de cine de *The Village Voice* y en la actualidad lo es de *The Village Voice Film Guide*. Está preparando una biografía de David Lynch.

Blake Lucas es un escritor y crítico de cine afincado en Los Ángeles. Algunos de sus trabajos sobre cine pueden encontrarse en las antologías *The Western Reader*, *The Film Comedy Reader* y *The Science Fiction Film Reader*, así como en el periódico *on-line The Film Journal*. Ha escrito, además, más de un centenar de ensayos sobre películas, cineastas, historia del cine y teoría del cine, recogidos en *Magill's Survey of Cinema* y en *Magill's Cinema Annuals*. Su correo electrónico es lukethedealer@juno.com.

Miguel Marías, nacido en Madrid en 1947. Es economista pero lleva escribiendo sobre cine desde 1966. Fue director de la Filmoteca Española entre 1986 y 1988 y ha escrito sobre Manuel Mur Oti y Leo McCarey.

Steven Marsh enseña cine, español y literatura comparada en la Universidad de Carolina del Sur. Escribió *Popular Spanish Film Under Franco: Comedy and the Weakening of the State* y es uno de los autores del volumen *Cinema and the Mediation of Everyday Life: An Oral History of Cinema Going in 1940s and 1950s Spain*. Es, además, coeditor de la antología *Gender and Spanish Cinema*.

Adrian Martin es profesor de Televisión y Cinematografía en la Monash University de Melbourne. Es autor de libros como *Once Upon a Time in America* y *The Mad Max Movies* y coeditor de *Movie Mutations* y de la revista de cine *Rouge* (http://www.rouge.com.au).

Michael T. Martin es director del Black Film Center/Archives y profesor de Estudios de la Diáspora Afroamericana y Africana en la Universidad de Indiana. Es coeditor de *Redress for Historical Injustices in the United States: Slavery, Jim Crow, and Their Legacies*, *Studies of Development and Change in the Modern World*, *Cinemas of the Black Diaspora* y de *New Latin American Cinema*. Asimismo, dirigió un laureado documental sobre Nicaragua titulado *In the Absence of Peace*.

Travis Miles, escritor semiprofesional, programador de cine y conferenciante, vive de las películas que ve y de las personas con las que las ve. En la actualidad languidece en Los Ángeles.

Gino Moliterno es profesor de Estudios Cinematográficos en la Universidad Nacional Australiana.

Hassan Abd. Muthalib es un director de cine y animador autodidacta, además de escritor. Sus textos sobre cine y animación aparecen en publicaciones nacionales e internacionales. En la actualidad investiga los primeros años del cine de Malasia.

Kim Newman es un prestigioso novelista, crítico y locutor. Entre sus obras de no ficción se incluyen títulos como *Nightmare Movies*, *Ghastly Beyond Belief* (escrita junto a Neil Gaiman), *Horror: 100 Best Books* (junto a Stephen Jones), *The BFI Companion to Horror*, *Millennium Movies*, *Cat People* y *Doctor Who*. También ha escrito numerosos libros de ficción. Colabora como redactor en las revistas *Sight & Sound* y *Empire*. Su página web oficial, Dr. Shade's Laboratory, puede encontrarse en http://www.johnnyalucard.com.

Geoffrey O'Brien es director de la editorial Library of America. Sus libros más recientes son *Sonata for Jukebox: An Autobiography of My Ears* y *Red Sky Café*.

Darcy Paquet, fundador de Koreanfilm.org, trabaja también como corresponsal en Corea de la revista *Variety*. Vive en Seul desde 1997.

James Parker Colaboró como redactor en *Idler* y *Hermenaut*. Es autor de *Turned On*, biografía no autorizada de Henry Rollins. En la actualidad, escribe una columna de cultura pop para la sección «Ideas» del *Boston Globe* y una sobre televisión en el *Boston Phoenix*.

Fernando Martín Peña, archivista e historiador cinematográfico, es, desde 2005, el director artístico del Festival Internacional de Cine Independiente de Buenos Aires y ha escrito varios libros sobre cine.

Andrew Pike es un historiador de cine y director de documentales australiano. Es uno de los dos autores del libro *Australian Film 1900 to 1977*, una obra de referencia sobre la historia del cine australiano. En la actualidad es presidente de Friends of the National Film y del Sound Archive.

Jerry Pinto es poeta, periodista y autor de antologías. Vive en Bombay y escribe, entre otras cosas, sobre cine popular hindi. Es autor de *Helen: The Life and Times of an H-Bomb*.

Dane Polan es profesor de cine en la Universidad de Nueva York. Su libro más reciente es *Scenes of Instruction: The Beginnings of the U. S. Study of Film*. En la actualidad trabaja en una monografía sobre el programa de televisión de Julia Child, *The French Chef*.

Murray Pomerance, profesor del Departamento de Sociología en la Universidad de Ryerson, es autor de *Johnny Depp Starts Here*, *An Eye for Hitchcock*, *Magia D'Amore* y *Savage Time*. Ha sido el editor de numerosas antologías, entre las que se incluyen *City That Never Sleeps: New York and the Filmic Imagination* y *American Cinema of the 1950s: Themes and Variations*. Es el editor de la serie Horizons of Cinema, de SUNY Press, y coeditor de las series Screen Decades y Star Decades, de Rutgers University Press.

Richard Porton es redactor de *Cineaste* y autor de *Film and the Anarchist Imagination*.

Nandini Ramat es una periodista afincada en Bombay especializada en cine.

Maithli Rao, escritora y crítica de cine con residencia en Bombay, ha colaborado con los periódicos y revistas indios más importantes, como *Hindu*, *Frontline*, *Man's World*, *Outlook*, *Screen*, *Times of India* y *South Asian Cinema*, así como en *Film Comment*, *Internacional Film Guide* y en publicaciones de diversos festivales.

Bérénice Reynaud, profesora de la Escuela de Cine y Vídeo y de la Escuela de Estudios Críticos de CalArts, ha escrito sobre cine para numerosas publicaciones y ha sido comisaria de un gran número de exposiciones y retrospectivas de cine y vídeo. Además, es autora de *Nouvelles Chines, nouveaux cinemas* (*Cahiers du cinéma*) y *Hou Hsiao-hsien's: A City of Sadness*. En la actualidad está trabajando en un libro sobre política sexual en el cine chino de artes marciales.

Gregg Rickman es editor de *The Science Fiction Film Reader* y *The Comedy Film Reader* y coeditor, junto a Jim Kitses, de *The Western Reader*. Vive en Berkeley, California, con su esposa y su gato.

Jonathan Rosenbaum es crítico de cine del *Chicago Reader*. Entre sus libros se incluyen *Discovering Orson Welles*, *Essential Cinema*, *Movie Mutations* (editado con Adrian Martin), *Abbas Kiarostami* (junto a Mehrnaz Saeed-Vafa), *Dead*, *Las guerras del cine*, *Movies as Politics*, *Greed*, *Placing Movies*, *Film: The Front Line 1983*, *Midnight* (con J. Hoberman) y *Moving Places*.

Dan Sallitt, cineasta y escritor de cine afincado en Nueva York, fue crítico de cine de *Los Angeles Reader*. Sus trabajos han aparecido en *Chicago Reader*, *Slate*, *Wide Angle*, *Senses of Cinema*, *Nashville Scene*, *Minneapolis City Pages* y otras publicaciones. Entre sus películas destacan *Honeymoon* (1998) y *All the Ships at Sea* (2004).

Matt Zoller Seitz es crítico de cine del *New York Times* y editor de *The House Next Door*, página web sobre crítica de cine y televisión. Antiguo crítico cinematográfico de *New York Press*, ha escrito para otras muchas publicaciones. En la actualidad está terminando un guión basado en una escabrosa novela de misterio de serie B; también está escribiendo un libro de crítica sobre las películas de Wes Anderson y dirigiendo una historia épica de ciencia ficción protagonizada por marionetas y muñecos de peluche que ha escrito junto a su hija de nueve años, Hannah.

Michael Sicinski, colaborador habitual de *Cineaste* y *Cinema Scope*, dirige además *The Academic Hack*, una página web de reseñas cinematográficas.

David Sterritt, presidente de la National Society of Film Critics, antiguo presidente del Círculo de Críticos Cinematográficos de Nueva York y del Seminario de Cine e Interpretación Interdisciplinar de la Universidad de Columbia; es, además, profesor emérito de teatro y cine en la Universidad de Long Island. Sus escritos han aparecido en *Cahiers du cinéma*, *New York Times* y en muchas otras publicaciones. Fue crítico de cine de *Christian Science Monitor* durante más de 35 años. Su último libro es *Guiltless Pleasures: A David Sterritt Film Reader*.

Brad Stevens es el autor de *Monte Hellman: His Life and His Films* y *Abel Ferrara: The Moral Vision*. Ha colaborado con *Sight & Sound*, *Cineaction*, *Film International*, *Traffic*, *The Dark Side* y *Video Watchdog*, así como con las páginas web *Senses of Cinema* y *Screening the Past*. Vive en el Reino Unido.

David Stratton fue director del Festival de Cine de Sídney desde 1966 a 1983, así como crítico de cine para la revista *Variety* entre 1984 y 2003. Desde 1990, es crítico en *The Australian*. Es presentador del programa de televisión de la BBC *At the Movies* y profesor de Historia del Cine del Continuing Education Programme de la Universidad de Sídney. Es, además, autor de *The Last New Wave: The Australian Film Revival* y *The Avocado Plantation: Boom and Bust in the Australian Film Industry*.

Aruna Vasudev es la editora fundadora de *Osian's-Cinemaya*, *The Asian Film Quaterly*, *Osian's-Cinefan* y del Festival de Cine Asiático, así como presidenta de NETPAC (Red para la Promoción del Cine Asiático). Autora y crítica cinematográfica, es además doctora en cinematografía por la Universidad de París.

Noel Vera trabaja como crítico de cine para el semanal de Manila *Businessworld* y es corresponsal de la revista *BigO Magazine* de Singapur y de *Cinemaya*. Su libro *Critic After Dark: A Review of Philippine Cinema* puede encontrarse en BigO Books, Singapur (http://www.bigozine2.com/theshop/books/NVcritic.html).

Valentina Vitali enseña teoría comparada del cine en el Centre for Media Research de la Universidad del Ulster, donde se doctoró con una tesis sobre modernización cultural y cine hindi. Es coeditora, junto a Paul Willemen, de *Theorising National Cinema*. Ha publicado en, *boundary 2*, *Inter-Asia Cultural Studies*, *Kinema*, *Framework*, *Women: a Cultural Review* y *Journal of Asian Studies*, así como en *Hong Kong Connections: Transnational Imagination in Action Cinema*.

Al Weisel, coautor de *Live Fast, Die Young: The Wild Ride of Making a Rebel Without a Cause*, ha escrito para publicaciones como *Rolling Stone, Spin, Tracks, George, Travel & Leisure, Out, Washington Post, Time Out New York, The Bulletin (Australia)*, *New York Newsday* y *US Magazine*, donde además colaboró como editor. Vive en Nueva York.

Pág. siguiente
Campanadas a medianoche.

INTRODUCCIÓN

Un libro que rinde homenaje a 1.000 momentos decisivos del cine exige dos notas introductorias. La primera es un descargo de responsabilidad que puede saldarse con rapidez. Este libro no pretende de ningún modo representar los momentos «más grandes» o «más importantes» del cine, como si acaso existiese una manera objetiva de determinar tal cosa. Lo que pretende es destacar escenas de películas o acontecimientos de la historia del cine que los diferentes colaboradores de este libro (entre los que hay críticos cinematográficos, historiadores de cine, escritores de otros campos y académicos) consideran esenciales, esclarecedores o significativos.

La segunda nota es, en realidad, un conjunto de preguntas que requieren de mayor consideración de la que se le puede dar en esta introducción; de hecho, necesitarían de un libro entero (que por otro lado bien podría ser éste). ¿Qué es un momento? ¿Cómo lo reconocemos y cómo determinamos en qué puntos puede extraerse del conjunto de la película? Una vez extraído, ¿puede representar al total de la película, o se convierte en una minipelícula por sí solo? ¿Hay alguna relación especial entre dicho momento y el cine? ¿Es el cine quizá una tecnología pensada para reunir y preservar momentos?

En cada página de este libro el lector encontrará diferentes criterios para escoger los momentos, así como diferentes razones por las que apreciarlos. Como editor de este libro, he evitado deliberadamente imponer una definición cerrada de lo que es un momento clave y me he limitado a invitar a cada colaborador a aportar lo que considera más valioso del cine. El propósito de tal estrategia no era negar la validez de un enfoque teórico, ni decir que el cine es «más que la suma de sus partes», sino hacer entrar en juego una amplia variedad de perspectivas. Igual que las personas que duermen en los trenes de Tokio en *Sans soleil* sueñan con la «película definitiva» (como escribe Dennis Lim en su artículo sobre la obra maestra de Chris Marker), este libro puede leerse como un sueño colectivo sobre cine.

¿Qué configura un momento? «Una combinación ideal de estilo, historia y sentimiento» (David Sterritt a propósito de *Barry Lindon*). El poder de evocar una emoción aplastante (Fred Camper sobre *Le souleir de satin*) o de representar «la máxima expresión de la alegría en el cine» (Miguel Marías sobre *Cantando bajo la lluvia*). Un fragmento de diálogo evocador (*Casanova* de Federico Fellini). El uso exhaustivo de una localización fetiche, como un aparcamiento (*Diva*). La manera en la que corre alguien (*El último mohicano*). Un momento puede ser genial por una interpretación (la de Agnes Moorehead en *El cuarto mandamiento*, la de Chhabi Biswas en *El salón de música*, la de Isabelle Huppert en *La pianista*), un gesto (*Río Bravo*, *La aventura*, *Siete mujeres*) o un movimiento de cámara (*Dies irae*, *Encadenados*, *Filón de plata*). Puede ser también un discurso o un diálogo clave, empezando por los comentarios de Al Jolson al público en *El cantor de jazz*. Otra categoría es la que incluye algunas de los muchos «personajes clave», que han destacado por sus contribuciones memorables a la historia del cine.

Un momento puede representar todo el cine (Adrian Martin sobre *L'enfant secret*: «Sentimos que nace el cine, incluso que muere»), o jugar con él y descubrir desde una nueva perspectiva sus propiedades materiales (*La flamme*). O puede romper –y por tanto revelar– una convención por un «error» (*Dogtown and Z-Boys*). O puede hacernos cuestionar lo que vemos y oímos (*Primer plano*). El momento puede ser el acontecimiento que supone la posible pérdida de todos los momentos (Paolo Cherchi Usai en «La muerte del cine»). Puede cuestionar el propio cine –como institución y como práctica– y «hacer que el acto de hacer y ver películas parezca vagamente inútil» (Tim Cavanaugh sobre *Fitzcarraldo*), o puede recoger momentos de otras películas para demostrar que «el cine está muerto» (Antoine Coppola sobre *In girum imus nocte consumimur igni*).

Un momento puede ser un plano breve (*La Jetée*) o un elaborado fragmento de una película (*Psicosis*). En su artículo sobre *Corrientes de amor*, Adrian Martin alude a la dificultad de seleccionar un

Pág. anterior *Harold Lloyd*

solo momento de una película en la que «los incidentes se solapan y se desdibujan». He ampliado la definición de *momento* para permitir que se incluyeran películas completas, películas que pueden poner fin al tráfico normal del cine y exigir ser tratadas como momentos aparte. ¿Cómo podría una sola escena representar un filme de quince horas y media de duración (*Berlin Alexanderplatz*)? ¿O incluso uno de cuatro minutos, si resulta que muestra «nada menos que el mundo entero en movimiento», como escribe Christoph Huber con respecto a *37/78 Tree Again*? Éstas y otras películas son momentos por sí solas, y como tales son tratadas aquí.

Hay tantas razones para escoger momentos como maneras de disfrutar de las películas; Gregg Rickmand nos lo recuerda en su artículo sobre Thora Birch en *Ghost World* bailando al ritmo del musical de Bollywood *Gumnaam*. Por cierto, en este libro hay muchos momentos musicales, desde clásicos de Hollywood, como *Vampiresas* o *Melodías de Broadway,* a obras de Rusia, *Al borde del mar azul*; India, *Mahal*; Italia, *Ocho y medio*; Gran Bretaña, *Trainspotting*; Irán, *Offside*; Francia, *Sauvage innocence,* y Malí, *Bamako*. La variedad geográfica de esta lista trae a colación otro aspecto importante por lo que se refiere a este libro: igual que se han representado multitud de puntos de vista sobre el cine, se han incluido también el mayor número posible de regiones cinematográficas, por lo que el lector encontrará que el predominio de Estados Unidos y Europa occidental en estas páginas se ve cada vez más disputado a medida que pasan las décadas.

Es probable que el lector encuentre aquí algunos de sus momentos clave e inevitablemente eche de menos otros. Si bien es cierto que se han incluido escenas que difícilmente podrían haberse dejado fuera, como King Kong en el Empire State o Janet Leigh en la ducha, otras escenas famosas han quedado al margen en favor de otras menos conocidas. Aparte de unas cuantas excepciones en las que una película está representada tanto por una escena como por un acontecimiento histórico, me he ajustado a la norma de un artículo por película. A algunos les sorprenderá la ausencia de la escena de la avioneta de *Con la muerte en los talones*, pero está la magnífica secuencia de la subasta (igual que el intento de Vincent Gallo en *El sueño de Arizona* de recrear ese momento emblemático del clásico de Hitchcock).

Algunos de los momentos cinematográficos más memorables son finales de películas. Siempre que un artículo puede desvelar tanto de la película o de su trama como para poner en peligro el disfrute de un espectador que aún no la haya visto, lo hemos marcado con la palabra inglesa *spoiler*.

Cuando pedí sugerencias para elaborar la lista de los 1.000 artículos, hubo muchas escenas que aparecieron una y otra vez en las propuestas de los diferentes escritores: la última secuencia de *El eclipse*, la cámara que se cuela por la ventana de una habitación de hotel en *El reportero*, la interpretación de Mr. Sophistication de «I Can't Give You Anything but Love» en *El asesinato de un corredor de apuestas chino*, la secuencia del funeral de *Vampyr* (*La bruja vampiro*), la primera aparición de Buddy Love en *El profesor chiflado*. Fue una grata sorpresa que hubiera referencias cruzadas entre varios artículos de escritores distintos. Miguel Marías compara una escena de *El sol del membrillo* con otra en la que James Stewart y Richard Widmark hablan junto al río en *Dos cabalgan juntos*, secuencia que es objeto de un artículo de Geoffrey O'Brien. Hay artículos sobre el asesinato de Pier Paolo Pasolini y sobre la escena de *Caro Diario* en la que Nanni Moretti visita el sitio en el que tuvo lugar dicho asesinato, sobre la secuencia de la escalinata de Odessa de Eisenstein y sobre el homenaje que le brindó Brian de Palma en *Los intocables de Eliot Ness*. Varios escritores han expresado de manera independiente la opinión de que todo lo que merece la pena hacer en cine puede hacerse sin necesidad de imágenes generadas por ordenador, una opinión sobre la que hay al menos una escritora (Violet Glaze en su artículo sobre *Matrix*) que discrepa.

Para ser un compendio de 1.000 artículos breves escritos por 62 personas de profesiones, nacionalidades e intereses distintos, a los que se les dio completa libertad (excepto en cuestiones de límites de espacio) respecto a qué escribir y cómo hacerlo, creo que este libro muestra tantas continuidades como discontinuidades. Se trata, en definitiva, de un entramado de visiones y pensamientos, una antología de pasiones cinéfilas, una enciclopedia informal de acontecimientos cinematográficos. Espero que se disfrute como tal.

Chris Fujiwara

Pág. siguiente
Y el mundo marcha.

Acontecimiento clave **La muerte del cine**

Un aterrador cortometraje de Paolo Lipari titulado *Due dollari al chilo* (2000) muestra cómo se destruyen las copias de las películas después de su distribución comercial. El material del que están hechos los sueños se convierte en combustible barato para fábricas y materia prima para hacer bancos, peines, monturas de gafas y ropa. No es nada nuevo: el cine murió ya desde su nacimiento, cuando los exhibidores pudieron comprar las películas y después deshacerse de ellas; con la llegada del sonido, cuando los productores tiraron a la basura las películas mudas; con la introducción de las películas seguras, cuando el nitrato se convirtió en un obstáculo innecesario. Y este fenómeno continúa hoy en día, ya que en los países en vías de desarrollo las películas se funden con las altas temperaturas y los elevados niveles de humedad. Pero el cine no es la única víctima: más del 95% de las imágenes en movimiento que se producen cada año, sean del medio que sean, perecerán antes de doce meses. Cómo no, el porcentaje es más bajo en Europa y en Estados Unidos, lo que confirma la máxima de que la historia la escriben los vencedores. Al igual que ocurre con el cambio climático y el fundamentalismo religioso, el ser humano no reacciona ante los procesos: para despertar, necesitamos una catástrofe. «El gran creador es el gran destructor», escribió Stewart Brand: la deliberada destrucción de lo que vemos demuestra su teoría. ¿Estamos preparados para enfrentarnos a la desaparición del medio digital? En estos momentos no, porque dicha tecnología está aún en alza, pero una sociedad sana debería prepararse para ello. No me da miedo la muerte del cine, lo que me aterra es la indiferencia que mostramos hacia su vida.
Paolo Cherchi Usai

Fecha 1895

Por qué es clave
Las películas deberían consumir su vida biológica.

Acontecimiento clave **Primera proyección de la película de los hermanos Lumière**

Hacia finales de 1894 o comienzos de 1895, los hermanos Auguste y Louis Lumière, dos fabricantes de productos fotográficos de Lyon, habían creado un aparato capaz de fotografiar el movimiento sobre una película y proyectar el resultado en una pantalla (la patente del invento, con el número 245.032, fue registrada el 13 de febrero de 1895). Entre marzo y abril de ese mismo año, presentaron su *cinématographe* a un grupo de industriales y científicos en París, ante el que proyectaron la única película que habían podido grabar hasta la fecha: *Salida de los trabajadores de la fábrica Lumière*. A principios de junio habían rodado siete u ocho películas de más de un minuto de duración, a las que llamaban «vistas», y que proyectaron en una convención de fotógrafos de Lyon y, más adelante, en París y Bruselas.

Las proyecciones habían despertado un enorme interés entre los especialistas. El siguiente paso era presentar la nueva maravilla al gran público. El padre de los hermanos encontró una sala sin utilizar llamada «Salon indien» con capacidad para cien personas, a la que se accedía por una escalera de caracol, pues se encontraba en el sótano del Grand Café, situado en el número 14 del Boulevard des Capucines, junto a la Ópera. El propietario del Grand Café les alquiló la sala por un año a cambio de 30 francos diarios. Aunque los tres o cuatro pases de la tarde de aquel histórico sábado no cubrieron los gastos, el negocio no tardó en prosperar y muy pronto se formaron en el bulevar largas colas de espectadores curiosos. El primer programa incluía diez «vistas» bajo el título de «Sujets actuels», entre las que se incluía la célebre *L'arroseur arrosé* (*El regador regado*, originariamente titulada *Le jardinier*) y la primera o segunda versión de *Salida de los trabajadores de la fábrica Lumière*. Fue tal el éxito que en abril de 1896 los hermanos alquilaron un local más grande a pocos metros del Grand Café y lo llamaron Cinèma Lumière.
Jean-Pierre Coursodon

Fecha 28 de diciembre de 1895

Por qué es clave
Este legendario estreno marca el nacimiento del cine como entretenimiento y el de la exhibición de imágenes en movimiento como negocio.

Pág. siguiente
Los hermanos Lumière.

Película clave
Llegada del tren

Se suele considerar a Auguste y Louis Lumière como los primeros directores de documentales y, en *Llegada del tren*, nos ofrecen una escena puramente realista: un tren de vapor llega a una estación, tras lo que vemos cómo se apean los pasajeros. Este cortometraje es especialmente interesante por la profundidad que consiguen con un encuadre que hace que tengamos la impresión de que el tren se dirige hacia los espectadores (y que va a salirse de la pantalla). Esta impresión nos obliga a vincular la película a una fecha fundamental en la historia del cine.

Llegada del tren era una de las películas que se mostraron en la primera proyección que tuvo lugar en el salón Indien del Grand Café de París el 28 de diciembre de 1895. Según cuenta una leyenda repetida a lo largo de los años, el movimiento de la locomotora provocó en la audiencia verdadero temor: se dice que los espectadores se levantaron de los asientos de un salto y se echaron hacia atrás. Sin embargo, dicha ola de pánico nunca ha sido confirmada. Aunque hay algunos testimonios que corroboran la leyenda, todo el mundo cree hoy en día que la reacción fue magnificada en los sucesivos relatos. Lo que es cierto es que sigue siendo la primera experiencia de terror provocada por una película. Los hermanos Lumière rodaron al menos dos versiones de la película, probablemente con la intención de mejorar su eficiencia. Una intención que marca el límite de sus prácticas documentales.
Frank Lafond

Fecha 1895

Nacionalidad Francia

Directores Auguste y Louis Lumière

Título original *L'arrivée d'un train en gare de La Ciotat*

Por qué es clave
Es la primera experiencia de terror provocada por una película.

Pág. anterior *Llegada del tren*.

Acontecimiento clave **Méliès descubre la técnica del fotograma a fotograma**

Era de esperar que la primera y rudimentaria cámara de Georges Méliès se atascara, un defecto que, como él mismo recordaría más tarde, «produjo un efecto inesperado un día en el que estaba fotografiando la plaza de la Ópera. Tardé un minuto en desbloquear la película y conseguir que la cámara volviera a funcionar. Como era de esperar, en ese minuto, los transeúntes, los autobuses, los coches habían cambiado de lugar. Al proyectar la película seguida, vi de pronto cómo un autobús se transformaba en un coche fúnebre y los hombres se convertían en mujeres». Méliès había descubierto un truco nuevo y crucial para el cine posterior, la primera utilización intencionada en lo que fue su *Escamotage d'une dame au théâtre Robert Houdin* (*Desaparición de una dama en el teatro Robert Houdin*) en octubre de 1896.

Un accidente del cine le sirvió a Méliès para descubrir la discontinuidad dentro de la aparente continuidad de una escena cotidiana. Una lección que muchos cineastas aprovecharían en la larga tradición de la animación fotograma a fotograma, cuyos más gloriosos representantes son Willis O'Brien (*El mundo perdido* [1925], *King Kong* [1933]) y Ray Harryhausen (*El monstruo de tiempos remotos* [1953], *Jasón y los argonautas* [1963]). Aunque en los últimos años la técnica del fotograma a fotograma, o *stop motion*, se ha visto sustituida por imágenes generadas por ordenador (CGI), y aunque aún hay mucha gente que disfruta de las supuestas deficiencias de los efectos especiales antiguos, podría decirse que la importancia de los efectos especiales nunca ha residido tanto en su poder para crear una realidad ilusoria como en la capacidad de liberar una realidad oculta gracias a los mecanismos del cine. En este sentido, el trabajo de Méliès, O'Brien y Harryhausen aún no ha sido superado.
Chris Fujiwara

Fecha 1896

Por qué es clave
Un accidente originó el nacimiento y posterior desarrollo de los efectos especiales en el cine.

Acontecimiento clave **La primera proyección cinematográfica pública de Asia**

La proyección que tuvo lugar el 7 de julio de 1896 en el hotel Watson de Bombay marca la llegada del cine a Asia, apenas seis meses después de que los hermanos Lumière mostraran por primera vez sus películas al público de París. Maurice Sestier era el agente de los Lumière que organizó aquella pionera proyección en Bombay. El espectáculo inicial de Sestier se componía de los primeros títulos de los Lumière, como *Llegada del tren* o *Salida de los trabajadores de la fábrica*. El periódico *The Times of India* describió el espectáculo como «imágenes fotográficas con vida reproducidas a tamaño natural» y en el programa se anunciaba «la maravilla del siglo asombra al mundo entero». Las primeras proyecciones provocaron tal expectación que, la semana siguiente, el teatro Novelty proyectó las cintas de manera continuada hasta que el interés fue desapareciendo a lo largo del siguiente mes.

Aquella tecnología de importación que era el cine no tardó en extenderse a otras comunidades coloniales de Asia. Primero llegó a ciudades de la costa, como Shangai, Hong Kong, Manila, Sugbu (la actual Cebú), Tokio, Bangkok, Singapur, Malaca, Seúl, Batavia (actual Yakarta), Formosa (actual Taiwán) y Ceilán (hoy Sri Lanka). El cine se convirtió en un duradero legado de los poderes coloniales occidentales que en otro tiempo dividieron y gobernaron Asia. A mediados del siglo XX, los países, ya independizados y con una fuerte cultura cinematográfica, definieron sus respectivas identidades a través del cine, cuyas películas han hecho que, hoy en día, la región disponga de una sólida tradición cinematográfica.

Nick Deocampo

Fecha 7 de julio de 1896

Por qué es clave
La llegada del cine a Asia ayudó a conformar la identidad y la cultura de los pueblos de la región.

Acontecimiento clave **El primer archivo cinematográfico del mundo**

En 1897, Robert William Paul donó algunas de sus películas al Museo Británico con la esperanza de que la institución empezara a adquirir reproducciones en forma de imágenes en movimiento de acontecimientos importantes. El museo no supo qué hacer con aquellos nuevos objetos, por lo que nunca hubo una segunda donación; de hecho, el primer archivo fílmico fue un enigma incluso para sus propietarios. Entre 1910 y 1912 hubo otros intentos en Dinamarca y en Suecia, pero el precedente británico aún resulta conmovedor: hoy en día hay cientos de filmotecas en todo el mundo, pero sus condiciones siguen siendo tan frágiles como lo eran a finales del siglo XIX. Por desgracia, el patrimonio cinematográfico no se considera tan importante para la sociedad como otras expresiones culturales, como libros, pintura o teatro. Está a merced de las presiones comerciales, que a menudo forman parte de la propia industria, de modo que se da por hecho el acceso inmediato a las colecciones, en detrimento de las condiciones de conservación.

Se llama *contenido* a lo almacenado en los archivos cinematográficos, con la errónea suposición de que reproducción equivale a conservación, lo que las empresas ven como una fuente de ingresos fáciles. Por lo general, al público no le preocupa, pues se cree que una película 1940, disponible en formato digital, se ha restaurado de un modo u otro. Será necesario algún tiempo para que las organizaciones que se encargan del pasado de la imagen en movimiento puedan tratar la historia como se merece. Por extraño que pueda parecer, el primer archivo cinematográfico aún no existe.

Paolo Cherchi Usai.

Fecha 1897

Por qué es clave Fue la promesa nunca cumplida de adquirir una conciencia histórica del cine.

Película clave *La chrysalide et le papillon*

A menudo se califican las películas anteriores a 1906 como «cine de atracciones», término que describe una narración basada en un solo acontecimiento curioso, espectacular o destacable de algún modo: las muecas de un hombre que sufre de indigestión, un niño causando estragos en una panadería, la etérea apoteosis de un gran espectáculo. A simple vista, *La chrysalide et le papillon* encaja a la perfección en esa última categoría: una escena de dos minutos, aparentemente rodada en una sola toma (en realidad, hay algunos trucos ópticos que requirieron montaje), en la que se contemplan cientos de visiones exóticas de un Oriente imaginario visto con los ojos de un ilusionista de finales de siglo. La diferencia estriba en la sucesión de transformaciones que Méliès retrata en ese hermoso jardín oriental: un brahmán atrae a un enorme gusano con su flauta mágica y lo pone en un capullo, donde da vida a una preciosa mariposa. Embelesado con su belleza, el brahmán la envuelve en una tela. La mariposa se convierte entonces en una deslumbrante princesa hindú a la que el hombre, impulsado por la euforia, le declara su amor. Después de rechazarlo, la mujer le pone el pie en la cabeza y éste se transforma en un gusano muy parecido al que aparece al principio.

¡Eso sí que es una «atracción» fatal! En poco más de cien segundos, Méliès nos cuenta la historia de *amour fou* más concisa, conmovedora y sarcástica de la temprana historia del cine.
Paolo Cherchi Usai

Fecha 1901

Nacionalidad Francia

Director Georges Méliès

Reparto Georges Méliès

Por qué es clave
La «atracción fatal» más corta de la historia del cine primigenio es también la más terrible.

Persona clave **Edwin S. Porter** *Vida de un bombero americano*

Todos los rudimentos del cine pueden verse reflejados en un pequeño grupo de visionarios pioneros. Edwin S. Porter destaca entre todos ellos. Este hombre nacido en Pensilvania, tremendamente polifacético, está considerado como el primer cineasta que unió una serie de tomas individuales para formar una secuencia continua con acciones paralelas. En 1896, empezó a trabajar para la empresa que comercializaba el entonces nuevo Vitascope de Thomas A. Edison. Más tarde formó equipo con Edison en Nueva York, primero como maquinista, después como proyeccionista y, finalmente, como director. En 1903 unió unas secuencias de un coche de bomberos tirado por caballos saliendo de un parque de bomberos con otras de unos bomberos rescatando a una mujer de una casa en llamas. El montaje de las imágenes del rescate, tomadas tanto en el interior como en el exterior de la casa, formó una película de seis minutos de duración que, por primera vez, crea la ilusión de continuidad. Tras *Vida de un bombero americano*, Porter rodó más de 50 películas, entre las que se incluyen *El gran robo al tren*, también de 1903, y que es considerada su obra más importante. En 1908 dirigió *Rescued from an Eagle's Nest*, protagonizada por un joven actor que luego se convertiría en director, David Wark Griffith. Porter perdió su fortuna en el crac de la bolsa de 1929 y murió en el olvido. A pesar de la controversia existente sobre el montaje original de *Vida de un bombero americano*, muy pocos dudan de la influencia que ejerció la película, y el propio Porter, en el incipiente arte.
David Stratton

Fecha 1903

Nacionalidad Estados Unidos

Director Edwin S. Porter

Título original *The Life of an American Fireman*

Por qué es clave
Probablemente fue la primera película en la que se montaron escenas independientes para formar una historia narrada con continuidad.

Escena clave **El forajido disparando a la cámara** *El gran robo al tren*

El gran robo al tren, considerado el primer *western* de la historia del cine, cuenta el robo de un tren tras el que los cuatro artífices son apresados y mueren a manos de una partida de hombres comandados por el *sheriff*. El elemento clave de esta película es la sensación de realidad que se manifiesta de diferentes maneras. Si en *Llegada del tren* (1895) de Auguste y Louis Lumière una locomotora se dirigía hacia los espectadores y amenazaba con traspasar la pantalla, aquí el jefe de los bandidos (Barnes) mira directamente a la cámara y descarga su revólver sobre el público. Según el catálogo de la empresa, esta inquietante imagen podía colocarse al comienzo o al final de la película: como primera imagen, sería una manera fácil, aunque brusca, de presentar al protagonista; como epílogo, es una imagen que se aparta un momento de la narración y su inusual tamaño (un plano medio corto) establece un fuerte contraste con todas las escenas previas, rodadas con tomas más habituales, planos medios o largos. En cualquier caso, esta imagen aporta un gran realismo a la película, pues intensifica la identificación del espectador con las infortunadas víctimas del robo. Al eliminar la distancia entre público e historia, tanto la película de los hermanos Lumière como la de Porter pretendían transmitir una sensación de miedo y quizá incluso de alarma. Sin embargo, sólo la escena de *El gran robo al tren*, que desde entonces han imitado muchas otras películas, sigue resultando efectiva con el público moderno.

Frank Lafond

Fecha 1903

Nacionalidad Estados Unidos

Director Edwin S. Porter

Reparto Justus D. Barnes

Título original *The Great Train Robbery*

Por qué es clave
Es una de las escenas más famosas del cine primitivo.

Pág. siguiente
El gran robo al tren.

Acontecimiento clave **Alfred Hitchcock es enviado a prisión**

Aunque prefería no hablar de su infancia, había una anécdota que Alfred Hitchcock repetía tanto que seguramente podría haberla contado mientras dormía: «Cuando tenía sólo seis años, hice algo que mi padre consideró que merecía un castigo. Me envió a la comisaría de policía con una nota. El agente de servicio la leyó y me encerró en una celda durante cinco minutos después de decirme: "Esto es lo que les pasa a los niños malos"». Esta versión de la historia, que Donald Spoto cita en *Alfred Hitchcock: El lado oscuro de un genio*, data de 1979, pero cuando François Truffaut entrevistó a Hitchcock diecisiete años antes, ya era lo bastante conocida como para que ambos la relataran a dúo. Sin embargo cuando el realizador francés le preguntó a qué se debía el castigo, Hitchcock se limitó a decir que no tenía la menor idea. Quizá hubiera olvidado ya si aquella encarcelación pertenecía al recuerdo o a la fantasía, pero sin duda consideraba que la anécdota explicaba su posterior interés por el delito y el castigo. Además, la insistencia con la que declaraba no saber qué «crimen» había cometido puede relacionarse con un elemento recurrente en sus películas, los castigos injustos: Richard Hannay en *Los 39 escalones* (1935) se ve inmerso en una pesadilla por mostrar cierto interés sexual, Guy Haines en *Extraños en un tren* (1951) es castigado por desear la muerte de su esposa, Manny Balestrero en *Falso culpable* (1956) es perseguida por un sistema judicial kafkiano y, el ejemplo más crucial, Marion Crane en *Psicosis* (1960) muere asesinada después de decidir devolver el dinero que ha robado a su empresa –debe de ser uno de los castigos más injustos de la historia del cine–. Por mucho que el genial director británico intentara que no se siguiera especulando sobre la anécdota de la cárcel, sea cierta o no, muestra el sello personal e inconfundible de su trabajo.

Brad Stevens

Fecha Hacia 1905

Por qué es clave Esta anécdota está relacionada con muchos aspectos de la obra de Hitchcock.

Acontecimiento clave **Estreno de la primera película dramática del mundo**

El 26 de diciembre de 1906, se estrenó en el Athenaeum Hall de Melbourne, Australia, *La historia de la banda de Kelly*, de la que la publicidad decía con orgullo que medía más de 1.200 m (una duración de alrededor de una hora), sin duda la película más larga que se había rodado en la entonces incipiente industria cinematográfica australiana y mucho más larga que cualquiera de las que se estaban haciendo en aquellos momentos en Inglaterra o en Estados Unidos. Acompañada de una orquestra, efectos de sonido y un narrador, la película se hizo muy popular y, durante las siguientes semanas, se anunciaron «escenas adicionales» y se proyectaron copias en todo el país. En 1907 fue estrenada en Inglaterra como «la película más larga de la historia». Más allá de la exactitud de dicha afirmación, desde luego era la primera vez que se plasmaba en una película una historia que, desde la captura y ejecución del verdadero Ned Kelly en 1880, se había convertido en un icono de la cultura popular australiana. La banda de Kelly era un grupo de forajidos que llegaron a convertirse en héroes populares por desafiar a la autoridad y por sus audaces asaltos. La historia se llevó muchas veces al cine y al teatro, igual que se había contado por escrito, en canciones y en cuadros.

En la película, el papel de Kelly lo interpretaba el actor canadiense Frank Mills y una familia de empresarios teatrales de éxito, John, Kevin y Charles Tait, fueron los responsables de la cinta, además de interpretar algunos de los papeles secundarios. En colaboración con los Tait trabajaron también Millard Johnson y William Gibson, dos químicos interesados en el cine y que, al igual que aquéllos, proyectaban películas ante grandes multitudes de Melbourne. Sólo algunos fragmentos de *La historia de la banda de Kelly* han sobrevivido hasta la actualidad.
Andrew Pike

Fecha 26 de diciembre de 1906

Nacionalidad Australia

Director Charles Tait

Reparto Frank Mills, Elizabeth Tait, John Tait

Título original *The Story of the Kelly Gang*

Por qué es clave Cuando se estrenó en 1906, *La historia de la banda de Kelly* era la narración filmada más larga que se había visto en Australia y probablemente en todo el mundo.

Acontecimiento clave **D. W. Griffith comienza a dirigir para Biograph**

D. W. Griffith acudió a la productora neoyorquina The American Mutoscope & Biograph Co. con algunas ideas. Entonces era un actor sin demasiado éxito y un escritor en ciernes, pero en el set de rodaje llamó la atención por su interés y su iniciativa, y cuando el director que había entonces en la productora cayó enfermo, le ofrecieron el puesto. Éste se mostró reacio a aceptar, pues creía que, si lo hacía mal, pondría en peligro su trabajo como actor y guionista. Billy Bitzer, uno de los dos cámaras que trabajaban en Biograph, le dio algunos consejos sobre dirección. De las sinopsis que había disponibles, Griffith eligió *Las aventuras de Dorotea* (*The Adventures of Dollie*) para que fuera su primera película, pues podría rodarla en exteriores, lejos de la mirada de sus jefes. El éxito de los primeros proyectos convirtió a Griffith en el principal director y productor del estudio hasta su marcha en 1913.

Las 450 películas que han sobrevivido, una cifra sorprendente, pues es casi la totalidad de las obras que Griffith dirigió para Biograph entre 1908 y 1913, ilustran la transición del primer cine a Hollywood. Griffith no fue el único que adaptó los aparatos existentes a las exigencias de la narración en este importante período de transición; sin embargo, al ver las películas que dirigió para Biograph, resulta evidente que fue pionero en el modo de plasmar las historias cinematográficas a través de escenas cada vez más numerosas y del montaje paralelo, que utilizó para crear suspense, contrastar estilos de vida o exponer la moraleja. Una vez superadas las dudas iniciales sobre el valor artístico y cultural del cine, Griffith combinó unas escenas cada vez más imaginativas y su habilidad para la composición y la localización con unas intensas caracterizaciones e interpretaciones. Desempeñó un papel fundamental en la transformación de la interpretación, que fue abandonando el histrionismo para adoptar un estilo más realista.
Bruce Hodsdon

Fecha 18 de junio de 1908

Por qué es clave
Al aceptar el trabajo de director, Griffith ocupó un puesto clave desde el que participó de manera crucial en la formación del cine estadounidense.

Pág. anterior D. W. Griffith.

Película clave *A Trip to Davy Jones' Locker*

El 16 de diciembre de 1934, la Film Society de Londres organizó una proyección de *La canción de Ceilán*, de John Grierson, junto a una serie de documentales soviéticos. También se pasó una extravaganza francesa sin identificar, de la que tan sólo tenemos el título que se le dio en inglés, y que se promocionó por ser un ejemplo de «color aplicado directamente a la película». La copia de nitrato acabó en el British Film Institute, donde tuve la oportunidad de verla en una mesa de bobinado unos cincuenta años más tarde. Había visto ya cientos de películas de la misma época, pero aquélla era distinta. Era una epifanía de los sentidos. El azul, el amarillo y el rojo manaban aún de la emulsión; en las imágenes siguientes explotaban otros colores estarcidos que acababan invadiendo todo el fotograma. Daba la sensación de que los pigmentos de anilina estuviesen pidiendo una caricia. Agarré la copia de nitrato instintivamente para verla con los dedos, para tocarla con los ojos. Entre las manos tenía la prueba de que en otro tiempo, hacia 1910, el cine era una experiencia más multisensorial de lo que es hoy en día. He visto copias modernas de la película, pero en ellas ha desaparecido la magia de la primera versión. No sé si el original sigue existiendo, aunque puede que ahora sea un cuerpo dormido, aletargado, que aún recuerda cuando su piel era fresca, hermosa y llena de fragancia. O puede que haya desaparecido para siempre; en tal caso, seguirá siendo hermoso mientras lo evoque en mi mente.
Paolo Cherchi Usai

Fecha 1910

Nacionalidad Francia

Director Desconocido

Reparto Desconocido

Por qué es clave Es la prueba de que el cine es algo más que ver y oír.

Escena clave **Toma final** *The Land Beyond the Sunset*

Mucho antes de la llegada de la censura, el cine mudo era tremendamente cuidadoso a la hora de representar la violencia. Las elipsis y las abstracciones eran habituales; el retrato de la crueldad estaba permitido en las obras de no ficción, en especial en las relacionadas con el mundo animal, pero estaban del todo prohibidas en cualquier otro contexto. *The Land Beyond the Sunset* no es una excepción. Se trata de una película producida como corto promocional de New York Fresh Air Fund, una organización benéfica que sigue en activo hoy en día. El tema central de esta desconocida obra maestra es una mezcla de descarnado realismo social y de cuento de hadas medieval: un niño pobre que vende periódicos en la calle es maltratado por su madre y busca refugio en un grupo que ha ido de excursión al campo. Durante el pícnic, el pequeño se relaciona con otros niños y escucha la historia de un mundo encantado en el que el protagonista de la película se ve a sí mismo convertido en un príncipe amenazado por una bruja (su madre en la vida real), pero lo salva una joven con una varita mágica y finalmente es transportado en una barca a la tierra de la eterna felicidad. El narrador del cuento cierra el libro y les dice a los niños que es hora de volver a casa, pero el protagonista no tiene intención de hacer tal cosa. Una vez solo, decide recrear el cuento y lanzarse a ese mundo mágico. En la orilla hay una barca, el niño la empuja hacia el agua, se sube en ella y comienza a avanzar hacia el horizonte bajo la puesta de sol. Ese adiós a la vida es una impresionante toma de un minuto en la que el suicidio de un niño se convierte en poesía pura.
Paolo Cherchi Usai

Fecha 1912

Nacionalidad Estados Unidos

Director Harold Shaw

Reparto William Bechtel, Martin Fuller

Por qué es clave El realismo social se convierte en poesía.

Acontecimiento clave **Introducción de la película pancromática**

En 1912, el productor francés Léon Gaumont le pidió a Kodak que creara una nueva película fotográfica que se adaptara al proceso aditivo de colores que estaba desarrollando, el Chronochrome. Necesitaba una emulsión que fuera sensible a todo el espectro de radiaciones visibles. Hasta entonces, se habían utilizado películas ortocromáticas, que requerían una cantidad de luz relativamente modesta, pero que eran sensibles sólo a ciertos colores como el violeta y el azul, y no «veían» el amarillo y el verde ni podían captar el rojo (el pintalabios o las rosas rojas aparecían en pantalla como manchas negras). Esto obligaba a los diseñadores de decorados a pintar estos últimos de acuerdo con esas limitaciones. La película pancromática era la solución a dicho problema. Los cineastas tuvieron entonces al alcance de la mano una gama de grises casi infinita, lo que permitió que directores como Josef Von Sternberg se convirtieran en maestros del claroscuro. Uno de los inconvenientes de la película pancromática era que exigía que hubiera mucha más luz en el set de rodaje, pero los estudios no tardaron en encargarse de que así fuera. Otro inconveniente es que se perdió para siempre el toque distintivo de la película ortocromática. Aquellos que han visto la copia original de una película grabada antes de mediados de la década de 1920, cuando las cintas pancromáticas se extendieron realmente, comparan la experiencia con la de ver un paisaje alpino con un cielo azul de fondo, donde el perfil de los picos de las montañas resaltan bruscamente. Los espectadores de la película de 1922 *The Headless Horseman*, la primera rodada por entero con la nueva emulsión, no se dieron cuenta del cambio. Así es la historia de la percepción visual: a menudo los cambios más importantes pasan desapercibidos.
Paolo Cherchi Usai

Fecha 1912

Por qué es clave Cambió la manera de percibir las imágenes en movimiento.

1910–1919

Escena clave **El perro de Max Linder le llama por teléfono** *Max y su perro Dick*

Aunque Max Linder está considerado como el primer gran actor cómico, creo que se tiende a pasar por alto su condición de director innovador. En efecto, en su obra hay numerosas pruebas de su inventiva visual. Tomemos como ejemplo *Max y su perro Dick*, que además es su película más misógina. Justo después de casarse con Max, su esposa comienza un romance con un antiguo pretendiente. Max sospecha algo, por lo que le pide a su perro que vigile a su mujer mientras él trabaja. En cuanto llega el amante, el perro va al dormitorio a verificar la situación y entonces hace algo sorprendente: se dirige al teléfono y llama a Max. Mientras el público digiere la sorpresa que provoca semejante comportamiento del animal, Max recibe la llamada en su oficina y la pantalla se divide en tres partes: a la izquierda vemos a Max al teléfono; a la derecha, el perro está dándole la noticia a ladridos; y en el centro vemos una ajetreada calle de París que representa la distancia que los separa. Después, Max vuelve a su casa, sorprende a los amantes y los echa de allí. En la última toma vemos a Max y a su perro comiendo juntos plácidamente.
Fernando Martín Peña

Fecha 1912

Nacionalidad Francia

Director Max Linder

Reparto Max Linder

Título original *Max et son chien Dick*

Por qué es clave Es un magnífico ejemplo de la inventiva visual de Linder.

Escena clave **El último intertítulo** *Cabiria*

A menudo se ha asociado el nombre de Gabriele D'Annunzio con la deslumbrante épica histórica de Pastrone en términos algo desdeñosos. Cuenta la leyenda que el director consiguió que el ambicioso poeta italiano apareciera como «autor» de la película a cambio de un cheque de 50.000 liras –una cuantiosa suma para la época–. Aquella genial treta comercial resultó muy práctica en un momento en que el cine era mirado con desprecio por el mundo intelectual. Lo cierto es que la contribución que D'Annunzio hizo en *Cabiria* se limitó a un primer borrador de los intertítulos y a algunas sugerencias sobre los nombres de los personajes. Con el paso de los años, se hizo evidente que la película era el resultado de la perspectiva de Pastrone y que la participación de D'Annunzio fue algo más bien simbólico: al fin y al cabo, lo más sorprendente de *Cabiria* es la fotografía y no sus llamativos títulos, que a veces son tan intrincados que incluso un lector italiano tiene que leerlos dos veces para enterarse de lo que dicen. No obstante, muchos de estos intertítulos pueden considerarse todavía hermosos poemas en miniatura. El último llama especialmente la atención por su ambigüedad: «No fui derrotado por las guerras, sino por una fuerza nueva que lanza dardos por los ojos». Muchos entienden estas líneas como una celebración del amor, pues la escena final muestra a Cabiria abrazando a su héroe; pero también podría interpretarse como una metáfora del cine. Me gustaría pensar que ambas lecturas son correctas y que el poeta y el cineasta las escribieron juntos.
Paolo Cherchi Usai

Fecha 1914

Nacionalidad Italia

Director Giovanni Pastrone

Reparto Lydia Quaranta, Humberto Mozzato

Por qué es clave
D'Annunzio hizo algo más que figurar como autor de la película.

Escena clave **Los orígenes del comercio de esclavos** *El nacimiento de una nación*

El tiempo no ha sido muy benevolente con la primera obra maestra del cine estadounidense. *El nacimiento de una nación* es reconocida, aunque no sin cierta rabia, como un momento clave de la evolución del cine como arte y, sin embargo, resulta imposible separar su innovador estilo de los incendiarios problemas raciales que narra. No tiene sentido alguno decir que es una obra genial a pesar de su contenido, pues forma y pensamiento están demasiado entrelazados como para dejar lugar a una interpretación puramente formal o política. A la luz de otras películas en las que Griffith habla de historia o de raza –como, por ejemplo, *La evasión*, una inquietante defensa de la eugenesia como herramienta del cambio social–, es fácil comprender por qué protestaba de forma tan categórica contra cualquier forma de censura cultural. Desde su perspectiva, Griffith sólo estaba contando una verdad que resultaba incómoda, la tragedia de la era de la reconstrucción después de los terribles años de la guerra civil. La primera toma de la película deja muy claro su punto de vista: el pecado original fue la deportación de los esclavos africanos hacia América, un pecado del que fueron responsables los colonos puritanos de los estados norteños. Así pues, según Griffith, la guerra que dichos estados libraron contra los confederados fue un acto de hipocresía, aún más atroz en cuanto que dividió un país con el pretexto de defender unos valores de igualdad que los unionistas fueron los primeros en negar, pues habían comerciado con esclavos. Pocas películas han sido objeto de tanto debate como *El nacimiento de una nación*, pero aún no se ha analizado debidamente la esencia de la ideología populista de Griffith.
Paolo Cherchi Usai

Fecha 1915

Nacionalidad Estados Unidos

Director D. W. Griffith

Título original *The Birth of a Nation*

Por qué es clave Revela la esencia del pensamiento político de Griffith.

Pág. siguiente
El nacimiento de una nación.

Escena clave **La trenza letal** *Daydreams*

SPOILER

1989 fue un año de *glásnost* o apertura en la historia del cine y en la política de los países de la Europa del Este. Las películas rusas anteriores a la revolución de 1917 habían caído en el olvido desde los primeros días de la Unión Soviética; no se habían perdido necesariamente, pero su estética se identificaba de manera inevitable con una cultura burguesa que las condenaba a dicho olvido. Había también una buena excusa: el cine constructivista se basaba en un montaje agresivo y un dinamismo visual que nada tenía que ver con el cine de la época zarista, lento y compuesto de una sucesión de tomas muy largas e intertítulos. Pero lento no significa aburrido, como demuestran las películas de Evgeni Bauer, al que hoy en día se considera uno de los grandes directores de su época. *Daydreams* es, posiblemente, el mejor ejemplo de su estilo: un uso magistral de la profundidad de campo, una iluminación poderosa y unos preciosos trávelin en un tiempo en que el movimiento de la cámara no era nada habitual. Para el espectador moderno es sobre todo un cuento asombroso: un hombre (Vyrubov), destrozado por la muerte de su esposa, guarda como recuerdo su larga trenza. Entonces se enamora de una actriz (Chernobaeva) que se parece a su difunta mujer (aquí tenemos un antiguo *Vértigo*), pero al poco descubre que en realidad es una criatura falsa y superficial. En un arranque de ira, estrangula a su amante con la trenza de la que había sido su verdadero amor. Necrofilia, misticismo y abstracción convergen en la última toma, digna del cuento gótico más estremecedor.

Paolo Cherchi Usai

Fecha 1915

Nacionalidad Rusia

Director Evgeni Bauer

Reparto Aleksandr Vyrubov, N. Chernobaeva

Título original *Grezy*

Por qué es clave El cine anterior a la era soviética constituye toda una revelación.

Escena clave **El hierro de marcar** *La marca del fuego*

SPOILER

Ninguna escena causó tanto furor durante la época del cine mudo como ésa en la que un elegante joven asiático (Hayakawa) agarra un hierro candente y le marca el hombro a la heroína occidental (Ward), que acaba de hacer frente a su agresión sexual. Ella es la despilfarradora esposa de un corredor de bolsa a quien se le confían 10.000 dólares en fondos benéficos para que los ponga a buen recaudo y que despilfarra de manera irreflexiva con una mala inversión en bolsa. Él es un rico comerciante de marfil que le presta el dinero para encubrir su delito con la clara intención de obtener a cambio una compensación sexual. El público acudió en masa a ver este melodrama, no tanto por ver las intensas interpretaciones o la extraordinaria evocación de la histeria emocional que lleva a cabo DeMille, como por ser testigos de un deseo reprimido y del atractivo galán japonés.

El mismo año en el que *El nacimiento de una nación* de Griffith relataba y exacerbaba las divisiones raciales entre los blancos y los negros de Estados Unidos, el retrato de DeMille provocó un verdadero revuelo en la comunidad americano-japonesa, que obligó al estudio a cambiar la nacionalidad del protagonista en las siguientes proyecciones e identificarlo como birmano. Sorprendentemente, en lugar de convertir a Hayakawa en un «peligro amarillo», la escena de la metafórica violación hizo que el actor se convirtiera en una de las estrellas mejor pagadas de Hollywood, tras lo cual comenzó a producir sus propias películas de temática asiática. Décadas después, repitió el papel que interpretó en *La marca del fuego* en el *remake* que Marcel L'Herbier realizó en 1937 bajo el título de *Forfaiture*, pero esta vez haciendo de mongol. La larga carrera de Hayakawa, que culminó con un Óscar al mejor actor de reparto por *El puente sobre el río Kwai* en 1957, demuestra la poderosa atracción que ejerce el personaje de «chico malo» en el cine.

Robert Keser

Fecha 1915

Nacionalidad Estados Unidos

Director Cecil B. DeMille

Reparto Sessue Hayakawa, Fannie Ward

Título original *The Cheat*

Por qué es clave Estableció entre el público el atractivo de los «chicos malos».

Escena clave **La quema de la ciudad** *Hell's Hinges*

Aquella ciudad «no era digna del suelo sobre el que se levantaba», era una ciudad impía. A ella llega un predicador (Jack Standing) con la intención de llevar la religión a sus habitantes, pero demuestra no estar a la altura de la tarea: en sólo unos días acaba borracho en brazos de una prostituta y después se convierte en un violento alcohólico. Como es habitual en sus películas, William S. Hart interpreta a un villano salvado por el amor de una mujer, en este caso la hermana del predicador (Clara Williams), a la que ayuda a llevar a cabo el trabajo que el pastor ha abandonado. Poco a poco se va formando una congregación y empiezan a levantar una iglesia, pero un día que Hart no está, una banda le pone una antorcha en la mano al predicador cuando éste está borracho y le hacen quemar la iglesia. Hay un tiroteo y el predicador acaba muerto.

Es entonces cuando llega el momento clave de la película. A su regreso, Hart encuentra la iglesia en llamas y a la mujer que ama, llorando junto al cuerpo de su hermano. Es la gota que colma el vaso. Como un «Schwarzenegger», Hart quema la ciudad entera. Hay una toma impresionante en la que le vemos saliendo tranquilamente de la ciudad, rodeado de llamas, humo y gente que corre despavorida para huir de su ira.

Todos los personajes de la historia son o héroes o villanos. Sólo el predicador y Hart experimentan cierto cambio, pero hay cierto equilibrio, pues a medida que uno se degrada, el otro se eleva. Así pues, cuando Hart quema la ciudad, no sólo está vengando el asesinato del predicador en nombre de la mujer a la que ama, o el incendio de la iglesia en nombre de las buenas gentes que la levantaron, sino que está llevando a cabo algo parecido a una hazaña bíblica: un Apocalipsis con un solo jinete.

Fernando Martín Peña

Fecha 1916

Nacionalidad Estados Unidos

Director Charles Swickard

Reparto William S. Hart

Por qué es clave
La mayoría de los *westerns* de William S. Hart que aún sobreviven son maravillosos, pero éste lo es de manera especial. No sólo por esta escena clave, sino por la escala épica que alcanza la historia gracias a su deliberado maniqueísmo.

Escena clave **La clase alta es gaseada** *Los vampiros*

SPOILER

El quinto episodio de la misteriosa saga alterna escenas de gente que recobra la conciencia y de otros que la pierden. El ladrón Moréno (Herrmann), archienemigo de la banda de delincuentes los Vampiros, se traga lo que parece ser una píldora con la que va a suicidarse. El periodista Philippe Guerande (Mathé), que ha sido golpeado por los Vampiros, despierta dentro de una cesta que está cayendo por una larga escalera. En una escena memorable, el Gran Vampiro (Aymé) e Irma Vep (Musidora) se hacen pasar por un barón y su sobrina para celebrar un baile de sociedad, en el que duermen con gas a decenas de millonarios y los despojan de sus joyas y de sus abultadas carteras.

La cámara de Feuillade recorre las manos de los invitados mientras tratan de escapar de la habitación cerrada a cal y canto. Los Vampiros, cuyas siluetas vemos dibujadas en los umbrales de las puertas; encabezados por Irma, con su ajustado traje negro, descienden sobre los aletargados invitados como lo hace el gas o los sueños.

Esta serie de películas francesas introdujo los personajes del supervillano y su sexy cómplice que se disfrazan y utilizan modernos aparatos contra las personas para las que éstos habían sido creados. Estas películas convirtieron la anarquía criminal y el terror en entretenimiento, algo que Feuillade elevó a la categoría de arte.

Los exteriores se rodaron en parajes de París que habían quedado vacíos tras la primera guerra mundial. La idea de que los lugares y objetos que recoge la cámara cobren vida y puedan estar intentando decirnos algo se remonta a las sagas de Feuillade. «Las grandes realidades de este siglo deben buscarse en *Los vampiros*. Más allá de la moda. Más allá del buen gusto», escribieron los surrealistas Louis Aragon y Andre Breton.

A. S. Hamrah

Fecha 1916

Nacionalidad Francia

Director Louis Feuillade

Reparto Musidora, Jean Aymé, Fernand Herrmann, Édouard Mathé, Marcel Lévesque

Título original
Les vampires

Por qué es clave
La saga de Feuillade está «más allá de la moda, más allá del buen gusto».

Escena clave **La lucha del amor a través de los tiempos** *Intolerancia*

Herido en su orgullo por la controversia provocada *El nacimiento de una nación*, de 1915, el director D. W. Griffith decidió enfrentarse a sus detractores. Había terminado ya un melodrama dirigido con un presupuesto modesto llamado *La madre y la ley*, en el que un joven se enfrenta a la horca, acusado de un delito que no ha cometido. Inspirado por lo que él percibía como intolerancia en los críticos, Griffith escribió rápidamente otras tres historias sobre la pasión de Cristo, la masacre de los hugonotes y la derrota de la antigua Babilonia a manos del persa Ciro el Grande.

Catorce meses y dos millones de dólares de la época más tarde –veinte veces más de lo que había costado *El nacimiento de una nación*–, Griffith tenía una copia de ocho horas de duración en la que se entrelazaban cuatro historias con un efecto imaginativo y emocionante. Aunque la película acabó reduciéndose a tres horas o tres horas y media (existen varias versiones), se mantuvo la secuencia final, cuyo poder radica en el modo en que la esposa y el gobernador se reúnen en la escena de la ejecución, Cristo se acerca al Calvario, una muchacha se apresura a advertir a la ciudad de Babilonia y los hugonotes caen derrotados. Como el propio Griffith describió, el montaje paralelo «se une en un poderoso río de expresión». *Intolerancia* fue un fracaso de taquilla: la complejidad de la película desconcertó al público. La aventura dejó al realizador al borde de la ruina y, aunque continuó trabajando de manera vigorosa y variada, su carrera no volvió a alcanzar cotas tan magistrales como las de *Intolerancia*.
David Stratton

Fecha 1916

Nacionalidad Estados Unidos

Director D. W. Griffith

Reparto Lillian Gish, Robert Harron, Mae Marsh, Constance Talmadge, Bessie Love, Seena Owen, Alfred Paget, Eugene Pallette

Título original *Intolerance*

Por qué es clave Se encuentra entre las películas épicas más ambiciosas y tempranas del cine, y es una prolongada y apasionada reflexión sobre los peligros del sentimiento que le da título.

Pág. anterior *Intolerancia*.

Escena clave **Los amantes aún no nacidos** *El pájaro azul*

Los aficionados al cine conocen a Jacques Tourneur, autor de la película de culto *La mujer pantera* (1942), pero pocos saben que era el hijo del director de origen francés Maurice Tourneur, el gran pictorialista del cine mudo. En 1918 introdujo un nuevo estilo de hacer cine, basado en la pantomima, concretamente en *Prunella* y en *El pájaro azul*. Ambas películas supusieron un destacado logro, pero no funcionaron en taquilla, en parte por culpa de sus estilizados decorados de estilo Art Déco. Incluso desde la perspectiva de hoy en día, estas dos obras (aunque de *Prunella* sólo ha sobrevivido un fragmento) son hermosas, pero no resulta fácil engancharse a su historia.

Por su abstracción, se podría considerar la adaptación que Tourneur hizo de la famosa obra de Maerterlinck como una primitiva versión de *El mago de Oz*. Hay un momento en particular en el que resulta difícil no dejarse llevar por la emoción. Mytyl (Bell) y Tyltyl (MacDougall) han llegado a la tierra de los no nacidos (el reino del Porvenir), donde cientos de niños esperan a que un gran barco les lleve hasta sus padres. Sólo unos pocos pueden subir a bordo en cada turno. Entonces vemos a dos niños fundidos en un tierno abrazo: son los amantes. Pero el destino quiere que sólo uno de ellos sea elegido para nacer; el otro tendrá que seguir esperando. «Dime cómo encontrarte», le implora el pequeño al marcharse. «Seré el ser más triste de la Tierra», responde ella. La escena termina con una toma de la niña, sola en la sala vacía, esperando reunirse con su amado.
Paolo Cherchi Usai

Fecha 1918

Nacionalidad Estados Unidos

Director Maurice Tourneur

Reparto Tula Bell, Robin MacDougall, Edwin E. Reed, Emma Lowry

Título original *The Blue Bird*

Por qué es clave Es un triunfo del Art Déco que, además, incluye una emotiva escena de amor.

Escena clave **Los amantes se abrazan en la tormenta** *Los proscritos*

Victor Sjöström es, junto a Mauritz Stiller, uno de los maestros indiscutibles del cine mudo sueco. La sutileza de sus caracterizaciones y el papel que desempeña el paisaje en sus historias le han asegurado un lugar en el panteón del cine como arte. Para mí, sin embargo, el mayor logro de Sjöström es su capacidad para retratar los aspectos más oscuros de la psique humana. Fue un actor de teatro de gran talento que en una de sus primeras incursiones en el cine, *Ingeborg Holm* (1913), demostró que hasta las emociones más complejas podían evocarse dentro del realismo social. La necesidad de ocultar una pasión tras un comportamiento cruel, fingiendo odio porque el amor duele demasiado, es uno de los sentimientos más difíciles de transmitir, pero eso es precisamente lo que consigue hacer Sjöström en los últimos momentos de este drama de amor maldito. Una viuda (Erastoff) se enamora de un preso huido (Sjöström) y escapa con él a las montañas. Pero la pasión no puede hacer frente a las dificultades por mucho tiempo y la relación se deteriora hasta tal punto que los dos amantes no pueden ni estar el uno junto al otro; las peleas y recriminaciones son muy tensas, en ciertos momentos incluso atroces.

Una noche de tormenta, ella decide abandonarlo, pero es entonces cuando su compañero se da cuenta de lo que siente realmente y va en su busca. En la siguiente escena, los vemos a la mañana siguiente, los dos muertos, sus cuerpos congelados en la nieve y abrazados.

Paolo Cherchi Usai

Fecha 1918

Nacionalidad Suecia

Director Victor Sjöström

Reparto Victor Sjöström, Edith Erastoff

Título original *Berg-Ejvind och hans hustru*

Por qué es clave
La naturaleza resucita un viejo amor a través de la muerte.

Escena clave **El baile de Salomé en la cocina** *Fatty en la cocina*

Una de las grandes injusticias de la historia del cine es la que cometió el destino con «Fatty» Arbuckle, una maestro de la comedia muda cuya carrera prácticamente terminó de golpe en la década de 1920, después del escándalo que provocó una acusación infundada de abuso sexual (Mabel Norman, otra gran actriz de comedia que trabajó junto a Arbuckle en varios cortometrajes, fue también víctima de una de las primeras listas negras de Hollywood). *Fatty en la cocina* es una prueba no sólo de la creatividad de Arbuckle, sino que también demuestra lo mucho que le debía Buster Keaton. Los dos rollos de la película han sobrevivido en perfectas condiciones, pero sólo unos minutos de metraje llenos de gags bastan para demostrarlo. Buster es camarero en el café Bull Pup, cuya cocina maneja Arbuckle con total despreocupación: entre orden y orden, el cocinero interpreta una improvisada versión de la historia de Salomé e incluso se disfraza del personaje bíblico... Bueno, más o menos. Se coloca un colador en la cabeza y se engancha al delantal varias sartenes y otros utensilios de cocina para recrear el baile de la perversa heroína. La cabeza de Juan Bautista es una enorme coliflor que le trae un fiel sirviente en una bandeja. Como broche de oro, se coloca una ristra de salchichas sobre el pecho y espera pacientemente a que le pique la «serpiente». Un momento, ¿era Salomé o Cleopatra? No importa.

Paolo Cherchi Usai

Fecha 1918

Nacionalidad Estados Unidos

Director Roscoe Arbuckle

Reparto Buster Keaton, Roscoe Arbuckle, Al St. John

Título original *The Cook*

Por qué es clave
Keaton aprendió el oficio con Arbuckle.

SPOILER

Escena clave **Atrapada en el armario**
La culpa ajena/Lirios rotos

Lucy Burrows (Gish) no ha conocido la ternura. Su padre lleva tanto tiempo pegándole por el menor motivo que ha olvidado cómo se sonríe. Pero el amable misionero budista Cheng Huan (interpretado por el actor occidental Richard Barthelmess) descubre la belleza y la ternura oculta en la desaliñada muchacha y decide cuidarla y ayudarla a recuperar la salud llevándosela a su humilde casa. Cuando el padre de Lucy descubre que está viviendo con un «sucio amarillo», destroza el apartamento de Cheng Huan y se lleva a su hija. Lucy sabe que esta vez su furia podría ser letal y le suplica que no la mate. Se esconde en un armario claustrofóbico y cierra la puerta.

La interpretación de Gish en *La culpa ajena* es de una sensibilidad excepcional; de hecho, posiblemente sea el punto álgido de una carrera que era ya de por sí magnífica y que duraría varias décadas. El personaje de Lucy está dibujado con tremenda sutileza, como cuando intenta sonreír y para ello mueve las comisuras de la boca imitando la alegría con un gesto que resulta grotesco. Pero la escena del armario es el mejor momento de su interpretación. Mientras el padre golpea la puerta con un hacha, Lucy se aferra a su muñeca, se muerde los dedos como un animal atrapado y escarba las paredes en busca de una salida que le permita escapar de la inminente muerte. El espectador sufre por Lucy, el lirio roto cuyo único crimen ha sido buscar la compasión igual que una flor busca la luz del sol.
Violet Glaze

Fecha 1919

Nacionalidad Estados Unidos

Director D. W. Griffith

Reparto Lillian Gish, Donald Crip, Richard Barthelmess

Título original *Broken Blossoms*

Por qué es clave
La magistral interpretación que llevó a cabo Lillian Gish marcó un hito en su carrera.

Escena clave **Amor a primera vista**
The Sentimental Bloke

El poeta C. J. Dennis escribió en 1915 un libro de prosa poética titulado *The Sentimental Bloke* (*Un tipo sentimental*). Su lenguaje coloquial y el humor con que se burla de sí mismo no tardaron en convertirlo en todo un gran éxito. Dennis aparece brevemente en las películas de Longford para presentar la historia del protagonista y su amor por su mujer ideal, Doreen. El protagonista es un pillo siempre metido en líos con el alcohol, el juego y la policía. Un día, en el mercado de Wolloomooloo, de Sídney, conoce a Doreen, una mujer con modestas aspiraciones de cultura y refinamiento de la que se enamora de inmediato. La historia de su romance está contada con un naturalismo conmovedor y volvió a aparecer en varias películas posteriores, así como en una obra musical de gran éxito. Longford y su compañera artística Lottie Lyell fueron dos figuras clave del cine mudo australiano hasta la prematura muerte de Lyell en 1925, a la edad de 35 años. Juntos protagonizaron muchas películas, la primera de las cuales fue *The Fatal Wedding* (1911). Su trabajo en *The Sentimental Bloke* destaca por el uso de localizaciones reales (se rodó en las calles de barrios obreros de Sídney) y por el naturalismo de las interpretaciones. La propia Lyell interpretó a Doreen y el «tipo sentimental» lo encarnó Arthur Tauchert, un prolífico actor de vodevil para el que esta película supuso su primer papel importante en el cine. De hecho, volvió a interpretar el papel en dos secuelas posteriores junto a Longford y Lyell. *The Sentimental Bloke* se estrenó en 1919 y se convirtió de inmediato en una de las grandes favoritas del público. Se estrenó con éxito en Inglaterra, pero no se pudieron adaptar sus intertítulos al lenguaje coloquial estadounidense para estrenarla también en Estados Unidos. En 2005, el National Film and Sound Archive de Australia estrenó una copia restaurada de la cinta.
Andrew Pike

Fecha 1919

Nacionalidad Australia

Director Raymond Longford

Reparto Arthur Tauchert, Lottie Lyell, Gilbert Emery

Por qué es clave Es el comienzo de un romance que se convirtió en una de las historias más queridas de la cultura popular australiana.

Acontecimiento clave
Nace United Artists

El 5 de febrero de 1919, Charlie Chaplin, Mary Pickford, Douglas Fairbanks, D. W. Griffith y William S. Hart firmaron un contrato con el que crearon United Artists. En los primeros años del cine, los magnates se habían cuidado mucho de no conceder la menor prerrogativa a los actores, pero las exigencias del público y la necesidad comercial habían dado lugar a la creación del concepto de estrella cinematográfica. Cuatro de esas cinco personas eran en aquel momento las mayores estrellas de la época (el director D. W. Griffith era algo menos famoso). El objetivo que se plantearon fue trabajar al margen del sistema de estudios ya establecido, un sistema que, en su opinión, «imponía al público producciones mediocres y entretenimiento automático». Todos ellos, que trabajaban entonces con contratos que no les exigían exclusividad, se comprometieron a hacer películas para United Artists y recibir grandes porcentajes de los beneficios, en lugar de los salarios fijos que ganaban con las demas productoras. Hart no tardó en desligarse y los demás no cumplieron del todo con el compromiso. Al igual que ocurrió en posteriores intentos, como en First Artists, creada en los años setenta por Steve McQueen, Sidney Poitier, Paul Newman y Barbra Streisand, Chaplin, Griffith y los suyos tendieron a utilizar la empresa para llevar a cabo proyectos personales poco comerciales que otros estudios jamás hubieran financiado y, al mismo tiempo, siguieron compitiendo consigo mismos con producciones más fáciles para el público que rodaban con sus antiguos estudios. Aunque los integrantes originales perdieron el control de la empresa antes de que acabara la década de 1920, United Artists existió sesenta años más, hasta que fue adquirida por Metro Goldwyn Mayer tras el desastre de *La puerta del cielo* (1980). Cuando Steven Spielberg, David Geffen y Jeffrey Katzenberg fundaron Dreamworks SKG en 1996, se encargaron de que *artists* no figurara en el nombre de la empresa.

Kim Newman

Fecha 5 de febrero de 1919

Por qué es clave Fue el primer intento serio de los «talentos» de crear su propia fábrica de sueños.

Pág. siguiente United Artists.

Película clave
El gabinete del doctor Caligari

En la pequeña ciudad de Holstenwall, en el norte de Alemania, una serie de asesinatos apuntan a un sonámbulo, Cesare (Veidt) y al amargado doctor Caligari (Krauss), que lo maneja a su antojo. Todos estos acontecimientos están narrados por Francis (Feher), pero no sabemos si es una historia real o no. El director Robert Wiene sustituyó a Fritz Lang, cuya introducción del encuadre inclinado de Francis transformó aquel cuento contra el autoritarismo en algo sorprendente. Desde las primeras escenas de la película queda claro que Holstenwall es un lugar extraño, lleno de edificios apiñados e imposiblemente asimétricos, con perspectivas forzadas, fuertes contrastes entre el blanco y el negro y unos ciudadanos con abigarrado maquillaje. El estilo expresionista del largometraje se inspiró en el teatro alemán de la época, pero, como ocurre con tantas otras innovaciones, la verdadera causa fue el dinero. Como consecuencia de la recesión que siguió a la primera guerra mundial, la productora no disponía del dinero suficiente para construir decorados reales, pero los que diseñaron Hermann Warm, Walter Röhrig y Walter Reimann encajaron a la perfección con la naturaleza desquiciada de los acontecimientos que narraba la historia.

El expresionismo no tardó en florecer: ese mismo año, Paul Wegener y Carl Boese dirigieron *El Golem*, al que siguieron otros ejemplos expresionistas, como *Las tres luces*; *Der müde Tod*, de Fritz Lang (1921), *Nosferatu* de F. W. Murnau (1922) y *El hombre de las figuras de cera* de Paul Leni (1924). En las siguientes dos décadas, la complicada situación política hizo que los artistas del cine alemán se trasladaran a Estados Unidos, donde el expresionismo se convirtió en una fuerte influencia del cine negro.

David Stratton

Fecha 1919

Nacionalidad Alemania

Director Robert Wiene

Reparto Werner Krauss, Conrad Veidt, Friedrich Feher, Lil Dagover

Título original *Das Cabinett des Dr. Caligari* (más tarde, *Das Kabinett des Dr. Caligari*)

Por qué es clave Es el nacimiento del expresionismo alemán en el cine.

Escena clave **Las mujeres de clase alta enloquecen** *Tih Minh*

Imaginemos a una docena de mujeres de la respetable sociedad de la Costa Azul vestidas de blanco. Todas ellas han sido secuestradas y narcotizadas por una banda de perversos malhechores que las raptan en una opulenta mansión de Niza llamada Villa Lucile, que está plagada de micrófonos ocultos. De repente, las mujeres consiguen escapar del cautiverio y salen corriendo al cálido sol del Mediterráneo. Imaginémoslas revoloteando por un jardín como mariposas o agitando sus pañuelos mientras disfrutan de la libertad.

Mejor aún, en lugar de imaginar, soñemos. Es difícil de creer que Louis Feuillade y su ingenioso equipo estuvieran haciendo otra cosa que no fuera dar rienda suelta a sus alocadas fantasías, no importa lo que éstas quisieran decir.

Tih Minh (1919) no es la más famosa de las series de Feuillade, todas ellas con una duración de entre cinco y siete horas. Son más conocidas *Fantomas* (1914), *Los vampiros* (1916) o *Judex* (1917), editadas ya en DVD, pero, como afirma Gilbert Adair, *Tih Mihn* es sin duda «la más grande, es decir, la más rara, la más asombrosa y la más irreal».

¿Cuál es el argumento? La heroína del título es una vietnamita prometida con el aventurero Jacques d'Athys, que, durante una misión en la India, se hace con un libro sagrado que contiene el secreto para encontrar un fabuloso tesoro. Los tres villanos secuestran a Tih Minh y la drogan con el fin de obligar a D'Athys a entregarles el libro. Las mujeres de sociedad son también víctimas del mismo modus operandi.

Jonathan Rosenbaum

Fecha 1919

Nacionalidad Francia

Director Louis Feuillade

Reparto Mary Harlard, René Cresté

Por qué es clave
Es un ejemplo de poesía visual presurrealista sobre la perversidad y la histeria lírica.

Escena clave **La imagen del despreocupado amor de la juventud recuperado** *Pobre amor*

SPOILER

A pesar de haber quedado eclipsados por sus espectaculares películas épicas, los romances pastorales de Griffith muestran mejor sus cualidades más sutiles y alcanzan la cúspide en este melodrama suave pero desgarrador. *Pobre amor* perfecciona, además, características que ya habían quedado perfiladas en otra de las obras maestras del director estadounidense, *Un mundo aparte* (*A Romance of Happy Valley*), estrenada ese mismo año y protagonizada también por Lillian Gish y Robert Harron. Aquí interpretan a Susie y William, dos jóvenes enamorados, inocentes por falta de experiencia, pero no porque sus sentimientos carezcan de complejidad. Sus caminos comienzan a separarse cuando ella, sin que William lo sepa, vende su vaca para que él pueda ir a la universidad; él vuelve convertido en predicador y se casa con una chica de la ciudad mucho más avispada que Susie, Bettina (Clarine Seymour). William es tan desgraciado y sufre tanto como Susie, pero, como se trata de una película, la forzada muerte de Bettina vuelve a unirlos y un bonito cartel en el que se lee «Y podemos creer que vuelven a caminar juntos como lo hicieron años atrás» precede la última escena de los dos paseando juntos por un camino. Como de costumbre, Griffith se atreve a dejar que la imagen quede sola en pantalla, con un tiempo y un espacio privilegiados. Esa última toma no es la de los personajes en el momento final, sino como eran al principio, cuando estaban a punto de besarse, antes de que las fantasías, los deseos y el arrepentimiento les arrebataran el amor de juventud que nunca llegaron a conocer de forma plena. Se trata de un momento que no hemos llegado a ver durante la historia: es algo que simplemente «podemos creer». El arte acerca la verdad a los deseos del corazón.

Blake Lucas

Fecha 1919

Nacionalidad Estados Unidos

Director D. W. Griffith

Reparto Lillian Gish, Robert Harron

Título original *True Heart Susie*

Por qué es clave Griffith crea aquí su imagen más imborrable, en una muestra más del don que tenía para abstraer un momento de la trama y dotarlo de vida propia.

Acontecimiento clave
El efecto Kuleshov

Alrededor de 1920, el director y teórico soviético Lev Kuleshov realizó un experimento en su taller de la Escuela Estatal de Cine de Moscú para medir la reacción del público ante ciertos pares de imágenes. Utilizando un primer plano del ídolo prerrevolucionario Ivan Mozhukin sin expresión alguna, lo intercaló con las imágenes de un cuenco de sopa, una mujer en un ataúd y una niña con un muñeco (hay otras descripciones del experimento que incluyen también la puerta de una celda abierta). Parece ser que al ver esta yuxtaposición de imágenes, el público vio diferentes emociones en el impasible rostro del actor dependiendo de la toma junto a la que aparecía (hambre, tristeza y amor paternal, respectivamente). Cada espectador se convertía así en narrador al deducir una relación causa-efecto entre dos tomas sin relación alguna. En lugar de recibir las imágenes pasivamente, el público participaba de forma activa creando significado, lo que suponía interactuar con el medio cinematográfico. Este descubrimiento, que hoy en día se considera un principio fundamental del cine, contribuyó a consolidar la importancia del montaje en el cine soviético, pues demostraba que las tomas individuales no son tan importantes como sus secuencias. De hecho, Kuleshov, que además introdujo la palabra *montaje*, llegó a la conclusión de que éste podía cambiar el significado de cualquier toma, lo que dio relevancia a la figura del director por encima de la del actor. Al proponer que la interpretación de un actor se ve subordinada al contexto, el efecto Kuleshov sugiere también que una interpretación comedida puede intensificar la emoción que se transmite al espectador. En los últimos años, los intentos de repetir el experimento con un público moderno y más acostumbrado a complejos estímulos visuales han dado un resultado que contradice la teoría original. No obstante, el principio de Kuleshov sigue siendo una evidencia de la fuerza de la intuición.
Robert Keser

Fecha Hacia 1920

Por qué es clave Este descubrimiento permitió una primacía del montaje en el medio cinematográfico y sirvió de base a la teoría del montaje soviético.

Película clave
El gran espectáculo

Las últimas películas de Arbuckle junto a Buster Keaton mostraron la influencia que ejercía en él la sutileza cómica de Keaton, pero la altura a la que llegó dicha sutileza en *El gran espectáculo* es sencillamente impresionante. Keaton no imita a nadie, ni busca su personaje. La película está llena de situaciones a menudo absurdas, rayanas en el surrealismo, que definen ya el estilo inconfundible de Keaton. Quizá lo más destacable sea su sentido de la estructura, la intrincada construcción de los gags y los temas que resuenan de una secuencia a otra, incluso de un rollo a otro. El clímax de la obra es una impresionante persecución por cuatro habitaciones de los dos pisos de una casa que, hacia el final, vemos sin fachada para poder seguir la trepidante acción sin corte alguno.

Ni Keaton ni nadie ha explicado nunca por qué no se sintió satisfecho con la película (después de rodarla en 1920, exigió que se almacenara y no pudo estrenarse hasta abril de 1921; para entonces, Keaton ya había ganado popularidad en magníficos cortometrajes como *One Week* o *Neighbors*). Tampoco vemos motivo alguno por el que hubiera podido quedar insatisfecho por el resultado. La teoría de Rudy Blesh o de Marion Meade, dos de los biógrafos de Keaton, de que la película se parecía demasiado a las comedias de Arbuckle nos parece absurda, pues *El gran espectáculo* está a años luz de cualquier obra de Arbuckle (a excepción, quizá, de alguno de los últimos cortometrajes, en los que se veía la influencia del genial cómico, especialmente en *Backstage*, de 1919). En una entrevista de 1954, Keaton describió un gag de la película que no provocó ninguna carcajada en un pase previo al estreno; cuando se redescubrieron los cortos de Keaton y se proyectaron ante el público moderno de 1970, ese mismo gag cosechó las mayores carcajadas de toda la cinta, lo que demuestra que Buster Keaton se había adelantado a su época.
Jean-Pierre Coursodon

Fecha 1921

Nacionalidad Estados Unidos

Director Buster Keaton, Eddie Cline

Reparto Buster Keaton, Al St. John

Título original *The High Sign*

Por qué es clave Es la primera aparición de Keaton en solitario después del aprendizaje en comedias de «Fatty» Arbuckle y demuestra la impresionante maestría e inventiva cómica del actor.

Acontecimiento clave
La muerte de Virginia Rappé

La *starlette* Virginia Rappé, que había trabajado en películas como *Noche de bodas* (1917), acudió a una fiesta organizada por el popular cómico Roscoe «Fatty» Arbuckle en un hotel de San Francisco. Al día siguiente, se desplomó en el vestíbulo. El 9 de septiembre, murió de peritonitis, una complicación provocada por la rotura de la vejiga. Según parece, murió a consecuencia de un aborto clandestino que se le había practicado antes de que acudiera a la fiesta, pero no tardó en extenderse el rumor de que Arbuckle estaba relacionado con la muerte (se dijo que la había violado con una botella rota). Arbuckle se convirtió en un paria de las taquillas y fue juzgado tres veces por homicidio. La absolución final no sirvió para componer su ya arruinada carrera.

La acusación de abuso a una menor de Errol Flynn y el juicio por asesinato de O. J. Simpson; y originó tres líneas de negocio: el de sacar los trapos sucios de las estrellas, los juicios de los famosos y, la que quizá sea la más duradera, la censura cinematográfica estadounidense. A raíz de la muerte de la joven actriz, se impuso el sentimiento generalizado de que «había que hacer algo» sobre aquel hervidero de vicio y pecado que era Hollywood. Como no era práctico vigilar la vida privada de las estrellas, lo que se hizo fue nombrar a un antiguo jefe de correos, Will H. Hays, como primer director de la Asociación de Productores y Distribuidores Cinematográficos. Hays estableció un restrictivo código de comportamiento (el Código Hays), que entró en vigor en 1934 y que eliminó gran parte del material «para adultos» de las películas estadounidenses de las siguientes décadas.

Kim Newman

Fecha 9 de septiembre de 1921

Por qué es clave
Además de arruinar una prometedora carrera, este accidente atrajo sobre el pecaminoso Hollywood la atención de las mentes más conservadoras.

Pág. anterior Virginia Rappé.

Escena clave **El episodio del veterano sin brazos** *Esposas frívolas*

Nos encontramos en Montecarlo poco después del final de la primera guerra mundial: los veteranos con muletas y los niños que juegan a soldados son parte fundamental del paisaje. Karamzin (Stroheim), un falsificador que se hace pasar por conde, ha estado coqueteando con la señora Hughes (Dupont), una rica estadounidense, en la terraza de un lujoso hotel. El falso conde vestido de uniforme militar llega incluso a sobornar a un botones para que lo llame con el propósito de impresionar a la dama. Entonces a la señora Hughes se le cae un libro y un hombre que se encuentra cerca no lo recoge; el espectador da por sentado que el único propósito de dicho personaje es describir el tipo de cortesías que la protagonista está acostumbrada a recibir, además de darle a Karamzin la oportunidad de demostrar su galantería al recoger él el libro.

La segunda vez que aparece el misterioso personaje no recoge el bolso que a ella se le ha caído en un ascensor y creemos que es una especie de guiño continuado. Pero cuando se descubre que en realidad no tiene brazos, el espectador se ve invadido por la culpa y siente lástima. Pero la señora Hughes, que también se siente culpable por haber pensado mal de él, acaricia una de las mangas sin brazos del veterano. La pena se convierte de inmediato en morbo y nos vemos obligados a pensar en lo que antes nos impidieron ver. En un breve instante que ilumina el resto de la película, la comedia se convierte en tragedia y la tragedia en fetiche.

Jonathan Rosenbaum

Fecha 1922

Nacionalidad Estados Unidos

Director Erich Von Stroheim

Reparto Erich Von Stroheim, Miss Dupont (Patsie Hannon)

Título original *Foolish Wives*

Por qué es clave Stroheim va de la comedia a la morbosidad, pasando por la lástima, al introducir a un personaje menor.

Escena clave **Sobresaltado por el demonio**
La brujería a través de los tiempos

Un monje está sentado a una mesa, escribiendo. Apenas hay luz. Está sentado dándole la espalda a la cámara, ocupando la mitad inferior de la pantalla. De pronto, aparece un demonio por detrás del escritorio y resulta imposible no saltar de la butaca al mismo tiempo que lo hace el monje. Tremendamente sencilla, la escena está representada como en cualquier película de terror moderna.

Ése es uno de los momentos geniales de *La brujería a través de los tiempos*, un largometraje único por la audacia con la que trata un tema tabú, por la impresionante inventiva visual y también por una compleja estructura que combina varios niveles narrativos: hay partes rodadas a modo de documental tradicional, escenas en las que se supone que los actores reflejan fielmente prácticas documentadas e interpretaciones visuales de sueños y fantasías. El propio director aparece al comienzo de la cinta y se dirige al público a través de los intertítulos, como si toda la película tratara sobre la brujería. Por cierto, Christensen también interpreta al demonio.

Nunca fue una película fácil de ver, hasta que, a finales de la década de 1960, apareció una versión en la que la mayoría de los intertítulos habían sido sustituidos por la voz en *off* de William Burroughs, lo que actualizó el estilo documental que el director danés buscaba. *La brujería a través de los tiempos* sufrió numerosas prohibiciones y cortes, sobre todo debido al profundo anticlericalismo de Christensen. Por si no fuera suficiente con retratar a un monje persiguiendo a una mujer (y alcanzándola), los horrores de la Inquisición, los placeres masoquistas de un joven cura o unas monjas profanando unas imágenes sagradas y una capilla, al final de la película Christensen sugiere que el psicoanálisis podría curar a esas pobres almas que sufren por culpa de su «temor al demonio», que es lo mismo que decir por «temor a Dios».
Fernando Martín Peña

Fecha 1922

Nacionalidad Dinamarca

Director Benjamin Christensen

Reparto Benjamin Christensen

Título original *Häxan*

Por qué es clave
Tal vez sea el primer momento de miedo que sigue funcionando con el público moderno.

Pág. siguiente *La brujería a través de los tiempos.*

Película clave
Nanook el esquimal

Flaherty sacó la idea de rodar una película sobre los esquimales mientras trabajaba como explorador para una empresa de ferrocarriles en el norte de Quebec en la década de 1910. Una empresa de pieles le proporcionó el equipo para la película, pero él rechazó los primeros metrajes por ser poco profesionales y perdió otras pruebas en un incendio. En el frío de aquellos «espacios ilimitados que coronan el mundo» y ayudado por los inuits o esquimales que participaban en la cinta, Flaherty terminó una película que concibió como una narración, pero también como un documento etnográfico. *Nanook el esquimal* se estrenó con éxito en los cines e hizo que el nombre se hiciera muy conocido; el hombre que interpretó a Nanook murió de inanición «en el verdadero Ártico» seis meses después del estreno de la película.

Nanook se cuela en nuestra conciencia desde el blanco que inunda la pantalla. Se saca a sí mismo de un iglú que acaba de construir. La película termina con una noche tan real que parece de ciencia ficción. Dejamos a Nanook mientras se queda dormido.

Casi noventa años después de su estreno, *Nanook el esquimal* aún resulta controvertida y se sigue criticando a Flaherty por no haber hecho un documental «de verdad». Sólo un escritor muy severo criticaría la escena, una sorprendente escena sobre el sonido en una película muda, en la que un comerciante blanco pone música en un gramófono, Nanook se acerca, agarra el disco y lo muerde. ¿A quién no le ha gustado tanto un disco que ha deseado morderlo?
A. S. Hamrah

Fecha 1922

Nacionalidad Estados Unidos

Director Robert Flaherty

Reparto Allakariallak, Nyla, Cunayou, Allegoo, Allee

Título original *Nanook of the North*

Por qué es clave
Es el nacimiento del documental. Con *Nanook*, Flaherty creo el cine de no ficción.

Escena clave **El poder de la sombra del vampiro** *Nosferatu*

La mayoría de los vampiros de las películas, desde Bela Lugosi a Christopher Lee o incluso Tom Cruise y Brad Pitt en *Entrevista con el vampiro* (1994), dependen de su carisma para cautivar a su presa. Por eso resulta aún más aterrador ver estremecerse a bellas mujeres, arrebatadas por el éxtasis, ante la presencia del grotesco Nosferatu (Max Schreck). Resultaría cómico si no fuera tan inquietante esa figura deforme, con el cráneo sin pelo y esos ojos hundidos que miran descaradamente al mundo de sangre caliente. Cuando sigue a Ellen (Shröder) a su dormitorio, resulta aún más estremecedor porque sólo vemos su jorobada sombra subiendo las escaleras. Este vampiro no necesita transformarse en murciélago para recorrer grandes distancias, ya que puede ir a cualquier sitio en el que haya luces y sombras, colarse en cualquier habitación en la que haya una rendija lo bastante grande para albergar una esquirla de oscuridad. Ellen se sobresalta aterrorizada cuando ese ente sin nombre ni cuerpo araña la puerta con sus garras, como aquellas siluetas misteriosas que perturbaban nuestros sueños de niños. Se hace un ovillo en la cama, el pánico la hace respirar de manera entrecortada, pero la garra de esa terrible figura está ya subiéndole por el camisón y pronto se cierra sobre su corazón. Al margen de ser una imagen maravillosamente expresionista, hay un pequeño guiño en la metáfora que crea F. W. Murnau con la conquista del vampiro. Al fin y al cabo, una película sólo es luz y sombra. Los espectadores que se hayan asustado con la escena saben,al igual que Ellen, lo que es sentirse amenazado por una sombra.

Violet Glaze

Fecha 1922

Nacionalidad Alemania

Director F. W. Murnau

Reparto Max Schreck, Greta Schröder

Título original *Nosferatu, eine Symphonie des Grauens*

Por qué es clave Murnau aterroriza al público de la misma manera que Nosferatu cautiva a sus víctimas.

Acontecimiento clave **Irving Thalberg despide a Erich Von Stroheim**

El 6 de octubre de 1922, seis semanas después de que comenzara el rodaje de *El carrusel de la vida* (*Merry-go-round*), el director Erich Von Stroheim, famoso por terminar las películas fuera de los plazos y presupuestos originales, es citado al despacho de Irving Thalberg. Éste, jefe de producción de Universal Pictures con sólo 22 años, despidió al director por sus «repetidos actos de insubordinación totalmente inexcusables, sus ideas extravagantes a las que jamás está dispuesto a renunciar, sus continuos retrasos innecesarios ocasionados por su empeño de discutir prácticamente todas las instrucciones que se le dan de buena fe y su aparente convicción de que es mejor y tiene más poder que la empresa que le contrata». Rupert Julian sustituyó a Von Stroheim y terminó la película. Menos de un año después, Thalberg y Von Stroheim volvieron a encontrarse en MGM y de nuevo se enfrentaron por culpa de *Avaricia*.

En los primeros años del cine, el director estaba por encima de todos los demás y el tiránico Von Stroheim se convirtió en el paradigma de director como artista visionario y perfeccionista (hasta el punto de obligar a los actores a ponerse ropa interior de época que nunca aparecería en pantalla). Al despedir a Von Stroheim, Thalberg sentó las bases de la estructura jerárquica del cine moderno, en la que el productor era el verdadero creador, tal como reconocieron directores-–productores como Howard Hawks y Alfred Hitchcock. Las películas de Von Stroheim siguen siendo obras geniales, incluso en las versiones reducidas que finalmente se estrenaron, y su empeño en humillar a los estudios gastándose el dinero en películas que nunca podrían generar beneficios por mucho éxito que tuvieran o entregando montajes de diez horas que jamás podrían estrenarse resultó contraproducente y justificó la severidad con la que se trató a directores mucho más razonables.

Kim Newman

Fecha 6 de octubre de 1922

Por qué es clave
Fue el momento en el que los ejecutivos de los estudios se impusieron sobre los directores de Hollywood.

Escena clave **La cuna en el comedor** *Sylvester*

Es Nochevieja, vemos un lujoso restaurante lleno de gente vestida de fiesta. Los clientes de un local más modesto esperan también a hacer el brindis de medianoche y seguir bailando. Tras las puertas de la taberna, una mujer sonriente está preparando una mesa mientras su marido sirve copas en la barra. Un bebé al que nunca llegamos a ver llora en su cuna. Todo parece ir bien hasta que la silueta de una anciana aparece al otro lado de una ventana, en la calle. Es la madre del hombre, que desearía unirse a la fiesta. La mujer deja de sonreír. Ésta es la premisa de la que parte *Sylvester*, un drama familiar concebido como *thriller*: ¿por qué se enfada tanto la mujer? y ¿por qué la madre actúa de un modo tan protector con su hijo? En pocos minutos un choque de caracteres desemboca en una violencia propia de las tragedias de Eurípides, que resulta aún más demoledora al no ir acompañada de una sola línea de diálogo. No hay intertítulos en esta muestra de cine *kammerspiel* de Lupu-Pick, que sin duda es una de las obras más inquietantes del cine mudo alemán. En realidad no son necesarios, ya que no tardamos en darnos cuenta de que los dos personajes femeninos se odian. Sería injusto desvelar demasiado el argumento; basta decir que el marido muere a medianoche, dejando a las dos vengativas mujeres solas en la habitación. Bueno, prácticamente solas. Una toma escalofriante nos acerca a la cuna: el bebé podría ser la siguiente víctima.

Paolo Cherchi Usai

Fecha 1923

Nacionalidad Alemania

Director Lupu-Pick

Reparto Eugene Klöpfer, Edith Posca, Frida Richard

Por qué es clave El teatro *kammerspiel* es tratado aquí como una tragedia griega.

Escena clave **La mosca humana** *El hombre mosca*

La reputación de cómico del cine mudo de Harold Lloyd no ha sobrevivido con tanta fuerza como la de sus coetáneos Keaton y Chaplin; mientras éstos son considerados grandes artistas e innovadores, a Lloyd (que ideaba sus películas, pero rara vez las dirigía o escribía, lo que le hizo perder la valoración como autor que habría merecido) se le recuerda sólo por una cosa: escalar un edificio en la película *El hombre mosca*. Sin embargo, la imagen con gafas y sombrero de paja de Lloyd fue una figura clave en el cine de la década de 1920, un actor que se sentía más cómodo en los gags que en las escenas sesudas y sentimentales que se colaban en las obras de sus rivales. La escena de *El hombre mosca* ilustra la afición en los años veinte por las acrobacias, en especial las relacionadas con los por aquel entonces nuevos rascacielos. La gracia reside en que la mosca humana profesional (Bill Strother), contratado por el publicista de unos grandes almacenes (Lloyd), tiene que huir de la policía, por lo que el inexperto y miedoso héroe tiene que salir a la fachada del edificio y superar todo tipo de peligros, tremendamente cómicos, desde un ratón que se le cuela en los pantalones, los picotazos de los pájaros o un perro loco al reloj que se separa de la pared cuando Lloyd se agarra a una de las manecillas. Esta escena forma parte de la mayoría de las antologías de momentos clave de la comedia muda y ha sido homenajeada en no pocas películas. En la década de 1960, un póster que captaba este memorable momento llevó la escena a las paredes de muchas habitaciones de estudiantes.

Kim Newman

Fecha 1923

Nacionalidad Estados Unidos

Director Fred C. Newmeyer, Sam Taylor

Reparto Harold Lloyd

Título original *Safely Last!*

Por qué es clave Más de ochenta años después, la imagen de Harold Lloyd colgando del reloj sigue siendo uno de los diez grandes símbolos del cine.

ИЗ ЦИКЛА К ДИКТАТУРЕ
СТАЧКА
gréve
streik
КОНЧАЙ
РАБОТУ
А. ЛАВИНСКИЙ
РЕЖИССЕР
ЭЙЗЕНШТЕЙН
ОПЕРАТОР
ТИССЭ
ПРОИЗВОДСТВО
ГОСКИНО

Acontecimiento clave
El montaje de *Avaricia*

A comienzos de la década de 1920, el actor convertido en director Erich Von Stroheim era uno de los pocos cineastas cuya fama podía competir con la de cualquier estrella viva. Había nacido en una familia de judíos austríacos de clase trabajadora, pero se inventó un pasado prusiano que completó añadiéndole el prefijo «von» a su apellido, utilizando un monóculo y una fusta y mostrando una actitud dictatorial casi cómica. Pero películas tan pioneras como *Esposas frívolas* (1922) y *El carrusel de la vida* (1923) eclipsaron su excentricismo, a pesar de que en la primera película el estudio tuvo que hacer grandes cortes y durante la segunda fue despedido. La quinta y más ambiciosa película de Von Stroheim fue también su perdición. *Avaricia*, basada en la novela *McTeague* de Frank Norris, estaba protagonizada por un triángulo amoroso ambientado en la fiebre del oro y giraba en torno a las disputas provocadas por un billete de lotería. Para disgusto de la Metro Goldwyn Mayer, Von Stroheim gastó 750.000 dólares en rodar toda la novela en los escenarios reales de San Francisco y el valle de la Muerte que se describían en el texto. El resultado fue una obra cruda y sombría de más de nueve horas de duración que el estudio proyectó una sola vez para cumplir con las condiciones del contrato de Von Stroheim y luego ordenó cortar. El exceso de metraje se derritió para recuperar el nitrato de plata de la película. El resultado final duraba unas dos horas. Von Stroheim nunca recuperó el poder ni el prestigio perdidos, como se vio en la sátira de Hollywood de 1950, *El crepúsculo de los dioses*, donde el propio director interpreta una parodia de sí mismo. En 1999, Turner Classic Movies y el archivista cinematográfico Rick Schmidlin utilizaron fotos fijas y material diverso como intertítulos para reconstruir un montaje de cuatro horas y media que Von Stroheim había suplicado a MGM que le dejaran estrenar en dos partes.

Matt Zoller Seitz

Fecha 1924

Por qué es clave Fue la primera de una larga lista de producciones, entre las que figuran *El cuarto mandamiento* de Orson Welles, *Mayor Dundee* de Sam Peckinpah y *Las puertas del cielo* de Michael Cimino, en las que un autor visionario se rebeló contra el estudio para el que trabajaba y finalmente vio cómo su obra era masacrada.

Película clave **El ataque de la manguera**
La huelga

En este exuberante debut en el cine a los 26 años de edad, el ambicioso Eisenstein ensalza el cine como herramienta para la educación y la agitación social. Sirviéndose de los conocimientos geométricos que le habían proporcionado sus estudios de ingeniería, unió la fascinación por el movimiento de la era del constructivismo con el compromiso ideológico, reflejado en sus protagonistas colectivos. Utilizó una huelga de los trabajadores de una fábrica en 1912 para enseñar estrategias con que identificar a espías y provocadores, soportar la carga psicológica de una larga huelga y resistirse a la tentación de claudicar. A la narrativa horizontal que enfrentaba a los heroicos trabajadores contra los bufonescos capitalistas, añadió una dimensión vertical nueva que experimentaba con la forma, retratando un acontecimiento desde múltiples ángulos a una velocidad que los convertía casi en instantáneos, en lo que con el tiempo se ha llamado un montaje «cubista». Se atrevió a romper la norma de unir movimiento y dirección, utilizó ángulos extremos sin aparente motivación, desafió el montaje de Hollywood con fotogramas yuxtapuestos con los que conseguía apartar al espectador de sus costumbres perceptivas.

El ejemplo más deslumbrante de ese cine que se centra en la estética más que en la narración llega poco antes del final de *La huelga*. En una secuencia de cuatro minutos, la policía hace frente a los huelguistas con mangueras que despiden fuertes chorros de agua. Primero dos, luego cuatro y finalmente seis chorros forman un arco y se cruzan antes de golpear a los desafortunados trabajadores. Con movimientos rítmicos y una dinámica espacial que subraya la tragedia, Eisenstein muestra cómo el agua golpea a la multitud, las tomas largas dejan paso a primeros planos de los rostros y la escena acaba con una imagen abstracta y borrosa del agua. El cine aún tenía que asimilar el nuevo concepto de montaje de Eisenstein.

Robert Keser

Fecha 1924

Nacionalidad U.R.S.S.

Director Sergei Eisenstein

Reparto El colectivo Proletcult

Título original *Stachka*

Por qué es clave Esta película introdujo el «montaje de atracciones», en la que el montaje se utiliza con fines puramente estéticos.

Pág. anterior Cartel de *La huelga (Stachka)*.

Escena clave **Y gira y gira** *El último*

La película sigue la carrera de un veterano portero de hotel (Jannings). El protagonista se siente muy apegado a su trabajo en el prestigioso hotel, al elegante uniforme con el largo abrigo y los brillantes botones de latón, así como a la sensación de utilidad y orgullo que conlleva llevar mucho tiempo desempeñando un papel que proporciona cierto estatus. Con lo que no había contado era con los estragos de la modernidad, aunque el tráfico y las oleadas de desconocidos le hagan sentirse bien cada día. Resulta que la dirección del hotel le considera demasiado mayor e incompetente y le ha sustituido por un hombre más joven; pero hay un puesto disponible para él: en los lavabos de caballeros...

La puerta giratoria de cristal por la que aparece el portero alegremente al comienzo de la película simboliza la incertidumbre del trabajo y del equilibrio psicológico en un ambiente tan precario. Para él esa puerta es invisible, pero no para nosotros. No tardamos en comprender que no sólo la entrada y salida del hotel es revolucionaria, lo es también toda experiencia en una época de constante cambio. En un momento dado, al salir del hotel, el portero no ve a su sustituto, que está entrando al mismo tiempo. La película construye la experiencia de este hombre como si de una puerta giratoria se tratara; una puerta que, de repente y sin esfuerzo aparente, lo lleva en la dirección equivocada, lo hace girar y girar y entonces el espacio entre dentro y fuera, entre el ayer y el mañana, sencillamente desaparece de manera casi mágica.

Murray Pomerance

Fecha 1924

Nacionalidad Alemania

Director F. W. Murnau

Reparto Emil Jannings

Título original *Der letzte Mann*

Por qué es clave Este momento muestra el papel central que ocupa la vida moderna en el cine.

Escena clave **El proyeccionista entra en la película** *El moderno Sherlock Holmes*

Hacia 1923, Buster Keaton era tal vez el actor más diestro físicamente del aún nuevo Hollywood. Su tercer largometraje bajo Keaton Productions fue *El moderno Sherlock Holmes*, una fantasía de ritmo preciso sobre un joven proyeccionista de cine al que el padre de su novia acusa injustamente de robo. En una primera secuencia de unos tres o cuatro minutos de ritmo trepidante, el personaje de Keaton escapa de su cuerpo dormido en la sala de proyección, cruza el patio de butacas, se sube al piano y se mete a la película que está proyectándose. En una rápida serie de tomas lo vemos rodeado de gente en un salón, en el porche de una casa, en una ajetreada calle, en lo alto de un acantilado, rodeado de leones, entre unos cactus y un tren en marcha, sobre una roca en el mar, en mitad de la nieve y otra vez en el jardín. Es una secuencia brillante que explota la fluidez que proporciona el montaje y su ilimitada capacidad para unir imágenes completamente dispares y formar un todo uniforme. Como prueba de la admiración de la *intelligentsia* vanguardista europea, René Clair comparó la película con la obra de Luigi Pirandello *Seis personajes en busca de un autor*. Unos 60 años después, Woody Allen tomó prestado el concepto de *El moderno Sherlock Holmes* y lo utilizó cariñosamente en su magnífica *La rosa púrpura del Cairo*.

Fecha 1924

Nacionalidad Estados Unidos

Director Buster Keaton

Reparto Buster Keaton

Título original *Sherlock Jr.*

Por qué es clave Keaton, aparte de ser un magnífico actor físico, es también un director con una visión sumamente moderna de la relación entre cine y fantasía.

Escena clave **Carrera de cuadrigas** *Ben-Hur*

La recién creada Metro-Goldwyn-Mayer invirtió todo su efectivo en esta adaptación del *bestseller* de Lew Wallace; los 6 millones de dólares que costó la convirtieron en la producción más cara de la era del cine mudo, toda una proeza teniendo en cuenta que en el prolífico Hollywood de la época se había reproducido desde Babilonia (para *Intolerancia* de D. W. Griffith, 1916) hasta Montecarlo (para *Esposas frívolas* de Erich Von Stroheim, 1922). El especialista en escenas de acción B. Reeves Eason recibió el encargo de adaptar la carrera de cuadrigas del teatro (donde aparecían los caballos sobre plataformas giratorias) a la gran escala del cine. Se colocaron 42 cámaras (más de las que se habían utilizado en cualquier otra producción) en torres, grúas y en el suelo, y se consiguió que aquella escena de 12 minutos, que parecía una película dentro de la película, tuviera secuencias de extraordinario dinamismo. Mientras toda Antioquía llenaba el gigante coliseo, las trompetas resonaban y el viejo resentimiento existente entre Messala (Bushman) y el orgulloso judío Ben-Hur (Novarro) se convierte en una rivalidad a muerte. Pronto vemos rápidas tomas de cascos de caballos golpeando el suelo y crines ondeando al viento mientras las cuadrigas avanzan a toda velocidad y algunos de los participantes caen al suelo. Al final, Messala muere en un choque de animales y carros, y el héroe aparece triunfal bajo una lluvia de pétalos de rosa. Futuros cineastas utilizarían ideas de esta escena para crear espectáculos de ritmo vertiginoso y emoción en películas tan dispares como *Alexander Nevsky* de Sergei Eisenstein (1937), *La guerra de las galaxias de* George Lucas (1977), *Hero* de Zhang Yimou, (2002) y, por supuesto, el *remake* de Ben-Hur que firmó William Wiler en 1959 y en el que, una vez más, un segundo director, Andrew Marton, se hizo cargo de la carrera de cuadrigas y consiguió igualar la emoción del original.
Robert Keser

Fecha 1925

Nacionalidad Estados Unidos

Director Fred Niblo (y B. Reeves Eason)

Reparto Ramon Novarro, Francis X. Bushman

Por qué es clave Es el prototipo de secuencia trepidante.

Personaje clave **Buster Keaton** *El rey de los cowboys*

Un hombre con ropa del oeste, un pañuelo al cuello y un sombrero plano se asoma por una esquina. Se inclina hacia delante. El viento le vuela el sombrero. En un solo movimiento, agarra el sombrero y vuelve a ponérselo.

Aquí tenemos, en sólo unos pocos segundos, el genio de Buster Keaton. Desde luego no es su actuación más espectacular, pero, al igual que hizo en la escena de la valla de *La mudanza* (*Cops*, 1922) o en *El héroe del río* (*Steamboat Bill*, 1928), demuestra el absoluto control que tenía sobre su cuerpo.

Sólo mueve un brazo. El modo en que este parece tener vida propia, pues se adelanta a la desaparición del sombrero y lo recupera antes incluso de que el resto del cuerpo se de cuenta siquiera de la pérdida, es la esencia de la comedia de Keaton.

En la pantalla, el gag parece completamente espontáneo: da la sensación de que a Keaton se le voló el sombrero durante el rodaje y dio la casualidad de que la cámara pudo atrapar el momento. Es también una prueba del talento de Keaton como director, que consigue que lo extraordinario parezca normal, y eso sin duda lo hace aún más extraordinario. El argumento de la película no gira en torno al virtuosismo de Keaton, sino que es la historia de un personaje que busca una vaca a la que debe cuidar. Pero si examinamos detenidamente la escena, vemos que Keaton apoya el brazo en la pierna, preparándose para inclinarse y, suponemos, meterse en la trayectoria de una máquina de viento. Estaba preparado para la escena. La genialidad requiere trabajo y preparación. Otra lección que aprendemos de Keaton.
Gregg Rickman

Fecha 1925

Nacionalidad Estados Unidos

Director Buster Keaton

Reparto Buster Keaton

Título original *Go West*

Por qué es clave
Este gag aparentemente espontáneo sintetiza la genialidad del cómico.

Escena clave **Secuencia de la escalera de Odesa** *El acorazado Potemkin*

La secuencia de la escalera de Odesa de *El acorazado Potemkin*, basada en hechos reales ocurridos en 1905, está considerada una de las mejores escenas de la historia del cine. Con un montaje frenético y un majestuoso control de la puesta en escena, Eisenstein manipula el espacio y el tiempo real para crear la inolvidable imagen del drama de las víctimas inocentes aplastadas por la opresión del estado.

Los habitantes de Odesa se encuentran en la escalera mostrando su solidaridad con los marineros del acorazado, que se han amotinado para protestar por las condiciones opresivas que sufren a bordo. De pronto aparece un destacamento de cosacos y abre fuego sobre la multitud sin que haya habido provocación previa. Durante la matanza, Eisenstein enfoca muchos rostros, destacándolos entre la multitud –vemos incluso a un burgués que se burla del fervor revolucionario–, pero en cambio muestra a los cosacos sin rostro, como un grupo anónimo representado con una metonimia, pues sólo vemos sus botas y sus rifles. Marchan de manera mecánica y despiadada mientras el pueblo de Odesa huye en diferentes direcciones, son individuos que responden de modo distinto ante la misma amenaza. Eisenstein manipula con destreza la composición, la escala de las tomas y el movimiento dentro del plano, de modo que contrastan unas imágenes con otras. El director era perfectamente consciente del potencial propagandístico que ofrecía el cine y logra que, al ver esta escena, el espectador no pueda evitar identificarse con el pueblo que se enfrenta a la crueldad de los cosacos. La secuencia es un claro ejemplo de la máxima de Eisenstein de que «el montaje es conflicto», cosa que aquí plasma simultáneamente tanto en la forma como en el contenido.

Barry Keith Grant

Fecha 1925

Nacionalidad U.R.S.S.

Director Sergei Eisenstein

Título original *Bronenosets Potyomkin*

Por qué es clave Esta famosa escena, ejemplo clásico de las teorías del montaje de Eisenstein, ha sido objeto de numerosas imitaciones.

Pág. siguiente Cartel de *El acorazado Potemkin*.

Escena clave **El baile de los panecillos** *La quimera del oro*

Theodore Huff describió en 1951 *La quimera del oro*, como «probablemente la película más célebre de Chaplin». Pasados los años, sigue siendo un clásico, pero seguramente sea menos conocida que otras de sus obras, como *Luces de la ciudad* (1931), *Tiempos modernos* (1936) o *El gran dictador* (1940) y, entre los conocedores de Chaplin, parece provocar menos entusiasmo que *Monsieur Verdoux* (1947), *Candilejas* (*Limelight*, 1952) o *Un rey en Nueva York* (1957). Quizá deberíamos situar *La quimera del oro* entre esas películas que merecen ser redescubiertas. Lo mismo podríamos decir de esta escena que en otro tiempo fue célebre y que resume muchas de las cualidades esenciales de Chaplin: su interés por los sueños y la fantasía (dentro de la historia, la escena es un sueño que el personaje de Chaplin tiene mientras espera que lleguen sus invitados a la fiesta de Año Nuevo), su amor por la improvisación y la ingenuidad (como tributo a sus invitados, Chaplin los entretiene con lo que denomina *Oceana Roll*: pincha dos panecillos con dos tenedores y los hace bailar sobre la mesa como si los tenedores fueran piernas y los panecillos, dos pies), la tremenda concentración que vemos en su rostro (la gracia de la escena no reside sólo en la destreza con la que mueve las manos, sino que también está en la elegancia de su expresión), el *pathos* o melancolía (el triunfo cosechado con el baile se esfuma cuando el protagonista despierta y tiene que enfrentarse a la certeza de que sus invitados no van a aparecer). Esta pequeña y encantadora escena puede seguir maravillando a los espectadores, siempre y cuando no se les abrume con su condición de «clásico».

Chris Fujiwara

Fecha 1925

Nacionalidad Estados Unidos

Director Charles Chaplin

Reparto Charles Chaplin

Título original *The Gold Rush*

Por qué es clave A pesar de su fama, aún podemos redescubrirla.

Мосгублит № 47449 Тираж 1000. Издание СОВКИНО Москва 1929 г. Литография СОВКИНО Таганская ул. д. 3. Телефон 2-24-77.

Escena clave **La retirada de la máscara** *El fantasma de la ópera*

Erik (Chaney), el fantasma enmascarado, ha secuestrado a su soprano protegida, Christine (Philbin), y se la ha llevado a la guarida que tiene bajo el Teatro de la Ópera de París. Mientras él toca el órgano y trata de deleitarla con su composición, la muchacha se acerca tímidamente al misterioso caballero y, con evidente temor, le arranca la máscara. Aún continúa la polémica sobre la autoría de esta brillante escena, pues no se sabe si el responsable fue el director, Rupert Julian, o el propio protagonista, pero sin duda es uno de los mejores «desenmascaramientos» del cine. La fotografía de la escena logra un doble impacto: el espectador ve desde un lugar privilegiado el magnífico maquillaje que prácticamente convierte el rostro de Chaney en una calavera y cómo la rabia se apodera de él mientras Christine se encoge de miedo; en el momento en que Erik se vuelve hacia ella, pasamos a ver las cosas desde su punto de vista y la imagen del fantasma aparece desenfocada.

«Mírame bien», dice el fantasma en un intertítulo, «regodéate en mi maldita fealdad». El propio Chaney diseñó el maquillaje del fantasma y, a diferencia de las posteriores versiones cinematográficas de la obra, se inspiró directamente en la novela de Gaston Leroux. «Tiene los ojos tan hundidos, que apenas pueden vérsele las pupilas. Sólo se ven dos grandes agujeros negros, como los de la calavera de un muerto. Su piel, estirada sobre los huesos como la de un tambor, no es blanca, sino de un desagradable amarillo. Su nariz es insignificante, tanto que no tiene perfil; un rostro sin nariz es una visión muy desagradable.» La publicidad de la época ocultó la imagen del fantasma desenmascarado, cuya aparición causó tanta sorpresa que, según se dice, provocó muchos desmayos entre el público.

Kim Newman

Fecha 1925

Nacionalidad Estados Unidos

Director Rupert Julian

Reparto Lon Chaney, Mary Philbin

Título original *The Phantom of the Opera*

Por qué es clave Aún no se ha igualado este «desenmascaramiento» del cine.

Pág. anterior *El fantasma de la ópera.*

Escena clave **La escena del adiós** *El gran desfile*

Nuestra memoria visual está llena de despedidas, tanto de la ficción como de la vida real. Todo se reduce a tres preguntas eternas: ¿recuerdas lo felices que fuimos juntos? ¿Realmente sabes lo que siento por ti? ¿Volveré a verte y, si así, seguiremos siendo el uno del otro? Existe no poca afinidad entre el cine y la experiencia de marcharse o de ser abandonado: el cine nos hace revivir recuerdos, captar un momento fugaz, intentamos prepararnos para sentir añoranza y deseo. Un buena película puede desde luego demostrar que el arte de ver y el arte de vivir tienen algo en común, de ahí que las historias de amor de King Vidor hayan tenido tanta repercusión. *El gran desfile* demuestra lo anterior con increíble franqueza. John Gilbert es un soldado a punto de marcharse al frente y Renée Adorée es la amada a la que va a dejar atrás. El protagonista está en un camión junto a otros soldados mientras ella ve cómo el convoy se va del pueblo. La muchacha sabía que iba a ocurrir, pero ahora que está pasando, no puede soportarlo; no quiere que su amado se vaya. Entonces echa a correr desesperadamente, intenta alcanzarlo para decirle que le está rompiendo el corazón. No podemos oírla gritar, pero su dolor nos llega con fuerza. Corre tan rápido como puede, pero cae al suelo y el convoy desaparece en el horizonte mientras sus sollozos desesperados se unen a los nuestros.

Paolo Cherchi Usai

Fecha 1925

Nacionalidad Estados Unidos

Director King Vidor

Reparto John Gilbert, Renée Adorée

Título original *The Big Parade*

Por qué es clave La agonía de la separación se convierte en una realidad palpable.

Escena clave **Un coche que incuba huevos** *Egged on*

La Cinémathèque de Toulouse fue la primera en redescubrir el genio de Charley Bowers, un maestro del surrealismo que seguramente nunca vio una obra surrealista antes de dirigir sus comedias rurales, en las que unos trozos de metal comen avestruces, los huevos generan pollos adultos y Scotland Yard es un patio con detectives con faldas escocesas y lupas. Cuando Joseph Losey le pidió que participara en la dirección de un cortometraje, Bowers ya había quedado olvidado: poco quedaba de las llamativas creaciones al estilo de Arcimboldo que había llevado a cabo entre 1926 y 1930. Pero en los archivos cinematográficos han aparecido una docena de títulos suyos, de los que *Egged on* es tal vez el mejor de ellos. «Verás, amigo mío» explica Charley, «la Madre Naturaleza nunca tuvo en cuenta las ventajas de los huevos menos frágiles. El que invente la manera de hacer huevos irrompibles se hará rico». «¿Por qué no inventas una máquina para pagar el alquiler?», dice la casera, pero Charley tiene mejores planes. Después de intentar transportar en su coche una muestra de huevos (todos acaban rompiéndose), encuentra más especímenes para su experimento y los deja en el radiador del coche para que estén protegidos. El inesperado resultado es que, gracias al calor del motor, los huevos se abren y de ellos surgen pequeños coches que empiezan a correr alrededor de su orgullosa madre de cuatro ruedas. Al margen de la majestuosa técnica con la que se animaron objetos reales, esta inolvidable escena es una buena muestra de la obsesión de Bowers por la transmutación del mundo natural en sueños tecnológicos. No es de extrañar que a André Breton le gustase tanto Bowers.

Paolo Cherchi Usai

Fecha 1926

Nacionalidad Estados Unidos

Director Charley Bowers y Harold L. Muller

Reparto Charley Bowers

Por qué es clave
La comedia rural se une al surrealismo.

Acontecimiento clave **La inmolación de la historia del cine australiano**

Se dice que, en una conferencia de archivistas, el célebre conservador francés Dominique Païni anunció solemnemente: «Se ha perdido el 85% de las películas de los primeros años del cine». Pero entonces añadió con optimismo: «De todas maneras, el 85% de las películas no merecen salvarse». Puede que el empresario estadounidense Norman Dawn estuviera de acuerdo con él. *For the Term of His Natural Life*, rodada en Australia en 1926, era la tercera adaptación de la novela carcelaria de Marcus Clarke. Se rodó entre Sídney y Port Arthur, Tasmania, un lugar maldito de la historia australiana donde hacía poco había habido una terrible matanza. Un extranjero como Dawn se hizo cargo de la película después de que el pionero australiano Raymond Longford fuera expulsado del proyecto, por lo que tuvo que soportar que la prensa dijera que era «cómplice de la masacre» de la incipiente industria cinematográfica australiana. Parece que se tomó estas palabras muy a pecho: para filmar una espectacular escena en la que se incendiaba un barco, Dawn, famoso por su inventiva con los efectos especiales, mezcló más de diez kilos de dinamita con dos toneladas de película de nitrato empapada en petróleo crudo. Así pues, se sacrificaron cientos de películas anteriores, muchas de las cuales se perdieron por completo, para rodar una sola escena. Y no sería la última vez que ocurriría algo semejante, pues Ken G. Hall, otra leyenda nacional, repitió el truco en 1933 para rodar *The Squatter's Daughter*. No es de extrañar que los archivistas actuales vean estos sucesos como alegorías de la mala relación existente entre la industria del cine y su propia historia.

Adrian Martin

Fecha 1926

Por qué es clave
Se sacrificaron cientos de películas para rodar una sola escena.

Escena clave **En un parque, un anciano le da un poco de pan a una muchacha** *Ménilmontant*

Una muchacha hambrienta está sentada en el banco de un parque. Está sola y no tiene ningún sitio al que ir. Un anciano se sienta en el mismo banco para comer. Apenas la mira, pero le da un poco de pan. El hombre no pretende reprenderla, ni le pide que le explique su situación; no invade sus sentimientos en modo alguno, simplemente la ayuda. Y por la manera en que lo hace, imaginamos que ese personaje, que no vuelve a aparecer en el resto de la película, lleva a la espalda toda una vida de penurias.

Parte del efecto conmovedor de la escena reside en evitar todo sentimentalismo convencional, a pesar de que el argumento de la película es melodramático: dos hermanas que han perdido a sus padres en un crimen pasional se trasladan a una gran ciudad y, en momentos distintos, acaban siendo víctimas del mismo hombre, que las seduce y luego las abandona. Con un trabajo exclusivamente visual, sin la ayuda de intertítulos, el director Kirsanoff desarrolla la historia con tremenda sutilidad en la caracterización, el ambiente y el contexto. Incluso en ciertas ocasiones, en especial cuando recurre a la elipsis, encuentra la manera de poner en práctica efectos que nos recuerdan al cine de vanguardia. La película es, además, un ejemplo de técnicas montaje rápido que prefiguran el trabajo de muchos directores contemporáneos.

Ménilmontant es sólo una de las muchas películas de cine mudo francés que hace 40 años eran comunes en cualquier club cinematográfico y que, sin embargo, ahora no son tan fáciles de encontrar y sobre las que nadie escribe. Otras de esas películas son *La sonriente Madame Beudet* (1922) de Germaine Dulac y *Crainquebille* (1922) de Jacques Feyder, por no hablar de toda la obra muda de Abel Gance o de algunas verdaderas rarezas como *Le brasier ardent* (1923) de Ivan Mozhukhin. Es una lástima que nos sometamos a las «tendencias» en la historia del cine.

Fernando Martín Peña

Fecha 1926

Nacionalidad Francia

Director Dimitri Kirsanoff

Reparto Nadia Sibirskaïa

Por qué es clave Es una escena profundamente conmovedora dentro de una película excepcional casi olvidada hoy en día.

Escena clave **El romance** *Mighty like a Moose*

Charley Chase y Vivien Oakland son marido y mujer. Ya desde el principio se hace evidente que se casaron el uno con el otro porque habían sido rechazados por todos los demás: él tiene dientes de morsa y ella, una nariz ridícula. Un día, cada uno por separado, deciden someterse a cirugía plástica. Una vez acabadas las operaciones, se encuentran en la calle y no se reconocen, pero tienen lo que ambos creen que es un romance ilícito. Él la invita a una fiesta, ella acepta y ambos se van a casa por caminos separados para vestirse. En la casa, intentan esconderse el uno del otro para ocultar los cambios que han sufrido, por lo que hay una serie de encuentros coreografiados en los que uno de los dos siempre tiene la cara tapada de un modo u otro. Después de vestirse para la fiesta, salen por puertas separadas, se encuentran a varias manzanas y van juntos a la fiesta, convencidos de que son infieles.

Sin duda, es una de las comedias mejor construidas de todos los tiempos y un buen ejemplo para afirmar que Charley Chase y Leo McCarey inventaron la comedia de situación (tal vez con algo de ayuda de Max Linder). Con unos pocos cambios, el argumento de esta película podría utilizarse en cualquier *sitcom* actual sin perder ni un ápice de su valor cómico.

Fernando Martín Peña

Fecha 1926

Nacionalidad Estados Unidos

Director Leo McCarey

Reparto Charley Chase, Vivien Oakland

Por qué es clave Charley Chase y Leo McCarey inventaron en esta película la comedia de situación.

Acontecimiento clave
La muerte de Rodolfo Valentino

La muerte de Rodolfo Valentino no fue nada *glamourosa*. El Jeque debería haber sucumbido en un duelo a sable, en un accidente taurino o ante un pelotón de fusilamiento. Pero la indecorosa enfermedad que se lo llevó a la edad de 31 años –una peritonitis precipitada por una úlcera sangrante– bastó para provocar un verdadero cataclismo en el público. «Las mujeres no están enamoradas de mí», afirmó astutamente Valentino, «sino de la imagen que ven de mí en la pantalla. Yo soy tan sólo el lienzo sobre el que las mujeres dibujan sus sueños». Cuando desapareció de pronto el depositario de tanto deseo, el público se volvió loco. Alrededor de 100.000 personas acudieron al velatorio de Valentino y el histerismo era tal que aquello se convirtió en un tremendo descontrol. Entre los destrozados fans se extendió el rumor de que su estrella se había suicidado. La actriz Pola Negri envió 4.000 rosas, un gesto exagerado que aun así parecía del todo insuficiente. Desde entonces han muerto tantos actores en la plenitud de sus carreras y de su carisma –James Dean, Marilyn Monroe, Bruce Lee, River Phoenix–, que casi nos hemos acostumbrado a sentir el ligero aroma de la necrofilia en los actos de homenaje posteriores a sus muertes. Pero la multitud que recorrió las calles de Nueva York tras la muerte de su ídolo no contaba con precedente alguno. En aquellos tiempos aún estaban escribiéndose las reglas de la celebridad. La conmoción que provocó la muerte de Valentino demostró que el poder de las estrellas era como la energía nuclear: si la maquinaria de Hollywood lo utilizaba bien, podía iluminar el mundo entero, pero si una tragedia desataba su reactor, nadie estaba a salvo.

Violet Glaze

Fecha 23 de agosto de 1926

Por qué es clave La adoración a las estrellas muestra su lado oscuro por primera vez como consecuencia de una inesperada tragedia.

Pág. siguiente Valentino en una imagen clásica.

Escena clave **Secuencia inicial**
Una página de locura

Una lluvia torrencial cae sobre una calle en plena noche. Aparece un coche y de él sale una figura. Ése es el contenido narrativo de las primeras 50 tomas de la película de Teinosuke Kinugasa, *Una página de locura*, pero el argumento es irrelevante: nunca averiguamos quién es esa persona, ni tampoco el motivo de la visita. Lo que importa es el montaje rítmico de la lluvia, las ruedas, las escaleras, el poste telefónico, las ventanas y el rayo, imágenes que se combinan a través de cortes, exposición doble e incluso imágenes invertidas. Una técnica cinematográfica tan experimental provocada en parte porque descubrimos que se trata de un hospital psiquiátrico, pero que en las siguientes cien tomas se utiliza para involucrar al espectador en los delirios de un interno que está bailando; se combinan los bruscos movimientos del cuerpo con evocaciones sinestésicas que culminan en una oleada de tomas compuestas de una sola imagen cada una. Aunque tiene cierta influencia del cine impresionista francés, esta escena fue alabada por la crítica japonesa por superar el mejor cine contemporáneo europeo, aunque hubo quienes se quejaron de los otros segmentos melodramáticos de la película. Sin embargo, Kinugasa no se llevó consigo esta cinta cuando se marchó a Europa en 1928 y *Una página de locura* se creyó desaparecida hasta que el director encontró una copia en 1971. Aunque se trataba de una versión más corta que la del original de 1926, su posterior estreno no hizo sino aumentar todavía más la reputación vanguardista de la película. Cabe preguntarse cómo habrían reaccionado los europeos si hubieran visto la secuencia inicial de *Una página de locura* en 1928.

Aaron Gerow

Fecha 1926

Nacionalidad Japón

Director Teinosuke Kinugasa

Reparto Masao Inoue, Eiko Minami

Título original *Kurutta ichipeiji/Kurutta ippeiji*

Por qué es clave Esta escena es un ejemplo de experimentación en el cine mudo narrativo.

Diálogo clave **«¡Aún no han oído nada!»** *El cantante de jazz/El cantor de jazz*

El cantor de jazz no fue la primera película con sonido. La demostración original de Edison sincronizaba las imágenes con el sonido de un gramófono y había habido muchos experimentos similares durante las primeras décadas del cine. Los más conservadores de la industria del cine veían aquellos experimentos como se vio después la moda del 3D o fenómenos pasajeros como el Odorama, y cuando Warner Bros. decidió poner en marcha un proceso de sonido sincronizado, que significaba unir banda sonora e imagen en una misma cinta cinematográfica, el estudio no pensó que aquello cambiaría para siempre la manera de hacer y ver películas. *El cantor de jazz* ni siquiera es una película en la que se hable o se cante todo el tiempo; en realidad, se suponía que era una película muda en la que estallaba el sonido cada vez que el personaje de Al Jolson se subía al escenario a cantar. El momento histórico llegó casi por accidente, cuando el incontenible artista improvisó algunas palabras a modo de preámbulo antes de lanzarse a interpretar su primer gran número. «Esperen un momento, ¡aún no han oído nada! Esperen un momento. ¡Aún no han oído nada! ¿Quieren oír "Toot Toot Tootsie"? Muy bien, esperen, esperen... Lou, escucha. Toca "Toot Toot Tootsie". Tres estribillos, ya sabes. En el tercer estribillo, yo silbo. Vamos con fuerza, adelante.» Con esas palabras, Jolson mató el cine mudo y convirtió el musical en uno de los grandes géneros cinematográficos. «Están acabando con lo mejor que se les ha ofrecido nunca a los sordos», protestó el crítico E. V. Lucas.

Kim Newman

Fecha 1927

Nacionalidad Estados Unidos

Director Alan Crosland

Reparto Al Jolson

Título original *The Jazz Singer*

Por qué es clave La voz segura y desenvuelta del crisol cultural de Estados Unidos del siglo xx le dice al público que el futuro ha llegado y va a ser asombroso.

Pág. anterior *El cantor de jazz*.

Escena clave **El viaje en taxi** *Springtime Saps*

El programa de la legendaria retrospectiva que el Festival de Cine Mudo de Pordenone dedicó a la *slapstick comedy* (comedia bufonesca) estadounidense en 1994 incluía 1.674 actores y actrices que contribuyeron con la manifestación artística más humilde y creativa del cine mudo. La mayoría de ellos son sólo notas a pie de página de la historia del cine, cientos de payasos silenciosos y desconocidos que fueron condenados al olvido después de un breve romance con la popularidad. Snub Pollard es algo más que una nota a pie de página (sus escandalosos gags rozan a veces lo etéreo); sin embargo, el primer rollo de *Springtime Saps* es tan poco interesante que ni siquiera los más avezados especialistas en el género repararían en él. Pero paciencia, pues en la segunda parte nos espera una sorpresa. Snub va conduciendo un taxi; dentro, su socio va hablando con una joven señorita que vende medias femeninas. En la maleta lleva dos piernas que utiliza para mostrar las últimas novedades en moda íntima. Mientras ella habla, una de las piernas asoma por la ventana izquierda del taxi, la joven agarra la otra y la saca por la ventana contraria. La cámara alterna tomas de dentro y de fuera del vehículo, la dama gira las piernas artificiales para mostrar mejor el producto. La imaginación hace el resto. La vulgaridad, el ingrediente principal de una auténtica *slapstick comedy*, alcanza aquí la categoría de sublime. Si los censores dieron su aprobación a este cortometraje, debían de estar dormidos.

Paolo Cherchi Usai

Fecha 1927

Nacionalidad Estados Unidos

Director Les Goodwins

Reparto Snub Pollard

Por qué es clave La vulgaridad puede ser sublime.

Escena clave **Madera en la vía** *El maquinista de la general*

En la primera toma la cámara está en las vías del tren, justo delante de la acción: Keaton está despejando la vía de todo tipo de obstáculos (cajas, barriles, grandes trozos de madera) colocados por el enemigo. Lo hace adelantándose a la locomotora, que ha puesto en marcha para que avance lentamente. Pero entonces se atasca un trozo de madera y Keaton no logra sacarlo de entre los raíles. Al final lo consigue justo a tiempo y acaba sentado en el parachoques de la locomotora, con el trozo de madera en las manos. En la segunda toma, la cámara va paralela a la locomotora mientras Keaton intenta mantenerse en el parachoques y no soltar la madera. En la tercera toma, con la cámara de nuevo delante de la locomotora, pero ahora más de lejos, aparece un segundo trozo de madera en la vía. Después de un momento de suspense, Keaton lanza la madera que tiene en las manos sobre un extremo de la que está en la vía y hace que ésta salte por los aires en un ángulo perfecto de 180 grados.

Como intérprete, se suelen alabar las acrobacias de Keaton, que sin duda eran impresionantes, pero es en esta clase de gags, más sutiles pero más complicados físicamente, en los que se muestra su talento único. No había nadie que lo superase como director cuando trabajaba con su propio material: las tres tomas establecen la situación y finalmente alcanzan el clímax. Las tres son esenciales para entender una escena que no podría haberse rodado mejor y que abarca muchas facetas importantes en el trabajo de Keaton: los obstáculos que surgen y que el protagonista debe salvar con inventiva, su capacidad para manejar objetos de manera inesperada, su habilidad física y su necesidad de avanzar..., todo tiene el sentido poético de un baile perfectamente coreografiado. Y, sobre todo, hace reír.

Fernando Martín Peña

Fecha 1927

Nacionalidad Estados Unidos

Directores Buster Keaton, Clyde Bruckman

Reparto Buster Keaton

Título original *The General*

Por qué es clave Es un buen ejemplo del estilo de Keaton como intérprete, director y maestro de la comedia.

Persona clave **Laurel y Hardy** *La batalla del siglo*

Aunque aparecieron nada menos que en 14 cortos de Hal Roach estrenados en 1927, no se convirtieron en un verdadero equipo, ni se anunció como tal, hasta el décimo de ellos. *Fuera sombreros*, *Los segundos cien años* y *Putting Pants on Philip*, todas de 1927, se consideran las primeras comedias oficiales de Laurel y Hardy. *La batalla del siglo*, un cortometraje famoso sobre todo por la guerra de tartas que tiene lugar, muestra a la pareja en sus papeles clásicos, con el engreído y sufrido Hardy perpetuamente frustrado por las meteduras de pata de Laurel. Sin embargo, aún no son del todo obvias sus personalidades ni la relación que los une. Así, no aparecen los gestos típicos de Hardy, como la mirada fija a la cámara, y, al interpretar al entrenador del desafortunado boxeador que encarna Stan, aparece como el serio de la pareja. Sí que vemos ya las peculiaridades de Laurel, pero aún no se llaman Stan y Ollie (o, como Ollie presentaría al dúo más adelante, «Mr. Laurel y Mr. Hardy»): Stan es Canvasback Clump (o «la Fregona Humana»), mientras que Laurel es simplemente su representante. En películas posteriores, cuando ya no era necesario establecer una relación laboral entre ambos, simplemente aparecían juntos como un equipo, inseparables pasara lo que pasara.

Lo más destacado de este tándem inigualable, aún más que el combate de boxeo, es un número que aparece al final del primer rollo (aunque ha desaparecido, se conserva todavía un guión y algunas fotos fijas). En él, Stan, que intenta utilizar una pluma estilográfica, salpica tinta a Ollie a la cara una y otra vez. Pero lo que más llama la atención es, por supuesto, la orgía del lanzamiento de tartas, orquestado y coreografiado al más puro estilo de Laurel y Hardy, donde cada tarta alcanza un objetivo no deseado y cada vez participan en el juego más lanzadores y más víctimas.

Jean-Pierre Coursodon

Fecha 1927

Nacionalidad Estados Unidos

Director Clyde Bruckman

Título original *The Battle of the Century*

Por qué es clave Es uno de los mejores cortometrajes de Laurel y Hardy, así como y uno de los primeros en los que se establecen claramente sus respectivas personalidades.

Pág. siguiente Stan Laurel y Oliver Hardy.

Escena clave **La pantalla triple** *Napoleón*

Un efecto inesperado de la aparición del cine en Rusia fue la reacción del público a la imagen parpadeante de la pantalla. La gente se angustiaba al ver a otros pasar por delante de la cámara y desaparecer en la nada. ¿Qué les pasaba entonces? Era como una muerte por proyección. Una reacción que no debía tomarse a la ligera. ¿Por qué la imagen era rectangular y no circular, por ejemplo? ¿Por qué tenían que ser tan afilados los bordes del cuadro o fotograma? ¿Qué define los límites de la visión y cuál es su significado? Los cineastas y los directores de los cines probaron todo tipo de soluciones: construir pantallas gigantes (Imax), duplicar el tamaño del cuadro (70 mm), hacer que la imagen pareciera más ancha (CinemaScope) o tan larga que el espectador tuviera que mover la cabeza para verla entera (el Cinéorama de Grimoin-Sanson, una proyección de 360 grados que fracasó en la Exposición Universal de París de 1900). La Polyvision de Abel Gance fue otro intento de alcanzar aquella utopía de la visión humana y que de hecho habría caído en el olvido como muchas otras si no hubiera sido por dos cosas: el efecto tríptico que aparece en la pantalla a partir de una imagen normal, como si el espectador se encontrara bajo el efecto de una droga que le hiciera ver las imágenes distorsionadas, y, por otro lado, el hecho de que la imagen expandida no es el resultado tanto de la ampliación de la pantalla como de una avalancha de asociaciones mentales que aparecen frente a nosotros de manera simultánea: Napoleón (Dieudonné), su ejército, su amada Josefina (Manès), un águila con las alas abiertas. El cine no es sólo más grande que la realidad: además, permite romper sus propios límites y desafiar así a la muerte que tanto temieron los espectadores moscovitas en 1896.
Paolo Cherchi Usai

Fecha 1927

Nacionalidad Francia

Director Abel Gance

Reparto Albert Dieudonné, Gina Manès, Wladimir Roudenko

Título original *Napoléon vu par Abel Gance*

Por qué es clave
No se puede contener la creatividad en un fotograma.

Escena clave **Freder sorprende a su padre con la falsa María** *Metrópolis*

SPOILER

Pocas películas canónicas están tan cargadas de alegorías como *Metrópolis*, el *urtext* de la fascinación que siente el cine por la distopia con visión de futuro. Muchos eruditos, como, Tom Gunning, han analizado a fondo la manera en que Fritz Lang y la guionista Thea Von Harbou entrelazan los temas políticos, sociológicos, tecnológicos y psicoanalíticos, y dan lugar a una película tan absorbente como ideológicamente incoherente. En la escena en cuestión, el conflicto edípico que apoya la titubeante crítica al poder de *Metrópolis* estalla de pronto como una presa desbordada. Es más, Lang utiliza formas visuales que se alejan de la objetividad para relatar dicho estallido.

Cuando Freder (Fröhlich) abre la puerta y encuentra a su padre (Abel) en brazos de la robótica doble de María, la mujer a la que ama Freder, todo se vuelve negro a su alrededor. Su imagen es primero sustituida y luego completada por un círculo de luz blanca. Da la sensación de que los destellos estén grabados directamente en el negativo de la película. Los rostros de los tres protagonistas quedan rodeados por sobreimpresiones caleidoscópicas. Debemos recordar que las técnicas que utiliza Lang en esta escena no son del todo nuevas: los experimentos modernistas en el cine abstracto de Fischinger, Léger y Man Ray estaban en pleno apogeo en 1927, como también lo estaban las obras experimentales de los llamados cineastas impresionistas franceses. Pero pocas de esas películas tuvieron el impacto cultural que causó *Metrópolis* y que ha convertido el ataque cubista de Freder en todo un hito de la cinematografía. Durante un minuto, *Metrópolis* es un filme completamente vanguardista.
Michael Sicinski

Fecha 1927

Nacionalidad Alemania

Director Fritz Lang

Reparto Gustav Fröhlich, Brigitte Helm, Alfred Abel

Título original *Metropolis*

Por qué es clave La representación que hace Lang de un ataque edípico es también un ejemplo clave, y muy temprano, del cruce entre el cine narrativo y el de vanguardia.

Escena clave **El trávelin de la luna llena** *Amanecer*

En esta famosa y profunda toma, la atracción magnética de la sexualidad y la modernidad aparecen como caminos relacionados. Uno el de un granjero (O'Brien) que cruza un campo cercano a su casa en mitad de la noche rumbo a una cita con su amante (Livingstone), que está de visita procedente de la ciudad. Su camino parece prolongado, o quizá sería mejor decir elevado, por la fluidez sobrenatural de la cámara de Murnau, que primero lo sigue y luego avanza junto a él. Luego su camino se aparta del de la cámara, que lo enfoca frente a frente antes de girar para perderlo y acercarse, a través de ramas de árboles que se apartan mágicamente, a la mujer que lo espera. La fluidez del movimiento de la cámara, igual que la luna llena que brilla en el ángulo superior izquierdo al comienzo de la escena y vuelve a aparecer al final para iluminar a la elegante mujer vestida de negro, evidencian que la trayectoria del protagonista es una configuración simbólica de fuerzas que transcienden lo humano y que él ha renunciado a su libre albedrío para dejarse guiar por ellas. La escena es una protesta contra dicha esclavitud, pero también una glorificación de la misma. En su tensión interna y en la belleza abrumadora de la imagen de Murnau, podemos encontrar la definición de *puesta en escena*.
Chris Fujiwara

Fecha 1927

Nacionalidad Estados Unidos

Director F. W. Murnau

Reparto George O'Brien, Margaret Livingstone

Título original *Sunrise*

Por qué es clave
El movimiento de la cámara define el mismo concepto de puesta en escena.

1920–1929

Escena clave **La risa enloquecida de Alonzo** *Garras humanas*

Nanon (Crawford) es una mujer increíblemente guapa y atractiva, pero tiene un problema: no soporta que la toquen sus pretendientes porque «toda mi vida los hombres han intentado ponerme encima sus brutales manos..., para manosearme». Alonzo (Chaney) la escucha con atención y medita sus palabras. La ha visto rechazar a Malabar (Kerry), un pretendiente que intentó tocarla. Él está enamorado de Nanon, pero la cuestión es hasta dónde está dispuesto a llegar por ese amor.

Un día desaparece y hace que le amputen los brazos para encajar con el ideal de Nanon, pero cuando vuelve junto a ella la encuentra en los brazos de Malabar. «¿Recuerdas cuánto temía estas manos?», le pregunta ella. Claro que lo recuerda. Entonces Nanon añade: «Ya no las temo. Ahora las amo». Mientras ella hace que Malabar la acaricie, Alonzo se echa a reír y sigue haciéndolo hasta que se desploma.

Garras humanas es tal vez la mejor película que se ha hecho nunca sobre la tragedia del amor no correspondido. Por supuesto, el argumento es algo más complicado: Alonzo tiene un pasado oscuro, hay un intento de venganza y la historia está ambientada en el mundo del circo, por lo que la película está al límite desde el comienzo. Pero el mensaje es universal: *la donna è mobile*, la mujer es voluble.
Fernando Martín Peña

Fecha 1927

Nacionalidad Estados Unidos

Director Tod Browning

Reparto Lon Chaney, Joan Crawford, Norman Kerry

Título original
The Unknown

Por qué es clave Es un momento de oscura ironía en una magnífica película sobre el amor no correspondido.

Escena clave **La cena**
Pass the Gravy

Hay al menos dos motivos por los que Max Davidson merece figurar en la historia del cine: el primero, fue que en 1907 convenció a un actor de teatro en ciernes llamado D. W. Griffith para que se sacara algún dinero extra haciendo pequeños papeles para la empresa Biograph de Nueva York (Griffith le devolvió el favor dándole un pequeño papel de bondadoso inquilino en el episodio moderno de *Intolerancia*); el segundo motivo es que dirigió alrededor de 30 comedias cortas entre 1923 y 1929 y, con su humor judío, llevó las *slapstick comedies* hasta lo más alto. *Pass the Gravy* se ha ganado un lugar en el Olimpo de los mejores cortometrajes de comedia de la historia, en parte gracias al magnífico guión de Leo McCarey. La historia gira en torno a Brigham, un laureado gallo que pertenece al vecino de Max. En casa de éste va a haber una cena de celebración y, en lugar de comprar un pollo con el dinero que le han dado, el desventurado hijo de Max (O'Donnell) se presenta en la mesa con Brigham en forma de asado. En cuanto el muchacho se fija en el anillo que lleva la víctima en la pata, intenta informar a su padre del terrible error. El dueño de Brigham es el invitado de honor, por lo que el culpable sólo puede hacer señas a su padre con la esperanza de que éste comprenda el mensaje. Pero no es así. La situación se prolonga durante varios divertidísimos minutos de suspense, utilizando el silencio como elemento expresivo, lo que demuestra la brillantez que podía alcanzar el cine no a pesar de la falta de sonido, sino gracias a ella.

Paolo Cherchi Usai

Fecha 1928

Nacionalidad Estados Unidos

Director Fred L. Guiol

Reparto Max Davidson, Spec O'Donnell

Por qué es clave La falta de sonido es parte del gag.

Personaje clave **Charlie Chaplin**
El vagabundo se marcha solo *El circo*

Rica tanto en comicidad como en ternura, *El circo* es una obra maestra de la comedia perfectamente estructurada en torno a la figura del vagabundo (Chaplin), que sin querer se convierte en estrella de un circo trabajando como payaso, pero que acaba con el corazón roto cuando la amazona de la que se ha hecho amigo y a la que protege y ama (Merna Kennedy), se enamora de un equilibrista (Harry Crocker). Al final decide dejar que el circo se marche sin él. Se queda triste, sentado en una caja en el círculo donde había estado el circo, mira un papel roto con una estrella, hace una bola con él, le da una patada y se aleja mientras la imagen se va cerrando. Esta breve escena final materializa toda la genialidad de Chaplin porque, además de ser una creación suya, él es el único protagonista desde el momento que vemos el plano largo de los carromatos del circo alojándose en una nube de polvo; su imagen resulta menos fascinante que la de la figura oscura que los ve marchar. Nadie ve el último gesto del vagabundo en el círculo abandonado, donde ya no es el cómico aclamado por los espectadores del circo, sino un hombre conmovedor, fuerte y poético. Chaplin el director lo percibe así, como una figura eterna. Hace falta un gran ego, pero el Chaplin artista justifica la escena, tanto delante como detrás de la cámara.

Blake Lucas

Fecha 1928

Nacionalidad Estados Unidos

Director Charlie Chaplin

Reparto Charlie Chaplin

Título original *The Circus*

Por qué es clave El genio de Chaplin se destila en un final sencillo y sublime al mismo tiempo.

Pág. anterior Charlie Chaplin.

Escena clave **Keaton comparte vestuario con otro hombre** *El Cameraman*

Las escenas preferidas de Buster Keaton eran las peligrosas. Ya fuera encima de una locomotora, como en *El maquinista de la general* (1927), bajo la fachada de una casa que se le cae encima en *El héroe del río* (1928), enfrentándose a una avalancha en *Siete ocasiones* (1925), o a la corriente de una cascada tremendamente real en *La ley de la hospitalidad* (1923), sus divertidas acrobacias solían conllevar un gran peligro físico. Pero el temerario cómico y director era capaz de demostrar su ingenio de una manera más discreta, como vemos en la escena del diminuto vestuario en *El Cameraman* (1928). Buster consigue un lugar en el abarrotado vestuario de una piscina pública, pero pronto lo interrumpe un patán corpulento (Brophy) que quiere quedarse con el pequeño cubículo. Un plano cenital nos muestralo reducido del espacio que deben compartir los dos personajes. Buster intenta negociar una solución, pero el otro no tarda en arrinconarlo. Tras recibir un codazo en el pecho, se enreda en los tirantes del otro y, al agacharse para quitarse los calcetines, acaba subido a los hombros de su contrincante... La escena culmina con Keaton saliendo del vestuario ataviado con un enorme bañador, sin duda pensado para un hombre mucho más corpulento. *El Cameraman* fue la primera película que dirigió Keaton después de firmar un desventurado acuerdo con MGM y la última en la que vemos su talento en plena forma. En esta escena demuestra que sigue siendo un maestro del absurdo, ya sea a lo grande o en pequeño formato.

Violet Glaze

Fecha 1928

Nacionalidad Estados Unidos

Directores Edward Sedgwick, Buster Keaton

Reparto Buster Keaton, Marceline Day, Edward Brophy

Título original *The Cameraman*

Por qué es clave Buster Keaton demuestra que es tan hábil en los espacios reducidos como en las grandes acrobacias.

Escena clave **El edificio de oficinas** *Y el mundo marcha*

Justo antes de la Gran Depresión, este crudo retrato del arquetipo de hombre estadounidense perdido en la impersonal metrópolis anunciaba la terrible realidad económica que se avecinaba y que inspiraría otras obras neorrealistas, como *Roma, città aperta* de Roberto Rossellini (1945) o *El ladrón de bicicletas* (1948) de Vittorio de Sica. La imagen más elaborada y memorable de *Y el mundo marcha* no es en absoluto realista, sino que está espectacularmente estilizada. Para ilustrar la situación a la que se enfrenta el desafortunado protagonista, «uno de los siete millones de personas que creen que Nueva York depende de ellos», Vidor coloca la cámara de manera que enfoque un enorme rascacielos, pero después la eleva hasta una de las ventanas del edificio. Con un rápido fundido, la cámara se mete en una oficina y hace un barrido aéreo de una sala interminable llena de filas de mesas en las que están trabajando los empleados de una empresa de seguros. Todos se mueven al mismo ritmo y sus rostros se confunden en la masa despersonalizada. En un rápido trávelin aéreo, la cámara desciende por fin sobre la mesa número 137, donde encontramos al protagonista en medio del anonimato. Pero no está trabajando, sino que está mirando el reloj (se acerca el momento de marcharse) y considerando la idea de participar en un concurso con la esperanza de hacerse rico rápidamente, dos acciones que dan cuenta de su abstracción del trabajo y de lo poco realista de sus ambiciones. El diseño geométrico del decorado, que enseguida se convirtió en un clásico, representa la despersonalización de las empresas y fue utilizado como referencia y con el mismo propósito en *El apartamento* de Billy Wilder (1960).

Robert Keser

Fecha 1928

Nacionalidad Estados Unidos

Director King Vidor

Reparto James Murray

Título original *The Crowd*

Por qué es clave Es una imagen insuperable de la despersonalización colectiva.

Pág. siguiente Foto fija de *Y el mundo marcha*.

Personaje clave **Jules Furthman**
Los muelles de Nueva York

SPOILER

No se sabe demasiado de Jules Furthman. Era un periodista de Chicago que llegó a Hollywood unos diez años antes de que lo hiciera Ben Hecht y que también escribió para Von Sternberg y para Hawks. Leigh Brackett, con la que escribió guiones a pesar de ser 30 años más joven que él, dijo que era la clase de escritor a la que no le gustaba anotar las cosas. Escribió más de cien películas, la primera en 1915 y la última en 1959 (*Río Bravo*, junto a Brackett). En la biografía que hizo de Hawks, Todd McCarthy describe a Furtham como un cascarrabias y cita a Hawks al decir que sólo él, Von Sternberg y Victor Fleming trabajaban con Furtham porque «era un tipo tan desagradable que nos parecía genial».

Furtham se especializó en historias de redención ambientadas en lugares sin clase y protagonizadas por hombres casi brutales, pero encantadores, así como mujeres elegantes, pero arruinadas; personas que, en momentos difíciles, están a la altura de las circunstancias, incluso en contra de sus propios instintos. Esas mujeres podían ser Marlene Dietrich o Lauren Bacall y los hombres, Bogart o John Wayne. En *Los muelles de Nueva York*, los personajes de George Bancroft y Betty Compson son versiones más primitivas, violentas, románticas y borrachas. Los originales estaban en la cabeza de Furthman y quién sabe cómo surgieron. Ciertos gestos de esos personajes aparecen en las películas de los diferentes directores con los que trabajó Furtham, gestos que seguramente debemos atribuirle a él. Podemos verlos en todos los proyectos en los que participó: en *Mares de China* (1935), por ejemplo, una película de Clark Gable dirigida por Tay Garnett, parece que el espíritu de Von Sternberg o de Hawks hubiera llegado a MGM.
A. S. Hamrah

Fecha 1928

Nacionalidad Estados Unidos

Director Josef Von Sternberg

Reparto George Bancroft, Betty Compson

Título original *The Docks of New York*

Por qué es clave ¿Fue Furthman el creador del personaje cinematográfico moderno?

Escena clave **El disco del fonógrafo**
Soledad

Paul Fejos es una de las personalidades más fascinantes y más infravaloradas de la época del cine mudo. Después de varias películas en su Hungría natal, se trasladó a Estados Unidos y rodó un cortometraje –*The Last Moment* (1928), un retrato de un hombre que está a punto de suicidarse–, que Chaplin describió como una obra maestra (no se conserva ninguna copia). Aquél fue el principio de una carrera extraña e irregular: la frustración que le provocaba el sistema de estudios era correspondida por Hollywood, que le obligó a volver a Europa al comienzo de la era del sonido. Después de realizar algunas películas en Francia –*Fantomas* (1932)– y en Hungría –*María, Leyenda húngara* (1932), otra joya que pasó desapercibida–, dijo adiós a las producciones comerciales y se convirtió en un notable director de películas etnográficas. En cierto modo, *Soledad* podría encajar en dicha categoría: es una sencilla historia de amor de dos personas solitarias en una gran ciudad. Los dos protagonistas se conocen por casualidad de camino a Coney Island, se enamoran locamente y luego se pierden el uno al otro durante una tormenta. No saben nada más que sus respectivos nombres de pila, pues no se les había ocurrido darse las direcciones. ¿Han perdido su gran oportunidad? El romance se convierte de pronto en un *thriller* cuya única solución reside en un disco de fonógrafo que suena en el modesto apartamento del protagonista. «Te amaré siempre», dice la canción; sus notas le dan a la historia un golpe de efecto de deslumbrante sencillez. Es difícil explicar de qué se trata: hay que verlo para creerlo. Gracias a la canción, los amantes no volverán a sentirse solos.
Paolo Cherchi Usai

Fecha 1928

Nacionalidad Estados Unidos

Director Paul Fejos

Reparto Barbara Kent, Glenn Tryon

Título original *Lonesome*

Por qué es clave Una película muda que utiliza el sonido para darle el final feliz a un romance.

Escena clave **El baño del héroe está preparado** *Los espías*

Es un breve montaje de cuatro tomas insertado en una secuencia plagada de acción e intriga, cuatro tomas que nos dan un respiro en forma de elipsis del *thriller* con más suspense de Lang. Al fondo surgen dos manos que recoge un primer plano para mostrarnos cómo abren los grifos de una bañera; una de ellas pone una pastilla de jabón nueva en la jabonera y una toalla en el toallero antes de comprobar la temperatura del agua con un sofisticado termómetro que deja flotar mientras rocía el agua con sales de baño.

Por la manga de una chaqueta de rayas, sabemos que las manos pertenecen al mayordomo del protagonista (Hörbiger), que está preparando el baño a su señor. Justo antes, el héroe (Willy Fritsch), un detective identificado en los títulos de crédito como «n.º 326», ha vuelto, vestido de vagabundo, a su habitación de hotel, adonde ha llegado por el tejado y la escalera de incendios. Allí lo ha recibido una sexy espía (Gerda Maurus) que acaba de disparar a un hombre, que según dice estaba atacándola, en la habitación de al lado y se ha refugiado en la habitación de 326. De hecho, se trata de una seductora artimaña, pues en realidad la ha enviado el villano para recabar información sobre un acuerdo secreto y, después de la escena del baño, la vemos robar un documento del escritorio mientras el protagonista está bañándose y vistiéndose. Así pues, el baño del héroe nunca llega a aparecer, pero Lang nos ayuda a imaginarlo con claridad mediante la cuidada preparación que lleva a cabo el mayordomo.

Jonathan Rosenbaum

Fecha 1928

Nacionalidad Alemania

Director Fritz Lang

Reparto Paul Hörbiger

Título original *Spione*

Por qué es clave Es un tranquilo oasis de paz y lujo en medio de un *thriller* tenso y siniestro.

Escena clave **El caballo blanco** *El viento*

Todo comenzó en diciembre de 1918, con *La culpa ajena/Lirios rotos* de D. W. Griffith. Lillian Gish estaba rodando la escena en la que Lucy está escondida en el armario mientras su padre adoptivo golpea la puerta con un hacha: los gritos de la actriz eran tan intensos y desesperados que un grupo de personas acudió a las puertas del estudio y los ayudantes de Griffith tuvieron que salir a asegurarles que sólo era un rodaje. El director estaba estupefacto. «Dios mío», dijo. «¿Por qué no me has avisado de que ibas a hacer eso?» Una década después, el director de origen sueco Victor Sjöström rodó una escena parecida en una cabaña azotada por una tormenta de arena mientras Gish mira por la ventana: el cadáver del hombre que la violó y que ella mató está siendo desenterrando poco a poco por el viento. Sjöström hizo que la actriz volviera a gritar de miedo, pero esta vez el marco de la ventana le tapa la boca; lo único que vemos son sus ojos angustiados, espejos de una mente al borde de la locura. No necesitamos oír el sonido ensordecedor de la tormenta que parece estar a punto de hacer pedazos la cabaña: está todo en la mirada de Lillian. Y entonces aparece el caballo blanco como un fantasma aterrador. En realidad, es la imagen en negativo de un enorme semental corriendo hacia la cámara sobre un fondo negro. La realidad ya no basta para transmitir terror; esta imagen arquetípica de poder primitivo y arrollador se convierte en todo un símbolo sexual.

Paolo Cherchi Usai

Fecha 1928

Nacionalidad Estados Unidos

Director Victor Sjöström

Reparto Lillian Gish

Título original *The Wind*

Por qué es clave Gish se supera a sí misma con esta irresistible interpretación del terror sexual.

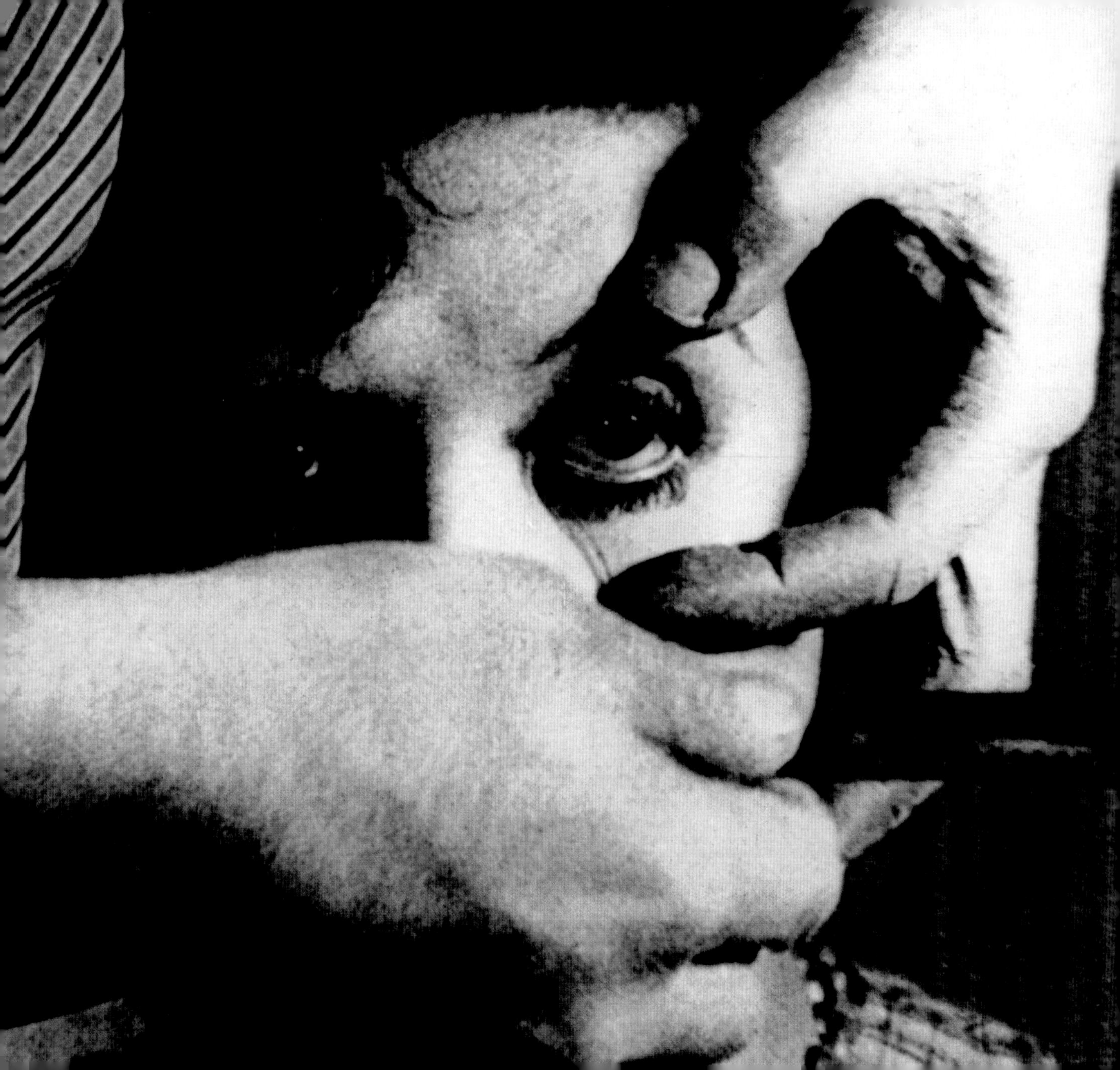

Escena clave **Las escenas perdidas** *Torrentes humanos*

No se suele hablar del cine como arte. No nos gusta admitirlo, pero deberíamos darnos cuenta de que, en cierta medida, es más bien un deseo. Para la gran mayoría de la gente, «arte» es un cuadro, una novela clásica, una sinfonía, una estatua, un templo, pero no el cine. Si le preguntamos a alguien si conoce, por ejemplo, *El mago de Oz*, lo normal es que diga, «ah, sí, es una película antigua» y quizá añada después que es muy buena, pero, al referirse a una obra de Cézanne, nadie diría «ah, sí, es un cuadro antiguo», ¿verdad?

Un ejemplo de esto lo tenemos en *Torrentes humanos* de Borzage, una obra de una belleza suprema e intemporal, pero que no ha sido reconocida como tal por el gran público, ni siquiera por los cinéfilos, porque sólo se conservan cincuenta minutos de metraje. *Torrentes humanos* no es más que un largo fragmento, y los aficionados al cine odian tanto los fragmentos que no consideran siquiera la restauración si no pueden ver la obra completa.

Si aplicáramos el mismo criterio a otras disciplinas artísticas, la Victoria de Samotracia estaría enterrada en el sótano del Louvre, nadie haría caso alguno al Coliseo, no habría el menor interés por la poesía de la antigua Grecia y ninguna orquesta tocaría la *Décima sinfonía* de Schubert. Sin duda, *Torrentes humanos* es la Venus de Milo del cine.

Paolo Cherchi Usai

Fecha 1929

Nacionalidad Estados Unidos

Director Frank Borzage

Reparto Charles Farrell, Mary Duncan

Título original *The River*

Por qué es clave Hay fragmentos de película que pueden ser tan hermosos como el montaje del director.

Escena clave **El ojo cortado** *Un perro andaluz*

Al comienzo de la primera película de Luis Buñuel, a una mujer joven le seccionan el ojo con una navaja recién afilada. Un primer plano de la cara, al que sigue un primerísimo plano, muestran la acción con todo detalle. Entre estas dos imágenes, vemos una toma de una nube alargada que se cruza por delante de la luna llena que es todo un poema visual y que nos hace albergar la esperanza de que nos vamos a librar de ver lo peor. Pero no es así: el ojo es completamente seccionado y el tamaño de la toma causa un gran impacto en el espectador, sobre todo porque ocurre al comienzo del filme. Por ésta y otras escenas (más adelante nos muestran una mano amputada y unos burros pudriéndose), *Un perro andaluz* podría considerarse una película *gore*, a pesar de que la escena carezca de realismo, ya que la víctima no se aparta al ver la navaja y el efecto especial es bastante obvio (es fácil darse cuenta de que se trata de la cabeza de un ternero). Aun así, es una imagen inquietante, deliberadamente chocante. Con el humor vítreo que sale del ojo, el autor, que es quien maneja la navaja, quiso mostrarnos lo que hay realmente dentro del ser humano: impulsos, pasiones y deseos. También podemos interpretar la escena como un llamamiento a contemplar el mundo desde otro punto de vista, a ver otras cosas. En cualquier caso, la agresión visual expresa de un modo brillante la perspectiva teórica de la revolución surrealista y, al mismo tiempo, la pone en práctica. Sobre todo nos recuerda que debemos mantener los ojos... ¡bien abiertos!

Frank Lafond

Fecha 1929

Nacionalidad Francia

Director Luis Buñuel

Reparto Simone Mareuil, Luis Buñuel

Título original *Un chien andalou*

Por qué es clave Es uno de los momentos más provocadores de la historia del cine.

Pág. anterior *Un perro andaluz*.

Escena clave **El trayecto en caballo hacia el final de la película *Arsenal***

Está el cine soviético de la década de 1920 –toda esa actividad adrenalínica y utópica– y luego está el ucraniano Alexander Dovjenko. Su quinto largometraje trata el surgimiento del movimiento político panucraniano después de la primera guerra mundial y los hechos que dieron lugar a una desastrosa huelga en Kiev. Pero no nos da la versión oficial de dichos acontecimientos. Si Eisenstein era a veces algo estridente desde el punto de vista ideológico, Dovjenko observaba con detenimiento y luego respondía de manera íntima para ajustarse a las ideas soviéticas. Su película empieza con calma: «Había una madre». Las mujeres de pie, inmóviles. «Hubo una guerra». Vemos pueblos silenciosos, muertos, como los de los cuadros de De Chirico. Un caballo habla. Un soldado enterrado hace una broma. La guerra es absurda. Quizá Dovjenko viera *Ballet Mécanique* (1924) de Fernand Léger en París. En cualquier caso, lo que es evidente es que sintió la tragedia de la guerra y la plasmó en la pantalla.

Hay una secuencia en *Arsenal* que está llena de velocidad y fervor soviético, en concreto la del famoso paseo en caballo hacia el final de la película que hace que al espectador se le llenen los ojos de lágrimas: un soldado se está muriendo. Quiere que lo entierren en su tierra, así que un caballo galopa por un paisaje invernal, remolcando al soldado. La escena tiene tanta velocidad y está tan cargada de esperanza que los espectadores modernos casi esperan que el caballo eche a volar como hacen las bicis de los niños de *E.T.*, pero ahí está el golpe de efecto de Dovjenko: mientras ocurre todo eso, la madre del soldado lo espera junto a la tumba abierta. No hay nada más poético en el cine soviético de la década de 1920.

Mark Cousins

Fecha 1929

Nacionalidad URSS

Director Aleksander Dovjenko

Por qué es clave
Es una de las escenas más conmovedoras y emocionantes del cine revolucionario soviético.

Acontecimiento clave **Two Best Picture Oscars presented**

La primera ceremonia de los Óscar celebrada por la Academia de las Artes y las Ciencias Cinematográficas concluyó con la presentación de dos Óscar a la Mejor Película. Los libros suelen citar a la espectacular *Alas* (1928) de William A. Wellman como la primera ganadora de Mejor Película. En realidad se llevó una estatuilla a la «Mejor Película, Producción», mientras que *Amanecer* de F. W. Murnau (1928) fue reconocida como «Mejor Película, Producción Artística Única». La intención original era homenajear tanto a las películas comerciales que tanto gustaban al público, las «grandes películas», como a las más innovadoras y experimentales, que, aunque resultaban menos atractivas, se consideraban importantes para el desarrollo del cine como medio artístico y de entretenimiento. En 1930, la academia decidió dar un solo Óscar a la Mejor Película y, al concedérsela al musical de la Metro-Goldwyn-Mayer *La melodía de Broadway* (1929), se dejó claro que había desaparecido la categoría de «Mejor Película, Producción Artística Única», y así lo confirma el hecho de que el premio a la mejor película lo recogiera el productor del largometraje ganador. La decisión, que se tomó cuando la academia y sus premios anuales aún eran nuevos, sin duda eliminó cualquier posible confusión sobre cuál de las películas era mejor, pero al favorecer a los seguidores de Wellman en detrimento de los de Murnau, la academia envió el claro mensaje de que la intención de los Óscar era homenajear las producciones de Hollywood antes que conceder premios a pretenciosos proyectos extranjeros. Desde entonces, el premio a la Mejor Película tiende a apoyar producciones de nivel intelectual medio y técnicamente competentes por encima del cine innovador: *Qué verde era mi valle* en lugar de *Ciudadano Kane*, *Oliver* por encima de *2001: Una odisea del espacio*.

Kim Newman

Fecha 16 de mayo de 1929

Por qué es clave Hubo un tiempo, muy breve, en el que la Academia de Hollywood hizo distinciones entre los logros artísticos y el éxito comercial.

Pág. siguiente *Amanecer*.

Escena clave **La ciudad despierta** *El hombre de la cámara*

Unos burgueses llegan a un cine. Las butacas se inclinan por propia voluntad, la orquesta comienza a tocar. Comienza una película. Vemos una ciudad. Está extraordinariamente tranquila y vacía. Las calles están desiertas. Hay gente durmiendo en los bancos de los parques. Una mujer dormita en su cama. Un cartel ondea con la brisa. Las palomas vuelan, pero, aparte de eso, todo está parado. Entonces aparece un hombre. Lleva una cámara. Con su llegada llega también algo de movimiento. La mujer dormitando se gira. Hay más palomas volando. La mujer empieza a despertarse. Atisbamos levemente su cuerpo desnudo. Uno de los que duermen en un banco mueve una mano. El hombre de la cámara se aleja. La velocidad de las tomas aumenta. Sentimos el ritmo, como el de un tren. Entonces vemos un tren acercándose por la vía. ¡Un hombre se ha quedado atrapado entre los raíles! El tren está cada vez más cerca. ¡Estamos bajo el tren! ¡Un *crescendo*! El día ha empezado.

Casi ocho décadas después, sigue dando la sensación de que *El hombre de la cámara* tuviera un motor fueraborda. El nombre de su director, Dziga Vertov, significa «peonza» y eso es precisamente lo que parece su película. La Unión Soviética de la década de 1920 fue quizá el gabinete estratégico del cine, allí donde residía la utópica creencia de que las películas ayudaban a crear una sociedad mejor. Las películas soviéticas pueden parecer algo estridentes en su ideología, pero al presenciar el placer cinematográfico que transmite ésta en particular, sentimos que el cine nunca ha sido mejor.

Mark Cousins

Fecha 1929

Nacionalidad U.R.S.S.

Director Dziga Vertov

Título originaL *Chelovek s kino-apparatom*

Por qué es clave En esta escena de la mejor obra documental experimental del cine, la cámara parece levantar una ciudad de entre los muertos.

Personaje clave **Brigitte Helm** *Las mentiras de Nina Petrovna*

Brigitte Helm tenía un rostro a la altura de la mística definición de *fotogénie* que hizo Louis Delluc: sus cualidades morales se reflejaban en su rostro cuando la luz de la lente se posaba en ella. Junto a esa cara estaba el cuerpo delgado de una bailarina, que además tenía una flexibilidad asombrosa. Fritz Lang la descubrió para *Metrópolis*, tras lo que se convirtió en una estrella y apareció en varias películas, la mayoría de ellas difíciles de encontrar, pero siempre gratificantes. En las historias que interpretaba, solía volver locos de deseo a los hombres, como en *Mandrágora* (*Alraune*) o en *L'argent*, y producía un efecto similar en el público. El crítico y guionista argentino Ulyses Petit de Murat, famoso por su estilo pomposo y puritano, escribió en 1930 un largo poema, casi surrealista, sobre ella, en el que describía cada curva de su cuerpo, que, obviamente, no podía quitarse de la cabeza.

A pesar de la elegancia visual que consiguió conferirle el director Hanns Schawrz, *Nina Petrovna* es una película cuya única razón de ser es Brigitte Helm. Por supuesto, en 1929, era una razón más que suficiente. En la película está casada con un oficial al que no ama y se enamora de uno más joven. En una ocasión en que coincide a solas con este último, intenta pasar la noche con él, pero el joven oficial se comporta con timidez. En un momento dado, ella se tumba de espaldas sobre la cama y le lanza una mirada que evoca todos los pecados de la carne cometidos desde el principio de los tiempos. El hombre se queda paralizado. Ella comprende su reacción, retrocede e idea una estrategia más sutil. Hasta una mujer fatal sabe cuándo ha ido demasiado lejos.

Fernando Martín Peña

Fecha 1929

Nacionalidad Alemania

Director Hanns Schwarz

Reparto Brigitte Helm

Título original *Die Wunderbare Lüge der Nina Petrowna*

Por qué es clave Una mujer tan deslumbrante como seductora.

Película clave
La edad de oro

La edad de oro, primera película, y tal vez la única verdaderamente surrealista (tiene una duración de 67 minutos, mientras que la aclamada *Un perro andaluz*, de 1928, duraba siete), sigue siendo tan radical y revolucionaria como lo fue en 1930, cuando provocó un escándalo sin precedentes que hizo que la policía de París la prohibiera y se incautara de todas sus copias.

Es una película vanguardista que evitó las florituras estilísticas «experimentales» de la vanguardia francesa de la década de 1920 así como de la mayoría de las películas vanguardistas de las siguientes décadas. Lo cierto es que comienza de un modo provocador, con un documental sobre escorpiones y desafía las más básicas normas y convenciones de la narrativa tradicional apostando por un tratamiento irracional del tiempo y el espacio. Durante todo el metraje, la cámara «realista» y sin adornos de Buñuel resalta la asombrosa extravagancia de las imágenes que evoca: esqueletos de arzobispos con mitra, amantes revolcándose en el barro mientras intentan copular, una vaca despatarrada en la cama de una joven, un carro de caballos que irrumpe en un elegante salón...

Descrita por el autor como una obra «contra todo», *La edad de oro* lanza una mirada irónica y anárquica sobre todas las convenciones y restricciones sociales que frustran la expresión y, sobre todo, el amor y el deseo. No en vano, Buñuel la clasificó como «una película *d'amour fou*». Fue, además, una de las primeras películas sonoras que se hicieron en Francia y en ella se utilizaron música, sonidos y algún que otro diálogo con gran creatividad y originalidad.

La trayectoria del filme fue tan curiosa como su contenido. Estuvo prohibida en Francia hasta 1981 y no se mostró en público (excepto en proyecciones de la Cinémathèque française) durante medio siglo.
Jean-Pierre Coursodon

Fecha 1930

Nacionalidad Francia

Director Luis Buñuel

Reparto Gaston Modot, Lya Lys

Título original *L'âge d'or*

Por qué es clave
Pocas películas pueden considerarse realmente únicas y ninguna tiene más razones para serlo que ésta.

Escena clave **Un *kulak* reclama su tierra**
La tierra

SPOILER

Esta escena final tiene lugar mientras el funeral de Vasyl, el bolchevique caído, se convierte en una ferviente demostración de ensalce al comunismo. Incluso el padre de Vasyl, que hasta el momento se había mostrado escéptico con los planes comunistas de colectivizar las granjas, se une a la lucha. Pero los *kulaks*, la clase campesina propietaria de las tierras que se van a expropiar, están dispuestos a pelear. Khoma Bilokon (Masokha), primogénito de la familia *kulak* más importante de la zona, ya ha cometido un asesinato, pues ha disparado a Vasyl por la espalda. Acaba confesando su crimen, pero *La tierra* no es una película sobre el crimen. La escena final de Dovjenko es al mismo tiempo un manifiesto político y poético.

Valiéndose de un extraño montaje paralelo que hace que la relación espacial entre Khoma y el funeral resulte de lo más ambigua, Dovjenko nos mueve entre el individuo culpable y el pujante colectivo, entre el pasado y el futuro. Khoma grita a los presentes que fue él quien disparó a Vasyl, por la espalda y al amparo de la noche. La multitud reunida en el funeral no le presta la menor atención y él, histérico, exclama que la tierra le pertenece y llega al punto de poner la cabeza en la tierra y echar a correr en círculos.

Sin embargo, tanto en el mundo diegético de la película como en la sintaxis cinematográfica de Dovjenko, Khoma y la clase *kulak* son algo marginal, inexistente. Aunque la verdad que Dovjenko no puede retratar –la exterminación de *kulaks* que llevó a cabo Stalin– comprometa la fuerza de la imagen, el modo en que representa lo que se siente cuando la historia pasa por encima de uno no tiene parangón.
Michael Sicinski

Fecha 1930

Nacionalidad URSS

Director Aleksander Dovjenko

Reparto Pyotr Masokha

Título original *Zemlya*

Por qué es clave
El gran poeta fílmico del cine mudo soviético encuentra el lenguaje cinematográfico idóneo para retratar la pérdida de poder de una clase social y la ascensión de otra.

Acontecimiento clave
Eisenstein se traslada a Hollywood

Después del éxito mundial que cosechó *El acorazado Potemkin* en 1925, el gobierno soviético envió a su estrella a varias capitales europeas para que estudiara las técnicas del nuevo sonido, aunque tan sólo le dio 25 dólares. En París, el joven director formalista aceptó un contrato de seis meses con la Paramount (por aquel entonces, el estudio más sofisticado y europeo de Hollywood) para dirigir películas en la capital del cine. Precedido por Lubitsch, Sjöström y Murnau, que habían conseguido éxito artístico y/o económico en la meca capitalista, Eisenstein tenía intención de alternar proyectos en Moscú y en Hollywood. Durante sus cinco meses de estancia en California, lo fotografiaron con Mickey Mouse, Charlie Chaplin dio fiestas en su honor y D.W. Griffith le hizo consultas profesionales, pero la Paramount rechazó su primer guión para *Sutter's Gold*, una historia sobre los efectos destructivos de la fiebre del oro californiana de 1849. Los ejecutivos del estudio ordenaron al director ruso que se hiciera cargo de *An American Tragedy* e imaginaron la crítica social de Theodore Dreiser como una historia de amor sin dobles lecturas sobre las distinciones de clase o las injusticias económicas (una versión de la novela que George Stevens retrataría fielmente en 1951 con *Un lugar en el sol*). Pero Eisenstein frustró las expectativas de la Paramount con su desprecio hacia los actores profesionales y su insistencia en condenar el capitalismo y la reverencia al legalismo de Estados Unidos.

Mientras una campaña de la derecha pedía la deportación del «judío bolchevique», el estudio optó por dibujar una clara línea que separara los objetivos comerciales del arte: anularon el contrato de Eisenstein y obligaron a un reticente Josef von Sternberg a rodar el proyecto con un guión nuevo. El desafortunado Eisenstein se dirigió al sur y, tras una desastrosa estancia en México, tuvo que enfrentarse a la repulsa en su regreso a Rusia.

Robert Keser

Fecha 1930

Por qué es clave
El arte formalista y los intereses comerciales quedan separados para siempre en el cine de Hollywood.

1930–1939

Escena clave **El beso y la flor**
Marruecos

El Marruecos de ensueño creado por Sternberg resulta al mismo tiempo real por el cuidado que tuvo el director con la escenografía, el uso de la luz y el sonido, el ritmo de la acción y la creación de una atmósfera llena de matices misteriosos. La escena del club que vemos hacia el comienzo de la película, en la que están presentes todos los personajes principales y en la que Amy Jolly (Dietrich) y el legionario Tom Brown (Cooper) se ven por primera vez, es emblemática. Destaca sobre todo el erotismo de un intercambio en el que los dos atrevidos personajes abandonan los papeles sexuales convencionales. Así, Amy interpreta la primera canción vestida como un hombre (con esmoquin y sombrero de copa) y culmina la actuación pidiéndole una rosa a una hermosa mujer (Compton), a la que le da un beso en los labios mientras coge la flor y se la tira a Tom. Un llamativo fundido divide la larga secuencia, tras el cual aparece Amy con otra ropa. Al verla, el primer gesto de Tom es ponerse la flor en la boca, lo cual le da una deliberada feminidad. Estos gestos no sólo son símbolos de la insatisfacción de ambos respecto a la imagen femenina o masculina, imágenes que pueden encarnar a la perfección pero que ponen a prueba para establecer una mayor conexión mutua, sacando a la luz su vulnerabilidad y sus sentimientos; también anuncian con elegancia todo lo que va ocurrir en la relación de los dos protagonistas. Una relación a través de la cual Sternberg altera de un modo tan conmovedor como moderno las imágenes preconcebidas de lo masculino y lo femenino.

Blake Lucas

Fecha 1930

Nacionalidad Estados Unidos

Director Josef von Sternberg

Reparto Gary Cooper, Marlene Dietrich, Adolphe Menjou, Paul Porcasi, Ullrich Haupt, Eve Southern, Juliette Compton

Título original *Morocco*

Por qué es clave:
Un exótico melodrama proporciona el contexto expresivo a una declaración sexual tan encantadora como rompedora.

Pág. anterior *Marruecos*.

Escena clave **Dos disparos interrumpen la fiesta en el lago** *Una tragedia humana*

SPOILER

Sergei Eisenstein, que había sido sustituido por Sternberg en la dirección de la adaptación al cine de la novela de Dreiser, rechazó el resultado final de *Una tragedia humana*: «Sternberg ha supeditado su atención a los deseos del estudio y ha rodado una película de detectives». Pocas afirmaciones han resultado tan mal interpretadas con el paso del tiempo. Sternberg se situó muy por delante de su generación al abandonar su perspectiva espiritual y meditativa por las bondades del cine de entretenimiento.

La escena central de la película, conocida por su pionera utilización del sonido extradiegético, demuestra la seguridad y facilidad con la que manejaba los efectos de sonido, incluso en sus primeras películas sonoras. Los policías que persiguen al desafortunado protagonista, Clyde Griffiths (Holmes), han acordado lanzarse sobre su presa al sonido de dos disparos. Mientras, Clyde y su rica amada, Sondra Finchley (Dee), disfrutan de su idilio veraniego y se dirigen en una barquita de remos a la fiesta que sus amigos están celebrando en el muelle del lago. Sternberg mantiene el barco en el centro de la imagen durante una larga toma mientras éste avanza hacia el muelle, de modo que vemos cómo van entrando en cuadro los invitados a la fiesta, algunos tocando el ukelele, otros subidos en botes. Y el sonido está grabado en directo, por lo que hasta los más leves movimientos de labios quedan grabados en la banda sonora. Es entonces cuando los dos disparos resuenan en el lago: Clyde y los invitados de la fiesta reaccionan con confusión, sin saber que esos disparos anuncian la sentencia del protagonista. La barca continúa su inevitable avance y la cámara la sigue en un escenario que de pronto no augura nada bueno.

Dan Sallitt

Fecha 1931

Nacionalidad Estados Unidos

Director Josef von Sternberg

Reparto Phillips Holmes, Frances Dee

Título original *An American Tragedy*

Por qué es clave
En una época en la que otros directores aún seguían experimentando con el sonido sincronizado, esta escena demuestra la habilidad natural de Sternberg en el nuevo medio.

Escena clave **Última escena** *Luces de la ciudad*

SPOILER

El cine es un enfrentamiento entre dos momentos: el del espectador y el de lo que se ve. El talento de Charles Chaplin en la última escena de *Luces de ciudad* radica en encontrar una imagen de dicho enfrentamiento y situarla dentro del propio filme.

El «vagabundo» (Chaplin), que acaba de salir de la cárcel más arruinado que nunca, se libra de unos muchachos que estaban molestándolo en la calle. Al darse la vuelta ve a «la chica» (Cherrill) vendiendo flores en la acera. Testigo de la turbación del vagabundo (se ha estado riendo de él sin que él la viera), no sabe que se trata del benefactor que financió la operación gracias a la cual recuperó la vista. Él está muy contento de volver a verla y de comprobar que la operación tuvo éxito, pero se avergüenza de su aspecto, por eso se aparta de ella cuando se acerca con una flor y una moneda. Al tocarle la mano, se da cuenta de quién es. Para aquellos que hayan visto la película en repetidas ocasiones, los intertítulos que siguen a dicho momento (Chaplin se resistía a la presión del cine sonoro dotando a sus películas de música sincronizada y de algunos efectos de sonido, pero no de diálogos) habrán quedado tan grabados en su memoria como si se hubiese tratado de un diálogo hablado: «¿Tú?», pregunta ella. Él asiente con timidez y, después de unos segundos, se señala a los ojos: «¿Puedes ver?». Ella lo mira: «Sí, ahora veo». Hay un fundido en negro mientras en un primer plano vemos al vagabundo mirando a la chica, sonriendo pero debatiéndose entre la alegría y la incertidumbre. Es una de esas escenas en las que huelga cualquier comentario, tan exquisita que sólo con recordarla a uno se le llenan los ojos de lágrimas. Pero también se trata de un momento de inagotable profundidad y una reflexión de un director genial sobre su arte.

Chris Fujiwara

Fecha 1931

Nacionalidad Estados Unidos

Director Charles Chaplin

Reparto Charles Chaplin, Virginia Cherrill

Título original *City Lights*

Por qué es clave Es uno de los momentos más sublimes e insuperables de la historia del cine.

Personaje clave **Peter Lorre** El asesino se defiende *M, el vampiro de Düsseldorf*

M, el vampiro de Düsseldorf es un ejemplo de disección social que revela la importancia de la clase social, la posición laboral, el poder y la desesperación en la vida moderna, así como la trascendencia de la justicia cuando todo eso desaparece. El secuestrador y asesino en serie que mata a la pequeña Elsie Beckmann, Beckert (Lorre), suscita el odio tanto de la policía como del mundo de la delincuencia de la ciudad. Son precisamente los ladrones los primeros en atraparlo. Gracias a un carterista que le ha dibujado una M de tiza en la espalda, consiguen encontrarlo y llevarlo a un almacén para «juzgarlo». Schränker (Gründgens) se inclina sobre una mesa con su bombín para comenzar el proceso. Con la interpretación que llevó a cabo en esta escena, Lorre no solo se forjó una carrera en el cine, sino que también estableció un retrato del mal como algo banal y enfermizo.

Mira con sus enormes ojos, solloza, maúlla como un gato acorralado hablando a su interlocutor y al jurado de las oscuras fuerzas que se apoderan de él y lo impulsan a actuar. No es culpa suya. Él es mejor que aquellos delincuentes, «orgullosos de forzar cajas de seguridad o hacer trampas a las cartas», y, de hecho, es un ciudadano respetuoso con la ley hasta que esas fuerzas oscuras lo invaden. Sólo un tribunal irregular y arbitrario podría asegurar que es realmente perverso. «¡Mátalo!», grita la multitud, pero la policía interviene justo a tiempo.

Lo que resuena después de que el rostro desesperado y sudoroso haya desaparecido es la afirmación de la policía cuando empezó la búsqueda del asesino: «Cualquiera de las personas de la calle podría ser el culpable». Él es cualquiera de nosotros, abrumado e influenciado (igual quizá que lo estamos nosotros por esta película).

Murray Pomerance

Fecha 1931

Nacionalidad Alemania

Director Fritz Lang

Reparto Peter Lorre, Gustaf Gründgens

Título original *M – Eine Stadt Sucht einen Mörder*

Por qué es clave
Esta escena es el punto culminante en la impresionante carrera de Peter Lorre.

Diálogo clave **La partida de cartas** *Marius*

El dramaturgo Marcel Pagnol fue la primera persona del mundo del espectáculo francés que recibió el cine sonoro con entusiasmo, cuando todo el mundo, tanto en el teatro como en el cine, lo veía con desprecio. Aunque no dirigió las dos primeras partes de su trilogía de Marsella (*Marius* está magistralmente dirigida por Alexander Korda, sin la torpeza que había estropeado la mayoría de sus películas mudas anteriores), las películas son básicamente suyas.

Pagnol era un maestro del lenguaje popular del sur y gran parte del encanto de sus obras y películas reside en la hábil utilización del acento marsellés, cuya pronunciación, entonación y cadencia («una especie de musiquilla», en palabras del propio dramaturgo) lo distinguen de otros acentos franceses (un personaje segundario de la trilogía, monsieur Brun, es originario de Lyon y su modo de hablar se utiliza como cómico contraste con el resto de los personajes). El acento de Marsella, que se exageró un poco en las películas para intensificar su efecto teatral, es al lenguaje de la zona metropolitana de París lo que el acento irlandés es al inglés estándar.

La escena de la partida de cartas (que en realidad es una secuencia de dos escenas y una coda, pues primero hay cuatro jugadores, luego tres y después dos) se hizo muy popular en Francia. En las décadas de 1930 y 1940 e incluso después, mucha gente era capaz de citar de memoria varias líneas del diálogo, y ciertas partes de él se convirtieron incluso en expresiones o latiguillos. La primera parte es una jugada preparada por César (Raimu) para hacer trampas; la segunda es un cómico altercado con el capitán de un ferry, Escartefigue (Dullac), donde aparece una frase inmortal: «La marine française, elle te dit merde» («La marina francesa te dice que te vayas a la mierda»). Una frase que, por supuesto, hay que pronunciar con el acento adecuado para que conserve todo su sabor.

Jean-Pierre Coursodon

Fecha 1931

Nacionalidad Francia

Director Alexander Korda

Reparto: Raimu, Fernand Charpin, Paul Dullac, Robert Vattier

Por qué es clave Se ha convertido, en Francia al menos, en la escena más famosa de la obra de Pagnol y muestra a Raimu y a los demás en el culmen de su comicidad.

Película clave *Enfermeras de noche*

La tantas veces exagerada historia de Will Hays y su Código de Producción o «sistema de moralización» se ha utilizado últimamente más para autobombo de modernillos y para vender viejas historias del «Hollywood prohibido» que con una visión histórica justa. Después de una decisión del Tribunal Supremo de Estados Unidos en contra de la Primera Enmienda, los principales estudios se sentían vulnerables y vieron en la autocensura un modo de protegerse, por lo que en 1930 adoptaron el Código de Producción, pero tardaron cuatro años en crear un mecanismo con el que aplicarlo. Hay varias películas que han sobrevivido como reliquias de dicho período, entre las que destacan *Scarface, el terror del hampa* (1932) y *Tarzán y su compañera* (1934), la primera película sobre la que cayó el poder del Código. Pero Stanwyck es la santa laica del Hollywood prohibido gracias a su interpretación en este filme y a su licenciosa *Carita de ángel* (1933).

La alegre amoralidad de esta última película y el atrevimiento con que trata la amistad interracial la hacen digna de estudio, pero *Enfermeras de noche* tiene un poso sorprendentemente feminista. La absurda trama de la película hace que Stanwyck descubra un plan para envenenar a dos niños ricos que tiene a su cargo, un plan urdido por el malévolo chófer que interpreta Clark Gable. Pero los esfuerzos de la protagonista por destapar el complot la sitúan entre la espada y la pared (el poder patriarcal representado por las autoridades, un deshonesto doctor y Gable con pantalones de montar). El alegre contrabandista encarnado por Ben Lyon es el único hombre en el que puede confiar. Puede que *Enfermeras de noche* carezca de las fantasías eróticas que mostraban otras obras anteriores al Código, pero insinúa un arte realmente subversivo que la autocensura pasaba por alto. Es, además, una película crucial para cualquiera que se considere fan de Barbara Stanwyck (¿quién no lo es?).

Tim Cavanaugh

Fecha 1931

Nacionalidad Estados Unidos

Director William A. Wellman

Reparto Barbara Stanwyck, Ben Lyon, Joan Blondell, Clark Gable, Blanche Friderici, Charles Winninger, Vera Lewis, Walter McGrail

Título original *Night Nurse*

Por qué es clave
La interpretación de Barbara Stanwyck justifica ya de por sí la película.

Diálogo clave **«Yo... soy... Drácula»** *Drácula*

«Yo... soy... Drácula». En el *Drácula* de Tod Browning, la primera gran película sonora de terror, el conde interpretado por Bela Lugosi hace su espectacular entrada en escena desde lo alto de una escalera llena de telas de araña, impecablemente vestido de etiqueta y con una capa negra. Se presenta arrastrando cada letra para alargar las palabras, con unos ojos que brillan como el neón cuando los focos lo iluminan y una actitud que irradia cortesía y peligro a partes iguales. Renfield (Frye), un nervioso agente inmobiliario que ha sido citado en el castillo de Drácula, está impresionado..., y perdido. Las palabras proceden directamente de la novela de Bram Stoker y de la obra de Broadway en la que Lugosi había interpretado el papel por primera vez. En aquella época, el actor de origen húngaro aún no manejaba el inglés del todo bien, por lo que tenía que aprenderse los diálogos fonéticamente, lo cual intensificaba la peculiaridad de su pronunciación. Otros actores se han puesto en la piel de Drácula (Christopher Lee, Jack Palance, Louis Jourdan, Frank Langella, Gary Oldman) y han aportado su toque personal a la célebre frase, pero tres cuartos de siglo más tarde Lugosi sigue siendo el Drácula por excelencia. Siempre que un cómico hace de Drácula, copia los gestos, la ropa y el acento de Lugosi.

Kim Newman

Fecha 1931

Nacionalidad Estados Unidos

Director Tod Browning

Reparto Bela Lugosi, Dwight Frye

Por qué es clave
Porque Lugosi sigue siendo el mejor Drácula.

Pág. siguiente *Drácula*.

Escena clave **Un anciano cierra una trampilla y corta una cuerda** *Tabú*

SPOILER

Ágil en su poesía pero brutal en su fatalismo, *Tabú* nos cuenta la historia de dos amantes polinesios. La chica (Chevalier) ha sido declarada virgen inviolable; el chico (Matahi) la secuestra y ambos son perseguidos por un anciano de la tribu (Hitu), que acabará dándoles caza. Entre composiciones más orgánicas que geométricas, de pronto irrumpe en la pantalla desde fuera de cuadro la proa de la barca de Hitu; al momento siguiente, su sombra corta una línea diagonal sobre la tierra. Estos momentos fuera de cuadro contribuyen al efecto trágico que quería plasmar Murnau: siempre que los amantes decidan huir, serán perseguidos, ya que lo que los persigue es una fuerza mayor que nada que pueda mostrarse en la composición cinematográfica. Todos estos momentos alcanzan su terrible culminación cuando el siniestro Hitu se lleva a la muchacha en su bote bajo la luz de la luna. Cuando el amante se acerca nadando a toda velocidad, Hitu cierra la cubierta con un breve movimiento y después corta la cuerda a la que se agarra el muchacho. Estos dos movimientos laterales separan literalmente a los dos amantes del espacio que habían llenado de vida durante la película, en las escenas en las que estaban juntos.
Fred Camper

Fecha 1931

Nacionalidad Estados Unidos

Director F. W. Murnau

Reparto Matahi, Anne Chevalier, Hitu

Título original *Tabu*

Por qué es clave
El fatalismo de Murnau aparece aquí, en su mejor película, en todo su esplendor, representado en objetos que cruzan la pantalla más de una vez para acabar con los movimientos del devastador final.

Escena clave **La «otra mujer» se reúne con su amante muerto** *La usurpadora*

SPOILER

Ray (Dunne) y Walter (John) se conocen y protagonizan un breve romance en el Cincinnati de principios de siglo justo antes de que él se case. Al reencontrarse cinco años más tarde en Nueva York, Ray se convierte en su amante y lo será durante veinticinco años. Desde el punto de vista estilístico y filosófico, Stahl es, junto a Borzage aunque de diferente manera, el opuesto a Sirk, pues cree en la autenticidad de las relaciones humanas y encuadra las escenas de los dos protagonistas, que son el nudo emocional de la cinta, de un modo que los conecta al uno con el otro. Ya sea cuando la cámara los sigue mientras bailan, cuando los muestra juntos rodeados de nieve o cuando vemos sus sombras que se encuentran clandestinamente con el mar de fondo, el mensaje siempre es el mismo: no hay barreras, algo que se subraya durante una breve pelea en la que la cámara los separa. Cuando es víctima de un ataque al corazón, Walter le pide a su hijo que la llame. Sólo alcanza a decir su nombre antes de morir, pero transmite tanta emoción en esa llamada que «convierte» al hijo de Walter, que hasta entonces había odiado a Ray. En la escena final, Stahl intercala imágenes de Ray con otra del retrato de Walter y la sensación de conexión entre ambos es aún más intensa. Puede que nunca se haya plasmado el amor de un modo más conmovedor en ninguna otra película de Hollywood. En el cine de Sirk, sin embargo, el uso de retratos similares reduce los personajes a la categoría de objetos; aquí, Walter está tan presente que su imagen evoca una fantasía en la que el tiempo retrocede y Ray y él pueden por fin casarse.
Fred Camper

Fecha 1932

Nacionalidad Estados Unidos

Director John M. Stahl

Reparto Irene Dunne, John Boles

Título original *Back Street*

Por qué es clave Es una de las grandes muestras cinematográficas del poder que tiene el amor para trascender las barreras sociales, el tiempo e, incluso, la muerte.

Escena clave **«Hot Voodoo»** *La Venus rubia*

A los veintitrés minutos del comienzo de *La venus rubia*, una banda de jazz comienza a tocar una desganada melodía mientras unas bailarinas con pintura de guerra, danzando con escudos y lanzas, bajan del escenario del club a un gorila encadenado. Después de desfilar entre el público, el simio se quita un guante bajo el que aparece una mano blanca adornada con deslumbrantes pulseras, luego se quita el otro guante y finalmente la cabeza de gorila, bajo la que surge el rostro de Marlene Dietrich en lo que constituye una de las apariciones más geniales del cine: la impresionante bella oculta dentro de la bestia, la hirsuta virilidad tras el provocador erotismo femenino. Luciendo una peluca rubio platino de estilo afro, la protagonista observa al público con los ojos entreabiertos y una sonrisa irónica en los labios, mientras deja caer al suelo el traje de gorila. Con entrecortes de su rico pretendiente (Grant), cautivado por el espectáculo, se levanta y entona la canción «Hot Voodoo» con voz grave: «El cálido vudú quema mi ropa, quiero bailar, llevando tan sólo una sonrisa». En medio del melodrama maternal que da argumento a *La venus rubia* –en que la protagonista renuncia a las bondades de la vida doméstica y de la crianza de su querido hijo (Dickie Jones) para trabajar bajo los focos de Broadway con el fin de pagar el tratamiento médico de su marido (Herbert Marshall), víctima de envenenamiento por radio–, este expresivo número ilustra de manera poderosa, aunque improbable, el terrible sacrificio de la heroína. Sternberg lleva al límite las convecciones sobre el género, pues su estrella sigue reinventándose a sí misma en todas las variedades de feminidad posibles en el Hollywood de la época: madre entregada, estrella de cabaret, prostituta borracha. En ningún momento de la película se confunde más la moralidad convencional que en los cinco eróticos y elegantes minutos de «Hot Voodoo».

Robert Keser

Fecha 1932

Nacionalidad Estados Unidos

Director Josef von Sternberg

Reparto Marlene Dietrich, Cary Grant

Título original *Blonde Venus*

Por qué es clave
Este momento, uno de los grandes de la historia del cine, simboliza la intención de subvertir la moralidad convencional.

Escena clave **La proyección cinematográfica en la casa del jefe** *He nacido, pero...*

Puede que resulte sorprendente viajar atrás en el tiempo al violento Japón de la década de 1930, a una película muda dirigida por el gran maestro de la resignación en el cine y encontrarse con una historia llena de alegría y picardía, pero eso es lo que es exactamente *He nacido, pero...* Mucho antes de que su melodía principal se convirtiera en la tristeza del paso del tiempo, Ozu, que contaba con 29 años cuando dirigió ésta, su película número 23, estaba muy influenciado por las comedias estadounidenses de Harold Lloyd.

El tema del filme es el Japón suburbano y la familia de un trabajador llamado Yoshi (Saito). Sus hijos, interpretados magistralmente por Sugawara y Aoki, se creen los más duros del barrio, pero tras sus aguerridos rostros se esconden las mentes de dos niños. Un día van a casa del jefe de su padre (Sakamoto), que pone una película en la que el padre de los muchachos hace el payaso y se doblega ante su jefe. Los chicos se sienten avergonzados al ver cómo se degrada su padre. No pueden aceptar tal sumisión al trabajo y, como creen que semejante comportamiento los degrada también a ellos, se ponen en huelga de hambre. El pulso continúa durante un tiempo, pero entonces, en unas escenas muy características de Ozu, la confrontación llega a su fin cuando los muchachos aceptan que el mundo de los adultos es una estructura jerárquica que permite a muy pocos estar en la cumbre. *He nacido, pero...* es una historia muy rica temáticamente y muy bien interpretada que, además, es la primera obra de las que sobreviven de Ozu en la que el director despliega el estilo que lo llevaría a ser reconocido como uno de los grandes directores del mundo.

Mark Cousins

Fecha 1932

Nacionalidad Japón

Director Yasujiro Ozu

Reparto Tatsuo Saito, Takeshi Sakamoto, Hideo Sugawara, Tomio Aoki (Tokkan Kozo)

Título original *Umarete wa mita keredo*

Por qué es clave
Se trata de una escena fundamental de una de las mejores películas que se han rodado jamás.

Escena clave **Un viejo y orgulloso campesino se niega a trabajar** *Iván*

La idea generalizada que hay en Occidente sobre el cine soviético postrevolucionario es que siempre es políticamente correcto. Pero si pensamos en el lío en que se metió el maestro ucraniano Alexander Dovjenko, en especial con *La tierra* y con *Iván*, dos de sus mejores trabajos, nos damos cuenta de que debemos revisar dicho tópico. En la segunda de las películas mencionadas, la primera sonora de su carrera, nos habla de la construcción de una enorme presa en el Dniéper que nunca vemos terminada. Uno de los personajes, Iván, tiene un padre analfabeto llamado Guba (Shkurat), un campesino que, sin pedir perdón a nadie, se niega a participar en la construcción y se ríe de aquellos que lo hacen.

La primera vez que lo vemos, Guba está arrancando una margarita mientras se burla de la simple idea de ir a trabajar. Su risa diabólica le hace parecer un animal depredador, pero en realidad es el alivio cómico, un poco como el personaje de Walter Brennan en *Río Bravo*, y es evidente que Dovjenko siente debilidad por él, incluso después de que su hijo lo denuncie en una reunión, a lo que él responde: «Soy un individuo único».

Mientras vemos a los demás desde ángulos contrapicados, trabajando heroicamente en la presa, encontramos a Guba pescando, enfocado en un ángulo normal. Casi todas sus apariciones en la película son divertidos solos, como la escena en la que recoge el suelto. En un momento fundamental, lo vemos primero de perfil y luego de espaldas antes de que se mofe de sus camaradas marchando con paso marcial. En resumen, es irresistible.

Jonathan Rosenbaum

Fecha 1932

Nacionalidad U.R.S.S.

Director Alexander Dovjenko

Reparto Stepan Shkurat

Por qué es clave
En una película que exalta el trabajo colectivo, esta escena es un reconocimiento a un anciano que se niega a participar en dicho trabajo.

1930–1939

Diálogo clave **¡Sucios, asquerosos monstruos!** *La parada de los monstruos (Freaks)*

¿Cuál es el momento crucial que les encanta destacar a los guionistas contemporáneos? El momento de un argumento en el que todo cambia, cuando un giro de los elementos coloca la historia en un punto completamente nuevo y más intenso. Uno de esos grandes momentos cruciales del cine tiene lugar en *La parada de los monstruos (Freaks)*. En una compañía de circo, el forzudo, Hércules (Victor), y la trapecista, Cleopatra (Baclanova), deciden desplumar al crédulo enano, Hans (Earles). Cleopatra lo seduce y se casa con él para, después, empezar a envenenarlo poco a poco. Todo el mundo excepto Hans sabían ya cómo era Cleopatra cuando en un momento de la boda exclama: «¡Sucios, asquerosos monstruos!». Pero, en una escena posterior en la que está preparando el veneno mientras otros integrantes de la compañía la espían por la ventana, Hans, solo, se da cuenta por fin de lo que está ocurriendo. La expresión de su rostro adquiere un semblante duro y entonces repite aquellas atroces palabras: «Sucios, asquerosos monstruos». Es el magnífico anuncio de la venganza. Pero este momento crucial tiene otro contexto temático más amplio. La película comienza con una imagen apacible, casi idílica, en la que un hombre ve a los *freaks* retozando en un campo y los compara con inocentes niños. Es una audaz artimaña de Browning, pues la historia nos conduce inexorablemente a tomar conciencia de la naturaleza apasionada y del todo madura de esos «monstruos» para, al final, reducir a los seres de moralidad monstruosa que tan injustos han sido con ellos a un nivel aún más bajo de existencia infrahumana.

Adrian Martin

Fecha 1932

Nacionalidad Estados Unidos

Director Tod Browning

Reparto Harry Earles, Olga Baclanova, Henry Victor

Título original *Freaks*

Por qué es clave Es uno de los grandes momentos de la historia del cine.

Pág. anterior *La parada de los monstruos (Freaks).*

Acontecimiento clave **Shiro Kido le dice a Mikio Naruse que no necesita a otro Ozu**

Sólo una de las 16 primeras películas que dirigió Mikio Naruse sobrevive hoy en día. Su título es *Flunky, Work Hard!* (*Trabaja más, esbirro*) cuyo título original es *Koshiben gambare*. Después de diez años en Shochiku, y de que Yasujiro Ozu y Heinosuke Gosho lo superaran a pesar de haber empezado en el cine después que él, en 1930 consiguió por fin dirigir una película. Tuvo que rodarla en sólo 36 horas, sin parar. Cuando la acabó, se desplomó.

Según cuenta Audie Bock en su libro *Japanese Film Directors*, a comienzos de la década de 1930 Naruse ganaba el equivalente a 360 dólares al mes como director asalariado de Shochiku y vivía en una habitación encima de un bar de sushi. El estudio le daba tickets de comida que él cambiaba por cigarrillos y comía solo en bares baratos. Hizo una película que acabó en un cajón porque el jefe del estudio, Shiro Kido, pensó que se parecía demasiado a Ozu. Kido siguió dando trabajo a Naruse, pero en 1932 habló con él y le dijo que Shochiku no necesitaba dos Ozus, y le explicó que tampoco debía imitar a Hiroshi Shimizu, Gosho o a Yasujiro Shimazu.

Hoy en día resulta difícil de creer que sucediera algo así porque lo que quieren los productores son precisamente imitaciones de películas que han tenido éxito. La reprimenda de Kido obligó a Naruse a buscar historias en el duro mundo en el que comía cada día. ¿Cuál es el nombre de la película en la que estaba trabajando Naruse cuando mantuvo esa conversación con Kido? *Be Great!* (*Sé genial*). Durante los siguientes treinta y cinco años, Naruse hizo películas «con la idea de que el mundo en el que vivimos nos traiciona», historias conmovedoras que están a la altura de las mejores de la historia del cine.

A. S. Hamrah

Fecha 1932

Por qué es clave
La advertencia de un productor obligó a Naruse a ser él mismo.

Escena clave **Dos copas de cóctel que se rompen** *Viaje de ida*

SPOILER

Este infalible dramón (basado en una historia ganadora de un Oscar) comienza en un abarrotado bar de Hong Kong en el que se encuentran dos desconocidos, Dan (Powell) y Joan (Francis) bebiendo un cóctel Paraíso. Cuando terminan, él, en un gesto impulsivo, rompe su copa contra la barra; ella hace lo mismo y después deja el pie de la copa formando una cruz con el otro sobre la barra. Vuelven a encontrarse en un crucero que se dirige a San Francisco (están en alta mar, por lo que pueden beber sin problema a pesar de la prohibición aún vigente en Estados Unidos) y se convierten en amantes, pero no comparten sus secretos: ella sufre una enfermedad cardíaca fatal, mientras que él se enfrenta a una pena por asesinato. Cuando ella se desmaya durante una romántica cena en Honolulu, él renuncia a la posibilidad de escapar para ayudarla. El director Tay Garnett borda una extraordinaria escena de amor en la que ninguno de los dos protagonistas soporta la idea de decir la verdad y, cuando el barco llega a puerto y tienen que separarse, los amantes condenados a morir continúan con el engaño prometiéndose reencontrarse en Nochevieja en un bar mexicano en Agua Caliente. Como era de esperar, ninguno de los dos acude a la cita, pero dos copas de cóctel se rompen misteriosamente en el bar y sus pies se cruzan sobre la barra en una mística recreación de la promesa de los dos amantes con una romántica lógica que en ningún momento es cuestionada por la película. Garnett llevó así al cine sonoro el espíritu del cine mudo en el que el amor trasciende la muerte (se repite, en el *remake* que Edmund Goulding realizó en 1940 con el título de *Till We Meet Again*), y proporciona un modelo para los futuros símbolos del compromiso de dos amantes, como el ritual de encender dos cigarrillos en *La extraña pasajera* (1942) de Irving Rapper o la canción de *Casablanca* (1942) de Michael Curtiz.

Robert Keser

Fecha 1932

Nacionalidad Estados Unidos

Director Tay Garnett

Reparto William Powell, Kay Francis

Título original
One Way Passage

Por qué es clave
Esta escena simboliza el compromiso de los amantes de cualquier melodrama romántico.

Personaje clave **Ben Hecht** La ametralladora escupe *Scarface, el terror del hampa*

SPOILER

Entre otras cosas, Ben Hecht era periodista, dramaturgo y autor de la que quizá sea la novela estadounidense más divertida, así como guionista de la versión original de *Scarface, el terror del hampa*.

Hecht llegó a Hollywood al final de la era del cine mudo. Escribió *La ley del hampa*, de Sternberg, la primera película de gánsteres, y después trabajó en otras 13 películas, a menudo sin aparecer en los títulos de crédito.

Le dijo al productor de *Scarface, el terror del hampa*, Howard Hughes, que podía escribir un guión en el que se duplicara el número de muertos de cualquier película de gánsteres anterior y que, además, fuera el doble de bueno, tras lo cual negoció un sistema de retribución con el que pretendía alimentar su imagen de especialista a sueldo. Hughes debía pagarle mil dólares en efectivo todos los días a las seis de la tarde hasta que el primer borrador estuviese terminado. Hecht lo acabó en once días. El borrador final lo escribió junto a Hughes en un tren a Nueva York, donde iban a probar a Muni para que interpretara el papel que da título a la película, Tony Camonte.

Hecht define la relación entre escritor y productor en unas palabras que Camonte le dice a su jefe: «Sólo hay una cosa que da y recibe órdenes, y es esto», dice Camonte, señalando a su ametralladora. «Así es como te conseguí la zona sur y así es como voy a conseguir la zona norte. Es como una máquina de escribir, ¿verdad? Voy a escribir con ella mi nombre por toda la ciudad, en letras bien grandes. Aparta de mi camino, voy a escupir», grita y empieza a disparar.
A. S. Hamrah

Fecha: 1932

Nacionalidad: Estados Unidos

Director: Howard Hawks

Reparto: Paul Muni

Título original: *Scarface*

Por qué es clave El audaz guión de Hecht convirtió la película de Hawks en la mejor de las que se hicieron de gánsteres en la década de 1930.

Escena clave **Shanghai Lily levanta la mirada hacia la luz** *El expreso de Shanghai*

En la cuarta de las siete películas que rodó con Sternberg, Marlene Dietrich interpreta a Shanghai Lily, una mujer lista y atractiva que se reúne con su antiguo amante (Clive Brook) en el tren que da título a la película y que ha sido secuestrado por un cruel líder rebelde (Warner Oland). «Ahora está usted en China, donde el tiempo y la vida no valen nada», asegura el secuestrador, anunciando una posible interpretación del estilo de Sternberg, aquí en su expresión más fría: la historia desaparece en medio de extrañas interrupciones, lentos fundidos y los lánguidos juegos de luces y sombras en los que el director coloca a sus actores (con la ayuda del director de fotografía Lee Garmes).

En esta escena, preocupada por el paradero de su amante desaparecido, Lily vuelve sola a su compartimento y cierra la puerta, ante la que se queda de pie. Puede que esté buscando algo, algo que la tranquilice, quizá incluso a Dios (el diálogo ha provocado no pocas interpretaciones al respecto). Pero el modo en que Dietrich mueve los ojos –visiblemente «dirigida», como muchas otras veces en las películas de Sternberg– refuta cualquier interpretación basada en la historia o en los supuestos sentimientos de su personaje. Lo hace de un modo automático y vacío, de manera que la toma entera transmite una intensa sensación de desesperanza y de algo que incluso la transciende: estamos ante un ser luminoso que está más allá de la desesperación y más allá de la fe.
Chris Fujiwara

Fecha 1932

Nacionalidad Estados Unidos

Director Josef von Sternberg

Reparto Marlene Dietrich

Título original *Shanghai Express*

Por qué es clave Marlene Dietrich habita con naturalidad el mundo de luces y sombras inventado por Sternberg.

Película clave
Un ladrón en la alcoba

«Vine aquí a robarte, pero desgraciadamente me enamoré de ti», confiesa el educado ladrón Gaston (un elegante Herbert Marshall, cuya voz ronronea como el motor de un Rolls Royce). Sus palabras condensan el argumento ante su jefa, la viuda Mariette (Kay Francis con joyas y plumas). Gaston oculta dicha relación a Lily, su atolondrada cómplice y novia (Hopkins), mientras que la sociedad parisina empieza a sospechar de la situación («Ella dice que él es su secretario y él dice que es su secretario. Quizá me equivoque y realmente sea su secretario»). Al ritmo seductor de un romántico tango, este brillante prototipo de comedia romántica sofisticada se atreve a proponer el robo como un acto de seducción y finalmente como una forma de posesión cercana a la conquista sexual. Lubitsch hace que el impredecible argumento fluya con aparente facilidad, sin revelar nunca abiertamente quién se acuesta con quién y cuándo (el mayordomo está atónito porque nadie permanece quieto en la habitación asignada).

Con su liberadora picardía, el célebre «toque Lubitsch» le encuentra la gracia al robo y a la banalidad al amor. La exuberante impetuosidad de la película (Lily tiene que sentarse sobre sus propias manos para no robar el joyero de Mariette) serviría de inspiración a los caprichosos argumentos de la *screwball comedy La pícara puritana* de Leo McCarey (1937), *La fiera de mi niña* (1938) de Howard Hawks, o *Medianoche* de Mitchell Leisen, por no mencionar *Con faldas y a lo loco* (1959) de Billy Wilder. Con un argumento que incluye sexo sin matrimonio y robo sin consecuencias, no es de extrañar que la película fuera condenada por la Legión Católica Romana por la Decencia y prohibida por los nazis. Ni Lubitsch ni sus críticos notaron que estaban viviendo la libertad anterior al Código Hays.

Robert Keser

Fecha 1932

Nacionalidad Estados Unidos

Director Ernst Lubitsch

Reparto Herbert Marshall, Kay Francis, Miriam Hopkins

Título original *Trouble in Paradise*

Por qué es clave Lubitsch perfecciona la comedia costumbrista.

Escena clave **Desde el ataúd**
Vampyr (*La bruja vampiro*)

Con el modelo de una historia de vampiros con el que desarrolló su décima película (primera sonora), Dreyer trató de provocar miedo uniendo el sombrío expresionismo alemán a una erupción surrealista de imaginería del inconsciente. Su cámara incansable, los desorientadores cambios de luz y los inexplicables efectos desestabilizan la percepción del espectador. Las puertas se abren solas, un río refleja figuras que no están en la orilla y se oyen sonidos que no se sabe de dónde proceden. El protagonista se asoma a ventanas mientras deambula en trance por este embrionario paisaje onírico, se separa de su propia sombra y se deshace en una mitosis cinematográfica. Se vuelve transparente y se asoma a un ataúd abierto, donde encuentra su propio cuerpo cubierto de flores. A continuación hay una perturbadora secuencia de cinco minutos en la que nos vemos encerrados en el ataúd y vemos a través de la tapa de cristal cómo un trabajador la atornilla. Entonces, un vampiro enciende una luz y nos mira. Entrecortando primeros planos del rostro del cadáver, la subjetiva imagen de la cámara nos muestra el ataúd en el exterior. Los árboles ondean en lo alto y las paredes pasan rápidamente: una imagen inquietante que nos recuerda lo que un bebé podría ver desde los brazos de su madre. Así, el *voyeur* presencia su propio funeral, como si lo hubieran castigado por mirar, y el espectador es partícipe de su claustrofobia. Hay otras secuencias vistas desde la perspectiva de un cadáver, como en *La obsesión* (*The Premature Burial*, 1962) de Roger Corman, *Mahler* de Ken Russell (1974) o, incluso, el videoclip de Pet Shop Boys *Videography* (1991), pero todas palidecen frente a *Vampyr*.

Robert Keser

Fecha 1932

Nacionalidad Francia/Alemania

Director Carl Theodor Dreyer

Reparto Julian West (barón Nicholas de Gunzberg), Sybille Schmitz

Título original *Vampyr*

Por qué es clave Esta escena lleva la imagen subjetiva a una nueva dimensión del terror psicológico.

Película clave ***Amoríos***
Un paso en trineo hacia la eternidad

No hay historia de amor más hermosa en el cine que *Amoríos*. Romance alegre y triste, amable y severo y finalmente elevado e intenso a la vez que fugaz, una historia que vibra en el espectador incluso después de su final. Ophuls estaba comprensiblemente embelesado con el ambiente de Europa (aunque se haya criticado la Viena de comienzos de siglo por sus códigos sociales rígidos y restrictivos). Otras películas del director ambientadas en lugares y épocas distintas, en especial *Carta de una desconocida* (1948) y *Madame De...* (1953), comparten con ésta la atmósfera visual y la música (sobre todo el vals). También tienen en común los duelos, pero con una diferencia: aquí si Fritz (Liebeneiner) sobrevivía, Christine (Schneider) y él podrían estar juntos sin que ningún obstáculo pusiera en peligro su futuro. Y ésa es la clave del dolor que se les avecina, a ellos y a sus atractivos amigos Mitzi (Ullrich) y Theo (Eichberger), la más desenfadada de las dos parejas (aunque quizá no lo sea tanto, dado su comportamiento final). La película está marcada por un momento de suprema felicidad que consagra la idea de que la vida tiene mucho que ofrecer: Christine y Fritz dan un paseo en trineo por un paisaje invernal. Es aquí donde regresa Ophuls al final, cuando ambos están muertos, y repite parte del sonido de la imagen de un cementerio cubierto de nieve. Aunque el trineo haya desaparecido, seguimos oyendo sus campanillas: sólo queda aquello de lo que hablaron los amantes... la eternidad. Al colocar de ese modo una experiencia terrenal en un plano más profundo del tiempo y del espacio, Ophuls consigue que sea aún más conmovedora y la tiñe con una serena perspectiva filosófica.

Blake Lucas

Fecha 1933

Nacionalidad Alemania

Director Max Ophuls

Reparto Magda Schneider, Wolfgang Liebeneiner, Luise Ullrich, Willi Eichberger, Paul Horbiger, Gustaf Gründgens, Olga Tschechowa

Título original *Liebelei*

Por qué es clave
El arte y la sensibilidad de Max Ophuls elevan a un plano superior esta trágica historia de amor.

Escena clave **El final**
Parece que fue ayer

SPOILER

El actor convertido en director John M. Stahl probablemente sea recordado por el sublime melodrama en technicolor *Que el cielo la juzgue* (1945), pero también rodó las versiones originales de historias tan inolvidables como *La usurpadora* (1932), *Imitación de la vida* (1934) y *Sublime obsesión* (1935). En medio de este fecundo período llega *Parece que fue ayer*, que tiene un argumento sorprendentemente parecido al de *Carta de una desconocida* (1948), aunque no está basada en la historia de Stefan Zweig, sino en una novela de Frederick Lewis Allen. Arruinado por el crac de 1929, el banquero James Emerson (Boles) está a punto de quitarse la vida, cuando la curiosidad le hace abrir una carta de una mujer desconocida y moribunda. Una serie de *flashbacks* nos muestran la única noche que Emerson pasó con Mary Lane (Margaret Sullavan) la víspera de su marcha a la Gran Guerra; nueve meses después, ella da a luz a un niño al que llama Jim Jr. Después de la guerra, Mary Lane no consigue ponerse en contacto con él y, cuando vuelven a encontrarse, James no la reconoce. En cuanto lee la carta, James va corriendo a la dirección que le ha dado, pero es demasiado tarde. No obstante, allí conoce al pequeño Jim (Butler). En una escena de exquisita ternura, el protagonista trata de conocer un poco más al niño de once años, que no tiene la menor idea de quién es ese hombre tan extraño. Al enterarse de que el pequeño es un buen tirador, James le ofrece ir a cazar. «¿Con usted?», pregunta el niño, sorprendido. «¿Por qué no, Jimmy? Soy tu padre». «¿Mi padre?», pregunta con voz temblorosa, y la película termina bruscamente, con una escena que quizá sea la mejor de la impresionante carrera de Stahl.

David Stratton

Fecha 1933

Nacionalidad Estados Unidos

Director John M. Stahl

Reparto John Boles, Jimmy Butler

Título original *Only Yesterday*

Por qué es clave Una conclusión intensamente emotiva para una película olvidada.

Acontecimiento clave **Goebbels intenta convencer a Fritz Lang**

En marzo de 1933, poco después de que Hitler subiera al poder, Joseph Goebbles se hizo cargo del recién fundado Ministerio de Propaganda y el último largometraje de Fritz Lang, *El testamento del doctor Mabuse*, que debería haberse estrenado en marzo, fue prohibido por la oficina censora de dicho ministerio. Poco después (algunos dicen a finales de marzo, otro a principios de abril), Goebbels citó a Lang en su despacho, se disculpó por la prohibición, le dijo al director que tanto Hitler como él eran admiradores de sus películas y le invitó a dirigir una nueva agencia encargada de supervisar la producción cinematográfica alemana.

En muchas entrevistas, Lang describió su reunión con Goebbels en términos dramáticos, incluso melodramáticos (con detalles muy precisos, aunque a veces variaban), y aseguró que el mismo día de aquel encuentro recogió unas cuantas pertenencias y se subió en un tren a París con la intención de no volver jamás. Sin embargo, en el pasaporte de Lang, que adquirió la Berlin Kinemathek después de la muerte del director, no figura ningún sello de entrada a Francia entre febrero y el 23 de junio de 1933. Es más, el pasaporte indica que, después de esa fecha, Lang volvió varias veces a Berlín y sólo se fue para siempre de Alemania el 31 de julio, después de que el productor Erich Pommer lo invitara a trabajar en París. Lang sabía muy bien cómo contar una buena historia. Seguimos sin saber a ciencia cierta si el legendario encuentro con Goebbels ocurrió realmente, si fue tal como él lo contó o si parte del relato pertenece a la ficción.
Jean-Pierre Coursodon

Fecha Marzo de 1933

Por qué es clave A raíz de esta conversación el director con más prestigio de Alemania decidió huir del régimen nazi.

Pág. siguiente Fritz Lang.

Escena clave **La caída antes de «Shanghai Lil»** *Desfile de candilejas*

Cuando la llegada del cine sonoro amenaza con dejarlo sin trabajo, el productor teatral Chester Kent (Cagney) responde montando unos «prólogos» musicales que ofrece como atracción extra en los cines. La vida entera de Kent es una carrera contra el tiempo, algo que Lloyd Bacon refleja con maestría en el ritmo de las secuencias no musicales. En el punto culminante de la película, parece que Kent corre el peligro de perder esa carrera: el telón se ha levantado para que comience el espectáculo y todo está preparado excepto el protagonista, a quien Kent encuentra en su camerino, borracho y con una crisis de miedo escénico. Kent lo saca del camerino y los dos hombres empiezan a pelearse en lo alto de una escalera de caracol que conduce al escenario. Un corte elide el resultado de la lucha, pero vemos que uno de los dos hombres, no sabemos cuál, cae por las escaleras. Ese corte marca la línea divisoria no sólo entre las bambalinas y el escenario, sino muy probablemente también entre las contribuciones de Bacon y el codirector Busby Berkeley.

El director de orquesta para la música y mira desde el foso. A los pies de la escalera la mano del caído hace un gesto impaciente. El director hace una señal a los músicos y empieza a oírse el preludio de «Shanghai Lil», el número culminante de *Desfile de candilejas*. Por supuesto, es Kent el que se ha caído por la escalera y el que después debe interpretar el papel principal del espectáculo, lo cual, habiendo sido bailarín y tratándose de Cagney, hace con su peculiar perfección.

La temible pausa antes de que el caído dé la señal para que comience la música y se levante para actuar es un momento muy emocionante del cine. La confusión y el temor al desastre aparecen ante nosotros, pero Chester Kent los hace desaparecer mágicamente con un solo movimiento de mano. El espectáculo continúa.
Chris Fujiwara

Fecha 1933

Nacionalidad Estados Unidos

Director Busby Berkeley, Lloyd Bacon

Reparto James Cagney

Título original *Footlight Parade*

Por qué es clave
Un emocionante momento de incertidumbre marca la línea divisoria entre las bambalinas y el mundo de la ilusión teatral (y cinematográfica).

Escena clave **¿Cuál es tu apartamento?** *Hijos del desierto/Compañeros de juerga*

El flaco y frágil británico Stan Laurel, que llegó a Estados Unidos con la misma compañía de teatro que Charlie Chaplin, conoció al corpulento Oliver Hardy en 1927 cuando ambos trabajaban para el legendario productor de comedias Hal Roach. De las 106 películas en las que aparecieron juntos a lo largo de los años –un trabajo conjunto que siempre apoyó otro genio de la comedia como Leo McCarey–, unas cuantas han pasado a la historia por la inolvidable sincronía de personajes, tempo y matices cómicos. El mejor de sus largometrajes fue *Hijos del desierto* (1933), en el que los protagonistas deben crear un complicado entramado de historias para escapar de sus esposas y poder viajar así a la reunión anual del grupo que da título a la película. Laurel, el genio que estaba detrás de la mayoría de sus mejores actuaciones, siempre intentaba incluir algún número cómico que se desarrollara en una entrada o puerta, como la calamitosa entrada a la casa de Billy Gilbert en su cortometraje de 1932 *La caja de música*, con el que ganaron un Oscar. Aquí, se trata de una escena del comienzo de la película que nos muestra dónde viven: aunque son de dos apartamentos contiguos y aparentemente idénticos, en uno hay una placa que dice «Señor y señora Laurel» y en el otro una placa donde pone «Oliver Hardy y esposa». Cuando los dos hombres vuelven a casa tras el primer encuentro de su hermandad, una intrincada secuencia de malentendidos e idas y venidas establece la estructura de poder existente entre los dos amigos y sus mujeres. Modesta pero eficaz, esta escena nos ayuda a entender por qué es el dúo cómico de más éxito de la historia del cine.
David Stratton

Fecha 1933

Nacionalidad Estados Unidos

Director William A. Seiter

Reparto Stan Laurel, Oliver Hardy, Mae Busch, Dorothy Christy

Título original *Sons of the Desert* (el título en Reino Unido fue *Fraternally Yours*)

Por qué es clave Es una escena eficaz de la que tal vez sea la mejor película de la fructífera carrera del popular dúo cómico integrado por Laurel y Hardy.

Pág. anterior Laurel y Hardy.

Escena clave **Toma final** *La reina Cristina de Suecia*

SPOILER

Rouben Mamoulian, al igual que su coetáneo en la Paramount Josef von Sternberg, fue un experimentador, siempre a la búsqueda de nuevos modos de plasmar las historias a veces banales que abordaba, y, como ocurrió con Sternberg, su carrera cinematográfica acabó demasiado pronto. Greta Garbo, en lo más alto de su trayectoria, pidió que fuera él quien la dirigiera en *La reina Cristina de Suecia*, la melancólica historia de la reina sueca que descubre el amor por vez primera en los brazos del embajador español (John Gilbert), abdica del trono por él y luego lo pierde en un trágico duelo cuando se disponían a zarpar juntos hacia España. Mamoulian habló a menudo sobre la célebre última escena de la película, en la que, después de la muerte de su amado, la reina da la espalda a Suecia y se queda de pie, sola, en la proa del barco que la ha de llevar a España. Para rodarla fue necesario crea una nueva lente capaz de pasar de un plano general a un enorme primer plano que cortaba la barbilla y la parte superior de la frente de la Garbo, de modo que el espectador pudiera ver de cerca sus luminosos ojos. Pero lo más importante fue la instrucción que Mamoulian le dio para que se transformara en una *tabula rasa*, de manera que su rostro fuera una página en blanco en la que el espectador pudiera leer lo que desease. Para ello, le dijo que no pensara en nada y que no parpadeara (aunque lo hizo dos veces). Es una de las escenas finales más memorables de toda la historia del cine.
David Stratton

Fecha 1933

Nacionalidad Estados Unidos

Director Rouben Mamoulian

Reparto Greta Garbo

Título original *Queen Christina*

Por qué es clave
Una gran actriz y un gran director demuestran que pueden ser tremendamente elocuentes sin necesidad de diálogo.

Escena clave **La solidaria Utopía**
Rayo de sol

SPOILER

Paul Fejos es uno de los grandes misterios del cine. Una parte importante de su obra se ha perdido, como sus primeros trabajos en Hungría, su posterior debut independiente en Estados Unidos, *The Last Moment*, que fue aclamado como una obra maestra en 1928, y algunas de sus películas etnográficas rodadas en África, Asia y Sudamérica una docena de años después (pasó los últimos veinte años antes de su muerte, en 1963, enseñando antropología). El resto de sus trabajos nos hacen pensar que se trataba de un cineasta a veces irregular, pero en cualquier caso extraordinario. De hecho, su primer largometraje en Hollywood, *Soledad*, se ha comparado a menudo con *Amanecer* de Murnau por su magnífica poética del cine mudo. Tras otras experiencias menos satisfactorias, Fejos abandonó Hollywood y emprendió una trayectoria por Europa que dejó una estela de obras muy diversas. La secreta obra maestra de esta época, *Rayo de sol* es la que más se parece a *Soledad*. En ella combina una sinfonía urbana, una historia de amor, un cuento de hadas y un pronunciado interés social en la historia de dos personas sin trabajo y con tendencias suicidas que se conocen y encuentran el uno en el otro la fuerza para empezar de nuevo. Al final sufren otro golpe fatídico, pero se salvan gracias a la solidaridad de las personas que viven en su bloque de apartamentos. La localización es muy representativa, pues se trata de un edificio real perteneciente a la «Viena roja», el movimiento socialista que caería bajo la dictadura. En ese sentido, la película es una especie de último manifiesto de dicho grupo, que con el tiempo quedaría como simple recuerdo. Pero el final feliz de *Rayo de sol* tiene tanta fuerza no sólo por la nostalgia o por las circunstancias casi mágicas que retrata, sino por la certeza de que la solidaridad es un concepto que ni el cine ni la política de la vida real utilizan ya demasiado.

Christoph Huber

Fecha 1933

Nacionalidad Austria

Director Paul Fejos

Reparto Gustav Fröhlich, Annabella

Título original *Sonnenstrahl*

Por qué es clave
Es la culminación de la misteriosa obra maestra secreta del director Paul Fejos, así como el legado cinematográfico del movimiento socialista vienés.

Personaje clave **Mae West**
No soy ningún ángel

Mae West era una mujer natural, una hija del pueblo y al mismo tiempo un ser audaz y libre que disfrutaba de su propia energía sexual. *No soy ningún ángel* fue su tercer largometraje, donde su personaje cinematográfico alcanzó su punto álgido. La curvilínea sirena rubia controlaba su imagen pública como no lo había hecho antes ninguna otra estrella femenina; de hecho, escribió la historia y el guión para lucir su propia interpretación. En la piel de la bailarina Tira, West luce su exuberante figura, enfundada en vestidos de lentejuelas mientras declara sin reservas el derecho de las mujeres a utilizar a los hombres. Enfrentándose al estigma de cazafortunas impuesto por la sociedad de la época, asciende en la escalera social, pasando de muertos de hambre del mundo del circo a caballeros adinerados («sombreros de seda», como ella los llama), consciente de que sólo con los recursos de un millonario podrá dejar atrás para siempre sus humildes orígenes. Cuando unos abogados intentan arruinar su reputación enumerando a sus numerosos amigos, ella responde: «¿Por qué no habría de conocer a tantos hombres? Viajo de costa a costa. Una dama como yo no puede viajar sin conocer a parte de la población masculina». Y, como prueba de su energía, se hace con la sala del tribunal, desplegando sus encantos ante un jurado compuesto de hombres y coqueteando descaradamente con el juez para después desenmascarar sin ayuda de nadie las mentiras de su adversario. El resultado fue su mayor éxito, que además salvó a la Paramount al hacer que el público de la Gran Depresión acudiera a los cines. Según declaró un exhibidor satisfecho: «La gente religiosa pide a gritos películas decentes, pero todos vienen a ver a Mae West». Y siguieron haciéndolo hasta que Hays y su gente reunieron el poder necesario para tomar medidas contra sus insinuantes comedias.

Robert Kesser

Fecha 1933

Nacionalidad Estados Unidos

Director Wesley Ruggles

Reparto Mae West, Cary Grant

Título original *I'm No Angel*

Por qué es clave
Mae West alcanza su momento de mayor esplendor.

Pág. siguiente
Cartel de *No soy ningún ángel.*

MAE WEST
in "I'm no Angel"
with CARY GRANT
DIRECTED BY WESLEY RUGGLES
A Paramount Picture

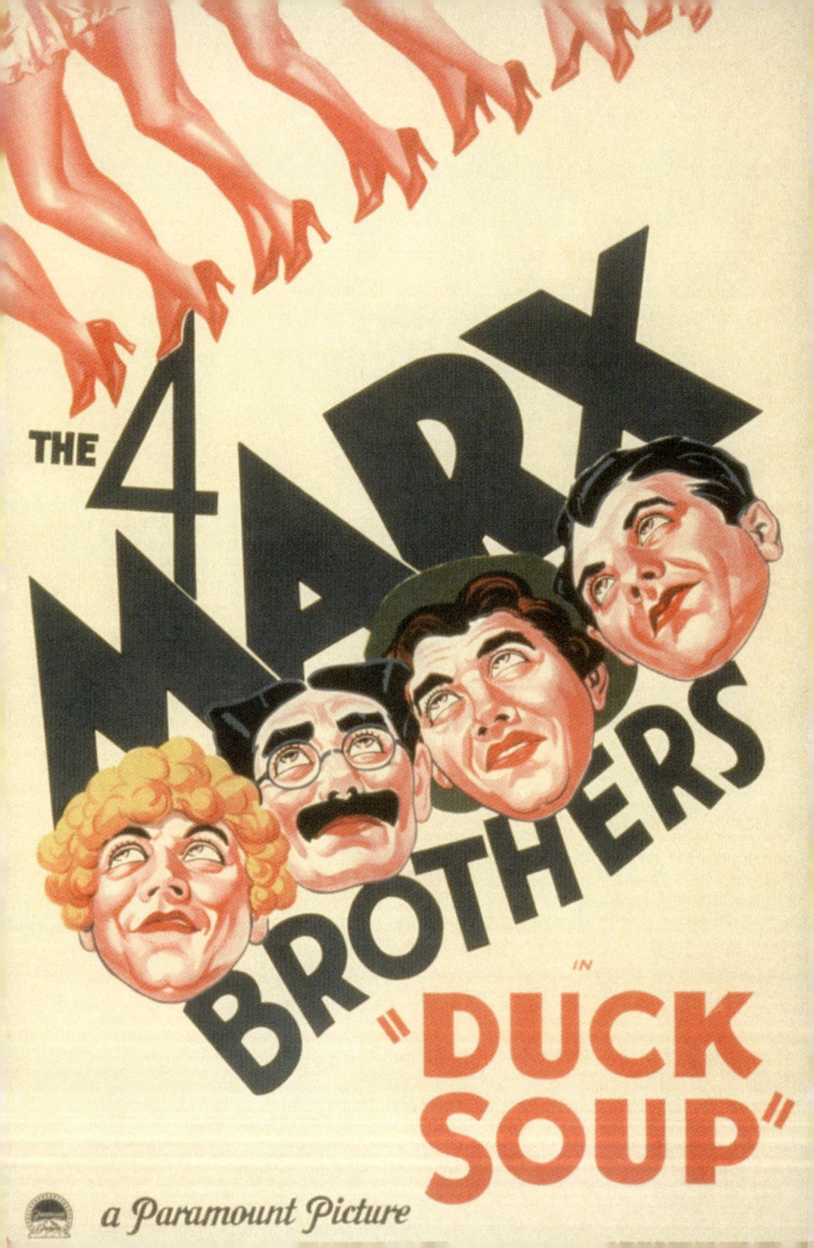
THE 4 MARX BROTHERS
IN
"DUCK SOUP"
a Paramount Picture

Escena clave **Secuencia de los nenúfares**
El amanecer

Desde la época dorada del cine mudo, Hollywood siempre ha ejercido una intensa influencia en el cine chino. El valor de las producciones era extraordinariamente alto, el estilo interpretativo, bastante sofisticado (como demostraban las actuaciones de Ruan Lingyu, importante estrella de la época) y se palpaba el toque de los estudios Fox en el diseño de algunos platós. *El amanecer* es un suntuoso melodrama de trasfondo político –podría verse como una obra de propaganda, un homenaje a la China nacionalista– con fuertes ecos de *El séptimo cielo* (1927): el trávelin vertical que atraviesa la escalera de un edificio de apartamentos recuerda a Frank Borzage. *Melodrama* significa exageración y los críticos contemporáneos tienen ciertas dudas acerca de la desafiante sonrisa de la protagonista cuando se encuentra frente al pelotón de fusilamiento al final de la película. Pero hay una secuencia anterior que ha quedado grabada de manera imborrable en la memoria del espectador por su tono lastimero: el momento en el que el personaje interpretado por Li Lili –una chica del campo que se marcha a la ciudad y se convierte en prostituta y espía– vuelve a su desvencijada casa al final del día. Su prometido en el campo le había regalado un collar hecho con nenúfares, que guarda bajo la almohada de la cama en la que la muchacha sueña con su amor perdido. Un *flashback* nos muestra a la protagonista con su novio, navegando en un barquito entre nenúfares, abrazados por el cielo y el agua. Un fundido nos trae de nuevo a la chica, aferrada al collar. Es casi de noche. Está llorando.

Paolo Cherchi Usai

Fecha 1933

Nacionalidad China

Director Sun Yu

Reparto Gao Zhanfei, Li Lili, Ye Juanjuan

Título original *Tianming*

Por qué es clave
Un canto de amor perdido que se oye al otro lado de un estanque.

Escena clave **La imagen del espejo**
Sopa de ganso

A instancias de la millonaria señora Teasdale (Margaret Dumont), el arruinado y políticamente inestable país de Fredonia contrata a un nuevo dirigente, Rufus T. Firefly (Groucho Marx). Para complicar la cosas están dos ineptos espías de la vecina Silvana, Pinky (Harpo Marx) y Chicolini (Chico Marx). Así comienza una de las comedias más anárquicas, antiautoritarias, antibelicistas y antigubernamentales que se hayan rodado jamás. En el frenético transcurso de los acontecimientos, Firefly y Pinky se encuentran ataviados con camisones y gorros de dormir a juego, y entonces el segundo simula ser la imagen del espejo del primero para no ser descubierto. A menudo se cita *Sopa de ganso* como una de las comedias antibelicistas más irreverentes de la historia, una afirmación a la que Groucho Marx le quitó peso al declarar que eran «nada más que cuatro judíos intentando divertirse». Quizá fuera así, pero lo cierto es que Musolini prohibió la película en Italia (pensaba que lo ridiculizaban a él). *Sopa de ganso* fue el último largometraje que el genial cuarteto hizo para la Paramount antes de su lujoso aunque irregular período en MGM, y en él están todo el tiempo los hermanos Marx, lo que sin duda constituye el gran atractivo de esta película.

El gag del espejo ha tenido muchas versiones desde entonces y, de hecho, también antes de *Sopa de ganso*, pues Charlie Chaplin la había utilizado ya en *Charlot encargado del bazar* (*The Floorwalker*, 1917) y Max Linder en *Siete años de mala suerte* (1921). También lo veríamos, aunque con una variación temática, en *El baile de los vampiros* de Roman Polanski (1966). Harpo lo realizó asimismo con Lucille Ball en un programa que tenía la actriz en la televisión estadounidense en 1951. Pero ninguna de esas versiones iguala a este inspirado absurdo que Roger Ebert ha descrito como «una de las joyas del primer siglo de cine».

David Stratton

Fecha 1933

Nacionalidad Estados Unidos

Director Leo McCarey

Reparto Groucho Marx, Harpo Marx, Chico Marx

Título original *Duck Soup*

Por qué es clave:
La comedia muda pervive en el cine sonoro

Pág. anterior
Cartel de *Sopa de ganso*.

Escena clave **En la cima del mundo** *King Kong*

SPOILER

Está en lo alto de la estructura más alta levantada por el hombre con el mismo orgullo y la misma dignidad apabullante con la que habría estado en la cima de su gran peñasco de Skull Island. Kong, el gran mono, rey de la selva misteriosa, salva a la bella Ann Darrow (Fray) de ser sacrificada por una horda de nativos y se la lleva a su solitaria guarida. Pero es atacado y capturado por unos codiciosos aventureros estadounidenses que lo transportan por mar. Atado, zarandeado y humillado como un monstruo de feria bajo los focos del estridente Broadway, no puede contener la ira por más tiempo y escapa. Saca a Ann de su apartamento mientras ésta duerme y se sube con ella al lugar más alto que puede encontrar.

Ahora es al mismo tiempo un símbolo del cine y un cúmulo de interesantes contradicciones: el enorme mono salvaje coronando el elegante rascacielos, la bestia inocente acosada por un escuadrón de aviones de combate, la oscura alma primitiva observando el mundo moderno, luminoso y siempre cambiante. Lo miramos arriba y abajo, entramos en su campo de visión, estamos a su alcance (como el avión que agarra como si fuera una simple libélula), colgamos junto a Ann de su mano gigante y tierna. Al final las balas hacen blanco y la vida se le escapa. Tras suspirar con la tristeza de un dios, deja a Ann cuidadosamente antes de caer cual héroe de una épica neorrusoniana sobre la locura de la avaricia, la civilización, el progreso. La belleza que mató a esta bestia no es Ann, sino el extravagante y magnífico arte cinematográfico.

Murray Pomerance

Fecha 1933

Nacionalidad Estados Unidos

Director Merian C. Cooper, Ernest B. Schoedsack

Reparto Fay Wray

Por qué es clave
Es uno de los símbolos del cine de Hollywood.

Pág. siguiente *King Kong*.

Escena clave **Pelea de almohadas** *Cero en conducta*

La influyente película de Jean Vigo, un relato semiautobiográfico (salpicado de deliciosos toques surrealistas) del triste período que el director pasó en un terrible internado francés, sintetiza lirismo y fervor revolucionario con un estilo sorprendente. El pasado anarquista de Vigo alimenta los golpes de antiautoritarismo dirigidos a profesores autocráticos y sistemas pedagógicos represivos.

La famosa pelea de almohadas refleja con precisión poética la postura antiautoritaria de Vigo. Tabard (De Bédarieux), un muchacho sensible que muchos críticos consideran el álter ego del director, instiga la divertida guerra. El jugueteo relativamente inofensivo de Tabard desencadena la ira que siente por un lascivo profesor de ciencia y anuncia la insurrección, ésta real, que pone fin a la película. Pero con la visión de Vigo, la pelea de almohadas es algo más que la señal del aburrimiento de unos muchachos que tratan de desahogarse un poco. La fingida crucifixión de un profesor especialmente odioso, Pète Sec (le Flon), y lo que Gavin Millar describe como «la transformación de una caja austera en un paisaje mágico» pueden entenderse como un poderoso antídoto contra la conformidad impuesta en los desafortunados estudiantes, así como un atisbo de éxtasis gracias al cual los jóvenes rebeldes pueden saborear la libertad. Aunque la utilización de la cámara lenta durante la pelea de almohadas recuerda a una secuencia similar del *Napoleón* de Abel Gance, la fusión de poesía y fervor revolucionario de Vigo es totalmente *sui gèneris*.

Richard Porton

Fecha 1933

Nacionalidad Francia

Director Jean Vigo

Reparto Jean Dasté, Louis Lefebvre, Gilbert Pruchon, Coco Golstein, Gérard de Bédarieux, Robert le Flon

Título original *Zéro de conduite*

Por qué es clave Este interludio poético en la célebre película de Vigo ejemplifica la visión radical de este influyente director.

Escena clave **La escena de las camas**
L'Atalante

El único largometraje de Vigo es una de las grandes películas de la historia, magnífica en muchos aspectos. Se hizo con poco dinero, pero resulta tan gratificante como poética, aunque está asentada en la autenticidad social que luego adoptaría el neorrealismo italiano. Combinando géneros y negándose a limitarse a uno solo, tiene suspense, es subversiva, anárquica, profundamente moral, divertida, conmovedora, aleccionadora, esperanzadora..., y, a pesar de su castidad narrativa y visual, es también una de las películas más genuinamente eróticas de la historia del cine.

La escena clave tiene lugar después de que el patrón de una barcaza del Sena (Dasté) haya sido abandonado por su esposa (Parlo), una inocente muchacha de pueblo con la que acaba de casarse y que, en contra de los deseos del personaje de Dasté, ha decidido ir a conocer los míticos atractivos de París. Lo cierto es que, en realidad, no desean estar separados; la culpa es de la rabia, ocasionada por las dificultades. El caso es que él está durmiendo solo en el lecho nupcial mientras ella se ha refugiado en un hotel de mala reputación. Solos y separados, sueñan el uno con el otro... Vigo entrecorta sus ensoñaciones febriles, al ritmo de la sensual banda sonora de Maurice Jaubert, para crear uno de los relatos sobre deseo humano más sutil y al mismo tiempo más sugerente que se haya llevado nunca al celuloide. Los amantes ni siquiera se encuentran en el mismo lugar y, sin embargo, la intensidad física de su deseo resulta evidente no sólo por los gestos de los amantes, sino también gracias al rítmico montaje de Vigo, que transmite la idea de que la belleza –y todo lo que ella entraña– depende de cómo se mire.

Geoff Andrew

Fecha 1934

Nacionalidad Francia

Director Jean Vigo

Reparto Jean Dasté, Dita Parlo

Por qué es clave:
El sexo ha sido siempre un ingrediente básico del cine, pero pocos cineastas han captado la idea de que el deseo es en esencia cuestión de imaginación. Vigo lo comprendió (y cómo).

Escena clave **Paseo por el mausoleo**
Satanás/El gato negro

Ulmer, antiguo ayudante de Murnau, demostró con su propio trabajo su fidelidad a los principios estéticos de su maestro. No hay un ejemplo más claro que una escena de *Satanás*, uno de los grandes logros estilísticos que vendrían de Hollywood. El doctor Vitus Werdegast (Lugosi) acude a la casa que el arquitecto Hjalmar Poelzig (Karloff) tiene en Centroeuropa con la intención de vengarse de él por haberle traicionado en la guerra, una traición que provocó que acabara prisionero de los rusos. Poelzig, además, se aprovechó de su encarcelamiento para robarle la mujer. El arquitecto asegura que la mujer murió y puede demostrarlo porque conserva su cuerpo en una urna de cristal allí mismo, en el sótano de la casa. Werdegast amenaza con matarlo, pero, aterrado por la repentina aparición de un gato negro, es incapaz de cumplir con su amenaza. Poelzig lo conduce por el sótano hacia la escalera de salida mientras le habla con voz tranquilizadora. Entre tanto, la cámara, que ha adoptado una posición casi subjetiva, se mueve hacia delante mediante un trávelin. «¿De qué sirven todos esos melodramáticos gestos?», pregunta Poelzig y el inhóspito decorado, puesto en primer término por un lento movimiento de cámara, contribuye al efecto desdramatizador de su voz. El mismo Poelzig sentencia que ambos son dos «muertos vivientes», puesto que sus almas murieron en la guerra y ahora sólo quedan sus cuerpos. El vuelo de la cámara, incorpórea y al mismo tiempo anclada a ellos, confirma esa condición de muertos vivientes y deja que el espectador comparta dicha sensación.

Chris Fujiwara

Fecha 1934

Nacionalidad Estados Unidos

Director Edgar G. Ulmer

Reparto Boris Karloff, Bela Lugosi

Título original
The Black Cat

Por qué es clave
El movimiento de la cámara, la ambientación y la voz humana crean un momento de indudable terror psicológico.

Escena clave **El muchacho descubre el tiburón** *Hombres de Arán*

Hay docenas de libros sobre Flaherty en general y sobre esta maravillosa película en particular. Es bien sabido que la mayor parte de *Hombres de Arán* es una poética falsedad. Flaherty quería narrar la lucha del hombre con la naturaleza y decidió presentar la vida en las islas Arán tal y como era medio siglo antes del rodaje de la película. Consiguió una de las imágenes más impresionantes de su carrera escenificando la caza de tiburones, que, supuestamente, se hacía con el fin de obtener aceite para las lámparas, pero en realidad en 1934 hacía tiempo que había electricidad en las islas Arán y nadie recordaba ya cómo se cazaban los tiburones.

Sin embargo, en la película hay algunos momentos de verdad y en la mayoría de ellos interviene un muchacho (Dirrane). Cuando se le ve pescando en el acantilado, hace ante la cámara lo mismo que suele hacer cada día. En concreto hay un momento escalofriante en el que está caminando junto al agua, y, de pronto, descubre un enorme tiburón con la boca abierta. La fuerza de la escena reside en la aterradora imagen del escualido, pero también en el hecho de que la música se detenga sin previo aviso. Con su inusual decisión artística, Flaherty consiguió un efecto bastante moderno. Resulta extraño que lo hiciera teniendo en cuenta que no tenía ninguna experiencia previa con el sonido y que el resto de la película está literalmente inundado de música.
Fernando Martín Peña

Fecha 1934

Nacionalidad Reino Unido

Director Robert Flaherty

Reparto Michael Dirrane

Título original *Man of Aran*

Por qué es clave Esta escena es un momento de verdad en medio de un documental que está orquestado en su mayor parte, lo que crea un efecto sorprendentemente moderno.

Escena clave **El crimen** *Le crime de monsieur Lange*

Escrita por Jacques Prévert durante el apogeo del Frente Popular francés, la deliciosa fábula de Renoir narra el nacimiento de una cooperativa editorial tras la supuesta muerta del lascivo, cruel y explotador jefe Batala (Berry). Cuando éste sale de su escondite disfrazado de cura porque ha llegado a sus oídos el éxito de una publicación de vaqueros escrita por el soñador e inocente Lange (Lefevre) y le dice al autor que va a retomar el control de la empresa, Lange decide que, después de todo, es mejor que el jefe «siga» muerto...

Renoir consigue que la secuencia resulte creíble gracias a unas interpretaciones muy naturalistas –evidentes en una celebración organizada por los trabajadores en una habitación del patio que es el principal escenario de la historia– y a un melodrama cuidadosamente calibrado, como cuando Lange sube a escribir y se encuentra a Batala, de vuelta en el mundo de los vivos y sin mostrar el menor remordimiento por sus numerosos pecados. Es más, encarnando la arrogancia capitalista más desenfrenada, Batala anuncia que piensa embolsarse todos los beneficios de la empresa y reservarse el derecho de despedir a quien le parezca oportuno. Intercalando la imagen de la confrontación entre Lange y Batala y la de un conserje borracho (Lévesque) que está limpiando abajo, Renoir crea suspense hasta que Batala baja e intenta seducir a su ex amante, ahora enamorada de Lange. Desde fuera, gracias a una de esas largas y elegantes tomas de grúa de Renoir, vemos cómo Lange sale de la oficina, baja las escaleras y cruza el patio para finalmente pegarle un tiro a Batala en el vientre. Los amantes huyen mientras el conserje pide a gritos un cura que le dé la última unción a la víctima, que a su vez aún va vestido de cura. La ironía y el sentido de justicia poética son tremendamente agudos.
Geoff Andrew

Fecha 1935

Nacionalidad Francia

Director Jean Renoir

Reparto René Lefevre, Jules Berry, Florelle, Marcel Lévesque

Por qué es clave Un trabajo de cámara discreto y artístico une en una sola pieza la comedia ruidosa con el drama de resonancias políticas con un efecto tan memorable como conmovedor.

Escena clave **La ceremonia de boda**
Capricho imperial

Esta irónica comedia sobre la ascensión al poder de Catalina la Grande fue la última gran película estrenada antes del Código y la sexta de las siete películas de Sternberg construidas en torno a Marlene Dietrich. El filme se burla del habitual servilismo de Hollywood hacia la realeza plasmando la educación mundana de la inocente muchacha. Sus ideales románticos no soportan el rancio protocolo, la hipocresía, la avaricia y la vulgaridad sexual de la corte imperial rusa. En un ambiente asfixiante, la joven princesa descubre que tiene «armas más poderosas que cualquier maquinaria política».

La boda coloca a Catalina en una posición desde la que podrá lograr el poder sexual que la convertirá en «la Mescalina del norte», aunque sin recibir ninguna ayuda de su atolondrado prometido. En medio de los preparativos nupciales, la emperatriz Elizabeth (Dresser) le recuerda a Catherine sus deberes «reproductivos», momento en el que Sternberg contrapone la actitud áspera de la matriarca con una exquisita composición del rostro de la estrella reflejado en múltiple espejos mientras las doncellas le muestran telas vaporosas y unas figuras oscuras que se levantan al fondo para resaltar la profundidad. La ceremonia de boda en sí se desarrolla en 29 tomas, un claustrofóbico cuadro viviente donde el movimiento diagonal de la cámara recorre clérigos ortodoxos de enormes barbas, velas y crucifijos. Luego, bajo la mirada furiosa de la amante del novio (Stevens) y el potencial amante de la novia (Lodge), la pareja avanza entre nubes de incienso. El rostro de Dietrich aparece atrapado e inmóvil tras el velo, su respiración mueve la llama de una vela, haciéndola bailar. Cada primer plano que llena la pantalla dura un poco más que el anterior. Entre tanto inmovilismo y artificialidad, su respiración está llena de vida: toda una lección de Sternberg para visualizar lo etéreo por medio de lo material.

Robert Keser

Fecha 1934

Nacionalidad Estados Unidos

Director Josef von Sternberg

Reparto Marlene Dietrich, Sam Jaffe, Louise Dresser, John Lodge, Ruthelma Stevens

Título original *The Scarlet Empress*

Por qué es clave Es la apoteosis de las inigualables texturas visuales de Sternberg.

Escena clave **Las murallas de Jericó**
Sucedió una noche

Diez años después de que Harry Cohn fundara Columbia Pictures en 1924, el estudio cosechó un inesperado éxito con el clásico del género *Sucedió una noche*. Cohn era un empresario tacaño que solía contratar estrellas hartas de otros estudios y que en la actriz de la Paramount Claudette Colbert encontró la persona ideal para encarnar a una caprichosa joven de clase alta que huye de casa y en el actor de MGM Clark Gable, el perfecto reportero que accede a ayudarla sólo para conseguir una buena historia, pero que, inevitablemente, se enamora. La dirección práctica y sin florituras de Frank Capra encaja a la perfección con el ágil guión de Robert Riskin, experiencia que repetirían en *El secreto de vivir* (1936), *Horizontes perdidos* (1937), *Vive como quieras* (1938) y *Juan Nadie* (1941). En una escena al comienzo de la película, que se hizo muy popular, Colbert y Gable tienen que compartir una habitación en un pequeño hotel rural. Él utiliza una manta a modo de cortina, que bautiza como «las murallas de Jericó», para dividir la habitación y no verse el uno al otro. Entonces ella se da cuenta de que aún no se han presentado:

–Pero tendrá un nombre, ¿no? –le pregunta ella.

–Sí, lo tengo. Peter Warne.

–Peter Warne. No me gusta.

–Bueno, no se lo tome tan a pecho. Mañana por la mañana me lo devuelve y en paz.

–Encantada de conocerle, señor Warne.

Y entonces llega lo mejor:

–El placer es mío, señora Warne.

¿Hay alguna duda de que esa muralla, levantada con mantas e inhibiciones, acabará cayendo? *Sucedió una noche* fue la primera de las tres películas, hasta la fecha, en ganar los cinco Oscars más importantes: producción, director, actor, actriz y guión. ¿Las demás? *Alguien voló sobre el nido del cuco* (1975) y *El silencio de los corderos* (1991).

David Stratton

Fecha 1934

Nacionalidad Estados Unidos

Director Frank Capra

Reparto Clark Gable, Claudette Colbert

Título original *It Happened One Night*

Por qué es clav El la escena más legendaria de las comedias románticas originales de Hollywood... Una escena intemporal, eterna.

Pág. anterior
Sucedió una noche.

Personaje clave **Ruan Lingyu**
La diosa

¿Quiénes fueron los mejores actores de la década de 1930? ¿James Cagney? ¿Jean Gabin? ¿El Takeshi Sakamoto de las películas de Ozu? ¿Charles Laughton? ¿El Kakuko Mori de Mizoguchi? ¿Katherine Hepburn? Un nombre que es probable que nadie mencione hoy en día es la increíble Ruan Lingyu, a la que muchas veces han llamado la Greta Garbo china. Nació en Shanghai en 1910 e hizo su primera película en 1927. Cuatro años más tarde, en *Tao hua qi xue ji* (*The Peach Girl*, 1931), empezó a dar prueba de esa sutil tristeza que tan bien encajaba en el realismo del cine chino de la época. *Xiao Wanyi* (*Pequeño juguete*, 1933) utilizó su papel para debatir el papel de las mujeres en la sociedad. En *La diosa* (1934), donde interpreta a la primera prostituta comprensiva de la historia del cine, hay un célebre momento en el que Ruan mira al techo. Es una mirada que, casi en todas partes del mundo, significa «Dios, ayúdame», y aquí necesita ayuda. Su pequeño necesita comer y ella es muy pobre. La mirada sombría de sus ojos y el modo en que encoge el cuerpo resultan increíblemente modernos. En *Xin nü xing* (*New Women*, 1935), encarna a una actriz y guionista que se suicida tras haber sido acosada y perseguida por la prensa. Los periódicos sensacionalistas del Shanghai de la época atacaron duramente la película y a la propia Ruan porque vieron *Xin nü xing* como un ataque hacia ellos y porque había rumores sobre la licenciosa vida amorosa de la actriz. Su respuesta fue trágica. Se tomó una sobredosis de barbitúricos y murió en 1935. La procesión de su funeral fue de casi cinco kilómetros. El *New York Times* lo describió como «el funeral más espectacular del siglo», nueve años después del de Rodolfo Valentino. En la actualidad, Ruen no aparece en casi ninguna enciclopedia de cine. Maggie Cheung la encarnó maravillosamente en *La actriz* (1992). El naturalismo de la interpretación de Ruan en esta escena se adelanta al Método en más de dos décadas.
Mark Cousins

Fecha 1934

Nacionalidad China

Director Wu Yonggang

Reparto Ruan Lingyu

Título original *Shen nu*

Por qué es clave
Puede que esta escena sea la más famosa del cine realista chino de la década de 1930. En ella, la gran Ruan Lingyu encaja a la perfección.

Escena clave **«The Lullaby of Broadway»**
Vampiresas 1935

La obra de Busby Berkeley está hecha para formar parte de antologías: es un arte compuesto de deliciosas escenas aisladas, como ilustra mejor que ninguna otra la película *Vampiresas 1935*. La cinta tiene argumento, desde luego, pero tiene tan poco sentido que parece desaparecer sin dejar huellas incluso aunque la historia siga desarrollándose. La única razón de ser de *Vampiresas 1935* es el dominio de la coreografía, la cámara y el montaje que Berkeley demuestra tener en los números musicales. Sin duda, el más impresionante de todos ellos es «The Lullaby of Broadway», una de las cumbres del cine de Hollywood.

Esta película dentro de la película narra la última noche de una sofisticada *Broadway baby* (Shaw), como dice la letra de la canción. Su juerga fatal en un lujoso club es la excusa para dar rienda suelta a la espectacular pirotecnia de Berkeley, donde vemos toda una legión de bailarines de claqué en un enorme escenario escalonado, pero el verdadero punto álgido de la secuencia es el comienzo. Mientras la protagonista canta la canción («The Lullaby of Broadway»), la cámara va acercándose a su rostro desde una gran distancia, volando por encima de un mar negro. Por último, una vista aérea de Manhattan se convierte en un primer plano del rostro. La secuencia se vuelve más concreta cuando Berkeley muestra una típica mañana en la ciudad, centrándose en el personaje de Shaw, que vuelve cansada a su apartamento mientras para el resto de Nueva York está empezando un nuevo día. En esas tomas y en el gran contraste que suponen con la escena del club que las sigue, Berkeley creó una imborrable representación cinematográfica de la Gran Depresión.
Chrisgran Fujiwara

Fecha 1935

Nacionalidad Estados Unidos

Director Busby Berkeley

Reparto Winifred Shaw, Dick Powell

Título original
Gold Diggers of 1935

Por qué es clave
Esta famosa secuencia marca la cima de Busby Berkeley.

Pág. siguiente *Vampiresas 1935*.

BASEBALL
Today
WEINERS
LUER'S
SAUSAGE

Escena clave **Un hombre ciego entra en una tienda** *It's a Gift*

No hay mejor ejemplo de las numerosas comedias de Fields que este retrato del señor Muckle, un ciego hostil e incontrolable. Mientras está preparando el pedido de un ruidoso cliente que le ha pedido 250 gramos de naranjas enanas, Fields ve afuera una figura vestida de negro y con gafas de sol que va directo hacia la tienda con un bastón. Entonces deja de hacer lo que estaba haciendo y grita: «¡Abrid la puerta al señor Muckle!».

Ya hay algo en marcha y es demasiado tarde para pararlo. De pronto Fields, el mundo y nosotros tenemos a Muckle encima. Golpea la puerta de cristal con el bastón y protesta: «¡Otra vez tenéis la puerta cerrada!», y cae sobre un montón de cajas. Pero la audacia de la escena no acaba ahí, pues Fields intenta calmar y consolar al intratable anciano, que además está un poco sordo y hay que hablarle gritándole por una trompetilla, llamándole cosas como «cariño» y «querido». Cuando le da el paquete de chicles de cinco centavos que había ido a buscar, el ciego se niega a «tener que cargar con ello» y se empeña en que se lo lleven a casa. Así es el mundo de Fields, un lugar en el que la lenta fuerza de la testaruda humanidad acaba pareciéndose a los objetos que utilizan para molestarlo (bombillas, cocos, picahielos). Para Fields, Estados Unidos de la Gran Depresión eran una combinación de *Las uvas de la ira* (en un momento dado, exclama «¡Sombras de Baco!») y *La edad de oro*, con la frustrante tristeza y el amargo absurdo que conlleva el sexo.

A. S. Hamrah

Fecha 1934

Nacionalidad Estados Unidos

Director Norman Z. McLeod

Reparto W. C. Fields, Charles Sellon

Por qué es clave Fields retrata a la perfección la condición humana.

Pág. anterior *It's a Gift.*

Película clave *La feria de la vanidad*

Los literatos se quedaron boquiabiertos al ver la impúdica versión que hizo Hollywood de *La feria de las vanidades*, el clásico en el que Thackeray retrataba la ambición social. A pesar del ingenio de la película y de la brillante interpretación de Miriam Hopkins encarnando a Becky Sharp (título original de la película), el verdadero logro de la cinta fue mostrar una nueva tecnología que se había perfeccionado tras 20 años de experimentos: el sistema tricrómico de Technicolor. Los viejos procesos, que sólo registraban variaciones de rojo y verde, dieron lugar a técnicas en las que se distinguían nuevos tonos de amarillo, naranja oscuro y azul claro, así como un color de piel más natural. Herbert y Natalie Kalmus fueron los encargados de controlar las patentes y el equipo de cámara de Technicolor Corporation, lo que hizo que impusieran sus gustos estéticos por la profundidad de foco, la definición extrema y los colores fuertes gracias a una iluminación potente (los veteranos de Hollywood se quejaban de que el matrimonio Kalmus exigía que todo estuviese perfectamente iluminado, incluso detrás de un sofá). En *La feria de la vanidad*, las posibilidades que ofrece toda la gama de colores de la secuencia del baile que se celebra la víspera de la decisiva batalla de Waterloo, estallan cuando empiezan los cañonazos y el vals deja paso al caos. Después de eliminar las luces de una manera audaz, la imagen queda en sombras, entre las que vemos matices cromáticos que nunca antes habían aparecido en pantalla. Los colores pastel de los vestidos de baile preceden a las capas rojas y los cascos dorados de los soldados que brillan a la luz de los faroles. La extravagancia visual y la fuerza teatral de la película supusieron una buena publicidad para Technicolor, pero el proceso dominado por los Kalmus seguía resultando muy caro, por lo que el uso del color no llegó hasta la década de 1950, gracias a la invención de un proceso más económico, Eastmancolor.

Robert Keser

Fecha 1935

Nacionalidad Estados Unidos

Director Rouben Mamoulian

Reparto Miriam Hopkins, Frances Dee

Título original *Becky Sharp*

Por qué es clave Fue el primer largometraje en el que pudo verse el proceso tricromático de Technicolor en toda su plenitud.

Acontecimiento clave «Sticks Nix Hick Pix»

El 17 de julio de 1935, *Variety*, una revista especializada en el mundo del espectáculo, publicó el siguiente titular en su portada, «Sticks Nix Hick Pix», como encabezamiento a una entrevista con Joe Kinsky, un distribuidor de los estados centrales de Estados Unidos. Entre otras cosas, Kinsky apuntó que las películas que se suponían más exclusivas, como *Las vírgenes de Wimpole Street,* tenían bastante éxito en Illinois, Omaha y Nebraska, y que «a los granjeros no les interesaban las películas sobre granjeros» (*hick pix*, en inglés, con la excepción de *State Fair*). En sí, la historia escrita por el corresponsal en Hollywood George McCall no era nada relevante, pero el titular –dicen que fue acuñado por el editor de Nueva York Abel Green– acabó por simbolizar el tono ingenioso, informal y claramente urbano (lo contrario a *sticks*) de la revista *Variety* en particular y del mundo del espectáculo en general. En la película *Yanqui Dandy* (1942), el personaje interpretado por James Cagney, George M. Cohan, lee el titular y lo convierte en una canción. El juego de palabras se ha hecho inmortal, pero lo que dice no se ha convertido en una norma estricta: desde entonces ha habido muchas *hick pix* y series de televisión del mismo tema (*skeins* en la jerga de *Variety*) que han tenido mucho éxito, sobre todo entre el público rural (lo que *Variety* llamó *sticks*), como, por ejemplo, *La uvas de la ira* o *The Waltons*.

Kim Newman

Fecha 17 de julio de 1935

Por qué es clave Este titular de una publicación del mundo del espectáculo pasó a formar parte de la jerga estadounidense.

Escena clave **Hannay se esconde en la casa del campesino** *Los 39 escalones*

Hace ya mucho tiempo que el maestro del suspense es famoso por su capacidad para crear tensión dramática, pero no por hacer que sus personajes nos conmuevan. Es más, sus películas de Hollywood, más sofisticadas desde el punto de vista técnico, a menudo han hecho sombra a sus anteriores trabajos hechos en Inglaterra con mucho menos presupuesto. Esta adaptación de la novela de John Buchan –junto con *Alarma en el expreso* (*The Lady Vanishes*, 1938), que es la mejor de sus películas inglesas– es también la historia más cálida de su larga y prolífica carrera.

Cuando el héroe fugitivo Richard Hannay (Donat) conoce al campesino John (Laurie), llega a un trato con él para que le deje un lugar en el que dormir. Pero comete un inocente error al dar por sentado que Margaret (Ashcroft) es la hija del anfitrión, cuando en realidad es su mujer. La joven señora de la casa siente curiosidad sobre su vida en la ciudad y tiene la generosidad de creer que es inocente del asesinato del que se le acusa en los periódicos. Incluso lo despierta cuando llega la policía para advertirle de la posible traición de su marido: «Me echará un sermón, pero nada más», dice ella con valentía (si bien luego resulta estar equivocada) cuando el fugitivo se muestra preocupado por las consecuencias. Aunque es muy corta, la escena refleja hábilmente la empatía que ha surgido entre ambos personajes y el espectador llega a sentir lástima por Margaret, aislada en aquel remoto lugar con un marido tacaño, desconfiado y demasiado viejo para ella. Por mucho que diga lo contrario, sabemos que va a recibir algo más que un golpe, como hace pensar la desolación de su rostro mientras cierra la puerta después de que Hannay se haya ido. El breve sueño de aventuras ha acabado...

Geoff Andrew

Fecha 1935

Nacionalidad Reino Unido

Director Alfred Hitchcock

Reparto Robert Donat, Peggy Ashcroft, John Laurie

Título original *The 39 Steps*

Por qué es clave Tenso suspense de Hitchcock, por supuesto, pero también algo más atípico, pues es una de sus escenas más humanas y conmovedoras.

Escena clave **Los relojes rotos**
Tit for Tat

Un ama de casa (Mae Busch) ayuda a Oliver Hardy a salir de su dormitorio, donde ha acabado después de una serie de percances. Al salir, Hardy le dice a modo de disculpa una de las frases más subidas de tono del cine cómico: «Nunca había estado en esa posición». Su marido (Hall) llega justo a tiempo de oír sus palabras y estalla la guerra. En el mundo de Laurel y Hardy, a menudo una guerra es un disciplinado intercambio de daños materiales y humillación personal (su película *Ojo por ojo*, de 1929, es al respecto toda una obra maestra sin igual).

Sin embargo, hay un momento sublime en *Tit for Tat* que conlleva una evolución casi surrealista, si eso es posible, de dicha dinámica. Hall va a la tienda y destruye cinco o seis relojes que tienen a la venta. Laurel y Hardy esperan su turno mientras le dejan llevar a cabo los destrozos y observan cada movimiento que hace sin apenas reaccionar, con un distanciamiento casi científico. Cuando por fin termina, el dúo examina los daños. Después, Laurel coge una ruedecita de entre los destrozos y la hace girar como si fuera un juguete. Luego, en lugar de devolverla al montón de basura, se la guarda en el bolsillo con la obvia intención de seguir jugando con ella en otro momento.

Esta escena supone una exquisita digresión que llega a las mismas entrañas de los personajes que interpretaban desde que se encontraron el uno al otro.
Fernando Martín Peña

Fecha 1935

Nacionalidad Estados Unidos

Directo Charley Rogers

Reparto Stan Laurel, Oliver Hardy, Charlie Hall

Por qué es clave Un paso más allá en las típicas batallas de las películas de Oliver y Hardy da lugar a una sublime digresión.

Escena clave **Hitler llega en avión**
El triunfo de la voluntad

Riefenstahl comenzó este «documental» sobre una concentración del Partido Nazi, que en realidad se organizó con el único propóstio de rodar la película, con unas tomas de las nubes desde un avión. Son las imágenes más hermosas de la cinta, en las que vemos enormes formas en contraste con la luz del sol. Incluso aquí, la manera en la que los objetos se identifican con el poder hace que su belleza resulte perturbadora para todo aquel que cuestione cualquier manifestación de veneración al poder. La ciudad de Nuremberg, centro de la cultura alemana, aparece entre las nubes y la sombra del avión atraviesa los edificios y una calle; el poder individual se impone sobre la ciudad y la historia. Entonces aparece Hitler saliendo del avión, una imagen que nos provoca repulsión y nos lleva a preguntarnos si habría resultado tan repulsiva si se hubiera tratado, por ejemplo, de Roosevelt ¿Hasta qué punto es errónea la adoración al poder en sí y hasta qué punto lo realmente cuestionable es la veneración de las ideas malignas? Riefenstahl intercala la imagen de la multitud saludando con el brazo en alto y la de la mano del propio Hitler levantada, sola, respondiendo al saludo a la vez que cruza la ciudad, con lo que consigue diferenciarlo del resto, de las masas que lo adoran, una idea recurrente en toda la película. La cámara gira alrededor de Hitler durante sus discursos, dándonos a entender que el mundo gira a su alrededor, un honor que se les niega a los demás nazis que hablan. Cuando el líder no aparece en pantalla, la mayor parte del tiempo la atención se centra en imágenes repetitivas: soldados marchando o interminables filas de banderas nazis. El hecho de que la proyección de la película se viera acompanada a menudo de palizas a los judíos para que acudieran a verla no hace más que confirmar la terrible ideología que refleja: los individuos deben subyugar su voluntad a un «gran líder»..., un líder cruel.
Fred Camper

Fecha 1935

Nacionalidad Alemania

Director Leni Riefenstahl

Reparto Adolf Hitler

Título original *Triumph des Willens*

Por qué es clave Riefenstahl encuentra en el medio cinematográfico el canal perfecto para rendir culto a un hombre y venerar el poder, lo que sin duda suscita muchas preguntas, por ejemplo, sobre el cine y el mal.

Escena clave **La creación de la novia** *La novia de Frankenstein*

Con un presupuesto que duplicaba los 200.000 dólares originales y un guión oscuro y divertido que apoya los inquietantes elementos del género con el tema de la homosexualidad como trasfondo, *La novia de Frankenstein* es una cinta deliciosamente barroca que suele considerarse la obra más inteligente y subversiva de la época dorada de las películas de terror producidas por Universal Pictures. Gran parte del mérito es del director británico James Whale (1896-1957), escritor gay que, después del *Frankenstein* de 1931, había realizado *El caserón de las sombras* (1932) y *El hombre invisible* (1933). Partiendo de un extravagante guión de John Balderston, Whale aumentó la complejidad moral inherente a la historia, la aligeró un poco con las locuras del doctor Pretorius (Ernst Thesiger) y añadió un fuerte dosis de expresionismo alemán en lo visual, así como la célebre banda sonora de Franz Waxman. La interpretación de Boris Karloff de la criatura era más comedida que en *Frankenstein*. Así, aquí interpreta a un monstruo tan asustado y confundido como peligroso. En ningún momento resulta tan evidente como en el clímax de la historia, cuando su compañera (Elsa Lanchester, que también interpretó a la autora de *Frankenstein*, Mary Shelley en un prólogo que Whale añadió para evitar las intromisiones del Código) adquiere vida en una rápida secuencia de ángulos inusuales y ruido de maquinaria. «¡Está viva!», exclama el doctor Frankenstein (Clive) con orgullo, refiriéndose tanto a su espantosa creación como al ingenioso logro que se había alcanzado, una película de monstruos para gente pensante.

David Stratton

Fecha 1935

Nacionalidad Estados Unidos

Director James Whale

Reparto Boris Karloff, Colin Clive, Ernst Thesiger, Elsa Lanchester

Título original
Bride of Frankenstein

Por qué es clave
Esta escena culmina una deliciosa combinación de terror y parodia del mismo.

Pág. siguiente
La novia de Frankenstein.

Escena clave **La separación final** *Wife, Be like a Rose!*

SPOILER

La película narra los esfuerzos de Kimiko (Chiba) por reconciliar a sus padres. Ha conseguido convencer a su padre (Maruyama) para que vuelva a Tokio y se marche del pueblo de montaña donde ha estado viviendo con su amante y los hijos de ésta. Pero no se siente cómodo junto a su esposa Etsuko (Ito), una intelectual afable y reprimida, y decide volver al campo. La secuencia final expone en una rápida serie de tomas cortas cómo cada uno de los personajes descubre y acaba asumiendo la inevitable separación de la familia. Naruse transforma un sencillo espacio doméstico en una zona de confrontación y descubrimientos individuales: el espacio en sí no es sólo el lugar en el que tiene lugar la crisis, sino que es también la encarnación formal de ésta. El padre se marcha antes de que la madre salga de su despacho a despedirse de él. Entonces Naruse intercala una y otra vez la imagen desconsolada de Etsuko y la de Kimiko observando a su madre. Kimiko sólo dice: «Madre, has perdido». Es el propio espectador el que debe deducir el significado de la escena que Naruse ha fragmentado en tantas partes. Congelando la imagen de Kimiko, la lluvia de tomas extras nos da a entender que el momento de la separación va a repetirse una y otra vez en el recuerdo de ambas mujeres.

Chris Fujiwara

Fecha 1935

Nacionalidad Japón

Director Mikio Naruse

Reparto Sachiko Chiba, Tomoko Ito, Sadao Maruyama, Kamatari Fujiwara, Heihachiro Okawa

Título original
Tsuma yo bara no you ni

Por qué es clave
Esta rápida secuencia es uno de los estudios más intensos que se hayan hecho en el cine sobre el fracaso familiar.

Escena clave **Un baile con el que se celebra la vuelta a la vida** *Al borde del mar azul*

Al borde del mar azul es una película que suele encantarles a los cineastas, como, por ejemplo, a Otar Iosseliani: «Cualquier cosa es posible en cualquier momento de este filme». Unos cincuenta años después de verla, Jean-Luc Godard recordaba una escena en particular, y lo hacía de un modo difuso pero fiel al espíritu de Barnet: «Una mujer muere, la entierran y de pronto vuelve al mundo de los vivos. Los demás la miran y dicen: "¿Qué haces aquí? ¡Estás muerta!" Y luego se ponen a bailar. ¿Por qué bailan? No importa; no hay nada que comprender». En realidad, la mujer (Misha, interpretada por Elena Kouzmina), que se cree que murió ahogada en el mar, vuelve junto a los suyos cuando éstos están en el *kolkhoz*, su velatorio, y al preguntar: «¿Quién ha muerto?», sólo recibe la encantadora respuesta de uno de sus guapos pretendientes: «¡Tú!». Pero lo que realmente importa es el baile que empieza de pronto e invade toda la habitación, un baile enloquecido y atlético que apenas puede reflejarse en la pantalla. Se refleja también el lenguaje cinematográfico de Barnet: los movimientos de la cámara, el montaje de imagen y sonido plasman la chispa del momento. Godard contraponía la libertad que transmitía la película de Barnet con el «sombrío imperativo» del baile de los musicales de Hollywood: «Ya no hay alegría, sólo neurosis». Pero no es necesario condenar a los estadounidenses para alabar a los rusos: Barnet, que parecía capaz de incluir baile y música en cualquier historia por muy dramática o trágica que fuera, simplemente se alegraba de poder aprovechar cualquier oportunidad para transformar y reinventar el gesto físico, la figura en movimiento.

Adrian Martin

Fecha 1936

Nacionalidad U.R.S.S.

Director Boris Barnet

Reparto Elena Kouzmina

Título original *U samogo sinyego morya*

Por qué es clave Barnet se deleita en la imagen en libre movimiento.

Escena clave **Epílogo en la isla** *Una partida de campo*

La duda, el deseo, la tensión de si pasará o no llenan los últimos segundos de *Una partida de campo*, en sí una obra sin completar y, al mismo tiempo, una pieza de fino cristal perfectamente formada. La cámara acompaña a Henri (Darnoux), pero apenas puede encuadrarlo mientras él acelera, baja el ritmo o se detiene, como si fuera a refugiarse bajo la rama de un árbol. Hay un latigueo de la cámara que encuentra, con la mirada de Henri, aunque no del todo en ella, a su antigua amante Henriette (Bataille), con la que pasó un solo día. Ella se vuelve, lo ve y avanza tímidamente hacia él, acompañada por la cámara. Entonces Renoir cambia de enfoque: la cámara en movimiento deja paso a un montaje de plano y contraplano de ambos rostros, primero en primer plano y luego en planos de referencia en rápida sucesión. La conversación discurre sobre lo que nunca podrá ser, pero también sobre esa posibilidad perdida que nunca podrán olvidar. Termina con ambos saliendo de plano y el gesto solitario de Henri encendiéndose un cigarrillo sobre un fondo borroso, mientras la música de Joseph Kosma se hace más intensa. El contenido es bastante desgarrador, pero donde reside su inmensa emoción es en lo que los historiadores de arte llaman el «patetismo formal» de la escena. Con todos los movimientos (de cámara, de los cuerpos, de ojos, de la propia naturaleza) que conectan y desconectan a la pareja, se expone y se explora de manera exquisita un misterio filosófico: ¿cómo podemos conocer, en cualquier momento, las fuerzas que nos unirán o nos separarán?

Adrian Martin

Fecha 1936

Nacionalidad Francia

Director Jean Renoir

Reparto Georges Darnoux, Sylvia Bataille

Título original *Partie de campagne*

Por qué es clave Este momento de gran emoción explora un profundo misterio filosófico.

Acontecimiento clave **Fundación de la Cinémathèque française**

Ernest Lindaren en Reino Unido, Jacques Ledoux en Bélgica, Iris Barry en Estados Unidos y Henri Langlois en Francia son algunos de los padres fundadores de los archivos cinematográficos. Todos ellos dieron forma al arte y la ciencia de reunir y conservar el legado cinematográfico, haciendo que estuviera disponible para la posterioridad, y todo ello en un tiempo en el que el cine era visto como una forma de expresión menor. El nombre de Henri Langlois es el único que resulta familiar a los cinéfilos más ilustrados. ¿Por qué? No fue ni mucho menos el único en defender la causa de la conservación cinematográfica. De hecho, el cineasta Georges Franju y el historiador cinematográfico Jean Mitry son, junto a Langlois, los responsables del nacimiento de la Cinémathèque française en 1936: sin embargo, hoy en día sólo seguimos identificando el nombre de Langlois con la venerable institución parisina. ¿Por qué? Hay muchas posibles respuestas, pero hay una que sobresale de la demás: Langlois demostró tener un asombroso talento para convertir su pasión en una causa célebre. Su habilidad para la propaganda política ayudó a dar forma al movimiento de la *nouvelle vague* e, incluso, influyó en la protestas estudiantiles de 1968. Su conocimiento del cine atrajo la atención de Iris Barry, del Museum of Modern Art, que forjó un largo vínculo entre ambas instituciones. Es legendario el modo en que acumulaba (y ocultaba) copias de películas. La manera en la que conservaba el material era algo displicente, pues era posesivo con la colección, lo que le ganó tanto seguidores incondicionales como férreos enemigos. En cualquier caso, es cierto es que ningún otro archivo fílmico ha estado nunca tan cerca de alcanzar el estatus de icono cultural como lo estuvo entonces la Cinémathèque française. Hay que extraer una lección moral de ello.

Paolo Cherchi Usai

Fecha 1936

Por qué es clave
La conservación de las películas se convirtió en un fenómeno cultural.

Escena clave **«Never Gonna Dance»** *En alas de la danza*

En alas de la danza es una película especial por muchos motivos, y uno de ellos son sin duda los temas originales que compuso Jerome Kern (compositor también de *Show Boat*) con letras de Dorothy Fields, entre las que se incluye «The Way You Look Tonight», ganadora de un Óscar. La comedia protagonizada por Astaire y Rogers, y con Victor Moore, Helen Broderick y Eric Blore en papeles secundarios, está muy bien llevada en general, pero hay un número culminante, «Never Gonna Dance», que constituye sin duda el mayor atractivo de la película, cosa que no tiene nada que ver con la comedia que impulsa la historia. De hecho, la canción sirve de base para una dramática coreografía que Astaire y Rogers bailan a solas en un club vacío. Detrás de los bailarines hay una doble escalinata que conduce a otra pista de baile. Mientras ellos se mueven al ritmo de la hermosa melodía de Kern, la cámara no se limita a grabar el baile, sino que se mueve junto a ellos con elegancia, adelante y atrás, a un lado y a otro, con trávelin y tomas panorámicas. Entonces, en uno de los grandes momentos mágicos del cine, los bailarines suben la escalera y la cámara con ellos, lo que da lugar a una sinergia electrizante de baile y movimientos de cámara. David Abel era el director de fotografía de la película, cuya colaboración con el director George Stevens hizo que éste se convirtiera en uno de los mejores momentos de toda la obra conjunta de Fred Astaire y Ginger Rogers. Los directores de musicales pocas veces muestran tanta sensibilidad hacia el movimiento del baile o aspiran a realzarlo con sutiles movimientos de cámara. Dice la leyenda que se necesitaron 40 tomas para rodar «Never Gonna Dance», pero lo que vemos en pantalla se resume a sólo dos: una unión perfecta de baile y fotografía impecables.

Andrew Pike

Fecha 1936

Nacionalidad Estados Unidos

Director George Stevens

Reparto Fred Astaire, Ginger Rogers

Título original *Swing Time*

Por qué es clave
Aquí tenemos uno de los mejores bailes de Fred Astaire y Ginger Rogers, que el director George Stevens rodó magníficamente.

Escena clave **Un proyector de cine sirve para mostrar la verdad** *Furia*

SPOILER

Para su primer trabajo en Estados Unidos, Fritz Lang eligió un tema muy americano, el linchamiento. Joe (Spencer Tracy), un joven que, gracias a la gasolinera que puso en marcha con sus hermanos, ha prosperado lo suficiente para casarse, viaja en coche a otro estado para casarse con su prometida (Sylvia Sidney), pero durante el trayecto lo arrestan y lo acusan injustamente de secuestro. El pueblo entero se vuelve loco sin dar tiempo a que pueda ser exonerado y, al no conseguir colarse en la celda, prenden fuego a la cárcel.

Después de escapar, se esconde durante el juicio con la esperanza de que los que querían lincharlo sean ejecutados por asesinato. Pero la gente del pueblo miente para defenderse los unos a los otros, lo que hace que la intervención del proyector de cine resulte aún más sorprendente. De pronto nos encontramos con escenas de crueldad que no habíamos visto durante el linchamiento. Aquí el cine sirve para ampliar la visión, para descubrir la verdad. También actúa como elemento de intervención más allá de la voluntad o la conciencia humana. Cuando la masa linchadora se acerca a la cárcel, por ejemplo, un movimiento de la cámara en ángulo picado hacia la fachada del edificio podría parecer una toma de punto de vista, pero no corresponde con la perspectiva de ninguno de los participantes, lo que se traduce en una visión de la multitud como algo «más allá de lo humano». Durante el juicio, vemos a Joe en su escondite, adivinando la acción y disfrutando de ello como si fuera un doctor Mabuse capaz de manipular los acontecimientos en la distancia. Y al final, cuando Joe decide hacer lo que debe, su entrada en la sala hace que uno de los abogados defensores (Cabot) se paralice, constituye otro ejemplo en el que un elemento externo interviene en la acción. La sociedad aparece como un mecanismo sobre el que los ciudadanos pueden ejercer un control muy limitado.

Fred Camper

Fecha 1936

Nacionalidad Estados Unidos

Director Fritz Lang

Reparto Walter Abel, Bruce Cabot

Título original *Fury*

Por qué es clave
Este magnífico momento del argumento amplía el marco de acción, control y conocimiento más allá de los personajes individuales.

Escena clave **El espíritu de la máquina** *Tiempos modernos*

Si Henry Ford puso en marcha su cadena de montaje en 1913, Charlie Chaplin lo hizo en esta película. Una enorme fábrica, con dínamos, palancas, émbolos y botones por todas partes, todo bajo el control de los capataces que trabajan a las órdenes de un jefe que lo observa todo desde su despacho, tranquilamente sentado. Un elemento fundamental es la cinta transportadora que maneja, entre otros tristes esbirros, el Vagabundo (Chaplin). Ahí está él con su peto mientras los artilugios pasan frente a él y de vez en cuando, estira la mano para ajustar alguna tuerca con una llave en cada mano. Gira, pasa, gira, pasa, gira. La cabeza empieza a darle vueltas, los ojos se le quedan en blanco, pero nuestro héroe persiste, empeñado en servir a su amo y en la ínfima nobleza de su trabajo. Pero al propietario no le basta con conseguir beneficios sabiendo que es posible conseguir más. Hace una señal y la cinta comienza a ir más rápido. Gira, pasa, gira, pasa. Más y más rápido. Girapasagirapasagira. El trabajador no saber qué está fabricando hasta el punto de que sus acciones son completamente mecánicas; no sólo imita los movimientos de las máquinas que lo rodean, sino que acaban siendo movimientos de máquina: ha pasado a formar parte de una gran máquina, su cuerpo entregado y sumiso ha sido engullido por el interminable ciclo de necesidades, requisitos y culminación que es la vida mecanizada.

Un timbre anuncia que puede tomarse un descanso para comer. Se sienta con su cuenco de sopa, pero sigue moviéndose al ritmo de la máquina. Al intentar beber, derrama la sopa encima de su compañero y en el suelo. Se siente avergonzado por su falta de control y en esa modestia, en esa duda, precisamente radica su humanidad.

Murray Pomerance

Fecha 1936

Nacionalidad Estados Unidos

Director Charles Chaplin

Reparto Charles Chaplin

Título original *Modern Times*

Por qué es clave
Esta escena es un ejemplo perfecto de la actuación de Chaplin, así como de la actuación cinematográfica en general.

Pág. anterior
Tiempos modernos.

Escena clave **¿Quién se queda con el perro?** *La pícara puritana*

SPOILER

Cerca del comienzo de *La pícara puritana,* McCarey hace un corte para mostrarnos un inserto de un juguete que Jerry Warriner (Grant) le ha regalado a su perro, Mr. Smith (Asta, que aparece en las películas de *Thin Man*). Se trata de una pelotita con forma de cabeza de chihuahua con los ojos saltones. En el cine de Hollywood de la época no era habitual irrumpir en una escena de ese modo; sin embargo, aquí la pelota recibe su propio primer plano. La esposa de Jerry, Lucy (Dunne), se la lanza a Mr. Smith, que corre tras ella.

Jerry y Lucy han decidido separarse. En la siguiente escena, se está ultimando el divorcio, pero aún no se sabe quién va a quedarse con Mr. Smith. El juez (Stanton) hace entrar en la sala al fox terrier. «La custodia del perro depende de lo que él desee», les dice a la pareja. «¿Podrían llamar al perro?»

Jerry y Lucy se colocan a ambos lados de Mr. Smith y tratan de atraerlo cada uno hacia su lado. Parece que Jerry va a ganar, pero entonces Lucy le muestra el juguete con forma de cabecita. Mr. Smith salta de inmediato en su regazo. Caso cerrado. Ahora sabemos por qué McCarey dedicó tanta atención al juguete en la escena anterior.

Jerry y Lucy compiten por la atención del juguete del mismo modo que Grant y Dunne compiten por la nuestra. Ambos son tan cautivadores que, sin darnos cuenta, nos encontramos en la misma situación del perro, tratando de elegir a uno de los dos. McCarey no mostró la reacción del perro con una imagen enternecedora, pues Mr. Smith no baja la cabeza ni llora. En el fondo, es un espectador sobrio engatusado por un truco con el que Lucy consigue que la quiera más a ella.

A. S. Hamrah

Fecha 1937

Nacionalidad Estados Unidos

Director Leo McCarey

Reparto Cary Grant, Irene Dunne, Asta, Paul Stanton

Título original *The Awful Truth*

Por qué es clave
La decisión de un perro nos muestra cómo compiten por nuestro afecto los actores.

Escena clave **Noticias del frente** *La gran ilusión*

SPOILER

Unos ingleses vestidos de mujer cantando «It's a Long Way to Tipperary» no es precisamente lo que uno esperaría de una película francesa sobre prisioneros de guerra, pero esta famosa escena de *La gran ilusión* de Renoir consigue plasmar una dureza que explica su condición de clásico. En ese sentido, la película respira donde otras películas de campos de prisioneros se ahogan.

La escena comienza con la comicidad de un espectáculo de variedades montado por los prisioneros. Un prisionero de esmoquin llamado Cartier (Carette), cómico de variedades en la vida civil, dirige una compañía de oficiales ingleses vestidos de coristas. La actuación elimina las diferencias entre los prisioneros y sus guardias alemanes al recordarles el mundo que han dejado atrás para ir a la guerra: las ciudades llenas de mujeres y música. Mientras Cartier hace burla inocentemente a un guardia, Renoir nos muestra a dos prisioneros franceses, Maréchal (Gabin) y Rosenthal (Dalio), que están leyendo el periódico entre bambalinas. De repente, Maréchal sale al escenario diciendo: «¡Para! ¡Para! ¡Hemos recuperado Douaumont!».

Uno de los ingleses se quita la peluca y le pide a la banda que toque la Marsellesa. Empieza a cantar, con los labios pintados y el vestido sin mangas. La cámara hace una barrida por todos los músicos, incluyendo al trompetista, que levanta la mirada como si tratara de recordar la canción. Maréchal y Rosenthal, vestidos de negro, miran hacia los guardias. La cámara sigue la mirada y se encuentra con los prisioneros que forman la audiencia en pie, cantando el himno con ímpetu, pero con un aspecto casi plácido. Una nimia actuación de aficionados se llena de significado y de belleza. La frivolidad del espectáculo de variedades no sólo representa la civilización que la guerra ha dejado atrás, sino que más bien se convierte en la prueba viviente de su propia existencia.

A. S. Hamrah

Fecha 1937

Nacionalidad Francia

Director Jean Renoir

Reparto Jean Gabin, Marcel Dalio, Julien Carette

Título original *La grande illusion*

Por qué es clave
En mitad de una guerra, una travesura inofensiva puede convertirse en todo un gesto desafiante.

Escena clave **La pareja de ancianos se dice adiós** *Make way for tomorrow*

SPOILER

Un padre y una madre interpretados por Moore y Bondi llevan casados mucho tiempo. Ahora son ancianos y deben hacer frente a toda una serie de dificultades económicas que están a punto de hacerles perder su casa. Sus hijos, ya adultos, llegan a la conclusión de que tienen que hacerse cargo de sus progenitores, pero como ninguno está dispuesto a acogerlos a ambos, la anciana pareja tendrá que vivir en casas distintas. Y no tardan en surgir los problemas: los mayores tienen costumbres muy arraigadas y, aunque sus hijos tienen buenas intenciones, llevan una vida independiente en la que no hay mucho lugar para las singularidades de los demás.

Al final parece que al matrimonio no le va a quedar otro remedio que separarse para siempre. Se despiden en la estación de tren, intercambiando las que serán probablemente las últimas palabras que se digan a la cara el uno al otro. Se trata de un guión lleno de magníficos matices que tiene la genialidad de hacer que esas palabras sean tan sencillas como lo serían en la vida real: frases como «Ha sido un placer conocerte» no pueden resumir toda una vida de amor y convivencia, pero es lo único que se les ocurre a dos personas normales. Al menos esos tópicos no les quitan ni un ápice de la poca dignidad que les queda.

El tren del padre se aleja de la estación mientras el movimiento desestabiliza ligeramente la imagen, la madre observa la escena con impotencia y tristeza. Sus hijos no están contentos con lo que está pasando, pero bueno, no pueden hacer otra cosa. No ha salido de Hollywood un retrato más real que éste de la familia moderna estadounidense.

David Sterritt

Fecha 1937

Nacionalidad Estados Unidos

Director Leo McCarey

Reparto Victor Moore, Beulah Bondi

Por qué es clave
La conclusión de este melodrama único remata el que quizá sea el retrato más escéptico de la familia estadounidense que haya salido nunca de un estudio de Hollywood.

Escena clave **Yasubei va al duelo** *Ketto Takadanobaba*

Yasubei Nakayama (Bando), un samurái sin amo al que le gusta beber y luchar, llega borracho a casa un día y encuentra una carta de su tío Kayono, que había ido a verlo con la esperanza de que pudiera ayudarlo en un duelo contra 18 hombres. Al darse cuenta de la difícil situación, Yasubei se marcha corriendo a Takadanobaba. Normalmente, se habría presentado la carrera en unas cuantas tomas, o quizá con un montaje paralelo, pero los cineastas del Japón de antes de la guerra a menudo demostraban sus dotes creativas con lo que David Bordwell denomina «florituras», momentos de excesos estilísticos que resultan agradables de por sí, al margen de su función narrativa. Se podría discutir hasta qué punto estas florituras representan una diferencia respecto del cine de Hollywood, pero lo que está claro es que la carrera de Yasubei hacia el duelo es una de las florituras más exquisitas del cine japonés. Una cámara centrada en un camino en cuesta captura la imagen de Yasubei y sus vecinos corriendo con una serie de panorámicas, primero en planos largos y luego medios. No son ni una ni dos, sino 35, todas desde la misma posición. Podría parecer que Yasubei corre todo el tiempo por la misma carretera, pero las pequeñas diferencias, unidas a un montaje de tempo en aumento, transmiten la sensación de urgencia y la audacia estilística del director consigue deleitarnos. Nos prepara para el duelo que tiene lugar a continuación, uno de los mejores del cine japonés, rodado como si fuera un baile. Hiroshi Inagaki era un genio del montaje, como demostraría con su posterior *The Life of Matsu the Untamed* (1943), pero sin duda estas escenas son obra de Masahiro Makino, uno de los maestros del tempo cinematográfico.

Aaron Gerow

Fecha 1937

Nacionalidad Japón

Directores Masahiro Makino y Hiroshi Inagaki

Reparto Tsumasaburo Bando

Título original *Chikemuri Takadanobaba* (más tarde se estrenaría bajo el título de *Ketto Takadanobaba*)

Por qué es clave
Se trata de un buen ejemplo de las brillantes florituras cinematográficas del cine japonés de preguerra.

Escena clave **«Rocky muere aterrado»** *Ángeles con caras sucias*

SPOILER

La noche antes de su ejecución en la silla eléctrica, el gánster Rocky Sullivan (Cagney) recibe la visita de un amigo de la infancia, el padre Jerry (O'Brien). Rocky ha sido condenado por el asesinato de un maldito traidor (Humphrey Bogart), por el que no muestra arrepentimiento alguno. Promete morir igual que ha vivido, siempre desafiando a la autoridad, negándose a darle a nadie la satisfacción de verle venirse abajo. Pero el padre Jerry le recuerda a Rocky que, si los muchachos de los barrios bajos que lo idolatran se parecen a él cuando crezcan, acabarán también en el corredor de la muerte. A Rocky no parece afectarle la idea, pero a la mañana siguiente, mientras lo conducen a la silla eléctrica, se viene abajo –aunque el guiño que le hace al padre demuestra que está fingiendo– y lo arrastran entre gritos desgarradores. El titular del periódico «Rocky muere aterrado», hace que sus admiradores, Soapy (Billy Halop), Bim (Leo Gorcey), Patsy (Gabriel Dell) y Crac (Huntz Hall), lo consideren un cobarde y decidan pasar más tiempo en el club juvenil de la parroquia preparándose para encontrar un trabajo legal en lugar de estar en los billares, convirtiéndose en matones. Ninguna otra estrella ha muerto tan bien en el cine como Cagney –en *El enemigo público* (1931) su madre recibe su cuerpo momificado, en *Los violentos años veinte* (1939) muere tiroteado en las escaleras de una iglesia y en *Al rojo vivo* (1949) vuela por los aires en la explosión de un gasómetro–, pero ésta es sin duda su muerte más elaborada e inusual. Cuando admite «no soy tan duro», está demostrando ser lo bastante hombre para reconocer su debilidad. En ese sentido, la muestra de cobardía de Rocky lo convierte en un verdadero mártir que honrará con su panegírico el único hombre que sabe lo valiente y abnegado que era en realidad.

Kim Newman

Fecha 1938

Nacionalidad Estados Unidos

Director Michael Curtiz

Reparto James Cagney, Pat O'Brien

Título original *Angels With Dirty Faces*

Por qué es clave Sigue resultando espeluznante –los gritos de Cagney son tan reales– y al mismo tiempo es una gran sensiblería hollywoodiense.

Pág. siguiente
Ángeles con caras sucias.

Acontecimiento clave **El cartel de «Veneno para las taquillas»**

Los exhibidores independientes de Estados Unidos asombraron a Hollywood al colocar este controvertido letrero en publicaciones especializadas en cine, una frase que tachaba a ocho estrellas destacadas del momento como «obstáculos para la taquilla». Tras semejante humillación pública, la mayoría de los mencionados dieron un giro a sus carreras y consiguieron grandes éxitos en el siguiente año. Tanto Greta Garbo como Marlene Dietrich aparecieron enseguida en papeles más «amables» en dos producciones de notable éxito: Greta Garbo interpretó a la comisaria soviética que se derrite ante los encantos de París en la película *Ninotchka* (1939) de Ernest Lubitsch, y Marlene Dietrich, a la enérgica y pendenciera prostituta de *Arizona* (1939) de George Marshall. Con el papel de mala en *Mujeres* (1939) de George Cukor, Joan Crawford se ganó el aplauso del público y muy pronto se reinventó a sí misma, alcanzando el punto culminante de su carrera con la célebre obra dirigida por Michael Curtiz en 1945, *Alma en suplicio*. Katherine Hepburn se retiró a Broadway, donde le encargó al dramaturgo Phillip Barry que escribiera una obra con la que pudiera suavizar y humanizar su supuesta brusquedad y su indecorosa independencia, un proyecto que resultó ser su mayor éxito personal, primero en el escenario y después en la pantalla, bajo la dirección de George Cukor, *Historias de Filadelfia*, (1940). Fred Astaire vio cómo sus presupuestos iban bajando hasta que anunció su retirada de la pantalla, tras lo cual resurgió con otra década de musicales de alta categoría, que culminaron en el clásico de Vincente Minnelli *Melodías de Broadway* (1953). Sin embargo, Kay Francis y Mae West no consiguieron recuperar el favor del público, y Edward Arnold abandonó los papeles protagonistas por otros secundarios.

Robert Keser

Fecha 3 de mayo de 1938

Por qué es clave
Este infame ataque puso en peligro las carreras de ocho estrellas, e incluso acabó con algunas de ellas, algo que la mayoría de los artistas se empeñaron en negar.

Acontecimiento clave **Joris Ivens regala una cámara al Grupo Cinematográfico Yan'an**

El 1938, el director de documentales Joris Ivens, el director de fotografía John Ferno (que un año antes había rodado la película de Ivens sobre la guerra civil española, *The Spanish Earth* (*Tierra española*) y el fotógrafo Robert Capa fueron a Hankou, China, a rodar una película sobre la guerra sino-japonesa. A pesar de las continuas injerencias del gobierno nacionalista de Chiang Kai-shek, Ivens se las arregló para grabar en alguna batalla, pero no consiguió realizar el viaje que había programado a la base aérea de Yan'an, donde el documentalista esperaba poder filmar al ejército comunista de Mao Zedong. De regreso en Hankou, consiguió eludir a los hombres del régimen que lo vigilaban y regaló su cámara Bell & Howell Eyemo de 35 mm y algo de película al cineasta comunista Wu Yinxian, que había rodado la conocida producción de Shanghai *Street Angel* (1937). Aunque Ivens se sintió defraudado por el metraje que había rodado en China (la montadora Helene van Dongen dio forma al metraje y el trabajo, estrenado en 1939, se llamó *Los 400 millones*), la cámara que dejó allí se convirtió en una herramienta muy importante para el Grupo Cinematográfico de Yan'an, pues permitió a Wu y a otros cineastas rodar imágenes documentales de la resistencia de los comunistas frente a Japón.

Chris Fujiwara

Fecha Julio de 1937

Por qué es clave
El regalo de Ivens, prueba del idealismo y la perseverancia del gran cineasta, es además un símbolo de la solidaridad del mundo del cine.

Escena clave **La batalla en el hielo** *Alexander Nevsky*

Aunque en su libro *El sentido del cine* Eisenstein la analizaba como un ejercicio matemático, la batalla en el hielo tiene un enorme impacto visceral y sobresale como uno de los logros más apasionantes del director. Como se anuncia en un intertítulo de la película, la batalla tuvo lugar el 5 de abril de 1242 sobre un lago helado y enfrentó a los patriotas rusos ligerados por el príncipe Nevsky (Cherkasov) y las fuerzas invasoras alemanas. Estos últimos, despersonalizados con sus uniformes de capa blanca y casco, son finalmente derrotados por las hordas rusas después de una larga batalla que en la película dura 30 minutos. Con Eisenstein controlando hasta el menor detalle visual, la contienda se rodó durante una ola de calor en un campo cubierto de nieve falsa y con la ayuda de unos filtros que hacían que el cielo adquiriera un aspecto invernal. La secuencia alterna el sonido natural y la música, partes de la cual fueron compuestas por Prokofiev después del montaje, mientras que en otras se utilizó una banda sonora pregrabada. Eisenstein describió con todo detalle el modo en que Prokofiev respondía a la «música» inherente a la dinámica visual, sobre todo en los momentos de mayor suspense, antes del comienzo de la batalla. En dicha respuesta, la orquesta mezclaba un estruendo siniestro con dramáticos arranques que acompañaba la organización de las tropas. La magistral colaboración entre el director y el compositor enriqueció una escena que, desde entonces, ha influido en un sinfín de cineastas. La película, y en especial la secuencia de la batalla, devolvió a Eisenstein el favor de la industria cinematográfica soviética y del propio Stalin. Prokofiev adaptó la música y la convirtió en una magnífica suite para orquesta que se ha convertido en todo un clásico de las orquestas sinfónicas.

Andrew Pike

Fecha 1938

Nacionalidad U.R.S.S.

Director Sergei Eisenstein

Reparto Nicolai Cherkasov

Título original *Aleksandr Nevskiy*

Por qué es clave
Esta escena es el punto culminante de la colaboración entre el director Eisenstein y el compositor Prokofiev.

Pág. anterior
Alexander Nevsky.

Escena clave **La canción del baile ferroviario** *La bestia humana*

SPOILER

Con una visión lúcida de la vida, el amor y la complejidad humana, Renoir no sólo adaptó la obra de Zola, sino que además nos regaló uno de los momentos más bellos, tanto en su estética como en su emotividad, de la historia del cine. El ingeniero ferroviario Jacques Lantier (Gabin) y Séverine (Simon) se convirtieron en amantes después de que el marido de Séverine, Roubaud (Fernand Ledoux), asesinara a un hombre. Pero ella rompió cuando Jacques se mostró incapaz de matar a Roubaud y así liberarla a ella. En la escena en cuestión, Jacques y Séverine bailan al ritmo de una antigua canción popular; después él va al apartamento de Séverine y, de manera inesperada, la estrangula. En el momento del asesinato, Renoir corta la escena y vuelve al salón de baile, donde un cantante canta la misma canción, «Le petit cœur de Ninon», para después volver al asesinato, pero la canción sigue sonando con el mismo volumen mientras vemos el cuerpo sin vida de Séverine y la mirada de desolación de Jacques en el espejo. El efecto es indescriptible. El sentimiento de la canción y la cadencia de la música transforman la narrativa cinematográfica. Renoir lleva a la perfección una idea que había intentado por primera vez en *La chienne* (1931). En lugar de la lástima y el terror que se suele asociar con la catarsis trágica, Renoir hace que el espectador sienta nostalgia por los sencillos y prosaicos momentos de felicidad que se abren camino en la penumbra de la existencia humana, incluso para personajes tan desventurados. Lejos de mitigar la tragedia, esta perspectiva generosa y amable la realza.

Blake Lucas

Fecha 1938

Nacionalidad Francia

Director Jean Renoir

Reparto Jean Gabin, Simone Simon

Título original *La Bête humaine*

Por qué es clave
La sensibilidad de Jean Renoir lleva la novela de Émile Zola a otro nivel. Una profunda visión de la vida que se refleja en una famosa escena que yuxtapone una antigua canción popular con una trágica escena de asesinato.

Escena clave **El final** *Los masajistas y una mujer*

SPOILER

Ambientada en un balneario, esta delicada obra maestra explora, en breves viñetas distribuidas sin apenas seguir un argumento, el misterio que rodea a una hermosa mujer de Tokio (Takamine) que se convierte en sospechosa de los robos que están teniendo lugar en el hotel en el que se aloja. Shimizu se sirve de dos masajistas ciegos –la falta de visión intensifica su sentido del tacto, del olfato y su intuición– para hacernos sentir que en el bello paraje en el que se desarrolla la historia flota algo intangible, algo etéreo, pausado y al mismo tiempo nervioso. La película entera resulta asombrosa por su frescura, pero el final es digno de destacar de manera especial. Empieza con una larga toma de una calle: es de día y hay pequeños grupos de gente caminando, cargados de paraguas. La heroína se sube a un carro que va a alejarla del hotel y de la gente con la que ha entablado amistad, entre los que se encuentran un muchacho y Toku (Tokudaiji), uno de los masajistas, que se siente fascinado por ella. Mientras el carro se aleja, ella mira por la ventana y les pide a los empleados del hotel que la despidan del muchacho. Toku echa a correr detrás del carro, pero luego se detiene. Aquí Shimizu adopta un plano subjetivo que debemos interpretar como paradójico, pues lo hace desde el «punto de vista» del ciego; un plano cámara en mano que avanza a sacudidas por el camino y da una curva tras la que volvemos a ver el carro antes de que desaparezca. La inesperada inserción de un plano tan radical intensifica la enorme sensación de pérdida y de ruptura que transmite la escena.

Chris Fujiwara

Fecha 1938

Nacionalidad Japón

Director Hiroshi Shimizu

Reparto Mieko Takamine, Shin Tokudaiji

Título original *Anma to onna*

Por qué es clave
Esta impresionante escena, con su paradójico plano subjetivo, cierra la película con una aguda sensación de pérdida.

Acontecimiento clave **Primera reunión entre Michael Powell y Emeric Pressburger**

Tuvo lugar en la oficina de Alexander Korda, jefe de la productora London Films, en Denham, y en ella le encargó a Emeric Pressburger, un compatriota húngaro, que escribiera un nuevo enfoque para *El espía negro*, que debía ser un vehículo de lucimiento del actor Conrad Veidt. El director Michael Powell estuvo presente por casualidad cuando Pressburger presentó sus ideas. Powell y Korda se mostraron entusiasmados, y este último encargó a ambos hombres lo que iba a ser su primera colaboración.

Dicha colaboración dio lugar a 18 largometrajes en los que ambos, o únicamente Powell, figuran como directores. Si tenemos en cuenta que la narrativa convencional constituye el pretexto más que la razón de ser de sus películas, la mayoría de sus obras pueden considerarse experimentales, incluso de ruptura. Sin embargo, ambos tenían acceso a cuantiosos recursos dentro de la industria y hacían películas populares entre el público, pero no siempre entre la crítica británica, vinculada a cierto concepto de realismo. Sus híbridos de géneros y estilos dispares fueron a menudo vistos como excentricidades, pero se han convertido en fuente de inspiración para muchos, como Martin Scorsese y Francis Ford Coppola.

Sus producciones estaban impulsadas por la pasión creativa de Powell y por su capacidad de unir y orquestar distintas habilidades, pero también por la compleja imaginación de Pressburger como escritor. The Archers, como llamaron a su empresa de producción, se basaba en la colaboración en el más estricto sentido: no era una asociación (eso habría implicado cierta división de funciones), sino una verdadera síntesis de espíritus afines.

Bruce Hodsdon

Fecha Finales de julio de 1938

Por qué es clave
Es el comienzo de la colaboración creativa más importante de la historia del cine británico.

Escena clave **Central Park** *La muchacha de la Quinta Avenida*

Aunque más recordado por *Al servicio de las damas* (1936) y por *Damas del teatro* (1937), La Cava dirigió (y a menudo coescribió, aunque no apareciera en los créditos) algunas otras comedias muy originales. La premisa de la película es parecida a la de *Al servicio de las damas*: una víctima de la Gran Depresión entra en una adinerada familia neoyorquina y les cambia la vida. En la primera escena, el propietario de Amalgamated Pump (Connolly) se entera de que la compañía se encuentra al borde de la ruina. Se marcha, muy abatido, a su casa de la Quinta Avenida, pero, aunque es su cumpleaños, no encuentra ni a su infiel esposa, ni a sus malcriados hijos. El mayordomo le sugiere que dé un paseo por el parque. Así que va caminando hasta el zoo del Central Park y allí se encuentra de pronto observando a las focas entre un locuaz caballero que parece saberlo todo y una joven tan silenciosa como cínica. Mientras da de comer a las palomas, el magnate dice a la chica:

–Qué pajaritos tan amables.

A lo que ella responde:

–Es que tienen hambre, eso es todo.

–¿Está usted a dieta?

–Sí, pero en contra de mis deseos –se da a entender que no tiene trabajo y sólo le quedan cinco dólares–. Podría tirarme a la piscina de las focas, quizá alguien me tire algún pescado.

Connolly se presenta.

–¿Ha oído hablar de Amalgamated Pump?

Finalmente, él la invita a cenar en un lujoso restaurante.

Es la escena de seducción más inocente y encantadora de la historia. Con discretos encuadres, La Cava muestra a la extraña pareja en largos planos de dos personas. Por su parte, Rogers lleva a cabo una interpretación magníficamente comedida, con la expresión de alguien cansado de la vida y mirando hacia la cámara con ojos entornados.

Jean-Pierre Coursodon

Fecha 1939

Nacionalidad Estados Unidos

Director Gregory La Cava

Reparto Ginger Rogers, Walter Connolly

Título original *5th Ave. Girl*

Por qué es clave
Esta escena muestra el ingenioso sentido del humor de La Cava en todo su esplendor.

Escena clave **«Over the Rainbow»** *El mago de Oz*

En la primera proyección de la superproducción de MGM *El mago de Oz*, casi todos en el estudio tuvieron la impresión de que la película era demasiado larga. Rápidamente perdió un número entero («The Jitterbug») y un par de bailes, de ahí que se trate de un musical poco habitual, ya que la mayoría de las canciones se concentran en la primera mitad de la cinta. En un primer momento, los ejecutivos de la Metro insistieron en que también desapareciera la interpretación de «Over the Rainbow» de Judy Garland. Creían que el público estaría impaciente por salir del Kansas en blanco y negro y entrar de una vez en el colorido Oz y que nadie iba al cine a ver a una chica cantando en una granja (ya se sabía, «*sticks nix hick pix*»). Al final se impusieron ideas más sensatas y la interpretación musical más desgarradoramente hermosa de la historia de Hollywood permaneció en la película.

«Over the Rainbow» acabó dándoles a Harold Arien y E.Y. Harburg el Óscar a la Mejor Canción Original y fue la melodía característica de Judy Garland el resto de su carrera. Sin «Over the Rainbow», *El mago de Oz* habría sido tan sólo una loca comedia fantástica; con ella, es una obra maestra tan melancólica como alegre.

Kim Newman

Fecha: 1939

Nacionalidad: Estados Unidos

Director King Vidor (no aparece en los créditos; Victor Fleming, que figura como director, había sido ya destinado a *Lo que el viento se llevó* cuando se rodó esta escena)

Reparto Judy Garland

Título original: *The Wizard of Oz*

Por qué es clave Es una de las mejores actuaciones musicales de la historia del cine.

Pág. siguiente *El mago de Oz*.

Escena clave **Entre los heridos** *Lo que el viento se llevó*

Para ser una película que narra varias décadas de la guerra civil americana y el período posterior de reconstrucción, *Lo que el viento se llevó* tiene una dosis muy baja de espectáculo. La historia de Margaret Mitchell se centra más en las penalidades románticas de Scarlett, Rhett y el resto de los personajes que en las grandes batallas o en el peso histórico de los acontecimientos. De hecho, al margen del famoso incendio de Atlanta, es un largometraje en el que la mayor parte de la «acción» –la incursión nocturna de Leslie Howard con el Ku Klux Klan, incluso la muerte de personajes importantes– no aparece en pantalla. Sin embargo, seguimos recordándola como una película espectacular, además de larga, y ello se debe sobre todo a una única toma de grúa dirigida por el experto en efectos especiales William Cameron Menzies y concebida (sin figurar por ello en los créditos) por el ayudante de producción Val Lewton (que se haría famoso con el cine de terror de la RKO). Scarlett O'Hara (Leigh) está buscando al doctor Meade (Harry Davenport) entre una multitud de más de 16.000 soldados confederados heridos y se da cuenta (al igual que el espectador) de la magnitud de la tragedia provocada por una guerra que ella se había tomado a la ligera. Un total de 800 extras y otros tantos maniquíes aparecen en pantalla cuando la cámara se aleja y se eleva para mostrar el enorme hospital al aire libre desde una perspectiva casi divina. Cuando se reestrenó *Lo que el viento se llevó* en la década de 1950, esta vez en pantalla ancha, se veían menos heridos en la imagen, pues se había cortado la parte superior y la inferior del cuadro para que la película tuviera mayor longitud.

Kim Newman

Fecha 1939

Nacionalidad Estados Unidos

Director Victor Fleming

Reparto Vivien Leigh

Título original *Gone With the Wind*

Por qué es clave Sigue reflejando el terrible precio que tienen que pagar los soldados en época de guerra.

Diálogo clave **El filibustero**
Caballero sin espada

El filibustero del final de *Caballero sin espada* no sólo definió la imagen cinematográfica de James Stewart, sino que además también ayudó a conformar la imagen que tendrían los estadounidenses de sí mismos –y la que tendrían de ellos los demás– en el período de posguerra. Su señor Smith es el paradigma de héroe estadounidense: juvenil, lleno de energía, ingenuo e idealista. Irrumpe en la política lleno de inocencia y la corrupta maquinaria política cree que será fácil de manipular; de hecho, está a punto de acabar derrotado mientras lucha denodadamente en lo que parece una batalla perdida. Cuando se estrenó, muchos tacharon la película de poco patriota por el retrato que hacía de la desenfrenada corrupción de Washington y, aunque hoy en día no son pocos los que critican el cine de Frank Capra por su sensiblería y su simplismo, en su momento aquellos retratos de la vida estadounidense eran oscuros y subversivos. Como patrón de causas perdidas, Stewart, con su cara aniñada cubierta de una ligera barba y la voz áspera (dicen que un médico le hizo un tratamiento de dicloruro de mercurio para las cuerdas vocales), personifica el mito patrio de que cualquier persona tiene el poder de transformar el mundo que le rodea. Hay un punto casi enloquecido en la desesperación con la que se enfrenta a la realidad con sus ideales, algo que se llevaría más allá en *Qué bello es vivir* (1946), en su delirante carrera por Pottersville. En los ojos de Stewart vemos reflejado el fervor de alguien realmente convencido de lo que cree, un fervor que conduciría a Estados Unidos a debacles tales como Vietnam e Iraq.
Al Weisel

Fecha 1939

Nacionalidad Estados Unidos

Director Frank Capra

Reparto James Stewart

Título original *Mr. Smith Goes to Washington*

Por qué es clave
Con su fervor desesperado y enloquecido, el señor Smith de James Stewart representó el lado oscuro del idealismo estadounidense.

Pág. anterior
Caballero sin espada.

Diálogo clave **El sombrero del escaparate**
Ninotchka

SPOILER

En 1939, Shirley Temple era, con once años de edad, la reina de las taquillas. En cambio, se consideraban desagradables a estrellas *glamourosas* como Greta Garbo. El año anterior, *The Hollywood Reporter* la había declarado «veneno para la taquilla», pero entonces llegó *Ninotchka*, una película en la que la Garbo se reía y Estados Unidos atravesó un breve período de madurez que duró hasta el estreno de *Lo que el viento se llevó* (unos dos meses).

Conocemos a Nina Ivanovna Yakushova (Garbo), enviada especial del gobierno de Moscú, en una estación de tren de París. Lleva un traje sencillo, un sombrero con el ala bajada y zapatos de hombre. Cuando un mozo le dice que llevar las maletas es su trabajo, ella le dice: «Eso no es un trabajo: es injusticia social». Tres camaradas (Bressart, Ruman y Granach) la llevan a su habitación de hotel y de camino pasan por una elegante tienda de sombreros que hay en el vestíbulo. Ninotchka mira el escaparate.

–¿Qué es eso? –pregunta.

–Un sombrero de mujer –responde uno de los rusos.

–¿Cómo puede sobrevivir una civilización que permite que sus mujeres se pongan cosas así en la cabeza? Esto no aguantará mucho, camaradas –dice, enarcando una ceja ante la frivolidad que condena al fracaso de Occidente.

Lubitsch predijo a la perfección el futuro del comunismo en la historia del sombrero. Ninotchka lo mira con reprobación una segunda vez antes de que el espectador vuelva a verlo cuando ella lo saca de un cajón para ponérselo en compañía de un guapo francés (Douglas). Se trata sin duda alguna del análisis del comunismo más agudo que se haya hecho en la historia del cine. Sólo Lubitsch podría tener la desfachatez de rechazarlo por estropear una tortilla.
A. S. Hamrah

Fecha 1939

Nacionalidad Estados Unidos

Director Ernst Lubitsch

Reparto Greta Garbo, Melvyn Douglas, Felix Bressart, Sig Ruman, Alexander Granach, George Davis

Por qué es clave
La Garbo ríe

Escena clave **«El niño» despega** *Sólo los ángeles tienen alas*

SPOILER

Hawks ha pasado a la posteridad por joyas del género serio-cómico que se sirven de un grupo cerrado de hombres para explorar cuestiones como la profesionalidad, el valor, el honor y la responsabilidad. Esta historia sobre un variopinto grupo de pilotos estadounidenses que arriesgan la vida a diario en los Andes es una de las más agradables de todas ellas, a pesar de un vestuario que resulta casi cómico, con sombrero blanco de ala ancha, cinturón y pantalones que casi llegan a las axilas. El grupo está liderado por Geoff Carter (Grant), el eternamente preocupado pero estoico jefe de la empresa de transporte aéreo que mantiene en orden pese a los envíos frágiles, el mal tiempo, los problemas de los pilotos y un par de mujeres. Dada la necesidad de cuidar de su socio Dutchy (Sig Ruman) y de sí mismo para que no le rompan el corazón –¡esas bailarinas!–, nada puede hacer que cambie su cínica fachada...

Pero ahí está su amigo «el niño» (Mitchell), casi tan aficionado como Geoff a los placeres de los peligros de la aviación, que se viene abajo cuando empieza a tener problemas con la vista. Tras un desafortunado vuelo, Geoff le dice sin rodeos cuál es la situación y él le pide que eche a todos los presentes del hangar para que no sean testigos de su inminente fallecimiento. Con papá Carter cumple con su petición, le ofrece un último cigarrillo y sale de allí discretamente; sabe lo importante que es emprender un vuelo en solitario sin mirones... A Hawks nunca se le va la mano con la metáfora, sino que capta de manera intuitiva la efectividad de una interpretación comedida, de la luz, de la música y de un diálogo conciso para crear un trasfondo que al mismo tiempo resulta conmovedor y, a su manera, existencialmente profundo.

Geoff Andrew

Fecha 1939

Nacionalidad Estados Unidos

Director Howard Hawks

Reparto Cary Grant, Thomas Mitchell, Jean Arthur

Título original *Only Angels Have Wings*

Por qué es clave
La mesura y el laconismo proporcionan profundidad emotiva y filosófica a una aventura aérea que, de otro modo, podría haber parecido absurdamente romántica.

Diálogo clave **«Todo el mundo tiene sus razones»** *La regla del juego*

Sin duda el hecho de que Octave, el personaje del clásico de Renoir que proclama que «todo el mundo tiene sus razones», fuera interpretado por el mismo director ha llevado al error de creer que esas palabras representaban sus propias ideas. A menudo se han separado las palabras de Octave de su contexto narrativo y se han identificado como un conciso compendio de lo que se ha dado en llamar, con cierta vaguedad, el «humanismo» de Renoir. Para empezar, es fácil olvidar una versión más larga de dicha divagación: «lo más terrible de este mundo es que todo el mundo tiene sus razones». Además, estás agudas palabras no se pronuncian desde una perspectiva del todo indiferente, sino que en realidad es la treta con la que Octave pretende convencer a Robert (Dalio) de que invite a su casa de campo a su amigo aviador (y amante de la esposa de Robert). Este interludio adúltero tiene fatídicas consecuencias hacia el final de la comedia melancólica de Renoir. Este cuento aparentemente ligero inspirado por Alfred de Musset es una especie de aviso de la frivolidad reaccionaria de la ociosa clase acomodada en un tiempo en que Francia se encontraba al borde de la guerra. Lo cierto es que la magnánima observación de que «todo el mundo tiene sus razones» es un ejemplo de la «rica ambigüedad» que Robin Wood encuentra en una película que puede verse como una «virulenta sátira social» o como fiel reflejo del deseo del director de vivir en ese mundo». Si entendemos las palabras de Octave como moraleja de las «tensiones» internas que analiza Wood, podrían considerarse sinceras y coherentes con ese «humanismo» de Renoir, además de ser un comentario irónico sobre el egocentrismo y la mezquindad de sus superficiales, aunque a veces atractivos, protagonistas.

Richard Porton

Fecha 1939

Nacionalidad Francia

Director Jean Renoir

Reparto Marcel Dalio, Jean Renoir

Título original *La règle du jeu*

Por qué es clave
Estas palabras tan citadas de la obra maestra de Renoir nos proporcionan un conciso compendio de su complejidad narrativa y temática.

Escena clave **El final de Eddie**
Los violentos años veinte

SPOILER

En la escena más larga de *Los violentos años veinte*, cuando el ex contrabandista Eddie Bartlett (Cagney) acaba de pasar a mejor vida, su vieja amiga Panama Smith (George) le dice al policía que le está interrogando: «Solía ser un pez gordo». Como las controvertidas películas de gánsteres de principios de la década de 1930, como por ejemplo *Enemigo público* (1931) de William Wellman, que catapultó a Cagney a la fama, el largometraje de Raoul Walsh nos ofrece una historia de ascenso y caída que parece una parodia de las novelas de Horatio Alger. Pero, a diferencia de películas anteriores, en *Los violentos años veinte* encontramos una caída que no coincide con la muerte del protagonista. Después de convertirse en un don nadie tras el crac de 1929 y de haber perdido a su gran amor, el hecho de morir tiroteado en mitad de la calle no es tan terrible. Eddie parece redimido por el sacrificio que ha llevado a cabo (ha matado a un antiguo socio para proteger a la mujer que ama) y las últimas tomas de la película añaden una dimensión religiosa a la historia. El gánster no sólo cae en las escaleras de una iglesia, sobre el blanco inmaculado de la nieve de la víspera de Año Nuevo (y no en el arroyo como su predecesor cinematográfico), sino que además aparece como una especie de Jesucristo que Panama apoya en su regazo cual *Pietà*. No obstante, también podría argumentarse que, como el personaje de Cagney no consigue cruzar las puertas del templo, no alcanza la redención. En cualquier caso, es un buen ejemplo de cómo Hollywood conseguía suavizar las películas de gánsteres recurriendo a los valores morales.

Frank Lafond

Fecha 1939

Nacionalidad Estados Unidos

Director Raoul Walsh

Reparto James Cagney, Gladys George

Título original *The Roaring Twenties*

Por qué es clave Se trata de uno de los finales más memorables de la historia del cine.

Escena clave **La escena de Ann Rutledge**
El joven Lincoln

La escena comienza con la imagen de Lincoln (Fonda) sentado bajo un árbol en un bucólico paisaje, leyendo la obra de Blackstone *Commentaries on the Laws of England*, publicada alrededor de 1750 («Abe» Lincoln lo encontró entre unos libros viejos con los que le había pagado una familia de pioneros). Lee en voz alta algunos pasajes y entonces aparece Ann Rutledge (Moore). Mientras caminan junto al río, la conversación sobre la lectura y las aficiones de Lincoln (poesía, Shakespeare, la ley...) adquiere un tono más romántico cuando él le dice lo hermosa que es. Antes de marcharse, Ann lo anima a convertirse en abogado. Una vez solo, Lincoln tira una piedra al río.

El gesto, dramáticamente irrelevante, incluso inútil, toma relevancia y significado cuando de las ondas del agua pasamos en un fundido a la toma de unos témpanos de hielo sobre el mismo río, lo que connota el paso del tiempo. De hecho, esta segunda escena en el río nos permite comprender la importancia del encuentro con Ann, pues descubrimos que ha muerto y que Lincoln ha ido a llevarle unas flores a la tumba, que resulta estar en el lugar donde se conocieron (un detalle improbable aunque muy romántico). El soliloquio del protagonista junto a la tumba de su amada –una escena clásica que Ford había utilizado ya en *El juez Priest* (1934) y volvería a hacerlo en *La legión invencible* (1949)– termina con la resolución (disfrazada de decisión tomada al azar) de seguir el consejo de Ann y dedicarse a las leyes. El encuentro y el destino de Lincoln quedan unidos de manera indisoluble.

Jean-Pierre Coursodon

Fecha 1939

Nacionalidad Estados Unidos

Director John Ford

Reparto Henry Fonda, Pauline Moore

Título original *Young Mr. Lincoln*

Por qué es clave: Es uno de los momentos cruciales tanto de la leyenda de Lincoln como de la versión de ésta que realizó John Ford. Ilustra, además, el amor de éste por la ley y la naturaleza.

Película clave *El bazar de las sorpresas*
Las cajas de cigarrillos con «Ochi chornie»

SPOILER

El cine clásico estadounidense tenía profundidad y encanto, y había casos especiales en los que encontramos ambas cosas. *El bazar de las sorpresas* las posee en muchos sentidos, pero quizá especialmente en el modo en que la comedia y el drama encajan dentro de una historia perfectamente entretejida. Toda la película gira en torno a la tienda de Budapest Matuschek and Company y las relaciones que se establecen entre los que allí trabajan. La mayor parte de la película transcurre con fluidez en el interior de la tienda. En ese contexto, Lubitsch y su magnífico guionista Samson Raphaelson crean una deliciosa tensión alrededor del romance entre Alfred (Stewart), y Klara (Sullavan) y la traición de la esposa del propietario de la tienda, a la que nunca vemos. Estos hilos argumentales están brillantemente entrelazados gracias a las cajas de cigarrillos con la melodía «Ochi chornie»: Klara consigue un trabajo vendiendo una de esas cajas en su primera y divertidísima escena, pero las demás no se venden ni rebajadas. Más adelante, cuando descubrimos que Vadas (Schildkraut) es el hombre que ha seducido a la señora Matuschek, Alfred (del que se había sospechado erróneamente) lo empuja contra las cajas, que se caen al suelo con él. Entonces, empieza a sonar la musiquita de todas ellas con delicada discordia.La banda sonora acentúa el sorprendente efecto del crucial momento. El toque cómico de las cajas es también el más dramático, pero no se ve en absoluto forzado, y subraya, al mismo tiempo, el sutil carácter musical del conjunto.

Blake Lucas

Fecha 1940

Nacionalidad Estados Unidos

Director Ernst Lubitsch

Reparto Margaret Sullavan, James Stewart, Frank Morgan, Joseph Schildkraut, Felix Bressart, Sara Haden, Inez Courtney, William Tracy, Charles Smith

Título original *The Shop Around the Corner*

Por qué es clave Lubitsch, a través de registros complementarios, mantiene el equilibrio entre comedia y drama.

Escena clave **El arresto de Earl Williams**
Luna nueva

Estamos en la sala de prensa de los juzgados de una gran ciudad estadounidense. El editor Walter Burns (Grant) y la reportera estrella del periódico, Hildy Johnson (Russell) acaban de ver cómo les caía del cielo una exclusiva: después de escapar del corredor de la muerte, el asesino convicto Earl Williams (Qualen) ha elegido la sala de prensa para esconderse; Burns le echa una mano ocultándolo bajo la tapa de un escritorio. Enseguida empiezan a aparecer en la sala policías y otros reporteros. Durante una acalorada discusión, Burns desvela el secreto sin darse cuenta al dar un puñetazo al escritorio; creyendo que se trata de la señal acordada, Earl Williams responde con otro golpe desde el interior del escritorio. Los policías sacan las pistolas, los reporteros comienzan a telefonear a sus respectivos periódicos y las rápidas tomas culminan en el momento en que se abre la tapa del escritorio y aparece el rostro lánguido y confundido de Earl (Burns lo llama en otro momento «cara de tortuga»), que dice: «Adelante, disparen».

En medio de esta trepidante comedia repleta de personajes brillantes, Howard le concede cierta emoción a un intruso como Earl, además del poco frecuente tributo de un trávelin que lo busca cuando se abre el escritorio. Esta estupenda escena contiene también una toma típicamente hawksiana en la que otros dos intrusos, el prometido de Hildy (Bellamy), rechazado por ésta, y su indignada madre (Kruger) son expulsados tanto de la escena como de la historia por una puerta que los aparta de la cámara.

Chris Fujiwara

Fecha 1940

Nacionalidad Estados Unidos

Director Howard Hawks

Reparto Cary Grant, Rosalind Russell, John Qualen, Gene Lockhart, Porter Hall, Roscoe Karns, Frank Jenks, Regis Toomey, Cliff Edwards, Ralph Bellamy, Alma Kruger

Título original *His Girl Friday*

Por qué es clave Es puro Hawks, con todo su laconismo y elocuencia.

Pág. siguiente *Luna nueva*.

Personaje clave **Bugs Bunny** *A Wild Hare*

Un conejo al que en muchas ocasiones los títulos de las películas de la Warner Bros. llamaron liebre para poder hacer juegos de palabras, Bugs Bunny es el personaje más querido del mundo animado. Había hecho ya algunas apariciones en *Porky's Hare Hunt* (*La caza de liebres de Porky*, 1938), en *Hare-um Scare-um* (1939), ambas de Ben Hardaway, y tan sólo unos meses antes del estreno de *A Wild Hare*, en *Elmer's Candid Camera*, de Charles M. Jones (la primera ocasión en la que se le emparejaba con el cazador más inepto del mundo, aunque en ésta Elmer sólo disparaba dibujos). Sin embargo, Bugs no adquirió su verdadero estilo y personalidad hasta que protagonizó la obra de Avery, que fue nominada para los Óscar. El Bugs de las películas de Hardaway era más agresivo y malicioso que el personaje que casi todos conocemos, no muy distinto de Woody Woodpecker (el Pájaro Loco), otra creación de Hardaway. La versión de Jones es un paso intermedio entre el Bugs de Hardaway y el de Avery. La verdad es que, Avery utilizó incluso una versión personalizada de la escena de *Elmer's Candid Camera* en la que Bugs finge estar muriéndose y aprovecha para hacer una parodia de las clásicas muertes de las películas.

El Bugs Bunny de Avery es la personificación de la serenidad, un maestro de la falsa inocencia y de la ironía más astuta. Es tan despreocupado, que incluso le da consejos a Elmer para que consiga matarlo. Elmer está tan perdido que, a pesar de estar intentado cazar un conejo, ni siquiera sabe el aspecto que tiene ese animal, y es Bugs quien tiene que describírselo, hasta que finalmente confiesa: «Confidencialmente, ¡yo soy un conejo!». Es evidente que Bugs Bunny sabe que no tiene nada que temer del pobre desgraciado.

Jean-Pierre Coursodon

Fecha 1940

Nacionalidad: Estados Unidos

Director Fred (Tex) Avery

Reparto Bugs Bunny, Elmer Fudd (conocido en español como Elmer Gruñón)

Por qué es clave Jerry Beck y Will Friedwald lo explicaron mejor en su *Guide to the Warner Bross. Cartoons*: «Es el clásico que fraguó las personalidades de Bugs Bunny y Elmer Fudd y se convirtió en el modelo de futuros encuentros».

Escena clave **Objetos y sombras trascendentales** *The Mortal Storm*

SPOILER

Hacia el final de su compromiso con el nazismo, el joven Eric (Stack) vuelve a la casa familiar. Finalmente, se ha dado cuenta de su error y, mientras camina solo por la casa, la cámara realiza una panorámica de los objetos que allí aparecen, deteniéndose en la sombra de cada uno de ellos, mientras escuchamos los recuerdos que todos ellos evocan. Esta escena es crucial no sólo para la película, sino para comprender la visión de Borzage. El apego hacia objetos y símbolos concretos implica un exceso de ego; en opinión de Borzage, sólo se puede encontrar la verdad si dejamos atrás lo material. Sólo en la sombra de las cosas, que están ahí por la huella que han dejado en nuestro recuerdo, por su esencia espiritual, podemos hallar el conocimiento. El joven Eric, que ha estado muy apegado a las reglas del partido y al símbolo de la esvástica, por fin ve más allá del mundo material y descubre que las sombras, mucho más que los objetos o las apariencias, evocan la esencia de los otros. Esta larga toma parece desbaratar también la lógica de escenas que hemos visto en momentos anteriores de la película –como mirar al otro lado de las montañas para atrapar a una mujer que huye– al sugerir que conceptos tan escabrosos no nos dicen nada, aunque puedan conducir a la muerte física. Cuando Eric se marcha, la película acaba con un fundido sublime en el que las huellas que sus pies han dejado en la nieve al dirigirse a la puerta empiezan a cubrirse, un ejemplo de cómo la naturaleza y el tiempo borran la identidad individual, pero la esencia espiritual, las sombras, permanecen en nuestro corazón.

Fred Camper

Fecha 1940

Nacionalidad Estados Unidos

Director Frank Borzage

Reparto Robert Stack

Por qué es clave Borzage invoca su creencia en el poder trascendente del espíritu frente a la brutalidad del nazismo.

Escena clave **Los créditos finales**
Ciudadano Kane

«Ya le tengo preparado el baúl. Hace una semana que está listo». Una de las primeras frases que oímos en la secuencia de los créditos finales de *Ciudadano Kane* nos retrotrae al momento en que se dice por primera vez en la película. Como el resto de las frases de este gran final –diseñado a modo de despedida e introducción del reparto, «Los intérpretes del Mercury Theatre»–, posee un propósito concreto y un patetismo especial. *Ciudadano Kane* es, en muchos sentidos, una especie de inventario, un largometraje que resume la vida de un hombre. En primer lugar, vemos el noticiario en el que se anuncian las últimas noticias (*News on the March*, en el original) y las posteriores entrevistas con la gente que conoció a Kane, algunos bien (Jed Leland, interpretado por Joseph Cotten, o el personaje de Dorothy Comingore, Susan Alexander), otros en absoluto (el mayordomo encarnado por Paul Stewart o el señor Thatcher, interpretado por George Coulouris), pero con todos estos elementos se pretende resolver las dudas que han quedado tras la muerte de Kane. Se supone que estamos tratando de averiguar el significado de *Rosebud*, la última palabra que dijo Kane antes de morir. Descubrimos que tiene relación con su infancia y con su madre, lo cual añade un significado especial a la frase de Agnes Moorehead. Pero al final es Thatcher, sin entender nada, el que habla tanto por Kane como por su creador y pronuncia la verdadera última frase de la película: «Creo que será divertido dirigir un periódico». Es la naturaleza enciclopédica de la historia lo que sin duda impresionó a Jorge Luis Borges, quien afirmó que *Ciudadano Kane* era una película en la que «abundan la multiplicidad y la inconexión». En ningún otro momento es esto más obvio que en los instantes finales.

David Ehrenstein

Fecha 1941

Nacionalidad Estados Unidos

Director Orson Welles

Reparto Joseph Cotten, Orson Welles, Dorothy Comingore, Agnes Moorehead, Ruth Warrick, Ray Collins, Erskine Sanford, Everett Sloane, William Alland, Paul Stewart, George Coulouris

Por qué es clave
El verdadero final de Kane reconfigura el cine convirtiéndolo en un *catalogue raisonné*.

Escena clave **La proyección de la película**
Los viajes de Sullivan

La célebre sátira que realizó Preston Sturges sobre las costumbres de Hollywood mezcla varios géneros con sorprendente elegancia: la alegre *screwball comedy*, el análisis social y el melodrama se unen en una de las películas más divertidas de la década de 1940. El disparatado viaje que emprende el director John L. Sullivan (McCrea) para llegar, unido a una cadena de presidiarios, a una proyección cinematográfica en una iglesia de negros constituye una sutil acusación de culpabilidad hacia los progresistas de limusina. Sullivan se hace pasar por un vagabundo y, al confundirlo con otra persona, lo acusan de asesinato y acaba en una cárcel sureña. Las carcajadas que provoca la película que se proyecta en la iglesia hacen que Sullivan se dé cuenta de que el entretenimiento comercial ayuda a los pobres y oprimidos a olvidar sus problemas por un momento y que, por tanto, no debería ser tachado de frívolo y banal.

La revelación de Sullivan desencadenó interpretaciones contradictorias, muchas de ellas muy críticas con Sturges y sus supuestas intenciones sociales y políticas. Para algunos críticos, el mensaje pro Hollywood que se extrae de la proyección de la iglesia no es más que una manera de justificar el trabajo del propio director y, al mismo tiempo, el rechazo de películas con una visión más social, como *Soy un fugitivo* (*I Am a Fugitive From a Chain Gang*, 1932) o *Las uvas de la ira* (1940). Otros pensaron que lo que transmitía la escena era una idea abiertamente conservadora, y, de hecho, el largometraje apareció en 1996 en la lista de las «100 mejores películas conservadoras» de *National Review*. Sin embargo, es bastante simplista tachar la postura de Sturges de abiertamente conservadora. La película es una muestra del cine profundo sobre el que satiriza, y una diversión genial.

Richard Porton

Fecha 1941

Nacionalidad Estados Unidos

Director Preston Sturges

Reparto Joel McCrea

Título original *Sullivan's Travels*

Por qué es clave Una de las escenas más famosas de la popular comedia de Sturges revela un sinfín de ambigüedades políticas.

Escena clave **Eva revela su «pasado»** *Las tres noches de Eva*

SPOILER

Jean Harrington (Stanwyck), una elegante timadora, consigue atraer la atención de Charles Pike (Fonda), un tímido heredero, sacando su bonita pierna y poniéndole la zancadilla. Después de muchos giros del guión, encontramos a Jean furiosa con él y planeando una complicada venganza: va a enamorarlo de nuevo, haciéndose pasar por una aristócrata inglesa llamada Eve y, una vez consiga que esté completamente loco por ella, lo despertará del romántico sueño sin la menor piedad. El plan se pone en marcha y, muy pronto, son dos recién casados que inician su luna de miel en un tren. Entonces ella suelta el cebo: hace un comentario aparentemente casual que provoca una pregunta por parte de Charles, después otro comentario, otra pregunta y... está todo calculado para revelar un buen número de aventuras que «Eve» tuvo antes de conocer a Charles. Por supuesto, él perdona su indiscreción... una y otra vez, pero el pasado de la dama es cada vez más turbio y llega un momento en que Charles no puede más. Se baja del tren bajo una lluvia torrencial, se resbala y cae de bruces en el barro, lo que nos recuerda la caída que sufrió cuando Jean le puso la zancadilla, en uno de los batacazos más penosos que se hayan rodado nunca.

La comedia dio un giro en la década de 1940 gracias a unos diálogos mucho más sofisticados de lo que ningún cineasta habría imaginado en la década anterior, cuando el cine sonoro todavía era una novedad. Sturges fue uno de los grandes a los que debemos dicha evolución y ninguna película lo demuestra mejor que *Las tres noches de Eva*.
David Sterritt

Fecha 1941

Nacionalidad Estados Unidos

Director Preston Sturges

Reparto Barbara Stanwyck, Henry Fonda

Título original *The Lady Eve*

Por qué es clave En esta agridulce escena conviven comedia y patetismo, dos cualidades esenciales de la comedia de Hollywood de esos años.

Pág. anterior
Las tres noches de Eva.

Acontecimiento clave **«Ni un centímetro más de película para la industria»**

Era un día cálido y húmedo cuando Ryuzo Kawamo, jefe de las Sección Cinco del Departamento de Información, les dijo a los jefes de los principales estudios que el gobierno no tenía ni un centímetro más de película para la industria cinematográfica privada. Japón estaba ya en guerra con China y dependía casi por completo de la película virgen procedente del extranjero, pero esta declaración constituyó sobre todo una amenaza. El gobierno había decidido aprovechar su autoridad con varios estatutos, en especial en la Ley del Cine de 1939, y utilizar el control que ejercía sobre el material virgen para imponer una reorganización de la industria cinematográfica y establecer la autoridad estatal en ella. En septiembre de 1941, se firmó un acuerdo entre estado e industria por el cual se limitaron el número y la duración de las películas que podían hacerse, y el número de estudios de películas de ficción se redujo de diez a tres y el resto de los productores pasó de varios cientos a uno. Era más fácil controlar el contenido de las obras si se producían menos películas y la industria era más débil, aunque también se pretendía modernizar un negocio famoso por su falta de eficiencia y por su excesiva producción. Las consecuencias de dicha reorganización seguirían vigentes incluso después de la guerra, pues forjó una industria cinematográfica que daría lugar, en la década de 1950, a la edad dorada del cine japonés, en especial con la creación de un nuevo estudio, Daiei, que produciría películas como *Rashomon* (1950) de Akira Kurosawa y *Ugetsu* (*Los cuentos de la luna pálida de agosto*, 1953) de Kenji Mizoguchi, que hicieron que Japón estuviera presente en la escena cinematográfica mundial.
Aaron Gerow

Fecha 16 de agosto de 1941

Por qué es clave Este acontecimiento aumentó el control del gobierno sobre el cine y transformó la industria cinematográfica japonesa.

Escena clave **Secuencia inicial** *Loquilandia*

Hellzapoppin' (*Loquilandia*, en su estreno en España) fue un intento crudo y, sin embargo, fascinante de encontrar un equivalente cinematográfico a un gran éxito de Broadway que pretendía hacer desaparecer la distancia entre escenario y público. La película es una especie de juego de muñecas rusas con una película dentro de otra y así sucesivamente, en el que la acción salta a la sala de cine para implicar al espectador. La secuencia inicial, diegéticamente impactante y siempre con la constante referencia del propio cine, nos lleva a una sala de proyección desde la que vemos la película que se está proyectando (una bailarinas caen de pronto al infierno, mientras aparecen los títulos de crédito), lo que sin duda está relacionado con el propio rodaje de *Loquilandia*: vemos entonces un infierno dantesco en el que los taxis explotan y los demonios asan hermosas muchacha al fuego. Olsen y Johnson, creadores y estrellas del espectáculo de Broadway, interrumpen y causan estragos hasta que el director acaba quejándose de que nada de lo que está ocurriendo tiene el menor sentido. Hay entonces una discusión entre las dos estrellas, el guionista y el director. Este último resulta involuntariamente autocrítico (puesto que señala una de las debilidades de la película) al recordar a los cómicos que toda película de Hollywood debe tener una historia de amor. El escritor comienza a contar el argumento. El director pega una brillante fotografía en la pared: pertenece a la acción que tiene intención de rodar. La foto se vuelve animada y de pronto vemos a Olsen y a Johnson en un camión llevando accesorios para un decorado (el de *Loquilandia*, claro). «¿Qué hacemos aquí?», pregunta Olsen señalándose a sí mismo en la pared. Los personajes de la pared comienzan a hablar con los del estudio, les explican el argumento. Entonces nos metemos en la foto y en la historia propiamente dicha... así de sencillo.
Jean-Pierre Coursodon

Fecha 1941

Nacionalidad Estados Unidos

Director H. C. Potter

Reparto Ole Olsen, Chic Johnson, Martha Raye

Título original *Hellzapoppin'*

Por qué es clave Es el máximo exponente de locura del cine dentro del cine.

Escena clave **Lo muertos siguen vivos en el recuerdo** *Qué verde era mi valle*

SPOILER

Hacia el final de esta crónica elegíaca sobre cómo el verde valle escocés se volvió negro antes de que las minas de carbón dejaran de dar beneficios y acabaran cerradas, el protagonista invisible, Huw Morgan (con la voz de Irving Pichel cuando es adulto y encarnado por McDowall en el *flashback* en el que aparece de niño), se va del valle y recuerda la paulatina desintegración de su familia. Hay un accidente en la mina. Vemos el rostro de la madre de Huw (Allgood), en el que se adivina que lo peor está a punto de ocurrir: Huw llega hasta su padre a tiempo de verlo morir. El ascensor de la mina saca los cadáveres y a algunos supervivientes. Un momento que, en manos de otro director, habría resultado simplemente muy triste; sin embargo, con John Ford, la tristeza de un final infeliz resulta conmovedora, porque hay algo en él que no acepta la muerte como final absoluto. «Los hombres como mi padre no pueden morir...», asegura Huw de adulto cuando se marcha de su casa para siempre. «¡Qué verde era mi valle entonces!», se oye mientras vemos al resto de los personajes principales de la película en momentos llenos de alegría, juventud y felicidad; todos ellos han muerto o se han marchado, pero siguen vivos en su recuerdo. Por eso es por lo que los personajes de John Ford van a los cementerios y hablan con los muertos.
Miguel Marías

Fecha 1941

Nacionalidad Estados Unidos

Director John Ford

Reparto Roddy McDowall, Donald Crisp, Walter Pidgeon, Sara Allgood, Irving Pichel (voz)

Título original *How Green Was My Valley*

Por qué es clave Una muestra de inigualable capacidad del director para preservar el pasado y encontrar en el recuerdo una especie de homenaje a los derrotados.

Diálogo clave **«Abre la puerta, Schnitzel!»** *Blitz Wolf*

Uno de los grandes placeres que nos ha proporcionado el sistema de estudios de Hollywood era la existencia de una especie de arte especial para contar historias de una manera compacta. Hoy en día hasta la más humilde película de la Warner Bros. de la década de 1930 resulta tremendamente rápida por su ingenio y su ritmo, y nos da la sensación de estar ante un ejemplo de sólo 70 minutos de duración de alguna ciencia misteriosa y ya olvidada. Sin embargo resultaría difícil comparada con las actuales películas de animación de la Warner. En términos de condensación y rapidez, las animaciones de Looney Tunes, cortas, anárquicas y surrealistas, probablemente sean el mayor logro del cine del siglo XX, pues al mismo tiempo eran un catálogo épico y una parodia consciente de las posibilidades del cine, en el momento culminante de la era de los estudios. El dibujante de la Warner Tex Avery abandonó el estudio en 1942 para trabajar en MGM, pero no se dejó apabullar por los cuantiosos presupuestos: las obras que hizo a partir de entonces no tienen nada que envidiar a las mejores que había realizado en el antiguo estudio, tal como demuestra su debut en la Metro, *Blitz Wolf*. Los tres cerditos con Adolf Hitler disfrazado del personaje preferido de Avery, el lobo; lo tiene absolutamente todo en sólo nueve minutos, incluyendo los implacables y atrevidos juegos de palabras de Avery (el lobo acude a un bar llamado Der Fewer, Der Better, algo así como «cuantos menos, mejor», pero con un aire alemán). De hecho, al falso descargo de responsabilidades que vemos al principio sobre el supuesto parecido con «ese *!!&% estúpido Hitler», le sigue un verdadero descargo de responsabilidades sobre los falsos neumáticos del coche. Aparecen siete subtítulos cuando el lobo amenaza con soplar y soplar en un divertidísimo alemán, pero no son necesarios, pues, a pesar del acento, se entiende perfectamente: «Open up the door, Schnitzel!» («¡Abre la puerta, Schnitzel!»).
Christoph Huber

Fecha 1942

Nacionalidad Estados Unidos

Director Tex Avery

Por qué es clave Tras abandonar la Warner Bros. para marcharse a MGM, el dibujante Tex Avery no bajó lo más mínimo el nivel de sus gags, ni siquiera en el último subtítulo.

Escena clave **La muerte del faisán acorralado** *Bambi*

SPOILER

A juzgar por las imágenes que aparecen en las retrospectivas de «los mejores momentos», el público recuerda *Bambi* como una inyección intravenosa de azúcar, 70 minutos de neotenia casi letal salpicados de animalillos temblorosos sobre el hielo, conejitos atrevidos y «Bueno, está bien... puede llamarme "Flor"... si quiere». Pero no es justo reducir *Bambi* a una versión edulcorada de la ferocidad de la naturaleza. Cuando el Bambi adolescente (a quien da voz Hardie Albright en la versión original) lucha con otro ciervo por el derecho a aparearse con la bella Falline (Cammie King), la escena adquiere unos intensos colores escarlata y azul cobalto; sexo implícito y violencia unidos con trazos expresionistas (¿hay algún otro personaje en el universo Disney que, en su paso por la pubertad, nos muestre su «calentón»?). Aquellos que recuerdan explícitamente la muerte de la madre de Bambi confunden su comedida muerte fuera de imagen con el feroz asedio de los cazadores con sus perros y el fuego del final de la película. El terror y la indefensión de los animales se condensan en una breve escena en la que tres faisanes se encogen de miedo.

–¡Se está acercando! –susurra uno con la voz quebrada.

–Tranquilo, no te pongas nervioso –le suplica otro–. No vueles. Sobre todo, ¡no vueles!

Pero el desesperado faisán echa a volar, entregándose a la muerte en un gesto faustiano nunca antes visto en una película infantil. Ni siquiera nos libramos de la imagen del cuerpo ya sin vida cayendo al suelo. Cualquiera que describa el sentimentalismo de la naturaleza como «bambificación» demuestra que no ha visto la película.
Violet Glaze

Fecha 1942

Nacionalidad Estados Unidos

Director David Hand

Reparto Peter Behn, Stan Alexander, Donnie Dunagan, Paula Winslow, Thelma Hubbard

Por qué es clave Representa la profundidad emotiva de una película que suele considerarse simplemente «bonita».

Escena clave **El autobús** *La mujer pantera*

En una de las escenas más sobresalientes de *La mujer pantera*, Alice (Randolph) va paseando por Central Park y empieza a asustarse. Los celos provocados por la cercanía de Alice y su marido han hecho que Irena (Simone Simon) vaya tras ella, y en cualquier momento podría transformarse en una pantera asesina. El punto culminante de este magnífico crescendo de suspense llega cuando Alice abandona el parque por la seguridad de la calle... De pronto, se oye un sonido sibilante y una sombra se asoma a la imagen. El silbido no procede del monstruo felino, sino de los frenos de un prosaico autobús neoyorquino, por lo que no hay nada amenazante. La táctica de crear tensión para luego cortarla con una repentina sacudida que sobresalta a los personajes (y al público) se había utilizado ya en películas de terror como *La marca del vampiro* (1935) de Tod Browning, pero el productor Val Lewton y el director Jacques Tourneur lo convirtieron en una constante. Cuando se utilizaba dicho truco en alguna de sus películas posteriores (el resoplido de un caballo en *El ladrón de cadáveres*, 1945), Lewton se refería a ello como un «autobús», un término que ha acabado formando parte de la jerga cinematográfica. La película *Halloween* de John Carpenter (1976) está casi enteramente estructurada en torno a «autobuses» (la tubería rota que rompe el cristal de la ventana, etc.). Al parecer, toda película de acoso y ataque debe incluir una escena en la que una chica aterrada en medio de la oscuridad se lleva un susto por culpa de un inofensivo gatito (lo cual resulta irónico, teniendo en cuenta la temática de *La mujer pantera*), antes de que el asesino la ataque de verdad.

Kim Newman

Fecha 1942

Nacionalidad Estados Unidos

Director Jacques Tourneur

Reparto Jane Randolph

Título original *Cat People*

Por qué es clave Este momento no sólo sobresaltó al público de 1942, también dio nombre a una táctica que aún se utiliza en las películas de terror.

Personaje clave **James Agee empieza a escribir sobre cine en *The Nation***

Cuando apareció la primera columna sobre cine de James Agee para el periódico *The Nation*, el 26 de diciembre de 1942, él ya llevaba un año escribiendo críticas de películas en *Time*. Sin embargo, a pesar de que el número de lectores de *The Nation* era más reducido, la reputacion de Agee como importante crítico cinematográfico de la década de 1940 se forjó en la publicación de izquierdas, aunque en el semanario de Henry Luce habría podido llegar a millones de personas. Mientras que en *Time* se exigía a los colaboradores una prosa concisa y elocuente, la editora literaria de *The Nation*, Margaret Marshall, permitía que Agee presentara reflexivas y profundas columnas.

La primera columna de Agee para *The Nation* está marcada por su habitual mezcla de críticas idiosincráticas y sutiles reflexiones estéticas. Tras declararse un *amateur*, el crítico en ciernes admite no haber visto la película *La señora Miniver* de William Wyler, uno de los éxitos del año que estaba a punto de concluir, pero que, para él, *La quimera del oro* de Chaplin (1925) era la mejor película que había visto a lo largo de 1942. Estos comentarios son un simple preludio del verdadero punto crucial de la columna: un análisis introspectivo sobre la naturaleza del *kitsch* cinematográfico desencadenado por el drama bélico de Noël Coward y David Lean, *Sangre, sudor y lágrimas*. Phillip Lopate afirmó que la prosa de Agee era «de sintaxis compleja y elocución barroca», y la digresión sobre Coward –a quien alabó por poseer el «deleite en la forma de un bailarín» y condenó por rendirse a «efectos» complacientes– muestra sus matices habituales. El ideario político del Frente Popular que llevó a Agee a alabar películas como *Roma città aperta* (1945) de Rossellini o *La batalla de San Pietro* (1945) de John Hustonno está presente en esta primera columna. Pero su seriedad moral y su apertura a todo tipo de experiencias fílmicas son incuestionables.

Richard Porton

Fecha 26 de diciembre de 1942

Por qué es clave La columna de Agee en *The Nation* ayudó a forjar la reputación de uno de los críticos de cine más respetados de Estados Unidos.

Pág. siguiente James Agee.

Escena clave **John L. Sullivan se cuela en la fiesta de Jim Corbett** *Gentleman Jim*

SPOILER

En 1892, el gran boxeador John L. Sullivan (Bond), campeón del mundo de pesos pesados, accede a defender su título contra «Gentleman Jim» Corbett (Flynn), que se ganó el sobrenombre de Caballero por llevar los modales de un dandi, el encanto juvenil y una férrea disciplina a un deporte conocido por las peleas de estilo libre, de las que Sullivan es todo un símbolo. Contra todo pronóstico, Corbett derrota por K.O. en el round 21 a Sullivan, que además es mucho más corpulento. Corbett celebra la victoria en su habitación de hotel con una alegre multitud cuando Sullivan se presenta allí vestido de etiqueta. El normalmente bullicioso gigante se muestra ahora tranquilo y respetuoso, quizá aún sigue anonadado. La habitación se queda en completo silencio cuando Sullivan saluda a Corbett con un simple «Hola, Jim». Comprensivo con su adversario derrotado, Corbett le hace un cumplido diciéndole que se alegra de no haber tenido que enfrentarse al Sullivan de hace diez años. Agradecido, Sullivan responde con amabilidad; elogia la rapidez de Corbett y reconoce que, aunque perder es duro, «es mucho más difícil ser un buen ganador». Corbett concluye: «Espero que cuando llegue el momento, pueda irme con la cabeza tan alta como tú. Nunca habrá otro John L. Sullivan».

Tanto Flynn como Bond aparecen como dos hombres de acción que, al darse cuenta de que forman parte de un ritual trágico, adquieren una elocuencia y una gravedad inusuales. Rodeados de una multitud silenciosa, los dos hablan en voz baja, como si sus palabras, tan cargadas de historia, fueran sólo para ellos. Cuando cruza la habitación lentamente, y también al marcharse, se ve la imagen de Sullivan en un espejo que hay en la pared detrás de Corbett. El espejo nos muestra que el campeón derrotado es el futuro de todos los jóvenes héroes, un futuro que esta película (que acaba de manera pletórica) no va a enseñarnos.
Chris Fujiwara

Fecha 1942

Nacionalidad Estados Unidos

Director Raoul Walsh

Reparto Errol Flynn, Ward Bond

Por qué es clave En medio de una alegre celebración, Raoul Walsh escenifica la confrontación entre dos hombres que acaban de vivir juntos un momento histórico.

Acontecimiento clave **RKO corta** ***El cuarto mandamiento***

En la primavera de 1942, cuando Orson Welles estaba en Sudamérica rodando *It's All True* a petición de la RKO, el estudio hizo un pase de *El cuarto mandamiento* después de una proyección de *Rivales por un beso* (*The Fleet's In*), una comedia musical. Los muchachos del público que habían ido a ver cantar y bailar a Betty Hutton abuchearon la agridulce obra maestra de Welles, y escribieron en las tarjetas de opinión que les habían dado que no les había gustado. Un productor de RKO envió inmediatamente un telegrama a Welles: «En todos los años que llevo en la industria, nunca había sufrido mayor castigo que el que sufrí en el pase de Pomona».

RKO cortó más de 50 minutos del montaje de Welles y se deshizo del negativo. En ausencia de Welles, los productores exigieron al montador Robert Wise y al equipo de rodaje que grabaran un par de escenas para explicar lo que faltaba y las añadieron al final de la película. El estudio estrenó *El cuarto mandamiento* en julio de 1942 con una duración de 88 minutos y resulta insultante que dejaran precisamente ese número, como si de haber sido 90 minutos no hubiera quedado tiempo suficiente para *Una mujer endiablada* (*Mexican Spitfire Sees a Ghost*), la película que la RKO unió a *El cuarto mandamiento* antes de lanzarla a los cines.

La carnicería que se cometió con *El cuarto mandamiento* es inexcusable, aunque los detractores de Welles llevan años buscando excusas que la justifiquen. Cabe destacar que ocurrió en época de guerra, cuando la historia puede provocar cualquier cosa. «Los viejos tiempos se han acabado, sólo quedan los nuevos», dice el inventor de coches interpretado por Joseph Cotten en la película. Hoy en día se siguen haciendo cortes basados en las tarjetas de opinión de los espectadores de los pases previos. Éste fue el punto más bajo de tal práctica, el montaje más embarazoso de la historia del cine.
A. S. Hamrah

Fecha Primavera de 1942

Título original *The Magnificent Ambersons*

Por qué es clave La decisión del estudio significó que nunca se pudiera ver el original de Welles.

Pág. anterior *El cuarto mandamiento*.

Personaje clave **Agnes Moorehead** Fanny desesperada *El cuarto mandamiento*

SPOILER

Mutilada tras considerarse el montaje de Welles demasiado largo y oscuro, la segunda película del director siguió siendo una obra maestra, con algunas escenas añadidas después que resultaron blandas y ambiciosas. *El cuarto mandamiento* narra la historia de una rica dinastía que llega a su fin por su incapacidad para superar el feudalismo del siglo XIX y adaptarse al progreso industrializado del siglo XX. La película se mueve de un escenario magnífico a otro: un relato sobre el cambio de estilos, una escena de baile, una conversación durante la cena sobre el automóvil de Eugene (Joseph Cotten), un viejo amigo de la familia capaz de comprender los grandes cambios que está viviendo la sociedad estadounidense, y una conversación en la cocina en la que Fanny (Moorehead) le cuenta a su esnob y terco sobrino George (Holt) un rumor sobre la atención que presta Eugene a la madre viuda de George, Isabel (Dolores Costello).

Esta escena muestra un guión magistralmente escrito y una interpretación no menos magistral, pero no tiene la fuerza emotiva de otro encuentro que tiene lugar más adelante, después de que muchos Amberson hayan muerto ya, incluyendo a Isabel. Tía y sobrino, solos en una mansión vacía, atraviesan una mala época. Fanny, destrozada por las penalidades, cae al suelo mientras cuenta entre lágrimas de desesperación que hace todo lo que puede por ahorrar dinero; George le dice entonces que no se siente junto a la caldera, ella grita, «No está caliente, está *fría*», lo que quiere decir que les han cortado la calefacción. Del modo que las pronuncia Moorehead, esas cinco palabras abarcan una impresionante variedad de emociones: pánico, desesperación, rabia, culpa, tristeza e incluso transmite la ironía de la vida vista con humor negro.

Geoff Andrew

Fecha 1942

Nacionalidad Estados Unidos

Director Orson Welles

Reparto Agnes Moorehead, Tim Holt

Título original *The Magnificent Ambersons*

Por qué es clave La incomparable interpretación de Moorehead hace que esta escena adquiera una gran fuerza emotiva y una intensidad prácticamente sin igual en el Hollywood de los estudios.

Escena clave **La cámara se aleja de Ann y se acerca de nuevo a ella** *Dies irae*

La acción transcurre en la Dinamarca de 1623, cuando la gente aún creía en brujas… o en la Dinamarca de 1943, durante la ocupación nazi, cuando los judíos estaban siendo deportados y Carl Dreyer estaba rodando su obra maestra. Aunque después se negó a aceptar cualquier relación con el presente, es difícil no establecer paralelismos con los supuestos demonios que son identificados, perseguidos, capturados y finalmente quemados.

Anne (Movin), la joven y sexy protagonista, casada con un pastor mucho mayor que ella, está cruzando la rectoría en dirección a la habitación donde su marido está interrogando a una anciana a la que acusan de ser una bruja. La madre de Ann también fue quemada por bruja y ella parece sentir una mezcla de rechazo y atracción ante la idea de que ella misma pueda ser también una bruja, una idea que acaba creyendo hacia el final de la película. Ya sea una obra sobre la represión y la paranoia o sobre el origen de las brujas, lo cierto es que pide que el espectador se identifique y al mismo tiempo se mantenga al margen.

Dreyer inventó un movimiento de cámara muy sensual en el que la cámara planea en una dirección en un trávelin que no podemos ver mientras realiza una toma panorámica en otra dirección. Es este movimiento complejo e hipnótico el que acompaña a Ann mientras cruza la rectoría, atraída y luego alejada momentáneamente, con miedo y curiosidad, igual que la cámara, que se mueve hacia ella a la vez que se aleja; un movimiento que transmite su apasionada ambivalencia. La melodramática música que sigue sus pasos transmite ese mismo principio de atracción y repulsión.

Jonathan Rosenbaum

Fecha 1943

Nacionalidad Dinamarca

Director Carl Dreyer

Reparto Lisbeth Movin

Título original *Vredens dag*

Por qué es clave Dreyer utiliza un movimiento de cámara que creó para expresar una emoción compleja y conflictiva.

Escena clave **Secuencia inicial** *The Gang's All There*

Empieza la película, la cámara se acerca al rostro de un cantante que está intepretando «Brazil» y el resto del cuerpo queda sumido en la oscuridad. Poco a poco alcanzamos un primer plano durante el estribillo de la canción, después la cámara se aleja, la imagen abandona el negro, la cámara empieza a bajar y nos muestra el casco de un barco (el *S.S. Brazil*). En una complicada maniobra, la cámara sigue a unos pasajeros que están desembarcando, después a un estivador y luego la mercancía que están descargando, entre la que hay un enorme montón de fruta que llena la pantalla en primer plano. Llevamos alrededor de 2 minutos y 14 segundos de secuencia y el primer plano permite un suave corte (el primero) que nos lleva a Carmen Miranda, cuyo sombrero adornado con frutas parece una prolongación del montón que tiene sobre la cabeza.

Carmen continúa con la canción, al final de la cual entra una banda seguida de un coche en el que llega un oficial que le da a Carmen las llaves de la ciudad («¿Llevas café?», le pregunta el oficial a Carmen). Entonces la cámara se retira para descubrirnos que toda la escena se estaba representando sobre el escenario de un club. La cámara vuelve a Carmen, que se lanza a interpretar la segunda canción de la secuencia, «You Discover that You're in New York», durante la cual tiene lugar el primer verdadero corte, en el minuto 3,16. Durante el segundo estribillo de la canción, la cámara sigue a Miranda en una toma de ángulo picado, ella se baja del escenario y se pasea entre el público; la cámara va enfocando a siete elegantes mujeres vestidas de negro, y cada una de ellas canta un trozo de la canción. La cámara sigue a Miranda y a las demás mujeres de nuevo hasta el escenario para concluir la secuencia en el minuto 5,5. ¡Guau!

Jean-Pierre Coursodon

Fecha 1943

Nacionalidad Estados Unidos

Director Busby Berkeley

Reparto Alice Faye, Carmen Miranda

Título original *The Gang's All Here*

Por qué es clave
Las largas tomas de *La soga* de Hitchcock o la toma de grúa con la que comienza *Sed de mal* de Welles son merecidamente famosas, pero pocos hablan de este *tour de force* anterior.

Escena clave **Teresa camina por una ciudad fronteriza** *El hombre leopardo*

Una secuencia de cinco minutos que tiene lugar sólo ocho minutos después de que comience una película de 66 minutos de duración. Es una secuencia aterradora, sobre todo por cómo despierta nuestra imaginación. La historia acaba de abandonar extrañamente a la bailarina de un club de una ciudad fronteriza que, sin saberlo, ha ayudado a escapar al leopardo de su rival, para centrarse en Teresa (Landry), una adolescente vecina de la primera.

Su madre (Lawson) la manda a comprar maíz para las tortillas de su padre. Teresa no quiere ir por miedo al leopardo escapado, pero su madre no se muestra nada comprensiva y rechaza sus temores, después de que su hermano pequeño (Bobby Spindola) le haga bromas al respecto. La madre llega incluso a cerrar la puerta con llave cuando ella sale y le dice que no puede volver sin el maíz. Pero la primera tienda a la que va ha cerrado ya, así que tiene que seguir caminando por la ciudad en penumbra, esquivando las ramas que pasan rodando junto a ella, arrastradas por el viento. Llega a otra tienda más grande donde el dependiente (Charles Lung) le dice que la recuerda de niña, siempre con miedo a la oscuridad. De vuelta a casa, el miedo del espectador aumenta al oír agua goteando, un par de ojos brillantes, el silbido de un tren que pasa rápidamente y, finalmente, un primer plano del feroz leopardo. La muchacha sale corriendo, pronto llega a su casa y aporrea la puerta, le suplica a su madre que abra, se oye el cerrojo y entonces, más que ver, oímos lo que ocurre..., hasta que un charco de sangre aparece por debajo de la puerta. Imaginar algo terrible en lugar de verlo sólo hace que resulte aún más perturbador.

Jonathan Rosenbaum

Fecha 1943

Nacionalidad Estados Unidos

Director Jacques Tourneur

Reparto Margaret Landry, Kate Lawson

Título original *The Leopard Man*

Por qué es clave Se trata de la secuencia más aterradora de la obra de Val Lewton.

Escena clave **Primera aparición de la desaparecida Jacqueline** *The Seventh Victim*

No es ésta la única producción de Val Newton que parte de una base narrativa con trayectorias cruzadas y de la comparación de diferentes tipos de personajes: al igual que en *Yo anduve con un zombie* (1943), aquí tenemos a una muchacha joven e inocente (Kim Hunter en el papel de Mary) que esá a punto de descubrir su identidad en el mundo adulto; y a una chica «perdida» (Jean Brooks como Jacqueline) que ha sufrido un trauma terrible y se ha visto sometida a una especie de encarcelamiento a manos de unos oscuros conspiradores. Ya esté al timón Tourneur (como en *Zombie*) o Mark Robson (como aquí), la constante es la visión enigmática e inquietante del mundo desde la perspectiva de Lewton: sus películas, con elevadas citas literarias, referencias históricas y mitológicas, y ambientes muy inspirados, obtienen energía y misterio del constante intercambio entre las fuerzas de la vida y de la muerte. A los 31 minutos del comienzo de *La séptima víctima*, vemos por primera vez a la desapararecida Jacqueline. Está junto a una puerta, sin decir una palabra; entonces, da un paso hacia delante y se lleva un dedo a los labios para pedir silencio. Algo que no podemos ver la asusta; después cierra la puerta rápidamente y perdemos su imagen. Un segundo más tarde, cuando llega Mary, parece haberse evaporado; tendrán que pasar otros 23 minutos para que volvamos a verla. Jacqueline es la estrella de la pantalla moderna por excelencia: su existencia parece consustancial al montaje, al fundido y al parpadeo de la maquinaria cinematográfica. Lógicamente, *La séptima víctima* influirá más tarde en Jacques Rivette, cuya obra *La historia de Marie y Julien* (2003) recrea la espeluznante «habitación del suicidio» de una chica desaparecida muy similar.
Adrian Martin

Fecha 1943

Nacionalidad Estados Unidos

Director Mark Robson

Reparto Kim Hunter, Jean Brooks

Título original *The Seventh Victim*

Por qué es clave La fugaz presencia de esta misteriosa figura la convierte en la heroína moderna por excelencia.

Diálogo clave **La última frase** *Casablanca*

SPOILER

En un pequeño aeropuerto del norte de África, después de que Rick (Bogart) haya convencido a Ilsa (Ingrid Bergman) de que se vaya con Victor (Paul Henried), su vida parece haber acabado: está espiritualmente muerto. Ha renunciado al amor de su vida por un bien mayor, ha perdido su negocio y su posición en Casablanca (porque le ha vendido al *signor* Ferrari el Rick's Café Américain junto con su viejo amigo Sam y un grupo de personajes secundarios) y, al haber matado al mayor Strasser (Conrad Veidt), también se ha convertido en objetivo de la ley. Pero entonces llega el capitán Renault al rescate de Rick; el corrupto jefe de policía encubre su crimen («arreste a los sospechosos»), al tiempo que, en un gesto simbólico, tira a la basura una botella de agua de Vichy. Le propone que ambos, dos antiguos cínicos que han demostrado ser unos patriotas además de unos sentimentales, se unan para luchar contra los nazis. Después de unos segundos de reflexión, Rick acepta y ambos se alejan en la niebla de la noche (¿niebla en Marruecos?) hacia un futuro desconocido pero probablemente legendario. La última línea mitiga la tristeza de lo que podría haber sido un final pesimista sobre el sacrificio en época de guerra: «Louis, presiento que éste es el comienzo de una hermosa amistad».
Kim Newman

Fecha 1943

Nacionalidad Estados Unidos

Director Michael Curtiz

Reparto Humphrey Bogart, Claude Rains

Por qué es clave Como todos los buenos finales, es también un comienzo, el de una historia que sólo podemos imaginar.

Pág. siguiente *Casablanca*.

Diálogo clave **«¿Son seres humanos, o animales gordos y repugnantes?»** *La sombra de una duda*

La sombra de una duda es una película de título brillantemente equívoco. El espectador sabe desde la primera escena que Joseph Cotten es el asesino en serie al que la policía y los periódicos han bautizado como «el asesino de la viuda alegre». La cuestión es cuánto tiempo tardará Teresa Wright, que interpreta a la tocaya y sobrina preferida de Cotten, en descubrir la verdad. Cuenta con abundantes pistas: los agentes de policía que persiguen a Cotten se instalan en la vida de una familia compuesta por unos personajes encantadoramente excéntricos, haciéndose pasar por unos periodistas que quieren escribir un artículo sobre la típica familia estadounidense, pero pronto le confiesan a Wright su verdadera intención. Ella se da cuenta enseguida de que hay algo extraño en su tío.

Pero es Cotten el que más contribuye a esclarecer el misterio cuando pronuncia el cínico y misantrópico diálogo escrito por Thornton Wilder en un intento perverso de ganarse el apoyo de su sobrina. Durante el discurso, denuncia a las «viudas de mediana edad, cuyos maridos han muerto, maridos que se han pasado la vida haciendo fortuna, trabajando sin parar y cuando mueren, les dejan todo el dinero a sus esposas, a sus estúpidas esposas... Se las ve en los mejores hoteles a diario, en manadas. Se beben y se comen el dinero..., apestan a dinero..., mujeres horribles, marchitas, gordas, avariciosas».

Su obsesiva misoginia es una confesión, pero también un intento de seducción. No sólo está explicando el odio que siente hacia las mujeres, sino que también le está enviando un mensaje en clave a su alegre sobrina: «Tú eres distinta». ¡Y es cierto! Aceptar a su tío es una muestra de su alma elevada. *La sombra de una duda* dio un giro a la estructura de las historias de suspense (algo que se explotaría a fondo en la serie *Colombo* y en todo el programa de la *NBC Mystery Movie*) al hacer que el espectador sintiera lástima del asesino.
Tim Cavanaugh

Fecha 1943

Nacionalidad Estados Unidos

Director Alfred Hitchcock

Reparto Teresa Wright, Joseph Cotten

Título original *Shadow of a Doubt*

Por qué es clave Creó el modelo para las películas de suspense sin suspense.

Escena clave **El número musical de Ida Lupino** *Thank Your Lucky Stars*

Thank Your Lucky Stars fue una película destinada a subir la moral del público durante la guerra. La cinta de la Warner Bros. incluía los números interpretados por un gran número de estrellas del estudio para un espectáculo benéfico. Ida Lupino actúa junto a Olivia de Havilland y George Tobias en un alegre número de *swing* al ritmo de «The Dreamer» (con música de Arthur Schwartz y letra de Frank Loesser). La canción carece de verdadera melodía, pero Lupino la llena de encanto de principio a fin. Havilland y ella aparecen vestidas con unos trajes estrafalarios e infantiles –con una especie de baberos y llenos de enormes lazos– y el baile se basa principalmente en hacer payasadas con su serio acompañante, Tobias. Conocida en la época por sus papeles dramáticos, en especial por *El último refugio* (1941) de High Sierra, Lupino continuó con irónicos thrillers de cine negro como *The Hitch-hiker* (1953) o dramas sombríos como *El bígamo* (1953). En esta escena cómica de *Thank Your Lucky Stars*, hay una cierta sangre fría en su estilo sobrio y relajado, que contrasta radicalmente con el esfuerzo y la exageración de Olivia de Havilland. Lupino parece sentirse a sus anchas en la comedia, la música y el baile. Es uno de los pocos atractivos de lo que resulta ser un aburrido compendio de actuaciones de estrellas, y además nos descubre una faceta del considerable talento de Lupino que rara vez explotaron los estudios.
Andrew Pike

Fecha 1943

Nacionalidad Estados Unidos

Director David Butler

Reparto Ida Lupino, Olivia de Havilland, George Tobias

Título original *Thank Your Lucky Stars*

Por qué es clave Es una escena de música y comedia poco habitual para una actriz y un director de cine negro.

Escena clave **La producción en masa de aviones de guerra** *Un sueño americano*

Steve (Donley) emigra a Estados Unidos poco antes de 1900 y se traslada de Nueva York a las minas de hierro de Minnesota en busca de empleo. Siente curiosidad, por lo que le pregunta a la maestra del pueblo cómo se convierte en acero la mena que él extrae. Ella le recomienda que lo mire en una enciclopedia, y entonces se da cuenta de que tendrá que enseñarle a leer. Poco después, Steve comienza a examinar el manual de una excavadora durante los descansos para comer y aprende a manejarla. Hay una clara relación entre estas primeras escenas de aprendizaje y aquéllas en las que le vemos fabricando acero, después que el ambicioso Steve se marchase a trabajar a una fábrica y aprendiera el proceso. Más tarde se compra un coche poco fiable, así que lo desmonta por completo y vuelve a montar las piezas para crear un modelo mucho mejor, y así es cómo funda una empresa de coches con su amigo Howard (Abel) y pronto contrata también a uno de sus hijos, Teddy (McNally). Cuando la guerra está a punto de comenzar, aceptan un contrato con el gobierno para fabricar aviones. La escena final es un poema visual en el que vemos cómo las piezas de los aviones se mueven por el cuadro y la cámara se cruza de un lado a otro de la imagen para transmitirnos la sensación de que los componentes se van juntando para hacer un todo cada vez más grande. La escena culmina con la larga fila de aviones que van poniéndose en marcha y, finalmente, salen volando. Un solo plano intercalado de los tres hombres nos recuerda su importancia en el proceso. La última toma se dirige al cielo, donde se ve una enorme formación de aviones volando a diferentes alturas. A través de la composición y el montaje, Vidor logra una extraordinaria intensidad física: todos los objetos irradian poder y el proceso de montaje tiene un efecto de multiplicación y no sólo de adición: son fuerzas individuales que crean algo mucho mayor.

Fred Camper

Fecha 1944

Nacionalidad Estados Unidos

Director King Vidor

Reparto Brian Donlevy, Walter Abel, Stephen McNally

Título original *An American Romance*

Por qué es clave
Es una muestra de la industrialización de Estados Unidos y del proceso de aprendizaje para dominar cualquier disciplina.

Escena clave **El halcón y el Spitfire** *A Canterbury Tale*

La obra de Michael Powell y Emeric Pressburger *A Canterbury Tale* se abre con una cita de Chaucer, un manuscrito iluminado y un grupo de peregrinos medievales que avanzan por un camino que cruza campos de Kentish rumbo a Canterbury, como si estuviéramos ante un desfile de trajes de época. En un primer plano, vemos cómo le retiran la capucha a un halcón y el pájaro alza el vuelo ante la mirada de un noble halconero (Sadler). En un corte perfecto que da un salto de seiscientos años en el tiempo, el halcón parece convertirse en un caza Spitfire y volvemos al rostro de Sadler, aún mirando al cielo, sólo que ahora lleva un casco de soldado inglés de 1944 y nos damos cuenta de que se trata de una película ambientada en la actualidad, aunque impregnada de la historia y la cultura del paisaje en el que se desarrolla. El efecto es tan impresionante como el corte que realizó Stanley Kubrick en *2001: Una odisea del espacio* (1968), en el que se une la imagen de un hueso cayéndose con la de una plataforma espacial.

Kim Newman

Fecha 1944

Nacionalidad Reino Unido

Directores Michael Powell, Emeric Pressburger

Reparto James Sadler

Por qué es clave
Se trata del que posiblemente sea el mejor corte de la historia del cine.

Personaje clave **Deanna Durbin** «Liebestod» *Luz en el alma*

Ésta es la película que Deanna Durbin nunca hizo: sus admiradores preferían olvidarla, e incluso hoy en día se omite en las retrospectivas que se hacen sobre su carrera. A pesar de ello, fue su mayor éxito de taquilla: todo el mundo quería verla, aunque a nadie parecía gustarle (excepto a ella, pues, según dicen, era su preferida). El *New York Times* la tachó de «grotesca», como si hubieran hecho que una «dulce colegiala» interpretase a «Sadie Thompson». Lo cierto es que en el papel de Abigail Martin, Durbin es algo parecido a una colegiala durante la mitad de la película, en los *flashbacks* al estilo del *Kane* que escribió el guionista Herman J. Manckievicz. Pero en el papel de Jackie Lamont, en la otra mitad del film, es una prostituta, aunque una prostituta que canta en un lujoso antro llamado Maison Lafitte.

Siodmark no sólo transforma a su estrella, sino que también lo hace con el material, sobre todo al centrarse, en lugar de en la acción dramática, en el variado repertorio musical que escuchan o interpretan los personajes, que va desde un concierto de Wagner o una solemne misa católica a alguna obra de los populares Tin Pan Alley. Durban –que está magnífica– interpreta «Always» en dos ocasiones, la primera en el papel de Abigail y la segunda encarnando a Jackie. La primera resulta exquisita, cantándola en el salón de su casa, junto a su marido; la segunda tiene un toque de blues y lo hace frente a los músicos del Laffite. Con ellos interpreta también el tema de Frank Loesser «Spring Will Be a Little Late This Year» (escrita para la película), con estilo sobrio. Pero es el «Liebestod» de Wagner el que pone fin al largometraje, que al final no trata tanto de un amor destinado al fracaso como del modo en que una gran pieza musical, escuchada o interpretada, puede transformar hasta las situaciones más terribles.
James Harvey

Fecha 1944

Nacionalidad Estados Unidos

Director Robert Siodmak

Reparto Deanna Durbin, Gene Kelly

Título original *Christmas Holiday*

Por qué es clave
El largomentraje de cine negro más olvidado de Siodmak es también el más audaz y el más brillante.

Escena clave **El regreso** *Laura*

SPOILER

En la escena más famosa de *Laura*, el personaje que da nombre al filme (Tierney) vuelve a su apartamento ante la sorprendida mirada del teniente de policía (Andrews) que estaba investigando su supuesto asesinato. Aunque a los menos comprensivos pueda parecerles que Preminger es un director prosaico y poco romántico, las especiales circunstancias en que tiene lugar proporcionaron a esta escena una carga onírica que la hizo muy apreciada entre los surrealistas franceses. Es una noche lluviosa y el teniente MacPherson, a solas en el apartamento de Laura, ha estado bebiendo y se ha quedado dormido bajo el retrato de ella que cuelga en la pared. Está enamorado de la mujer, aunque la conoce tan sólo por lo que los demás le han contado, por su apartamento, su ropa, su perfume y por la canción que dejó en el tocadiscos (una melodía de David Raksin). Cuando aparece Laura, es como si MacPherson le hubiera devuelto la vida con su deseo. Podría ser un sueño (la experta en cine Kristin Thompson dedicó un famoso ensayo a interpretar *Laura* como si esta secuencia, y todo lo que la sigue, fuera un sueño del teniente).

Sin embargo la escena dista mucho de ser un ejemplo de pasión descontrolada. MacPherson y Laura nunca se tocan. Vemos la situación desde ambos puntos de vista, el de ella y el de él: Preminger nos invita a compartir la sorpresa de Laura al encontrar un desconocido en su casa y la del teniente al verla a ella con vida. Por encima de todo, esta escena parece centrarse en el propio espacio, que tenemos la sensación de que se amplía (la cámara se retira de MacPherson) y respira (durante un momento cargado de suspense no se oye nada excepto el tictac de un reloj) mientras espera el regreso de la señora de la casa.
Chris Fujiwara

Fecha 1944

Nacionalidad Estados Unidos

Director Otto Preminger

Reparto Dana Andrews, Gene Tierney

Por qué es clave La puesta en escena de Preminger convierte en memorable esta milagrosa secuencia.

Pág. anterior *Laura*.

Película clave ***Jammin' the Blues***
La mejor película de jazz que se haya hecho nunca

El jazz corre paralelo al cine como forma artística que surge y madura durante el siglo XX, pero rara vez se ha tratado la música en el cine en toda su soberbia e irreplazable magnitud. Hay metros y metros de películas que contienen interpretaciones musicales, la mayoría de ellas dirigidas con algo que se acerca mucho a la indiferencia (en el mejor de los casos). En las biografías, se tiende a homogeneizar la música en sí y la ficción suele retratar a los músicos de jazz como seres que habitan un mundo triste y sombrío. El cortometraje de diez minutos de duración *Jammin' the Blues* es la más brillante de las excepciones, una obra de arte rodada con todos los recursos de un gran estudio en la que aparece un grupo de músicos de primera categoría –entre los que se incluye uno de los grandes del jazz del mundo, el saxofonista tenor Lester Young– tocando sin alteración alguna en lo que es una verdadera muestra de música en estado puro, tal y como era en el momento y, al mismo tiempo, eterna. Empieza con una toma del sombrero de copa baja de Young para luego descender hasta su rostro en el instante en que empieza a tocar un solo de blues sobre un fondo negro y entre las filigranas que forman el humo del tabaco. Mili va variando la composición y el ángulo de cámara con brillante inventiva durante toda la pieza, pasando a un fondo blanco mientras la vocalista Marie Bryant interpreta «On the Sunny Side of the Street», para luego incluir una pareja de bailarines y compaginar magistralmente la pieza final, de un blues más rápido, con un verdadero caudal de imágenes audaces. Mientras, a Young y al trompetista Harry Edison, se unen como solistas principales el guitarrista Barney Kessel y un segundo saxofonista tenor, el extrovertido Illinois Jacquet, que lleva la película hasta su apoteósico final.

Blake Lucas

Fecha 1944

Nacionalidad Estados Unidos

Director Gjon Mili

Reparto Lester Young, Red Callender, Harry Edison, Marlowe Morris, Sidney Catlett, Barney Kessel, Jo Jones, John Simmons, Illinois Jacquet, Marie Bryant

Por qué es clave La belleza del jazz por una vez encuentra parangón en la belleza del cine, en una reunión de músicos en plena forma que no ha hecho más que mejorar con el paso del tiempo.

Pág. siguiente *Jammin' the Blues*.

Escena clave **La secuencia de Halloween**
Cita en San Luis

En su tercera película (y primera en Technicolor), Minnelli alcanzó un completo dominio de su arte con la evocación de la vida en el San Luis de principios de siglo, basada en los recuerdos de la escritora Sally Benson sobre su familia, pero también en la infancia en el Medio Oeste del propio Minnelli. Esto último se aprecia en especial en una escena muy querida para él, la aventura de una noche de Halloween de Tootie Smith (O'Brien), una niña intensa e imaginativa que se entrega por completo a la fantasía de «matar» al señor Braukoff, el hombre más temido del barrio, con un puñado de harina. Aunque Minnelli aprecia a todos los personajes de esta brillante pieza coral, muestra un cariño especial hacia Tootie, en la que vemos reflejados muchos de los grandes personajes que nos regalaría Minnelli en el futuro, personajes que viven sus vidas con creatividad e imaginación, llevándolas a veces hasta el borde de la histeria (aunque la familia de Tootie es un refugio seguro en el que disfrutar de sus morbosas fantasías). Cuando sale, temerosa, con su hermana mayor Agnes (Carroll), en ese largo paseo hasta la casa de los Braukoff –acompañada por la cámara en un trávelin iluminado con tremenda habilidad– o al entusiasmarse cuando los otros niños reconocen que «ella es la más horrible», Tootie parece una artista esperando a salir a la luz. El manejo visual y dramático de la secuencia da cuenta del afecto de Minnelli hacia la niña, y resulta irónico que estuviera a punto de desaparecer del montaje final. Deberíamos dar las gracias a los dioses que a veces cuidan de Hollywood porque no ocurriera, tanto por el bien de la película como por la confianza en sí mismo con la que Minnelli seguiría creando una de las trayectorias artísticas más impresionantes del cine.

Blake Lucas

Fecha 1944

Nacionalidad Estados Unidos

Director Vincente Minnelli

Reparto Margaret O'Brien, Joan Carroll, Darryl Hickman

Título original *Meet Me in St. Louis*

Por qué es clave Se trata de una célebre secuencia de la obra maestra que lo encumbró, en la que Vincente Minnelli pone en marcha toda su creatividad para retratar a uno de esos personaje que llevaban su esencia.

Película clave **El asombro del siglo** *The Miracle of Morgan's Creek*

SPOILER

Rodada en 1942, en plena segunda guerra mundial, los problemas con la censura retrasaron su estreno hasta 1944. Esta alegre farsa sobrepasó todos los límites con su descarada parodia de los grandes ideales americanos, incluyendo la maternidad, el patriotismo y la moralidad de los pueblos. Como no podía mostrar a una mujer embarazada, ni siquiera pronunciar la palabra *embarazada*, Sturges tuvo que encontrar la manera de rematar su comedia, en la que una chica de una pequeña ciudad es tan efusiva al despedir a los soldados que se marchan a la guerra, que acaba embarazada sin recordar cómo y se ve obligada a enfrentarse a una maternidad muy pública. Para mayor subversión, el bebé nace el día de Navidad; las enfermeras y los médicos entran y salen del paritorio, primero para anunciar «¡Es un niño!», luego, «¡Gemelos!», y muchas entradas y salidas después, una enfermera grita: «¡Seis! ¡Todos niños!». Este final, en el que la nueva madre muestra a sus sixtillizos recién nacidos, consiguió sortear todas las restricciones del Código de Producción y las objeciones de la Hays Office gracias a los números. Un bebé de dudosa procedencia habría sido inaceptable, pero seis (uno más que los quintillizos de la famosa Dionne) constituían una extravagante reducción al absurdo que dejó bloqueados a los censores. Además, para darle un toque patriótico, se ve a Hitler reclamando un recuerdo con una verdadera pataleta. Mientras preparaba la producción, Sturges manipuló de forma magistral a los agentes del Código mostrándoles únicamente escenas aisladas del guión; les enseñó todos los árboles, pero les ocultó el bosque, una estrategia que James Agee celebró con la famosa ocurrencia de que la Hays Office había sido «violada mientras dormía».

Robert Keser

Fecha 1944

Nacionalidad Estados Unidos

Director Preston Sturges

Reparto Betty Hutton

Por qué es clave
La fertilidad se utilizó como brillante herramienta para pacificar a los puritanos

Pág. anterior *El asombro del siglo*.

Escena clave **Un sueño perturbador** *La mujer del cuadro*

SPOILER

El film se basaba en una novela que acaba con el suicidio del protagonista, algo inaceptable en el Hollywood de 1944, por lo que Lang terminó *La mujer del cuadro* con un sueño en lugar de un suicidio.

Richard Wanley (Robinson), un profesor de psicología criminal casado y con dos hijos, tiene un problema. Después de matar a un hombre (Loft) en el apartamento de una mujer a la que apenas conoce (Joan Bennett), Wanley se ve inmerso en un chantaje del que no puede escapar. Desesperado, este hombre corriente de clase media se toma un veneno y luego se sienta a una mesa con fotografías de su familia. Cuando empieza a perder la conciencia, suena el teléfono que hay encima de la mesa: es una llamada que lo exculpa, pero él no la atiende. El reloj que hay a su espalda repica. La cámara se acerca mediante un trávelin hasta tomarlo en un primer plano... Wanley está muerto. Entonces aparece una mano en la imagen que le zarandea el hombro: «Son las 10.30, profesor Wanley».

Wanley se despierta. Está en el club, no en su casa. La cámara se retira. Sin un solo corte, Lang ha cambiado el decorado y la vestimenta del protagonista. El vaso que tiene en la mano ya no contiene veneno sino brandy. Wanley se pone en pie, apura la copa y se marcha. Las personas con las que se cruza en la calle, como, por ejemplo, el portero, son los villanos de su sueño.

Lang admitió que terminar con un «era sólo un sueño» era un poco anticuado. Sin embargo este final tan bien ejecutado añade algo a la película que no habría tenido si Wanley se hubiera suicidado. El final del sueño es una negación que devuelve la película a la vida real.

A. S. Hamrah

Fecha 1944

Nacionalidad Estados Unidos

Director Fritz Lang

Reparto Edward G. Robinson, Arthur Loft, Dan Duryea

Título original *The Woman in the Window*

Por qué es clave
Lang convierte un final problemático en uno de los mayores atractivos de la película.

Personaje clave **Barbara Stanwyck**
Su primera aparición en *Perdición*

La entrada de la *femme fatale* en una película de cine negro es siempre un momento clave, y *Perdición*, una de las grandes del género, no es una excepción a la regla. Cuando Walter Neff, el agente de seguros interpretado por MacMurray, le hizo una visita rutinaria a uno de sus clientes, no estaba preparado para encontrarse con Phyllis Dietrichson (Stanwyck). Más que en otros casos famosos, como la primera aparición de Lana Turner en *El cartero siempre llama dos veces* (Tay Garnett, 1946), esta escena pone de relieve el atractivo sexual de la protagonista y establece la tensión entre ambos personajes. En lo alto de unas escaleras, tapada tan sólo con una toalla, parece inalcanzable y domina a su turbado visitante, una puesta en escena llena de simbolismo que no aparecía en la novela de James Cain. Entonces baja las escaleras y su condición de persona normal se realza gracias a la extravagante peluca rubia y a la tobillera con su nombre grabado, que continuamente atrae la atención hacia sus piernas.

Quizá Barbara Stanwyck no fuera la actriz más bella del momento, pero desde luego era una de las que más talento tenía y aquí consigue dar vida de un modo muy convincente a una mujer fría y cautivadora. Mientras hablan inocentemente y utilizan frases llenas de dobles sentidos y de metáforas –una característica del cine negro– esta sirena urbana demuestra su naturaleza manipuladora, aunque sólo el espectador se da cuenta de ello. Desde ese momento, sin embargo, el agente de seguros sólo soñará con una cosa: acercarse más y más a tan inusual clienta. Desgraciadamente para él, su sueño no tardará en hacerse realidad.

Frank Lafond

Fecha 1944

Nacionalidad Estados Unidos

Director Billy Wilder

Reparto Barbara Stanwyck, Fred MacMurray

Título original *Double Indemnity*

Por qué es clave Este momento es una gran muestra de la construcción de la femineidad en el cine negro y un punto sobresaliente en la filmografía de Barbara Stanwyck.

Diálogo clave **«Sólo tienes que silbar»**
Tener y no tener

Martinica durante la segunda guerra mundial. El cínico Harry Morgan (Bogart) se ve obligado a trabajar para la Resistencia. Una de las simpatizantes del movimiento es Marie Browning (Bacall), cantante de voz grave que trabaja en el club de la ciudad.

La situación es puro «estilo Bogart»: hombre egoísta al que las circunstancias obligan a comprometerse con una causa. Bacall, en su primera película, fue toda una revelación. Tenía sólo 18 años y la había descubierto en la portada de una revista la esposa de Hawks, Slim; estaba tan nerviosa que ponía en tensión los músculos del cuello y bajaba la barbilla, un gesto que llegaría a conocerse como «la mirada». La escena en cuestión, en la que Browning coquetea con Morgan con las célebres frases: «Sabes silbar, ¿verdad, Steve? Sólo tienes que juntar los labios y soplar», es importante por varios motivos. A Hawks le gustaba que sus personajes femeninos fueran masculinos, de ahí la insolencia del diálogo y la voz grave con que lo pronuncia ella. Siempre se alaba a William Faulkner por el guión, pero lo cierto es que estas frases salieron de la pluma de Jules Furthman. La relación entre Morgan y Browning recordaba a la de Hawks y su mujer y, para resaltarlo, el sobrenombre de Bacall en la película es Slim (Flaca). Bacall y Bogart se enamoraron en el rodaje, se casaron al año siguiente y se convirtieron en una de las grandes parejas del Hollywood de posguerra. Hubo tal química entre ellos, que volvieron a emparejarlos en *El sueño eterno* (1946), *La senda tenebrosa* (1947) y *Cayo Largo* (1948). El argumento de la película se repitió en la vida real cuando un apolítico como Bogart se unió, por su mujer, a la causa demócrata para luchar contra el Comité de Actividades Antiamericanas. Lauren Bacall dice que copió la confianza que muestra en pantalla de Katherine Hepburn, pero, durante medio siglo, la ha hecho suya.

Mark Cousins

Fecha 1944

Nacionalidad Estados Unidos

Director Howard Hawks

Reparto Lauren Bacall, Humphrey Bogart

Título original *To Have and Have Not*

Por qué es clave La escena se ha convertido en todo un símbolo del retrato de las relaciones entre ambos sexos en el cine de Hollywood.

Pág. siguiente *Tener y no tener*.

Escena clave **Los últimos asientos en el último avión** *They Were Expendable*

SPOILER

Año 1942. Estados Unidos ha sufrido un duro castigo por parte de los japoneses en Filipinas y el general MacArthur, después de ser evacuado a un lugar seguro, ha hecho su famosa promesa: «Volveré». Algunos más son los elegidos para volar a Australia en el último avión, que tiene capacidad para treinta pasajeros. Nuestros héroes, los oficiales de lanchas torpederas Brickley (Montgomery) y Ryan (Wayne) ocupan los lugares 27 y 28. Sus dos tenientes tienen asignados los números 29 y 30, pero cuando el avión está listo para despegar y los tenientes aún no han llegado, se dan los asientos a los primeros hombres de la lista de espera, «Ohio» (Heydt), un amigo de Ryan, y un tal Morton (Ames). La puerta del avión se cierra, se ponen en marcha los motores, de pronto se oye a alguien llamando y se vuelve a abrir la puerta: los dos tenientes (Thompson y Mitchell) han aparecido, y Ohio y Morton deben cederles los asientos. Ambos se levantan nada más verlos, son más jóvenes que los hombres a los que están desalojando y por la expresión de sus rostros sudorosos sabemos que ignoran que la fortuna ha hecho que un impersonal procedimiento militar acabe de tomar un cariz tremendamente personal: los dos tenientes van a vivir, y Ohio y Morton van a morir. Por supuesto, nada de esto se expresa abiertamente; de hecho, la fuerza de la escena reside en que los dos condenados a muerte no dejan que su gesto los delate, no muestran la menor tristeza, ni rabia alguna por la mala pasada que les ha jugado el cruel destino.

Chris Fujiwara

Fecha 1945

Nacionalidad Estados Unidos

Director John Ford

Reparto Robert Montgomery, John Wayne, Leon Ames, Louis Jean Heydt, Marshall Thompson, Cameron Mitchell

Por qué es clave Ford rinde un discreto homenaje a la nobleza del sacrificio silencioso.

Escena clave **Iván y las masas** *Iván el Terrible (Parte I)*

En la secuencia final de la primera parte de *Iván el Terrible*, una obra maestra monstruosa, angular, que puede verse como una valiente parodia de Josef Stalin capaz de levantar ampollas, una apología del mismo demagogo, un atormentado autorretrato o la serie de películas de Flash Gordon más grande que se haya hecho nunca. El héroe del título acaba de abdicar y se ha ido a vivir a un monasterio. Se ve una procesión interminable de gente que va a verlo para convencerlo de que vuelva al poder. Iván sale: no a saludarlos, porque es demasiado divino como para hacer tal cosa, pero sí al menos a hacerles un poco de caso. Adopta una serie de poses casi místicas con las que parece estar escuchando y cavilando mientras su brazo y su cetro adquieren una forma parecida a la de la multitud que se dirige hacia él.

Como apunta el historiador ruso Joan Neuberger, ésta es una de las escenas que nos muestra cómo, con el tiempo, la manera en la que Eisenstein veía a las masas y a los héroes de sus clásicos mudos *Potemkin* y *Octubre* se ha oscurecido de forma considerable y ahora parecen suplicar que los dobleguen en lugar de que los liberen: «La magnífica composición de tomas del final enfatiza el gran poder del zar y la insignificancia del pueblo... Él se convierte en una figura distante, impersonal y simbólica, una abstracción que representa el Gran Estado Ruso». Paradójicamente, Eisenstein retuerce de manera tiránica las figuras de Nikolai Cherkasov y de la multitud para expresar esta idea.

Jonathan Rosenbaum

Fecha 1945

Nacionalidad U.R.S.S.

Director Sergei M. Eisenstein

Reparto Nikolai Cherkasov

Título original *Ivan Grozny I*

Por qué es clave El maestro del cine ruso doblega al antiguo soberano y a su pueblo.

Película clave
Kolberg

En su duodécimo y último año en el poder, el ministro de Propaganda Nazi Goebbels se valió de todos los recursos del Reich para producir *Kolberg*, la producción alemana más cara de la historia, una monstruosa insensatez en Agfacolor que intentó competir con espectáculos de Hollywood tales como *Lo que el viento se llevó*. Sin tener en cuenta la derrota que en 1807 había sufrido la población prusiana de la ciudad báltica del título a manos de las tropas de Napoleón, el guión crea un oportuno mito patriótico de teutones que se resisten a la invasión, poniendo en escena la llamada de última hora de los nazis reclamando la «guerra total». La película se rodó en las difíciles condiciones, pues las tropas aliadas habían rodeado Alemania, pero hubo escenas de guerra en las que se emplearon más de 180.000 extras, entre los cuales había soldados y marinos llevados directamente del frente, cosa que seguramente los salvó de la muerte o, al menos, de ser capturados. Mientras, los fabricantes de municiones producían miles de balas falsas y los trenes transportaban tanques de sal para simular la nieve. El director Veit Harlan escenificó batallas que evocaban la grandiosidad pretendida, pero el gobierno ordenó que se cortaran algunas escenas en las que se mostraban las atrocidades de la guerra, pues se creyó que serían demasiado desmoralizadoras para el público. El resultado de dichos cortes fue la falta de continuidad y, por tanto, de coherencia, aunque para ser una espectacular historia épica, *Kolberg* destila una sombría sensación de irrevocabilidad. El 30 de enero de 1945, se organizó un doble estreno, en Berlín (con el Ejército Rojo a sólo un día de distancia) y en la histórica fortaleza de Kolberg (que se encontraba tan asediada, que las fuerzas aéreas alemanas tuvieron que lanzar con paracaídas las latas con los rollos de la película). Dada la situación del país, donde apenas había cines abiertos, la gran ironía de esta película es que su reparto excedió con creces a sus espectadores.

Robert Keser SOBRA

Fecha 1945

Nacionalidad Alemania

Director Veit Harlan

Reparto Heinrich George, Kristina Söderbaum

Por qué es clave
Se trata de una autodestructiva producción cinematográfica nazi.

Escena clave **Si las miradas ahogaran**
Que el cielo la juzgue

SPOILER

Que el cielo la juzgue está considerado como uno de los pocos ejemplos de cine negro rodado en color, un filme que nos ofrece una sorprendente escena de un asesinato que tiene lugar a plena luz del día. Obsesionada con su marido, Ellen Berent (Tierney) es tan incapaz de soportar que un obstáculo se interponga en su amor por él que, hacia la mitad de la película, llega al extremo de dejar que su cuñado, Danny (Hickman), con quien se ha visto obligada a compartir la atención de su marido, se ahogue en las tranquilas aguas de un lago de montaña. El aislamiento en el que se encuentran y la belleza del paisaje se ven realzados en unas tomas de planos extremadamente largos que se alternan con imágenes más cercanas de los dos personajes. Mientras Danny nada y luego lucha brevemente por sobrevivir, Ellen, que lo sigue a cierta distancia en una barca, apenas se mueve. Las gafas de sol que lleva Gene Tiernes, con forma casi de corazón, intensifican la expresión inescrutable de su rostro perfecto y nos impide adivinar lo que piensa, pero, cuando finalmente se las quita, vemos dos ojos fríos que siguen mirando al agua sin el menor rastro de compasión. Toda la escena resulta extrañamente tranquila, y nada, excepto el despecho de la protagonista, perturba esa paz: no hay música, el diálogo es trivial (aunque la voz de Ellen va vaciándose poco a poco de sentimiento, de expresión) y Danny ni siquiera tiene tiempo de gritar antes de desaparecer bajo la superficie del agua. De hecho, Ellen lo mata con su falta de acción. En *Laura* (1944), de Otto Preminger, Tierney realizó un complejo retrato de su personaje; aquí se limita a mostrarse tranquila, fría, transparente, bella y peligrosa como el propio lago.

Frank Lafond

Fecha 1945

Nacionalidad Estados Unidos

Director John M. Stahl

Reparto Gene Tierney, Darryl Hickman

Título original *Leave Her to Heaven*

Por qué es clave Gene Tierney nunca ha tenido un aspecto tan peligrosamente angelical.

Acontecimiento clave **Publicación de *Ontología de la imagen fotográfica* de Bazin**

La antología *Les problèmes de la peinture*, editado por el crítico de arte Gaston Diehl, contenía ensayos sobre pintura escritos por celebridades como Cocteau, Dufy, Bonnard, Braque, Matisse... y un nombre menos conocido, André Bazin, un hombre de 27 años, muy activo en la escena de cineclubs de París. *Ontología de la imagen fotográfica* apenas trataba el cine como tal: se centraba en el impacto de la invención de la fotografía, «sin duda el acontecimiento más importante de la historia de las artes plásticas». Años más tarde, después de que Bazin se hubiera convertido en el editor de *Cahiers du cinéma*, hubiera muerto de leucemia a los cuarenta años y su obra se hubiera recopilado en antologías, se hizo evidente que *Ontología* era el primer eslabón de una cadena de ideas que revolucionaron la crítica cinematográfica. Con la teoría de que la pintura y la escultura se originaron con el primitivo deseode mantener vivo el recuerdo de los fallecidos y que la fotografía es la culminación de una necesidad de representación, Bazin reclama con audacia el realismo fotográfico: «[La imagen] procede, en virtud de su génesis, de la ontología del modelo: *es* el modelo». En una época en la que el cine seguía valorándose por las técnicas que lo distinguían de las artes más antiguas –a veces parecía que, cuanto más enérgicas fueran, mejor–, Bazin estaba sentado las bases para un enfoque del cine fundado en la relación intrínseca entre imagen y tiempo y espacio, un enfoque que sería tan influyente que Andrew Sarris escribiría: «Bazin es una figura tan crucial para la estética cinematográfica como Freud para la psicología».

Dan Sallitt

Fecha 1945

Por qué es clave Probablemente, esta obra marque el comienzo de la crítica cinematográfica moderna.

Escena clave *Roma, ciudad abierta*

SPOILER

En medio de la confusión de la guerra, por fin se vislumbra un poco de luz y esperanza: Pina (Magnani), una madre viuda, y Francesco (Grandjacquet) van a casarse ese mismo día. Pero el padrino de Francesco, Giorgio (Pagliero), es uno de los dirigentes de la Resistencia y, mientras Francesco y él se están vistiendo para la boda, Pina irrumpe en la habitación para avisarlos de que los alemanes y los fascistas tienen rodeado el edificio. En fila, en la calle, junto a todos los demás, Pina intenta consolar a una mujer, al tiempo que lidia con las insinuaciones lascivas de un miembro de las SS. Después de apartarle la mano de un manotazo, descubre con horror que están obligando a Francesco y a Giorgio a subirse a un camión. Grita el nombre de Francesco, se sale de la fila de gente y echa a correr detrás del camión, que se aleja ya. La vemos desde el punto de vista de Francesco mientras persigue al vehículo, levantando la mano y gritando el nombre de su amado una y otra vez. De pronto se oye el estallido de una ametralladora y Pina cae muerta al suelo. La cámara la enfoca en el suelo, con las piernas ligeramente destapadas, dejando entrever su liga de novia.

Sin duda se trata de una de las escenas más emblemáticas de la historia del cine, una escena que condensa en pocos segundos y en unas cuantas imágenes imborrables tanto la naturaleza incomprensible del destino como el sufrimiento sin sentido que infringen las guerras en la gente corriente. En un principio, Pina iba a morir en medio de la multitud. La idea de que la dispararan mientras corría tras el camión se le ocurrió al guionista, Sergio Amidei, una noche, al ver como Anna Magnani, después de una terrible pelea con su amante, perseguía el coche en el que éste se alejaba.

Gino Moliterno

Fecha 1945

Nacionalidad Italia

Director Roberto Rossellini

Reparto Aldo Fabrizi, Anna Magnani, Francesco Grandjacquet, Marcello Pagliero

Título original *Roma, città aperta*

Por qué es clave Esta escena crucial divide la película en dos, del mismo modo que la propia película marca un momento crucial en la historia del cine.

Pág. anterior
Roma, ciudad abierta.

Escena clave **El regreso del marido** *Perversidad*

SPOILER

A menudo aparecen en las películas retratos imponentes, por lo general de seres queridos ya desaparecidos. Los hemos visto en todo tipo de filmes, desde romances estadounidenses y *thrillers* de la década de 1940 a la obra de Alain Resnais *Cœurs* (2006). Pero pocos resultan tan imponentes como el del corpulento policía Homer Higgins (Kemper), primer marido de Adele (Ivan), que, desde la pared, observa a un hombre más bien castrado, su sucesor, Chris Cross (Robinson), en *Perversidad*. Así es hasta un inesperado giro del argumento que debe incluirse entre los más extravagantes de la historia del cine. Chris –que se ha adentrado en una espiral delictiva por Kitty (Joan Bennett), la prostituta que lo tiene obsesionado– recibe la noticia de que un detective lo está esperando en la calle, fuera de su despacho con aspecto de jaula. Se acerca a él un tipo rechoncho y más bien vulgar con un parche en el ojo: es Homer, ¡que ha regresado de entre los muertos! En un bar, el recién llegado le cuenta su historia, que es un lacónico baile con el destino al más puro estilo de Lang: después de varios problemas que le hacen sentir ganas de suicidarse, se tira a un río para salvar a una mujer... y acaba con ella de la mano, y con su dinero, a bordo de un «barco bananero rumbo a Honduras». En este cuento tan despiadadamente irónico sobre la traicionera lógica de las apariencias –donde la realidad está sujeta a lo que Pascal Bonitzer describió como la inclinación de Lang hacia las «pelucas, espejos, falsas identidades, "verdades increíbles" y máscaras varias»–, Homer se encuentra, a su vez, emasculado por la mortal duplicidad de lo que parecen las cosas.
Adrian Martin

Fecha 1945

Nacionalidad Estados Unidos

Director Fritz Lang

Reparto Edward G. Robinson, Charles Kemper, Rosalind Ivan

Título original *Scarlet Street*

Por qué es clave Una vez más, Lang nos muestra la traicionera lógica de las apariencias.

Escena clave **El caso de Ronty Beragon** *Alma en suplicio*

Alma en suplicio es, sin duda alguna, una historia de Los Ángeles, aunque esté construida sobre un aforismo más acorde con San Francisco o incluso con Sacramento: durante cualquier fiebre del oro, es el vendedor de palas el que se hace rico. Joan Crawford, la heroína de la historia escrita por James M. Cain, va viendo crecer su riqueza en medio de la pujante economía californiana, pero sólo es un ama de casa emprendedora que tiene suerte con una cadena de cafeterías. Allá donde vaya, siempre hay algo que le recuerda a Mildred la clase y el entorno que no puede comprar: su mimada y pomposa hija mayor (Ann Blyth) habla francés para humillarla (la adorable hija pequeña muere por conveniencias del guión); su primer marido (Bruce Bennett) es un aprovechado.

Pero es el segundo esposo el que lleva a Mildred a la perdición: Monty Beragon (Zachary Scott), resume todo lo que le falta a Mildred en dos palabras: «orgullo y un nombre». Después lo demuestra acostándose con la pretenciosa hija (cuyo nombre, Veda, es un ingenioso guiño a las creencias *new age* que habían empezado a extenderse en Los Ángeles). Cain escribió una historia de humillación sin fin, pero la película le concede a Mildred un instante de trascendencia. En uno de sus intentos de romper con Monty, habla con el gesto implacable de una jefa: no sólo lo está abandonando, también lo está despidiendo; y cuando él hace un grosero comentario sobre el olor a grasa que la rodea, se encuentra con una respuesta irrefutable: «Pero no rechazas un billete de 50 dólares porque huela a grasa».

Curtiz y un equipo de escritores en los que se hallaba según dicen, William Faulkner tenían aún más humillaciones para la protagonista. Pero en esa primera versión de lo que hoy conocemos como una mujer que se hace valer, Mildred Pierce se olvida de ficciones como clase social y tradición.
Tim Cavanaugh

Fecha 1945

Nacionalidad Estados Unidos

Director Michael Curtiz

Reparto Joan Crawford, Zachary Scott

Título original *Mildred Pierce*

Por qué es clave En medio de la humillación, esta escena le otorga a la heroína un momento de trascendencia.

Pág. siguiente *Alma en suplicio*

Escena clave **Una panorámica de la habitación nos da una visión de la locura** *Detour*

SPOILER

Al Roberts (Neal) está haciendo autoestop para ir de Nueva York a Los Ángeles a ver a su novia, acepta que lo lleve un hombre que luego se muere y, por miedo a que lo culpen de su muerte, esconde el cuerpo y se lleva el coche. Después lleva a una mujer joven (Savage) que pronto empieza a imaginar lo sucedido, al menos en parte, y lo mantiene como rehén para sus intereses propios. («Hay una pequeña cámara de gas esperándote, Roberts, y tengo entendido que la extradición a Arizona es cosa hecha.») Hay una toma premonitoria de la mujer durmiendo de perfil, y su cabeza provoca una curiosa sensación de disociación que nos recuerda a la enorme taza de café del comienzo (la película está contada en un largo *flashback*). Ya cerca del final, durante una pelea, ella se encierra en una habitación y amenaza con delatar a Roberts. Él tira del cable del teléfono para impedírselo, pero descubre que la ha estrangulado. Esto da lugar a una de las mejores visiones de locura de la historia del cine, una toma panorámica en la que los objetos que hay en la habitación entran y salen de foco, desorientando al espectador: representa el delirio de locura del momento y responde al efecto de disociación de antes. Los objetos quedan desprovistos de significado y de función, el espacio se halla completamente fuera del tiempo. Se trata de una imagen borrosa e inconexa en la que los momentos de claridad –aquéllos en los que los objetos entran en foco–, por su precisión, porque son restos del mundo «real», con sus nombres, su lógica, sus leyes y sus prisiones, resultan aún más terribles que los largos momentos en los que todo aparece desdibujado.

Fred Camper

Fecha 1945

Nacionalidad Estados Unidos

Director Edgar G. Ulmer

Reparto Tom Neal, Ann Savage

Por qué es clave El cine de Hollywood, conocido por centrarse en la acción, nos ofrece aquí una de las visiones más poéticas y auténticas de la locura disociativa, en la que los objetos pierden su significado.

Pág. siguiente *Detour*.

Acontecimiento clave **Los franceses descubren el cine negro**

El cine negro no se inventó como género, sino que se descubrió. Directores, escritores y actores creían estar haciendo historias de detectives, melodramas sobre crímenes, películas de gánsteres o *thrillers* psicológicos. Durante la segunda guerra mundial, las películas estadounidenses no se proyectaban en la Francia ocupada ni en Vichy, lo que significó que, al final de la gran contienda, los cines franceses se llenaron con las películas de Hollywood acumuladas durante cinco años, entre ellas *Ciudadano Kane* (1941), *El halcón maltés* (1941), *Perdición* (1944), *Laura* (1944) o *Perversidad* (1945). Los cineastas franceses se fijaron en que había surgido un estilo que combinaba los guiones directos típicos del cine estadounidense con la cinematografía expresionista europea. Compararon estos filmes, y muchos otros, con los libros de bolsillo de la *Série Noire*, ediciones populares de las obras de Dashiell Hammett, Raymond Chandler, James M. Cain y compañía. Parece ser que fue Nino Frank el primero que utilizó por escrito el término *film noir*, en 1946 (en un artículo que apareció en la edición del 28 de agosto de *L'Écrain Français*), pero cuando pasó realmente a formar parte del léxico de los críticos fue en 1955, cuando el ciclo de películas estaba a punto de llegar a su fin, con la publicación del libro de Raymond Borde y Étienne Chaumeton *Panorama du film noir américain*. En inglés, se publicaron importantes artículos que popularizaron el término, artículos escritos por autores como Charles Higham y Joel Greenberg (*Hollywood in the Forties,* 1968), Raymond Durgnat («The Family Tree of Film Noir», 1970) y Paul Schrader («Notes on Film Noir», 1972). Cuando escribió *Taxi Driver* (1976), Schrader fue probablemente el primer cineasta que tuvo la intención deliberada de hacer una película de cine negro.

Kim Newman

Fecha 28 de agosto de 1946

Por qué es clave Hizo falta que llegara alguien de fuera para descubrir algo que llevaba ahí desde hacía años: el nacimiento de un nuevo género cinematográfico.

Personaje clave **Erich Wolfgang Korngold** El *concerto* de chelo *Engaño*

La Warner Bros. era famosa en la década de 1940 por incluir música clásica o músicos de ese género en sus películas, pero en ninguna otra obra de la Warner fue tan importante para el argumento la música «seria» como en *Engaño*, cuya historia gira en torno a los ensayos y la primera actuación para el público del nuevo *concerto* de chelo de un famoso compositor. Alexander Hollenius (Rains) es un genio malvado (y extraordinario *gourmet*), a quien Karel Novak (Henreid), una nueva promesa europea del chelo, describe como «una combinación de ritmos de hoy con melodías del pasado», signifique lo que signifique dicha descripción. Erich Korngold desempeña dos papeles en la película: es el compositor de la banda sonora (que un crítico describió injustamente como «la más estruendosa, extravagante y menos exitosa») y del *concerto* de Hollenius, del que se interpretan largos extractos durante el filme. Aunque hoy pueda resultar de una rimbombancia posromántica (hay un momento en que la melodía recuerda peligrosamente a «El vuelo del abejorro»), la música es eficiente y sus fanfarrias encajan bien con la tensión melodramática de la historia (las cuerdas, y en especial los chelos, abundan tanto en la banda sonora como en el *concerto*).

Korngold utiliza hábilmente la música con fines dramáticos en momentos de tensión (por ejemplo, en la última confrontación entre Davis y Rains, cuando la música va cambiando entre una intensidad que no augura nada bueno y un completo silencio), o durante el ensayo del *concerto*, en el que Hollenius molesta intencionadamente a su solista, Novak, repitiendo una y otra vez una sección de flauta hasta que Novak estalla: «¡Esto no es un concierto de flauta!». Vemos casi cinco minutos del *concerto* en pantalla.

Jean-Pierre Coursodon

Fecha 1946

Nacionalidad Estados Unidos

Director Irving Rapper

Reparto Bette Davis, Paul Henreid, Claude Rains

Título original *Deception*

Por qué es clave Una banda sonora típica de Korngold que le dio, además, la oportunidad de escribir un *concerto*.

Escena clave **La toma de grúa que baja hasta la llave** *Encadenados*

Ya desde los comienzos del cine, la grúa había sido uno de los juguetes preferidos de los directores más visionarios, pero el uso que hizo de ella el maestro del suspense Alfred Hitchcock en el *thriller* protagonizado por Cary Grant e Ingrid Bergman, *Encadenados*, sigue siendo uno de los más memorables. La trama nos muestra cómo el agente de la CIA interpretado por Grant, Devlin, manipula al personaje de Bergman, Alicia –una muchacha de clase alta, alcohólica y promiscua, cuyo padre ha sido condenado por ser un agente nazi– para que se case con un alemán residente en Brasil (Claude Rains) con el fin de descubrir una conspiración para hacer acopio de material radiactivo con el que fabricar bombas. La famosa toma de grúa tiene lugar durante una fiesta de gala en la que Alicia debe utilizar una llave que le ha robado a su marido para abrir la bodega donde el material radiactivo está almacenado en botellas. La secuencia empieza arriba, por encima de la fiesta, enfocando a los invitados desde un segundo piso, después desciende hasta Alicia y se acerca aún más para revelar la llave que aprieta en su mano. En cierta forma, es una inversión de otra toma de grúa igualmente famosa, la de *Lo que el viento se llevó*, que empieza con un primer plano de Scarlett O'Hara en la estación y luego se eleva para mostrarnos los cuerpos de cientos de soldados confederados muertos o heridos. El movimiento de cámara de Hitchcock va desde una toma panorámica que nos sitúa en la escena hasta un detalle crucial para el argumento, sugiriendo de manera subliminal, al mismo tiempo, la presión psicológica que está sufriendo la heroína. Es un ejemplo clásico de cómo combinan a la perfección estilo y contenido al mismo nivel.

Matt Zoller Seitz

Fecha 1946

Nacionalidad Estados Unidos

Director Alfred Hitchcock

Reparto Ingrid Bergman

Título original *Notorious*

Por qué es clave Se trata de uno de los movimientos de cámara más significativos y memorables de la historia del cine.

Escena clave **Un presente estable abre paso a una intensa evocación del pasado** *Margie*

Margie (Crain) es una chica en plena adolescencia, y la película que lleva su nombre contiene sentido del humor y el encanto habituales en su manera de tratar el tema de la adolescencia, aunque se propone mucho más que eso: las largas y expresivas escenas de soledad en la que vemos a su vibrante protagonista sumida en la melancolía a causa, en parte, de la atormentada relación con un padre distante (Hobart Cavanaugh), son el foco dramático de un filme que resplandece gracias a la realización de Henry King (él y el director de fotografía Charles Clarke utilizaron el Technicolor de un modo extraordinario). Hay momentos memorables a lo largo de todo el metraje, y todos ellos son posibles gracias a la mágica visión del pasado que tiene lugar al comienzo de la película, cuando una equilibrada Margie adulta comparte sus recuerdos con su hija (Todd) mientras suena un disco con la canción interpretada por Rudy Vallee «My Time is Your Time» (de Leo Dance y Eric Little). King era un maestro de este tipo de transiciones, y ésta es la prueba más evidente: con una toma del tocadiscos, King traslada a Vallee al poner esa música, pero esta vez surge de un camión de la campaña para la presidencia de Herbert Hoover. La cámara se mueve con los estudiantes que atraviesan el paisaje invernal de un campus; después se traslada con fluidez hasta conseguir un hermoso plano largo de la amiga de Margie, Marybelle (Lawrence), que está cantando la canción con un ritmo más rápido, acompañada por el sonido de un ukelele. Cuando la cámara se instalala en un plano más cercano junto a Marybelle y sus amigos, la película se halla imbuida de un ambiente especial que ya no perderá.
Blake Lucas

Fecha 1946

Nacionalidad Estados Unidos

Director Henry King

Reparto Jeanne Crain, Barbara Lawrence, Ann Todd

Por qué es clave
Una canción popular muy bien elegida une el pasado con el presente y a la introvertida protagonista con su amiga más extrovertida en una de las transiciones al *flashback* más hermosas que se han realizado.

Acontecimiento clave **Sesión inaugural del primer festival internacional de cine de Cannes**

Noventa países se unieron para dar el primer paso importante hacia la creación de una cultura global del cine al organizar el Festival Internacional de Cine de Cannes, que sigue siendo el mercado más grande y la parada más prestigiosa del circuito de exhibición cinematográfica. Los intentos anteriores que habían tenido lugar en 1932 en Venecia fueron truncados por las presiones políticas de los regímenes fascistas de Italia y Alemania, tensiones que alcanzaron el punto crítico cuando el gran premio de 1938, otorgado a la película *Olympia*, de Leni Riefenstahl, provocó la retirada en señal de protesta de los representantes británicos, franceses y estadounidenses. Este escándalo proporcionó el impulso necesario para que se convocara un encuentro fraternal «donde los países tuvieran la certeza de que habría total igualdad y equidad», en palabras del primer director del festival de Cannes. La invasión de Polonia por las fuerzas de Hitler impidió que el festival se inaugurara en 1939 como estaba planeado, pero se pudo hacer por fin en 1946. Aunque las películas fueron proyectadas sin subtítulos ni aire acondicionado, y a pesar de una serie de percances, nada pudo empañar el gran éxito del acontecimiento, ni siquiera la incipiente guerra fría, que se manifestó cuando los soviéticos organizaron su gran fiesta frente al lugar en el que se proyectaba una película estadounidense. Con un jurado compuesto por un delegado de cada una de las naciones participantes, todos los países se llevaron al menos uno de los galardones, que incluían once «grandes premios», diez «grandes premios internacionales» y numerosos premios adicionales. Entre los largometrajes galardonados estaban *Días sin huella,* de Billy Wilder (Estados Unidos); *Roma, ciudad abierta,* de Roberto Rossellini (Italia), o *María Candelaria,* de Emilio Fernández (México). Acababa de comenzar la era moderna del cine, la de las mutuas influencias.
Robert Keser

Fecha 20 de septiembre de 1946

Por qué es clave Marcó el comienzo de la cultura cinematográfica internacional.

Escena clave **El doctor Kotnis decide ejercer en China** *The Immortal Journey of Dr. Kotnis*

El doctor Kotnis (Shantaram) regresa a su pueblo natal, Sholapur, con su título de medicina. Se reúne con sus padres sólo para informarles de que ha decidido irse a China a tratar a los afectados por la guerra con Japón. Kotnis le explica a su padre el impacto que tuvo en él la llamada a la lucha en defensa de China. La narración empieza con su voz, pero la seguirán otras: la de un dirigente nacionalista y las de los voluntarios que iban a China. El padre escucha como si realmente pudiera oír lo que su hijo va extrayendo de su memoria. Los encendidos discursos, los voluntarios recitando sus nombres, la emoción de la multitud se trasmite a través del sonido, mientras la cámara capta las expresiones tan diferentes de los rostros de padre e hijo. Es un *flashback* único, pues se hace con el sonido y en una sola toma.

La película está basada en la vida del verdadero doctor Kotnis. En el contexto del auge del movimiento nacionalista, es el clásico texto plural que hizo feliz a británicos, nacionalistas y comunistas, inmersos en una feroz confrontación política entre ellos. Para británicos y comunistas, el filme era una contribución a la guerra contra el fascismo, mientras que para los nacionalistas ofrecía una imagen de comunidad moderna e ilustrada, con ideales progresistas y donde el indivio no duda en sacrificarse por una noble causa. Rashmi Doraiswamy

Fecha 1946

Nacionalidad India

Director V. Shantaram

Reparto V. Shantaram

Título original *Dr Kotnis ki Amar Kahani*

Por qué es clave Es un ejemplo de un *flashback* inusual, en el que el contacto con el pasado es a través del sonido, mientras se muestra el presente en una larga toma.

Diálogo clave **Dinero gratis** *Los mejores años de nuestra vida*

Ayn Rand, la desequilibrada diosa del Objetivismo, no se equivocaba cuando pensó en denunciar ante el Comité de Actividades Antiamericanas el gran éxito de William Wyler sobre el regreso de los veteranos, algo que evitaron algunos legisladores prudentes. El motivo de tal denuncia, que nunca llegó a prosperar era este discurso, una defensa de los préstamos garantizados federalmente, cuyo número, según afirma bajo los efectos del alcohol, debían aumentarse increíblemente.

De pie, frente a un grupo de orondos banqueros de pueblo, muchos de ellos nacidos en el siglo XIX, Fredric March, en el papel de un ejecutivo de banco que acaba de regresar al trabajo después de servir en el Pacífico, utiliza una historia de guerra para condenar la tacañería de los banqueros. Si hubiéramos luchado como banqueros, dice la parábola, habríamos perdido la guerra. En su opinión, cualquier biempensante debería estar de acuerdo en que los bancos deberían demostrar su «buen corazón» dando dinero a todos los veteranos jóvenes que tuvieran un sueño y no dinero, lo lógico tras el *New Deal*. March interpreta magistralmente la escena, se va por las ramas y pierde a su audiencia contando chistes que no hacen gracia. En el fondo hay un claro argumento a favor de la redistribución de la riqueza, si el estado puede exigir que sus ciudadanos entreguen sus vidas (o, en el caso de uno de los protagonistas de la película, Harold Russell, las manos), ¿quién eres tú para intentar aferrarte a tu propiedad?

Lo paradójico es que todo ese dinero gratis que reclama March provocó uno de los mayores *booms* de la historia de Estados Unidos: la construcción de barrios residenciales por todo el país, barrios que las clases biempensantes ven con malos ojos porque consideran que hay demasiados créditos fáciles. *Los mejores años de nuestra vida* es nostálgica por los cuatro costados, pero hay aspectos que la hacen muy interesante: en los que se deja paso al caos, el riesgo y la libertad de futuro. Tim Cavanaugh

Fecha 1946

Nacionalidad Estados Unidos

Director William Wyler

Reparto Fredric March

Título original *The Best Years of Our Lives*

Por qué es clave: ¿Es propaganda socialista, o Estados Unidos del futuro?

Pág. siguiente *Los mejores años de nuestra vida.*

Slinky!
Sultry!
Sensational!!!
LAUREN BACALL
AND
HUMPHREY BOGART
IN
"THE BIG SLEEP"
'A'
A WARNER BROS. PICTURE

Escena clave **El instante más sutil del cine de los 40** *El sueño eterno*

Si la veneración fuera una manera apropiada de responder ante un escritor como Manny Farber, entonces se encontraría entre los críticos de cine más venerados, un estatus con el que carga una de sus escenas preferidas, que se encuentra en la película *El sueño eterno*. En el papel de un detective privado, Humphrey Bogart cruza la calle de una ciudad y, al hacerlo, levanta la vista hacia algo sobre el escaparate de una librería. Faber insistió repetidamente en que este gesto insignificante, este ligero movimiento de ojos que pasó desapercibido para muchos espectadores, es el instante más sutil del cine de la década de 1940.

Los detractores de Farber afirmaban que Bogart no está mirando hacia ningún cartel o señal, que sólo mira al cielo después de que se oiga un rayo, lo que prepara al espectador para la siguiente escena, en la que diluvia y el protagonista se empapa. De hecho, no vemos nada más que un detalle del trabajo de dirección.

Pero, en ocasiones, la verdad va más allá de los hechos, y la verdad de Farber se basa en la libertad que adivinó en el gesto, en la intuición interpretativa que surge de manera aparentemente espontánea y en la maestría de un director que supo tenerla en cuenta. Si Bogart mira alguna señal, hay mucho de lo que puede sentirse curioso y una enorme personalidad. Lo que Farber valoraba de *El sueño eterno* –incluso aunque no existiera– era un acto humilde y poco expresivo que creaba dicha realidad.

Gracias a la gran reputación de Farber, este ejemplo de «arte termita» (como él mismo lo llamó) está ahora en peligro de subir a la categoría de «elefante blanco». Así que quizá fuera bueno que ese instante no existiera.
Stuart Klawans

Fecha 1946

Nacionalidad Estados Unidos

Director Howard Hawks

Reparto Humphrey Bogart, Lauren Bacall

Título original *The Big Sleep*

Por qué es clave En cuestión de polémicas sobre los valores más profundos del cine, un pequeño gesto de *El sueño eterno* ha adquirido una importancia monumental.

Pág. anterior *El sueño eterno*.

Escena clave **La escena final** *Paisà*

SPOILER

Delta del río Po, Italia, 1944. El narrador de la película en seis partes que Rossellini hizo sobre la segunda guerra mundial en Italia introduce así el último episodio: «Tras las líneas, los partisanos italianos y los agentes de la Oficina de Servicios Estratégicos (OSS) estadounidenses unen sus fuerzas en una lucha que, aunque no se menciona en los boletines de guerra, quizá sea más dura y más desesperada». Como corresponde a semejante lucha, Rossellini manejó el episodio de manera abrupta, directa y casi anónima. En la última escena, los alemanes ponen en fila a seis partisanos a los que han capturado; con las manos atadas a la espalda, los ponen al borde de una barca y van tirándolos al agua uno a uno. En la orilla, un oficial estadounidense y otro británico, también capturados, no son llevados a la barca porque, a diferencia de los italianos, a ellos los protegen las leyes internacionales, pero al ver lo que está ocurriendo, empiezan a gritar y echan a correr hacia la barca. Un oficial alemán hace un gesto con el brazo y ambos caen muertos por los disparos. Después terminan de tirar a los partisanos, las ondas del agua van desapareciendo y el narrador concluye con rapidez: «Esto ocurrió en el invierno de 1944. Al comienzo de la primavera, la guerra había terminado». Estos últimos 40 segundos de *Paisà* constituyen uno de los más terribles pasajes de poesía bélica del cine, y resulta aún más devastador por la distancia de la cámara (que nos muestra a personas anónimas), la velocidad de los movimientos, la calma con que la cámara, como si fuera un reportaje, realiza una panorámica para seguir a los dos hombres en su última e impulsiva carrera.
Chris Fujiwara

Fecha 1946

Nacionalidad Italia

Director Roberto Rossellini

Reparto Dale Edmonds

Por qué es clave Es una de las escenas de guerra más sombrías del cine.

Escena clave **Gilda canta «Put the Blame on Mame» dos veces** *Gilda*

Rita Hayworth («ayudada» por la voz de Anita Ellis) canta de verdad «Put the Blame on Mame» en dos ocasiones en la película de Charles Vidor *Gilda*. Las dos actuaciones ocurren después de una toma en la que vemos a Johnny Farrell (Ford) mirando por la ventana de su despacho, desde donde ve a Gilda en el club. Pero al margen de esas idénticas introducciones que yuxtaponen la elevada situación de Johnny con respecto a Gilda, estas dos escenas no podrían ser más distintas. La primera ocurre después de que se hayan marchado los clientes del club. Descubrimos a Gilda cantando «Put the Blame on Mame», sentada a una mesa de juego y acompañándose a sí misma con una guitarra. Su público está compuesto únicamente por Pio (Geray), un empleado que ejerce en la película la función de los payasos en las obras de Shakespeare, con comentarios sobre la personalidad o las actividades de sus «superiores». La interpretación que hace Gilda de la canción resulta triste y auténtica, lo que sugiere una relación de confianza con Pio, que, al igual que Gilda, es poco más que un peón en el juego de dos hombres importantes.

La segunda versión de «Put the Blame on Mame» muestra a Gilda cantando ante un público abundante: en contraste con el sencillo vestido negro de la otra escena, lleva aquí un escotado traje negro con unos guantes largos que se quita de una manera tremendamente sensual mientras canta, presentándose de forma paradójica como espectáculo erótico para los ojos masculinos. La solitaria guitarra deja paso a toda una orquesta, y la sincera interpretación de Gilda se transforma en un acto desafiante en el que parece afirmar con ironía que existe un mundo «negro» en el que los hombres (a los que la canción quita importancia llamándolos «chicos») definen a las mujeres como la encarnación viviente del mal.

Brad Stevens

Fecha 1946

Nacionalidad Estados Unidos

Director Charles Vidor

Reparto Rita Hayworth, Glenn Ford, Steven Geray

Por qué es clave
Estas escenas demuestran que el cine negro también es capaz de hacer una crítica a esa misoginia que tanto se achaca al género.

Pág. siguiente *Gilda*.

Escena clave **La presentación de Chips Rafferty** *The Overlanders*

Harry Watt, director británico muy respetado por sus documentales y películas bélicas, recibió el encargo de hacer un largometraje sobre la contribución australiana en la segunda guerra mundial. Después de mucha investigación, se decidió a contar la historia de un impresionante traslado de ganado que había tenido lugar en 1942 con el fin de alejar los recursos del alcance de los japoneses, en el caso de que hubiera una invasión enemiga. Como parte de esta política de «tierra quemada», trasladaron grandes rebaños de ganado a más de 3.000 km de distancia, en un viaje que podía durar hasta dos años. Para encarnar al personaje central de la historia, Watt quiso buscar al «típico» héroe australiano, y trabajó con el actor Chips Rafferty para crear una figura que definiera las cualidades únicas que Watt encontraba en los habitantes del *outback* australiano, la región interior y la parte más despoblada del país. En las primeras escenas de la película, Watt y Rafferty esbozan los elementos esenciales del personaje, características físicas (la manera de andar a grandes zancadas, la inclinación del sombrero, los cigarrillos liados), así como la falta de respeto hacia la autoridad, la obstinada defensa de los propios principios y la convicción de poder enfrentarse a cualquier reto. Una exposición densa y habilidosa que, en pocos minutos, estableció el personaje cinematográfico que Rafferty interpretaría durante el resto de su carrera y que se convirtió para muchos australianos en la definición del aguerrido hombre de campo australiano. Hasta esta película, Rafferty había sido un cómico y actor secundario alto y desgarbado, pero con su participación en *The Overlanders*, se decidió su futuro profesional. Una importante contribución a la evolución de la identidad nacional australiana.

Andrew Pike

Fecha 1946

Nacionalidad Reino Unido /Australia

Director Harry Watt

Reparto Chips Rafferty, Daphne Campbell, Jean Blue

Por qué es clave
Se presenta aquí un personaje que se convertiría en el estereotipo del aguerrido hombre de campo australiano.

Película clave
Qué bello es vivir

SPOILER

La variación de Capra de *Un cuento de Navidad* ha recorrido un largo viaje que ningún fantasma de las taquillas futuras podría haber predicho. Empezó con una modesta popularidad en 1946 (aunque perdió dinero debido a sus altos costes de producción), cayó en el olvido en la década de 1950, hasta que su repetida emisión en televisión en los ochenta hizo que se redescubriera como clásico estadounidense, aunque también dio pie a parodias sobre los ángeles de la historia y los valores familiares que defendía. Desde que el 6 de febrero de 1975 un descuido burocrático hizo que expiraran los derechos de reproducción, la película no abandonó las pantallas de televisión estadounidenses, convirtiéndose en una especie de regalo navideño, barato, para los programadores sin recursos. Esta obra, la más oscura de Capra, lleva al banquero de una pequeña ciudad, George Bailey (Stewart), al borde de la ruina económica, lo que le lleva a contemplar la idea de suicidarse en Nochebuena, hasta que finalmente encuentra el calor de su comunidad, en especial cuando los pequeños ahorradores del banco acuden a ayudarlo. Al mostrar la realidad alternativa de cómo habría sido el pueblo si George nunca hubiera nacido, Capra opta por el lado más sentimental, en lugar de plantear qué habría cambiado si George hubiera seguido su sueño de viajar por el mundo. El que la película fuera cada vez más valorada culturalmente no impidió que se cometieran con ella todo tipo de tropelías, incluyendo copias turbias y coloreadas, pero en 1993 se consiguió que los derechos de reproducción volvieran a entrar en vigencia gracias a la propiedad de la banda sonora, y hoy todas sus copias restauradas están sometidas a control.

Robert Keser

Fecha 1946

Nacionalidad Estados Unidos

Director Frank Capra

Reparto James Stewart

Título original *It's a Wonderful Life*

Por qué es clave Esta película, olvidada durante mucho tiempo, se convirtió en todo un fenómeno de la cultura popular.

Pág. anterior *Qué bello es vivir.*

Escena clave **La llegada de Frank Chambers**
El cartero siempre llama dos veces

SPOILER

El filme de Tay Garnett *El cartero siempre llama dos veces* comienza con una escena que no existía en la novela original de James M. Cain. La primera vez que vemos a Frank Chambers (Garfield), un hombre que lo ha llevado en autoestop lo deja junto a la cafetería de Twin Oaks. Ese hombre, tal como pronto sabremos, es el fiscal del distrito, Kyle Sackett (Ames), y representa los valores que Frank rechaza: lleva sombrero y corbata, mientras que Frank lleva la camisa abierta y la cabeza al descubierto. El diálogo entre ambos hombres resalta la idea de que Frank es un espíritu libre que se aleja deliberadamente de todo aquello que pueda unirlo a la sociedad burguesa:

Sackett: ¿Por qué siempre está buscando lugares nuevos, gente nueva e ideas nuevas?

Frank: Bueno, nunca me ha gustado ninguno de los trabajos que he tenido, quizá el próximo sea el que siempre he estado buscando.

Sackett: ¿No le preocupa el futuro?

Frank: Ya tendré tiempo de eso. Además, puede que mi futuro empiece ahora mismo.

Durante la conversación, Frank está de pie junto al coche, inclinado para hablar con Sackett por la ventanilla derecha. La cámara de Garnett, sin embargo, se encuentra dentro del coche mientras Frank entona su canto a la libertad, el encuadre lo enmarca al igual que lo hace la ventanilla. Aunque el diálogo y el vestuario encajan con los ideales de Frank, la puesta en escena de Garnett hace que parezcan ilusorios, anticipa la trampa en la que está a punto de caer el protagonista y la prisión en la que acabará. No podría haber un mejor ejemplo de cómo el estilo crea significado en el cine negro.

Brad Stevens

Fecha 1946

Nacionalidad Estados Unidos

Director Tay Garnett

Reparto John Garfield, Leon Ames

Título original *The Postman Always Rings Twice*

Por qué es clave Esta escena es una demostración de cómo el estilo es capaz de crear significado en el cine negro.

Película clave **Recuerdos estimulados por los sentidos** *Narciso negro*

Con su colorido trampantojo del Himalaya, este drama clásico de cinco monjas británicas que luchan contra la naturaleza y contra sus propias represiones para abrir un hospital y una escuela de montaña representa el punto álgido del artificio de los estudios. Pese a sus elementos clásicos, los *flashbacks* de recuerdos sensoriales causaron una gran controversia en 1947, aunque hoy los veamos como una muestra original e imperecedera de la defensa de los imperativos físicos por encima de los ideales espirituales. Estos recuerdos surgen de manera espontánea y aparecen llenos de alusiones en contra de los deseos de la hermana Clodagh (Kerr). Sus sentidos reaccionan ante imágenes o sonidos que la seducen y la impulsan a revivir la frustración romántica que despertó en ella la vocación religiosa (un motivo inaceptable para los censores estadounidenses, que eliminaron dichos *flashbacks* de la copia que allí se estrenó por primera vez). Una fugaz imagen del cielo azul hace surgir el recuerdo de un romance casi olvidado, y el agua de un lago parece prometer la felicidad conyugal. Más tarde, el ladrido de un perro evoca la imagen de una partida de caza atravesando el paisaje irlandés, y la simple mención de unas esmeraldas trae a su cabeza la imagen del collar que su abuela le regaló «para cuando te cases». Por último, un cántico durante los servicios religiosos de la Navidad hacen que recuerde la felicidad de cuando cantaba villancicos con su pretendiente, pero la monja descubre que las emociones mundanas que invaden su mente le provocan demasiado placer. «Lo había olvidado todo hasta que vine aquí», confiesa después. Estos elementos poéticos en los que la psicología mantiene vivo el pasado en el presente abrió el camino para los futuros estudios de la memoria que llevarían a cabo Alain Resnais y Raúl Ruiz.

Robert Keser

Fecha 1947

Nacionalidad Reino Unido

Directores Michael Powell y Emeric Pressburger

Reparto Deborah Kerr

Título original *Black Narcissus*

Por qué es clave
El recuerdo cobra mayor importancia que un mero *flashback*.

Escena clave **Unos marineros aparecen de pronto para amenazar al protagonista** *Fireworks*

En este debut tan irresistiblemente impactante que Anger llevó a cabo con 17 años (realizó algunas películas previas a ésta, pero no se suelen mostrar), el director anunciaba ya su obsesión con el cuerpo masculino. En la escena clave del filme, el protagonista entra en unos servicios de caballeros y se encuentra con la infinita inmensidad de una ciudad de noche. Pronto hay un corte que nos lleva a una toma de un grupo de marineros, cuyos torsos y cabeza aparecen iluminados sobre un fondo totalmente negro. Se hunden en la oscuridad con la misma energía con la que luego parecen abrirle la piel a Anger. El contraste de los blancos y grises con la oscuridad que los rodea es la esencia de la escena: le da un poder fálico que hace que la paliza que le dan a Anger resulte erótica hasta para alguien que no sea masoquista. Durante toda la película, y en toda la obra de Anger, el poder reside en la luz y en sus contrastes, y esta escena es la primera muestra de ello. El hecho de que el argumento dé un giro reparador –«el soñador vuelve a la cama menos vacía que antes»– no obvia el poder de los marineros. De hecho, es la violenta imagen de esos marineros y la violencia real de la escena lo que parece actúar como liberación.

Fred Camper

Fecha 1947

Nacionalidad Estados Unidos

Director Keneth Anger

Reparto Keneth Anger, Bill Seltzer, Gordon Gray

Por qué es clave
A lo largo de la obra de Keneth Anger, la luz equivale a poder, y la aparición de los marineros es el primer ejemplo, explícitamente fálico, de dicha idea.

Escena clave **La heroína desarma a un hombre que iba a cometer un asesinato** *The Man I Love*

SPOILER

Ida Lupino, protagonista de este olvidado melodrama junto a el cantante de jazz Petey Brown, va de Nueva York a Los Ángeles para visitar a sus hermanos. Su estancia allí está marcada por tres crisis entrelazadas entre sí y que culminan una noche en la que Gloria (Dolores Moran), una coqueta mujer casada vecina de la familia, muere atropellada por un coche cuando volvía a casa con la propietaria de un club nocturno, Teresca (Alda). Teresca, enamorada de Petey, espera que la muerte de Gloria (en la que también está implicado el hermano de Petey) pueda servirle para mantenerse en las garras de éste. Teresca invita a Petey a dar un paseo nocturno en coche. Salen del despacho de Petey y comienzan a bajar las escaleras hacia el garaje, cuando aparece el vengativo marido de Gloria, Johnny (McGuire), apuntando a Teresca con una pistola desde abajo. Teresca se queda paralizada, pero Petey detiene a Johnny a media escalera e intenta hacerlo entrar en razón. Como no sirve de nada, Teresca lo desarma con una patada de kárate en la muñeca, le da dos bofetadas en la cara y, después de unas palabras llenas de compasión, lo manda a casa.

La grandeza de *The Man I Love* se debe, a partes iguales, a la capacidad de Raoul Walsh de configurar sus personajes en un contexto abstracto y al fervor melancólico de la interpretación de Lupino. En esta escena, un momento resaltado por la austeridad del decorado, la convicción que confiere Lupino a su actuación, sin desmerecer su inesperado y enérgico uso de la fuerza física, es una gran declaración con la que culmina esta historia en favor de la mujer de la Warner Bros.

Chris Fujiwara

Fecha 1947

Nacionalidad Estados Unidos

Director Raoul Walsh

Reparto Ida Lupino, Don McGuire, Robert Alda

Por qué es clave El fervor de Lupino y la abstracción de Walsh se unen aquí para crear un momento único.

Escena clave **Verdoux intenta matar a Annabella en una barca** *Monsieur Verdoux*

Incluso hoy en día, la idea de que «Charlie» Chaplin interpretara a un asesino en serie nos parece tremendamente audaz: en 1947 debió de resultar sencillamente escandalosa. Sin embargo, *Monsieur Verdox*, en lugar de rehuir las consecuencias de presentar al pequeño Vagabundo de Chaplin como asesino múltiple de esposas, nos recuerda constantemente la tradición cómica que está vilipendiando. Tomemos como ejemplo la escena en la que Henri Verdoux (Chaplin) se encuentra en un barco de remos junto a Annabella Bonheur (Raye), su más reciente esposa/víctima. Mientras Annabella está pescando de espaldas a él, Verdoux agarra una cuerda que escondía a sus pies y se prepara para echársela al cuello a Annabella. De pronto ella se vuelve inesperadamente y Verdoux, para disimular, tira la cuerda, cruza las piernas, se pone ambas manos sobre las rodillas y se balancea de un lado a otro con una enorme sonrisa en la cara. Es precisamente esta clase de gestos «inocentes», que tan bien conocemos por los trabajos anteriores de Chaplin, en los que el Vagabundo solía expresar su bondad esencial moviéndose y sonriendo de ese modo (por ejemplo en el final de *Luces de la ciudad*,1931). Sin duda el Vagabundo era un miembro de la burguesía que estaba atravesando una mala racha: *Monsieur Verdoux* lo devuelve a la sociedad «respetable» liquidando mujeres, algo que el propio Verdoux afirma en una voz en *off* al comienzo de la película: lo hacía «estrictamente como negocio para mantener su hogar y a su familia». Tal y como sugiere el clímax del juicio, la antigua concepción de la inocencia no es viable en un mundo en el que hombres de negocios prosperan matando: el Vagabundo sólo puede sobrevivir en ese mundo convirtiéndose en un psicópata.

Brad Stevens

Fecha 1947

Nacionalidad Estados Unidos

Director Charles Chaplin

Reparto Charles Chaplin, Martha Raye

Por qué es clave Esta escena demuestra el cambio radical que llevó a cabo Chaplin en la figura del Vagabundo.

Escena clave **Vincent se recupera en el apartamento de Irene** *La senda tenebrosa*

La senda tenebrosa, un *thriller* onírico que oscila entre el melodrama sombrío y un cuento de hadas en el que nada es imposible (pocas películas pueden presumir de incluir dos atmósferas tan diferentes), es quizá la menos apreciada de las cuatro películas de Bogart y Bacall, probablemente porque se abstiene de mostrar la evidente tensión erótica y las conversaciones llenas de dobles sentidos de las obras de Hawks *El sueño eterno* y *Tener y no tener*. En esta escena, Vincent Parry (Bogart), un preso huido e inocente del asesinato por el que estaba cumpliendo cadena perpetua en San Quintín, acaba de someterse a una operación de cirugía plástica para cambiar su aspecto y busca refugio en el apartamento de Irene (Bacall), una mujer que le paró en la carretera y lo llevó en su coche tras haberse escapado de la prisión. Vincent está débil, tiene la cara vendada, no puede hablar y ha de alimentarse a través de un tubo. Las maternales atenciones de Irene y la condición de total indefensión en la que se encuentra Vincent contribuyen a hacer de la escena una metáfora de la gestación y el nacimiento. El acogedor apartamento le ofrece a Vincent la seguridad de un útero hasta que pueda volver a nacer: Irene le da de comer a través de un tubo que, siguiendo la metáfora, podría ser una especie de cordón umbilical, y más tarde, después de retirarle el vendaje, ella le dará una nueva identidad, un nuevo nombre.
Jean-Pierre Coursodon

Fecha 1947

Nacionalidad Estados Unidos

Director Delmer Daves

Reparto Humphrey Bogart, Lauren Bacall, Agnes Moorehead

Título original *Dark Passage*

Por qué es clave Es un momento de intimidad y ternura poco habitual tanto en el cine negro como en los trabajos que Bogart y Bacall hicieron juntos.

Pág. siguiente *La senda tenebrosa.*

Escena clave **La entrada de Kathie** *Retorno al pasado*

«Y entonces la vi entrar del sol...» Esta frase con la que Jeff Bailey/antiguo Jeff Markham (Mitchum) narraba un recuerdo, es un momento maravilloso que destaca del resto en este clásico del cine negro. Cuando la acción se traslada a Acapulco, México, Tourneur rechaza cualquier tipo de efecto llamativo; pasa rápidamente de unas tomas evocadoras que nos sitúan en la acción, a unas breves imágenes de Jeff caminando hacia el Café La Mar Azul, con el cine Pico a su espalda, y luego sentado en un café. Tourneur hace un corte entre «Y entonces la vi» y «entrar del sol» y es entonces cuando Kathie Moffat (Greer), con vestido y sombrero blancos, entra mágicamente en un plano general; primero está al sol, luego el plano va metiéndose en la sombra, adaptándose a una luz más baja mientras ella llega al primer término y se sienta en una mesa. La misma calma en el sonido y la imagen define los primeros planos que llegan a continuación, mientras los dos personajes se conocen y hablan el uno con el otro: incluso las composiciones del director, sin ser tan llamativas, transmiten el mismo equilibrio y la misma integridad, la misma sutil belleza. Más allá de todo eso, está el efecto que tiene en la narrativa. No es el primer encuentro de dos personas destinadas a amarse para siempre, pero al igual que haría esa clase de encuentro, resulta conmovedor, aunque desde hace tiempo sepamos que Kathie es una traidora. Cuando se acerca el sombrío fin, ella recuerda su entrada en la cantina diciéndole a Jeff: «Quiero volver a entrar del sol y encontrarte esperando». Ahora sólo hay sombras. Sin embargo, en nuestra imaginación y en la emoción que despiertan, es la luz del sol lo que permanece.
Blake Lucas

Fecha 1947

Nacionalidad Estados Unidos

Director Jacques Tourneur

Reparto Robert Mitchum, Jane Greer

Título original *Out of the Past*

Por qué es clave La excepcional belleza de la composición y de la atmósfera se une a una madura inflexión para dotar de trasfondo poético a uno de los personajes más memorables de Hollywood.

Escena clave **Inmersión en busca de perlas** *La perla*

Quizá fuera de México sea más conocido por sus interpretaciones en *Grupo salvaje* (1969) y *Pat Garrett y Billy the Kid* (1973), pero Emilio Fernández fue el William Wyler del cine mexicano, el maestro de la profundidad de espacio y una figura central de la época dorada del cine de su país. Conocido como el Indio porque su madre era indígena, fue encarcelado durante la revolución mexicana, se convirtió en actor y debutó como director en 1941. Su obra *María Candelaria* (1944) ganó el gran premio del Festival de Cannes, lo que lo colocó a él, y al cine mexicano, en el mapa mundial. Tal fue su fama que Steinbeck dejó que filmara una versión de su novela *La perla* antes de su publicación. El resultado, la novena película de Fernández, llevaba su nombre escrito durante todo el metraje. Como en muchos de sus trabajos, los protagonistas de *La perla* son indígenas. La trágica historia de cómo un pescador de perlas (Armendáriz) y su familia acaban arruinados poco después de que él encuentre una perla, tiene una intensidad llena de compasión cercana al Nuevo Testamento, y la esposa (Marqués) a menudo aparece como si fuera la Virgen María. La fotografía, realizada por uno de los grandes maestros a nivel internacional, Gabriel Figueroa, utiliza la profundidad de campo y el claroscuro con la brillantez de Gregg Toland, con quien trabajó Figueroa. Técnicamente, la luminosa pesca de perlas se halla a la altura de las mejores obras del Hollywood del momento. Las imágenes subacuáticas son impresionantes, y la inmersión de Armendariz está llena de peligros, pues la perla se encuentra en un lugar difícil de alcanzar. Cuando por fin lo consigue y vuelve a la superficie, Fernández rueda con brillantez la secuencia triunfal.

Mark Cousins

Fecha 1947

Nacionalidad México

Director Emilio Fernández

Reparto Pedro Armendáriz, María Elena Marqués

Por qué es clave Se trata de uno de los momentos clave de la edad de oro del cine mexicano.

Acontecimiento clave **La reunión del Waldorf**

El Comité de Actividades Americanas (HUAC, por sus siglas en inglés) empezó sus investigaciones por una supuesta propagación de «subversión comunista» en 1947. Los días 24 y 25 de noviembre de 1947 un grupo de ejecutivos y productores de los grandes estudios se reunió con los representates de los grupos reguladores en el hotel Waldorf-Astoria de Nueva York. Para esas fechas, los «Diez de Hollywood» –directores y guionistas que desafiaron al congreso negándose a delatar a otros, un ritual de abnegación y un libro sobre la Lista Negra de Hollywood de Victor Navasky– corrían ya riesgo de perder sus trabajos e ir a prisión.

Por miedo a la intervención del congreso y a las repercusiones que pudiera sufrir la industria, los participantes en la Conferencia del Waldorf decidieron abandonar a los Diez y ceder a las exigencias del comité de realizar una lista negra y, al menos de manera implícita, controlar el llamado «material subersivo» de la industria del cine. Tras la reunión, lo que se bautizó como Declaración del Waldorf proclamaba que «los miembros de la Asociación de Productores de Cine deploran las acciones de los diez hombres de Hollywood que han sido acusados de desacato» y afirmaba: «no contrataremos a sabiendas a ningún comunista o miembro de cualquier partido o grupo que defienda el derrocamiento del gobierno».

Para muchos radicales, el hecho de que los miembros liberales de la industria no defendieran los derechos de los izquierdistas, y, más concretamente, de los Diez de Hollywood, fue un episodio oscuro de la historia de Hollywood. Dore Schary, ejecutivo de RKO de ideas liberales, fue atacado y acusado de cobarde. En el libro de Patrick McGilligan y Paul Buhle *Tender Comrades*, una serie de entrevistas a los miembros más famosos de las listas negras, Paul Jarrico, observó que la falta de apoyo a los izquierdistas determinó la permanencia de las listas negras.

Richard Porton

Fecha 24 y 25 de noviembre de 1947

Por qué es clave Esta reunión de ejecutivos y productores de los estudios decidió el futuro de los Diez de Hollywood y ayudó a poner en marcha el ataque del congreso de Estados Unidos contra la «subversión comunista» en la industria del entretenimiento.

Acontecimiento clave **Publicación de «Nacimiento de una nueva vanguardia: la *caméra-stylo*»**

El 30 de marzo de 1948, el número 144 de *L'Écran français* publicó un artículo del crítico literario convertido en cineasta Alexandre Astruc, de 25 años de edad e hijo de periodistas parisinos, que anunciaba la llegada de una nueva ola en el cine. Astruc se basaba en una analogía, en la que comparaba al director de cine con un novelista: la pluma de este último se convertía en la cámara-pluma del primero. Incluso los primeros teóricos del cine utilizaron tales analogías para elevar el cine a la categoría de otras artes, para insistir en que era algo personal y psicológico, que tenía la obligación de plasmar la vida real con sinceridad. La comparación implicaba también que el cine tenía un lenguaje propio. Astruc no fue el primero en decirlo, pero lo escribió en un país muy cinéfilo y los cineastas le escucharon. Además, *L'Écran français* nació en la era de la Resistencia, cuando se valoraba más la subjetividad que las acciones de masas. Sus ideas calaron hondo y, seis años después, François Truffaut escribió sobre ellas en «Una cierta tendencia del cine francés», el segundo ensayo teórico que sentó las bases de la *nouvelle vague* francesa. La llamada a las armas de Astruc y Truffaut, con el espíritu de Faulkner y Baudelaire, era convincente, aunque Truffaut se convirtió después en un cineasta literario de los que él mismo habría condenado antes, y Astruc, que empezó a dirigir el año de la publicación de su famoso ensayo, desde el principio fue esa clase de escritor. Quizá en la era digital se pueda hacer realidad el sueño de la cámara-pluma de Astruc.

Mark Cousins

Fecha 30 de marzo de 1948

Por qué es clave El innovador ensayo de Alexandre Astruc desafió la idea de que el cine es un instrumento del productor.

Escena clave **Los ratones engañan a un gato cambiando el paisaje** *Mouse Wreckers*

SPOILER

Dos ratones encuentran el que podría ser su nuevo hogar, una casa ocupada por un gato entre cuyos trofeos figura el de «Mejor Cazador de Ratones de 1948». En cuanto se dan cuenta de que necesitan una estrategia para desalojarlo, deciden intentar volverlo loco y empiezan a gastarle bromas mientras duerme, cosas como hincharlo de aire para que salga volando al desinflarse. El gato recurre primero a un tónico para los nervios, y luego a un libro de psicología, pero entonces llega la travesura final. Los ratones clavan todos los muebles de la habitación al techo, y la lámpara del techo, la colocan en el suelo. Al despertarse, el gato intenta agarrarse al suelo hasta que por fin pasa a la habitación de al lado y se da cuenta de que los muebles están en la posición normal. Le sigue el gran momento de la película, cuando el gato mira por una ventana y ve que todo el paisaje está al revés, lo que contradice la posición de los muebles que él cree normales. Vemos que los ratones han puesto un cuadro contra la ventana. El gato se dirige hacia otra ventana y ve el paisaje de lado, mientras que al mirar por la última parece que la casa está bajo el agua, pues los ratones han puesto un acuario con peces. Completamente enloquecido, el gato sale corriendo de la casa. Como en los mejores trabajos de Jones, el espacio, el tiempo y a veces también el lenguaje, sirven como vehículos para confundir a los personajes o para establecer el control de unos sobre los otros.

Fred Camper

Fecha 1948

Nacionalidad Estados Unidos

Director Chuck Jones

Por qué es clave La visión de Jones, y su control sobre el espacio físico, adquiere aquí una expresión hilarante y deliciosamente desorientadora.

Diálogo clave **«Deberías dejar que me mataran»** *Río Rojo*

SPOILER

A los admiradores de Howard Hawks les gusta hablar sobre la ética profesional del director, señalando que muchas de sus películas de acción y aventura exploran lo que ocurre cuando individuos difíciles, pero con talento, unen sus fuerzas en una misión imposible. Pero aquellos que hemos intentado formar grupos de ese tipo sabemos lo ingrata que es la labor de tener a todo el mundo motivado. A André Breton , contemporáneo de Hawks, se le sigue vilipendiando hoy en día por el liderazgo autocrático que ejerció entre los surrealistas franceses. ¿Por qué entonces simpatizamos tanto con los líderes de grupos de las películas de Hawks, desde Cary Grant en *Sólo los ángeles tienen alas* (1939) a John Wayne en *Río Bravo* (1959)?

La respuesta está en *Río Rojo*, donde Thomas Dunson (Wayne) reúne a una banda de vaqueros recalcitrantes, entre los que se encuentra su hijo adoptivo Matt (Clift) y el pistolero Cherry Balance (Ireland), para trasladar ganado a más de 1.500 km de distancia por el camino de Chisholm, una misión casi suicida. Dunson se va volviendo cada vez más tiránico y, en la escena culminante, mata a tiros a tres hombres que intentan abandonar el barco. Matt impide que los demás se venguen, pero se hace con el control de la misión y abandona a Dunson. ¿Qué es lo último que le dice éste? «Deberías dejar que me mataran.» Por la expresión del rostro de Wayne, es imposible saber si está enfadado u orgulloso de Matt; probablemente, ambas cosas.

La misión acaba con éxito, no por la ética profesional de Matt y Cherry, sino porque tienen más miedo de que Dunson los alcance que a los comanches que hay más adelante. Ése es el secreto de Hawk: un líder carismático es aquel que da más miedo.

Joshua Glenn

Fecha 1948

Nacionalidad Estados Unidos

Director Howard Hawks

Reparto John Wayne, Montgomery Clift, John Ireland

Título original *Red River*

Por qué es clave Howard Hawks y John Wayne nos dan una lección sobre el liderazgo.

Pág. anterior *Río Rojo*.

Escena clave **El final** *La fuerza del destino/El poder del mal*

SPOILER

En las mejores películas de cine negro había cierta calma aterciopelada, un ambiente de *sotto voce* tal que cuando finalmente llegaba la violencia, parecía casi histérica. Normalmente, ese terciopelo era algo sensual, pero al director incluido en las listas negras Abraham Polonsky, en su filme *La fuerza del destino*, parece interesarle tanto la poesía como el sexo. Ambientada en el mundo de las apuestas ilegales, nos cuenta una historia de Caín y Abel; la del peligroso y elocuente Joe Morse (Garfield) y su hermano Leo (Thomas Gómez), un hombre decente, de poca importancia y con sobrepeso. Joe tiene los ojos puestos en el sueño capitalista, pero sus sueños acabarían con gente como Leo. El guión, obra de Polonsky y del novelista Ira Wolfert, juega con el hecho de que ambos saben tal cosa, por lo que el miedo va en aumento, pero tanta carga moral se ve compensada por escenas en las que encontramos una riqueza verbal poco habitual en el cine estadounidense. En dichas escenas, Joe corteja a Doris (Pearson) y ella responde con gran agudeza. En tales contiendas, acaban seduciéndose el uno al otro. En el punto culminante de la historia, Joe va en busca de su hermano muerto, pasa por fábricas, por la zona de empaquetado de la carne, baja por unas largas escaleras y llega hasta el borde del río. Allí encuentra el cuerpo de su hermano. Visualmente, la secuencia entera es un descenso a los infiernos. La cámara llega allí antes y ve cómo Garfield corre para llegar adonde merece estar.

Por culpa de la vergonzosa lista negra del Comité de Actividades Antiamericanas, este magnífico director no haría su siguiente película hasta 21 años después. *La fuerza del destino* ejerció gran influencia en Martin Scorsese, en películas como *Malas calles* (1973), *Toro salvaje* (1980) y *Uno de los nuestros* (1990). Fue él quien mostró la película a Francis Ford Coppola, Robert De Niro y Michael Powell. No es difícil imaginar por qué.

Mark Cousins

Fecha 1948

Nacionalidad Estados Unidos

Director Abraham Polonsky

Reparto John Garfield, Beatrice Pearson

Título original *Force of Evil*

Por qué es clave Esta ecena demuestra la gran habilidad visual de uno de los grandes cineastas críticos de Estados Unidos.

Escena clave **Stefan se da cuenta** *Carta de una desconocida*

Todo dramaturgo aspira a algo que parece sencillo, pero que resulta tremendamente difícil de conseguir: unos sucesos argumentales que resulten inevitables –perfectamente lógicos, incluso predecibles–, pero también absolutamente sorprendentes. En el cine, esos regalos narrativos son aún más poderosos que en el teatro o en la literatura, puesto que vemos el mundo de la ficción siguiendo el curso que debe seguir, pero también presenciamos la epifanía o descubrimiento, que llega como una especie de regalo extra. *Carta de una desconocida*, una de las obras más perfectas de la gran pantalla, estructura la historia para desembocar en el descubrimiento de dicha epifanía. La película comienza cuando Stefan (Jourdan), un célebre pianista con una larga lista de amantes ocasionales, recibe la carta de una «desconocida» (porque él la ha olvidado) llamada Lisa (Joan Fontaine), cuya trágica vida ha sido conformada por los encuentros que ha tenido con él. Descubrimos la historia de Lisa en un *flashback* durante el que apenas se nos recuerda el «presente» en el que Stefan está sentado a su escritorio. Pero por fin, después del largo, lento y doloroso declive que Lisa nos ha narrado, volvemos al destinatario de la carta: Stefan levanta la cabeza y, con una intensa música de cuerda de fondo, vemos que está llorando. De la indiferencia a la más absoluta concentración: el cambio de Stefan refleja lo mismo que experimenta el espectador. Pero resulta aún más conmovedor por el hecho de que nos lo han ocultado brillantemente bajo el largo *flashback*. El recurso añade un elemento de sorpresa a lo inevitable –¿quién no se habría echado a llorar ante el relato de Lisa?– e intensifica la fuerza emotiva e la película: la reacción retardada de Stefan provoca su propia catarsis.
Adrian Martin

Fecha 1948

Nacionalidad Estados Unidos

Director Max Ophuls

Reparto Louis Jourdan

Título original *Letter from an Unknown Woman*

Por qué es clave Una de las películas más perfectas culmina con una conmovedora epifanía.

Escena clave **Antonio y Bruno comen en el restaurante** *El ladrón de bicicletas*

SPOILER

Es domingo y Antonio (Maggiorani) y su hijo Bruno (Staiola) han estado recorriendo la ciudad buscando en vano la bicicleta que les han robado y que es imprescindible para el nuevo trabajo de Antonio, consistente en pegar carteles. Frustrado y enfadado, Antonio le da una bofetada a Bruno y sigue buscando por el río él solo. Al volver, ve a un grupo de gente sacando a un niño del agua y Antonio se alegra de ver a su hijo sentado, sano y salvo, cerca del puente, y decide reconciliarse con él comprando *pizza* para los dos en una *trattoria*.

La escena del restaurante, probablemente la única alegre de la película, es algo más que otro episodio en la frustrada búsqueda: desempeña un complejo papel en la economía global de la historia. Cuando el padre decide prestar más atención a su hijo que a la bicicleta, se reestablece el vínculo entre ambos, un vínculo que se había ido debilitando a medida que pasaba el día. Al preguntarle a Bruno si quiere compartir un vaso de vino con él, Antonio no sólo está atendiendo las necesidades de su hijo, también está tratándolo como a un adulto, un gesto que se verá recompensado cuando, al final de la película, Bruno le ofrezca su mano cuando Antonio se encuentre en la peor situación. Al mismo tiempo, la yuxtaposición entre la humilde comida que se pueden permitir los dos protagonistas y el festín que se está dado la familia rica de la mesa de al lado, aún más evidente por las cuentas que Antonio le pide a Bruno que haga por escrito, reitera la brutal importancia que tiene la bicicleta para la superviviencia de la familia y ayuda a que Bruno comprenda la desesperación de su padre al intentar robar una bicicleta al final de la película.
Gino Moliterno

Fecha 1948

Nacionalidad Italia

Director Vittorio De Sica

Reparto Lamberto Maggiorani, Enzo Staiola

Título original *Ladri di biciclette*

Por qué es clave La escena reestablece el vínculo entre padre e hijo, a la vez que reitera lo que significa para toda la familia la pérdida de la bicicleta.

Pág. siguiente *El ladrón de bicicletas.*

Escena clave **La sala de los espejos**
La dama de Shanghai

SPOILER

Las imágenes hechas pedazos en una infinidad de espejos de un parque de atracciones vacío nos conducen al clímax de la brillante imaginería de esta mezcla de cine negro con comedia ácida. El inestable estado mental del héroe, el marinero Michael O'Hara (Welles), se expresa en términos físicos cuando pasa del expresionismo al estilo de *El gabinete del doctor Caligari*, de la Casa de los Locos al mundo fragmentado de la Sala de los Espejos. El tiroteo final, en el que las balas que dispara el sanguinario abogado Bannister (Everett Sloane) y su cómplice esposa, Elsa (Hayworth), rompen un espejo tras otro antes de dar con su objetivo, ilustra «la espiral destructiva que puede desencadenar el deseo», según escribió J. P. Telotte en *Voices in the Dark*.

La destrucción de la imagen cinematográfica de Rita Hayworth que Welles llevó a cabo en la película *La dama de Shanghai* parece un desafío a las convenciones de Hollywood en relación a las heroínas románticas más que el reflejo de algún tipo de rencor hacia la mujer de la que entonces estaba ya separado. Parece ser que Hayworth participó de buen grado en el proyecto, quizá con la esperanza de poder mejorar su reputación como actriz aceptando el papel de una mujer faltal que no encajaba en el modelo habitual. La incongruencia de la construcción de Welles y de interpretar el papel de un ingenuo inconsecuente como O'Hara se mantiene hasta el final, cuando vemos su silueta al fondo, inmóvil ante las súplicas de Elsa. Después se aleja, empequeñecido por la toma de grúa, mientras concluye diciendo: «todo el mundo hace el idiota por alguien».

Bruce Hodsdon

Fecha 1948

Nacionalidad Estados Unidos

Director Orson Welles

Reparto Orson Welles, Rita Hayworth, Everett Sloane

Título original *The Lady from Shanghai*

Por qué es clave Uno de los desenlaces más satisfactorios y ambivalentes de los anales del cine negro, si no de los de todo el cine clásico de Hollywood.

Pág. anterior *La dama de Shanghai*.

Escena clave **Las escaleras**
Una gallina azotada por el viento

SPOILER

Una gallina azotada por el viento sigue siendo uno de los trabajos menos conocidos del maestro japonés Yasujiro Ozu, pero ocupa un lugar crucial en su carrera. A menudo se trata la obra de Ozu de un modo superficial, como si fuera un bloque homogéneo casi perfecto en el que se utilizan como base para la generalización sus lentas y armoniosas últimas películas, más famosas que las demás. Sin embargo, su trayectoria profesional es mucho más abigarrada, y en ella se incluyen las obras de cine mudo (que a menudo hizo por encargo) y una fase casi muda realizada durante la segunda guerra mundial.

Es evidente que Ozu trató de comprender la guerra, y *Una gallina azotada por el viento* es su intento más manifiesto; quizá por eso lo consideró un fracaso. Sin embargo, es una película excepcional en la que se cristalizan de forma reveladora algunos elementos fundamentales del estilo posterior del director, por lo que puede que su olvido se deba a su naturaleza atípica, ya que *Una gallina azotada por el viento* es una historia de ocupación y contiene una escena espeluznante que nadie esperaría encontrar en un trabajo de Ozu. Es la historia de una mujer pobre (Tanaka) que, mientras espera a que su marido (Sano) vuelva de la guerra, debe prostituirse para pagar la factura del hospital de su hijo enfermo. Cuando por fin su esposo regresa, no puede perdonarla e, inesperadamente, acaba tirándola por las escaleras. Después de yacer inmóvil durante un rato, la mujer vuelve a subir lentamente y con evidente dolor. Sólo entonces su marido se plantea reconciliarse con ella y olvidar el pasado. Puede que resulte dudoso como alegoría, pero el tono de la película no sugiere una reconstrucción patriótica, sino más bien un compromiso humano.

Christoph Huber

Fecha 1948

Nacionalidad Japón

Director Yasujiro Ozu

Reparto Kinuyo Tanaka, Shuji Sano

Título original *Kaze no naka no mendori*

Por qué es clave Se suele identificar al maestro japonés Yasujiro Ozu con el estilo refinado de su última época. Esta obra anterior, sin embargo, está llena de sorpresas, entre ellas un momento del todo inesperado en este olvidado drama de posguerra.

Escena clave **Una canción nocturna** *Jungle Patrol*

Durante la segunda guerra mundial, un escuadrón de ocho oficiales destacados en Nueva Guinea ha tenido la milagrosa buena suerte de no sufrir ninguna fatalidad, a pesar de los largos combates aéreos a los que se ha enfrentado. Entonces, de manera inesperada, llega Jean (Miller), una artista de la USO (organización que proporciona entretenimiento y ayuda moral a los miembros de las fuerzas armadas estadounidenses). Está sola, pero muy pronto se hace amiga de los hombres del grupo. Por la noche, entretiene a los soldados de la base y luego tiene una interacción más íntima con los ocho integrantes de este improvisado club de oficiales, donde les canta una hermosa canción, «Forever and Always» (de Al Rinker y Floyd Huddleston). Apoyada en el piano mientras Johnny (Murphy) toca, se produce una comunión entre su rostro y su voz y el silencio de los hombres. El momento de emoción que comparten sugiere que la presencia de Jean y las inusuales circunstancias en las que se encuentran constituyen un instante especial en el fluir de la eternidad. La película nunca llega a explicarlo de manera explícita, pero Newman nos da la oportunidad de contemplarlo a través de lo que él siente por los personajes y su modo de visualizarlos. La escena puede parecer simple, pero transmite un gran idealismo, inconfundible en las sensibles manos del director, que se convierte en la piedra angular de la película. Y es que Newman encuentra en Miller una imagen desde la que parte la acción que se desarrolla a la mañana siguiente –evocada principalmente a través del sonido– cuando el mundo alcanza el equilibrio, algo que refuerza el carácter casi místico de su trabajo.

Blake Lucas

Fecha 1948

Nacionalidad Estados Unidos

Director Joseph M. Newman

Reparto Kristine Miller, Arthur Franz, Ross Ford, Tommy Noonan, Gene Reynolds, Richard Jaeckel, Mickey Knox, Harry Lauter, William Murphy

Por qué es clave Una íntima película bélica, modesta en su producción, pero no en su visión, que fortuitamente cayó en manos de Newman, cuyo humanismo, en ocasiones poco visible, encuentra aquí su expresión ideal.

Escena clave **El salto a la muerte** *Las zapatillas rojas*

SPOILER

El momento culminante de este incomparable drama sobre el mundo del ballet fue la primera escena que grabó la joven protagonista, Moira Shearer. Dividida entre su carrera de bailarina, a las órdenes del controlador empresario Lermontov (Walbrook), y su marido (Goring), un joven compositor que la quiere pero que insiste en que abandone el baile, Victoria Page (Shearer) sale corriendo de su camerino, baja la escalinata del teatro y acaba en la terraza del hotel Monte Carlo, sobre la estación de ferrocarril. Como si fuera a unirse a su marido –y a abandonarlo al mismo tiempo–, salta desde lo alto de la terraza y es atropellada por el tren que llegaba a la estación para llevarse a su esposo. Este momento tan terrible y, sin embargo, tan hermoso sólo podría ir seguido por otro: Lermontov, con el rostro lívido, informa al público del teatro: «La señorita Page no podrá bailar *La zapatillas rojas* esta noche... ni ninguna otra». En sus memorias, *A Life in Movies*, Powell lo explica mejor que nadie: «Creo que la verdadera razón del gran éxito de *Las zapatillas rojas* fue que llevaban diez años diciéndonos que diéramos la vida por la libertad y la democracia, por esto y por lo otro, y ahora que la guerra había terminado, *Las zapatillas rojas*, nos decía que fuéramos más allá y diéramos la vida por el arte».

David Ehrenstein

Fecha 1948

Nacionalidad Reino Unido

Directores Michael Powell y Emeric Pressburger

Reparto Moira Shearer, Anton Walbrook, Marius Goring

Título original *The Red Shoes*

Por qué es clave La escena, uno de los puntos culminantes de la historia del cine, muestra cómo la muerte puede trascender el amor y el arte.

Escena clave **La mano del deseo atraviesa el cristal** *Spring in a Small Town*

La cámara sigue lentamente a una mujer joven, Yuwen (Wei) mientras cruza el jardín hacia la habitación de invitados que ocupa Zhishen (Shi), el hombre con el que no se casó cuando tenía dieciséis años y que ahora ha resultado ser amigo de su marido enfermo. Un plano de ángulo inverso nos muestra a Zhishen intentando impedirle que entre. Después de varios cambios de plano, ella está ya dentro; él la sigue. Entonces aparece un plano de la Luna.

Yuwen intenta encender una vela, pero Zhishen apaga la cerilla de un soplido. Se halla imbuido por la aromática orquídea que ella le regaló. Ella se vuelve hacia él, él la toma en brazos, luego la deja, le da la espalda, la cámara lo sigue a él. Abre la puerta, ella intenta detenerlo. Afuera, él cierra la puerta con llave. Ella rompe el cristal de la puerta con un grito de dolor; la cámara muestra el movimiento de su mano en dirección a Zhishen, luego lo sigue cuando vuelve a la puerta y la abre.

La agarra de la mano y se la lleva al otro lado de la habitación, donde está el botiquín. A continuación, vemos un plano de Yuwen, que tiene la cabeza inclinada en un gesto de vergüenza, y la cámara sigue los movimientos de Zhishen cuando va junto a ella y le venda la mano. Ella levanta la cabeza lentamente; aparece un encuadre de los dos juntos. La cámara se inclina hacia abajo y él le besa la mano ya vendada. Plano de la cara de ella; tiene los ojos cerrados. Abre los ojos, pero no lo mira; él se pone en pie. Ella ya ha recobrado la compostura y se pone de pie también: se encuentran al mismo nivel. Y entonces ella dice con gesto frío: «Gracias».

Bérénice Reynaud

Fecha 1948

Nacionalidad China

Director Fei Mu

Reparto Wei Wei, Shi Yu

Título original *Xiao cheng zhi chun*

Por qué es clave Con un movimiento de cámara que parece volar sobre la escena, Fei Mu retrata la pasión posconfuciana reprimida durante la crisis que siguió a la guerra, y convierte su última película en una obra maestra.

Escena clave **Un hombre compara sus pies con unas huellas anteriores** *Moonrise*

El escenario rural de *Moonrise* adquiere cierta vida gracias a un personaje local que nunca habla, Billy Scripture (Morgan). El protagonista, Danny (Clark), normalmente es amable con él, pero hay una vez en que lo amenaza. Hacia el final de la película, vemos a Billy intentando que sus pies encajen en unas huellas que debió de dejar hace años, cuando el cemento estaba fresco. Este momento tan aparentemente inocuo no sólo resulta conmovedor, sino que además posee una gran fuerza de futuro, ya que está conectado con el estilo y el significado de toda la película, y de gran parte de la obra de Borzage. Uno de los temas fundamentales de *Moonrise* es el poder que ejerce el pasado sobre el presente: Danny está obsesionado por el ahorcamiento de su padre, algo que ocurrió en su infancia y que es puesto de relieve en bastantes momentos de la película, desde el impresionante montaje del comienzo a la toma de una muñeca que cuelga de la cuna de Danny, ya cerca del final. Lo que descubre el sabio personaje de Billy al ver que sus pies ya no encajan con la huella es que el tiempo es irreversible, que no se puede volver atrás, ni volver a ser la persona que se fue en otro momento; un descubrimiento que es el primer paso para liberarse del pasado. En la obra de Borzage, los objetos y las sombras –como los muebles de *Smilin' Through* (1941) y el chal de la abuela en *I've Always Loved You* (1946)– representan esos aspectos humanos que no residen en el cuerpo; son un símbolo del espíritu o del alma. Las pisadas de Billy ejercen la misma función que esos objetos y el darse cuenta de que está cambiando es lo que finalmente ayuda también a Danny.

Fred Camper

Fecha 1948

Nacionalidad Estados Unidos

Director Frank Borzage

Reparto Dane Clark, Harry Morgan

Por qué es clave Para Borzage, las sombras, los objetos y otros rastros de los personajes evocan la idea de alma.

Escena clave **Una visita no deseada** *El tesoro de Sierra Madre*

«Sé lo que puede hacer el oro al alma de los hombres», dice el astuto veterano Howard (Walter Huston, padre del director John Huston), advirtiendo a sus compañeros, Fred C. Dobbs (Bogart) y Bob Curtin (Holt), de los peligros de la codicia. Los tres buscadores se encuentran en el México de la década de 1920, tratando de encontrar el preciado metal, pero todos acabarán deshechos por su propia codicia, en especial Dobbs, que al final de la película se ha convertido en un completo psicótico. John Huston, que hace un cameo interpretando a un estadounidense de traje blanco en los primeros rollos de la película, llevaba años fascinado por la novela del solitario B. Traven. En una escena particularmente tensa que sondea las profundidades de la depravación en la que se han hundido los infortunados aventureros, se acerca al desconfiado trío otro estadounidense llamado Cody (Bennett), un tipo en apariencia sincero que quiere participar en el negocio de la mina en la que se encuentran. Dejan que se quede a regañadientes y entonces él les hablá sin rodeos sobre las opciones que tienen: pueden matarlo, dejarlo marchar o dejar que se convierta en su socio. Los tres protagonistas deciden proteger sus ganancias matándolo, pero, antes de poder hacerlo, se ven interrumpidos por el ataque de unos bandidos durante el cual Cody muere ayudándolos a defenderse. Después, Dobbs descubre unas sinceras cartas que había escrito Cody a su mujer y otras que había recibido de ella: después de todo, decía la verdad.

David Stratton

Fecha 1948

Nacionalidad Estados Unidos

Director John Huston

Reparto Humphrey Bogart, Walter Huston, Tim Holt, Bruce Bennett

Título original *The Treasure of the Sierra Madre*

Por qué es clave Esta tensa secuencia sondea las profundidades de la depravación a la que puede conducir la codicia.

Pág. siguiente *El tesoro de Sierra Madre*.

Acontecimiento clave **El decreto de desinversión de la Paramount**

Las quejas de los exhibidores independientes sobre el dominio que los estudios de Hollywood ejercían en la producción, exhibición y distribución de las películas, que, según decían, constituía un monopolio que atentaba contra la libre competencia, provocó que, en 1938, el gobierno federal presentara una demanda: que Estados Unidos contra Paramount Pictures Inc. y otros. Dicha demanda acusaba a los «cinco grandes» estudios (Paramount, MGM, Warners, 20th Century-Fox y RKO) de violar los estatutos antimonopolio. Tras diez años en los que la industria intentó frenar a las fuerzas antimonopolio con apelaciones, presión política entre bambalinas y propuestas de concesiones, los intentos se fueron definitivamente a pique cuando el Tribunal Supremo decidió por unanimidad que todos los estudios debían deshacerse de las cadenas de salas de cine nacionales. Unido al brusco descenso de la venta de entradas y a la creciente proliferación de televisiones, esta decisión, que significaba una gran pérdida de ingresos garantizados, hizo que, apenas una década después, los estudios desmantelaran y vendieran multitud de sets de rodaje y almacenes. Irónicamente, con la caída en la venta de entradas de cine en la década de 1950, fueron las grandes empresas cinematográficas las que salieron beneficiadas de haberse deshecho de unas propiedades ya antiguas. Esto hizo que las pérdidas pasaran a los propietarios independientes, los mismos a los que había intentado proteger el decreto de la Paramount.

Robert Keser

Fecha 3 de mayo de 1948

Por qué es clave Significó el principio del fin del sistema de estudios.

Escena clave **El final del viaje de la pareja** *Juntos hasta la muerte*

SPOILER

En 1941, Walsh dirigió el clásico de gánsteres *El último refugio*, con guión de John Huston y W. R. Burnett, en el que el protagonista (Humphrey Bogart) es asesinado en una montaña ante la mirada impotente de la mujer que lo ama (Ida Lupino), que lo ve todo desde abajo. En este *remake* convertido en *western*, Walsh tuvo la oportunidad de reescribir dicho final (con Edmund H. North y su colaborador preferido, John Twist) y situarlo en un entorno que transmite una sensación aún más eterna: una ciudad sagrada de los indios. Aquí, después de que disparen al forajido Wes McQueen (McCrea), su amada Colorado Carson (Mayo) corre hasta él con una pistola en cada mano y comienza a disparar, atrayendo los disparos del enemigo, de manera que cuando Wes se acerca a ella y la agarra de la mano, los tiros la alcanzan también a ella y muere junto a él. El poderoso estilo visual de Walsh convierte este momento en el punto culminante de su obra; la cámara se acerca con un trávelin a la pareja mientras ambos caen, y se centra en la toma de sus dos manos unidas. Pero más allá de la realización, esta escena eleva toda la película a un plano intensamente espiritual. La unión en la muerte de Wes y Colorado no sólo da sentido a sus vidas, tanto por separado como juntos –ella ha vuelto a la tierra en la que creció para acabar con la vida que la ha hecho acabar tan mal, y él ha terminado con su vida de forajido y puede descansar por fin–, también nos transmite una armonía de tiempo y espacio que hace que su amor adquiera un valor trascendental y redentor.

Blake Lucas

Fecha 1949

Nacionalidad Estados Unidos

Director Raoul Walsh

Reparto Joel McCrea, Virginia Mayo

Título original *Colorado Territory*

Por qué es clave Siempre partidario de parejas en las que hombre y mujer eran complementarios e igual de fuertes, Raoul Walsh logra aquí la apoteosis en un reencuentro final de gran dramatismo.

Escena clave **La última noche en un hotel de Kioto** *Primavera tardía*

Hacia el final de la conmovedora película de Ozu, llega una de las escenas más discutidas del mundo del cine. Un padre viudo (Ryu) y su abnegada hija (Hara) están tumbados el uno junto al otro en la habitación de un modesto hotel de Kioto, en la última noche del último viaje que harán juntos. Ella se vuelve hacia él con la aparente intención de hablar de lo que ha sido el tema principal de la película: la supuesta intención del padre de volver a casarse (que en realidad no es más que una treta para obligar a su hija a aceptar una proposición de matrimonio y que no pase toda su vida con él). El padre parece estar dormido. Ella levanta la mirada, sonriendo, y Ozu corta el plano y da paso a otra zona de la habitación casi a oscuras: un jarrón se sitúa en el centro de la composición y, detrás de él, un biombo de *shoji* (papel de arroz). Ozu vuelve a la hija, que sigue con los ojos abiertos, con una expresión triste en el rostro. A continuación, vuelve a cambiar al plano del jarrón.

El montaje contrapone el rostro de Setsuko Hara a un espacio que la incluye y la excluye al mismo tiempo (un espacio tan «lleno» como «vacío») y con una imagen devastadora y sublime, en cuya proximidad sólo puede darse media vuelta y mirar hacia la indeterminación que se abre siempre ante ella. La escena es una imagen de lo irremediable que nos recuerda que, por mucho que deseemos continuar eternamente (como lo desea el personaje de Hara), la película no tardará en acabar y no hay nada que podamos hacer al respecto.

Chris Fujiwara

Fecha 1949

Nacionalidad Japón

Director Yasujiro Ozu

Reparto Setsuko Hara, Chishu Ryu

Título original *Banshun*

Por qué es clave Esta famosa escena, objeto de multitud de interpretaciones contrapuestas, ofrece una imagen de lo sublime y lo irremediable.

Escena clave **Una extraña declaración**
Con las horas contadas

Algunos filmes de cine negro (*film noirs*) empiezan después de los hechos que relatan, con una voz procedente del fondo de una tumba como *El crepúsculo de los dioses* (1950) de Billy Wilder; otros, en cambio, ofrecen un giro inesperado, como *Laura* (1944) de Otto Preminger. La primera escena de *Con las horas contadas* logra combinar ambas cosas de una manera sorprendente. Durante los títulos del comienzo, dos largos trávelin siguen a Frank Bigelow (O'Brien) cuando entra con determinación en una comisaría de policía y se detiene ante el departamento de homicidios. Una vez allí, denuncia un asesinato y por fin le vemos la cara cuando declara que la víctima es él mismo. Aunque el decorado es algo convencional para el género (la noche y la iluminación crean un ambiente amenazador), la escena nos da una idea del rápido ritmo de la historia que va a desarrollarse. La película de Maté se inspiró en uno de los largometrajes alemanes de Robert Siodmak, *Der Mann, der seinen Mörder sucht* (*Looking for His Murderer*, 1931), y narra la investigación que lleva a cabo un contable que descubre que lo han envenenado con radio. *Con las horas contadas* supone una variación de la estructura clásica de las historias de detectives, puesto que Bigelow encarna tanto a la víctima del asesinato como al investigador. Es un personaje vivo y muerto que seguirá con vida sólo el tiempo suficiente para contar su historia, lo que constituye un intento desesperado de comprender lo que le ha ocurrido: como tal, es el típico antihéroe del cine negro, condenado desde el principio. Sin embargo, el fatalismo inherente al género se manifiesta a través de una alteración del mismo género. Ni que decir tiene que, en el *remake* de inferior calidad que se hizo en 1988, se mantuvo el sorprendente comienzo.

Frank Lafond

Fecha 1949

Nacionalidad Estados Unidos

Director Rudolph Maté

Reparto Edmond O'Brien

Título original *D.O.A.*

Por qué es clave Se trata de una muestra perfecta del fatalismo y las tramas dignas de pesadilla que caracterizan el cine negro.

Personaje clave **Lata Mangeshkar**
Mahal (El palacio)

Mahal es una película de fantasmas, una historia de amor, un relato de asesinatos misteriosos y varias cosas más. Hari Shankar (Ashok Kumar) hereda una vieja casa en la que encuentra el retrato de una mujer joven (Madhubala) que murió allí. Entonces, Hari Shankar empieza a ver una aparición que resulta ser la mujer del retrato.

La película fue un gran éxito gracias, en parte, a su música, en especial la canción «Aayega Aanewaala» (El que esté destinado a venir, vendrá), interpretada por una cantante de diecinueve años llamada Lata Mangeshkar. Procedente del pequeño estado de Goa, al sur de Bombay, su familia pertenecía a la casta devadasi, cuyos miembros se dedicaban a cantar y bailar en los templos. Durante los siguientes cincuenta años, Mangeshkar prestó su voz a varias generaciones de heroínas de Bollywood. Su voz, de timbre y tono perfectos, encajaba a la perfección con los personajes virginales, mientras que su hermana, Asha Bhosle, interpretaba los números más pícaros, protagonizados por mujeres «perdidas» (vampiresas, bailarinas de cabaret, etc). Durante un tiempo, Mangeshkar apareció en el libro Guinness de los récords por haber cantado 30.000 canciones, aunque el número real se acerca más a las 6.000. Pero eso no son más que números que no tienen relación alguna con la importancia de Mangeshkar en la música y en el cine indios y en la India en general. Su voz se ha convertido en todo un símbolo de cierta visión socialista del país, que colocaba al granjero y al soldado por encima del empresario y el industrial. Es la voz de la inocencia prelapsaria, a pesar de que es bien sabido que las dos hermanas Mangeshkar ejercieron una especie de monopolio en la música india. Incluso hoy en día, a pesar de que ocasionalmente desafina, los directores de música y el público se niegan a admitir que sus días de gloria han pasado. «Lata es Lata», suelen decir. Y muchos indios están de acuerdo.

Jerry Pinto

Fecha 1949

Nacionalidad India

Director Kamal Amrohi

Reparto Ashok Kumar, Madhubala, Kumar

Título original *Mahal*

Por qué es clave La cantante Lata Mangeshkar consigue su primer gran éxito y comienza una legendaria carrera como cantante de *playback*.

Personaje clave **James Cagney**
Una sierra en la cabeza *Al rojo vivo*

SPOILER

Ninguna otra película de gánsteres antes de *Al rojo vivo* nos había mostrado a alguien como Cody Jarrett (Cagney). La película se instala en la tradición de la Warner de antes de la guerra, pero tiene lugar en el mundo de posguerra, que aún no se había recuperado de Hitler e Hiroshima.

Walsh plantea con tranquilidad la escena del posible ataque epiléptico de Cody en la cárcel, que dura exactamente tres minutos. Trescientos presos entran en silencio en un comedor intensamente vigilado. Se oye un silbido. Cody se sienta y se fija en un nuevo interno, miembro de una banda que trabaja en el mismo territorio que él; en un susurro hace una pregunta sobre su madre al preso de al lado para que la vaya pasando. La cámara recorre con un trávelin la fila de reclusos hasta llegar al nuevo y, luego, en el camino de vuelta, uno tras otro van susurrando «está muerta» hasta llegar a Cody. Sabemos que el protagonista es dependiente de su madre hasta la neurosis, pero nadie puede predecir su reacción. De pronto tira la taza, se sube a la mesa y se lanza sobre los guardias. Consiguen reducirlo y sacarlo del comedor mientras él hace ruidos de animal, lo único que podemos oír mientras los demás presos lo miran boquiabiertos. Cagney no le dijo a Walsh lo que iba a hacer en la escena, por lo que los extras tampoco lo sabían. La reacción de asombro de los actores es, pues la misma que la de los espectadores.

La interpretación de Cagney no es gratuita. Es una actuación estructurada, formidable. Que Cagney decidiera que *Al rojo vivo* era lo que tenía que hacer después de veinte años en el cine es un testamento de su gran originalidad.

A. S. Hamrah

Fecha 1949

Nacionalidad Estados Unidos

Director Raoul Walsh

Reparto James Cagney, Edmond O'Brien, Robert Osterloh, Eddie Foster

Título original *White Heat*

Por qué es clave: La intensa interpretación de Cagney dotó de nueva profundidad al cine de gánsteres en el período de posguerra, si bien perjudicó a la figura del gánster.

Pág. anterior *Al rojo vivo*.

Personaje clave **Ida Lupino**
Un paseo por el purgatorio *Not Wanted*

Aunque no aparece como directora de *Not Walter* (se hizo cargo del proyecto que había empezado hacía poco un enfermo Clifton), la coproductora y coescenógrada Ida Lupino sí fue reconocida en el primer crédito –«Ida Lupino presenta»– antes de una brillante toma con la que comienza la película y en la que vemos a Forrest (su nombre es el siguiente en aparecer) ir subiendo desde la parte inferior del cuadro hasta la superior en una toma fija (hasta los segundos finales), caminando tranquilamente por la acera de una calle de una ciudad hasta que la imagen se convierte en un primer plano de su rostro, un rostro en el que vemos una angustia apenas reprimida y que, en estos primeros momentos de la historia, es un misterio. Con esta toma nace la voz de una gran directora. Es la voz que en esta obra inicial ofrecerá una profunda lección de cine; la mayor parte de esta primera toma se repite en el último rollo: el *flashback* ha terminado y ahora sabemos los motivos por los que está tan desesperada la protagonista, una madre soltera que dio a su hijo en adopción. Los detalles de la historia, sin embargo, no han hecho que la imagen resulte menos dramática, aunque sí la han dotado de significado. El dramatismo de la escena es el del cine más puro: la composición de la mujer en la calle, el movimiento hacia el espectador, la fuerza de su rostro, todo ello se convierte en un momento redondo por sí mismo. Se ha dicho que Forrest se parece a Lupino, pero si Lupino fue una de las actrices más conmovedoras y hábiles de Hollywood, es aún mejor tras la cámara. Aquí no está solo sincronizada con el personaje, sino también con un mundo cinematográfico que plasmaría en media docena de películas independientes modestas, pero irremplazables.

Blake Lucas

Fecha 1949

Nacionalidad Estados Unidos

Director Elmer Clifton (y, sin aparecer en los créditos, Ida Lupino)

Reparto Sally Forrest

Por qué es clave En una toma inicial brillante y original, una consumada y veterana actriz causa un tremendo efecto con su personal visión de directora –algo único en aquel momento por ser mujer–, que daría un reducido pero valioso conjunto de películas.

Personaje clave **Correcaminos y el Coyote** *Fast and Furry-ous*

En *Fast and Furry-ous* conocemos a los protagonistas bajo nombres falsamente científicos que variarán de un episodio a otro. El «argumento» de esta primera entrega puede resumirse en cinco palabras: «el Coyote persigue al Correcaminos». La caracterización de estos dos personajes es mínima: la única motivación del coyote es atrapar y comerse al Correcaminos. Su obsesión, unida a una inventiva incansable, es un ejemplo perfecto de unos recursos demasiado ambiciosos combinados con una constante mala suerte. El único objetivo vital del Correcaminos parece ser correr a la velocidad del rayo por oníricos paisajes desérticos; nunca llega a ninguna parte, pero continúa corriendo y frustrando los intentos de su perseguidor. El Correcaminos sólo tiene una expresión facial, una especie de sonrisilla que nunca desaparece (¿por qué habría de hacerlo si siempre gana?).

A diferencia de la mayoría de los animales de los dibujos de la Warner, éstos dos nunca hablan entre ellos (aunque el Coyote demostró ser bastante parlanchín en *Operation Rabbit*, un episodio atípico en el que Bugs Bunny sustituyó al Correcaminos). De vez en cuando, se comunican el uno con el otro o con los espectadores escribiendo algo en los postes de la carretera. En *Fast and Furry-ous*, se resalta la naturaleza absurda de dicho modo de comunicación en un gag excelente: el Coyote pone una señal en la que se lee «Niños cruzando» con la esperanza de que esto haga detenerse al Correcaminos (para añadirle realismo, se disfraza de colegiala). El Correcaminos pasa como una exhalación sin hacer el menor caso de la señal, pero luego vuelve, también vestido de niña, y saca una señal que dice: «Los Correcaminos no saben leer».

Jean-Pierre Coursodon

Fecha 1949

Nacionalidad Estados Unidos

Director Charles M. Jones

Reparto Road Runner (Correcaminos), Wile E. Coyote (el Coyote)

Por qué es clave: Es la primera de las 40 entregas que componen una popular serie que continuó hasta finales de la década de 1960. Esta película de dibujos animados presenta al Correcaminos (*Accelleratii incredibus*) y al Coyote (*Carnivorous vulgaris*) y sus interminables persecuciones.

Escena clave **La cámara sustituye a la mujer por la pareja** *Furia del Trópico*

Will Slattery (Widmark) y su novia, Dolores (Lake), se encuentran con un viejo amigo de la Marina, Hobbie (John Russell), y con su esposa, Aggie (Darnell), con la que Will tuvo un apasionado romance. Un romance que no tardan en retomar, a pesar de su amistad con Hobbie y de las protestas de Dolores, que le pide, sin pensar en sí misma, que al menos piense en su amigo. Will recibe con retraso la Cruz de la Marina por su heroísmo durante la segunda guerra mundial y ambas mujeres acuden a la ceremonia. Aunque ya lo ha abandonado, Dolores se acerca a él, seguramente a felicitarlo, pero entonces lo ve besando a Aggie y se desploma. La cámara sigue a Dolores hasta la ambulancia, entonces se retira y se gira al tiempo que lo hace también la ambulancia. Cuando la ambulancia sale de plano, vemos aparecer el descapotable en el que van Will y Aggie, que ocupa su lugar en la imagen. Aunque muchas de las películas de De Toth tienen un filnal feliz, las mejores tienen también momentos de verdadera desesperanza como éste: la pareja «feliz» reemplaza a una afligida Dolores, y lo hace de un modo tan perfectamente coreografiado que da a entender que nadie es libre, atrapando a los personajes en una red que se cierra sobre ellos. Esta toma es también uno de esos grandes momentos en los que el estilo de una película se hace tan explícito que nos ayuda a ver el conjunto: desde las imágenes llenas de lluvia del comienzo a otros movimientos de cámara más pequeños o el huracán que vemos hacia el final, todas estas imágenes parecen estar negando la libertad.

Fred Camper

Fecha 1949

Nacionalidad Estados Unidos

Director André De Toth

Reparto Richard Widmark, Linda Darnell, Veronica Lake

Título original *Slattery's Hurricane*

Por qué es clave Uno de los movimientos de cámara más espectaculares del cine mundial, que no es sólo un efecto brillante; también expresa con tremenda belleza el cierre apresador del universo de De Toth's.

Película clave **Llevar una casa y cuidar de la familia** *Almas desnudas*

Un día, Lucia Harper (Bennett), un ama de casa californiana con dos hijos en casa y un marido en el extranjero, encuentra el cuerpo del novio de su hija adolescente, al cual ésta ha matado de manera accidental. Lo primero que hace es ocultarlo;lo sube en un bote y lo tira a la bahía, pero hay cartas incriminatorias y un chantajeador que las tiene en su poder, el irlandés Martin Donnelly (Mason), que además se enamorará de Lucia (pero no ella de él: «No deberías fumar tanto», le dice él, y ella fuma aún más). También hay un cuerpo que reaparece, un segundo chantajeador más siniestro, un inocente acusado y, finalmente, otro cuerpo que esconder. Y todo esto no hace que Lucia llegue tarde jamás a las comidas familiares porque, en apariencia, es la madre perfecta. Pero la colaboración furtiva entre madre y delincuente se hace cada vez más profunda, complicada y trágica.

Sin duda, ésta es una de las películas más mordaces y descorazonadoras que se hayan hecho nunca sobre la la familia de clase media y sobre su miopía, aislamiento y soledad. Es tan sarcástica como las obras de Buñuel, pero con unos cambios de tono más delicados, sin su humor ni su aire satírico (una de las razones por las que pasó inadvertida). En la magnífica interpretación de Bennett, Lucia es una especie de monstruo, movida por impulsos que ni siquiera ella comprende o reconoce: sólo «lleva una casa y cuida a su familia», y no se le escapa nada. Excepto la realidad. *Almas desnudas* sería mucho menos extraordinaria si esta increíble protagonista no fuera además tan atractiva humanamente, si no pudiéramos comprender la adoración y dolor que hay en los ojos de Donnelly cuando la mira. Un gran logro apenas alcanzado por otras películas estadounidenses.
James Harvey

Fecha 1949

Nacionalidad Estados Unidos

Director Max Ophuls

Reparto James Mason, Joan Bennett

Título original *The Reckless Moment*

Por qué es clave Este sorprendente melodrama que apenas recibió atención en su época, ni la he recibido desde entonces fue la última película americana de Ophuls y también la mejor.

Película clave *Little Rural Riding Hood*

Tex Avery dirigió nada menos que cuatro delirantes versiones de la historia de Caperucita Roja, todas ellas protagonizadas por el siempre lujurioso Lobo: *Little Red Walking Hood* (1938); *Red Hot Riding Hood* (1943); *Swing Shift Cinderella* (1945), ésta empezaba con el lobo persiguiendo a alguien que se parece a Caperucita, quien de pronto lo detiene y lo lleva de nuevo hasta el título para que se dé cuenta de que se encuentra en la película equivocada; sin embargo, la acción posterior sigue básicamente el mismo patrón que los tres cortometrajes, y la última y más brillante, en la que el lobo, un campesino con voz parecida a la de Goofy, se muere de deseo por una horrible Caperucita de campo que, en su versión original, habla con un acento de los Apalaches incomprensible. La ardiente persecución no llega a ninguna parte, por supuesto. En un gag, el lobo se encuentra en una puerta para detenerla cuando llega y ella pasa a través de su cuerpo, seccionándolo en dos partes como la puerta de un salón del oeste...

El sofisticado primo de ciudad del lobo le manda un telegrama en el que lo invita a ver a «una verdadera Caperucita de ciudad» y, al ver la foto de la chica en cuestión, el lobo, se deshace literamente en un histérico ataque de excitación erótica (la cabeza, las piernas, los brazos y el torso salen disparados en diferentes direcciones). El afable lobo de ciudad lo lleva a un club, donde la chica (a la que hemos visto en otros dibujos de Avery) interpreta una erótica canción, «Oh, Wolfie» (–«Ay, lobito»–), durante la que el lobo de campo intenta agarrarla mientras su primo trata de controlarlo de una manera hilarante y surrealista. Se podría ver al lobo de campo como un ardiente idiota y el lobo de ciudad sería el superego que trata de reprimirlo, pero también podríamos entender todo el conjunto como una metáfora de la tensión entre la tendencia natural de las película hacia el erotismo y los vigilantes censores de la Hays Office.
Jean-Pierre Coursodon

Fecha 1949

Nacionalidad Estados Unidos

Director Tex Avery

Reparto El lobo de campo, el lobo de ciudad, Caperucita de campo, Caperucita de ciudad

Por qué es clave Es una de las obras maestras del período de Avery en la MGM y la culminación de su tetralogía sobre Caperucita.

Escena clave **El atraco del banco de Hampton** *El demonio de las armas*

Como película de cine negro centrada en una pareja de delincuentes, *El demonio de las armas,* de Joseph H. Lewis, ofrece una buena variedad de agresiones a la sociedad. En un momento dado, Bart Tare (Dall) y Annie Laurie Starr (Cummins) roban un banco de la ciudad de Hampton: Bart entra al banco mientras Laurie espera al volante del coche y habla con un policía. Finalmente, huyen con el botín. En el guión, la secuencia ocupaba 17 páginas (lo que requería tres días de rodaje) y nos llevaba al interior del banco. Sin embargo, Lewis decidió utilizar una larga toma y, después de una prueba en 16 mm, consiguió terminar la escena en sólo tres horas de rodaje; le dio un aire de documental con unos diálogos improvisados casi en su totalidad, la ausencia de música hasta el regreso de Bart y el uso del tiempo real, que además crea más suspense. *El demonio de las armas* no fue la primera película en la que se rodó un robo de esta manera –Nicholas Ray lo había hecho ya en *Los amantes de la noche* (1949)–, pero lo que estaba en juego aquí era muy distinto. Al mirar por encima de los hombros de la pareja desde el asiento trasero de un Cadillac robado y no saber adónde se dirigen, el espectador se ve obligado a participar. Así, cuando Laurie se vuelve a comprobar que no los siguen, da las gracias a su involuntario cómplice: el espectador. La escena tiene también esa mezcla de violencia y erotismo que empapa todo el largometraje: los dos personajes vestidos de vaqueros y comportándose como si aún estuvieran en el salvaje oeste.

Frank Lafond

Fecha 1949

Nacionalidad Estados Unidos

Director Joseph H. Lewis

Reparto Peggy Cummins, John Dall

Título original *Gun Crazy*

Por qué es clave Esta escena es un gran ejemplo de la capacidad de la películas de serie B para superar sus limitaciones.

Pág. siguiente *El demonio de las armas.*

Escena clave **«Mis memorias»** *Ocho sentencias de muerte*

SPOILER

Louis Manzini (el gran Dennis Price), tras convertirse en duque de D'Ascoyne asesinando a varios de los posibles pretendientes del título (todos ellos interpretados por Alec Guinness), es –ironía de las ironías– condenado a morir en la horca por un crimen que «no» ha cometido. Un trato con la viuda de la víctima (Greenwood), a la que llevan cubierta con un velo hasta la sala de visitas de la cárcel, hace que Louis sea liberado en el último momento. Nada más cruzar la pesada puerta de la prisión, donde lo distraen los hurras de un grupo de simpatizantes y la presencia de dos mujeres, cada una de las cuales espera que se vaya con ella, Louis se encuentra con un reportero de aspecto descuidado (Lowe) que le ofrece publicar sus memorias. «¿Mis memorias?», repite él y vuelve a hacerlo una segunda vez para sus adentros: «¡Mis memorias!». Desaparece de la pantalla la imagen de la celda que acaba de abandonar y la cámara se acerca a un montón de papeles (que sirven de armazón para el *flashback* con el que se nos cuenta la historia), en los que Louis relata con ingenio todos los crímenes que sí cometió y por los que ahora será condenado. A menos que pueda recuperar el documento antes de que alguien lo encuentre y lo lea, una posibilidad que la película, al terminar con esta toma, deja abierta. Las dos líneas que convergen en la mesa de la celda –el sencillo movimiento de cámara y la luz del sol que entra por la ventana– provocan un escalofrío inolvidable.

Chris Fujiwara

Fecha 1949

Nacionalidad Reino Unido

Director Robert Hamer

Reparto Dennis Price, Arthur Lowe, Valerie Hobson, Joan Greenwood

Título original *Kind Hearts and Coronets*

Por qué es clave Uno de los momentos más memorables de esta comedia clásica británica es su sublime y sobrio final.

D. PEDLOW, JR.
MANAGER

Escena clave **El baile** *Madame Bovary*

Vincente Minnelli era un maestro del musical y el melodrama, pero también era el director que mejor mostraba el parentesco entre ambos géneros (como muchas veces se ha señalado, la palabra *melodrama* significa, etimológicamente, «música» y «drama»). Las películas de Minnelli están llenas de momentos dínamicos y visualmente deslumbrantes en los que la tensión va en aumento hasta que llega la maravillosa liberación: el suyo es un cine de «momentos clave». Ninguno de ellos supera en brillantez esta escena de *Madame Bovary* en la que el doctor Bovary y su bella esposa, Emma (Jones), asisten a un baile organizado por un noble (Cavanagh), cuyo sirviente fue paciente de Bovary. La escena está estructurada por el cambio de estilos, tempos y compases de la piezas musicales que suenan en el baile (compuestas por Miklos Rozsa). Mientras Charles, relegado a la sala de billar, donde el provinciano doctor se siente completamente fuera de lugar entre tantos invitados esnobs, va emborrachándose más y más, Emma ha reunido a una sucesión de admiradores que la reclaman baile tras baile.

Finalmente, aunque está casi sin aliento e insiste en que no sabe bailar el vals, Emma recibe la invitación del apuesto Rodolphe (Jourdan). Juntos giran y giran por todo el salón, seguidos por la cámara incansable de Minnelli. Cuando Emma se da cuenta de que no puede respirar, el anfitrión, atento y majestuoso, da orden de romper las ventanas. La aparición de un Charles tambaleante que quiere bailar con su mujer precipita el final de la escena, un final socialmente vergonzante, pero magnífico desde un punto de vista cinematográfico.

Chris Fujiwara

Fecha 1949

Nacionalidad Estados Unidos

Director Vincente Minnelli

Reparto Jennifer Jones, Van Heflin, Louis Jourdan, Paul Cavanagh

Por qué es clave La energía y el talento de Vincente Minnelli llegan a ser máxima expresión en esta dinámica secuencia.

Pág. anterior *Madame Bovary.*

Escena clave **Cuatro asaltos** *Nadie puede vencerme*

En los *rings* de boxeo del cine se han plasmado todo tipo de dramas. Lo que casi ninguna película ha mostrado ha sido el espectáculo real que hace que la gente acuda a ver una pelea: dos hombres intentando vencerse el uno al otro durante un prolongado período.

La escena central de *Nadie puede vencerme*, un sangriento combate a cuatro asaltos de 18 minutos de duración, es lo más cerca que ha estado un filme dramático de documentar esa lucha brutal. Joseph Moncure March, cuyo poema narrativo formaba el núcleo del guión, se quedó consternado cuando supo que la RKO había convertido a su héroe –un veterano boxeador con el irónico nombre de Pansy Jones (*pansy* es uns palabra despectiva para referirse a los homosexuales)– en «Stoker Thompson», interpretado por el más blanco de los blancos, Robert Ryan. Pero es precisamente el larguirucho Ryan, con sus pies planos, sus golpes circulares y su permanente mueca, el que convence al espectador de estar ante un verdadero combate.

Rodando la escena sobre todo desde fuera del *ring*, Wise crea la ilusión de que Ryan y el campeón de peso pesado de California, Hal «Baylor» Fieberling, estaban peleándose sin intervención alguna por parte del director. Las pocas florituras artísticas que se permite Wise son ciertos cortes para mostrar a los histéricos aficionados, algo que sucede junto al cuadrilátero y que anuncia un giro de la trama algo sensiblero y un plano subjetivo desde el que vemos las luces a través de los ojos de Ryan, tremendamente borrosas. El resto es boxeo: sudor, tambaleos, dolor, golpes que fallan o que aciertan en el objetivo. Según afirmó él mismo, Martin Scorsese decidió apartarse del realismo y optar por un estilo más recargado a la hora de rodar *Toro salvaje* porque la secuencia del combate de *Nadie puede vencerme* era inmejorable.

Tim Cavanaugh

Fecha 1949

Nacionalidad Estados Unidos

Director Robert Wise

Reparto Robert Ryan, Hal «Baylor» Fieberling

Título original: *The Set-Up*

Por qué es clave: Es la única vez en la que una película dramática ha sabido captar realmente la esencia del boxeo.

Diálogo clave **«El reloj de cuco»** *El tercer hombre*

El escritor de novelas de serie B Holly Martins (Cotten) llega al caos de la Viena de posguerra para descubrir que el hombre que lo ha invitado, su antiguo compañero de estudios Harry Lime (Welles), ha muerto atropellado por un camión. ¿O quizá no? Así empieza este perspicaz *thriller* geopolítico salido de la pluma de Graham Greene, un cuento de engaños situado al comienzo de la Guerra Fría. Cuanto más investiga Holly, más cosas oscuras descubre sobre Harry, que resulta ser un mafioso inmoral que no sólo está vivo sino que está vendiendo penicilina en el mercado negro. Holly y Harry se encuentran por fin en lo alto de la noria Riesenrad del parque de atracciones del Prater. Ambos se muestran nerviosos y arrogantes; Lime trata a su amigo con tirante afabilidad mientras justifica su turbio negocio, una explicación que termina con el célebre discurso escrito por el propio Welles: «No te pongas tan serio. Al fin y al cabo no es nada trágico. Recuerda lo que dijo no sé quién: en Italia en treinta años de dominación de los Borgia no hubo más que terror, guerras, matanzas, pero surgieron Miguel Ángel, Leonardo da Vinci, el Renacimiento. En Suiza, por el contrario tuvieron quinientos años de amor, democracia y paz, ¿y cuál fue el resultado? El reloj de cuco. Hasta la vista, Holly». El tono meloso con el que Welles pronuncia este magnífico discurso resulta tremendamente amenazador; el público se contagia del desprecio y, al mismo tiempo, de la atracción que siente Holly por este encantador psicópata.

David Stratton

Fecha 1949

Nacionalidad Reino Unido

Director Carol Reed

Reparto Joseph Cotten, Orson Welles

Título original *The Third Man*

Por qué es clave Un tenso cuento de misterio amoral, situado en la Viena de después de la segunda guerra mundial, en el que vemos una de las interpretaciones más insolentes de Orson Welles.

Pág. siguiente *El tercer hombre.*

Escena clave **El espejo** *Orfeo*

Jean Cocteau era poeta antes de convertirse en cineasta. Las películas que componen su trilogía sobre Orfeo no sólo hablan de poesía y poetas; cada una de ellas es un poema visual cargado de una enigmática imaginería tan ineluctable y tan llena de significado como las palabras de un poema. Si bien es cierto que Cocteau se deleitaba en la idealización del poeta, no se hacía ilusiones románticas sobre el proceso de creación de la poesía. De igual manera que un poeta debe dominar el ritmo y del lenguaje, Cocteau dominaba la gramática del cine; construía cada efecto especial con el mismo cuidado con el que un poeta elige una figura literaria. *Orfeo*, adaptación moderna del mito en el que la muerte vuelve transformada en princesa, acompañada aquí por un grupo de motociclistas vestidos de cuero, retrata al poeta (Marais) como un existencialista de la Rive Gauche en el París de posguerra. Después de que le arrebaten a su mujer, Eurídice, Orfeo entra en el inframundo a través de un espejo, que para Cocteau es nuestra ventana a la mortalidad: «Mírate en el espejo de tu vida y verás la muerte en el trabajo», le dice a Orfeo Heurtebise (Périer), el chofer de la Muerte. Para rodar el momento en el que el poeta cruza el espejo que lleva al inframundo, Cocteau grabó al actor metiendo las manos en un tanque de mercurio. La solución al problema tecnológico que suponía plasmar la imagen que él tenía en mente fue una genialidad que sigue resultando impresionante hoy en día, en la era de la CGI. Como diría cualquier poeta, la magia esconde detrás un duro trabajo.

Al Weisel

Fecha 1950

Nacionalidad Francia

Director Jean Cocteau

Reparto Jean Marais, François Périer

Título original *Orphée*

Por qué es clave Es pura poesía visual.

Escena clave **La fiesta de Margo** *Eva al desnudo*

Aunque Mankiewicz se hizo merecidamente famoso por sus mordaces y sofisticados diálogos, en este cuento sarcástico sobre la ambición desmedida y la paranoia que infecta el mundo del teatro estadounidense su pluma parecía estar en un momento especialmente brillante. Mientras la ingenua y supuesta aficionada que da título a la película (Baxter) trata primero de ganarse el afecto de la veterana estrella Margo Channing (Davis) y luego el de su altiva camarilla, la película se deleita en los comentarios envenenados y las observaciones mordaces. Éstas aparecen primero en la narración del cínico crítico Addison de Witt (Sanders), que comienza con el discurso de agradecimiento que da Eva al recibir un premio y continúa explicando cómo ha logrado tal galardón.

El agradable sabor picante de la obra estalla en una escena en la que, durante una fiesta, se hace evidente que Margo cree que Eva –convertida ahora en su secretaria– está recibiendo demasiada admiración. Cuando el director y novio ocasional de Margo, Bill (Merrill), nota una «atmósfera macbethiana», Margo, a quien preguntan si las cosas van a mejorar, apura su copa de champán y anuncia con orgullo: «Abróchense los cinturones, esta noche vamos a tener tormenta». Después de recibir un frío saludo, Witt informa a Margo de que su joven y atractiva acompañante, la señorita Casswell (Monroe) es «licenciada en Arte Dramático por la Universidad de Copacabana». Puede que Margo sea la reina del lugar, pero Witt tampoco se queda atrás; en cuanto le presentan a Eva, le dice a su acompañante, que parece tener cierta dificultad para expresarse (lo que aquí significa que es un inocente), que vaya a hacer feliz a un viejo productor. En otras palabras, está hablando de proxenetismo y prostitución, una metáfora que resume la visión que da del mundo del teatro esta película, ganadora de varios Óscar.
Geoff Andrew

Fecha 1950

Nacionalidad Estados Unidos

Director Joseph L. Mankiewicz

Reparto Bette Davis, Anne Baxter, George Sanders, Marilyn Monroe, Gary Merrill, Celeste Holm, Gregory Ratoff

Título original *All About Eve*

Por qué es clave Unos juegos de palabras deliciosamente ingeniosos ponen de relieve el comportamiento siempre teatral del ambiente de Broadway.

Pág. anterior *Eva al desnudo*.

Escena clave **San Francisco envía a sus discípulos a predicar la paz** *Francesco, giullare di Dio*

En el retrato de Rossellini sobre los comienzos de la orden franciscana resalta la inocencia y la ingenuidad de los monjes. San Francisco (Geraldi) elogia al hermano Fuego; Ginepro, uno de sus discípulos, regala su hábito a los pobres una y otra vez. En una escena fundamental, Ginepro entra en la propiedad de Niccolaio (Aldo Fabrizi), un tirano que tiene Viterbo bajo asedio, y consigue ganarse el favor del tirano con una sencilla expresión que contrasta con la arrogancia y la forma de mirar con la que éste pretende intimidarlo. Finalmente, Niccolaio levanta el asedio. Las imágenes de Rossellini proporcionan un estilo antiformalista que renuncia a ideas preconcebidas, en el que las composiciones parecen tan abiertas e inocentes como los propios monjes. Al final de la película, san Francisco ordena a sus discípulos que tejan hasta que caigan rendidos y luego se marchen en la dirección en la que caigan: uno hacia Siena, otro hacia Florencia y otro hacia Arezzo. Entonces, en un magnífico plano largo de ángulo picado, vemos cómo todos se alejan en diferentes direcciones; primero salen muchos hacia los lados, luego dos comienzan a caminar hacia la cámara y, finalmente, mientras los monjes siguen su camino, la cámara va subiendo hacia el cielo y varios encadenados nos van mostrando más y más nubes. En esta larga toma, Rossellini muestra de forma explícita el concepto estilístico de esta película y de prácticamente todas las que haría en el futuro, dejando entrever incluso la manera en la que utilizará el *zoom* en obras muy posteriores: sus composiciones siempre intentan señalar el espacio que se extiende más allá de las fronteras, con un ansia de inmensidad que comparten muchos de sus principales personajes, como san Francisco.
Fred Camper

Fecha 1950

Nacionalidad Italia

Director Roberto Rossellini

Reparto Nazario Geraldi

Por qué es clave
En una sola imagen del final de la película, Rossellini encuentra una metáfora con la que define el estilo que predomina en la mayoría de sus obras.

Película clave *Los olvidados* El regreso de Buñuel

SPOILER

En 1929, después de que el cine en el que estaba programada se negara a exhibirla, *Un perro andaluz,* de Buñuel y Salvador Dalí se convirtió en un éxito de escándalo. En las proyecciones de *La edad de oro* que se hicieron en la década de 1930, los parisinos lanzaron tinta a la pantalla y gritaron: «¡Muerte a los judíos!» en una película sobre un católico español. Gracias a que a un amigo de Buñuel le tocó la lotería, el director pudo filmar *Las Hurdes*, un documental sobre lo que entonces era una aislada región de España, que el gobierno español prohibió de inmediato. Buñuel se marchó entonces a Hollywood y a Nueva York, donde vio cómo su antiguo compañero se convertía en una celebridad que se parecía, según Max Ernst, «a esas horribles gelatinas que toman de postre los estadounidenses».

Frustrado, en 1945 Buñuel se fue a México. La reputación de sus tres películas fue creciendo, pero todo el mundo creía que Buñuel se había retirado del cine. En México realizó un par de películas de bajo presupuesto; una de ellas fracasó de forma estrepitosa; a la otra no le fue mal y, en 1950, Buñuel hizo *Los olvidados*, una historia sobre los niños de la calle de Ciudad de México que sintetizaba el horror de Val Lewton y el neorrealismo, devolviendo el realismo al surrealismo y mezclando pobreza y pesadillas. Uno de los niños le tira un huevo crudo a la lente de la cámara.

Buñuel se había mantenido fiel a su visión cinematográfica a pesar de los malos trabajos, de la falta de fondos y diecisiete años de proyectos que nunca levantaron el vuelo. Aunque la película fue recibida con protestas en México, *Los olvidados* ganó dos premios en el festival de Cannes y permitió al director hacer veintiséis películas en los siguientes veintiséis años.

A. S. Hamrah

Fecha 1950

Nacionalidad México

Director Luis Buñuel

Reparto Alfonso Mejía, Roberto Cobo, Estela Inda

Por qué es clave
Después de quince años, el director de *La edad de oro* volvía al cine con el mismo vigor.

Escena clave **Karin y el volcán** *Stromboli*

SPOILER

Karin (Bergman) se ha casado con un pescador para escapar de un campo de desplazados, pero pronto descubre que la vida a su lado en un primitivo pueblo de pescadores de la costa de Sicilia le resulta insoportable, por lo que decide abandonar el pueblo a pie por la única ruta posible, atravesando la cima de un volcán. Durante el trayecto, Karin se enfrenta al terror de la naturaleza cuando el volcán entra en erupción, lo que hace que se venga abajo y se eche a llorar. A la mañana siguiente, despierta en un paisaje en calma, a lo que responde exclamando: «¡Qué misterio! ¡Qué belleza!». Cuando la RKO estrenó *Stromboli* por primera vez, se añadió una voz en *off* que explicaba que Karin iba a volver con su marido. En la versión de Rossellini, sin embargo, que es la que suele verse hoy en día, no hay tal convicción: vemos a Karin gritando al cielo y pidiéndole a Dios «fuerza, comprensión y valor». La última toma de la película nos muestra unos pájaros volando, un final puede entenderse únicamente como un momento de absoluta indeterminación. Lo único que se puede decir con certeza es que la duda de si Karin va a volver o no con su marido ha quedado atrás. En un momento extraordinariamente conmovedor, Rossellini nos muestra una situación en la que la protagonista se halla en total soledad, pero, por primera vez, también es libre de cualquier eventualidad. Para Karin, en el momento en que la dejamos para siempre, y si regresa o no ya no es relevante.

Chris Fujiwara

Fecha 1950

Nacionalidad Italia

Director Roberto Rossellini

Reparto Ingrid Bergman

Título original *Stromboli terra di Dio*

Por qué es clave Se trata de uno de los momentos más conmovedores que nos ha dejado la gran pantalla.

Pág. siguiente *Stromboli.*

RAGING ISLAND... RAGING PASSIONS!
This is IT!
THE PLACE:
STROMBOLI
THE STAR:
BERGMAN
UNDER
THE INSPIRED DIRECTION OF
ROSSELLINI
Copyright 1950 RKO Radio Pictures Inc. Country of Origin U.S.A.
50 / 169

Diálogo clave **El cura lee el testamento imaginario** *Stars in My Crown*

SPOILER

Stars in My Crown era la película preferida de Jacques Tourneur de entre toda su filmografía. Sin embargo, se suele considerar a Tourneur un director de género, y si esta película de presupuesto modesto que hizo con MGM, en la que se narra la historia de un párroco de un pueblo del sur, durante la posguerra, pertenece a algún género, es el de inspiración religiosa. A pesar de ello, es evidente que Tourneur creía en la imaginación del público y en su decencia más allá de cualquier ciencia religiosa. La escena en la que el párroco Gray lee el testamento imaginario del tío Famous Prill (Hernandez), un negro que se niega a vender su propiedad, ante una banda de miembros del Ku-Klux-Klan armados de antorchas y preparados para lincharlo, es una bella imagen de la sabiduría que subyace en ambas creencias. Lo que consigue con su actuación frente a los violentos enmascarados lo consigue también con el espectador, porque no descubrimos que el testamento es imaginario hasta el final de la escena. «Ya podéis cogerlo», les dice Gray en tono melodramático después de llegar a la parte en la que Prill lega generosamente la propiedad a sus vecinos. Lo dice sabiendo, o al menos esperando, que dicha generosidad y los muchos vínculos que tiene con la comunidad acaben salvándole la vida, como así ocurre.

«Aquí no hay nada escrito... esto no es un testamento», dice John (Stockwell), hijo adoptivo de Gray y narrador de la película, cuando ve las páginas en blanco en el suelo. «Sí que lo es, hijo... Es la voluntad de Dios», asegura Gray, lo que podría entenderse como una concesión al género por parte de Tourneur. Pero en realidad es la voluntad y la conciencia colectiva a lo que está apelando Tourneur, y eso es lo que consigue despertar.

Jonathan Rosenbaum

Fecha 1950

Nacionalidad Estados Unidos

Director Jacques Tourneur

Reparto Joel McCrea, Juano Hernandez, Dean Stockwell

Por qué es clave
Jacques Tourneur pone de manifiesto su credo: que no hay nada tan poderoso como la imaginación del ser humano.

Escena clave **La ruptura** *En un lugar solitario*

SPOILER

Cuando se estrenó *En un lugar solitario*, la publicidad del estudio describió el final de la película como «una sorpresa sensacional». Sólo en Hollywood podrían vender la inocencia de alguien como una «sorpresa». Si lo que querían decir era que el final era emocionalmente demoledor y que eso era algo inesperado en una película de estudio, entonces sí tenían algo de razón. El conflicto interno estructura todas las escenas del largometraje. Hacia el final, todo, incluso el modo en que Bogart cuelga el teléfono para formar dos agujeros negros en la imagen, intensifica el dolor.

«¿No puedes relajarte un momento?», le pregunta Laurel Gray (Grahame) a Dixon Steele (Bogart). No, no puede. Steele, guionista de Hollywood, vive en permanente tensión entre el trabajo y la vida real. Le obsesiona el miedo a ser malinterpretado o castigado por tener razón, y envenena sus relaciones. Lo vemos en los desgarradores planos del rostro de Laurel cuando lo mira. En la última escena de la cinta, Ray va vaciando la imagen sutilmente hasta que Dix y Laurel rompen y desaparecen, él por un arco que conduce a la calle y ella tras una puerta que se cierra.

No es sólo el final lo que nos deja destrozados, es toda la última mitad. Ray relaciona la ira con la ternura. Dix le pega una paliza a un tipo y luego pronuncia las palabras más románticas de la película (y quizá de cualquier película). Le describe «una buena escena de amor» a la mujer que ama en el momento en que ella se da cuenta de que tiene que abandonarlo.

A. S. Hamrah

Fecha 1950

Nacionalidad Estados Unidos

Director Nicholas Ray

Reparto Humphrey Bogart, Gloria Grahame, Frank Lovejoy, Carl Benton Reid

Título original *In a Lonely Place*

Por qué es clave
El final de la película introdujo un matiz de madurez y tristeza al género.

Pág. anterior *En un lugar solitario*.

Escena clave **Una visita al estudio** *El crepúsculo de los dioses*

La Norma Desmond que interpretó Gloria Swanson en *El crepúsculo de los dioses* es uno de los grandes personajes de la gran pantalla. Despótica, infantil, digna de lástima y, sin embargo, poseedora de todas las nobles cualidades de una época pasada, vive para ver las proyecciones privadas de sus películas mudas y para evocar los recuerdos de cuando todo Hollywood la aclamaba. Su casa es un templo palaciego de estilo rococó, un escenario en el que puede fingir ser el Vagabundo de Chaplin o la reina del cine y donde puede recordar la dulce relación laboral que mantuvo con hombres como Cecil B. DeMille. Joe Gillis (Holden), un guionista fracasado, se encuentra atrapado en los dominios de Norma, que le suplica con insistencia que lea un triste guión que ha escrito para *Salomé*. Un día, Norma recibe la noticia de que la han llamado de la Paramount y piensa que se trata de Cecil B. DeMille.

Llega al estudio en un magnífico coche, maquillada y vestida con ropa elegante, y la conducen al plató en el que está rodando DeMille. Desde la puerta avisa al ayudante del director y éste al director, que interrumpe su trabajo y acude a saludarla. Agarrados del brazo, se dirigen a la cueva oscura que es el corazón de las películas, y se hace el silencio entre las docenas de extras que hay allí. «¡Es Norma Desmond!». Un electricista desde una paralela la llama: «Señorita Desmond, soy yo, Hog-Eye!», y gira un foco hacia ella. Por un momento, el rayo mágico de la luz se detiene y ella vuelve a ser la belleza de la gran pantalla que fue en el pasado. Entonces DeMille ordena que todo el mundo vuelva al trabajo y la magia se desvanece. Va a decepcionarla, pero al menos lo hace con dulzura: no fue él el quien la llamó, sino el jefe de producción, y fue sólo para pedirle el coche. El pasado vuelve a su lugar, a esa cámara sin aire en la que la memoria sobrevive durante un tiempo, se agota y desaparece.

Murray Pomerance

Fecha 1950

Nacionalidad Estados Unidos

Director Billy Wilder

Reparto Gloria Swanson, William Holden, Cecil B. DeMille

Título original *Sunset Blvd.*

Por qué es clave
Un momento profundamente conmovedor que cuenta con una interpretación suprema.

Acontecimiento clave **Un actor se lleva por primera vez un porcentaje de los beneficios**

Winchester 73 fue el primer proyecto de James Stewart tras *El invisible Harvey*. El resultado fue un hito que no sólo marcó el comienzo de su colaboración con el director Anthony Mann, con quien haría otros cuatro *westerns*, sino también el principio del declive de los estudios como centros de poder. Éstos fueron sustituidos gradualmente por estrellas aliadas con implacables agentes con buenos contactos. Se cree que *Winchester 73* fue el primer caso en el que un galán pidió y recibió un porcentaje de los beneficios de la película antes incluso del inicio de la producción. El trato tuvo lugar en un momento de transición para Hollywood, cuando la influencia que los grandes estudios ejercían sobre la conciencia popular empezaba a verse amenazada por la televisión, los estudios estaban perdiendo poder sobre los que en otro tiempo habían sido mano de obra casi esclava y, película tras película, se veían obligados a llegar a acuerdos con las estrellas y directores más importantes. El trato de Stewart, negociado por el agente de MCA y futuro tiburón de Hollywood Lew Wasserman, hizo que la estrella rebajase un poco sus honorarios a cambio de aprobar el reparto y llevarse un porcentaje de los beneficios. Algunos de sus compañeros creyeron que estaba cometiendo una imprudencia, pero la jugada resultó todo un éxito. *Winchester 73* hizo que Stewart se embolsara más dinero por un solo trabajo –600.000 dólares– de lo que había ganado con sus últimas películas juntas. Después de eso, el contrato de Stewart se convirtió en un modelo para Hollywood: directores importantes, productores afianzados y actores populares se repartían una buena parte de los beneficios de taquilla de la película, añadiéndolos a menudo a unos cuantiosos honorarios fijos. Hoy en día, cuando una película es un bombazo, los beneficios que recibe el actor pueden llegar a ser alucinantes.

Matt Zoller Seitz

Fecha 1950

Por qué es clave
Este tipo de contratos marcó el inicio de una nueva etapa económica en Hollywood.

Pág. siguiente *Winchester 73*.

Escena clave **«The Chuck-A-Walla-Swing»** *Caravana de paz*

Después de un largo camino para encontrar agua y, tras refrescarse, una caravana de pioneros mormones disfruta de una velada de fiesta. Los mormones, los comerciantes de caballos (a los que han contratado para guiar la caravana) y los artistas ambulantes a los que han recogido por el camino se unen en un alegre baile, «The Chuck-A-Walla-Swing» (compuesto por Stan Jones e interpretado por The Sons of the Pioneers). Es precisamente en las canciones y en los bailes, que poseen una gran belleza ritual, donde a menudo se muestran los sentimientos más profundos de las películas de Ford, y no hay otro ejemplo más hermoso que éste, donde en pocos minutos vemos cómo florecen dos historias de amor; hay instantes de deliciosa comedia y una armonía colectiva en la que desaparecen las muestras de intolerancia del pasado, arrastradas por el disfrute común. Del mismo modo que la música es una de las herramientas más precisas del arte de Ford, lo son también los asombrosos cambios de ambiente y de tono que descubrimos en esta secuencia; los Clegg, una familia de implacables forajidos que habían aparecido ya en la primera escena de la película, salen de pronto de la oscuridad justo cuando la alegría del baile alcanzaba su punto álgido. En un momento, Ford nos ha mostrado lo cerca que está la luz de la oscuridad, y seguirá valiéndose de tal contrapunto hasta que los Clegg mueran víctimas de la violencia. Nunca se centra tanto en el drama como para que el lirismo y el amor no puedan encontrar imágenes imperecederas en las que dejarse ver. Al final, vuelve el baile de «Chuck-A-Walla-Swing» para introducir un momento mágico en el que las imágenes antiguas, en un momento dado, son sustituidas por las de un nuevo baile.
Blake Lucas

Fecha 1950

Nacionalidad Estados Unidos

Director John Ford

Reparto Ben Johnson, Joanne Dru, Harry Carey Jr., Ward Bond, Kathleen O'Malley, Rith Clifford, Alan Mowbray, Charles Kemper

Título original *Wagon Master*

Por qué es clave Magnífico ejemplo del talento de John Ford para trasmitir los sentimientos más profundos de sus películas en las canciones y bailes, y su facilidad para cambiar de ambiente.

Escena clave **«Mem'ry Island»** *Repertorio de verano*

En las escenas de ensayos, un ingrediente típico de los musicales en los que aparece el trabajo entre bambalinas, a menudo vemos cierto grado de caos. Aquí Charles Walters dirige una de esas escenas con consumada elegancia y, al mismo tiempo, sentido del humor; la puesta en escena y la fotografía convierten la canción cursi que está ensayando una pareja de artistas nada estelares en una deliciosa escena autoparódica.

Sin decorado ni vestuario y con un improvisado «escenario» (en realidad es un granero) lleno de cosas y de gente pululando, el número resulta algo escaso en lo visual, y suena desnudo. Sin embargo, Hans Conried, el nombre «pobre» del reparto, y Gloria DeHavensiguen cantando y «fingen» encontrarse en una isla exótica bajo la dirección de Gene Kelly, el productor, director y protagonista del espectáculo, que intenta imprimir algo de fuerza en su rígida actuación.

La dirección que hizo Walters de la dirección de Kelly es tan fluida e ingeniosa que consigue hacer olvidar la torpeza de la actuación y convierte el número musical en uno los grandes momentos de la película.
Jean-Pierre Coursodon

Fecha 1950

Nacionalidad Estados Unidos

Director Charles Walters

Reparto Gene Kelly, Hans Conried, Gloria DeHaven

Título original *Summer Stock*

Por qué es clave Burlándose de los tópicos de las películas musicales, Walters logra crear una pequeña joya del musical.

Película clave
Awaara

Durante la década de 1950 y el comienzo de1960, la cultura popular india se exportó a todo el mundo, y los melodramas musicales indios consiguieron hacerse un hueco en el circuito de exhibición cinematográfica de varios territorios no occidentales. Una de estas películas es *Awaara*, de Raj Kapoor, un exótico y fastuoso drama social que podría haber sido el largometraje de mayor éxito de su época. Este dato no está respaldado por los datos de su recaudación en taquilla (como los que tenemos hoy en día de los éxitos de Hollywood), pero contamos con los testimonios de historiadores del cine internacional que mencionan el enorme éxito que tuvo la película en zonas con audiencias muy amplias, como Rusia, donde la vieron nada menos que 65 millones de personas en un solo año (1954). Ninguna otra película de la década de 1950 se vio en tantos países ni fue tan aclamada. La canción del título encabezó las listas de éxitos musicales de muchos países y se hicieron varios *remakes* de la historia. *Awaara* disfruta de una impresionante longevidad, pues sigue siendo un éxito imperecedero.

Reconocer la gran popularidad del cine indio entre el público africano, árabe, ruso, chino, latinoamericano y del este de Europa es un paso importante para crear una geografía cinematográfica alternativa que abarque aspectos olvidados o descuidados de la circulación de las películas y los intercambios trasnacionales.

Dina Iordanova

Fecha 1951

Nacionalidad India

Director Raj Kapoor

Reparto Raj Kapoor, Nargis, Prithviraj Kapoor

Por qué es clave
Reconocer el formidable éxito internacional del cine indio nos ayuda a comprender mejor cómo funcionan las exportaciones y las influencias en el mundo del cine en general.

Escena clave **La secuencia del sueño**
Awaara

Awaara, un gran éxito no sólo en la India, sino también en la antigua Unión Soviética y en China, despierta el debate entre naturaleza educación, ya que padre e hijo en la vida real (Prithviraj Kapoor y Raj Kapoor, respectivamente) interpretan los papeles de un juez y su hijo delincuente, Raj, que busca vengarse de la injusticia que su padre cometió con su madre y se enamora de la protegida de su padre, Rita (Nargis).

La secuencia de la pesadilla es el gran número de la película. Son 12 minutos de metraje que, según cuentan, tardaron tres meses en rodar, costó una cantidad considerable de dinero y se añadió en el último momento como atracción principal del largometraje. Aparecen unos bailarines entre las nubes que probablemente estén en el cielo, donde hay imágenes de diferentes dioses y Rita canta una canción de amor, «Tere bin aag yeh chaandni» («Sin ti la luz de la luna es como fuego»). Raj aparece entonces en el infierno y expresa su deseo de amor cantando. Mientras va subiendo entre las nubes con el sonido de «Om namah Shivaya» («Homenaje al dios Shiva»), Nargis se inclina para agarrarlo de la mano y llevarlo al cielo. Ella canta «Ghar aaya mera pardesi» («Mi extranjero ha llegado a casa») y luego sube por una escalera de caracol seguida por Raj. Juntos caminan por una carretera llena de curvas cuando, de pronto, aparece el padre adoptivo de Raj en forma de gigante y con un cuchillo. Rak cae de nuevo al infierno mientras grita «Rita», y entonces se despierta gritando: «¡Mamá, sálvame!».

La secuencia condensa los temas principales de la película en un sueño sobre el amor, la religión, las mujeres, la maternidad, el castigo y el crimen, y nos enseña cómo, en el cine indio, todos esos elementos se plasman en las canciones, los bailes y la vistosa puesta en escena.

Rachel Dwyer

Fecha 1951

Nacionalidad India

Director Raj Kapoor

Reparto Raj Kapoor, Nargis, Prithviraj Kapoor

Por qué es clave
Se trata de uno de los grandes números del cine indio, con sus extraordinarias estrellas, su decoración, su música y sus magníficas imágenes.

Escena clave **Maddalena pide ayuda** *Bellísima*

Cuando dicen que Anna Magnani era una verdadera fuerza de la naturaleza, tienen razón a medias. Como algunos otros grandes actores (Albert Finney es el primero que viene a la cabeza), Magnani parecía tener acceso inmediato a sus emociones, a todas ellas y en cualquier momento. Cuando uno la ve actuar, nunca se siente tentado de evaluar su técnica vocal o física, las adiciones deliberadas de alguna historia subyacente o la utilización de la memoria sensorial de la que hacen gala algunos intérpretes. La inmediatez de Magnani da la impresión de ser totalmente espontánea, pero pensar tal cosa, es tan erróneo como confundir a Próspero con la tempestad.

Sin embargo hay un momento extraordinario que quizá sea el mejor de toda su carrera, un instante en el que Magnani sí dejó fluir su talento de manera completamente intuitiva e imprevista. Sucede al final de *Bellísima*, en la que Magnani interpreta a Maddalena, una futura madre perteneciente a la clase obrera romana. Para la escena, tenía que sentarse sola en un banco y dejar que la desesperación se apoderase de ella mientras pensaba en el fracaso de los planes y las esperanzas del personaje. Eso era algo que la actriz sabía hacer muy bien. Con esa asombrosa habilidad para hacer aflorar sus emociones, Magnani pasó por todas y cada una de las fases que atravesaría una mujer obstinada, fuerte e insensata al venirse abajo.

De pronto salió de su garganta un grito que no figuraba en el guión: «Aiuda!» («¡Ayuda!»). ¿A quién pedía ayuda Maddalena? A nadie y al mundo entero. ¿Qué respuesta obtuvo? Ninguna. Ni a los más brillantes guionistas, y Luchino Visconti tenía varios, se les habría ocurrido nunca un arrebato tan irracional y perfecto. Hacía falta ser una verdadera fuerza de la naturaleza.

Stuart Klawans

Fecha 1951

Nacionalidad Italia

Director Luchino Visconti

Reparto Anna Magnani

Título original *Bellissima*

Por qué es clave En la que probablemente sea la mejor de sus grandes interpretaciones, Magnani responde a su reputación de ser la actriz más intuitiva de la pantalla.

Acontecimiento clave **Primera edición de *Cahiers du cinéma***

Cuando los críticos literarios leyeron en la biografía de Godard escrita por Colin MacCabe que *Cahiers du cinéma* era «la publicación cultural más relevante del siglo veinte», no tardaron en echarse sobre él tachándolo de exagerado. Pero lo cierto es que hay una crítica cinematográfica antes del nacimiento de *Cahiers du cinéma* y otra después. Y a causa del tremendo impacto de la *nouvelle vague*, que surgió de sus páginas, hay una cultura visual anterior (y también un análisis de dicha cultura) y posterior a *Cahiers du cinéma*.

La figura que presidía la revista era André Bazin, trabajador incansable del movimiento de cineclubs de la Francia de posguerra, que también colaboró con *Revue du cinéma* y otras publicaciones. Cuando murió el editor de *Revue*, Jacques Doniol-Valcroze y Bazin buscaron financiación y, en abril de 1951, empezaron a publicar *Cahiers du cinéma*. La revista contrató a jóvenes escritores de los boletines de prensa de los cineclubs, asiduos de la *Cinémathèque française* que luego formarían el núcleo de lo que sería la *nouvelle vague* francesa: Eric Rohmer, Jacques Rivette, François Truffaut, Claude Chabrol y Jean-Luc Godard. Todos ellos se decantaban por Rossellini y por las películas de género de Hollywood antes que por la «calidad», que, según decían, estaba atrofiando el cine francés.

A diferencia de los críticos de cine actuales, estos escritores no se quejaban por su falta de poder. Defendían las películas que les gustaban y vilipendiaban las que detestaban. Para ellos la crítica de cine era confrontación y su objetivo era cambiar la manera en la que se veían y se hacían las películas. La polarizada «teoría de autor» de la revista fue atacada con la vehemencia que anuncia un gran avance artístico. Y hacia el final de la década, llegaron las primeras películas del grupo.

A. S. Hamrah

Fecha Abril de 1951

Por qué es clave
El nacimiento de la revista supuso un auténtico cambio en la manera de hacer y de ver películas.

Acontecimiento clave **Proyección de *Traité de bave et d'eternité* en Cannes**

En abril de 1951 ocurrió un acontecimiento clave en la historia del cine de vanguardia, y el escenario de dicho acontecimiento fue el Festival de Cine de Cannes. Un joven artista llamado Isidore Isou presentó allí su primera película, *Traité de bave et d'eternité* (*Tratado de baba y eternidad*), en un acto al margen de la competición. El enfoque artístico de Isou, respaldado por una elaborada e innovadora filosofía teórica, se bautizó con el nombre de letrismo y su principal herramienta era el «cincelado reconstructivo»: en opinión de Isou, el cine, como cualquier otra forma artística establecida, había llegado al fin de su fase expansiva y ahora sólo servía para ser deconstruido progresivamente, fotograma a fotograma, sílaba a sílaba, letra a letra. La obra fue una provocación en la que se presentaban puntos de referencia familiares para el espectador (las calles de París o rostros famosos como el de Jean Cocteau) y luego se hacían pedazos: las imágenes se colocaban del revés, sonaba una disparatada «poesía sonora» (una especialidad del letrismo) que no encajaba en absoluto con lo que se veía, unas displicentes imágenes vacías de argumento. Pero el gran golpe de Isou llegó de forma accidental: el laboratorio no había terminado de unir los elementos sonoros y visuales, por lo que toda la segunda hora de la película era sólo sonido sobre una pantalla en negro. El público protestó sonoramente, pataleando, y la proyección pronto se convirtió en un momento mítico. La última frase de la película, una cita de Nietzsche, parecía predecir la propia leyenda de la obra, así como la mala fama de su incansable autor: «Hay que llevar dentro el caos si queremos dar a luz a una estrella danzante». El *Tratado* está decicado a «Griffith, Chaplin, Clair, Von Stroheim, Flaherty, Buñuel, Cocteau».
Adrian Martin

Fecha Abril de 1951

Por qué es clave «Hay que llevar dentro el caos si queremos dar a luz a una estrella danzante».

1950–1959

Escena clave **Todo el mundo duerme** *El río*

SPOILER

El río de Renoir elige la relación, la fluidez y la expansión emocional por encima de la fuerza de la narrativa. La lógica de tal elección se hace conmovedoramente clara durante uno de los grandes interludios líricos de la película. Una tarde, varios miembros de una familia propietaria de una fábrica de tejidos de yute, en la India, se echan una siesta. Renoir une a cada una de las personas que andan dispersas por diferentes estancias de la casa, pasando de una a otra mediante fundidos encadenados. En todas las tomas, la cámara hace un trávelin para entrar o salir, con lo que la secuencia completa crea la impresión de estar ante un movimiento continuo y fluido que lleva consigo a los que están durmiendo. No se trata de un movimiento en cualquier dirección, es más bien como la respiración, o como la marea que sube y baja (para relacionar la secuencia con la metáfora del agua, que domina durante toda la película).

La siguiente escena nos descubre que, mientras todos duermen plácidamente, el miembro masculino más joven de la familia (Foster), desafiando las continuas advertencias de sus mayores de que no se acercara demasiado a un árbol en el que vive una cobra, se acerca al árbol y muere víctima de la mordedura de la serpiente. Eclipsada por el estado de inconsciencia de los que dormían, obviada por la fluidez de la secuencia anterior, la muerte del muchacho tiene lugar lejos de la cámara, ante la única presencia de otro niño (Barik), que no hablará de ello. La muerte ha golpeado en un momento muy preciso, pero en la película nunca se sabe exactamente cuándo ha sido y, en cierto sentido, nunca ha sucedido, puesto que tiene lugar durante un momento de duración infinita.
Chris Fujiwara

Fecha 1951

Nacionalidad Estados Unidos/India

Director Jean Renoir

Reparto Patricia Walters, Nora Swinburne, Suprova Mukerjee, Richard R. Foster, Nimai Barik

Título original *The River*

Por qué es clave Este magnífico interludio lírico plantea una paradoja sobre el tiempo cinematográfico.

Escena clave **Alguien reconoce al asesino** *Der Verlorene*

Es la película más sentida del cine de posguerra alemán la única que dirigió Peter Lorre, que volvía 16 años después de huir de los nazis para retomar su carrera en su país después de que ésta hubiera empezado a decaer en el exilio de Hollywood. *Der Verlorene* (*El hombre perdido*) cuenta la historia de un científico (interpretado por Lorre), cuyos asesinatos en serie fueron encubiertos por el régimen de Hitler para proteger una investigación secreta. La película es un ejemplo único de exorcismo bifurcado: la amarga alegoría de la culpa alemana con respecto a la guerra resulta inconfundible, pero la historia es también un cuento trágico de los intentos fallidos de Lorre por escapar del horror del encasillamiento que sufría en Hollywood desde que, 20 años antes, realizara la impresionante interpretación del asesino de niños en el clásico de Fritz Lang *M, el vampiro de Düsseldorf*. El antihéroe de *Der Verlorene* es también un monstruo trágico. El momento de la verdad llega para él en una escena de suspense que tiene lugar en una escalera vacía, cuando una prostituta observa sus inconfundibles rasgos y exclama: «*Totmacher!*», una memorable palabra, algo extraña, para decir *asesino* en alemán. No menos extraño, memorable e intenso es el estilo de toda la película, un choque entre el expresionismo de preguerra de *M* y el naturalismo de posguerra. Esta incómoda obra maestra se estrenó en un momento en que no sentirse reconciliado con el pasado no era una opción, por lo que murió en las taquillas alemanas y apenas se conoce fuera de allí. Sin embargo, recibió dos claros y sentidos homenajes de dos grandes y controvertidos directores, Romuald Karmakar, que en 1996 tituló *Der Totmacher* a su obra sobre un asesino en serie, y el maestro de la vanguardia austríaca Kurt Kren, que también había vivido exiliado en Estados Unidos durante años, y que utilizó otro extracto del diálogo de *Der Verlorene* para su cortometraje de 1995 *Tausendjahrekino*.
Christoph Huber

Fecha 1951

Nacionalidad Alemania

Director Peter Lorre

Reparto Peter Lorre, Gisela Trowe

Título original *Der Verlorene*

Por qué es clave
Este momento condensa la tragedia de su estrella, y director en una sola ocasión, el apreciado y genial Peter Lorre.

Escena clave **Recuperar el encendedor** *Extraños en un tren*

El encendedor, un objeto simbólico que acaba resultando fundamental en la trama, aparece por primera vez a los diez minutos del comienzo del magistral *thriller*, que mantiene la premisa principal y el trasfondo gay de la novela original de Patricia Highsmith, a pesar de las variaciones añadidas por Hitchcock. Guy (Granger) es un jugador de tenis profesional que se encuentra en el mismo compartimento de tren que Bruno (Walker), un excéntrico admirador que enseguida comienza una conversación íntima con él. Consciente de que Guy quiere divorciarse para poder casarse con la hija de un senador, Bruno le sugiere que intercambien sus posibles asesinatos: Bruno matará a la esposa de Guy si él mata al padre de Bruno. Guy se marcha apresuradamente, alterado por tal proposición, pero se deja un mechero que Bruno se guarda de inmediato. Se trata de un regalo de su novia, Ann, y lleva una inscripción, «A para G», junto a dos raquetas de tenis cruzadas, un claro símbolo del plan cruzado de Bruno.

Bruno cumple con su parte del trato y tiene intención de incriminar a Guy dejando el mechero en la escena del crimen, pero de camino allí, se le cae el mechero en una alcantarilla y ha de recuperarlo. En ese momento, Guy está jugando un partido de tenis que tiene que ganar si quiere detener a Bruno.

Hitchcock genera suspense alternando las imágenes de ambos hombres: Bruno estirando el brazo dentro de la oscura alcantarilla y Guy lanzándose a por cada bola en la soleada pista de tenis. En esta lucha entre el «id» y el superego, Hitchcock, como de costumbre, complica el proceso de identificación del espectador. Sin darse cuenta, el público anima al villano para que consiga alcanzar el mechero que necesita para incriminar al héroe, una respuesta que da fe de la tremenda complejidad de la interpretación de Walker y de la falsa y maliciosa ingenuidad del cine de Hitchcock.
Dennis Lim

Fecha 1951

Nacionalidad Estados Unidos

Director Alfred Hitchcock

Reparto Robert Walker, Farley Granger

Título original *Strangers on a Train*

Por qué es clave
Esta escena llena de suspense es un clásico ejemplo del genio con el que Hitchcock manipulaba al espectador.

Pág. anterior *Extraños en un tren*.

Escena clave **El asesino es «sólo un niño»** *La casa en la sombra*

La casa en la sombra es una de las películas en blanco y negro más hermosas que se hicieron en Hollywood. Este drama de policías corruptos traza el mapa de la odisea geográfica, psicológica y moral que lleva a cabo Jim Wilson (Ryan), un agente solitario, reprimido y brutalmente eficiente, desde las duras calles de una ciudad del nordeste de Estados Unidos hasta una comunidad rural, en muchos aspectos más salvaje que la ciudad, angustiada por el asesino –quizá sexual– de una niña. Una de las subtramas se centra en la relación de Wilson con Mary (Ida Lupino), una mujer ciega, de carácter protector, que además es hermana del inmaduro asesino Danny (Williams). Aquí Ray mantiene un ritmo lleno de suspense y, la mayor parte del tiempo, carente de sentimentalismos.

Cuando Wilson y Walter Brent (Bond) –el padre de la chica muerta, que en todo momento jura que le va a llenar el estómago de balas al asesino olvidándose de la ley– persiguen al muchacho por un acantilado hasta que éste resbala y se precipita, no sólo el policía se da cuenta de que su vengativo álter ego ha ido demasiado lejos: también el espectador debe reconsiderar las ideas preconcebidas que tenía sobre el asesino. Aunque con retraso, Brent se da cuenta de que el hombre al que trataba de atrapar –la gran banda sonora de Bernard Herrmann realza la injusticia de una persecución totalmente desequilibrada– era «sólo un niño», y lo lleva cual *pietà* por la nieve hasta llegar a un pequeño pueblo. Pero, tal como le pregunta Mary a Wilson: «¿De qué sirve?». A menudo la ética de disparar antes de preguntar que propugnaban las películas estadounidenses desemboca en grandes errores y tragedias. Ray sabía lo fácil que era que el sueño americano se convirtiese en pesadilla, y aquí se lamenta de que se hayan impuesto el miedo, que desencadena la violencia, y el fin de la confianza y la inocencia.

Geoff Andrew

Fecha 1951

Nacionalidad Estados Unidos

Director Nicholas Ray

Reparto Robert Ryan, Ward Bond, Summer Williams

Título original *On Dangerous Ground*

Por qué es clave
Lírica y redentora, es una muestra inusual de cómo el cine de Hollywood abandona la noción simplista de «mal» para adentrarse en algo más complejo e inquietante.

Acontecimiento clave ***Rashomon* gana el León de Oro del Festival de Cine de Venecia**

En septiembre de 1951, Akira Kurosawa fue galardonado con el León de Oro a la mejor película en el Festival de Cine de Venecia por su cinta *Rashomon* (1950), un premio que atrajo de pronto la atención mundial hacia el cine japonés. Hasta entonces, se habían visto muy pocas películas japonesas en Occidente, pero *Rashomon* viajó por todo el mundo impulsada por el premio y ayudó a que el nombre de Kurosawa se hiciera conocido en Occidente. La película posee una estructura audaz e inusual que para muchos espectadores suponía un desafío: el centro de la trama lo ocupa una historia de violación y asesinato que se cuenta cuatro veces, cada una de ellas narrada por un implicado distinto y desde una perspectiva también distinta. El estudio japonés encargado de la película, Daiei, tenía poca fe en ella, y a duras penas accedió a que participara en la competición de Venecia. El premio supuso una sorpresa no sólo para Daiei, sino también para el sistema cinematográfico en general. La industria japonesa respondió con una oleada de películas pensadas específicamente para lo que creían que era los gustos occidentales, en especial dramas «históricos», como la exótica *La puerta del infierno* (1953), dirigida por Teinosuke Kinugasa. Kurosawa, sin embargo, continuó con su cine idiosincrásico y pronto confirmó su reputación internacional con verdaderas obras maestras como *Los siete samuráis* (1954) y *Trono de sangre* (1957). En definitiva, el premio del festival de Venecia colocó al cine japonés en el mapa mundial y, a partir de entonces, las obras de algunos directores japoneses (Ozu, Mizoguchi, Ichikawa y otros) se convirtieron en habituales de la programación de los festivales.

Andrew Pike

Fecha Septiembre de 1951

Por qué es clave
El galardón hizo que Occidente abriera los ojos al cine japonés.

Pág. siguiente *Rashomon*.

Acontecimiento clave
Elia Kazan da nombres

Durante parte del tiempo que estuvo con The Group Theatre, en la década de 1930, Elia Kazan perteneció a la unidad del Partido Comunista de la compañía teatral. En 1952, Kazan había alcanzado un gran éxito como director de obras de Broadway y con el estreno de *Un tranvía llamado deseo*, había entrado a formar parte de los grandes directores de Hollywood. Al testificar sobre sus actividades en el partido ante el Comité de Actividades Antiamericanas (HUAC), el 14 de enero, Kazan se negó a identificar a otros miembros del partido, a pesar de que se sabía que el ritual de denuncia era requisito imprescindible para los antiguos comunistas que no quisieran perder su trabajo en Hollywood. En una segunda comparecencia, que tuvo lugar el 10 de abril, Kazan rectificó dicha omisión y dio los nombres de ocho miembros de la unidad del Partido Comunista de The Group, así como los de otros miembros del partido. Dijo además que su primera negativa había sido un «error... porque el secretismo favorece a los comunistas y eso es exactamente lo que ellos quieren». El 12 de abril, Kazan explicó las razones que lo habían llevado a testificar, y lo hizo en un anuncio pagado en el *New York Times*. Dijo que las actividades comunistas suponían una amenaza para «el estilo de vida» estadounidense y calificó de «mentira» el argumento de que sacar a la luz a los comunistas estadounidenses fuera un ataque a los derechos civiles.

El testimonio ante el HUAC y el anuncio del *New York Times* le granjeó a Kazan la reprobación de gran parte de la izquierda. En 1999, se le concedió un Óscar por toda su trayectoria profesional que fue recibido con protestas, cuya escala y vehemencia, junto a la atención que recibió de los medios de comunicación, demostró la importancia que tuvo la «caza de brujas» contra el comunismo en la industria del cine.

Chris Fujiwara

Fecha 10 de abril de 1952

Por qué es clave Kazan se convirtió en la encarnación del informante delator durante la «caza de brujas» de Hollywood contra el comunismo.

Diálogo clave **La frontera entre el teatro y la vida** *La carroza de oro*

Camilla (Magnani) se encuentra entre la espada y la pared, pues tiene que decidir entre su amor por el teatro y tres hombres: Felipe (Campbell), al que conoció durante su viaje de Italia a Perú; el poderoso y cortés virrey (Lamont), que le ha prometido una carroza de oro, y el apuesto torero Ramón (Rioli). La actriz se desespera y le pregunta al virrey (y a sí misma) por qué tiene tanto éxito en el escenario y tan poco en la vida: «¿Dónde está la verdad? ¿Dónde termina el teatro y empieza la vida?», pero entonces la interrumpen los otros dos pretendientes, que se descubren el uno al otro escondidos en habitaciones cercanas, como si de una obra de teatro se tratara, y empiezan a pelearse de verdad, lo que provoca un escándalo que obliga a Camilla a tomar una decisión.

Hacia el final de esta farsa seria (o tragedia alegre), Camilla está a punto de renunciar a las ambiciones mundanas y refugiarse en la ilusión del teatro, menos arriesgada y caótica. El viejo director de la compañía de la *commedia dell'arte*, Don Antonio (Spadaro), la anima:

–No pierdas el tiempo en la supuesta vida real... Felipe, Ramón o el virrey... ¿Los echas de menos?

–Un poco.

Ésa es la respuesta tenue y melancólica de Camilla al darse cuenta de que no puede vivir entre ambos extremos, sino que debe elegir uno y por tanto, lamentablemente, perder el otro. Renoir siempre reflexiona sobre los grandes dilemas de la vida con la máxima sencillez.

Miguel Marías

Fecha 1952

Nacionalidad Francia/Italia

Director Jean Renoir

Reparto Anna Magnani, Duncan Lamont, Paul Campbell, Riccardo Rioli, Odoardo Spadaro

Título original *La carrosse d'or/La carrozza d'oro*

Por qué es clave
Este momento demuestra que el artificio y el teatro pueden llevar a la verdad y al cine, pero todos debemos tomar partido.

Escena clave **Una catástrofe espectacular** *El mayor espectáculo del mundo*

Ataviados con ropa de llamativos colores (morado, fucsia, naranja y azul), los valientes artistas de circo luchan contra las fuerzas más oscuras y los caprichos del destino para poner en marcha su espectáculo cada día. El Technicolor de esta película es uno de los más impresionantes de la década de 1950; en ella se utilizaron escenarios reales del circo de los hermanos Rangling, Barnum y Bailey, y además cuenta con un reparto plagado de estrellas. El director del circo, Brad, tiene una pelea con unos mafiosos que quieren entrar en el compartimento. La compañía se traslada de noche en un tren que los lleva al siguiente lugar donde tienen que actuar, pero la pelea con los villanos provoca un tremendo accidente, uno de los primeros ejemplos del cine de catástrofes. La saturación de colores, la combinación de tomas modelo y secuencias de acción, y la introducción de animales entre tanta destrucción, dieron como resultado una secuencia visualmente deslumbrante. Vagones destrozados amontonados, personal herido, supervivientes yendo de un lado para otro con nerviosismo (y, aun así, igualmente guapos con su ropa de dormir), animales huidos de las jaulas que se pasean por el caos: todo está compuesto con elegancia y coreografiado teniendo en cuenta la acción, la trama, las posibles insinuaciones y el color, todo al mismo tiempo. El accidente sirve también como momento clave de la historia. Buttons, el payaso (Stewart), ocultaba un pasado secreto y oscuro en el que fue médico. Al ver a su amigo Brad malherido y quizá a punto de morir, deja a un lado sus planes de escapar y vuelve a la familia del circo, donde muestra su verdadero talento. Quizá ahora lo detengan por el crimen que ha estado ocultando, pero en todo caso el espectáculo debe continuar.

Murray Pomoranco

Fecha 1952

Nacionalidad Estados Unidos

Director Cecil B. DeMille

Reparto Charlton Heston, James Stewart

Título original *The Greatest Show on Earth*

Por qué es clave
Se trata de una brillante muestra de espectáculo en pantalla Technicolor.

Acontecimiento clave **El fallo del Tribunal Supremo en el caso de *Il miracolo***

Hasta el histórico fallo del Tribunal Supremo de Estados Unidos con respecto a *Il miracolo*, no se creía que las películas tuvieran derecho a estar protegidas por la Primera Enmienda: implícitamente, el cine se consideraba una especie de atracción de feria, no un arte legítimo.

Il miracolo (1948) de Roberto Rossellini, el cortometraje que dio pie a la decisión del Tribunal Supremo, no era en absoluto pornográfico y, a pesar de la furia con la que la Iglesia católica estadounidense respondió al estreno, podría haberse catalogado como arte devoto. Sin embargo, la conmovedora fábula de una campesina (magistralmente interpretada por Anna Magnani), que se convence de que el hombre que la ha dejado embarazada es la reencarnación de san José, creó un enorme revuelo en Estados Unidos de posguerra. La película se había estrenado en Italia en 1948 sin que la Iglesia dijera nada, pero cuando se proyectó en Nueva York Edward T. McCaffrey, comisario de licencias de la ciudad, condenó el filme por «blasfemo». Si bien la unión de McCaffrey con la Legión por la Decencia –una organización dominada por católicos– posibilitó la intervención de unos ineptos censores, el tribunal del estado de Nueva York no tardó en invalidar una prohibición que era claramente ilegal. Además de conferir al cine una nueva respetabilidad, esta decisión abría una nueva era en la que los organismos de control conservadores tendrían más dificultades para eliminar películas controvertidas (muchos descendientes de dichas organizaciones siguen intentando prohibir filmes). Desgraciadamente, a menudo se olvida la película que dio lugar a tanto revuelo, una obra que, en opinión del crítico Peter Brunette, es reverente de un modo poco convencional y, al mismo tiempo, muy crítica con la «religión convencional».

Richard Porton

Fecha 26 de mayo de 1952

Por qué es clave Este caso ayudó a reducir la rígida censura cinematográfica reinante en Estados Unidos.

Escena clave **Georgia se pone nerviosa al volante** *Cautivos del mal*

Georgia Lorrison (Turner), hija alcohólica de un galán ya muerto, ha dejado atrás una triste existencia y se ha transformado en estrella de cine con su primera actuación. Todo se lo debe al visionario productor Jonathan Shields (Douglas), de quien se ha enamorado. Tras marcharse de la fiesta del estreno con una botella de champán, Georgia va a buscar a Shields a su lujoso refugio. Éste le dice que se ha ido a casa porque quería estar solo con su depresión «post-película». Georgia descubre la verdad cuando la sombra de la modelo (Stewart), que lo espera arriba, pasa por su cara, en una imagen que recuerda a Murnau. A Jonathan no le basta con haber traicionado a Georgia, también la reprende por sentir lástima de sí misma y paga con ella y con su vulnerabilidad el odio que en realidad siente hacia sí mismo. Ella sale corriendo, se sube al coche y conduce hasta la carretera. La cámara de Minnelli está dentro del coche con ella y –asombrosamente– sigue grabando con firmeza mientras ella se pone cada vez más histérica. Otros coches le pitan y las luces de los que vienen de frente inundan el interior del vehículo, pero Georgia –aterrada y llorando– no puede controlarse, ni tampoco puede controlar el coche. Es el mejor ataque de histeria de la historia del cine, que no pierde brillantez alguna por el hecho de estar rodado en estudio (el coche es en realidad un set de rodaje que se mueve de un lado a otro), ni por estar interpretado por la más hollywoodiense de todas las estrellas de Hollywood, una actriz conocida por su fría serenidad.

Chris Fujiwara

Fecha 1952

Nacionalidad Estados Unidos

Director Vincente Minnelli

Reparto Lana Turner, Kirk Douglas, Elaine Stewart

Título original *The Bad and the Beautiful*

Por qué es clave
Se trata del mejor ataque de histeria del cine.

Pág. anterior *Cautivos del mal.*

Acontecimiento clave **3D: El cine entra (brevemente) en la tercera dimensión**

La primera producción en 3D de Hollywood, la película de aventuras de 1952 *Bwana Devil* (*Bwana, diablo de la selva*) fue todo un éxito a pesar de las terribles críticas que recibió. El motivo del éxito fue la emoción de una experiencia nueva: imágenes en movimiento y con profundidad, con elementos visuales que parecían salirse de la pantalla. Los estudios enseguida empezaron a pelearse por sacar provecho del hallazgo, encabezados por Columbia, que en abril de 1953 estrenó *Man in the Dark* (*El hombre de las tinieblas*) y *Los crímenes del museo de cera*.

El ser humano aprecia la profundidad de los objetos a través de la corteza visual, que interpreta las imágenes en dos dimensiones que le llegan con la vista –ligeramente diferentes la de un ojo de la del otro– como una sola imagen tridimensional. Las imágenes planas reproducen dicho efecto cuando las dos retinas del espectador ven dos imágenes casi idénticas que imitan lo que ocurre con los ojos. Ya a finales del siglo XIX se comenzaron a realizar experimentos con películas en 3D, pero ninguno llegó a nada serio hasta los cincuenta, cuando la competencia de la televisión obligó a Hollywood a buscar espectáculos que los humildes tubos de televisión no pudieran ofrecer.

La edad de oro del 3D terminó bruscamente alrededor de un año después de haber comenzado. Se trata de un formato bastante engorroso, pues se necesitaban dos proyectores perfectamente sincronizados y unas ridículas gafas. Pocos cineastas con mentalidad artística le han encontrado valor estético, al margen de Alfred Hitchcock, que lo utilizó con gran ingenio en su *thriller* de 1954, *Crimen perfecto*. Su legado sobrevive en las pantallas IMAX, en ocasionales estrenos novedosos y en el trabajo de vanguardistas como Ken Jacobs, cuyo Nervous System ofrece algo aparentemente imposible: la visión en 3D por un solo ojo.

David Sterritt

Fecha 26 de noviembre de 1952

Por qué es clave
El breve entusiasmo que mostró Hollywood por los efectos en tres dimensiones produjo películas tan dispares como el musical de 1953 *Bésame, Kate* y *La mujer y el monstruo* (1954), que dan fe del deseo por parte de la industria del cine de recuperar audiencia con espectáculos que la televisión no podía ofrecer.

Escena clave **Unos pasos unen pasado y presente bajo el sol** *Vida de Oharu, mujer galante*

La novela picaresca de Saikaku sobre los reveses de la fortuna que sufre una mujer en determinados momentos de su vida se transformó, en la película de Mizoguchi, en algo espiritual. Hay una secuencia en la que dicha espiritualidad se revela con una efectividad muy poco habitual. En un punto bastante avanzado de la historia, Oharu (Tanaka) se ha visto obligada a tocar el *samisen* y a mendigar. La vemos sentada frente a una puerta y, en una toma más cercana, algo hace que se ponga en pie y se dirija hacia la izquierda, donde comienza a subir una pequeña pendiente; es entonces cuando vemos qué es lo que ha motivado que se levantara: la comitiva de su hijo (a quien dio a luz para entregárselo a un señor antes de que la expulsaran de la corte). Oharu ve a su hijo fugazmente y luego la cámara cambia de dirección para seguirla caminando, dándole la espalda al lugar en el que estaba sentada junto a la puerta. Hay sólo nueve tomas desde la primera imagen hasta la última, de una secuencia de cinco minutos de duración,y la última de ellas (de unos dos minutos) es especialmente hermosa: la cámara sigue sus movimientos durante la mitad de la toma, luego se detiene cuando Oharu se para también y se echa a llorar, en un momento de exquisita contención. La inesperada materialización del pasado de Oharu en mitad de su presente resulta mágica, y Mizoguchi la lleva a la perfección con su manejo de la cámara y de la composición fija, y con la sutileza de la luz y la sombra, del sonido (no hay diálogo) y de las expresiones y movimientos de Tanaka. Al mismo tiempo, la elocuencia de todos esos elementos convierten a la protagonista en una figura trascendente.

Blake Lucas

Fecha 1952

Nacionalidad Japón

Director Kenji Mizoguchi

Reparto Kinuyo Tanaka

Título original *Saikaku ichidai onna*

Por qué es clave
El detallado viaje de una heroína memorable se eleva gracias a un instante que revela con especial agudeza el arte y la consumada maestría de Mizoguchi en los planos largos.

Escena clave **Don canta y baila bajo la lluvia** *Cantando bajo la lluvia*

Don Lockwood (Kelly) se despide de Cathy (Debbie Reynolds) en la puerta de su casa con un beso. Está tan contento que no le importa que esté diluviando, no necesita el taxi ni el paraguas con el que juega todo el tiempo, sin darle nunca el uso esperado. La escena, que fue montada con el material obtenido en diez tomas, transmite tal sensación de continuidad que tenemos la impresión de que sea una sola toma móvil gracias a los cortes «invisibles» conseguidos mediante diferentes tipos de tomas, la fotografía, la música, el ritmo, los movimientos y los gestos del actor, bailarín y cantante, que, ajeno a la realidad, parece encontrarse en una burbuja de felicidad contagiosa, mientras trota por la calle, juega con las farolas, pasa por varios escaparates y se cruza con peatones apresurados y empapados, e incluso con un policía que, seguramente, duda de su cordura.

Esta loca explosión de euforia, alegría y felicidad es una de las cimas del musical clásico de MGM de los años cincuenta y supuso una efímera revolución en el género: en lugar del típico escenario, los personajes expresaban sus sentimientos en el entorno diario y mediante bailes y canciones aparentemente espontáneos, primero algo estilizados y después cada vez más exagerados, hasta que se apartan de la realidad y alcanzan un glorioso éxtasis.

Miguel Marías

Fecha 1952

Nacionalidad Estados Unidos

Directores Gene Kelly y Stanley Donen

Reparto Gene Kelly

Título original *Singin' in the Rain*

Por qué es clave
Este número musical plasma el estilo «natural» del equipo de Arthur Freed en MGM y representa la máxima expresión de la alegría en el cine.

Pág. siguiente *Cantando bajo la lluvia*.

THOSE WEDDING BELLS ARE RINGING FOR THAT "BORN YESTERDAY" GIRL!
COLUMBIA PICTURES presents
JUDY HOLLIDAY
The Marrying Kind
introducing ALDO RAY
Written by RUTH GORDON and GARSON KANIN

Escena clave **El espectáculo de marionetas** *Totò a colori*

¿Y si el mejor poeta del mundo escribiera en un idioma misterioso hablado tan sólo por una pequeña minoría de personas? La pregunta –provocadoramente planteada por Jorge Luis Borges– podría aplicarse perfectamente a las películas de Totò (Antonio de Curtis), que trasladó a la pantalla su experiencia como cómico de vodevil en más de un centenar de títulos entre 1937 y 1967. Su atractivo artístico traspasaba fronteras generacionales: la televisión italiana sigue emitiendo sus películas de manera regular; muchas de sus bromas han pasado a formar parte del lenguaje habitual, y hay muchos que lo consideran el mejor actor cómico de la historia del cine (sí, por encima incluso de Chaplin y Keaton). Evidentemente, no hay manera de dilucidar tal cuestión, pues los gags de Totò sólo pueden entenderse en su idioma; hay algunos que son imposibles de traducir. Pier Paolo Pasolini, primer director de cine de autor que comprendió el alcance universal del genio de Totò, lo incluyó en *Uccellacci e uccellini* (1966) y en el sublime cortometraje *La terra vista dalla luna* (1967).

Totò a colori está considerada la obra maestra de Totò, un ejercicio deslumbrante y surrealista del lenguaje corporal. Los directores que trabajaron con él solían decir que no tenían que hacer mucho más aparte de poner la cámara en marcha; él hacía todo lo demás. En esta escena lo vemos en una persecución en la que se esconde de los que lo persiguen disfrazándose de marioneta de madera. Una vez concluido el espectáculo, su cuerpo cae como si realmente fuera una marioneta, en un testimonio conmovedor y reflexivo sobre la naturaleza de la interpretación.

Paolo Cherchi Usai

Fecha 1952

Nacionalidad Italia

Director Steno (Stefano Vanzina)

Reparto Totò, Isa Barzizza, Franca Valeri

Por qué es clave El arte autóctono traspasa las barreras del idioma.

Escena clave **Un recuerdo tremendamente doloroso** *Chica para matrimonio*

SPOILER

En el punto álgido de su carrera, Cukor colaboró en varias películas con los escritores Garson Kanin y Ruth Gordon, y entre dichos títulos se incluye esta historia perspicaz y hermosa sobre la pareja formada por Chet (Ray) y Florence Keefer (Holliday), que recuerda ciertos momentos de su matrimonio ante una simpática juez del tribunal de divorcios (Kennedy). Durante una hora, la historia, aun sin perder seriedad y realismo, se decanta por la comedia, pero entonces llega la tragedia: el hijo de la pareja muere ahogado de manera accidental durante un picnic. No hay nada más impresionante en el cine que este tipo de cambios de tono, algo que aquí se consigue con un efecto de gran contundencia basado en la dirección de Cukor. La muerte de Joey se evoca en siete tomas bastante breves, y antes y después de ellas hay dos tomas muy largas, de casi dos minutos cada una. La primera cierra el tono que ha dominado la primera hora de película, con Chet y Florence en su época más feliz y relajada, físicamente cercanos durante unos minutos, antes de que él se tumbe y ella se siente encima para tocar el ukelele y cante «Dolores». En el otro extremo hay un rápido encadenado a la sala del tribunal, donde de pronto Florence se echa a llorar angustiada y después Chet, al que vemos destruido, se aparta de ambas mujeres mientras habla y luego vuelve a acercarse a ellas. No es únicamente la magnífica interpretación de los actores ni la puesta en escena, ni la lástima que sentimos por la pareja lo que hace que la transición sea magnífica, sino la duración y la distancia entre ambas tomas, que muestran lo rápido y repentinamente que puede cambiar la vida.

Blake Lucas

Fecha 1952

Nacionalidad Estados Unidos

Director George Cukor

Reparto Judy Holliday, Aldo Ray, Madge Kennedy

Título original *The Marrying Kind*

Por qué es clave Uno de los ejemplos más magistrales sobre el cambio de tono cinematográfico, pasando de la luz a la oscuridad, sin salirse de la estructura formal del conjunto.

Pág. anterior *Chica para matrimonio.*

Escena clave **La soledad de Crusoe**
Robinson Crusoe

El propio director afirmó algún tiempo después: «lo que más me interesó de Robinson fue su absoluta soledad». Con el mismo estilo condensado y casi brutal que marca toda la adaptación de la obra de Defoe, Buñuel representó la desesperación del náufrago (precipitada por la muerte de su perro, el único acompañante que había tenido en la isla desde hacía años) en tres secuencias unidas por una voz en *off*. «Ahora verdaderamente solo» –se lamenta la sonora voz de Dan O'Herlihy–, se apresura hacia el valle del eco para gritar desde lo alto el Salmo 23 para al menos sentir el consuelo de oír la respuesta de su propia voz. El efecto reverencial que podría sugerir el pasaje de la Biblia es contrarrestado por la evidente ira de Crusoe mientras repite «mi alma» a gritos. El hecho de que el eco confirme su soledad en lugar de aliviarla se ve subrayado en la siguiente escena en la que Crusoe lee de nuevo el Salmo 23, pero apenas puede pronunciar las palabras «verdes pastos». Ahora sólo puede correr en mitad de la noche hasta el borde del mar, el límite de su prisión, y pedir ayuda agritos. En una larga toma extraordinariamente sencilla y poderosa, el náufrago se halla de pie a la orilla del mar con un paisaje de fondo hermoso y tremendamente desalentador. Con la antorcha ya consumida en el agua, Crusoe se vuelve y va directo hacia la cámara. Entonces, la imagen se vuelve negra, como si el protagonista se hubiera colado en la cámara.

Geoffrey O'Brien

Fecha 1952

Nacionalidad México/Estados Unidos

Director Luis Buñuel

Reparto Dan O'Herlihy

Título original *Robinson Crusoe/The Adventures of Robinson Crusoe*

Por qué es clave
En una película que se promocionó como entretenimiento para niños, Buñuel evoca el horror de la soledad de una manera penetrante e implacable.

Pág. siguiente *Robinson Crusoe*.

Personaje clave **Robert Mitchum**
Jeff se va a casa *The Lusty Men*

En uno de los comienzos más hermosos del cine se nos presenta a Jeff McCloud (Mitchum), un vaquero de rodeos. Con un estilo inusual, primero se sitúa al espectador mediante unas imágenes documentales de un rodeo, sin diálogos ni interacción con otros personajes. Jeff sale del rodeo herido y solo, y hace autoestop para ir a un lugar que pronto descubrimos que es el la casa de su infancia; durante un tiempo, permanece allí solo, hasta que acaba su soledad.
El tono y la textura de las imágenes de Ray son tremendamente evocadores: Jeff cruzando el ruedo cojeando al atardecer y, entre papeles que vuelan por el aire, la luz de la mañana sobre el campo mientras él camina hacia el rancho; su mirada hacia la casa desde la puerta, cuando se mete bajo la casa a buscar las cosas que dejó allí años atrás. También lo es la banda sonora: la música de Roy Webb empieza discretamente cuando Jeff sale del camión, y la melancólica melodía principal aparece por primera vez cuando se encuentra en la puerta del terreno en el que se encuentra la casa. Sin embargo el elemento más importante es Robert Mitchum, que tiene un talento inusual para saber cuánta emoción recogerá la cámara y cuánta debe transmitir él, tanto con el cuerpo como con el rostro. Las personas expresan sus emociones de un modo más discreto cuando están a solas, y en este caso la emoción es muy profunda, en especial la primera mirada a la casa y la expresión de su rostro, casi infantil, cuando observa sus cosas. Después de estas escenas comenzará un interesante drama, pero ya hemos visto lo que es en esencia está película, una reflexión sobre el ciclo de la vida.

Blake Lucas

Fecha 1952

Nacionalidad Estados Unidos

Director Nicholas Ray

Reparto Robert Mitchum

Por qué es clave
En un comienzo memorable y reflexivo, uno de los directores más grandes del cine trabaja con uno de los mejores actores para crear un complejo personaje con gran elegancia y sobriedad.

Película clave *Vivir*

Se podría afirmar de forma convincente que *Vivir*, de Akira Kurosawa, contiene dos «momentos» clave: la primera mitad del filme y la segunda mitad. Aunque hay muchas escenas, imágenes y gestos excepcionales en la obra de Kurosawa, lo más impresionante de sus películas suele ser la audacia del diseño global. A menudo se plantean mensajes banales o esquemas burdos, que acaban desapareciendo o entrando en contradicción cuando aparece la estructura global de la obra. Tanto *Vivir* como *El infierno del odio* (*Tengoku to Jigoku*) están divididas en dos partes de distinta duración: primero se centran en hombres que actúan por impulsos humanistas antes reprimidos y luego, abruptamente, los relegan a un segundo plano cuando otro grupo de personajes más amplio asume el control de la historia. La primera parte de *Vivir* sigue a un funcionario llamado Kanji Watanabe (Takashi Shimura) cuando éste descubre que se está muriendo de cáncer, y acaba con su decisión de unirse a la lucha de aquellos que piden que se haga un parque infantil en una zona deprimida de la ciudad, algo útil para la sociedad con lo que espera dar algún sentido a su vida. La segunda parte, mucho más breve, tiene lugar después de la muerte de Watanabe, y narra las diferentes respuestas a la campaña. La moralidad simplista de la decisión del protagonista resulta menos clara una vez se sitúa en un contexto más amplio, pues las escenas finales de *Vivir* dan a entender que las buenas intenciones de Watanabe han causado poco impacto en una cultura cuyos problemas están demasiado enraizados como para poder solucionarlos con reformas liberales o con la acción de individuos con buena intención.
Brad Stevens

Fecha 1952

Nacionalidad Japón

Director Akira Kurosawa

Reparto Takashi Shimura

Título original *Ikiru*

Por qué es clave
Esta película nos ofrece la mayor prueba del talento de Kurosawa para transmitir ideas desafiantes a través de audaces estructuras globales.

Pág. anterior *Vivir.*

Escena clave **La vuelta final de la rueda** *Encubridora*

SPOILER

Encubridora es un *western* inusual y, al mismo tiempo, sin pretensiones, realizado con el estilo aparentemente sencillo pero refinado, que caracterizó a Lang en su último período. Esta película es muy representativa del autor, en especial cuando los temas que trata se unen, en el desenlace, en unas cuantas imágenes. En busca de venganza por el asesinato y violación de su prometida, el vaquero Vern Haskell (Kennedy) conoce al pistolero Frenchy Fairmont (Ferrer) y a la amante de éste, la legendaria Altar Keane (Dietrich), propietaria del rancho Chuck-a-Luck, que sirve de escondite a forajidos. Tras la resolución de varias subtramas relacionadas entre sí, los tres acaban en el mismo bando durante un tiroteo contra otros forajidos, en el que Altar recibe una bala dirigida a Frenchy. Cuando ella muere, aparece un primer plano de cada uno de ellos de una tremenda expresividad, pero aún lo es más una breve y hermosa toma de los tres: en la mirada, la postura y los gestos de los personajes, se revela el profundo cambio de filosofía que experimentó Lang y que él mismo explicó hacia el final de su vida. En otra época (en sus primeras películas alemanas y estadounidenses), había creído que el destino dirigía la vida del ser humano, pero después llegó a creer que era el personaje quien elegía su destino. Altar, Vern y Frenchy lo saben al final de la película, y ésa es la clave por la que los dos hombres deciden morir también. Mientras suena la canción que se oye durante toda la historia («The Legend of Chuck-a-Luck»), vemos la última imagen. Lang utilizó de manera brillante el último verso de la canción («escucha a la rueda de la fortuna») para cuestionar su antigua filosofía de la vida y contraponerla a esta visión más madura.
Blake Lucas

Fecha 1952

Nacionalidad Estados Unidos

Director Fritz Lang

Reparto Marlene Dietrich, Arthur Kennedy, Mel Ferrer

Título original *Rancho Notorious*

Por qué es clave
Una historia atemporal de «odio, asesinato y venganza» se convierte en una reflexión extraordinariamente conmovedora sobre el eterno dilema del destino contra la voluntad.

Escena clave **Diana se pasea por la casa vacía** *Cara de ángel*

Es un elemento conocido en el cine negro. Una mujer atractiva y persuasiva entra en la vida de un hombre esencialmente bueno, aunque inestable e imperfecto, y los destruye a ambos, y por lo general también a otros. En este caso se trata de Diane Tremayne (Simmons), una niña-mujer amable y algo «Electra», aunque no tan convencional, a pesar de que la trama se desarrolle de un modo algo predecible, pero al mismo tiempo absorbente. Si bien el estilo de Preminger se caracteriza por ser agudo y detallado, aquí no parece buscar un movimiento de cámara elaborado y hermoso por sí mismo, como hizo por ejemplo en *Ángel o diablo* (*Fallen Angel*, 1945), pero cuando la película se acerca a su fin, nos encontramos con una extraordinaria secuencia de cuatro minutos: Diane se ha quedado sola en la casa en la que vive; se pasea de habitación en habitación, luego sale y entra en las dependencias que ha ocupado su ex amante, Frank (Robert Mitchum). Un movimiento de cámara repetido que la sigue del pasillo a una habitación, o al revés, se convierte en el motivo de toda la secuencia, que carece por completo de diálogo y se sostiene en la magnífica interpretación de Simmons, en la inquietante música de Dimitri Tiomkin y en la elegancia visual de Preminger. La secuencia termina con una nota lastimera, cuando Diane se despierta por la mañana, acurrucada en una silla y arropada con el abrigo de Frank. En estos cuatro minutos asistimos a la transformación de la protagonista, pues las imágenes no muestran a una asesina, sino a una mujer joven y con problemas, que despierta lástima en el espectador. En dicha transformación, la película adquiere un misterio aún más profundo sobre lo que se llega a sugerir en la historia.

Blake Lucas

Fecha 1953

Nacionalidad Estados Unidos

Director Otto Preminger

Reparto Jean Simmons

Título original *Angel Face*

Por qué es clave
Al encontrar el espacio en el que un personaje se convierte en diferente a como ha sido definido, Preminger se permite una visión inusual de lo que se consigue con la unión de lo estético y lo moral.

Escena clave **El descubrimiento de las ruinas de Pompeya** *Te querré siempre*

Una pareja inglesa viaja por Italia para solucionar ciertos problemas relacionados con la propiedad de un tío recientemente fallecido, y se ve obligada a permanecer junta en un entorno desconocido. Sin embargo, ambos se van apartando y se dan cuenta de algo que hasta entonces han estado evitando viviendo cada uno su vida por separado. Acaban de pronunciar las palabras «vamos a divorciarnos», cuando se ven obligados a aceptar ¡una invitación para ver los nuevos descubrimientos arqueológicos de las ruinas de Pompeya, la antigua ciudad romana enterrada bajo lava y ceniza a consecuencia de una erupción volcánica. La gente que está trabajando en la excavación extrae poco a poco y con extremo cuidado algo que parece un brazo, luego dos piernas y más tarde una calavera, de donde retiran la tierra con delicadeza para mostrar el molde de una cabeza desintegrada. Finalmente aparecen –como si se tratara de las imágenes de la película al revelarse– los cuerpos completos de un hombre y una mujer que murieron repentinamente mientras dormían juntos y que ahora parecen la escultura de una pareja. Vamos haciendo estos descubrimientos de manera gradual, al mismo tiempo que los dos personajes, Katherine (Ingrid Bergman) y Alex Joyce (George Sanders), por lo que compartimos, o al menos comprendemos, su reacción; ambos están impresionados, pero Katherine está tan afectada que quiere marcharse de allí. Mientras la acompaña hacia el coche, Alex admite: «A mí también me ha conmovido», un primer paso hacia el entendimiento mutuo que nos prepara para aceptar como posible la milagrosa reconciliación de la pareja.

Miguel Marías

Fecha 1953

Nacionalidad Italia / Francia

Director Roberto Rossellini

Reparto Ingrid Bergman, George Sanders

Título original
Viaggio in Italia (también conocida como *Journey to Italy, Voyage to Italy* y *Strangers*)

Por qué es clave Revela cómo el recuerdo del pasado puede conmover y afectar, actuando como un espejo, a las personas en el presente.

Acontecimiento clave
Zanuck apuesta por CinemaScope

A comienzo de la década de 1950, los estudios de Hollywood se enfrentaban a la competencia de la televisión y a la disminución de los ingresos de taquilla. Entre las estrategias con las que intentaron reforzar su posición, la que tuvo un mayor impacto en el aspecto que tendría el cine durante años fue el CinemaScope. El proceso diseñado por Henri Chrétien y adquirido por 20th Century-Fox en 1952 utilizaba una lente anamórfica que, montada en una cámara normal, fotografiaba imágenes que originalmente se hallaban comprimidas horizontalmente y las descomprimía durante la proyección, lo que producía una imagen más ancha que el propio fotograma de la película.

El 12 de marzo de 1953, después de ver algunos fragmentos de las dos primeras producciones en CinemaScope (*La túnica sagrada* y *Cómo casarse con un millonario*), el jefe de producción Darryl F. Zanuck envió un comunicado a todos sus productores en el que les anunciaba que de ahí en adelante Twentieth Century-Fox se concentraría «exclusivamente en guiones adecuados para CinemaScope». Se hizo evidente, a medida que el formato ganó en popularidad, que sería necesario sacrificar cierta intimidad en virtud de pantallas más anchas. Directores de Hollywood como Nicholas Ray, Vincente Minnelli, Otto Preminger y Richard Fleischer realizaron obras complejas, dinámicas y personales en CinemaScope.

Con un aspecto estándar de 2.35:1, la pantalla ancha anamórfica se extendió por el mundo con diferentes nombres comerciales (en Estados Unidos, las lentes Panavision resultaron más populares que las de CinemaScope). En manos de un director brillante, o a veces simplemente competente, el CinemaScope puede proporcionar a la composición y el espacio un énfasis que sigue justificando el entusiasmo que expresó Jacques Rivette en *Cahiers du cinéma* cuando, en 1954, predijo: «La nuestra será la generación del CinemaScope».
Chris Fujiwara

Fecha 12 de marzo de 1953

Por qué es clave
Al adoptar el formato anamórfico de la pantalla ancha en todas sus producciones, 20th Century-Fox cambió el aspecto del cine.

Película clave
Él

Bajo la apariencia de un melodrama sobre un marido patológicamente celoso y su martirizada mujer, *Él* es en realidad una dura y sarcástica crítica de la mentalidad burguesa y de la influencia opresiva y nefasta de la religión en la psique humana. Francisco (De Córdova), el protagonista, es un soltero de 45 años rico y devoto. La brillante secuencia inicial se desarrolla en una iglesia durante la misa del Jueves Santo, y muestra una ambigua relación entre los rituales religiosos y el fetichismo erótico, mientras la cámara sigue a un cura que lava y besa los pies de los niños del coro. Francisco, que participa en la ceremonia llevando el recipiente con el agua, mira a los congregados. La cámara recorre lentamente los pies de la primera fila de personas, pasa por encima de un par de zapatos de mujer y continúa para luego volver a la mujer, momento en el que se inclina hacia arriba para mostrarnos unas estilizadas piernas y luego el resto del cuerpo. Francisco acaba de enamorarse. Después se casará con Gloria (Garcés), pero la atormentará con sus celos hasta el punto de torturarla físicamente en una escena escalofriante en la que oímos gritos tras una puerta cerrada. En otra escena lo vemos buscando aguja, hilo y una cuerda, con la aparente intención de atar a su esposa y coserle la vagina (en una referencia a Sade). Gloria acabará escapando mientras él sucumbe a la locura (las alucinaciones que tiene en una iglesia le proporcionan a Buñuel la oportunidad de mostrar algunas imágenes «sacrílegas»). Francisco termina en un monasterio en el que, a pesar del empeño con el que afirma estar curado, demuestra que sigue estando loco con el zigzag de la memorable toma final.
Jean-Pierre Coursodon

Fecha 1953

Nacionalidad México

Director Luis Buñuel

Reparto Arturo de Córdova, Delia Garcés, Luis Beristáin

Por qué es clave
Es una de las películas más sorprendentes y personales del periodo mexicano de Buñuel, y es el vínculo entre su obra maestra del surrealismo, *L'âge d'or*, y los atrevidos filmes franceses de la última época.

Escena clave **Bailando en la oscuridad** *Melodías de Broadway*

¿Podrán Tony Hunter (Astaire) y Gaby Gerard (Charisse) superar la desconfianza que sienten el uno por el otro? ¿Podrá el viejo bailarín renunciar a un poco de su donaire y la bailarina dejar de lado su brillo? ¿Podrán, por el bien del espectáculo para el que los han elegido como pareja protagonista, bailar juntos? Los dos se reúnen un día en la *suite* que Tony tiene en el Plaza; después salen y deciden dar un paseo por el parque. En los bancos, bajo la suave luz del crepúsculo, los enamorados disfrutan del sueño romántico. «Mira», dice Tony menospreciando sus vidas inundadas de trabajo en el teatro, «¡Gente!».

En un claro del parque, encuentran un lugar en el que estar a solas. La melodía que oyen en su cabeza es «Dancing in the Dark», de Arthur Schwartz y Howard Dietz. Ella estira una pierna mientras camina y hace un pequeño giro; después de observarla, él la imita con gran elegancia. Empiezan a bailar, ella con un vestido blanco, él con traje blanco, y sus movimientos se complementan mutuamente de modo «natural» y sin esfuerzo, en una fantasía de sensibilidad y sencillez. El baile es talento, profesionalidad, sacrificio, amor. Pero lo más crucial de la fantasía de ese momento sublime en las carreras de Fred Astaire y Cyd Charisse, y en la historia de las películas musicales estadounidenses, es el decorado de E. Preston Ames y Cedric Gibbons. Lo bastante real como para hacernos creer que Tony y Gaby pertenecen al mundo real, que son dos personas que trabajan juntos para superar un problema real; pero, al mismo tiempo, es palpablemente falso, un decorado de película, por lo que, mientras los observamos, sentimos que es pura interpretación, pura magia.

Murray Pomerance

Fecha 1953

Nacionalidad Estados Unidos

Director Vincente Minnelli

Reparto Fred Astaire, Cyd Charisse

Título original *The Band Wagon*

Por qué es clave Es danza y musical en su máxima expresión.

Pág. siguiente *Melodías de Broadway.*

Película clave ***I Love Melvin***

I Love Melvin es uno de los más deliciosos musicales que salieran nunca de MGM o de cualquier otro estudio, pero también es uno de los menos conocidos y más infravalorados, a pesar de que participaban en él dos de los tres protagonistas del éxito *Cantando bajo la lluvia*, Donald O'Connor y Debbie Reynolds, cuya compenetración tanto en las escenas cómicas como en los números musicales es sencillamente magnífica. Este accidentado romance entre una aspirante a actriz de Broadway y el modesto ayudante de un malhumorado fotógrafo de la revista *Look* (el momento «chico-encuentra-chica» llega cuando chocan el uno contra el otro en Central Park, como volverán a hacer en el gag final de la película, y en ambos casos los besos de Melvin están a punto de hacer que la chica caiga a sus pies) está dirigido por Don Weis con un entusiasmo que hace que el espectador no deje de sonreír en toda la película.

La historia gira en torno a los crecientes problemas a los que se enfrenta Melvin después de fanfarronear diciendo que era capaz de conseguir que la fotografía de su chica apareciera en la portada de la revista. Comienza con un elaborado número musical de Reynolds, la escena del rodaje de una película. Después de la toma, todo el mundo en el set la felicita por la actuación, desde el director hasta los tramoyistas. Pero entonces la despierta su madre y resulta que todo ha sido un sueño. Otros grandes momentos son un maravilloso dueto cómico de O'Connor y Reynolds, un número de patinaje de O'Connor y la hermana pequeña de su novia, un partido de fútbol americano coreografiado en el escenario (¡con Reynolds en el papel de balón!) y un desaforado solo de O'Connor por los estudios de fotografía de la revista. ¿Quién podría pedir más?

Jean-Pierre Coursodon

Fecha 1953

Nacionalidad Estados Unidos

Director Don Weis

Reparto Donald O'Connor, Debbie Reynolds, Jim Backus

Por qué es clave Se trata de una joya de la mejor era del musical de Hollywood, injustamente olvidada.

Acontecimiento clave **United Artists estrena *The Moon is Blue* sin el Sello del Código de Producción**

En 1951, Otto Preminger consiguió un gran éxito en Broadway con la comedia de Hugo Herbert *The Moon is Blue*, y Herbert y él decidieron convertirla en película. Preminger firmó un acuerdo con United Artists para que el estudio financiara y distribuyera un proyecto que protagonizarían William Holden, en el papel de arquitecto; Maggie McNamara, en el de la chica a la que seduce el arquitecto en lo alto del Empire State, y David Niven, en el del vecino *playboy* del arquitecto. Preminger tenía experiencia en tratar con la Administración del Código de Producción de Joseph Breen (la agencia de autocensura de Hollywood), por lo que seguramente supo desde el principio que *The Moon is Blue*, con sus continuas charlas sobre sexo, no obtendría el sello de la oficina de Breen, que entonces era casi imprescindible para asegurar una amplia exhibición de cualquier película. Cuando, el 2 de enero de 1952, Breen le informó de que no podían aprobar el guión, Preminger no debió de sorprenderse demasiado, como tampoco lo haría cuando el 10 de abril Breen consideró que la película ya terminada era inaceptable. El problema era «una actitud intolerablemente desenfadada hacia la seducción, el sexo ilícito, la castidad y la virginidad», pero United Artists decidió distribuir el largometraje de todos modos. Y no sólo consiguió que se estrenara en todo el país (el primer pase fue el 22 de junio en Chicago, donde se advirtió de que era «sólo para adultos»), sino que fue todo un éxito, gracias en buena parte a la fama que le dio el hecho de que le hubieran negado el sello. Este éxito supuso un golpe bastante visible para el monopolio que ejercían los grandes estudios en la distribución y contra la censura que éstos llevaban a cabo para garantizar dicho monopolio.

Chris Fujiwara

Fecha 22 de junio de 1953

Por qué es clave
El éxito de *The Moon is Blue* asestó un duro golpe a la censura cinematográfica y a los intentos de los grandes estudios de eliminar la competencia de los independientes.

Diálogo clave **El monólogo de Moe en el lecho de muerte** *Manos peligrosas*

Thelma Ritter obtuvo una nominación al Óscar a la mejor actriz de reparto por su papel de Moe, una informadora de la policía que vende corbatas como tapadera. Ésta fue la única vez que el cine sobre la clase trabajadora de Samuel Fuller recibió tales honores. Fuller tenía una sensibilidad especial para retratar a enérgicas mujeres mayores –muchas de las cuales parecían estar inspiradas, en mayor en menor medida, en su madre–, pero ninguna fue tan memorable como Ritter, un personaje conmovedor al que sólo le importa ganar el dinero suficiente para que la entierren en un cementerio decente.

Lo más curioso de Moe es que Skip (Richard Widmark) –lo más cercano a un héroe que tiene esta película, y se trata de un ratero– no le guarda el menor rencor, pues sabe que sólo trata de ganarse la vida de la mejor manera que puede. Ella le gusta mucho más de lo que le gustan los policías que le dan trabajo, y la lealtad es mutua. Al final, Moe acaba recibiendo un disparo de un matón (Kiley) al que se niega a darle la dirección de Skip, que, sin saberlo, ha robado un microfilm con información secreta de los comunistas; de fondo suena la música de un disco de 78 revoluciones. Moe está tan cansada –sin cuerda, como un reloj viejo, tal como ella misma lo explica– y tan asustada que le dice al matón que si le volara la cabeza le haría un gran favor.

Fuller era un hombre de ideas liberales, pero era el momento álgido de la «caza de brujas», cuando los comunistas eran los malos de la película por definición. Su corazón estaba con los marginados sociales, no con los policías, por lo que no es de extrañar que J. Edgar Hoover odiara esta película.

Jonathan Rosenbaum

Fecha 1953

Nacionalidad Estados Unidos

Director Samuel Fuller

Reparto Thelma Ritter, Richard Kiley

Título original *Pickup on South Street*

Por qué es clave
Una anciana soplona ya cansada sacrifica su vida para desafiar a los comunistas, rompiéndonos el corazón.

Diálogo clave **El narrador le pide al público que continúe la historia** *The End*

La demoledora obra maestra de Maclaine cuenta la historia de seis personas de San Francisco en el último día de sus vidas; el planeta está a punto de ser destruido por un holocausto nuclear. El montaje de la película es profundamente inquietante, los cortes a menudo separan las imágenes en lugar de unirlas. Mezclando blanco y negro con color y entrecortando multitud de imágenes inconexas, la narración de Maclaine proporciona la poca continuidad que hay en la cinta; en parte, es una película sobre el arte de contar historias, con una buena dosis de humor negro. A menudo se oye la voz del narrador sobre la pantalla en negro, lo que atrae la atención del espectador hacia su propia incomodidad y a la situación en la que se encuentra: ¿es una película o un narrador actuando en una habitación a oscuras? De diversas formas, la narración pretende romper la pasividad que conlleva habitualmente ver una película, busca implicar a los espectadores los unos con los otros, consigo mismos y con el mundo; algo fundamental en una película sobre la posible aniquilación del mundo. En un momento determinado, por ejemplo, Maclaine anuncia: «La persona que está sentada a tu lado tiene lepra». Pero el momento verdaderamente sublime de la narración llega al comienzo de la quinta parte: «Señoras y caballeros. Les hemos pedido que se incluyan en el reparto. Ahora les pedimos que escriban la historia. Aquí tienen un personaje. Aquí tienen la música más hermosa del mundo. Aquí tienen algunas imágenes. ¿Qué va a pasar ahora?».

Fred Camper

Fecha 1953

Nacionalidad Estados Unidos

Director Christopher Maclaine

Por qué es clave
La narración es uno de los elementos que convierten esta película en una obra profundamente transgresora.

Escena clave **La madre se tambalea** *Cuentos de Tokio*

La mujer de mediana edad que ha estado sentada al aire libre con su marido se tambalea durante medio segundo al ponerse en pie. Eso es todo. No hay movimiento de cámara, ni corte a un primer plano, ni plano de reacción. ¿Por qué habría de haber nada de eso? Tomi (Higashiyama) no se ha desmayado, y su marido, Shukichi (Ryu), no tiene motivo alguno por el que alarmarse. Dos personas corrientes, vistas en un plano largo con el cielo azul de fondo, simplemente se han levantado mientras mantienen una conversación normal. Lo que ocurre es que uno de ellos lo ha hecho con más facilidad que el otro.

No es más que eso. Y lo es todo.

Como en la vida misma, un momento fugaz anuncia importantes cambios para toda la familia; la pareja de provincias que está envejeciendo, sus hijos mayores que viven en Tokio, la nuera viuda. Pero en la vida, con todo lo que sucede a nuestro alrededor, es difícil percibir un detalle tan fugaz y darse cuenta de todo lo que significa. Para lograr ese nivel de exquisita percepción se necesita el talento de Yasujiro Ozu. El director consigue el efecto restando en lugar de añadiendo; ayuda al espectador a ver ciertas cosas eliminando toda distracción. Cuando se habla de la inigualable sutileza de su arte, es a esto a lo que nos referimos: su mundo cinematográfico es un mundo completo, las emociones que evoca son plenas, pero lo que ocurre en sus películas tiene lugar de un modo sólo un poco más enfático de lo que lo haría en nuestra vida diaria.

Esto es lo que se tiene en mente cuando se habla de Ozu: las rodillas de Tomi se flexionan sólo un poco, y el corazón se nos encoge.

Stuart Klawans

Fecha 1953

Nacionalidad Japón

Director Yasujiro Ozu

Reparto Chishu Ryu, Chieko Higashiyama

Título original *Tokyo monogatari*

Por qué es clave
Una esencial escena, pequeña pero hermosa, sencilla y profundamente conmovedora, que resume el arte de Yasujiro Ozu.

Escena clave **Sexo en la playa** *De aquí a la eternidad*

En una playa de Honolulu, justo antes de que el ataque a Pearl Harbor comprometiera a Estados Unidos en la segunda guerra mundial, el coqueteo adúltero entre la abandonada y frustrada esposa de un militar (Kerr) y el recto sargento Warden (Lancaster) se transforma en algo más físico, en un abrazo horizontal a orillas del mar, en el que las olas, al romper, acarician voluptuosamente los cuerpos de las dos estrellas. Según contó Zinnemann, la oficina Breen no puso objeciones a los convencionales bañadores ni al achuchón, sino al agua. Y de hecho, a pesar de durar sólo 12 segundos, la escena provocó un estremecimiento sexual por el mundo entero, algo que no era de extrañar, viendo el modo en que la naturaleza envolvía la fuerza elemental del ímpetu erótico de los dos amantes. Al mostrar a dos adultos en el momento mismo de concederse permiso para ir más allá, la película retrató también el choque entre las necesidades y la moralidad que las películas estadounidenses solían suavizar con subterfugios o ilusos ideales románticos. Esta afrenta a la estricta moralidad de Hollywood sirvió casi para compensar las muchas concesiones que hubo que hacer para llevar a la pantalla el descarnado *best-seller* de James Jones, con su crítica antiheroica a la ambición militar; concesiones como convertir las visitas de los soldados a los burdeles en inocentes «conversaciones» con las «chicas de alterne». Sin embargo, el genio salió de la lámpara, y este encuentro carnal en la playa parece anunciar la ola de franqueza sexual que pronto arrastraría las restricciones del Código.
Robert Keser

Fecha 1953

Nacionalidad Estados Unidos

Director Fred Zinnemann

Reparto Burt Lancaster, Deborah Kerr

Título original *From Here to Eternity*

Por qué es clave
Fue la imagen erótica más difundida (y parodiada) del cine de los años cincuenta.

Pág. anterior *De aquí a la eternidad*.

Escena clave **Un pícnic fantasmagórico con la princesa** *Los cuentos de la luna pálida de agosto*

La princesa Wakasa (Kyo) ayuda al ceramista Genjuro (Mori) a bañarse en un estanque de jardín; ella sale de plano y se desviste sin que el espectador pueda verla y, cuando él se acerca, la cámara vuela a la izquierda, prácticamente acariciando la hierba. El plano hace un encadenado con una nueva imagen del césped, y entonces la cámara descubre a la pareja haciendo un pícnic a la orilla del lago, bajo un sol radiante. Él la persigue, ella huye alegremente, él abraza el aire, hasta que ella se rinde por fin. Lo más importante es, precisamente, lo que no vemos, aunque podemos imaginarlo con tal nitidez que creeremos haberlo visto e incluso lo recordaremos. Dentro de un plano largo, hay una elipsis espacial en la que uno de los personajes, observado por el otro, queda fuera de nuestro campo de visión. Después hay una elipsis temporal, aunque el lugar parece estar cerca.

Más tarde descubrimos algo que habíamos sospechado vagamente, pero que habíamos descartado por ser una idea improbable y demasiado fantástica: la princesa es un fantasma errante que vaga por el mundo de los hombres porque murió sin haber conocido los placeres del amor.
Miguel Marías

Fecha 1953

Nacionalidad Japón

Director Kenji Mizoguchi

Reparto Machiko Kyo, Masayuki Mori

Título original *Ugetsu monogatari*

Por qué es clave Es una demostración de que el montaje y las elipsis son cruciales, incluso en una película basada en tomas largas y en la continuidad.

SPOILER

Escena clave **La explosión** *Los sobornados*

Cuando se pronuncia la frase del título original (*The Big Heat*), hacia el final de largometrajes, se refiere al operativo policial que se cierne sobre la organización mafiosa a la que el teniente de policía Dave Bannion (Ford) se pasa la película investigando. Pero las palabras podrían referirse también a una escena anterior en la que Bannion adquiere, trágicamente, la motivación personal que le permitirá luchar contra los gánsteres con tal afán de venganza. Bannion está acostando a su hija (Bennet), y su esposa, Katie (Brando), sale de casa para dar un paseo en coche. Mientras Bannion le cuenta a la niña su cuento preferido, oímos el motor de un coche que arranca seguido de una tremenda explosión. Bannion sale corriendo y encuentra el coche en llamas. En un intento desesperado por salvar a su mujer, rompe el cristal de la ventana para poder abrir la puerta; luego descubriremos que Katie murió de manera inmediata a consecuencia de la bomba que los gánsteres pusieron en el coche para frenar la investigación de Bannion.

La cruda precisión de la dirección de Lang hace que la escena esté llena de suspense y emoción, sin importar las veces que uno la vea. Es tal la lógica del «momento clave», tal y como la practica Lang en una película construida como un ciclo de momentos encadenados (igual que todas sus obras), que lo más importante es la sensación de que se trata de algo inevitable, más que el hecho de que sea algo que sucede como si fuera la primera vez. Vemos *Los sobornados* una y otra vez, pero en ningún momento esperamos, ni siquiera por un instante, que Katie deje de meterse en el coche o que Dave no consiga encontrar las llaves (que, en una amarga ironía propia de Lang, le da él mismo). Lo que vemos, con desesperanza, es la materialización de lo inevitable, que viene a cobrarse una víctima.
Chris Fujiwara

Fecha 1953

Nacionalidad Estados Unidos

Director Fritz Lang

Reparto Glenn Ford, Jocelyn Brando, Linda Bennett

Título original *The Big Heat*

Por qué es clave Esta despiadada escena revela la lógica de un momento clave de la obra de Lang.

SPOILER

Escena clave **La liberación** *Colorado Jim*

La catarsis de *Colorado Jim* comienza en una secuencia culminante, realizada con absoluta brillantez, una secuencia de rocas, río y muerte. Sin embargo, se siente con mayor intensidad en el momento siguiente. Es entonces cuando el amargo pasado de Howard Kemp (Stewart) se desvanece dentro de él, en el instante en que agarra por los hombros a Lina (Leigh) y grita; éste es el momento que señala su renacimiento. El forajido Ben (Robert Ryan) está muerto, al igual que los indeseables compañeros de Howard, Roy (Ralph Meeker) y Jesse (Millard Mitchell), y todos ellos han tenido una muerte violenta y cruel. Ahora sólo queda la recompensa con la que comprar el rancho que ha vendido una mujer desleal. Howard arrastra el cuerpo de Ben hasta su caballo, en un último ataque de furia, pero entonces se vuelve y ve en el rostro de Lina la luz del amor incondicional y de un nuevo comienzo. Por fin se calma. Las lágrimas y la voz quebrada de Stewart, a quien vemos en un plano americano, dan cuenta del genial trabajo del actor en este momento culminante de su carrera. La suavidad de Leigh le sirve de complemento perfecto, con una interpretación dulce, pero igualmente vibrante. Sin embargo, es el talento de Mann el que sentimos de un modo más intenso. Su sentido del espacio, de la composición y el uso que hace del paisaje de las Montañas Rocosas se unen con genialidad a las caracterizaciones para sostener el drama. Entonces la cámara enfoca al cielo, le sigue un encadenado que vuelve a los dos personajes, moviéndose entre árboles muertos a través de una gran extensión de terreno, y vemos en estas imágenes que en la vida hay un ritmo espiritual, y que «elegir la manera en que se quiere vivir» es algo que se puede hacer hasta en el momento más arduo.
Blake Lucas

Fecha 1953

Nacionalidad Estados Unidos

Director Anthony Mann

Reparto James Stewart, Janet Leigh

Título original *The Naked Spur*

Por qué es clave Partiendo de un brillante guión de Sam Rolfe y Harold Jack Bloom, Mann eleva uno de los mejores *westerns* de la historia a una apoteosis de belleza moral y espiritual.

Pág. siguiente *Colorado Jim*.

PACKED WITH COLOR BY TECHNICOLOR THRILLS!
JAMES STEWART · JANET LEIGH
ROBERT RYAN · RALPH MEEKER
IN M·G·M's
THE NAKED SPUR
STRONG MEN ARE WEAK WHEN A WOMAN IS BAIT!
with
MILLARD MITCHELL
Written by SAM ROLFE and HAROLD JACK BLOOM
Directed by ANTHONY MANN · Produced by WILLIAM H. WRIGHT
An M-G-M Picture

Escena clave **El encuentro** *La condesa descalza*

En cine, el encuentro –la primera vez que se ven por casualidad dos personas que están destinadas a estar juntas, ya sea para bien o para mal– puede ser algo mágico. En *La condesa descalza*, los personajes parecen seguir la llamada del destino, o una especie de «sexto sentido», al entonar «lo que haya de ser, será» («what will be, will be»). Un encuentro especial es el que Mankiewicz alarga durante diez minutos y tres escenas. Los implicados son Maria (Gardner) y su futuro conde (Brazzi). En la primera escena, Maria acaba de escaparse en secreto para bailar con unos gitanos en el campo; de pronto se da cuenta de que el conde (que, casualmente, ha hecho un alto en su melancólico viaje justo en ese lugar) está mirándola. No intercambian palabra alguna, él no tiene la menor idea de que ella es una estrella de cine. En la segunda escena, en un casino de la Riviera, Maria está cumpliendo ahora con su papel público de acompañante de un zafio millonario y se sorprende de ver aparecer al conde de nuevo. Después, Maria rompe con el millonario en medio de uno de los ataques de mal genio de éste, agarra de la mano a su guapo desconocido y se marcha con él. La tercera escena tiene lugar en el coche del conde:

–¿Qué haces aquí, además de haber venido a por mí? –le pregunta ella lacónicamente.

–No hay ningún motivo –responde él con solemnidad.

–¿Cuándo te diste cuenta de que habías venido a por mí? –sigue ella.

–Tú también lo hiciste –dice él–. Tú lo sabías tan bien como yo.

Este encuentro une sus vidas para siempre en un destino compartido.

Adrian Martin

Fecha 1954

Nacionalidad Estados Unidos

Director Joseph L. Mankiewicz

Reparto Ava Gardner, Rosanno Brazzi

Título original *The Barefoot Contessa*

Por qué es clave
Mankiewicz extiende el profético encuentro en tres escenas igualmente exquisitas.

Pág. anterior *La condesa descalza*.

Acontecimiento clave **«Una cierta tendencia del cine francés» de Truffaut**

Esta primera gran pieza crítica del por entonces poco conocido François Truffaut, de veintiún años, «Una cierta tendencia del cine francés», necesitó todo un año de revisiones para aplacar su tono incendiario antes de que *Cahiers du cinéma* se decidiera a publicarla acompañada de un descargo de responsabilidades. Todas las precauciones fueron en vano: el ataque de Truffaut a la «tradición de calidad» hizo que la comunidad cinematográfica francesa entrara en inmediata convulsión y anunció la inminente ascensión del joven círculo de iconoclastas de *Cahiers*, del que ya formaba parte Truffaut. Con un estilo deslumbrante que repartió en párrafos cortos y cargados de argot, François concentró su ira en el popular equipo de guionistas formado por Jean Aurenche y Pierre Bost, cuyo éxito había establecido un tono antiburgués, anticlerical y antimilitar en el cine de posguerra: «Ya no se hace una película en Francia sin que los autores crean que están haciendo *Madame Bovary*». Las tendencias religiosas de Truffaut y su aversión a lo profano hicieron que sus detractores identificaran la *politique des auteurs* como un movimiento de derechas. Pero, al debatir la idea de que las escenas de las grandes novelas eran intrínsecamente imposibles de filmar, Truffaut se hizo eco de los innovadores estudios de Bazin sobre la mezcla de manifestaciones artísticas; en su discusión sobre la estructura literaria de las adaptaciones de Aurenche y Bost, integró las ideas de Rohmer, influidas por Bazin, sobre la presentación del espacio, y, al defender a una nueva selección de cineastas franceses, empezó un proceso de reforma que tendría un efecto rápido y duradero. En pocos años, Truffaut se avergonzaría del tono agresivo del manifiesto, pero la verdad es que «Una cierta tendencia» sigue teniendo un gran efecto en los lectores modernos amantes de la polémica.

Dan Sallitt

Fecha Enero de 1954

Por qué es clave
Esta importante polémica marcó la llegada de la llamada *politique des auteurs*.

Escena clave **Intento de separación**
Los amantes crucificados

Los amantes crucificados de Kenki Mizoguchi es una de las grandes películas sobre la naturaleza incondicional del amor absoluto, una emoción que, inevitablemente, se traduce en un final trágico, puesto que el amor sublime siempre supone un conflicto con la sociedad. Basada en una obra de *bunraku* («teatro de marionetas») escrita por Monzaemon Chikamatsu en el siglo XVII, *Los amantes crucificados* cuenta la historia de dos amantes de diferente clase social. Osan (Kagawa), esposa de un ruin fabricante de pergaminos mucho mayor que ella, es acusada injustamente de estar teniendo una aventura con Mohei (Hasegawa), uno de los empleados de su marido. Osan y Mohei se escapan juntos y, durante la huida, se enamoran apasionadamente.

La pareja se refugia en la cabaña de una anciana en un bosque. Mientras Osan y la mujer hablan dentro de la casa, Mohei, que sabe que sin él aún cabe la posibilidad de que el marido de Osan vuelva a aceptarla, se marcha. Al darse cuenta de que se ha ido, Osan corre tras él. Mientras lo persigue, Mizoguchi –uno de los grandes maestros del movimiento de cámara– realiza una extraordinaria toma en la que la cámara se eleva para obtener la perspectiva de la empinada pendiente que hay bajo Osan y, en la base, al fondo del plano, vemos a Mohei corriendo. Osan corre tras él, gritando su nombre, y la cámara permanece suspendida en el aire. La amplitud que abarca resulta impresionante, y el efecto emocional que trasmite, irresistible. La toma dota de expresión la trágica necesidad que Osan siente de su amado y, al mismo tiempo, al distanciarnos de ambos, nos muestra su historia como un espectáculo sublime.

Chris Fujiwara

Fecha 1954

Nacionalidad Japón

Director Kenji Mizoguchi

Reparto Kazuo Hasegawa, Kyoko Kagawa

Título original *Chikamatsu monogatari*

Por qué es clave
En una sola toma de grúa, Mizoguchi manifiesta la trágica trascendencia de su visión del mundo.

Escena clave **«Little Brown Jug»**
Música y lágrimas

SPOILER

La idea de que el compositor Glenn Miller se resistió durante largo tiempo al deseo que su mujer sentía por él para hacer un arreglo de *swing* para la inmemorial melodía popular «Little Brown Jug» y que la versión de la canción de Miller –que se convirtió en todo un éxito– no apareció hasta después de su desaparición y supuesta muerte en Europa, en 1944, fue una completa invención de los escritores de esta biografía (Valentine Davies y Oscar Brodney), llena de ficción, protagonizada por James Stewart. En cualquier caso, dicha idea hizo posible que un anodino y amable ejercicio de nostalgia se cerrara de una forma inusual y conmovedora. Tras enterarse de la desaparición de su marido, Helen Miller (Allyson) sintoniza la última grabación de la banda de Glenn y se sorprende al oír que, como regalo de Navidad, había accedido por fin a su petición de tocar «Little Brown Jug». En un prolongado primer plano, vemos a Helen, con lágrimas en los ojos, escuchando la canción. En el transcurso de la toma, sus emociones van del dolor a una compleja mezcla de placer, tristeza, valor e incertidumbre: ante nuestra mirada, parece pasar de ser una mujer en pleno luto a alguien que se enfrenta a un futuro de recuerdos. Allyson, que a menudo aparecía en papeles ingenuos y superficiales de comedias musicales de segunda, puede ocupar su lugar en el Olimpo de la interpretación gracias a esta hermosa toma.

Chris Fujiwara

Fecha 1954

Nacionalidad Estados Unidos

Director Anthony Mann

Reparto June Allyson, Harry Morgan

Título original *The Glenn Miller Story*

Por qué es clave
Un momento culminante que transforma el dolor en una delicada mezcla de sentimientos.

Película clave ***La sal de la tierra*** La lucha por la justicia social delante y detrás de las cámaras

Con el telón de fondo del Comité de Actividades Antiamericanas y las listas negras de Hollywood, está película, basada en una huelga real de los trabajadores –la mayoría hispanos– de las minas de zinc de Nuevo México, la hizo un grupo de veteranos de la industria del cine incluidos en las listas negras (en especial, Biberman, el escritor Michael Wilson y el productor Paul Jarrico), con la Internacional Union of Mine, Mill and Smelter Workers (el sindicato de mineros) como socio. El largometraje ocupa un lugar en la historia del cine por ser la única obra hecha por profesionales incluidos en las listas negras y porque la propia película fue tratada como tal, con continuas intromisiones durante todo el proceso de producción y distribución (llevadas a cabo, sobre todo, por Roy Brewer, poderoso dirigente de IATSE, el sindicato de técnicos cinematográficos). Cuando por fin estuvo terminada, se consiguió tan sólo una limitada distribución por Estados Unidos, hasta que la cinta fue ganando reputación.

Quizá su singularidad cinematográfica haya hecho olvidar sus méritos políticos y artísticos, ya que Biberman mezcla actores profesionales y no profesionales y un guión basado en la realidad histórica para crear imágenes que captan un momento de esperanza en tiempos turbulentos. En lugar de darnos una visión simplista que mostrara a los mineros como héroes indiscutibles, la película alcanza una mayor complejidad sometiendo a crítica su propia actitud patriarcal, pues son las mujeres las que, al situarse en el centro de la lucha y redefinirla, nos transmiten las ideas más inspiradas. Entre ellas merece especial mención la expresividad del luminoso rostro de la narradora, Esperanza (Revueltas). *La sal de la tierra* se convirtió en puente de unión entre la anterior tradición de cine social y la que llegaría después, en la que encontramos un cine independiente al margen de las corrientes dominantes. Y lo hace con su especial personalidad y dignidad.

Blake Lucas

Fecha 1954

Nacionalidad Estados Unidos

Director Herbert J. Biberman

Reparto Rosaura Revueltas, Juan Chacón, Will Geer, Clinton Jencks, Virginia Jencks, Henrietta Williams, Ángela Sánchez, Joe T. Morales

Título original *Salt of the Earth*

Por qué es clave: Positiva declaración fílmica en plena «caza de brujas» contra comunistas.

Escena clave **La desgarradora llamada de una madre** *El intendente Sansho*

En una de las películas más conmovedoras de la historia del cine, el punzante drama de una familia destrozada por la brutalidad medieval, es quizá un fragmento de sonido y no una imagen lo que se nos queda clavado de manera más inquietante. Dos niños que fueron secuestrados y vendidos como esclavos en el Japón continental han crecido ya y nos enteramos de que su madre (Tanaka) aún sigue viva en una escena en la que, desde lo alto de una colina, mira a lo lejos, a la tierra donde sabe que se encuentran ellos, y grita sus nombres: «Anzu... Zushio...». La escena resulta aún más dolorosa sabiendo que los muchachos tuvieron que adoptar otros nombres y, al menos para el no hablante de japonés que escribe esto, hay algo en el sonido de la llamada de la madre, quizá en el modo en que parece extender las vocales, que evoca el enorme espacio y los años que los separan a los tres. De hecho, la manera en la que Mizoguchi refleja el modo en que el espacio que separa los objetos puede evocar la historia, y la multitud de maneras en las que pueden estar conectados es un sello distintivo de su estilo. En *El intendente Sansho*, la llamada de la madre encaja a la perfección con la imaginería de Mizoguchi: la vasta extensión de mar que separa a madre e hijos parece llenarse con su invocación, pero, al mismo tiempo, la distancia es demasiado grande como para poder salvarla con palabras. En una escena posterior, un nuevo esclavo del complejo en el que viven los niños canta la canción de la madre, que se había hecho famosa en la región, y así los niños saben que ella sigue con vida, una certeza que proporciona la continuidad a la historia.

Fred Camper

Fecha 1954

Nacionalidad Japón

Director Kenji Mizoguchi

Reparto Kinuyo Tanaka

Título original *Sanshô dayû*

Por qué es clave
La utilización de un espacio casi infinito para sugerir la conmovedora fugacidad de las vidas individuales, en contraste con la historia, resuena aquí en el fragmento de sonido más desgarrador de la historia del cine.

Escena clave **Por la calle principal** *Filón de plata*

En la década de 1950, el *western* como alegoría política se había convertido en un ingrediente básico del cine, con *Sólo ante el peligro* (1952) de Fred Zinnemann, como el ejemplo más ilustre. El modelo –un hombre acosado por unos malhechores que intenta encontrar aliados– se hizo muy popular, pero ninguna película lo utilizó mejor que *Filón de plata*, la obra maestra del veterano director Allan Dwan, realizada en el ocaso de su carrera. En ella aparece un villano llamado McCarthy que finge ser un honrado agente de la ley para desacreditar a un antiguo miembro de una banda convertido en ciudadano «respetable» (John Payne). No puede decirse que la alegoría sea sutil, pero sí lo es sin duda el mordaz estudio de la democracia y sus abusos que sirve de telón de fondo a la historia. Dwan dijo con modestia que era «la historia de un hombre que es condenado y redimido por los motivos equivocados», pero, en realidad, es un gran retrato satírico de la sociedad, una oscura comedia de suspense sobre los cimientos y la erosión de la civilización. Se utiliza aquí la técnica de las películas de serie B según la cual se huye de los primeros planos en favor de las tomas largas, que son menos costosas, una estrategia que resulta ingeniosa y resalta la interacción entre los personajes. Pero lo más impresionante es la ejecución del eje central de la película, un toque de gran ingenio en la típica confrontación en una calle principal: Payne, convertido ya en antihéroe marginado, recorre la calle solo, seguido de manera milagrosa por un trávelin incansable, rodeado de adornos del Día de la Independencia. Por supuesto, la independencia es algo que el pueblo ha abandonado, al igual que al protagonista, pero eso era sólo el irónico punto de partida del completo análisis que realiza la película sobre la dialéctica de la libertad.
Christoph Huber

Fecha 1954

Nacionalidad Estados Unidos

Director Allan Dwan

Reparto John Payne

Título original *Silver Lode*

Por qué es clave
El magistral y barato *western* tardío de Allan Dwan es una gran sátira social. El momento clave –un trávelin capaz de dejarnos boquiabiertos– cierra la lógica de la puesta en escena de Dwan y, al mismo tiempo, invierte convenciones del género.

Diálogo clave **«Yo también soy forastero aquí»** *Johnny Guitar*

Algunas películas parecen afectadas por algún tipo de droga, con las emociones intensificadas por algo que no vemos. *Johnny Guitar*, un *western* sobre Vienna (Crawford), la propietaria de un salón que ha levantado su local en un lugar aislado donde espera que lleven el ferrocarril para tener clientes, es una de esas películas. Los decorados son demasiado perfectos, el diálogo parece escrito e interpretado en un estado de *shock* o de histeria cuya causa sólo podemos suponer y, como tantas otras veces en su carrera, el exceso dramático de la película se refleja en la mirada fija y vidriosa de Joan Crawford.

La intensidad procedía de las personas que hacían la película. Joan Crawford y la coprotagonista Mercedes McCambridge se odiaban a muerte. Al cervantino director Nick Ray, que estudió con Frank Lloyd Wright, le interesaba tanto la estructura de la película como su historia. El liberal guionista, Philip Yordan (junto al que trabajó sin aparecer en los créditos Ben Maddow, incluido en las listas negras), sazonó la película con un antifascismo feroz. Su diálogo –«¿A cuántos hombres has olvidado?» «A tantos como mujeres tú»– es un torrente de aforismos, inspirado en películas de Howard Hawks como *Tener y no tener*. En una de las escenas, el personaje del título (Hayden), que acaba de aparecer en la ciudad y es un viejo amor de Vienna, dice la famosa frase «I'm a stranger here myself» («Yo también soy forastero aquí»), que se convirtió en una especie de latiguillo de Ray, la expresión de su existencialismo desdeñoso. Pero podría haber sido el eslogan de todo el género *western*.

La intensidad de *Johnny Guitar* se refleja en las críticas que provocó. François Truffaut dijo que cualquiera que la rechazara «no reconocería jamás la inspiración, la intuición poética, ni una imagen encuadrada, ni un plano, ni una idea, ni una buena película y ni siquiera el propio cine». Bien dicho.
Mark Cousins

Fecha 1954

Nacionalidad Estados Unidos

Director Nicholas Ray

Reparto Joan Crawford, Sterling Hayden, Scott Brady

Por qué es clave El gran director Nicholas Ray dijo que todas sus películas podrían haberse llamado «Yo también soy forastero aquí».

Pág. siguiente *Johnny Guitar*.

2
R.R.

Escena clave **El asesino ve a Jefferies**
La ventana indiscreta

Hasta este momento de la película, Thorwald (Burr), sin sospechar nada, ha sido el sospechoso objeto del escrutinio del fotógrafo Jefferies (Stewart), que lo viene observando desde su apartamento, al otro lado del jardín. Desde el comienzo hemos visto a Thorwald de lejos, encuadrado por la ventana de su apartamento, que recuerda a una pantalla de cine (se ha dicho a menudo que Jefferies, mientras ve el mundo exterior desde su silla de ruedas, es como un espectador viendo una película). Cuando Thorwald se da cuenta por fin de que lo están observando, se cambian los papeles: él se convierte en el observador y Jefferies, en el indefenso objeto de dicha vigilancia.

Thorwald ya ha supuesto un peligro antes, pero seguimos viéndolo desde la distancia, incluso en la escena en la que Lisa (Kelly) registra su apartamento y lo vemos llegar a casa y enfrentarse a ella. Toda la escena trascurre en la distancia, ante la mirada impotente y frenética de Jefferies. Ahora Thorwald está a punto de convertirse en un peligro activo que va a invadir la privacidad de Jefferies y a amenazar su vida. A ambos lados del jardín se violan espacios privados: Thorwald entra en casa de Jefferies igual que antes lo hizo Lisa en el suyo y Thorwald tira por la ventana a Jefferies en un acto de «justicia poética» por el allanamiento de Lisa. La ambivalencia y la ironía de Hitchcock son aún mayores si se acepta la interpretación que sugieren algunos críticos (por ejemplo, Robin, Wood) según la cual el personaje de Thorwald es el álter ego de Jefferies.

Jean-Pierre Coursodon

Fecha 1954

Nacionalidad Estados Unidos

Director Alfred Hitchcock

Reparto James Stewart, Grace Kelly, Thelma Ritter, Raymond Burr

Título original *Rear Window*

Por qué es clave
Es el punto culminante y uno de los momentos de más suspense de una de las obras maestras de Hitchcock.

Pág. anterior *La ventana indiscreta*.

Escena clave **«The Man That Got Away»**
Ha nacido una estrella

Casi al comienzo de *Ha nacido una estrella*, Norman Maine (Mason) encuentra a Esther Blodgett (Garland) en el local de Sunset Boulevard al que suele ir a divertirse con su banda después de terminar la actuación en el club. Los músicos están practicando un arreglo de «The Man That Got Away» (de Harold Arlen e Ira Gershwin) y el pianista (Noonan) invita a Esther a unirse a ellos. Cukor rueda la actuación de Garland en una sola toma de tres minutos y medio. La puesta en escena es sencilla: el espacio estrecho y bien iluminado en el que canta Esther está delimitado al fondo por el piano, a los lados por dos grupos de música en la sombra y en el frente por la mesa en la que se sienta al final del número. La cámara se mueve ligeramente hacia delante y hacia atrás, abriendo o restringiendo el espacio de manera que, vaya a donde vaya la protagonista, siga «recogida» en un espacio cálido y acogedor que parece protegerla y transmitirle seguridad (a pesar de la sombría letra de la canción), una sensación que se expresa en las continuas miradas, sonrisas y gestos que intercambia con los músicos que la acompañan. La escena supone un momento de alegría y disfrute dentro de una historia que acabará convirtiéndose en un lacerante melodrama, y la canción, con la magnífica interpretación de Garland, anticipa ya la conclusión de la película, que afirma el triunfo de la creatividad por encima del sufrimiento y la pérdida.

Chris Fujiwara

Fecha 1954

Nacionalidad Estados Unidos

Director George Cukor

Reparto Judy Garland, Tommy Noonan, James Mason

Título original *A Star Is Born*

Por qué es clave
La electrizante interpretación de Garland se complementa con la hermosa puesta en escena y el movimiento de cámara de Cukor.

Escena clave **El guante** *La ley del silencio*

La actuación de Marlon Brando en *La ley del silencio* es probablemente la más influyente de todos los tiempos. Varias generaciones de actores se inspirarían en ella por su entonación, por sus inesperadas decisiones y por el modo en que siempre parecía estar metido en el momento y en el papel. El Óscar que recibió significó que Hollywood aceptaba el Método. Aunque la escena que comparte con Rod Steiger en el asiento de atrás de un taxi sería la que cualquier actor joven practicaría frente a un espejo, la que ilustra a la perfección cómo el Método cambió el cine es una escena mucho más sencilla y mesurada. Terry Malloy (Brando) está paseando por un parque con Edie Doyle (Eva Marie Saint), a cuyo hermano ayudó a matar Terry, cosa que ella no sabe. Durante un ensayo de la escena, a Saint se le cayó un guante al suelo y Brando, sin salirse del papel, lo recogió, pero en lugar de devolvérselo, se lo probó y bromeó con ella, obligándola a seguirlo con nerviosismo mientras intentaba recuperar su guante. Lo que podría haber sido una escena normal y corriente sirvió para iluminar a los personajes. La sensibilidad que se ocultaba bajo la facha de tipo duro de Malloy, el erotismo y la interacción sexual presente en la relación de ambos, la culpa católica de Edie..., todo ello queda ilustrado en la «pelea» por el guante. Brando y Saint le enseñaron la escena a Kazan y éste la incluyó en la película, donde la estudiarían jóvenes actores en los años venideros.

Al Weisel

Fecha 1954

Nacionalidad Estados Unidos

Director Elia Kazan

Reparto Marlon Brando, Eva Marie Saint

Título original *On the Waterfront*

Por qué es clave
Un accidente en un ensayo se convierte en uno de los momentos más famosos de la historia del cine.

Pág. siguiente *La ley del silencio.*

Escena clave **El héroe quema una poema para seguir con vida** *Track of the Cat*

John Wayne produjo esta extraña película de autor como favor a William A. Wellman, que lo había dirigido hacía poco y con gran éxito en *The High and the Mighty*. Lo que no se sabe es qué pensaba John Wayne de esta curiosa obra adaptada por el destacado guionista A. I. Bezzerides a partir de una alegórica novela de Walter Van Tilburg Clark. En ciertas ocasiones parece una versión estadounidense de *Ordet, la palabra*, de Carl Dreyer, por su retrato de una familia disfuncional y mayoritariamente masculina en mitad de ninguna parte.

La acción se desarrolla en una casa donde los miembros de la familia se pelean y discuten, pero cada cierto tiempo se pasa a una montaña cercana cubierta de nieve, donde primero Arthur (William Hopper) y luego su hermano Curt (Robert Mitchum) buscan una pantera negra a la que se oye pero nunca llegamos a ver. La película es en color y CinemaScope, pero prácticamente todo es blanco o negro, excepto el abrigo rojo y negro de Curt. Más tarde, después de que Arthur sea asesinado por la pantera y Curt encuentre su cuerpo, éste cambia su abrigo por el blanco y negro de su hermano antes de enviar el cuerpo de vuelta a la casa en su caballo. Curt se refugia de una tormenta en una cueva y es entonces cuando encuentra un libro de poesía de John Keats en el bolsillo del abrigo. Poco después, mientras intenta no morir congelado, alimenta el fuego con el poema de Keats que empieza diciendo: «Cuando temo que podría morir...». Dirigiéndose a su hermano muerto, dice: «Por una vez tus lamentos sirven para algo bueno».

Jonathan Rosenbaum

Fecha 1954

Nacionalidad Estados Unidos

Director William A. Wellman

Reparto Robert Mitchum

Por qué es clave La única película de autor de John Wayne como productor se vuelve de pronto literaria.

Escena clave **La toma inicial** *Generación*

La toma inicial del primer largometraje de Wajda es toda una hazaña técnica que anunció con claridad que había un gran genio a los mandos. Pero el mérito de tan compleja toma es, en parte, del director de fotografía de Wajda, Jerzy Lipman, un gran talento con el que colaboraría en muchas otras películas. En una sola toma de dos minutos la cámara hace un «paneo» (un giro horizontal sin moverse del sitio) y luego un trávelin por la desolada tierra de una Polonia destrozada por la guerra. Poco a poco se va acercando a una comunidad de viviendas humildes mientras sus habitantes siguen con sus quehaceres cotidianos: la cámara pasa junto a unos niños jugando, unas mujeres charlando, unos ancianos jugando a las cartas, hasta hacer un primer plano de un peligroso juego con un cuchillo que están llevando a cabo un grupo de jóvenes. En una magistral progresión, el espectador puede ver y sentir el ambiente inhóspito del lugar y se implica en las imprudencias de los jóvenes que se convierten en el eje de la historia. Es una exposición maravillosamente coreografiada que pone en marcha una historia audaz sobre la resistencia contra la invasión alemana durante la guerra. *Generación* no sólo fue la primera película de Wajda después de varios cortometrajes y la primera parte de su trilogía sobre la guerra (a la que seguirían *Kanal* y *Cenizas y diamantes*), sino que también reveló al mundo que había una nueva generación de jóvenes cineastas que estaban reinventando el cine polaco. No sólo Wajda y su director de fotografía se convirtieron en grandes estrellas, sino que también lo haría el reparto, entre el cual destaca un joven Roman Polanski y otros dos jóvenes actores, Tadeusz Lomnicki y Zbigniew Cybulski.

Andrew Pike

Fecha 1955

Nacionalidad Polonia

Director Andrzej Wajda

Reparto Tadeusz Lomnicki, Roman Polanski, Zbigniew Cybulski

Título original *Pokolenie*

Por qué es clave
Es la primera escena del primer largometraje de la estrella del renacimiento del cine polaco de la década de 1950.

Escena clave **La llegada de la televisión** *Sólo el cielo lo sabe*

De todos los brillantes y subversivos melodramas de Douglas Sirk, éste es probablemente el mejor, tan lleno de emoción como *Escrito en el viento* (1956) y al mismo tiempo tan desilusionado con las concesiones, injusticias y mentiras del sueño americano como *Ángeles sin brillo* (1958). *Sólo el cielo lo sabe* es la crónica del turbulento romance de Cary (Wyman), una viuda de clase media, y su jardinero Ron (Rock Hudson), un hombre más joven que ella, amante de la naturaleza y algo bohemio. La película analiza y se lamenta de los prejuicios de clase, el esnobismo, la desigualdad entre sexos y la mezquindad que definen y delimitan las ambiciones de Estados Unidos de Eisenhower: Cary está encasillada en el prototipo de mujer de club de campo, mientras que Ron tiene menos categoría en parte por su negativa a ser un conformista.

Los hijos ya mayores de Cary, Ned (Reynolds) y Kay (Talbott), supuestamente preocupados por la felicidad de su madre y la memoria de su difunto padre, rechazan a Ron de inmediato y lo consideran inadecuado. Tras romper la relación, vuelven para pasar unas «últimas Navidades» juntos: Ned va a vender la casa familiar para trasladarse a París y Kay va a casarse. Su hasta entonces abnegada madre no puede creer lo que está ocurriendo, se lleva las manos a las sienes, clava la mirada en el suelo y le dice a Kay: «Todo esto ha sido inútil». Los dos hijos malcriados y desagradecidos le han llevado como regalo una televisión. El operario que realiza la entrega (Lewis) comenta: «Enciéndala y tendrá toda la compañía que desee aquí mismo en la pantalla... Drama, comedia, la vida entera al alcance de sus dedos». Mientras la cámara se mueve para mostrarnos la sombría mirada de Cary reflejada en la aburrida pantalla en blanco y negro, se hace evidente la triste realidad que se esconde detrás de los tan cacareados ideales de la vida familiar, la emancipación de la mujer y el bienestar generalizado tras la guerra.

Geoff Andrew

Fecha 1955

Nacionalidad: Estados Unidos

Director: Douglas Sirk

Reparto: Jane Wyman, Gloria Talbott, William Reynolds, Forrest Lewis

Título original: *All That Heaven Allows*

Por qué es clave:
Es el momento más oscuro de este magnífico y meticuloso melodrama de Douglas Sirk.

Película clave *Blinkity Blank*

Blinkity Blank es un impresionante filme experimental de 14 minutos de duración, hecho sin cámara, raspando o dibujando directamente sobre celuloide negro y opaco sin enmarcar. El espectador se ve invadido por un bombardeo de explosiones intermitentes de imágenes abstractas o semiabstractas que, a menudo, ocupan la pantalla durante una fracción de segundo. Entre los espacios en blanco (*blanks*) se puede ver fugazmente (siempre y cuando no se parpadee –*blink*–) una ráfaga de plumas, un paracaídas, una jaula, una piña, un paraguas que se transforma en una figura con forma de gallina o en unos garabatos indescifrables que no dejan de aparecer por toda la pantalla. «No es una película que uno vea», escribió el crítico francés André Martin en 1955. «Es una película que uno cree ver». Sin embargo, sí oímos, no sólo creemos oír, la banda sonora dodecafónica de Maurice Blackburn (interpretada por un quinteto de clarinete, fagot, flauta, chelo y oboe), salpicada de puntuaciones de sonidos sintéticos y sorprendentemente percusivos que se llevaron a cabo haciendo raspaduras sobre el celuloide.

A diferencia de la mayoría de las películas de vanguardia, *Blinkity Blank* está llena de humor como la lucha entre un gran pájaro malo y una criatura parecida a un gusano, más pequeño, pero muy agresivo. El filme incluso «cuenta una historia», aunque fugaz: dos fantásticos pájaros luchan con ferocidad, se cortejan, se aparean y finalmente producen un huevo de multicolorido, del que emerge un diminuto «pájaro» antropomórfico que hace una especie de reverencia cuando aparece la palabra *fin*. Si quisiéramos ponernos filosóficos, podríamos decir que es una película sobre la procreación, el nacimiento y la lucha por la supervivencia. En una palabra: la vida.
Jean-Pierre Coursodon

Fecha 1955

Nacionalidad Canadá

Director Norman McLaren

Por qué es clave
La obra maestra de Norman McLaren es la culminación de su rompedora investigación sobre las posibilidades estéticas de la animación sin cámara.

Escena clave **Paro y Chandramukhi se ven** *Devdas*

La aldeana Paro (Sen) y la cortesana de ciudad Chandramukhi (Vyjantimala) aman a Devdas (Kumar), un hombre atrapado entre el pueblo y la ciudad, entre el feudalismo y la modernidad. Incapaz de decidir, éste se refugia en la bebida. Paro decide visitarlo en su pueblo y se marcha apresuradamente, dejando de lado sus obligaciones domésticas, pero entonces descubre que Devdas se ha marchado a Calcuta. En una escena paralela, Chandramukhi se va también a buscar a Devdas al pueblo.

Se oye una canción. Vemos a Paro, una sencilla muchacha de pueblo, volviendo a la casa de su rico esposo en un palanquín. Chandramukhi, que después de haber renunciado a todo practica una espiritualidad devota, cruza los campos para llegar al pueblo de Devdas. Entonces arranca la canción «Kahin ghani chav ahi, kahin dhoop hai» «En algún lugar hay sombras densas; en otro, un cálido sol», en que se comparan los diferentes destinos de las dos mujeres, que se ven y se cruzan. En esa fugaz mirada se adivina que ambas saben quién es la otra, reconocen el amor que ambas sienten por Devdas, pero también hay un distanciamiento, pues cada una de ellas se aleja a la esfera social en la que vive. Esta canción filosófica sobre dos vidas contrarias, cada una de las cuales debe verse afirmada, es una canción sincrética: las estrofas están ajustadas en una compleja melodía con orquestación de la India oriental (que el gran compositor Sachin Dev Burman utilizaba a menudo en sus canciones), pero la canta el versátil cantante de pcine Mohammad Rafi con un estilo típico del norte hacia el estribillo, lo que nos recuerda la música *folk*, cantada por los hombres que llevan el palanquín.
Rashmi Doraiswamy

Fecha 1955

Nacionalidad India

Director Bimal Roy

Reparto Dilip Kumar, Vyjantimala, Suchitra Sen

Por qué es clave Esta escena –dos mujeres se reconocen la una a la otra de manera intuitiva y adivinan el destino que comparten al ser despojadas del amor– abre una brecha hacia un orden superior de percepción.

Escena clave **La resurrección**
Ordet (*La palabra*)

SPOILER

La primera persona que vemos en esta película única es Johannes (Rye), un hombre demente que está convencido de que es Jesús, para consternación de su hermano mayor (Christensen), que rechaza por completo la religión, y de su padre (Henrik Malberg), un viejo luterano que está sufriendo una crisis de fe. Pero el personaje más importante es la esposa del hermano mayor, Inger (Federspiel), que representa el punto medio entre la locura de Johannes y el materialismo de su marido.

En un momento dado de la película, Inger muere al dar a luz a un niño muerto, tragedia que altera tanto a Johannes que se marcha desesperado. Cuando vuelve para el funeral, parece haber recuperado la cordura, pero sigue siendo el creyente más devoto de la familia. Les pregunta a los asistentes por qué no han rezado por el alma de Inger, pero nadie tiene una buena razón que darle y él entonces les dice que su falta de espiritualidad está decidiendo el destino de Inger: «Debes pudrirte», le dice al cadáver, «porque los tiempos está podridos». Es entonces cuando actúa él. Después de preguntarle a la hija de Inger si cree que su fe puede resucitar a los muertos –la niña le responde que sí–, comienza a rezar. Inger mueve la mano, sus ojos se abren, el marido la levanta del ataúd y se dan un beso que es toda una declaración de vida.

Normalmente, para tratar lo sobrenatural, los directores más convencionales utilizan efectos especiales de gran sofisticación para crear la sensación de espectáculo y fantasía. La genialidad del enfoque de Dreyer reside en su rechazo absoluto a tales trucos. La resurrección de Inger es tan física y psicológicamente real como la austera puesta en escena y el cine sin adornos con la que se retrata. Pocos momentos de la historia del cine igualan el trascendental poder de esta escena.

David Sterritt

Fecha 1955

Nacionalidad Dinamarca

Director Carl Theodor Dreyer

Reparto Preben Lerdoff Rye, Birgitte Federspiel, Emil Hass Christensen, Ann Elizabeth Rud

Por qué es clave
Esta escena demuestra que el cine puede evocar una dimensión metafísica a través de un retrato directo de la realidad física.

Pág. anterior *Ordet*.

Personaje clave **Hideko Takamine**
Primera imagen de la heroína *Nubes flotantes*

Nubes flotantes llega muy lejos y el talento de Naruse es tan grande que todo queda insinuado en una única y breve toma de Yukiko (Takamine), que no sólo será un personaje importante en la película, sino también una figura emblemática de la historia de Japón a medida que su cultura evolucione a lo largo de los años que siguen a la guerra. Después de algunas tomas que nos ayudan a situarnos al final del conflicto y nos muestran el regreso de aquellos que habían servido en otros países, la primera toma representada sigue a Yukiko brevemente mientras se mueve con la multitud que regresa. Sólo dura unos segundos, pero vemos a una mujer joven y autónoma en el espacio, el rostro y la postura de la cual revelan su intención de hacer todo lo que pueda para controlar su propio destino, incluso en un momento difícil y en un mundo implacable. Gracias a la dirección de Naruse, reducida a lo esencial, así como a la magnífica interpretación de Takamine, que ya ha compuesto a la perfección el carácter en esta primera imagen, nos llega de inmediato la idea de un viaje humano y conmovedor. Es un viaje en el que habrá también una compleja relación, que nunca se llega a resolver en un sentido convencional, con Kengo (Masayuki Mori), el hombre con el que Yukiko mantuvo un romance inolvidable en la Indochina francesa durante la guerra. Un viaje de dos. Pero comienza con ella, en este momento, en esa enternecedora mirada hacia delante. Con esa aparente sencillez, nace la sublime grandeza cinematográfica.

Blake Lucas

Fecha 1955

Nacionalidad Japón

Director Mikio Naruse

Reparto Hideko Takamine

Título original *Ukigumo*

Por qué es clave
La dirección de Naruse y la interpretación de Takamine nos muestran cómo la sencilla toma introductoria de un personaje puede insinuar la belleza y el significado de toda una película.

Escena clave **«There's Nothing Like Love»** *Mi hermana Elena*

Mi hermana Elena es uno de los musicales más subestimados (y también de los últimos) de la gran época del género de Hollywood de los años cincuenta. *Remake* de una película no musical de 1942 con el mismo título (en España se llamó *Los caprichos de Elena*), es toda una cornucopia de grandes canciones y bailes anclados en un guión lleno de vida, e impecablemente estructurado, escrito por el director y por Blake Edwards.

En esta escena de cinco minutos de duración, Eileen (Leigh) y Ruth (Garrett), dos hermanas de Ohio que acaban de llegar a Nueva York con sueños de éxito, se encuentran en el lúgubre apartamento (un sótano) de Greenwich Village en el que viven, hablando de lo que esperan de la vida. Como ha establecido en una escena anterior un solo de Ruth, Eileen es la hermana encantadora y sexy a la que persiguen los hombres, quienes en cambio ignoran a la intelectual Ruth. Eileen comienza alabando las maravillas del amor a una abatida hermana. La conversación va derivando de manera gradual hacia un discurso semirrecitado de Ruth sobre la idea de salir con hombres («Podría interferir en mi carrera y, por lo que he oído, los hombres no son sinceros», a lo que Eileen le responde: «Sólo son niños grandes»), que desemboca en la canción propiamente dicha, interpretada por Leigh. Después del estribillo, la escena vuelve al diálogo hablado, luego Leigh se pone un casco y unas botas de fútbol americano de un vecino y finge ser un caballero que invita a bailar a su hermana, al tiempo que la música vuelve a empezar en una especie de minueto de la melodía original. Después del breve baile, es el turno de Ruth, que retoma la melodía mientras cocina unos espaguetis. La escena y la canción terminan con las dos actrices cantando a dúo.

Jean-Pierre Coursodon

Fecha 1955

Nacionalidad Estados Unidos

Director Richard Quine

Reparto Janet Leigh, Betty Garrett

Título original *My Sister Eileen*

Por qué es clave Esta exquisita interpretación a dúo de la gran canción de Jule Styne y Leo Robin es un gran ejemplo de narrativa inventiva, de coreografía inteligente y de dirección fluida.

Pág. siguiente *Mi hermana Elena.*

Escena clave **La escalera** *Rebelde sin causa*

En el clásico de Nicholas Ray, encontramos un inusual movimiento de cámara cuando Jim (Dean) vuelve tarde a casa una noche después de la «carrera de gallinas» en la que su adversario, Buzz (Corey Allen), ha terminado muerto. Jim encuentra a su padre (Backus) dormido frente al televisor sin imagen, él se tumba en otro sofá y va girándose poco a poco hasta quedar con la cabeza abajo y los pies arriba. La voz de la madre (Doran) que llama a Jim desde fuera de plano se oye antes de que Ray corte su imagen, bajando las escaleras rápidamente, en una toma que adopta la visión de Jim y que, por tanto, nos muestra a la madre del revés. La cámara hace un giro de 180 grados para enderezarse mientras la madre termina de bajar las escaleras y va hacia la cámara.

En una historia llena de crisis y ansiedad, la inversión de la cámara señala un punto de máxima desorientación porque se trata de un gesto extremo y porque permite al espectador sentir que hay algo que no encaja entre la perspectiva de Jim y la de la cámara: cuando se ve el mundo del revés, el cerebro puede de algún modo dar la vuelta a la imagen de manera que uno siga situado «correctamente» en el mundo; pero, con la imagen de Ray, hay que esperar hasta que la cámara se dé la vuelta de nuevo. De pronto, la imagen está mal, Jim está mal, su madre está mal, Nicholas Ray está mal y el espectador está mal. Más adelante, en esa misma escena, la cámara vuelve a girar pero en menor grado, cuando la madre se enfrenta a su hijo en la escalera. Este movimiento más leve es un punto culminante de la película porque amenaza con reabrir la herida que abrió el plano más extremo en la relación entre imagen y percepción.

Chris Fujiwara

Fecha 1955

Nacionalidad Estados Unidos

Director Nicholas Ray

Reparto James Dean, Ann Doran, Jim Backus

Título original *Rebel without a Cause*

Por qué es clave El inusual movimiento de cámara que eligió Ray en esta escena pone en cuestión la relación entre espectador e imagen.

Escena clave **Un coche atraviesa la oscuridad que nos aísla** *El beso mortal*

La obra maestra de Robert Aldrich es el *film noir* definitivo, un canto al sexo, la violencia y toda una bomba en Estados Unidos de la década de 1950 que comienza con la imagen de una autopista solitaria que se extiende frente a nosotros, vista desde un coche. De pronto sale de entre las sombras una mujer muy hermosa (Leachman), vestida tan sólo con una gabardina, y obliga a parar al conductor, Mike Hammer (Meeker). Alrededor sólo hay noche y las rayas blancas de la carretera que dan comienzo a la violencia de la luz, el choque entre el blanco y el negro que dará vida a gran parte de la película, como cuando Mike Hammer se defiende en mitad de la noche lanzando al aire una bolsa de palomitas para distraer al que lo persigue. En el estilo más clásico de Hollywood, la cámara está anclada en el suelo de las habitaciones o de los paisajes que se graban. El hecho de que en *La sombra de la duda* (1943) sepamos que el tío Charlie es culpable, gracias a un claustrofóbico plano inclinado en el que lo vemos solo en su habitación y no a través de la trama, es posible porque normalmente la cámara está derecha. No es así en *El beso mortal*. Las coordenadas cartesianas del universo se han visto destruidas por la velocidad, la violencia y la búsqueda nihilista de «la gran cuestión». Un corte tuerce el espacio y le da nueva forma, o lo hace pedazos; los objetos se trasforman repentinamente; la violencia de la banda sonora es un zumbido añadido que invade la película con su indomable energía. Todo esto encaja con una historia en la que el «héroe» carece de valor alguno que no sea lo que le depara el destino, y todo surge de la escena inicial, de la capacidad de un coche para consumir el espacio e ir cambiando el mundo real con el movimiento.

Fred Camper

Fecha 1955

Nacionalidad Estados Unidos

Director Robert Aldrich

Reparto Ralph Meeker, Cloris Leachman

Título original *Kiss Me Deadly*

Por qué es clave
La destrucción del espacio en la escena inicial resuena durante toda la película: sin un suelo o una base firme, puede surgir el peligro en cualquier parte y es imposible mantener la moralidad.

Escena clave **El río** *La noche del cazador*

Junto a *Ciudadano Kane*, uno de los grandes debuts del cine estadounidense es la obra de otro actor, Charles Laughton, pero mientras que Welles pudo rodar más películas (aunque con dificultad), a Laughton nunca le dieron tal oportunidad. Para adaptar a la pantalla la novela corta de Davis Grubb *La noche del cazador*, Laughton contrató a James Agee como escritor y a Stanley Cortez como director de fotografía, dos elecciones audaces e innovadoras. Sentía fascinación por las películas de D. W. Griffith y vio muchas de ellas antes de empezar el rodaje. Le dijo Lillian Gish, antigua protagonista de las obras de Griffith a la que escogió para interpretar el papel de la Buena Mujer, que quería hacer que el público volviera a ponerse en pie como hacía en las películas del director de *El nacimiento de una nación*.

El largometraje comienza como un *thriller* particularmente inventivo de la era de la Depresión, con Robert Mitchum, en uno de sus mejores papeles, encarnando al asesino en serie Harry Powell, que se dedica a matar viudas y robarles sus modestos ahorros. Durante alrededor de una hora llena de tensión lo vemos preparar el ataque de la trágica Willa (Shelley Winters), con quien primero se casa para luego asesinarla y aterrorizar a sus hijos, John (Chapin) y Pearl (Bruce), que saben dónde se encuentra el dinero robado que había escondido su difunto padre. Cuando los niños escapan de sus garras en un pequeño barco, la película cambia inesperadamente y con brillantez: las criaturas del río –una rana, conejos, un búho, tortugas, una oveja y una tela de araña–, unidas a un cielo cubierto de estrellas y a una banda sonora de inquietantes canciones de cuna, transforman un *thriller* en un sombrío cuento de hadas.

David Stratton

Fecha 1955

Nacionalidad Estados Unidos

Director Charles Laughton

Reparto Robert Mitchum, Billy Chapin, Sally Jane Bruce

Título original *The Night of the Hunter*

Por qué es clave
Esta escena es el atrevido punto crucial de la obra maestra de Laughton.

Pág. anterior *La noche del cazador*.

Escena clave **El grupo en la playa**
Las amigas

La cuarta película de Antonioni, adaptación libre de la novela de Cesare Pavese *Entre mujeres solas*, sigue las vidas de cinco mujeres jóvenes de la clase media alta de Turín y lo hace a través de los ojos de Clelia (Rossi Drago). Ésta vuelve a su pueblo natal después de haber conseguido abandonar la clase trabajadora de sus orígenes tras triunfar en el mundo de la moda en Roma. Hacia el primer cuarto de la película, las cinco amigas y dos de los principales personajes masculinos hacen una excursión dominical, donde encontramos la primera de las tres escenas clave del grupo. El modo en que Antonioni la sitúa y mueve en una playa azotada por el viento no sólo anuncia las escenas de la isla desierta de *L'aventura*, sino que las sobrepasa en la utilización de la cámara que hace el director para coreografiar el conjunto en tiempo real. La vitalidad del movimiento y del gesto de esta escena oculta un malestar personal que se desarrolla en historias separadas pero interrelacionadas en las que están implicadas tres parejas que viven diferentes grados de crisis emocional. La síntesis que hace de la observación controlada con gran precisión y el sentimiento de fragilidad está aquí libre de la abrumadora sensación de hastío que en ciertos momentos amenaza con deshacer la narrativa en *Il grido*, la siguiente «trilogía», y en *El desierto rojo*.
Bruce Hodsdon

Fecha 1955

Nacionalidad Italia

Director Michelangelo Antonioni

Reparto Eleanora Rossi Drago, Valentina Cortese, Ivonne Furneaux, Gabriele Ferzetti, Madeleine Fischer, Franco Fabrizi, Annamaria Pancani

Título original *Le amiche*

Por qué es clave En una escena como ésta parece ya completamente formada la revolucionaria síntesis de subjetividad y objetividad de Antonioni.

Acontecimiento clave
La muerte de James Dean

El 30 de septiembre de 1955, James Dean murió a los 24 años de edad en un accidente de coche en Cholame, California, cuando su Porsche Spyder chocó con otro coche, conducido por Donald Turnupseed. Aunque era conocido por su amor a los coches y a la velocidad y había participado en la emblemática «carrera de gallinas» de *Rebelde sin causa*, en el momento del accidente no sobrepasaba los límites de velocidad.

Otras jóvenes estrellas del cine habían muerto antes y sus muertes habían provocado el delirio de sus admiradores (la más notable, la de Rodolfo Valentino en 1926), pero la de Dean –después de haber protagonizado sólo tres películas, de las cuales dos estaban aún sin estrenar cuando falleció– es la más significativa. Figura, junto a las muertes de John F. Kennedy, Martin Luther King y la princesa Diana, entre las tragedias más lloradas, idealizadas y conmemoradas del siglo xx. Aunque *Al este del Edén* de Elia Kazan había convertido a Dean en una estrella gracias al estilo sensible y atormentado del método de Montgomery Clift y Marlon Brando, fue *Rebelde sin causa* de Nicholas Ray, estrenada un mes después de la muerte del actor, la que cimentó su condición de mártir adolescente de los años cincuenta. Su muerte le da al final de la película –en la que es el personaje de Sal Mineo el que muere, aunque muchos espectadores recuerdan la escena como si fuera Jim Stark (que encarnaba Dean) el que muere tiroteado por la policía– una resonancia añadida que la eleva a su condición de clásico. Se sigue debatiendo si, de haber vivido, James Dean habría conseguido mantener su carrera a tal nivel: ¿se habría convertido en un Marlon Brando, un Paul Newman, un Vic Morrow o un Cameron Mitchell? Pero eso ya no importa, pues la muerte lo convirtió en uno de los grandes de la pantalla y uno de los rostros del siglo xx.
Kim Newman

Fecha 30 de septiembre de 1955

Por qué es clave
Esta tragedia marcó a toda una generación de adolescentes y estableció la eterna imagen de James Dean como mártir.

Pág. siguiente James Dean.

Escena clave **La bañera** *Las diabólicas*

SPOILER

Probablemente es el *thriller* lleno de giros inesperados del que luego surgirían todos los demás. En ese sentido, el clásico de Henri-Georges Clouzot agarraba desprevenidos a los espectadores porque no respetaba las reglas de juego que se esperaban entonces. Basándose en la novela de Pierre Boileau y Thomas Narcejac, la trama nos muestra a Michel (Meurisse), el mezquino y sádico director de un colegio de chicos que se convierte en objetivo de los odios de la esposa, a la que maltrata, Christina (Véra Clouzot, esposa del director de la película), y su amante, Nicole (Simone Signoret). Para asesinarlo, las dos mujeres deben convencer a Michel para que vaya a la casa de campo de Nicole, ahogarlo en la bañera y después tirarlo en la piscina del colegio de modo que parezca un accidente o un suicidio. Pero todo esto en realidad es el preludio de la traición de Michel y su amante. El cuerpo desaparece para aparecer después en la bañera de Christina, de donde se levanta como si fuerza un zombi, en lo que constituye el desenlace de una complicada farsa que acaba con el frágil corazón de Christina, lo que permite que los conspiradores vivan felices para siempre. Aunque el giro de la trama se basa en ocultar información al espectador y resulta algo improbable, al público le encantó y no tardó en comparar la película con *Psicosis*. La lista de *thrillers* que imitarían a Clouzot en mayor o menor grado incluye *Testigo de cargo*, *Sospechosos habituales*, *El sexto sentido* y *El club de la lucha*, además de un *remake* inferior al original que en 1996 protagonizaron Isabelle Adjani, Sharon Stone y Chazz Palminteri. La escena de la bañera se utilizó, asimismo como referencia en *El resplandor, Atracción fatal* y *Lo que la verdad esconde*. El popular personaje secundario del inspector de policía Fichet (Charles Vanel), un excéntrico fumador de puros, inspiró por otro lado al televisivo sabueso que interpretó Peter Falk en la serie de televisión *Colombo*.

Matt Zoller Seitz

Fecha 1955

Nacionalidad Francia

Director Henri-Georges Clouzot

Reparto Paul Meurisse, Véra Clouzot

Título original *Les diaboliques*

Por qué es clave Es el momento más memorable de uno de los *thrillers* más imitados de la gran pantalla.

Película clave *Les maîtres fous*

Les maîtres fous es el extraordinario y salvaje documento de una impresionante realidad social de la vida africana de mediados de la década de 1950: los trabajadores de la construcción de la colonia británica de Costa de Oro los fines de semana se van al monte y se entregan a los arrebatos del culto hauka. Rouch, un etnógrafo radical, graba, cámara en mano y con todo detalle, este ritual en el que los participantes entran en trance, tocan música, ingieren drogas, le cortan el cuello a una gallina y esparcen sus restos. En el punto culminante del trance, los hombres, echando espuma por la boca, imitan a los señores coloniales británicos, se convierten en comandantes, generales, o en la esposa del médico, y representan reuniones o marchas militares (un plano de corte a la situación real no resulta menos surrealista). También someten sus cuerpos a antorchas de fuego (aparentemente sin causarse el menor dolor) y cocinan un perro para comérselo. En un abrupto final vemos a los mismos hombres de vuelta en el trabajo el lunes por la mañana, cavando zanjas: Rouch comenta en la banda sonora: «Mirando a estos excelentes trabajadores, uno se pregunta: ¿han encontrado una panacea para la enfermedad mental, han encontrado una manera de asimilar las desigualdades de la sociedad?». En su libro *The Cinematic Griot*, Paul Stoller describe la reacción de los espectadores actuales a la película de Rouch: algunos vomitan, algunos buscan explicaciones racionales al comportamiento que tienen los hombres durante el trance, otros se sienten ofendidos y tachan la película de racista. El antropólogo George Devos explica: «El espectador se siente incómodo, pero al mismo tiempo debe asimilar lo que le han dado para que vea».

Adrian Martin

Fecha 1955

Nacionalidad Francia

Director Jean Rouch

Por qué es clave Es una extraordinaria muestra de cine etnográfico.

Escena clave **La escena inicial del circo** *Lola Montes*

Lola Montes es la suprema exploración de la fascinación de Max Ophuls por la feminidad como forma de espectáculo. El tema de la película está plasmado en su estructura, que presenta a Lola (Carol) como atracción principal de un circo en el que se representan los acontecimientos más importantes de su «escandalosa» vida ante una audiencia de pago. La secuencia inicial, de dos minutos, nos muestra al propietario y maestro de ceremonias del circo (Ustinov) hablando directamente a la cámara de Ophuls mientras presenta a Lola tanto a la audiencia que está viendo la película como a la representada en la pantalla: «Y ahora, damas y caballeros, ¡el momento que todos estaban esperando! ¡Espectáculo! ¡Emoción! ¡Acción! ¡Historia! Una criatura cien veces más salvaje que cualquier bestia de nuestra colección! ¡Un monstruo cruel..., con ojos de ángel!». Al hacer que Ustinov utilice el lenguaje que se usaría en un tráiler, Ophuls involucra los mecanismos del cine en su crítica al proceso por el cual se llega a reducir a una mujer de sujeto a objeto, convirtiéndola en un individuo menos autónomo que la imagen que se ofrece a la mirada de un *voyeur*. Esta idea está magníficamente ilustrada por el plano de Ustinov, situado a la izquierda del encuadre, dando vueltas alrededor de su estrella, que está sentada. La cámara se retira antes de que prometa que Lola contestará a «las preguntas más descorteses, las preguntas más íntimas, las preguntas más indiscretas». El jefe de ceremonias funciona aquí como sustituto del director en más de un sentido: controla la puesta en escena y resalta la impotencia de Lola, que permanece inmóvil a la derecha de la imagen mientras la cámara se mueve a su alrededor. Nunca alcanzaremos a comprender *Lola Montes* si insistimos en hablar de «estilo» y «significado»: para Ophuls, estilo es significado.

Brad Stevens

Fecha 1955

Nacionalidad Francia/República Federal de Alemania

Director Max Ophuls

Reparto Martine Carol, Peter Ustinov

Título original *Lola Montès*

Por qué es clave
Esta escena demuestra que, en la obra de Max Ophuls, estilo y significado son inseparables.

Escena clave **Una bala atraviesa una mano a quemarropa** *El hombre de Laramie*

Lockhart (Stewart) es un forastero con la misión de encontrar a los traficantes de armas a los que cree responsables de la muerte de su hermano durante un encuentro de un destacamento de caballería con apaches armados con rifles de repetición. Pronto da con dos hijos del latifundista más importante del lugar (Donald Crisp): Dave (Nicol), el verdadero hijo, es psicótico y débil, mientras que Vic (Arthur Kennedy), el «hijo adoptado» y responsable, trabaja como capataz del rancho con la misión de evitar que Dave se meta en líos a cambio de una participación en el imperio del ganado. Lockhart, en conflicto con todos ellos, va asumiendo poco a poco el papel de hijo idealizado del viejo. La fuerza de la venganza de Dave sobre Lockhart, el desconocido malevolente que ha ocupado su lugar en el corazón de su padre, radica en la manera de llevarla a cabo. Las enormes extensiones de paisaje desolado que Mann integra en este drama de pantalla ancha se ven interrumpidas de pronto por unos intensos primeros planos y por un movimiento de cámara cuidadosamente calculado. Lo que antes habría sido intranscendente en un *western* –una bala que hiere una mano– se convierte en un acontecimiento seminal de esta arquetípica trama de venganza. Es como si Stewart, el chicode campo de las películas de los treinta, convertido ahora en un hombre autosuficiente y sin brillo por las decepciones de la vida, se viera atrapado, al menos momentáneamente. El dolor y la rabia que siente son palpables.

Bruce Hodsdon

Fecha 1955

Nacionalidad Estados Unidos

Director Anthony Mann

Reparto James Stewart, Alex Nicol

Título original *The Man from Laramie*

Por qué es clave
Esta escena marca una importante transición en la presentación de la violencia, no sólo en el *western* sino en el cine de Hollywood en general.

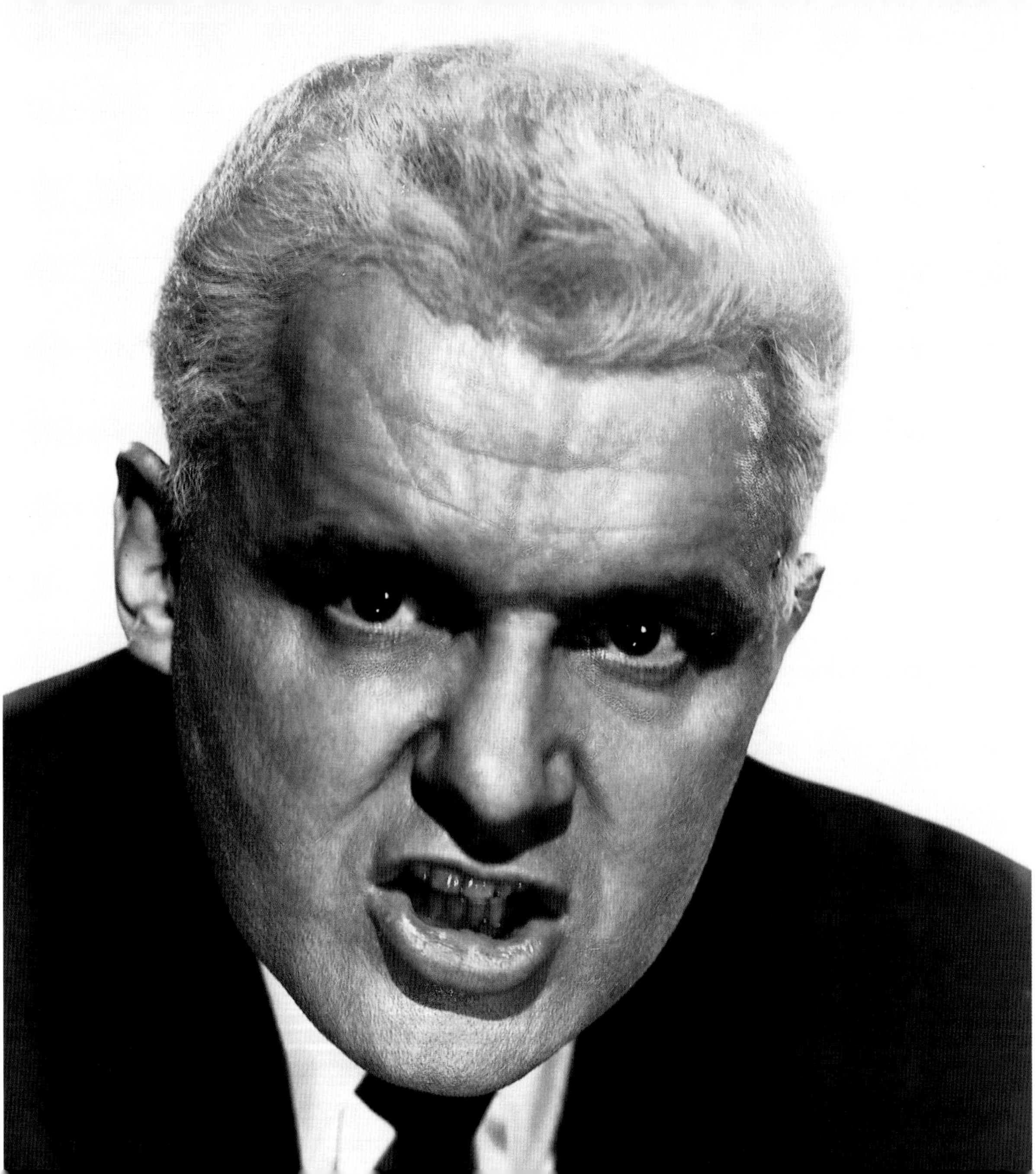

Escena clave **Los créditos animados**
El hombre con el brazo de oro

El pionero del diseño nacido en el Bronx Saul Bass elevó por sí solo los títulos de crédito hasta una zona de experimentación, empleando recortes de papel, efectos ópticos y animación para elaborar un puente hacia el mundo de la película. Desde su primer trabajo en *Carmen Jones* (1954) de Otto Preminger, con los simbólicos motivos de rosas y llamas que representaban simbólicamente la pasión arrolladora de la historia, Bass avanzó, en *El hombre con el brazo de oro*, a unos audaces títulos no figurativos que revolucionaron la industria del cine. Con los latidos de los metales de jazz del tema de Elmer Bernstein de fondo, entran por los cuatro lados unas barras blancas que se agrupan y se dispersan de manera impredecible, rozando casi las pequeñas letras de los nombres, hasta que aparece el logo central: el brazo recortado del héroe adicto a la heroína y al juego. Al unir la producción con un cartel coordinado, Bass se atrevió a dejar de lado a las estrellas y rodear el dibujo del brazo de barras negras y de dos tonos de morado. Su firma artística única, parte economía Bauhaus y parte diseño constructivista, se convirtió en todo un sello distintivo, que intervino en más de medio centenar de secuencias inolvidables, como las del torso segmentado en *Anatomía de un asesinato* (1959) de Otto Preminger, los jirones rasgados en *Psicosis* (1960) de Hitchcock, y el esbelto gato negro paseándose por la pantalla en *A Walk on the Wild Side* (1961) de Edward Dmytryk. Después de un paréntesis de dos décadas, durante las que diseñó logotipos de empresas y realizó varios proyectos cinematográficos personales, volvió para realizar sus últimas colaboraciones, en concreto con Stanley Kubrick (*El resplandor*, 1980) y Martin Scorsese (*Casino*, 1995).

Robert Keser

Fecha 1955

Nacionalidad Estados Unidos

Director Otto Preminger

Título original *The Man with the Golden Arm*

Por qué es clave Saul Bass convirtió el diseño de los créditos en una expresión artística de la temática de la película.

Personaje clave **Rod Steiger**
La visita del jefe del estudio *The Big Knife*

SPOILER

Rod Steiger, tan magnético como su compañero del Método Marlon Brando, no era en cambio guapo como este último, por lo que durante la década de 1950 no consiguió papeles de protagonista en películas de prestigio. Resentido o no, lo cierto es que en *The Big Knife* Steiger dio rienda suelta a todo el desprecio que pudiera sentir por la profesión de estrella de cine. En la piel del jefe de un estudio, Stanley Hoff, entra arrastrándose como una anaconda a la casa del actor Charlie Castle (Palance) en Bel-Air y lo aprieta hasta matarlo.

Steiger, que tenía 31 años cuando Aldrich rodó esta adaptación de la obra de Clifford Odets, interpreta a un hombre mayor. Se pertrecha con una especie de armadura al estilo de Mabuse: gafas de sol, audífono, traje negro, pelo blanco cortado al rape. El aire se llena del menosprecio de Hoff antes incluso de que aparezca. Nos dicen que es grosero, que no es uno de esos productores que hace películas con «agallas y significado» como Stanley Kramer. Para cuando llega a chantajear a Charlie para que renueve su contrato con el estudio, ya se ha ganado nuestra simpatía. El gran ignorante encarnado por Steiger domina por completo las dos largas escenas. Llega a encogerse como una tortuga ante la virilidad de Charlie. Pero entonces explota como una bomba de neutrones que deja en pie el lugar y arrasa a la gente.

«¿Quién te crees que eres?», le grita a Charlie. «¿Una especie de aristócrata sólo porque las mujeres quieran acostarse contigo? ¡Yo levanté el estudio! Lo levanté con mi cerebro y mis manos, ¿y tú quién eres?» Sale de allí, satisfecho consigo mismo, como si llevara una concha de mar junto al oído para poder oír el eco de su grandeza.

A. S. Hamrah

Fecha 1955

Nacionalidad Estados Unidos

Director Robert Aldrich

Reparto Jack Palance, Rod Steiger, Ida Lupino, Wendell Corey, Everett Sloane, Nick Dennis

Por qué es clave Es toda una hazaña de Steiger.

Pág. anterior Rod Steiger.

Escena clave **La toma final**
Crónica de un ser vivo

SPOILER

Crónica de un ser vivo se centra en el dilema moral al que se enfrenta el doctor Harada (Shimura), un árbitro de un tribunal familiar que debe juzgar el estado mental de Kiichi Nakajima (Toshiro Mifune), el propietario de una fundición empeñado en marcharse de Japón antes de lo que él ve como un holocausto nuclear inevitable. Como representante de una institución burguesa, Harada es incapaz de comprender que se trata de un problema que no puede resolverse en términos de locura o cordura, que lejos de ser ideológicamente neutrales, son precisamente los que propone el sistema responsable de dicho problema. Puede que Nakajima sea una persona que «lleva las cosas demasiado lejos», pero su protesta fracasa porque no la lleva lo bastante lejos, se aferra a su posición de privilegio patriarcal incluso mientras lucha por escapar de los excesos más indeseables del patriarcado. La necesidad de rechazar todos los métodos convencionales de comprensión de la realidad queda implícita en la demoledora imagen final: a la izquierda vemos a Harada bajando unas escaleras al marcharse del psiquiátrico en el que ha sido recluido Nakajima; a la derecha vemos a la amante de este último, Asako (Negishi), caminando por un pasillo (encuadrada de manera que parezca estar caminando hacia la parte superior de la pantalla), con un bebé atado a la espalda. Un anciano (al que vemos descendiendo), incapaz de cambiar, queda yuxtapuesto con una mujer joven (a la que vemos ascendiendo), pero al mismo tiempo está separado de ella, lo que define las relaciones familiares, sexuales y económicas (le da dinero a Nakajima y no tiene interés en que reconozca que es el padre de su hijo). Es el único personaje (aparte de la hija pequeña de Nakajima, Sue) al que motiva algo que no sea el propio interés y por eso es Asako, y no Nakajima, la que encarna el ser vivo del título, la única que realmente «ha nacido para llevar las cosas demasiado lejos».
Brad Stevens

Fecha 1955

Nacionalidad Japón

Director Akira Kurosawa

Reparto Akemi Negishi, Takashi Shimura

Título original *Ikimono no kiroku*

Por qué es clave
Este plano demuestra la habilidad de Kurosawa para resumir la temática de sus películas en imágenes individuales de gran resonancia.

Escena clave **Harihar Ray vuelve a casa**
La canción del camino

Harihar Ray (Kanu Bannerjee), un sacerdote empobrecido, vuelve a su pueblo natal procedente de Rana Ghat, donde por fin ha conseguido reunir algo de dinero. Al llegar ve que una tormenta ha causado grandes daños a su modesta casa. Mientras mira por un hueco del muro exterior, se dice a sí mismo: «¿No podría haber esperado todo esto?», y sale por la derecha de la pantalla. La cámara permanece estática, enfocando más de un momento a la vaca de la familia en primer término y la cabaña destrozada al fondo, atrayendo la atención sobre el regreso de Harihar. Éste vuelve a entrar en plano y, al hacerlo, entra también en su casa. Sharbajaya (Karuna Bannerjee), su esposa, aparece como si el regreso de su esposo, después de tanto tiempo transcurrido, fuera algo normal. En completo silencio, le ofrece una palangana de agua para que se lave, sin responder a sus apresuradas palabras, provocadas por la emoción de estar de vuelta con algo que compense su larga ausencia. Saca los regalos que ha llevado para la familia: una tabla, un palo de amasar y un cuadro de la diosa Lakshmi para Sharbajaya, y un sari para su hija Durga. Hay un primer plano en que la mujer, dándole la espalda a Harihar y con el sari agarrado entre las manos, se viene abajo. La música sube y vemos la espalda de Sharbajaya en un plano medio largo cuando se derrumba y cae al suelo. Harihar se arrodilla junto a ella y, por la expresión de su rostro, vemos que acaba de comprender que Durga ha muerto. No se dice ni una palabra. La elocuencia reside en la imagen. La primera película de Satyajit Ray sigue siendo la más eterna.
Aruna Vasudev

Fecha 1955

Nacionalidad India

Director Satyajit Ray

Reparto Kanu Bannerjee, Karuna Bannerjee, Subir Bannerjee

Título original *Pather Panchali*

Por qué es clave
Sencillamente, es la mejor película india de todos los tiempos.

Personaje clave **El cadáver en el césped**
El imperio del terror

Casi todas las obras que componen la carrera de Phil Karlson contienen la palabra *histeria*, lo cual resulta un tanto extraño si se piensa detenidamente, ya que hay muchas películas de suspense en las que vemos un comportamiento alterado que podría considerarse histeria, e incluso dan muestras de no poca histeria en lo que se refiere al ritmo y el énfasis cinematográfico. ¿Por qué señalar sólo a Karlson? *El imperio del terror*, un docudrama que quizá sea su mejor trabajo, nos da una pista de cuál puede ser el motivo. Hacia el comienzo de la historia, los gánsteres que controlan Phenix City, le dan un macabro aviso a John Patterson, un veterinario que se ha mostrado algo contrario a dicho control, matando a una joven negra y dejando su cuerpo sin vida en el césped de su casa. La familia, llora y tiembla entre alaridos de horror mientras discute si debe resistir o rendirse. No es una reacción exagerada para alguien al que le acaban de dejar un muerto en el jardín, pero Karlson está rompiendo una larga ley de la ficción que vincula una muestra de emoción intensa con la creación de suspense antes de que ocurra algo que el público teme. Esto sucede en contraposición al momento que sigue al desastre, cuya intensidad suele ser más leve, y se transforma en una melancolía que encaja con la reacción, también más tranquila, del público al ver que se restaura el equilibrio. Al optar por dar rienda suelta a la emotividad después de que haya pasado algo malo, Karlson nos saca de ese patrón de identificación establecido. Esa clase de histeria que transmite el director resulta incómoda porque nos invita a abandonar la seguridad que implica ser espectador y aceptar el riesgo de participar.

Dan Sallitt

Fecha 1955

Nacionalidad Estados Unidos

Director Phil Karlson

Reparto Richard Kiley, Lenka Peterson

Título original *The Phenix City Story*

Por qué es clave Posiblemente sea la escena más histérica de Phil Karlson el poeta de la histeria estadounidense.

Acontecimiento clave **RKO vende su filmoteca a la televisión**

Aunque en un primer momento los estudios de Hollywood vieron la televisión como una amenaza, pronto reconocieron su potencial económico, al principio produciendo programas específicos para este medio y luego alquilando o vendiendo viejas películas para que se emitieran en la pequeña pantalla. El primer estudio que llevó a cabo esta última opción fue la RKO, que en julio de 1955 había sido adquirido por una empresa filial de General Tire and Rubber Company. En diciembre, el nuevo propietario vendió la filmoteca del estudio, que contaba con unas 740 películas, a otro conglomerado de empresas por 15,2 millones de dólares. Dicho conglomerado, C&C Super Corporation, procedió a distribuir las películas a las emisoras de televisión a través de un nueva empresa filial, C&C Television Corporation. El éxito del negocio impulsó a otros estudios a hacer lo mismo y hacia 1958 se habían vendido a la televisión alrededor de 3.700 películas, la mayoría anteriores a 1948.

La emisión regular de obras de lo que hoy se considera el período clásico del cine estadounidense tuvo un enorme impacto en la cultura del país. La televisión comercial se convirtió en un gigantesco cine de repertorio en el que se educaron sucesivas generaciones de cinéfilos –muchos de los cuales serían luego cineastas– que entraron en contacto con directores, estrellas y géneros del pasado. Mucho después de haber abandonado la producción de películas, la RKO seguía siendo una de las fuentes más sólidas de dicha educación cinematográfica; películas como *King Kong*, los musicales de Fred Astaire y Ginger Rogers, *Ciudadano Kane* y *El cuarto mandamiento* de Orson Welles se emitían constantemente en la cadena WOR-TV de Nueva York. En la década de 1980, la liberalización y el crecimiento del vídeo hicieron que la televisión perdiera importancia como organismo difusor de la historia cinematográfica.

Chris Fujiwara

Fecha Diciembre de 1955

Por qué es clave Durante un cuarto de siglo, la televisión ejerció de escuela de historia cinematográfica.

Acontecimiento clave
Se funda Janus Films

Janus Films, fundada en marzo de 1956 por dos antiguos compañeros de Harvard, Bryant Halliday y Cyrus Harvey Jr., fue durante varios años la distribuidora de cine extranjero más prestigiosa de Estados Unidos. Halliday y Harvey adquirieron experiencia en el negocio cinematográfico dirigiendo cines de repertorio, como el Brattle Theatre de Cambridge, Massachusetts (un cine emblemático que se asocia con la llamada «época dorada del cine», nacida durante los años posteriores a la segunda guerra mundial) o el 55th Street Playhouse de Nueva York. No es de extrañar, entonces, que resulte difícil separar la nostalgia por aquellos cines de repertorio que florecieron en todo el país (y que ahora casi han desaparecido debido al vídeo) con los prestigiosos títulos que Janus dio a conocer al público estadounidense de directores como Truffaut, Antonioni, Kurosawa o Fellini. Hoy en día el sello de calidad de Janus pervive en Criterion Collection, empresa distribuidora de películas en DVD dirigida por Peter Becker y Jonathan Turrell, hijos de los dos hombres que sucedieron a Harvey y a Halliday al frente de Janus, William Becker y Saul Turrell. Cuando Criterion editó en 2006 una colección de 50 películas de gran interés procedentes del archivo de Janus, Dave Kehr, del *New York Times*, comparó el voluminoso surtido de títulos con los 51 volúmenes de la antología de clásicos de la literatura mundial que Charles W. Eliot editó en 1909 (conocida como «Los clásicos de Harvard»). Esta comparación demuestra hasta qué punto se sigue relacionando los fondos de Janus con un «canon» cinematográfico semioficial, y quizá impreciso.
Richard Porton

Fecha Marzo de 1956

Por qué es clave Janus Films, fundada por dos empresarios de Boston, se convierte en sinónimo del apogeo del cine de repertorio estadounidense durante los años cincuenta y sesenta.

Diálogo clave **«¡Tú eres el siguiente!»**
La invasión de los ladrones de cuerpos

SPOILER

En el clímax de *La invasión de los ladrones de cuerpos*, el doctor Miles Bennell (Kevin McCarthy) –único superviviente de una pequeña ciudad invadida por una imitación extraterrestre de humanos que nacen de vainas– sale a una ajetreada autopista en medio de la noche gritando «¡Nos están invadiendo!» y farfullando como un loco. En uno de los grandes primeros planos del cine de pantalla ancha en blanco y negro, los ojos saltones de Bennell se dirigen directamente al público para chillar: «¡Tú eres el siguiente!». En un primer momento, Don Siegel tenía intención de terminar la película con la que adaptó la novela de Jack Finney *Los ladrones de cuerpos* con esta imagen y esta frase, pero el estudio insistió en que se incluyera una historia secundaria que abriera una puerta a la esperanza de que se pudiera abortar la invasión. Se trata sin duda de un momento simbólico de la paranoia de la década de 1950, una llamada de atención a la acomodada y desafecta sociedad estadounidense.
Kim Newman

Fecha 1956

Nacionalidad Estados Unidos

Director Don Siegel

Reparto Kevin McCarthy

Título original *Invasion of the Body Snatchers*

Por qué es clave El miedo nunca desaparece.

Pág. siguiente *La invasión de los ladrones de cuerpos.*

RECEIVING

he had to find her... he had to find her...
WARNER BROS. PRESENT THE C.V.WHITNEY PICTURE STARRING
JOHN WAYNE IN
THE SEARCHERS
U
VISTAVISION MOTION PICTURE HIGH FIDELITY
JEFFREY HUNTER · VERA MILES · WARD BOND · NATALIE WOOD
JOHN FORD
COLOUR BY TECHNICOLOR
FRANK S NUGENT
EXECUTIVE PRODUCER MERIAN C.COOPER
ASSOCIATE PRODUCER PATRICK FORD
PRESENTED BY WARNER BROS.
ETHAN Whatever it took—he'd find her!
DEBBIE Somewhere out there – she was captive!
LAURIE Her heart wanted to wait—and couldn't!
MARTIN He started the search as a boy, and ended it a man!
CLAYTON The Good Book in one hand —and a gun in the other!

Escena clave **El final de la búsqueda** *Centauros del desierto*

SPOILER

Universalmente reconocido como uno de los grandes *westerns* de la historia, *Centauros del desierto* es la historia del veterano de la guerra de Secesión Ethan Edwards (Wayne) que, al volver a casa de su hermana después de un ataque comanche, descubre que han asesinado a la mayor parte de su familia y han secuestrado a su sobrina Debbie (Wood). Junto a Martin Pawley (Hunter), un mestizo que vive con la familia, Ethan se pone en marcha con la misión de encontrar al renegado Scar –Cicatriz en la traducción española– (Henry Brandon) y a su banda, y rescatar a Debbie. Pero la búsqueda se alarga durante varios años, en los que Ethan y Martin se enfrentan a numerosos obstáculos, se encuentran con muchos desconocidos y va aumentando la tensión (Ethan siente un odio visceral hacia los indios). Cuando por fin encuentran a Scar, éste ha tomado a Debbie como «su india». Ethan se siente avergonzado y rechaza a la muchacha. La han violado y debe morir. Martin intenta proteger a Debbie, se cuela en su tienda mientras duerme y la despierta para decirle que va a llevarla a casa. Pero entonces entra Scar y Martin tiene que dispararle. Cuando las fuerzas de caballería asaltan el campamento indio, Ethan entra en la tienda de Debbie con la intención de matarla. Su sobrina ha desaparecido, pero Ethan la ve huyendo y va tras ella a caballo. Martin lo sigue, gritando «¡No, no, Ethan!». Debbie sube a lo alto de una colina y se mete en una cueva, pero Ethan le da alcance mientras Martin sigue persiguiéndolo y gritando: «¡No, Ethan, no!». Debbie intenta huir arrastrándose, pero Ethan se levanta ante ella como una torre, imperturbable. La agarra con fuerza y, en un solo movimiento, pero ahora amable y suave, la estrecha en sus brazos: «Vamos a casa, Debbie». Este momento es la quintaesencia de la doble personalidad cinematográfica de John Wayne, rígido e inquebrantable pero también tierno y compasivo. Murray Pomerance

Fecha 1956

Nacionalidad Estados Unidos

Director John Ford

Reparto John Wayne, Natalie Wood, Jeffrey Hunter

Título original *The Searchers*

Por qué es clave Es el supremo ejemplo de la compleja masculinidad de John Wayne.

Pág. anterior *Centauros del desierto.*

Diálogo clave **Una audaz afirmación de tres palabras** *Más poderoso que la vida*

Ed Avery, interpretado por James Mason, es un padre de familia que vive en un pueblo agradable, donde se gana la vida como profesor de escuela, y adora a su bella esposa, Lou (Rush), y a Richie (Olsen), su encantador hijo. Una dolorosa enfermedad le obliga a tomar pastillas de cortisona, un medicamento que ha sido recibido como milagroso, pero que causa graves efectos secundarios en algunos pacientes.

Poco tiempo después, Ed empieza a excederse de la dosis adecuada y su salud mental se ve seriamente afectada. Presa de una energía frenética, les dice a los padres de sus alumnos que sus hijos son unos bárbaros, somete a su propio hijo a una disciplina despiadada y llega a la conclusión de que Dios tiene un interés especial en él y en lo que hace. La crisis comienza cuando siente que Richie le ha decepcionado una vez más y, consumido por la demencia que le hace citar la Biblia sin parar, decide que Dios quiere que emule a Abraham y sacrifique al muchacho. Desesperada por proteger a su hijo, Lou le recuerda que Dios salvó a Isaac en el último momento al decirle a Abraham que no lo matara. La respuesta de Ed es: «Dios se equivocó».

A pesar de la megalomanía de sus palabras, las pronuncia con una profunda convicción y una certeza de estar en lo cierto que sólo un actor tan magnífico como Mason podría haberles dado. Esas tres palabras condensan con tremenda concisión tres hilos temáticos, todos ellos relacionados con las obsesiones de la clase media de los años cincuenta: la educación, la crianza de los hijos y la religión. Además, le dan al guión una audacia escalofriante, pues se atreve a mostrar irreverencia hacia algunos de los asuntos más delicados, por no decir sagrados, de la época. El resultado es un momento excepcional dentro del cine estadounidense de mediados del siglo XX. David Sterritt

Fecha 1956

Nacionalidad Estados Unidos

Director Nicholas Ray

Reparto James Mason, Barbara Rush, Christopher Olsen

Título original *Bigger Than Life*

Por qué es clave En la década de 1950, cuando el melodrama servía de vía de escape a las grandes emociones, esta concisa frase llevó al límite la audacia narrativa.

Escena clave **El grito que cambió el mundo narrativo** *El hombre que sabía demasiado*

Doris Day es Jo McKenna, una cantante de fama internacional que ha renunciado a su carrera para consagrarse en su papel de esposa de Ben (James Stewart), médico. El matrimonio está de viaje en Marruecos junto con su hijo (Christopher Olsen). Allí, en medio de una intriga relacionada con el asesinato de un extraño francés (Daniel Gélin), alguien secuestra a su hijo. Para tratar de encontrarlo, los McKenna viajan a Londres. Ben es atrapado por los criminales, pero Jo va a buscar a la policía, que está protegiendo a un dignatario extranjero durante un concierto en el Royal Albert Hall. En una prolongada secuencia que representa el ingenio con el que Hitchcock hace un uso dramático de los escenarios, Jo se ve obligada a escuchar en su totalidad la cantata de Arthur Benjamin «Storm Cloud», durante la cual no deja de sufrir por su hijo y de preocuparse porque sabe que en algún lugar de la ciudad van a matar a un hombre. Mientras la música se desarrolla majestuosamente, Jo, que además de madre es cantante, está tan inmersa en la melodía como en el miedo que siente por su hijo y, en el momento álgido de la cantata (el instante en el que el asesino debe disparar allí mismo, en el teatro, algo que sabe el espectador pero no la protagonista), no puede seguir conteniéndose y rompe la magia de la música con un grito ensordecedor.

Con ese único gesto, Hitchcock hace que todo el elegante decoro del teatro se venga abajo al tiempo que se frustra el intento de asesinato. Es un ejemplo magistral de economía cinematográfica, en el que se desencadenan un buen número de fuerzas en un solo instante de tensión incontenible y de liberación.

Murray Pomerance

Fecha 1956

Nacionalidad Estados Unidos

Director Alfred Hitchcock

Reparto Doris Day, Reggie Nalder

Título original *The Man Who Knew Too Much*

Por qué es clave
Es uno de los momentos emblemáticos de esta obra de Hitchcock, en que demuestra por qué la voz de una mujer tiene más poder que la bala del asesino.

Escena clave **El baile de la muerte** *Escrito en el viento*

Como todas las familias ricas del cine de los años cincuenta, los Hadley lo tienen todo excepto la felicidad. El viejo Jasper Hadley (Keith) está al frente de una gran fortuna petrolífera, pero ha perdido a su mujer, su hijo Kyle (Stack) es alcohólico y su hija Marylee (Malone) es ninfómana. Para complicar más las cosas, el mejor amigo de Kyle, Mitch (Hudson), un muchacho de clase baja, tiene mucho más interés en el negocio del petróleo que el propio Kyle y parece interesarse mucho también por la mujer con la que Kyle acaba de casarse, Lucy (Bacall). Kyle es un hombre que siente desprecio por sí mismo, tiene tendencias suicidas y es prácticamente estéril. Pero entonces Marylee le insinúa que Lucy está embarazada de Mitch. Esta película ofrece posiblemente la expresión más elocuente de una problemática familia de melodrama, por un lado desgarrada por contradicciones y pasiones imposibles, y por otro presionada por una sociedad vigilante e implacable. En un momento crítico, la falla que ha resquebrajado la familia sale a la superficie: Marylee está en su dormitorio, vestida con un camisón rosa y bailando jazz con movimientos masturbatorios. La cámara se mueve a su alrededor, muchas veces a la altura de las caderas, mientras ella se abandona a los sensuales ritmos de la música. En el piso de abajo, su padre ha llegado al límite de su aguante y decide subir, pero a mitad de la gran escalinata sufre un ataque al corazón. Mientras cae rodando por los escalones, Marylee sigue bailando como si el mundo entero fuera una fiesta.

Murray Pomerance

Fecha 1956

Nacionalidad Estados Unidos

Director Douglas Sirk

Reparto Robert Keith, Robert Stack, Dorothy Malone, Rock Hudson, Lauren Bacall

Título original *Written on the Wind*

Por qué es clave Es un gran ejemplo de cómo se exteriorizan las tensiones familiares en las películas melodramáticas.

Escena clave **Primer intento de huida**
Un condenado a muerte se ha escapado

Un prisionero está siendo transportado en el asiento trasero de un coche que forma parte de una caravana policial. Mira atentamente hacia delante, luego a su izquierda, al tirador de la puerta, también a su derecha, donde vemos a otro prisionero herido esposado a alguien a quien apenas podemos verle la cara (tal vez se trate de otro combatiente de la Resistencia). Toca ligeramente el tirador de la puerta con un dedo de la mano izquierda para ver si la puerta está cerrada con seguro. Un carro obliga al conductor del coche a aminorar la velocidad y nos damos cuenta de que el hombre en cuestión (seguimos en su rostro), el teniente Fontaine (el futuro cineasta Leterrier), tiene la tentación de abrir la puerta, pero al final desiste. Entonces un tranvía le proporciona una oportunidad mejor y Fontaine salta del coche y del encuadre. Se oyen disparos y gritos en alemán mientras la cámara se queda en el interior del coche, donde vuelve al hombre esposado, a quien golpean con la culata de una pistola. Entonces hay un encadenado a la siguiente escena, su llegada a prisión.

No podría ser más rápida y más sencilla, al menos a primera vista, ya que en realidad la escena tiene multitud de tomas y movimientos de cámara, casi tantas como una película contemporánea. Sin diálogo alguno y con los mínimos elementos, Bresson consigue crear un suspense que podríamos describir como «impersonal», ya que no sabemos nada sobre Fontaine, ni siquiera su nombre. Pero, además, nos presenta a un personaje terco y obstinado. La película comienza en medio de la acción y la tensión procede precisamente de la impasibilidad de la cámara, del modo en que el actor mira y se mueve. Tenemos que imaginar lo que no vemos y no nos cuentan, pero enseguida comprendemos quién es y por qué lo ha atrapado la Gestapo, porque vemos adónde mira y adivinamos sus pensamientos, gracias a este sutil desarrollo de las teorías de Kuleshov.

Miguel Marías

Fecha 1956

Nacionalidad Francia

Director Robert Bresson

Reparto François Leterrier

Título original *Un condamné à mort s'est échappé ou Le vent souffle où il veut*

Por qué es clave
Uno de los comienzos más impresionantes y elípticos del cine, establece la atmósfera de la película, anuncia lo que nos espera y nos enseña a ver una película como ésta.

Escena clave **«Cry Me a River»**
The Girl Can't Help it

The Girl Can't Help it está llena de cameos de figuras contemporáneas del rock, pero, aunque parezca extraño, la escena más hermosa –y menos cómica– es la que enfrenta al agente de prensa alcohólico interpretado por Tom Ewell con la presencia fantasmagórica de su antigua clienta (y amante rechazada), la cantante romántica Julie London, que se interpreta a sí misma. London acababa de convertirse en una estrella importante, ayudada por las sensuales portadas de discos como *Julie Is Her Name* y *Calendar Girl*. Después de llegar borracho a su piso de soltero, Ewell contempla esas portadas, pone «Cry Me a River» (gran éxito de London) en el tocadiscos y se dispone a servirse otra copa sin reparar en la figura transparente de Julie, que interpreta la canción en su cocina. Ewell va de habitación en habitación, encontrándola en sugerentes poses y con indumentarias exóticas (con alpargatas y pantalones de torero en el salón, con un camisón de vuelos en su cama). La imagen se va haciendo más y más corpórea mientras sigue cantando la canción en la que hace amargos reproches a un hombre que la abandonó. Ewell escapa a la escalera del edificio, pero allí está ella también, mirándolo con gesto acusador, hasta que su voz va convirtiéndose en un eco y su cuerpo va perdiendo fuerza para finalmente desaparecer.
En una toma que podría haber formado parte de un drama sobre los peligros del alcoholismo, Ewell hunde el rostro entre los brazos con desesperación. Esta pequeña historia de fantasmas sobre un hombre obsesionado con las portadas de unos discos de música *pop* es una película por sí sola, y la inesperada fuerza emotiva que desprende contagia todo lo que sigue, lo que empapa la farsa de un cierto sabor agridulce.

Geoffrey O'Brien

Fecha 1956

Nacionalidad Estados Unidos

Director Frank Tashlin

Reparto Tom Ewell, Julie London

Por qué es clave
El poder de la cultura popular para salirse de su propio contexto queda espectacularmente ilustrado en esta escena de una comedia de *rock and roll* de Tashlin.

Escena clave **Las aguas del mar Rojo se abren** *Los diez mandamientos*

Cecil B. DeMille adquirió su reputación gracias a espectáculos mitad sórdidos mitad moralistas, como la versión muda de *Los diez mandamientos* que dirigió en 1923, pero el *remake* de cuatro horas que hizo de la historia del Antiguo Testamento en Technicolor y para pantalla ancha superó con creces el esplendor chabacano que había exhibido hasta entonces. El eje central de la película era, de un modo blasfemo, la escena del derroche económico de Hollywood: una enorme (y cara) escenificación de Moisés (Heston) separando las aguas del mar Rojo para ayudar a los israelitas a escapar de Egipto y luego cerrándolas de nuevo para impedir el paso de las huestes del faraón. En la primera versión, los técnicos de DeMille representaron la ira de Dios cortando una franja en un tanque de gelatina endurecida y luego calentando la parte superior para que volviera a licuarse y a caer por los bordes hasta llenar el hueco abierto. En el *remake*, el equipo de efectos especiales combinó pinturas mate, secuencias proyectadas al revés de litros y litros de agua cayendo en un tanque e imágenes de israelitas del tamaño de hormigas y aurigas egipcios condenados a ser aplastados por las aguas. La secuencia sin duda consiguió convertir la épica de la Biblia en un gran éxito. Steven Spielberg, que sabe muy bien lo que es el espectáculo, dijo una vez que la separación de las aguas del mar Rojo era «la mejor secuencia de efectos especiales de todos los tiempos» y ha pasado parte de su carrera tratando de igualarla; el ejemplo más notable podemos verlo en su épica pseudoreligiosa de 1977, *Encuentros en la tercera fase*, que incluye una escena en la que el trastornado héroe interpretado por Richard Dreyfuss deja que sus hijos se queden viendo la película de DeMille en la televisión y les hace irse a la cama una vez las aguas se han cerrado.

Matt Zoller Seitz

Fecha 1956

Nacionalidad Estados Unidos

Director Cecil B. DeMille

Reparto Charlton Heston

Título original *The Ten Commandments*

Por qué es clave La escena definitiva del derroche de Hollywood.

Pág. siguiente *Los diez mandamientos.*

Diálogo clave **El villano cuenta una historia** *Seven Men from Now*

De estilo elegante y una narrativa fílmica magistral desde las primeras escenas, la primera película de lo que se dio en conocer como ciclo Ranown (seis *westerns* dirigidos por Boetticher, protagonizados por Scott, escritos casi en su totalidad por Burt Kennedy y producidos en su mayor parte por Ranown, la compañía del propio Scott y de Harry Joe Brown) alcanza el punto culminante durante una tormenta nocturna, cuando el villano, Masters (Marvin), cuenta una historia mientras toma café con el ex *sheriff* Stride (Scott) y John y Annie Greer (Reed y Russell), en un viaje hacia Flora Vista. En su historia, una mujer abandona a un hombre algo blando por otro más duro y Masters encuentra ciertos paralelismos. Como muy bien ha observado, Stride y Annie se sienten atraídos el uno por el otro, aunque ambos son decentes y respetuosos (Stride, a su vez, anda buscando venganza por la muerte de su esposa a manos de unos forajidos). Consciente de que ha encontrado un punto débil en sus oyentes, el extravagante Masters, siempre ostentoso con su pañuelo verde, se deleita en las frases que pronuncia: «Ha sido así desde siempre, supongo...»; «¿No le interesa lo que hizo ella, *sheriff*?»; «Sí, se parecía mucho a usted, señora, pero no tenía un trasero tan bonito». Y tanto como lo disfruta él, lo hacemos nosotros. Buena parte de la complejidad de las películas Ranown encuentra aquí su primera muestra. Un villano puede seguir siendo un villano y al mismo tiempo resultar fascinante, incluso simpático, y puede decir verdades rotundas. Esta estupenda secuencia se debe por partes iguales al maravilloso guión de Kennedy, a la inspirada puesta en escena y las tomas de Boetticher, así como a la interpretación de Marvin, que nunca estuvo tan genial como aquí, donde se hace el interesante, domina la conversación y se toma todo el tiempo del mundo. Todo un Mefistófeles.

Blake Lucas

Fecha 1956

Nacionalidad Estados Unidos

Director Budd Boetticher

Reparto Randolph Scott, Gail Russell, Lee Marvin, Walter Reed

Por qué es clave El laureado ciclo Ranown alcanza su primera gran cumbre en esta secuencia en la que uno de los malos más fascinantes del género adquiere el protagonismo absoluto.

Escena clave **El hombre injustamente acusado reza** *Falso culpable*

SPOILER

Manny (Fonda) es un músico al que detienen por una serie de robos que no ha cometido. Resulta exonerado cuando sorprenden in fraganti a un hombre que está cometiendo un delito parecido, pero para entonces la familia de Manny está ya destrozada.

El punto culminante de la historia tiene lugar cuando Manny sigue el consejo de su madre (Esther Minciotti) de pedirle fuerzas a Dios mediante la oración. Manny se va a otra habitación y allí le llama la atención un cuadro de Jesucristo que hay colgado en la pared. Hitchcock corta al retrato dejando la sombra de Manny a la izquierda, lo que, de una manera subliminal, presenta al acusado menos material y sólido que antes. Mientras reza vemos un primer plano de su rostro, que se vuelve transparente (pierde un poco más de su carácter físico) cuando Hitchcock superpone la imagen del «verdadero delincuente», una cara que se va agrandando a medida que se acerca la cámara. El efecto hace que la cabeza de Manny se convierta en una especie de recipiente que se va llenando con la forma y el rostro de su supuesto gemelo malo.

Lo que llena a Manny después de la oración, por tanto, no es el espíritu de la bondad, sino un espectro de la maldad que lo ha estado asediando, lo que se relaciona con un tema recurrente en la obra de Hitchcock: la estrecha relación entre el bien y el mal de la naturaleza humana, en especial porque no se llega a aclarar si el nuevo «delincuente» es más o menos culpable de los delitos de lo que lo era Manny. Las paradojas del filme pueden resolverse de un modo lógico. Lo único que podemos decir aquí de Hitchcock es lo que dijo T. S. Eliot a propósito del dramaturgo del siglo XVII John Webster: estaba «poseído por la muerte/y veía la calavera bajo la piel».

David Sterritt

Fecha 1956

Nacionalidad Estados Unidos

Director Alfred Hitchcock

Reparto Henry Fonda

Título original *The Wrong Man*

Por qué es clave La odisea de un hombre al que acusan injustamente alcanza su punto culminante con una oración, en lo que constituye una sutil expresión de la estrecha relación entre el bien y el mal de la naturaleza humana.

Película clave *The Pajama Game*

Stanley Donen dirigió, o codirigió, una docena de musicales de Hollywood, la mayoría de ellos extraordinarios. *The Pajama Game* fue la única adaptación que hizo de un musical de Broadway, ya que *Una cara con ángel* no mantuvo nada del espectáculo original excepto el título, las canciones de Gershwin y un Fred Astaire mucho más mayor en el papel protagonista. Lo cierto es que, al comparar ambas películas, estrenadas con sólo unos meses de diferencia, podemos apreciar la versatilidad del talento de Donen aun dentro del mismo género. La visión sofisticada del mundo de la moda y los escenarios parisinos de la primera contrastan a la perfección con el ambiente desenfadado y los sets de rodajes exteriores de la segunda.

El éxito de *The Pajama Game* se debió en parte, por supuesto, a la originalidad y la frescura del montaje original, pero también a la sabia decisión de confiar en el espectáculo y de alejarse de él lo menos posible. El reparto, con la excepción de Doris Day, era exactamente el mismo que hubo sobre el escenario. Asimismo, no se añadieron canciones nuevas y sólo se eliminaron unas pocas, y tampoco se intentó «abrir» la acción, que, salvo en la secuencia del pícnic, se desarrolla por entero en el taller o en las oficinas de la fábrica, así como en la modesta casa junto a la vía del tren en la que vive Doris Day junto a su padre, un coleccionista de sellos. Sin embargo la película, con un presupuesto bastante bajo y rodada en pocas semanas, no resulta en absoluto teatral y transmite una sensación de alegría de vivir que nos recuerda, modestamente, a la de la legendaria *Cantando bajo la lluvia*.

Jean-Pierre Coursodon

Fecha 1957

Nacionalidad Estados Unidos

Directores Stanley Donen y George Abbott

Reparto Doris Day, John Raitt, Carol Haney

Por qué es clave Un inusual ejemplo de un espectáculo de Broadway que fue llevado a la gran pantalla de manera fidedigna y con gran éxito.

Pág. anterior *The Pajama Game*.

Escena clave **Radha desafía al prestamista** *Mother India*

Diez años después de que la India consiguiera la independencia y el subcontinente quedara dividido en India y Pakistán, no había mucho lugar para la euforia de la libertad. Fue entonces cuando uno de los antiguos magnates del cine, Mehboob Khan, decidió hacer un *remake* de su éxito de 1940, *Aurat* (*Mujer*). Esta vez le daría a Nargis el papel de Radha, la mujer que se convertiría en la personificación de la India.

La película comienza con Radha como anciana, una anciana a la que le piden que inaugure una presa. Como ya sabemos por el título que es la diosa de la historia, la petición encaja con la creencia del primer ministro Jawaharlal Nehru de que las grandes presas son los templos de la India moderna. El resto de la película es un largo *flashback* que comienza cuando Radha se casa con Shamu (Raj Kumar). Éste pierde ambos brazos en un accidente y entonces, incapaz de trabajar, desaparece en la noche. Radha es ahora la responsable de encargarse de todo, y así lo hace; tirando del arado cuando se le muere la vaca –otro momento simbólico– y criando sola a sus hijos. Después hay una inundación y no queda nada para dar de comer a los niños. Radha acude entonces a Sukhilal, un prestamista (Kanhaiyalal), pero éste le exige sexo a cambio de comida. En un principio, la protagonista se ve tentada a mitigar el hambre de sus hijos, pero cuando finalmente rechaza la comida con gran dramatismo, el público estalla en gritos y silbidos de alegría (*Mother India* se sigue proyectando todos los días en un cine de la India y la reacción sigue siendo tan intensa como el día del estreno).

Jerry Pinto

Fecha 1957

Nacionalidad India

Director Mehboob Khan

Reparto Nargis, Kanhaiyalal

Por qué es clave
Al negarse a intercambiar sexo por comida para sus hijos hambrientos, Radha establece la superioridad moral de la mujer india.

Persona clave **Timothy Carey** Mata una cucaracha *Senderos de gloria*

Para ocultar sus propios errores, un general francés (George Macready) de la primera guerra mundial ordena que tres soldados (Meeker, Carey y Joe Turkel), elegidos prácticamente al azar, sean sometidos a consejo de guerra y fusilados por negligencia en el cumplimiento del deber y dar así ejemplo a los demás soldados. Cuando les llevan la última comida, los condenados sólo pueden hablar de inútiles planes de huida y de la desesperada situación en la que se encuentran. Entonces el cabo Paris (Meeker) se queda mirando una cucaracha que está cruzando la mesa y dice: «¿Veis esa cucaracha? Mañana por la mañana, nosotros estaremos muertos y ella seguirá viva. Tendrá más contacto con mi esposa y con mi hijo que yo. Yo no seré nada y ella seguirá viva». Ferrol (Carey) aplasta la cucaracha con el puño y dice en un tono casi soñador: «Ahora ganas tú».

Casi dan ganas de reírse del absurdo y de lo grotesco de la situación, sobre todo de la deliberada inexpresividad de Carey, como si estuviera utilizando una sordina como Lester Young con su saxo tenor. Carey es uno de los actores de personajes más espeluznantes del cine, que aquí no encaja con el momento: podemos aceptarlo como soldado francés, pero resulta más difícil verlo como un combatiente de la primera guerra mundial porque habla como un *beatnik* contemporáneo. Es ésa también la imagen que da en *Al este del Edén*, *El rostro impenetrable*, *Atraco perfecto* o *El asesinato de un corredor de apuestas chino*. Pero precisamente por eso, le da a la frase el matiz existencial que necesita.

Jonathan Rosenbaum

Fecha 1957

Nacionalidad Estados Unidos

Director Stanley Kubrick

Reparto Ralph Meeker, Timothy Carey

Título original *Paths of Glory*

Por qué es clave
El actor de personajes por excelencia alcanza la apoteosis cuando su personaje mata un bicho.

Escena clave «¿Dónde están esos que dicen estar orgullosos de esta tierra?» *Pyaasa*

Estrenada diez años después de la independencia de la India, *Pyaasa* (Sed) fue la primera de una serie de películas que criticaban al estado de la nación exponiendo las contradicciones de la «modernización» nacionalista con un sentido condescendiente, aún predominante, de los logros. Guru Dutt lo hizo en un medio y una industria, la del cine hindi, que estaban implicados de lleno en dichas contradicciones. Su estrategia consistió en incluir los aspectos personales y emocionales de la historia sin dejar de lado las dimensiones económicas, sociales y culturales de la modernización. Al hacer tal cosa, *Pyaasa* llevó al límite las convenciones del melodrama hindi.

¿Cómo se puede hablar de manera subjetiva en un medio sustentado por poderes opuestos a muchos aspectos de la modernización, como, por ejemplo, los derechos civiles y la libertad de expresión? En esta escena, el poeta Vijay (Guru Dutt) va tambaleándose por el barrio chino de la ciudad. Cuando se detiene para sentarse en el suelo, la cámara hace un corte a un primer plano de su rostro. Tiene los ojos cerrados. Este primer plano y la entrada de la música introducen una perspectiva subjetiva del sufrimiento de los habitantes del barrio. Vijay empieza a cantar, pero la cámara nunca llega a adoptar por completo su punto de vista subjetivo. En todo momento, la escena muestra la discrepancia entre la objetividad y la subjetividad de la narración, lo que muestra la cámara al fondo, con un estilo documental, y lo que ve Vijay. La tensión entre ambos aspectos da lugar a una tercera vía narrativa, la canción de Vijay como discurso, que presenta las penurias de una parte de la ciudad como símbolo del estado de la nación. De este modo, un discurso en principio sometido a grandes controles como es la canción se adapta aquí las convenciones del cine para crear un espacio desde el que se puede denunciar la traición de la modernización nacionalista.
Valentina Vitali

Fecha 1957

Nacionalidad India

Director Guru Dutt

Reparto Guru Dutt

Por qué es clave En esta escena convergen buena parte de las convenciones estilísticas y narrativas del melodrama hindi.

Escena clave Don Quijote intenta salvar a una doncella en apuros *Don Quijote*

La mejor secuencia que he visto de la inacabada producción independiente de Orson Welles sobre *Don Quijote* no tiene sonido y no se incluyó en la aburrida y fea versión de la obra que montó Jesús Franco tras la muerte del director. Welles rodó esta secuencia en Ciudad de México en 1957, durante las complicaciones de posproducción que sufrió *Sed de mal*, su última película para un estudio de Hollywood.

Hay pruebas de que la secuencia en cuestión, que no tiene diálogo, debía convertirse en un *flashback* narrado por Dulcie (McCormack), una joven de Estados Unidos contemporáneos que está alojada en el mismo hotel que Welles (interpretándose a sí mismo), que ha estado contándole por partes la historia de *Don Quijote*. Aparentemente, entre entrega y entrega de la historia, la muchacha se ha encontrado con Quijote (Reiguera) y Sancho Panza (Tamiroff) en carne y hueso, ataviados con su ropa de época. Ahora la chica le está contando a Welles uno de esos encuentros.

Durante una proyección de cine se acerca a ella Sancho, que nunca ha visto una película, y lo mismo parece ocurrirle a Quijote, sentado unas filas por delante de ellos. Pero el caballero de la triste figura se altera tanto con la película que recorre el pasillo con su armadura y comienza a golpear la pantalla con su lanza hasta dejarla hecha jirones. En la imagen se ve una lucha a espada. Es evidente que don Quijote ha acudido al rescate de una de las doncellas: el público enloquece y lo anima cruelmente. Al final los espectadores salen de la sala y don Quijote se queda a solas con Dulcinea y Sancho, sin apenas saber lo que ha hecho.
Jonathan Rosenbaum

Fecha 1957

Nacionalidad México

Director Orson Welles

Reparto Patty McCormack, Akim Tamiroff, Francisco Reiguera

Título original *Don Quixote*

Por qué es clave Orson Welles captura la esencia de la novela de Cervantes y la lleva al cine

Acontecimiento clave
La muerte de Humphrey Bogart

En 1957, Humphrey Bogart, gran fumador en la pantalla y gran bebedor en la vida real, se consumía por culpa del cáncer en su residencia de Los Ángeles. Durante décadas, había personificado esa masculinidad imperturbable que tanto admiraba Hollywood. El cine estadounidense siempre fue emotivo, romántico y melodramático, por lo que estrellas contenidas como Bogart le servían de contrapunto. La conversión a la causa de último momento de *Casablanca* (1942) o las leves muestras de afecto de *El halcón maltés* (1941) o de *Tener y no tener* (1944) resultaban aún más conmovedoras por lo mucho que se habían hecho esperar. En los años siguientes, morirían también Tyrone Power (1958), Errol Flynn (1959), Clark Gable (1960) y Gary Cooper (1961), y se llevarían consigo a esa clase de hombres de Hollywood que era en parte impostada.

Bogart no fue el mejor actor de su generación (tenían más talento James Cagney o Bette Davis) y, en el momento de su muerte, estrellas como Marlon Brando, Rod Steiger, Montgomery Clift y Shelley Winters habían hecho que el estilo interpretativo del protagonista de *El sueño eterno* resultara limitado y repetitivo. Pero los franceses lo consideraron el Sartre del cine negro, un existencialista con gabardina. Para gente tan dispar como Frank Sinatra o Judy Garland, era un hombre de principios que destacaba entre la insignificancia y el oropel de la industria. Había encontrado la manera de conciliar celebridad con la ignorancia de los jefazos de los estudios y decía que no cuando algo no le gustaba. Actores como Steve McQueen, James Coburn y Sean Connery estaban hechos del mismo molde y aprendieron de él. Su amplio círculo de amigos de Hollywood admiraba su independencia, aunque fue su joven esposa, Lauren Bacall, la que lo unió contra el maccartismo. Lean *Por mí misma*, las memorias de Bacall sobre la enfermedad y la muerte de Bogart,y lloren.

Mark Cousins

Fecha 14 de enero de 1957

Por qué es clave
Fue el principio del fin de la época dorada de la interpretación de Hollywood.

Pág. siguiente Humphrey Bogart.

Escena clave **Muerte en el desierto**
Bitter Victory

El introvertido y poético capitán Leith (Burton) se encuentra a las órdenes del torpe y brutal mayor Brand (Jurgen) en la misión de atravesar el desierto y llevar a cabo una incursión con el objetivo de encontrar unos documentos alemanes. Brand es uno de esos arrogantes que se deleitan en las estrictas normas de los procedimientos militares y también se esconden tras ellas; Leith es uno de esos pensadores que ven una ruina y sueñan con la prehistoria, deseando vivir tiempos diferentes. La incursión es un fracaso y la sección ha quedado dividida en el desierto. Uno de los soldados alemanes ha resultado herido y también un miembro del grupo de Leith. Cuando Brand y los otros deciden continuar, Leith debe quedarse atrás con los heridos, solo en medio del desierto.

En las nítidas imágenes en blanco y negro, la arena se ve completamente blanca y el cielo brillante. Unos escarabajos negros se pasean por encima del alemán moribundo. Leith apunta con la pistola y el soldado dice: «Nein!», al tiempo que le muestra una foto de su mujer y de su hijo. «Éramos tan felices antes de la guerra. Ayúdame». Leith dispara. Su compañero, a su vez, le suplica que lo mate Leith apunta de nuevo con mano temblorosa, pero cuando aprieta el gatillo, no quedan balas. Se agacha a recoger al soldado agónico y se lo lleva al desierto mientras éste lo maldice por cobarde. En lo alto de una duna, blanca como el magnesio, se encuentra con su guía árabe (Pellegrin), que confirma que el soldado ha muerto. Burton deja el cuerpo en el suelo y se echa a reír como si hubiera perdido la cabeza: «Mato a los vivos... ¡y salvo a los muertos!».

Murray Pomerance

Fecha 1957

Nacionalidad Francia/Estados Unidos

Director Nicholas Ray

Reparto Richard Burton, Raymond Pellegrin

Título original *Bitter Victory* o *Amère victoire*

Por qué es clave
El explícito alegato antibelicista de un director inconformista, algo muy inusual en el cine de la década de 1950.

Escena clave **El día de Navidad** *Tú y yo*

SPOILER

En el *remake* en color y CinemaScope que hizo Leo McCarey de su película de 1939 *Love Affair* (en España se tradujo también por *Tú y yo*), Cary Grant y Deborah Kerr interpretaron los personajes que habían encarnado antes Charles Boyer e Irene Dunne, un pintor y una cantante que se enamoran en un crucero y luego se ven separados por el destino. La premisa de la última escena –punto destacado de ambos largometrajes– es que la mujer, Terry, no quiere que el hombre (Nickie, en la segunda versión) se entere de que está parapléjica por culpa de un accidente. Éste consigue localizarla y va a verla el día de Navidad, que ella está pasando sola en el sofá de su casa. Terry sigue sin contárselo, pero Nickie tiene una especie de revelación y descubre la verdad.

McCarey era conocido por el efecto liberador que tenía en los actores y no por realizar puestas en escena muy sofisticadas, pero la manera en la que Nickie confirma sus sospechas en *Tú y yo* constituye un gran clímax visual de la película. El protagonista cruza el enorme salón en CinemaScope, la cámara lo sigue, y abre la puerta de la habitación de Terry. McCarey corta a un plano americano dentro del dormitorio, donde Nickie ve su cuadro colgado en la pared: es la prueba de que Terry es la compradora en silla de ruedas de la que le habló el dueño de la galería. Como la cámara no se ha apartado de él, lo primero que vemos es su cara al darse cuenta de todo y sólo entonces McCarey hace un pequeño paneo para mostrarnos el cuadro reflejado en un espejo. Este sencillo movimiento de cámara crea un momento conmovedor e intenso, un instante de puro cine. La reacción de Nickie (que Grant interpreta con su comedimiento característico) ya nos dice lo que está viendo, pero el movimiento de la cámara nos permite compartir su reacción al dejarnos descubrirlo también a nosotros.
Chris Fujiwara

Fecha 1957

Nacionalidad Estados Unidos

Director Leo McCarey

Reparto Cary Grant, Deborah Kerr

Título original *An Affair to Remember*

Por qué es clave
La delicadeza y contención de un director crean un momento sublime de la historia del cine.

1950–1959

Escena clave **El caballero y su escudero visitan una iglesia** *El séptimo sello*

Un caballero (Von Sydow) y su escudero (Björnstrand) regresan de las cruzadas agotados y defraudados para descubrir que la peste ha asolado su tierra. El caballero cae en la desesperación metafísica y pone en duda la existencia de Dios. La Muerte (Ekerot) le hace una visita, pero él consigue esquivarla y ganar tiempo retándola a una partida de ajedrez. En el camino de vuelta al castillo del caballero, éste y su escudero hacen una parada en una iglesia cercana, donde un artista (Olsson) está pintando una serie de frescos sobre la peste. Mientras el escudero conversa con el pintor, el caballero entra en la capilla y le confiesa sus dudas y recelos a un monje que está en el confesionario. Cuestiona la presencia de Dios, implora una señal que demuestre su existencia y manifiesta su ardiente deseo de llevar a cabo una gran obra de caridad antes de que se lo lleve la Muerte. La escena simboliza la necesidad del individuo de creer en un poder superior, sobre todo en los momentos difíciles (lo que resulta más relevante en el mundo actual). Son las dos caras de la religión y su incapacidad para proporcionar apoyo espiritual a aquellos que sufren.
Aruna Vasudev

Fecha 1957

Nacionalidad Suecia

Director Ingmar Bergman

Reparto Max von Sydow, Gunnar Björnstrand, Bengt Ekerot, Anders Ek, Gunnar Olsson

Título original *Det Sjunde inseglet*

Por qué es clave Plantea preguntas esenciales y eternas sobre la existencia humana en un contexto cinematográfico evocador, inquietante y alegórico.

Pág. anterior Rodaje de *El séptimo sello*.

Personaje clave **Victor Sjöström** Despedidas finales *Fresas salvajes*

Esta obra maestra de Bergman, una de las mejores *road movies* que se hayan hecho nunca, sigue la odisea geográfica emprendida por Isak Borg (Sjöström, importante director que influyó mucho en Bergman), un anciano profesor de medicina que se marcha de Estocolmo rumbo a su *alma mater* en Lund para recibir un premio. Durante el viaje, acompañado de su nuera Marianne (Thullin) –a punto de abandonar a su marido (Björnstrand), que es aún más frío que su padre–, conoce a numerosas personas, entre ellas a Sara (Andersson), una joven autoestopista llena de vida que le recuerda a su primer gran amor (perdido), que se llamaba igual. El viaje le sirve, además, para interpretar su vida de nuevo a través del recuerdo, los sueños y las conversaciones.

A media que avanza el viaje, Borg empieza a darse cuenta de que la rectitud y la devoción al trabajo que ha utilizado siempre como autodefensa no sólo han limitado sus experiencias y han herido a otros, sino que han influido en la actitud de su hijo hacia la vida y hacia Marianne. Bergman traza el viaje de conocimiento de sí mismo que realiza Borg a través de diferentes medios –pesadillas expresionistas, reminiscencias líricas, suave sátira y drama naturalista– sin caer nunca en el sentimentalismo. Un elemento crucial de esta creación y de su ambiente siempre coherente es la sólida interpretación de Sjöström, que nunca provoca una compasión gratuita. Por consiguiente, cuando le han dado las buenas noches Agda (Kindahl), su ceremoniosa ama de llaves, luego Sara y por último su hijo y Marianne (que al final han decidido seguir juntos) y consigue cierta tranquilidad después de un día agotador recordando un momento idílico de la infancia en el que estaban sus padres, tenemos la impresión de que Borg merece la serenidad redentora que ha alcanzado. Y la expresión radiante de Sjöström la hace perfectamente creíble.

Geoff Andrew

Fecha 1957

Nacionalidad Suecia

Director Ingmar Bergman

Reparto Victor Sjöström, Ingrid Thulin, Gunnar Björnstrand, Bibi Andersson, Julian Kindahl

Título original *Smultronstället*

Por qué es clave
Es la escena más conmovedora de la película más cálida de Bergman, iluminada por una magnífica interpretación.

Escena clave **«Mr. Successful, You've Got it Made»** *Una mujer de cuidado*

Rockwell P. Hunter (Randall), publicista de Madison Avenue, contrata a la estrella del cine Rita Marlowe (Jayne Mansfield) para promocionar una marca de pintalabios. Gracias a ella la empresa va a ganar una fortuna y va a convertirlo a él primero en vicepresidente de la agencia, lo que le proporcionaría una llave del baño para directivos, y luego en presidente. Poco después, a pesar de que su prometida (Betsy Drake) lo ha abandonado hecha una furia, Hunter tiene la certeza de que «lo tiene hecho», una frase que repite tantas veces y de tantas maneras distintas a lo largo de la película, a modo de mantra, que acaba resultando siniestra. Quizá la cita más pertinente es la que nos da el ex presidente de la empresa (John Williams), que ha abandonado la publicidad por la horticultura y nos ofrece sus palabras a modo de aviso: «El éxito te sentará como una mortaja».

El clímax de la gran sátira de Estados Unidos de la década de 1950 que Frank Tashlin rodó acertadamente en formato CinemaScope aparece en un gran luminoso de neón. Después de que Hunter se despida de las señoras de la limpieza de la oficina, la escena corta a un solipsista número musical al ritmo de un estribillo que repite «*You've got it made*» («lo tienes hecho») durante el que Hunter ve su nombre en letras luminosas y baila delirantemente en una sala de reunión vacía bajo una iluminación expresionista. Tashlin, que había trabajado como animador, confiere a la escena una loca imagen de dibujos. Pero al final de la secuencia, Hunter descubre que no puede mantener encendida su pipa. En una interpretación freudiana, eso significa que en realidad no siente en absoluto que haya triunfado.

Jonathan Rosenbaum

Fecha 1957

Nacionalidad Estados Unidos

Director Frank Tashlin

Reparto Tony Randall

Título original *Will Success Spoil Rock Hunter?*

Por qué es clave
En una sátira fundamental de la década de 1950, en que un sueño de Hollywood se hace realidad dentro de un sueño de Hollywood.

Escena clave **Tensión en el 21 Club**
Chantaje en Broadway

Durante los primeros 20 minutos de la corrosiva obra de Alexander Mackendrick *Chantaje en Broadway*, el guión de Clifford Odets y Ernest Lehman introduce al espectador en el pequeño y triste mundo de Sidney Falco (Curtis, en su mejor interpretación), un sórdido y ambicioso agente de prensa neoyorquino. Una vez queda establecido el tipo de ser que es Falco, conocemos a alguien aún peor: J. J. Hunsecker (Lancaster), el poderoso columnista de un periódico y estrella de televisión que, con sus ácidas palabras, puede elevar o destruir a cualquier estrella. J. J. no tiene ganas de ver a Falco cuando éste intenta hablar con él en el 21 Club («Estás muerto, muchacho; pide que te entierren»), pero Falco consigue sus propósitos de todas maneras. En la mesa de J. J. están también, según un *maître* que ya lo ha visto todo en la vida, «un senador, un agente y una cosa con el pelo rubio y ondulado». Unas cuantas frases cáusticas después, J. J. expresa lo que opina de los agentes de prensa en general y de Falco en particular («completamente metido en la gran falsedad de su negocio»). La defensa de la profesión que hace Falco no suena del todo cierta y luego J. J. empieza a interrogar a la rubia tonta (Russell), cuyo agente ha llevado para que conozca al senador (Forrest). Sus preguntas, aparentemente inofensivas, destilan acidez («¿Por qué todo lo que dices suena a amenaza?», se pregunta el senador). Ésta es la gran escena en la que el arrogante J. J., con el cigarrillo apagado en los labios, ordena a Falco que haga lo mismo que él («Match me»), a lo que se niega con nerviosismo. La brillantez con la que Mackendrick pasa de los encantos de la comedia a los horrores del Nueva York de la era de McCarthy ha sido muy elogiada: pocas películas han retratado este mundo tan vacío, *glamouroso* y peligroso con tanta habilidad.

David Stratton

Fecha 1957

Nacionalidad Estados Unidos

Director Alexander Mackendrick

Reparto Burt Lancaster, Tony Curtis, William Forrest, Jay Adler, Autumn Russell

Título original *Sweet Smell of Success*

Por qué es clave Esta escena muestra el lado más rancio del sofisticado mundo de los medios de comunicación.

Escena clave **La fiesta de los niños**
La noche del demonio

Holden (Andrews), un científico estadounidense que se encuentra en Inglaterra con la misión de desacreditar la creencia en lo sobrenatural, hace una visita sorpresa a la enorme finca del doctor Karswell (McGinnis), líder de una secta de magia negra. Al llegar, encuentra a Karswell maquillado y disfrazado de payaso, desaliñado y actuando ante algunos niños del lugar en su fiesta de Halloween. Mientras los dos hombres caminan juntos, Karswell, provocado por las continuas ironías de Holden sobre las creencias sobrenaturales, adopta un aire de negocios que hace que sus palabras resulten aún más siniestras: «¿Cómo podemos hacer diferencias entre los poderes de las oscuridad y los poderes de la mente?». La tensión se rompe con la interrupción de dos muchachos enmascarados, a los que Karswell se quita de encima con caramelos para volver enseguida a lo que tiene entre manos: convencer a Holden de que la magia no es ninguna broma. Se quita el sombrero, se pellizca el entrecejo y dice: «Muy bien, ya está hecho». En sólo unos momentos, la tranquila tarde se ve sacudida por una violenta tormenta: un rayo rompe la rama de un árbol situado detrás de Holden, el viento levanta por los aires unas sillas mientras los adultos corren a recoger a los aterrados niños.

Al ver los ventiladores eléctricos que había llevado el productor para esta secuencia, Tourneur pidió unos motores de avión para crear el viento adecuado, una exigencia que demuestra que no era de los que se acobardaba ante los grandes efectos, por mucho que le gustara sugerir, cosa que se aprecia en el modo en que construyó la secuencia. Los rápidos cambios de las bromas relajadas a la seriedad se reflejan también en los cortes precisos de planos de los dos hombres a planos americanos más tensos que los complementan.

Chris Fujiwara

Fecha: 1957

Nacionalidad: Reino Unido

Director: Jacques Tourneur

Reparto: Dana Andrews, Niall McGinnis, Peggy Cummins, Athene Seyler

Título original: *Night of the Demon* o *Curse of the Demon*

Por qué es clave: La exquisita sutileza y las atrevidas construcciones tan características de Jacques Tourneur quedan ilustradas en esta secuencia clásica.

Acontecimiento clave **Aparición de John Cassavetes en *Night People***

Un domingo por la noche en febrero de 1957, John Cassavetes apareció en el programa de radio de Jean Shepherd, *Night People*. En el habló de una pieza teatral que había dirigido y comentó de manera informal que podría servir de base para una buena película. Cuando Shepherd le preguntó si sería posible financiar un proyecto semejante, Cassavetes (al menos según lo recordaba después) respondió: «Si la gente quiere ver una película sobre personas, simplemente debería aportar dinero». Durante la siguiente semana recibieron alrededor de 2.500 dólares y pronto se comenzó el rodaje de lo que luego se conocería como *Sombras* (la primera versión en 1958 y la versión final en 1959). No se conserva ninguna grabación de aquella edición de *Night People* y nadie recuerda la fecha exacta en la que se emitió. Gran parte del contenido que se recuerda puede ser más mito que realidad; sin embargo, la historia ha tenido demasiado eco como para desecharla así como así. Incluso el nombre del programa habría sido un estupendo título para una película de Cassavetes, que solía centrarse en personas marginadas. El director no había planeado realmente pedir dinero y el anuncio se hizo con un espíritu improvisador que caracterizaría tanto su futuro trabajo como la escuela de cine que inspiró dicho trabajo; donde se rechazaban los métodos tradicionales de recaudar dinero para las películas y se transformaban las estructuras narrativas existentes. Si Cassavetes es, como se le ha descrito a menudo, el padrino del cine independiente estadounidense, sin duda éste es el momento en el que nació dicho cine.

Brad Stevens

Fecha Febrero de 1957

Por qué es clave
Es el momento en el que nace el cine independiente estadounidense.

Pág. siguiente *Sombras*.

Escena clave **La toma final, un arco iris sobre la ciudad** *The Man Who Invented Gold*

La otra obra maestra de Christopher Maclaine, algo menos conocida que *The End* (1953), se centra en Madman «loco», un aspirante a alquimista del que se burlan sus vecinos y que quiere convertirse en el «hombre de oro» y encontrar así el camino al «mundo de la luz». Este personaje protagonista está interpretado por tres actores distintos; Maclaine es uno de ellos, lo que hace que en ciertas ocasiones la película pueda resultar algo confusa la primera vez que se ve. El director vuelve a mezclar blanco y negro con color y realiza un montaje inconexo, pero esta película es más un poema de luz de lo que lo era *The End*; la luz se cuela por las ventanas y hay un momento espectacular en el que se agolpan pigmentos de múltiples colores hasta formar un diseño abstracto. Se percibe cierto mensaje de gnosticismo en el corazón del filme: Madman no pretende tanto conseguir riqueza como liberar los objetos de su materialidad para que suelten su luz, que es lo único en lo que merece la pena creer. Hacia el final de la historia aparece un «poeta» con las palabras *es difícil creer* escritas con diferentes colores en un papel, que recuerdan a los pigmentos que se mostraban mezclados en una anticipación más de la imagen final. Los intentos de Madman no tienen éxito, por eso la última imagen es tan importante y tan conmovedora a pesar de que dura un tercio de segundo: la cámara recorre toda la longitud de un arco iris que ha aparecido en el cielo y hace que una prenda de ropa que hay colgada a la izquierda dé la impresión de subir por él hasta la parte superior del encuadre. Con este movimiento, Maclaine establece una relación entre algo tremendamente común, la ropa tendida en la cuerda, con el arco iris, que se sale de la materialidad como un símbolo de luz pura. También es importante la brevedad de la toma: el mundo ordinario está lleno de milagros que hacen que no sea necesaria la alquimia si somos lo bastante rápidos para apreciarlos.

Fred Camper

Fecha 1957

Nacionalidad Estados Unidos

Director Christopher Maclaine

Por qué es clave
En una película sobre la alquimia, Maclaine encuentra el verdadero milagro en un arco iris común y corriente.

Escena clave **La epifanía final del héroe**
El increíble hombre menguante

SPOILER

Muchas de las películas de ciencia ficción del cine clásico de los años cincuenta tienen imaginación, gracia y cierta profundidad, pero es difícil encontrar una obra de cualquier género con la valentía para defender sus convicciones como la que se aprecia en esta película inquietante y singular. La gran revelación surge en una secuencia final que aquellos que admiren este largometraje recordarán perfectamente. La odisea de Scott Carey (Williams) termina después de haber estado encogiendo a toda velocidad durante toda la película, de haber pasado la segunda mitad de la misma en el sótano de su propia casa y haber tenido que disputarse la comida con una araña. Exhausto, se derrumba en el suelo junto a una rejilla por la que entra luz y parece quedarse dormido mientras una sombra oscura pasa sobre él para dejar paso a una nueva luz cuando despierta. Se acerca a la rejilla y sale a un mundo en continua expansión: no ha recuperado su tamaño original (como hacían esperar las convenciones narrativas), pero ha aceptado su existencia. El efecto transformador de la luz y la sombra afecta también al espectador, que siente la fuerza de la elocuente narración final de Carey («... para Dios el cero no existe... Yo sigo existiendo»), en armonía con las hermosas imágenes de Arnold, que concuerdan con la nueva serenidad del héroe y con la espiritualidad de la película.

Blake Lucas

Fecha 1957

Nacionalidad Estados Unidos

Director Jack Arnold

Reparto Grant Williams

Título original *The Incredible Shrinking Man*

Por qué es clave
Este clásico único de la ciencia ficción de la década de 1950 se aparta de todo convencionalismo para alcanzar la trascendencia en un final sublime.

Pág. anterior *El increíble hombre menguante.*

Escena clave **La frontera de noche**
Sed de mal

La primera toma de la última película que rodó Orson Welles en Hollywood es uno de los comienzos más impresionantes del cine, en el que el espectador se ve inmerso en un movimiento narrativo dinámico e ininterrumpido gracias a los movimientos de la grúa y al ritmo de la doble acción que se desarrolla. Parte del poder procede de una combinación única de una nítida toma de profundidad, la fotografía nocturna en blanco y negro, la impresionante continuidad de una toma que registra diferentes movimientos y la música de Henry Mancini, que parece ser se añadió a pesar de los planes de Welles de elegir una música de fondo más realista. En mi opinión, la única versión disponible hoy en día, una versión «restaurada» de 1998 en la que, supuestamente, se siguen los cambios que el autor pidió que se hicieran al montaje del estudio, no funciona en absoluto, pues disminuye la tensión de toda la película.

La toma de cuatro minutos de duración comienza con la imagen de alguien poniendo en marcha el temporizador de una bomba que después deja en un coche aparcado y muestra de manera simultánea la acción perfectamente planeada –la de la bomba– y dos movimientos a través de la frontera entre Estados Unidos y México: uno es el del jefe de policía mexicano Mike Vargas (Heston) y su esposa estadounidense, Susan (Leigh), que cruzan la frontera a pie; el otro es el del coche de un empresario de la zona y su novia (Lansing). El rodaje contrasta una acción cuidadosamente planeada (la toma de grúa que Welles diseñó con todo detalle) con la sorpresa de su violento final (que va acompañado de un corte), inesperado tanto para los personajes como para el espectador. Dicho contraste queda sugerido de manera subliminal por la combinación musical elegida por Mancini, con percusión de estilo latino y una melodía de jazz que parece diegética. La falta de dicha música reduce el ritmo y la unidad de un plano secuencia de tremenda complejidad.

Miguel Marías

Fecha 1958

Nacionalidad Estados Unidos

Director Orson Welles

Reparto Charlton Heston, Janet Leigh, Joi Lansing

Título original *Touch of Evil*

Por qué es clave
Este famoso plano secuencia es una de las manifestaciones más grandiosas del poder del cine para crear una realidad propia más intensa.

Escena clave **Un enmascarado desbarata el comienzo de un romance** *Ángeles sin brillo*

Un motivo visual fundamental en esta obra maestra en blanco y negro y CinemaScope es la intrusión de elementos procedentes de un segundo plano en el primer plano, por lo general ocupado por los personajes. Esto ocurre ya en la escena inicial, en la que los movimientos, la estructura y el «ruido» visual de un carnaval dominan la acción, casi como si estuvieran empujando. Adquiere fuerza narrativa cuando aparece de pronto el ataúd de un piloto de una carpa que hasta ese momento no había tenido el menor interés. Dicha fuerza se vuelve escalofriante cuando un muchacho se ve atrapado mientras se ve directamente detrás de él el avión de su padre (Stack) en llamas. El efecto de todas estas composiciones es el de negarles la autonomía y la libertad a los personajes de carne y hueso. Como ocurre a menudo en las obras de Sirk, los objetos u otros personajes crean tensiones que amenazan con invadir todo el espacio y vaciar los personajes de su plenitud. Mientras el periodista Burke Devlin (Hudson) coquetea con la bella LaVerne (Malone), la abandonada esposa del piloto, Sirk corta a menudo a un tercer personaje fuera de la conversación, que suele ser sólo un torso cuyo anonimato le confiere una presencia espeluznante, casi al margen de lo humano. Es entonces cuando el motivo recurrente de la intromisión de un elemento de un segundo plano adquiere su manifestación más dramática y literal, pues un personaje con una máscara de la muerte los interrumpe a ambos. El momento no es sólo genial por sí mismo, sino que su poder y su significado aumentan por el modo en que repercute en otros elementos visuales relacionados, infundiendo su terrible negación de la vida también a otros momentos.

Fred Camper

Fecha 1958

Nacionalidad Estados Unidos

Director Douglas Sirk

Reparto Rock Hudson, Dorothy Malone

Título original *The Tarnished Angels*

Por qué es clave En el que quizá sea el momento más aterrador del cine de Sirk, un personaje destruye el intento de dos personajes no sólo de crear algo auténtico, sino también de establecer un simple contacto físico.

Escena clave **El incendio del pabellón de oro** *Enjo*

La novela *El pabellón de oro* se publicó por primera vez en 1956 y se convirtió en una de las obras de más éxito de Yukio Mishima, tanto en Japón como en el resto del mundo. La adaptación al cine de Ichikawa, que hizo con sus asiduos colaboradores Natto Wada y Keiji Hasebe, eclipsa muchas otras versiones cinematográficas de las novelas de Mishima. Ichikawa logró unas intensas interpretaciones de los dos protagonistas principales: Ichikawa en el papel del joven novicio de un templo, torturado por traiciones familiares o por un serio problema del habla, y Nakadai en la piel de un cínico que se hace amigo suyo y lo atormenta. La destrucción final del pabellón de oro del templo es la expresión de unas emociones largo tiempo contenidas que sirve de clímax catártico a una historia de obsesión, desesperación y crisis espiritual. Rodada en una sobrecogedora oscuridad hasta la repentina explosión del fuego, la secuencia es toda una hazaña en la que el impacto visual iguala la liberación emocional que supone. Todos los largometrajes de Ichikawa tienen una estética magnífica y éste no es una excepción. La fotografía de Kazuo Miyagawa (que trabajó con Kurosawa, Ozu y Mizoguchi, además de en otras películas de Ichikawa) es magistral en los movimientos de cámara, la evocadora iluminación y el hermoso uso que hace del formato de pantalla ancha. La película ayudó a establecer a Ichikawa como director de peso: después de un prolífico período de desarrollo durante el que rodó unas 30 películas en la década siguiente al final de la guerra, en 1956 había conseguido por fin atraer la atención internación con *El arpa birmana*. *Enjo* confirmó dicho estatus. Rara vez recibieron tan buen tratamiento por parte del cine las obras de Mishima.

Andrew Pike

Fecha 1958

Nacionalidad Japón

Director Kon Ichikawa

Reparto Raizo Ichikawa, Tatsuya Nakadai

Por qué es clave
Es el clímax de una de las mejores adaptaciones a la gran pantalla de una novela de Mishima.

Escena clave **En la última toma, el espacio se abre por primera vez** *Como un torrente*

SPOILER

Dave (Sinatra) llega a su ciudad natal del Medio Oeste y Ginny (Shirley MacLaine) lo hace tras él. Ella está enamorada de Dave, pero él a quien ama es a Gwen (Hyer), una maestra algo reprimida, y se hace amigo de un jugador llamado Bama (Martin). Como la mayoría de los grandes melodramas en color y CinemaScope de Minnelli, *Como un torrente* nos habla de personajes atrapados en enredos de los que no pueden liberarse: Gwen está atrapada en su estricta moral, Dave en su lujuria, Ginny en el amor desesperado que siente por Dave y Bama nunca se quita el sombrero. Basando el esquema de color en el interior de una máquina de discos, Minnelli crea unas composiciones perfectamente hilvanadas en las que varios planos funcionan como matrices que atrapan: en la última escena de Dave con Gwen, el decorado simétrico del dormitorio de esta última une una lámpara con otra y una cortina con otra. Cuando un matón persigue a Dave durante un carnaval, los trávelin siguen a los personajes de un modo que multiplica objetos echando color sobre color. Cuando Ginny muere para proteger a Dave, hay un encadenado a su funeral, una escena de dos minutos en un cementerio junto al río Ohio que literalmente invierte la imagen de la película. En tres cortas tomas, Gwen sale del coche y vemos un último primer plano que nos da a entender que la generosidad de Ginny la ha transformado. El resto de la escena está rodada en una sola toma de más de un minuto de duración, que se detiene primero en Dave y luego en Bama, donde se quita el sombrero en uno de los gestos más incomprensiblemente conmovedores de la historia del cine. La cámara pasa entonces junto a Bama para enfocar el río, a la distancia casi infinita. Esta composición tan liberadora indica que más de un personaje ha encontrado la libertad.

Fred Camper

Fecha 1958

Nacionalidad Estados Unidos

Director Vincente Minnelli

Reparto Frank Sinatra, Dean Martin, Martha Hyer

Título original *Some Come Running*

Por qué es clave Al final de la película, los personajes de este melodrama coral encuentran la manera de salir de las características trampas de Minnelli y la cámara nos ofrece una visión de libertad.

Personaje clave **Helen** *Howrah Bridge*

Cuando el cine negro llegó a la India, adquirió un trasfondo melodramático y moral. El héroe podía ser un personaje urbano, pero la protagonista femenina debía ser siempre una muchacha virginal de pueblo en continuos apuros. Como complemento se necesitaba una chica más pícara, alguien que estuviera cómoda en la guarida de una banda o en un club nocturno. Entonces apareció Helen Richardson (Helen en su nombre artístico), cubierta de abalorios, borlas, lentejuelas, plumas, velos, fulares y maquillaje con reflejos dorados. Sus bailes tenían la intención de seducir al héroe y, con él, al público.

Howrah Bridge comienza con un joven que ha empezado a frecuentar malas compañías. Vende una reliquia familiar para pagar unas deudas de juego, pero es asesinado y le quitan el dinero. Su hermano (Kumar) llega a la ciudad para averiguar la verdad sobre la muerte y acaba on un club nocturno. Allí, Helen baila su primer gran solo, «Mera Naam Chin Chin Choo» («Mi nombre es Chin Chin Choo»), un *playback* con la voz de Geeta Dutt.

Después de esta película, Helen se convirtió en un símbolo del punto vulnerable de la ciudad del cine hindi, la chica mala que bailaba, fumaba, lo pasaba bien y moría en los brazos del héroe si tenía algo de diálogo (en la mayoría de las 700 películas que hizo no tenía texto: simplemente bailaba y desaparecía). Trabajó también en la mayoría de las otras filmografías de habla india y siguió haciéndolo hasta 1981. Esta actriz redefinió el significado de la sensualidad femenina en Bollywood y se hizo con un gran número de rendidos admiradores.

Jerry Pinto

Fecha 1958

Nacionalidad India

Director Shakti Samanta

Reparto Ashok Kumar, Madhubala, Helen

Por qué es clave
La bailarina anglochina Helen comienza una carrera que redefinirá la feminidad en Bollywood.

Personaje clave **Chhabi Biswas** Una actuación monumental *El salón de música*

Estructurada como un *raga* indio clásico, *El salón de música* es un análisis irónico de un melancólico aristócrata llamado Biswambhar Roy (Biswas) encerrado en una desolada mansión junto a un río tranquilo que puede resultar traicionero. La esposa y el hijo de Roy se ahogaron allí hace cuatro años, una noche en la que él estaba celebrando una velada en su apreciado salón de música. Roy sale de su habitual apatía cuando el advenedizo prestamista Ganguli (Gangapada Basu) intenta convertirse en mecenas. Roy es de la creencia de que ése es un papel reservado tan sólo a personas de sangre noble y familia cultivada; para demostrarlo, se gasta hasta su última moneda de oro en celebrar una última gran velada. Es un hombre orgulloso, atrapado en la gloria pasada y ajeno a los cambios vividos por la Bengala rural de la década de 1920.

Con una inflexión delicada y algunas explosiones de exuberancia, la monumental actuación de Biswas sirvió de complemento perfecto a la película. Se vale de magistrales variaciones del lenguaje corporal: puede andar erguido y luego encorvarse y, a pesar de no tener oído musical en la vida real, transmite a la perfección el disfrute espontáneo de un aficionado a la música, con gestos sutiles y fugaces expresiones faciales. Cuando el fuego de las velas se extingue en el melancólico salón, el triunfo final de Roy es seguido por un episodio de furia, desesperación y terror. Después de un jactancioso brindis en inglés con el que une al aristócrata con los dirigentes coloniales y sus nobles ancestros, Roy se desvanece por el miedo que le provoca ver que hay una araña subiéndosele por la pierna en su retrato. Biswas consigue que sintamos simpatía por este amante de la música, pero deja lugar para la ambivalente visión que da el director de su protagonista y de la clase a la que representa.

Maithili Rao

Fecha 1958

Nacionalidad India

Director Satyajit Ray

Reparto Chhabi Biswas

Título original *Jalsaghar*

Por qué es clave Biswas, un famoso actor de teatro, incorpora una calculada teatralidad a su actuación ante la cámara.

Escena clave **Kenaoui oye cómo su amada hace el amor** *Cairo Station*

SPOILER

En Egipto se llevaban haciendo películas desde la década de 1920, pero se trataba básicamente de fórmulas musicales y comedias. Youssef Chahine, que estudió cine y teatro en Estados Unidos y era aficionado a los musicales de Fred Astaire y Gene Kelly, dirigió su primera película en 1950, a los 24 años de edad. Cuatro años después le dio su primer papel a Omar Sharif en *The Blazing Sky* (*Siraafil-madi*), pero fue su duodécima película, *Cairo Station*, la que se convirtió en su gran obra. Anticipándose dos años a *Psicosis* de Hitchcock, la película retrata el deterioro mental de Kenaoui (interpretado por el propio Chahine), un vendedor de periódicos de El Cairo cuyas frustraciones sexuales desembocan en un comportamiento asesino. En una escena extraordinaria, la mujer de la que está enamorado (la voluptuosa Rostom) está haciendo el amor en una cochera de trenes, mientras Kenaoui está afuera. La cámara se centra en la expresión angustiada de su rostro, luego enfoca las vías de tren, se acerca un poco más a Kenaoui y a la botella de Coca Cola que tiene en la mano. De vuelta a la vía, enfoca de nuevo a Kenaoui cuando éste rompe la botella y luego se aparta de él en un trávelin, como molesta. La curva de la vía es la metáfora que utiliza Chahine para referirse a las tensiones mentales de Kenaoui. El montaje y el encuadre, el ritmo y el contraste entre los primeros planos estáticos y los trávelin son reminiscencias de las películas de Eisenstein. Ningún otro director árabe ni africano había plasmado el pensamiento de un modo tan cinematográfico. Años después, Chahine dijo: «La libertad de expresión no se concede, se toma». Esta película señala el primer momento en el que el director tomó dicha libertad.

Mark Cousins

Fecha 1958

Nacionalidad Egipto

Director Youssef Chahine

Reparto Youssef Chahine, Hind Rostom

Título original *Bab el hadid*

Por qué es clave La innovadora obra de Chahine es la primera gran película árabe y africana.

Pág. siguiente *Cairo Station*.

Escena clave **¡Un ataúd en la bodega!** *Drácula*

El cazador de vampiros Van Helsing (Cushing) se ha enterado de que el conde Drácula (Christopher Lee) ha visitado a la acaudalada Mina Holmwood (Melissa Stribling), se ha bebido su sangre y la ha dejado hipnotizada. Lo que no se explican ni Van Helsing ni el preocupado marido de Mina (Gough) es cómo consiguió Drácula entrar en la casa si los dos se habían pasado la noche vigilando. Para animarse un poco mientras continúan analizando semejante misterio, Holmwood le pide a su sirvienta (Olga Dickie) que les lleve una botella de vino. «Ay, señor, preferiría no hacerlo», responde la mujer, titubeante. «La señora me dijo que no bajara a la bodega bajo ningún concepto.» Aquí Fisher corta un plano de Van Helsing, que se queda en silencio durante unos segundos, mientras cae en la cuenta de la importancia de lo que acaba de oír. Entonces se pone en pie de un salto y sale corriendo hacia la bodega, donde, por supuesto, encuentra el ataúd lleno de tierra en el que Drácula descansa durante el día.

Ese momento en el que Van Helsing descubre por qué la doncella tiene prohibido bajar a la bodega tiene una gran calidad interpretativa. Depende, por supuesto, de la puesta en escena, la composición y el montaje –elementos de los que era responsable Fisher–, pero se debe sobre todo a Cushing, a su atractiva combinación de lo cerebral y lo atlético, a la gran habilidad con la que marca el ritmo de su interpretación. Es sólo un instante dentro de una película en la que hay muchos momentos estupendos, pero esos pequeños momentos también merecen atención porque precisamente dan motivos al público para creer en los grandes.
Chris Fujiwara

Fecha 1958

Nacionalidad Reino Unido

Director Terence Fisher

Reparto Peter Cushing, Michael Gough, Olga Dickie

Título original *Dracula* (*Horror of Dracula*)

Por qué es clave
Un momento de gran actuación se convierte aquí en un gran momento de cine.

Pág. anterior *Drácula*.

Diálogo clave **«Aquí nací y aquí morí»** *Vértigo*

SPOILER

Mientras visitan las secuoyas gigantes de un parque nacional del norte de California, Madeleine (Novak), una rubia misteriosa y angustiada, y Scottie (Stewart), el detective que se obsesiona con ella mientras la vigila en nombre de su marido, observan el tocón de una de las longevas secuoyas, con sus anillos como prueba del paso de numerosos siglos. «Su verdadero nombre es *Sequoia semper virens*», le dice Scottie, «siempre verde, siempre viva». Madeleine cree ser la reencarnación de una antepasada llamada Carlotta y, por tanto, piensa que es presa de una maldición. Al tiempo que se toca los dos anillos que lleva, sólo ligeramente separados, dice: «Aquí nací y aquí morí. Para ti sólo fue un momento; no te diste cuenta». Tras lo cual, se aleja caminando y desaparece entre los árboles. Por un momento, el pobre Scottie piensa que realmente ha desaparecido; después, la encuentra y empieza a presionarla para que le diga quién es y por qué ha intentado suicidarse («¿Qué hay dentro de ti, Carlotta, que te llevó a saltar?»), pero como no es ni Madeleine ni Carlotta, elude sus preguntas y le pide que la lleve a algún sitio con luz. Como muchas otras cosas en su relación –que resulta ser una parodia tras la que se esconden muchas verdades ocultas– las conversaciones sin respuestas y las pseudorrevelaciones de Madeleine obsesionan a Scottie cuando cree que ella ha muerto. En este misterio de cuento de hadas, los protagonistas se pierden en el bosque, rodeados de magia –los densos y altos árboles representan un mundo en el que la huidiza heroína está condenada a verse convertida finalmente en otro árbol talado, marcado como atracción turística y preservado por un amor que es también una muerte en vida. En otro contexto, pero casi tan conmovedora y significativa, la escena se repite en la película de Terry Gilliam *Doce monos* (1995), donde el fatalismo de Madeleine parece referirse a la civilización humana.
Kim Newman

Fecha 1958

Nacionalidad Estados Unidos

Director Alfred Hitchcock

Reparto James Stewart, Kim Novak

Por qué es clave
Es la escena más inquietantemente romántica de la historia del cine.

Película clave *A Movie* Un artista del *collage* conquista el cine por primera vez

A lo largo de la mayor parte de su carrera, Conner ha sido un cineasta sin cámara. Se adentró en el cine después de dominar el *collage* y el arte del ensamblaje. Llevó la esencia del *collage*, la yuxtaposición de trozos de materiales en una superficie, a la yuxtaposición de trozos de celuloide sobre el rollo de película. La mayoría de sus trabajos son películas de «metraje encontrado», compuestas de fragmentos de filmes ya existentes que encontraba en archivos, tiendas de segunda mano o en los montones de material descartado.

Con la convicción de que las persecuciones eran el elemento más popular del cine, empezó su primera película, *A Movie*, con un montaje de un buen número de persecuciones unidas en una divertida secuencia que comienza con unos vaqueros cabalgando al galope y continúa con una estampida de animales, una extraña carrera de bicicletas y otras variaciones del mismo motivo. Este sorprendente montaje tiene como (i)lógico hiloconductor un sueño, lo que refleja el gusto de Conner por las tradiciones dadaístas y surrealistas. Lo mismo ocurre con los otros fragmentos de la película, que a primera vista parece reunidos al azar, pero que en realidad están organizados en torno a temáticas visuales específicas.

La música de la banda sonora es *Los pinos de Roma* de Ottorino Respighi, que encaja con el tono travieso de la primera parte de la película. En las escenas más oscuras y tristes que le siguen, la música se vuelve más intensa y triunfal, lo que sugiere que la desvergüenza de la humanidad moderna nos lleva a enorgullecernos perversamente de nuestros pecados sociopolíticos. La culpa y la contrición serían sentimientos más apropiados, pero es precisamente de esas emociones incómodas de lo que pretenden distraernos las películas normales. La obra de rigurosa moral de Conner es un antídoto implacable contra el veneno de los medios de comunicación, mecánicos y sin sentido.

David Sterritt

Fecha 1958

Nacionalidad Estados Unidos

Director Bruce Conner

Por qué es clave Después de poner a punto su talento haciendo *collages* y ensamblajes, Conner, artista de la generación Beat, creó una estética cinematográfica en el lado oscuro de la modernidad y en el proceso dio nueva vida al «metraje encontrado».

Escena clave **La espectacular escena del parque de atracciones** *Anticipation of the Night*

Quizá porque Brakhage expresó su interés en la visión prelingüística de los bebés, quizá porque ésta es su primera obra maestra de mayor duración, a menudo se cree erróneamente que esta película es un canto a la libertad de la visión de los niños. Más bien al contrario. El filme comienza con la sombra de un hombre cayendo sobre el encuadre, y es a través de los ojos de ese protagonista al que nunca vemos que observamos sus viajes mientras intenta establecer algún tipo de conexión con el mundo. Pero, con la excepción de unas breves ráfagas de poesía, como, por ejemplo, el baile de las sombras en la pared, la película es básicamente un retrato del fracaso. Ya sea viendo el paisaje desde un coche en movimiento, girando alrededor de un bebé en un campo o moviendo la cámara hacia delante y hacia atrás por una estructura iluminada como un templo en mitad de la noche, Brakhage parece estar atrapado en sus propios caminos más que «bailando» con sus sujetos, aunque eso es algo que hará en sus posteriores trabajos. El distanciamiento del mundo quizá sea más visible en la escena del parque de atracciones. Los niños se lanzan hacia la cámara con la misma rapidez con la que luego se apartan de ella. Grupos de personas giran en una estructura circular que los mantiene encerrados en su propio mundo. Vemos cómo se aleja de la cámara la gente que va en la noria. El brillo de las luces del fondo sirve para resaltar el distanciamiento de esta sombra humana respecto a las fugaces imágenes de los demás, y el movimiento mecánico de las atracciones es la versión más rigurosa de los movimientos repetidos de manera casi mecánica con los que la cámara retrata el mundo de la película, atrapándolo todo en los rígidos movimientos y en el ritmo mecánico que quedarían superados en el trabajo posterior de Brakhage.

Fred Camper

Fecha 1958

Nacionalidad Estados Unidos

Director Stan Brakhage

Por qué es clave Esta escena ilustra con gran agudeza el distanciamiento del protagonista respecto al mundo por el que viaja.

Escena clave **El director fracasado se encuentra con su creación** *Flores de papel*

Hoy en día se reconoce a Guru Dutt como uno de los mejores directores de cine indios, pero las opiniones respecto a *Flores de papel* (*Kaagaz Ke Phol*), la primera película india en CinemaScope, se dividen entre aquellos que piensan que es un retrato pesimista y complaciente de la carrera de un director de cine y los que consideran que es su mejor obra. Sin embargo, pocos pondrían en duda el trabajo que llevó a cabo en esta película el director de fotografía que trabajaba con él regularmente, el autodidacta V. K. Murthy. Suresh Sinha (Dutt) es un brillante director de cine que se enamora de Shanti (Rehman), la estrella que él mismo ha creado. Mientras ella asciende hacia la cumbre del éxito, él va cayendo y, en una de las secuencias fundamentales de la película, se encuentran en un estudio abandonado. Durante la producción de *Flores de papel*, Murthy le señaló a Dutt un haz de luz del sol con motas de polvo en suspensión y el director le dio diez días para que conseguir imitar dicho efecto en la escena. Murthy puso en práctica muchas estrategias para producir el haz de luz, pero todas ellas fracasaron. Entonces vio a un técnico jugando con un espejo con el que proyectaba la luz del sol sobre la pared y pensó, «Maldita sea, voy a utilizar la luz del sol y espejos». En el exterior del estudio se colocó un espejo gigante que hiciera que la luz rebotara y la proyectara al interior. Ésta caía sobre otro espejo colocado en la pasarela y que reflejaba la luz sobre el suelo, como un rayo de sol. La escena se completa con una de las muchas magníficas canciones que aparecen en la película (el director de música es S. D. Burman y el letrista, Sahir Ludhianvi). Ésta en concreto, «Waqt no kiya kya haseen situm» («Qué broma tan exquisita nos ha gastado el tiempo»), se ha convertido en un clásico del género.
Jerry Pinto

Fecha 1959

Nacionalidad India

Director Guru Dutt

Reparto Guru Dutt, Waheeda Rehman, Johnny Walker

Título original *Kaagaz Ke Phool*

Por qué es clave
El director de fotografía V. K. Murthy consigue que la luz del sol entre en el estudio en una película de autor sobre la vida del propio autor.

Escena clave **La toma final** *Los cuatrocientos golpes*

SPOILER

Al final de *Los cuatrocientos golpes*, después de varias desventuras, el joven de doce años Antonie Doinel (Léaud) es enviado a un reformatorio. Consigue escapar durante un partido de fútbol y echa a correr hacia el mar; cuando finalmente lo alcanza, se da la vuelta y mira a la cámara: la última imagen hace un *zoom* y se congela. El plano muestra que, aunque parezca ser libre, en realidad Antoine no puede ir a ninguna parte: tarde o temprano tiene que mirar lo que ha dejado atrás y enfrentarse a ello. El primer largometraje de François Truffaut trata el problema de la delincuencia juvenil con el deseo de mostrar en todo momento el punto de vista de los jóvenes, a diferencia de lo que ocurría en la obra de Jean Delannoy *Chiens perdus sans collier* (*Perros perdidos sin collar*, 1955). La película de Truffaut traslada al primer plano el absoluto fracaso de la sociedad: el entorno familiar, el sistema educativo y el estado han sido incapaces, en un momento u otro, de resolver el problema de una manera convincente. Por tanto, la última toma se puede interpretar también como un grito de socorro, una exhortación dirigida a los espectadores que están tranquilamente sentados en la butaca del cine y que, de repente, se sienten reprendidos por la dura mirada de Antoine a la cámara. Esta alteración estética del espectáculo cinematográfico, uno de los muchos ataques que hacen al cine los directores de la *nouvelle vague* francesa, tiene sin duda un enfoque tan social como político.
Frank Lafond

Fecha 1959

Nacionalidad Francia

Director François Truffaut

Reparto Jean-Pierre Léaud

Título original *Les quatre cents coups*

Por qué es clave
Es el cuadro congelado más famoso de la historia del cine.

Escena clave **Puja por la vida**
Con la muerte en los talones

Han estado persiguiendo a Roger O. Thornhill (Grant) por todo el país: sin saberlo, se ha convertido en peón de la inteligencia estadounidense y en objetivo de una intriga internacional. Se ha enfrentado al ataque de un avión de fumigación en los campos de maíz de Indiana y ha vuelto a Chicago, sucio, furioso y defraudado con Eve Kendall (Saint), una chica a la que conoció en un tren y que parece extrañamente sorprendida de volver a verlo con vida. La sigue hasta una casa de subastas para hablar con ella y la encuentra sentada cómodamente junto al villano y su factótum. Pero el villano (Mason) tiene matones y, después de que él se haya marchado con Eve, uno de ellos (Williams) le cierra la salida con un cuchillo en la mano. ¿Cómo podrá salir de allí con vida?

A Hitchcock le encantaba aprovechar todo el efecto dramático que pudieran tener los escenarios, y la escena de la subasta proporciona el entorno ideal para que Thornhill despliegue toda su habilidad social y la utilice como arma táctica. Se trata de una de las combinaciones más delicadas de puesta en escena y estructura dramática de toda la obra de Hitchcock. Mientras el subastador (Tremayne) despacha un artículo tras otro, Thornhill empieza a pujar sistemáticamente, con lo que consigue no provocar ningún escándalo y a la vez evita que su posible asesino se acerque demasiado a él, pasando entre los aristócratas de Chicago que componen el público. Pero entonces empieza a incumplir las reglas no escritas del evento, esos hilos invisibles que impiden que la estructura social no se descomponga. Ofrece cantidades demasiado bajas, pone en duda la calidad y el valor de los objetos expuestos en el escenario (sugiriendo por tanto que las sofisticadas personas que están pujando son idiotas) y, por último, provoca una refriega, momento en el que el caos se apodera de la sala y no tarda en aparecer la policía. Roger sale de allí escoltado por dos agentes, feliz y contento.

Murray Pomerance

Fecha 1959

Nacionalidad Estados Unidos

Director Alfred Hitchcock

Reparto Cary Grant, Eva Marie Saint, James Mason, Martin Landau, Adam Williams, Les Tremayne

Título original *North by Northwest*

Por qué es clave Esta escena es un excelente ejemplo del uso que hace Hitchcock del escenario narrativo para crear tensión.

Pág. siguiente *Con la muerte en los talones*.

Película clave *Hiroshima mon amour*
La mano temblorosa de un amante

Han pasado casi veinte minutos del comienzo de la fascinante primera película de Alain Resnais, durante lo cuales hemos visto con todo detalle una noche de sexo y conversación entre una actriz de cine francesa (Riva) y un arquitecto japonés (Okada) que acaban de conocerse en la Hiroshima contemporánea (ambos están casados con otras personas). Las imágenes de la noche que pasan juntos tienen un estilo impresionista y se desarrollan como si fueran una pieza musical. La protagonista describe su visita al Museo de la Paz, que documenta con doloroso detalle los efectos de la bomba atómica que se lanzó sobre Hiroshima el 6 de agosto de 1945, y él le responde: «No sabes nada de Hiroshima». Descubrimos que ella vive en Nueva York y que antes de eso vivió en Nevers, pero no sabemos nada sobre su pasado allí. Por la mañana, vestida con un kimono y con una taza de té o de café, la encontramos en una amplia terraza, mirando a la gente que pasa en bici por la calle; después vuelve al dormitorio, donde aún duerme su amante, y la mano derecha, que tiene extendida, le tiembla ligeramente. De pronto, hay un repentino corte a un primer plano de otra mano temblorosa, la de su amante alemán, a punto de morir en Nevers hace casi quince años. Mientras la cámara sube rápidamente hasta el rostro ensangrentado, la protagonista lo besa, aunque en este momento no sabemos quién es el hombre, dónde están, ni nada más excepto el impacto de un momento tan traumático. Puede que éste sea el primer *flashback* «subliminal» de la historia del cine, un corte impactante que expresa un recuerdo involuntario de una intensidad proustiana. Gran parte de lo que queda de película se dedicará a desvelar dicho recuerdo.

Jonathan Rosenbaum

Fecha 1959

Nacionalidad Francia/Japón

Director Alain Resnais

Reparto Emmanuelle Riva, Eiji Okada

Por qué es clave Probablemente sea el primer *shock cut*[1] proustiano de la historia del cine.

1. Corte repentino con el que se pretende sorprender al espectador.

Escena clave **Excursión a la colina**
Dil Deke Dekho

La mejor expresión de la actitud poco conflictiva de Nasir Husain hacia la tradición y la modernidad es la música de Dil Deke Dekho. Neeta (Parekh) y su grupo de amigos están de excursión por el campo. Raja (Kapoor) intenta impresionarla diciéndole que es la reencarnación del legendario cantante Tansen y Neeta le desafía a demostrarlo con una canción. Entonces él canta «Megha re boley» («Las nubes, dicen...»), donde se utiliza la imaginería y la llamada a la amada habituales. Las mujeres que están en la ladera de la colina responden de inmediato a la llamada y suben bailando a lo alto de la colina donde Kapoor está cantando. La canción está empapada de un exquisito y sutil sentido irónico –evidente para las mujeres de la colina–, que el «moderno» Shammi Kapoor plasma con su característico lenguaje corporal, cantando una canción sobre la naturaleza.

En un suave cambio de ambiente, aparece de pronto una banda de *rock and roll* y Neeta comienza a cantar «Meri jaan wah wah» («Mi amor, qué maravilloso») a dúo con Raja, mientras sus amigas siguen la canción con sus pasos de baile. La letra de esta segunda canción, en contraste con la primera, es una coqueta exposición de lo que la chica piensa de Raja. Se trata de una benévola yuxtaposición de dos formas de ser y de dos tipos de música, tratados con igual picardía en el contexto del popular cine hindi. También es sintomático de la visión de la modernidad y de la diferencia de géneros de Nasir Husain: él canta alegremente la canción «tradicional» «Megha re Boley» y ella interpreta una pieza más occidentalizada, «Meri jaan wah wah».

Rashmi Doraiswamy

Fecha 1959

Nacionalidad India

Director Nasir Husain

Reparto Asha Parekh, Shammi Kapoor

Por qué es clave
Esta secuencia con varias canciones apunta el futuro estilo de un importante director de cine hindi.

Escena clave **El remate**
Con faldas y a lo loco

SPOILER

Sea cierto o no que *Con faldas y a lo loco* es la comedia estadounidense más divertida, nadie duda de que tiene el final más memorable. Durante la mayor parte de la película, los músicos de jazz interpretados por Tony Curtis y Jack Lemmon, testigos fortuitos de la matanza de San Valentín, han estado escondiéndose en una banda femenina, para lo que han tenido que hacerse pasar por mujeres. Curtis ha estado todo el tiempo tratando de seducir a la encantadora cantante encarnada por Marilyn Monroe haciéndose pasar por una especie de Cary Grant. Por su parte, Lemmon ha tenido que hacer frente a las continuas insinuaciones de un millonario llamado Osgood Fielding, magníficamente interpretado por el veterano cómico Joe E. Brown.

Al final de la película, a bordo de un barco, «Daphne» (Lemmon) intenta confesarle a Osgood la verdad, pero éste no atiende a razones.

–Tú y yo no podemos casarnos.

–¿Por qué no?

–No soy rubia natural.

–No me importa.

–Y fumo.

–Me es igual.

–Desde hace tres años estoy viviendo con un saxofonista.

–Te lo perdono.

–Nunca podré tener hijos.

–Los adoptaremos.

Finalmente Lemmon se quita la película y le da la razón definitiva:

–¡Soy un hombre!

El filosófico Osgood, con una pícara sonrisa en los labios, le responde con la frase inmortal:

–Bueno, nadie es perfecto.

A lo cual Lemmon sólo puede acabar la película con una mirada sublime. ¡Sencillamente perfecto!

David Stratton

Fecha 1959

Nacionalidad Estados Unidos

Director Billy Wilder

Reparto Jack Lemmon, Joe E. Brown

Título original *Some Like It Hot*

Por qué es clave La última frase más divertida de todas las comedias que se hayan hecho jamás.

Escena clave **Un alcohólico se cura el temblor** *Río Bravo*

SPOILER

Dude (Martin), el mejor amigo del *sheriff* John T. Chance (Wayne), ha perdido el respeto de éste por haberse convertido en un borracho. Mientras defienden una cárcel asediada por un terrateniente cuyo hermano está en prisión por asesinato, los hombres oyen una desagradable melodía, «la canción del degollador», interpretada por uno de los hombres del terrateniente. De pronto Dude, que tiene tales temblores que no puede mantener las manos quietas, vuelve a poner el licor en la botella sin derramar ni una gota, respondiendo a la presión de la melodía. El cine de Hawks se eleva gracias a pequeños gestos y detalles de la interpretación. Sus composiciones y el modo en que fluyen se basan en parte en la apariencia y en el ritmo corporal de sus personajes. En ese sentido, Hawks es el opuesto a un formalista del cine como el Murnau de *Tabú* (1931), en el que un fatalismo ineludible gobierna el universo en composiciones que parecen existir desde el comienzo de los tiempos, o a Lang, donde una máquina al margen de lo humano puede alterar de manera crucial el curso de la historia. En la obra del realizador estadounidense cada punto de luz del encuadre parece manar de los rostros, las manos y los cuerpos de los personajes; cada corte parece originado en sus movimientos. Es lógico que un momento clave de sus mejores películas resida en el movimiento de una mano y, a partir de entonces, uno tiene la sensación de que el resto de la película crece de ese primer plano: los movimientos de las manos de Dude se convierten de algún modo en toda una composición.
Fred Camper

Fecha 1959

Nacionalidad Estados Unidos

Director Howard Hawks

Reparto John Wayne, Dean Martin

Por qué es clave
El cine de Hawks crece y gira en torno a los gestos de sus personajes, y sin duda este momento es uno de los instantes fundamentales de la película.

Escena clave **Un caballo llamado Lágrimas** *Más allá de Río Grande*

La odisea de Martin Brady (Mitchum), que ha hecho su vida en México después de una tragedia sufrida en el pasado, es tan interna como lo que refleja la acción, y no es un hombre que muestre abiertamente sus sentimientos, aunque la sutil interpretación de Mitchum nos deja entreverlos. Cuando sonríe, probablemente lo hace por su querido caballo, Lágrimas, un nombre representativo de lo que significa en su vida el animal, aunque contrasta con la alegría que le aporta su compañía. En un punto avanzado de la película, después de que el protagonista haya cruzado la frontera con Estados Unidos para después regresar a México tras una serie de acontecimientos que parecen reducir las posibilidades de que pueda sentirse a gusto en algún lugar, descansa en casa de Santiago Santos (Caruso) mientras Lágrimas se recupera de una pequeña herida. Una breve escena después de la convalecencia comienza con un hermoso plano del caballo. La cámara pasa entonces a Martin, subido en su lomo, y se hace evidente una vez más la felicidad que siente de poder montarlo de nuevo (también para Santos y su familia, que los observan con placer). *Más allá de Río Grande* es una película lírica y sencilla como esta escena, quizá por eso mismo no se haya reconocido tanto como debiera su condición de obra maestra y uno de los mejores *westerns* de la historia. En el contexto total de la película, bajo la dirección sensible y brillante de Parrish, éste es un momento de profunda emoción.
Blake Lucas

Fecha 1959

Nacionalidad Estados Unidos

Director Robert Parrish

Reparto Robert Mitchum, Anthony Caruso

Título original *The Wonderful Country*

Por qué es clave
Parrish y sus colaboradores demuestran lo sensible y reflexivo que puede ser un *western* maduro en el modo en que llevan a un nuevo nivel el tradicional vínculo afectivo entre un hombre y su caballo.

Diálogo clave **«Suplico al tribunal»** *Anatomía de un asesinato*

Un concepto importante de la teoría dramatúrgica es que una escena debe tener diferentes «pasos»: fases separadas que se marcan claramente en la puesta en escena y que van evolucionando de una manera significativa o agradable. Preminger se encuentra entre los directores de cine más teatrales, en el mejor sentido del término; para él, la vida social es siempre un teatro, una acto destinado a persuadir o a engañar. Precisamente en las pausas que hacen los personajes es donde se pueden intuir los momentos de análisis: pueden ser pausas tranquilas, para conseguir un cierto efecto en el público, o fugaces, durante las que idean la siguiente improvisación. En una escena crucial, a los 86 minutos del comienzo de *Anatomía de un asesinato*, el abogado Biegler (Stewart) consigue por fin presentar una prueba de una violación en su defensa de un soldado (Ben Gazzara). Podemos ver aquí cómo el abogado de la acusación, Lodwick (West), y Biegler actúan ante el jurado cada uno a su manera. Preminger expone literalmente los pasos en una toma de un minuto y con una vista general: primero Lodwick y Biegler se ponen a la misma altura frente al juez Weaver (Welch), Biegler da un paso hacia delante para pronunciar el monólogo que termina con la frase «Suplico al tribunal...», un paso más –se queda bastante cerca de la cámara– y baja la voz hasta un dramático susurro para repetir, «Suplico al tribunal... que me deje llegar al corazón de la manzana». Después de la agónica deliberación del juez –otro tipo de pausa de Preminger– se rompe la tensión; Biegler ha conseguido que desestimen la propuesta y el juicio puede continuar.
Adrian Martin

Fecha 1959

Nacionalidad Estados Unidos

Director Otto Preminger

Reparto James Stewart, Joseph N. Welch, Brooks West

Título original *Anatomy of a Murder*

Por qué es clave
Es un magnífico ejemplo de la importancia de las pausas en el teatral cine de Preminger.

Pág. anterior *Anatomía de un asesinato.*

Escena clave **El robo en el tren** *Pickpocket*

A menudo se ha dicho que *Pickpocket* es una de las películas más accesibles de Robert Bresson, quizá por la redención final. En realidad, se trata de una de las manifestaciones más densas y extrañas del indeleble estilo del maestro francés. El filme, una enigmática variación de *Crimen y castigo* de Dostoievski, es la historia de un ladrón de poca monta, un joven parisino llamado Michel (Lasalle), que se gana la vida robando carteras, cree estar más allá de la moralidad y ejerce su vocación de manera obsesiva.

En los curiosos títulos de presentación, Bresson advierte: «El estilo de esta película no es el de un *thriller*». Sin embargo, con su estructura elíptica, *Pickpocket* provoca una especie de suspense metafísico e incluso la emoción de un *thriller* en las escenas de los robos a plena luz del día, perfectamente orquestadas. El propio Michel nota que se le acelera el corazón en esos momentos. Desde el comienzo, Bresson pone de relieve el erotismo inherente en el acto de robar a un transeúnte: la proximidad física, la violación del espacio y la penetración, e incluso se llega a ver, en muchos de los casos, una mirada casi cómplice entre ladrón y víctima.

El silencioso placer de esos encuentros se convierte en algo parecido al éxtasis en la escena más famosa de la película. Ésta comienza en la estación de Lyon, cuando una oscura multitud de ladrones se coloca en línea junto al mostrador de billetes mientras la cámara enfoca las carteras, bolsas y maletas de los viajeros. Los carteristas se suben entonces a un tren estacionado, realizan un baile sigiloso de limpieza de los compartimentos. La coreografía del robo es impresionante, pero la precisión del encuadre y el ritmo del montaje son no menos asombrosos y difíciles de apreciar por completo con sólo ver la escena una vez. Sin duda un espectáculo de prestidigitación a la altura de los maestros ladrones de la película.
Dennis Lim

Fecha 1959

Nacionalidad Francia

Director Robert Bresson

Reparto Martin Lasalle

Por qué es clave
Esta excepcional proeza de coreografía y montaje es la mayor hazaña técnica de la filmografía de Bresson.

Escena clave **El baile de Seetha con una cobra falsa** *La tumba india*

Hay dos bailes eróticos de Seetha (Paget) –prometida del marajá de Esnapur (Reyer), el patrón del héroe– en este *remake* en dos partes de una fantasía erótica que Fritz Lang escribió junto a Thea von Harbou en 1920. Unos treinta y un minutos después del comienzo de *El tigre de Esnapur*, Seetha baila a los pies de la enorme estatua de una diosa y se contorsiona brevemente sobre la mano extendida de la diosa. Alrededor del minuto 40 del metraje de *La tumba india*, mucho después de haber comenzado una relación romántica con el héroe (Paul Hubschmid), Seetha tiene que demostrar su inocencia a los sacerdotes del templo bailando con una cobra. La serpiente se levanta y se lanza para atacarla, pero el marajá la mata antes de que pueda hacerlo, lo que supone una ofensa a los sacerdotes por violar sus ritos sagrados.

La escena tiene todos los elementos del *kitsch*, pues es evidente que la cobra, una mala imitación, está movida por cables y Pager lleva un bikini plateado propio de algún espectáculo de Las Vegas. Pero a pesar de todo eso, no resulta en absoluto vulgar porque Lang creía en lo que estaba haciendo y le da a la escena la intensidad de una obsesión íntima. En el primer baile de Seetha, tanto el marajá como el héroe (aunque más brevemente) actúan como *voyeurs*. Sin embargo, la segunda vez, aunque el marajá esté presente, la puesta en escena del director sugiere que los únicos *voyeurs* que interesan no son ni el marajá ni los sacerdotes, sino Lang y nosotros, los únicos dioses que de verdad importan.

Jonathan Rosenbaum

Fecha 1959

Nacionalidad República Federal de Alemania/Francia/Italia

Director Fritz Lang

Reparto Debra Paget, Walter Reyer

Título original *Das indische Grabmal*

Por qué es clave
El evidente erotismo *kitsch* de un cineasta visionario.

Acontecimiento clave **Incendio en la Cinémathèque française**

El material cinematográfico es frágil, está sujeto a numerosas agresiones, desde un mal revelado a la descomposición química o, incluso, en el caso de la película de nitrato, la combustión si se expone a altas temperaturas o a la luz del sol de manera directa. Todo esto hace que abunden las tragedias en la historia del cine. La primera fue el 4 de mayo de 1897, cuando una película de nitrato prendió fuego durante una proyección de los Lumière en París: murieron 180 personas. La mayoría de las películas mudas de Fox Film desaparecieron para siempre en 1937, cuando explotó un almacén en Little Ferry, Nueva Jersey. Incluso en un templo del cine como la Cinémathèque française, un incendio que continúa siendo un misterio hoy en día destruyó el 10 de julio de 1959 un total de 50 películas, entre las que se encontraban algunas obras prestadas por archivos polacos, la última copia incompleta de la obra de Jean Renoir *Le tournoi dans le cité* y la única copia conocida de la secunda parte de *The Wedding March* (*La marcha nupcial*) de Erich von Stroheim, conocida como *The Honeymoon* (*Luna de miel*), que nunca había llegado a estrenarse en Estados Unidos. Algunos culparon del incendio al estilo de gestión improvisado del brillante y polémico Henri Langlois, pero lo cierto es que hubo más incendios, como el que tuvo lugar en el almacén de Rambouillet el 3 de agosto de 1980, cuando las llamas devoraron unas 20.000 películas, la mitad de los archivos de la Cinémathèque. Por desgracia, el triacetato de celulosa no ha resultado ser una alternativa fiable al volátil nitrato, ya que esta supuesta «película segura» también se descompone, sólo que de una manera distinta. Por eso los archivos siguen buscando fondos para almacenar sus colecciones inflamables en instalaciones como arsenales y cuarteles militares reconvertidos.

Robert Keser

Fecha 10 de julio de 1959

Por qué es clave
La destrucción de películas de valor incalculable en el lugar que fue creado para protegerlas demostró que eran necesarios fondos para preservar adecuadamente el legado cinematográfico.

Escena clave **El árbol muerto**
Ride Lonesome

SPOILER

Los personajes de *Ride Lonesome* cruzan el desierto hacia un fantasmagórico árbol muerto, el destino de un cazador de recompensas llamado Ben Brigade (Scott). Brigade insiste en llevar al asesino que tiene en custodia a una ciudad llamada Santa Cruz, y es entonces cuando aparece el árbol. Boone (Roberts), un forajido que trata de quitarle el preso a Brigade, conoce ese «árbol de la horca», al que aún le queda una rama. Brigade también lo conoce bien. Cae la noche (una noche de color índigo) y los hombres montan el campamento cerca del árbol. Los acompaña la señora Lane (Steele), una joven viuda a la que han salvado de un ataque apache.

Si *Ride Lonesome* es el mejor de los siete *westerns* que Boetticher dirigió junto a Scott, es en gran parte por esta escena nocturna, un oscuro idilio antes de la confrontación. El árbol se levanta al fondo mientras la mujer que han salvado se cruza entre los dos hombres. Mientras Boone la mira, los ojos de Brigade están clavados en el árbol muerto, que Boetticher contrasta con la esbelta figura de la joven rubia. Para Boone la señora Lane representa la posibilidad de una nueva vida. Para Brigade, el pasado que ha venido a vengar. Para ambos, el árbol es la muerte de la que quizá no puedan escapar.

Nada es fortuito en los 80 minutos de claridad sin adornos de *Ride Lonesome*. Es la apoteosis del *western* clásico, que acaba con Boetticher. El árbol arde en el último plano y se lleva consigo todo un género.
A. S. Hamrah

Fecha 1959

Nacionalidad Estados Unidos

Director Budd Boetticher

Reparto Randolph Scott, Karen Steele, Pernell Roberts

Título original *Ride Lonesome*

Por qué es clave Sin duda es una imagen definitoria del *western*.

Escena clave **La madre se despide de su hija**
Imitación a la vida

Se supone que la estrella de la mejor película de Sirk es Lana Turner, que encarna a una actriz que deja de lado a sus seres queridos para consagrarse a su carrera. Pero lo cierto es que la mayoría de las escenas conmovedoras se centran en Annie (Moore), la sirvienta afroamericana de la actriz, y en la hija de ésta, Sarah Jane (Kohner), una joven de piel clara que ha estado pasando por blanca.

La decisión de Sarah Jane de ocultar su origen negro ha provocado un grave conflicto entre madre e hija, pues el orgullo racial de Annie se basa en la dignidad personal y la lealtad a la tradición. La angustia de ésta por el odio que siente Sarah Jane hacia su propio origen comienza ya cuando su hija es sólo una niña, y crece hasta que la joven se marcha de casa.

Desesperada por verla sólo una vez más, Annie va a verla al club nocturno en el que trabaja y le promete aceptar sus deseos y apartarse para siempre de su vida. Es un momento humillante y angustioso para Annie, en especial cuando Sarah Jane explica su presencia allí diciendo que es su antigua niñera. Annie continúa con la farsa porque eso le permitirá despedirse de su hija seguramente para siempre. Su dolor es tan palpable que hasta Sarah Jane se conmueve, pero como no puede despedirse de ella sin revelar quién es en realidad, se limita a decir «Adiós» y después pronuncia la palabra *mamá* en silencio.

Ese silencio dice más de lo que podría expresar cualquier palabra sobre la ruptura familiar, sobre el racismo de la década de 1950 y sobre la incapacidad del pueblo estadounidense de salvar las escisiones sociales y psicológicas que amenazan con destruirlo.
David Sterritt

Fecha 1959

Nacionalidad Estados Unidos

Director Douglas Sirk

Reparto Juanita Moore, Susan Kohner

Título original *Imitation of Life*

Por qué es clave
Está entre las escenas más conmovedoras de unas de las pocas películas de la década de 1950 que analizó el racismo como causa de disfunción de la vida familiar estadounidense.

Escena clave **El ataque del pincho de la butaca** *The Tingler*

El gran momento de la filmografía del maestro de los trucos publicitarios William Castler se encuentra en el clímax de esa disparatada película de terror que es *The Tingler*, cuando al científico interpretado por Vincent Price se le escapa en un cine un crustáceo que nace en la base de la espina dorsal de los humanos cuando éstos sienten miedo. Una de las estratagemas ideadas por Castle era la de instalar unos cables en butacas del cine con un artilugio que simulaba el pinchazo del bicho en algunos espectadores y los hacía gritar mientras el monstruo causaba estragos en la pantalla y Price parecía dirigirse directamente al público. «Damas y caballeros, por favor no se asusten, pero ¡griten!... ¡Griten para salvar su vida!». Se ha prestado tanta atención en el truco del pincho de los asientos –que sólo se utilizó en unas pocas salas, incluso durante el estreno– que los admiradores de la película rara vez se dan cuenta de lo magnífica que es *The Tingler* en todo lo demás.
Kim Newman

Fecha 1959

Nacionalidad Estados Unidos

Director William Castle

Reparto Vincent Price

Por qué es clave
Una escena única e inquietante.

Pág. siguiente *The Tingler.*

Escena clave **La novia del matón dice adiós a la cámara** *Al final de la escapada*

SPOILER

Breathless («Sin aliento», el nombre que se le dio a la película en inglés) es un buen título para la primera película de Godard, que avanza al ritmo de la vida acelerada del antihéroe que la protagoniza. Pero el título original, *À bout de souffle*, sugiere algo más: cansancio, falta de fuerzas o, literalmente, estar «al final de la respiración», que es como está el protagonista cuando muere. Esta ambigüedad es muy apropiada, pues la película pone en primer término la visión de Godard de la naturaleza humana como ambigua, ambivalente e ineludiblemente enigmática.

La trama se centra en Michel (Belmondo), un delincuente parisino que seduce a Patricia (Seberg), su amiga estadounidense, mientras espera para huir del país. Más adelante, Patricia hace una llamada y delata a Michel a la policía por razones que no se llegan a aclarar y que ni siquiera ella parece comprender. Cuando llega la policía hay un breve tiroteo en el que Michel acaba herido y arrastrándose grotescamente por el suelo, como si intentara escapar de su inminente muerte (¿o quizá pretende precipitarse a ella?). Patricia no comprende sus últimas palabras, «C'est vraiment dégueulasse», pero alguien se las traduce como «Eres una verdadera perra». Una traducción más aproximada habría sido «asquerosa» o «nauseabunda», en clara referencia a la nausea de Jean-Paul Sastre. Hablando a la cámara, Patricia dice que sigue sin comprender; después gira su cabeza perfectamente peinada y se aparta de nosotros, de los cineastas y de todo lo sucedido.

Pocas películas ofrecen una visión tan rica e irónica de los misterios insolubles de la condición humana. Quizá habría resultado más cínica con el final ideado en un primer momento por Godard, en que Patricia le registrara los bolsillos a Michel. Pero Seberg se negó, sin duda en sintonía con el espíritu irascible de Patricia.
David Sterritt

Fecha 1960

Nacionalidad Francia

Director Jean-Luc Godard

Reparto Jean-Paul Belmondo, Jean Seberg

Título original *À bout de souffle*

Por qué es clave
Los ambiguos momentos finales de la primera película de Godard materializan su visión existencialista de la sociedad, de la naturaleza humana y del propio cine.

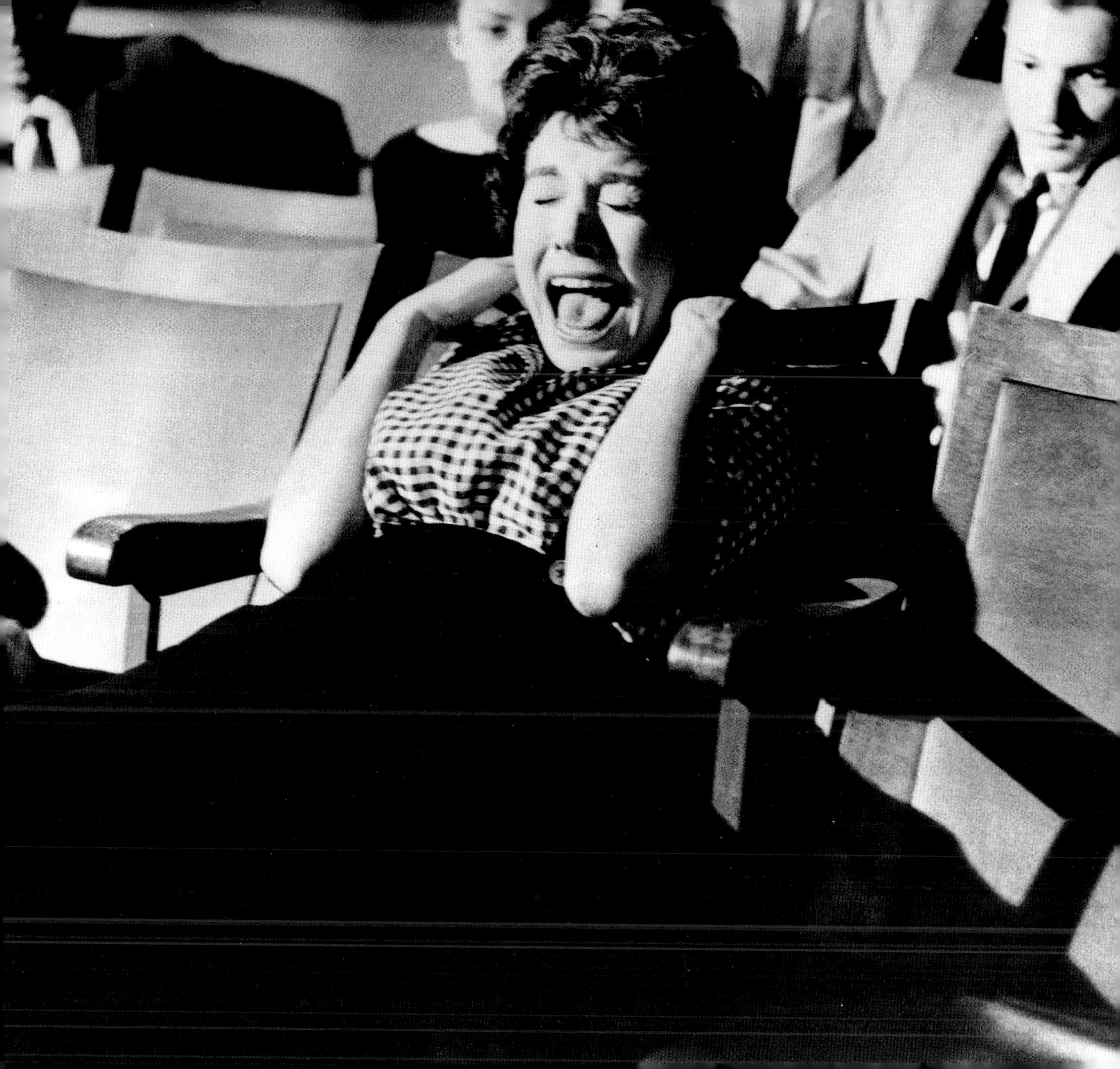

Escena clave **Tras ser proclamada diosa, Doyamoyee recibe a los enfermos** *La diosa*

SPOILER

Satyajit Ray dejó su impronta en el cine en 1955 con *Pather Panchali* (*La canción del camino*). Cinco años después, eligió a la joven de dieciocho años Sharmila Tagore para encarnar a Doyamoyee en *La diosa*. Doyamoyee es una mujer de una familia de clase alta cuyo suegro sueña que ella es una diosa; a partir de entonces, sin tener en cuenta sus deseos, la tratan como si tuviera poderes espirituales. El director de fotografía Subrata Mitra, uno de lo más grandes del mundo, le da a la película una estética directa y negra como el *kohl*. Está narrada con un estilo clásico y lo que fascina de ella es que, aunque parezca impregnada de rabia hacia el ingenuo teísmo de la india, en su momento la actuación y el rodaje no podrían haber sido más comedidos. En una escena extraordinaria, Doyamoyee está sentada en una plataforma, completamente inmóvil, mientras los campesinos del lugar le llevan a sus hijos enfermos para que los cure. Sus párpados se mueven sólo una vez y entonces una fugaz mirada de sorpresa aparece en sus ojos al ver a su marido (Chatterjee), que acaba de descubrir que la han transformado en una deidad. Gran parte del cine más habitual y popular de la India está lleno de sobreactuaciones y falto de detalles. Aquí es todo lo contrario.

Mark Cousins

Fecha 1960

Nacionalidad India

Director Satyajit Ray

Reparto Sharmila Tagore, Soumitra Chatterjee

Título original *Devi*

Por qué es clave
Es uno de los momentos más hermosos y llenos de quietud del cine indio.

Personaje clave **Roger Corman** Un genio de bajo presupuesto *La caída de la casa Usher*

Hasta 2007 Corman ha producido casi 400 películas y dirigido más de 50. Al comienzo de su carrera era tremendamente prolífico –sólo en 1957 rodó al menos ocho películas–, alternando el terror y la ciencia ficción con el western, la comedia, la sátira, la sexualidad y mucho más. Durante muchos años American International Pictures le proporcionó, sin prejuicios, la base de operaciones de su imparable creatividad y su continuo deseo de ir a contracorriente, creando, por ejemplo, siempre personajes femeninos muy fuertes.

En 1960 entró en una nueva fase con *La caída de la casa Usher*, que se produjo con un presupuesto bastante alto. El éxito de la cinta trajo consigo una serie de adaptaciones de la obra de Edgar Allan Poe muy alabadas por sus floridos guiones, la fotografía y los expresivos diseños cromáticos. Tras romper con AIP, Corman decidió concentrarse en la producción más que en la dirección. En 1971 fundó New World Pictures y en los siguientes años la empresa permitió que se formaran allí autores novatos como Martin Scorsese, Jonathan Demme, Ron Howard, Joe Dante, Jerry Zucker y James Cameron, a quienes animó a introducir reflexiones políticas en sus películas. Corman también distribuyó en el mercado estadounidense importantes películas europeas de arte y ensayo.

El declive de las películas de serie B tradicionales hizo que, a mediados de los años ochenta, Corman creara Concorde-New Horizons, donde se utilizaba material más escabroso que pudiera atraer al público de la televisión por cable y de las películas de alquiler. Desde entonces se ha centrado sobre todo en la producción televisiva. Su influencia ha disminuido en unos medios de comunicación en constante cambio, pero su trayectoria lo confirma como uno de los directores independientes estadounidenses más intrépidos.

David Sterritt

Fecha 1960

Nacionalidad Estados Unidos

Director Roger Corman

Reparto Vincent Price, Mark Damon, Myrna Fahey

Título original *House of Usher*

Por qué es clave Siempre inteligente y lleno de recursos trazó las líneas fundamentales del cine de bajo presupuesto.

Pág. anterior
La caída de la casa Usher.

Acontecimiento clave **Otto Preminger elige a Dalton Trumbo como guionista de *Éxodo***

El 19 de enero de 1960, Otto Preminger declaró al *New York Times* que Dalton Trumbo, uno de los Diez de Hollywood, iba a escribir el guión de su siguiente producción, *Éxodo*, basada en el gran éxito de Leon Uris sobre la fundación del estado de Israel. Es más, afirmó que Trumbo aparecería con su verdadero nombre en los créditos. La noticia apareció en la portada de la edición del día siguiente. Por una parte, Preminger asumió el papel de duro empresario al afirmar que la decisión de contratar a Trumbo como guionista era «simplemente realista y práctica, no política». Por otra parte, reconoció una obligación ética hacia el público: «Creo que contratar a Trumbo y ocultarlo tras un nombre ficticio sería engañar al público», declaró. Por último, arremetió contra la lista negra, en la que, sin reconocerlo públicamente, habían participado todos los grandes estudios durante los últimos 12 años. «No soy ninguna autoridad en la lista negra de Hollywood», dijo. «Pero si existe tal cosa, yo no voy a tomar parte en ella. En mi opinión, es ilegal e inmoral.» El anuncio de Preminger fue el principio del fin de la costumbre de ocultar a los incluidos en las listas negras. En los años siguientes, los nombres de muchos de ellos aparecieron en más películas y la asociación de escritores Writers Guild of America ha reconocido el trabajo de todos aquellos a los que no se les reconoció por aparecer en las listas.

Chris Fujiwara

Fecha 19 de enero de 1960

Por qué es clave
Por primera vez, un productor de Hollywood anunciaba que iba a contratar a un escritor incluido en las listas negras.

Acontecimiento clave **Jerry Lewis utiliza *video assist* por primera vez**

Jerry Lewis se topó con un problema a la hora de hacer *El botones* (*The Bellboy*), la primera película profesional en la que aparecería como director: dado que también iba a ser el protagonista y aparecería en casi todas las escenas, ¿cómo iba a poder juzgar una toma que acababa de rodar? Otros directores-actores habían confiado dicho trabajo a los codirectores, miembros del equipo o a otros actores. Lewis necesitaba una solución diferente y la encontró en un sistema (que él mismo había ideado en 1956) en el que se incorporaba una cámara de circuito cerrado de televisión a la cámara de cine. De ese modo, la cámara de televisión enviaba la imagen a un monitor en el que Lewis podía ver lo que se estaba rodando en el mismo momento de hacerlo. Pronto descubrió que el sistema era también muy útil para ensayar con los actores y establecer los planos.

Dicho sistema se hizo popular en Hollywood con el nombre de *video assist*. Hoy en día se ha convertido en un elemento necesario del proceso cinematográfico que no hace sino afianzar esa conquista del tiempo que representa el cine. Para otros directores que no sepan cómo utilizarlo como herramienta creativa, el *video assist* puede ser un artilugio superfluo, un apoyo psicológico y la ilusión de poder alcanzar la perfección. Puede que la creciente hegemonía de la producción digital acabe eliminando la necesidad del *video assist*, pero por el momento sigue siendo una opción habitual en los rodajes.

Chris Fujiwara

Fecha Febrero de 1960

Por qué es clave
La innovación tecnológica de Jerry Lewis abrió nuevas posibilidades a los cineastas e hizo que el cine tuviera mayor dominio sobre el tiempo.

Pág. siguiente *El botones*.

Escena clave **Comienzo de la excavación del túnel** *La evasión*

Cinco compañeros de celda de la prisión de La Sante han fabricado las herramientas que van a necesitar para llevar a cabo su plan de huida. Uno de ellos se colocará como centinela para vigilar el pasillo con un diminuto periscopio hecho con un cepillo de dientes y un trozo de espejo. El preso con más experiencia (Keraudy) golpea con un improvisado martillo la capa de cemento que tienen que atravesar para cavar un túnel; el estruendo del metal contra la piedra invade la banda sonora. El público se pone en tensión: ¿cómo pueden ocultar semejante ruido a los guardas? ¿Los protagonistas están locos? Los golpes continúan y entonces nos damos cuenta de que el riesgo calculado forma parte del lugar. Estamos acostumbrados a una convención dramática según la cual la película se manipula para no ir en contra de las expectativas emocionales del público: las escenas se basan en el disimulo, por lo que esperamos que la escena nos muestre el sonido mitigado, puntuada quizá por un solo golpe alto que enseguida se suprime. La innovación que aportó aquí Jacques Becker es simplemente el deseo de mostrar algo posible en el mundo de los personajes en lugar de que lo sea para las expectativas del espectador. Si echamos la vista atrás, recordaremos que en otra obra de Becker, *Rendezvous de juillet* (1949), oímos por primera y única vez en el cine cómo hacía retumbar las paredes de un pequeño club de jazz el sonido atronador de la música. Una vez más, el precio de la originalidad consistió sencillamente en colocar un micrófono y dejar que grabara el sonido.
Dan Sallitt

Fecha 1960

Nacionalidad Francia

Director Jacques Becker

Reparto Marc Michel, Raymond Meunier, Michel Constantin, Jean Keraudy, Philippe Leroy

Título original *Le trou*

Por qué es clave
Se trata de la escena de una huida de prisión más emocionante y, además, más plausible.

Escena clave **La secuencia central sin diálogo** *Psicosis*

SPOILER

Hacia la mitad del metraje de este brillante *thriller*, Marion Crane (Leigh) termina de hablar con el director del motel, Norman Bates (Perkins), y se va a su habitación. Allí realiza algunas cuentas en un papel, lo que sugiere que ha decidido devolver el dinero que ha robado, y se mete a la bañera para darse una ducha mientras Norman la espía por un agujero de la pared.

La cámara también la espía. Vemos una mancha borrosa al otro lado de la cortina de baño, que se aparta de pronto cuando un misterioso asesino apuñala a Marion hasta matarla. Su ojo sin vida sigue mirando sin ver mientras la sangre y el agua caen por el desagüe. Procedentes de la casa de la colina en la que vive Normal, oímos las únicas palabras de la escena: «¡Dios, Madre! ¡Sangre! ¡Sangre!». Entonces Norman va corriendo a la habitación de Marion, limpia la terrible carnicería, mete el cuerpo y las pertenencias de la desdichada víctima en el coche de ésta y tira la prueba del delito a un pantano cercano.

La impresionante fuerza de esta secuencia reside en varios elementos: el poema visual que une la cisterna de un inodoro, la pérdida de una vida, la cámara como *voyeur* y el pantano como un vertedero existencial para desechos prohibidos. Pero todos esos elementos se ven realzados por la decisión de Hitchcock de presentar la acción sin diálogo alguno, lo que le confiere un poder imaginista que sobrepasa la lógica de las palabras y se lanza en la imaginería visual con una facilidad aterradora. El maestro del suspense era también el maestro del cine mudo y de la capacidad de dicho cine para llegar a los niveles emocionales más elementales de la mente humana.
David Sterritt

Fecha 1960

Nacionalidad Estados Unidos

Director Alfred Hitchcock

Reparto Anthony Perkins, Janet Leigh

Título original *Psycho*

Por qué es clave
Al desarrollar sin diálogo una de sus secuencias más apasionantes e inquietantes, Hitchcock demuestra el poder del cine más puro para eludir las defensas emocionales de la mente.

Pág. anterior *Psicosis*.

Acontecimiento clave **¡Véanla desde el principio!** *Psicosis*

Hasta 1960, los cines no se molestaban en anunciar la hora a la que comenzaban las películas y tenían la política de hacer sesiones continuas en las que había una película A, una de apoyo, un cortometraje, avances de otras películas, dibujos animados y un noticiario. Los espectadores entraban en el cine en cualquier momento y veían todas las proyecciones hasta que llegaban al momento del programa en el que habían entrado; entonces se marchaban, por lo que a menudo veían el final de una película horas antes de ver el comienzo. Sin duda Hitchcock no fue el primer cineasta consternado por semejante costumbre, pues implicaba una actitud un tanto despreciativa e irrespetuosa hacia el trabajo del director como narrador y como artista. Pero sí que fue el primero en hacer algo al respecto. En *Psicosis*, había ideado cuidadosamente un final sorprendente gracias a una estrategia de despiste que en ningún momento apuntaba al verdadero culpable. Al estrenar la película, insistió en que los cines no permitieran que entraran espectadores una vez hubiera empezado la proyección, para lo cual creó una ingeniosa campaña publicitaria en la que se resaltaban los aterradores secretos de la historia. En los carteles se podía leer: «Nadie... ABSOLUTAMENTE NADIE... será admitido después del comienzo de *Psicosis* de Alfred Hitchcock» o «¡Se ruega a los espectadores que vean *Psicosis* desde el principio!», y el propio Hitchcock aparecía pidiendo (quizá haciéndose eco del discurso incluido en la obra de Agatha Christie *La ratonera*): «No desvelen el final, es el único que tenemos». Todo esto hizo que el público tuviera más curiosidad por resolver el misterio, aunque para ello tuviera que esperar dos horas para entrar a la sala después de comprar las entradas.
Kim Newman

Fecha Junio de 1960

Por qué es clave
Alfred Hitchcock cambió las costumbres cinematográficas vigentes hasta entonces en todo el mundo.

Pág. siguiente Alfred Hitchcock.

Escena clave **Árboles desnudos** *Ojos sin rostro*

Las imágenes de los árboles definen esta película de terror en blanco y negro de Georges Franju, lo que es mucho decir teniendo en cuenta que en ella le retiran el rostro a una chica mediante una operación quirúrgica. Los árboles son blancos sobre negro o negro sobre blanco en *Ojos sin rostro*. Iluminados por los faros de un coche, aparecen en la oscuridad impenetrable de la noche como corales bioluminiscentes. Durante el día son siluetas dibujadas sobre el cielo sin nubes de finales de otoño.

Lo primero y lo último que vemos en la película son árboles blancos. Las piernas blancas de una chica muerta nos recuerdan a ellos; se asoman por debajo del brillante impermeable negro de la mujer (Valli) que tira su cuerpo al Sena. El director de fotografía, Eugen Shuftan, tiene mucho cuidado para conseguir captar el reflejo de los árboles en el capó del coche del cirujano (Brasseur), negro sobre negro. En un funeral, unos árboles desnudos asoman por encima de las cruces clavadas en el suelo. El cirujano y su ayudante consiguen atraer a una joven (Mayniel) hasta la clínica situada en el domicilio particular sólo con mencionar los árboles: «Le encantará el sitio, está rodeado de árboles». Empezamos a tener la sensación de que esas palabras no presagian nada bueno: «Le enseñaré su habitación, tiene vistas a... los árboles».

Franju y Shuftan desnaturalizan los árboles. Sin hojas, son como esqueletos, cuerpos sin carne. El sonido de los pájaros que no han emigrado y el ladrido de los perros atados salpican la banda sonora igual que los árboles dibujan líneas sobre la película. En *Ojos sin rostro*, lo natural ya no existe, pero tampoco hay nada que lo sustituya.
A. S. Hamrah

Fecha 1960

Nacionalidad Francia

Director Georges Franju

Reparto Pierre Brasseur, Alida Valli, Juliette Mayniel, Edith Scob

Título original
Les yeux sans visage

Por qué es clave
Franju retrata la naturaleza en un mundo antinatural.

Escena clave **La escena de la pluma**
Mughal-e-Azam (The Great Mughal)

Mughal-e-Azam tardó 14 años en rodarse, ya que se cambió varias veces el reparto y el presupuesto creció muy por encima de las peores pesadillas del productor, hasta convertirse en uno de los largometrajes más caros del cine indio de todos los tiempos. Al ver la película, rodada en su mayor parte en blanco y negro (aunque hay algunas canciones en color), resulta difícil imaginar que no fuera una producción fácil e impecable. En apariencia es la historia del Gran Mogol (o Mughal) Akbar (Prithviraj Kapoor), obligado a luchar contra su rebelde hijo (Kumar) por el amor de una esclava (Madhubala). Pero esta ficción popular utilizar una narración histórica para mostrar que los musulmanes de la India son modelos de laicismo en una época en la que se cuestionaba su lealtad después de la creación del estado musulmán de Pakistán.

Dilip Kumar declaró su amor por Madhubala en un juicio por el contrato de una película. Tal confesión no hizo sino añadir emoción a las escenas en las que se encontraban los amantes, en las que la pasión del príncipe se muestra a través de la música, cuando el gran músico clásico Bade Ghulam Ali canta mientras los amantes aparecen en primer plano. El rostro hermoso y emblemático de Madhubala aparece inmóvil ante la mirada atenta y llena de amor de Dilip Kumar. De vez en cuando se ocultan tras una pluma para provocar al público, que no puede verlos, pero sin duda especulará sobre lo que hacen. Es la demostración de que el cine hindi tiene sus propias maneras de plasmar el erotismo.
Rachel Dwyer

Fecha 1960

Nacionalidad India

Director K. Asif

Reparto Dilip Kumar, Madhubala

Por qué es clave Aunque la secuencia del Palacio del Espejo es exquisita, este momento es quizá el más erótico de la historia del cine indio.

Escena clave **Las escaleras**
The Housemaid

SPOILER

The Housemaid comienza con bastante calma: una familia de cuatro miembros de clase media se muda a vivir a una casa de dos plantas, un símbolo de riqueza en la Corea de la posguerra. Pero la criada (*housemaid* en inglés) que han contratado se comporta de una manera extraña e impredecible, pues se burla de los niños, agarra roedores con las manos y muestra un interés nada saludable por una botella de veneno para ratas. Entonces seduce al marido (Kim) y se queda embarazada: es el contexto perfecto para dar la vuelta a la jerarquía confuciana de la casa.

El director Kim Ki-young, apodado *Mr. Monster* por la perversa energía que desprenden sus obras, va aumentando de forma paulatina la tensión de la historia hasta alcanzar un nivel conocido por muy pocos contemporáneos suyos al margen de Hitchcock. La penúltima escena se desarrolla en una escalera, que ya ha sido el escenario de un aborto y de la muerte de un muchacho. Bajo la influencia de la criada, el marido bebe veneno con ella para cometer un suicidio doble, pero, poco antes de morir, decide acudir a su mujer. Empieza a bajar la escalera desde el segundo piso, mientras la criada le suplica que no lo haga, aferrándose a su pierna izquierda y mirándolo fijamente a los ojos. Con cada escalón que baja, ella se da un golpe en la cabeza.

Hay muchas cosas inolvidables en *The Housemaid*, desde la impresionante actuación de Lee Eun-shim al inesperado giro de la trama en los momentos finales, pero por algún motivo, los golpes que se da la criada en la cabeza son el toque magistral.
Darcy Paquet

Fecha 1960

Nacionalidad Corea del Sur

Director Kim Ki-young

Reparto Lee Eun-shim, Kim Jin-gyu

Título original *Hanyeo*

Por qué es clave Es el clímax emocional de una obra maestra olvidada.

Escena clave **Una tienda de cámaras con forma de cámara** *The Flower Thief*

Taylor Mead realiza un recorrido picaresco y algo *beatnik* por San Francisco. Con la inocencia de un niño, roba una flor, se encuentra con un enorme oso de peluche que convierte en su acompañante, conduce un carro por una gran cuesta abajo y pasa el rato con toda una colección de personajes. Hay persecuciones por las calles que recuerdan a las comedias mudas, igual que el ritmo improvisado de la película y la interpretación del protagonista, con expresiones que a veces resultan exageradas. La vieja película del ejército en la que Rice grabó este largometraje da lugar a imágenes descoloridas, a veces poco claras, que encajan con el espíritu fugitivo de la obra. En ciertas ocasiones, Mead parece tener éxito en su intento de conectar con personas y objetos. Encuentra una tienda de cámaras cerrada con forma de cámara y, de pie frente a ella, simula girar una de las ruedas del aparato. Esta única imagen sirve para resumir el mensaje de la película: el mundo es, o debería ser, un juego. Al mismo tiempo, las composiciones de Rice son sorprendentemente formales y este contraste entre las imágenes rígidas de la película y su espíritu libre llena la obra de una estimulante tensión. Las imágenes en blanco y negro a menudo recuerdan simples bosquejos en los que colisionan las formas, una analogía con las rígidas estructuras urbanas y la espectacular topografía de San Francisco que, con sus travesuras, Mead pretende transformar en juguetes. Fred Camper

Fecha 1960

Nacionalidad Estados Unidos

Director Ron Rice

Reparto Taylor Mead

Por qué es clave
Al jugar con la pieza de una cámara descomunal como si fuera real, Mead ejemplifica la visión del mundo como un mero juego que transmite esta película.

Escena clave **Rafe con la pala sobre el hombro** *Con él llegó el escándalo*

Una vez al año los habitantes del pueblo de Texas de esta película limpian las tumbas de sus familiares. La matriarca del pueblo, Hannah Honeycutt (Parker) encuentra a Rafe Copley (Peppard) arrancando malas hierbas del terreno de su madre. «Puede que la recuerde», dice Rafe.

Claro que la recuerda. Rafe es el hijo ilegítimo fruto de una aventura de su marido, Wade (Robert Mitchum), y Ann Copley. Se toma su condición de hijo no reconocido de Wade con filosofía y una ligera amargura. Pero su aparición provoca una reacción en cadena que destruye lo poco queda del matrimonio de Hannah y Wade.

Hannah se marcha. Minnelli hace un encadenado a una toma de Rafe caminando junto al río. Lleva la pala apoyada en el hombro y los brazos sobre ella, las manos cruzadas como si fuera un prisionero esposado. La música de Bronislau Kaper crece en intensidad. Rafe ha pasado del inhóspito paisaje del cementerio a un mundo verde de renovación y allí se encuentra con su hermano por parte de padre, Theron (Hamilton), que está haciendo un pícnic con su novia Libby (Patten).

Rafe ha desempeñado un papel decisivo en la relación de Libby y el tímido Theron. De hecho, él también se siente atraído por la novia de su hermano. El futuro de estos tres personajes queda determinado ese mismo día en este espléndido melodrama que, junto con *Como un torrente* (1958), completa un magnífico retrato en dos partes de la vida en los pueblos estadounidenses de mediados de siglo, donde los sueños se ven aplastados por la brutal sexualidad masculina, cuyos códigos machistas envenenan la vida de todos los que los rodean. La tierna labor de Rafe limpiando la tumba de su madre es la protesta de un prisionero contra ese código y supone el comienzo de su declive. Gregg Rickman

Fecha 1960

Nacionalidad Estados Unidos

Director Vincente Minnelli

Reparto Robert Mitchum, George Peppard, Eleanor Parker, George Hamilton, Luana Patten

Título original *Home from the Hill*

Por qué es clave
Minnelli crea un momento de gran emoción con un sencillo gesto.

Escena clave **La canción de Nita**
Estrella nublada

Vemos el rostro de un hombre, Shankar (Chatterjee), de perfil en el extremo izquierdo de la imagen, cantando en la oscuridad. Hacia la mitad de la toma, la cámara se mueve para volver a encuadrar la escena: de pronto nos damos cuenta de que Shankar y su melancólica hermana, Nita (Choudhury), están sentados el uno junto al otro, pero cada uno mirando a un lado. Ahora, al final del «paneo» vemos a Nita, de perfil en el extremo izquierdo del encuadre, cantando en la oscuridad... Sería muy difícil encontrar, aparte de en un iconoclasta como Godard, una demostración tan perfecta de la diferencia entre lo que el crítico y cineasta Alain Bergala llama la «disposición» de un plano (situar las figuras en el espacio) y el ataque a dicha disposición mediante la fotografía. ¿Quién sino Ghatak, un protomodernista metido aquí en el tradicional género del melodrama, habría filmado esta puesta en escena de una manera tan extraña y desconcertante? Toda la escena –en la que Nita, siempre víctima propiciatoria, le suplica a su hermano, a punto de partir, que le enseñe una canción tagore– está marcada por rupturas, elipsis, movimientos de cámara sin motivo, puntos de luz poco realistas en una oscuridad absoluta y, sobre todo, una extravagante mezcla de sonidos que pasa del ruido ambiental a la canción y al ruido de un látigo que representa de un modo expresionista la creciente desesperación de Nita. Cada corte, cada sonido, es todo un acontecimiento en el cine de Ghatak: más que «establecer» una escena, la va cambiando sin descanso siguiendo la turbulenta presión de las emociones que hay en ella.

Adrian Martin

Fecha 1960

Nacionalidad India

Director Ritwik Ghatak

Reparto Supriya Choudhury, Anil Chatterjee

Título original *Meghe Dhaka Tara*

Por qué es clave Nadie excepto Ghatak habría filmado una escena tan sombría de un modo tan desconcertante.

Escena clave **El muro de ladrillo**
El pueblo de los malditos

SPOILER

En la escena final de esta adaptación de la novela de John Wyndham *Los cuclillos de Midwich* (*The Midwich Cuckoos*), unos niños extraterrestres se reúnen en su aula para escuchar una clase sobre la energía atómica por parte de su profesor humano (Sanders). Con la intención de salvar la Tierra de la conquista de los niños, aun a costa de su propia vida, el profesor ha traído una pequeña bomba de relojería que ha escondido en el maletín. Como sabe que los niños pueden leerle los pensamientos, tiene que pensar en algo, en cualquier cosa, hasta que estalle la bomba. El líder de los niños (Stephens) declara, con evidente desconcierto: «No esta pensando en energía atómica, está pensando en un muro de ladrillo». Así es, como muestra la película superponiendo, sobre unos enormes primeros planos de sus ojos y de los ojos de los niños cuando éstos se cuelan en sus pensamientos, una toma de un muro de ladrillos derrumbándose poco a poco. Al final le flaquean las fuerzas y los niños miran al maletín..., que estalla justo en ese momento.

¿Por qué es tan memorable esta escena? La respuesta es obvia. Si el objetivo del director hubiera sido simplemente mostrar el pensamiento del personaje, habría bastado con una toma de un muro. Pero la escena muestra también el proceso mental, la erosión gradual de la concentración de este hombre, y lo hace a través de la metáfora del muro derrumbándose. Si viera ahora *El pueblo de los malditos* por primera vez, puede que la metáfora me pareciera literaria y académica. Cuando la vi de niño, me pareció una idea genial, y sigue pareciéndomelo ahora.

Chris Fujiwara

Fecha 1960

Nacionalidad Reino Unido

Director Wolf Rilla

Reparto George Sanders, Martin Stephens

Título original *Village of the Damned*

Por qué es clave Sigue siendo una metáfora cinematográfica impactante.

Pág. anterior
El pueblo de los malditos.

Escena clave **Keiko siente que el mundo gira** *Cuando una mujer sube la escalera*

La escalera del título es tan estrecha como un ataúd y no mucho mejor iluminada. Cada vez que Keiko sube los escalones, se siente atrapada, incluso antes de llegar al último peldaño, al bar de Ginza en el que trabaja. Para sus compañeros de trabajo, Keiko se ha convertido en «Mamá» –un estatus no muy deseable para una chica que trabaja en un bar– y sabe que no podrá seguir seduciendo a los hombres durante mucho tiempo. Pero tiene deudas que pagar y familiares a los que mantener en estancias igualmente estrechas. Debe seguir sonriendo a los clientes mientras intenta encontrar una solución.

Escena tras escena, Mikio Naruse recalca la claustrofobia de Keiko. Por eso resulta aún más demoledor que el momento clave de la historia, cuando la protagonista descubre que no hay esperanza, ocurra al aire libre. Una vez más, ha subido, pero no la escalera, sino una colina de las afueras de Tokio. Allí, en lo alto, se da cuenta de que su supuesta vía de escape se ha convertido en un camino sin salida.

Pero la cámara no se detiene. Su mueve con Keiko, observa las vistas, ausentes en la película hasta ahora. Por primera vez, un paisaje llena el cuadro del CinemaScope, cuando Keiko se da la vuelta y mira su ciudad. Un mundo de vidas infinitas, de posibilidades ilimitadas, parece extenderse ante ella. Ninguna de ellas es suya.

Stuart Klawans

Fecha 1960

Nacionalidad Japón

Director Mikio Naruse

Reparto Hideko Takamine

Título original *Onna ga kaidan wo agaru toki*

Por qué es clave
En un momento de gran intensidad expresiva en el clímax de esta obra maestra de Naruse, personaje, argumento, escenario y cámara se convierten en un mismo todo.

Escena clave **La proyección de *Metrópolis*** *Paris nous appartient*

Exactamente dos horas después del comienzo de la primera y ambiciosa película de 141 minutos de duración de Jacques Rivette, una intriga compleja y paranoica sobre parisinos bohemios, vemos de pronto y sin previo aviso la gran secuencia de la torre de Babel de la película de Fritz Lang *Metrópolis*. Cuando concluye la innovadora escena con los rebeldes alzando sus manos al cielo, la película se rompe y deja una pantalla en blanco. Nos encontramos en un cuarto de estar, donde la heroína de Rivette, Anne (Schneider), su hermano Pierre (Maistre) y muchos otros han estado viendo la película.

Es una representación simbólica perfecta del atormentado mundo parisino en el que ha vivido Anne durante la historia; un mundo habitado por un humilde grupo de teatro que está ensayando *Pericles*, exiliados como un compositor español que acaba de suicidarse y una víctima del maccartismo estadounidense; un mundo en el que Anne se topa además, con una conspiración mundial, quizá real, quizá imaginada. En resumen, una caótica torre de Babel que se levanta sobre un vacío aterrador. Igual que la mezcolanza de idiomas produce incoherencia, la mezcla de todos los colores produce el blanco, como el de la pantalla.

El epígrafe de esta evocadora e inquietante película de Rivette es «París no pertenece a nadie» y, del mismo modo que la percepción de Betty se mueve entre el exceso y la ausencia de información y París puede suponer una cómoda posesión o una amenaza, la metafísica de Rivette alterna entre un universo paranoico en el que todo tiene importancia y un universo absurdo donde nada tiene significado. En esta película dirigida por un crítico de cine, la torre de Babel de *Metrópolis* se convierte en una contundente referencia que aclara el austero diseño por el que apuesta Rivette.

Jonathan Rosenbaum

Fecha 1960

Nacionalidad Francia

Director Jacques Rivette

Reparto Betty Schneider, François Maistre

Por qué es clave
Es la primera cita de una película en la *nouvelle vague*, y no es en absoluto gratuita.

Escena clave **La madre del gánster cae muerta** *Disparad al pianista*

Al igual que sucedería cuatro años más tarde con la película de Godard *Banda aparte*, la segunda obra de Truffaut fracasó en la taquilla y luego en cambio fue aclamada universalmente, y a ambas les sucedió por motivos similares: una desconcertante mezcla de géneros que mezcla risas con sustos en un contexto de cine negro y con personajes encantadores. Uno de los hermanos del héroe, un malévolo muchacho llamado Fido (Kanayan), es secuestrado por dos infantiles matones que, mientras se lo llevan en coche, alardean de sus posesiones: Ernest (Boulanger) presume de su encendedor musical (en el que suena la música de *Lola Montes*), una pluma americana, un traje inglés y de unos zapatos de piel egipcia; por su parte, Momo (Mansard) insiste en que la bufanda que lleva, que se supone que es de seda, en realidad es japonesa y de metal. Fido se niega a creer ninguna de las dos cosas, a lo que Momo responde: «Que se muera mi madre en este instante si estoy mintiendo»; entonces Truffaut inserta una imagen de forma ovalada como de película muda en el que se ve a una señora caer de rodillas y luego derrumbarse levantando los pies.

En realidad, hay otras dos damas que mueren en la película, ambas amantes del héroe del título (Charles Aznavour) y no resulta nada divertido cuando eso ocurre. Pero parte de la metodología que desarrolla Truffaut en toda la obra es desconcertar al espectador. Por lo general los gánsteres son figuras amenazantes, pero los dos que aparecen aquí son como los dos niños que presumen de sus juguetes en la primera escena de *Cero en conducta* (1933), mientras que Fido desempeña la figura del adulto condescendiente y escéptico. Un escepticismo que confirma Truffaut con un rápido corte.

Jonathan Rosenbaum

Fecha 1960

Nacionalidad Francia

Director François Truffaut

Reparto Richard Kanayan, Claude Mansard, Daniel Boulanger

Título original *Tirez sur le pianiste*

Por qué es clave
Truffaut demuestra de manera concluyente que en una película se puede hacer cualquier cosa.

Personaje clave **Melina Mercouri** *Nunca en domingo*

La infinita energía de Melina Mercouri se hacía sentir en todo cuanto tocaba. Alta y angulosa, de brazos largos y boca grande, no respondía exactamente a los cánones de belleza. Sin embargo, cuando estaba en el escenario interpretando a la Medea de la tragedia de Eurípides, su presencia llenaba el teatro. De igual manera, cuando hacía cine, su fascinante carisma inundaba toda la pantalla.

Su interpretación en *Stelle* (1955) impresionó al jurado del festival de Cannes, que la nominó al premio a mejor actriz. Durante las fiestas del festival, desplegó la misma energía chispeante y se hizo famosa por la alegría con la que bebía y bailaba. Atrajo la atención del estadounidense Jules Dassin, del que pronto se convertiría en musa. Éste inmortalizó su exuberancia en *Nunca en domingo*, donde interpretaba a una alegre prostituta que desafía el puritanismo de los *westerns*. La película se hizo tan popular que se le otorgó el mérito de provocar por sí sola el auge del turismo en la Grecia de la época. Años después, durante un período de exilio huyendo de la junta militar griega, Mercouri actuó también en la versión teatral de la película, siempre con la misma energía por la que fue aclamada.

Después de volver a Grecia, fue nombrada diputada en 1977 y más tarde ocupó el cargo de ministra de Cultura. En su carrera política desplegó el mismo vigor y la misma energía que en la interpretación. Así su categórica campaña exigiendo el regreso de los frisos del Partenón se recuerda aún por ser unas de las más audaces (aunque sin éxito) de la diplomacia cultural.

Dina Iordanova

Fecha 1960

Nacionalidad Grecia

Director Jules Dassin

Reparto Melina Mercouri, Jules Dassin

Título original *Pote tin Kyriaki*

Por qué es clave
La infinita energía y la carismática presencia de la actriz griega trasciende la profesión artística y deja una huella perdurable más allá del cine.

Película clave
La aventura *El gesto final*

SPOILER

El misterio y la belleza de *La aventura* se hacen aún más profundos gracias a la modernidad de su estilo, de las ideas, de la emoción y de los detalles que encontramos en ella. Alguien podría haber temido que dicha modernidad la hubiera hecho envejecer mal y resultar «trasnochada», pero lo cierto es que cada vez que uno la ve resulta más fresca y conmovedora. El arte de Antonioni no tiene la menor dificultad para superar los puntos negativos que se le han achacado sobre su pedantería o su modernidad superficial. Después de que el público de Cannes la abucheara en su primera proyección, el director defendió la obra como un análisis de su tiempo: «Siempre que le preocupa algo, el hombre reacciona, pero lo hace de un modo equivocado, por un impulso erótico y entonces es infeliz... Partiendo de ese estado de miedo y frustración, esta aventura sólo puede acabar en un *impasse*».

Dicho *impasse* se presenta en una última toma magnífica. Claudia (Vitti) descubre que su amante, Sandro (Ferzetti), le ha sido infiel durante una fiesta en un hotel. Sale corriendo, conmocionada. Sandro la sigue y se sienta en un banco con gran desánimo, llorando. Durante un momento, cada uno queda atrapado en su soledad; entonces, de pie detrás del banco, Claudia le pone la mano en el cuello a Sandro. Más que un gesto de perdón, el suyo es, como muchos otros de la película (llena de paisajes rurales y urbanos), una respuesta al lugar y al ambiente en el que está, una manera de reconocer la incertidumbre y la decepción que oprime a los dos amantes y que queda claramente retratada en la última imagen elegida por Antonioni: un hombre y una mujer vistos de espaldas, en una plaza de la Italia del siglo XX, al amanecer.

Chris Fujiwara

Fecha 1960

Nacionalidad Italia/Francia

Director Michelangelo Antonioni

Reparto Monica Vitti, Gabriele Ferzetti

Título original *L'avventura*

Por qué es clave
La aventura fue todo un hito del cine europeo que sigue siendo imborrable por el retrato que hace de la modernidad.

Pág. siguiente *La aventura*.

Personaje clave **Yukio Mishima**
Con miedo a morir

SPOILER

Mishima interpreta a un miembro de la *yakuza* que se encuentra en prisión. Otro miembro de la mafia intenta matarlo, pero el protagonista ocupa el lugar de un desventurado y consigue escapar. De ahora en adelante, este extraño *yakuza* seguirá escapando de su papel de nuevo líder de su banda, de su novia cantante y de una chica a la que violó y dejó embarazada. Como una bestia herida, intenta sobrevivir hasta que la chica lo convence para que se quede con el bebé. El resultado: lo asesinan cuando está comprando un juguete para su futuro hijo.

Masumura y Mishima estudiaron juntos. Masumura y otros directores estaban haciendo películas en las que mostraban a jóvenes rebeldes, políticamente incorrectos y liberados desde el punto de vista sexual. Mishima, a su vez, era un escandaloso escritor de éxito que preconizaba la renovación de Japón. Los dos creadores tenían en común el instinto por la dominación de la carne y un sentido trágico de la vida como algo más allá de lo humano.

En esta película, bajo la chaqueta de cuero negro, el cuerpo flaco de Mishima recuerda a un héroe andrógino de Pasolini y la cámara modernista atrapa el sentimiento trágico que emana de su estado de ánimo. Se está quemando por dentro, buscando algo más en la vida, algo que no puede encontrar en las reglas de la *yakuza*, ni en la justicia, ni en la utopía social, ni en el amor de una mujer. Lo único noble en este mundo es tener una muerte heroica. Ése es justamente el significado de la última secuencia, en la que Mishima muere en unas escaleras mecánicas, consumiendo sus últimas energías subiendo unas escaleras que bajan, una metáfora de lo inútil que es resistirse al destino.

Antoine Coppola

Fecha 1960

Nacionalidad Japón

Director Yasuzo Masumura

Reparto Yukio Mishima

Título original *Karakkaze yarô*. Conocida también como *Afraid to Die*

Por qué es clave
El encuentro de dos gigantes de la modernidad japonesa: el subversivo escritor Yukio Mishima y el director Masamura.

UN FILM DI
MICHELANGELO
ANTONIONI
GABRIELE FERZETTI
MONICA VITTI
LEA MASSARI
RENZO RICCI
DOMINIQUE BLANCHAR
LELIO LUTTAZZI
L'AVVENTURA
JAMES ADDAMS DOROTHY DE POLIOLO GIOVANNI PETRUCCI ESMERALDA RUSPOLI

FEDERICO FELLINI
LA DOLCE VITA
CINERIZ
MARCELLO MASTROIANNI · ANITA EKBERG
ANOUK AIMEE · YVONNE FURNEAUX · ALAIN CUNY · ANNIBALE NINCHI
WALTER SANTESSO · MAGALI NOEL · LEX BARKER · JACQUES SERNAS ... con NADIA GRAY
UNA CO-PRODUZIONE RIAMA FILM, ROMA
PATHE CONSORTIUM CINEMA, PARIGI
TOTALSCOPE
MARCHIO DEPOSITATO DALL'A.T.C.
REALIZZATA DA GIUSEPPE AMATO

Escena clave **La secuencia de Bassano di Sutri** *La dolce vita*

La secuencia culminante del gran viaje de Federico Fellini por la buena y la mala vida de Roma comienza en un café de la Via Veneto donde pasa el rato el antihéroe de la película, el periodista Marcello (Marcello Matroianni), pues es la mejor manera de seleccionar las noticias de chismorreos que escribe. Allí espía a Nico, una modelo de origen alemán que anuncia que acaba de dejar el trabajo (igual que lo había hecho en la vida real). Este solapamiento entre realidad y ficción marca la escena siguiente, en la que aparecen ambos personajes «interpretándose a sí mismos» (verdaderos condes y príncipes) y la versión de Fellini de los «estereotipos» de la sociedad (un aristócrata encarnado por un camarero de un restaurante romano). En el coche de un amigo, Nico lleva a Marcello a Bassano di Sutri, una antigua villa romana donde se está celebrando una fiesta bastante disoluta de gente que una vez fue la «nobleza», pero nadie parece estar divirtiéndose. Fellini, sin embargo, sí encuentra diversión en un flaco principito (Prunas) que lleva a Marcello a una sala llena de humo y de invitados medio inconscientes. Entre ellos encuentra a alguien que conoce, Maddalena (Aimée), una muchacha rica y sexualmente inquieta a la que Marcello cree que podría llegar a amar. Pero Maddalena desaparece con otro invitado en una de las muchas habitaciones del castillo mientras Marcello asiste a una improvisada sesión de espiritismo que se convierte en una orgía. Marcello se olvida de Maddalena y acaba en los brazos de una inglesa de lengua afilada (McDonald). Al amanecer, los resacosos invitados ven cómo sus anfitriones se reúnen con la abuela materna para asistir a la misa matinal. La belleza magistral de la secuencia surge de la asombrosa habilidad de Fellini para cambiar de tono, de lo elegante a lo turbio. El resultado es una secuencia satírica, lírica y extrañamente conmovedora, algo único en el cine.

David Ehrenstein

Fecha 1960

Nacionalidad Italia

Director Federico Fellini

Reparto Marcello Mastroianni, Anouk Aimée, Nico, Audrey McDonald, Oliviero Prunas

Por qué es clave
La mejor manera de describir esta escena es decir que se trata de una historia de fantasmas en la que todos los participantes están vivos.

Pág. anterior *La dolce vita.*

Escena clave **En los muelles** *Historias crueles de juventud*

Los amantes rebeldes están buscando a sus amigos. Como miembros de organizaciones de izquierdas, están participando en una protesta contra el Pacto de Seguridad entre Estados Unidos y Japón. Al ver banderas rojas por todas partes, los amantes parecen fascinados, pero también asustados. Finalmente prefieren ir a dar un paseo junto al mar y tumbarse al sol del atardecer. La mujer (Kuwano) se cae al agua, pero el hombre (Kawazu) la ayuda a subir al muelle. Juegan a este juego cruel hasta que caen el uno en brazos del otro, sudando, mientras al fondo se oyen los gritos de la manifestación.

Vemos que los amantes son conscientes de los sacrificios que deberán hacer por el activismo político y no están seguros del éxito de los intentos por alcanzar la utopía política. La frustración los lleva a quemar sus energías en la autodestrucción a través del sexo. Las elecciones de Oshima como director nos hacen entrar más y más en la escena: las inesperadas localizaciones junto a los muelles, el color rojizo oscuro del sol que hace que la piel de los actores brille de un modo extraño y la actitud irracional de los personajes obligan al espectador a centrarse en la sensualidad de las imágenes. Entonces podemos entender y sentir al mismo tiempo las protestas de los jóvenes rebeldes: tanto en la sociedad como en el activismo político, están perdiendo la sencilla sensación de estar vivos.

Antoine Coppola

Fecha 1960

Nacionalidad Japón

Director Nagisa Oshima

Reparto Yusuke Kawazu, Miyuki Kuwano

Título original *Seishun zankoku monogatari*

Por qué es clave Esta secuencia es un manifiesto del poder de las imágenes para transmitir tanto ideas racionales como emociones

Escena clave **Día de Navidad en casa de Sheldrake** *El apartamento*

Por una vez, los votantes de la Academia de las Artes y las Ciencias Cinematográficas acertaron al darle seis Óscares a *El apartamento* de Billy Wilder, incluyendo el de mejor película, mejor dirección y mejor guión. De hecho, no fue sólo la mejor película del año 1960, sino que es una de las mejores de todo el cine estadounidense. El siempre cínico Billy Wilder había criticado ya a la sociedad de su país en las películas que había hecho como guionista y como director hasta entonces, pero nunca antes, ni tampoco después, fue capaz de llevar a cabo un ataque tan directo a la clase dirigente de la nación. El personaje de Jack Lemmon, C.C. Baxter, es sólo una lastimosa pieza del engranaje, un humilde empleado de una enorme empresa de Nueva York que recibe un ascenso por la mera razón de que, como soltero, puede prestarle su apartamento a los ejecutivos casados de la empresa que quieren pasar un rato con sus secretarias. Baxter está locamente enamorado del personaje interpretado por Shirley MacLaine, la dulce Fran Kubelik, una ascensorista que además es la amante del gran jefe J. J. Sheldrake (Fred MacMurray en un papel odioso). La secuencia clave de la película tiene lugar en día de Navidad, cuando Fran intenta suicidarse después de un encuentro romántico con Sheldrake. Desde su apartamento oscuro y gris, Baxter llama a la elegante residencia de su jefe en White Plains. Con una bata nueva que aún lleva colgando la etiqueta del precio, Sheldrake se avergüenza de tener que responder a la llamada delante del árbol de Navidad donde sus hijos están abriendo los regalos y su mujer quiere saber quién llama. En el apartamento, Fran se recupera lo suficiente para darse cuenta de que su amante no quiere tener nada que ver con ella, al menos en Navidad. La escena es sencillamente demoledora.
David Stratton

Fecha 1960

Nacionalidad Estados Unidos

Director Billy Wilder

Reparto Jack Lemmon, Shirley MacLaine, Fred MacMurray

Título original
The Apartment

Por qué es clave
Un cáustico (y divertido) ataque de Wilder a la corrupción y la codicia estadounidense.

Pág. siguiente *El apartamento*.

Diálogo clave **«Los modales reflejan la procedencia»** *Seniman Bujang Lapok*

Ramli (P. Ramlee), Ajiz (Aziz Sattar) y Sudin (Shamsuddin) se presentan a un trabajo para ser actores de cine. Sudin recibe una reprimenda de un guardia del estudio por ser un malhablado. Ramli reprende a Sudin diciéndole que «los modales de uno reflejan su procedencia». En realidad, la frase no se refiere tanto a Sudin como, indirectamente, a otros tres personajes: el director del estudio (Kemat Hassan), un director de cine (Ahmad Nisfu) y un médico (Ahmad Mahmud) que se dirigen a los tres jóvenes y a otros con gran brusquedad, utilizando un lenguaje impropio de su estatus. A Sudin se le puede perdonar dicha manera de expresarse, pues no ha recibido demasiada educación, pero ¿qué hay de esos hombres mayores y que, por tanto, deberían ser más sabios?

La frase «los modales reflejan la procedencia» se utiliza a menudo en la sociedad malaya para reprender a alguien con suavidad. Aparece, además, en varias películas, como *Gubra* (2005) de Yasmin Ahmad y *Ayahku* (2007) de Din C. J. Como *Seniman Bujang Lapok* se emite de manera regular en televisión, la frase sigue resultándoles familiar a las nuevas generaciones de espectadores.
Hassan Abd. Muthalib

Fecha 1961

Nacionalidad Malasia

Director P. Ramlee

Reparto P. Ramlee, Aziz Sattar, S. Shamsuddin

Conocida también como
The Nitwit Movie Stars

Por qué es clave
Este diálogo forma parte de la memoria colectiva y a menudo se repite en las conversaciones y se lo apropian los cineastas contemporáneos.

Escena clave **Parodia de «La última cena»** *Viridiana*

Viridiana es la primera película que rodó Buñuel tras su regreso a España después de más de 20 años de exilio. Es famosa por la controversia que provocaron sus supuestas blasfemias (entre otros momentos, se lanza una corona de espinas al fuego y aparece una cruz disfrazada de navaja), que hicieron que la dictadura española prohibiera su distribución con el respaldo del Vaticano. Sin embargo, es un filme que forma parte de la larga tradición carnavalesca de lo grotesco y popular (que incluye también la religión), una tradición de gran resonancia en el legado cultural español y que va desde Quevedo a Goya, Valle Inclán y Almodóvar.

La inolvidable secuencia culminante de *Viridiana* comienza poco después de que la ex novicia (Silvia Pinal) y su libertino primo Jorge (Francisco Rabal) se marchen de la casa familiar para formalizar ante un notario una propiedad que han heredado. En su ausencia, los mendigos a los que ha dado cobijo la caritativa Viridiana invaden la casa y preparan un burlesco banquete ante el cual posan todos juntos para un retrato que es una parodia de *La última cena* de Leonardo da Vinci en versión de los bajos fondos. Después de tomar la foto metafóricamente levantándose las faldas, la «fotógrafa», interpretada por Lola Gaos (cuyos rasgos característicos honraron con su presencia muchas películas españolas), suelta una carcajada que señala el comienzo de una celebración desenfrenada en la que hay travestismo, peleas de comida, baile, procacidades y encuentros violentos de cuerpos deformes, y todo con *El Mesías* de Handel como atronadora música de fondo. La mezcla de los lujos y la pobreza genera un efecto extraño y fascinante. La escena es extraña también en el sentido de *Unheimliche* (siniestro, inquietante), que Freud identificaba en las historias de fantasmas como la ansiedad burguesa producida por la percepción de personas desconocidas e indómitas acechando dentro de nuestra propia conciencia.

Steven Marsh

Fecha 1961

Nacionalidad España

Director Luis Buñuel

Reparto Lola Gaos, José Calvo

Por qué es clave
Esta famosa secuencia –un festín medieval de locos en el que se invierte el orden de las cosas– es fundamental en el implacable humor negro de la película.

Pág. anterior *Viridiana*.

Escena clave **La canción triunfal de Shammi Kapoor** *Junglee*

A menudo se le llamó el Elvis Presley de la India y lo cierto es que Shammi Kapoor se metió en el corazón de millones de jóvenes con sus bailes y contorsiones. En la comedia romántica *Junglee*, interpreta a Chandrashekhar, un aristócrata que niega cualquier tipo de emoción y mantiene un férreo control sobre sí mismo. Durante una visita a Cachemira, conoce a una preciosa muchacha llamada Rajkumari (Banu).

El amor por Rajkumari transforma a Chandrashekhar y hace que pierda todas sus inhibiciones y se ponga a cantar el tema «Yahoo – Chahe koi mujhe junglee kahe...» («Aunque me llamen salvaje»). El impetuoso baile de libertad que lleva a cabo mientras baja laderas cubiertas de nieve se convirtió en un toque de clarín para los jóvenes de la década de 1960.

Esta película anunció la llegada de una nueva era de diversión y romance en el cine indio. Un elemento crucial en el universo cinematográfico hindi es el desarrollo de una crisis moral o espiritual que debe resolverse al final de la película. Con el grito liberador de Kapoor, se impuso en el cine indio un estilo «occidental» basado en el turismo y en una modernidad consumista. Muchas películas de los años sesenta desarrollaron una estética turística de los paisajes y la acción en exteriores, inspirándose en las escenas de esquí y de paseos a caballos de *Junglee*. El nuevo héroe de estilo occidental promocionaba sin el menor arrepentimiento la importancia de la alegría. La canción «Yahoo» es el momento en el que nace ese héroe y esa defensa de la alegría.

Meenu Gaur

Fecha 1961

Nacionalidad India

Director Subodh Mukherji

Reparto Shammi Kapoor, Saira Banu

Por qué es clave
La eufórica llamada a la libertad de Shammi Kapoor liberó a toda una generación india de un cine lleno de restricciones.

Escena clave **La chica, el marinero y el paseo por la feria** *Lola*

En su primera película, Demy se imbuye de un espíritu de romanticismo soñador y nostálgico al volver a la ciudad costera en la que se crió. Allí se cruzan los caminos de un grupo de atractivos personajes en una serie de encuentros predestinados y, al mismo tiempo, inesperados. Ninguno tan mágico como la visita a una feria de la joven de catorce años Cécile (Duperoux) y del marinero Frankie (Scott), que se habían visto ya una vez y ahora vuelven a encontrarse. En el tiempo que pasan juntos hay un intenso e inocente erotismo que vemos reflejado sobre todo en el rostro de Cécile cuando apoya la cabeza en el hombro de Frankie. Luego, al bajarse de la segunda atracción en la que montan, con la música de fondo del primer preludio de *El clave bien temperado* de Bach, el director alcanza uno de los momentos culminantes del lirismo en la historia del cine con una secuencia de siete tomas de unos 30 segundos a cámara lenta, algo que en años venideros se convertiría en un lugar común del que se abusó mucho, pero que entonces era completamente nuevo y espontáneo. En la acción ralentizada podemos ver la coreografía de la escena en todo su esplendor: los movimientos del cuerpo del marinero al levantar a la chica, la mirada de absoluta felicidad de ella mientras se le mueve el pelo, la euforia de ambos cuando corren entre la multitud. Por si no fuera suficiente, la escena es también una evocación desde el presente de un recuerdo precioso de la protagonista (Anouk Aimée). Pero ése es el aspecto más reflexivo, una pequeña muestra de por qué destaca como un momento que consigue hacernos sentir con candidez la felicidad del presente y, al mismo tiempo, la tristeza que está por venir.

Blake Lucas

Fecha 1961

Nacionalidad Francia/Italia

Director Jacques Demy

Reparto Annie Duperoux, Alan Scott

Por qué es clave Con la llegada de la *nouvelle vague* a las costas de Nantes, el romanticismo de Demy alcanza un punto álgido en este recuerdo del pasado desde un presente intenso.

Escena clave **El atraco al banco y la persecución posterior** *Obaltan*

La obra de Yu Hyun-mok *Obaltan*, conocida en inglés como *Aimless Bullet* (*Bala perdida*), es la mejor muestra del cine coreano del enfoque cinematográfico liderado por los neorrealistas italianos. Ambientada en el Seúl de después de la guerra de Corea, la película se centra en una familia de siete miembros que viven en una rudimentaria choza y tienen que lidiar con la falta de trabajo y la desesperación. *Obaltan* se rodó durante un breve período de relajación de la censura que siguió a una revolución comenzada por los estudiantes en 1960 y acabó con el golpe militar de 1961, y es una elocuente crítica contra el sistema social del momento. Sin embargo, dieciséis años después de *Roma, ciudad abierta* de Rossellini (1945), estilísticamente guarda mayor sintonía con obras modernistas posteriores por los inusuales ángulos y la creativa utilización del sonido. Aunque es poco conocida en el extranjero, *Obaltan* está considerada por los críticos la mejor película de la historia del cine coreano.

Hay una secuencia, en particular, que muestra su gran calidad cinematográfica a la vez que expone muchas de sus preocupaciones políticas. El desempleado veterano Yong-ho (Choi) está huyendo de la policía después de haber atracado un banco. La persecución por lo escenarios reales del centro de Seúl lo lleva por muchas de las pruebas que demuestran la decadencia social y económica de la ciudad: una obra abandonada, un grupo de adivinos pobres, una manifestación de trabajadores y un arroyo subterráneo junto al que se ha ahorcado una mujer, aún con un bebé llorando atado a la espalda. Al final queda acorralado en una fábrica vacía y, al darse cuenta de que está perdido, les tira el dinero a la cara a sus perseguidores, pega un tiro al aire y se echa a llorar. Otra alma que se pierde para siempre.

Darcy Paquet

Fecha 1961

Nacionalidad Corea del Sur

Director Yu Hyun-mok

Reparto Choi Mu-ryong, Kim Hye-jeong

Por qué es clave Es la secuencia más inquietante y de más carga política de esta obra maestra temprana del cine coreano.

Escena clave **El reencuentro final** *Esplendor en la hierba*

SPOILER

Durante la mayor parte de sus dos horas y cuatro minutos de duración, *Esplendor en la hierba* es una historia de intensidad desgarradora, en la que hay violentos conflictos generacionales, pasión romántica frustrada, rebeldía de juventud, una crisis mental, un suicidio y un accidente de coche mortal. Pero alcanza una hermosa calma en su magnífica secuencia final, en la que Wilma Dean (Wood), después de una larga estancia en un hospital psiquiátrico para recuperarse de una crisis mental, va a visitar a su antiguo novio, Bud (Beatty), convertido ahora en un granjero casado con una agradable muchacha italiana, Angelina (interpretada por Lampert con una conmovedora sencillez). Bud y Angelina tienen un hijo pequeño y están esperando otro. El incómodo encuentro de los tres personajes resulta conmovedor precisamente porque carece de patetismo y por todo lo que se sugiere sin decir. La secuencia, extremo opuesto de esas escenas de interpretación «histérica» propia del Método por las que son famosas las películas de Kazan, es el equivalente visual a los versos de la *Oda* de Wordsworth que dan título a la película: «Aunque ya nada pueda devolver la hora/del esplendor en la hierba, de la gloria en las flores, / no hay que afligirse, porque/la belleza siempre subsiste en el recuerdo». El poema, «analizado» en una escena anterior de un modo un tanto infantil por una típica profesora solterona ante una clase de adolescentes aburridos, ilumina aquí de pronto una de esas profundas verdades que uno sólo puede descubrir al hacerse adulto.

Jean-Pierre Coursodon

Fecha 1961

Nacionalidad Estados Unidos

Director Elia Kazan

Reparto Warren Beatty, Natalie Wood, Zohra Lampert

Título original *Splendor in the Grass*

Por qué es clave
El melancólico final de una tumultuosa historia de amor adolescente cierra una de las obras maestras de Elia Kazan.

Diálogo clave **El monólogo de Loridan en la Place de la Concorde** *Crónica de un verano*

Mientras Marceline Loridan cruza la Place de la Concorde hacia el enorme mercado de Les Halles, la cámara de Michel Brault, montada en la parte de atrás de un pequeño coche, da la impresión de flotar alejándose de ella. La protagonista habla al micrófono de la grabadora Nagra que lleva consigo, con una intimidad intensa y desconcertante mientras su imagen va perdiéndose en la distancia. «Casi me alegraba de que me deportaran contigo, te quería tanto...»: el discurso de Loridan es de una poesía mundana, que pronuncia en un susurro, como si fuera una confidencia, lo que contrasta con el entorno público en el que se encuentra. Narra los recuerdos que tiene de la deportación a los campos de concentración, la humillación de que un agente de las SS la golpeara delante de su padre y el difícil regreso con el resto de su familia. «Vi a todo el mundo en el andén de la estación: a mamá, a todos. Me abrazaron... Pero yo tenía el corazón de piedra. Fue Michel el que me conmovió. Le dije, "¿No me reconoces?" Él me dijo: '"Sí, creo..., creo que eres... Marceline". Ay..., papá...».

Este intenso momento se complica aún más cuando Loridan confiesa, en una escena posterior de esta extraordinaria película tan compleja como autocrítica, que aunque sentía lo que decía, era consciente de lo que estaba haciendo y, por tanto, estaba «actuando». Este diálogo llamó la atención de un amigo del director Jean Rouch, el también cineasta Joris Ivens, que le preguntó a Rouch después de una primera proyección privada: «¿Quién era esa chica tan hermosa?». Ivens y Loridan acabarían siendo compañeros en el cine y en la vida real. Juntos produjeron algunos de los proyectos más ambiciosos y complicados de la historia del cine documental.

Travis Miles

Fecha 1961

Nacionalidad Francia

Directores Jean Rouch y Edgar Morin

Reparto Marceline Loridan

Título original *Chronique d'un été*

Por qué es clave
Es una de las escenas más conmovedoras del cine documental, pero además demuestra la movilidad y la fluidez que permite la cámara de mano de 16 mm que tan imborrable influencia tendría en la *nouvelle vague*.

Escena clave **El erotismo de la cámara** *El año pasado en Marienbad*

El cambio más radical que realizó Alain Resnais en el guión que escribió Robbe-Grillet para *El año pasado en Marienbad* consistió en eliminar lo que el escritor y guionista describe como una «escena de violación rápida y brutal». En esta magnífica película de misterio sobre un hombre sin nombre (Albertazzi) que intenta convencer a otra huésped sin nombre (Seyrig) del lujoso hotel en el que se encuentran de que el año anterior se habían conocido y habían tenido un encuentro sexual (ilustrado a través de subjetivas ensoñaciones que podrían ser de él o de ella), Resnais incluye sólo el comienzo de dicha escena, cuando el hombre entra en la habitación de la mujer y ella se aparta con miedo. Como en la mayor parte de la película, hace que el momento resulte extravagante y melodramático, como si fuera el tenue recuerdo de una vieja película de Hollywood. Tiene lugar hacia el minuto 70 de una película de 94 minutos de duración.

Mientras el hombre insiste en un comentario fuera de plano, («¡No, no, no! Eso no es cierto; no fue a la fuerza...»), Resnais mantiene sólo una de las tomas incluidas en el guión: «Un largo pasillo vacío por el que la cámara avanza rápidamente», «la iluminación es extraña: débil en conjunto, pero con algunos puntos violentamente resaltados». Pero sitúa esta toma antes en lugar de después del imaginado contacto físico. Este trávelin extrañamente sobreexpuesto, como si formara parte de una alucinación, termina cuando la cámara gira hacia otro pasillo en el que vuelve a precipitarse repetidas veces, en tomas distintas, hasta los brazos abiertos de la mujer, cada una de esas veces de un modo ligeramente distinto. Una ardiente fantasía sexual integrada en una película llena de ensoñaciones eróticas y que marca el voluptuoso clímax de esta obra maestra de Resnais sobre la imaginación y el deseo.

Jonathan Rosenbaum

Fecha 1961

Nacionalidad Francia/Italia

Director Alain Resnais

Reparto Delphine Seyrig, Giorgio Albertazzi

Título original *L'année dernière à Marienbad*

Por qué es clave
Un clímax de ensueño erótico en una película de ensueños eróticos.

Pág. siguiente
El año pasado en Marienbad.

Escena clave **El leproso y la torre de la iglesia** *Touch Me Not*

Crisóstomo Ibarra (Del Mar) y María Clara (Vital) van caminando por la calle cuando de pronto ven a un leproso. María Clara siente lástima y le da su rosario; el leproso, agradecido, se postra ante ella. Entonces Sisa (Carino), a la que la muerte de su hijo ha dejado enloquecida, se acerca al leproso, le señala la torre de la iglesia que se levanta sobre ellos y le dice que allí están atrapados sus hijos. Unos policías se llevan al leproso.

Es una escena hecha como de pasada, que el espectador puede pasar por alto sin darse cuenta, pero el plano es la sociedad colonial filipina sintetizada en una sola imagen: de pie a la altura de la calle, la burguesía; levantándose sobre todos ellos, distante e impasible, el campanario de la poderosa iglesia. La vida discurre en la calle, representada por los ciudadanos que van camino de la iglesia; se detienen ante el leproso, que pide por sus almas. A primera vista, la toma presenta el statu quo –la clase baja arrodillada, la clase media por encima–, pero la cámara de Gerardo de Leon (que se encuentra también en el suelo) se inclina de manera que el leproso, más cerca del objetivo que ningún otro personaje, parezca ser igual de alto que los ciudadanos más respetables. Al acercarse los policías a caballo, su altura se impone por encima de los demás; representan el tercer poder del país, el gobierno laico con el que a veces compite la Iglesia para hacerse con el poder del pueblo. Frente a la fuerza policial a caballo y al campanario de la iglesia, tanto la clase baja como la clase media se encuentran impotentes.

Noel Vera

Fecha 1961

Nacionalidad Filipinas

Director Gerardo de Leon

Reparto Eddie del Mar, Edita Vital, Lina Carino

Título original *Noli Me Tangere*

Por qué es clave
Esta escena es un magnífico ejemplo de la puesta en escena de Gerardo de Leon y de cómo sus composiciones son capaces de sintetizar temas, personajes y relaciones.

Escena clave **Junto al río**
Dos cabalgan juntos

Uno de los trucos preferidos de John Ford era hacer que los actores repasaran las escenas y luego incluir uno de los ensayos como toma final. En *Dos cabalgan juntos*, un *western* del que el propio Ford tenía pocas cosas buenas que decir, utilizó ese método para filmar con una cámara completamente inmóvil a Richard Widmark y a James Stewart agachados junto a un río, lavándose la cara, fumando y charlando de manera intermitente sobre dinero, corrupción, matrimonio y el cuchillo que la futura prometida de Stewart llevaba en el liguero. *Dos cabalgan juntos* es una película con un argumento complicado, plagado de personajes, cada uno con su respectiva subtrama, tan condensado que hay tiempo para poco más que rápidas exposiciones. En ese sentido, la escena demuestra con qué habilidad podía Ford, a estas alturas de su carrera, sintetizar el argumento de toda una escena en una sola toma. Para resumir toda la cinta habría que hablar de las relaciones entre indios y blancos, asesinatos, linchamientos, hipocresía sexual, pero esta pequeña escena en la que Widmark y Stewart se detienen un momento junto a un río hace que el resto de la película sea simplemente eso, una película; como si en esta escena tuviéramos el privilegio de observar un momento de realidad de dos actores que no saben que están actuando. No hay nada importante en esa escena, excepto el deseo obsesivo de Ford de capturar esta clase de momentos. Consigue transmitir aquí, con una fotografía propia de las primeras épocas del cine, una relajación de la tensión que hace que los actores no vayan a ninguna parte: simplemente están vivos, en un espacio que el espectador comparte. Entonces aparece Andy Devine y volvemos de nuevo a la película.

Geoffrey O'Brien

Fecha 1961

Nacionalidad Estados Unidos

Director John Ford

Reparto James Stewart, Richard Widmark

Título original *Two Rode Together*

Por qué es clave
Tres minutos y 51 segundos de cháchara intrascendente convierten una película de vaqueros en *cinema verité*.

Personaje clave **Marilyn Monroe**
Vidas rebeldes

SPOILER

Roslyn (Monroe) llega a Reno para divorciarse, pero en lugar de volver a casa se queda con Gay Langland (Gable) y su gente. Cuando la invita a salir con los chicos, a Roslyn le parece que suena divertido, hasta que se entera de que lo que van a hacer es asustar caballos salvajes desde un biplano y luego echarles el lazo cuando los animales están confundidos y agotados. Roslyn no soporta ver cómo unas criaturas tan hermosas quedan reducidas a comida de perro a «siete céntimos la libra», así que suplica e implora a Gay que lo deje, e incluso llega a ofrecerse a comprarle los animales. Pero él se niega y echa el lazo a una yegua que aún tiene un potro. En ese momento, Roslyn no aguanta más y sale corriendo por la pradera. De su garganta sale un grito desgarrado que se clava en el público como un cuchillo. La actriz del Método lo echa todo fuera en ese profundo lamento: las casas de acogida, el abuso sexual, los divorcios, las palizas, los abortos, las hospitalizaciones, los abandonos, las drogas..., el creciente abismo entre su vida y esa rubia etérea y acomodaticia que miraba con ojos seductores a los clientes sin rostro que se escondían en la oscuridad. Menos de dos años después de rodar esta escena, Marilyn Monroe estaría muerta. *Vidas rebeldes* es su legado y esta escena, su condena a un público que miraba y miraba pero nunca llegó a apreciar lo buena actriz que era. «¡Sólo sois felices si veis morir algo!» grita en medio del desierto abrasado. Sus palabras nos hacer sentir cómplices de su muerte: «¡Me dais lástima!».

Violet Glaze

Fecha 1961

Nacionalidad Estados Unidos

Director John Huston

Reparto Marilyn Monroe, Clark Gable, Eli Wallach, Montgomery Clift

Título original *The Misfits*

Por qué es clave Monroe anuncia su epitafio en una sobrecogedora escena de su última película.

Pág. anterior *Vidas rebeldes*.

Escena clave **La casa de muñecas** *El terror de las chicas*

Muchos de los pioneros del cine –ya sean artistas o teóricos– soñaban con una sinestesia total, wagneriana, una fusión sincrónica de todos los elementos posibles: color, movimiento, sonido, composición. En una explosión de diseño Pop Art de los años sesenta que trasciende alegremente la barrera de lo *kitsch*, Jerry Lewis nos ofrece una muestra inmortal de ese viejo sueño en *El terror de las chicas*. A unos tres minutos y medio del comienzo, nos adentramos en el mundo surrealista de una residencia de chicas, empezando por una estudiante tocando el trombón y terminando con docenas de ellas reuniéndose en el comedor para desayunar. Todo comienza de manera comedida y acaba en exceso: los colores primarios se multiplican (rojo, blanco, azul, verde), la música va creciendo hasta convertirse en todo un *swing* de *big band*, las paredes e incluso los espejos de los tocadores desaparecen mientras la cámara va pasando por la casa, recogiendo todas esas rutinas matinales, desde cepillarse el pelo o hacer ejercicio hasta elegir un disco... Y todo perfectamente coreografiado al ritmo de la música, en que las chicas se mueven y desfilan como en un número de un musical. La escena es una deslumbrante declaración del poder y la elegancia el artificio, una demostración del control virtuosista y la libertad de Lewis como director (en la publicidad mostraba con orgullo al director subido a una grúa frente al decorado). Pero esa suave «perfección» está deliberadamente contrarrestada por ciertas notas discordantes: el ruido retumbante que acompaña a la anticuada Kathleen Freeman siempre que aparece y, sobre todo, los planos fijos de Jerry durmiendo, trasero en pompa, ajeno a todo el espectáculo hasta que lo despierta el sonido del despertador.

Adrian Martin

Fecha 1961

Nacionalidad Estados Unidos

Director Jerry Lewis

Reparto Jerry Lewis, Kathleen Freeman, Helen Traubel

Título original *The Ladies Man*

Por qué es clave Esta escena es una deslumbrante declaración del poder y la elegancia del artificio, además de una demostración del control virtuosista y la libertad de Lewis como director.

Escena clave **La fiesta de Holly** *Desayuno con diamantes*

SPOILER

La fiesta en el pequeño apartamento que Holly Golightly (Hepburn) tiene en Manhattan comienza tranquila, con el agente de Holly (Balsam) contándole cosas de ella a su vecino Paul (Peppard). ¿Es una falsa loca o una verdadera loca? Es mejor ser una loca de verdad. Deciden que Holly lo es. El lugar empieza a llenarse. El sombrero de una señora se prende fuego. Mag Wildwood (Whitney), una llamativa modelo, aparece con un par de millonarios (Villalonga y Adams). Mag se emborracha y se cae al suelo desmayada. A nadie le preocupa. Cuando se quedan sin alcohol, enseguida aparece un muchacho que trae más. Ah, sí, se fuma mucho. La música, mambo, está muy alta y el vecino de arriba (Rooney, en una interpretación infame) llama para quejarse. Es difícil llegar al teléfono porque está metido en una maleta. El apartamento está abarrotado de gente bien vestida, pero nada estirada. Uno no puede ni moverse. Hay gente besándose en la ducha. Eso es para lo que la gente se va a vivir a Nueva York y lo que quieren de una fiesta cuando están allí: ¡proximidad!

La escena de la fiesta es un alivio cómico y desenfadado después de tanto hablar, que es para lo que se supone que tiene que servir una fiesta. Edwards no divide la escena en partes. Todo es sencillo y relajado. Va siguiendo a los grupos de un lado a otro. Antes de esta escena, Paul era un escritor algo bobo, ahora empieza a parecer interesante. Holly, sin embargo, se marcha del brazo de un millonario gordo y risueño y manda a la policía a su propio apartamento.

A. S. Hamrah

Fecha 1961

Nacionalidad Estados Unidos

Director Blake Edwards

Reparto Audrey Hepburn, George Peppard, Martin Balsam, Dorothy Whitney, José Luis de Villalonga, Stanley Adams, Mickey Rooney

Título original *Breakfast at Tiffany's*

Por qué es clave Puede que sea la mejor escena de fiesta de la historia del cine.

Pág. siguiente *Desayuno con diamantes.*

Escena clave **La mujer se va tras la cámara** *Confidencias de mujer*

Esta parodia del informe Kinsey incluye varias secuencias en las que los entrevistadores preguntan a mujeres de ciudad sobre su vida sexual. Los entrevistadores se encuentran tras una pantalla, de manera que las mujeres se mantienen en el anonimato, pero, intrigado por una de las entrevistadas aquejada de más problemas, que se ha dejado el bolso, uno de ellos, Paul (Zimbalist), infringe la confidencialidad de la mujer y la lleva a casa. Ella se enfada al reconocer su voz, pero comienzan un romance. Esta trasgresión se ve reflejada en la mejor escena de la película, la entrevista de siete minutos de duración que Paul le hace a Naomi (Bloom). Está presentada en tres largas tomas de entre dos y tres minutos de duración. En el primero de ellos, Naomi dice: «Me gustaría ver al hombre con el que estoy hablando» y, de pronto, se levanta y pasa al otro lado de la pantalla. Volverá al otro lado para luego pasar de nuevo y, en la última toma, se queda todo el rato tras ella. La cuestión aquí, como muchas otras veces en el trabajo de Cukor, es qué piensan los personajes de sí mismos, los unos de los otros y de las conexiones existentes entre ellos, que se articulan en el modo en que los personajes se sitúan en relación a los demás y a la cámara. Aquí, el hecho de que Naomi traspase esa frontera impuesta entre entrevistador y entrevistado, así como el continuo cambio de relación entre ambos que suponen sus movimientos, denotan una personalidad muy inestable. La magnífica interpretación de Bloom en el papel de ninfómana evoca esa inestabilidad con gran belleza, con gestos nerviosos y un ritmo entrecortado.

Fred Camper

Fecha 1962

Nacionalidad Estados Unidos

Director George Cukor

Reparto Claire Bloom, Efren Zimbalist, Jr.

Título original *The Chapman Report*

Por qué es clave
En una de las mejores escenas de toda la obra de Cukor, donde se hace explícito su interés por las cambiantes relaciones de los personajes y de los personajes con la cámara.

Escena clave **La imagen se mueve** *La Jetée*

SPOILER

A pesar de una historia y un estilo muy poco ortodoxos, *La Jetée*, con sus 28 minutos de duración, se ha convertido en el trabajo más conocido de Marker. El argumento inspiró después la fantasía de Terry Gilliam *Doce monos*.

La acción se desarrolla después de que el holocausto nuclear haya arrasado la superficie del planeta. Bajo tierra, unos científicos investigan la posibilidad de viajar en el tiempo con la esperanza de poder salvar su propia era. El sujeto del experimento es un voluntario (Négroni) al que se ha considerado apropiado porque desde la infancia acude a su cabeza la imagen recurrente del rostro de una mujer (Chatelain) con gesto horrorizado al ver cómo un hombre cae muerto frente a ella en el embarcadero de un aeropuerto.

Una vez lo envían al pasado, el viajero en el tiempo, al que nunca se le da un nombre, encuentra a la mujer y se enamora de ella. Después se traslada al futuro, donde unos seres misteriosos le prestan la ayuda que les pide. Por miedo a que se deshagan de él cuando ya no lo necesitan, el viajero se escapa al pasado, donde vive su amada..., y es entonces cuando descubre que el hombre que se desploma muerto y con el que lleva tanto tiempo obsesionado es él mismo.

La Jetée se desarrolla casi por completo en fotos fijas, lo que aumenta la sensación de estar ante una realidad a la que no podemos aferrarnos. Esta técnica también nos transmite la idea de Marker de que las fotografías son como los recuerdos, y viceversa: imágenes discontinuas que uno debe montar de nuevo con la memoria o con la vista para que adquieran una forma con sentido. Sin embargo, hay un momento en el que la imagen se mueve y se convierte en cine normal, cuando la mujer abre los ojos al despertar. El movimiento hace que ésta sea la imagen más memorable de la película y la más conmovedora, porque es una imagen nacida del amor.

David Sterritt

Fecha 1962

Nacionalidad Francia

Director Chris Marker

Reparto Hélène Chatelain, Jean Négroni

Por qué es clave
En una película que no se mueve, que cuenta la historia a través de la narración y fotos fijas, una sola imagen en movimiento adquiere una extraordinaria emotividad.

Escena clave **La casa se viene abajo** *The Mad Fox*

SPOILER

Hasta hace poco el director japonés Tomu Uchida apenas era conocido en Occidente, tal vez porque utilizaba tal variedad de estilos –con resultados extraordinarios– que resultaba imposible catalogar su trabajo. Paradójicamente, cualquiera que haya visto su obra maestra, *The Mad Fox*, convendrá en que lo más impresionante de ella es su singular estilo. Se trata de una película de época en formato de pantalla ancha sobre el amor y la traición, una obra que acentúa la artificialidad con unos resultados embriagadores. Es la culminación del interés de Uchida por las formas teatrales y una reflexión sobre la representación cinematográfica. Los actores cruzan escenarios giratorios para adentrarse en campos de un intenso amarillo digno de Van Gogh y atravesar decorados de papel maché. Hay un personaje femenino triplicado, cuyas otras dos reencarnaciones son su hermana gemela y una zorra con forma humana, mientras que los zorros de cuento suelen estar representados por actores con máscaras, aunque también como llamas animadas. No es de extrañar que el héroe (Okawa) se vuelva loco (en la trama también tiene que ver con su difamación y con la terrible tortura de su amor). Con constantes cambios en el modo de representación, la película es asombrosa durante la mayor parte del metraje, pero hacia el final Uchida suelta el freno por completo. Cuando el trágico héroe se da cuenta de que sus sueños de felicidad y matrimonio sólo han sido una ilusión, dichos sueños se derrumban de manera literal: la casa-escenario-decorado en la que había vivido se viene abajo, tirada por unos cables. Sin embargo el mundo que lo rodea sigue en pie, por lo que el narrador llega a la conclusión de que, «después de todo, el amor es imposible».
Christoph Huber

Fecha 1962
Nacionalidad Japón
Director Tomu Uchida,
Reparto Hashizo Okawa, Michiko Saga
Título original *Koya koi nasuna koi*
Por qué es clave En esta asombrosa fantasía de color tan estimulante y artificial, el director Tomu Uchida logra una singular fusión entre el cine y el teatro para ahondar en la mente del protagonista y culminar la historia con una crisis.

Escena clave **La secuencia de acción a cámara lenta** *Confessions of an Opium Eater*

La elección de Vincent Price, que en esa época se había especializado en personajes morbosos y sensibles del estilo de Roderick Usher, para encarnar el papel de un atlético aventurero que interviene en una guerra de sociedades secretas chinas en San Francisco, es quizá el elemento menos extraño de esta extraordinaria película del productor de *Escrito en el viento*, *Ángeles sin brillo*, *El increíble hombre menguante* y *Sed de mal*. *Confessions of an Opium Eater* no es un mero *thriller* exótico de cartón, sino que es la destrucción de los *thrillers* exóticos, un pastiche de final de una era en el que la tradición hollywoodiense de películas de serie B que reproducían el barrio chino en decorados se mezcla con elementos de otras subproducciones de Hollywood y hace su última gran aparición antes de ser vendido al mejor postor. Ninguna secuencia revela mejor la determinación de esta película de desintegrarse ante nuestros ojos que la que comienza cuando el protagonista se despierta en un fumadero de opio donde ha acudido para descansar un momento de las continuas persecuciones. Pero entonces se da cuenta de que sus enemigos los han encontrado y la persecución continúa. Aún bajo lo efectos del opio que ha fumado, sale corriendo y atraviesa una ventana, pero la imagen está a cámara lenta y en completo silencio. La secuencia continúa a cámara lenta durante varios minutos y por diferentes decorados. La acción y la narración han quedado paralizadas: Price, Zugsmith y el público dan vueltas en un infinito sueño cinematográfico. «¿Estaba muerto, o sólo empezaba a vivir?», se pregunta el héroe y todos los espectadores de la película deben hacerse la misma pregunta.
Chris Fujiwara

Fecha 1962
Nacionalidad Estados Unidos
Director Albert Zugsmith
Reparto Vincent Price
Por qué es clave El cine se desintegra delante de nuestros ojos.

Escena clave **Los personajes desaparecen al caer la noche sobre la ciudad** *El eclipse*

SPOILER

Antonioni se ganó la reputación de poeta del «encuadre vacío» hacia 1960, cuando *La aventura* introdujo una nueva expresión cinematográfica capaz de transmitir conceptos modernos como la alienación y la angustia con una sutileza sin precedentes. Sin embargo, aunque represente aspectos importantes en el arte de Antonioni, lo cierto es que los encuadres «vacíos» en realidad no están en absoluto vacíos. Los personajes y los elementos narrativos más importantes han quedado excluidos, pero lo que sí se incluye –objetos significativos, elementos ambientales, entre otras cosas– tiene una fuerza extraordinaria.

La «escena» final de *El eclipse* es un ejemplo perfecto. La protagonista de la película es una inquieta mujer romana (Monica Vitti) que comienza un romance con un agente de bolsa (Alain Delon) a pesar de las dudas sobre la compatibilidad que pueda existir entre ellos. Al despedirse después de un encuentro en la oficina de él, deciden verse de nuevo esa noche.

Ninguno de los dos acude a la cita, pero sí lo hace la cámara de Antonioni. Durante más de siete minutos, la cámara recorre los lugares que los amantes han visitado –o podrían haber visitado– durante la historia, una historia que poco a poco nos damos cuenta de que ha terminado aunque la película continúe. Los personajes no están, pero la ciudad que los acoge está más presente que nunca. La imagen final, el primer plano de una resplandeciente farola, nos ofrece el gran toque final, un símbolo de la oscuridad, una intensa belleza que surge cuando el día se convierte en una noche solitaria y misteriosa. Adentrándose con valentía en la psicología y la individualidad, Antonioni nos transporta al reino del eclipse. Abandona la identidad de los personajes, pero adquiere una visión del alma del mundo que habitan, un alma mas grande y perdurable.

David Sterritt

Fecha 1962

Nacionalidad Italia/Francia

Director Michelangelo Antonioni

Título original *L'eclisse*

Por qué es clave
Al concluir esta historia de amor no correspondido con una secuencia sin personajes ni diálogo, el gran director italiano realiza una profunda representación del aislamiento y la ausencia como condiciones características de la vida moderna.

Escena clave **El disparo circular** *El mensajero del miedo*

A los once minutos del comienzo de la película, el capitán Marko (Sinatra) sufre una pesadilla en la que se encuentra sentado junto a otros soldados en el estrado de un club femenino de jardinería (llamado Diversión con Hortensias). Mientras la cámara gira pasando por la oradora, los soldados observan con desconcierto al público integrado por damas con sombreros floreados. Pero cuando la cámara completa el círculo, en el estrado aparecen de pronto unas enormes fotografías de Stalin y Mao y un experto chino en control mental (Dheigh) explica que los soldados estadounidenses están siendo objeto de un lavado de cerebro. A esto le siguen unas inquietantes imágenes en las que la matrona del principio da voz a las palabras del villano comunista y en el público aparecen de forma intermitente aficionadas a la jardinería y asiáticos de aspecto amenazante que observan desde unas gradas elevadas como si estuvieran presenciando una operación quirúrgica.

En lugar de limitarse a relatar el control mental, lo visualizamos en esta alucinante secuencia de seis minutos de duración que termina cuando el galardonado con la Medalla de Honor del Congreso (Harvey) estrangula a un soldado obedeciendo una orden. Una misteriosa frase que aparece más adelante («¿Eres árabe?»), extraída directamente de la novela de Richard Condon, continúa con ese elemento de absurdo introducido en el cine habitual, que luego inspiraría a Kubrick en su comedia negra *¿Teléfono rojo? Volamos hacia Moscú* (*Dr. Strangelove*, 1964). El argumento de la película sobre el intento de atentado de un francotirador anticipó el asesinato de Kennedy en Dallas, que tendría lugar un año después. Además, inauguró una larga lista de *thrillers* paranoicos estadounidenses que van desde *El último testigo* (*The Parallax View*, 1974) a *Syriana* (2005).

Robert Keser

Fecha 1962

Nacionalidad Estados Unidos

Director John Frankenheimer

Reparto Frank Sinatra, Laurence Harvey, Khigh Dheigh

Título original *The Manchurian Candidate*

Por qué es clave
En esta surrealista toma de 360° se plasma el miedo paranoico al control de la mente.

Pág. anterior
El mensajero del miedo.

Escena clave **Una iglesia sin Dios** *Los comulgantes*

El elemento central de la trilogía de Ingmar Bergman «La ausencia de Dios», que incluye además *Como en un espejo* (1961) y *El silencio* (1963), va directo al asunto en cuestión ya desde una larga secuencia inicial que se desarrolla durante una misa dominical en una iglesia luterana durante un desapacible invierno. El sombrío pastor, Tomas (Björnstrand), dirige el oficio religioso prestando atención a todos los rituales, las oraciones, la comunión y la música, aunque parecen simples rituales en los que él no parece implicarse realmente. La reducida congregación –integrada por la infeliz amante de Tomas, Marta (Thulin); un pescador llamado Jonas (Von Sydow); la esposa de éste, Karin (Lindblom), y el devoto sacristán Algot (Edwall)– escuchan con atención y participan. Es sólo un pequeño pueblo de campo, pero la iglesia es sorprendentemente amplia y rica en decoración. Está todo ahí..., excepto Dios. Ese vacío se hace sentir en esta hermosa secuencia, filmada e interpretada con gran precisión y con la evocadora fotografía de Sven Nykvist, que lo baña todo con la luz invernal. No sorprende descubrir en el resto de la película que Tomas ha perdido la fe, que uno de los personajes se suicida después de que el pastor no pueda ayudarlo, que la relación de éste y Marta también atraviesa una crisis. Sin embargo, en la paradoja que invade toda la trilogía, la puesta en escena y el tono y la textura de la realización de Bergman sugieren que, aunque no ocurra nada que haga romper el silencio de Dios, puede que, después de todo, Dios esté profundamente presente.

Blake Lucas

Fecha 1962

Nacionalidad Suecia

Director Ingmar Bergman

Reparto Gunnar Björnstrand, Ingrid Tullin, Max von Sydow, Gunnel Lindblom, Allan Edwall

Título original *Nattvardsgästerna*

Por qué es clave Con esta secuencia Bergman nos plantea importantes preguntas sobre la fe religiosa y el concepto de Dios de una manera completamente nueva en la historia del cine.

Escena clave **Humbert Humbert asesina a Clare Quilty** *Lolita*

La versión de *Lolita* de Stanley Kubrick comienza con el encuentro de Humbert Humbert y Clare Quilty. Pero también podríamos describir dicho comienzo como el encuentro de James Mason, que interpreta a Humbert, y Peter Sellers, que es quien encarna a Quilty. En su libro *Charles Laughton: Un actor difícil*, Simon Callow analiza el choque de estilos interpretativos que tuvo lugar en *Espartaco* (1960) de Kubrick y compara el Craso de Laurence Olivier –«indicando cada punto con gran precisión, como si hubiera una fina línea negra alrededor del papel»– con el Graco interpretado por Laughton, en el que «no hay tales límites, ni tal definición». Podría hacerse un análisis parecido entre Mason/Humbert y Sellers/Quilty. Humbert cree tener una identidad comprensible y lógica, aunque se comporte un modo impropio en él al enamorarse de una adolescente. En Quilty no hay ninguna norma de la que desviarse y la suplantación de identidad de un psiquiatra no resulta ni más ni menos creíble que el propio Quilty, con su impostado acento estadounidense.

La secuencia inicial enfrenta a un intérprete de personajes metódico con un improvisador anárquico: sin duda, Humbert ha escrito ya la «escena» en su cabeza, pero se encuentra con la burla de un colaborador que se niega a seguir adelante con el plan y, además, utiliza su guión para crear un largo discurso cómico en el que las identidades se adoptan y se abandonan con sorprendente rapidez. En última instancia debemos describir el comienzo de *Lolita* como el fracaso de Humbert a la hora de enfrentarse a Quilty porque, en su opinión, éste ni siquiera está ahí para enfrentarse a él. No hay nada excepto una noción abstracta de la interpretación que hace que incluso el acto de suplicar su propia vida se convierta en un acto cómico más. Humbert sólo puede matar a Quilty disparando al cuadro tras el que se ha escondido.

Brad Stevens

Fecha 1962

Nacionalidad Reino Unido

Director Stanley Kubrick

Reparto James Mason, Peter Sellers

Por qué es clave Esta escena se centra, de un modo particularmente revelador, en ciertos aspectos interpretativos evidentes en todas las películas de Stanley Kubrick.

Pág. siguiente *Lolita*.

Escena clave **Jules asiste al funeral**
Jules y Jim

SPOILER

Ambientada en la época de la primera guerra mundial, esta obra maestra de la *nouvelle vague* narra la profunda amistad de Jules (Werner) y Jim (Serre), dos jóvenes intelectuales llenos de energía, y el amor que sienten ambos por Catherine (Moreau), una alocada belleza que se debate entre uno y otro. Al final se casa con Jules, pero lo que siente por Jim nunca desaparece, y Jules prefiere aceptar que le sea infiel a correr el riesgo de perder a alguno de los dos.

Por mucho que simpaticemos con los tres, es evidente que la situación no puede continuar indefinidamente sin que haya algún tipo de crisis. Catherine también acaba por darse cuenta de ello y, un día como otro cualquiera, aparece con su nuevo coche, invita a Jim a dar un paseo y le dice a Jules que los observe. Al llegar a un puente en obras, se lanza al vacío, provocando su propia muerte y la de Jim.

Lo que ocurre a continuación es aún más extraordinario: vemos cómo sus cuerpos entran en un horno crematorio, sus restos son convertidos en polvo y metidos en un unas urnas para el sepelio (todo ello es un símbolo del escepticismo espiritual de Truffaut, para quien el ser humano no es más que materia en cuerpo y mente). Entonces, cuando cabría esperar que Jules estuviese destrozado, lo vemos salir del cementerio con un saltito y oímos de fondo una alegre música. Acaba de perder a las personas que más quería en el mundo, pero con ello han acabado sus dificultades existenciales y tiene derecho a respirar con alivio.

David Sterritt

Fecha 1962

Nacionalidad Francia

Director François Truffaut

Reparto Oskar Werner, Jeanne Moreau, Henri Serre

Título original *Jules et Jim*

Por qué es clave El final de este drama romántico es la perfecta unión de la tragedia y la trascendencia.

Escena clave **El largo *flashback***
El señor, la señora y el esclavo

Para aquellos que estén familiarizados con el alegre optimismo romántico de Bollywood, este épico relato melancólico sobre el declive de una familia de la aristocracia constituirá toda una sorpresa. Guru Dutt interpreta a Bhoothnath, un hombre de clase más baja que llega a la Calcuta colonial y se hospeda en la mansión de la familia Choudhury. Vemos a través de sus ojos la decadencia y la pereza de la familia. Como actor, Dutt fue el John Garfield de la India; como director, la fotografía barroca y la fascinación por el declive social y psicológico nos hacen pensar en Orson Welles. Aunque quien aparece como director en los créditos es Abrar Alvi, la puesta en escena y la visión del mundo que encontramos en ella son las del productor y protagonista. Con una brillante trayectoria como bailarín y coreógrafo, Dutt obtuvo el favor del público y de la crítica con los trabajos que hizo tras la cámara en la década de 1950, hasta que su obra más personal al estilo de *Ciudadano Kane*, *Kaagaz Ke Phool* (*Flores de papel*, 1959), resultó demasiado oscura para el gusto del gran público y se hundió en la taquilla. Tal fracaso supuso un gran golpe para el orgullo de Dutt, lo que explica que no apareciera como director aquí. Sin embargo, es difícil no darse cuenta de que *El señor, la señora y el esclavo* es en realidad *El cuarto mandamiento* de Guru Dutt.

En la famosa secuencia inicial, Bhoothnath es un jefe de obra que está supervisando la demolición de la mansión de los Choudhury. Llega la hora de la comida y los trabajadores desaparecen dejándolo a solas con sus recuerdos. Entonces oye unas voces fantasmagóricas que lo llaman desde el pasado, cuando la mansión estaba en su esplendor y él aún estaba aprendiendo lo que era la vida. Mientras oímos las voces, las imágenes de la época inundan la pantalla y empieza la historia de la película desde el pasado. Uno de los mejores *flashbacks* del cine indio.

Mark Cousins

Fecha 1962

Nacionalidad India

Directores Abrar Alvi y Guru Dutt

Reparto Guru Dutt

Título original *Sahib Bibi aur Ghulam*

Por qué es clave Es uno de los momentos más elegíacos de la carrera de Dutt y de todo el cine indio.

Escena clave **Cleo canta una canción** *Cleo de 5 a 7*

Se supone que *Cleo de 5 a 7* abarca las dos horas durante las que la heroína del título (Marchand), una cantante pop, espera a que le digan si tiene un cáncer terminal o no. Pero con los cambios típicos de Varda entre la objetividad y la subjetividad, la película dura en realidad sólo 90 minutos. A pesar de los carteles que introducen cada capítulo y que dan a entender una precisión casi científica («Capítulo VII, Cleo de 5.38 a 5.45 p.m.»), hay muchas estrategias en la película para cambiar de registro, a veces incluso a mitad de plano.

El capítulo anterior, «Bob de 5.31 a 5.38», que tiene lugar a la media hora del comienzo, muestra la llegada a la casa en la que vive Cleo en París de su pianista y compositor, Bob (interpretado por Legrand, pianista y compositor a su vez de la película), y del letrista (Sorber). Juntos repasan un bonito repertorio de posibles canciones para ella, incluido un pegadizo vals en el que la cámara se mueve al ritmo de la música entre los personajes. El capítulo VII presenta «Sans toi», una trágica canción de amor que Cleo canta con la ayuda de unas partituras mientras la cámara traza una lenta línea ascendente a su alrededor, una orquesta que no vemos sustituye al piano, la luz se hace teatral y ella deja de leer la letra en la partitura. Cuando acaba la canción, el estado de ánimo de la protagonista es mucho más sombrío, se cambia de ropa, pasa del blanco al negro, y se quita la peluca. Según Varda, esta secuencia es el centro de la historia y «el movimiento circular que aísla a Cleo es como una enorme ola que la arrastra».

Jonathan Rosenbaum

Fecha 1962

Nacionalidad Francia/Italia

Director Agnes Varda

Reparto Corinne Marchand, Michel Legrand, Serge Korber

Título original *Cléo de 5 à 7*

Por qué es clave
De pronto, la heroína ve su vida desde una perspectiva completamente nueva y la película cambia de tono.

Acontecimiento clave **El Manifiesto de Oberhausen** *Nace el Nuevo Cine alemán*

Al declarar que «el futuro del cine alemán está en las manos de aquellos que han demostrado hablar un nuevo lenguaje cinematográfico», los 26 firmantes del Manifiesto Oberhausen de 1962 allanaron el terreno de un revitalizado cine alemán que tendría un duradero impacto en el cine mundial.

Bautizado con el nombre del Festival Internacional de Cortometrajes de Oberhausen, el manifiesto llegó en el momento perfecto. El cine alemán posterior al nazismo no tenía propósito alguno más allá del simple entretenimiento. De hecho, la calidad había caído de tal modo que, en 1961, el Festival de Cine de Venecia no aceptó ninguna película alemana, y la venta de entradas se dirigía hacia el mínimo histórico que se alcanzaría en 1963. La única esperanza, según el cineasta Alexander Kluge y los demás firmantes de Oberhausen, era apostar por una nueva concepción de creatividad cinematográfica, trasladando a la producción de largometrajes la audacia y la experimentación que podía encontrarse en los cortometrajes de bajo presupuesto. De manera más específica, el grupo exigía «liberarse» de tres fuerzas opresoras: las formulas de la industria cinematográfica ya consolidada, el peso de los grupos de presión y la «influencia externa de socios comerciales». En resumen, los cineastas reivindicaban la posibilidad de crear sin obstáculos ni interferencias.

Otros acontecimientos posteriores que pueden relacionarse con el manifiesto son la fundación, en 1965, del Comité del Joven Cine Aleman y la firma del Acuerdo entre Cine y Televisión de 1974, que proporcionó fondos procedentes de las cadenas de televisión a los arriesgados proyectos de Volker Schlöndorff, Rainer Werner Fassbinder, Werner Herzog, Win Wenders y otros autores del *Neue Kino*. Juntos sustituyeron el «cine de papá» por el cine del futuro.

David Sterritt

Fecha 28 de febrero de 1962

Por qué es clave Esta declaración de intenciones dio lugar a un cine alemán liberado de las heridas del pasado.

Escena clave **La solución del misterio** *El ángel exterminador*

Esta comedia negra es surrealista desde el primer momento, cuando una breve pero importante escena –unos sirvientes marchándose de la casa en la que trabajan justo antes de una gran cena sin motivo aparente– aparece dos veces y podemos verla desde dos ángulos de cámara distintos. ¿Por qué? Por ningún motivo aparente.

Hay muchas otras repeticiones a lo largo de la historia, pero no resultan más sorprendentes que la historia en sí. Al prepararse para marcharse una vez concluida la cena, los invitados van encontrando motivos para quedarse un poco más y poco a poco van dándose cuenta de que nadie puede salir de la habitación, a pesar de que la puerta está abierta de par en par. Los días pasan, las provisiones de comida y de agua van menguando, de un armario que sirve de aseo y de otro en el que hay un hombre muerto salen olores nauseabundos, y nadie consigue entrar en la casa, del mismo modo que los ocupantes no pueden salir. Los invitados, en un primer momento tan acicalados, empiezan a sentirse frustrados, después furiosos y finalmente enloquecidos por la situación. De pronto, una mujer se da cuenta de que todos los presentes en la habitación se encuentran exactamente en los mismos lugares que ocupaban al principio, un descubrimiento que les permite salir corriendo y acabar con el confinamiento. Hasta unos días después, cuando concluye la misa dominical y hasta los curas parecen estar atrapados dentro de la iglesia...

Coherente con la sensibilidad surrealista de Buñuel, *El ángel exterminador* es tan constante –la repetición es un principio rector– como desorientadora, tanto para los personajes como para los espectadores. Lo único seguro es que nada es seguro. No hay ningún motivo aparente.

David Sterritt

Fecha 1962

Nacionalidad México

Director Luis Buñuel

Reparto Silvia Pinal, Enrique Rambal, Augusto Benedicto, Nadia Haro Oliva, Tito Junco, Patricia de Morelos

Por qué es clave El último gran trabajo del período mexicano de Buñuel plasma su indomable espíritu surrealista en una comedia negra que recuerda al espectador que la anarquía estética puede ser tan divertida como provocadora.

Personaje clave **John Wayne** El incendio de la casa *El hombre que mató a Liberty Valance*

SPOILER

El famoso bandido Liberty Valance (Lee Marvin) está muerto. Tom Doniphon (Wayne), el hombre que lo mató, ha construido un añadido a su casa, adonde esperaba llevar a la mujer que ama en silencio (Vera Miles), cuando se case con ella. Ransom Stoddard (James Stewart), que se llevará la gloria de haber matado al bandido, se llevará también a la mujer. Después de darse cuenta de esto, Doniphon se emborracha y se va a casa dando tumbos. Al ver el lugar que nunca llegará a ocupar nadie, tira una lámpara de aceite y prende fuego a la casa. Es Pompey (Strode), su ayudante y protector, el que debe sacarlo de allí para salvarle la vida y soltar a los aterrados caballos.

La elegancia feroz y cansada de la interpretación de Wayne hace inolvidable esta escena. Tambaleándose hacia su casa en un largo plano crepuscular, luchando con el peso de su propio cuerpo: así es como Wayne, a través de Doniphon, retrata la más absoluta tristeza y desesperación, mientras que la impasibilidad, la ternura y el respeto con los que Ford lo ve autodestruirse se plasman en la figura de Pompey, el heroico testigo de la escena. En la tardía preocupación de Doniphon por los caballos, Wayne evoca todo el futuro del personaje (que se desarrollará al margen de la película): un intento no del todo consciente de controlar lo que pueda salvarse del desastre.

Chris Fujiwara

Fecha 1962

Nacionalidad Estados Unidos

Director John Ford

Reparto John Wayne, Woody Strode

Título original *The Man Who Shot Liberty Valance*

Por qué es clave John Wayne y John Ford demuestran ser dos poetas de la desesperación.

Pág. anterior *El hombre que mató a Liberty Valance*.

Escena clave **Los viejos amigos avanzan contra los disparos** *Duelo en la alta sierra*

SPOILER

Dos antiguos agentes del orden se encuentran después de varios años de miserias. Steve Judd (McCrea) quiere creer que aún está en condiciones de ganar lo suficiente como para tener un retiro decente; Gil Westrum (Scott) está lleno de resentimientos y dispuesto a engañar a su viejo amigo robando el oro que tienen que trasladar desde una mina al pueblo. El honrado Steve se siente defraudado al descubrir la traición de Gil y decide vigilarlo. Cuando unos jóvenes mineros, los hermanos Hammond, los persiguen y les tienden una emboscada, los dos veteranos se ven obligados a unir sus fuerzas. Frente a los rifles de sus rivales, ellos sólo llevan unos revólveres, pero se enfrentan a los tres hermanos que quedan y consiguen hacerles caer en la trampa y acercarse a ellos un poco más. Los dos viejos amigos avanzan juntos y continúan caminando bajo el fuego enemigo hasta que consiguen matarlos a los tres. Herido de muerte, Steve le pide a Gil que mantenga alejada de los jóvenes mineros a la pareja a la que han estado protegiendo. «Adiós, socio». Gil se levanta, acompañado por la cámara, que deja a Steve tumbado fuera de plano. La siguiente toma nos muestra al moribundo y también las piernas de Gil –«Hasta la vista»– cuando se da la vuelta con gran esfuerzo, para dejar morir a Steve en privado. También lo hace Peckinpah cuando Steve levanta la mirada hacia las lejanas montañas y luego vuelve a quedar fuera de plano, para morir sin que nadie lo vea. Una tensión dramática sencilla y lógica, contada con discreción y respeto hacia los personajes por un cineasta que luego se haría famoso por sus impactantes baños de sangre a cámara lenta.
Miguel Marías

Fecha 1962

Nacionalidad Estados Unidos

Director Sam Peckinpah

Reparto Randolph Scott, Joel McCrea, Mariette Hartley, Ron Starr, James Drury, John Anderson, Warren Oates

Título original *Ride the High Country*. Conocida también como: *Guns in the Afternoon*

Por qué es clave La distancia y el ritmo justos.

Pág. siguiente
Duelo en la alta sierra.

Escena clave **Lawrence desaparece tras el parabrisas** *Lawrence de Arabia*

SPOILER

A pesar de la atención superficial que presta a las batallas y a los movimientos de hombres en masa, *Lawrence de Arabia* sigue siendo una película curiosamente retraída, una historia épica cuyo protagonista, T. E. Lawrence (O'Toole), muere en un accidente de motocicleta antes de que la historia esté realmente en marcha. La profunda implicación de Lawrence en un contexto histórico más amplio es una manera de huir de problemas internos, situándolos en una batalla mayor: la quemadura de una cerilla resulta insignificante si se transforma, en un solo corte, en el calor mucho más intenso del abrasador sol del desierto. Sin embargo, el mayor interés de David Lean es mostrar el fracaso del proyecto de Lawrence. La última imagen que vemos de él es también la última imagen que ve él: mientras se lo llevan en un todoterreno, se pone en pie para ver a unos árabes que están cerca y, al volver a sentarse, su rostro desaparece tras el parabrisas. Expulsado del terreno en el que esperaba demostrar que era «extraordinario», Lawrence parece literalmente invisible. «Adiós, Dolly. Debo dejarte, aunque se me rompa el corazón al marcharme», cantan algunos soldados que pasan en ese momento y, en efecto, es como si, al marcharse de Arabia, Lawrence estuviera diciendo adiós a un gran amor: al paisaje «limpio» en el que intentó (aunque fracasó) perderse, pero que finalmente le mostró esos aspectos «sucios», masoquistas y homoeróticos de una sexualidad que deseaba negar. «Bien, señor. A casa», comenta el conductor de Lawrence. Pero, como nos recuerda el motociclista anónimo que adelanta al todoterreno, para Lawrence «casa» sólo significa la muerte.
Brad Stevens

Fecha 1962

Nacionalidad Reino Unido

Director David Lean

Reparto Peter O'Toole

Título original *Lawrence of Arabia*

Por qué es clave Esta escena resume a la perfección la naturaleza interna de esta película épica.

Acontecimiento clave **Elizabeth Taylor alcanza el millón de dólares por *Cleopatra***

Se supone que Elizabeth Taylor estaba bromeando cuando le dijo al primer productor de la película, Walter Wanger, que estaba dispuesta a hacerla por un millón de dólares, pero Wanger –que estaba deseando comenzar la producción y había perdido a la estrella original, Joan Collins, por problemas de calendario– aceptó la cifra y a partir de entonces fue toda una ganga. El contrato de Taylor estipulaba un 10% de los beneficios de la película (James Stewart fue el primero en negociar este tipo de acuerdo al hacer *Winchester 73* en la década de 1950, algo que inclinó la balanza de poder de Hollywood del lado de los actores), más 125.000 dólares por 16 días de rodaje y 50.000 dólares más por cada semana adicional. Gracias a una problemática producción que duró dos años, un periodo que se inició en Londres en 1960 para detenerse poco después debido a una enfermedad de Taylor y volvió a reanudarse en Roma al año siguiente, la actriz –que protagonizaba la cinta junto al que sería su quinto esposo, Richard Burton, en el papel de Marco Antonio– ganó finalmente dos millones de dólares sólo por su interpretación. En esa cifra no está incluido lo que ganó como propietaria de Todd-AO, un sistema de pantalla ancha anamórfica desarrollado por el difunto tercer esposo de Taylor, el productor Michael Todd, y que se utilizó en *Cleopatra* por expreso deseo de la actriz. En 1963, 20th Century-Fox demandó a Taylor y a Burton acusándolos de retrasar la producción; Taylor apeló a la demanda y el acuerdo con que se saldó el caso hizo que se embolsara otros 5 millones de dólares. Todo eso no era más que una insignificancia en un presupuesto de 44 millones, que supondría unos 295 millones de dólares del año 2007, y que lo convierte en el largometraje más caro que se ha hecho nunca. En cualquier caso, sirve de ejemplo para ilustrar hasta qué punto el Hollywood de después de la segunda guerra mundial era rehén de las estrellas.

Matt Zoller Seitz

Fecha 1963

Por qué es clave La cifra del millón de dólares, algo nunca visto hasta entonces, que recibió Elizabeth Taylor por protagonizar la producción de 20th Century-Fox *Cleopatra* fue el acontecimiento más comentado del momento, pero lo cierto es que la actriz acabó ganando mucho más que eso.

Pág. anterior *Cleopatra*.

Escena clave **Tancredi y Angelica se dejan tragar por los bailarines *El gatopardo***

A pesar de la aparente atención que presta a la figura patriarcal del príncipe Fabrizio Salina (Burt Lancaster), *El gatopardo* de Luchino Visconti se centra de manera primordial en los cambios sufridos por la sociedad italiana a medida que el poder pasa a una generación más joven. Los principales representantes de dicha generación son el sobrino de Salina, Tancredi Falconeri (Delon), y la futura esposa de éste, Angelica Sedara (Cardinale). Aunque en un principio se presentan como individuos positivos y se les asocia con cierta relajación de las divisiones de clase, terminan por encarnar el espíritu de conformidad del que se está apoderando el país y que hará que todos los valores de orgulloso individualismo del príncipe resulten superfluos. Como ocurre a menudo en la obra de Visconti, la idea no sólo se transmite a través del diálogo, sino que también la comunica con gran elocuencia una imaginería visual de gran expresividad. Mientras Tancredi y Angelica se abrazan durante la fiesta que ocupa la mayor parte de la hora final de la película, vemos a un grupo de bailarines que se reúnen en otra parte del palacio. En una toma impresionante (a la que Bernardo Bertolucci rindió homenaje en *El conformista*), la imagen distante de la pareja besándose se ve invadida de pronto, desde el ángulo inferior derecho del cuadro, por una hilera de bailarines, que primero se aproximan y luego pasan por delante de los amantes, que no tardan en unirse a ellos. El contraste entre la sencilla alegría y el sentido de comunidad expresado en el baile y la conformidad, vista con pesimismo, con la que relacionamos dicho baile transmite a la película en general, y a esta escena en particular, una sensación de melancolía que encontramos en muchas de las mejores obras de Visconti.

Brad Stevens

Fecha 1963

Nacionalidad Italia/Estados Unidos

Director Luchino Visconti

Reparto Alain Delon, Claudia Cardinale

Título original *Il gattopardo*

Por qué es clave Esta escena demuestra la habilidad de Luchino Visconti para expresar imágenes complejas a través de la imaginería.

Escena clave **La mujer se pinta los ojos** *La casa es negra*

Irán es el único país del mundo cuya primera película importante fue dirigida por una mujer. En la mayoría de los países del mundo, el cine era un entretenimiento destinado a las clases trabajadores, pero en Irán, el sha fue el primer cinéfilo. Hasta la década de 1960, los directores iraníes hicieron comedias y musicales ajustándose a la fórmula. En 1963, una joven de veintiocho años de edad llamada Forugh Farrokhzad, considerada hoy en día la voz poética iraní más importante del siglo XX, escribió, dirigió y montó *La casa es negra*, con la que además dio un nuevo rumbo al cine de su país. Este documental de 20 minutos de duración se desarrolla en una leprosería. Con una fotografía brillante y el montaje en *staccato* que utilizó Eisenstein en *Octubre*, la película crea un baile apasionante partiendo de las vidas de los enfermos. Oímos la poesía de Forugh en una voz en *off*, tiene tanto de plegaria como de poema, y es sin duda una de las grandes obras metafísicas del cine. La importancia de *La casa es negra* fue tomando forma y haciéndose sentir de forma progresiva en las décadas siguientes a su estreno. La película inspiró a otros directores iraníes posteriores, como Dariush Mehrjui y, en particular, Samira Makhmalbaf, quien confiesa que una escena de este documental, en la que una mujer se pinta los ojos con *kohl* y los mueve mientras lo hace, hizo que deseara hacer cine. En términos más generales, *La casa es negra* marcó la pauta del realismo poético que dominaría durante décadas el cine de autor iraní. Farrokhzad murió en un accidente de coche en 1967, cuando tenía tan sólo teinta y dos años.

Mark Cousins

Fecha 1963

Nacionalidad Irán

Director Forugh Farrokhzad

Título original *Khaneh siah ast*. Conocida también como *The House is Black*

Por qué es clave
Es el momento más memorable de la primera gran película iraní.

Escena clave **La audición en el cine** *El desprecio*

SPOILER

En una escena temprana de *El desprecio*, Fritz Lang (haciendo de sí mismo) le pide a la traductora Francesca Vanini (Moll) que le diga cómo se dice *extraño* en italiano. La palabra acompaña al infeliz matrimonio formado por Paul (Piccoli) y Camille (Bardot) cuando llegan al cine en el que Paul va a reunirse con Lang y con un productor estadounidense (Palance) para hablar de la adaptación de *La odisea*.

Al entrar pasan bajo un cartel de *Más allá del amor* (*Rome Adventure*) y al salir, por una marquesina en la que se anuncia *Te querré siempre*. Se trata de la escena de transición entre la estancia de la pareja en Cinecittà y su partida hacia Capri. La audición de una cantante para interpretar un papel en *La odisea* sirve de excusa para ambientar la escena en un cine. La música pop italiana se oye a un volumen atronador mientras se sientan cada uno a un lado del pasillo, Camille junto a Lang y Paul junto al productor. Francesca, que traduce la conversación, y un fotógrafo que toma instantáneas de la reunión dividen el espacio que los separa. La cámara avanza y retrocede en un trávelin mientras la cantante baila sobre el escenario tratando de mover la boca a la vez que suena la letra de la canción frente a la pantalla. La cámara también recorre el pasillo cuando están hablando los cuatro, pero Godard corta la música para que podamos oírlos hablar. Es sencillo, pero desentona porque está «mal».

Esta velada crítica al sonido doblado de las películas italianas, junto a la explicación que da Lang sobre la unidad en Homero, refleja la ruptura de la pareja. Todo habla de separación: entre la imagen y el sonido de las películas dobladas, entre la humanidad actual y la de *La odisea*, entre la plenitud y la fragmentación de Godard, entre la integridad y la corrupción, entre los amantes que se separan.

A. S. Hamrah

Fecha 1963

Nacionalidad Francia

Director Jean-Luc Godard

Reparto Brigitte Bardot, Michel Piccoli, Jack Palance, Fritz Lang, Giorgia Moll

Título original *Le mépris*

Por qué es clave
Los cambios bruscos reflejan la separación de una pareja.

Escena clave **Baile en el balneario** *8 y 1/2*

Una elegante cantante de edad avanzada acaba de terminar de cantar una balada alemana del estilo de las que hicieron famosa a Zarah Leander cuando el tono cambia de manera radical. La orquesta comienza a tocar un *twist* y hay un corte a una melena de cabello negro que cubre el rostro de una mujer. Entonces ésta echa hacia atrás la cabeza y muestra una sonrisa triunfal al tiempo que la cámara se retira, y vemos que está bailando con un caballero de pelo blanco mayor que ella y cuya respiración entrecortada sugiere que no puede mantener el ritmo de su pareja de baile. Él sonríe, ella se separa y continúa bailando sola. Ya habíamos visto antes a ambos personajes: Gloria Morin (Steele) es una «estudiante» que acaba de terminar su tesis sobre la soledad del hombre en el teatro contemporáneo y Mario Mezzabotta (Pisu), un viejo amigo del protagonista de la película, el cineasta Guido Anselmi (Mastroianni). En circunstancias normales, sonreiríamos y citaríamos el viejo dicho «No hay peor tonto que un viejo tonto», pero Fellini es generoso tanto con el «viejo tonto» como con su joven amada. El contraste entre el *lesbian chic* (la cantante está ahí para entretener a las muchas lesbianas «de cierta edad» que acuden al balneario) y la perversa sexualidad polimorfa y juvenil de Steele hace que este momento de la película sea único.

David Ehrenstein

Fecha 1963

Nacionalidad Italia

Director Federico Fellini

Reparto Marcello Mastroianni, Barbara Steele, Mario Pisu

Título original *Otto e mezzo*

Por qué es clave Al pasar de la cantante veterana a la joven bailarina, la escena solapa una forma de erotismo sobre otra.

Escena clave **La ex guardia de Auschwitz ve a la antigua prisionera** *La pasajera*

Lisa (Slaska) vuelve a Alemania después de muchos años de ausencia. Minutos antes de que zarpe el barco, ve a Martha (Ciepielewska) a bordo. La reconoce de inmediato, pues fue prisionera de guerra judía en Auschwitz donde Lisa era guardia. Muy afectada, le cuenta a su marido una versión de lo ocurrido y luego, en un monólogo interior, se cuenta a sí misma la verdad, mucho más perturbadora y horrible.

Las escenas de Auschwitz de *La pasajera* están representadas con el silencio y el aspecto onírico de una pesadilla, motivo que basta para considerar la película todo un hito. Pero hay algo más extraordinario en ella. El director Andrzej Munk murió en un accidente de carretera en 1961, a los treinta y nueve años, sin haber rodado la mayor parte de la película narrada en presente (las escenas del barco). Su ayudante, Witold Lesiewicz, pasó años completándola, pero al final decidió utilizar sólo fotos fijas de las escenas sin rodar. Por eso, cuando Lisa ve a Martha en la pasarela del barco, las dos quedan congeladas en el tiempo. Las escenas siguientes en cubierta, en las que aparecen Lisa y su marido, también son planos congelados. Por tanto, sólo tiene vida el pasado, la iniquidad y la lucha de poder entre las dos mujeres durante la guerra, pues son las únicas imágenes con movimiento. Tenemos la sensación de que, igual que murió el director, lo hicieron las mujeres en el pasado y el encuentro posterior, años después de la guerra, es un incómodo sueño. Chris Marker utilizó con gran efecto fotos fijas en *El muelle*, que se hizo más o menos al mismo tiempo que se completó *La pasajera*. El efecto aquí es igualmente impactante.

Mark Cousins

Fecha 1963

Nacionalidad Polonia

Director Andrzej Munk

Reparto Aleksandra Slaska, Anna Ciepielewska

Título original *Pasazerka*

Por qué es clave *La pasajera* es una de las mejores películas sobre el Holocausto, que se beneficia del hecho de estar incompleta.

Película clave *Blonde Cobra* El trastorno sistemático del cine

A veces es un niño y a veces en una monja llamada madame Nescience, otras veces es un «hombre de imaginación que sufre el síndrome de abstinencia del Lower East Side neoyorquino y está consumido por el asco de los años cincuenta, cuarenta y los treinta estadounidenses», tal como describe el director Ken Jacobs al héroe de su casi indescriptible película. El personaje está interpretado por Jack Smith, director del clásico del cine *underground* de 1963 *Flaming Creatures* y actor que encarnó como ningún otro lo ha hecho jamás la exaltación antiarte del dadaísmo sin restricciones.

La actuación de Smith en *Blonde Cobra* la grabó en un primer momento el director Bob Fleischner para integrarla en dos comedias *underground* de monstruos que estaba rodando. Al final abandonó el proyecto y le entregó a Jacobs el metraje que había filmado. El montaje que realizó éste lo hizo aún más anárquico y se incluyen largos pasajes de sonido sin imagen. Grabó también una banda sonora de canciones y monólogos, respondiendo al espíritu de la interpretación de Smith con viejos discos de 78 r. p. m. pertenecientes a su colección. En una maniobra particularmente audaz, escribió instrucciones para la proyección en las que se pedía que se encendiera una radio –a ser posible con locuciones habladas mejor que con música– en momentos específicos de la película. Esto introducía un elemento más de desorden aleatorio que se añadía al caos liberador de la experiencia y hacía que cada proyección de la película fuera única.

Se ha dicho que *Blonde Cobra* es la obra maestra del cine baudelairiano, un subgénero del que Jacobs y Smith han sido los máximos, y probablemente los únicos, exponentes. Pero es de justicia nombrar a otro poeta francés, Arthur Rimbaud, cuyo llamamiento en pos de un «trastorno sistemático de los sentidos» encuentra su apogeo cinematográfico en las colaboraciones de estos dos locos magos de la improvisación.

David Sterritt

Fecha 1963

Nacionalidad Estados Unidos

Director Ken Jacobs

Reparto Jack Smith

Por qué es clave
Las tragicómicas travesuras de Jack Smith, montadas con garbo dadaísta y yuxtapuestas con el sonido directo de la radio, constituyen un divertido ejemplo del cine baudelairiano del que Jacobs y él fueron pioneros.

Escena clave **McQueen salta la alambrada con la moto** *La gran evasión*

SPOILER

El prisionero de guerra huido Virgil Hilts (McQueen) escapa en una moto, y los nazis van tras él. Después de tantos minutos de campos de prisioneros y túneles hacia la libertad, el paisaje abierto del campo ofrece una estimulante esperanza. Pero unas altas alambradas frustran la historia de huida de Hilts (y la nuestra). Entonces ocurre el milagro: en una fusión entre el personaje y el sereno actor que lo interpreta, Hilts se detiene, acelera el motor de la moto y salta sobre la alambrada sin esfuerzo aparente. En cualquier cine lleno de gente, el público aplaudirá la hazaña. Ésa es la magia del cine, a menudo ligada, ya desde Méliès, a la magia de volar. Es fácil comprender por qué *La gran evasión* es objeto de veneración dentro del cine de acción.

Pero el momento de magia es realmente fugaz. Hilts supera el obstáculo, pero enseguida se encuentra con otro que, al intentar pasarlo del mismo modo, lo derrota. Después de chocar contra la alambrada, es capturado de nuevo. A pesar de la promesa del título, *La gran evasión* nos niega ese placer optimista de las aventuras clásicas de Hollywood y en su lugar transmite un intenso fatalismo que cada vez más representa el lado oscuro de los años sesenta. Desde *Punishment Park* o *The Prisoner* a *La leyenda del indomable* (*Cool Hand Luke*) o *La gran evasión*, el encarcelamiento se convierte en una metáfora válida de la década.

La gran evasión señala los últimos coletazos de la maquinaria de Hollywood tratando de contar historias entusiastas de heroísmo a pesar del cambio de los tiempos. El vuelo de Virgil –y sus tristes consecuencias– capta el momento de gran tensión que se vivía tanto en el terreno social como en el cinematográfico. Quizá permanece en la memoria porque es un instante de magia y también porque sabemos que no duró. Ahí está la historia para recordárnoslo.

Dana Polan

Fecha 1963

Nacionalidad Estados Unidos

Director John Sturges

Reparto Steve McQueen

Título original *The Great Escape*

Por qué es clave
Es un gran momento en la historia del cine de acción, que resulta aún más emocionante porque es maravilloso e inesperado.

Pág. siguiente *La gran evasión*.

WH-13371

BOOTS
GORGE
-BOOTS

Escena clave **El largo viaje a casa** *The Love Eterne*

Mucho antes de que Bruce Lee atrajera la atención mundial hacia el cine de Hong Kong, aquel territorio tenía ya una intensa industria cinematográfica que se especializaba en melodramas y musicales bastante femeninos y claramente influenciados por la tradición operística de la China continental. Los hermanos Shaw eran los productores más importantes del lugar, pero ni siquiera ellos, con su asombroso instinto comercial, estaban preparados para el éxito de *The Love Eterne*. La película se recibió con verdadero fanatismo en toda Asia: hubo una mujer que la vio 100 veces, hizo llorar a Ang Lee y le inspiró a hacer cine.

La historia es una leyenda china similar a *Mulan*: Chu Ying-tai (Le Di, que en los créditos de Occidente aparecía como Betty Loh Tih) es una adolescente de una familia rica que se viste de hombre para poder estudiar. En el viaje hacia la escuela, conoce a Lian Shan-bo, un chico de clase trabajadora interpretado por la actriz Ling Po (Ivy Ling en los créditos occidentales). Ying-tai se enamora de Shan-bo, pero, como se hace pasar por hombre, no puede revelar sus sentimientos. Después de tres años de estudios, comienzan un largo, musical y simbólico viaje de vuelta a casa durante el que expresan la pasión que sienten.

El guión juega abiertamente con las reglas sexuales, pero al darle el papel de chico a una mujer el juego se duplica. Por si eso fuera poco, el legendario director Li Han Hsiang representa la historia en los decorados con más estilo de la historia del cine. Todas las escenas parecen desarrollarse en un paraje de fantasía o estar llenas de flores de cerezo y las composiciones parecen ilustraciones de un pergamino. Los trajes, los movimientos de las manos, las miradas de complicidad, todo está perfectamente planeado. En ese sentido *The Love Eterne* marca el cénit de la suntuosidad cinematográfica.

Mark Cousins

Fecha 1963

Nacionalidad Hong Kong

Director Li Han Hsiang

Reparto Le Di, Ling Po

Título original *Liang Shan Bo yu Zhu Ying Tai*

Por qué es clave Es una de las películas más famosas habladas en chino que se hayan hecho desde 1949; además, es un musical tremendamente estilizado y todo un hito del cine gay.

Escena clave **El misterio del constante cambio de identidad** *Charada*

SPOILER

Apesar de la insistencia con la que Donen quiso evitar que se relacionara *Charada* con el cine de Hitchcock, por más que admitiera admirarlo, esta película es lo más cerca que ha estado ningún otro cineasta –incluyendo a Truffaut y De Palma– del espíritu y el sentimiento de algunas de las películas aparentemente «ligeras» de Hitchcock, como *Atrapa a un ladrón* (1955) o *Con la muerte en los talones* (1959), gracias también a Cary Grant. Donen consiguió, además, con más éxito que el genial realizador británico –incluso en las serias *Sospecha* (1941) y *Encadenados* (1946)– que el público dudara de la inocencia de Grant.

La mayor parte de *Charada*, desde la primera aparición de Grant, gira en torno a la cuestión que atormenta a Reggie (Hepburn), al principio de manera inconsciente y al final de un modo desesperado: ¿Quién es en realidad ese hombre tan divertido y que tanto le gusta a pesar de sus mentiras? La escena en cuestión se desarrolla de noche en una columnata frente al Palais Royal de París. Reggie está intentando que la ayude el señor Bartholomew, de la embajada de Estados Unidos, nombre bajo el cual se hace pasar el misterioso personaje interpretado por Grant. Otro hombre (Matthau), pistola en mano, afirma ser Bartholomew y la advierte contra Grant, que también quiere que ella le dé los sellos por los que fue asesinado su marido.

–Ese hombre es Carson Doyle –le dice Grant.

–¡Yo ya no sé quién es nadie! –exclama Reggie.

–Confía en mí –insiste Grant.

–¿Por qué habría de hacerlo?

La situación es muy divertida y, al mismo tiempo provoca una gran tensión a los personajes y al espectador, como en los mejores momentos de Hitchcock.

Miguel Marías

Fecha 1963

Nacionalidad Reino Unido/Estados Unidos

Director Stanley Donen

Reparto Audrey Hepburn, Cary Grant, Walter Matthau

Título original *Charade*

Por qué es clave Esta escena ofrece otra vuelta de tuerca en el dilema amor frente a confianza, un tema tan importante en la comedia como en el *thriller*.

Pág. anterior *Charada*.

Película clave *Vidas secas*

La obra de Nelson Pereira dos Santos *Vidas secas* está considerada como la obra que inaugura el Cinema Nôvo brasileño, un movimiento cinematográfico que pretendía reformar la sociedad brasileña a través de películas que despertaran la conciencia social del público. *Vidas secas*, obra ejemplar en dichos términos, se abre con una cita que hace un llamamiento a la conciencia sobre los millones de pobres existentes en el noreste de Brasil. Las medidas estéticas elegidas para el resto de la película (uso de actores no profesionales, diálogos sencillos, fotografía en blanco y negro sin ningún tipo de filtro) ayudan a dar testimonio de la vida de privaciones de los habitantes de las secas tierras del *sertão*.

Inspirada en la novela de Graciliano Ramos, *Vidas secas* relata una temporada de la vida de Fabiano (Iório) y su familia. Viven desplazados, por lo que vagan por las tierras azotadas por la sequía hasta que por fin encuentran refugio en una granja. En una secuencia memorable, Dos Santos retrata el momento en el que el hijo mayor de Fabiano cae en la cuenta de que viven en una versión terrenal del infierno. Después de oír la palabra *infierno* en boca de un chamán, el chico les pregunta el significado a sus padres. La madre (Ribeiro) se lo describe de manera evasiva como «un lugar feo». Fabiano no hace ningún comentario. El muchacho vuelve junto a su madre y le pide una explicación más amplia: «Es el lugar al que van las almas condenadas, está lleno de llamas y lenguas de fuego». «¿Tú has estado?», le pregunta el muchacho ingenuamente, quien como única respuesta recibe un golpe en la cabeza con una cuchara. Entonces sale corriendo y llorando y se pone a observar el paisaje que tiene alrededor. Repitiendo las palabras de su madre, el muchacho mira la casa, las tierras secas, el exiguo ganado. «Infierno, infierno, infierno», recita a modo de mantra.

Paolo Bertolin

Fecha 1963

Nacionalidad Brasil

Director Nelson Pereira dos Santos

Reparto Átila Iório, Maria Ribeiro

Por qué es clave
En línea con los principios del Cinema Nôvo, del que se la considera punto de inicio, *Vidas secas* aboga por el despertar de la conciencia.

Película clave *La película de Zapruder* Grabación del asesinato de Kennedy

La película más rentable de todos los tiempos (en relación al coste de producción y los beneficios obtenidos) consta de unos escasos 486 fotogramas y se vendió por un total de 16 millones de dólares. Pero Abraham Zapruder, un empresario de la industria textil de Dallas, Texas, habría podido pasar sin tal éxito. El traumatizado autor de la película que llevaría su nombre gritó: «¡Lo han matado! ¡Lo han matado!» a la multitud, que no había visto cómo le abrían la cabeza al presidente como sí lo había hecho él a través de la lente de su cámara Bell & Howell de 8 mm. Consciente de que tenía algo muy importante, entregó la película a los Servicios Secretos y luego vendió los derechos a *Life*, en cuyas páginas el mundo vio por primera vez lo que le había hecho un solitario francotirador al presidente de Estados Unidos. *La película de Zapruder* resulta interesante no sólo por las respuestas que da, sino también por las que no da: los que apoyan la teoría de la conspiración siguen, cuarenta años después, observando con rabia el movimiento «hacia atrás y a la izquierda» que experimenta la cabeza de Kennedy, un escollo que Oliver Stone aprovechó bien en *JFK* (1991). Pero lo que grabó la película resulta desgarrador y catastrófico: un hombre poderoso y sano cuyos sesos fueron esparcidos por la calle a plena luz del día, su hermosa mujer exclamando «¡Ay, Dios mío!» al tiempo que se aleja, histérica, del cuerpo de su marido. *La película de Zapruder* es aterradora porque la cámara revela nuestra indefensión ante la muerte. En algún lugar hay un fotograma 313 esperándonos a todos y cada uno de nosotros.

Violet Glaze

Fecha 22 de noviembre de 1963

Nacionalidad Estados Unidos

Cámara Abraham Zapruder

Título original
The Zapruder Film

Por qué es clave
Un cineasta no profesional inmortaliza un acontecimiento catastrófico.

Pág. siguiente Un hombre muestra *La película de Zapruder*.

CHANGEOVER

Escena clave **El debut de Buddy Love en el Purple Pit** *El profesor chiflado*

Hacia la mitad de *El profesor chiflado*, el tímido y torpe químico Julius Kelp (Lewis) se bebe una poción que ha inventado para conseguir una imagen masculina más aceptable. La siguiente secuencia se desarrolla en el Purple Pit, un local al que acuden los estudiantes universitarios, y es cuando se hace evidente que la poción ha surtido el efecto deseado. Lewis, como director, acerca la cámara para hacer un plano de Lewis actor, en la piel del nuevo álter ego de Kelp, que se muestra más llamativo y elegante con un traje azul eléctrico, el pelo peinado hacia atrás y fumando un cigarrillo mientras observa el lugar. El recién llegado –que va a bautizarse a sí mismo con el nombre de Buddy Love– se dispone a dejar huella en el lugar explicándole al camarero (Lester) la complicada receta del Calentador de Osos Polares de Alaska, un cóctel que con sólo probarlo deja paralizado al hombre que acaba de prepararlo y que, sin embargo, Love apura hasta la última gota sin sufrir el menor efecto visible. Después se dirige a la bella Stella (Stevens), la lleva a la pista de baile y le suelta unas cuantas frases ridículas (empieza con «Sé lo que estás pensando: ¿dónde ha estado este hombre toda mi vida?»). Por último, se hace con el control de la banda de música para interpretar una versión de «That Old Black Magic».

Lewis hace todo lo que puede para que Buddy Love resulte lo más repelente posible y, al hacerlo, no puede evitar dotarlo de rasgos puramente humanos (como la molestia que le provoca el humo de su propio cigarrillo y su extraña manera de interpretar la canción). Además, se asegura de que los espectadores no podamos olvidar una incómoda y doble verdad, que lo que queremos es que Love sustituya al pobre y emasculado Kelp, y que la egolatría, el desprecio que siente hacia los demás y la falsedad de Love no son más que versiones algo exageradas de ciertos rasgos que la cultura estadounidense considera admirables.

Chris Fujiwara

Fecha 1963

Nacionalidad Estados Unidos

Director Jerry Lewis

Reparto Jerry Lewis, Stella Stevens, Buddy Lester

Título original *The Nutty Professor*

Por qué es clave
Es una secuencia legendaria y reveladora de todo un clásico del cine estadounidense.

Escena clave **El loco mudo** *Corredor sin retorno*

SPOILER

«Cuando Dios quiere destruir a alguien, primero lo vuelve loco.» Pocas películas comienzan con una cita de Eurípides, pero es que Fuller no era un director como los demás. Pertenecía al pequeño grupo de cineastas estadounidenses que hicieron auténtico arte desde el Hollywood más pobre, rodando películas de serie B con una financiación tan escasa y tan pocas estrellas que a los productores no les importaba que experimentaran cuanto quisieran siempre y cuando el presupuesto y el calendario permanecieran inamovibles. En la genial y escabrosa *Corredor sin retorno*, Fuller creó una perfecta fusión de elementos visuales y verbales, rodando un guión serio y firme con una cámara que parece estar siempre a punto de atacar a los personajes, al público o a ambos.

El protagonista, Johnny (Breck), es un reportero que está investigando un misterioso asesinato ocurrido en un hospital psiquiátrico. Para acceder al centro, convence a su novia (Towers) para que se haga pasar por su hermana y diga que ha intentado violarla, de manera que lo encierren allí. Una vez dentro, comienza a buscar pistas y conoce a tres pacientes que encarnan –con adecuada demencia– tres de las grandes fijaciones que había en Estados Unidos en el período posterior a la segunda guerra mundial: un hombre que odiaba a los comunistas y que, sin embargo, se hizo comunista (James Best), un activista de los derechos de los negros que se cree el máximo dirigente del Ku Klux Klan (Hari Rhodes) y un experto en la bomba atómica que ha vuelto a la infancia (Gene Evans).

Johnny resuelve el caso, pero la convivencia con la locura de Estados Unidos lo ha convertido en un loco al que diagnostican esquizofrenia catatónica. «Qué tragedia», dice su psiquiatra (Matthews). «Un loco mudo va a ganar el premio Pulitzer». Parece que Dios quiso destruirlo. El porqué es un misterio que tendremos que resolver nosotros solos.

David Sterritt

Fecha 1963

Nacionalidad Estados Unidos

Director Samuel Fuller

Reparto Peter Breck, Constance Towers, John Matthews

Título original *Shock Corridor*

Por qué es clave Aquí Fuller se adentra en el inconsciente estadounidense con más intensidad que en ningún otro momento de su carrera.

Pág. anterior
Corredor sin retorno.

SPOILER

Escena clave **Los helicópteros gobiernan la tierra** *Éstos son los condenados*

Aunque a menudo resulte poco elegante y tenga fallos, *Éstos son los condenados* es la suma total y el punto culminante de la carrera del director Joseph Losey en la industria del entretenimiento, antes de que *Eva* (rodada después pero estrenada antes) y *El sirviente* lo convirtieran en un reputado director de cine de autor. Quizá *Éstos son los condenados* merezca ocupar un lugar privilegiado porque la estructura narrativa representa el motivo recurrente en la obra de Losey: la extinción de una humanidad angustiada que deja atrás tan sólo un mundo árido en profundidad de foco y fotografiado como si el director estuviera colaborando con las fuerzas de destrucción. Una vez que los héroes de la película, Simon (Carey) y Joan (Field), entran en contacto con los niños radiactivos que el gobierno inglés está entrenando para que hereden el planeta tras el apocalipsis, la pareja comienza a desaparecer del centro de la historia; físicamente, pues están debilitados por la radiación, pero también al verse privados de la prerrogativa del protagonista de poder cambiar el curso de la historia. Finalmente, después de ver frustrado el intento de liberar a los niños, se les permite marcharse en su barca mientras un helicóptero sobrevuela el lugar para destruir sus cuerpos tras la inevitable muerte por contaminación radiactiva. Ajenos al destino que les espera, la pareja representa una última escena de amor frustrada bajo el ruido ensordecedor del helicóptero. Losey los abandona por una serie de imágenes en crescendo de los riscos de Portland Bill y el pueblo de Weymouth, con el sonido de fondo de los gritos incorpóreos de los niños prisioneros. Después nos muestra un cuadro final bajo los créditos finales: el helicóptero en primer plano, la barca navegando al fondo probablemente con sus ocupantes, nuestros héroes, muertos a bordo.

Dan Sallitt

Fecha 1963

Nacionalidad Reino Unido

Director Joseph Losey

Reparto Macdonald Carey, Shirley Anne Field, Alexander Knox, Viveca Lindfors

Título original *The Damned*. Conocida también como *These Are the Damned*

Por qué es clave
Esta escena es la expresión más sombría de la visión angustiada del mundo de Losey.

Escena clave **En el patio del colegio** *Los pájaros*

Bodega Bay ha sufrido ya varios ataques, que se creen aislados, por parte de pájaros enloquecidos. Melanie Daniels (Hedren) va a buscar a la joven Cathy (Veronica Cartwright) al colegio. Llega antes de que la clase haya terminado, por lo que decide sentarse en el patio y se fuma un cigarrillo con gran elegancia mientras, dentro, los niños cantan «The Wee Cooper o' Fife», una repetitiva y monótona canción popular escocesa. Melanie tiene muchas cosas en que pensar y no se fija en los pájaros que van posándose de dos en dos en la estructura de hierro que hay a su espalda. Entonces un aleteo atrae su atención y –desde la perspectiva de la protagonista– la cámara se eleva y sigue a un pájaro que surca el aire y va a aterrizar en la estructura, que está ya completamente cubierta de pájaros amenazantes. Sabemos que van a atacar tarde o temprano, pero por el momento sólo esperan y observan sin siquiera hacer demasiado ruido. Dado que *Los pájaros* es una de las primeras muestras de cine *high concept* o de trama sencilla, Hitchcock opta por torturarnos: sabemos que estamos ante una película en la que los pájaros atacan a la humanidad, pero el director se toma su tiempo antes de mostrarnos el esperado ataque en masa. Cada pequeño incidente o cada pájaro aumenta la tensión dramática mientras la historia parece centrarse en la trivial Melanie y en lo que hace. La escena del patio del colegio, que introduce la primera secuencia aterradora de la película, es la calma antes de la tormenta, pues la siguiente hora de la cinta será un sinfín de acción y horror. Si la analizamos, es tan inquietante y ambigua como la escena del parque de *Blowup* (1967), pues nos obliga a prestar atención a una mujer que no está haciendo nada mientras las imágenes en calma y los sonidos superpuestos en la banda sonora (la monótona canción de los niños y los ruidos de los pájaros) nos prepararan para el horror que nos espera.

Kim Newman

Fecha 1963

Nacionalidad Estados Unidos

Director Alfred Hitchcock

Reparto Tippi Hedren

Título original *The Birds*

Por qué es clave
Es un ejemplo modélico de aumento de suspense en un momento en el que, aparentemente, no pasa nada importante para la historia.

Pág. siguiente *Los pájaros*.

Película clave *Flaming Creatures*
El nacimiento del *camp*, la muerte de Jack

Estos 43 minutos de metraje en blanco y negro –rodados en películas desechadas y a veces tan dañadas y descoloridas que crean un efecto surrealista de blanco sobre blanco– cambiarían los medios de comunicación estadounidenses para siempre. Bajo una banda sonora completamente desincronizada que va de un silencio inquietante al *latin pop*, el *rock and roll*, la música de las películas de serie B de Mario Montez y un divertido diálogo sobre cómo hay que quitarse los restos de pintalabios del pene, la película va mostrando imágenes fracturadas y descentradas, algunas estáticas, otras frenéticas. Cuerpos de género incierto (*drag queens*, tipos musculosos con las axilas peludas, barbas y pintalabios, e incluso mujeres de verdad) se mezclan ingeniosamente con lirios blancos, rosas, joyas falsas, ropa árabe, gasas y encaje... Es como un bodegón enloquecido, como un eco de la más barroca puesta en escena de Sternberg. Primeros planos de manos acariciando penes flácidos o un pecho exquisito, de genitales femeninos en mitad de una escena de falsa orgía/violación en grupo, alternados con momentos de pseudonarrativa: la mañana después de una bacanal seguida de un terremoto (!), el baile seductor de una mujer española (Montez vestido de mujer), una *drag queen* vampiresa a lo Marilyn Monroe levantándose de un ataúd...

La película se originó en los espectáculos gays del Manhattan de la década de 1960, una época de inocencia en la que uno se podía pasar la vida bailando. Y Jack Smith quería que sus espectadores se divirtieran. Según Susan Sontag, esta obra supuso el nacimiento del *camp*, el estilo amanerado y divertido. *Flaming Creatures* se enfrentó a una censura brutal tanto en Estados Unidos como en Europa. Smith la retiró de la circulación, no volvió a estrenar ninguna otra película y se sumergió en un estado de paranoia o locura de genio que acabaría matándolo.

Bérénice Reynaud

Fecha 1963

Nacionalidad Estados Unidos

Director Jack Smith

Reparto Frances Francine, Sheila Bick, Dolores Flores/Mario Montez, Judith Malina

Por qué es clave Dirigida por un genio *underground*, esta película influyó enormemente en Andy Warhol, Werner Schroeter, Nan Goldin, Mike Kelley y otros.

Escena clave **La lucha de los esqueletos**
Jasón y los argonautas

En *Simbad y la princesa* (*The 7th Voyage of Sinbad*, 1958), el animador Ray Harryhausen enfrentó al heroico marinero con un esqueleto armado con una espada. Aquélla fue la escena más recordada de una película llena de maravillas, por lo que Harryhausen aprovechó la oportunidad de llevar la idea a una escala mayor en la siguiente aventura mítica, en que Jasón (Armstrong) y los argonautas supervivientes tienen que enfrentarse a todo un grupo de esqueletos guerreros salidos de la tierra gracias a unos dientes sembrados por un malvado rey. Es toda una hazaña encajar a la perfección los movimientos de los especialistas y de las figuras. La escena fue dirigida por Don Chaffey y el propio Harryhausen, con el apoyo de la memorable música de xilófono de Bernard Herrmann. A los niños siempre les han encantado los esqueletos animados (como los que aparecen en varios cortometrajes clásicos de Disney) y, además, son ideales para la animación dimensional, pues básicamente se trata de armazones desnudos como los que se fabricaron para el interior de King Kong y de muchas otras figuras posteriores. En *Simbad*, la lucha tiene lugar en un espacio interior, dentro de una cueva oscura donde las sombras y un decorado controlable facilitaban ciertos efectos. En un alarde de confianza, Harryhausen sitúa la batalla de los esqueletos de *Jasón y los argonautas* al aire libre en lo alto de un acantilado, a plena luz del día.

Kim Newman

Fecha 1963

Nacionalidad Reino Unido

Director Don Chaffey

Reparto Todd Armstrong

Título original *Jason and the Argonauts*

Por qué es clave Emoción mágica en todo su esplendor.

Pág. anterior
Jasón y los argonautas.

SPOILER

Escena clave **El ejecutor como condenado**
El verdugo

El año antes del estreno de *El verdugo*, una sombría y cómica obra maestra de Luis García Berlanga que no ha recibido el reconocimiento que merecería, la dictadura militar española ejecutó a tres disidentes políticos: Julián Grimau, miembro del Partido Comunista, y los anarquistas Francisco Granados y Joaquín Delgado. La película narra cómo el infeliz José Luis (Manfredi) se ve obligado, a su pesar, a ocupar el cargo hereditario de verdugo del estado. De Madrid debe trasladarse a Mallorca junto con su esposa, con la que acaba de casarse, y con su suegro, en lo que es una penosa parodia de luna de miel. Poco después,debe acudir a ejecutar a garrote a un preso. Mientras implora desesperadamente que el condenado sea perdonado, el reticente ejecutor recibe la visita de un cura y luego del glotón director de la prisión (que le ofrece champán) antes de tener que ponerse una corbata, que le pone a la fuerza un guardia como si se tratara del hierro del garrote.

En la penúltima secuencia de la película, una toma larga (que parece interminable) rodada con una cámara fija, vemos a José Luis, con piernas temblorosas, obligado a cruzar una habitación pintada de blanco que conduce a la sala en la que se va a llevar a cabo la ejecución. De la secuencia desaparece todo ruido extradiegético, de modo que sólo se oye el sonido que hacen los zapatos contra el suelo cuando arrastran a José Luis, que se retuerce y vomita por la habitación blanca. Dos grupos se acercan a la sala de la ejecución, primero el convicto, rodeado de guardias y resignado con su destino, y después otro grupo de guardias que parecen apuntalar a José Luis; entre ambos está el cura, administrando sus plegarias a ambos condenados. Al final, José Luis desaparece al otro lado de la diminuta puerta negra situada al final de la habitación blanca. Pocas veces en la historia del cine ha habido una crítica más elocuente a la pena de muerte.

Steven Marsh

Fecha 1963

Nacionalidad España

Director Luis García Berlanga

Reparto Nino Manfredi

Por qué es clave
Esta escena de todo un clásico de la comedia española es una de las mejores críticas a la pena de muerte que se hayan rodado nunca.

Escena clave **La paliza**
Youth of the Beast

Una de las amantes (Kazuki) de un jefe de la *yakuza* (Kobayashi) ha intentado convencer a su nuevo secuaz, Jo (Shishido), para que mate a otra de sus amantes. El jefe la castiga delante de Jo en el moderno salón de su casa. Jo sólo es un espectador de todo lo que ocurre, del mismo modo que lo es de la vida de la *yakuza* (en realidad, está en ella en busca de venganza). El jefe azota a su amante, primero en el salón y luego fuera. El cielo parece arder y la tierra es como un desierto amarillo en la superficie de la Luna: todo tiene un aspecto extraño y extraordinario.

Suzuki quiere recordarnos un mito. Los personajes tratan de expresar sus sentimientos más primarios, los instintos que se ocultan tras las farsas de la modernidad. Los apartamentos al estilo estadounidense, las costumbres burguesas de la *yakuza*, la imagen a la moda de la amante, todo es falso: los hombres siguen buscando de manera desesperada las grandes leyendas que estructuren su destino. Por eso actúan de forma irracional en un mundo supuestamente organizado, y pierden la cabeza por un momento. Al final, el jefe suelta el látigo y abraza a su amante, que llora desconsoladamente. El decorado de estudio de la película da también la imagen de falsa modernidad, pero puede que en realidad sea la antítesis de ello: Suzuki ha empezado con esta secuencia un proceso de deconstrucción dentro de lo que se suponía que era una simple película de serie B sobre la *yakuza*.

Antoine Coppola

Fecha 1963

Nacionalidad Japón

Director Seijun Suzuki

Reparto Jo Shishido, Akiji Kobayashi, Minako Kazuki

Título original
Yaju no seishun

Por qué es clave
Un genio del cine repasa mitologías antiguas y modernas: aquí están las raíces de la modernidad del cine japonés.

Película clave *Mothlight*
Un punto álgido del cine abstracto

Brakhage veía la lente de la cámara como una extensión de su ojo. Sus obras no plasman el mundo como lo hacen las películas de Hollywood –con iluminación artificial, trípodes fijos y narrativa–, sino como lo ven los humanos cada día en su vida común, donde la visión nunca está fija o estable y la vista siempre se ve afectada y modificada por la mente.

Mothlight supone un cambio para Brakhage, pues en lugar de reflejar la vista humana, evoca «lo que podría ver una polilla desde que nace hasta que muere si el negro fuera blanco y el blanco fuera negro». Y lo hizo sin cámara, pegando alas de polilla, ramitas y hojas entre tiras de cinta Mylar transparente y luego imprimiéndolo todo directamente en el celuloide. El resultado, de cuatro minutos de duración, es una danza de luz y sombra que se mueve por la pantalla con la suavidad de una pluma que escapa a la fuerza de la gravedad en un soplo de brisa.

El tema del nacimiento, la muerte y el renacer sostiene toda la película, partiendo del hecho de que *Mothlight* transmite una intensa sensación de vida con un material que no sólo está muerto, sino atrapado de un modo inamovible sobre el celuloide. Al mismo tiempo, ese trozo de película al pasar por la luz del proyector, igual que una polilla vuela hacia una bombilla o una llama atraída por la luz, consigue reanimar los elementos fijados en ella, devolviéndoles la apariencia y quizá de una manera mágica también la sustancia de la vida que en otro tiempo había en esos fragmentos de materia orgánica. Al crear esta magnífica película abstracta, Brakhage llevó el mundo real a unas profundidades que rara vez alcanza el «realismo» de las películas corrientes.

David Sterritt

Fecha 1963

Nacionalidad Estados Unidos

Director Stan Brakhage

Por qué es clave Pegando alas de polillas, hojas y ramitas entre tiras de cinta transparente e imprimiendo el resultado en una película, Brakhage creó una de las películas abstractas estadounidenses más geniales e influyentes.

Película clave *21-87*
Los títulos de crédito finales

Utilizando una combinación de metraje desechado por sus compañeros de la National Film Board of Canada y metraje original rodado en Toronto y en Nueva York, *21-87* es una reflexión abstracta sobre la alienación y el declive de la espiritualidad de la vida industrial. La película de Lipsett está basada explícitamente en la relación de contrapunto entre sonido e imagen, de modo que está repleta de momentos donde ambos elementos se desencadenan el uno al otro de maneras sorprendentes y conmovedoras (al igual que en sus otras películas, Lipsett compuso la banda sonora antes de montar las imágenes). Vemos cómo se realiza una autopsia con el sonido de fondo de maquinaria, el coro de una iglesia canta sobre planos de un circo, unos adolescentes bailan como maniquíes y unos maniquíes pronuncian la palabra de Dios, un grupo de gente mira con reverencia a un mono amaestrado.

Sin embargo, la secuencia más potente de la película es también una de las más potentes de todo el cine de vanguardia. Nos referimos al final, que se aparta de la condición poética basada en la observación del resto de la cinta y se aproxima a una abstracción cinética más parecida a los montajes rápidos de Bruce Conner que a los documentales de la National Film Board. La sensación de poética dispersión de la película se acelera de tal modo que la tristeza se convierte en desesperación, el cansancio en agotamiento. Las imágenes de luces comienzan a agruparse y vemos un reflejo borroso de Lipsett y un misterioso plano de un hombre levantando las manos como si estuviera suplicando a una bombilla cegadora. Unas cuantas repeticiones de dicha aparición, intercaladas con créditos, dan lugar al título. Al implicarse en este catálogo de desarticulación, Lipsett convierte una película aparentemente caprichosa en una revelación personal: una postal desde el infierno.

Travis Miles

Fecha 1964

Nacionalidad Canadá

Director Arthur Lipsett

Por qué es clave Este sombrío retrato de un mundo carente de sentimientos se vuelve inolvidable gracias a un final contundente que ejerce de firma desesperada del director.

Escena clave **El bolso amarillo, la caja fuerte vacía, el equipaje** *Marnie, la ladrona*

El estilo tranquilo, organizado y sencillo con el que Hitchcock decidió comenzar *Marnie, la ladrona* es un modelo de ritmo que guía la mirada del espectador y le proporciona información de un modo cuidadoso y selectivo. Dura alrededor de ocho minutos y comienza en realidad ya con los títulos de crédito: 19 tarjetas de visita, negro sobre blanco con un toque de dorado, presentadas a modo de diapositivas. Después vienen tres breves secuencias, la primera y la última sin diálogo. La primera imagen «en vivo» es el primer plano de un bolso amarillo colocado bajo el brazo de una mujer que va caminando; la cámara la sigue un instante, luego se detiene y la deja marchar para, después, seguirla un poco más, pero a cierta distancia se detiene de nuevo hasta que la figura desaparece en una estación de tren desierta.

Corte a un primer plano de un hombre gordo y bajo de mediana edad, con gafas (Gabel). «¡Me han robado!» exclama indignado al tiempo que vemos una caja de seguridad vacía. Después describe con todo lujo de detalles –para disfrute de una pareja de policías y de su secretaria– a la ladrona, una mujer hermosa sin referencias que ha desaparecido con casi diez mil dólares. Un cliente que está allí de visita (Connery) la describe como una mujer «de recursos».

La tercera secuencia comienza con el mismo bolso de antes, aunque ahora parece más bien blanco (por efecto de la luz, o de la ausencia de filtro), en el pasillo de un hotel. La mujer de pelo castaño (la vemos de espaldas) hace dos maletas, elige una tarjeta de la Seguridad Social de entre las muchas que tiene con diferentes nombres y se suelta el pelo, que emerge después de un lavabo lleno de agua con un tono rubio ceniza. Aparece también el rostro mojado de Tippi Hedren, con una expresión de alivio: es éste el momento en que lo vemos por primera vez en la película, en un primer plano memorable.

Miguel Marías

Fecha 1964

Nacionalidad Estados Unidos

Director Alfred Hitchcock

Reparto Tippi Hedren, Sean Connery, Martin Gabel

Título original *Marnie*

Por qué es clave Es un ejemplo clásico de cómo empezar una película de misterio y contar una historia muy elaborada con la máxima economía de medios.

Pág. siguiente
Marnie, la ladrona.

Escena clave **Los protagonistas bailan el Madison** *Banda aparte*

La ingenua y joven Odile Monod (Karina) es feliz mientras baila el Madison junto a sus dos posibles amantes, el oportunista Arthur (Brasseur) y el melancólico Franz (Frey). El Madison fue uno de los bailes posteriores al *twist* que se hicieron populares a mediados de la década de 1960, en el que los bailarines se sitúan en línea y bailan más o menos en sincronía. En la filosofía de Leibniz, una *mónada* (del griego *mono*, que significa «uno») es un individuo aislado que contiene su propio pasado, presente y futuro. Todos los que vemos bailando aquí están aislados, escuchando la música y bailando un número privado.

Banda aparte es una de las películas más musicales de Godard. En ella introduce el baile en una larga escena de movimientos coreografiados mientras los tres personajes cambian de sillas, disputándose los sitios alrededor de la mesa del café. Le sigue «Un minuto de silencio» (en realidad, son sólo 36 segundos), durante el que los tres locuaces parisinos intentan estar callados por un momento y Godard nos acostumbra los oídos para trasladarnos al sótano del café, donde oímos retazos de dos canciones de la banda sonora que el compositor Michel Legrand creó para una historia de amor más claramente romántica que ésta, *Los paraguas de Cherburgo* (1964). A continuación de nuevo el Madison, con la voz en *off* de Godard diciéndonos lo que está pensando cada uno de los bailarines: Arthur piensa en la sexualidad de Odile, está sobre sí misma y Franz se pregunta si el mundo es un sueño o el sueño, un mundo. El baile ha terminado, pero la mónada/Monod continúa.

Gregg Rickman

Fecha 1964

Nacionalidad Francia

Director Jean-Luc Godard

Reparto Anna Karina, Claude Brasseur, Sami Frey

Título original *Bande à part*

Por qué es clave
A los cinéfilos les encantan los momentos privilegiados. Pocos momentos en la historia del cine son más privilegiados que este baile en un café parisino filmado por el mayor cinéfilo de todos, Jean-Luc Godard.

AND
Co
PHIA. PA.

Escena clave **El predicador**
Dios y el diablo en la tierra del sol

En la década de 1960, el cine latinoamericano creó el modelo de cinematografía del llamado Tercer Mundo. Entre las obras pioneras se encuentra *Dios y el diablo en la tierra del sol*, la segunda película de Glauber Rocha, que rodó cuando tenía sólo 25 años. La historia gira en torno a un peón campesino llamado Manuel (Del Rey) que mata al patrón explotador y se convierte en fugitivo. La película denuncia la destrucción de la cultura indígena brasileña y la marginación de los pobres. Seguidos por el personaje semimítico de Antonio das Mortes (Do Valle), Manuel y su mujer se encuentran con el profeta-predicador negro Sebastião (Silva), que insta a la agitación social diciendo que los ricos deben convertirse en pobres y el mar debe convertirse en desierto. A los cuarenta minutos del comienzo, Manuel levanta una roca enorme hasta ponérsela en la cabeza y, muy despacio, asciende una montaña mística acompañado de Sebastião, el dios negro del título que se le dio a la película en inglés –*Black God, White Devil (Dios negro, Demonio Blanco)*–. Rocha corta a una escena frenética, quizá durante un eclipse, en la que alguien grita: «El sol está hecho de oro». La esposa de Manuel se retuerce como si estuviera poseída y el dios negro mata a la hija de ambos en silencio, con un cuchillo, y le hace la señal de la cruz en la frente con la sangre.

El cine político es a menudo anodino, algo que Rocha es incapaz de ser, como demuestran escenas como ésta. La suya es, sin duda, una furia del Antiguo Testamento. Eso, unido al verdadero talento cinematográfico, da como resultado una mezcla de *Centauros del desierto* de Ford e *Iván el Terrible* de Eisenstein.

Mark Cousins

Fecha 1964

Nacionalidad Brasil

Director Glauber Rocha

Reparto Geraldo Del Rey, Mauricio do Valle, Lidio Silva

Título original *Deus e o Diabo na Terra do Sol*

Por qué es clave Es la escena más asombrosa de la película más influyente que ha habido en el cine brasileño.

Personaje clave **Lee Marvin**
Código del hampa

SPOILER

Cuando Siegel hizo esta adaptación-*remake* del relato corto de Hemingway, Lee Marvin era una estrella de la televisión, pero en el cine se había especializado en interpretar hombres sarcásticos y violentos para aquellos directores que valoraban su habilidad para romperle la cara a alguien. Su estilo interpretativo sobrio y el cabello plateado conferían inteligencia y autoridad a los matones que encarnaba. Esos impulsos contradictorios se unieron en Charlie Strom, un asesino a sueldo de mediana edad que busca la respuesta a una pregunta antes de cobrar.

Primero vemos a Strom reflejado en las gafas de sol de su compañero (Gulager) mientras ambos asesinos, los dos con traje y gafas de sol, entran en una escuela para ciegos. Strom, con aplomo y expresión angulosa, escucha con la cabeza levantada pero ladeada, una ceja arqueada y los ojos entreabiertos.

Las pequeñas señales que hace controlan la película, dirigen a los demás personajes de manera que no tenga que levantar la voz. Sentado frente a Sheila (Dickinson), una mujer de poco fiar, esposa de un mafioso, cruza las piernas, se quita el sombrero, se estira los puños y cruza los brazos. «¿Qué quieres?», le pregunta ella. «El dinero», responde, dando la fuerza necesaria a las dos palabras, pero hablando como quien estuviera pidiendo la comida.

Dejamos a Strom agarrado a un maletín, sangrando en el jardín de un barrio residencial. Lee Marvin es todo lo contrario a McQueen. No es guapo, no le preocupa el público y por tanto resulta convincente. Es distante y se toma las cosas como algo personal. Es demasiado inteligente como para ser monumental como otras estrellas, pero cuando cae es como si hubiera muerto todo un mundo.

A. S. Hamrah

Fecha 1964

Nacionalidad Estados Unidos

Director Don Siegel

Reparto Lee Marvin, Angie Dickinson, John Cassavetes, Ronald Reagan, Clu Gulager

Título original *The Killers*

Por qué es clave Es la interpretación decisiva de la filmografía de Lee Marvin.

Pág. anterior
Código del hampa.

Escena clave **Ann-Margret baila con Elvis** *Viva Las Vegas*

La carrera cinematográfica de Elvis después del ejército fue tristemente desastrosa, pues su agente rechazó proyectos como *West Side Story* (1961) para incluirlo en una sucesión de musicales afables y sin riesgo alguno que convirtieron al peligroso rey del rock en un artista para niños. Un factor que hizo que Elvis nunca alcanzara una posición importante en el cine fue la negativa a que lo emparejaran con parejas románticas que pudieran hacer sombra a su atractivo o parejas de baile que pudieran estar a la altura de sus movimientos... Pero hubo una vez que no fue así, concretamente en esa colorida oda en pantalla ancha que George Sidney dedicó al reino chabacano de la diversión en mitad del desierto, que es *Viva Las Vegas*. Ann-Margret continuó el camino hacia el estrellato que había comenzado con *Un beso para Birdie* (1963) –que era una sátira sobre Elvis– haciendo su aparición en la película con unos pantalones cortísimos que asoman bajo un coche. La actriz sigue al Rey sin ningún problema. El gran número musical no es el de la canción que da título a la película, que Elvis interpreta solo, sino una escena en un gimnasio en la que Elvis interpreta «C'mon Everybody» y Ann-Margret enciende la pantalla con su baile frenético e hipersexual. Puede que sea la única ocasión en la que, durante un número musical de Elvis, los ojos del público están clavados en unas caderas que no son las suyas.

Kim Newman

Fecha 1964

Nacionalidad Estados Unidos

Director George Sidney

Reparto Elvis Presley, Ann-Margret

Por qué es clave
La única ocasión en que, Elvis encontró la horma de su zapato.

Pág. siguiente *Viva Las Vegas*.

Película clave *Diamantes de la noche*

Ambientada durante la segunda guerra mundial y basada en la obra del escritor checoslovaco y superviviente del Holocausto Arnost Lustig, la película se centra en la huida de dos muchachos adolescentes (Jánsky y Kumbera) de un convoy que se dirige a un campo de concentración. Los chicos pasan la mayor parte del tiempo corriendo por bosques y colinas y, aunque se encuentran al aire libre, una fotografía magistral nos transmite una intensa sensación de claustrofobia. La mayor parte del filme está rodado cámara en mano, lo que permite seguir de cerca a los protagonistas. Apenas hay diálogo y los *flashbacks* surrealistas, como de estado de trance, en los que vemos calles de ciudades vacías bañadas por la luz del sol y mujeres en silencio en las ventanas, no hacen sino aumentar el desconcierto ante la persecución.

La relevancia de la película reside en la utilización magistral del lenguaje cinematográfico y de los medios que proporciona para plasmar experiencias subjetivas como el terror, el temor, el hambre o la ansiedad. Nemec realiza hábiles primeros planos; el sonido de la respiración y el rápido montaje de imágenes subjetivas están yuxtapuestos a representaciones casi pictóricas de un mundo exterior que permanece alienado e inalcanzable. Nemec es conocido sobre todo por su interés por las representaciones surrealistas y es el responsable de obras fundamentales del surrealismo checo de los años sesenta como *Slaunosti a hostech* (*La fiesta y los invitados,* 1966) y *Mucednici lásky* (*Mártires del amor,* 1966). Esta primera obra maestra tiene una enorme importancia en los anales del cine sobre el Holocausto.

Dina Iordanova

Fecha 1964

Nacionalidad Checoslovaquia

Director Jan Nemec

Reparto Ladislav Jánsky, Antonín Kumbera

Título original *Démanty noci*

Por qué es clave
Es un retrato magistral de la experiencia subjetiva del Holocausto.

Personaje clave **Mary Astor** Una vida arruinada *Canción de cuna para un cadáver*

Para esta continuación de *¿Qué fue de Baby Jane?* (1962), una película de terror que unió a las estrellas ya maduras (y enemigas fuera de la pantalla) Joan Crawford y Bette Davis, Robert Aldrich consiguió un reparto aún mejor. No sólo logró convencer a Olivia de Havilland de que protagonizara la película junto a Bette Davis cuando Joan Crawford se retiró del proyecto, sino que también consiguió que Mary Astor viajara hasta Luisiana para hacer un cameo como Jewel Mayhew, la viuda enferma y recluida que resulta ser el núcleo de la trama de este retrato gótico de la vida en el sur de Estados Unidos. La segunda de las dos escenas en las que aparece Jewel tiene lugar en el porche de una deteriorada casa sureña donde ha recibido la visita de un inglés (Kellaway) que ha estado husmeando por la ciudad, recabando información sobre el asesinato de su marido, ocurrido hace décadas y aún sin resolver, aunque todo el mundo da por hecho que la culpable fue la chiflada de Charlotte (Davis), que había tenido una aventura con la víctima. En los pocos minutos que aparece en pantalla, bañada por la suave luz del sol creada por el director de fotografía Joseph Biroc, Astor lleva a cabo un retrato escalofriante y conmovedor de una mujer que hace ya mucho tiempo aceptó que viviría prisionera del pasado y que dice alegrarse de que esté a punto de llegar su fin. Toda la actuación es como un largo fundido, o *fade-out*, en el que, finalmente, no se ve nada excepto un destello de luz en sus ojos. Ésta fue la última aparición cinematográfica de Mary Astor.

Chris Fujiwara

Fecha 1964

Nacionalidad Estados Unidos

Director Robert Aldrich

Reparto Mary Astor, Cecil Kellaway

Título original *Hush... Hush, Sweet Charlotte*

Por qué es clave Pocas veces ha estado la interpretación cinematográfica tan cerca de la muerte.

Escena clave **Un formidable plano propagandístico** *Soy Cuba*

Este torpe y al mismo tiempo magnífico tributo soviético-cubano a la revolución cubana, comparable en ciertos aspectos a las aventuras latinoamericanas de Sergei Eisenstein (la inacabada *¡Qué viva México!*) y de Orson Welles (la inacabada *It's All True*), contiene algunas muestras de virtuosismo cinematográfico por parte del director de fotografía Sergei Urusevsky. Entre los movimientos de cámara más espectaculares hay un plano delirante e increíble de dos minutos y medio de duración. Al igual que una toma anterior en la que la cámara baja por varias plantas del exterior del hotel hasta acercarse y entrar a una piscina y sumergirse bajo el agua, es un plano que pudo haberse hecho únicamente con un gran trabajo en equipo y mediante el relevo de operadores de cámara: arte colectivo en acción.

El ataúd de un estudiante radical asesinado por la policía de Batista durante una multitudinaria revuelta es transportado por sus camaradas por el centro de La Habana, rodeados por una gran multitud. La cámara adelanta a una mujer joven y pasa también a un hombre, al que atrapa en un primer plano cuando éste se gira y se coloca la parte delantera de ataúd sobre el hombro para seguir llevándolo con los demás portadores del féretro. Entonces la imagen sube los cinco pisos de un edificio, recogiendo a las personas que observan la comitiva desde los balcones, después gira a la derecha, cruza la calle y se cuela por la ventana de una fábrica de puros, donde sigue a los trabajadores mientras éstos se pasan una bandera cubana los unos a los otros. La cámara vuelve a salir por la ventana y se une de nuevo al cortejo funerario desde arriba durante alrededor de medio kilómetro.

Jonathan Rosenbaum

Fecha 1964

Nacionalidad U.R.S.S./Cuba

Director Mikhail Kalatozov

Reparto No aparece en los créditos

Títulos originales *Soy Cuba/Ya Kuba*

Por qué es clave Uno de los movimientos de cámara más espectaculares de la historia del cine trasciende su aparente motivación.

Escena clave **El torneo a caballo** *Lilith*

Un precioso día soleado, lleno de luz y de magia. Lilith (Seberg, en el máximo esplendor de su hermosura y feminidad) parece libre y feliz, más aniñada y cautivadora que nunca. Parece saber muy bien cómo engatusar a Vince (Beatty) y luego desconcertarlo de repente, no una vez ni dos, sino todas las que desee, de manera juguetona, pero sin alegría. Demuestra lo retorcida que es cuando bromea con muchachos: los tienta, los asusta y casi los seduce, susurrándoles al oído cosas que no podemos oír y que probablemente ellos no comprendan. Caballeros de estilo medieval, bellas damas, una especie de torneo con lanzas y caballos, los colores de la dama –el pañuelo de Lilith– como banderín y Vince demostrando sus dotes de caballero. Lo inquietante de la segunda e inesperada obra maestra seguida de Rossen (después de *El buscavidas*) y de la heroína del título reside en el atractivo y el misterio de ambos, que repelen y atraen al mismo tiempo, lo que produce una sensación cercana al vértigo. La película lo consigue a través de la luz, la música, el ritmo, la interpretación y el montaje. Captura, embruja y luego aterra y preocupa al espectador atrapado, pero lo hace con suavidad y delicadeza, como una hiedra venenosa. Y este día resplandeciente y festivo en el jardín del sanatorio es quizá el núcleo de la película.

Miguel Marías

Fecha 1964

Nacionalidad Estados Unidos

Director Robert Rossen

Reparto Jean Seberg, Warren Beatty

Por qué es clave Captura la inquietante duplicidad de la belleza y la aparente inocencia y felicidad de una niña jugando en una fantasía de hadas, pero al mismo tiempo retrata la crudeza de la locura que se esconde tras los rostros de esas personas que ya no son niños ni están jugando realmente.

Escena clave **Una violenta pelea antes de los créditos iniciales** *Una luz en el hampa*

Pocas películas tienen un comienzo tan abrupto como el de *Una luz en el hampa*. Empieza la banda sonora con lamentos de jazz y la pantalla se ve invadida por los violentos primeros planos de una mujer, Kelly (Towers), y un hombre, Farlunde (Mansfield), enzarzados en una feroz pelea: ella lo está golpeando salvajemente con su bolso y él le suplica que tenga piedad mientras choca contra los muebles.

Unos segundos después, hay una nueva sorpresa: el hombre agarra del pelo a Kelly y se lo arranca, dejando a la vista una cabeza completamente calva. Farlunde cae al suelo, Kelly se arrodilla junto a él y le saca la cartera de los pantalones; tiene 800 dólares, pero ella sólo va a llevarse los 75 que él le debe. Se mete los billetes en el sujetador y se aleja. Es entonces cuando empiezan a aparecer los títulos de crédito sobre un plano pausado de Kelly colocándose la peluca de nuevo y retocándose el maquillaje.

Algo más tarde, Fuller nos da por fin la información necesaria para comprender lo que hemos visto: Farlunde es un chulo y Kelly es una prostituta, harta de las humillaciones por las que la ha hecho pasar, como, por ejemplo, afeitarle la cabeza. La historia sigue sorprendiéndonos a medida que ella se traslada a otra ciudad, deja la prostitución, empieza a trabajar cuidando a niños hospitalizados y comienza una relación con un honrado ciudadano que abusa sexualmente de menores. Es un material extraño e intenso, y la feroz escena inicial –rodada en parte con cámaras colgadas del cuello de los actores– establece el tono de la película con un brio que sólo podría haber conseguido Fuller.

David Sterritt

Fecha 1964

Nacionalidad Estados Unidos

Director Samuel Fuller

Reparto Constance Towers, Monte Mansfield

Título original *The Naked Kiss*

Por qué es clave La primera escena de este atrevido melodrama, que contiene imágenes de provocadora intensidad, plasma la fuerza cruda y tosca que convirtió a Fuller en una figura fundamental de la historia de las películas de serie B

Escena clave **Gertrud se reúne con su amante en un parque** *Gertrud*

«Cuando por fin se despertó, vio que estaba tendida en el suelo y en plena marcha sexual, como una película que empezara en mitad de la acción y con la cámara en movimiento.»[1] Curiosamente, esta frase que Thomas Pynchon escribió en *La subasta del lote 49* (1966) apareció sólo dos años después del estreno de la última película de Carl Dreyer. Esto no sugiere ninguna influencia, sino tan sólo una llamativa congruencia con un corte a una escena en el que la cámara se mueve ya para seguir el paso decidido con el que Gertrud (Rode) cruza un parque para acudir a su cita con Erland Jansson (Owe), un compositor mucho más joven del que se ha enamorado. En la escena anterior, de ritmo pesado, que tiene lugar en un apartamento claustrofóbico, le ha dicho a su rígido marido de mediana edad que ya no lo ama y que va a abandonarlo. El repentino corte in media res, con el que Dreyer nos trae la imagen de Gertrud dirigiéndose hacia su amante, expresa el enamoramiento y la pasión orgásmica como pocas veces hemos visto en el cine con un movimiento de cámara, como si quisiera reproducir su impaciencia y su alegre ansiedad. La sorprendente brusquedad del corte se acentúa con el sonido lastimero de una flauta que dura tan sólo lo que duran sus pasos y es la primera música que oímos en la banda sonora después de los créditos.

Los amantes se reúnen en un banco junto a un tranquilo estanque que parece refulgir con el alegre éxtasis de Gertrud. Mucho después, cuando Erland le rompe el corazón en el mismo lugar, el agua del estanque aparece agitada, pero aquí brilla con alegría.
Jonathan Rosenbaum

1. La traducción del extracto de *La subasta del lote 49* pertenece a la realizada por Antonio Prometeo-Moya para la edición española del libro, publicada por Tusquets *(N. del T.)*

Fecha 1964

Nacionalidad Dinamarca

Director Carl Dreyer

Reparto Nina Pens Rode, Baard Owe

Por qué es clave
No es más que la segunda escena de una película sobre el amor, pero Dreyer expresa en un solo corte todo lo que necesitamos saber sobre la pasión.

Pág. anterior *Gertrud*.

Escena clave **Un ídolo del pop canta en un estadio vacío** *Pajarito Gómez*

La escena es como un vídeo musical. Una estrella del pop conocida como Pajarito Gómez (Pellegrini) canta una melodía en un estadio vacío. Mientras la cámara gira a su alrededor, se intercalan unas imágenes documentales. Al principio parecen las típicas imágenes de cualquier barrio pobre latinoamericano, pero poco a poco vamos dándonos cuenta de que la gente que aparece en ellas son, en realidad, pacientes de algún hospital psiquiátrico público, que sobreviven en condiciones sobrecogedoras. La superposición de una tierna canción pop con dichas imágenes resulta inquietante.

Pajarito Gómez es una implacable sátira sobre los artificiales ídolos del pop, fabricados por las empresas musicales. La estructura en episodios de la película permite que algunas escenas adopten diferentes formatos: de un programa de televisión, la película de un concierto o, incluso, de una fotonovela. La escena del estadio ilustra el esfuerzo que Gómez hace en público por causas benéficas, en este caso «para ayudar a esos pobres locos». La simple yuxtaposición de él cantando y las imágenes documentales apunta diferentes aspectos: subraya la contradicción existente entre su mundo de ficción barata y una realidad insoportable. Pero, al mostrar la descarada vida pública de Pajarito, subraya también la hipocresía implícita en esa beneficencia que necesita de publicidad para justificarse. Por último, ilustra también la total falta de comunicación entre Pajarito y su contexto social: la canción no alude en ningún momento a la situación de esos «pobres locos»; más bien al contrario, la letra está compuesta con versos de una oración que los niños solían recitar antes de acostarse. Nadie atacó el lado oscuro de la sociedad argentina (que en aquel tiempo era más o menos el mismo que podía encontrarse en cualquier sociedad con una clase media sana) con más fuerza que Rodolfo Kuhn.
Fernando Martín Peña

Fecha 1964

Nacionalidad Argentina

Director Rodolfo Kuhn

Reparto Héctor Pellegrini

Por qué es clave
Al contrastar una letra tan ingenua con las terribles imágenes de los pobres a los que se supone está ayudando el cantante con su canción, Kuhn crea una compleja sátira.

Diálogo clave **El chiste del perro** *Jerry Calamidad*

En la última mitad de *Jerry Calamidad,* un equipo de promotores del mundo del espectáculo le enseñan a un botones llamado Stanley (Lewis) un sencillo chiste para que lo cuente en el escenario. El chiste en cuestión es sobre un perro que persigue a un coche, lo atrapa y lo entierra. Pero Stanley se precipita y dice: «¡Tengo un coche que persigue perros!». «¡Más despacio!», le ordenan los otros. Stanley lo intenta más despacio: «Tengo... un perro... que...».

En una prueba, Stanley dice: «Mi perro persiguió mucho a un coche». Los promotores graban otra aparición en el club y después escuchan la cinta. «¿Se acuerdan de mi perro, el que siempre estaba persiguiendo coches?», pregunta Stanley. «Una vez atrapó uno, un Mustang. Lo enterró en el jardín». Sigue sin funcionar. Stanley no consigue agarrarle el tranquillo a los monólogos.

¿Por qué insiste tanto la película en un chiste tan malo? Los promotores entrenan a Stanley para que sustituya a un famoso cómico que muere al principio de la película. El cómico muerto, alguien como Jerry Lewis, es como el coche del chiste que Stanley no consigue contar: los promotores no logran enterrar al cómico igual que Stanley no consigue que el perro entierre el coche. Stanley tampoco consigue mover los labios en sincronía con un número que Lewis resucita de un momento anterior de su carrera. En las películas que dirigió, Lewis trató siempre de no recurrir al doblaje. La comedia es tan exasperante que hace que los que la ven rompan cosas, igual que los promotores tiran copas y botellas mientras lo miran, desconcertados.

A. S. Hamrah

Fecha 1964

Nacionalidad Estados Unidos

Director Jerry Lewis

Reparto Jerry Lewis, Keenan Wynn, Phil Harris, Everett Sloane, Ina Balin, Peter Lorre, John Carradine

Título original *The Patsy*

Por qué es clave
Un chiste que Lewis no consigue reflejar el inconsciente de *Jerry Calamidad*.

Acontecimiento clave **Warhol rueda *Empire***

La noche del 25 de julio de 1964, desde las ocho de la tarde hasta el amanecer, Andy Warhol colocó su nueva cámara Auricon de 16 mm en la ventana del piso 41 del edificio Time-Life, enfocando al Empire State Building. El jueves siguiente, Jonas Mekas, que estaba presente en la grabación, escribió sobre ello en su columna del *Village Voice* y se atrevió a especular: «*Empire* se convertirá en *El nacimiento de una nación* del cine de la *new bag*»[2] (haciendo un irónico juego de palabras sobre la *nouvelle vague*). Lo cierto es que, al igual que la película de Griffith, *Empire* se enfrenta a los problemas del blanco y negro: prácticamente el único movimiento que se puede observar en las ocho horas de metraje es el cambio de luz en una composición estática y monocroma. También se parece a la obra de Griffith en la capacidad de despertar emociones violentas, como se demostró en marzo de 1965, cuando la película de Warhol se proyectó por primera vez en la Film-Makers' Cinematheque. Mekas informó de lo sucedido: «A los diez minutos de que comenzara la película, unas 30 o 40 personas salieron al vestíbulo del cine, nos rodearon a Bob Brown y a mí, y amenazaron con pegarnos y destrozar el local si no se les devolvía el dinero de las entradas». La cantidad de gente que se sale de la sala aumenta cada vez que se proyecta *Empire*, aunque dada la poca frecuencia con la que se realizan dichas proyecciones, puede que el número aún no haya alcanzado las tres cifras. Como escribió Stephen Koch: «Si alguna vez ha habido una película concebida para hablar de ella y no para verla, sin duda es *Empire*». Sigue siendo todo un hito del arte pop y una obra fundamental del cine conceptual.

Chris Fujiwara

2. *Bag* suena muy parecido a *vague*. El resultado es, en lugar del cine de la Nueva Ola (*nouvelle vague*), el cine de la «Nueva Bolsa».

Fecha 25 de julio de 1964

Por qué es clave
Esta épica filmación de ocho horas de duración de Warhol es un monumento igual que lo es el edificio que la protagoniza.

Escena clave **Cristo camina sobre las aguas** *El Evangelio según San Mateo*

El Evangelio según San Mateo es una obra única por muchas razones. Recrea el Nuevo Testamento utilizando sólo actores no profesionales, localizaciones áridas y totalmente creíbles, así como una fotografía en blanco y negro casi documental, tras la moda del neorrealismo que tanto influyó en el realizador italiano en las primeras etapas de su carrera. A pesar de no ser creyente, el radical e inconformista Pasolini debió de sentirse atraído por la idea de Jesucristo como un revolucionario que inspira respeto y en realidad es prácticamente un demagogo. Pero el verdadero logro de esta obra maestra reside en la elección de Pasolini de un joven estudiante de literatura española para interpretar el papel de Jesucristo, Enrique Irazoqui.

En el milagro de los panes y los peces, cuando Cristo multiplica cinco barras de pan y dos peces para dar de comer a toda una multitud, pide a sus discípulos que tomen una barca para ir a la otra orilla, donde él se reunirá con ellos. Mientras cruzan el canal, los discípulos ven un espectro que se aproxima a ellos por el agua. Todo se queda en calma, el viento desaparece, las olas dejan de levantarse, unos destellos de luz juegan en la superficie del agua. Y entonces vemos a Jesucristo obrar otro milagro. La belleza y la crudeza del largo plano de la silueta de Cristo caminando sobre las aguas son reveladoras. No sólo porque pueda competir con cualquier efecto especial que pueda hacerse hoy en día con CGI, sino también porque atrae la atención en una película que, al margen de esa escena, tiene un tratamiento enteramente neorrealista. Sin duda, es un momento sublime.

Aruna Vasudev

Fecha 1964

Nacionalidad Italia

Director Pier Paolo Pasolini

Reparto Enrique Irazoqui, Margherita Caruso

Título original *Il Vangelo secondo Matteo*

Por qué es clave Pasolini, iconoclasta y ateo confeso, da vida al Evangelio de una manera que los mas ardientes creyentes sólo podrían aspirar a conseguir.

Escena clave **La foto siniestra** *Repulsión*

SPOILER

Carole (Deneuve), una joven que trabaja de manicura en un salón de belleza londinense, está seriamente perturbada. Lo que despierta su psicosis de un modo más alarmante es el sexo, algo en lo que está reprimida hasta un extremo que le resulta perjudicial. Sola en el apartamento que comparte con su hermana (Ivonne Furneaux), termina por perder la cabeza por completo. Las habitaciones se convierten en siniestras trampas mortales, los ruidos normales resuenan como amenazas inescrutables y, al final, las paredes cobran vida y echan unos brazos incorpóreos que tratan de agarrarla.

Carole queda en estado catatónico, yace inmóvil y casi sin vida mientras el amante de su hermana (Hendry) la aleja del caos que ha provocado en las últimas etapas de su declive. Cuando la película se acerca al último fundido, la cámara recorre el salón del apartamento destrozado, fijándose en pequeños detalles –un reloj que sigue funcionando, una galleta desmenuzada– y nos hace pensar que se nos va a descubrir en el último momento alguna imagen que explique el estado de Carole.

Parece inminente en el momento en que llena la pantalla una fotografía en la que se ve a Carole de niña con sus padres. Los adultos parecen contentos, pero cuando la cámara se acerca al rostro de Carole, vemos que mira distraída a la distancia y apreciamos en sus ojos el inconfundible brillo de la tristeza. Ésa es toda la explicación que nos ofrece la película y es de alabar que Polanski no finja saber más sobre los misterios de la mente humana. No se trata de un ejercicio de teoría de la psicología. Es una obra de arte, una de las más aterradoras que nos ha dado la pantalla

David Sterritt

Fecha 1965

Nacionalidad Reino Unido

Director Roman Polanski

Reparto Catherine Deneuve, Ian Hendry

Título original *Repulsion*

Por qué es clave Cuando la historia se acerca ya a la conclusión, un plano en movimiento sugiere que estamos a punto de recibir una explicación a la locura de la protagonista; lo cual puede ser verdad o no, dependiendo de cómo se interprete la última y enigmática imagen.

Película clave ***Los cien caballeros***
Jugar con la narración

SPOILER

Vittorio Cottafavi fue el maestro del *peplum*, películas épicas italianas de bajo presupuesto de espadas y sandalias que gozaron de gran popularidad en los primeros años sesenta. En aquel momento, *Cahiers du cinéma* defendió con toda justicia su condición de autor; hoy en día, sin embargo, rara vez se le menciona (la mayoría de sus películas no están disponibles en DVD), por lo que está por encima incluso de Sergio Sollima, brillante director de *espagueti westerns* políticos, en la lista autores injustamente olvidados en lo que se refiere al cine popular italiano de los años sesenta. Su magnífica combinación de colorido espectáculo popular, humanismo complejo y narrativa brechtiana brilla de manera especial en su obra maestra *Los cien caballeros*, una historia épica sobre la ocupación musulmana de un pueblo cristiano de la península Ibérica durante un período de tregua en el siglo XI. Incluso en las versiones cortadas (como la que se tituló en inglés *The Son of El Cid*) se puede percibir la riqueza del estilo de Cottafavi, tanto en lo ideológico (los sentimientos patrióticos y los prejuicios, aunque reconocidos, dejan paso finalmente al pacifismo), como en lo estético. La película, llena de toques picarescos y de ideas sorprendentes en la dirección –no sólo en el terreno narrativo–, comienza con un pintor narrando los acontecimientos a la cámara mientras termina un fresco sobre lo sucedido, lo que representa también la historia de Cottafavi, donde hay aún que completar algunas partes. El pintor actúa también de narrador intermitente hasta la batalla final, durante la cual la imagen cambia de repente al blanco y negro, no sólo para apaciguar a la censura (como hizo Tarantino en *Kill Bill vol. I* 38 años después), sino también para plasmar la guerra como algo sombrío. Sólo entonces regresa nuestro pintor-narrador para formar parte del final feliz y llevar la historia a su conclusión en varios aspectos.

Christoph Huber

Fecha 1965

Nacionalidad Italia/España/ República Federal de Alemania

Director Vittorio Cottafavi

Reparto Mark Damon, Antonella Lualdi, Arnoldo Foà

Título original *Il cento cavalieri*

Por qué es clave
La obra maestra del hoy casi olvidado rey del *peplum* Vittorio Cottafavi combina con brillantez el espectáculo popular con experimentos narrativos propios de Brecht.

Escena clave **La primera escena de lucha**
Faster Pussycat! Kill! Kill!

«Señoras y señores, ¡bienvenidos a la violencia!» Tres chicas gogó, Varla (Satana), Billie (Williams) y Rose (Haji), están recorriendo el desierto haciendo carreras de coches y en busca de líos cuando las interrumpen «Tommy, la seguridad es lo primero» (Barlow) y su nasal novia Linda (Bernard). Varla le reta a una carrera. El insulso Tommy está entusiasmado con la idea de batir su récord personal de velocidad, pero a Varla no le impresiona. «Yo no me esfuerzo por vencer al reloj», le dice con sorna; «sólo a la gente». El trío avergüenza a Tommy en una carrera que acaba con Varla echando de la carretera a su rival mientras se ríe con sadismo. Cuando Tommy intenta recuperar su cronómetro, Varla, matona de busto generoso, le hace una llave de kárate que lo lanza al suelo. Tura Satana, una artista y bailarina de danzas exóticas convertida en actriz, se ganó toda una legión de seguidores después de dar vida a la exuberante y satánica Varla, la fantasía erótica de cualquier masoquista con bandas de chicas malas, abundante maquillaje y una asesina embutida en unos estrechos vaqueros negros. Mientras el gran éxito de 1965 mostraba una feminidad angelical en *Sonrisas y lágrimas*, Satana estaba pateando traseros en el desierto de California y abriendo camino a futuras películas de acción protagonizadas por mujeres como *Kill Bill* (2003), *Alien* (1979) y *Terminator* (1984). Varla es una mujer imparable. Cuando Tommy, desesperado, le propina un puñetazo en el estómago, ella le da la vuelta en el suelo y, en una escena que sigue horrorizando, le pone el tacón de la bota en la nuca y le rompe la columna con un sonoro «crac». Chúpate eso, Maria von Trapp.

Violet Glaze

Fecha 1965

Nacionalidad Estados Unidos

Director Russ Meyer

Reparto Tura Satana, Lori Williams, Haji, Ray Barlow, Susan Bernard

Por qué es clave El ataque de Varla a Tommy cambia las reglas sobre el papel de las mujeres en el cine de acción.

Pág. siguiente
Faster Pussycat! Kill! Kill!

Película clave *Chemmeen* La tormenta

Probablemente sea la película más importante que se haya rodado nunca en lengua malabar, y sin duda es la más famosa. Con su estreno, *Chemmeen* estableció nuevos criterios cinematográficos y abrió nuevos caminos. Está basada en una novela de 1956 escrita por Thakazhi Sivasankara Pillai, autor también del guión de la película, que fue una de las primeras cintas malabares rodadas en color y la primera del sur de la India en ganar un premio nacional. Partiendo de fuentes literarias y ofreciendo un retrato de la vida en Kerala, esta sencilla y trágica historia de amor prohibido en un pequeño pueblo de pescadores es el arquetipo del cine malabar.

Las mejores películas indias están a menudo construidas alrededor de bandas sonoras memorables y *Chemmeen* no es ninguna excepción. El afamado compositor musical de Bollywood Salil Choudhury hizo aquí su primera incursión en el cine malayo. Sus melodías se convirtieron de inmediato en clásicos y hoy en día siguen sonando en las radios de las teterías y las siguen cantando en los concursos de talentos de los institutos. La secuencia más famosa de *Chemmeen* es la última de la cinta, en la que unos desventurados pescadores se enfrentan a una terrible tormenta que ha provocado un remolino, una metáfora y todo un logro técnico para una industria cinematográfica en ciernes. Como todas las grandes películas, *Chemmeen* no sólo ayudó a definir la industria, sino que también definió a un pueblo, de tal modo que ha pasado a formar parte de la leyenda y se ha convertido en un elemento intrínseco e indeleble de la cultura popular. La próxima vez que esté en una playa del estado de Kerala, pídale a alguien que tararee una melodía: seguramente se arranque con la oda musical a los humildes pescadores de *Chemmeen*, «Kadalinakkare ponnore!» («¡Tú que cruzas los mares!»).

Sonia Benjamin

Fecha 1965

Nacionalidad India

Director Ramu Kariat

Reparto Sathyan, Sheela, Madhu

Por qué es clave
Esta película es al cine malabar lo que *Ciudadano Kane*, *Lo que el viento se llevó* y *Casablanca*, todas juntas, son a Hollywood.

Película clave *Lemmy contra Alphaville* La escapada de Alphaville

SPOILER

La huida del agente secreto Lemmy Caution (Constantine) y de su nuevo amor Natasha von Braun (Karina) de la ciudad futurista de Alphaville y, al mismo tiempo, la muerte del ordenador Alpha 60 que lo controla todo contienen numerosos antecedentes literarios y cinematográficos (Eluard, Feuillade, Cocteau, Hawks, Aldrich) entretejidos en la visión poética de Godard. Aunque se trate de una película de ciencia ficción, la ciudad que el realizador francés sitúa en algún lugar del espacio intergaláctico, lejos de la Tierra, es en realidad el París del presente (1965), un paisaje familiar que se transforma gracias a las imágenes en blanco y negro creadas por Godard y por el genial director de fotografía Raoul Coutard en un mundo de superficies frías y luminosas, de diseños abstractos de neón y cristal, de luces parpadeantes que simbolizan una interminable vigía nocturna. Al mismo tiempo, la voz monótona y áspera de Alpha 60, con sólo un pequeño matiz de sentimiento, es en realidad la de un hombre real, no electrónico. Aunque Caution es un hombre duro donde los haya, su perspectiva moral y filosófica, al igual que su humanidad, le proporcionan la solución al acertijo que acaba por destruir a Alpha 60. La huida y el final se indican de modo conmovedor en una imagen en negativo de Lemmy cuando acude al rescate de Natasha y después le da la respuesta al ordenador en una imagen inolvidable y emblemática, en la que lo vemos tras un panel de cristal, con Natasha a su lado. La imagen final, en la que la pareja se aleja en mitad de la noche por la autopista intergaláctica, es una imagen de serenidad: la tecnología esclavizante que *Lemmy contra Alphaville* insinúa con presciencia, se desvanece por una vez frente a la ternura.

Blake Lucas

Fecha 1965

Nacionalidad Francia

Director Jean-Luc Godard

Reparto Eddie Constantine, Anna Karina, Akim Tamiroff, Howard Vernon

Título original *Alphaville, une étrange aventure de Lemmy Caution*

Por qué es clave La poesía transforma la oscuridad en luz, y la emoción y la ética surcan las galaxias para derrotar a la tecnología.

Pág. anterior
Lemmy contra Alphaville.

Escena clave **La inesperada transición del blanco y negro al color** *Quixote*

Con la apariencia de un viaje transcontinental que acaba con una manifestación pacifista en Nueva York, esta «épica» de 45 minutos de duración realizada por Bruce Baillie es una densa recopilación de granjeros, señales de carretera, gente de todo tipo, puentes, maquinaria, con continuas yuxtaposiciones de partes pacíficas con otras violentas. Al concebir el paisaje estadounidense como un choque de formas, Baillie imagina también algo más, un espacio abstracto de meditación desde el que se pueden experimentar todos los objetos como ilusiones transitorias. Todo, las superposiciones, el montaje rápido y una sensibilidad onírica que coloca el rostro de una mujer encima de una manifestación, sirve para expresar la idea de una búsqueda incesante en pos de un propósito que nunca podrá triunfar plenamente. Cuando la película alcanza más o menos un tercio de su metraje, que hasta el momento ha sido en blanco y negro, aparece en primer plano la imagen oscura de la mano de un trabajador con un ligero sonido parecido a un silbido de fondo. Hay entonces un corte a un ángulo parecido de la misma mano, también muy oscura, pero con un pequeño toque de color. Éste es tan débil que la primera vez el espectador tiene que mirarlo dos veces: ¿es una alucinación? Los colores más intensos de las siguientes imágenes demuestran que no es así, y le sigue una larga sección lírica, en la que se ven, entre otras cosas, unas ovejas en una colina al atardecer, antes de que lleguen partes más intensas. Dicha transición es algo más que un efecto deslumbrante: al hacernos cuestionar lo que vemos, la película consigue poner en duda todas las imágenes que la componen. Demuestra que todas ellas son producto de la mente del creador y de la subjetividad del espectador, pero también nos hace pensar que pueden estar a punto de sufrir una transformación.

Fred Camper

Fecha 1965

Nacionalidad Estados Unidos

Director Bruce Baillie

Por qué es clave Esta sorpresa hace que los espectadores se cuestionen todo lo que ven en cada momento de la película.

Escena clave **Edie Sedgwick desenfocada** *Poor Little Rich Girl*

En este período de la filmografía de Andy Warhol, cuando aún ejercía el control de la producción, rodaba sobre todo películas de sonido sincronizado en dos rollos de 33 minutos de duración, cada uno de los cuales era una toma continua. Así fue como filmó este retrato de Edie Sedgwick, pero debido a un problema técnico, ambos rollos estaban desenfocados casi por completo. Volvió a filmarlos, pero entonces tomó una decisión que demuestra que era un artista mucho más calculador de lo que muchos creen: montó un rollo desenfocado con otro enfocado, de manera que la película comienza con 33 minutos de imágenes borrosas, en las que las cosas adquieren nitidez sólo durante breves instantes. La cámara y Edie están solas en el apartamento de ella. En algunos momentos hay una presencia masculina que no aparece en la imagen y que acentúa la sensación de voyeurismo ya presente: mientras vemos cómo esta hermosa mujer ligera de ropa se maquilla, habla por teléfono o se prueba ropa, muchos, inconscientemente, estamos esperando que ocurra algo más. Pero no es así y es habitual que en el cine de Warhol el voyeurismo se vea frustrado en favor de composiciones estáticas, apariciones y, en esta película en concreto, un «homenaje» a la superficie fílmica, las texturas desenfocadas en blanco y negro. Lo más sorprendente es lo poco que se añade en el rollo enfocado; da la sensación de ser simplemente una versión distinta del primero. Cuando Sedgwick se prueba ropa, no se revela nada. Cuando habla, emergen tan sólo los intereses más superficiales. Su aparición oculta su verdadera alma o, quizá, la falta de ella. En este sentido, su actuación encaja a la perfección con el «estilo» desenfocado del primer rollo: ambos evocan el vacío.

Fred Camper

Fecha 1965

Nacionalidad Estados Unidos

Director Andy Warhol

Reparto Edie Sedgwick

Por qué es clave Al unir con audacia imágenes desenfocadas con otras enfocadas, Warhol, a menudo visto de manera errónea como una artista al que sólo le interesaban el *glamour* y la fama, revela aquí una estética de la superficie y el vacío.

Escena clave **El baile** *Los amores de una rubia*

Esta hilarante secuencia se compone de varios planos-contraplanos que siguen las tímidas miradas que intercambian tres tímidas muchachas con tres reservistas de mediana edad del ejército. Están sentados alrededor de unas mesas cubiertas con manteles blancos situadas en extremos opuestos de un gran salón de baile; la orquesta está tocando una polca y el baile está a punto de comenzar. No hay ningún guión que podamos escuchar: toda la interacción existente se reduce al intercambio de miradas entre las tres mujeres (que se susurran cosas al oído entre ellas) y los hombres (que hacen lo mismo, sin duda dándose consejos para soportar la ansiedad). Cuanto más tiempo pasa, más cómica y embarazosa resulta la situación. Uno de los hombres está tan inquieto que se le cae la alianza de boda debajo de la mesa; la cámara la sigue mientras rueda por el suelo.

Puede que las mujeres hayan acudido al baile dispuestas a dejarse seducir, pero hacia el final de la escena, cuando empieza el baile, la situación es tan embarazosa que pasa el momento. Hombres y mujeres se han mirado detenidamente, se han observado los unos a los otros y saben ya que de ahí no va a resultar nada; todo ello sin intercambiar una sola palabra y con la alegría de la música de fondo. Toda la situación, provocada por el director de una fábrica de la zona que está desesperado por encontrar pareja a sus trabajadoras, ha estado destinada al fracaso desde un primer momento. De nada sirve que el estado socialista intente dirigir la vida de la gente.
Dina Iordanova

Fecha 1965

Nacionalidad Checoslovaquia

Director Milos Forman

Reparto Hana Brejchová, Vladimír Pucholt, Vladimír Mensík

Título original *Lásky jedné plavovlásky*

Por qué es clave: Esta escena transmite a la perfección lo embarazoso que es el juego de la seducción: las chicas miran a los hombres y, a su vez, son miradas por ellos.

Acontecimiento clave **La BBC prohíbe una película suya, *El juego de la guerra***

Con la intención de romper el silencio que guardaban los medios de comunicación con respecto a la fabricación de armas nucleares por parte del estado británico, el realizador de documentales de la BBC Peter Watkins aplicó las técnicas periodísticas en una obra que especulaba con lo que pasaría si se detonaran tres bombas de hidrógeno en el sureste de Inglaterra. Los terribles resultados –fallo de las fuentes de electricidad y de agua, escasez de alimentos y medicinas, niños que han perdido la vista, adultos desesperados con lesiones provocadas por la radiación y aquejados de «neurosis de guerra», y la policía disparando a alborotadores violentos– se dramatizaron de un modo tan verosímil que la BBC realizó una proyección secreta para funcionarios del gobierno y luego prohibió la película por considerarla «demasiado espeluznante para emitirla en televisión». Haciendo caso omiso al amplio apoyo con el que contaban los movimientos de desarme, el gobierno laborista recién elegido de Harold Wilson se mostró nervioso ante aquella prueba cinematográfica de que se estaba obviando la voluntad pública. Watkins vio aquella prohibición como una confirmación de su hipótesis –la política nuclear se decidía tras puertas cerradas y lejos del escrutinio público– y lanzó una defensa de la película sin precedentes; se despidió de la BBC, puso en marcha una amplia campaña de prensa e incluso se ofreció a comprar la personalmente. Después de seis meses de controversia que llegó hasta el Parlamento, en marzo de 1966 la BBC terminó por permitir la proyección de la película (ese año ganó el Óscar a la Mejor Película Documental), pero siguió sin dar permiso para que se emitiera en la televisión de ningún país. El director emprendió otros ambiciosos proyectos en Noruega (*Edvard Munch*, 1974) y en Francia (*La Commune*, 2000), pero la predicción de futuro que hizo en *El juego de la guerra* sigue sirviendo de aviso sobre las armas de destrucción masiva.
Robert Keser

Fecha 26 de noviembre de 1965

Título original *The War Game*

Por qué es clave
Este incidente, que sacó a la luz la sumisión de los medios a los intereses políticos, dio lugar a un estreno cinematográfico destinado a denunciar la censura en la televisión.

Película clave *Now*

Santiago Álvarez nació en La Habana en 1919, estudió en Nueva York y se convirtió en activista radical en las minas de carbón de Pensilvania en la década de 1940. De regreso en su Cuba natal, luchó contra Batista y, tras la revolución de 1959 y a pesar de que prácticamente no tenía experiencia alguna en el cine, fue nombrado responsable de la sección documental del Instituto Cubano de Arte e Industria Cinematográficos (ICAIC). Cuando murió en 1998, había dirigido alrededor de 700 películas, muchas de ellas cortos o mediometrajes.

Más de cuarenta años después de que se rodara, el cortometraje *Now* sigue haciendo llorar al público. La canción que da título a la película, en la que Lena Horne hace un llamamiento al fin de la segregación racial, fue prohibida en muchas emisoras de radio de Estados Unidos. Álvarez añadió imágenes y, al final de la película, una ráfaga de balas de ametralladora dibuja la palabra *now* («ahora») para dejar claro el imperativo de la canción. El director dijo en una ocasión: «Dame dos fotos, música y una moviola..., y te daré una película», lo cual explica la técnica utilizada en *Now*, pero no su fuerza. Álvarez eligió fotos fijas en las que se veía a blancos propinando palizas a negros y el brutal comportamiento de la policía estadounidense durante las marchas en favor de los derechos civiles. Rodó dichas imágenes en primeros planos y los intercaló con imágenes de noticias –algunas sacadas de contrabando– de más palizas. Después de unas primeras notas más lentas, la primera estrofa de la canción adquiere un ritmo más rápido. Álvarez corta la paliza, con el eco de la energía y la rebeldía de la voz de Horne. La belleza de la voz junto con el horror de las imágenes crea un montaje experimental. Según se desarrolla la canción, Álvarez muestra imágenes de ahorcados y simbología nazi. Es una película didáctica, sí, pero, además de eso, hace que la mayoría de los vídeos musicales que ha habido desde entonces resulten anodinos.

Mark Cousins

Fecha 1965

Nacionalidad Cuba

Director Santiago Álvarez

Reparto Lena Horne (voz)

Por qué es clave Este precursor de los vídeos de música modernos es un poderoso ataque contra el racismo en Estados Unidos.

Escena clave **Alessandro lleva a su madre a la tumba** *Las manos en los bolsillos*

Alessandro (Castel) lleva en coche al cementerio a su madre ciega (Gerace). Mientras van por una carretera de montaña que une su pequeño y aislado pueblo con la ciudad, la madre le pide que baje la ventanilla. Él propone parar un rato para descansar, así que aparca el coche en una pequeña zona de descanso junto al desfiladero. Inspecciona la vista del cañón mientras su madre, a la que ha dejado sola un momento, le pregunta dónde puede sentarse. Él le dice que camine un poco y luego la empuja por el precipicio. La cámara se acerca para tomar un primer plano de Alessandro, que farfulla una oración por encima de la música inquietante de Ennio Morricone.

Cuando se estrenó en 1965, el debut de Marco Bellocchio levantó una gran controversia en el ambiente conservador de la Italia de la época. Desde las filas del Partido de la Democracia Cristiana que estaba en el poder exigieron su prohibición con el argumento de que era un ataque a los valores familiares e ironizaba sobre el catolicismo. La secuencia en la que Alessandro mata a su madre indefensa era el centro de la disputa. Con una clara ruptura del neorrealismo, esta obra maestra de Bellocchio es también un ataque a la burguesía, pues retrata un ambiente amoral en el que los valores tradicionales han perdido todo su significado: son sólo cadáveres esperando a ser enterrados. Como han observado los críticos más perspicaces, más que servir de preludio a las protestas de 1968, este retrato de una familia disfuncional es una elocuente crítica contra los vestigios fascistas de la psique colectiva italiana. Quizá sea ése el motivo por el que *Las manos en los bolsillos* sigue resultando tan provocadora e inquietante.

Paolo Bertolin

Fecha 1965

Nacionalidad Italia

Director Marco Bellocchio

Reparto Lou Castel, Liliana Gerace

Título original *I pugni in tasca*

Por qué es clave Esta sorprendente escena es el momento crucial de provocación de este hito del cine italiano dirigido por Bellocchio.

Pág. siguiente *Las manos en los bolsillos.*

Escena clave **Raju declara su amor a Rosie**
Guide

Conocido por el modo en que ilustra las canciones, Vijay Anand merece que se le conozca también por sus característicos encuadres y desencuadres del movimiento y por sus tomas largas, poco usuales en el cine comercial. Sus primeros planos no son momentos de estancamiento en los que se mantenga el rostro y el encuadre: lo que le atrae al director son las líneas cinematográficas, que son a la vez líneas de emoción y de pensamiento, que pueden trazarse de cara a cara y a otros objetos.

En *Guide* (adaptada a partir de la novela de R.K. Narayan), Rosie (Rehman) huye de su marido y acude a Raju (Dev Anand) en busca de ayuda. Éste se compromete con ella y entonces comienza a sonar la canción «Tere Mere Sapne» («Tus sueños, mis sueños ahora son uno solo»). Esta secuencia es un estudio en tres largas tomas que encajan a la perfección con la declaración de amor de Raju. El espacio está impregnado de los movimientos de acercamiento y alejamiento de los protagonistas, atrapados en las emociones de amor y duda. El estribillo está rodado en una sola toma. Después hay una parte de música instrumental, una estrofa y luego otra vez el estribillo en una segunda toma que comienza con la imagen de cuerpo entero de Rosie, apartándose, titubeante. La secuencia continúa con planos cortos y medios de ambos protagonistas y está coreografiada con entradas y salidas de cuadro y movimientos semicirculares dentro de cuadro. Las dos últimas estrofas y el estribillo final están rodadas en un plano durante el cual ella acepta por fin la mano que le tiende él y se echa en sus brazos: hacer un corte habría sido algo superfluo.

Rashmi Doraiswamy

Fecha 1965

Nacionalidad India

Director Vijay Anand

Reparto Waheeda Rehman, Dev Anand

Por qué es clave
Esta secuencia es un magnífico ejemplo de la maestría de Vijay Anand con las tomas largas.

Escena clave **La revelación del alemán**
El vuelo del Fénix

Los hombres están agotados. El avión ha caído en medio del desierto del Sáhara y han estado trabajando noche tras noche para intentar construir otro avión con las piezas del estrellado, todo ello siguiendo las instrucciones de un alemán (Kruger) que afirma ser diseñador de aviones. Después de muchas noches de duro esfuerzo aferrándose a la esperanza, el piloto, lleno de remordimientos (Stewart), y su copiloto (Attenborough) se enteran durante una charla intranscendente con el alemán de que en realidad sólo ha diseñado maquetas de aviones. En la situación en la que se encuentran es como si hubieran estado siguiendo a Dios –después de intentar creer en él con gran esfuerzo– y descubrieran que sólo había creado muñecos de barro.

En ese momento encontramos un retazo de impresionante interpretación por parte de Attenborough, que suelta una sonora carcajada al darse cuenta de lo que implica la confesión del alemán. Su risa se hace más y más histérica (brillantemente contrastada con los planos de Stewart, destrozado) y luego se convierte en un llanto de desesperación mientras su cuerpo adquiere un aspecto de indefensión casi infantil. Es el aspecto de un hombre que ha perdido el control.

Hay momentos de desesperación parecidos en varias películas que Aldrich dedicó a grupos de hombres en situaciones desesperadas (*Ten Seconds to Hell*, *Attack!*, *Comando en el mar de China*, *Doce del patíbulo*, etc.), pero ninguno de ellos alcanza a mostrar con tal brillantez la profunda angustia del momento. En el extremo opuesto de la camaradería profesional que encontramos en las películas de Hawks, estos hombres luchan entre sí, fracasan miserablemente y se enfrentan al riesgo de morir sin gloria ni honor: se derrumban y luego les resulta muy difícil recomponerse.

Fernando Martín Peña

Fecha 1965

Nacionalidad Estados Unidos

Director Robert Aldrich

Reparto James Stewart, Richard Attenborough, Hardy Kruger

Título original *The Flight of the Phoenix*

Por qué es clave Richard Attenborough nos regala en esta obra de Aldrich uno de los momentos más memorables de derrumbamiento psicológico.

Escena clave **El final** *La noire de...*

SPOILER

Senegal. Una institutriz llamada Diouana (Diop) viaja a Francia con la familia blanca para la que trabaja. Está entusiasmada con la idea de vivir en el país del que tanto ha oído hablar y les regala a sus jefes una máscara de madera que le compró a un muchacho senegalés (Boy). Cuando llegan a Francia, cuelgan la máscara junto a otras piezas de arte africano. Con el tiempo, cambia el papel de Diouana en la casa. Le piden que limpie y cocine, y así se convierte en sirvienta de la familia. Tiene acceso a la última moda, pero se siente sola y degradada. Discute la situación con sus jefes y durante la acalorada discusión, intenta quitarle la máscara a la señora (Jelinek). Al final, no aguanta más la rabia y la desesperación y acaba suicidándose.

El cuarto de baño blanco, la sangre casi negra y el vestido blanco y negro de la década de 1960 dan a la escena del suicidio una intensidad pictórica, pero es el final de la historia lo que realmente demuestra que Sembene, ya en su primera obra, es un director que retrata el estado del continente. Tras la muerte de Diouana, el señor (Fontaine) lleva la máscara a Senegal y se la da al muchacho. Éste se la pone al tiempo que lanza una amenaza y, en el último momento de la película, se la quita y vemos que está llorando. Un magnífico final simbólico para una de las primeras películas de África.
Mark Cousins

Fecha 1966

Nacionalidad Senegal

Director Ousmane Sembene

Reparto Mbissine Thérèse Diop, Anne-Marie Jelinek, Robert Fontaine, Ibrahima Boy

Por qué es clave
Es la escena más asombrosa de la primera película del África negra.

Escena clave **La orgía de comida** *Las margaritas*

SPOILER

En esta farsa vanguardista y feminista llena de risas tontas e indignación, el golpe definitivo que, según dicen, trajo más problemas al director es una extravagante orgía de comida. Antes de eso, prácticamente todas las innumerables travesuras de dos muchachas de diecisiete años, las dos llamadas Marie, tienen algo que ver con la comida y/o la bebida, a veces servida en lujosos restaurantes. También hay promesas de favores sexuales a viejos verdes, favores que nunca cumplen. Algunas veces son transgresiones principalmente formales, mientras que otras incluyen tanto comida como sexo, como cuando cortan compulsivamente unos fálicos plátanos.

El deambular sin sentido de las protagonistas acaba llevándolas a un salón de banquetes lleno de exquisiteces. Después de probar algunos platos con timidez, las dos muchachas sumergen las manos en las salsas, devoran el pollo, engullen diferentes tipos de licores, mezclan los platos, se atiborran de pasteles y, por último, se enzarzan en una pelea de comida propia de Laurel y Hardy, con el himno de Austria de fondo. Entonces se suben a la mesa y comienzan a bailar, se columpian de la lámpara y rompen un sinfín de platos y vasos. Para empeorar aún más las cosas, hacen como si estuvieran recogiendo un poco el desastre, juntando los trozos de platos como si fueran rompecabezas y recogiendo comida del suelo. Los ciudadanos checos que condenaron con indignación el caprichoso desperdicio de la escena sólo estaban mordiendo el anzuelo. La cinta termina con imágenes reales de bombardeos aéreos sobre las que aparece un letrero en el que se lee: «Esta película está dedicada a aquellos cuyo único motivo de indignación es ver una lechuga mutilada».
Jonathan Rosenbaum

Fecha 1966

Nacionalidad Checoslovaquia

Director Vera Chytilová

Reparto Jitka Cerhová, Ivana Karbanová

Título original *Sedmikrasky*

Por qué es clave
La sorpresa culminante de esta farsa de vanguardia está relacionada con la comida, no con el sexo.

Escena clave **Mademoiselle 19**
Masculino, femenino

SPOILER

¿Qué profundas verdades nos descubrirá hoy Mademoiselle 19? Elsa Leroy, ganadora de un concurso de belleza de una revista para adolescentes, se encuentra de pie frente a la cámara de Godard, dándole la espalda a la luz y con las manos apoyadas en el alféizar de la ventana mientras una voz fuera de plano le hace preguntas sobre el socialismo o los métodos anticonceptivos. A menudo se ha considerado esta «entrevista a un producto de consumo» como una crítica a la plasticidad o a la crueldad misógina, y sin duda es uno de los elementos que hacen que *Masculino, femenino* no sea la película yeyé que preferirían algunos aficionados a la música.

Mademoiselle 19 es amable con Paul (Léaud), «un encuestador del Instituto Francés de Opinión Pública». Parece algo nerviosa, consciente de que le estan gastando una broma, pero no se pone a la defensiva. Admite que no sabe demasiado de política y, cuando afirma sentir admiración por las mujeres estadounidenses, Paul la corta bruscamente: «¿Te dice algo la palabra *reaccionaria*?». Cuando el entrevistador se da cuenta de que las preguntas sobre el amor no le llevan a ninguna parte, le pregunta si puede nombrar algún país que esté en guerra en esos momentos. «No», dice ella riéndose. «Pero no me importa».

Da la impresión de que Paul le hace a Mademoiselle 19 las preguntas que querría hacerle a Madeleine (Chantal Goya), la chica de la que está enamorado. En una escena anterior de la película, el protagonista grita: «¡Quiero vivir contigo!», pero lo hace en una grabación que nunca llega a darle a Madeleine. Sobre planos de las calles de París, Paul reflexiona sobre su trabajo: «Las encuestas se desvían rápidamente del verdadero objetivo, que es observar el comportamiento, y lo que hacen es buscar de manera insidiosa juicios de valor». La entrevista a Mademoiselle 19 lo revela a él tanto como a ella.

A. S. Hamrah

Fecha 1966

Nacionalidad Francia

Director Jean-Luc Godard

Reparto Elsa Leroy, Jean-Pierre Léaud

Título original *Masculin, féminin*

Por qué es clave Una entrevista insidiosa.

Pág. anterior *Masculino, femenino.*

Escena clave **El final de Baltasar**
Al azar de Baltasar

SPOILER

Para algunos críticos, las obras de Bresson son una muestra de estilo trascendental que utiliza, paradójicamente, el soporte físico de la película como medio de evocar esencias espirituales. Otros afirman que la religiosidad deja paso en sus películas posteriores a una filosofía materialista más cercana al pragmatismo y al pesimismo modernos. *Al azar, Baltasar*, un cuento sobre un burro que bien podría ser un santo, es una película clave para ambas escuelas de pensamiento.

A grandes rasgos, *Al azar, Baltasar* es la historia de dos personajes: Baltasar, bautizado en homenaje a uno de los reyes magos de la Biblia, y Marie (Anne Wiazemsky), una joven que, al igual que el burro, pasa de un amo a otro mientras se van hundiendo en la sumisión y la tristeza. Al final Baltasar pasa a manos de unos contrabandistas que acaban abandonándolo cuando se quedan sin trabajo y se ven obligados a huir. Un primer plano nos muestra al pobre animal herido, no parece nada mortal, pero sí lo suficiente para hacerle sangrar y sufrir. El burro llega a una pradera y poco después se acerca un rebaño de ovejas controlado a ladridos por unos perros pastores. Baltasar pronto se ve rodeado por las ovejas, cuya lana pálida contrasta con el color oscuro del burro. En el último plano aparece muerto y solo, como si las blancas ovejas se subieran llevado su alma.

La imagen representa la condición inevitable de la vida. Pero sugiere con igual fuerza la posibilidad de que Baltasar haya alcanzado un estado de gracia mística, algo que confirma la serenidad de su imagen. Si los mansos heredarán la tierra, sin duda Baltasar es un bienaventurado.

David Sterritt

Fecha 1966

Nacionalidad Francia/Suecia

Director Robert Bresson

Título original *Au hasard, Balthazar*

Por qué es clave La pureza de la expresión se funde con la pureza del propósito para crear una inolvidable imagen de serenidad nacida del sufrimiento.

Escena clave **Sin ayuda de la caballería** *El bueno, el feo y el malo*

SPOILER

Tuco (Wallach) y el hombre al que llama Rubio (Eastwood) buscan oro por el desierto de Texas en un carromato robado a la Confederación. Se han disfrazado con los uniformes grises de unos rebeldes muertos, y saben que el ejército de la Unión, cuyo uniforme es azul, está buscando a un regimiento confederado por aquella zona. Tuco despierta a Rubio para decirle que se acerca a ellos una sección de caballería.

–¿Azules o grises? –pregunta Rubio.

Tuco se levanta el parche que lleva en el ojo para poder verlos mejor.

–¡Son grises como nosotros! –grita–. ¡Viva la Confederación! ¡Dios está de nuestro lado porque también odia a los *yankies*!

Rubio se aparta el sombrero de la cara y echa una mirada con los ojos entrecerrados.

–Dios no está de nuestro lado porque también odia a los idiotas –le dice a Tuco, mientras los soldados se acercan, cubiertos del polvo gris del desierto.

Ambos observan cómo el oficial al mando se sacude la guerrera con unos guantes y deja a la vista el color azul del uniforme. Al emitir su veredicto sobre las preferencias de Dios, Tuco invalida la protección especial concedida a los hombres que persiguen sus propios objetivos en tiempos de guerra. Entonces hay un corte a una imagen en la que vemos a Rubio y a Tuco encadenados en un campo de prisioneros.

La película incide en que hay dos tipos de personas en el mundo. El gusto de Leone por contrastar los primeros planos y los planos generales tiene su corolario en el gris o el azul de los soldados que se acercan hacia Rubio y Tuco desde la distancia. El realizador italiano convierte a los soldados grises en azules de la manera más sencilla posible. El cine se inventó por ideas como ésta.

A. S. Hamrah

Fecha 1966

Nacionalidad Italia

Director Sergio Leone

Reparto Clint Eastwood, Eli Wallach

Título original *Il buono, il brutto, il cattivo*

Por qué es clave Es una idea visual que no sólo funciona en las películas.

Pág. siguiente
El bueno, el feo y el malo.

Escena clave **Tetsu recorre el pasillo estrecho antes de la batalla** *El vagabundo de Tokio*

SPOILER

Tetsu (Watari) recorre un pasillo muy estrecho antes de la batalla final de *El vagabundo de Tokio*, la obra maestra de las películas de gánsteres de Seijun Suzuki (conocido en Japón como Seijun). Su forma triangular es emblemática de los espacios geométricos que el director de arte Takeo Kimura creó para la película, pero también contrasta con Tetsu en su dimensión como criatura del espacio. En un momento anterior, cuenta los pasos que debe correr sobre la vía del tren antes de hacer un disparo fatal. En el clímax, arroja su arma varias veces delante de sí para poder correr y disparar cuando la recoge. Necesita sitio para moverse, pero se ve atado por sus obligaciones de gánster a un jefe que sabe que lo está traicionando.

Al salir del angosto pasillo y entrar en el club encuentra espacio para arrojar la pistola y enfrentarse a su superior. Sin embargo, esa escena también anuncia la salida de Seijun de los caminos estrictos del cine con *Branded to Kill* (1967), un trabajo tan audaz en lo narrativo que fue tildado de incomprensible por el presidente de Nikkatsu, Kyusaku Hori, y que supuso el despido de Seijun por parte de la productora.

Las protestas de sus seguidores dieron lugar a tendencias nuevas en la cinefilia japonesa y a ideas sobre la imagen que iban a proliferar después del final de la era de los estudios, conceptos que fueron más tarde plasmados en las producciones artísticas independientes de Seijun, como *Zigeunerweisen* (1980), realizada tras un lapso de diez años. Sin embargo, Tetsu, que rechaza a la chica porque un *yakuza* debe caminar solo, vuelve al pasillo después de la última batalla. Aunque anhele espacio para poder moverse, Seijun también continúa con un pie en el género.

Aaron Gerow

Fecha 1966

Nacionalidad Japón

Director Seijun Suzuki

Reparto Tetsuya Watari, Chieko Matsubara

Título original *Tokyo nagaremono*

Por qué es clave Esta imagen simboliza el cambio en la carrera de Seijun y su lucha entre el género y el arte.

JULIE CHRISTIE - OSKAR WERNER
FAHRENHEIT 451
TECHNICOLOR®
ALSO STARRING
CYRIL CUSACK
ANTON DIFFRING JEREMY SPENSER ALEX SCOTT
SCREENPLAY BY FRANCOIS TRUFFAUT & JEAN-LOUIS RICHARD BASED ON THE NOVEL BY RAY BRADBURY EXECUTIVE PRODUCER LEWIS M. ALLEN
DIRECTED BY
FRANCOIS TRUFFAUT
A VINEYARD FILMS LIMITED PRODUCTION
A UNIVERSAL-INTERNATIONAL RELEASE

Escena clave **Ondine se pone como una furia** *Chelsea Girls*

El extrovertido y adicto al *speed* Ondine apareció en varias producciones de Warhol, incluida la superproducción que recibió el nombre del legendario Hotel Chelsea, donde fue rodada. La película contiene más de seis horas de material, pero Warhol redujo la duración a la mitad proyectándola en dos rollos a la vez, uno junto al otro.

Como es costumbre en sus películas, Warhol está menos interesado en la historia o los personajes que en la vida real y en la personalidad de la gente que se pone frente a su cámara de *voyeur.* En esta ocasión se exhiben unas cuantas de sus superestrellas, desde Gerard Malanga, que se comportó relativamente bien, y Marie Menken al pintoresco Mario Montez y Brigid Polk, entre muchos otros.

Si hay un actor que se convierte en el centro del espectáculo es Ondine, que se interpreta a sí mismo (o a su personaje, pues no hay una distinción clara), el Papa de Greenwich Village, un título hiperbólico que trata con arrogancia, irreverencia y desprecio. Mientras hace de padre confesor de Ingrid Superstar, otra habitual de Warhol, la emprende contra su lesbianismo (lo cual no era ningún crimen en el mundo de Warhol) y la reprende cada vez con más intensidad, hasta que uno se pregunta quién está a cargo de la actuación: él mismo, su personaje o nadie en absoluto. Cuando llega otra de las actrices, Davis, y le dice a Ondine que es un farsante, éste se enfurece de verdad, la golpea y exige a gritos a Warhol que pare la cámara, cosa que por supuesto no hace.

Más tarde, Ondine afirmó que su actuación en *Chelsea Girls* tiene momentos de genio. Sin embargo, el verdadero mérito creativo es de Warhol, cuyo estilo cinematográfico revela dimensiones nuevas e insospechadas en el viejo arte de actuar.

David Sterritt

Fecha 1966

Nacionalidad Estados Unidos

Director Andy Warhol, Paul Morrissey

Reparto Ondine (Robert Olivo), Angelina «Pepper» Davis

Por qué es clave
El inspirado voyeurismo de Warhol ofrece unos resultados escalofriantes cuando una superestrella se olvida de que está representando un papel y pone de manifiesto su inestabilidad en la vida real.

Escena clave **Créditos hablados** *Fahrenheit 451*

SPOILER

Una idea muy sencilla motivó esta secuencia de créditos de Truffaut. Leer está prohibido en el mundo de *Fahrenheit 451*, así que los títulos son hablados, no impresos. Escuchamos los créditos de la misma manera que los protagonistas de la película reciben la programación que pueden ver en la televisión, y vemos una serie de fotografías como los dibujos de cómic en vez de leer el periódico.

Truffaut manifiesta más sagacidad cinematográfica en esa secuencia de un minuto de la que muchos otros cineastas muestran en una película entera. Unos desvaídos colores pastel recubren diecisiete planos en blanco y negro de antenas de televisión, mientras la camara se acerca a ellas con un *zoom*.

La voz en *off* de Alex Scott, que también interpreta a un personaje de la película, anuncia el título y los nombres de los participantes con el acento de los locutores de la radio británica, acompañado por la música etérea de Bernard Herrmann.

Truffaut convierte los créditos hablados de *El cuarto mandamiento* y *El desprecio* en una especie de introducción a lo Hitchcock que recuerda *La Jetée* de Chris Marker, el corto de ciencia ficción dedicado a la memoria.

La secuencia sigue el camino de la película: los primeros trece planos muestran los tejados de la ciudad aislados de la naturaleza, y los cuatro últimos sitúan las casas entre los árboles. El protagonista del filme huye del vacío de la ciudad hacia el bosque de la gente que lee. Incluso antes de llegar a los créditos, la música de Herrmann transmite un misterio y un romanticismo negado a otras producciones de Universal Pictures que empiezan con el simple logo que gira. Es una música de las esferas transmitida en una aurora arremolinada en los hogares, que sólo son conscientes del cosmos a medias.

A. S. Hamrah

Fecha 1966

Nacionalidad Reino Unido

Director François Truffaut

Reparto Alex Scott (voz)

Por qué es clave Truffaut integra temáticamente la secuencia de créditos inicial en su adaptación de la novela de Ray Bradbury.

Pág. anterior *Fahrenheit 451*.

Película clave *All My Life*
El cosmos en el movimiento de una cámara

El «cine estructural» lleva el equipamiento técnico a un primer término: no sólo usa efectos de iluminación, lentes de *zoom*, trávelin, etc., sino que versa sobre todas estas cosas. Algunas de estas películas son formalistas y técnicas. Sin embargo, las mejores están llenas de vida y demuestran que el objeto del cine puede ser también el sujeto del cine.

Esta obra maestra de tres minutos es un ejemplo sublime de ello. La cámara está en un jardín, rodeada por una valla de madera, y Baillie la hace girar lentamente en una toma panorámica de 360°. De fondo, Ella Fitzgerald canta «All My Life», señalando el significado profundo de la película: de acuerdo con su filosofía budista, Baillie ve la vida como un ciclo, real e irreal al mismo tiempo. Una película también es así, sobre todo ésta, que nos guía por un círculo literal, salpicado de estallidos de color de las rosas que encarnan la belleza natural de la vida.

Cerca del final, la cámara comienza la única variación que hay en su movimiento: asciende poco a poco hacia el cielo azul. El cableado del teléfono aparece diagonalmente en la escena y durante un momento resulta una intrusión demasiado artificial. Pero, justo cuando la cámara está a punto de dejarlo atrás, hay un titubeo, y en ese instante uno se da cuenta de que el molesto artefacto hecho por el hombre representa la última sustancia terrenal que vemos antes de que la trascendencia espiritual se complete. Ese momento llega cuando termina la canción, la cámara recorre un cielo ininterrumpido y la película se desliza hacia su perfecta conclusión.
David Sterritt

Fecha 1966

Nacionalidad Estados Unidos

Director Bruce Baillie

Por qué es clave
La cámara presenta la toma panorámica de 360° de un jardín lleno de flores mientras Ella Fitzgerald y la banda de Teddy Wilson interpretan la canción que da título a la película. De ese modo, el director crea una afirmación filosófica sobre la finitud e infinitud de la vida terrenal.

Escena clave La batalla de Shrewsbury
Campanadas a medianoche

En 1941, con *Ciudadano Kane*, Orson Welles se afianzó como el innovador más grande del cine norteamericano. Ésta y sus siguientes películas como director demostraron que el poder y la corrupción que éste conlleva eran sus temas preferidos. Welles era un «rey» actor cuyos personajes tenían un orgullo desmedido y eran intransigentes, pero también era un «rey» director porque su estilo de filmación tenía alcance épico y grandeza, incluso con un presupuesto pequeño.

Las obras de Shakespeare *Enrique IV* y *Enrique V* fueron, por tanto, un material idóneo para Welles, pero el retrato del príncipe Hal convirtiéndose en el rey Enrique V con «el porte de Marte» le resultaba demasiado conservador. No podía estar de acuerdo con Enrique V cuando se comparaba a sí mismo con «el sol oculto tras las nubes, que será más glorioso por haber estado oscurecido».

Para Welles era mucho más atractivo el corpulento, torpe, bobo, aunque de buen corazón, sir John Falstaff, que le advierte a Hal de que si lo destierra, desterrará la risa.

Teniendo en cuenta esta lectura, no es de extrañar que la puesta en escena de la batalla de Shrewsbury (1403), que en la obra de Shakespeare simboliza la traición de Hotspur al levantarse en armas contra Enrique IV, esté llena de burla. Empieza con enormes ejércitos y toda la pompa de la caballería, pero pronto resulta confuso distinguir quién está luchando contra quién. Falstaff (Welles) se escabulle de un sitio a otro intentando evitar el combate, la dirección de la pantalla se vuelve imprecisa, el barro cubre a los caballeros y a los soldados de infantería mientras se atacan los unos a los otros, y Welles comienza a utilizar la cámara lenta para poner de relieve lo mastodóntico que es todo ese caos trágico e inútil. La escena está diseñada con tanta brillantez que, al final, parece un friso de arcilla gris.
Mark Cousins

Fecha 1966

Nacionalidad Francia/España/Suiza

Director Orson Welles

Reparto Orson Welles

Título original *Chimes at Midnight*. También conocida como *Falstaff*

Por qué es clave Fue inspiración para muchas películas posteriores y está considerada con justicia como una de las grandes escenas de batallas del cine.

Pág. siguiente
Campanadas a medianoche.

Paramount Pictures

Película clave **Un sombrero vuela con un disparo de fondo** *Unsere Afrikareise*

En 1961, Peter Kubelka recibió el encargo de dirigir un «documental» sobre el viaje de caza a África de un grupo de compatriotas austríacos. Rodó muchas horas de metraje y sonido y después pasó cinco años editando este material hasta convertirlo en una obra maestra de trece minutos.

Primero clasificó las secuencias y los sonidos en varias categorías y después montó todos los fragmentos de imágenes y sonido para conseguir lo que es, en efecto, este filme: una matriz gigante de múltiples significados. Un animal retorciéndose en su agonía, con una molesta música popular de fondo, donde los ritmos de ambas cosas encajan casi a la perfección; un hombre blanco que estrecha la mano de un hombre negro al mismo tiempo que estalla un trueno, como un comentario acerca de la suficiencia del blanco.

Muy pronto en el filme, el sombrero que salta por el aire cuando se oye un disparo, primer ejemplo contundente de asincronía, le señala al espectador que es crucial ser consciente de cada instante, que la película estará cargada de electricidad imprevisibilidad. Parte de la declaración de Kubelka atañe al modo en que los cazadores se relacionan con el lugar, al erotismo exaltado de lo que ven a través de la mira del arma, a la forma en que, para ellos, matar sustituye a acariciar. Disparos, fuegos que chisporrotean y la música de la banda sonora a un fuerte volumen superponen un patrón de violencia al mundo natural que vemos.

Cada pareja de sonido e imagen asíncronos se agrega a la siguiente, hasta que la película se convierte en un laberinto de conexiones: una imagen no se conecta sólo con el sonido que la acompaña, sino con todos los demás sonidos e imágenes de la película. La obra tiene la cualidad de un monumento, de un documento de civilizaciones con muchas facetas.
Fred Camper

Fecha 1966

Nacionalidad Austria

Director Peter Kubelka

También conocida como
Our Trip to Africa

Por qué es clave
En este gran ensayo sobre el uso de los sonidos asíncronos, las parejas de sonido e imagen son una reflexión sobre los valores de una partida de caza europea en África.

Acontecimiento clave **Gulf and Western compra Paramount Pictures**

El sistema de estudios de Hollywood, que había tenido un notable éxito durante las décadas de 1930 y 1940, comenzó a desmoronarse durante la década de 1950, pero, como en el caso del Imperio romano, su ocaso y caída llevó mucho tiempo. El estudio más prestigioso junto a MGM, y el más exitoso en el aspecto financiero en la segunda mitad de la década de 1940, Paramount Pictures, recibió un duro golpe como consecuencia de la aprobación, en 1947, del Consent Decree, que obligó a los estudios a deshacerse de sus lucrativas cadenas de salas de cine (el estudio fue uno de los primeros en acatar dicho decreto, concretamente en 1949). Para el año 1966, los beneficios de Paramount Pictures llevaban siendo discretos más de doce años y el descontento de la mayoría de sus altos ejecutivos y de sus directores se tradujo en la aceptación de la oferta de compra de Gulf and Western Industries, a ochenta y tres dólares la acción, cantidad que superaba con creces su valor de mercado en aquel momento.

G&W, un conglomerado de empresas muy diversificado que había fundado Charles Bluhdorn en 1957, se aventuró en el campo del entretenimiento por primera vez con la adquisición de Paramount Pictures. Pronto, la compra de estudios de filmación por parte de grandes empresas se convertiría en la regla más que en la excepción en el nuevo Hollywood.
Jean-Pierre Coursodon

Fecha 19 de octubre de 1966

Por qué es clave
Sin contar con la compra de la moribunda RKO en 1955 por General Tire and Rubber's, ésta fue la primera gran adquisición de un estudio de Hollywood por parte de un conglomerado de empresas.

Pág. anterior Estudios de Paramount Pictures.

Escena clave **El armario estéreo** *Zontar the Thing from Venus*

Zontar, que permanece en el tiempo como ejemplo del ridículo, nació como *remake* de *Conquered it* (1956), de Roger Corman. AIP necesitaba material de relleno para completar un paquete de ventas para televisión y contrató a Buchanan, un director de Texas conocido por producciones ambiciosas, aunque sin demasiada calidad, para que hiciera rápidamente versiones nuevas de sus películas de monstruos de ciencia ficción de la década de 1950, en color y 16 mm, por la suma de 30.000 dólares cada una. Estos filmes, que durante años se emitieron en televisión por las noches, son recordados por los insomnes como tediosos y de mala calidad. Pero también son algo más.

Si, como dijo Godard, «la definición de la condición humana debería estar en la misma puesta en escena», entonces *Zontar*, que funciona como un documental industrial sobre los salones y los centros comerciales de Dallas, le da la vuelta a esa afirmación.

Domina en ella un ambiente estancado y deprimente, como de horas intempestivas de madrugada.

La mayor parte de la película gira en torno a a Houston, un científico amargado que habla a través de una radio instalada tras una puerta corredera en un armario de su despacho. Así se comunica con Zontar, un invasor de Venus que está escondido en una cueva cercana. Nosotros no oímos las respuestas de Zontar, sólo percibimos un zumbido bajo y ruido. «Sí, es cierto», le dice el científico a Zontar, de espaldas a la cámara. «Yo soy tu único amigo».

La deficiencia del mundo de la película parece algo normal y acertado, instantáneas al fin y al cabo de aquel tiempo tal como era. Al final, es un documento válido sobre un lugar que sobrevivió a un ataque, pero que siguió de la misma manera aburrida, sin aprender nada.

A. S. Hamrah

Fecha 1966

Nacionalidad Estados Unidos

Director Larry Buchanan

Reparto John Agar, Anthony Houston, Susan Bjurman, Patricia De Laney

Por qué es clave Es una mala película que revela verdades que las buenas películas no pueden revelar.

Escena clave **Captar una visión de la realidad** *Blowup*

Arrogante, suficiente, narcisista entre los narcisistas, el fotógrafo protagonista de esta película, Hemmings, pasea alegremente por un parque del este de Londres, sacando fotos de las palomas, de un barrendero, de los árboles mecidos por la brisa, del césped verde y aterciopelado. Se encuentra con una pareja de amantes y los fotografía de lejos, pero más tarde, cuando está revelando las fotografías, encuentra en las sombras oscuras del parque a un pistolero solitario. ¡Al estar allí con su cámara, le ha salvado la vida a un hombre! Entonces lo interrumpen dos chicas y Hemmings se va a acostarse con ellas.

Deprimido, sin esperanza, mira las fotografías de nuevo y hace una ampliación de una parte del suelo hasta conseguir una fotografía que es todo grano, todo ambigüedad. Allí, bajo un matorral, hay..., ¿un cadáver? Decide volver a la escena del crimen.

El parque, aparte del susurro de las hojas de los árboles, está silencioso y desierto. Un enorme anuncio luminoso de neón color turquesa irradia una luz extraña, una especie de luz de luna de alta tecnología. Camina por la hierba, con su chaqueta de terciopelo verde oscuro y sus pantalones blancos, y se acerca al lugar donde cree que puede haber visto el cadáver. De repente, se lo encuentra. Está allí tendido, como en una capilla ardiente, en un suntuoso charco de tranquilidad, con un traje gris, la tez gris, el pelo gris, los ojos abiertos parecidos a las canicas de un niño. Éste es el manifiesto de Antonioni sobre ver y hacer películas: en vez de ser testigo del mundo y después obtener una imagen, uno se dedica a obtener imágenes y sólo después, al visualizar lo que ha hecho, uno ve.

Murray Pomerance

Fecha 1966

Nacionalidad Reino Unido/Italia

Director Michelangelo Antonioni

Reparto David Hemmings

Por qué es clave Antonioni hace una importante declaración filosófica sobre las películas y el acto de mirar.

Pág. siguiente *Blowup*.

Escena clave **Monólogo de Alma sobre dos chicos en la playa** *Persona*

Si las películas son sobre todo un medio visual, ¿por qué el momento más imborrable de *Persona* surge de la palabra hablada? Alma (Andersson) es una enfermera que tiene asignado el cuidado de Elisabet (Ullmann), una actriz que ha decidido no volver a hablar. Como parte de la terapia, Alma acompaña a la atormentada mujer a una residencia de vacaciones de la costa para que se recupere. «Dicen que se me da bien escuchar», le dice Alma a Elisabet. «¿No es raro? Nadie se ha molestado nunca en escucharme. No como tú.»

El permiso implícito de Elisabet para que hable anima a Alma, que comienza a relatar los detalles de una experiencia que siempre ha mantenido en secreto: cómo, una tarde de junio, una amiga y ella terminaron manteniendo relaciones sexuales con dos adolescentes curiosos que las habían estado espiando mientras tomaban el sol. Narra este suceso con cierta incredulidad, como si no estuviera segura de si fue ella misma la que le preguntó al chico que estaba sobre su amiga: «¿No vas a venir también conmigo?».

Lo que resulta audaz no es la confesión de Alma, sino la manera en que Bergman consigue una experiencia extracorpórea enmarcando esta confesión en un primer plano minimalista. Hay algo en la vacuidad de esta toma, combinado con la confesión alternativamente atormentada y gozosa de Alma, que permite al público alejarse de la pantalla y retozar en una visualización sudorosa y soleada, impregnada del olor del mar y del tacto de la arena en la piel caliente. Bergman demuestra que una película es siempre un medio visual, incluso cuando sus imágenes no se ven.
Violet Glaze

Fecha 1966

Nacionalidad Suecia

Director Ingmar Bergman

Reparto Liv Ullmann, Bibi Andersson

Por qué es clave La sobriedad con la que Bergman representa esta escena convierte la experiencia que se describe en algo indescriptiblemente vivo.

Acontecimiento clave **La cita del sello de goma** *Trenes rigurosamente vigilados*

En otoño de 1944, el joven aprendiz de ferroviario Milos Hrma (Václav Neckár) está más preocupado por perder la virginidad que por la guerra que tiene lugar a su alrededor o por los trenes de abastecimiento que pasan con estruendo por la pequeña estación rural de Moravia en la que trabaja. Aunque está muy enamorado de la maquinista Masa (Jitka Bendova), el fracaso de Milo con el sexo opuesto es mortificante, y más cuando se compara con los éxitos de uno de sus compañeros, el mujeriego Hubicka (Somr). Quizá la escena más memorable de la película sea aquella en la que este último retoza con su última conquista, Zdenka –Zelenohorská, que después volvió a trabajar con Menzel en la película *Alondras en el alambre* (*Skřivanci na niti*)–. En una escena que consigue ser a la vez divertida y erótica, Hubicka estampa con ternura en el muslo y la nalga de su amante los sellos de caucho que utiliza en el trabajo.

Trenes rigurosamente vigilados es una adaptación de la novela homónima de Bohumil Hrabal, un hijo predilecto de la República Checa. Ganó el Óscar a la mejor película de habla no inglesa en 1968 y sigue siendo uno de los largometrajes más conocidos y queridos de la Nueva Ola checa, que acabó abruptamente ese mismo año con la invasión soviética. Al contrario que muchos de sus compatriotas y sus colegas directores de cine, incluidos Milos Forman e Ivan Passer, Jirí Menzel, que hizo algunas apariciones en el papel de médico en *Trenes rigurosamente vigilados*, siguió trabajando en su país. Entre sus películas posteriores hay otras dos adaptaciones de Hrabal, *Tijeretazos* (1980) y *Yo serví al rey de Inglaterra* (2006). Curiosamente, ambas son adaptaciones de novelas que en un principio fueron prohibidas en Checoslovaquia. El hábil manejo de las metáforas cargadas de política y de una humanidad cargada de sexualidad convierte *Trenes rigurosamente vigilados* en todo un triunfo.
David Stratton

Fecha 1966

Nacionalidad Checoslovaquia

Director Jirí Menzel

Reparto Josef Somr, Jitka Zelenohorská

Título original *Ostre sledované vlaky*

Por qué es clave Esta espléndida adaptación de la novela de Hrabal se halla entre la sátira política y un comportamiento humano simpático y excéntrico.

Pág. anterior
Trenes rigurosamente vigilados.

Escena clave **El rey a solas**
La prise de pouvoir par Louis XIV

SPOILER

Rossellini termina su estudio de la ascensión al poder del Rey Sol con un plano de tres minutos durante el que sigue al monarca (Patte) con su cámara por la habitación mientras se despoja de las vestiduras del poder. La cámara se desplaza lentamente mientras el rey se acerca a una mesa, vestido con calzones, calzas negras y unos zapatos dorados. Se quita los guantes negros, el sombrero, la peluca, el medallón, el fajín y la chaqueta de volantes. Al convencer a la aristocracia de que se debe vestir con las mejores galas, ha distraído su atención de los asuntos de estado que ahora controla. Al inventar una moda, ha instituido un reinado que el biógrafo de Rossellini, Tag Gallagher, denomina «totalitarismo vía consumismo».

A solas en su habitación, el rey lee en voz alta las *Máximas* de La Rochefoucauld:

«Hay una nobleza que no depende de la fortuna. Es un cierto aire de superioridad que parece que lo destina a uno a grandes cosas... Esta cualidad nos capacita para usurpar la deferencia de otros hombres y nos coloca por encima de ellos en cuanto al nacimiento, el rango y el mismo mérito». El rey se sienta en su escritorio y continúa: «No se debe mirar fijamente ni al sol ni a la muerte». Deja el libro y repite esa última frase. Fundido en negro.

La escena transmite melancolía, incluso una sensación de irrevocabilidad malsana: la cita es un epitafio. El libro es como un espejo. Luis XIV se ha convertido a sí mismo en algo como el sol y la muerte. Nadie puede enfrentarse a él, ni desafiarlo. Sin embargo, la escena no resulta pesada: la cámara en movimiento de Rossellini la mantiene animada incluso aunque esté criticando el espectáculo del Rey Sol, el espectáculo que las películas hacen de la historia.
A. S. Hamrah

Fecha 1966

Nacionalidad Francia

Director Roberto Rossellini

Reparto Jean-Marie Patte

Por qué es clave
El conciso desenlace del filme examina la naturaleza del espectáculo.

Diálogo clave **Declaración de principios**
Los ángeles del infierno

El placer culpable por excelencia de los años sesenta, *Los ángeles del infierno* de Roger Corman, tiene como protagonista a Peter Fonda en el papel de Heavenly Blues, el líder de la sección de California del club de moteros Ángeles del Infierno. Cuando muere su compañero Loser (Bruce Dern), la banda envuelve su ataúd en una bandera con la esvástica y se lanza a una orgía de violaciones y destrucción en la iglesia de un pequeño pueblo. Los directores Peter Bogdanovich y Monte Hellman escribieron este guión transgresor pero inofensivo, y el interesante reparto incluyó a Diane Ladd (Ladd y Dern son los padres de la actriz Laura Dern, que fue concebida durante el rodaje), a Dick Miller, a Michael J. Pollard y a Nancy Sinatra en el papel de la mujer de Blues, Mike.

En el enfrentamiento culminante con el pastor, Norman Alder, durante el funeral, el afligido héroe explica la naturaleza rebelde de los motoristas con una clara dificultad para expresarse que raya en lo poético:

«No queremos que nadie nos diga lo que tenemos que hacer, no queremos que nadie nos mangonee... Queremos ser libres, queremos ser libres para hacer lo que queramos, ser libres para montar en moto, ¡ser libres para conducir nuestras motos sin que nos persigan! ¡Y queremos emborracharnos, y queremos pasarlo bien!».

En 1967, casi el mismo equipo creativo, junto a Jack Nicholson, hizo *The Trip*, y menos de dos años después Fonda y Nicholson se unieron a Dennis Hopper para rodar el mayor éxito del género, *Easy Rider*. Sin embargo, *Los ángeles del infierno*, con su curioso nihilismo y su gasolina a veintiséis céntimos el galón (4,55 litros), sigue siendo la piedra angular.
David Stratton

Fecha 1967

Nacionalidad Estados Unidos

Director Roger Corman

Reparto Peter Fonda, Nancy Sinatra, Diane Ladd, Norman Alden, Michael J. Pollard.

Título original *The Wild Angels*

Por qué es clave Este momento memorable inició la moda de los largometrajes de motoristas de bajo presupuesto tres años antes de *Easy Rider*.

Pág. siguiente
Los ángeles del infierno.

6660·85

Escena clave **Persiguiéndose a uno mismo**
Operazione paura

SPOILER

Esta película de terror es verdaderamente intimidante. Con el uso de los *zooms* enérgicos y el color vivo de la década de 1960, crea una atmósfera en suspensión, muy apropiada para el pueblo de los Cárpatos donde se desarrolla el filme, un lugar maldito, dominado por una villa en ruinas. La historia gira alrededor del fantasma de una niña cuya aparición, precedida por una pelota blanca que bota, anuncia la muerte de aquellos que la ven. La niña es un símbolo que su madre, baronesa de la villa, usa para infundir terror a los habitantes del pueblo que causaron y permitieron la muerte de su hija.

Bava analiza la forma en que el miedo engendra la violencia. Cuando los habitantes del pueblo ven a la niña, se aterrorizan de tal modo que se suicidan. La ciencia entra en este mundo de la mano de un forense (Rossi-Stuart), que ha sido enviado al pueblo para llevar a cabo una autopsia. Sin embargo, su actitud segura y progresista sólo sirve para aumentar el número de muertes. Él se ve atraído hacia el pueblo y su espíritu comienza a desmoronarse, como todo lo que le rodea.

Respondiendo a la llamada de una mujer desde fuera de plano, el forense irrumpe en una habitación. Una de las paredes está cubierta por una gran pintura del pueblo. Rossi-Stuart cruza corriendo la habitación hacia una puerta, la atraviesa y se encuentra en la misma estancia. Hace el mismo camino ocho veces, acercándose más y más a sí mismo, hasta que consigue agarrar por el hombro a la figura que corre delante de él y hacer que se gire: es él mismo quien se mira a la cara. Bava consigue esto valiéndose de la edición y del ritmo, con dos actores vestidos de modo idéntico. Resulta convincente, y nos recuerda que el cine tenía todas las herramientas precisas antes de que existieran los ordenadores.

A. S. Hamrah

Fecha 1966

Nacionalidad Italia

Director Mario Bava

Reparto Giacomo Rossi-Stuart

Por qué es clave
El terror gótico y penetrante de Bava es inesperadamente vanguardista.

Escena clave **El último gesto de desafío**
Siete mujeres

SPOILER

Terminada en 1965, esta película se estrenó tardíamente y sin demasiada publicidad. El último largometraje de John Ford, centrado en las mujeres, narra la historia de un grupo de misioneras en China durante la década de 1930 y termina con el sacrificio de una doctora norteamericana que no ha sido bien recibida en la misión y a quien casi todos consideran la oveja negra.

Como todos los médicos de Ford, la doctora Cartwright (Bancroft, en su mejor papel) es fiel al juramento hipocrático y, para salvar vidas, accede a convertirse en la concubina del jefe bandido Tunga Khan (Mazurki). Por ello, la directora puritana y reprimida de la misión la maldice. La doctora sólo encuentra la comprensión de la rebelde ayudante de ésta (Mildred Dunnock), que intenta disuadir a quien las ha salvado de que se suicide («¡Es pecado!»).

Cuando las otras mujeres, y un bebé recién nacido, están lejos y a salvo, la doctora Cartwright se viste de cortesana china, lo que supone un gran contraste con su habitual ropa masculina, y recorre los pasillos de la misión hacia la habitación de Khan. Sus movimientos elegantes son recogidos por John Ford con la fotografía más sutil y suave de toda su carrera, así como con una iluminación que trae a la memoria lo que podrían haber sido *El expreso de Shanghai* de Sternberg o *La amargura del general Yen* de Capra de haberse filmado éstas en color y en formato de pantalla ancha.

La doctora sirve dos bebidas y vierte veneno en ellas; después hace una reverencia burlona de sumisión y le dedica un brindis al bandido: «¡Hasta nunca, canalla!». Espera un momento y, mientras Tunga cae desplomado fuera de imagen, se toma el contenido de su taza y la arroja con ira al suelo. Entonces la obra final de Ford se funde en negro, en uno de los momentos más conmovedores de la historia del cine.

Miguel Marías

Fecha 1966

Nacionalidad Estados Unidos

Director John Ford

Reparto Anne Bancroft, Mike Mazurki

Título original *7 Women*

Por qué es clave
Con una pureza propia de Mizoguchi, esta escena muestra dos de los temas habituales de John Ford, el sacrificio y la gloria de la derrota, en un final digno de toda su carrera cinematográfica.

Pág. anterior *Siete mujeres*.

Escena clave **El suicidio de Mouchette**
Mouchette

Si alguna vez un director necesitó que lo rescataran de sus admiradores (y de esas actitudes que el propio director animaba con sus declaraciones públicas), ese director es Robert Bresson. La suposición de que es, por encima de todo, un realizador cristiano cuyo trabajo expresa sus firmes creencias religiosas ha llevado a no pocas malas interpretaciones y distorsiones de su obra. La víctima más evidente de tal tendencia es este filme, que termina con una joven llamada Mouchette (Nortier) tomando la decisión de escapar, ahogándose, del mundo brutal de la violencia patriarcal y de una tristeza que parece inacabable.

Los especialistas en Bresson afirman que encuentran la redención aquí, e incluso llegan tan lejos como para vincular al realizador con una secta que ve el suicidio como algo positivo. Sin embargo, con una visión sin prejuicios de *Mouchette*, se percibe que es una protesta apasionada contra una situación intolerable, si bien socialmente específica; protesta que muchos críticos prefieren pasar por alto para lograr que sus interpretaciones religiosas sean más plausibles.

Las fuerzas de la religión están presentes, no cabe duda, pero se muestran como parte de los problemas de la protagonista, no como la solución: son signos de una trascendencia notable únicamente por su ausencia (la iglesia, donde el padre de Mouchette la empuja hacia el agua bendita), o justificaciones para otra experiencia traumática (la oración que se ve obligada a cantar). El suicidio de Mouchette, precedido y, en cierto modo, anunciado por una escena en la que ve a varios cazadores matando un conejo indefenso, se retrata como algo inevitable, pero del todo irredento. Sólo podemos tener una visión sentimental de esta obra de arte considerando su punto culminante como algo trascendental.

Brad Stevens

Fecha 1967

Nacionalidad Francia

Director Robert Bresson

Reparto Nadine Nortier

Por qué es clave Esta escena muestra cómo el minimalismo estilístico de Bresson puede usarse para crear una protesta social concreta.

Escena clave **El baile en Puerto del Fuego**
Cara a cara

SPOILER

Aunque la crítica tiende a centrarse en la relación entre el profesor Brad Fletcher (Volonté) y el forajido Beauregard Bennet (Milian), el núcleo de este magnífico *spaghetti western* de Sergio Sollima puede hallarse en su descripción de Puerto del Fuego, una comunidad que vive entre la civilización y el estado salvaje, la cual, como en muchas películas del oeste americanas, se define en una secuencia de baile.

Sin embargo, mientras que el baile de *Pasión de los fuertes* (1946) subraya la formalidad, el de *Cara a cara* no es del todo formal ni informal. Así, esa energía que se expresa por todas partes en actos de agresión no es reprimida por el baile, sino más bien acomodada en él: la solitaria giga que baila Bennet sobre la mesa coexiste de forma armoniosa con el círculo que forman otros miembros de la celebración. Incluso Fletcher se conmueve y rechaza la declaración de Maximilian (Ángel del Pozo), que afirma que los habitantes de Puerto del Fuego son «fantasmas del pasado, los restos de una frontera antigua y romántica, que no eran capaces de aceptar la llegada del telégrafo, del ferrocarril, ni de la misma realidad», al insistir en que «nunca he visto a nadie más real».

Aquí está el punto medio donde la mente de Fletcher se encuentra con el corazón de Bennet, donde la violencia de ambos hombres se disipa en la actividad conjunta, y se resuelven varios conflictos: este-oeste, inteligencia-fuerza, individuo-grupo, jardín-selva. Sin embargo, es la presencia conjunta del profesor y el forajido lo que lleva finalmente a la destrucción de Puerto de Fuego, en una masacre que la hace aún más insoportable por el hecho de que sólo presenciamos sus secuelas. Como en *La puerta del cielo* (1980), de Michael Cimino, parece que los valores que se ponen de relieve ya se dan por perdidos, aplastados por el salvajismo civilizado de una Norteamérica moderna que Fletcher y Bennet, de modos opuestos aunque complementarios, representan.

Brad Stevens

Fecha 1967

Nacionalidad Italia/España

Director Sergio Sollima

Reparto Gian Maria Volonté, Tomas Milian

Títulos originales: *Faccia a faccia/Cara a cara*

Por qué es clave
Una de las mejores secuencias de baile del *western*.

Escena clave **Derribad el plató** *La evaporación del hombre*

SPOILER

En *Fraude*, un filme de 1973, Orson Welles anunciaba que iba a contar la verdad durante una hora. Cuando esa hora termina, el director entra en la magia y las mentiras. *Ningen johatsu*, rodada seis años antes, experimenta un cambio similar con respecto a la verdad. Comienza como un documental. El prometido de Yoshie Hayakawa ha desaparecido. El director de la Nueva Ola Shohei Imamura se ofrece para filmarla mientras ella intenta encontrarlo. Mediante técnicas de observación convencionales, Imamura muestra cómo la mujer busca a los amigos y colegas de su prometido y a la gente que lo vio por última vez. Poco a poco, encaja las piezas del rompecabezas de su desaparición.

Hacia el final de la película, hay una escena en un salón de té. Yoshie está preguntando a más gente. Una de esas personas le insinúa que su prometido fue visto por última vez con una mujer. La escena es tensa; entonces, de repente, vemos a Imamura en el plano, y una voz se dirige directamente a él: «Está bien, derribad el plató». Pasamos a una toma muy amplia en la que los tramoyistas echan abajo unas paredes de cartón piedra, y nos damos cuenta de que, en realidad, estamos en un decorado.

En algún momento de la película, Yoshie ha perdido el interés en encontrar a su prometido y ha trasladado sus afectos a Imamura. El motivo de la película había desaparecido, y por lo tanto, el director la convirtió en una disquisición sobre la realidad y el artificio. En las décadas de 1960, 1970, 1980, en Japón se rodaron algunos de los mejores documentales de la historia. Pocos son tan apasionantes y reveladores como *Ningen johatsu*.

Mark Cousins

Fecha 1967

Nacionalidad Japón

Director Shohei Imamura

Reparto Yoshie Hayakawa, Shohei Imamura

Título original *Ningen johatsu*

Por qué es clave Éste es el momento asombroso en el que nos damos cuenta de que lo que estamos viendo ya no es un documental.

Escena clave **Una taza de café se convierte en un cosmos** *Dos o tres cosas que yo sé de ella*

En cierto modo, *Dos o tres cosas que yo sé de ella* es el punto culminante de la «búsqueda» de Godard en color y CinemaScope antes de 1968, y su importancia personal se puede sentir en la manera en que narra la película, como si fuera un susurro apremiante. Mientras sigue un día en la vida de Juliette (Vlady), un ama de casa aburguesada que trabaja de prostituta a media jornada para comprarse ropa, la acompaña a una cafetería de París, en la cual toma una Coca-cola. Después, filma a otra gente y otros objetos que están cerca de la mujer, mientras pronuncia un monólogo poético sobre su dificultad para aceptar el mundo moderno. A mitad de su charla, se detiene en un primer plano gigante de una taza de café.

Entre pausas y planos de corte, Godard reflexiona sobre el líquido negro que gira como si fuera el sistema solar y se deja llevar por la metafísica:

–Ya que no puedo escaparme de la objetividad que me aplasta ni de la subjetividad que me aísla, tengo que escuchar, tengo que mirar a mí alrededor más que nunca. El mundo..., mi semejante, mi hermano.

Sigue acercándose más y más al café, mientras cae en él un terrón de azúcar y se disuelve: «El mundo de hoy, en el que las revoluciones son imposibles, en el que me amenazan guerras sangrientas, donde el capitalismo ya no está seguro de sus derechos y la clase trabajadora está en retroceso, donde el progreso abrumador de la ciencia le concede a los siglos venideros una presencia opresiva, donde el futuro está más presente que el presente, donde las galaxias lejanas están en mi puerta..., mi semejante, mi hermano».

Jonathan Rosenbaum

Fecha 1967

Nacionalidad Francia

Director Jean-Luc Godard

Reparto Marina Vlady

Título original *2 ou 3 choses que je sais d'elle*

Por qué es clave Godard encuentra el universo en un grano de arena o, con más exactitud, en una taza de café y un azucarillo.

Escena clave **La deportación** *La comisaria*

SPOILER

Durante la guerra civil rusa, una comisaria soviética (interpretada por la extraordinaria Mordukova) se da cuenta de que está embarazada, pero ya es demasiado tarde para deshacerse del bebé. Sus camaradas la envían a casa de un zapatero judío (Bykov), que tiene una familia numerosa, para que dé a luz allí. El tiempo que pasa con ellos cambia de forma gradual su punto de vista sobre asuntos como la violencia y la justicia histórica. Poco después de que se produzca el nacimiento, el pueblo sufre el ataque de los blancos, por lo que la mera presencia de la comisaria en casa del zapatero pone en peligro a la familia.

Con esta importante toma de conciencia, sucede un inquietante *flash-forward*, un salto al futuro acompañado de una música *yiddish* (compuesta por Alfred Schnittke), en el que toda la población judía de un pueblo, marcada con estrellas amarillas cosidas en la ropa, es deportada por calles nebulosas hacia un destino desconocido. La película se desarrolla en 1920, pero, como si fuera un asombroso adelanto del Holocausto, los deportados avanzan por un pasadizo tenebroso y llegan a un lugar oscuro donde encuentran a otros como ellos, vestidos con los uniformes de los prisioneros de un campo de concentración nazi. La cámara asciende por el aire, siguiendo las volutas de humo de una de las chimeneas del campo.

Se dice que la película fue censurada por su enfoque vanguardista, y especialmente por esta escena. En el cine soviético era legítimo mostrar otros aspectos del sufrimiento, pero no el Holocausto judío.
Dina Iordanova

Fecha 1967

Nacionalidad U.R.S.S.

Director Alexandr Askoldov

Reparto Nona Mordukova, Rolan Bykov

Título original *Komissar*

Por qué es clave Un *flash-forward* traumático en la historia nos adelanta el Holocausto.

Escena clave **Cuando Françoise conoció a Kelly** *Las señoritas de Rochefort*

Posiblemente, nada puede rivalizar con el musical a la hora de exteriorizar emociones como el amor, el anhelo y la alegría de vivir, y la segunda incursión de Demy en el género supera incluso a su anterior filme enteramente cantado, *Los paraguas de Cherburgo*, al añadir el baile a la ecuación.

El hecho de que pintara la ciudad costera del título con una selección de tonos veraniegos para que entonara con la alegre vestimenta de los personajes también contribuyó a intensificar el optimismo de un enamoramiento. Además, la partitura a ritmo de jazz de Legrand, tal vez su mejor composición, y el hecho de elegir a Catherine Deneuve y a Françoise Dorléac como contrapunto de Gene Kelly y George Chakiris, estrellas norteamericanas del musical, realzan el tema de cuento de hadas, casi universal, de la búsqueda de un sueño de amor.

Cuando las almas gemelas interpretadas por Kelly y Dorléac se conocen, en el momento en que él la ayuda a recoger el contenido del bolso que se ha caído en la calle, es como si ese encuentro estuviera predestinado. El concierto de piano de Legrand se eleva cuando sus miradas se cruzan, y aunque ella vuelve a casa diciendo que no cree que vuelvan a verse, él siente otra cosa, y a medida que la melodía cambia de ritmo hacia una animada fuga, recorre la calle despreocupado, expresando con palabras y un baile enérgico su alegría por haber encontrado a la mujer ideal.

Es en este momento en el que la escena levanta realmente el vuelo. Demy trabaja con bailarines profesionales y habitantes del pueblo (incluidos dos jóvenes hermanos gemelos) para que sirvan de testigos de la felicidad de su héroe, y eso sirve para cimentar su fantasía de un destino romántico en el tipo de entorno familiar de la vida del propio público. En resumen, lo normal se convierte en mágico: para los amantes de Demy, existe de verdad el cielo en la tierra.
Geoff Andrew

Fecha 1967

Nacionalidad Francia

Director Jacques Demy

Reparto Françoise Dorléac, Gene Kelly

Título original *Les demoiselles de Rochefort*

Por qué es clave Es la escena más vibrante y feliz en la que quizá sea la película más llena de energía de un género famoso por su vitalidad.

Pág. siguiente
Las señoritas de Rochefort.

Escena clave **Allá va la novia** *El graduado*

SPOILER

Benjamin Braddock (Hoffman) está desorientado después de terminar la universidad. No quiere tener una profesión convencional, como dedicarse a «los plásticos», por citar la palabra más famosa de la película, pero carece de alternativas. Entonces, una amiga de la familia, la señora Robinson (Anne Bancroft) lo atrae para que tenga una aventura con ella. Ben no está seguro de que sea buena idea, ni siquiera sabe si lo está pasando bien, sobre todo porque sus padres quieren que salga con la hija de la señora Robinson, Elaine (Ross), que tiene su edad.

Ben y Elaine salen juntos, efectivamente, y pronto se enamoran. Entonces, ella descubre la aventura que el tiene con su madre y se venga comprometiéndose con otro hombre. Al saber que su boda es inminente, Ben salta a su coche y se dirige corriendo hacia la iglesia. Se queda sin gasolina justo antes de llegar. y continúa corriendo desesperadamente. Cuando por fin llega, mira por una ventana y, en un asombroso giro de las convenciones sobre bodas en las películas, ve cómo el pastor cierra el libro. El nudo ya se ha atado. Lo único que puede hacer es gritar «¡Elaine!» como un animal desconsolado en una jaula de cristal.

Sin embargo, ella oye su grito y, mejor todavía, responde: «¡Ben!». De repente, huye del altar mientras su amado contiene a la congregación indignada balanceando una enorme cruz como si fuera un arma medieval. Ambos toman un autobús y se dirigen a un futuro incierto. La expresión de sus rostros es alternativamente alegre y pensativa. Sus vidas nunca volverán a ser iguales.

Y las películas tampoco.

David Sterritt

Fecha 1967

Nacionalidad Estados Unidos

Director Mike Nichols

Reparto Dustin Hoffman, Katharine Ross

Título original *The Graduate*

Por qué es clave Esta escena rompe una de las reglas más sagradas de Hollywood al declarar que el amor y el matrimonio no van necesariamente unidos y que el amor es mucho más importante.

Pág. anterior *El graduado*.

Escena clave **El monólogo final de Perry Smith** *A sangre fría*

El guión requería un monólogo realizado con el telón de fondo de una noche lluviosa, mientras el asesino condenado a muerte Perry Smith (Blake) recordaba un instante fundamental de su relación con su padre. En una noche de desesperación, apuntó con un arma a su hijo, y con ese gesto desencadenó una serie de eventos que condujeron al Smith adulto a prisión, donde, con el uniforme azul y las esposas, esperaba al verdugo.

Al preparar la toma, el director de fotografía Conrad Hall se dio cuenta de que si Blake se acercaba a la ventana durante su soliloquio, las salpicaduras de a lluvia que se reflejaban en su rostro, iluminado desde atrás, parecían lágrimas. En la copia final, Smith narra su trauma de infancia sin apasionamiento: «Supongo que lo único que voy a echar de menos de este mundo es a ese pobre viejo y sus sueños sin esperanza», dice en un tono desprovisto de emoción. Sin embargo, los reflejos del agua derramándose por sus mejillas cuentan otra historia.

Hall ganó tres premios Óscar por sus trabajos en *Dos hombres y un destino* (1969), *American Beauty* (1999) y *Camino a la perdición* (2002), pero nunca superó la elegancia, que había descubierto sin proponérselo, de esa toma magistral de *A sangre fría*. Como él mismo contó en el documental cinematográfico *Visions of Light* (1992), Blake pudo dotar a su personaje de una contención apropiada sin sacrificar el significado más profundo de la escena, porque «la imagen lloraba por él».

Violet Glaze

Fecha 1967

Nacionalidad Estados Unidos

Director Richard Brooks

Reparto Robert Blake, Scott Wilson, John Forsythe

Título original *In Cold Blood*

Por qué es clave
El director de fotografía Conrad Hall encuentra un sustituto poético para las lágrimas de verdad.

Escena clave **Chris arrasa**
A quemarropa

Walker (Marvin) lleva a Chris (Dickinson) a una casa ultramoderna en el desierto, que pertenece a la poderosa organización mafiosa contra la que ha estado luchando en solitario. Chris está furiosa por la obsesión de matar de Walker y lo golpea repetidamente con ambas manos durante un minuto. Frustrada, al no conseguir nada (él apenas se tambalea, mientras que ella se desploma en el suelo, agotada), comienza a destrozar la casa.

Primero enciende todos los aparatos eléctricos de la cocina (obligando a Walker a apagarlos uno por uno), después pone a todo volumen la música jazz de Johnny Mandel en el equipo estéreo (Walker, que no consigue encontrar el botón preciso en el sofisticado panel del control, acaba por romper la cinta) y, por último, le ordena al sistema de altavoces de la casa que le dé a Walker un mensaje con el tono suave de un pinchadiscos de jazz: «¿Por qué no te mueres?».En este excelente y reflexivo *thriller* de Boorman, el arrebato de destrucción de Chris no es sólo una venganza irónica (por medio de los símbolos de la feminidad) hacia el ansia de destrucción masculina que este género aplaude tradicionalmente. Es también una pieza única del arte de técnicas mixtas que hace uso de los símbolos y mecanismos del capitalismo para poner en evidencia la vacuidad de las motivaciones y los requisitos del juego del viejo cine negro.

Chris Fujiwara

Fecha 1967

Nacionalidad Estados Unidos

Director John Boorman

Reparto Lee Marvin, Angie Dickinson

Título original *Point Blank*

Por qué es clave
La heroína, con el apoyo del filme, ataca por todos los medios el privilegio de la capacidad destructora masculina.

Pág. siguiente *A quemarropa.*

Escena clave **La cuarta toma**
Rojos y blancos

Hungría, 1919. Tras la revolución rusa, cuya influencia se extiende hacia el oeste, los voluntarios comunistas húngaros se unieron a los bolcheviques, los rojos, en la guerra civil contra sus compatriotas zaristas, los blancos. En la cuarta toma del largometraje, realizada junto a un río, un soldado rojo permanece escondido mientras un oficial blanco interroga a otro y después lo mata de un tiro. La acción comienza en la distancia, pero Jancsó y su director de fotografía, Tamás Somló, filman la escena sin cortes. La cámara se desplaza y se detiene diez veces durante la toma, que dura tres minutos. Los movimientos son tensos y capturan la ansiedad del soldado que está escondido, aunque la película no permite la empatía ni la complicidad con el sufrimiento de la guerra civil que retrata.

Asistimos a una serie de maltratos humillantes y de fratricidios espantosos, pero conservamos la objetividad porque hay pocos primeros planos y ninguna escena centrada en los personajes. Todo gira en torno a la cámara y tiene una bella coreografía, pero es tan inquietante y, aparentemente, tan fría como *Saló o los 120 días de Sodoma*, de Pasolini. Los asesinatos son arbitrarios. El poder del que disfrutan los oficiales está relacionado, de una manera incómoda, con el control que Jancsó ejerce para poner en escena esta película de guerra.

Tal enfoque está muy alejado de las certezas maniqueas del realismo socialista, así que no es de extrañar que en su momento *Los rojos y los blancos* estuviera prohibida en la U.R.S.S. Su elegancia y frialdad son inolvidables, e influenciaron a cineastas como Béla Tarr y Fred Kelemen en las décadas siguientes.

Mark Cousins

Fecha 1967

Nacionalidad Hungría

Director Miklós Jancsó

Reparto József Madaras, Tibor Molnár

Título original *Csillagosok, katonák*

Por qué es clave
Éste es un gran ejemplo de los largos planos secuencia de Jancsó.

501-99

Escena clave **Los pájaros y las balas vuelan** *Bonnie and Clyde*

SPOILER

De adolescente, fui el narrador de una obra de teatro en el colegio. Trataba de un famoso forajido australiano, Ned Kelly. Yo tenía que salir al escenario, ante el cadáver de Kelly, que había sido abatido por la policía, y declamar: «La vida triste y solitaria, y el solitario final...».

Bonnie and Clyde también termina con el asesinato de sus héroes forajidos. «Los pájaros y las balas vuelan» es el acertado título del capítulo final de la edición del DVD para este final del DVD de la película: antes del tiroteo, Bonnie Parker (Dunaway) y Clyde Barrow (Beatty), eufóricos, se sienten vivos ante todo lo que pasa a su alrededor en la naturaleza, como el vuelo de esa bandada de pájaros. No se dan cuenta de que ese estallido natural es un augurio del final, y de que un transeúnte de aspecto inocente los ha atraído hacia su propia muerte en una cuneta.

Muchos espectadores recuerdan el asesinato como un espectáculo más prolongado y extravagante de lo que es en realidad; la lluvia de balas, y la cámara lenta que captura el paroxismo extrañamente lírico de los cuerpos de Bonnie y Clyde, son bastante comedidos comparados con muchos largometrajes posteriores. Debido al cuidadoso juego de contrastes de Penn, el rápido cambio de atmósfera y de movimientos, este final es tan repentino como impresionante.

Sin embargo, lo que de verdad remata la escena es el ballet mudo e inquietante que sigue. Los policías se acercan poco a poco a los cadáveres, que ya no vuelven a verse, y en la toma final, la cámara se acerca a un agujero de bala del cristal de la ventana del coche, que parece que fractura la propia imagen. La película termina con un fundido a negro antes de que el policía pueda hablar: aquí no existe el resumen de consuelo de «la vida triste y solitaria» al final.

Adrian Martin

Fecha 1967

Nacionalidad Estados Unidos

Director Arthur Penn

Reparto Warren Beatty, Faye Dunaway, Denver Pyle, Dub Taylor

Por qué es clave El punto culminante termina el largometraje sin ninguna concesión al consuelo.

Pág. anterior
Bonnie and Clyde.

Escena clave **Una puerta a ningún sitio** *Playtime*

Tati siempre se las arregla para llevar a la pantalla un universo entero, reflejando hasta cierto punto el mundo en que vivimos, y trasladando, también hasta cierto punto, ese mundo a un ballet. *Playtime* narra las aventuras de su personaje habitual, Hulot, que en esta ocasión se encuentra en un barrio de París con algunos parisinos y un grupo de turistas estadounidenses.

En Tati, cada una de las tomas está compuesta con el rigor de Mondrian y coreografiada como por la mano de Massine. Los movimientos de los dedos, los bastones, los perros, las pipas, los ascensores, las sillas de oficinas, los aviones, los cajeros, el agua que gotea..., todos los objetos posibles, los seres vivos e inanimados, están entrelazados en una película a la vez tan abstracta como de una contingencia hilarante.

En esta película, la indiscutible obra maestra de Tati, y uno de los grandes ejemplos de película cómica y mimo, destaca una escena en un club nocturno nuevo, tan nuevo, de hecho, que los albañiles todavía están pegando las baldosas del suelo y poniendo los techos cuando llegan los primeros invitados con sus vestidos de noche y sus esmóquines. Uno de los temas principales de Tati está relacionado con la ironía de guardar las apariencias, de mantener una buena fachada para ocultar las debilidades o incorrecciones, incluso el vacío que pueda haber bajo la superficie. No hay ningún momento en Tati, ni en la comedia, que transmita de un modo más brillante y simple esta ironía que la secuencia de la puerta rota del club.

Es de cristal y se ha hecho añicos. Hulot supervisa cómo barren rápidamente los cristales y después, toma el tirador de bronce y se pone firme para abrir una puerta imaginaria a cada uno de los invitados. Pronto, el portero sigue su ejemplo y continúa con semejante locura. Todo el mundo está encantado con la elegancia y la eficiencia, y nadie se da cuenta de que la puerta del emperador no se cierra de verdad.

Murray Pomerance

Fecha 1967

Nacionalidad Francia/Italia

Director Jacques Tati

Reparto Tati, Léon Doyen

Por qué es clave
Tati nos ofrece una brillante demostración de la ironía de las apariencias, que es fundamental en el largometraje.

Escena clave **En una película sobre la calma, al final ocurre algo** *Wavelength*

A menudo se describe *Wavelength* como un *zoom* roto que atraviesa una habitación vacía. Sin embargo, la estancia en cuestión no está vacía, pues hay muebles y algunas personas entran unas cuantas veces. Además, el objetivo final del *zoom* es una fotografía que está en la pared de enfrente. Por otra parte, la aproximación de la cámara no se interrumpe, y la cinematografía está abarrotada de un modo minimalista, con uniones de fragmentos de la grabación, superposiciones, filtros de color, ligeros saltos y pausas a medida que la cámara se acerca a la foto.

Uno de los objetivos de la película es poner de relieve la naturaleza artificial del cine, que siempre es producto de mentes y manos culturalmente condicionadas. Otro de sus objetivos, relacionado con el anterior, es sugerir la capacidad del séptimo arte para simular y estimular el pensamiento humano en sus niveles más contemplativos y meditativos.

La película lo consigue pidiéndoles a los espectadores que miren, que esperen y que crezcan con paciencia durante los 45 minutos en los cuales se desarrolla el trayecto de la cámara. El momento clave sucede cuando un hombre (interpretado por Hollis Frampton, un cineasta de la vanguardia) entra en la habitación y se desploma al suelo, muerto. Es un suceso digno del melodrama, pero la cámara no reconoce que haya ocurrido nada y el *zoom* continúa excluyendo al fallecido de la imagen, mientras el campo de visión de la lente se hace incluso más estrecho.

Al final, la pantalla se llena con un primer plano de la fotografía que hay en la pared: una imagen de las olas del mar, tan extensa y modesta como una fotografía instantánea. La cámara de Snow ha desvelado el poder de un enfoque zen y de la calma, y la habilidad del artificio fílmico para trascender el mundo humano al que reproduce.

David Sterritt

Fecha 1967

Nacionalidad Canadá/Estados Unidos

Director Michael Snow

Reparto Hollis Frampton, Amy Taubin, Joyce Wieland

Por qué es clave
La calmada concentración de la cámara ofrece un ejemplo insuperable del cine como contemplación.

Escena clave **Antoine toma café con Fabienne Tabard** *Besos robados*

Esta comedia simpática y amable, la tercera de las cinco del ciclo de Antoine Doinel, se estrenó en París en septiembre de 1968, después de meses de agitación casi revolucionaria en la nación, y para muchos de los espectadores jóvenes y de los críticos de aquel momento fue un filme irrelevante. Antoine (Léaud), después de ser expulsado del ejército de una forma poco honorable, va a la deriva de trabajo en trabajo (llega incluso a trabajar como aspirante a detective), cortejando y peleándose con la mojigata Christine (Claude Jade), con quien se casará finalmente, y soñando con Fabienne Tabard, la esposa de su jefe, interpretada por la exquisita Delphine Seyrig («No es una mujer, es una aparición»).

La relación de Fabienne-Antoine, típica del tema recurrente de Truffaut de las mujeres como algo mágico, da un giro cómico cuando Antoine está tomando un café con ella en casa de los Tabard después de que su marido (Londsdale), una persona detestable, se haya ido a hacer unos recados. En un plano fijo de dos personas, ella le sirve una taza de café sin que ninguno de los dos diga una sola palabra. Después de un rato, Fabienne se levanta, se acerca al tocadiscos y pregunta: «¿Te gusta la música, Antoine?», a lo cual él responde: «Sí, señor» (esto recicla una anécdota relatada por Anatole France en un libro de recuerdos infantiles, un ejemplo de cómo Truffaut tomaba a menudo prestadas ideas).

Después de la metedura de pata, Antoine, que está muy nervioso, se echa el café por encima y huye muerto de vergüenza. Sin embargo, ese fracaso tendrá un final de cuento de hadas, cuando su ídolo lo visite a la mañana siguiente y le diga, en un extraordinario monólogo: «No soy una aparición, soy una mujer, es justo lo contrario», antes de tenderse junto a él en la cama. La cámara sale de pantalla, y la escena la termina nuestra imaginación.

Jean-Pierre Coursodon

Fecha 1968

Nacionalidad Francia

Director François Truffaut

Reparto Jean-Pierre Léaud, Delphine Seyrig, Michel Londsdale

Título original *Baisers volés*

Por qué es clave
Es una de las muchas escenas deliciosas de una de las películas más alegres de Truffaut.

Película clave *Inocencia sin defensa*

Makavejev toma material de la primera película sonora serbia, un melodrama tonto y amateur del año 1942 dirigido y protagonizado por el culturista Dragoljub Aleksić, y lo mezcla con otros documentales y secuencias que también ha encontrado. Esa técnica la utilizó por primera vez en *La tragedia de una empleada de teléfonos* (1967), y continuó usándola con éxito en su controvertida *Wilhelm Reich, los misterios del organismo* (1971) y en *Sweet Movie* (1975).

La columna vertebral de *Inocencia sin defensa* es el filme de Aleksic, que narra su persecución amorosa a una modesta chica de Belgrado, y está salpicada de escenas en las que exhibe los músculos del torso y los brazos. Estas secuencias están intercaladas con proezas llevadas a cabo en la década de 1940 (como un vuelo de Aleksić sobre Belgrado, colgado de un aeroplano por los dientes) y con secuencias de la situación política de la guerra. Se usan también entrevistas contemporáneas a Aleksic, quien, después de sufrir algunas enfermedades, se ha reinventado a sí mismo como un héroe de Tito y celebra su regreso a la nueva Yugoslavia de 1960.

Por medio de un uso audaz e imaginativo del montaje asociativo, abarcando *collages* musicales y material cinematográfico, Makavejev investiga la relación de las maniobras personales, la política inestable y la memoria histórica, uniendo explicaciones en pugna y desafiando al espectador para que subvierta y cuestione las tesis oficiales. El filme es un trabajo vanguardista que juega con los estereotipos y saca a la luz la intolerancia mientras traspasa la fina línea que hay entre las relaciones políticas y personales, entre la farsa y el esplendor.
Dina Iordanova

Fecha 1968

Nacionalidad Yugoslavia

Director Dusan Makavejev

Reparto Dragoljub Aleksić

Título original *Nevinost bez zastite*

Por qué es clave Esta rara obra maestra combina las técnicas de collage y de montaje asociativo.

Personaje clave **Bulle Ogier** Gigi la Folle *Les Idoles*

Durante más de treinta y cinco años, *Les idoles* fue un largometraje perdido. Resurgió brevemente en los cines franceses durante el año 2004, pero en la actualidad, tan sólo está dispnible en un DVD japonés. Bulle Ogier había aparecido en varios cortos antes de 1967, pero *Les idoles* fue su debut cinematográfico. Y qué debut: en el papel de Gigi la Folle («Gigi la loca»), Ogier convierte el fenómeno de la joven cantante pop yeyé que aspira al estrellato en algo magníficamente monstruoso. Brinca, se pavonea, chilla y hace girar un paraguas; sus actuaciones con los otros ídolos, Charly (Clément) y Simon (Kalfon), son incluso más salvajes.

Sin embargo este filme no era una ocurrencia única y anormal. Durante siete años, Ogier había puesto a punto su oficio de actriz experimental en una compañía teatral dirigida por una figura legendaria, Marc'O, cuya trayectoria va desde el letrismo de la decada de 1950 hasta la creacion de una nueva forma escénica que se bautizó como «teatro musical». *Les idoles* es teatro musical desde un punto de vista situacionista y políticamente radical: estas celebridades-ídolo son una exageración grotesca de las tendencias de la sociedad del espectáculo (la película es notablemente profética), suspendida entre el esplendor narcisista, el agotamiento artístico y la explotación despiadada de la industria del pop-rock por el siniestro Svengalis.

Alternando escenas de actuaciones, una conferencia de prensa y viñetas de las retorcidas vidas personales de las estrellas, este filme es un documento de su tiempo y de la vertiginosa cultura vanguardista, que permitió que Ogier se convirtiera en una actriz singularmente «no-psicológica» en filmes posteriores de Rivette, Buñuel, Tanner, Oliveira y Ruiz.
Adrian Martin

Fecha 1968

Nacionalidad Francia

Director Marc'O

Reparto Ogier, Pierre Clémenti, Jean-Pierre Kalfon, Valérie Lagrange, Michèle Moretti

Por qué es clave Ogier convierte el fenómeno de la joven cantante pop yeyé que aspira al estrellato en algo magníficamente monstruoso.

Diálogo clave **Juego de niños**
La noche de los muertos vivientes

Johnny (Streiner) tiene un mal día: se ve obligado a acompañar a su hermana Bárbara (O'Dea) a visitar la tumba de su padre, aunque él ni siquiera lo recuerda. Comienza a bromear, diciendo con una voz sepulcral: «¡Vienen por ti, Bárbara! ¡Vienen por ti!», mientras se mueve rígidamente hacia la chica, reviviendo un juego al que ambos jugaban en el cementerio cuando eran niños.

Los hermanos tienen un estado mental muy diferente: él ha superado los miedos normales de la niñez, pero Bárbara se toma aquellas bromas muy en serio y tiene miedo de lo mismo que la asustaba cuando era pequeña. Cree que las cosas inanimadas pueden cobrar vida de repente, pese a las apariencias. Ella es la que todavía no ha crecido. ¿No se supone que las películas de terror juegan con nuestros miedos?

Obviamente, sus creencias pueden explicar el estado de choque en el que el personaje permanecerá durante la mayor parte del filme. La broma pesada de Johnny también tiene un trasfondo irónico, ya que anuncia lo que va a ocurrirles muy pronto y, aunque *La noche de los muertos vivientes* logró que el género de terror entrara en su era moderna, también adelantó la tendencia, en largometrajes de terror mucho más recientes, hacia un uso continuo de la reflexión. Más de veinte años después, el mismo Romero recordará este momento en *Los ojos del diablo* (1990), cuando un personaje muerto viviente declara: «¡Vienen por ti, Jessica!». Por desgracia, con mucho menos efecto.

Frank Lafond

Fecha 1968

Nacionalidad Estados Unidos

Director George A. Romero

Reparto Judith O'Dea, Russell Streiner

Título original *Night of the Living Dead*

Por qué es clave
Es una de las frases más famosas del cine de terror.

Pág. siguiente *La noche de los muertos vivientes.*

Escena clave **Destrozo**
Just for the Hell of it

SPOILER

Just for the Hell of it es un bombazo que el director de *Blood Feast* dirigió en Florida el mismo año que filmaba otras cuatro películas. No se mostró demasiado preocupado por la calidad, pero lo cierto es que, en su contexto de indiferencia, la destructividad de esta película es algo triunfante. En definitiva, es un caos de sacudidas. Las peleas en grupo, largas y desganadas, son filmadas con apatía a través de lentes sucias y se alternan con escenas de fechorías absurdas, como cuando tiran a un bebé a la basura, o cuando rompen revistas en una sala de espera.

La violencia comienza antes de los créditos. Una broma pesada en una fiesta desencadena la reacción de una docena de jóvenes, que rompen espejos, rasgan los sofás con cuchillos, destrozan las mesas y lámparas, y despedazan un piano. Asimismo, manchan las paredes con pintura roja en este pseudoespectáculo artístico improvisado que se adelanta un año a los asesinatos de Mason. La escena se desarrolla sin música y se funde a negro fríamente.

Lewis era un profesor de literatura que se pasó a la publicidad antes de empezar a rodar películas nudistas y *gore*. En la actualidad, es un pez gordo del marketing, que ha dicho que su mayor deseo sería dirigir una orquesta. No hay ningún cineasta que haya afirmado que no es un artista y que rodar no es arte como lo ha dicho Lewis. Lo repite en todas sus entrevistas; sus películas lo gritan en la calle, desde las montañas de Ozark y los neones de los moteles de Florida. *Just for the Hell of it* es barata y de mal gusto, pero si no es arte, nada lo es. Eso es exactamente lo que quiere decir Lewis.

A. S. Hamrah

Fecha 1968

Nacionalidad Estados Unidos

Director Herschell Gordon Lewis

Reparto Ray Sager, Nancy Lee Noble

Por qué es clave
No es posible catalogar este filme nihilista.

Escena clave **La aguja se engancha** *Las ciervas*

SPOILER

Las escenas de gente escuchando música tienen algo especial. Quizá sea porque el disco negro gira como un rollo de película (ocurre otro tanto con el acto de jugar a los bolos). En *Las ciervas*, Chabrol convierte esa característica en algo desconcertante. Los personajes quieren escuchar el disco que han puesto, pero en vez de disfrutar con ellos, vemos cómo observan y escuchan como si fuéramos la única persona de la fiesta que no está bebiendo.

Para cuando le piden a Why (Sassard) que ponga un disco, ya está claro que Frédérique (Audran) y Paul (Trintignant) la han convertido en su sirvienta. Le piden cosas todo el tiempo: «Tráeme una cerveza, Why; tráeme la mantequilla, sírveme un coñac». La música que pone es lo que ellos ya tienen en el tocadiscos, música ligera para ricos pervertidos, un cruce entre Poulenc y Les Baxter interpretando una pieza vocal sin palabras y muy aguda. A medida que los tres beben y comienzan a acariciarse, el disco se engancha y le piden a Why que se levante y lo arregle. La música los sigue mientras se alejan, tambaleándose, hacia el dormitorio, donde Frédérique le cierra la puerta en las narices a Why, que quería a Paul desde hacía más tiempo.

Las ciervas, una especie de liberación para Chabrol, marcó el comienzo de un período de seis años de grandes películas marcado por el distanciamiento con respecto a la *nouvelle vague*. Su *ménage à trois* es una versión frustrada de *Jules y Jim* (1968). En *Las ciervas*, aquellos que tienen reciben más, mientras que a Why le arrebatan lo poco que tiene esta artista sin hogar.

A. S. Hamrah

Fecha 1968

Nacionalidad Francia

Director Claude Chabrol

Reparto Jacqueline Sassard, Stéphane Audran, Jean-Louis Trintignant

Título original *Les biches*

Por qué es clave Chabrol inaugura un período de seis años de apogeo en su carrera con este *ménage à trois* frustrado.

Acontecimiento clave **Jean-Luc Godard le propina un puñetazo a Iain Quarrier**

La historia del cine está llena de pruebas de la lucha que con tanta frecuencia mantienen los artistas y aquellos que los financian: *Avaricia* (1924) de Erich von Stroheim y *El cuarto mandamiento* (1942) de Orson Welles son, quizá, los ejemplos más evidentes. Hoy en día existen en forma de fragmentos inconexos.

En comparación con lo que ocurrió con estas obras maestras menoscabadas, la intromisión que soportó Jean-Luc Godard en *One Plus One* (1968) parece casi insignificante: el productor Iain Quarrier cambió el título de la película por el de *Sympathy for the devil* y añadió a la última secuencia de la banda sonora la versión final de la canción de los Rolling Stones, que para entonces ya tenía ese mismo título y cuyo ensayo había rodado Godard. Para adaptar la canción a la duración de la película, Quarrier también extendió el final de ésta con un fotograma fijo.

Estos cambios, aunque pequeños, hicieron estragos en el director, que quería mostrar que los grupos (compuestos por músicos y revolucionarios) no eran capaces de completar sus proyectos. Como dijo Godard: «Uno más uno no significa que uno más uno sean dos. Significa lo que significa».

Cuando se exhibió el filme del productor en el Festival de Cine de Londres de 1968, la respuesta de Godard fue directa: antes de abandonar la proyección, le propinó un puñetazo en la cara a Quarrier. Tanto en sus películas, como en sus actividades públicas y declaraciones, Godard a menudo nos plantea la cuestión de esas realidades ideológicas y financieras que determinan la forma de las obras culturales, pero que normalmente se hacen invisibles por el interés del buen gusto burgués. Al convertir la batalla entre el arte y el comercio en una disputa verdadera en la que se intercambian puñetazos, el ataque de Godard hacia Quarrier nos ofrece uno de los momentos godardianos por excelencia.

Brad Stevens

Fecha 1968

Por qué es clave
Este suceso muestra de manera explícita los conflictos normalmente ocultos entre el arte y el comercio.

Pag. anterior
Jean-Luc Godard.

Película clave
El color de las granadas

En *El color de las granadas*, el poeta y trovador armenio Sayat Nova se embebe de una cultura en la que los elementos precristianos, cristianos e islámicos están entrelazados. El filme refleja esta unión con sus imágenes de esculturas paganas, dibujos de temas bíblicos (con motivos florales que pertenecen a la tradición islámica), alfombras, jarras, granadas... San Jorge, el patrón de tantos países, incluida Armenia, aparece en la película. El escenario es un *hamam* (baño turco que existe en diversas formas desde Rusia al antiguo Imperio romano).

La película es casi autobiográfica en la forma de describir la lucha y el sufrimiento del artista. También es un testimonio, como sus otras películas, de las reflexiones de Paradjanov sobre las complejas relaciones entre el centro (las metrópolis de la U.R.S.S.), la periferia (Ucrania, el Cáucaso y Asia central), Europa y Asia. La película es un canto al hecho de no tener un hogar, de no limitarse a una cultura y a una nación.

Paradjanov usa la visión frontal del teatro en el marco cinematográfico. Esa visión frontal acaba con la mirada en perspectiva, lo que constituye toda una afrenta a una mirada que desea entrar y subyugar. El director también renuncia a las secuencias continuas del tiempo diegético en favor de una sucesión de cuadros vivos unidos por sonidos puente o por repeticiones. Los sonidos ambiente se elevan al nivel de metáfora: el crujido de un papel o el llanto de un bebé, mezclados con voces apagadas de unos baños, parece que nos llegan a través de un túnel en el tiempo. Las acciones estilizadas de los intérpretes sólo sirven para subrayar la ruptura con la delineación realista del personaje. La noción brechtiana de *Gest*, un hecho que adquiere significado histórico, es empleada a menudo por Paradjanov. Esto también explica su mínima dependencia del efecto realista del diálogo en sus películas.
Rashmi Doraiswamy

Fecha 1968

Nacionalidad U.R.S.S.

Director Sergei Paradjanov

Reparto Sofiko Chiaureli, Melkon Aleksanyan

Título original *Sayat Nova*

Por qué es clave El estilo único de esta película de Paradjanov no sólo desafía el realismo social, sino todas las formas de realismo y modernismo.

Escena clave **La escena de gimnasia**
If...

Hacia la mitad de este estudio surrealista de unos escolares británicos rebeldes, inspirado en Vigo, hay una escena en la que nuestro trío de héroes va al gimnasio. Wallace (Warwick) se prepara para hacer su tabla de gimnasia habitual y mientras, mira hacia la barandilla, donde hay un grupo de chicos más pequeños que se disponen a salir. Bobby Phillips (Webster), muy apreciado por los Whips (un selecto grupo de chicos de los últimos cursos), se está poniendo un jersey. Mientras lo hace, Wallace se agarra a la barra fija.

Mark Sinker describe la escena así: «Phillips se pone el jersey, se atusa el flequillo despeinado y observa a Wallace desde la barandilla, como siempre, consciente de que irradia atractivo. Wallace le lanza a Phillips una mirada coqueta y una sonrisa por encima del hombro, y salta para comenzar su bella y lenta danza gimnástica por el aire, y la música cambia de los golpes de un tambor al ritmo del pulso de la sangre a unos acordes que desafían la gravedad».

Hasta qué punto es consciente Phillips de su encanto es algo abierto al debate, pero no el intenso romanticismo de la escena. Wallace está ofreciendo su cuerpo como acto de amor. Aunque más tarde vemos a estos amantes dormidos en la cama, nunca se muestra el acto sexual entre ellos. Esta escena es para eso. Como los dúos de baile de Fred Astaire y Ginger Rogers en sus musicales, es mejor que el sexo.
David Ehrenstein

Fecha 1968

Nacionalidad Reino Unido

Director Lindsay Anderson

Reparto Richard Warwick, Rupert Webster

Por qué es clave Es una de las expresiones más bellas de homoerotismo que nos ha brindado el cine.

Pág. siguiente *If...*

Escena clave **¡Bienvenido a casa!** *El planeta de los simios*

SPOILER

Al quedar atrapado en un planeta regido por simios, un astronauta no puede estar seguro de nada. Eso es lo que aprende George Taylor (Heston) en la última escena de *El planeta de los simios*, cuando descubre la Estatua de la Libertad medio enterrada en una playa y se da cuenta de que ha estado en la Tierra durante todo el tiempo. Este uso del símbolo más grande de Estados Unidos, visualmente asombroso, no está en la novela de Pierre Boulle, y fue una sugerencia de Rod Serling, quien, como creador de *La dimensión desconocida/En los límites de la realidad*, estaba muy familiarizado con esa clase de impactos narrativos.

Al principio, sólo se ven en la distancia unos enormes fragmentos de una forma desconocida, porque la película, con todo el acierto, pospone hasta el final el momento de la revelación. La ausencia de música en ese punto y durante los créditos (sólo oímos el rumor de las olas) subraya lo desesperado de la situación y nos ayuda a alejarnos de la ficción.

Aunque no puede desdeñarse su valor visual, este giro culminante también transmite el mensaje antimilitarista de la película y nos permite reflexionar sobre las consecuencias hipotéticas de la amenaza nuclear que dominó la era de la guerra fría, algo que anunciaron varios comentarios sobre la naturaleza belicista de la raza humana. «Por fin lo conseguimos, ¡maníacos! ¡Lo habéis destruido!», se lamenta Taylor con todo derecho. El final de la película obliga a los espectadores a considerar todo lo que han visto antes desde una nueva perspectiva, un truco que los filmes de terror y de ciencia ficción contemporáneos, como *El sexto sentido* (1999) de M. Night Shyamalan, utilizan a menudo.

Frank Lafond

Fecha 1968

Nacionalidad Estados Unidos

Director Franklin J. Schaffner

Reparto Charlton Heston

Título original *Planet of the Apes*

Por qué es clave
Es uno de los finales más famosos de la historia del cine.

Pág. anterior
El planeta de los simios.

Escena clave **Chet y las mujeres** *Faces*

Faces, que se desarrolla en su mayor parte durante una larga noche, es en apariencia una sucesión de escenas interminables y sin forma. Casi todas ellas muestran un asombroso momento de ruptura, un instante en el que el estado de ánimo se estropea en un segundo.

En la primera escena, un hombre de negocios, Dickie (John Marley), y su amigo Freddie (Fred Draper), están de juerga con Jeannie (Gena Rowlands), una mujer a la que acaban de conocer en el bar. El momento en el que todo se va al traste sucede cuando, de repente, un Freddie celoso le pregunta a Jeannie cuánto cobra.

Más adelante hay otro momento similar, un astuto reflejo de lo anterior, que ocurre cuando Chet (Cassel), el centro de una improvisada salida nocturna de un grupo de mujeres, comenta sus nuevas amistades que «están haciendo el ridículo».

Tras irse de casa su marido, Maria (Carlin) y tres de sus amigas han ido a un club y han comenzado a ligar con Chet. En casa de Maria, Chet hace que las señoras se relajen con un baile animado por el alcohol y con algo de flirteo. El ambiente es embarazoso, pero teñido de excitación, hasta que la declaración realista de Chet cae como una losa y provoca la humillación y el berrinche de dos de las mujeres más tensas, que se marchan con un gran enfado.

Florence (Gulliver), la mayor, no sólo se queda, sino que se lanza a los brazos de Chet, pidiéndole un beso con un abandono desesperado que resulta casi mortificante. Si el espectador no siente vergüenza es porque Chet no encuentra nada vergonzoso en Florence y la besa en la boca. Tal vez su generosidad resulte heroica, pero a medida que se asume el impacto de la escena, queda claro que el verdadero valor reside en las acciones patéticas de Dorothy. Lo que Cassavetes está alabando aquí es el deseo de cambio, el hambre de riesgo, la lucha por sentirse vivo.

Dennis Lim

Fecha 1968

Nacionalidad Estados Unidos

Director John Cassavetes

Reparto Seymour Cassel, Lynn Carlin, Dorothy Gulliver

Por qué es clave Esta larga secuencia constituye un ejemplo perfecto de la emocionante cualidad imprevisible y la intensidad emocional que caracteriza el mejor trabajo de Cassavetes.

SPOILER

Escena clave **Mu**
El asesinato de la hermana George

El éxito de *Doce del patíbulo* (1967) hizo posible que Robert Aldrich fundara su propia compañía e iniciara una de las fases más personales y más interesantes de todas las carreras de Hollywood, expresando su visión inflexible y severa del mundo en una serie de películas fascinantes, que combinaban el agresivo pesimismo de sus anteriores filmes de cine negro con una vulgaridad tan sincera que provoca desconcierto.

Entre estas cintas está la favorita de Aldrich, *El asesinato de la hermana George*, una comedia negra sobre lesbianas que fue hundida comercialmente al recibir la clasificación X, lo que provocó su retirada de muchos cines. Esto refleja la suerte de su heroína, interpretada por Beryl Reid: una impenitente lesbiana hombruna temerosa de que la hermana George, una «hacedora de buenas obras» de un pueblecito a la que da vida en una teleserie idílica de la BBC, pueda ser asesinada en la ficción debido a que las juergas alcohólicas de la actriz causan la vergüenza pública de la cadena en la vida real.

Dos de los temas favoritos de Aldrich, el abuso de poder y la falsedad que amenaza con abrumar la realidad, tienen una presencia especialmente claustrofóbica, ya que el personaje de Reid se siente cada vez más sofocado por las mentiras (tanto en la televisión como en privado) contra las que tan sólo se rebela ella, y una puesta en escena opresiva. Con su característica ambivalencia despiadada, Aldrich la retrata como un personaje abusivo, pero al final resulta ser ella la víctima, y gana una humanidad trágica a medida que se despoja de sus certidumbres.

El final es deprimente, descorazonador y muy sarcástico: después de su muerte como George, destruye el plató, incluido el ataúd de George, en medio de un ataque de rabia inútil, y después se desploma al suelo y emite tres mugidos desesperados como preparación para su siguiente trabajo: va a poner voz a Clarabell, «la vaca con imperfecciones, creíble».

Christoph Huber

Fecha 1968

Nacionalidad Estados Unidos

Director Robert Aldrich

Reparto Beryl Reid

Título original *The Killing of Sister George*

Por qué es clave La película favorita de Aldrich entre toda su filmografía constituye el momento álgido de su período más intransigente. Y este final desgarrador da coherencia a su peculiar combinación de vulgaridad, honestidad, pesimismo e ira.

Escena clave **El atasco**
Week-end

Los cinéfilos pueden sentirse decepcionados al ver los entresijos de una filmación. Ese movimiento de cámara, tan amplio y tan lírico, ¿sólo requiere ese pequeño raíl de trávelin? Es una propiedad curiosa, casi mágica, del cine.

Week-end, que es un filme que niega de un modo militante la magia y la ilusión, se permite un toque de virtuoso: una secuencia de 7 minutos y 40 segundos que Godard, modestamente, pregonó a los cuatro vientos como «el trávelin más largo de la historia del cine». El espectador tiene la sensación de que se prolonga durante kilómetros, cuando, en realidad, sólo se recorren trescientos metros.

El contenido de la escena es un atasco de tráfico en una carretera de las afueras de la ciudad, que Godard organiza como un gag cada vez más intenso y con un final apocalíptico (un puñado de cadáveres).

Este plano secuencia, que es como una historia de J. G. Ballard en miniatura, avanza implacablemente de lo banal, a través de lo surrealista, hasta lo espantoso. El ruido de las bocinas de los coches se vuelve cada vez más intenso, más alto, a medida que las actividades de los viajeros y las visiones se hacen más extrañas: hay, al menos, sesenta vehículos atrapados, como camionetas de las granjas cercanas, un autobús, un carro y su caballo, una moto... Los viajeros, aburridos y desesperados, juegan, y se producen brotes de furia. La esposa de Godard, Anne Wiazemsky, contribuyó con la idea de que uno de los coches estuviera, inexplicablemente, atrapado en sentido contrario a la marcha.

Jean-Pierre Gorin, que pronto se convertiría en el colaborador más estrecho de Godard, comentó más tarde: «Jean-Luc ha hecho esta película por diez minutos en particular». Esos trescientos metros de *Week-end* justifican de sobra el total del metraje.

Adrian Martin

Fecha 1968

Nacionalidad Francia

Director Jean-Luc Godard

Por qué es clave Este famoso plano avanza desde lo banal, pasando por lo surrealista, hasta lo espantoso.

Escena clave **Primavera para Hitler**
Los productores

Después de haber elegido la obra equivocada, el director equivocado y los intérpretes equivocados, Max Bialystock (Mostel) y Leo Bloom (Wilder) aparecen en el teatro la noche del estreno, ansiosos por ver cómo su caro musical de Broadway titulado *Primavera para Hitler* fracasa estrepitosamente. Para asegurarse de que el plan tenga éxito, Max intenta sobornar de manera burda al crítico teatral del *New York Times* en el vestíbulo.

Sube el telón y el público del estreno se queda perplejo –con ese título, ¿qué esperaban?– por la parodia que hace Mel Brooks de los números de un musical anticuado, que incluye un plano cenital de Busby Berkeley de los bailarines formando una esvástica, así como por el increíble mal gusto del espectáculo («Primavera para Hitler y Alemania/Invierno para Polonia y Francia»).

Por supuesto, los estupefactos espectadores pronto se dan cuenta, como ocurrió con el público de *Los productores,* de que lo que salva a este desastre es que resulta hilarante. En 2005 se realizó una nueva versión del musical con una puesta en escena más elaborada de este número en concreto, pero no está a la altura del original; los minutos que dura este «Primavera» pueden ser los más divertidos y exasperantes de la historia del cine. Mel Brooks, que en esta ocasión no aparece en el filme, dobla al bailarín que dice: «No seas tonto, sé inteligente, únete al Partido Nazi».[1] Pronunciaría la misma frase para el espectáculo de Broadway y la versión posterior de la película.

Kim Newman

1. En la traducción al español se pierde la rima de la frase original, *«Don't be stupid, be a smartie, come and join the Nazi Party». (N. del T.)*

Fecha 1968

Nacionalidad Estados Unidos

Director Mel Brooks

Reparto Zero Mostel, Gene Wilder

Título original *The Producers*

Por qué es clave El mal gusto puede ser divertido.

Escena clave **El último plano**
The Bridegroom, the Actress and the Pimp

SPOILER

La ex prostituta Lilith (Ungerer), recién casada, y James (Powell), entran en un moderno edificio de apartamentos. Un corte a una toma de interiores nos muestra al proxeneta de Lilith (Fassbinder) mirando hacia arriba desde una butaca y diciendo: «No es tan fácil escapar de nuestra familia». A medida que habla, la cámara gira hacia la derecha y enfoca a Lilith y a James, que están de pie, mirándolo. Ella camina hacia delante lentamente, y la cámara la acompaña. Entonces, se inclina y toma una pistola del brazo de la butaca, se retira unos cuantos pasos, siempre seguida por la cámara, y dispara al chulo.

Ahora, mirando hacia arriba, Lilith recita unos versos de san Juan de la Cruz: «Si de mi baja suerte, las llamas del amor tan fuerte fuesen que absorbiesen la muerte». Después camina más allá de la butaca, mientras la cámara se inclina de modo que el proxeneta y la butaca quedan por debajo el encuadre, y se acerca a una ventana abierta que enmarca un árbol alto y otros más bajos, iluminados por una maravillosa luz del sol. Ella, apoyada contra el quicio de la ventana, continúa hablando mientras la cámara se desplaza para encuadrar de nuevo y enfocar la vista del exterior. A ésta se une el final orquestal del *Oratorio de la Ascensión* de Bach.

Esta complicada toma se lleva a cabo con una gran simplicidad de interpretación y dirección. Frente a la crudeza y la sobriedad de la acción y del apartamento, ya de por sí elocuentes, la belleza de la imagen final, intensificada por el movimiento de la cámara, constituye una declaración lírica abrumadora.

Chris Fujiwara

Fecha 1968

Nacionalidad República Federal de Alemania

Director Jean-Marie Straub

Reparto Lilith Ungerer, Rainer Werner Fassbinder, James Powell

Título original *Der Bräutigam, die Komödiantin und der Zuhälter*

Por qué es clave Esta toma de la austeridad a lo lírico es uno de los momentos más memorables del trabajo de Straub y Danièle Huillet.

Acontecimiento clave
El asunto Langlois

El 9 de febrero de 1968, el Ministerio de Cultura francés, a través del Centre National du Cinéma (CNC), el organismo gubernamental que supervisa y financia la Cinémateque française, anunció de forma inesperada la destitución de Henri Langlois, que había fundado la Cinémateque en 1936 y que había sido su director desde entonces, hasta el punto de convertirse en una figura legendaria. Había rescatado de la destrucción innumerables películas antiguas y había iniciado a toda una generación de cinéfilos, críticos y futuros cineastas en la riqueza de la historia del cine a través de proyecciones diarias de filmes excepcionales. «Sin Langlois, *Cahiers* y la *nouvelle vague* no habrían existido», publicó *Cahiers du cinéma* en su número doble de abril-mayo de 1968. En la portada de este ejemplar aparecía un grabado de Langlois al estilo de Magritte con la escopeta fotográfica de Marey, uno de los objetos históricos que formaba parte del fondo del Museo de la Cinémateque.

Esta decisión provocó un revuelo tremendo que se tradujo en una avalancha de cartas de protesta. Los partidarios de Langlois, entre los que se encontraban la mayoría de los críticos y de los directores, se manifestaron por las calles de París. Hubo enfrentamientos con la policía, se derramó algo de sangre y, en un famoso episodio, Jean-Luc Godard perdió las gafas durante la refriega.

Aunque la decisión del gobierno había sido equivocada y descuidada, los seguidores de Langlois negaban la realidad hasta cierto punto: su ídolo era responsable de algunos casos de mala gestión muy graves. Sin embargo, él era un símbolo y, debía ser protegido. En realidad, la intensidad de las protestas (que consiguieron que Langlois se reincorporara en su puesto) era sintomática de un estado de descontento más general, que estallaría tres meses más tarde en el levantamiento nacional de mayo de 1968.
Jean-Pierre Coursodon

Fecha 1968

Por qué es clave
El despido del director de la Cinémateque française provocó un auténtico escándalo y fue el presagio de los acontecimientos revolucionarios de mayo de 1968, que precipitaron un cambio en la sociedad francesa y también en el cine francés.

Escena clave **El plano final**
Hasta que llegó su hora

SPOILER

La toma final tarda mucho tiempo en llegar, después de 155 minutos del mejor Sergio Leone, con tiroteos muy coreografiados y primeros planos de ceños fruncidos, así como con la música mágica de Morricone. No obstante, merece la pena esperar. La toma es una culminación grandiosa para esta superproducción del Oeste.

Finalmente, el ferrocarril va a construirse y la ciudad va a erigirse, y las hordas de trabajadores llenan la pantalla. Un tren de vapor llega echando humo y frena con un intenso chirrido al final de la vía, cargado con otra multitud de obreros. Después de la muerte del villano y de la partida del hombre al que ama, Cardinale le da la espalda a la tragedia y mira hacia el futuro. Sale de su casa, que domina la bulliciosa obra, y se dirige hacia los trabajadores para ofrecerles agua. Los hombres se arremolinan a su alrededor, la cámara se aleja lentamente y comienzan los créditos finales. En la distancia, vemos partir a los dos héroes, uno con vida, el otro muerto y desplomado sobre el caballo.

La cámara capta el futuro con un movimiento amplio, reflejado en el paso triunfal de Cardinale, y muestra el pasado empequeñeciéndose poco a poco en la distancia. La música de Morricone cambia a medida que progresa la toma, de una orquesta y un coro exultantes durante el trayecto de Cardinale a un suave tema de armónica para la desaparición del viejo Oeste. Es una hazaña que reúne cientos de extras, una acción compleja y un ritmo impecable. Tonino Delli Colli fue el director de fotografía.
Andrew Pike

Fecha 1968

Nacionalidad Italia

Director Sergio Leone

Reparto Claudia Cardinale

Título original *C'era una volta il West*

Por qué es clave Es un remate brillante para el que, posiblemente, sea el mejor *western* de Leone.

Pág. siguiente
Hasta que llegó su hora.

C'ERA
UNA VOLTA
IL WEST

C'ERA
UNA VOLTA
IL WEST

Acontecimiento clave **Nace el sistema de clasificación de la MPAA**

Muchas de las restricciones impuestas por el Código Hays, que habían entrado en funcionamiento en la década de 1950, comenzaron a relajarse. El desarrollo sin precedentes de la libertad sexual de la década de 1960 afectó a la industria cinematográfica y a los gustos del público. Cuando varios estudios norteamericanos empezaron a desobedecer el Código Hays estrenando películas sin los habituales certificados de aprobación en 1966 (por ejemplo, MGM estrenó *Blowup* y Warner Bros., *¿Quién teme a Virginia Woolf?*), la Motion Picture Association of America tuvo que admitir que había que descartar el antiguo método, e instituyó un nuevo sistema de clasificación. Éste continúa provocando controversia entre los conservadores, que consideran la clasificación demasiado permisiva, y entre los liberales, que la condenan como una censura.

En 2006, el documental de Kirby Dick *This Film is not yet Rated* (*Esta película aún no ha sido clasificada*) supuso una fuerte crítica a la Junta de Clasificación de la MPAA. Pese a que eran aceptadas por muchos liberales como una forma legítima de autorregulación y de orientación para los padres, Dick denunció las clasificaciones de la MPAA –GA (para todos los públicos), PG (menores acompañados), PG-13 (no apta para menores de trece años), R (menores de trece años acompañados) y NC-17 (mayores de diecisiete años), calificándolas de anticuadas e hipócritas.

Pese a las afirmaciones de Dick, que sostiene que la MPAA es más contraria al contenido sexual explícito que a la violencia extrema, y que estigmatiza el sexo homosexual con más severidad que el heterosexual en la pantalla, parece improbable que estas arbitrariedades vayan a ser corregidas en el futuro.

Por otra parte, en enero de 2007 la MPAA anunció que iba a corregir la falta de transparencia en el proceso de toma de decisiones de la Junta.

Richard Porton

Fecha Noviembre de 1968

Por qué es clave
El sistema de clasificación de la Motion Picture Association of America marcó el ocaso del antiguo Código Hays y el nacimiento de una nueva forma de autorregulación.

Escena clave **Un capitalista se adapta al comunismo** *Memorias del subdesarrollo*

Tomás Gutiérrez Alea (1927-1996) fue uno de los fundadores del Instituto Cubano del Arte e Industria Cinematográficos (ICAIC). En su juventud estudió cine en Roma y de hecho toda su obra rezuma la sofisticada sensibilidad europea. En 1966 dirigió *La muerte de un burócrata*, una de las películas más divertidas de la época.

Memorias del subdesarrollo, filme de título pesimista y que tiene lugar en 1961, dos años después de que Castro se hiciera con el poder en Cuba, es un largometraje de ficción con importantes elementos propios del documental. Cuenta la historia de Sergio (Sergio Corrieri), un hombre de negocios adinerado de La Habana que se queda en la ciudad después de que sus padres y su esposa se hayan ido a Miami, no tanto porque crea en el comunismo, sino por el hecho de que es demasiado perezoso para marcharse.

En una secuencia clave, rodada en el lujoso apartamento del protagonista, con vistas al puerto, Sergio pone una cinta en la que grabó a su mujer antes de que se fuera, en la cual ella se queja amargamente del calor y el sudor de aquel «país que atrasa». Mientras la voz de su mujer llena la habitación, él husmea en sus cosas, revuelve entre su maquillaje y su ropa interior, y por último, se pone unas medias en la cabeza de manera que parece un atracador de bancos, un ser extraño.

Durante el filme, Alea muestra la conexión gradual que establece Sergio con la nueva Cuba, de modo que cuando llega la conclusión de esta película ingeniosa y elegante, cuando vemos la crisis de los misiles desde la perspectiva cubana, nuestro entendimiento del viaje es completo.

David Stratton

Fecha 1968

Nacionalidad Cuba

Director Tomás Gutiérrez Alea

Reparto Sergio Corrieri

Por qué es clave
Esta película proporciona un punto de vista irónico y objetivo de una sociedad que protagoniza un proceso de cambio muy importante.

Pág. anterior
Memorias del subdesarrollo.

Escena clave **Ratas cautivas**
Rat Life and Diet in North America

Realizado en el punto álgido de la guerra de Vietnam, cuando la canadiense Wieland estaba viviendo en Nueva York y quienes no querían incorporarse a filas huían a Canadá, este cortometraje comienza con unas ratas que están en poder de unos gatos, en algo que uno de los muchos títulos de este filme denomina «una prisión política», que incluso cuenta con sonidos de alarma repetidos.

Las siluetas de unos gatos muy altos resultan amenazantes mientras las ratas corretean de un lado a otro. La rejilla de su jaula y algunas vistas de los edificios rectilíneos de Nueva York por una ventana conforman una trampa geométrica que choca con los movimientos de los roedores, como también ocurre con las retículas rojas superpuestas en las escenas siguientes.

Después de escapar, vemos a las ratas entre platos apilados en una mesa, mientras cenan en una casa de millonarios. Cuando por fin llegan a Canadá para dedicarse a los cultivos orgánicos, el corto nos ofrece una serie de imágenes breves pero gloriosas del paisaje, unos cuantos planos generales y muchos primeros planos de hojas. Más tarde, las ratas aparecen jugando entre las flores.

Estás imágenes de espacios abiertos rompen con las jaulas abarrotadas del principio del filme. El pequeño montaje de Wieland capta la calma y la sensación de amplitud que caracteriza a la mayor parte del paisaje canadiense, al menos para los estadounidenses. La autora ahonda en estos onceptos en su obra maestra, el largometraje de paisajes *La Raison avant la passion*, que describe un viaje por Canadá.

Fred Camper

Fecha 1968

Nacionalidad Estados Unidos

Director Joyce Wieland

Por qué es clave Este cortometraje de Wieland capta la sensación de paz y libertad de los espacios abiertos.

Acontecimiento clave
Interrupción del Festival de Cannes

La vigésimo primera edición del Festival de Cannes comenzó el 10 de mayo de 1968 intentando hacer caso omiso de la situación que atravesaba el país, de las revueltas y las huelgas que eran cada vez más frecuentes. Pese a la rápida progresión de los acontecimientos políticos, la mayoría de los integrantes del festival quisieron seguir como siempre, hasta el día 18 de mayo. Ese día, una delegación de cineastas, entre los que se encontraban François Truffaut, Jean-Luc Godard, Claude Lelouch y Claude Berri, pidió durante una rueda de prensa suspender el festival como muestra de solidaridad con la lucha de los trabajadores y los estudiantes.

El público apoyó la idea, y Alain Resnais, Richard Lester y Carlos Saura retiraron sus películas de concurso. Louis Malle renunció a su puesto en el jurado, al que siguieron Monica Vitti, Roman Polanski, Terence Young... Sin embargo, los organizadores del festival y la mayor parte de los participantes de la industria querían continuar para hacer negocios.

Para interrumpir el caos reinante, que estaba empezando a traducirse en algunos enfrentamientos físicos, Robert Favre Le Bret, el entonces director del Festival, intentó comenzar la proyección de un filme. Godard, Truffaut y otros cuantos se colgaron del telón para impedir que lo subieran, mientras Geraldine Chaplin se abría paso golpeando algunas caras en su camino hacia el micrófono para pedir que la película que ella protagonizaba no se proyectara.

Al día siguiente, el festival se clausuró de antemano. Las figuras principales de la insurrección de Cannes marcharon a París, donde se reunieron los *Etats généraux* del cine, para tratar de reinventar un modelo nuevo de la producción y distribución de las películas.

En cierto modo, éste sería el punto de inflexión para la generación de la *nouvelle vague*. Después del declive del movimiento de mayo de 1968, cada uno de sus integrantes emprendió su camino a solas.

Jean-Michel Frodon

Fecha 18 de mayo de 1968

Por qué es clave El mayo de 1968 irrumpe en el Festival de Cannes y saca a la luz las complicadas relaciones dentro del mundo del cine, así como entre ese mundo y la vida real de la sociedad.

Escena clave **El plano final del chico que mira al mar** *Le révélateur*

La mayoría de sus admiradores seguramente describiría a Philippe Garrel como lo contrario a un cinéfilo, aduciendo que su obra está basada por completo en las experiencias personales. Sin embargo, *Le révélateur* de Garrel comienza y termina con unas referencias cinematográficas claras.

La primera escena muestra a un hombre y una mujer compartiendo un cigarrillo muy largo: la referencia aquí es a una famosa imagen de sexualidad sublimada de la película de Irving Rapper *La extraña pasajera*, de 1942, en la que Paul Henreid enciende dos cigarrillos y le pasa uno a Bette Davis.

La última escena muestra a un niño (Robiolles) mirando hacia una gran masa de agua, y evoca el final de *Los cuatrocientos golpes* (1959), de Truffaut, en el que Antoine Doinel corre hacia el mar, se vuelve, y de repente queda paralizado en un plano fijo.

Sin embargo, al contrario que esos actos de homenaje asociados a la *nouvelle vague*, estas referencias son críticas sistemáticas. Si *Le révélateur* se ocupa del difícil paso a la edad adulta, entonces *La extraña pasajera* representa ese cine clásico, el de la infancia que Garrel está intentando dejar atrás.

La referencia a *Los cuatrocientos golpes*, por otra parte, sugiere un rechazo de la insinuación pesimista de Truffaut acerca de que la rebelión del joven Doinel ha llegado tan lejos como podía llegar, y que no le queda otra opción que darse la vuelta e integrarse en la sociedad. En contraste con el plano fijo que atrapa a este último, Garrel deja a su joven protagonista enfrentándose a esa región sin explorar que existe fuera de la sociedad, contemplando nuevas libertades, nuevas posibilidades de rebelión.

Brad Stevens

Fecha 1968

Nacionalidad Francia

Director Philippe Garrel

Reparto Stanislas Robiolles

Por qué es clave Esta escena muestra cómo una película experimental puede definirse a sí misma aludiendo a obras que pertenecen a la corriente cultural dominante.

Escena clave **Magia animada** *The Film That Rises to the Surface of Clarified Butter*

Una de las películas más extrañas de la historia del cine comienza con una figura que está haciendo un dibujo animado en una mesa. Primero vemos el proceso del trazado de las líneas por encima del hombro de la mujer, y después pasamos a un plano de la figura que está en el papel. Entonces, la figura comienza a moverse con una animación rudimentaria que nos recuerda los orígenes de la animación cinematográfica. Además, mientras sí se revela el proceso de dibujo, no hace lo propio con el proceso de animación, casi como una broma sobre la temprana animación *Gertie the Dinosaur* (1914), que muestra sus dibujos individuales.

Después, se ve al dibujante mostrando con orgullo el dibujo en negativo, aunque las figuras todavía están en positivo. Este otro momento sorprendente pone de relieve la artificialidad tanto del dibujo como de la misma imagen del filme. Todo el proceso, el dibujo, el dibujo cobrando vida y después la escena de cómo se muestra el dibujo con orgullo, se repite cuatro veces, algunas de ellas con dibujos ligeramente distintos de la misma figura, y las dos últimas sin el fragmento en que se presume del dibujo.

En parte, lo que resulta tan fascinante del trabajo de Landow es su extremo hermetismo, que se ve aumentado por las repeticiones. La extraña referencia a una película muy distinta al celuloide en el título, y la contradicción entre la magia de la pantalla y el reconocimiento del filme de su propio artificio, lo convierte en un objeto sui generis cuyas interpretaciones temáticas no nos llevan muy lejos.

Fred Camper

Fecha 1968

Nacionalidad Estados Unidos

Director George Landow (conocido como Owen Land)

Por qué es clave Este momento sorprendente pone de manifiesto la magia y el artificio del cine.

Escena clave **Un hueso sale volando al espacio** *2001: Una odisea del espacio*

El punto de partida de la obra maestra de Kubrick es que un ser de una raza desconocida ha estado observando la vida de la Tierra desde el principio e interviniendo en algunas ocasiones para estimular la evolución de la inteligencia humana. La señal que anuncia tales ocasiones es un monolito negro que representa un papel inescrutable en dicho proceso.

Nuestra primera visión del monolito llega durante la primera parte de la historia, subtitulada *El amanecer del hombre*. Dos familias de primates están luchando por un pozo de agua y, después de que el monolito se haga visible para uno de los grupos, uno de los simios tiene un pensamiento sin precedentes y en su mente se forma el concepto de herramienta, y más concretamente, la idea de que los huesos pueden usarse como armas. El grupo de este primate gana la siguiente batalla por el pozo de agua, y después se dan cuenta de que esas herramientas también se pueden utilizar para matar animales. En un estallido de triunfo incipiente, un primate lanza un hueso al aire, y su vuelo contra el cielo azul llena la pantalla hasta que la película pasa bruscamente a una larga nave espacial cuya forma se articula de un modo que recuerda al de la espina dorsal humana, y que flota en la negrura del espacio.

La implicación está clara: las tecnologías del presente (y del mañana) están en la misma secuencia intelectual que el primer hueso que se blandió para aplastar el cráneo de un enemigo primate. También queda igualmente clara la lección de que todas las herramientas, rudimentarias o sofisticadas, pueden servir para el bien y para el mal. La elección es de quien las usa.

David Sterritt

Fecha 1968

Nacionalidad Reino Unido/Estados Unidos

Director Stanley Kubrick

Reparto Keir Dullea, Douglas Rain

Título original *2001: A Space Odyssey*

Por qué es clave Uno de los cortes más legendarios del cine moderno.

Pág. siguiente
2001: Una odisea del espacio.

Acontecimiento clave ***The American Cinema*, de Andrew Sarris**

En el número de primavera de 1963 de la revista *Film Culture*, Andrew Sarris había publicado una guía orientada a los directores sobre la historia del cine norteamericano, que fue memorizada por un grupo de cinéfilos incondicionales. Sarris se había visto influenciado por los escritores de la revista *Cahiers du cinéma*, que habían promulgado la teoría de la política de los autores, y gracias a un famoso ataque por parte de Pauline Kael, se convirtió en uno de los críticos más conocidos que importaron esta doctrina a Norteamérica.

En 1968, Sarris amplió el artículo de *Film Culture* hasta escribir un libro, y la teoría de autor, tal y como bautizó la *politique*, tuvo su Biblia. En *The American Cinema*, presentó la historia del cine norteamericano como una colección de filmografías, y agrupó a los cineastas en categorías con nombres humorísticos: *The Pantheon* («El Paraíso»), *The Far Side of Paradise* («Casi el Paraíso»), *Strained Seriousness* («Seriedad forzada») y *Less than Meets the Eye* («Menos complicado de lo que parece»). Estas categorías no reflejaban en absoluto el estatus actual de los directores en opinión de la Motion Picture Academy y de la prensa.

La combinación de listas orientadas a los fanáticos del cine, lo iconoclasta del libro y la enorme cantidad de películas vistas era un cóctel al que muy pocos cinéfilos pudieron resistirse. Aunque no se sentía inmune a la polémica que emanaba de los *Cahiers*, Sarris era sobre todo un pensador pragmático y abierto que aportó un tono de simpatía y de prudencia intelectual a las teorías sobre el cine de autor, bien acogido en general.

«La perspectiva trascendental de la teoría de autor se considera a sí misma el primer paso en vez de la última parada en la historia total del cine», escribió. «Al final, debemos hablar de todo si hay suficiente tiempo, espacio y tinta de imprenta.»

Dan Sallitt

Fecha 1968

Por qué es clave
Anunció la generalización de la teoría de autor en la cultura del cine norteamericano.

Escena clave **Jackie Raynal orina en el suelo** *Deux fois*

No es fácil definir esta misteriosa y desconcertante película de Raynal. La realizó después de pasar una temporada trabajando de editora para Eric Rohmer. Y, aunque estaba relacionada con los intelectuales del cine del Zanzibar Group, la película está compuesta sobre todo de distintos fragmentos en los que hace gestos repetitivos y pronuncia frases repetitivas (vemos tres versiones de ella misma comprando jabón), así como de asombrosos cuadros vivos y modestas observaciones de documental al estilo de los primeros filmes de Warhol. A la vez burdo y lírico, el estilo visual se filma a través de un ambiente difuso creado por la fotografía en blanco y negro con un fuerte contraste.

La declaración que constituye en sí misma la secuencia de la orina sucede en el segundo tercio de *Deux fois*. Raynal, con la parte superior del cuerpo desnuda y con sólo unas medias negras, se apoya contra la pared al final de un estudio vacío. Un hombre se agacha a su derecha, aproximando la cámara de repente y haciendo gestos amenazantes, aunque cómicos. Cuando se sale del encuadre, Raynal se pone de rodillas, cada vez más consternada, hasta que la expresión de su cara se relaja, deja caer los brazos y orina en el suelo a través de las medias. El acto combina una singular mezcla de trasgresión, humor y ternura: parece que mientras orina le está rogando al público que reaccione. Es una apuesta notable, que saca a los espectadores de la quietud soñadora de las otras secuencias y los devuelve a los cuerpos y las sensaciones.

La misma Raynal satirizó más tarde la asombrosa y única naturaleza de esta escena en su filme autobiográfico *Hotel New York* (1984), en el cual, después de una proyección de *Deux fois*, uno de los miembros del público (el director de documentales Errol Morris) pregunta con incredulidad si la chica de la película se había orinado de verdad o si tenía un aparatito para expeler un chorro bajo las medias.
Travis Miles

Fecha 1968

Nacionalidad Francia

Director Jackie Raynal

Reparto Jackie Raynal

Por qué es clave
En un momento agresivo, vulnerable e inesperado, Raynal combina el retrato warholiano con la transgresión surrealista.

Escena clave **El océano durante la puesta de sol** *El profundo deseo de los dioses*

La leyenda cuenta que la civilización japonesa comenzó en la isla de Jurage como resultado de un incesto entre dioses hermanos. En nuestro tiempo, Kariya (Kitamura), un ingeniero de Tokio, se traslada allí para perforar unos pozos de agua. Conoce a la familia Futori, que todavía practica el incesto, y se ve envuelto en las vidas irracionales y antropológicamente complejas de la familia y de otros habitantes de la isla. Pronto, Kariya comienza a mantener relaciones con Toriko (Okiyama), la desinhibida hija discapacitada mental. Por otro lado, como les lleva artículos de Occidente y Coca Cola, los habitantes de la isla lo tratan como a un dios.

Sugiriendo lo que podría haber sido *Un tipo genial* de haber sido dirigida por Werner Herzog, *El profundo deseo de los dioses* tiene que verse para creerse. La fotografía del paisaje es asombrosamente exuberante, aunque fuera la primera película importante de su director de fotografía, Masao Tochizawa. El filme se enorgullece del primitivismo y del deseo sexual básico, y es políticamente incorrecto.

Como muchos de los largometrajes del maestro Imamura, parece que quiere provocar a la sociedad tradicional japonesa, con su etiqueta y sus sutilezas. Justo cuando parece que la película ya no puede causar más asombro, los amantes salen a mar abierto en un bote. La luz dorada del sol se refleja en la superficie del agua, de modo que parece que la cámara de Tochizawa flota por encima de ellos y después se mece con las olas. La sensación de espacio y de luz corta el aliento. No es de extrañar que esta película esté entre las favoritas de Bertrand Tavernier y Jonathan Demme.
Mark Cousins

Fecha 1968

Nacionalidad Japón

Director Shohei Imamura

Reparto Kazuo Kitamura, Hideko Okiyama

Título original *Kamigami no fukaki yokubo*

También conocida por *Tales from the Southern Islands*

Por qué es clave
Esta escena está entre las más bellamente iluminadas y filmadas de toda la historia del cine.

Escena clave **El estrangulamiento**
El ejército de las sombras

El director, veterano de la Resistencia, redujo su undécimo filme a una sucesión de episodios basados en hechos reales ocurridos en la Francia ocupada por los nazis. En la demostración más traumática de la película de cómo la gravedad de la vida y la muerte consumen la heroicidad, los miembros anónimos de la Resistencia de Melville se reúnen en una mugrienta casa abandonada para ejecutar una sentencia de muerte. Es la primera ejecución para el novato y vacilante Le Masque (Mann), pero el curtido jefe Gerbier (Ventura) insiste en que el joven traidor (Libolt) «debe morir, y tú vas a ayudar».

En una secuencia de iluminación densa, en azules turbios y grises deprimentes, los veteranos hablan de cómo proceder mientras el joven condenado tiembla de miedo. ¿Deben apuñalarlo? ¿Deben estrangularlo? ¿Deben romperle el cráneo? Como no pueden arriesgarse a hacer ruido, lo amordazan y después improvisan un estrangulamiento silencioso con una toalla y un palo de madera para retorcerla.

Melville sitúa la cámara baja, mientras Le Masque agarra las piernas del traidor, que no deja de forcejear, y Gerbier le agarra los brazos al chico mientras le promete que no va a sufrir. En una serie de primeros planos que estudian a los asesinos más que al asesinado, vemos a Félix con el corazón oprimido (Crauchet) detrás del chico mientras le asfixia con la soga improvisada hasta que el rostro manchado de lágrimas del joven se desploma hacia delante sin vida.

Sin derramamiento de sangre y sin tiroteos, esta pieza de siete minutos transmite todo el peso de la muerte, e invita a reflexionar tanto sobre las consecuencias emocionales de la guerra como del coste brutal del patriotismo, que exige más que ondear banderas y acudir a las votaciones.

Rober Keser

Fecha 1969

Nacionalidad Francia

Director Jean-Pierre Melville

Reparto Lino Ventura, Claude Mann, Paul Crauchet, Alain Libolt

Título original *L'armée des ombres*

Por qué es clave En una película de guerra que oculta la fascinación por la violencia, esta terrible escena dramatiza la gravedad de matar a un ser humano.

Escena clave **La escena de cama**
Mi noche con Maud

El mejor de los «Seis cuentos morales» de Eric Rohmer está inspirado en la apuesta de Pascal: básicamente, es mejor creer en Dios que no hacerlo, porque si tienes razón vas al cielo y, si no la tienes, no has perdido nada. Se centra en un ingeniero católico algo petulante (Trintignant) que ve a una chica en misa y decide que va a casarse con ella, cuando ni siquiera han mantenido una conversación. Sin embargo, un amigo le presenta a una divorciada librepensadora y muy atractiva (Fabian).

La hora de la verdad llega cuando cae una repentina nevada y él se ve obligado a quedarse a dormir en el apartamento de la mujer. El frío lo empuja a abandonar el sofá y meterse en la cama en la que Maud está dormida, desnuda, bajo las mantas. ¿Sucumbirá o no a la tentación?

Esta pregunta reúne a la perfección lo físico y lo metafísico, mientras el indeciso pero obstinado protagonista lucha por mantener el equilibrio entre sus necesidades naturales más fuertes y la mucho más cerebral determinación de vivir de acuerdo con los principios de la fe religiosa que, gracias a la negativa de Rohmer de tratar a los demás con condescendencia, no es menos importante.

El conflicto entre destino y libertad de elección se hace patente en los movimientos, observados de una manera muy bella, que hace el ingeniero mientras se mueve sin cesar en la cama. El trabajo del cámara Nestor Almendros, en blanco y negro, está diseñado para enfatizar las características especiales de un Clermont Ferrand (el lugar de nacimiento de Pascal) con viento, y realza la intensidad sensual del momento en el que el ingeniero se ve forzado a elegir. Trintignant y Fabian, fieles a la maestría de Rohmer a la hora de obtener interpretaciones con sutiles matices naturalistas, están fantásticos.

Geoff Andrew

Fecha 1969

Nacionalidad Francia

Director Eric Rohmer

Reparto Jean-Louis Trintignant, Françoise Fabian

Título original *Ma nuit chez Maud*

Por qué es clave Es un ejemplo raro, a la vez que muy ingenioso y sexy, de cómo las ideas filosóficas y abstractas se tratan con éxito en un materialista medio de dos dimensiones.

Escena clave **Thornton se levanta para unirse al viejo Sykes** *Grupo salvaje*

SPOILER

Deke Thornton (Ryan), obligado a convertirse de mala gana en perseguidor de sus antiguos compañeros en el crimen, llega justo a tiempo de presenciar los momentos posteriores de la matanza más famosa del cine. Se sienta en el polvo, vencido y triste, como si fuera un personaje de *Los invictos* o de *Banderas sobre el polvo*, de Faulkner, y deja que la despreciable pandilla de carroñeros vaya a recoger la recompensa. Ve a los supervivientes heridos dejar lo que queda del pueblo en silencio; oye a los buscadores de tesoros cantando alegremente, y después disparos, y después el viento soplando. Sonríe con amargura, casi se ríe.

Sin embargo, olvida el hedor de la muerte de repente, cuando se acercan el viejo Sykes (O'Brien) y unos jinetes mexicanos dirigidos por don José (Urueta). Thornton y Sykes se miran; el viejo le dice a Deke que la gente no llegó lejos. «Me lo imaginaba», responde Deke, que después añade que piensa vagar de un lado a otro. Sykes murmura: «Los chicos y yo... ¿Quieres venir con nosotros? No será como antes, pero...».

Los dos se ríen. Thornton se levanta y monta a caballo con elegancia, y todos cabalgan hacia el horizonte para continuar luchando en otro lugar, buscando una excusa para seguir vivos, un recuerdo del sabor de la aventura. Mientras, la banda sonora repite la nostálgica canción de despedida mexicana «La golondrina» y las caras sonrientes de los cinco miembros muertos del grupo aparecen como fantasmas de «la región perdida» que la letra menciona de manera conmovedora.

Miguel Marías

Fecha 1969

Nacionalidad Estados Unidos

Director Sam Peckinpah

Reparto Robert Ryan, Edmond O'Brien, Chano Urueta, William Holden, Ernest Borgnine, Warren Oates, Ben Johnson, Jaime Sánchez

Título original *The Wild Bunch*

Por qué es clave Es un adiós épico al género del *western*, que rechaza el olvido y la rendición.

Película clave *Easy Rider*

Después del éxito de taquilla y de los cinco Óscar que obtuvo *Sonrisas y lágrimas* (1965), los grandes estudios invirtieron en musicales anticuados y muy caros, como *El extravagante doctor Dolittle* (1967), *La estrella* (1968) y *Hello Dolly!* (1969), que acumularon grandes pérdidas. Mientras, Raybert Productions aceptó un proyecto de motoristas dirigido por Dennis Hopper y protagonizado por Henry Fonda, que incluso American International Pictures, un estudio que sabía ganar dinero, había rechazado.

Easy Rider, un éxito monumental entre las multitudes de la contracultura que se mantenían apartadas de los cines, revolucionó Hollywood. De repente, los ejecutivos se dieron cuenta de que había un público que podía convertir una película de bajo presupuesto en un taquillazo, pero que no podía llegarse a él con filmes convencionales.

Tras la estela de *Easy Rider*, los estudios comenzaron a contratar a directores de pelo largo para realizar películas que los ejecutivos no comprendían. En el aspecto financiero, esta política era a menudo desastrosa, como cuando Hopper se marchó a Sudamérica a dirigir *The Last Movie* (1971), aderezando el rodaje con todo tipo de drogas.

En el aspecto artístico, se estrenaron filmes tan interesantes como *Medium Cool* (1969) de Haskell Wexler; *Beyond the Valley of the Dolls* (1969) de Russ Meyer, *Mi vida es mi vida* (1970) de Rafelson; *M*A*S*H* (1970) de Robert Altman; *El restaurante de Alicia* (1970) de Arthur Penn; *Zabriskie Point* (1970) de Michelangelo Antonioni, y *Carretera asfaltada en dos direcciones* (1971) de Monte Hellman. Algunas de ellas, como *M*A*S*H*, incluso fueron éxitos.

A la larga, esta política salvó a Hollywood y permitió que gente como George Lucas, Steven Spierlberg, Brian De Palma y John Landis pudieran desarrollar su carrera como realizadores.

Kim Newman

Fecha 1969

Nacionalidad Estados Unidos

Director Dennis Hopper

Reparto Peter Fonda, Dennis Hopper, Jack Nicholson, Karen Black, Luana Anders

Por qué es clave El éxito de esta película convenció a los estudios de la necesidad de adoptar nuevas ideas, contratar a nuevos directores y dirigirse a públicos nuevos.

Pág. anterior *Easy Rider*.

Diálogo clave **«I'm walkin' here»** *Cowboy de medianoche*

El artista del timo de los bajos fondos Ratso Rizzo (Hoffman), entre toses convulsivas y gimoteos, entra cojeando en una calle de Manhattan y cuando está cruzando, un taxi toma la curva y se le abalanza encima, forzándole a dar un puñetazo en el capó con tanta fuerza que se le cae el cigarrillo de los labios, mientras reivindica su derecho a existir: «¡Estoy pasando!».

Hoffman ha afirmado siempre que improvisó la frase, pero el productor Jerome Hellamn jura que esa escena fue escrita y ensayada con un taxista pagado. De todos modos, el público adoptó la frase como grito de guerra, imitando el apoyo que se prestan los dos protagonistas de clase baja de este filme clasificado X, cuyo grupo social había sido ninguneado en el cine de masas.

Joe Buck (Voight), el tejano ingenuo de buen corazón que tiene pensado acostarse con todas las mujeres desatendidas de Gotham («porque los hombres son unos tutti-fruttis»), se convierte primero en víctima y después en protector del batallador y susceptible vagabundo Rizzo en su cuartucho de mala muerte de la Calle 42.

Aunque termina trabajando como chapero, la gran ciudad no consigue abatir el optimismo y la alegría de Joe, porque el director, Schlesinger, envuelve la cruda realidad en un áurea romántica, de forma parecida al brillo que Blake Edwards le dio a *Desayuno con diamantes* (1961), al tiempo que modela la atención reciente de Hollywood hacia la franqueza económica y sexual que surge a través de provocaciones marginales como *Fat City, ciudad dorada* (1972), de John Huston; *El último deber* (1973), de Hal Ashby; *Taxi Driver* (1976), de Martin Scorsese, y *El borracho* (1987), de Barbet Schroeder.

Robert Keser

Fecha 1969

Nacionalidad Estados Unidos

Director John Schlesinger

Reparto Dustin Hoffman, Jon Voight

Título original *Midnight Cowboy*

Por qué es clave
Un delincuente de los bajos fondos exige respeto pese a su descrédito social.

Pág. siguiente
Cowboy de medianoche.

Película clave ***L'amour fou*** Uniéndose, derrumbándose

SPOILER

Rivette dirigió tres películas en la década de 1960, menos que otras figuras importantes de la *nouvelle vague* francesa. La tercera de ellas, *L'amour fou*, se estrenó en 1969 y puede considerarse como el resumen de una década de estética de la *nouvelle vague* en tiempos de confusión y cambio. También es la película en que las turbias aspiraciones previas de Rivette como cineasta se fusionan y revelan su verdadera dirección.

La película se reconoce como perteneciente a la *nouvelle vague*, pero de un modo irregular. Está rodada en blanco y negro durante los años 1967 y 1968, y se desarrolla en cafeterías y pisos parisinos que pertenecen más al ambiente de mediados de la década de 1960 que al mundo de después de Mayo de 1968 de las películas posteriores de Rivette. Parece que mantiene el equilibrio en el punto exacto entre dos eras y sirve de recordatorio de la transición que ha habido entre ambas.

En *L'amour fou* la relación entre un director de teatro, Sébastien (Kalfon), y su novia, Claire (Ogier), se viene abajo durante los ensayos de la obra *Andrómaca*, de Racine, que están siendo grabados por un equipo de filmación de documentales. Los límites entre la vida, el arte, el cine y el teatro no son los únicos que se rompen. En una escena asombrosa, Sébastien y Claire demuestran que uno puede pasarse todo el día en la cama y destrozar metódicamente su apartamento al mismo tiempo.

Un plano descarnado de dos sillas plegadas en el escenario blanco de la obra se desenfoca y después vuelve a enfocarse, partiendo por la mitad esta película de cuatro horas y cuarto. De algún modo, el filme se ancla en estas dos sillas vacías, que representan a Sébastien y a Claire, y que parecen perdidas y sobrenaturales en su ausencia.

A. S. Hamrah

Fecha 1969

Nacionalidad Francia

Director Jacques Rivette

Reparto Jean-Pierre Kalfon, Bulle Ogier

Por qué es clave Rivette buscó una nueva forma de hacer películas y la encontró en *L'amour fou*.

FLORAL SHOP
1414
1414
Spiro's FLORAL SHO
SUTTON COFFEE HOUS

Película clave **La ruptura de la dialéctica entre amo y esclavo** *¡Quemada!*

SPOILER

¡Quemada! es una meditación teórica del antagonismo entre el norte y el sur durante la transición del colonialismo al neocolonialismo en una isla imaginaria del Caribe. Los protagonistas, José Dolores (Márquez), un negro libre, y sir William Walker (Brando), un agitador inglés, colaboran para conseguir una revuelta popular contra el gobierno portugués. La motivación de Walker es beneficiar a la economía inglesa y los intereses estratégicos del país en el Caribe.

Dolores y Walker personifican la lucha global entre capital y trabajo, alrededor de la cual giran las relaciones entre el norte y el sur y los desposeídos de la humanidad. Después de robar el banco de Quemada, los protagonistas se retiran a un pueblo, donde emborrachan a los habitantes para distraer a los portugueses y así escapar. Cuando se ponen en marcha, un soldado portugués descubre los lingotes de oro escondidos que porta una de las mulas. Dolores lo mata. Con una mirada fría, Walker afirma: «Bueno, parece que los portugueses también mueren», revelando la psicología del sometimiento que es la relación entre amo y esclavo. Momentos más tarde, el miedo de Dolores por el amo portugués trasciende la muerte del soldado.

En este momento revelador, comprende que la fuente de la mortalidad de su amo es él mismo. Al hacerlo, la relación entre el amo y el esclavo se desmitifica, y se producen las condiciones para la toma de conciencia de la propia identidad, por muy incipientes y rudimentarias que sean. La descripción de Pontecorvo de este momento de emancipación recuerda a Frantz Fanon que escribió en *Piel negra, máscaras blancas*: «Aquél que tiene reticencia a reconocerme se opone a mí. En una lucha salvaje, estoy dispuesto a aceptar las convulsiones de la muerte, disolución invencible, pero también la posibilidad de lo imposible».

Michael T. Martin

Fecha 1969

Nacionalidad Italia/Francia

Director Gillo Pontecorvo

Reparto Marlon Brando, Evaristo Márquez, Renato Salvatori

Título original *Queimada!*

Por qué es clave La escena describe y teoriza sobre las primeras articulaciones de la conciencia propia, así como de las bases necesarias para un cambio revolucionario en el cine.

Escena clave **La fabricación de la campana** *Andrei Rublev*

En respuesta al salvajismo de la Rusia arrasada por la guerra de principios del siglo XV, el artista Andrei Rublev (Solonitsyn) hace un voto de silencio y se niega a pintar más sus famosos iconos religiosos, por los que ha conseguido renombre. Mientras vaga por el campo, es testigo de la fabricación de una gran campana bajo la supervisión de un adolescente, que es hijo del fallecido maestro fundidor.

El chico, llamado Boriska (interpretado con brillantez por Nikolai Burlyayev, que había actuado en *La infancia de Iván* (1962), y que se convirtió en un actor prolífico en el cine ruso), se ofrece voluntario diciendo que, antes de morir, su padre le ha confiado el secreto de la fundición del metal. En una larga secuencia, los espectadores (y Rublev) observan el trabajo: cómo se cava un hoyo grande, cómo se busca la arcilla más adecuada para el molde, cómo se vierte el metal fundido y, por último, cómo surge la gran campana. Cuando suena por primera vez, el muchacho se desploma entre lágrimas al suelo, con alivio, agotamiento y felicidad, y confiesa que su padre no le había dicho nada. Rublev, inspirado por aquel acto de fe del chico y por su impulso creativo, abandona su voto de silencio y vuelve a pintar para usar el don que le ha concedido Dios, con el que puede proporcionarle alegría a la gente.

La deuda de Tarkovsky con Kurosawa es evidente en la lluvia, el barro y la urgencia de la secuencia: es un final magnífico y elocuente para una superproducción espectacular de la Rusia medieval, al tiempo que resuelve los horrores del período en un momento grandioso de epifanía espiritual para el atormentado héroe del largometraje.

Andrew Pike

Fecha 1969

Nacionalidad U.R.S.S.

Director Andrei Tarkovsky

Reparto Anatoli Solonitsyn, Nikolai Burlyayev

Título original *Andrey Rublyov*

Por qué es clave Es un final espectacular para una gran superproducción rusa.

Escena clave **Glauco prepara la cena mientras se escucha la radio** *Dillinger ha muerto*

El inicio de *Dillinger ha muerto* es muy parecido a otras presentaciones: Glauco (Piccoli) vuelve a casa en coche de su trabajo de fabricante de mascarillas industriales, saluda a su mujer, que está en la cama con jaqueca, se sienta a cenar un plato preparado y decide que prefiere tomar algo especial. Mientras le seguimos por la casa y lo vemos jugar distraídamente con objetos o tomar pequeñas decisiones sobre lo que va a hacer después, esperamos a que suceda el evento que pondrá en marcha la narración. Sin embargo, ese evento tarda en llegar, y comenzamos a preguntarnos cuánto tiempo piensa prolongar la introducción llena de divagaciones Marco Ferreri, el director y coguionista de la película.

Glauco hojea un libro de cocina y comienza a prepararse una cena de *gourmet* mientras escucha la radio. A medida que el filme encadena pequeñas causas con pequeños efectos y se burla de nuestras expectativas, suenan tres canciones de principio a fin, incluida la charla del locutor. Este uso de la música comercial como tapiz naturalista, aunque sea una violación de las convenciones cinematográficas, consigue que el tiempo se detenga en apariencia, y nos coloca en un estado indeterminado como espectadores.

Ahora sabemos que Ferreri sería capaz de dejar el filme en este nivel prosaico para siempre. Sin embargo, continúa abriendo puertas narrativas. De hecho, mientras busca una especia determinada, Glauco abre la puerta de un armario y encuentra..., una pistola. ¿Significa esta señal, al estilo de Chejov, que está comenzando por fin una película de suspense? Quizá, pero Glauco todavía tiene que atender la comida que está en el fuego...
Dan Sallitt

Fecha 1969

Nacionalidad Italia

Director Marco Ferreri

Reparto Michel Piccoli

Título original *Dillinger è morto*

Por qué es clave
Sigue siendo uno de los experimentos más atrevidos del cine en lo que se refiere a aplazar las expectativas en una historia.

Acontecimiento clave **«Cine/Ideología/Crítica»**

Los sucesos de mayo de 1968 precipitaron un cambio masivo en la cultura del cine, que tuvo una influencia duradera, sobre todo, en *Cahiers du cinéma*, como puso de relieve la publicación del artículo de Jean-Louis Comolli y Jean Narboni «Cine/Ideología/Crítica» en el número de octubre de 1969.

Al pedir «una teoría crítica del cine..., en referencia directa al método del materialismo dialéctico», Comolli y Narboni derrocaron a André Bazin, uno de los fundadores de la revista: aunque estaban de acuerdo con él en que el cine reproducía la realidad, afirmaban que la realidad en sí misma expresaba la ideología dominante, y que la diferencia más importante entre las películas estriba en si reflejan inconscientemente esta ideología o pretenden «deteriorar, o incluso cortar, la conexión entre el cine y su función ideológica».

Para que se produzca este deterioro o esta desvinculación, escriben Comolli y Narboni, el cineasta no debe sólo «enfrentarse a un tema explícitamente político», sino también desafiar «el modo tradicional de retratar la sociedad». Las películas de ficción y los documentales que muestran el contenido político de manera convencional se quedan cortos en cuanto a esta doble acción. Antes que este grupo de filmes, Comolli y Narboni prefieren películas que, aunque tengan una apariencia inocua en el contenido, sean radicales en la forma.

«Cine/Ideología/Crítica» no sólo provocó una crisis en *Cahiers*, cuyo editor echó a los redactores de sus oficinas antes de vender sus derechos de la publicación a un consorcio del que formaba parte François Truffaut, sino que también llevó directamente a una línea de crítica cinematográfica ideológica que fue seguida durante los años siguientes en *Cahiers* y otras publicaciones, entre ellas la británica *Screen*.
Chris Fujiwara

Fecha 1969

Por qué es clave Este texto se ha convertido en piedra de toque para la crítica de cine políticamente comprometida.

Escena clave **La escena del globo** *Badou Boy*

Nacido en Dakar en 1945, Djibril Diop Mambety fue expulsado del Teatro Nacional de Senegal, se convirtió en el cineasta más barroco de todo su país y de todo el continente, y murió de cáncer de pulmón en 1998, después de haber filmado sólo dos largometrajes.

La leyenda de este director, que *Ecrans Afrique* atribuye a su «iconoclasia, su poesía, su alcoholismo, sus andanzas, su arrogancia y su lucidez», se apoya en la inventiva satírica de sus dos largometrajes, *Touki Bouki* (1973) y *Hyenas* (1992). Sin embargo, *Badou Boy*, su segundo filme, un mediometraje, demuestra que llegó completamente formado al cine y que no le costó un gran esfuerzo encontrar el tono y los recursos estilísticos de *Touki Bouki*.

Esta historia acerca de un niño de la calle llamado Ba, que es perseguido por un policía gordo, tiene más de un toque de Chaplin en su tono burlón y su afinidad con la gente excluida. A los diez minutos de comenzar, aparece un chico fumando. Unos globos pasan flotando ante su cara. Badou Boy y otro hombre ensillan un caballo, agachándose e incorporándose una y otra vez y diciendo sin parar: «¿Va todo bien? ¿Qué tal?». Sus repeticiones crean el ritmo y el absurdo de la escena. Estos eventos no tienen un significado social en concreto, pero visualmente tienen una puesta en escena muy bella. Sin duda, ha sido un maestro de la sátira, como Brecht, Buñuel o Eisenstein, quien ha realizado este trabajo.

Mark Cousins

Fecha 1970

Nacionalidad Senegal

Director Djibril Diop Mambety

Reparto Lamine Ba

Por qué es clave
La puesta en escena de este temprano filme de Mambety demuestra que el mejor cineasta de África ha encontrado su notable estilo antes de su primer largometraje, *Touki Bouki*.

Escena clave **Don Lope y su esposa en casa** *Tristana*

SPOILER

Como movimiento, el surrealismo había terminado mucho antes de 1970, pero Buñuel todavía estaba en un magnífico momento y se había convertido no sólo en un hombre de una sensibilidad única, sino en uno de los maestros más sólidos de la dirección cinematográfica en todos los sentidos.

Además de sus fascinantes personajes y de una historia asombrosa (basada en la novela homónima de Benito Pérez Galdós), *Tristana* pone de manifiesto el don de Buñuel para obtener toda la expresividad de un lugar (la antigua ciudad de Toledo), del color, de los movimientos sutiles de la cámara y de la composición. Todo esto se aúna al final de la película, cuando la relación simbiótica de Tristana (Deneuve) y su guardián y amante, don Lope (Rey), completa su cambio.

Ella ha vuelto a su lado, una vez que su aventura con el artista Horacio (Franco Nero) ha terminado después de que le hayan tenido que amputar una pierna a causa de un tumor. Finalmente, se casan y el patriarcal Lope, que antes desdeñaba a la Iglesia, está tomando café con tres curas en una tarde invernal mientras cae una nevada. Tristana, que se ha vuelto dura y amargada, en una serie de imágenes contrapuestas y calibradas de manera muy bella camina de un lado a otro con las muletas por el pasillo.

Bajo esta sencilla acción hay susurros de un cambio en la suerte política de España, y la superficie de la escena vibra de una manera onírica, aunque resulte del todo creíble por su perversidad. Hace falta tener una mente especial y una mano artística para manejar tantas contradicciones internas y complejidades con un equilibrio tan elegante y con tanta facilidad.

Blake Lucas

Fecha 1970

Nacionalidad España

Director Luis Buñuel

Reparto Catherine Deneuve, Fernando Rey

Por qué es clave
El único genio perdurable del surrealismo confiere toda la belleza sutil de la madurez de su estilo a una historia aparentemente sencilla, que alcanza su cima expresiva en una de sus escenas más indelebles.

Escena clave **La primera escena** *La pasión de vivir*

La escena retrata un carnaval de invierno en Moscú. Tchaikovsky (Chamberlain) y su amante, el conde Chiluvsky (Gable), lo están pasando bien, al igual que otros de los personajes de la historia que sigue.

Vemos a la futura esposa de Tchaikovsky, Nina (Jackson), a su mecenas, Madame Von Meck (Telezynska), incluso al joven teniente (Aris) por el que Nina se sentía atraída antes de conocer al célebre compositor. Sin embargo, aunque la escena nos los presenta, los personajes no establecen contacto con el protagonista. Se mueven en esferas separadas, aunque se invite al espectador a intuir los vínculos que se formarán después.

Esta escena, acompañada por la «Danza de los payasos», de *El Cascanueces*, es tal vez el comienzo más impresionante de una película desde *Sed de mal*. Sin embargo, Russell no es un director tan brillante como Welles, que atrapa al espectador con una sola toma y un movimiento de cámara constante, sigiloso, mientras sigue a Charlton Heston y a Janet Leigh hasta la frontera mexicana, donde hay un coche que transporta una bomba y que está a punto de estallar. Russell mueve la cámara sin cesar y corta a voluntad.

Todo comienza en un momento que a muchos de los espectadores se les escapará a menos que estén muy atentos. La cámara está en lo alto de un tobogán. Hay un trineo que se desliza hacia abajo y se encuentra con los personajes arriba. La sensación de atravesar volando el espacio hacia la música es clave para el ambiente de toda la película. Es una especie de euforia inquieta, temeraria, ilustrativa del modo en que los personajes han permitido que la música tomara las riendas de su vida. Y ésta es la razón por la que el título completo y más apropiado para este filme debería ser *La película de Ken Russell sobre Tchaikovsky y sobre los amantes de la música*.
David Ehrenstein

Fecha 1970

Nacionalidad Reino Unido

Director Ken Russell

Reparto Richard Chamberlain, Glenda Jackson, Christopher Gable, Kenneth Colley, Max Adrian, Izabella Telezynska, Ben Aris

Título original *The Music Lovers*

Por qué es clave La escena da comienzo a la narración y presenta a los personajes mostrándolos de un modo único.

Escena clave **La captura del forajido más famoso de Australia** *Ned Kelly*

Ned Kelly era un forajido australiano cuyas hazañas en la década de 1870 fueron tema principal de muchas películas. Esta producción de Tony Richardson, escrita por él mismo en colaboración con un experto australiano en la historia de Kelly, Ian Jones, era un intento de volver a contar la vida del forajido como una leyenda popular, acompañada por una balada (cantada por Waylon Jennings) que unía varios episodios de su vida. La película le dio demasiada importancia a la rebelión de Kelly contra la injusticia social derivada del conflicto entre los emigrantes irlandeses, católicos y pobres, y los poderosos colonialistas británicos. Como protagonista, Richardson eligió a un rebelde moderno, Mick Jagger, para dar realce a ese tema.

Acompañada por el entusiasmo de la prensa y no pocas dosis de diversión a causa de lo extravagante de aquella película extranjera, el filme fue rodado en la zona rural de Nueva Gales del Sur y terminado en Londres. La escena culminante muestra el tiroteo final de Ned con la policía, durante el que el forajido llevaba una armadura casera enorme. Como apenas podía moverse por el peso de la chapa de metal, lo capturaron con facilidad. La puesta en escena de Richardson produce cierta sensación de absurdo y transmite una tensión dramática mínima, con Jagger completamente enterrado bajo las capas de metal.

Aunque la película de Richardson tratara un asunto tan importante para los australianos, produjo poco impacto cuando se estrenó en 1970. el estreno en «Kelly Country», Victoria, aunque bien publicitado, no tuvo mucha aceptación, y los críticos y el público local permanecieron impasibles. Jagger fue desdeñado por ser «un inglés escuálido que nunca debería haber interpretado a nuestro Ned».
Andrew Pike

Fecha 1970

Nacionalidad Reino Unido/Australia

Director Tony Richardson

Reparto Mick Jagger, Allen Bickford, Geoff Gilmour, Mark McManus

Por qué es clave Es un momento emblemático de la cultura popular australiana.

ANTONIONI's
ZABRISKIE
POINT
MGM
R
RESTRICTED

Escena clave **«Whistling in the Dark»** *Darling Lili*

«Whistling in the Dark» («Silbando en la oscuridad»), la maravillosa canción compuesta por Henry Mancini y Johnny Mercer, tan conmovedoramente cantada por Andrews en el papel de querida estrella del *music-hall* y espía alemana llamada Lili Smith, da comienzo a *Darling Lili* en una secuencia larga y elaborada.

La música comienza sobre una pantalla oscura; después el rostro de Lili se ilumina al tiempo que ella comienza a cantar, y la cámara inicia una serie de movimientos amplios y virtuosos acompañándola, captando el color de las luces del escenario e insinuando la relación de Lili con el público del auditorio. Finalmente, la cámara descansa cuando la figura de la cantante se detiene una vez más y la oscuridad envuelve su cara de nuevo.

La película, que es una mezcla de comedia, romance y aventuras de la primera guerra mundial (el cine estadounidense siempre se ha dejado seducir por la combinación de géneros, aunque no siempre haya obtenido éxito de taquilla), termina tal y como empieza, con la misma canción, que a simple vista, está montada y filmada de la misma manera. Sin embargo, ahora la escena tiene cortes que nos llevan a planos subjetivos correspondientes a los sentimientos de Lili y sugieren que la frase de la letra «... sing the shadows away» («... cantar para alejar las sombras») tiene, en esta ocasión, un significado personal para ella.

Del mismo modo, la pureza de la toma inicial pronto sería desplazada en el cine de Hollywood, porque los números musicales de películas posteriores comenzarían a usar muchos más cortes, aunque por lo general, carecerían de la elegancia que Edwards infundió en esta conmovedora repetición de «Whistling in the Dark».

Blake Lucas

Fecha 1970

Nacionalidad Estados Unidos

Director Blake Edwards

Reparto Julie Andrews

Por qué es clave
En 1970, lo que representaba esta bella canción y su realización cinematográfica estaba a punto de ser cosa del pasado y, sin embargo, nunca estuvo más vivo.

Escena clave **La explosión** *Zabriskie Point*

SPOILER

En lo que a cumplir deseos se refiere, el final de *Zabriskie Point* es difícil de mejorar. Todos los componentes malditos del mundo moderno e industrializado, la frialdad, la alienación, la explotación, la falta de libertad, la destrucción de la naturaleza, están concentrados en la modernísima casa donde Daria trabaja para un abogado (Rod Taylor) que dirige un importante proyecto inmobiliario.

Disgustada, se aleja de la casa, aparca, sale del coche. Entonces parece que su mirada dura y llena de odio produce una potente explosión: un *big bang* que se repite y se prolonga durante cinco gloriosos minutos.

Antonioni rueda la acción principal, la explosión de la casa, al menos desde doce ángulos distintos. Después, se acerca (mientras suena la música de Pink Floyd) y toma primeros planos de detalles surrealistas: ropa, un paquete de pan, periódicos, lomos de libros, todo ello cayendo en cascada a cámara lenta, para convertirse en algo más abstracto y lírico... Es un espectáculo extraño, excesivo. El filme se deleita canalizando su mensaje ecologista y *hippie* en este acto definitivo de destrucción anárquica. Sin embargo, al mismo tiempo, encuentra una manera para admirar todo el diseño, los elementos y las modas pasajeras de la arquitectura de 1970, justo cuando están a punto de desaparecer en el vacío. Al final, hay un corte brusco de imagen y sonido, y vemos a Daria mientras se aleja con una sonrisa resplandeciente.

Parece que Antonioni tiene reticencia a plantear la pregunta clásica del cine: ¿Ha sido de verdad, o todo ha sido un sueño? Apenas es importante, porque la escena capta lo que es más esencial del cine de Antonioni: la dialéctica del artista que construye y después destruye lo que ha construido, y consigue provocar éxtasis con ambas acciones.

Adrian Martin

Fecha 1970

Nacionalidad Estados Unidos

Director Michelangelo Antonioni

Reparto Daria Halprin

Por qué es clave
Esta escena captura la esencia de Antonioni.

Pág. anterior *Zabriskie Point*.

Escena clave **Mick no consigue controlar al público** *Gimme Shelter*

La grabación alucinatoria que hicieron los hermanos Maysles del desastre de Altamont Speedway, el 6 de diciembre de 1969, durante un concierto gratuito de los Rolling Stones, es la verdadera definición de un mal viaje.

Los organizadores contrataron a la sección local de los Ángeles del Infierno para que se hiciera cargo de la seguridad, y quizá también para conferirle algo de autenticidad diabólica al evento. Durante todo el día siguiente, hubo una convivencia forzada entre unas cuantas docenas de motoristas implacables y 300.000 *hippies* nerviosos. La confrontación terminó con el apuñalamiento mortal de un joven llamado Meredith Hunter por el Ángel Alan Passaro. El triunfo de *Gimme Shelter* es una transfiguración de estas circunstancias deprimentes y sórdidas en un acto de percepción continuo que las convierte en algo bello.

Desde primera hora del día los ánimos se van alterando. Al anochecer, la situación está descontrolada. Los *hippies* están muy nerviosos y los Ángeles del Infierno están ceñudos, a la defensiva, moviéndose por ahí en moto.

Cuando los Stones suben al escenario, los Ángeles están emprendiéndola a golpes con sus tacos de billar plomados, y hay caras llorosas y suplicantes en las primeras filas. Durante una escaramuza especialmente violenta que interrumpe «Sympathy for the Devil», Mick Jagger hace algunos intentos inútiles de controlar a la multitud: «Oh, chicos, ¡sois tantos! Tranquilos aquí delante, no empujéis...». Mientras filman a Jagger de perfil, los Maysles capturan con su cámara la expresión de un Ángel con cara de rata que está contemplando fijamente a Jagger desde la derecha del escenario: su expresión es de supremo disgusto y casi de odio.

James Parker

Fecha 1970

Nacionalidad Estados Unidos

Directores Albert y David Maysles, Charlotte Zwerin

Reparto The Rolling Stones, Los Ángeles del Infierno

Por qué es clave Después de haber conjurado a las fuerzas de la oscuridad en Altamont, los Rolling Stones no pueden controlarlas. *Gimme Shelter* es uno de los mejores documentales jamás filmados.

Pág. siguiente *Gimme Shelter.*

Escena clave **Chas dispara a Turner** *Perfomance*

SPOILER

En nuestra era postmoderna, a menudo se considera que el suicidio de un artista es el único acto que no puede interpretarse como algo irónico o falto de sinceridad.

Esto explica por qué el suicidio de Donald Cammell, ocurrido el 24 de abril de 1996, provocó un interés por el trabajo del director que excedió con mucho el que suscitaba cuando estaba vivo. Este suceso ¡dio lugar a otros cambios, como el hecho de que casi todo el mundo dejara de pensar que el codirector Nicolas Roeg fue el principal autor de *Perfomance*. La escena más importante muestra a Chas (Fox) asesinando a Turner (Mick Jagger): el asesinato de un artista por parte de un gánster, que se convierte en un suicidio cuando el artista acepta la muerte.

En las entrevistas se revela que Cammell veía la muerte como un punto de transformación, un final más que un principio. Esta visión queda clara en *Perfomance*, donde la cámara sigue la bala de Chas mientras penetra en el cráneo de Turner y encuentra una fotografía de Jorge Luis Borges (que se hace añicos) antes de emerger de nuevo en la calle, donde descubrimos que Chas se ha convertido en Turner. Obviamente, esta escena era la que tenían en mente varios escritores cuando, más tarde, declararon que Cammell tardó 45 minutos en morir y observó su momento final en un espejo, antes de preguntarle a su mujer: «¿Ves la foto de Borges?».

Rebecca y Sam Umland en *Donald Cammell: una vida en el lado salvaje*, desvelan la aburrida verdad de que Cammell murió en el acto. No obstante, esa afirmación sobre la larga agonía del director también da pistas sobre las necesidades a las que apela la vida y la obra del director (dos cosas ahora inseparables): el deseo de verdad artística en una cultura dominada por gestos desprovistos de autenticidad.

Brad Stevens

Fecha 1970

Nacionalidad Reino Unido

Directores Donald Cammell y Nicolas Roeg

Reparto James Fox, Mick Jagger

Por qué es clave
Esta escena muestra lo íntimamente ligadas que estuvieron la obra, la vida y la muerte de Cammell.

Acontecimiento clave **Nixon ve *Patton* dos veces y decide invadir Camboya**

La información que dio la prensa en aquel momento, y que después han confirmado los historiadores, es que Nixon vio *Patton* (1970), de Franklin J. Schaffner, dos veces antes de dar un paso al que el presidente Johnson había renunciado y extender la guerra de Vietnam hasta Camboya. En aquel tiempo se habló sobre un cuartel general de muchos pisos desde el que los oponentes de Estados Unidos dirigían la guerra de Vietnam, cosa que sólo servía para demostrar lo mal que estaba entendiendo la administración estadounidense el carácter de guerra de guerrillas del conflicto en el que estaba luchando el país.

Aunque *Patton* sólo sirviera para reafirmar una decisión que Nixon ya había tomado de todos modos, lo que parece más probable, la aplicación de la admiración que sentía por el general y por la brillante interpretación que de él hizo George C. Scott a la guerra de Vietnam y Camboya es otro ejemplo del clásico error de «librar la última batalla». Éste fue un error que no debería haber cometido: en la película, el mismo Patton es un anacronismo, un hombre del siglo XVI, un guerrero romántico perdido en los tiempos modernos. Se sospecha que a Nixon también le fascinaba la película por su retrato de Eisenhower, al que muestra como una fuerza que contiene a Patton.

En el filme vemos al mítico general conquistando territorio y acabando con el enemigo. Así se ganó la segunda guerra mundial, pero nunca habría podido ganarse la guerra de Vietnam: las fantasías de película sólo pueden llevar a entender de un modo equivocado el presente, que siempre está en proceso de cambio.

Por desgracia, los líderes de Estados Unidos no han aprendido del error de Nixon, y parece que en el período actual creen que también se puede ganar la lucha contra el terrorismo conquistando territorio.
Fred Camper

Fecha 1970

Por qué es clave
El visionado de una película está relacionado aquí con una decisión militar desastrosa que costó un gran número de vidas y que posiblemente condujo al genocidio de Pol Pot, pero que no logró su objetivo de ayudar a ganar la guerra de Vietnam.

Pág. anterior *Patton*.

Escena clave **Un final revelador** *Zorns Lemma*

La parte central de esta famosa película vanguardista consiste en una serie de ciclos de veinticuatro secuencias de un segundo. Cada una de las tomas retrata una letra del alfabeto distinta (dos pares de letras están unidos) y muestran en cada ocasión un cartel de una calle de Nueva York diferente que comienza con dicha letra.

Además, todos los letreros están ordenados de modo que no sólo la A va seguida de la B, sino que la A (y las demás letras también) aparecen en orden alfabético de un ciclo al siguiente. A medida que continúan estas repeticiones, las tomas con los letreros son reemplazadas con imágenes sin palabras: una mano que pinta en una pared, un fuego, el mar. Estas imágenes tienen una gran sensualidad, agilidad y misterio, y el proceso de sustitución gradual crea una expectación creciente en el espectador, que quiere saber cómo va a concluir.

Frampton era fotógrafo antes de comenzar a dirigir películas y su deuda con Edward Westion es evidente en la complejidad de iluminación y color de cada imagen. Cuando la última imagen reemplaza el último letrero, se completa la transición de texto a cine, de nombres a imágenes, de historias a luz, y ese ciclo desprovisto de palabras adquiere un poder extraño y visionario, debido en parte a que el espectador lo ha esperado durante mucho tiempo, preguntándose si iba a ocurrir de verdad. Y este momento de plenitud tan deseado termina muy pronto.
Fred Camper

Fecha 1970

Nacionalidad Estados Unidos

Director Hollis Frampton

Por qué es clave
Frampton responde al mito de que los filmes «estructurales» son esquemáticos y académicos, con un final predecible que, sin embargo, tiene el poder de una epifanía poética.

Escena clave **«Quiero que lo sujetes con las rodillas»** *Mi vida es mi vida*

Poco después de *Easy Rider*, Jack Nicholson definió la inquietud de la clase media de la incipiente década de 1970 con la figura de Bobby Dupea, un pianista egoísta e inseguro que se convierte en trabajador de una explotación petrolera en la película de Bob Rafelson *Mi vida es mi vida*.

En compañía de su novia Rayette (Black), emprende la marcha hacia el norte para visitar a su padre, que está a punto de morir. Por el camino recoge a dos autoestopistas, Palm y Terry (Kallianiotes, Basil). El cuarteto hace una parada en una cafetería de carretera y tiene lugar una de las escenas más iconoclastas del cine, cuando Bobby pide un sándwich de pollo a una camarera recalcitrante (Thayer). Aunque la secuencia es famosa por la respuesta de Bobby: «Quiero que lo sujetes con las rodillas», antes de tirar los vasos de agua y los cubiertos al suelo, también tiene un significado más profundo. Más tarde, en el coche, en respuesta al halago de Palm por su acto de rebeldía, Bobby dice con cansancio:

–Pero no lo conseguí (el sándwich), ¿no?

–No, pero ha sido muy inteligente por tu parte –responde Palm, y sin darse cuenta, pone al descubierto la lucha inútil de Bobby–. Yo le habría dado un puñetazo.

Aunque a menudo se considera misógino, el guión fue escrito por una mujer, Carole Eastman (1934-2004), bajo el nombre de Adrien Joyce, quien, según Nicholson, «me conocía muy bien. Yo estaba interpretando el papel como una alegoría de mi propia carrera».

Treinta y dos años después, en una escena descartada de *A propósito de Schmidt*, de Alexander Payne, que sí se incluyó en cambio en el DVD, Warren Schmidt (a quien interpretó Nicholson), acepta dócilmente las reglas que le imponen en un restaurante. Así es la ansiedad de la juventud convertida en complacencia por el paso del tiempo, y así es como un gran actor habita en los personajes difíciles.

David Stratton

Fecha 1970

Nacionalidad Estados Unidos

Director Bob Rafelson

Reparto Jack Nicholson, Karen Black, Helena Kallianiotes, Toni Basil, Lorna Thayer

Título original *Five Easy Pieces*

Por qué es clave Es un momento clásico de uno de los estudios de carácter más sagaces de todo el cine estadounidense.

Pág. siguiente *Mi vida es mi vida.*

Película clave **El espadachín, los fantasmas y los monjes** *A Touch of Zen*

Un erudito (Shi) incapaz de luchar, pero experto en tácticas militares, conoce a la enigmática señorita Yang (Xu), que vive en una casa supuestamente encantada. Como en los cuentos chinos tradicionales de terror, el sabio y la bella pasan una noche juntos.

Sin embargo, las apariencias engañan. Un extraño muy generoso resulta ser en realidad el agente de un eunuco que persigue a la bella; el adivino ciego (Bai) es un general que la está protegiendo, y la misma señorita Yang está aprendiendo artes marciales con un monje santo (Chiao). Sólo el golpe mortífero de este último y sus poderes espirituales pueden superar las habilidades formidables del malvado comandante (Han, que también fue uno de los coreógrafos de artes marciales en el rodaje).

Hu tardó tres años en terminar la película, lo que le acarreó problemas con sus productores de Taiwán. Cuando volvió a Hong Kong, aseguró los derechos internacionales sobre el filme, lo reeditó y lo llevó a Cannes, desde donde aportó un nuevo estilo de *wuxia pian* (cine de artes marciales) al mundo de los cinéfilos.

A Touch of Zen gira en torno a la idea de lo intermedio, que se simboliza con la alianza entre el erudito y la guerrera femenina, que se representa en un par de secuencias magistrales: una de ellas, en el sugerente laberinto de un bosque de bambú, y la otra en la oscuridad de la casa encantada. Hu convierte ambas cosas en una profunda meditación sobre el misterio de la vida. Los cuerpos se mueven, corren saltan, vuelan a través de varios niveles de ilusión y realidad, entre árboles, montañas y casas, entre luz, niebla y oscuridad, entre superstición y estrategia, entre el reino de lo espiritual y las fuerzas del mal.

Esta película de artes marciales se revela como una puesta en escena de la mirada, con cuerpos que trascienden su peso terrenal a la velocidad de la luz que se imprime en nuestra retina.

Bérénice Reynaud

Fecha 1971

Nacionalidad Taiwán/Hong Kong

Director King Hu

Reparto Xu Feng, Shi Jun, Bai Ying, Roy Chiao, Han Yin-jie

Título original *Xia nü*

Por qué es clave Fue la primera película china que ganó un premio (por logros técnicos) en Cannes.

Escena clave **Una boda sin novia**
La ceremonia

La famosa escena de la boda de *La ceremonia* es sólo uno de los muchísimos puntos destacables de una obra rica en toques provocativos y momentos memorables.

En esta escena tiene lugar el matrimonio arreglado de un hombre joven. El día de la boda, sin embargo, la novia anuncia que no va a tomar parte en la ceremonia. El muy conservador patriarca de la familia decreta que se celebre de todos modos, y el joven se casa con un espacio vacío: la tradición debe respetarse a toda costa. Es una secuencia completamente absurda, filmada por Oshima y su director de fotografía, Tsutomu Narushima, con una composición brillante para pantalla ancha y una gran riqueza de colores que subrayan la horrorosa vacuidad del ritual pese a todo el boato caro y complicado.

Para cuando se rodó esta película, Oshima ya era el autor de una importante obra en la que, de manera recurrente, se enfrentaba a la tradición japonesa, la xenofobia y el conservadurismo político: películas como *El ahorcamiento* (Koshikei) y *Diario de un ladrón de Shinjuku* (*Shin juku dorobo nikki*), ambas de 1968, fueron tan desafiantes en el aspecto estilístico como radicales en lo político. *La ceremonia* es uno de sus trabajos más maduros, en el que se observa a una familia durante varias décadas cuando se reúnen en ocasiones señaladas, bodas, aniversarios y muertes.

Oshima escribió esta película con dos de sus colaboradores más frecuentes, Mamoru Sasaki y Takeshi Tamura. El filme está ejecutado a la perfección y es un ataque implacable contra la claustrofobia de un Japón cuya espiritualidad ha desaparecido.
Andrew Pike

Fecha 1971

Nacionalidad Japón

Director Nagisa Oshima

Reparto Kenzo Kawarazaki, Atsuko Kaku, Akiko Koyama

Título original *Gishiki*

Por qué es clave
Es un gran momento surrealista dentro de una sátira demoledora sobre la sociedad japonesa.

Escena clave **Reunión familiar**
Bahía de sangre

SPOILER

Películas estadounidenses como *Halloween* y *Viernes 13* imitan este *thriller* sangriento que se desarrolla junto a una bahía. Es el primer filme de su clase. En el original europeo de Bava hay jóvenes que mueren asesinados en el bosque, pero su interés radica en otra cosa: sus múltiples víctimas provienen de distintas clases sociales y tienen distintas edades. Dos de ellas, Renata (Auger) y Albert (Pistilli), han llevado a sus niños (Cestié y Elmi) a la bahía para intentar conseguir una herencia.

Los giros mecánicos y cambios de argumento inútiles de los *thrillers* de hoy día prolongan los filmes hasta mucho después de que hayan terminado. Sin embargo, el asombroso final de Bava es un signo de exclamación que arroja alivio a toda la película. Cuando la pareja asesina, Renata y Albert, sonríe y se abraza, felicitándose por haber conseguido su objetivo («Es lo menos que podía hacer por mi familia», dice Albert), la cámara de Bava se aleja en un *zoom* y, por la derecha del encuadre, entra el cañón doble de una escopeta. «Pam, pam».

En la siguiente toma vemos a un niño de ocho años con la escopeta en las manos y a su hermana pequeña junto a él. «Se les da bien hacerse el muerto», comenta la niña. Después, ambos se alejan saltando como si estuvieran en un anuncio de detergente y un coro de alegres *yeah-yeahs* llena la banda sonora.

«Los niños deberían quedarse con sus padres», le dice Albert a Renata antes de dejarlos solos en la caravana. En un plano en el que los pequeños aparecen rompiendo una cabeza de cerámica, se establece la relación entre ellos y el caos de la película. Después, Bava los abandona también, y nos preocupamos por ellos. ¿Dónde están? ¿Están en peligro? El final de esta película nos recuerda, de algún modo, el alegre horror doméstico con que termina *La felicidad* de Varda. Es igual de radical y sorprendente.
A. S. Hamrah

Fecha 1971

Nacionalidad Italia

Director Mario Bava

Reparto Renato Cestiè, Nicoletta Elmi, Claudine Auger, Luigi Pistilli

Título original
Ecologia del delitto

Por qué es clave
Bava da un giro final al género que él mismo ha creado sin darse cuenta.

Escena clave **El montaje de apertura**
Szindbád

Szindbád, que a menudo es promocionado por los críticos de cine húngaros como el filme más importante que se ha hecho en el país, está basado en la obra de Gyula Krúdy, un autor aristocrático de fin de siglo y célebre *bon vivant* de la cultura de los cafés de Budapest. El estilo de la prosa de Krúdy muestra un notable interés protomodernista por las experiencias de asociaciones estéticas, con sus románticos protagonistas deslizándose entre épocas y lugares de una manera que recuerda mucho a Proust y a Woolf. *Szindbád* está basada en la obra más famosa de Krúdy, *The Travels of Sindbád*, que se centra en las aventuras amorosas del mujeriego héroe que da nombre a la novela.

Huszárik, pintor formado en el estudio de Béla Balazs (conocido por su experimentación estética) de Budapest, no adapta a Krúdy, sino que más bien transcribe el tono poético y emotivo de su escritura sensual con analogías visuales. Emplea esta técnica sobre todo en el comienzo del filme, 90 segundos de un asombroso desfile de tomas de impecable composición (filmadas por el brillante director de fotografía húngaro Sándor Sára), que sirven para introducir al espectador en el mundo nostálgico y atemporal de Sindbad.

En una procesión rápida y cíclica, vemos aceite coloreado en el agua, unas brasas encendidas, una flor, encaje, humo que asciende desde un bosque, lluvia que cae de un tejado, un mechón de pelo, el retrato antiguo de una mujer. Este fragmento es más una sucesión de planos de un poema-filme abstracto de Stan Brakhage o Bruce Baillie que el comienzo de «la fotografía de calidad europea», y ejemplifica el poder del cine para crear puros estados de ánimo por medio de impulsos visuales rítmicos.

A través de la obra otoñal y conmovedora que sigue, nos vemos transportados a un mundo de ensoñación eterna, donde el pasado existe en forma de una serie de imágenes que se extienden por la mente como un perfume demasiado intenso.

Travis Miles

Fecha 1971

Nacionalidad Hungría

Director Zoltán Huszárik

Reparto Zoltán Latinovits

Por qué es clave
Una sucesión rapsódica de imágenes introduce sin dificultad al espectador en el mundo del decadente Imperio austro-húngaro a través de una composición y una edición que combinan de manera extravagante el drama con la vanguardia.

Escena clave **Un hombre acaricia un árbol**
El país del silencio y la oscuridad

El Instituto para los Invidentes de Milán, en Italia, tiene una exposición permanente llamada «Diálogos en la oscuridad». La galería muestra objetos de todo tipo, pero no hay luz para verlos. Los guías son personas ciegas que acompañan a los visitantes a un mundo donde toda percepción es parte de una galaxia desconocida de sonidos, olores y experiencias táctiles.

Uno se marcha de la exposición en un estado de maravilla y euforia, como si el cuerpo hubiera aprendido de nuevo lo que de verdad significa ver las cosas, y lo mucho que los demás sentidos pueden lograr sin los ojos, que en principio son el nexo más importante entre nosotros y el mundo. Sin embargo, ¿realmente la vista es lo más importante?

El país del silencio y la oscuridad invalida esta teoría mostrando a hombres y mujeres a los que uno no puede ver ni oír, con los que no se puede hablar. Intente imaginarlo: no puede expresarse con palabras, no puede escuchar lo que se dice a su alrededor, no conoce el significado de los colores, de las formas, de las sombras. Si cree que éste es un universo vacío, ha olvidado lo más importante: el sentido del tacto.

En la escena más impresionante del filme, un hombre se abraza a un árbol, siente su superficie áspera, aprieta su cuerpo contra el tronco, casi como si los dos seres estuvieran intentando comunicarse de un modo que no entendemos. Werner Herzog siempre ha utilizado el cine para buscar la experiencia extática fundamental. Y la encontró aquí, donde el cine no existe.

Paolo Cherchi Usai

Fecha 1971

Nacionalidad República Federal de Alemania

Director Werner Herzog

Reparto Fini Straubinger

Título original *Land des Schweigens und der Dunkelheit*

Por qué es clave
El tacto es la experiencia visual suprema.

Something
is after Jessica.
Something very cold,
very wet...
and very dead.
Paramount Pictures Presents A Charles B. Moss, Jr. Production
"Let's Scare
Jessica
To Death"
Starring Zohra Lampert Barton Heyman Kevin O'Connor
Gretchen Corbett Alan Manson and Mariclare Costello
Written by Norman Jonas and Ralph Rose
Produced by Charles B. Moss, Jr. Directed by John Hancock
GP
Color A Paramount Picture

Diálogo clave **Un canto a la liberación sexual**
Wilhelm Reich, los misterios del organismo

Milena (Dravić), una esteticista yugoslava recién emancipada, llega a casa después del trabajo y se encuentra a su compañera de piso (Kaloper) ocupada en una vigorosa relación sexual. Después de fumarse un cigarro y hojear el último ejemplar de la revista *Communist*, Milena, seguidora del psicólogo de la Escuela de Frankfurt Wilhelm Reich, sale al balcón del patio y comienza a dar un discurso radical alabando las maravillas de la saludable liberación orgásmica y de la importancia de tener una sexualidad ilustrada para lograr una sociedad verdaderamente revolucionaria.

Los camaradas varones que se agrupan para escuchar su discurso demuestran entusiasmo. Dirigidos por Milena, hacen una fila y bailan por el patio comunal, repitiendo sus palabras en una canción. En ese momento, la secuencia cambia para mostrar una parte del metraje de un documental en el que la masa enfervorizada vitorea a Mao en Tiananmen, y después una escena de *The Vow* (1946), de Mikhail Chiaureli, en la que Stalin y otros líderes soviéticos marchan triunfalmente al final de la segunda guerra mundial al compás de la banda sonora de «Lili Marlene». A continuación vemos escenas de unos pacientes mentales a quienes están obligando a comer o están sometiendo a electrochoque.

El tratado sexual subversivo y revolucionario de Dusan Makavejev, *Wilhelm Reich, los misterios del organismo,* utiliza técnicas narrativas no convencionales para entrelazar varios argumentos que atraviesan continentes y contextos mientras se tratan temas como la sexualidad, la cordura y el socialismo. El flujo de asociaciones en la secuencia de imágenes conectadas entre sí al final del discurso de Milena es un ejemplo valiente del pastiche simbólico por el que Makavejev es célebre en la historia del cine.

Dina Iordanova

Fecha 1971

Nacionalidad Yugoslavia/ República Federal de Alemania

Director Dusan Makavejev

Reparto Milena Dravić, Jagoda Kaloper

Título original *W.R.- Misterije organizma*

Por qué es clave
Un discurso que alaba el potencial revolucionario de la sexualidad y el orgasmo se ve reforzado por una secuencia de *collage* imaginativo.

Escena clave **El vampiro del lago**
La maldición de los Bishop

SPOILER

Una de las secuencias más espeluznantes de todo el cine de terror estadounidense llega hacia el final de esta película de John Hancock, que todavía no ha sido apreciada en su justa medida. Es una secuencia rara en un filme de terror, porque no depende de un susto repentino ni grande, sino del miedo sostenido y prolongado durante un rato.

Jessica (Lampert), la heroína emocionalmente frágil del filme, va a bañarse a una pequeña playa del lago que hay detrás de una granja solitaria, animada por Emily (Costelo), una *hippie* ambigua que estaba durmiendo a la intemperie en la propiedad. Durante la película se ha se ha sugerido que Emily se parece mucho a Abigail Bishop, una chica del siglo XIX que se ahogó en el lago y que, según se rumorea, ha continuado viviendo en forma de vampiro.

La chica empuja, juguetonamente, a Jessica debajo del agua, alternando de un modo angustioso la malicia con las disculpas; después desaparece. Jessica, temblando, teme que Emily se haya ahogado, pero ésta aparece otra vez de un salto, con el rostro muy pálido, y sale del agua. Sin embargo, Emily es ahora Abigail: cuando se sumergió, llevaba un traje de baño color granate; cuando sale del lago, lleva un vestido de boda victoriano completamente empapado.

A partir de ese momento, el filme es una sucesión de sustos y horrores que va en aumento. Sin embargo, la novia vampiro es la imagen más impresionante y perdurable de toda la película.

Kim Newman

Fecha 1971

Nacionalidad Estados Unidos

Director John Hancock

Reparto Zohra Lampert, Mariclare Costello

Título original *Let's Scare Jessica to Death*

Por qué es clave Es la escena más aterradora de toda la década de 1970.

Pág. anterior
La maldición de los Bishop.

Personaje clave **Bruce Lee se convierte en una estrella** *Kárate a muerte en Bangkok*

Como en el caso de otros muchos que conocieron el éxito de la noche a la mañana, Bruce Lee trabajó sin descanso durante décadas antes de convertirse en una gran estrella.

Oriundo de San Francisco, hijo de la famosa cantante de ópera china Lee Hoy-Chuen, debutó de niño en el filme cantonés *Golden Gate Girl* (1941). Después interpretó pequeños papeles en películas de Hong Kong, y más tarde se abrió camino hacia series de la televisión estadounidense como *The Green Hornet* y *Longstreet*.

Sin embargo, se sentía frustrado por la práctica habitual en Hollywood de limitar los papeles de los asiáticos a demonios de ojos rasgados o idiotas dentudos, e incluso de seleccionar a personas de raza blanca para dar vida, con un maquillaje amarillo, a los personajes orientales, cosa que resultaba incluso más mortificante.

Cuando Lee, que era experto en kung fu, fue rechazado para el papel principal en la serie de televisión *Kung fu*, volvió a Hong Kong muy disgustado y firmó un contrato con Golden Harvest Films. Su primer esfuerzo, *Kárate a muerte en Bangkok* (1971), se rodó en Tailandia con todo el esplendor que podía conseguirse con el bajo presupuesto del que disponían. Sin embargo, cuando se estrenó el resultado la respuesta de taquilla fue clamorosa.

El público nunca había visto a alguien como Lee, insolente, carismático, rápido y frío como una pantera, con un físico de acero. Parecía que sus patadas y puñetazos, veloces como golpes de látigo, no estaban sólo dirigidos a sus enemigos, sino a Charlie Chan, a Fu Manchú y a todos los estereotipos de orientales asexuados e inescrutables, con un acento poco inteligible y los ojos entrecerrados.

Cuando Lee despachó a los malos en la pelea final con la perfección de una cobra en pleno ataque, le hizo saber al mundo que los asiáticos eran material adecuado para encarnar a galanes de cine.

Violet Glaze

Fecha 1971

Nacionalidad Hong Kong

Director Lo Wei

Reparto Bruce Lee, Maria Yi, James Tien

Título original *Tang shan da xiong*

Por qué es clave
Bruce Lee destruye los estereotipos sobre asiáticos con unos cuantos puñetazos bien dirigidos.

Pág. siguiente
Kárate a muerte en Bangkok.

Escena clave **«Ode to a Screw»** *Juventud sin esperanza*

En el tumulto de la escena *hippie* de Nueva York en la década de 1970, la adolescente Jeannie Tyne (Linnea Heacock) acude a una audición para cantautores. Mientras, en la confortable casa rural de su familia, sus padres, Larry y Lynn (Buck Henry, Lynn Carlin), hablan con otros adultos que se encuentran en una circunstancia similar, intentando, sin demasiado éxito, entender por qué sus hijos se van.

Milos Forman, un emigrante checoslovaco que había llegado hacía poco al país, se dio a conocer al público con esta afectuosa sátira sobre las costumbres y convenciones estadounidenses, así como sobre la libertad artística, trabajando con el veterano guionista Jean-Claude Carrière y el dramaturgo John Guare, autor de *Seis grados de separación*.

Como todas las películas de Milos Forman, *Juventud sin esperanza* combina hábilmente escenas hilarantes con escenas dolorosas, y como siempre, el director se deja fascinar por la belleza sencilla de los rostros normales. Una por una, aparecen en pantalla mujeres jóvenes llenas de candidez, entre ellas las entonces desconocidas Carly Simon y Kathy Bates, que salpican esta historia episódica con interpretaciones llenas de entusiasmo.

La canción más memorable es «Ode to a Screw», que contiene versos tan liberadores como «puedes acostarte con la luna, con junio y con el mar, pero antes de acostarte con ellos tienes que acostarte conmigo».

En enero de 2005, *Juventud sin esperanza* se estrenó por fin en Praga, treinta y cinco años después de haberse rodado. «Quería hacerla de la misma manera en que hacíamos las películas en Checoslovaquia», dijo Forman en la presentación. «Miramos a nuestro alrededor, vemos lo que está pasando y componemos una historia con ese material». Misteriosamente, *Juventud sin esperanza* todavía no se ha editado en DVD, lo cual sirve para cimentar su estatus legendario.

David Stratton

Fecha 1971

Nacionalidad Estados Unidos

Director Milos Forman

Reparto Mary Mitchell

Título original *Taking Off*

Por qué es clave El primer filme estadounidense de Forman ofrece una mirada fresca sobre el esfuerzo de la clase media de las zonas residenciales de una ciudad por entender un movimiento juvenil.

Escena clave **La fotografía final y más misteriosa del fotógrafo** *Nostalgia*

A primera vista, este cortometraje de 36 minutos parece una modesta película autobiográfica. En la pantalla, aparecen doce fotografías, cada una de ellas visibles durante unos tres minutos. En la banda sonora escuchamos a una persona que cuenta cómo, cuándo y en qué circunstancias se tomaron las fotos.

Sin embargo, pronto se notan algunas singularidades. Cada una de las fotografías se coloca en una parrilla que está sobre unas brasas, cuyo calor hace que la foto se ennegrezca, se arrugue y se prenda en llamas. De un modo igualmente notable, las explicaciones de la voz en *off* no corresponden a las fotografías que vemos: el narrador siempre está hablando de la siguiente fotografía de la serie, que aún no hemos visto. Como paradoja final, los espectadores que estén familiarizados con el trabajo de Frampton se darán cuenta de que el narrador no es él, sino su amigo Michael Snow, otro gran director vanguardista.

Todas estas herramientas están al servicio del tema central de la película, que es la complejidad y lo evasivo de la memoria, así como la poca fiabilidad de los medios técnicos que usamos para preservar el pasado, siempre elusivo. Pensamos que las películas y las fotografías pueden ser depositarias de la verdad, nos dice Frampton, pero sus productos son, en realidad, frágiles e inseguros, tanto como las imágenes fugaces que perciben nuestros ojos.

En la última secuencia, el narrador describe una fotografía que contiene un detalle fortuito que le provocó miedo, pero, en vez de mostrarnos la foto, el filme de Frampton termina de forma repentina. Su mensaje está claro: no podemos atrapar el pasado, no podemos ver el futuro, y el presente se desliza hacia el vacío a la velocidad de veinticuatro fotogramas por segundo.
David Sterritt

Fecha 1971

Nacionalidad Estados Unidos

Director Hollis Frampton

Reparto Michael Snow

Por qué es clave La parte final de este enigmático filme arroja dudas sobre la verdad de la fotografía y las películas.

Escena clave **Aparición estelar del Pequeño Dragón** *Kárate a muerte en Bangkok*

En Estados Unidos, Bruce Lee había desarrollado el *Jet Kune Do* («el arte del puño que intercepta») combinando el *Wing Chun* chino, el *taekwondo* coreano y la lucha y el boxeo occidentales. Al volver a Hong Kong, donde había empezado a trabajar como actor de niño y adolescente, le dio un buen uso a su maestría. En la primera película que sirvió de escaparate para este arte marcial, la cualidad física carismática y alegre del Pequeño Dragón (el sobrenombre chino de Lee) ilumina cada uno de los fotogramas. Es un chico bueno, romántico, que puede dejarse llevar por el buen vino y las mujeres, cosa que le hace más adorable si cabe.

En su primera lucha, tarda sólo un minuto en deshacerse de nueve de los matones del señor Mi, que lo amenazan con cuchillos: dos patadas con el pie derecho para el primero, una sola patada para el segundo, una patada con cada pie para el tercero, un contraataque con el puño derecho para el cuarto... Lee produce energía girando, dándole la espalda a su contrincante, y después lanzándole una patada con la pierna hacia atrás o usando la otra pierna después de terminar el movimiento.

Y esto es sólo para empezar. Las peleas se hacen cada vez más letales hasta llegar al enfrentamiento final con el señor Mi (el maestro Han Yingjie, que también fue el coreógrafo de acción de la película), que había ordenado asesinar a los compañeros de la fábrica del protagonista. Lee se vuelve loco, se rasga la camiseta sobre el torso musculoso, mata a su enemigo, lo golpea repetidamente la cara y se desploma sobre su cuerpo. La leyenda había nacido... y todavía vive.
Bérénice Reynaud

Fecha 1971

Nacionalidad Hong Kong

Director Lo Wei

Reparto Bruce Lee, Han Yingjie

Título original *Tang shan da xiong*

Por qué es clave
Bruce Lee vuelve a Hong Kong después de pasar doce años en Estados Unidos y protagoniza el primer filme de artes marciales chino para llegar al público occidental.

Pág. anterior
Kárate a muerte en Bangkok.

Escena clave **La presentación de Cassavius** *Malpertuis*

El trabajo de Kümel presenta un catálogo de atmósferas y medios potentes, y en este sentido *Malpertuis* constituye su mejor organización de esos materiales. La mayor parte de la película se desarrolla dentro de la casa cuyo nombre da título al filme (la palabra *Malpertuis* es difícil de traducir; significa a la vez «casa del mal» y «guarida del zorro»), y en su finca. Hay, pues, una mezcla de encierro sofocante y grandeza artificial e inesperada.

Después de que el joven marino Jan (Carriére) sea forzado a embarcarse y vuelva a su decrépita y siniestra familia, se encuentra con el patriarca familiar, Cassavius (Welles), quien, cómodamente instalado en su habitación del piso superior, anuncia su presencia con bramidos y golpes en el suelo mientras pide comida a gritos. Los sirvientes responden con miedo y reverencia: «¡Tiene hambre otra vez!».

Cassavius aparece en una secuencia amplia. Su inmenso cuerpo está situado en el centro de una no menos grande cama roja con un dosel y cortinas que nos sugieren a la vez un trono y un escenario improvisado. Mientras Jan se queda boquiabierto, los sirvientes entran y depositan un festín a los pies de la cama antes de retirarse.

Cassavius es uno de los retratos típicos que hacía Welles, con una mezcla de autoridad amenazante y una psique enferma que es ideal para este personaje. Su situación, como fuerza impotente pero dominante, atrapado en el vientre de una enorme construcción cinematográfica, refleja a la perfección elementos de la biografía de Welles.

Sabia, decadente, sugerente, la escena revela algunos de los placeres estéticos que pueden encontrarse en obras que, a menudo y de un modo absurdo, se han difamado como «porquería europea».
Travis Miles

Fecha 1971

Nacionalidad Bélgica

Director Harry Kümel

Reparto Orson Welles, Mathieu Carrière, Susan Hampshire, Michel Bouquet

Por qué es clave Kümel, maestro de la atmósfera y del diseño simbólico, se supera a sí mismo con la presentación del imponente Cassavius, la figura de un dios en un decorado extravagante.

Diálogo clave **El monólogo de Sam el León junto al lago** *La última película*

La segunda película del crítico convertido en director Peter Bogdanovich, *La última película*, sobre la agonizante ciudad de Anarene, Texas, y ambientada alrededor de 1951, no sólo es un retrato de la vida rural antes de la era de la televisión, del servicio telefónico barato a larga distancia y del sistema de autopistas interestatales; es también una elegía de la narración sobria y los ritmos majestuosos del Hollywood anterior a la década de 1960, a los que Bogdanovich realiza un homenaje visual, con una fotografía monocroma y elegante, pese a que la franqueza sexual del guión vaya en dirección contraria.

Estos elementos convergen en uno de los mejores monólogos de la pantalla, que Sam el León (Johnson), el dueño del agonizante cine del pueblo, pronuncia en una escena en el lago de pesca de la zona, al que ha ido con Sonny (Bottoms). Sam cuenta cómo, décadas antes, tras la muerte de sus hijos y después de que su mujer enloqueciera, él se enamoró de una joven muy guapa con la que iba a menudo a aquel lago a nadar desnudos. Sonny le pregunta qué ocurrió con la chica, y Sam le dice que se casó y que, desde entonces, tuvo una vida infeliz. Sin embargo, confiesa que no tiene remordimientos: «Si estuviera aquí, probablemente me volvería tan loco por ella como lo estaba entonces en cinco minutos. ¿No es ridículo? No, en realidad no. Estar loco por una mujer como ésa es siempre lo mejor que se puede hacer». Como dijo el crítico Roger Ebert, parece que la escena se haya inspirado en el momento de *Ciudadano Kane* en que el contable Bernstein recuerda cómo vio a una mujer en el ferry de Staten Island durante un breve momento, y cómo todavía seguía pensando en ella años después: en palabras de Ebert, «un faro de lo que habría podido ser».
Matt Zoller Seitz

Fecha 1971

Nacionalidad Estados Unidos

Director Peter Bogdanovich

Reparto Ben Johnson, Timothy Bottoms

Título original *The Last Picture Show*

Por qué es clave El ambiente de elegía y la franqueza sexual del filme de Bogdanovich convergen a la perfección en este monólogo.

Pág. siguiente *La última película*.

9

Acontecimiento clave **El sistema de reducción de ruido de fondo Dolby**

En 1966, los laboratorios Dolby revolucionaron el mundo de la grabación al aplicar la tecnología de reducción de ruidos a las grabaciones de audio. Cinco años después, *La naranja mecánica*, de Stanley Kubrick, se convirtió en el primer filme que utilizó esta tecnología para editar la banda sonora. Hasta entonces, tanto los diseñadores de sonido de Hollywood como los sistemas de reproducción de las salas de cine resaltaban los sonidos de alta frecuencia para disimular el ruido de fondo y hacer que los diálogos resultaran inteligibles al máximo, lo que hacía que el sonido fuera siempre más rudimentario que la imagen.

El sistema de reducción de ruido Dolby supuso una liberación para los directores y sus diseñadores de sonido del formato mono.

Un director que supo aprovechar este nuevo sistema fue Robert Altman, gran aficionado a superponer diálogos, y que explotó la técnica hasta nuevos límites en *Ladrones como nosotros* (1974) y *Nashville* (1975).

Dolby le dio un nuevo impulso al diseño de sonido en 1975 con el sistema Dolby Stereo, que tomó el espacio de la cinta por lo general asignado al sonido mono y lo dividió en varios canales: izquierdo, central, derecho, y un cuarto canal para el sonido ambiente y los efectos especiales. En función de la sala, la banda sonora podía emitirse en cuatro canales para crear un efecto de sonido envolvente (*surround*), o bien por el tradicional canal único.

Cuando se combinó con la tecnología de grabación Dolby, el resultado fue la creación de un diseño de sonido denso, limpio, emocional, que se inició en 1977 con el estreno de *La guerra e las galaxias* y *Encuentros en la tercera fase*, y continuó hasta 1992, cuando se introdujo el sistema Dolby Digital, que permitía incorporar más matices al sonido.

Matt Zoller Seitz

Fecha 1971

Título original *A Clockwork Orange*

Por qué es clave Supuso en su momento toda una revolución en el diseño de sonido cinematográfico.

Pág. anterior *La naranja mecánica*.

Escena clave **El tinte del pelo mancha la cara del compositor** *Muerte en Venecia*

SPOILER

Un peluquero veneciano abre un frasco de tinte negro y comienza a extenderlo sobre el pelo del compositor Gustav Von Aschenbach (Bogarde). Después lo adula mientras le aplica carmín en los labios, maquillaje y pintura de ojos, al tiempo que le dice: «Usted es demasiado importante como para ser esclavo de las convenciones sobre la naturaleza y el artificio».

Sin embargo, este maquillaje no consigue otra cosa que avejentar todavía más al músico, que se encoge de azoramiento cuando se ve rodeado de extraños en un ascensor, o cuando los músicos ambulantes se agrupan burlonamente alrededor de su silla. Abrumado a causa de su reciente obsesión por el angélico Tadzio (Andresen), este idealista que resume las emociones sexuales en nociones cerebrales permanece encerrado en sí mismo, incapaz de hablar con el chico aunque lo siga por toda la ciudad, asolada por una plaga de cólera.

Al final, casi al borde del colapso, se sienta en una tumbona de la playa desde la que, entre la desesperación y el deleite, presencia el erotismo visual de Tadzio peleándose con un joven italiano. De repente, el primer hilillo de tinte del pelo, negro como la muerte, comienza a resbalarle por la cara a Aschenbach desde debajo del sombrero, y se le extiende por la mejilla, como una señal de muerte.

Enigmáticamente, Tadzio señala hacia el horizonte rosado del mar y después mira hacia atrás, al hombre moribundo, que en ese trágico momento está solo mientras su tonta vanidad se disuelve. Al final Aschenbach muere, después de haber aceptado su cualidad de mortal y de haber renunciado a un deseo incontrolable. Los trabajadores de la playa se llevan su cuerpo en una larga y despiadada secuencia elegíaca.

Robert Keser

Fecha 1971

Nacionalidad Italia/Francia

Director Luchino Visconti

Reparto Dirk Bogarde, Bjorn Andresen

Título original *Morte a Venezia*

Por qué es clave Visualiza el momento en el que el artificio fracasa y ya no se puede negar más la mortalidad.

SPOILER

Diálogo clave **«No good»** *Carretera asfaltada en dos direcciones*

Si me preguntaran cuál me parece el mejor diálogo de la historia del cine, me decantaría por la frase final de Laurie Bird en la película de Monte Hellman *Carretera asfaltada en dos direcciones* (escrita por Rudolph Wurlitzer). Es una frase que consiste en sólo dos palabras: «No good» («no está bien»). Obviamente, no es una gran frase literaria, pero al igual que «La vida es decepcionante» de Noriko en *Cuentos de Tokio* (1953), de Yasujiro Ozu, representa ese punto hacia el que ha estado avanzando el filme durante todo su desarrollo. La frase se pronuncia en una cafetería de carretera, donde el conductor (James Taylor), el mecánico (Dennis Wilson), y G.T.O. (Warren Oates) están intentando convencer de una manera bastante ambigua al personaje de Bird, al que sólo se conoce como «la chica», de que debería elegir por fin a uno de los tres en vez de continuar manteniendo relaciones sexuales con todos ellos (dilema al que también se enfrentan muchas heroínas de Jean Renoir.

Aunque consideran que han roto con la sociedad burguesa y todo lo que ésta representa, estos hombres son, de diferente manera, incapaces de comprometerse en una relación que no esté basada en los conceptos de propiedad y exclusividad sexual. En este contexto, la frase «No good» («no está bien») tiene la fuerza de una protesta radical contra la intolerable situación, un rechazo que no sólo se dirige a las convenciones de la vida de la clase media, sino a todas las suposiciones heredadas con las que está asociada. En contraste con los directores liberales para los que el patriarcado se puede redimir a través de unas cuantas reformas individuales, Hellman, como Jean-Luc Godard, sugiere que la única solución es descartar todo ese caos y comenzar desde cero.

Brad Stevens

Fecha 1971

Nacionalidad Estados Unidos

Director Monte Hellman

Reparto Laurie Bird, Warren Oates, James Taylor, Dennis Wilson

Título original *Two-Lane Blacktop*

Por qué es clave
Esta escena muestra cómo el mejor diálogo cinematográfico es aquel que funciona en armonía con otros elementos del filme en vez de destacar por sí solo.

Escena clave **El tema de *Shaft*** *Shaft*

«¿Quién es el detective privado negro que es una máquina del sexo con todas las nenas?» La era de la *blaxploitation* en el cine llegó de verdad con la primera secuencia de *Shaft*, cuando el tema de Isaac Hayes, que le hizo merecedor de un Óscar, comienza a repiquetear en la banda sonora y continúa durante varios minutos, y John Shaft (Richard Roundtree), ataviado con un abrigo de cuero marrón y un elegante traje, camina por Times Square como si Nueva York fuera suyo.

Es un símbolo del poder negro: retrata al tipo que no acepta tonterías de los blancos y que tampoco quiere que lo fastidien los hermanos negros. Es, también, un momento en el que se reinventa la clásica figura del detective en el cine negro. Como escribió Chandler: «Por esas calles miserables debe ir un hombre que no sea miserable, que no sea corrupto ni tenga miedo. Él es el héroe, lo es todo. Debe ser un hombre completo, un hombre común y aun así, un hombre poco corriente... Debe ser el mejor hombre del mundo, y un hombre lo suficientemente hombre para cualquier mundo».

Después de *Shaft*, llegó un desfile de tipos duros, matones y mujeres de rompe y rasga, vestidos y peinados de manera emblemática: el Priest de Ron O'Neal en *Superfly* (1972); Jim Brown en *Operación masacre* (1972); Fred Williamson en *El padrino de Harlem* (1973); Tamara Dobson en *Cleopatra Jones* (1973); Pam Grier en *Foxy Brown* (1974); Isaac Hayes en *Truck Turner* (1974); Roscoe Orman en *Willie Dynamite* (1974); Jim Kelly en *Black Belt Jones* (1974); Jeannie Bell en *T.N.T. Jackson* (1975); Rudy Ray Moore en *Dolemite* (1975) e, incluso, William Marshall en *Blacula* (1972).

Kim Newman

Fecha 1971

Nacionalidad Estados Unidos

Director Gordon Parks

Reparto Richard Roundtree

Por qué es clave
Por fin, el público negro tenía a sus propios Bogart, Cagney o Alan Ladd.

Pág. siguiente *Shaft*.

Escena clave **El espadachín ofrece a su novia la manga** *La furia del tigre amarillo*

Se ha escrito mucho acerca del vínculo emocional masculino que existe entre los personajes de Chang Cheh. Aunque puede que persigan (o sean perseguidos por) el interés amoroso de una mujer, la amistad masculina suele permanecer como la principal fuente de motivación, no sólo para emprender acciones físicas contra un enemigo, sino también para alzarse moralmente ante una desgracia, superar un daño emocional o liberarse de un castigo extremo a sí mismos.

Creo que la película en la que mejor se muestra este particular tratamiento de la amistad masculina es *La furia del tigre amarillo*. El espadachín protagonista (Chiang), que ha sufrido la amputación de un brazo, le ofrece su única mano a su amigo (Ti Lung) y la manga suelta a su novia (Li Ching) en el transcurso de un momento feliz. Es una escena que puede provocar risa, o no, pero en cualquier caso describe a la perfección el distinto peso que tienen esas relaciones en el desarrollo del personaje principal: mientras la mujer no puede llegar al alma del protagonista de un solo brazo después de su mutilación, el amigo se las arregla rápidamente para devolverle su confianza y una razón para vivir. Además, es para vengar el brutal asesinato de su amigo por lo que, al final, el espadachín se enfrenta con una sola mano a un ejército entero de guerreros enemigos.
Fernando Martín Peña

Fecha 1971

Nacionalidad Hong Kong

Director Chang Cheh

Reparto David Chiang, Ti Lung, Li Ching

Título original *Shin du bei dao*

Por qué es clave Revela mucho sobre los diferentes lugares que ocupan las relaciones entre hombres y mujeres en los filmes de Chang Cheh.

Escena clave **Persiguiendo el tren** *The French Connection, contra el imperio de la droga*

La increíble secuencia de persecución de *Bullitt* (1968), de Peter Yates, se vio eclipsada por la persecución urbana de la película de William Friedkin *The French Connection, contra el imperio de la droga*. Abundan las historias sobre la construcción de esta angustiosa secuencia, en la que el duro detective Jimmy «Popeye» Doyle (Hackman) requisa el coche a un conductor para perseguir el metro elevado en el cual va el sicario Pierre (Bozzuffi).

Esta escena se filmó fuera del orden cronológico durante cerca de cinco semanas y casi por completo en la línea de metro de Stillwell Avenue, en Brooklyn, y fue necesario cortar en muchas ocasiones las calles para lograr la ilusión convincente de que hombre y máquina estaban fuera de control.

Friedkin editó la escena al ritmo de «Black Magic Woman», de Carlos Santana, que aumenta el efecto percusor de los choques por todo el camino. La estrella verdadera de esta secuencia es el especialista Bill Hickman, que condujo el coche negro al que perseguía Steve McQueen en *Bullitt*, y que era buen amigo de James Dean (de hecho, fue la primera persona que llegó al escenario del accidente en el que murió). Para conocer algo más del trabajo de Hickman hay que ver *The Seven-Ups* (1973), filmada en gran parte para sacar provecho del éxito de *The French Connection, contra el imperio de la droga*.

Hackman, que aceptó el papel después de que lo hubieran rechazado McQueen, Jackie Gleason, James Caan, Peter Boyle e incluso el columnista Jimmy Breslin, ganó el Óscar al Mejor Actor, y la película se convirtió en la primera que, con la clasificación de «Menores de trece años deben ir acompañados», ganaba el premio de la Academia a la Mejor Película. Aunque puede ser primitiva para los estándares (algo deshonestos) de CGI, aún son evidentes el esfuerzo que se invirtió en esta secuencia tan peligrosa y tan influyente.
David Stratton

Fecha 1971

Nacionalidad Estados Unidos

Director William Friedkin

Reparto Gene Hackman, Marcel Bozzuffi, Bill Hickman

Título original *The French Connection*

Por qué es clave
Es una famosa secuencia de acción de una película policíaca emocionante que, contra todo pronóstico, ganó el Óscar a la Mejor Película.

Pág. anterior
The French Connection, contra el imperio de la droga

Película clave *Wanda* Al este de Palookaville

Siempre se la menciona como la esposa de Elia Kazan que dio vida a la hermana salvaje en *Esplendor en la hierba*, pero lo cierto es que Barbara Loden debería ser recordada como la directora de *Wanda*. Este filme deprimente sigue a una mujer de clase baja llamada Wanda Goransky (Loden) por una serie de encuentros entumecedores en bares estrechos, en hoteles donde el lavabo está junto a la cama y en restaurantes nocturnos en los que la gente come espaguetis mientras fuma. La película hace daño. Su dureza lenta, pesada, reduce la vida de sus personajes a conseguir dinero y comer. Rodada por un cámara de documentales en 16 mm en las minas de carbón de Pensilvania y en Waterby, Connecticut, tiene la brutal intensidad de *Harlan Country U.S.A*.

La protagonista está desubicada. Pierde a su familia en el proceso judicial del divorcio y no es capaz de conservar un trabajo. Después de que le roben en un cine, entra a un bar durante un atraco y se marcha con el ladrón, un tal señor Dennis (Higgins), que la llama estúpida y le abofetea la cara.

Absorbidos por las personalidades rotas a las que están interpretando, no parece que Loden y Higgins estén actuando más que los actores no profesionales que representan los otros papeles del filme. Wanda le dice al señor Dennis que ella nunca ha tenido nada y que no lo tendrá. «No tienes nada, no eres nada», le explica él. «Ni siquiera eres ciudadana de Estados Unidos.»

Entonces, se sube al techo de su coche con una botella de *bourbon* e intenta golpear unos aeroplanos controlados por radio, como si fuera King Kong. Loden despoja de todo el *glamour* su plan para robar un banco con una serie de incidentes patéticos, y le niega a su heroína un final de película.

A. S. Hamrah

Fecha 1971

Nacionalidad Estados Unidos

Director Barbara Loden

Reparto Barbara Loden, Michael Higgins

Por qué es clave
La primera gran película de Loden no debería haber sido la última que rodó.

Escena clave **«¿Disparé las seis balas o sólo cinco?»** *Harry el sucio*

Cuando colaboraron en *Harry el sucio*, en 1971, el director Siegel y la estrella Clint Eastwood ya habían empezado su revisionismo de las películas policíacas con *La jungla humana* (1968). De hecho, fue Eastwood quien insistió en que Siegel fuera el director que llevara a la pantalla un guión que había pasado por cinco revisiones y dos actores potenciales para el papel protagonista, Paul Newman y Frank Sinatra.

Si Coogan es un policía de pueblo, amable pero astuto, que está aprendiendo cómo funcionan las cosas en la ciudad, el inspector Harry Callahan es alguien muy diferente, un policía decidido que no tiene reparos en transgredir las normas si se interponen en el camino de la justicia. Antes de comenzar la persecución de un asesino loco llamado Scorpio, Callahan entra en la cafetería en la que acostumbra a comer.

–¿La comida de siempre o la cena de siempre? –le pregunta el camarero, el señor Jaffe (interpretado por el veterano actor Woodrow Parfrey, habitual en las películas de Siegel e Eastwood).

–¿Y qué diferencia hay? –pregunta a su vez Harry, resumiendo a la perfección el estilo de vida hastiado del personaje.

Cuando el atraco del banco de enfrente interrumpe su cena, un perrito caliente, Harry murmura: «Oh, mierda», saca su Magnum 44 y se enfrenta con el criminal no identificado y herido (Albert Popwell, que siguió interpretando papeles secundarios en las tres películas siguientes de la serie), a quien provoca dándole una última oportunidad de agarrar su arma.

Esta forma de impartir justicia en un escenario urbano tuvo gran aceptación en la Norteamérica de 1971. Aunque Pauline Kael lo denominara «un clásico fascista», lo cierto es que se convirtió en un éxito de masas. Las películas de policías ya no volverían a ser lo mismo.

David Stratton

Fecha 1971

Nacionalidad Estados Unidos

Director Don Siegel

Reparto Clint Eastwood, Woodrow Parfrey, Albert Popwell

Título original *Dirty Harry*

Por qué es clave
Es la escena más famosa de un filme que se convirtió en plantilla para todas las películas modernas de policías conflictivos.

Pág. siguiente *Harry el sucio*.

CALIFORNIA

Escena clave **La primera danza de la cortesana** *Pakeezah*

Shahabuddin (Ashok Kumar), un hombre perteneciente a la clase alta, se entera de que tuvo una hija con una cortesana que murió hace diecisiete años, y acude a la zona de prostitución a conocer a la hermana de la mujer. La tía, que ha criado a su sobrina, primero le reprocha que abandorara a su hermana y después le dice que, como su sobrina, Sahibjan (Kumari), ya se ha arreglado para la *mujra*, una danza, por lo general puede volver a llevársela al día siguiente.

La topografía de la *kotha* (lugar de residencia y actuaciones) donde viven Sahibjan y su tía es única. La calle, llena de hombres anónimos que van de un sitio a otro, aparece en un gran número de películas, pero pocos directores son capaces de hacer de esa calle un personaje. En *Pakeezah* no sólo tiene música, baile y muchos hombres que buscan placer: Amrohi crea un conjunto suntuoso y complejo de edificios de varios pisos donde por todas partes pueden verse chicas bailando, en un perfecto complemento visual a las diferentes canciones que se oyen.

La *kothi* (mansión) de la tía de Sahibjan está al principio de la calle, y desde allí se domina toda la vía. La canción «Ihni logon ne» («Esta misma gente») se interpreta aquí, en un portal abierto, con toda la calle del placer extendiéndose en un segundo plano. La exquisita puesta en escena del CinemaScope presenta a Sahibjan bailando en primer plano y tentando a sus clientes, junto a su preocupada tía, que está ideando la manera de escapar de Shahabuddin.

El punto central que ocupa la figura de Sahibjan se ve, paradójicamente, descentralizado por las varias danzas en los diversos niveles que hay por toda la calle.

Rashmi Doraiswamy

Fecha 1971

Nacionalidad India

Director Kamal Amrohi

Reparto Ashok Kumar, Meena Kumari, Raj Kumar

Por qué es clave La topografía de la calle de la prostitución está diseñada de un modo brillante en esta escena.

Escena clave **Sellado con un beso** *Intimate Confessions of a Chinese Courtesan*

SPOILER

Lo que más llama la atención en *Intimate Confessions of a Chinese Courtesan* es el júbilo que experimentan dos mujeres jóvenes que actúan juntas y son compañeras en el crimen, en el amor y en el odio, todo a expensas de los hombres que se convierten en sus víctimas.

Ambas nacidas en Taiwán, Lili Ho y Betty Pei Ti firmaron un contrato con el prestigioso Shaw Brothers Studio de Hong Kong y, sin mayor esfuerzo, alcanzaron el estatus de diosas de la pantalla. Hacer de las dos las protagonistas de una película de artes marciales y porno suave fue todo un acierto.

En este filme, Ai Nu (Ho) es apresada, llevada a un burdel y sometida por la madama lesbiana Chun (Pei Ti). Ésta, que disfruta lamiendo la sangre de sus víctimas y dando latigazos sobre la suave piel de sus esclavas, se enamora locamente de la chica (después de un poco de violación lésbica que no se muestra en la pantalla). Ai Nu le sigue el juego y a nosotros se nos regalan unas sugerentes tomas de las bellezas juntas en la cama, o mientras se entrenan en la lucha del kung fu la una contra la otra, coqueteando y forcejeando, así como mientras seducen a sus clientes. Ai Un se convierte en una maestra en el arte de jugar con los hombres y en conseguir que supliquen, lo que le sirve de gran ayuda cuando el joven jefe de policía intenta detenerla, sin demasiado convencimiento, por una serie de asesinatos.

Ai Nu no quiere otra cosa que la destrucción total del burdel. «Nunca te he querido», le confiesa a Chun al final de la carnicería, antes de cortarle el brazo. A Chun sólo le queda un arma, su boca suave y seductora. El sexo entre mujeres nunca había sido tan sensual y perverso. Eh, ¡era la primera vez!

Bérénice Reynaud

Fecha 1971

Nacionalidad Hong Kong

Director Chor Yuen (Chu Yuan)

Reparto Lily Ho, Betty Pei Ti

Título original *Ai Nu*

Por qué es clave Un experimentado director de películas de artes marciales ofrece las primeras imágenes de erotismo entre mujeres en el cine chino.

Acontecimiento clave
Buñuel conoce a Hitchcock

La historia del arte está llena de especulaciones sobre qué pintores se conocieron cuando estaban en la misma zona en el mismo momento. Sin embargo, la historia del cine no tiene necesidad de inventar el encuentro entre Alfred Hitchcock y Luis Buñuel: ocurrió en una cena en Hollywood, a primeros de la década de 1970. Los críticos han estudiado las extrañas afinidades entre estos dos artistas: ambos trataban estados mórbidos de obsesión, por lo general, ambos estaban influidos por el legado del surrealismo, y ambos habían colaborado con Salvador Dalí. Buñuel conocía bien el trabajo de Hitchcock, y resultó que éste también conocía bien el de Buñuel, no sólo porque había frecuentado los cineclubs de Londres en su juventud, sino también porque hubo un período en el que comenzó a encontrar inspiración en el cine europeo de la década de 1960.

Sin embargo, fue durante este encuentro cuando se reveló la más profunda similitud entre ambos directores. Acababa de aparecer *Tristana*, (1970), de Buñuel, un historia fría y despiadada de inocencia traicionada y venganza. Durante el filme, la joven, interpretada por Catherine Deneuve, sufre la amputación de una pierna; en cierto momento, la cámara la enfoca mientras toca el piano y se aleja de ella para encuadrar la vista de su pierna ortopédica, que en ese instante no lleva puesta. Éste era el detalle específico que le encantaba a Hitchcock; de hecho, murmuró con embeleso, una y otra vez: «Ah, esa pierna, ¡esa pierna!». Para estos dos grandes autores, esa pierna simbolizaba el fetichismo elevado al más puro arte.

Adrian Martin

Fecha 1972

Por qué es clave
El encuentro entre estos dos grandes directores puso de manifiesto lo mucho que tenían en común.

1970–1979

Película clave *Out 1: Spectre*
Balanceando la torre Eiffel

La original *Out 1* (1971), una serie cómica de televisión, duraba casi 13 horas. Los actores inventaron sus propios personajes e improvisaron los diálogos. La historia deliberadamente artificial de Rivette se centra en la idea de dos excéntricos solitarios que están en París y que nunca se encuentran: un marginado que finge ser sordomudo (Léaud como Colin) y una estafadora en busca de dinero (Berto como Frédérique). Ambos se topan con pruebas de la existencia de una organización secreta integrada por trece individuos que quieren hacerse con el control de la sociedad, una idea extraída de las novelas de Balzac. Parece que esta organización nunca pasó de ser una utopía, una idea anterior a 1968 de trece amigos que nunca llegó a cuajar. Sin embargo, para Colin su existencia es un rompecabezas que debe resolver y para Frédérique es una ocasión perfecta para chantajear.

Después de que la televisión francesa rechazara esta serie, Rivette pasó un año editándola hasta reducirla a una película de 255 minutos, en que se cuenta más o menos el mismo argumento pero de un modo mucho más inquietante, enigmático y paranoico al cambiar el significado y la resonancia de muchas tomas. Los esfuerzos de Colin por conseguir un recuerdo de la torre Eiffel que poder balancear trece veces, un gag menor que en el original estaba a mitad del metraje y que parodia sus esfuerzos maníacos por imponer un significado donde no lo hay, de convertir el azar en destino, se convierte en la secuencia final.

Hoy en día es una metáfora irónica de la frustración del espectador al intentar entender *Out 1: Spectre*. Después de repetidos esfuerzos, Colin concluye dirigiéndose a Rivette y al espectador: «No funciona». El acto físico se hace metafísico.

Jonathan Rosenbaum

Fecha 1972

Nacionalidad Francia

Director Jacques Rivette

Reparto Jean-Pierre Léaud, Juliet Berto, Michel Lonsdale, Bulle Ogier, Michèle Moretti, Bernadette Lafont

Por qué es clave
La última toma de este largo filme, en forma de rompecabezas ofrece una metáfora irónica de la experiencia de verlo.

Marlon Brando
Last Tango in Paris
X
A Film by BERNARDO BERTOLUCCI
with MARIA SCHNEIDER · MARIA MICHI · GIOVANNA GALLETTI and with JEAN-PIERRE LEAUD also starring MASSIMO GIROTTI
Produced by ALBERTO GRIMALDI Directed by BERNARDO BERTOLUCCI A COPRODUCTION PEA PRODUZIONI EUROPEE ASSOCIATE S.A.S. - ROME LES PRODUCTIONS ARTISTES ASSOCIES S.A. - PARIS
United Artists
Original Motion Picture Soundtrack Available on United Artists Records and Tapes

Escena clave **La invitación y la liberación de la tentación** *El amor después del mediodía*

SPOILER

Muy pronto, en *El amor después del mediodía*, sabemos que Frédéric (Verley), un agradable si bien ansioso padre de familia, puede sucumbir a la seducción de una vendedora atractiva y comprarse una camisa. ¿Puede también sucumbir a la seducción de algo más serio, como una aventura extramarital con la provocativa y divorciada Chloé (Zouzou)? En esa pregunta radica el suspense, que recuerda a Alfred Hitchcock, del último de los «Seis cuentos morales» de Eric Rohmer.

El desenlace de este drama tan sofisticado como absorbente nos muestra a Chloé pidiéndole a Frédéric que le seque con una toalla el cuerpo mojado, cosa que él hace en una secuencia elegante y muy erótica, en la que vemos su rostro por detrás de ella. Listo para rendirse ante su deseo, comienza a quitarse el jersey de cuello alto, pero se ve la cara en el espejo y recuerda un momento con su familia, su esposa (Francoise Verley), su hija y su hijo recién nacido, y resiste a la tentación. Acto seguido, sale corriendo hasta la escalera en una toma cenital magistral, mientras el sonido de sus zapatos expresa el pánico y la liberación al mismo tiempo, en lo que constituye todo un homenaje a *Vértigo* (1958).

Éste es el momento en que el suspense cinematográfico tiene menos que ver con los géneros y la situación que con la forma y el estilo de abordar un filme, y con la tensión y la liberación. Pues liberación es el hecho de que Frédéric vuelva con su mujer, así como esta escena final de una sola toma en la que la ironía de Rohmer está impregnada de una profunda melancolía.

Blake Lucas

Fecha 1972

Nacionalidad Francia

Director Eric Rohmer

Reparto Bernard Verley, Zouzou

Título original *L'amour, l'après-midi*

Por qué es clave Eric Rohmer nos obsequia con un perfecto ejemplo de suspense a lo Hitchcock al mismo tiempo que crea los contornos irónicos y melancólicos de su propio mundo con una sofisticación y una elegancia especiales.

Escena clave **Dos extraños se encuentran** *El último tango en París*

Destrozado por el suicidio de su esposa francesa, un hombre de negocios estadounidense de mediana edad (Brando, en la cima de su carrera) vaga por París, tan ajeno a lo que ocurre a su alrededor que apenas puede actuar.

Después de cruzarse al azar con una joven muy atractiva, Jeanne (Schneider), la sigue hasta un apartamento vacío que ella va a ver para vivir allí con su futuro marido, un director de cine que está absorto en sí mismo (Jean-Pierre Léaud). Paul y Jeanne formarán un fuerte vínculo basado en el sexo anónimo: por insistencia de él, ni siquiera se dicen sus nombres de pila. Como señaló Roger Ebert con gran acierto, la intimidad física se convierte en «una fuerza elemental..., un medio de intercambio» entre Paul, que está emocionalmente destrozado, y la curiosa y dócil Jeanne.

Es durante su primer encuentro cuando Bertolucci establece ese estado de ánimo misterioso, de inquietud: mientras los futuros amantes recorren el piso, la cámara de Vittorio Storaro va desde ellos a objetos que no guardan relación entre sí, con una curiosidad por su entorno que los personajes principales no sienten. Su primera y apasionada relación sexual ha sido considerada una violación; definirla así parece excesivo, pero no puede negarse la fuerza física y la necesidad mutua de los amantes.

En películas posteriores, en las que el sexo es una parte crucial del argumento, como *Nine Songs* (2004), de Michael Winterbottom, y *Shortbus* (2006), de John Cameron Mitchell, existe una clara deuda con *El último tango en París*, la primera película de masas que identificó la intimidad física con la comunicación humana.

David Stratton

Fecha 1972

Nacionalidad Italia/Francia

Director Bernardo Bertolucci

Reparto Marlon Brando, Maria Schneider

Títulos originales: *Ultimo tango a Parigi*; *Le dernier tango à Paris*

Por qué es clave
Es un momento destacado de un tratado sobre la soledad, la desesperación, el sexo y la necesidad.

Pág. anterior
El último tango en París.

Escena clave **Divine come caca de perro** *Pink Flamingos*

SPOILER

¿Por qué todo el mundo se acuerda de este momento escatológico? En los 107 minutos que dura *Pink Flamingos*, vemos una felación entre madre e hijo, una inseminación con una perilla para mojar el pavo con caldo durante el asado, un hombre que se pasa las piernas por encima de la cabeza para enseñarnos cómo abre y cierra el ano al ritmo de la música, dos personas manteniendo relaciones sexuales con un pollo decapitado apretujado entre ellos, una chica muy guapa que de repente menea su pene ante la cámara, dos personas casadas que se provocan el orgasmo la una a la otra chupándose los dedos de los pies, un acto de canibalismo simulado, una castración y un incendio provocado. La única «depravación» que se ha difundido con el tiempo es la adopción de un niño por parte de una pareja de lesbianas.

Sin embargo, nada está a la altura del grotesco y *glamouroso* Babs Johnson (Divine) aposentando su mole en una acera, junto a un perro que está agachado, para después de un momento de vacilación, meterse la masa infame en la boca, alternando náuseas involuntarias y sonrisas mientras come.

Aunque el género *gross-out* que innovó Waters descartaría finalmente la sensibilidad homosexual de autor (piénsese en un melodrama de Douglas Sirk vía Buñuel y óxido nitroso) en favor de la implacable heterosexualidad de *Desmadre a la americana* (1978) o *Porky's* (1982), no habría semen en lugar de gomina en *Algo pasa con Mary* (1998) ni veríamos la violación de una tarta en *American Pie* (1999) sin Divine y sus papilas gustativas de hierro forjado. El estridente narrador del filme, Mister J., incluso provoca a los fututos competidores: «¿La gente más sucia del mundo? Bueno, ¿creéis de verdad que conocéis a alguien más sucio?».

Violet Glaze

Fecha 1972

Nacionalidad Estados Unidos

Director John Waters

Reparto Divine

Por qué es clave
John Waters inventa el género *gross-out*.

Escena clave **Todos a una** *Minimata, las víctimas y su mundo*

Noriaki Tsuchimoto, licenciado en una escuela de derecho y activista estudiantil, comenzó a trabajar en una película con una clara visión sociopolítica del papel que los medios de comunicación debían representar a la hora de conseguir un cambio efectivo. Tsuchimoto es bien conocido por el trabajo en el que documenta los efectos del envenenamiento por mercurio que sufre la comunidad de pescadores de Minamata, en la la isla japonesa de Kyushu, y ha rodado, al menos, quince filmes en esa comunidad durante varias décadas.

Minamata, las víctimas y su mundo es un trabajo perturbador, pero vital. El filme, decidido a mostrar (a menudo de una forma lírica) la vida cotidiana de la gente que ha sido dañada por el contacto con los residuos industriales, se niega a pasar por alto la banalidad y tranquilidad de su existencia, pero también muestra su radicalización gradual.

El envenenamiento por mercurio de Minamata fue provocado por la negligencia de Chisso Corporation, que estaba produciendo acetaldehído en una fábrica local y vertiendo mercurio, el residuo del proceso. Para conseguir una compensación por el perjuicio, muchas de las víctimas de Minamata y sus familias compraron acciones de la corporación, con el fin de participar en las juntas de accionistas anuales.

El inevitable enfrentamiento es un evento extraordinario, angustioso de ver. Mientras las víctimas ruegan una respuesta de algún tipo a su situación, los implacables representantes de la fábrica prosiguen con sus negocios, ignorando la muerte que ellos mismos han causado directamente. Al verlo, el espectador siente la tristeza y la indignación de un grupo de personas no sólo ante la irresponsabilidad de la empresa, sino ante un asesino sin rostro, sin criterio.

Travis Miles

Fecha 1972

Nacionalidad Japón

Director Noriaki Tsuchimoto

Título original *Minamata: Kanja-san to sono sekai*

Por qué es clave
Un acto de redención política y emocional, este documental sobre una protesta encarna la idea del activismo en el cine.

Película clave ***River Yar*** Los equinoccios de primavera y otoño se sincronizan

Los directores concibieron este trabajo de 35 minutos de duración como un intento de fundir las bases tecnológicas del cine con las vastas fuerzas que dominan el mundo natural, en este caso, la inclinación de la tierra hacia el Sol y en dirección contraria al mismo.

Para mostrar este fenómeno, Welsby y Raban decidieron representar en la pantalla la duración variable de la luz diurna en las semanas que preceden y siguen a los equinoccios de primavera y otoño. e eligió un lugar situado en un estuario con régimen de mareas, de modo que la subida y la bajada del agua también demostrara el paso del tiempo y el efecto de la Luna. La cámara permanecía inmóvil, y un fotograma de la película se exponía cada minuto durante todo el día y toda la noche, durante dos períodos de seis semanas, tres semanas antes y tres semanas después de cada equinoccio. Se grabó el sonido salvaje en incrementos durante todo el día.

El efecto del cortometraje es tremendo. Cada período de filmación se proyecta en una pantalla separada, una junto a la otra. A causa de los problemas técnicos, los directores no pudieron encontrar un lapso de tiempo adecuado para cada día, así que tomaron la inspirada decisión de comenzar el filme con un amanecer a tiempo real en la pantalla derecha, y concluirlo con una puesta de sol a tiempo real en la de la izquierda. El efecto binocular de ver los días pasar en un lado mientras el sol ilumina u oscurece de forma progresiva el paisaje en la otra es uno de los más singulares del cine no narrativo. En el punto medio de esta vertiginosa experiencia, la idea conceptual del filme queda clara cuando los días que pasan se sincronizan durante unos cuantos ciclos y pasa el equinoccio.

Travis Miles

Fecha 1972

Nacionalidad Reino Unido

Directores Chris Welsby y William Raban

Por qué es clave
El mundo natural rara vez se ha mostrado de un modo más inteligente y embelesador en una película que en este momento cumbre de la escuela de realización británica.

Escena clave **Ingravidez** *Solaris*

Solaris, de Tarkovsky, que en un principio la crítica interpretó como la respuesta soviética a *2001: Una odisea del espacio*, de Stanley Kubrick, es una película extrañamente dirigida hacia la Tierra y envuelta en el pasado para ser un filme de ciencia ficción que se desarrolla en otro planeta y en el futuro. De hecho, Tarkovsky no compartía la fascinación de Kubrick por la tecnología, ni tampoco su misantropía. Y, al contrario que Stanislaw Lem, que escribió el libro en el que se basa *Solaris*, no estaba tan preocupado por el enfrentamiento del ser humano con el cosmos como por la humanidad en sí.

Kris Kelvin (Banionis) ha sido enviado a averiguar qué ha ocurrido con la misión del planeta Solaris. Allí descubre que el océano de este planeta tiene el poder de hacer que los recuerdos más traumáticos de las personas cobren vida. Así, Kelvin se despierta un día y descubre que su esposa, Hari (Bondarchuk), que se suicidó años antes, está sentada a su lado, y le obliga a revivir su difícil relación.

Al principio, aborda la situación como si fuera un problema intelectual que ha de resolver. Él y sus colegas científicos, al menos los que no se han vuelto locos al obsesionarse con su pasado, mantienen una discusión en la biblioteca de la estación espacial sobre la naturaleza de la humanidad y el amor, rodeados de libros y de obras de arte del pasado. ¿Es humana Hari? ¿Es capaz de amar y de ser amada? De repente, en un momento de gran belleza, Kelvin y Hari comienzan a flotar por el aire, mientras un candelabro y unos libros flotan a su alrededor.

Es un momento de trascendencia que ilustra el poder que tienen el amor y el arte para llevarnos a otro nivel. Parece que sale de ningún sitio, y que nos transporta de la misma manera que pueden transportarnos una obra musical o una pintura.

Al Weisel

Fecha 1972

Nacionalidad U.R.S.S.

Director Andrei Tarkovsky

Reparto
Natalya Bondarchuk, Donatas Banionis

Por qué es clave
Tarkovsky pretendía demostrar que el cine es una forma artística tan importante como cualquier otro arte, un mensaje que esta escena transmite a la perfección.

Película clave
Dies irae

La historia de Petr Skala es una de las más asombrosas del cine. Desde finales de la década de 1960, en un momento de sofocamiento implacable de la libertad intelectual en Checoslovaquia, rodó varias películas experimentales en casa, sin apenas medios: tiras de película de 16 mm nuevas o ya expuestas, una lupa o un microscopio, herramientas rudimentarias de grabado como agujas o un set de manicura, los pocos tintes de colores que podía encontrar en las tiendas en aquellos días...

No era posible proyectar el resultado en público, de ahí que Skala nunca haya visto sus películas proyectadas en un cine. Su técnica convierte la película de celuloide en algo entre la escultura y el grabado, una superficie de plástico que se puede arañar, emborronar, quemar y tratar por los métodos más ingeniosos, con arena para lavar los platos, clara de huevo, líquido de encendedor de cigarrillos, acetona, azúcar y miel, mezclados con pegamentos y laca para el pelo, aplicados luego a la película y grabados con diminutas agujas. Un proceso éste que eleva los instrumentos quirúrgicos, como un escalpelo para operaciones oculares, a la categoría de equipo cinematográfico.

En el fondo, es como hacer arte a partir de las reliquias de un mundo postapocalíptico; de hecho, es producto de una visión que ha encontrado su forma en una sociedad donde la visión en sí misma era una palabra prohibida. Bajo un parecido superficial al trabajo de Stan Brakhage, *Dies irae* revela una estructura más compleja deudora de las matemáticas, la alquimia y la música. Es una miniatura de resplandor espiritual, un milagro de artesanía que alcanza el éxtasis visual, como el sol filtrándose a través del cristal de una iglesia imaginaria.

Paolo Cherchi Usai

Fecha 1972

Nacionalidad Checoslovaquia

Director Petr Skala

Por qué es clave Este filme sin presupuesto alcanza un poder metafísico.

Escena clave **La cena de langosta**
El rompecorazones

SPOILER

Esta escena en un restaurante comienza con la toma del dedo de un camarero que le da golpecitos a una langosta sobre una bandeja para demostrar que está viva antes de que la cuezan y la sirvan. Podría hacer lo mismo con la pareja que está a punto de comérsela, Lennie (Grodin) y Lila (Berlin), unos recién casados de Nueva York que están de luna de miel en Miami Beach. Lila no sabe que Lennie quiere dejarla por Kelly (Cybill Shepherd), una estudiante rubia a la que ha conocido en la playa mientras la flamante esposa se recuperaba de las quemaduras del sol en la habitación de su hotel. Lennie está decidido a confesarle de una vez por todas que su matrimonio está acabado, a terminar la comida con un pedazo de la famosa tarta de pacanas de Florida del restaurante y a marcharse a Minnesota a buscar a Kelly.

Quizá ésta sea la única escena de una comedia estadounidense que puede calificarse de «brutalmente divertida»: es como un puñetazo en el estómago. La humillación de Lila, por muy insoportable que sea, es peor todavía porque el espectador la ve como a una pesada cuyo abandono es inevitable, y por la ira fingida de Grodin hacia el camarero que le informa de que ya no queda tarta de pacanas. Es una comedia disparatada sin redención, una comedia de desamparados donde la desamparada es una idiota.

El mérito corresponde al guión de Neil Simon, basado en una novela de Bruce Jay Friedman, así como también a las brillantes interpretaciones de los actores, incluida la de Eddie Albert como padre de Kelly, un hombre que (en otra cena del filme) no se traga la charla de Lennie sobre que el filete no miente, las patatas son sinceras y la coliflor no engaña.

A. S. Hamrah

Fecha 1972

Nacionalidad Estados Unidos

Directora: Elaine May

Reparto Charles Grodin, Jeannie Berlin, Erik Lee Preminger

Título original *The Heartbreak Kid*

Por qué es clave May revela la masculinidad engañosa y la inconsciencia femenina mientras lleva la comedia romántica al límite.

Pág. siguiente *El rompecorazones*.

Escena clave **Té con leche envenenada** *El discreto encanto de la burguesía*

SPOILER

Estimulados por pequeñas molestias, los sueños y los recuerdos de los sirvientes invaden las vidas de los personajes de clase alta de Buñuel cada vez que se sientan a comer. Malditas anécdotas, relatadas por la gente que mantiene el orden en su mundo y que aumentan su inquietud.

Simone (Seyrig), su hermana Florence (Ogier) y su amiga Alice (Audran) van a tomar el té a una cafetería. Florence, molesta por la presencia de un chelista, le pide a Simone que le cambie de sitio para no tener que mirarlo. Cuando Alice se da cuenta de que un soldado (Robier) las está mirando, llega un camarero (Musson) y les dice que se ha terminado el té. Entonces, piden café con leche. El soldado se une a ellas y les cuenta una historia macabra, que el espectador ve en *flash-back:* de niño, sus padres muertos se le aparecieron y lo convencieron para que asesinara a su padrastro con leche envenenada. El camarero vuelve. En la cafetería también se han terminado el café y la leche.

Florence, que es soltera y según parece prefiere el alcohol al sexo, no puede soportar mirar el chelo. Alice, a quien hemos visto retozando entre los arbustos de su casa, es la primera que ve al soldado. Simone, que tiene que acudir a una cita, le permite que le sujete la puerta cuando sale. Sin embargo, la confesión del soldado les causa menos impresión que la noticia de que no hay té ni café. Protegidas por la alta costura y las sonrisas, estas mujeres imperturbables tienen la extraña habilidad de hacer caso omiso de lo poético.

A. S. Hamrah

Fecha 1972

Nacionalidad Francia

Director Luis Buñuel

Reparto Delphine Seyrig, Bulle Ogier, Stéphane Audran, Bernard Musson, Gerald Robard

Título original *Le charme discret de la bourgeoisie*

Por qué es clave Buñuel disecciona una clase social a través de la interacción entre la vida onírica y la vida cotidiana.

Escena clave **La cabeza del caballo en la cama** *El Padrino*

Jack Woltz (Marley), un productor de Hollywood, no quiere darle al cantante Johnny Fontane (Al Martino) un papel principal en una película bélica que va a rodarse. «Dile a tu jefe, sea quien sea», le dice al *consigliori* de don Corleone, Tom Hagen (Robert Duvall), «que ese cerdo de Johnny Fontane nunca trabajará conmigo y que yo no me bajo los pantalones por muchos italianos que vengan a hacerme la puñeta». Woltz se despierta en su cama con las sábanas de seda manchadas de sangre y descubre sobre el colchón la cabeza de su amado caballo de carreras, Khartoum. Como era fácil de imaginar, Johnny Fontane consigue el papel.

Aunque la situación está basada en la decisión del director de Columbia, Harry Cohn, de elegir a Frank Sinatra para *De aquí a la eternidad* (1953), la decapitación del caballo es una invención del escritor Mario Puzo, quizá inspirada por el momento en que Cagney y sus compinches entran en un establo con metralletas y liquidan al caballo que ha tirado al suelo al jefe de su banda y le ha causado la muerte en *El enemigo público* (1931).

Una cabeza de caballo verdadera, recién salida de una fábrica de comida para perros, hizo el papel del desafortunado Khartoum.

Kim Newman

Fecha 1972

Nacionalidad Estados Unidos

Director Francis Ford Coppola

Reparto John Marley

Título original *The Godfather*

Por qué es clave Eso es lo que se consigue al desafiar al Padrino.

Pág. siguiente *El Padrino.*

Escena clave **César le dice a David que Rosalie está embarazada** *Ella, yo y el otro*

Aunque en *Ella, yo y el otro* aparecen, fiel al estilo de Sautet, una multitud de personajes secundarios (hermanos, parientes, niños, amigos, compañeros de trabajo, a menudo reunidos cordialmente alrededor de una mesa), el eje del filme es la asombrosa interpretación que Yves Montad hace de César. Es tal vez su mejor papel, y sin duda uno de los más grandes de toda la cinematografía francesa.

La película es la historia de la evolución a menudo dolorosa y a veces cómica de un triángulo formado por César, un hombre de la clase trabajadora que ha hecho fortuna con los materiales de derribo, Rosalie (Romy Schneider), su amante (además es su traductora e intérprete con los clientes extranjeros), y David (Frey), un artista discreto, tranquilo, bastante pasivo, especializado en tiras cómicas, que una vez fue el amante de Rosalie y que ha vuelto a Francia después de pasar unos cuantos años en Estados Unidos.

César, que es muy inseguro bajo su fachada de hombría y que siempre está fanfarroneando, se da cuenta de que Rosalie todavía se siente atraída por David, y él por ella. Después de pasar una noche buscándola (ha visitado a David y a sus colegas en su taller), César, que previamente se había hecho amigo de David, se cita con él en un café y le dice que Rosalie está embarazada y que van a casarse en pocos días. En realidad, es una gran mentira, que muestra a César en su faceta más convincente aunque transparente, y señala el punto de inicio de una relación cada vez más compleja y ambigua entre los tres personajes, que parece que no pueden vivir juntos ni tampoco separados.

Jean-Pierre Coursodon

Fecha 1972

Nacionalidad Francia/Italia/Alemania

Director Claude Sautet

Reparto Yves Montand, Sami Frey

Título original *César et Rosalie*

Por qué es clave Es un punto central de la narración que revela aspectos fascinantes de un personaje complejo.

Escena clave **La mutilación** *Gritos y susurros*

La mutilación de Karin (Thulin) en esta película es una de las escenas de terror más memorables de la historia del cine. El personaje nos ha sido presentado como alguien muy fuerte, pero emocionalmente cerrado, cuyo único momento de calidez tiene lugar con su hermana María (Liv Ullmann) y termina con un doloroso rechazo.

Está casada con un hombre (Georg Arlin) que es incluso más frío que ella, así que parece lógico que Karin decida negarle su cuerpo además de su corazón. Y eso es justo lo que hace, mutilándose con un pedazo de cristal. Aunque sus motivaciones están totalmente claras, la escena llega de un modo inesperado y, ya que no parece que su acción tenga consecuencias, puede ser una horrible fantasía.

De todos modos, sólo interesa en tanto que medio para transmitir el daño que la protagonista está dispuesta a soportar para conseguir mantenerse fuera del alcance de los demás.

Para Bergman, ésta fue la primera escena violenta que filmó en la década de 1970, tendencia que llegó al punto álgido en *De la vida de las marionetas* (1980), y que decidió abandonar en sus filmes posteriores.

Fernando Martín Peña

Fecha 1972

Nacionalidad Suecia

Director Ingmar Bergman

Reparto Ingrid Thulin

Título original *Viskningar och rop*

Por qué es clave Este memorable momento de horror muestra lo lejos que puede llegar alguien para mantenerse libre.

Escena clave **El conquistador aislado en su balsa** *Aguirre o la cólera de Dios*

SPOILER

Aguirre (Kinski), el célebre explorador del siglo XVI, se separa de una expedición para dirigir un grupo por el curso del Amazonas, sediento de riquezas y poder. En su camino encuentra muchas adversidades, pero lo sacrificará todo, incluidas las vidas de sus hombres, con tal de alcanzar su objetivo, por muy imposible que éste sea.

Herzog comenzó su carrera en la República Federal de Alemania, en el atrevido movimiento *Neue Kino*, del que formaban parte Wim Wenders y Rainer Werner Fassbinder, entre otros. Aunque estos cineastas tenían diferentes metas y planes, todos querían volver a conectar el cine alemán con la realidad que había sido rechazada durante mucho tiempo. El método de Herzog había consistido en luchar contra la realidad diseñando unas imágenes visionarias, a menudo delirantes, que querían extrañar el mundo para poder comenzar a entenderlo de un modo radicalmente nuevo.

Aguirre o la cólera de Dios puede interpretarse como una alegoría del autoritarismo, con su héroe trastornado que simboliza a los Hitlers de todas las eras. Sin embargo, ver esta película desde una perspectiva totalmente intelectual supone infravalorar la riqueza sensorial que contiene su significado. Al final, Aguirre no representa, sino que encarna la demencia de los dirigentes que «representarían la historia como otros hombres representan obras de teatro», por citarlo en la última escena.

Allí está el conquistador de conquistadores, sobre una balsa anegada, rodeado de cadáveres, recitando todavía sus planes para logros futuros («y me casaré con mi propia hija...») mientras la cámara gira en torno a él sin ir a ninguna parte. Es la historia como pesadilla. Resulta casi un alivio cuando el filme nos libera y nos permite salir de nuevo a la luz del día.

David Sterritt

Fecha 1972

Nacionalidad República Federal de Alemania

Director Werner Herzog

Reparto Klaus Kinski

Título original *Aguirre, der Zorn Gottes*

Por qué es clave En su mejor filme con su estrella por antonomasia, Herzog nos brinda un ejemplo perfecto de su deseo de retratar el mundo como nunca se había visto ni imaginado.

Escena clave **«¡Estoy XXando!»** *The World of Geisha*

Aparece un subtítulo en la pantalla: «¡Estoy XXando!». Es una escena de pasión de la película de porno suave o filme rosa *The World of Geisha*, así que muchos espectadores sabrán lo que significan las equis.

Son significativas. El estudio Nikkatsu cambió su producción hacia las películas de *Roman porno* («porno romántico»), y varios de sus directores fueron arrestados y acusados de obscenidad en 1972. Durante este tenso momento, Kumashiro decidió, con audacia, adaptar una historia prohibida.

The World of Geisha hace comentarios sobre todo esto haciendo visible lo que suele permanecer invisible: la censura. No sólo se citan en la película famosos incidentes de la censura en la historia japonesa, como el hecho de que se borraran artículos de los periódicos sobre los levantamientos del arroz en 1919, sino que también se censura a sí misma de un modo que solo puede hacer que el espectador sea consciente de lo que es el abuso de poder. Hay grandes rectángulos negros que invaden la pantalla y ocultan las partes picantes, y las equis cubren los diálogos obscenos, usando exactamente las mismas técnicas que se empleaban en la época fascista en Japón.

El hecho de que esta batalla contra la censura se entremezcle maravillosamente con la batalla de sexos de la historia y tenga éxito a la hora de reflejarse en el cine dentro de una historia de expresión política es un ejemplo del genio de Kumashiro, pero también representa lo importante que han sido las «películas rosa» para la historia del cine en Japón, no sólo como campo de entrenamiento para grandes directores de las décadas de 1980 y 1990, como Masayuki Suo, que rodó *Shall we dance?* (1996), y Kiyoshi Kurosawa, que rodó *Cure* (1997), sino también como medio para repensar el cine y la política en Japón después de 1960.

Aaron Gerow

Fecha 1973

Nacionalidad Japón

Director Tatsumi Kumashiro

Reparto Junko Miyashita

Título original *Yojohan fusuma no urabari*

Por qué es clave Esta frase simboliza la lucha política del cine rosa contra la censura.

Escena clave **Garret dispara a su reflejo** *Pat Garrett y Billy the Kid*

La historia en cuestión es una de las más contadas en la historia del cine: Pat Garrett, en su papel de *sheriff*, dispara y mata a Billy the Kid, que se ha convertido en un forajido. Sin embargo, lo que hay en esta historia es más que ese acontecimiento tan conocido, y cristaliza en la película de Peckinpah cuando Garrett (Coburn) dispara a Billy (Kristofferson), y después ve su propio reflejo en un espejo y le dispara también.

Esa acción concisa tiene un efecto hiriente: Billy sonríe al reencontrarse con su viejo amigo, justo antes de que Pat, con el semblante sombrío, dispare. Éste entonces ve su reflejo, dispara y oímos el sonido del cristal que se hace añicos y, mientras Billy queda muerto en el suelo, Pat mira hacia el espejo roto con remordimientos.

La mortalidad que se impone como el alma de la historia es la de Pat, cuya muerte violenta, años más tarde, proporciona el marco de la acción, y convierte esa acción en todo un ejercicio de meditación. Así, en un acto de modernismo en el espíritu del *western*, un círculo construido en alteraciones medidas de violencia y reflejo lleva a un momento culminante en el que la conciencia filosófica de uno mismo resuena como un tiro. El drama es el de la conciencia de Pat, expresada por una introspección maravillosamente proyectada por un actor que suele tenerse por extrovertido.

Porque la mortalidad, vista como en un espejo, refleja las complejidades de las relaciones y las emociones que pueden fluir a través de ellas, oscureciéndose y cambiando a medida que la vida discurre. De ese modo, sus traiciones se convierten en traiciones a uno mismo, y lo que es verdadero permanece igual mientras es destruido.

Blake Lucas

Fecha 1973

Nacionalidad Estados Unidos

Director Sam Peckinpah

Reparto James Coburn, Kris Kristofferson

Por qué es clave
Los valores espirituales del *western* clásico se confirman en este trabajo modernista firmado por un director vinculado a ambas fases del género.

Acontecimiento clave **Alegato político en los Óscar**

No fue la primera protesta que se producía en la gala de los Óscar, pero sí es la más recordada y también la más reveladora.

Marlon Brando envió a Sacheen Littlefeather, una apache de veintiséis años, para que rechazara el segundo Óscar que se le concedía al actor, en esta ocasión por *El Padrino* (1972), y para que leyera un discurso de quince páginas en su nombre. Sólo le concedieron cuarenta y cinco segundos para hablar, por lo que Littlefeather resumió lo que tenía que decir sobre la forma de retratar a los indios nativos de Norteamérica en el cine y en la televisión en aquella época con tanta cortesía como brevedad. La sorpresa del público fue mayúscula y se escucharon algunos vítores. Charlton Heston lo calificó de infantil y Jane Fonda dijo que Brando había hecho algo maravilloso.

Después se descubrió que Littlefeather era en realidad una actriz mexicana llamada María Cruz, pero de todos modos las injusticias de la historia habían alcanzado la factoría de sueños de Norteamérica, y Brando era uno de las voces rebeldes del país.

En la década anterior, aunque con retraso, Hollywood había dejado de llevar una venda en los ojos sobre el pasado de Norteamérica y el cambio social. Los nuevos directores estaban haciendo películas con temas e historias maduros. El lujo de la ceremonia de los premios de la Academia, con toda su pompa, sus celebridades y su aire *kitsch*, parecía pasado de moda. La protesta de Brando y Cruz, aunque sólo tuvo éxito en parte, proporcionó un momento de seriedad ética al escaparate de Hollywood, una seriedad que se repetiría de vez en cuando en ceremonias posteriores.

Mark Cousins

Fecha 27 de marzo de 1973

Por qué es clave
La ceremonia de entrega de premios sirvió para que Marlon Brando denunciara el injusto tratamiento que se les daba a los indios de Norteamérica.

Pág. siguiente Marlon Brando.

Escena clave **Un paseo hacia el Pacífico** *El largo adiós*

En la adaptación de Robert Altman de la novela de Raymond Chandler, el detective Philip Marlowe (Gould) es contratado por Eileen (Van Pallandt), la mujer del escritor alcohólico Roger Wade (Hayden), para que encuentre a su marido, que ha desaparecido. Cuando termina la misión, Marlowe continúa visitando al matrimonio en su casa de Malibú porque sospecha que están implicados en el aparente suicidio de su mejor amigo, Terry.

Una noche, Eileen le sirve una cena casera a Marlowe mientras su marido está durmiendo. Después de cenar, el detective comienza a hacerle preguntas sobre Terry. Mientras habla, la cámara de Vilmos Zsigmond, que se mueve sin cesar durante toda la película, se interesa en la figura distante de Roger Wade, quien, sin ser visto por los otros dos, ha salido de la casa y se dirige, a través de la playa, hacia el mar.

Al principio, lo vemos por la gran ventana que hay detrás de Marlowe y Eileen. Durante la conversación, Altman pasa a una secuencia en el exterior de la casa, Marlowe e Eileen aparecen al otro lado de la ventana y Wade es un mero reflejo en el cristal (uno de los muchos milagros que Zsigmond consigue en *El largo adiós*) mientras camina hacia el Pacífico y el suspense se intensifica. ¿Verán los otros dos a Wade a tiempo? Esta escena proporciona una ocasión para hacer una declaración estilística excepcional, así como para emitir una crítica muda de la visión alucinante, vítrea y confusa de Los Ángeles que domina todo el filme.
Chris Fujiwara

Fecha 1973

Nacionalidad Estados Unidos

Director Robert Altman

Reparto Elliott Gould, Sterling Hayden, Nina Van Pallandt

Título original *The Long Goodbye*

Por qué es clave La dirección de Robert Altman y la fotografía de Vilmos Zsigmond constituyen toda una declaración visual.

Acontecimiento clave **Lucas se queda con los derechos de «la basura»**

Cuando *American Graffiti* (1973) se convirtió en un éxito clamoroso, el director y guionista George Lucas tuvo la oportunidad de renegociar su contrato con la 20th Century-Fox para dirigir una película de ciencia ficción.

Los ejecutivos se quedaron sorprendidos cuando Lucas no pidió más dinero, sino que insistió en quedarse con los derechos de comercialización del filme, incluidos los ingresos del álbum de la banda sonora, los libros relacionados con la película y los juguetes. Esta astuta decisión, junto con el control de los derechos de las secuelas, al final le proporcionó a Lucas la independencia económica de los grandes estudios de un modo que su mentor, Francis Ford Coppola, nunca habría soñado.

Hasta este momento, salvo en Disney, donde los relojes de Mickey Mouse llevaban marcando la hora desde la década de 1930, los derechos de comercialización se consideraban como «la basura» de cualquier contrato. Cuando *La guerra de las galaxias* (1977) se convirtió en el filme que más recaudó en taquilla de todos los tiempos y cualquier cosa que tuviera su logotipo (muñecos, maletines para llevar la comida, ropa interior) comenzó a venderse mucho, se produjo una revolución en la industria del entretenimiento. El imperio Lucasfilm se levantó no sólo gracias a la venta de entradas, sino también con juguetes, carteles (el material publicitario pronto se calificó de «coleccionable»), una novela firmada por el propio Lucas (pero escrita por Alan Dean Foster) y todos los productos relacionados con el fime, lo que dio lugar a una industria que continúa hasta hoy. A partir de ese momento, los estudios no sólo producirían los filmes, sino también franquicias y los productos asociados, en especial los juguetes, los cuales se convertirían en algo primordial.
Kim Newman

Fecha 20 de agosto de 1973

Por qué es clave El éxito de Lucas con los productos publicitarios de *La guerra de las galaxias* cambió la forma en que se hacían, se vendían y se promocionaban las películas, así como la forma de obtener beneficios de ellas.

Pág. anterior
La guerra de las galaxias.

Escena clave **El sueño de un funeral** *Los traidores*

Roberto Barrera (Proncet), un líder sindical corrupto, sueña con su propio funeral. Al principio no nos damos cuenta de que es un sueño, así que no sabemos cómo descifrar la creciente rareza de la escena. Barrera está al mismo tiempo en el ataúd y entre los asistentes al funeral. Aunque vemos los movimientos que se esperan en una situación así, el contexto visual revela la burla: un hombre que no puede dejar de reírse, otros dos que juegan a las cartas sobre el ataúd, la mujer de Barrera coqueteando con el presidente, otro líder sindical terminando su solemne discurso y comenzando a comer un enorme bocadillo.

Aunque se la ha catalogado como una película de ficción, *Los traidores* tiene muchos componentes de documental, porque no hay nada inventado en el guión. Incluso la secuencia del sueño se basa en artículos de la prensa sobre eventos actuales: muchos líderes sindicales, la mayoría corruptos, fueron asesinados por la izquierda peronista entre 1969 y 1973. En el cine argentino este filme destaca por su acertada descripción de las fuerzas opuestas que definieron la historia política del país durante 1955 y 1973.

Los traidores, apenas conocida fuera de Argentina, es uno de los ejemplos de censura más extremos en la historia del cine. La mayoría de sus intérpretes no pudo volver a trabajar después del golpe militar de 1976; uno de sus guionistas y parte del equipo tuvieron que marchar al exilio, y su director, Raymundo Gleyzer, fue asesinado por la dictadura después de «desaparecer» en mayo de 1976. Todas las copias del filme fueron confiscadas o destruidas por los militares. Sólo después de diez años de democracia pudo resurgir esta película, porque el director de un club cinematográfico consiguió ocultar una copia en una lata con otro nombre en la etiqueta. Desde entonces, *Los traidores* ha sido reconocido como un espléndido trabajo y ha inspirado a docenas de nuevos cineastas.

Fernando Martín Peña

Fecha 1973

Nacionalidad Argentina

Director Raymundo Gleyzer

Reparto Víctor Proncet

Por qué es clave Con un salvaje sentido del humor que es raro en las películas de contenido político, esta secuencia recuerda *Dream of a Rarebit Fiend*, el cómic de Winsor McKay.

Escena clave **Nasser anuncia que Israel ha conquistado el Sinaí** *El gorrión*

SPOILER

Después del éxito internacional de *Estación central* (1958), Youssef Chahine se convirtió en un apasionado portavoz del papel del cine en los movimientos de liberación. Al principio recibió de buen grado la llegada del nacionalismo panarabista de Gamal Abdel Nasser, pero a principios de la década de 1970 no ocultó su indignación por la corrupción del estado y rodó *El gorrión* para denunciarlo.

La película sigue a un periodista y a un policía joven que están investigando delitos de las altas esferas. Ambos se reúnen con otros en casa de Bahiyya (Tewfik), un sitio muy frecuentado por izquierdistas. El filme llega a un punto culminante cuando Nasser anuncia en la televisión nacional la derrota de Egipto en la guerra de los Seis días. Chahine captura de modo magistral la impresión que causa este anuncio en el pueblo egipcio, tan dramática como la muerte de JFK para los estadounidenses.

Cuando la noticia se conoce, Bahiyya se enfurece, corre hacia la calle y grita: «¡No! ¡No aceptamos la derrota!». Chahine la sigue mientras corre y una multitud se agrupa tras ella. En este momento, la interpretación de Tewfik es notable. Chahine siempre fue un maestro del movimiento de la pantalla: aquí la movilidad, el vuelo de Bahiyya, la sensación de que la gente fluye por las calles como una marea, todo se combina para transmitir el apremio de un momento inolvidable, como una escena dirigida por Dziga Vertov. *El gorrión* estuvo prohibida en Egipto durante dos años.

Mark Cousins

Fecha 1973

Nacionalidad Egipto/Argelia

Director Youssef Chahine

Reparto Mohsena Tewfik

Título original *Al Asfour*

Por qué es clave El mejor filme sobre la guerra de los Seis Días es también una de las películas árabes más valientes.

Escena clave **Dennis se sale de pantalla como protesta** *Speaking Directly*

Speaking Directly es, entre otras cosas, un experimento en la autobiografía materialista: un intento de desnudar los entresijos del cine y de exponer al completo el relativo privilegio del cineasta. Aunque Jost es, en términos económicos, un personaje marginal, en *Speaking Directly* reconoce su posición de hombre blanco heterosexual con acceso al mundo cinematográfico: «Puedo hacer una película principalmente porque... otras personas trabajan en fábricas y en minas».

En la parte de la película llamada «Gente a la que conozco (personalmente)», Jost filma a su vecino Dennis, que explica que ha intentado hacer una película sobre la incapacidad de un cineasta de comunicarse con su público debido a la cantidad de instituciones sociales corruptas que intervienen en el proceso de filmación. Según Dennis, este esfuerzo convierte a Jost en un auténtico fraude. Se niega a seguir formando parte del proyecto y se sale del encuadre.

Sin embargo, primero sugiere que el público del filme debería repetir su protesta desde nuestro lado de la ecuación, sacando la película del proyector y destruyéndola. Para evitar una revuelta tan directa, sugiere que nos marchemos. Sin duda, al percibir algo de verdad en la declaración de Dennis, o al menos un problema que hay que analizar más en profundidad, Jost deja a Dennis en la película. Como resultado, todos los que ven *Speaking Directly* se ven forzados a tomar una decisión ética que la mayoría del cine rechaza tanto como tolera.

Michael Sicinski

Fecha 1973

Nacionalidad Estados Unidos

Director Jon Jost

Reparto Dennis (no se revela el apellido)

Por qué es clave En un momento fundamental en la autocrítica marxista, el filme de Jost permite que el espectador exprese su ira hacia él y hacia la película. De ese modo, se sugiere con sinceridad la participación de un público destructivo.

Escena clave **De repente parece que el suelo del bosque se mueve** *The Wold-Shadow*

The Wold-Shadow comienza con una toma estática, filmada desde un trípode, de un bosque, repetida en varios fundidos, lo que ya es algo bastante raro para Brakhage, que rara vez repite tomas y que suele filmar cámara en mano. La esencia de su trabajo es rechazar los datos conocidos de la vida, descartar visiones ordinarias o compartidas, de ahí que las repeticiones creen una tensión curiosa, la expectativa de una transformación.

Entonces, de repente, parece que el suelo se mueve rápidamente. En apariencia es una imagen muy breve, pero el efecto es extraordinario incluso para Brakhage, porque el momento visionario no está situado en la visión del autor ni del espectador, sino en el mismo bosque. La confirmación llega en la siguiente imagen, en la que parece que hay pintura congelada sobre el suelo. Pero después vemos una sábana de plástico blanco: con un movimiento característico, Brakhage revela aquí la fuente de su artificio, que no es más que un plástico frente a la lente en el que está pintando. Siguen una serie de composiciones espectaculares, de colores brillantes, muchas de ellas versiones abstractas del bosque.

De hecho, uno tiene la impresión de que cada imagen se tomó con la lente enfocada hacia el bosque, aunque en muchas de ellas es imposible distinguirlo, si bien hay una relación con los filmes de ángulo de cámara fijo de Georges Méliès que se sugiere a sí misma. Incluso con el artificio desvelado, uno sigue sintiendo que es el bosque el que cambia como por arte de magia, y esa sensación le otorga a la película un terrible poder.

Fred Camper

Fecha 1973

Nacionalidad Estados Unidos

Director Stan Brakhage

Por qué es clave Al sugerir que es el bosque el que cambia, y no que son nuestros ojos los que lo están alterando, Brakhage rompe con su acostumbrada celebración de la subjetividad para crear un mundo vivo de energía mágica y transformadora.

Diálogo clave **La nota sin escribir** *La mamá et la putain*

Alexandre (Léaud), el protagonista de este filme autobiográfico de Eustache, suele ser menos sincero que ninguna de las tres mujeres que forman parte de su vida: su ex novia Gilberte (Isabelle Weingarten), su actual amante, Marie (Bernadette Lafont), y la novia, Veronika (Lebrun).

Adopta a menudo una pose de intelectual, dice cosas para causar efecto, mantiene los sentimientos a raya con las palabras. Por eso resulta inesperado que se sincere con Veronika y le cuente el final de su relación con Gilberte, y cómo ésta abortó del hijo que iban a tener. Esta narración tiene un eco en la puesta en escena de Eustache, que evoca el primer cine con sus imágenes sencillas y elegantes. La mayor parte de la secuencia, que está rodada en una cafetería, consiste en primeros planos de Alexandre y algunos intercalados de Veronika. «Ojalá se hubiera marchado con una nota... "Adiós, me voy"», dice él, y después reitera que uno siempre debería dejar una nota.

Esa sencilla afirmación se hace más profunda por la calmada elocuencia de los sentimientos que se expresan («No creo que la vida pueda ser como esos extraños mundos que prohíben la entrada en cuanto se cierran las puertas»), y toma vida en la gran interpretación de Léaud (la voz del actor se va suavizando casi de forma imperceptible, y hay un dolor visible en sus ojos).

Tras Alexandre está el mismo Eustache, hombre de un magistral talento artístico que se suicidaría menos de diez años después. En la bella escritura de esta película, podemos percibir algo que va incluso más allá de la enfermedad de la era postmayo del 68... ¿El fracaso del amor y la sensación de que la vida es angustiosa y, en cierto modo, incomprensible? Blake Lucas

Fecha 1973

Nacionalidad Francia

Director Jean Eustache

Reparto Jean-Pierre Léaud, Françoise Lebrun

Por qué es clave
En esta escena evocadora e inquietante de la obra maestra de la *nouvelle vague*, Jean Eustache da un significado profundo y muy personal al influyente término de Alexandre Astruc *le caméra-stylo* (la cámara-pluma).

Escena clave **La proyección de Frankenstein** *El espíritu de la colmena*

Erice se va a cercando a su protagonista, Ana (Torrent), durante el curso de un exquisito prólogo que dura 18 minutos. El director comienza con un plano general, la «masa»: una muchedumbre de críos y adultos que se reúnen en el cine del pueblo, en la Castilla franquista de 1940, para ver *El doctor Frankenstein* (1931) de James Whale, protagonizada por Boris Karloff.

Poco a poco, nos guía hacia dos niñas en particular, Ana y su hermana Isabel (Tellería); después, de un modo muy sutil, se centra en Ana. De las variadas respuestas del público del cine (intrigados, distraídos, desaprobatorios, divertidos, aburridos), la suya es la más absorta. A los espectadores sólo se nos muestran algunas escenas de *Frankenstein*, alternadas con escenas que nos presentan a los solitarios padres de las niñas; en concreto una advertencia solemne al principio («Incluso puede horrorizarles»), un fragmento de diálogo que se extiende por el pueblo («¿Qué pasaría si no fuéramos más allá de lo descubierto?»).

El rasgo más atrevido de Erice en la escena del cine es la manera en que, de forma deliberada, oculta el momento concreto de *El doctor Frankenstein* que más inquieta a Ana, el asesinato inocente de la niña por parte del monstruo mientras juega con ella junto al agua («Isabel, ¿por qué la ha matado?», le pregunta a su hermana dos veces). Sólo vemos los momentos posteriores a este trágico incidente, en que un hombre lleva el cuerpo de la niña en brazos por la calle de un pueblo. Sin embargo, esa muerte es precisamente el momento traumático alrededor del cual girará el núcleo, la lógica irreal del filme de Erice. Adrian Martin

Fecha 1973

Nacionalidad España

Director Víctor Erice

Reparto Ana Torrent, Isabel Tellería

Por qué es clave La lógica irreal del filme de Erice aparece a través de una escena que el espectador no ve.

Pág. siguiente
El espíritu de la colmena.

Escena clave **El matamoscas** *Essene*

El trabajo del gran documentalista Frederick Wiseman es, tal vez, el retrato más rico de la vida de Estados Unidos de las últimas décadas del siglo XX y del comienzo del siglo XXI. La obra de Wiseman de «ficciones de la realidad» trasciende la noción de mera documentación con un estilo ensayístico cada vez más marcado, y es lo más cercano a una gran novela estadounidense de los tiempos recientes. No es de extrañar, pues, que el mismo cineasta haya reconocido que puede verse como una película.

Sin embargo, Wiseman todavía es etiquetado, de una manera simplista, como un «cronista crítico» por su método de enfrentarse a una institución después de otra. Lo cierto es que tanto institución como crítica son dos ideas demasiado estrechas para el complejo lienzo de Wiseman, que está siempre expandiéndose en lo dialéctico.

Essene, el retrato que hace Wiseman de un monasterio, y sin duda uno de sus filmes más conmovedores así como uno de los mejores sobre religión que existen, continúa en esa misma línea, enseñando la institución religiosa con un respeto profundo y tierno por la búsqueda espiritual de sus miembros, pero también con su mirada irónica intacta.

Uno de los momentos más memorables tiene lugar cuando el abad mantiene una charla con el problemático hermano Wilfred, que está blandiendo un matamoscas. Cuando le da un pequeño consejo, Wilfred hace una pausa como si fuera a responder y, entonces, con un movimiento inesperado e hilarantemente rápido, aplasta una mosca, se cruza de brazos y se queda en silencio de manera triunfante. Wiseman comentó más tarde: «En ese momento supe que Dios me amaba».

Christoph Huber

Fecha 1973

Nacionalidad Estados Unidos

Director Frederick Wiseman

Por qué es clave
El mejor documentalista de Norteamérica capta un momento de rebeldía de un monje que resulta hilarante.

Escena clave **Un tratamiento radical** *El exorcista*

Mientras rueda una película en el frío otoño de Washington D. C., la actriz Chris MacNeil (Burstyn) vive en una casa alquilada con su hija de doce años, Regan (Linda Blair). Cuando ésta sufre una aparente posesión demoníaca, el veterano cura Merrin (Max Von Sydow) se une al más joven y vacilante clérigo Damien Karras (Jason Miller) para liberarla.

Este sensacional éxito del director William Friedkin, que siguió a *The French Connection, contra el imperio de la droga*, es una adaptación de una novela de William Peter Blatty, que también fue guionista del filme, y equilibra a la perfección los aspectos temporales y espirituales de esta historia incendiaria. Por muy angustiosas que sean la mayoría de las confrontaciones (cargadas de efectos especiales) con la niña poseída, Friedkin entiende que el proceso de la medicina moderna puede resultar igual de terrorífico. Así, después de que una llorosa Regan sea sometida a una serie de pruebas molestas, las cuales, por supuesto, revelan que no tiene ninguna enfermedad física, el público comparte la confusión de Chris y su ira:

–Dios Santo, ochenta y ocho médicos y lo único que pueden decirme es...

Sólo entonces, cuando ya han transcurrido bastantes minutos del filme, se explica el título:

–Hay una posibilidad externa de curación. Yo lo veo como un tratamiento de choque –le dice el director de la clínica, Barringer (Masterson), delante del doctor Klein (Herman)–. ¿Ha oído hablar del exorcismo?

Burstyn protesta airadamente:

–¿Me está diciendo que tengo que llevar a mi hija a un brujo? ¿Es eso?

Sin este escepticismo legítimo, difícilmente tendría el enfrentamiento culminante entre Karras y el demonio un efecto tan catártico.

David Stratton

Fecha 1973

Nacionalidad Estados Unidos

Director William Friedkin

Reparto Ellen Burstyn, Peter Masterson, Barton Heyman

Título original *The Exorcist*

Por qué es clave
Es el momento crucial de uno de los más famosos e inquietantes filmes de terror hechos jamás.

Pág. anterior *El exorcista*.

Escena clave **Amitabh Bachchan propina su primer puñetazo** *Zanjeer*

Antes de que Amitabh Bachchan tuviera un estallido de violencia, el héroe de Bollywood tenía como característica principal su habilidad para el amor. Quizá alzara los puños una o dos veces durante la película, pero ésas eran escenas de lucha mecánica, a menudo impregnadas de humor.

Entonces apareció *Zanjeer*. Cuenta la historia de Vijay (Bachchan), cuyos padres son asesinados a causa de la negativa del progenitor a guardar silencio sobre los productos farmacéuticos adulterados que fabrica su jefe. Vijay es adoptado por un policía, que lo cría para que siga sus pasos en el futuro. Entonces, se venga de todo el mundo con los puños. La primera pelea del filme sucede cuando lo envían a limpiar el negocio ilegal de un tal Sher Khan (Pran). Termina en empate, pero enseguida se hace evidente que las reglas han cambiado. Aunque el sonido de los puñetazos sigue siendo «Dishoom dishoom», la onomatopeya que define las escenas de lucha en el habla popular, el joven actor renueva el género, entregándose de lleno a la pelea. Tiene una expresión asesina en la cara, de rabia. Y el rostro cubierto de sudor. Resulta convincente incluso cuando está balanceando su metro noventa de altura contra cuatro hombres, a los que tumba convenientemente.

Zanjeer fue todo un éxito, y la definición de héroe cambió para siempre. Ahora sería un guerrero, y estaría marcado por su habilidad a la hora de desafiar el statu quo y defender sus derechos. Este canon de «hombre joven enfadado» siguió dominando durante veinte años las taquillas. Al igual que Amitabh Bachchan, que se convirtió en una superestrella

Jerry Pinto

Fecha 1973

Nacionalidad India

Director Prakash Mehra

Reparto Amitabh Bachchan, Jaya Bhaduri, Pran, Bindu

Por qué es clave
Amitabh Bachchan redefine los conceptos de masculinidad, violencia e ira en el cine hindú.

Acontecimiento clave **Marin Karmitz funda MK2**

Nacido en 1938 en una familia judía rumana, Marin Karmitz, que vive en París, puede declarar por derecho propio que es el hombre que está detrás del cine mundial. Llegó a Francia de niño, después de haber sobrevivido a varios pogromos antijudíos en Rumanía, y se adentró en el mundo del cine en la década de 1960, cuando dirigió varios filmes próximos al movimiento izquierdista del 68. Hacia finales de la década, sin embargo, se cambió a la producción y desde entonces ha participado en la mayoría de las películas de Claude Chabrol.

Está comprometido con la idea de la integración vertical de la industria cinematográfica. Su empresa, MK2, es un conglomerado que tiene una rama de producción (MK2 Productions), una rama de distribución (MK2 Diffusion, dedicada sobre todo a distribuir cine intelectual y extranjero), y una cadena de cines de arte y ensayo por todo París y la periferia. Así pues, MK2 integra todos los aspectos del proceso cinematográfico en una empresa rentable, y le proporciona a Karmitz un apoyo sustancial para promocionar cine no comercial entre un público más amplio.

Desde la década de 1980, ha apoyado a un gran número de cineastas internacionales, como Yilmaz Güney (Turquía) y Lucian Pintilie (Rumanía). Asimismo, es, en parte, responsable del fenomenal éxito internacional del iraní Abbas Kiarostami, del polaco Krzysztof Kieslowski y del austríaco Michael Haneke.

La contribución de Karmitz a la promoción del cine es doble: descubrir y promocionar el talento de países más pequeños, y crear una plataforma que apoye la producción, la distribución y la proyección de filmes no comerciales y alternativos.

Dina Iordanova

Fecha 1973

Por qué es clave
Productor, distribuidor y exhibidor, Karmitz es sin duda una de las principales figuras del cine en todo el mundo.

Escena clave **Un fragmento de película casera tiene un impacto transformador** *Fuji*

En mitad de su carrera, Robert Breer, cuyos filmes fotográficos y abstractos revelan una clara deuda con Piet Mondrian, comenzó la rotoscopia. Esta técnica de elaborar película fotográfica encuadre por encuadre la usaron los animadores de Hollywood al servicio de un realismo más intenso, pero Breer, un cineasta vanguardista interesado en revelar más que en esconder el artificio, no pretendía suavizar o hacer más realistas sus dibujos. En vez de eso, usó la rotoscopia para crear tensiones entre la visión realista y los elementos gráficos del cine puro (color, líneas, falta de contraste, parpadeo).

Fuji comienza con una corta película casera tomada en un trayecto de tren en Japón, mal enfocada y expuesta, pero que muestra un poco de la montaña que da título a la película a través de una ventanilla. Breer, entonces, despliega una casi infinita serie de variaciones, algunas ocasionadas por el metraje de la película y otras no. Por ejemplo, el pico cubierto de nieve se convierte en un triángulo que rota y se transforma en líneas, al tiempo que también adquiere una gran variedad de colores. Verlo es explotar todas sus posibilidades imaginativas, mirar el mundo de forma creativa, parece que nos dice Breer, y encontraréis una explosión de color, líneas y movimiento.

Cuando la película casera llega al final, nadie siente que ha cobrado vida con una infinidad de posibilidades nuevas, vibrando con todos los colores y las líneas que hemos visto en él. En este sentido, Breer se acerca a la estética de Stan Brakhage, cuyos filmes apuestan por la renovación de una visión original, inventiva.

Fred Camper

Fecha 1974

Nacionalidad Estados Unidos

Director Robert Breer

Por qué es clave
El final de *Fuji*, uno de los momentos más importantes en el cine de vanguardia o experimental, pretende enriquecer lo que nuestra vista percibe en el día a día.

Escena clave **«Un despertar emocional en 48 pasos»** *Film about a Woman Who...*

En 1972, Yvonne Rainer, uno de los más brillantes exponentes del movimiento de danza posmoderna Judson Church, se pasó al cine con *Lives of Performers*. Después dirigió siete largometrajes de 16 mm, hasta que volvió a la danza a finales de 1990. Su segunda aventura cinematográfica, *Film about a Woman Who...*, ilustra con mano maestra por qué «la danza ya no podía expresar el nuevo contenido de [su] trabajo y de sus emociones». Autobiográfica sin tapujos, prefeminista pero anclada de un modo desenfadado en algunos rincones insospechados del continente oscuro de la subjetividad femenina, la película explora los deseos de una mujer ambivalente, su complejo sentido del ser, sus meteduras de pata emocionales y, lo más importante, su rabia.

Después de haber traducido los cuerpos al movimiento, y de aprender cómo el movimiento y la profundidad de campo de la cámara pueden traducir dicho movimiento en auténtica luz, Rainer regresa al montaje del primer cine, a un enfoque plano, a primeros planos, para articular lo que Lacan definió como un «punto muerto sexual». En los 7 minutos de la secuencia de «Emotional Accretion», una mujer (Neff) se da cuenta de que se ha traicionado a sí misma cuando intenta mitigar su irritación contra su amante (Leech) acurrucándose entre sus brazos. Su despertar se escenifica en 48 tomas, con intertítulos escritos a máquina que se alternan con acciones fragmentadas, difractadas y encuadradas nuevamente, filmadas desde ángulos distintos, con estilos distintos, desde la iluminación contrastada del cine negro hasta la dislocación postgodardiana de imagen, sonido (sincrónico o no) y música. Todo ello deconstruye los atractivos del melodrama, así como los tropos de la vanguardia. Y termina con un golpe operístico: «Ella no quería que la abrazaran... Quería darle un puñetazo en la cara».

Bérénice Reynaud

Fecha 1974

Nacionalidad Estados Unidos

Directora Yvonne Rainer

Reparto Dempster Leech, Renfreu Neff

Por qué es clave Una transición elegante desde la danza al cine, este texto de la efervescente escena artística del Nueva York de la década de 1970 sitúa a la mujer como el objeto privilegiado de la vanguardia.

Escena clave **El intento de suicidio** *Una mujer bajo la influencia*

Mabel (Rowlands) está bajo la influencia de muchas cosas, como la familia, su entorno de clase media, la inestabilidad de su mente volátil y posiblemente también de la Luna. Sus procesos de pensamiento poco convencionales le confieren un encanto estrafalario que explica por qué Nick (Falk), su marido, se enamoró de ella.

Sin embargo, algunas veces sus conflictos internos se escapan de su control y desbaratan la apertura e improvisación con que se enfrenta a la vida. Un día, sufre una crisis y comienza a abrirse las venas de las muñecas. Lo primero que tiene que hacer Nick es sacar a sus niños pequeños de la habitación, lo cual no resulta fácil porque están paralizados de miedo. Después tiene que lograr que Mabel recupere el control, lo que consigue, finalmente, golpeándola.

Este comportamiento ha desmontado a algunos críticos, que piensan que la película le da a Nick carta blanca para ejercer un machismo atroz. Sin embargo, eso es ignorar el verdadero sentido de la escena: Mabel no es una mujer con graves problemas que esté casada con un psicoanalista, sino que es una mujer con graves problemas que está casada con un hombre de la clase trabajadora que, sencillamente, no sabe qué otra cosa puede hacer. Como ella, improvisa el camino por la vida y hace una gran cantidad de elecciones existenciales que resultan ser correctas, equivocadas o las dos cosas a la vez, o ninguna de ellas.

Lo que hace que nos importen es que en el fondo se quieren. Se trata de una familia funcional, basada en la confianza, el afecto y el respeto mutuo por las locuras del otro, las cuales, percibidas de un modo apropiado, son lo que en última instancia hacen la vida interesante.

David Sterritt

Fecha 1974

Nacionalidad Estados Unidos

Director John Cassavetes

Reparto Gena Rowlands, Peter Falk

Título original *A Woman Under the Influence*

Por qué es clave
Un gran guionista y director y una actriz brillante (además, su esposa) retratan la dinámica de la enfermedad mental en una familia que debe recurrir al instinto y la intuición para salir del paso.

Escena clave **La mujer se marcha** *Reason, Argument and Story*

Sobre el papel parece una receta del aburrimiento: un cineasta alcohólico, cuyo momento álgido ya ha pasado, intenta rodar una última obra de arte, un trabajo autobiográfico y experimental acerca de cómo ha dilapidado su propio genio.

Y lo cierto es que la escena inicial, unos hombres con mallas negras bailando al modo de un musical *kitsch* de Hollywood, no es un buen pronóstico. Sin embargo, el espectador empieza a deslizarse hacia el estado alterado de este filme, que tiene una honestidad conmovedora. En la segunda escena, Ghatak, interpretándose a sí mismo, aparece tirado en el suelo, junto a una ventana. El encuadre de ángulo bajo hace énfasis en su encorvamiento. Su mujer llega y le anuncia que se marcha, pero a él le importa más su botella y su ego artístico en declive que ella. La situación de la cámara y la desigualdad de la línea de visión parecen al principio de *amateur*, pero enseguida se percibe con claridad que Ghatak sabe lo que hace. Esta escena de despedida nos desorienta como, de hecho, lo desorienta a él.

El estilo del filme es disociado. Y entonces, para aquellos que han seguido el trabajo de Ghatak, aparece esa mezcla de sonido sobrenatural que resulta tan familiar. En un punto las voces del hombre y de su esposa resuenan, y en otro se superponen. En otros momentos de la película, nos parece que, por lo que se refiere al sonido, estamos en un filme de ciencia ficción de la década de 1950. Quizá ésta no sea la película más importante que hay que ver de Ghatak, pero, como el *Otelo* de Orson Welles, al que se parece en su excentricidad, es puro cine. Sin duda una de las películas indias más memorables.

Mark Cousins

Fecha 1974

Nacionalidad India

Director Ritwik Ghatak

Reparto Ritwik Ghatak, Saugata Burman

Título original
Jukti Takko Aar Gappo

Por qué es clave Ghatak es uno de los directores más personales de la India, y ésta es su escena más sincera.

Escena clave **El helicóptero** *Electra, mi amor*

SPOILER

La adaptación de Jancsó de la tragedia griega de Electra sitúa la acción en un escenario atemporal y rústico, en la llanura húngara, un mundo de cuerpos humanos, caballos y edificaciones rudimentarias, donde todas las interacciones implican la participación en gestos y movimientos rituales.

El helicóptero o el avión es un símbolo persistente en la obra de Jancsó, que a menudo sustituye el opresivo «en-todos-los-lugares-al-instante». En *Electra, mi amor* invierte su connotación negativa y la emplea como una verdadera *deus ex machina* que libera a los actores de la llanura plana e ilimitada, y que los coloca por un instante en el cielo. El helicóptero aparece en el desenlace embelesado de una sola toma, después de que sus protagonistas hayan derrocado al tirano Egisto y se hayan quitado la vida.

Resucitados y abrazados, como si por fin fueran libres, Orestes (Cserhalmi) y Electra (Töröcsik) avanzan y suben a un helicóptero de color rojo, que se eleva poco a poco desde el suelo. La voz en *off* de Töröcsik nos cuenta la fábula de un pájaro de fuego que da esperanza y fuerza a los oprimidos, pero que muere cada noche. Al día siguiente renace, más maravilloso que antes.

A medida que se cuenta la fábula, el brillante helicóptero entra y sale del encuadre de la cámara con movimientos en espiral que reflejan la pompa de los jinetes que hay debajo. El nombre del pájaro de fuego se revela por fin, mientras el helicóptero desciende de nuevo y Orestes y Electra bajan de él y ocupan su lugar a la cabeza de una fila de jóvenes bellos que danzan: «Bendito sea tu nombre, revolución».
Travis Miles

Fecha 1974

Nacionalidad Hungría

Director Miklós Jancsó

Reparto György Cserhalmi, Mari Töröcsik

Título original
Szerelmem, Elektra

Por qué es clave
La llegada del helicóptero al final del filme, inesperada y extática, ejemplifica la disposición de Jancsó para crear pompa y simbolismo visual sin atender a la narrativa o la lógica temporal.

Escena clave **Dos niños juegan con el *atrezzo* del circo** *Zafarrancho en el circo*

La secuencia final de la última y menos conocida película de Jacques Tati es una grabación de la actuación (sobre todo en vídeo) en el Stockholm Circus Theatre para la televisión sueca, pero también un apasionado manifiesto: es la improvisación de casi cuatro minutos de dos niños –una niña de tres años (Dandenell) y un niño de seis años (Jägerstedt)–, jugando con el *atrezzo* del circo una vez que ha terminado el espectáculo e intentando imitar a los profesionales que acaban de ver.

De acuerdo con el biógrafo de Tati, David Bellos, estos niños sacados de una guardería fueron seleccionados no sólo por su aspecto, sino también porque eran los menos obedientes. Lo cierto es que sus actividades incansables consistentes en golpear campanillas con martillos, pintar, intentar hacer malabarismos con los pinceles, desinflar globos, intentar tocar los instrumentos musicales y balancearse dentro de enormes cuencos, parecen perfectamente supervisadas.

Parade es la última afirmación de Tati sobre la capacidad de la gente normal y los espectadores para ser tan interesantes e ilustrativos como los propios profesionales del entretenimiento, él mismo incluido. Es el maestro de ceremonias, y también lleva a cabo sus más famosas pantomimas, pero se ocupa de mostrar lo mucho que se aburre la niña cuando hace su primera aparición. Esto también forma parte de su obra maestra *Playtime*, pero Tati radicaliza más la idea en este filme saliendo al vestíbulo y concentrándose en los espectadores que llegan tarde justo cuando el espectáculo está comenzando. Y después, filma a estos dos niños haciendo su número al final, solos, mientras mueve la cámara hacia el cénit pasando por encima de una pareja de espectadores adultos, los únicos que quedan en las gradas vacías.
Jonathan Rosenbaum

Fecha 1974

Nacionalidad
Francia/Suecia

Director Jacques Tati

Reparto Anna-Karin Dandenell, Juri Jägerstedt

Título original
Parade

Por qué es clave
Tati concluye su carrera afirmando que nosotros, y no él, somos el mejor espectáculo del mundo.

SPOILER

Diálogo clave **Definir la realidad**
Fraude

«Es su nombre verdadero, ¿sabes? Oja. Oja Kodar» Welles pronuncia estas sílabas como si fueran hechos objetivos. ¿Por qué? Nosotros ya conocemos el nombre de la protagonista; sin embargo, no es su nombre real. No nos dice que es un nombre que le dio mucho antes de que hiciera *Fraude*. En realidad lo usa para realizar una confesión: todo lo que ha dicho durante los 17 minutos del filme es mentira.

–Mi trabajo –dice–, era convertirlo en realidad.

–Aunque la realidad no tuviera nada que ver –dice después, en una toma del hombre que conocemos como el padre de Oja.

En concreto, se nos muestran las piernas de su abuelo flotando en el aire sobre un campo de hierba, y el resto de su cuerpo fuera del encuadre.

–¿Realidad? –pregunta Welles–. Es el cepillo de dientes que tienes en casa, en un vaso. Un billete de autobús, un cheque, y la tumba.

El abuelo guiña un ojo y le hace un gesto afirmativo a Welles mientras pronuncia la palabra *cheque*, y el director pasa su capa sobre el anciano, que levita como si estuviera muerto. En realidad, éste, según confiesa, nunca existió. Era una ficción, un actor. El anciano desaparece en mitad del aire; antes de que se haya desvanecido atisbamos una figura de malla de gallinero bajo la sábana donde se suponía que estaba el abuelo.

¿Escribió el mismo Welles estas maravillosas líneas sobre la realidad? Debió de hacerlo. Sin embargo, después de ver *Fraude*, ¿quién se sorprendería de tomar un libro algún día y encontrarlas allí? ¿Y tendría importancia?

A. S. Hamrah

Fecha 1974

Nacionalidad Francia

Director Orson Welles

Reparto Welles, Oja Kodar

Título original *Fake*/Question Mark

Por qué es clave Welles revela la verdad que se oculta tras la mentira del arte, y viceversa, en este primer filme ensayístico.

Escena clave **El juego del escondite**
To Die in the Country

To Die in the Country, el filme de Shuji Terayama, comienza con una imagen a la que se hace referencia en el título que se le dio en el Reino Unido, *Pastoral Hide-and-Seek*. Seis niños, tres niñas y tres niños, están jugando a *Kakurenbo* (el escondite) en un cementerio. Una de las niñas se tapa la cara con las manos y grita: «Mou iikai?» («¿Estáis listos?»). «Maa dada yo!» («¡Todavía no!»), replican sus seis compañeros mientras se esconden entre las tumbas. La pregunta se repite, pero en esta ocasión la respuesta es «Mou ii yo!» («¡Preparados!»). La niña, que está de cara a la cámara, baja las manos sin darse la vuelta mientras sus amigos salen de sus escondites al fondo, revelando que se han transformado en versiones más viejas de sí mismos, y que su ropa ha sido sustituida con trajes específicos para cada sexo: uniformes de una escuela militar y trajes para los chicos, kimono y vestido provocativo para las niñas.

Pese a no tener conexión directa con la acción que sigue, esta secuencia inicial anticipa la ruptura de las barreras generacionales que permitirán al protagonista sin nombre de Terayama (Kantaro Suga) interactuar con su yo adolescente. La niñez se define al mismo tiempo como libertad y como la fuente de todos nuestros descontentos, como un período formativo del que después intentamos escapar sin éxito durante toda nuestra vida adulta, como en el escondite.

La madurez nos llega de manera inesperada y nos tiende una trampa basada en el género, que la escena del cementerio vincula con el hecho inevitable de la muerte. Sin embargo, *To Die en the Country* no es en absoluto pesimista: aunque el proceso descrito es inevitable, se muestra como producto de un mecanismo social específico, que puede ser objeto de la crítica y del análisis, más que un vago principio metafísico que no puede ser estudiado.

Brad Stevens

Fecha 1974

Nacionalidad Japón

Director Shuji Terayama

Título original *Den-en ni Shisu*

Por qué es clave Esta secuencia revela que Terayama es uno de los cineastas con más estilo y audacia de Japón.

Escena clave **Un niño de baja casta tira una piedra a una casa** *Ankur*

Cuando Shyam Benegal, sobrino de Guru Dutt, decidió dejar los filmes publicitarios, rodó *Ankur* y promocionó el cine de autor como antídoto frente a los gloriosos excesos del Bollywood de la década de 1970.

Surya (Nag), el hijo de un terrateniente, vuelve a su pueblo y tiene una aventura con una mujer de baja casta, Lakshmi (Azmi). Cuando llega la hora de casarse con ella, no es capaz de enfrentarse a todo el peso de la tradición y, aunque Lakshmi está embarazada, la echa de casa. Lakshmi protagoniza un estallido espectacular; tras esa escena, parece que no puede ocurrir nada que la iguale. Sin embargo, Benegal muestra entonces a un niño tirando una piedra a la casa del terrateniente. Es un gesto pequeño, inútil, y uno que quizá sugiere que no hay salida del círculo interminable de la pobreza rural, la explotación y la rabia impotente que se muestra en el filme. ¿O quizá es una revolución, o su preludio? No lo sabemos, y Benegal se ha negado siempre a aclararlo en sus entrevistas.

Sin embargo, el cristal que se hace añicos, el alboroto de los pájaros y el niño corriendo por el paisaje seco de la India interior eran algo nuevo en el cine indio, y también aterrorizante, porque admitían numerosos significados.

El filme también fue el punto de partida en la carrera de Shabana Azmi, que se convirtió en uno de los pilares de lo que se llamó «cine paralelo».
Jerry Pinto

Fecha 1974

Nacionalidad India

Director Shyam Benegal

Reparto Shabana Azmi, Anant Nag, Sadhu Meher

Por qué es clave Este gesto inútil dice mucho acerca de las castas en la India e inaugura el cine de arte y ensayo en la India.

Escena clave **Arlette vuelve de repente la cabeza** *Stavisky...*

Es parte de un *flashback* que sucede pronto en *Stavisky*, concretamente cuando el estafador Serge Alexandre Stavisky (Belmondo) entra en una limusina con el atildado barón Raoul (Boyer), y le pide que le hable sobre su esposa, Arlette (Duperey), a quien el barón acaba de ver en Biarritz. Mientras éste le asegura que el tiempo era espléndido, lo vemos llegar a un hotel palaciego, caminando al ritmo de la música de la primera banda sonora de Stephen Sondheim.

Sin duda, se trata de un homenaje de Resnais a Ernst Lubitsch, maestro del *glamour* y de la elegancia de la década de 1930. Después de que el barón entre en el hotel y tome el ascensor, hay unas tomas típicas de Lubitsch, en concreto una grúa moviéndose horizontalmente por la fachada del hotel que marca el progreso del barón a través de las ventanas en una larga toma, mientras el noble se dirige a la lujosa *suite* de Arlette, se cruza con varias doncellas y, por último, vemos a través de la última de las ventanas a Arlette vistiéndose en su dormitorio.

Una secuencia más cercana nos muestra al barón llamando a la puerta y, después, en uno de los cortes más magníficos y exquisitamente oportunos del cine, Arlette se vuelve de repente en primer plano y sonríe en respuesta a la llamada. Es un instante bello y, sin embargo, transmite un augurio horrible, más propio de Resnais que de Lubitsch. Y el diálogo de Serge con el barón así nos lo confirma: «Pesadilla, ¿qué pesadilla?», pregunta el barón acerca del sueño inquietante que cuenta que tuvo Arlette.
Jonathan Rosenbaum

Fecha 1974

Nacionalidad Francia

Director Alain Resnais

Reparto Jean-Paul Belmondo, Charles Boyer, Anny Duperey

Título original *Stavisky...*

Por qué es clave Un exquisito homenaje a Ernest Lubitsch de repente da paso a algo más inquietante.

Acontecimiento clave **Sony Betamax VCR se comercializa en Estados Unidos**

Si uno mira las fotografías de Sony Betamax, el primer vídeo casero, es difícil imaginar que el aparato llegara a considerarse alguna vez como alta tecnología. El modelo original, el LV-1901, con el precio de venta de 2.295 dólares, era una monstruosidad que incluía una televisión de diecinueve pulgadas y un grabador-reproductor SL-6300. Sus cintas, además, sólo permitían treinta o sesenta minutos de grabación.

Sin embargo, creó una nueva forma de ingresos en el mundo del espectáculo, el cine en casa, que al final representaría la mitad de los beneficios de la industria del cine. Hizo estallar una larga guerra entre los derechos de reproducción y el derecho de los ciudadanos a grabar emisiones televisivas para consumo en el hogar (resuelta en el Tribunal Supremo a favor de los ciudadanos). Y fue toda una lección sobre cómo la mercadotecnia y el enfoque hacia el consumidor podían vencer a la tecnología superior.

El formato de vídeo de su rival JVC, VHS, fue introducido en 1976, y terminó desplazando a Betamax, que era un sistema algo mejor. VHS ganó porque JVC hizo un producto más barato, concedió la licencia a más fabricantes y diseñó cintas que permitían dos horas de material grabado (una apuesta que igualó, en vano, Sony con su formato X-2 de dos horas).

Otro factor decisivo fue que, mientras que Sony luchó contra los intentos de la industria del cine pornográfico por usar Betamax, JVC los fomentó. Para finales de la década de 1980, Betamax era ya un formato obsoleto. Las ventas cayeron en picado, y Sony produjo su último vídeo Betamax en 2002, el primer año en el que los formatos de videocasete fueron superados por un nuevo medio: el DVD.

Matt Zoller Seitz

Fecha 1975

Por qué es clave El primer reproductor-grabador de vídeo para el público condujo a la creación de un nuevo canal para la distribución de películas.

Escena clave **Muerte del cliente** *Jeanne Dielman, 23 Quai du Commerce, 1080 Bruxelles*

SPOILER

El seco y fastidioso título de la superproducción de más de tres horas de Chantal Akerman refleja la metodología seguida por la realizadora. En esta hazaña formal y piedra de toque feminista, la cineasta belga usa estrategias de duración y repetición de Warhol para crear un retrato monumental, detallado hasta la obsesión, de su protagonista, Jeanne Dielman (Seyrig), una viuda de clase media de Bruselas que es a la vez madre y prostituta.

A lo largo de tres días, la película se sumerge en las nimiedades rituales de las tareas domésticas de Jeanne. Estos eventos cotidianos son capturados con una cámara estática, a menudo a tiempo real. El espectador es obligado a experimentar la monotonía de cada tarea mientras Jeanne friega los platos, limpia los zapatos de su hijo, va a la compra, hace la cena... En su horario estricto, también encuentra tiempo para recibir a un caballero por las tardes.

Akerman establece de tal forma la rutina de Jeanne que cuando comienzan a aparecer las grietas más finas (unas patatas quemadas, una cuchara que se cae), parecen acontecimientos capitales. El miedo de baja intensidad y el suspense de cámara lenta estallan la tercera tarde, después de tres horas de filme, con la llegada del tercer cliente. Mientras los dos encuentros anteriores se zanjaban con discretas elipsis, en esta ocasión la cámara sigue a Jeanne y al cliente al dormitorio. Mantienen relaciones sexuales y, aparentemente, ambos llegan al orgasmo. Entonces, ella toma unas tijeras y se las clava al hombre en el cuello.

Este asesinato, que está plagado de implicaciones metafóricas, se suele interpretar como el intento de Jeanne de recuperar el control y de suprimir el deseo. La conclusión de Akerman, una sombría ruptura con el trance realista que la precede, rompe el hechizo de la película y redefine su significado. Es un momento asombroso, un clímax literal, a la vez que sensacional y ambiguo, lógico e inexplicable.

Dennis Lim

Fecha 1975

Nacionalidad Bélgica

Director Chantal Akerman

Reparto Delphine Seyrig

Por qué es clave Esta provocación final altera por completo el tono y el significado de esta obra de arte del cine experimental y feminista.

Escena clave **La lucha en el almacén** *Deewaar*

Deewaar es uno de los filmes que confirmó a Amitabh Bachchan como la gran superestrella india, posición que todavía ocupa. La película tiene elementos de *Madre India* y *La ley del silencio*, con el tema central de una familia cuyo padre se marcha avergonzado y que sobrevive mudándose a Mumbai y viviendo en la calle. El hijo mayor, Vijay (Bachchan), trabaja en los muelles antes de convertirse en un gánster, mientras que el hermano pequeño (Shashi Kapoor) se hace policía, lo que hace que la familia se divida.

Vijai está contrariado por el dinero que los trabajadores del muelle se ven obligados a pagar a los gánsteres a cambio de su «protección». Espera a unos matones en un almacén, vestido con una camisa azul oscuro y con unos pantalones acampanados blancos, estirando sus largas piernas sobre una mesa. Se mueve lentamente, habla de manera pausada, cierra la puerta y le arroja las llaves al jefe de los gánsteres, diciéndole que se las guarde en el bolsillo hasta que él las vuelva a sacar.

Después se produce una pelea coreografiada, con patadas de kung fu y con golpes de palas, mientras estallan sacos de harina y barriles. La máquina de luchar agarra una navaja y, chasqueando la lengua con desaprobación, la tira a un lado. Después da una paliza a los matones sin derramar una gota de sudor, saca las llaves del bolsillo de su contrincante, que está inconsciente, y sale del almacén para saludar al gentío.

La escena muestra a Bachchan como un hombre fuerte, silencioso, que defiende su idea de la justicia en un mundo corrupto. Este papel, cambió el modelo de masculinidad india y lo convirtió en una superestrella. Rachel Dwyer

Fecha 1975

Nacionalidad India

Director Yash Chopra

Reparto Amitabh Bachchan, Shashi Kapoor, Nirupa Roy, Neetu Singh, Parveen Babi

Por qué es clave
Esta escena confirma a Bachchan como superestrella y como luchador contra la injusticia.

Escena clave ***Flashback*: pérdida de la familia y pérdida de las manos** *Sholay*

El primer «curry western» del cine indio, estrenado en 1975, se quita el sombrero ante los dramas de Sergio Leone, en particular ante *Hasta que llegó su hora* (1968). *Sholay*, de Ramesh Sippy, sitúa a la mítica figura del *dacoit* indio en un paisaje típico del género del *western*. El filme trata de la persecución por parte de un antiguo policía, Thakur Baldev Singh (Kumar), de un temido *dacoit*, Gabbar Singh (Khan). El origen de la enemistad entre los dos hombres se nos revela en un larga secuencia de *flashback*, en que se nos explica por qué Baldev, que siempre se cubre los brazos con un chal que lleva sobre los hombros, es incapaz de echar una mano a sus cómplices en una batalla contra los matones de Gabbar.

En dicho *flashback*, Gabbar llega a la casa de Baldev y mata a varios miembros de su familia, uno por uno. Tras permanecer en lo alto de una colina un rato, finalmente desciende hasta la casa y encuentra un único superviviente, el nieto de Baldev. En una referencia directa a *Hasta que llegó su hora*, mata al niño fuera de pantalla: la implicación de una muerte sangrienta es más horrorosa que su contemplación. También captura a Baldev y le corta las manos con una espada, después de pronunciar unas palabras que todavía gozan de popularidad: «Yeh haath mujhe de de, Thakur» («dame las manos, Thakur»).

Aunque las escenas de violencia y venganza no son nuevas en el cine indio de la década de 1970, el enfoque clínico de Sholay, que depende en gran parte de los cortes rápidos al estilo de Hollywood y del escaso uso de las emociones, es el punto de referencia. La secuencia de *flashback* comprende una serie de planos generales muy largos y rigurosamente ensartados. El diálogo es mínimo y el melodrama es casi inexistente, aunque se asesine a una familia, que es la unidad social más importante del cine indio. Nandini Ramnath

Fecha 1975

Nacionalidad India

Director Ramesh Sippy

Reparto Sanjeev Kumar, Amitabh Bachchan, Dharmendra, Hema Malini, Jaya Bachchan, Amjad Khan

Por qué es clave
El refinamiento técnico se combina con una tensa narración para crear una sensación de terror.

Película clave
Dersu Uzala (El cazador)

Después del fracaso comercial de *Dodeskaden* (1970), un proyecto muy querido para Kurosawa, éste tuvo dificultades para encontrar financiación para sus películas e intentó suicidarse. Tardó varios años en encontrar apoyo económico para rodar otro filme. Al final, con fondos de la Unión Soviética, Kurosawa se embarcó en el rodaje de *Dersu Uzala*, su primera película rodada fuera de Japón y su primer trabajo también en otro idioma, el ruso. Se convirtió en una de sus obras más exitosas a nivel internacional y ganó varios grandes premios, entre ellos el Óscar, en 1975 a la Mejor Película Extranjera. Su éxito le proporcionó financiación desde Estados Unidos, y pudo realizar dos grandes producciones, *Kagemusha, la sombra del guerrero* (1980) y *Ran* (1985).

Dersu Uzala se filmó en la región de Ussuri, al este de Siberia. Está basada en hechos reales y se sitúa en la primera década del siglo XX. Cuenta la historia de la amistad entre un cazador indígena, Dersu (Munzuk), y un explorador ruso, Vladimir Arsenyev (Solomin). Al principio, éste último vea Dersu como un ignorante y un zafio, pero el cazador se gana pronto su respeto y se convierte en su mentor en la estepa y en la vida misma. Arsenyev escribió dos libros acerca de su experiencia con Dersu, sobre la que ya se había rodado una película sobre ello en 1961.

Aparte de Asakazu Nakai como director de fotografía, Kurosawa contó con un equipo ruso en su mayor parte. El filme resultante es una verdadera superproducción que plasma a la perfección la grandiosidad de los bosques siberianos y la maravillosa humanidad del personaje de Dersu.

Andrew Pike

Fecha 1975

Nacionalidad Japón/U.R.S.S.

Director Akira Kurosawa

Reparto Maksim Munzuk, Yuri Solomin, Svetlana Danilchenko

Por qué es clave Fue el regreso de Kurosawa al cine después de un fracaso comercial y de un intento de suicidio.

Pág. siguiente
Akira Kurosawa.

Escena clave **Los habitantes del pueblo escupen al protagonista** *Xala*

Un grupo de africanos, algunos de ellos ataviados con trajes rituales, se han congregado en una estancia, donde hay un hombre en el centro desnudo de cintura para arriba. Los hombres se acercan y le escupen en el torso. La saliva blanca se desliza lentamente por su piel de color chocolate. El sonido que producen al escupir reverbera con hostilidad; el encuadre se congela.

Ousmane Sembene, que comenzó como escritor, se pasó al cine cuando se dio cuenta de que podía llegar de un modo más efectivo a sus compatriotas africanos, la mayoría de los cuales eran analfabetos, a través de un medio visual. El protagonista de su clásico *Xala* es un hombre de negocios negro, Hadji (Leye), que, justo después de que se produzca la independencia del país, se convierte en miembro de la administración. Aunque parece que los colonizadores blancos se han retirado, siguen dominado la nación a través de un gobierno títere. Hadji se gana el desprecio de los miembros de su familia no sólo porque se niega a hablar su idioma materno, el wolof, ni porque prefiere beber agua Evian importada, sino porque ha decidido tomar una tercera esposa.

Con la maldición de la gente a la que ha traicionado, se vuelve impotente y no puede consumar el matrimonio. *Xala* cuenta los esfuerzos de Hadji por curar su enfermedad. Pronto pierde el favor de los que mandan y su negocio se hunde. Para recuperarse, necesitará reestablecer el vínculo con su comunidad. Así pues, regresa a su pueblo y deja que lo escupan con desdén. Esta escena final resume todo el desprecio que los africanos nativos sienten por las élites negras corruptas.

Dina Iordanova

Fecha 1975

Nacionalidad Senegal

Director Ousmane Sembene

Reparto Thierno Leye

Por qué es clave Esta escena resume la visión crítica del filme sobre la administración negra postcolonial de África.

Escena clave **El asesinato** *Nashville*

SPOILER

Ésta es una de las largas películas-lienzo de Altman, en la que retrata a veinticuatro personajes con el fondo del negocio de la música *country* que domina la ciudad que da título a la película. Los elementos del filme están unidos por diversos hilos narrativos, como los altibajos de la salud mental de un cantante (Blakley), los monólogos de una reportera (Geraldine Chaplin) y la campaña política que se está llevando a cabo en la zona.

La impresión general es la de una escena norteamericana típica, marcada por una vitalidad robusta, pero no siempre saludable, ya que hay ciertos elementos, como canciones patrioteras, actitudes interesadas y eslóganes políticos muy peculiares, que parecen fruto de mentes poco sofisticadas, si no completamente necias.

Todo en esta película ingente conduce hacia un mitin político que reúne a todos los personajes que hemos conocido durante la escena inicial del aeropuerto. En medio del evento, se produce una catástrofe: hay una gran confusión en el escenario, donde están los cantantes, y nos damos cuenta de que alguien del público les ha disparado. Después de los asesinatos políticos que se produjeron en Estados Unidos en 1960, como los de John y Robert Kennedy y Martin Luther King, incluso el asesinato de una figura del espectáculo es creíble en una concentración política. Sin embargo, resulta un duro golpe, y Altman es lo bastante astuto como para no explicar sus causas y efectos. Otro artista de la escena (Harris) comienza un número: «You may say that I'm not free, but it don't worry me» («Puedes decir que no soy libre, pero no me importa») y el público se consuela uniéndose a él.

¿El hecho de cantar esta letra es un acto de curación? ¿De evasión? ¿De negación? Este momento estrepitoso de Altman nos invita a meditar y decidir por nosotros mismos.
David Sterritt

Fecha 1975

Nacionalidad Estados Unidos

Director Robert Altman

Reparto Barbara Harris, David Hayward, Michael Murphy, Henry Gibson, Ronee Blakley

Por qué es clave Este retrato panorámico de una ciudad estadounidense loca por la música termina con una canción dotada de toda una serie de implicaciones sociales tan provocativas como ambiguas.

Pág. anterior *Nashville*.

Escena clave **El fin de todo** *Cementerio yakuza*

SPOILER

Kinji Fukasaku está considerado con justicia una voz única dentro del cine de género japonés. Algunas películas de culto, como la adaptación de la obra de Mishima *El lagarto negro* (1968) o el atípico éxito de finales de su carrera, *Battle Royale* (2000), han variado la perspectiva de sus admiradores, pero hay que admitir que incluso la obra principal de Fukasaku, una serie de feroces películas de *yakuzas* que incluye la saga de *Battles without Honor and Humanity* a partir de 1973, invitan a reconocer sus innovaciones estilísticas. Entre estas innovaciones destacan el caos y el desorden provocados por el manejo en mano de la cámara CinemaScope y la congelación de los fotogramas, así como el tono coherente, casi nihilista, pero también lleno de vida en la desesperación.

Sin embargo, Fukasaku es la voz de una generación de posguerra traicionada, y sus películas están impregnadas de ira por las promesas incumplidas de una prosperidad colectiva. No es de extrañar que la furiosa acusación *Under the Flag of the Rising Sun* (1972) y la balada de juventud perdida *If You Were Young: Rage* (1970) convivan sin problemas con el tumulto de gánsteres que siguió a otra batalla perdida de la izquierda, la protesta de 1960 contra la renovación del Tratado de Seguridad entre Estados Unidos y Japón.

La expresión más poderosa de Jukasaku del vacío espiritual y político que percibía es *Cementerio yakuza*, la saga de posguerra de un miembro rebelde de la mafia. El filme se dirige de forma inexorable hacia el salto suicida final en la prisión, con una oleada de sangre que salpica la cámara en el impacto. Un epílogo tan breve nos obliga a cuestionarlos la violencia al tiempo que se lee en la lápida de este «estereotipo de gánster de posguerra»: «Humanidad y Justicia».
Christoph Huber

Fecha 1975

Nacionalidad Japón

Director Kinji Fukasaku

Reparto Tetsuya Watari

Título original *Jingi no hakaba*

Por qué es clave Pocos directores han plasmado la ira y la desesperación por las traiciones sociales en un género de cine como Kinji Fukasaku. En este sentido, el final de su obra maestra, *Cementerio yakuza*, es único.

Escena clave **Se acerca el vicecónsul, grita y es expulsado** *India Song*

Marguerite Duras, escritora de renombre, fue guionista ocasional durante las décadas de 1950 y 1960 (colaboró con Resnais, por ejemplo, en *Hiroshima mon amour)*. En la década de 1970 se dedicó casi en exclusiva a escribir y dirigir películas, y rodó una docena de ellas entre 1969 y 1981.

India Song, que recicla material de tres libros de la autora, es un filme verdaderamente experimental, aunque tiene cierto argumento. Tal y como señaló la propia Duras, «está basado en el sonido». Evita el diálogo tradicional y lo reemplaza con comentarios casi susurrados por voces femeninas delicadas y diáfanas, a través de las cuales palabras, nombres de una persona (Anne-Marie Stretter) o de un lugar (Lahore, Savannahkhet) adquieren la capacidad de hechizar. La acción, insinuada algunas veces por las voces, nunca se muestra.

Los personajes se mueven lentamente, como si estuvieran en trance, o bailan sin cesar, la mayoría confinados en una habitación vacía en la que hay un enorme espejo, sugiriendo de ese modo recuerdos o un sueño de eventos pasados con más eficacia que un ambiente real. Durante toda la película podemos oír una melodía de piano inquietante, que se hace inseparable de la magia de las voces y del movimiento a cámara lenta, como una visión de la no-acción sumergida bajo el agua.

En un momento de la película, el vicecónsul de Lahore (Londsdale), que ha caído en desgracia por su extraño comportamiento, asiste a una fiesta de la embajada y le habla a la esposa del embajador (Seyrig) de su desesperado amor por ella. Aunque es el único momento en el que se desarrolla una acción, todo tiene lugar fuera de pantalla: el vicecónsul monta una escena, exigiendo que ella lo acepte, gritando, y se lo llevan. Sus gritos encuentran un eco, de algún modo, en los de la mujer india loca a quien se menciona una y otra vez durante toda la película.

Jean-Pierre Coursodon

Fecha 1975

Nacionalidad Francia

Director Marguerite Duras

Reparto Delphine Seyrig, Michel Londsdale, Matthieu Carrière

Por qué es clave
Es la escena culminante de la transposición fílmica más radical y exitosa del universo literario de la autora, una voz única e hipnotizante que cobra vida en la pantalla.

Pág. siguiente *India Song*.

Escena clave **La cámara atraviesa una ventana** *El reportero*

SPOILER

La mayoría de los directores que quieren usar una toma única prolongada comienzan sus películas con esta pieza de virtuoso, como Orson Welles en *Sed de mal* (1958) o Robert Altman en *El juego de Hollywood* (1992).

En *El reportero*, Michelangelo Antonioni realiza el punto culminante de la película con una asombrosa toma de siete minutos. Según declaró él mismo, tomó esa decisión sencillamente porque no quería rodar una escena convencional para la muerte de Locke (Nicholson), el periodista que ha cambiado su identidad por la de un traficante de armas y encuentra su fin en una habitación de hotel de una polvorienta ciudad española.

Mostrando la influencia del filme experimental *Wavelength* (1967), que consiste en un *zoom* de 45 minutos durante los cuales la cámara atraviesa una habitación vacía, Antonioni comienza con lo que parece ser una toma fija desde dentro de la habitación del hotel, mientras Locke está tendido en la cama fuera de plano, y la cámara se retira poco a poco a través de las ventanas con rejas, hacia la plaza. Aparecen unos coches, llegan los demás personajes e incluso los extras que pasan por allí (un anciano, un niño que está jugando) adquieren relevancia mientras la cámara ejecuta un giro de 360° y llega de nuevo a filmar por entre las rejas a un hombre a quien ya no puede identificarse, que yace muerto sobre la cama.

Un policía le pregunta a la mujer si el cadáver era su marido, y ella murmura ambiguamente: «Nunca conocí a mi marido».

La película tiene una secuencia más: al amanecer, cuando la gente se marcha de la ciudad y aparecen los créditos. Hizo falta una semana para organizar y rodar esta escena, que dependía de que las rejas de una ventana (y también, según Nicholson, de la fachada entera del hotel) pudieran moverse mientras la cámara las cruzaba y después volver a unirse antes de que nuestra mirada regresara a la ventana.

Kim Newman

Fecha 1975

Nacionalidad Italia/Francia/España /Estados Unidos

Director Michelangelo Antonioni

Reparto Jack Nicholson, Maria Schneider, Jenny Runacre

Título original *Profession reporter*

Por qué es clave Este momento es la coronación de la carrera de uno de los mejores cineastas de la historia.

Escena clave **Un lejano punto de obsesión** *Diario íntimo de Adèle H.*

SPOILER

Muchos artistas ponen énfasis en el amor, pero no tantos en la obsesión. Ésta es algo intimidante, que no ofrece recompensas felices. A menudo se considera algo de lo que hay que ser sólo testigo, como el espectáculo. En ese sentido, Truffaut es el único que pudo rodar con éxito una película sobre la obsesión sin mantenerse a distancia de ella.

La historia de la hija pequeña de Victor Hugo, Adèle (Adjani), obsesionada con el teniente Pinson (Robinson), que había sido su amante y después la había dejado, se convierte en su declaración más conmovedora sobre el tema. El director homenajea la experiencia subjetiva de la joven por su rica intensidad, y no la ve como algo menos válido que otras experiencias. La sigue mientras va primero a Halifax y se desliza desde la desilusión con Pinson al fingimiento, y, finalmente, a la locura. Siempre está cerca de la protagonista y capta todos los matices de sus sentimientos, sobre todo a través de la magnífica interpretación de Adjani.

En los últimos diez minutos la historia llega a su punto culminante en una secuencia en Barbados, mientras la luz del día lo ilumina todo. Cuando Pinson va a verla, ella pasa por delante de él, por la calle, sin verlo ni reconocerlo. La desaparición de Adèle por una esquina, mientras él la observa, es inquietante. La escena revela con una gran perspicacia que no es una obsesión por el objeto de dicha obsesión, sino con lo que uno busca dentro de sí, sin importar adónde leve esa búsqueda.

Adèle había escrito: «Que una chica camine sobre el mar hacia el nuevo mundo para reunirse con su amante, eso es lo que conseguiré». Quizá su viaje haya sido más heroico aún.

Blake Lucas

Fecha 1975

Nacionalidad Francia

Director François Truffaut

Reparto Isabelle Adjani, Bruce Robinson

Título original
L'histoire d'Adèle H.

Por qué es clave
La verdadera historia del viaje asombroso de una joven, a través del océano y por el interior de sí misma, se convierte en una meditación magistral de lo difícil de ser humano, y llega a la culminación en un momento de poderosa revelación.

Personaje clave **Saskia** La acomodadora

Esta legendaria acomodadora era una mujer del este de Europa, de mediana edad, llamada Saskia. Yo tenía diecinueve años y acababa de llegar a París. Miré la cartelera y enseguida me puse en camino hacia la Cinémathèque. Desde el barrio Latino había que tomar el autobús n.º 63, bajar en la parada de Albert de Mun, caminar por el bulevar y entrar en el parque del Palais de Cahillot.

En aquel barrio residencial, las calles estaban muy tranquilas por la noche, y no había ninguna señal que indicara cuál era el camino. Yo me confundí, volví sobre mis pasos, entré en el parque por el camino equivocado y me perdí. Al final, logré encontrar la entrada. Saskia me reprendió:

–Es una obra maestra. ¡Llegas tarde! No puedes entrar una vez que ha comenzado la proyección.

Yo me eché a llorar.

–Señora, vengo de Marsella. ¡Toda mi vida he querido ver *Avaricia* de Erich Von Stroheim!

Mi Biblia durante más de un tercio de mi corta vida había sido el *Diccionario de cine* de Georges Sadoul, y había hecho que deseara ver tesoros cinematográficos inalcanzables.

Aquel ogro me miró, entre resoplidos y consternación, aceptó mi dinero y me dio la entrada. Entonces entré por fin en el Templo. Me había perdido la secuencia del pájaro; en la pantalla, McTeague estaba intentando resistir, sin éxito, el perverso impulso de besar a Trina mientras ella dormía. El hecho de poder comparar todo lo que había leído sobre la película con la película en sí fue un momento trascendental para mí, como lo había sido para generaciones anteriores y lo sería para otras tantas posteriores. Y Saskia nos había dejado pasar a todos.

Bérénice Reynaud

Fecha 1975

Por qué es clave La severa dama que custodiaba la entrada a la Cinémathèque francesa tenía un corazón de oro, y acompañó a muchas generaciones hacia la realidad de la cinefilia.

Escena clave **Sonny dicta su testamento**
Tarde de perros

El 22 de agosto de 1972, el mismo día en que Nixon fue propuesto para un segundo mandato, un hombre llamado John Wojtowicz entró en una sucursal del Chase Manhattan Bank de Brooklyn, Nueva York, y declaró que aquello era un atraco.

Cuando se supo que necesitaba dinero para una operación de cambio de sexo para su amante homosexual, su pulso de un día entero con la policía atrajo a miles de personas y llamó la atención de toda la ciudad. Warner Bros., que tradicionalmente era el estudio de los filmes de problemática social, le arrebató los derechos de la historia del atraco a la revista *Life*, seleccionó a Al Pacino para el papel del protagonista, a quien se llamó Sonny Wortzik, y contrató al veterano director neoyorquino Sidney Lumet para darle la necesaria autenticidad.

El núcleo emocional de la película llega a los 97 minutos, cuando Sonny, convencido de que lo van a matar de un disparo, dicta un testamento. Declara su amor «más de lo que un hombre nunca haya amado a otro hombre en toda la eternidad», mientras su rehén, el director de la sucursal de nombre Mulvaney (Boyar), toma café sin inmutarse.

Wojtowicz, a quien le encantaba esta escena pero en cambio odiaba la película, utilizó los 7.500 dólares que le pagó la Warner para costear la operación, cumplió siete de los veinte años a los que fue condenado, vivió de las prestaciones sociales después de ser puesto en libertad, en Brooklyn, y murió de cáncer en enero de 2006.

Con la frágil empatía del guión de Frank Pierson, que ganó un Óscar, con unas interpretaciones perfectas y una astuta dirección, un episodio triste de esta vida triste se convirtió en arte perdurable.

David Stratton

Fecha 1975

Nacionalidad Estados Unidos

Director Sidney Lumet

Reparto Al Pacino, Sully Boyar

Título original *Dog Day Afternoon*

Por qué es clave Warner Bros. pone al día sus filmes de problemática social en el Nueva York de la década de 1970 y consigue una audaz interpretación de Pacino en el proceso.

Acontecimiento clave **El asesinato de Pier Paolo Pasolini**

En *Caro diario* (1994), Nanni Moretti hace un trayecto en su Vespa y llega al lugar de Ostia donde asesinaron al escritor y director de cine Pier Paolo Pasolini el 2 de noviembre de 1975. Aquel día, más tarde, detuvieron a un muchacho de 17 años, Giuseppe Pelosi, y lo acusaron de haber matado a golpes a Pasolini después de que éste lo sodomizara con un palo.

Enseguida, surgieron numerosas teorías de conspiración y de encubrimiento, que avivaron figuras como la actriz fetiche de Pasolini, Laura Betti, y su futuro biógrafo, Enzo Siciliano. Ha habido documentales, reconstrucciones dramáticas y acaloradas polémicas, porque en el fondo nadie aguijoneaba las fuerzas contradictorias de la sociedad italiana como Pasolini. ¿Lo asesinaron los miembros de una conspiración de extrema derecha, anticomunista y homofóbica? ¿Por qué hay tantas lagunas en la investigación policial? ¿Estaba implicada la mafia? Hay que recordar que Pasolini ridiculizó a la izquierda en sus columnas periodísticas casi tanto como a la derecha, y que el último filme que realizó, *Saló o los 120 días de Sodoma*, se recibió en la mayoría de los ámbitos como una provocación nihilista insoportable.

Casi treinta años después, en mayo de 2005, Pelosi se retractó de su confesión original y ofreció una versión diferente de los hechos: Pasolini había sido asesinado, en realidad, por tres hombres de mediana edad que le increparon acerca de su ideología política y su sexualidad, y quienes, después, amenazaron a Pelosi y a su familia para que mantuviera silencio. El caso fue reabierto en 2005, pero enseguida se archivó de nuevo al considerar los jueces que la nueva información era «insuficiente para continuar».

Adrian Martin

Fecha 2 de noviembre de 1975

Por qué es clave La muerte de esta figura capital de la cultura italiana continúa siendo un caso sin resolver.

Escena clave **El duelo final**
Barry Lyndon

Éste es un filme sobre la historia como pérdida. La cámara apenas se mueve, los encuadres parecen cuadros de un tiempo ya pasado, y su principal sello estilístico es el *zoom* a la inversa: comienza la escena con un primer plano y después haciendo que nuestra visión se aleje suave pero firmemente, como si el ambiente del siglo XVIII se estuviera desvaneciendo ante nuestros ojos.

Kubrick mantiene una sensación de distancia contemplativa incluso cuando la cámara se acerca en vez de alejarse de su objeto, ya que el *zoom* permite al director cambiar el campo de visión sin mover la cámara hacia lo que está filmando e, indirectamente, tampoco al espectador. Algunos críticos encuentran demasiada objetividad en el enfoque de Kubrick, pero lo cierto es que *Barry Lyndon* contiene un gran número de momentos conmovedores.

El duelo es un buen ejemplo. Aunque aquí el *zoom* está ausente, el episodio comienza con un primer plano de unas manos cargando una pistola, y las imágenes siguientes más llamativas se captan por lo general en planos medios o generales que conectan a los personajes con lo que los rodea: un tétrico establo donde la muerte es casi palpable. La banda sonora intensifica esta atmósfera, con el arrullo de unas palomas a las que no vemos y fragmentos del tema musical de la película, una zarabanda de Haendel, interpretada casi de un modo subliminal con cuerdas y timbales.

Es una escena muy importante, ya que señala el momento en que el héroe egoísta (O'Neal) demuestra, ya tarde, que, después de todo, tiene las hechuras de un caballero. Además, contiene las dosis de suspense que podría exigir cualquier espectador. Sin duda, se trata de una combinación ideal de estilo, historia y sentimiento.
David Sterritt

Fecha 1975

Nacionalidad Reino Unido

Director Stanley Kubrick

Reparto Ryan O'Neal, Leon Vitali, Peter Cellier

Por qué es clave
Esta escena de duelo, rodada y editada con el tempo majestuoso de un aire barroco, aligera un drama muy reflexivo con calidez humana y suspense.

Pág. anterior *Barry Lyndon*.

Película clave ***Winstanley***
Las vacas

Como Kevin Brownlow es un historiador de cine reconocido, parece justo que sus dos primeros filmes con el historiador militar y diseñador de producción Andrew Mollo sean como puertas hacia un universo alternativo de películas del género histórico. Tanto *It Happened Here* (1966) como *Winstanley* son dos proyectos realizados sin apenas presupuesto y a lo largo de muchos años, que exhiben una atención obsesiva por detalle y una visión radicalmente independiente. Estas películas, menos dramáticas que de inmersión histórica, poseen una cualidad documental y una extraña credibilidad, como un halo de misterio.

It Happened Here es un cuento sobre un universo alternativo, una historia de ciencia ficción: un retrato de la Inglaterra de 1944 después de haber sufrido cuatro años de ocupación nazi. Aunque es una película notable, el tema de la confrontación a veces oscurece sus logros únicos: la perorata antisemita de un nazi (interpretado, por deseo expreso de los directores, por un fascista de verdad) provocó protestas y tuvo que ser cortada para el estreno de la película.

Winstanley muestra el esfuerzo inútil de un grupo no violento por formar una comunidad durante la guerra civil inglesa, pero parece que el argumento navega a la deriva entre las olas y que apenas se aparta de la mirada obsesiva (se demuestra el amor de Brownlow por los silencios) hacia este misterioso pasado. Sin poder evitarlo, uno percibe detalles como lo ligeramente extraños que son las vacas y los cerdos. Brownlow y Mollo buscaron por toda Inglaterra, con el asesoramiento de criadores de animales, hasta encontrar especímenes que se parecieran a los que había en Surrey en el siglo XVII.
Christoph Huber

Fecha 1975

Nacionalidad Reino Unido

Directores Kevin Brownlow, Andrew Mollo

Por qué es clave
El respetado cineasta Kevin Brownlow rodó junto con Andrew Mollo dos fascinantes películas de bajo presupuesto, que lograron un nivel único de inmersión en el mundo histórico, gracias en parte a una obsesiva atención por el detalle, tal como puede comprobarse sólo observando los animales.

Escena clave **La escena de ballet** *Historia de Joana*

SPOILER

Historia de Joana, de Gerard Damiano, es quizá la más ambiciosa película estadounidense de la pornografía *hardcore* de la década de 1970. Tiene na rica puesta en escena y una estructura meticulosa de principio a fin. Jason (Gillis), que hace gala de una especial habilidad para protegerse de la exposición ante los demás, es presentado como una imagen en un espejo, y cómo la repetida penetración sexual de Joana (Hall) es invertida cuando entra en el cuerpo impenetrable de su amante disparándole en la boca.

El filme contiene dos momentos que parecen pensados para frustrar y alienar a su público objetivo, hasta el punto de que fueron retirados de ciertas copias de la película: uno de los pocos retratos explícitos de la homosexualidad masculina que pueden encontrarse en las obras pornográficas para el gran público, y una secuencia de danza de cinco minutos. Esta última, que muestra a Gillis observando mientras Hall y Steven Lark bailan al ritmo del *Adagio en sol menor* de Tomaso Albinoni, fue improvisada por Damiano cuando descubrió que su actriz protagonista había sido miembro de la Compañía de Danza de Stuttgart.

La secuencia ofrece una versión comprimida del argumento: el bailarín masculino domina a la bailarina, tal y como Jason domina a Joana. Así, la levanta del suelo, controla sus movimientos, manipula su cuerpo, imita un encuentro sexual; incluso parece que la mujer está muriendo en brazos del hombre en cierto momento (anunciando la amenaza de Joana de pegarse un tiro). Sin embargo, el baile termina con la mujer de pie sobre el hombre, que, adelantando el destino de Jason, yace inmóvil en el suelo, vencido por la fuerza femenina.

Es innegable que esto es cine de primera calidad, donde se consigue compendiar la visión de la heterosexualidad de *Historia de Joana* como un campo de batalla en el que la masculinidad obsesionada con la muerte se borra a sí misma de un modo ritual.

Brad Stevens

Fecha 1975

Nacionalidad Estados Unidos

Director Gerard Damiano

Reparto Terri Hall, Steven Lark, Jamie Gillis

Título original *The Story of Joanna*

Por qué es clave Esta escena muestra lo que se puede conseguir en un género normalmente denostado.

Escena clave **La secuencia en la imprenta** *El espejo*

El miedo de haber cometido un error en una prueba en una prestigiosa editorial empuja a Maria Nikolaevna (Terekhova) a correr hacia la imprenta bajo un chaparrón.

La secuencia realiza un detallado retrato psicológico de una persona que vive en el miedo, bajo el culto a una personalidad. No hay ninguna mención a Stalin; sólo vemos un cartel suyo en la pared de la oficina. Sin embargo, todo el personal de la imprenta se halla bajo una presión que sólo puede entenderse por la existencia de todo un sistema de represión política.

El nerviosismo de un nuevo trabajador, los cambios de estado de ánimo de Maria y de su amiga Lisa (Demidova), la indiferencia de la otra colega (Grinko) durante sus estallidos de histeria (probablemente ha presenciado muchas escenas parecidas y, con pragmatismo, concluye que algunas personas deberían trabajar, y otras deberían ocuparse de la preocupación), el modo en que Maria continúa pasando páginas aunque ya ha comprobado que no ha cometido el error que temía (de modo que nadie sepa qué palabra estaba buscando), los empleados inquietos que se agrupan a su alrededor, el pánico con el que uno de ellos anuncia que, aunque haya un error, ya se han impreso las copias, el bailecito de Lisa en el pasillo... Todo ello dibuja el carácter de los protagonistas de una forma novelística, pero Tarkovsky termina la secuencia con un poema de su padre sobre el estado de ánimo y el cambio de ambiente, recitado en la banda sonora mientras Maria vuelve a su oficina desde la imprenta.

Rashmi Doraiswamy

Fecha 1975

Nacionalidad U.R.S.S.

Director Andrei Tarkovsky

Reparto Margarita Terekhova, Nikolai Grinko, Alla Demidova

Título original *Zerkalo*

Por qué es clave Es un retrato psicológico del concepto mismo del terror.

Pág. siguiente *El espejo.*

Acontecimiento clave **El nacimiento del éxito de taquilla**

Con la aclamada película para televisión *El diablo sobre ruedas* (1971) y la superproducción *Loca evasión* (1974) a sus espaldas, el director de 28 años Steven Spielberg ya era considerado un niño prodigio. Sin embargo, *Tiburón* lo convirtió en todo un referente cultural e hizo que se revisara el concepto de éxito de taquilla y que se redefiniera el proceso de promoción, además de marcar para siempre el verano como el centro del año contable en Hollywood.

La película es una adaptación de la novela de Peter Benchley, de 1974, cuyos derechos adquirió Universal mientras aún estaba terminándose. Quizá este filme hubiera sido un éxito de todos modos, ya que conservaba los golpes viscerales de Benchley y además añadía unos personajes bien dibujados y una crueldad burlona que recordaba al estilo de Hitchcock. Sin embargo, después de unas cuantas proyecciones previas al estreno, que fueron todo un éxito, Universal distribuyó la cinta en 400 salas, un número entonces extravagante, y alimentó la expectación del público con una campaña de publicidad masiva en la televisión.

La película recaudó 260 millones de dólares, cantidad que superó incluso a lo recaudado por *Lo que el viento se llevó*, cuyas ganancias fueron de 189 millones de dólares. Antes de *Tiburón*, los estudios pensaban que saldrían de números rojos poco a poco cada año gracias a uno o dos grandes éxitos y otros cuantos más modestos; después de *Tiburón*, se impuso la mentalidad del taquillazo y los estudios comenzaron a invertir fortunas para conseguir grandes éxitos.

El legado incluye desde la trilogía de *La Guerra de las Galaxias*, de George Lucas, y las películas de *Indiana Jones* de Spielberg y Lucas, hasta *Top Gun*, *Terminator 2*, *Titanic*, *El Señor de los Anillos* y la saga de *Harry Potter*, así como fracasos tan sonados como *El último gran héroe* y *Waterworld*.

Matt Zoller Seitz

Fecha 1975

Por qué es clave
Tiburón cambió las reglas de Hollywood.

Pág. anterior *Tiburón*.

Escena clave **Un cámara de noticias filma su propia muerte** *La batalla de Chile*

Esta trilogía documental de Guzmán analiza el complejo proceso político que llevó a Salvador Allende al poder en Chile y que terminó con el golpe de estado militar de 1973. El filme está cuidadosamente estructurado y la mayor parte del metraje es asombroso.

Hay un momento que destaca en especial. Mientras está filmando las primeras acciones militares en contra de Allende, el 29 de junio de 1973, el cámara argentino Leonardo Henrichsen graba su propia muerte. Un grupo de soldados está bajando de un camión; uno de ellos mira fijamente al objetivo de Herichsen, saca su arma y dispara. La cámara tiembla y Henrichsen, herido de muerte, decide que hará su trabajo hasta el final, y sigue enfocando a su asesino. Unos segundos después, Henrichsen cae al suelo y muere.

Uno de los documentales estadounidenses más famosos es *Harlan Country U.S.A* (1976), de Barbara Kopple; en él hay una escena en la que un hombre agita su arma ante uno de los cámaras. En el mismo período, en Latinoamérica, disparaban a menudo a los cámaras, pero muy poca gente tenía la oportunidad de ver las películas por las que moría.

Fernando Martín Peña

Fecha 1975

Nacionalidad Venezuela

Director Patricio Guzmán

Por qué es clave
Un hombre murió por hacer este filme.

Escena clave **El señor Sofisticación canta** *El asesinato de un corredor de apuestas chino*

SPOILER

Si les pagas, perderás algo más; si construyes algo, vendrán a llevárselo. Ésta es la lección que aprende a manos de unos gánsteres el propietario de un club de *striptease*, Cosmo Vitelli (Gazzara), al volver herido a su cabaret. ¿Para qué intentarlo? Cuando el señor Sofisticación (Roberts), el desaliñado maestro de ceremonias del local, comienza su versión de «I Can't Give You Anything but Love», Cassavetes nos ofrece la respuesta.

El asesinato de un corredor de apuestas chino no termina con violencia, sino con un número musical. El señor Sofisticación lanza billetes falsos al público, que grita «¡Quítatelo!» a las Preciosidades mientras éstas bailan medio desnudas sobre el escenario. De manera intencionada, cambia la letra de la canción para responder a las mezquinas peticiones: «Felicidad y éxito. Todo por lo que llorabas». La canción va adquiriendo intensidad. «¡Amor, amor..., amor ardiente!».

Entonces, una de las Preciosidades (Haji) acaba de ponerlo de mal humor colocándole un petardo en el hombro. Cuando estalla, suspira con resignación y se dirige hacia bambalinas, donde una mano le ofrece consuelo o quizá lo felicita; su canción se reanuda durante los créditos finales.

A veces un mensaje de amor, de «¡amor ardiente!», puede proceder de un hombre gordo y malhumorado con la cara sudorosa y pintada de blanco. Dejamos a Cosmo desangrándose en la acera, herido pero todavía en pie. El agujero de la bala es como la explosión del hombro del señor Sofisticación. Con éste, a quien también se conoce como Teddy (interpretado por Meade Roberts, un guionista a quien el propio Cassavetes puso a actuar), el director creó una figura inolvidable. Es el profesor humillado de *El ángel azul* en el escenario con sus compañeras de actuación, relegado a una embarazosa grandeza en Los Ángeles.

A. S. Hamrah

Fecha 1976

Nacionalidad Estados Unidos

Director John Cassavetes

Reparto Meade Roberts, Ben Gazzara, Haji, Alice Friedland, Donna Marie Gordon

Título original *The Killing of a Chinese Bookie*

Por qué es clave
Cassavetes va desde el ridículo a lo sublime.

Escena clave **Competición sexual en la corte del Papa** *Casanova*

Hay una minoría de personas que cree que es la mejor película de Fellini. Tal vez no sea tan icónica como *La dolce vita* o *Fellini, ocho y medio*, y su fría apariencia puede desconcertar a aquellos que se han visto seducidos por la nostalgia romántica de *Amarcord*, pero es difícil negar el hecho de que ninguno de sus otros trabajos tiene el mismo grado de abstracción ni la misma cualidad física y sensual.

Casanova es una fiesta para los ojos y los oídos; mucho antes de la era del estéreo digital, Fellini crea un paisaje sonoro de una complejidad sin parangón, en el que la música de Nino Rota se mezcla con los poemas de Andrea Zanzotto y con el genio del director para la palabra hablada.

Como sucede con todas las grandes poesías, algunas frases de la película no pueden traducirse. Hay una en particular que sobresale por su plurilingüismo exuberante: Casanova ha recibido una invitación para participar en una competición con un noble romano. La prueba consiste en tener todos los orgasmos posibles en un solo encuentro sexual, y el protagonista reclama su derecho a elegir a su compañera para la prueba. La voz, desde fuera de la pantalla, de una anciana aristócrata, muestra su acuerdo con él: «*Il a raison, 'a donna s'à deve scéjjer lui*». La traducción literal es «Tiene razón, puede elegir a la mujer»; sin embargo, la frase se pronuncia en una mezcla tan intrincada de francés y dialecto romano que el ambiente de vulgaridad cultivada de la corte del Papa resulta algo casi palpable. James Joyce se habría puesto en pie para aplaudir.

Paolo Cherchi Usai

Fecha 1976

Nacionalidad Italia

Director Federico Fellini

Reparto Donald Sutherland, Tina Aumont, Leda Lojodice

Título original *Il Casanova di Federico Fellini*

Por qué es clave
La compleja banda sonora de esta película es un microcosmos del mundo del director.

Pág. siguiente *Casanova*.

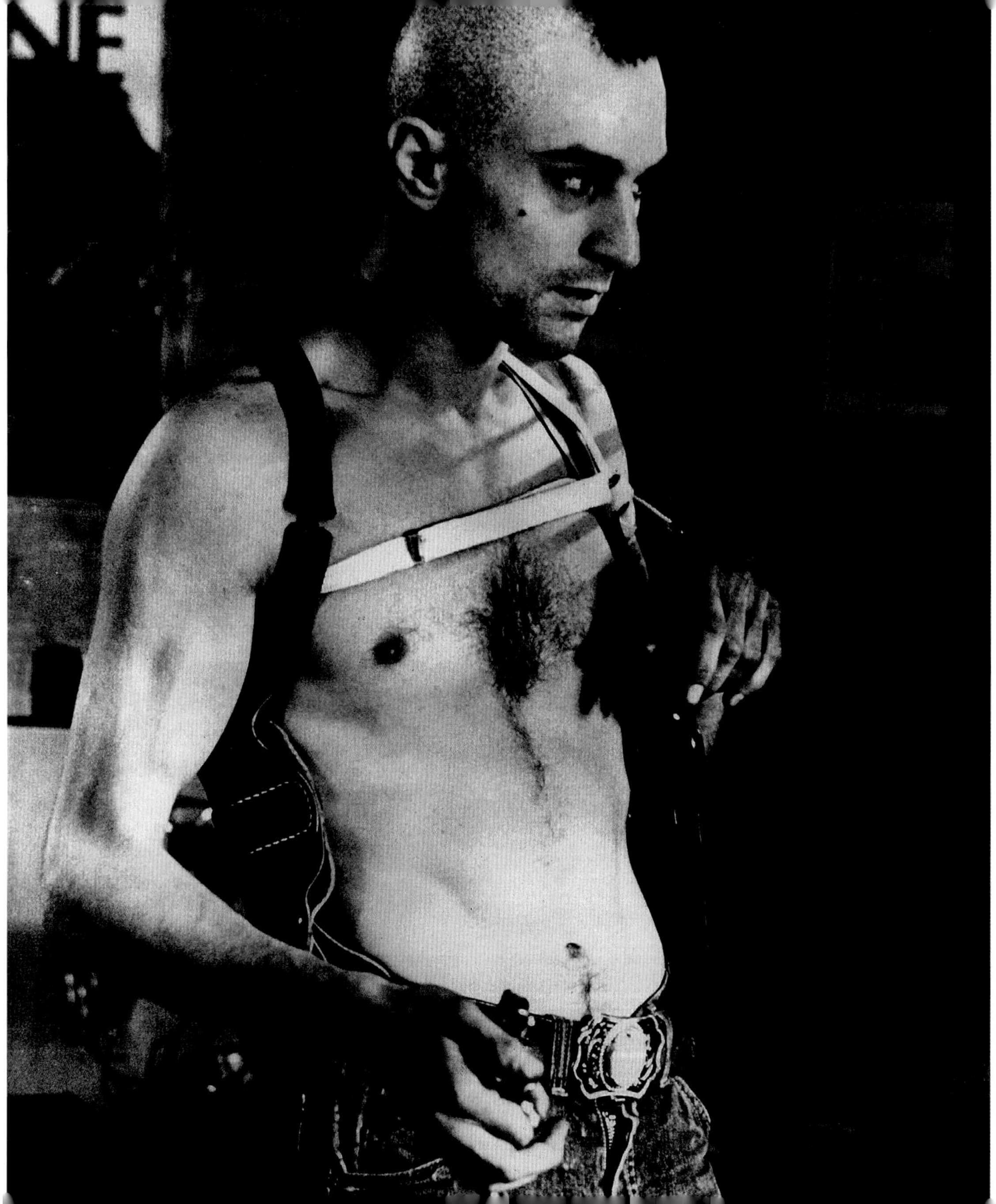

Escena clave **La cámara nos muestra el peinado de Travis** *Taxi Driver*

SPOILER

¿Cuándo sabemos con seguridad que Travis Bickle (De Niro) está completamente psicótico? Quizá cuando lee en su diario las anotaciones sobre las peores calles de Nueva York. O quizá cuando fabrica un mecanismo para ponerse en el brazo, o cuando recita su famoso monólogo de «¿Estás hablando conmigo?». Sin embargo, en esos momentos todavía es posible que se esté dejando llevar por el puritanismo («Aquí hay un hombre..., que se levantó contra la chusma») que ocupa una parte de su mente fragmentada. En el mitin del senador Palatine (Leonard Harris) desaparecen todas las dudas.

Sólo se muestra el cuerpo de Travis cuando llega. Entonces, vemos a Palatine declamando unas palabras que rezuman ironía: «Nos encontramos en las encrucijadas...». Travis saca un par de pastillas de un bote y, cuando la mano se mueve hacia su boca, la cámara se mueve con ella, bruscamente, y nos enseña por primera vez la cabeza de Travis desde que lo vimos preparándose para la violencia en su apartamento. Ya no tiene su corte de pelo habitual; lleva un extraño corte al estilo mohawk, una cresta de pelo flanqueada por partes de cráneo mal afeitado, a través del cual parece que va a salirse el enfebrecido cerebro de Travis, como las columnas de humo que escapan de las bocas de las alcantarillas de la ciudad.

El nombre indio del corte de pelo es apropiado: el mitin político se celebra en Columbus Circle, que lleva el nombre del explorador que abrió la veda a la devastación por parte de Europa de los nativos americanos, y éste es un «salvaje» cuya rabia ha alcanzado una fuerza explosiva. «Todos los animales salen de noche», había dicho antes. Ahora él es uno de ellos. Y a plena luz del día.
David Sterritt

Fecha 1976

Nacionalidad Estados Unidos

Director Martin Scorsese

Reparto Robert de Niro

Por qué es clave La fotografía, la interpretación y el estilo de corte de pelo se combinan de forma magistral en una de las revelaciones de maldad más angustiosas del cine estadounidense.

Pág. anterior *Taxi Driver*.

Escena clave **Tonya orinando** *Insiang*

Insiang (Koronel) acaba de llegar a casa con la compra y está friendo unos huevos sobre la diminuta cocina para su madre, Tonya (Mona Lisa) y ella. Entonces, aparece por detrás de ella un hombre que sale del baño (un rincón de la habitación que está marcado con una cortinilla) y que sólo va tapado con una toalla. Es Dado (Vernal), el nuevo novio de Tonya, que ha pasado la noche allí sin que Insiang lo supiera.

Él se detiene y sonríe. Después se ajusta la toalla alrededor de la cintura y pasa junto a Insiang, que está mirando al suelo, hacia la habitación de Tonya (otra esquina marcada por una cortina), donde oímos cómo la despierta entre bromas. Ella sale riéndose desde detrás de la cortina y ve a Insiang, que la está mirando fijamente. Tonya se detiene; sin mediar palabra, va hacia la esquina que hay detrás de Insiang y se agacha. Brocka hace un corte y nos muestra un plano de Insiang escuchando, a su pesar, el siseo de la orina, y después una toma de Tonya moviéndose con incomodidad sobre los talones, mientras se incorpora, toma un cubo y echa agua por los laterales del agujero.

Aparte de la secuencia inicial (Dado en el matadero, hundiendo el cuchillo en el cuello de un cerdo), esta escena es la que provoca más reacción en el espectador, sobre todo en los extranjeros. Brocka ya nos ha mostrado antes la miseria de los suburbios de Tondo con una parte de metraje casi documental. Sin embargo, este detalle nos revela el hecho de que los pobres filipinos viven en condiciones que en otros países son inconcebibles, en infraviviendas tan pequeñas que las habitaciones están separadas por un trapo colgado, el baño es un agujero en el suelo y la privacidad es un acuerdo tácito entre las personas para no mirarse la una a la otra mientras atienden sus funciones corporales básicas.
Noel Vera

Fecha 1976

Nacionalidad Filipinas

Director Lino Brocka

Reparto Hilda Koronel, Mona Lisa, Ruel Vernal

Por qué es clave Esta escena muestra uno de los dones más inimitables de Lino Brocka: el hecho de señalar el detalle de una imagen que plasma a la perfección la miseria de los pobres filipinos.

Escena clave **La discordancia de civilizaciones** *Xica da Silva*

SPOILER

En el siglo XVIII, un enviado especial portugués (Wilker) llega desde la metrópolis a la colonia brasileña de Minas Gerais a investigar los rumores sobre una relación impura de un hombre blanco con una esclava negra, que según parece ha alcanzado una posición sin precedentes debido a sus legendarios poderes sexuales.

Informan al enviado de que van a agasajarlo con una comida africana especial. Pronto llega un grupo de esclavos negros y sirve varios platos llenos de colorido. Una banda de músicos interpreta ritmos africanos mientras unas esclavas bailan. Xica, da Silva (Motta), la esclava negra famosa por haber conquistado a incontables hombres, aparece desnuda y baila de un modo provocativo. Al final, ofrece sus favores, confiada en haber seducido al enviado con su atrevida exhibición de libertad sexual.

Sin embargo, la técnica de Xica no funciona en este caso. El portugués se siente más atraído por el oro y las otras riquezas de la provincia, y los favores de la seductora negra no son de su interés.

Las pasadas experiencias de Xica la han hecho creer, equivocadamente, que el atrevimiento que demuestra siempre someterá a los europeos reticentes y a sus costumbres. No obstante, ha estado engañándose a sí misma, revelación que confiere a la escena el estatus simbólico de la historia colonial de Brasil.

Es cierto que las inhibiciones de los europeos no pueden resistir la supremacía salvaje de lo tropical. La lección amarga para Brasil es que la regla imperial de racionalidad y la tenacidad de los intereses económicos superan cualquier encaprichamiento temporal con lo carnal y lo sensual.

Dina Iordanova

Fecha 1976

Nacionalidad Brasil

Director Carlos Diegues

Reparto Zezé Motta, Walmor Chagas, José Wilker

Por qué es clave
La sensualidad indómita de los rituales afrobrasileños desafía la represión europea, pero sin éxito.

Escena clave **El horizonte lejano** *El desierto de los tártaros*

SPOILER

Un joven, Drogo (Perrin) llega a Fort Bastiani, situado en una remota zona de la frontera, abierto y expectante ante la vida. Años después, la misión que lo ha llevado a semejante lugar, esperar junto a sus camaradas la llegada del enemigo tártaro, que nunca ha aparecido y que quizá ni siquiera exista, lo ha dejado exhausto y enfermo, y está al borde de la muerte en lo que puede ser un momento crucial.

Con crueldad, su amigo Simeon (Griem), que ha compartido con él los años desde que eran unos jóvenes tenientes, ordena su partida en una despedida triste. Las cuatro tomas finales, que tienen una duración de dos minutos, resuelven la acción: hay un lento trávelin por el muro del fuerte mientras los soldados esperan, preparados. Entonces aparecen dos columnas de tártaros que llenan todo el horizonte, y desde un plano general del coche que se lleva a Drogo del fuerte pasamos a un primer plano de éste, que ha aceptado la situación y va quedándose dormido.

Es, sin duda, el final de un filme de aventuras existencialista más sordo y ambiguo, pero, al mismo tiempo, también el más emocionante y dramático. El desenlace, como toda la película, sugiere múltiples lecturas alegóricas y filosóficas, pero también destaca por la belleza de las cualidades cinematográficas que inundaban la realización de Zurlini: el color, en matices de beis, gris y azul entre las montañas y la arena, el sonido, los cascos de los caballos, el soplido del viento, el silencio, y la localización sorprendente, imponente, eterna. Con estos elementos, el director forja una visión metafísica, pero también muestra de forma magistral el mundo físico en el que se desarrolla la vida.

Blake Lucas

Fecha 1976

Nacionalidad Italia

Director Valerio Zurlini

Reparto Jacques Perrin, Helmut Griem

Título original
Il deserto dei tartari

Por qué es clave
El final del último filme de Zurlini lleva sin prisas el género de aventuras hacia la apoteosis.

Acontecimiento clave **Steadicam**

A mediados de la década de 1970, el cámara Garrett Brown y los ingenieros de Cinema Productions, Inc. desarrollaron el sistema Steadicam, que permite montar la cámara sobre un brazo móvil con resortes que se ata con un arnés al cuerpo del operador, de modo que la filmación de cámara en mano se hace con la suavidad de un *dolly* convencional. En 1976, Brown usó por primera vez la Steadicam en tres largometrajes: *Rocky*, *Ésta es mi tierra* y *Marathon Man*. En 1978, la Academia de las Artes Cinematográficas y de las Ciencias (que rara vez recuerda a las ciencias como parte de sus competencias) le concedió a Garrett Brown un Óscar técnico especial en honor a su invención.

El primer gran escaparate de la Steadicam fue *El resplandor* (1980) de Kubrick, en la que Brown corría por los pasillos del hotel siguiendo al niño en el triciclo. Otro momento emblemático del uso de la Steadicam fueron los planos subjetivos del monstruo que merodea por la noche en *Un hombre lobo americano en París* (1981), de John Landis.

Por otro lado, el brazo giroscópico de la Steadicam inspiró las ametralladoras, montadas de un modo muy parecido, de los marines espaciales de *Alien* (1986).

Kim Newman

Fecha 1976

Por qué es clave
La invención de este sistema hizo posible que la cámara se moviera con tanta libertad como el ojo del espectador.

Escena clave **El control abandonado** *En el curso del tiempo*

Bruno (Vogler), que vive en una furgoneta debido a su trabajo de reparador de proyectores de cine, traba una amistad taciturna con Robert (Zischler) después de que éste, que acaba de separarse de su mujer, intente suicidarse metiéndose con su Volkswagen en el río Elba, en un gesto de desesperación más absurdo que trágico.

El legado del nazismo y la división de Alemania están siempre presentes en las sombrías provincias fronterizas, que los dos recorren en una serie de viajes. Su relación llega a un punto crítico en un control abandonado de la frontera; una inscripción del muro indica que en su día estuvo al mando de los estadounidenses. Esto provoca una reflexión de Robert: «Los americanos han colonizado nuestro subconsciente», idea que se convierte en un tema recurrente en la película. Con la ayuda de una botella de *bourbon*, los dos hombres se abren el uno al otro por primera vez. La escena, que habla de la vinculación afectiva masculina desplazada por el deseo sexual, parece espontánea, natural, si se la compara con la represión endémica de las películas de amigotes de Hollywood, que están diseñadas para cumplir con las demandas del gran público.

De una manera que parece casual (la historia se inventó a medida que avanzaban) pero incisiva (porque Wenders sí tenía claro el itinerario), el filme establece unas implicaciones personales, políticas y culturales que resuenan más allá del momento histórico concreto, como si el funcionamiento de un documental al azar se mezclara con lo que Wenders llamó la «textura del largometraje».

Bruce Hodsdon

Fecha 1976

Nacionalidad República Federal de Alemania

Director Wim Wenders

Reparto Rüdiger Vogler, Hanns Zischler

Título original
Im Lauf der Zeit

Por qué es clave En esta escena, los vínculos entre el movimiento y la emoción, la memoria y el deseo están profundamente implicados en la necesidad de comunicarse.

Escena clave **La mano de la tumba** *Carrie*

SPOILER

Después de que la escuela haya ardido y los cuerpos hayan sido retirados, parece que la película que hizo Brian de Palma sobre la novela de Stephen King, *Carrie*, ha terminado. Sin embargo, en una secuencia lánguida y filmada a la inversa, Susan Snell (Irving) camina hacia los escombros donde vivía Carrie (Spacek) para poner unas flores en el letrero de la inmobiliaria en el que se anuncia la venta del solar, que es como la cruz de una tumba. Mientras suena una romántica música de Pino Donaggio, la mano de Carrie sale de repente del suelo y agarra a Sue, que entonces se despierta gritando.

Es la definición por antonomasia de susto gratuito, provocado cuando el público está a punto de tomar sus abrigos, y filmado de una manera que perduró durante décadas. Entre los usos más descarados de este truco están la detonación de John Cassavetes al final de la continuación telequinética de Brian de Palma, *La furia* (1978), en la que Irving se hace con el poder, y el salto de Jason desde el agua, en Crystal Lake, al final de *Viernes 13* (1980).

La escena de *Carrie* puede ser el mayor sobresalto de la historia de las películas de terror. Spacek insistió en que se le permitiera hacer la secuencia, en vez de usar la mano de un doble, puesto que se dio cuenta de que ninguna otra mano tendría su muñeca pecosa.
Kim Newman

Fecha 1976

Nacionalidad Estados Unidos

Director Brian de Palma

Reparto Amy Irving, Sissy Spacek

Por qué es clave Nos hizo pegar un salto a todos.

Pág. siguiente *Carrie*.

Personaje clave **Chor Yuen (Chu Yuan)** Laberinto de alianzas *Clanes asesinos*

Aunque estuvieron eclipsadas durante demasiado tiempo por los filmes de artes marciales de King Hu y Chang Cheh, las películas que Chor Yuen dirigió para Shaw Brothers han sido un importante redescubrimiento desde que el estudio de Hong Kong abriera, por fin, sus archivos.

Son películas chillonas, barrocas, melodramas en los que los actores muestran un increíble manejo de la espada. Y, al mismo tiempo que volvían a ponerse en circulación estos trabajos, en el nuevo milenio se han producido una serie de películas de autor de artes marciales, con un toque intelectual, como, por ejemplo, *Hero*, de Zhang Yimou, que dan testimonio de la influencia ejercida por el estilo de Chor.

Sus filmes, con cuidadosas composiciones de color y con elaborados argumentos, suelen ser adaptaciones de novelas escritas por el célebre escritor de artes marciales Ku Lung. La primera de estas adaptaciones fue *Clanes asesinos*, cuya exquisita puesta en escena y laberíntica narración vienen a ser un anticipo magistral de los proyectos siguientes. Chor, un director experimentado y versátil en múltiples géneros, se embarcó en más de una docena de adaptaciones de obras de Ku Lung.

Aunque después de unos cuantos años estas películas comenzaron a acusar cierto cansancio, los magníficos primeros filmes de su ciclo de artes marciales ofrecen al espectador un mundo interminable de conspiraciones, identidades encubiertas y trampas traicioneras, en lo que constituye un universo digno de Borges.

El enfrentamiento de *Clanes asesinos* muestra todo esto con gran elegancia en términos puramente visuales. Con simples miradas, los personajes principales revelan sus lealtades y misiones ocultas antes de exigir la batalla final.
Christoph Huber

Fecha 1976

Nacionalidad Hong Kong

Director Chor Yuen (Chu Yuan)

Reparto Ku Feng, Yueh Hua

Título original
Liu xing hu die jian

Por qué es clave
Los melodramas laberínticos de artes marciales de Chor Yuen conjuran un universo digno de Borges. Destaca sobre todo el final de la magistral inauguración del ciclo de adaptaciones de la obra del escritor Ku Lung.

Película clave *El imperio de los sentidos*
Uno de los pocos filmes *hardcore* de autor

La filmografía japonesa, vista a través de la mirada desdeñosa de Nagisa Oshima, era un páramo de tediosas superproducciones de samuráis, dramas lánguidos y el ocasional monstruo de látex. «Mi odio por el cine japonés abarca absolutamente todo el cine japonés», dijo en unas famosas declaraciones. Después se puso a rodar películas ferozmente iconoclastas, llenas de brío, pasión y de las crueldades mezquinas de una cultura menos anémica.

Cuando la censura se relajó lo suficiente en la década de 1970 como para dejar de criminalizar la pornografía, Oshima aprovechó la oportunidad y trató el sexo en la pantalla con el realismo desmedido que se merecía. Adaptó la historia real de la antigua prostituta Sada Abe, que en 1936 fue arrestada mientras vagaba por las calles con los genitales de su amante guardados en el kimono, y la transformó en una alegoría sobre la obsesión, el sadomasoquismo y la belleza inherente de la muerte y el derramamiento de sangre.

El filme de Oshima no sólo resulta excitante: es toda una provocación en torno a los tabúes de las corrientes dominantes sobre el erotismo de la menstruación y la sexualidad de los ancianos y los niños. Además, tiene un final sobrecogedor.

Es difícil recordar que hubo tiempo en que el mundo aguardaba ansioso el nacimiento del cine *porno chic*, con filmes como *Behind the Green Door* (*Tras la puerta verde*, 1972), pero lo cierto es que la promesa de una estética de *stag-film* (cine para hombres) nuevo y digno nunca llegó a materializarse. En ese sentido, *El imperio de los sentidos* es una obra rara, una película que podría haber florecido sólo durante unos meses en la fina y frágil línea que divide el arte y la pornografía.

Violet Glaze

Fecha 1976

Nacionalidad Japón/Francia

Director Nagisa Oshima

Reparto Tatsuya Fuji, Eiko Matsuda

Título original *Ai no corrida*

Por qué es clave La obsesión erótica consigue el tratamiento sin censura que merece.

Pág. anterior *El imperio de los sentidos.*

Diálogo clave **Kebebe cuenta el sueño**
Harvest: 3,000 years

La mayoría de las grandes películas africanas se rodaron en la costa oeste francófona, pero si uno viaja al este en la década en la que Ousmane Sembene comenzó a destacar, descubre esta obra maestra. Escrita y dirigida por el etíope Haile Gerima, que estudió en Estados Unidos y en la actualidad enseña cine en la Howard University, *Harvest: 3,000 Years* está interpretada en amárico y fue filmada por Elliot Davis, que después trabajó con Spike Lee.

Lo primero que llama la atención es la mirada de la película: teleobjetivos, imágenes en blanco y negro de bajo contraste, y todo filmado desde la distancia. También es llamativo el ritmo, riguroso y lento, parecido al de *Week-end*, de Godard. La película comienza con una oración para tener un buen día, pero, como sugiere el título, su espacio temporal abarca varios milenios. Durante dos horas y media, se nos presenta a una familia campesina subordinada, desde el principio de los tiempos, a un terrateniente cruel.

El gran profeta de la película es un loco, Kebebe, (Gebru Kassa), que realiza la pregunta más certera de todo el cine de África e, incluso, de todo el cine. Ha perdido sus tierras a manos de los colonialistas y, en una conversación con un chico, se pregunta: «¿Hay algún lugar donde no haya moscas y no haya europeos?». Sus palabras van al grano, como la película. Visualmente, *Harvest: 3,000 Years* puede estar alejada de sus personajes, pero desde el punto de vista ideológico está dentro de sus mentes.

Mark Cousins

Fecha 1976

Nacionalidad Etiopía

Director Haile Gerima

Reparto Gebru Kassa

Título original *Mirt Sost Shi Amit*

Por qué es clave Esta escena expresa mejor que ninguna otra la rabia del cine africano.

Diálogo clave **«A los retrasados les gusta el zoo»** *Rocky*

Pocas series cinematográficas son tan conocidas como la de *Rocky* y, pese a todo, el filme original permanece inexplorado. Sus admiradores recuerdan vagamente a Stallone saltando en el Museo de Arte de Filadelfia, la banda sonora de Bill Conti y a Carl Weathers (el actor más patriótico de Estados Unidos) ganándose al público con un extraño traje de Tío Sam. La historia que inspiró la película es sinónimo de *sensiblería*.

Menos recordado es el ambiente de chanchullo y mezquindad implacable de Filadelfia, que está reflejado en la historia de Cenicienta de Stallone. El guión está salpicado de una especie de ingenio desdeñoso que era (y sigue siendo) la lengua franca de la ciudad, que devora a todos sus héroes. Rocky, conocido por todo el mundo como un hombre que habla entre dientes, es en realidad un anecdotista incansable, un aficionado a los juegos de palabras y a los chistes que destaca por la suavidad de su discurso en comparación con otros.

El ambiente hostil de la película llega a su cénit en una conversación entre Rocky y un matón de la mafia (Sorbello), que no le tiene simpatía. El mafioso empieza a insultar a la novia de Rocky:

Mafioso: He oído que es retrasada.

Rocky: No es retrasada, es tímida.

Mafioso: Llévala al zoo. A los retrasados les gusta el zoo.

Es un puro insulto, que no se aligera con perspicacia ni originalidad, ni resulta divertido. *Rocky* contiene mucho de este discurso duro, sin salida, y crea una atmósfera de desesperanza y decadencia urbana que ni el final falsamente feliz de la película ni sus incontables secuelas logran ocultar del todo.

Tim Cavanaugh

Fecha 1976

Nacionalidad Estados Unidos

Director John G. Avildsen

Reparto Sylvester Stallone, Joe Sorbello, Joe Spinell

Por qué es clave *Rocky* no es una película que haga sentirse bien al espectador.

Escena clave **La última escena** *La marquesa de O*

SPOILER

Rohmer sigue la novela de Heinrich Von Kleist casi al pie de la letra, y consigue un tono extrañamente distante que permanece en la película incluso durante las escenas emotivas.

Un oficial ruso (Ganz) salva a una mujer (Clever) de un destino peor que la muerte a manos de un grupo de soldados. Ella se desmaya en brazos de su salvador, que la lleva a su casa; unas semanas después, se da cuenta de que está embarazada. Como no ha tenido relaciones sexuales con ningún hombre, siente un comprensible desconcierto. Pronto se ve claramente que el oficial ruso ha abusado de ella mientras estaba inconsciente, pero no parece que nadie considere esa posibilidad.

Lleno de remordimiento, el militar le pide que se case con él, pero su familia y ella retrasan la respuesta; mientras, el embarazo se vuelve más evidente. Durante los meses que siguen, el oficial insiste en su proposición de matrimonio de todas las maneras posibles, y no obtiene más que negativas. La mujer tiene al niño sola y sigue rechazando al militar.

Al final, éste confiesa su pecado a la familia de la mujer y muestra su arrepentimiento. La tensión entre los dos personajes se hace insoportable. Y entonces, en la última escena, Rohmer, y también Kleist, deciden aliviarla: pese a todo, ella acepta que lo quiere y se abrazan. Fin.

Esa última escena no habría podido funcionar si Rohmer hubiera decidido poner al día el argumento con sentimientos y reacciones contemporáneos. En vez de eso, se mantiene fiel a la narrativa de Kleist, como si la película fuera un documental de la vida cotidiana en el pasado. Gracias a ello, el final de la historia encaja a su extraña manera.

Fernando Martín Peña

Fecha 1976

Nacionalidad República Federal de Alemania/ Francia

Director Eric Rohmer

Reparto Edith Clever, Bruno Ganz

Título original *Die Marquise Von O...*

Por qué es clave Las elecciones estilísticas de Rohmer y la fidelidad a la fuente literaria producen un milagro cinematográfico.

Escena clave **La escena final**
Mikey y Nicky

SPOILER

Mikey y Nicky termina de forma muy parecida a como empieza, con los protagonistas del título situados a diferentes lados de una puerta cerrada. La escena inicial muestra a Mike (Falk) intentando pasar a una habitación de hotel en la que se ha encerrado su mejor amigo, Nick (Cassavetes). La escena final muestra a este último llamando frenéticamente a la puerta de casa de Mike mientras el asesino a sueldo al que ha traicionado su amigo se pone en posición.

Aunque las escenas intermedias pueden parecer ejercicios de improvisación sin disciplina, la perfección clásica de la estructura general confirma la ambición de esta obra de arte. Todo está firmemente contenido: la narrativa se desarrolla durante una sola noche y cuenta las andanzas de dos personajes mientras recorren unos cuantos edificios de una ciudad norteamericana.

Sin embargo, esta concentración de detalles permite que el complicado engranaje temático emerja de la situación dramática, en vez de imponerse sobre ella, y abarque la mortalidad, la existencia de Dios, la dificultad que tienen los hombres para relacionarse con las mujeres, la incapacidad para romper con patrones de comportamiento que se establecieron durante la infancia, los matices homoeróticos de las amistades entre hombres heterosexuales y la manera en que los agentes más bajos de las estructuras de poder evitan enfrentarse a las implicaciones morales de sus actos. El hecho de entrelazar todo esto es un énfasis en las barreras que los individuos erigen entre sí mismos como protección contra la intimidad.

La puerta que aparece en la escena final, por lo tanto, tiene un gran peso simbólico, pero no del mismo modo que los símbolos impuestos desde fuera, como los leones de piedra de Sergei Eisenstein en *El acorazado Potemkin* (1925), sino más bien como consecuencia del significado sugerido hasta entoces. Brad Stevens

Fecha 1976

Nacionalidad Estados Unidos

Directora Elaine May

Reparto John Cassavetes, Peter Falk, Ned Beatty

Título original *Mikey and Nicky*

Por qué es clave Esta escena es una de las más complejas y poderosas del cine estadounidense.

Escena clave **Elsa y el bebé**
Three Years Without God

Elsa (Aunor) ha tenido una niña, fruto de la violación que sufrió por parte de Masugi (de Leon). Ha rechazado las ofertas de conciliación y matrimonio de Masugi, haciendo gala de la fuerza de voluntad férrea y la rabia de una filipina a quien la ocupación japonesa ha causado un perjuicio cruel.

La cámara de O'Hara está fija en la expresión impasible de Elsa, pero las rápidas apariciones de la cara de Masugi, con los ojos cerrados, jadeando, o con los ojos abiertos y preguntando: «¿Ha estado bien?», «¿Te ha dolido?», traicionan sus pensamientos. Una cámara en mano la sigue mientras sale de casa con la niña y llega a un puente, metáfora visual de su estado de ánimo: está en transición entre dos sentimientos diametralmente opuestos. Éste es, de hecho, el punto de inflexión del filme. Hay una toma panorámica desde el puente hacia el riachuelo rococo que hay mucho más abajo, y que sugiere la profundidad del abismo que la protagonista siente en su interior.

Elsa alza al bebé por encima de su cabeza (el espectador ve moviéndose un brazo regordete); entonces hay un corte y vemos un primer plano de su cara, de la expresión del horror que siente ante el acto que está sopesando. Después, vemos el sol del crepúsculo...

La ira de los países asiáticos contra el invasor japonés era, y es, intensa e inflexible (otro ejemplo puede verse en *Sorgo rojo* (1987), de Zhang Yimou). O'Hara estaba jugando con dinamita emocional cuando hizo esta película, que fue criticada con vehemencia por tratar la cuestión de un modo complejo. Al vincularnos con la perspectiva de Elsa, nos enseña cómo tales actitudes pueden resultar erróneas al confrontarlas con la moral, algo que adquiere aún más relevancia en estos tiempos de nacionalismo exacerbado y odio étnico. Noel Vera

Fecha 1976

Nacionalidad Filipinas

Director Mario O'Hara

Reparto Nora Aunor, Christopher de Leon

Título original *Tatlong Taong Walang Diyos*

Por qué es clave Es una viva descripción de dos poderosas ideas que están en conflicto mortal: la primera, que el invasor japonés debe ser odiado y rechazado; la segunda, que todos los seres humanos deben ser respetados.

Acontecimiento clave **La muerte de Henri Langlois:** *El águila abate las alas*

Henri Langlois murió en 1977, a los 63 años de edad, casi diez años después de la protesta multitudinaria que impidió al Ministerio de Cultura apartarlo de la dirección de la Cinémathèque que él mismo había fundado en 1936. Langlois llenaba el espacio con su inmensa presencia, y estaba rodeado por sus cuatro «mosqueteros». La historiadora alemana Lotte Eisner trabajó con él durante treinta años después de su liberación de un campo de concentración en 1945. Eisner, Langlois y la cineasta Marie Epstein, que fue directora de servicios técnicos hasta 1977, eran los únicos que sabían dónde estaban algunas copias de las películas. Durante la ocupación nazi, Langlois había ocultado copias de los alemanes por toda Francia, y la Cinémathèque, que padecía una cruel falta de fondos, se vio obligada a hacer milagros con todo tipo de soluciones caseras. La restauración corría a cargo de Renée Lichtig, nacido en 1912 en Shanghai en el seno de una familia rusa blanca.

Junto a Langlois dirigía la Cinémathèque, con un estilo de gestión no muy ortodoxo, su compañera Mary Meerson, una antigua reina de la belleza con un misterioso pasado en Europa del Este. Estuvo casada con el famoso diseñador Lazare Meerson y, tras su muerte, en 1938, conoció a Langlois, que era un hombre tímido, aunque visionario, y diez años más joven que ella. Envejecieron juntos, gordos, cascarrabias, desorganizados y consumidos por una pasión por el cine y la conservación de las películas que ambos compartían. Su único vástago fue la Cinémathèque, y su relación fue íntima, enigmática, tempestuosa.

Ella lo sobrevivió durante 17 años. Él había sido su amante, su hijo y su creación. «Le di las alas de un águila», dijo en una ocasión.

Bérénice Reynaud

Fecha 13 de enero de 1977

Por qué es clave Con la desaparición del fundador de la Cinémathèque francesa comenzó la era menos poética de los «gestores culturales».

Escena clave **Langosta para cenar** *Annie Hall*

Si la carrera como director de Woody Allen está motivada por toda una serie de aventuras amorosas (con el cine europeo, con Kierkegaard, con varias mujeres, con la posibilidad de ver sus reflexiones en pantalla), *Annie Hall* representa su apoteosis consigo mismo como un pobre infeliz en compañía de Diane Keaton. No hay un momento del cine de Allen más evocativo de su ansioso amor por la reflexión que la escena de las langostas.

Annie (Keaton) y Alvy (Allen) se han retirado a Hampton para pasar una semana de vacaciones y se disponen a celebrar su nueva amistad con una cena de langosta preparada por ellos mismos. Sin embargo, Alvy es judío, y por lo tanto no sabe nada de langostas; y Annie, la prístina princesa del Medio Oeste, no quiere tocar nada que se arrastre. Sujetando a las criaturas en alto, con los brazos estirados como si estuvieran manipulando dinamita, y mortificados por la idea de tener que meterlas en el agua hirviendo, los dos se mueven por la cocina dando gritos de miedo y de nerviosismo. Las langostas parecen los alienígenas amenazantes de un serial de sábado por la tarde de la década de 1950.

Esta secuencia, filmada en un día en Amagansett, Long Island, es un interesante ejemplo de lo problemático que puede resultar rodar fuera del estudio. Los azulejos rojos del suelo de la cocina impedían que los crustáceos (pintados también de rojo, porque su coloración verdosa los hacía poco apetecibles) se vieran en la filmación, por lo que tuvieron que poner láminas de contrachapado en el suelo y pintarlas de blanco para conseguir un fondo de contraste. El resultado es un delicioso momento hogareño y, al mismo tiempo, psicológicamente espeluznante: ¿cómo conseguirán esas dos almas delicadas y neuróticas estar juntos y quererse con tranquilidad?

Murray Pomerance

Fecha 1976

Nacionalidad Estados Unidos

Director Woody Allen

Reparto Woody Allen, Diane Keaton

Por qué es clave Muestra lo problemático que puede resultar rodar fuera de los estudios.

Pág. siguiente *Annie Hall*.

Escena clave **La nave forma la Osa Mayor** *Encuentros en la tercera fase*

SPOILER

Después del ejemplo hostil que dan los alienígenas de *La Guerra de los mundos* (1953), *Earth vs. the Flying Saucers* (1956) y *La invasión de los ladrones de cuerpos* (1956), uno se pregunta por qué Roy Neary (Dreyfuss) está tan empeñado en familiarizarse con los visitantes extraterrestres que inundaron de luz su camioneta una noche, sobre todo después de que ese encuentro le dejara quemado el lado derecho de la cara.

Sin embargo, es fiel a su obsesión con una obstinación hipnótica, aun a costa de su mujer (Garr) y de sus hijos pequeños, mientras construye la maqueta de una misteriosa formación geológica en el salón de su casa. Su fijación lo lleva hasta Wyoming y a una plataforma secreta que está al otro extremo de Devil's Tower, donde los científicos están confirmando lo que él ya sabía: los alienígenas están aquí, y están dispuestos a conocernos.

La visión del director Steven Spielberg de unos extraterrestres pacíficos destruyó el paradigma bélico de las películas de alienígenas y abrió el camino a otros filmes de especies no violentas como *Cocoon* (1985), *Abyss* (1989) y otra película del propio Spielberg, *E. T., el extraterrestre* (1982).

No obstante, hay algo más importante en *Encuentros en la tercera fase*: es la película que hizo que Spielberg descubriera su propia voz. Sus filmes anteriores *El diablo sobre ruedas* (1971), *Loca evasión* (1974) y *Tiburón* (1975) habían demostrado que dominaba la técnica, pero que adolecía de los toques de autor, tales como una puesta en escena luminosa o la capacidad de maravilla de un niño, que ahora son marcas arquetípicas de su cine.

Cuando la primera oleada de extraterrestres saluda amistosamente a la Tierra alineando sus naves brillantes y formando la silueta de la Osa Mayor, se produce el primero de los muchos momentos mágicos que definen la carrera de Spielberg.

Violet Glaze

Fecha 1977

Nacionalidad Estados Unidos

Director Steven Spielberg

Reparto Richard Dreyfuss, Teri Garr, François Truffaut

Título original *Close Encounters of the Third Kind*

Por qué es clave
El momento mágico en el que las naves forman la constelación en el cielo marca el inicio de la carrera de autor de Spielberg.

Pág. anterior *Encuentros en la tercera fase.*

Escena clave **El sueño dentro del sueño** *Cabeza borradora*

El surrealismo y el cine forman una extraña pareja. El primero se nutre de imágenes del mundo onírico, pero las cámaras sólo pueden filmar objetos físicos, e incluso las técnicas digitales son insuficientes, a veces, para conseguir que lo irreal parezca tan real como sea posible. Aparte de un puñado de pioneros en el cine surrealista, como Luis Buñuel y Maya Deren, no hay ningún director que ejemplifique mejor el espíritu surrealista que Lynch, que describió acertadamente su primer largometraje como «un sueño de cosas oscuras e inquietantes».

El héroe es Henry (Nance), un joven cuya esposa da a luz a un bebé monstruoso y después lo deja para que se ocupe de la exigente y ruidosa criatura. Todos los aspectos del filme, desde el diálogo y la interpretación a la siniestra cinematografía y el diseño de sonido perturbador, contribuyen a crear un ambiente de otro mundo. Y justo cuando el espectador cree que ya no puede ser más delirante, Henry tiene un sueño. En él está visitando a la Dama del Radiador (Near), una cantante de mejillas grotescas que vive en el calefactor de su habitación, y de repente, un extraño tallo brota de su cuello y hace que se le caiga la cabeza a la calle. Allí, un golfillo la recoge y la vende a una fábrica que usa el cerebro como materia prima para fabricar borradores de lápiz. Entonces, Henry se despierta, más perplejo e insatisfecho que nunca.

Ahora, el título de la película ha cobrado sentido. ¿O no? Para el espectador, esta escena marca la transición entre ver el sueño de alguien a sentirse atrapado en la pesadilla de ese mismo alguien. Hay pocos momentos que tengan tanto poder de alucinación.

David Sterritt

Fecha 1977

Nacionalidad Estados Unidos

Director David Lynch

Reparto John Nance, Laurel Near, Thomas Coulson, Darwin Joston, Neil Moran, Hal Landon Jr.

Título original *Eraserhead*

Por qué es clave
Al incorporar una secuencia onírica a una película que parece un sueño, Lynch lleva el surrealismo cinematográfico a cotas inconcebibles.

Escena clave **Chato desflorada** *Burlesque Queen*

Chato (Santos) ha conseguido un trabajo en el teatro burlesco del señor Fernando sin que lo sepa su padre. El señor Fernando ha tenido la brillante idea de que ella baile con una máscara, y de que se la conozca como la misteriosa Tsarina. Chato lleva a su novio, Jessie (Quizon), al teatro. Se dan unos besos en la escalera. En el camerino, la cámara de Celso sigue a Chato mientras Jessie y ella se sientan en un banco y se deslizan hacia atrás al tiempo que se desabotonan la ropa.

Celso usa la suave espalda de Jessie como velo y como metáfora de la desnudez de Chato; la ropa cae de las perchas que están sobre sus cabezas como metáfora de la las inhibiciones que ella pierde. Lo que convierte esta escena en algo erótico y emocional es el rostro de Chato, que vemos sobre el hombro izquierdo de Jessie, mientras expresa terror (abriendo desmesuradamente los ojos), avaricia (por su expresión remota, como si fuera un hombre hambriento devorando un filete), dolor (la mirada de asombro de alguien que ha recibido una patada en la entrepierna), culpabilidad (las lágrimas) y finalmente placer (se muerde el labio inferior).

Aquí, Celso se vuelve loco y asocia una serie de imágenes que inserta habilidosamente en la secuencia: una audiencia que aplaude con satisfacción; de un acróbata que lanza a cuatro o cinco mujeres; Canuplin (el «Charlie Chaplin» de Filipinas) sacando ropa interior rosa de los calzoncillos de un hombre; un faquir clavándose un clavo en la nariz y después tragándose una espada (esto es el penúltimo momento antes de la penetración de Chato). Todo resulta conmovedor con el acompañamiento de una triste balada rasgueada en una guitarra.

Noel Vera

Fecha 1977

Nacionalidad Filipinas

Director Celso Ad. Castillo

Reparto Vilma Santos, Rolly Quizon

Título original *Burlesk Queen*

Por qué es clave Castillo hace algo que muy pocos cineastas logran: transforma un momento sórdido en lirismo, ternura y belleza.

Escena clave **Exhibición pública de la víctima desnuda** *La chica del pijama amarillo*

En una playa de Sídney se encuentra el cuerpo mutilado de una chica asesinada. Un inspector de policía retirado (Milland) se interesa por el caso, pero la investigación se ve obstaculizada por la imposibilidad de identificar el cuerpo. Entonces ordena que el cuerpo desnudo de la víctima se preserve y se exhiba públicamente con la esperanza de que alguien pueda identificarla.

Muchos aficionados al *giallo* italiano consideran esta película como menor dentro del género. Sin duda, habrá otros cuarenta *gialli* que contengan momentos al menos tan dignos de atención como la escena de *La chica del pijama amarillo* en la que el inspector visita la morgue para ver el resultado de la preparación del cuerpo de la víctima. Sin embargo, este momento posee varias cualidades que lo hacen distinto.

Primero, no es sólo un revelador descubrimiento del mecanismo de atracción que producen la muerte violenta y la carne mortificada, sino también un ataque cínico a la psicología del espectador (¿qué clase de persona aparecería para ver el cuerpo de la chica? La misma gente que vería *La chica del pijama amarillo*) e, incluso, una crítica mordaz a la policía (¿cuántas investigaciones de verdad se realizan hoy en día con técnicas más desesperadas y ridículas que ésta?). Segundo, está la interpretación de Ray Milland, de setenta y dos años y calvo, pero enérgico, autoritario y consciente de sus limitaciones de un modo atractivo, que impregna de ironía atribulada la reacción del inspector al peculiar cuadro de pornografía y ciencia ficción que su plan ha provocado.

Mientras observa el cuerpo desnudo y sacude la cabeza, deja a sus colegas con un lacónico «Buena suerte», resumiendo en una frase el desdén que le produce todo el proyecto, incluida la misma película.

Chris Fujiwara

Fecha 1977

Nacionalidad Italia/España

Director Flavio Mogherini

Reparto Ray Milland

Título original *La ragazza dal pigiama giallo*

Por qué es clave Una estrella en el crepúsculo de su carrera llega al punto más oscuro del cine de masas: el *giallo* itialiano.

Escena clave **El hombre con dos penes** *La caseta de la risa*

Antiguo colaborador de Pier Paolo Pasolini, Sergio Citti ofrece en sus películas una interpretación más accesible de la estética de su mentor: su estilo es una animada interpretación del neorrealismo, pero le debe mucho al canon de la *commedia all'italiana.* Una versión distorsionada de esta fórmula puede verse en *La caseta de la risa*, una película casi experimental en su abstracción visual y su nada convencional premisa narrativa (además del tintineo de Hare Krishna por toda la banda sonora).

La historia entera se cuenta desde el interior de una caseta de playa durante un caluroso día de verano. En ella entra todo tipo de gente a cambiarse de ropa. Bien, ésa es la teoría; de hecho, también entran a comer, a beber, a hacer el amor. Aparte de una toma al principio, la cámara nunca sale de la caseta, de manera que podemos mirar hacia fuera por la puerta, pero nunca salir. No obstante, hay mucho que ver dentro: un microcosmos de existencia humana donde la carne, el sudor y las funciones corporales se exponen con un voyeurismo desenfrenado. De hecho, hacemos lo que haría mucha gente: miramos los cuerpos desnudos, compartimos el último cotilleo entre amigos, disfrutamos siendo los testigos invisibles de las vidas de otras personas. Incluso hay un drama entre dos perros, y una secuencia onírica con simbología bíblica que acaba convirtiéndose en una comedia surrealista.

A propósito de esto, uno de nuestros encuentros casuales en la película se produce con un hombre que entra en la caseta y se prepara para darse un baño. Una toma frontal de su entrepierna nos revela que tiene dos penes. Después vemos un plano de su cara. Está muy, muy triste. Es un cura.

Paolo Cherchi Usai

Fecha 1977

Nacionalidad Italia

Director Sergio Citti

Reparto Franco Citti, Gigi Proietti, Jodie Foster

Título original *Casotto*

Por qué es clave
El realismo extremo y el surrealismo extremo son la misma cosa.

Escena clave **No dejan tranquila a mi gente** *Killer of Sheep*

En el barrio marginal de Watts, en Los Ángeles, Stan (Sanders) intenta mantener unida a su familia teniendo un trabajo «decente» y evitando las tentaciones de la delincuencia «fácil». Sin embargo, las condiciones grises y monótonas de su existencia le pasan factura. Está malhumorado, tiene insomnio y es incapaz de comunicarse con su esposa (Moore). *Killer of Sheep* es el primer largometraje dirigido por Charles Burnett, quien durante su paso por la UCLA formó parte de un grupo de cineastas afroamericanos jóvenes, en el que también militaban Julie Dash y Billy Woodberry, y que algunas veces fue llamado la Rebelión de Los Ángeles. Estaban influidos por el neorrealismo italiano y por el Tercer Cine latinoamericano, y querían cambiar el modo en que se representaba a su comunidad.

Las cinco escenas que muestran a Stan en el matadero provocan recuerdos de genocidio y esclavitud, y crean una impresión de punto muerto histórico y de desesperación social. En una escena, en primer plano hay dos ovejas y, al fondo, a la izquierda, vemos entrar algunas más. Tras ponerse en fila después de las dos primeras, miran hacia fuera de la pantalla y comienzan a mostrar pánico, a intentar escapar hacia la cálida voz de Paul Robeson... En otro plano vemos sus cuerpos colgados de unos ganchos, y a los hombres abriéndolos, desollándolos, cortándolos y lavándolos. Después volvemos a ver la llegada de más ovejas que balan sin ganas, confusas y desesperadas.

La última secuencia comienza con la parte superior del cuerpo de Stan enmarcado por dos carcasas colgadas. Después lo vemos dirigiendo a una oveja que, asustada, termina en el estrecho pasadizo que la conduce a la muerte. En un guiño de tristeza e ironía (¿o esperanza?), Dinah Washington «Unforgettable» («Inolvidable»).

Bérénice Reynaud

Fecha 1977

Nacionalidad Estados Unidos

Director Charles Burnett

Reparto Henry Gayle Sanders, Kaycee Moore

Por qué es clave Este filme, que fue adquirido por la Biblioteca del Congreso, anunció una nueva era en la representación de la vida de los afroamericanos.

Escena clave **La escena de necrofilia** *Iodo*

SPOILER

Las películas del brillante y excéntrico Kim Ki-young a menudo se construyen alrededor de obsesiones. En *The Housemaid* (1960), la obsesión de una familia con la respetabilidad de la clase media permite al personaje del título destrozar su casa. *Iodo*, que se desarrolla en una pequeña isla, se centra en el tema de la procreación. Una hechicera (Park) obtiene el dinero de los demás porque posee el único cerdo macho purasangre de la isla. Otro habitante de la isla, supuestamente maldito, se gana la vida criando orejas de mar con medios de fecundación artificiales.

Años después, el empresario muere al desaparecer de la cubierta de un barco de turistas. Sin embargo, la hechicera alardea de que puede devolverlo a tierra firme y, además, que la simiente que queda en su cuerpo todavía es viable y puede fecundar a su viuda, que no tiene hijos. Después de un complicado ritual, el cuerpo del fallecido aparece en la playa, pero una camarera (Lee) reclama la propiedad del mismo, lo que provoca una disputa entre las dos mujeres.

El punto culminante del filme es impactante para los estándares actuales, así que lo fue mucho más para los de Corea en el año 1977. Tienden el cuerpo del hombre en el suelo y le insertan un fino palo en el falo para mantenerlo erecto. Al sonido de las campanillas de la hechicera, y con una intensa luz roja envolviendo la escena, la camarera se desnuda y se encarama sobre el hombre. Los movimientos de la cámara y de los cuerpos son mesurados y rítmicos, pero no del modo que se suele asociar con el sexo. De repente, alguien apuñala a la hechicera por la espalda. La mujer, ajena a todo, alza la cara hacia el cielo y después vuelve a bajarla. La intensidad de la actuación de Lee Hwa-shi y la inspirada filmación de Kim le confieren un matiz de surrealismo a esta escena sorprendente e inesperadamente tierna.

Darcy Paquet

Fecha 1977

Nacionalidad Corea del Sur

Director Kim Ki-young

Reparto Lee Hwa-shi, Park Jeong-ja

Título original *I-eodo*

Por qué es clave
La escena, que sigue siendo sensacional, es una conclusión perfecta para un trabajo complejo y arrebatador.

Escena clave **La secuencia del primer asesinato doble** *Suspiria*

Cuando Dario Argento rodó su primera película de terror, en 1977, probablemente recordaba muy bien la lección que había aprendido durante los años en que había hecho cine *giallo*: las escenas de asesinatos debían ser piezas originales que dejaran sin aliento al espectador.

En *Suspiria*, tras la presentación de la protagonista (Harper) sigue una escena en la que dos chicas son brutalmente asesinadas por una fuerza casi invisible. La primera e ellas (Axen) es apuñalada varias veces, lanzada a través de un tejado de cristal y colgada del techo. La segunda (Javicoli) es atravesada por los cristales que caen. Es una secuencia de asesinato complicada, cuya desmedida truculencia (vemos, por ejemplo, un primer plano del corazón atravesado por un cuchillo) es propia del género de la década de 1970, en la que el director realiza unas elecciones estéticas calculadas pero audaces. El decorado, amplio y vacío, de estilo Art Déco, da una impresión teatral. La iluminación artificial y el diseño de color, que vemos durante todo el filme, combinados con una saturada banda sonora firmada por Boblin, producen un asalto visual y sonoro impresionante.

Sin embargo, el exceso y la falta de realismo de la escena son una señal de que la violencia por sí sola no es el objetivo principal de Argento. La última toma, que muestra el cadáver de la segunda muchacha tendido en el suelo, es significativa. La imagen tiene un encuadre exquisito: la mancha roja de sangre y los cristales amarillos están armoniosamente colocados sobre el suelo blanco y negro de dibujo geométrico.

Thomas De Quincey, que fue la principal fuente de inspiración para *Suspiria*, escribió que el asesinato puede ser un arte. Y el director de películas de terror puede ser un pintor.

Frank Lafond

Fecha 1977

Nacionalidad Italia

Director Dario Argento

Reparto Jessica Harper, Eva Axen, Susanna Javicoli

Por qué es clave
Este momento es un gran ejemplo de cómo Dario Argento imprime su estética en la violencia.

Escena clave **Edmond Lachman se olvida las gafas de sol** *La Soufrière*

El estatus legendario del director Werner Herzog tiene mucho que ver con los riesgos supuestamente descabellados que está dispuesto a correr (aunque merece la pena recordar que insiste en que en la mayoría de los casos esos riesgos han sido exagerados por los demás). El ejemplo más famoso es, sin duda, la ocasión en la que hizo acarrear un enorme barco por una montaña de la selva para el rodaje de *Fitzcarraldo* (1983), pero esto no es nada comparado con la locura de visitar la isla desierta de Guadalupe en 1977.

Había una buena razón por la que la isla estaba desierta: todos los expertos pensaban que iba a ser destruida por una erupción volcánica inminente y muy violenta. La versión alemana de este documental de 30 minutos de duración incluso tiene el subtítulo de «Warten auf eine unausweichliche Katastrophe» («Esperando una catástrofe inevitable»), pero el desastre no llega a producirse, y hay un tono de desilusión justificado en la narración en *off* de Herzog.

El anhelo de desastre del filme produce inquietud, y más aún cuando Herzog muestra con todo detalle os efectos de una erupción anterior que se ha producido cerca. Sin embargo, al estilo típico del director alemán, lo intimidante de este canto a la atracción por la muerte se equilibra con su cualidad absurda, cómica en ciertos momentos. El mejor ejemplo debería figurar entre las representaciones máximas del cine del orgullo humano y la sátira sobre dicho orgullo.

Al volver de una expedición hasta el volcán, que humea de manera amenazante, Edmond Lachman, uno de dos operadores de cámara que acompañaban Herzog, se da cuenta de que se le han olvidado las gafas de sol, a lo que Herzog responde que no hay ningún problema: «Las recogeremos mañana».

Christoph Huber

Fecha 1977

Nacionalidad República Federal de Alemania

Director Werner Herzog

Título original *La Soufrière: Warten auf eine unausweichliche Katastrophe*

Por qué es clave El orgullo del hombre y la atracción por la muerte nunca han resultado tan convincentes. Ni tan divertidos.

Película clave ***37/78 Tree Again*** Tiempo acelerado

Pocos directores han producido una obra que se conserve tan bien en su totalidad como el vanguardista maestro austríaco Kurt Kren. Esto se debe, en parte, a que forzó las barreras cinematográficas de la visión como ningún otro. Siempre insistió en que sus experimentos también lo sorprendían a él, y con la modestia que lo caracterizaba reconocía que tenía que ver varias veces sus trabajos antes de empezar a entenderlos, de ahí que siempre aceptara como válida cualquier otra reacción.

La humildad fue clave en su obra, tanto en la producción (para elaborar sus poemas visuales usaba, entre otras cosas, un triste cactus, la estructura de un poema infantil o unas botellas de cerveza rotas) como en la interpretación (no hay autobiografía cinematográfica tan discreta como la suya, a la que añadía con cada estoico título de número y año dardos brillantes de la vida de un artista bohemio, de la experiencia de una década expatriado y de un tardío regreso a casa). No hay nada que ilustre mejor esta humildad que la historia que hay detrás de su exploración más monumental del tiempo y el espacio (junto con *31/75 Asyl*), *37/78 Tree Again*.

Durante meses, fue cada día al mismo lugar de Vermont para filmar un árbol y luego rebobinaba la película de acuerdo con un plan premeditado (utilizó un rollo de película de infrarrojos caducada, para ser precisos). El resultado podría haber sido sólo un borrón, pero, en vez de eso, nos dejó un enigma resplandeciente que podemos ver una y otra vez: 3 minutos y 48 segundos de tiempo acelerado, donde en cada encuadre vemos cómo se suceden las estaciones y colores de las hojas, cómo se mueven los animales y las nubes, vemos la decadencia y la renovación de un árbol y del mundo, paradójicamente atrapado en un fluir perpetuo.

Christoph Huber

Fecha 1978

Nacionalidad Austria

Director Kurt Kren

Por qué es clave El director Kurt Kren forzó los límites de la visión como ningún otro. En esta obra de arte suprema sólo muestra un árbol y, a través de él, nada menos que el transcurso del mundo entero.

Escena clave **Un músico le pide a una joven que lo acompañe** *Renaldo & Clara*

Parece que *Renaldo Clara*, de Bob Dylan, está destinada a no alcanzar nunca el reconocimiento que merece. Desdeñada por los admiradores de Dylan, que la consideran un desastre sin forma, esta obra de arte ha escapado a la atención de los cinéfilos avezados, que sin duda, serían más receptivos a sus ambiciones. El filme de Dylan puede verse como compañero de *Out 1* (1972) de Jacques Rivette, con la que comparte el énfasis en la relación entre narrativa e identidad y demuestra cómo el hecho de liberar la narrativa de sus ataduras tradicionales da lugar a la fragmentación de la identidad.

Tomemos como ejemplo la escena en la que Ronnie Hawkins interpreta a un músico que está intentando convencer a una joven de que debería dejar la granja de su padre e irse con él. Seguramente, Dylan le dijo a Hawkins que siguiera pidiéndole a aquella mujer que lo acompañara hasta que ella accediera, y a la joven le indicó que siguiera resistiéndose a las peticiones de Hawkins. El resultado no es una conversación, sino un par de monólogos ligeramente relacionados, pronunciados por dos individuos que están encerrados en su propio punto de vista y atrapados en sus identidades unidimensionales. La escena termina sin que ninguno de los dos personajes haya progresado (ni haya mostrado ninguna capacidad de progresar) desde las posiciones que ocupaban cuando comenzaron.

Sin embargo, la estructura general del filme de Dylan ridiculiza implícitamente esta rigidez, porque en él las identidades son infinitamente maleables, tomadas y abandonadas tan rápidamente como discurren los fragmentos narrativos, que rara vez tienen coherencia de una secuencia a la siguiente. Un elemento de este toma y daca de improvisación se muestra como requisito para alcanzar la humanidad completa.

Brad Stevens

Fecha 1978

Nacionalidad Estados Unidos

Director Bob Dylan

Reparto Ronnie Hawkins

Por qué es clave
Esta escena demuestra cómo las estructuras formales pueden acomodar elementos de improvisación

Película clave ***El mono borracho en el ojo del tigre*** Jackie Chan encuentra su hueco

Wong Fei-Hung (Chan) es la pesadilla de cualquier maestro de kung fu: un chico travieso que prefiere flirtear con las chicas guapas y conseguir cenas gratis en el restaurante que practicar las artes marciales. Sin embargo, bajo la tutela del excéntrico y alcohólico Su Hua Chi (Yuen) aprende el estilo de los Ocho Borrachos Inmortales, una técnica de lucha esotérica que requiere emborracharse como una cuba antes de enfrentarse al enemigo.

Chan, veterano desde la niñez de la disciplinada Escuela de la Ópera de Pekín, buscó empleo como actor y especialista en la industria cinematográfica de Hong Kong, que estaba creciendo a pasos agigantados (aparece durante un breve instante en *Operación Dragón*, de 1973). Sin embargo, le resultaba difícil distinguirse entre los cientos de aspirantes a Bruce Lee, tan atléticos y acrobáticos como él, que atestaban la industria.

Al final consiguió destacar entre todos ellos sacando partido a su buen humor natural y a su excelente vis cómica, con lo que consiguió aportar una muy necesaria dosis de ligereza a un género que a menudo resultaba demasiado adusto.

Cuando Fei-Hung lucha con sus oponentes utilizando técnicas tontas como «la cabeza de hierro», soporta un entrenamiento ridículo o se resiste a aprender el estilo de lucha afeminado de la octava inmortal, «la Señorita Ho, la mujer borracha que alardea de su cuerpo», Chan continúa el trabajo de los comediantes del cine mudo como Buster Keaton, que combinaba gags visuales con maestría y atrevimiento físico.

El buen humor de Chan eleva las continuas peleas de dos de *El mono borracho en el ojo del tigre* a algo que se acerca más a una coreografía, y convierte lo que podría haber sido una película de tortas muy prescindible en una divertida película de culto.

Violet Glaze

Fecha 1978

Nacionalidad Hong Kong

Director Yuen Woo-Ping

Reparto Jackie Chan, Siu Tien Yuen, Jang Lee Hwang

Título original *Jui kuen*

Por qué es clave
Jackie Chan demuestra lo que ya hiciera Buster Keaton: humor y acción no son incompatibles

Pág. siguiente *El mono borracho en el ojo del tigre.*

Escena clave **¡Os presento a Pearl!** *Interiores*

La entrada de Maureen Stapleton en *Interiores* marca uno de los usos del color más llamativos del cine contemporáneo. La historia trata de Eve (Page), una madre que está agobiando a su marido e hijas, y de la liberación de su familia después de su suicidio.

Allen pasó bastante tiempo diseñando la prisión que Eve ha creado con su idea de la decoración de interiores. En esa prisión están su marido Arthur (Marshall) y sus hijas Renata (Keaton), Joey (Hurt) y Flyn (Griffith), atrapados por el extremo ejercicio de buen gusto y de finura que ha realizado la hiperactiva matriarca de la familia, cuyo mundo, basado en el principio del comedimiento, todo es beis o gris claro: la casa, los muebles, las tapicerías, las flores secas..., todo es beis.

El mundo ajetreado y bullicioso de Nueva York le provoca una profunda angustia. Mientras se prepara para suicidarse con gas, sella con cinta aislante las ventanas de la habitación, pero de un modo meticuloso, como si estuviera buscando un efecto estético. Con una larga túnica gris, se coloca sobre un diván de Madame Recamier y se convierte en una escultura, incluso en la muerte.

Más tarde, Arthur comienza a tener citas de nuevo, y una noche en que su familia está reunida para celebrar el día de Acción de Gracias en el apartamento beis que es el legado de Eve, planea presentar a su nueva amiga. Suena una música tranquila. Las chicas están conversando en voz baja con sus novios, todos ellos impecablemente arreglados y vestidos al estilo que Eve hubiera aplaudido en silencio. Alguien llama a la puerta; cuando se abre, allí está Pearl (Stapleton), sonriendo nerviosamente, vestida de rojo intenso. Cuando entra, todo el mundo pierde la compostura y parece que su mundo se desintegra, que su pasado se desvanece, que su perspectiva cambia. El jardín dormido ha despertado a la vida.

Murray Pomerance

Fecha 1978

Nacionalidad Estados Unidos

Director Woody Allen

Reparto Geraldine Page, E. G. Marshall, Diane Keaton, Mary Beth Hurt, Kristin Griffith, Maureen Stapleton

Título original *Interiors*

Por qué es clave
Es uno de los usos del color más asombrosos del cine contemporáneo.

Escena clave **Cerrando el centro comercial** *Zombi*

Hay un monstruo que asola el género de terror: es el monstruo de los ángulos engañosos. Desde un punto de vista, la heroína que huye se ha caído de rodillas y está a punto de ser mutilada por Freddy o alguien por el estilo; desde otro, está a una manzana de distancia por delante de su perseguidor. Parece que los cazadores de vampiros y los vampiros están situados para librar una complicada batalla, cuando, de repente, el monstruo cortaángulos aparece en el plató en una niebla de cortes y tomas temblorosas.

La integridad humana de los zombis de George A. Romero impide este crimen artístico. Sus películas, y sobre todo las del ciclo de muertos vivientes, rebosan vida y reparten mortalidad cruda, carnal. La lógica absurda y lenta de la fragilidad triunfa siempre por encima de la ilusión de la fuerza. La posibilidad de la trascendencia se convierte en objeto de burla. En la guerra de los zombis, la geografía es el destino. *Zombi*, el segundo episodio en la serie de muertos vivientes de Romero, comienza como una pesadilla localizada en Filadelfia, pero la acción se desplaza a un centro comercial de los alrededores de Pittsburgh. Muchos son los que celebran la sátira anticonsumista de la película, pero pocos notan su peso físico, su fidelidad a la realidad de las tácticas y el terreno.

Esta secuencia extensa, en la que los héroes se encierran y barren un centro comercial infectado de zombis, da en el clavo de su estilo como cualquier película bélica o de acción. La forma del área de la lucha está cuidadosamente detallada: el atrio del centro comercial, los grandes almacenes de dos pisos, con sus puertas de cristal de seguridad, la rampa de salida y el aparcamiento, llenos de demonios. La acción, una victoria difícil y su posterior ruina, se despliega con cuidado y precisión. Entre otras muchas cosas, es una de las mejores secuencias de acción que se han rodado.

Tim Cavanaugh

Fecha 1978

Nacionalidad Estados Unidos

Director George A. Romero

Reparto David Emge, Ken Foree, Scott H. Reiniger, Gaylen Ross

Título original *Dawn of the Dead*

Por qué es clave
El cuidadoso detalle de las tácticas y el terreno de Romero hacen de ésta una de las mejores secuencias de acción jamás filmadas.

Pág. anterior *Zombi*

Película clave **El árbol de los zuecos** *El día de la matanza del cerdo*

Es un día lluvioso de invierno y hay una gran algarabía en la granja. Llega el matarife para sacrificar al cerdo. Los niños miran curiosamente desde lejos, mientras el recién llegado le corta el cuello al animal. Los granjeros recogen la sangre que brota, lavan la piel del cerdo, le afeitan el pelo y después cuelgan el cuerpo y lo chamuscan. Mientras el matarife corta la carne, el sacerdote del pueblo, don Carlo (Silva), va a hablar con la viuda Runk (Brescianini). Pese a la lluvia, la lavandera está lavando ropa. El cura le dice a la viuda que, para ayudarla, las monjas del orfanato pueden hacerse cargo de dos de sus seis hijos.

En *El árbol de los zuecos*, la línea entre el documental y la ficción es muy fina. Aunque la película, hecha con amor, de Ermanno Olmi (escribió el guión, dirigió, se hizo cargo de la fotografía y editó el filme) está localizada en un ámbito rural en el campo de Bergamo, en el norte de Italia, alrededor de 1898, las tareas cotidianas y los rituales que se describen son todavía muy familiares para los granjeros a los que seleccionó para actuar. El paso de las estaciones, la dureza del trabajo del campo y la fraternidad comunal entre los granjeros son presentados por Olmi en viñetas en las que los mecanismos del manejo de la ficción apenas se perciben. La sencilla dislocación de un espacio a otro puede marcar un cambio de documentación de las prácticas de los campesinos a un argumento de ficción, como en la secuencia que se ha descrito anteriormente. Y en el compasivo personaje de don Carlo, uno puede apreciar el punto de vista sinceramente católico de Olmi.

Paolo Bertolin

Fecha 1978

Nacionalidad Italia

Director Ermanno Olmi

Reparto Teresa Brescianini, Carmelo Silva

Título original
L'albero degli zoccoli

Por qué es clave
En dos secuencias seguidas, Olmi cambia del documental etnográfico a un argumento de ficción.

Pág. siguiente
El árbol de los zuecos.

Acontecimiento clave **La Academia del Cine de Pekín reabre sus puertas**

El renacimiento del cine chino contemporáneo a menudo se ubica en el estreno internacional, en el Festival de Cine de Hong Kong de 1985, de *Tierra amarilla*, un largometraje acerca del encuentro entre un soldado del Ejército Rojo y una familia de campesinos en la China de 1930. La dirección estuvo a cargo de Chen Kaige y la fotografía, de Zhang Yimou. La película representó una asombrosa ruptura tanto en contenido como en forma con los filmes de propaganda maoísta de las décadas previas (y de las anteriores épocas doradas del cine chino, vinculadas a la ciudad de Shanghai), y lanzó a la llamada Quinta Generación de grandes cineastas chinos a la escena mundial.

Este movimiento surgió en la Academia del Cine de Pekín, que reabrió sus puertas en septiembre de 1978, después de estar cerrada más de una década durante la Revolución Cultural. Chen y Zhang, que hicieron su debut en la dirección en 1987 con *El sorgo rojo*, estaban en la primera promoción de graduados, junto a Tian Zhuangzhuang, director de *El ladrón de caballos* (1986).

Muchos cineastas de la Quinta Generación nacieron a principios de la década de 1950 y fueron enviados al campo para «reeducarse» a finales de la década de 1960.

Zhang y Chen se convirtieron en los principales exportadores del cine chino. Tian ha sido menos prolífico, debido en gran parte a una prohibición impuesta después de *La cometa azul* (1993), un drama familiar muy crítico con la política maoísta. Sin embargo, ha asumido el papel de mentor de directores más jóvenes, muchos de los cuales comenzaron sus carreras en la clandestinidad.

La Academia sigue siendo una de las escuelas de cine más competitivas del mundo. Entre sus alumnos más recientes están Jia Zhangke, Lou Ye y Wang Xiaoshuai, miembros de una nueva generación cuyos filmes luchan con las contradicciones de la China de la era post-Tiananmen, que se moderniza a pasos agigantados.

Dennis Lim

Fecha 1978

Por qué es clave
En la primera promoción posterior a Mao de la Academia de Cine china había cineastas muy importantes de la llamada Quinta Generación, que puso el cine chino en el mapa internacional.

Película clave *In girum imus nocte et consumimur igni*

Un lento trávelin sobre la laguna de Venecia... Los tonos blancos y negros jugando con las sombras del sol poniente sobre las fachadas de los palacios, que parecen caras humanas, viejas y orgullosas, como las aguas profundas de la Laguna, más oscuras que la tinta china. Mientras, una voz en *off* calmada y perdida nos está contando su verdad acerca de la vida, la historia y los interminables cambios que provoca el tiempo. Es la voz del mismísimo Debord.

Entre las imágenes de Venecia aparecen otras de viejas películas soviéticas, de *westerns* y de dramas franceses, intercaladas con anuncios publicitarios. La voz explica lo corrupta que es nuestra sociedad «espectacular», cómo ha terminado la vida que era sinónimo de aventura, cómo han perecido las vanguardias. Y entonces, reconocemos a los situacionistas (miembros de una vanguardia artística y de un movimiento político del cual Debord era la figura más prominente) en las imágenes de una caballería rodeada por los indios, y el propio director aparece detrás del personaje del demonio en una película de Marcel Carné.

Durante veinte años, los filmes de Debord fueron invisibles. Se convirtieron en una leyenda, como el grupo situacionista después de la insurrección de 1968. *In girum imus nocte et consumimur igni* (como sus películas anteriores *Critique of Separation*, de 1961, y *The Society of the Spectacle*, de 1973) usa el *détournement* (tergiversación), que consiste en desplazar frases o imágenes para distorsionar el significado de una obra y producir un efecto crítico, así como la parodia para realizar una crítica autodestructiva dentro de la producción entera de la industria de la cultura. El *détournement* es también un modo de escribir un epitafio para el viejo cine y un poema nostálgico para el futuro perdido. El cine está muerto porque la revolución ha fallado: sólo permanece la nostalgia como epitafio de la revolución social desaparecida.

Antoine Coppola

Fecha 1978

Nacionalidad Francia

Director Guy Debord

Por qué es clave Esta película es un epitafio tanto para el cine como para la revolución social.

Película clave *Empieza el espectáculo*
El miedo a la muerte

Fosse, un famoso coreógrafo con el estilo más característico de su profesión (y antes un brillante bailarín, como en *Mi hermana Elena*, de 1955), intentó por todos los medios ignorar el género de la comedia musical en sus cinco filmes como director. Decir que *Empieza el espectáculo* es un musical es como decir que *Edipo rey* es una comedia. Hay dos temas capitales entrelazados en esta película: la muerte y el mundo del espectáculo (la muerte también era un tema muy importante en *Lenny*, de 1974, y en la última película de Fosse, *Star 80*, de 1983).

Un monólogo de Lenny Bruce sobre el miedo a la muerte, usado por el protagonista, el álter ego de Fosse, Joseph Gideon (Scheider), para su película *Standup* se utiliza de nuevo una y otra vez durante todo el metraje de *Empieza el espectáculo*. Gideon, que ha sufrido varios infartos durante los ensayos para un nuevo musical de Broadway, al final convierte su propia muerte en un espectáculo extravagante, hortera y vulgar al estilo de Las Vegas. Todo el filme es una serie de variaciones de las relaciones de amor-odio de Gideon con el mundo del espectáculo, de sus constantes esfuerzos por convertir la basura de Broadway en oro.

El enfoque atrevido y asombroso de Fosse aborda la muerte de un modo romántico (la película está estructurada como un diálogo entre Gideon y su «ángel de la muerte»), cómico (el monólogo de Bruce), clínico (las escenas del hospital con la operación a corazón abierto) e irónico (el baile y la canción del momento culminante).

Dirigida y editada de un modo deslumbrante, *Empieza el espectáculo* se merecía el Óscar a la Mejor Película, que fue a parar a una obra mucho menor (*Kramer contra Kramer*, de Robert Benton).

Jean-Pierre Coursodon

Fecha 1979

Nacionalidad Estados Unidos

Director Bob Fosse

Reparto Roy Scheider, Jessica Lange

Título original *All That Jazz*

Por qué es clave Esta película es el testamento autobiográfico de un gran coreógrafo convertido en un gran director, una de las obras más personales y más originales de todas las que han salido de Hollywood.

Pág. anterior
Empieza el espectáculo

Escena clave **El guía en pantalla se queda dormido** *Hypothèse du tableau volé*

Hay muchos cinéfilos que reconocen los juegos visuales tan característicos de Ruiz: las extrañas composiciones, el diseño de iluminación recargado, la *split lense*... No obstante, el estado de ánimo espeso de *Hypothèse du tableau volé* depende también del entrelazamiento de unas voces memorables en la banda sonora. Una de ellas pertenece a un viejo narrador que aparece en pantalla (Jean Rougeul, de *8 y ½*, de 1963) y que nos muestra su poco corriente colección de arte. Mientras lo hace, especula sobre una pintura desaparecida.

Mientras, la voz en *off* de otro narrador más joven (Gabriel Gascon) hace indicaciones, comentarios y apuntes sobre sucesos. No parece que estas voces habiten en el mismo espacio ni tiempo, ni siquiera en el mismo universo: las palabras del anciano están «vivas», rodeadas de aire y ambiente, mientras que las del joven corresponden a una grabación de estudio, sin aire y en un espacio cerrado.

Sin embargo, en un gracioso gag tiene lugar una especie de relevo: el hombre mayor está hablando pero está agotado y se queda dormido ante nuestros ojos. El otro narrador recoge el hilo de sus palabras, pero susurra como si, de una manera perfectamente irreal, el anciano estuviera oyéndolo. Por fin, este último se despierta y retoma su narración, justo por donde se ha detenido el joven.

Esta escena, que en parte es una parodia de un tipo de documentales solemnes e intelectuales de arte que emiten los canales televisivos de calidad, hace que el espectador se confíe con una falsa suposición de seguridad antes de perturbar sutilmente nuestros sentidos.

Adrian Martin

Fecha 1979

Nacionalidad Francia

Director Raoul Ruiz

Reparto Jean Rougeul

Por qué es clave
Ruiz parodia la autoridad de las voces narrativas con una broma brillante.

Escena clave **La aparición de la bestia** *Alien*

SPOILER

En muchos sentidos, *Alien* estableció un nuevo estándar para los efectos especiales truculentos y aterradores, después de la larga tradición de formas extraterrestres humanoides en que la intención aterradora normalmente se anunciaba y se percibía antes de la acción aterradora en sí. Ahora, lo horroroso podía ser algo orgánico, pegajoso, dientudo e inteligente, todo a la vez, y la acción podía ser más rápida que una bala: un salto cuantitativo desde lo que habíamos visto en *The Blob* (1958).

La tripulación de la nave *Nostromo* surca el espacio en una misión de salvamento comercial. Respondiendo a lo que parece ser una llamada de socorro, encuentran un vasto campo de huevos en incubación en un extraño planeta. Cuando Kane (Hurt) se inclina para examinar uno de ellos, éste explota y una criatura con tentáculos se le aferra a la escafandra espacial. Inmediatamente, lo llevan a la nave y lo confinan en la enfermería.

Tras pasar varios días con la criatura gris aferrada a la cara, de repente el inquietante ser muere. Sin embargo, poco después, en una escena que sólo va por detrás de la de la ducha en *Psicosis* en cuanto a tempo terrorífico se refiere, Kane comienza a sentirse mal en la sala de oficiales mientras el equipo come. Parece que tiene un problema digestivo y que está intentando vomitar sobre la mesa. Todo el mundo se retira. De repente, cae al suelo con la cara contorsionada de dolor y su camiseta blanca empieza a latir. Su pecho explota sin previo aviso y de él surge una criatura con forma de gusano, con dientes afilados y el cuerpo húmedo, que se ha estado gestando en su corazón. El animal levanta la espantosa cabeza, estudia el territorio y de un salto, con un grito agudo, echa a correr hacia la seguridad de los paneles de la nave.

Kane ha muerto, pero ¿dónde está el alienígena? Pronto aparecerá, y ya no será tan pequeño.

Murray Pomerance

Fecha 1979

Nacionalidad Reino Unido

Director Ridley Scott

Reparto John Hurt

Por qué es clave
Este momento es un ejemplo temprano y sobresaliente de la unión del cine de terror y el maquillaje corporal avanzado.

Pág. siguiente *Alien*.

A L I E N
In space no one can hear you scream.

Escena clave **Abrazando la bomba atómica**
The Man Who Stole the Sun

Kazuhiko Hasegawa es legendario, de algún modo, por haber hecho dos películas del todo asombrosas, aunque no muy vistas, en la década de 1970. La segunda de ellas se llamó *The Man Who Stole the Sun* y, en cuanto a su clasificación, el género en el que mejor encaja es el *thriller* de acción. Sin embargo, el director utiliza la plantilla de formas únicas que sorprenden constantemente. Su inquietante combinación de humor y suspense podría compararse con la versión original de *El mensajero del miedo* (1962), por su peculiaridad valiente, pero ahí terminan las similitudes.

El antihéroe de Hasegawa (Sawada) es un profesor de ciencias de instituto que consigue fabricar una bomba atómica. Mientras se desarrolla el típico juego del gato y el ratón entre el profesor y un policía, interpretado por el icono de la acción Bunta Sugawara, la sátira contracultural de la película va creando su remate: la protesta supuestamente revolucionaria del protagonista resulta ser un fin en sí misma; en cierto momento, ¡sólo pide que se celebre un concierto de los Rolling Stones que había sido cancelado!

Hasewaga suele usar los tropos de modo complejo, y su imagen de la nueva atracción que siente el protagonista por el poder (atómico) es característica. El procedimiento habitual, utilizado, por ejemplo, para crear un efecto ejemplar en la película de serie B de Irving Lerner *City of Fear* (1959), sería hacer que un ladrón nuclear abrazara sin saberlo su botín letal, con la consiguiente angustia del espectador. En el filme de Hasegawa hay algo que resulta desconcertante y conmovedor al mismo tiempo: el profesor se acurruca, consciente de lo que hace, junto a su bomba nuclear para pasar una noche de sueño reparador.

Christoph Huber

Fecha 1979

Nacionalidad Japón

Director Kazuhiko Hasegawa

Reparto Kenji Sawada

Título original *Taiyo o nusunda otoko*

Por qué es clave Hay muchas cosas poco corrientes en esta película de acción provocativa y desconcertante, sobre todo su manejo del miedo nuclear: el antihéroe duerme abrazado a la bomba que él mismo ha fabricado.

Escena clave **El tigre**
Apocalipsis Now

«¡Es un tigre!» Chest (Forrest) va caminando por la jungla buscando mangos y, de repente, se queda sobrecogido ante la aparición del enorme felino. Por un momento, esta escena sitúa *Apocalipsis Now*, de Francis Ford Coppola, en la categoría del cine de terror. Chef aprende una lección importante: «¡No salgáis nunca del barco!».

Éste es un ejemplo clásico del autobús de Val Lewton, pero en el contexto del Vietnam de Coppola, inundado de napalm: un tigre devorahombres (versión más grande del gato que a menudo asusta a las heroínas en las películas de psicópatas) resulta casi inofensivo al lado de los peligros espirituales y físicos que acechan en lo más profundo de la selva.

El cineasta *underground* y subversivo T. Graham hizo *Apocalypse Pooh*, en la que aplicó la banda sonora de la película de Coppola a imágenes de las películas de Winnie the Pooh, de Walt Disney, ¡y encajó a la perfección el grito de Chest en la primera aparición de Tigger!

Kim Newman

Fecha 1979

Nacionalidad Estados Unidos

Director Francis Ford Coppola

Reparto Frederic Forrest

Título original *Apocalypse Now*

Por qué es clave Es clave por el miedo y por la lección: «No salgáis nunca del barco».

Película clave ***Stalker***
El milagro de la toma final

Pocas películas se resisten a la sinopsis más que *Stalker*, pero las emociones y la decrepitud de sus escenarios no pueden ponerse en duda. La historia trata del héroe del título (Aleksandr Kaidanovsky), a quien contratan un escritor (Anatoli Solonitsyn) y un científico (Nikolai Grinko) para que los guíe a la Zona, un lugar supuestamente milagroso donde se cree que los deseos más profundos de las personas se convierten en realidad. Sin embargo, lo único que encuentran allí es una ausencia de milagros, de modo que los tres hombres vuelven derrotados, sobre todo Stalker. Después de saludar a su esposa (Alisa Freindlikh) y su hija discapacitada (Abramova), se declara un fracasado y afirma que el mundo es un lugar desolado y desprovisto de fe.

Por muy reticente que pudiera ser Tarkovsky al hablar de los significados alegóricos de esta historia, fue claro acerca de su tema principal, la dignidad humana, y del poder redentor del amor demostrado por la mujer de Stalker, al que califica de «milagro final contra el descreimiento, el cinismo y el vacío moral que envenenan el mundo moderno», encarnado por el escritor y el científico.

Sin embargo, el filme termina con otro milagro relacionado con la hija. Está sentada a solas y, después de leer un poema que recita con voz en *off*, mientras a su alrededor flotan pelusas de diente de león, mueve distraídamente, por telequinesis, dos vasos y una jarra por la mesa hacia sí al tiempo que la cámara se desliza hacia atrás. Después, mientras se adelanta de nuevo, se percibe la vibración provocada por un tren que se acerca, brevemente acompañada por el «Himno a la Alegría» de Beethoven, antes de que la imagen se funda y se centre en la expresión plácida de su rostro. Los sonidos del tren y de Beethoven acompañan este momento sereno de revelación extática.

Jonathan Rosenbaum

Fecha 1979

Nacionalidad U.R.S.S./ República Federal de Alemania

Director Andrei Tarkovsky

Reparto Natasha Abramova

Por qué es clave
Después de perder toda la esperanza, hay un momento de revelación.

Escena clave **Los pasos del gurú**
Shankarabharanam

Esta película estableció una tendencia que duró más de una década, no sólo en las obras de Telugu, sino en las películas que se rodaban en los otros tres idiomas del sur de la India, el tamil, el kannada y el malayalam. Es un largometraje que marcó un hito por ser una celebración de la música clásica del sur del país, fusionar composiciones bien conocidas y libretos nuevos, y crear una banda sonora accesible para el amante de la música común. J. V. Somayajulu interpreta a Shankara Shastri, un músico austero y muy respetado cuya fortuna entra en declive cuando el gusto del público cambia hacia el pop occidental y los grandes éxitos de Bollywood.

Como devoto brahmán que es, desafía abiertamente a la opinión pública en un pequeño pueblo conservador cuando acoge a Tulasi (Bhargavi), una bailarina de una comunidad de cortesanas, cuya madre la ha vendido al terrateniente local y quien ha huido.

La película, que se desarrolla en un largo *flashback*, comienza con el regreso de Tulasi a la ciudad, después de una ausencia de doce años, con su hijo pequeño Shankaram (Tulasi), que tiene grandes dotes musicales. En un momento dado ve las huellas de Shastri junto al río, donde acude a bañarse después de su oración ritual (antes, la cámara ha seguido sus pies descalzos, y cada paso tenía el sonido de una nota de la escala musical). Shankaram ve a su madre arrodillarse y tocar con adoración las huellas húmedas. «Él es padre y madre, gurú y dios», le dice la madre a su hijo, quien repite el acto reverencial.

Este gesto de saludo, que es al mismo tiempo de respeto a la tradición, muestra la silenciosa comunión entre Shastri y Tulasi, unidos por su devoción al arte. La escena recuerda el momento en el clásico del bengalí Debaki Bose *Vidyapati* (1937), en el que una reina esparce flores sobre las huellas del poeta al que ama, diciendo que ve en él a un dios al que adorar.

Maithili Rao

Fecha 1979

Nacionalidad India

Director K. Vishwanath

Reparto J. V. Somayajulu, Manju Bhargavi, Tulasi

Por qué es clave
Revela la dimensión espiritual de la relación gurú-discípulo al tiempo que trasciende los clichés habituales.

Diálogo clave **Palabras inspiradas para una hija** *November 1828*

El miembro de la resistencia Kromoludiro (Sitompul) es capturado por los colonizadores holandeses. Su hija Laras (Rachman) va a recabar información sobre el movimiento de la resistencia. Kromoludiro, atado a una columna, habla con elocuencia, sabedor de que su fin está próximo. Primero habla como padre, después como maestro y, por último, como líder. Le prohíbe a Laras que se case con el hijo del dirigente del pueblo, que es un traidor, y dice que es mejor que Java se hunda en el mar a que semejante hombre engendre los hijos de una nación soberana. No sólo habla para el personaje de la pantalla, sino también para el espectador indonesio.

En un país que luchó ferozmente contra los colonizadores holandeses y japoneses, esta escena de *November 1828* tuvo una gran aceptación entre el público, no sólo por su discurso patriótico, sino también por su puesta en escena y por la interpretación de Sitompul. Aunque se le muestra atado al pilar maestro de la casa (un lugar de gran importancia espiritual para la sociedad indonesia), el protagonista mantiene en todo momento el control. Por mostrar de un modo tan poderoso la fuerza en la adversidad, el jurado del Festival de Cine de Indonesia le concedió a Sitompul el premio A. K. Gani en 1979, junto a El Manik, que obtuvo el premio al Mejor Actor Secundario.
Hassan Abd. Muthalib

Fecha 1979

Nacionalidad Indonesia

Director Teguh Karya

Reparto Maruli Sitompul, Jenny Rachman

Por qué es clave
Esta poderosa escena da voz al orgullo de la gente y al anhelo de autodeterminación.

Escena clave **El ojo atravesado** *Nueva York bajo el terror de los zombis*

En la isla caribeña de Matool, que está infestada de zombis, Paola Menard (Karlatos) se encuentra sitiada por los monstruos en su casa. En un momento dado se acerca demasiado a una ventana, y de repente una mano rompe el cristal, la agarra por la cabeza y tira de ella hasta un afilado añico que ha quedado en el marco, que lentamente le atraviesa el ojo. Esta película de Lucio Fulci, estrenada en Estados Unidos como *Zombie* y en el Reino Unido como *Zombie Flesh Eaters* (*Los zombis comedores de carne*), es una descarada secuela de *Zombi*, de George A. Romero, que en Italia se estrenó con este mismo título.

Sin embargo, la escena del ojo es uno de los instantes más truculentos del cine *gore* y sádico. Fulci intentó superarse más tarde filmando un agujero del tamaño de una uva provocado por un balazo en la cabeza de una niña en *El más allá* (1981), pero la neurosis universal sobre cualquier cosa que pueda hacernos daño en los ojos convirtió esta escena en un completo triunfo en el terreno del horror. La película tuvo algunos cortes en su estreno en Reino Unido; sin embargo, los censores sólo consiguieron, quizá, hacer de ella algo más desagradable, manteniendo la agonizante puesta en escena, pero abreviando el ajuste de cuentas sangriento, de modo que el público no pudo sentir el alivio de notar los efectos del maquillaje, ligeramente gomoso. Esta escena tiene reminiscencias lejanas, por supuesto, de la escena de la navaja cortando un ojo en *Un perro andaluz* (1929), de Luis Buñuel.
Hassan Abd. Muthalib

Fecha 1979

Nacionalidad Italia

Director Lucio Fulci

Reparto Olga Karlatos

Título original *Ultimi Zombi, Gli-Zombi 2*

Por qué es clave
Quizá no sea del gusto del espectador, pero nunca la olvidará. Como la víctima de la pantalla, uno no puede apartar la vista.

Pág. anterior *Nueva York bajo el terror de los zombis.*

Escena clave **La *xia nü* invade la pantalla**
Raining in the Mountain

SPOILER

Las palabras resultan demasiado pesadas para describir la estimulante ligereza, el movimiento de la luz, el intercambio de miradas, la deslumbrante velocidad, la elegancia de las acrobacias que colman *Raining in the Mountain*. En un monasterio remoto hay un preciado pergamino codiciado por individuos sin escrúpulos. Uno de ellos es el adinerado maestro Wen (Sun), que ha contratado a una ladrona, White Fox (Xu), y a su cómplice, Gold Lock (Wu). Cuando consiguen hacerse con el pergamino, se produce una persecución; Lock muere, y Wen y Fox consiguen cruzar el río. Sin embargo, cuando llegan a la otra orilla se ven asediados por infinidad de mujeres bellas que saltan hacia ellos desde las rocas, vestidas de color azafrán, naranja y blanco. Son la comitiva del maestro Wu Wai, el santo y consejero del Abad.

La pareja huye y se esconde en el bosque cercano, donde el ruido del revoloteo de unas ropas llama su atención: las mujeres están ahora ocultas entre los árboles, y los atacan desde arriba, exhibiendo, además de sus cuerpos ágiles, la atractiva amplitud de sus ropajes. Hu ofrece entonces diez hermosas secuencias de las mujeres saltando y volando, filmadas desde diferentes ángulos, y crea una de las coreografías más exquisitas del género *wuxia* (de artes marciales). Wen escapa y Fox, vestida de negro y rojo, debe enfrentarse a solas a sus contrincantes, que al final la capturan en una red de lazos azafrán y naranja.

En *Bebe conmigo* (1966), King Hu ya había situado a una *xia nü* (una guerrera) en el centro de la acción. Aquí satura la pantalla de guerreras, tanto visual como narrativamente. La *xia nü* ya no es una intrusa, sino que se convierte, como en los orígenes del género, en un elemento principal de la historia.

Bérénice Reynaud

Fecha 1979

Nacionalidad Hong Kong

Director King Hu

Reparto Xu Feng, Sun Yue, Wu Mingcai

Título original *Kongshan Lingyu*

Por qué es clave El cine de artes marciales chino alcanza una nueva madurez estética.

Diálogo clave **Ray Winstone toma las riendas**
Escoria

Ray Winstone es un pedazo de Inglaterra. Londinense, campeón de boxeo de la escuela, ex cabeza rapada, seguidor desde niño del West Ham United Football Club, le confiere a todas las escenas en las que aparece la posibilidad de que haya ternura o violencia. En *Scum*, da vida al joven delincuente Carlin, que está pasándolo mal en un reformatorio (o Borstal, como se conocían a estos centros en Gran Bretaña en la década de 1970), y decide vivir según la primera regla de William Blake para los presos: «Debo crear un sistema, o seré esclavizado por el de otro...».

Incapaz de soportar el acoso que sufre por parte de Banks (Blundell), el jefe del ala del edificio donde se encuentra, no le queda más remedio que hacerse con el control. Debe destruir la autoridad de Banks e imponer la suya, y lo hace en dos minutos. Primero neutraliza a uno de los lugartenientes de Banks (Phil Daniels) con dos bolas de billar en un calcetín, y después golpea al matón mientras se está afeitando. Winstone está en plenas facultades durante estos dos minutos: se ve en la eficacia con la que saca las bolas de billar de la mesa y las mete en un calcetín negro, ordenándoles despreocupadamente a los jugadores que continúen, así como en lo repentino de su ataque.

Mientras el lugarteniente de Banks cae, un conocido chivato (Burdis) se escabulle hacia la puerta para alertar a los funcionarios. «¡Vuelve aquí, soplón!», le ordena Carlin. Su control es total, casi de telequinesia: el chico vuelve a la habitación como si tirara de él un hilo invisible. Entonces, Carlin sube las escaleras con un paso tan refinado en medio de la brutalidad que casi parece femenino, y se va en busca de Banks. Quince segundos después llega la gran frase: «¡Ahora el jefe soy yo!».

James Parker

Fecha 1979

Nacionalidad Reino Unido

Director Alan Clarke

Reparto Ray Winstone, John Blundell, Mick Ford, Phil Daniels, Ray Burdis

Título original *Scum*

Por qué es clave El don de Ray Winstone para plasmar la violencia expresiva se convirtió en sello del realismo cinematográfico británico.

Escena clave **La entrevista de trabajo de Jack Torrance** *El resplandor*

Como gran parte del trabajo de Stanley Kubrick, *El resplandor* trata sobre todo de la comunicación: comunicación entre un marido y su mujer, entre los muertos y los vivos, entre presente y pasado, la comunicación por radio, por teléfono y otros medios. Pero, sobre todo, de ese privilegiado método de comunicación, el resplandor, que vincula a Halloran (Scatman Crothers) con Danny (Danny Lloyd). Sin embargo, el filme comienza con una entrevista de Jack Torrance (Nicholson) con el director del Overlook Hotel, Stuart Ullman (Nelson), quien reduce la comunicación al nivel más insípido imaginable.

La conversación de Torrance con Ullman se produce de una forma que sugiere que ambos están leyendo un guión: la entrevista no es más que una formalidad (Torrance ya tiene el trabajo) y sus participantes sólo tienen que ocupar su posición, como piezas de ajedrez en una partida cuyo resultado ya se conoce. Esto, cuando ha pasado el punto culminante del filme, demuestra lo que estaba ocurriendo a una escala mucho mayor con Torrance: es manipulado por fuerzas sobrenaturales y lleva a cabo un papel predeterminado que debe repetir una y otra vez por razones que él nunca llegará a comprender.

Esta yuxtaposición de diálogo banal y misterio cósmico ya resulta familiar por *2001: Odisea del espacio* (1968), y tiene relación con el interés de Kubrick por las variadas formas en que se expresa la identidad, como en los dos extremos representados en *Lolita* (1961), por el disciplinado Hubert y las improvisaciones de Quilty. Para Kubrick, la identidad puede ser limitada al mínimo o expansiva hasta el aburrimiento; las películas, con su frecuente énfasis en la doble identidad, implican que estas dos posibilidades, cuando se ven en el más amplio de los contextos, pueden ser, simplemente, caras distintas de la misma moneda.

Brad Stevens

Fecha 1980

Nacionalidad Reino Unido/Estados Unidos

Director Stanley Kubrick

Reparto Jack Nicholson, Barry Nelson

Título original *The Shining*

Por qué es clave
Esta escena muestra cómo aborda el cine de Stanley Kubrick las cuestiones filosóficas sobre la identidad y la comunicación.

Película clave ***Berlin Alexanderplatz*** La paradoja de la libertad

Fassbinder reiteró muchas veces que la novela de 1929 de Alfred Döblin fue una influencia decisiva en su formación, tanto emocional y psicológica como intelectual, sexual y artística. Y la miniserie de quince horas y media que hizo para la televisión es un logro creativo monumental, además de su testamento.

Puede resultar provocativo saber que la historia de Franz Biberkopf (Lamprecht) es un relato inquietante de criminales mezquinos y de prostitutas, en el que los hombres maltratan a las mujeres, a veces hasta el punto de matarlas, y además destructivos los unos con los otros; por otra parte, el mundo en el que viven es el de la Alemania de entreguerras, que se dirige hacia el nazismo. Pese a todo, es un espacio cinematográfico completamente humanizado del que uno no quiere apartarse, por lo sincero y al mismo tiempo ingenioso que es el director a la hora de enfrentarse y de entender ese mundo.

El interés de Fassbinder se centra más en sus ideas sobre la historia que sobre ésta en sí misma (lo cual se resuelve sólo a medias durante el epílogo, de dos horas), pero su manejo de todos los aspectos del drama y el melodrama hacen que la narrativa, los personajes y las relaciones que se dan entre ellos sean poderosamente seductores. Al mismo tiempo, la adopción de un tipo de cine más experimental, en el que a menudo su propia voz narrativa va en sentido contrario a las imágenes, o las interroga, eleva el filme a un nivel de pensamiento duro y valiente que no es habitual. Hay ternura en esa voz. Su entonación tiene la compasión y la poesía con las que Fassbinder ilumina los rincones más oscuros.

Blake Lucas

Fecha 1980

Nacionalidad República Federal de Alemania

Director Rainer Werner Fassbinder

Reparto Günter Lamprecht, Hanna Schygulla, Barbara Sukowa, Gottfried John, Elisabeth Trissenaar, Franz Buchreiser, Brigitte Mira, Ivan Desny, Roger Fritz, Barbara Valentin, Claus Holm, Annemarie Düringer

Por qué es clave Una obra que une la maestría de las formas clásicas con las ideas más modernas

Personaje clave **Thelma Schoonmaker se une al equipo de Scorsese** *Toro Salvaje*

La unión entre directores y actores es tan arriesgada como un compromiso matrimonial por correspondencia, pero de vez en cuando sucede que un director encuentra a un actor que, sin esfuerzo, se convierte en un medio perfecto para su visión, y un actor encuentra a un director que puede crear un entorno perfecto para expresarse. Ocurrió con Jimmy Stewart y Frank Cappa, con Toshiro Mifune y Akira Kurosawa, y ocurrió asimismo, con Robert De Niro y Martin Scorsese.

Sin embargo, hay un arbotante invisible que une la arquitectura inexpugnable de la colaboración entre Scorsese y De Niro, y es la editora Thelma Schoonmaker. Scorsese llevaba intentando convencer a Schoonmaker para que editara sus películas desde que se habían conocido en unas clases de verano en la NYU, pero ella no estaba sindicada y ponía en peligro su colaboración. *Toro Salvaje*, de 1980, fue su primer trabajo conjunto en Hollywood, y Schoonmaker demostró rápidamente que su talento estaba a la altura del proyecto. Su habilidad en el montaje reveló toda la vulnerabilidad y brutalidad que se expresaba en el boxeador Jake La Motta (De Niro), un matón que paga todas sus inseguridades masculinas con su mujer (Moriarty) y expía sus pecados permitiendo que lo golpeen en el *ring*, un personaje que encuentra la purificación en el derramamiento de sangre.

El montaje de Schoonmaker es rítmico, fluido y excitante, una obra de pasión, contada en quince asaltos, salpicada por el crepitar de las bombillas y los estigmas. Schoomaker ganó con justicia un Óscar por este magnífico trabajo y siguió editando todas las películas que hizo después Scorsese.

Violet Glaze

Fecha 1980

Nacionalidad Estados Unidos

Director Martin Scorsese

Reparto Robert De Niro, Cathy Moriarty, Joe Pesci

Título original *Raging Bull*

Por qué es clave
Scorsese encuentra a la colaboradora perfecta en la gran editora Thelma Schoonmaker.

Pág. siguiente *Toro salvaje*.

Acontecimiento clave ***Encuentros en la tercera fase: Edición especial***

Tres años después de que se estrenara *Encuentros en la tercera fase* (1977), que fuera aclamada por la crítica y tuviera un enorme éxito en taquilla, el director Steven Spielberg convenció a Columbia para que le permitieran rehacer el filme y estrenarlo de nuevo como *Encuentros en la tercera fase: Edición especial*. El estudio dio el visto bueno con la condición de que el punto culminante fuera extendido para darle a la nueva versión un gancho comercial, ya que los ejecutivos pensaban que los espectadores sólo volverían a verla si se les prometía que podrían echar un vistazo en el interior de la nave espacial de los extraterrestres. Aunque Spielberg restituyó secuencias que se habían cortado y filmó algunas escenas nuevas con los actores principales, también recortó la parte intermedia de la película. Con 132 minutos, esta *Edición especial* es tres minutos más corta que la original.

El hecho de que una película de tres años antes, con ligeros cambios, pudiera ser una atracción para el público, a la altura de un nuevo estreno, abrió el camino para la industria de «el montaje del director», que ha tenido notables ejemplos en *Blade Runner* (1982), de Ridley Scott, *Alien* (1986), de James Cameron, o las revisiones de la trilogía de *La guerra de las galaxias* de George Lucas, que incluyeron efectos especiales mejorados, además de otros casos por el estilo de finales de la década de 1990, y *Apocalypse Now Redux* (2001), de Francis Ford Coppola.

Ahora, gracias al DVD, un filme estrenado en el cine es a menudo el equivalente a un resumen, y una multitud de ediciones ligeramente distintas inundan el mercado. Por ejemplo, en 1998, Spielberg hizo una versión de 137 minutos de *Encuentros en la tercera fase* a la que se llamó *Edición de coleccionista*, que no es más que la versión de 1977 más el metraje que se usó en 1980.

Kim Newman

Fecha 1980

Por qué es clave De ahora en adelante, cualquier versión de una película es algo provisional.

EVERLAST

AIRPLANE!

Diálogo clave **«¿Cuál es nuestro vector, Víctor?»** *Aterriza como puedas*

Tres pilotos en la cabina de un avión: el capitán Clarence Cambio, su copiloto Ben Murdock y el ingeniero de vuelo Víctor Basta. Mientras se preparan para despegar, hablan con la torre de control del aeropuerto y también entre ellos.

Torre de control: Frecuencia de salida de Los Ángeles 123 punto nueve.
Capitán Cambio: Bien.
Ben: ¿Eh?
Víctor: Solicito vector, cambio.
Capitán Cambio: ¿Qué?
Torre de control: Vuelo 209 despejado para vector 324.
Ben: Ya tenemos autorización, cambio.
Capitán Cambio: Bien, Ben. ¿Cuál es nuestro vector, Víctor?
Víctor: ¿Qué? Ya tenemos autorización, cambio.
Capitán Cambio: Me llamo Clarence Cambio, cambio.
Víctor: Bien.
Torre de control: Bien, cambio.
Ben: ¿Eh?
Capitán Cambio: ¿Qué?

La tontería no necesita justificación, pero en caso de que alguien la requiriera yo destacaría tres cosas de la escena transcrita: la animada y afable seriedad de Peter Graves como capitán Clarence Cambio, la mala actuación de Kareem Abdul-Jabbar como Ben Murdock, y la campechana eficiencia de Víctor Basta, encarnado por el talentoso Frank Ashmore.
James Parker

1. En el doblaje español se cambiaron los nombres de los personajes. El capitán Oveur es el capitán Cambio y Roger es Ben.

Fecha 1980

Nacionalidad Estados Unidos

Director Jim Abrams, David Zucker, Jerry Zucker

Reparto Peter Graves, Kareem Abdul-Jabbar, Frank Ashmore

Título original *Airplane!*

Por qué es clave En esta comedia de la década de 1980 se llega a un nivel de disparate que habría hecho sentirse halagado a Lewis Carroll.

Pág. anterior *Aterriza como puedas.*

Escena clave **El ascensor** *Vestida para matar*

SPOILER

De Palma se contagió de *Psicosis* (1960): la que parecía la estrella del espectáculo es liquidada muy pronto, así que el argumento persigue a un nuevo objetivo, a un transeúnte quizá... Eso es exactamente lo que ocurre en *Vestida para matar*, cuando Kate (Dickinson) muere apuñalada en un ascensor a manos de una extraña rubia (Caine), y Liz (Allen), una prostituta que casualmente está esperando cuando el ascensor se detiene, se convierte en la nueva heroína.

Sin embargo, mientras que Hitchcock multiplicó las líneas argumentales con un fin claro en mente, De Palma se entrega al absurdo caótico de una narrativa que sale disparada en todas direcciones, como si tuviera alucinaciones. Al director le gustan las yuxtaposiciones extravagantes, como el corte entre la voz cantarina de Liz y la intensidad de la banda sonora de Pino Donaggio mientras Kate es apuñalada. Hay riqueza visual e invención sonora: el grano de la imagen en el reflejo de la cara de Caine en el espejo del ascensor; el inquietante revoloteo de las manos de las mujeres a cámara lenta, hasta que Liz toma el cuchillo y la película recupera, inteligentemente, su velocidad normal.

De Palma lo mezcla todo: velocidades, texturas, puntos de vista, sentimiento de culpabilidad (Kate quitándose la alianza) y vergüenza pública (una niñita maleducada mirando fijamente). Incluso la ideología del filme sufre un tratamiento variopinto: lo que comienza como una oscura fábula (las niñas malas serán castigadas) termina en una comedia macabra, con Liz sujetando el cuchillo inculpatorio y diciéndoles a los arrendadores que ella no es la asesina.
Adrian Martin

Fecha 1980

Nacionalidad Estados Unidos

Director Brian De Palma

Reparto Angie Dickinson, Michael Caine, Nancy Allen

Título original *Dressed to Kill*

Por qué es clave
De Palma adopta una narrativa que contiene un caos de alucinaciones.

Escena clave **Alex es asaltado por su madre** *Manila by night*

Cuando Virgie (Solis) se enfrenta a su hijo, Alex (Martinez), por su consumo de drogas, él lo niega, pero Virgie no lo cree. Lo que sigue es una tormenta de furia maternal sin comparación en un filme ya de por sí turbulento. Ella lo abofetea, lo zarandea, le da golpes en la espalda y en la cabeza, le arroja cosas, pequeñas y pesadas, cualquier objeto que tiene a mano. En una gloriosa cámara lenta, le da con un cajón en la cabeza, y las astillas salen volando como metralla.

La escena da la impresión de ser muy larga, o de haber rebasado ya el punto convencional; de repente, recuerda a una comedia de Buster Keaton, donde todo vuela como en un tornado, y Keaton es el centro inmóvil, arraigado, en medio de la tormenta. La película ha pasado del drama al absurdo, y del absurdo al horror cómico.

Bernal dota a sus filmes de momentos extraños como éste, que sacan al espectador de la historia y, de repente, lo devuelven a ella por un efecto bumerán, desde una perspectiva distinta y con una fuerza añadida. Ahora sabemos que Bernal tomaba drogas y que le tenía un miedo mortal a su madre; parece que la horrible respuesta de Virgie es la versión pesadillesca de lo que su madre podría hacerle si averiguara que se drogaba (o quizá, lo que ya le ha hecho). Más aún, la escena es un breve pero potente resumen de la visión de Bernal sobre la clase media, el alboroto amoral y caótico que hierve bajo la capa de respetabilidad burguesa filipina y que, de vez en cuando, se desborda.

Noel Vera

Fecha 1980

Nacionalidad Filipinas

Director Ishmael Bernal

Reparto William Martinez, Charito Solis

Título original *City after Dark*

Por qué es clave
La imagen, emblemática del caos y la corrupción de la clase media, es captada por Bernal como poesía visual.

Película clave *La puerta del cielo*

Una obra de arte con muchos defectos, pero igualmente fascinante, esta superproducción del Oeste de 3 horas y 40 minutos, de fuerza arrebatadora y de una complejidad desafiante, fue lastimosamente malentendida y denostada por la crítica, decidida a ver cómo Cimino recibía su merecido por sus monumentales meteduras de pata.

Aunque no es un filme fácil de seguir, muchos de los defectos, oscuridades y supuestos absurdos que los críticos señalaron quedan claros y plenos de sentido después de un segundo visionado (o de un uno atento). Por citar sólo un ejemplo, el prólogo de Harvard, que la crítica del momento juzgó irrelevante e incomprensible, presenta, en realidad, algunos de los temas principales del filme.

Por desgracia, ningún crítico se molestó en dar a la película una segunda oportunidad (no hubo proyecciones previas para la prensa hasta el día del estreno), con graves consecuencias no sólo para Cimino y el recorrido del filme (United Artists la retiró después de que se exhibiera durante pocos días en un cine de Nueva York), sino también para el estudio (que se vio al borde de la ruina y fue adquirido por MGM en 1981). Y también para el futuro del cine de autor, porque los ejecutivos de los estudios de Hollywood comenzaron a recortar costes drásticamente y a limitar la autonomía creativa de los directores.

En 1981 se estrenó una versión reeditada y mucho más breve, que obtuvo pocas buenas críticas y escaso éxito comercial. Recientemente se ha estrenado la versión completa en DVD.

Jean-Pierre Coursodon

Fecha 1980

Nacionalidad Estados Unidos

Director Michael Cimino

Reparto Kris Kristofferson, Christopher Walken, Isabelle Huppert, John Hurt, Jeff Bridges

Título original *Heaven's Gate*

Por qué es clave El fracaso crítico y comercial de esta ambiciosa producción de Cimino cambió el curso del cine de Hollywood en la década de 1980.

Pág. siguiente *La puerta del cielo*.

REAGAN
FOR PRESIDENT
Let's make America great again.

Acontecimiento clave **Ronald Reagan es elegido presidente de Estados Unidos**

En 1980, Ronald Reagan consiguió su gran papel: representar al líder del mundo libre. Este antiguo actor de cine de serie B y televisión entendió como ningún otro presidente el poder que tenían los medios de comunicación de masas. Sus años en el cargo representaron lo que el subtítulo de una biografía sobre él llama «el triunfo de la imaginación». Como una producción de Hollywood o un parque temático (él fue uno de los presentadores de la cobertura televisiva de la inauguración de Disneyland, en 1955), Estados Unidos de Reagan estaban basados en una fantasía compartida.

El «gran comunicador» no era un gran actor, aunque protagonizó películas de serie B que lanzaron su carrera en Hollywood. Presidente de Screen Actors Guild, delató a sospechosos de comunismo durante la caza de brujas de McCarthy antes de convertirse en gobernador de California en 1966.

El de Reagan fue un régimen narcotizante, que daba la sensación de bienestar, y los grandes éxitos cinematográficos del momento promovieron un optimismo sentimental y desvinculado de la sociedad. La presidencia en sí fue un triunfo de puesta en escena, una interpretación que reconocía la importancia del gran momento y de un buen papel. Muchas de sus famosas muestras de ingenio («¿Dónde está el resto de mí?» «Todavía no has visto nada», y, tras su intento de asesinato, «Cariño, se me olvidó agacharme») eran, en realidad, frases de películas.

No era un actor de método, pero tal y como dijo su obituario en *The New Yorker*, sí era un presidente de método, que a veces llegó tan lejos como para inventarse un pasado intenso: afirmó que había presenciado la liberación de los campos de concentración del nazismo cuando no había salido de Estados Unidos en toda la guerra. Su cita más inmortal fue un desliz freudiano: «Los hechos son cosas estúpidas».

Dennis Lim

Fecha 4 de noviembre de 1980

Por qué es clave
La presidencia de Reagan redefinió la relación entre entretenimiento y política.

Pág. anterior Cartel de la campaña electoral de Ronald Reagan.

Diálogo clave **El monólogo de Alex sobre una vieja mansión** *Contratiempo*

SPOILER

Hacia la mitad de *Contratiempo*, Alex Linden (Garfunkel) le habla a Milena Flaherty (Russell) sobre una mansión que estaba cerca de su casa: «Saber que había cerca algo tan bonito hacía que me sintiera bien... Por las noches, de niño, la usaba como guía... Un día tenía que ir a Boston. Era viernes. Cuando volví, el martes, ya no estaba. Había desaparecido. Así de fácil».

Este diálogo define a Alex como una persona obsesionada con las imágenes de la inocencia perdida, que asocia con la seguridad de la infancia. Sin embargo, el monólogo carece de naturalidad, parece una pieza de carácter psicológico escrita a conciencia; y su «autor» no es el director, Nicolas Roeg (aunque hay una evidente relación con el monólogo sobre trenes de Mary-Lou en otro filme suyo, *The Man Who Fell to Earth*), ni tampoco el guionista Yale Udoff, sino el mismo Alex Linden. Es psicoanalista, y, por lo tanto, capaz de recordar de una manera calculada para dar a entender que es un individuo muy sensible.

Sin embargo, la respuesta de Milena es ambigua: se limita a mirar a Alex, y parece que se siente inquieta por una sospecha que es incapaz de expresar. Porque lo que resulta más llamativo del monólogo de Alex es su falta total de espontaneidad, una cualidad que Milena, por el contrario, revela con cada una de sus palabras y gestos; cualidad que atrae y repele al mismo tiempo a Alex, y que éste, finalmente, intenta eliminar reduciendo a Milena a un estado catatónico, convirtiéndola así en otro objeto perdido que puede continuar deseando.

Aunque parece que *Contratiempo* trata sobre el misterio de la femineidad, la forma en que la cámara de Roeg filma espejos en los que Alex aparece y desaparece mientras habla de la mansión sugiere que es la masculinidad el verdadero enigma que se explora en el filme.

Brad Stevens

Fecha 1980

Nacionalidad Estados Unidos

Director Nicolas Roeg

Reparto Art Garfunkel, Theresa Russell

Título original *Bad Timing*

Por qué es clave
Esta escena muestra cómo puede utilizarse el diálogo para revelar el carácter de un modo plenamente cinematográfico.

Escena clave **El último trayecto de Shand** *El largo Viernes Santo*

Harold Shand, el rey del hampa del East End, sufre el asalto de unos poderes que se hallan más allá de su comprensión. Mientras intenta cerrar un trato con un millonario estadounidense para reurbanizar los Docklands de Londres, sus hombres de confianza son liquidados y sus pubs saltan por los aires, y él no sabe por qué. «¿Quién la ha tomado conmigo?», gruñe con una angustia y tensión que en otra era habrían significado la presencia vengadora de las Furias. Sin embargo, la entidad que persigue la destrucción de Shand tiene otro nombre: el Ejército Republicano Irlandés.

La música que compuso Francis Monkman para *El largo Viernes Santo*, con el sórdido pulso de sus sintetizadores y los estallidos de los saxofones, capta a la perfección la esencia de la película. Oímos esta música cuando Bob Hoskins, en el papel de Shand, hace su entrada en el aeropuerto, caminando con la grandeza de un césar, y la oímos cuando sale de él. Este último hecho se desarrolla durante el minuto y medio final de la película.

Shand está en el asiento trasero de su limusina; su intento de acabar con el líder del IRA local ha fracasado y su propio chófer ha sido secuestrado; y cuando el hombre del asiento delantero se da la vuelta, sonríe y lo encañona con un arma, Shand se da cuenta de que lo llevan hacia la muerte. Suelta un silbido y saca la barbilla, dejando a la vista los brillantes incisivos inferiores. La cámara se fija en su expresión: es de miedo, de rabia, incluso de una aceptación brutal, como si se tratase de un animal que sabe que ha llegado su hora. Parece que esté a punto de reír.
James Parker

Fecha 1980

Nacionalidad Reino Unido

Director John Mackenzie

Reparto Bob Hoskins, Pierce Brosnan

Título original *The Long Good Friday*

Por qué es clave
En poco más de un minuto de acción no verbal, Bob Hoskins llega a lo más alto, o a lo más profundo, de su arte.

Pág. siguiente
El largo Viernes Santo.

Escena clave **Un soldado descubre el mal** *Uno rojo: División de choque*

Un astuto y viejo sargento (Marvin) ha estado guiando a su destacamento de soldados jóvenes ¡e inexpertos por las soleadas y laberínticas calles de Europa. Desde que desembarcaron en Normandía, la mayoría de los muchachos ha dado rienda suelta a sus frustraciones, miedos y fantasías, bajo la implacable presión de los obuses y las balas alemanas.

Sin embargo, entre el derramamiento de sangre, la cacofonía de los ruidos, la desorientación y la tensión creciente que se produce en el grupo (a uno de los chicos una mina le vuela un testículo, y otro se entera de que sus cartas van a ser publicadas en casa), una nube de silencio represivo envuelve a Griff (Hamill), un chico del Medio Oeste, de aspecto amable y tranquilo, a quien las batallas le parecen algo irreal, fuera de lugar. «Acción... sin un objetivo claro»; esto es lo que parece que sugiere el filme para aquellos que se ven atrapados en su torbellino. Los cuerpos caen y sufren mutilaciones, suenan gritos en la oscuridad... Pero el mal contra el que cada uno ha establecido su propósito siempre está ausente, siempre está más allá de la siguiente colina, desvaneciéndose entre el humo.

El destacamento llega a un campo de concentración del que los alemanes han huido. Griff y el sargento caminan con cautela por entre los hornos, todavía calientes, bajo un cielo azul y soleado. Con su rifle, Griff abre un horno y mira dentro. Allí se halla escondido un soldado alemán, entre los huesos. Entonces, vemos cómo se endurece la expresión de Griff, en primer plano, y cómo sus ojos azules se vuelven fríos ante la visión. Dispara. Dispara otra vez. Y otra. Y de nuevo, una y otra vez. Y otra, y otra, y otra, y otra. Sigue disparando. «Creo que ya le has dado», susurra con suavidad el sargento, en un gesto de comprensión y humanidad.
Murray Pomerance

Fecha 1980

Nacionalidad Estados Unidos

Director Samuel Fuller

Reparto Lee Marvin, Mark Hamill

Título original *The Big Red One*

Por qué es clave
Se trata de un importante instante de franqueza cinematográfica sobre el Holocausto.

34

Película clave
La diva

¿Existe un lugar más efectivo para crear inquietud que un aparcamiento subterráneo? Es un escenario de pesadilla que se remonta, al menos, hasta el día de la matanza de San Valentín de 1929. El aparcamiento subterráneo, (y más tarde de varios pisos) había aparecido ya en películas tan antiguas como *Scarface, el terror del hampa* (1932), pero empezó a proliferar más adelante, cuando se sondeó su silencio terrorífico, su paradójica combinación de visibilidad limitada y falta de privacidad. La estructura de un aparcamiento proporciona una silenciosa amenaza en *Todos los hombres del presidente* (1976), un toque de comedia al estilo de Philip K. Dick en *Petulia* (1968), suspense en *Teléfono* (1977) y una absurda futilidad en *La conversación* (1974), entre otros ejemplos.

En 1981, *La diva* llegó envuelta de esperanzas y fantasías; sobre todo, la de que Beineix lideraría una nueva *nouvelle vague* de películas llamativas, indiferentes, subversoras del género. Pero resultó ser una falsa promesa. Beineix acertó de nuevo en 1986, con *Betty Blue*, pero después se hundió en la oscuridad.

La diva destaca hoy por cualidades que en su día pasaron inadvertidas: el ritmo majestuoso, la pose bohemia y el uso de buenos arquetipos cinematográficos (incluyendo al duendecillo del hurto de Luu y a un joven Pinon como el asesino a sueldo apodado el Vicario). La película es todo aparcamientos, lo que proporciona elementos atractivos para los fans de los espacios industriales cerrados.

La diva va a favor y en contra de las normas del cine de garaje de las décadas de 1960 y 1970, ofreciendo escenas de suspense, ingeniosas conversaciones e incluso la explosión de un coche bomba.

Aunque el garaje sigue siendo uno de los escenarios preferidos para rodar secuencias, la moderna reflexividad de *La diva* hace improbable la existencia de nuevos niveles de significado (o de aparcamiento).
Tim Cavanaugh

Fecha 1981

Nacionalidad Francia

Director Jean-Jacques Beineix

Reparto Frédéric Andréi, Roland Bertin, Wilhelmenia Fernandez, Gérard Darmon, Chantal Deruaz, Thuy An Luu, Dominique Pinon

Título original *Diva*

Por qué es clave
Resume la paranoia sobre los aparcamientos subterráneos.

Escena clave **Wez y el Joven Dorado en un plano medio** *Mad Max, el guerrero de la carretera*

Cuántos problemas se habría ahorrado Mel Gibson si nos hubiera revelado desde el principio que es un artista del «ello», un creador capaz de transformar sus profundidades más oscuras en bellas pesadillas.

La primera aparición de Wez (Wells), uno de los villanos de *El guerrero de la carretera*, no está dirigida por Gibson, pero no es casualidad que esta escena se relacione con una de las constantes más importantes de Gibson: el terror a la homosexualidad, que originó su magnífica interpretación en *En qué piensan las mujeres* (2000), una destacada escena de *Braveheart* (1995), en la que el rey defenestra al novio de su hijo, y otras joyas del universo de Gibson.

No son los ojos brillantes de Wez, ni sus músculos, ni el peinado al estilo mohawk teñido de rojo. Es su amante, un guapo joven con el pelo decolorado y la actitud dócil de una mascota. El Joven Dorado (Brown), al que Wez lleva atado de una primorosa correa, va vestido con un escaso atuendo de motorista y lo mira todo con la indiferencia propia de los elegidos del Olimpo. Wez, que apenas habla, se comunica sobre todo con aullidos; el Joven Dorado no dice una palabra. Su devoción hacia Wez sugiere un amor profundo y perverso. Y lo más inquietante de todo es que es el único personaje de toda la película que está aparentemente satisfecho con su situación. Wez, por sí mismo, no es más que una amenaza; Wez y el Joven Dorado son algo más peligroso: una invitación.

Significativamente, la manía de Wez sólo llega a su punto álgido cuando pierde a su amante a causa del vuelo de un bumerán. Después de eso se convierte en un asesino obsesionado por un amor perdido, y alcanza un resplandor trágico que no posee ningún otro personaje de la película.

Qué suerte que Mel Gibson sobreviviera intacto a este encuentro con la mortífera homosexualidad; no es de extrañar que desprecie la serie de *Mad Max*.
Tim Cavanaugh

Fecha 1981

Nacionalidad Australia

Director George Miller

Reparto Vermon Wells, Jimmy Brown

Título original *Mad Max 2: The Road Warrior*

Por qué es clave
Los motoristas gays han llegado.

Escena clave **Cara blanca/máscara blanca** *Mephisto*

SPOILER

Mephisto, basada en la novela homónima que Klaus Mann escribió en 1936, trata de un consumado especulador, Hendrik Höfgen (Brandauer), inspirado en el gran actor teatral alemán Gustav Gründgens. El oportunista Höfgen adquiere tantos compromisos en su deseo de complacer a sus patrocinadores nazis que al final de la película surge una pregunta: ¿tiene algún objetivo la trayectoria descendente que ha estado siguiendo el protagonista? Su declive moral comienza cuando abandona sus ideas de izquierdas y continúa con una serie de traiciones. Höfgen acepta la dirección del Teatro Nacional, en Berlín, y esto lo asocia con figuras moralmente ambiguas, como la defensora del nazismo Leni Riefenstahl. Höfgen, a quien Brandauer interpreta de un modo inolvidable, es el epítome del artista débil que está dispuesto a comprometerlo todo a cambio de una gloria pasajera.

Al final de *Mephisto*, uno de los patrocinadores nazis de Höfgen (Hoppe) lo lleva, en mitad de la noche, al grandioso Estadio Olímpico de Berlín. Lo sitúa en mitad del campo y hace que lo iluminen unos cegadores focos. Höfgen da unos cuantos pasos en una dirección, y después en otra, e intenta taparse los ojos, pero las luces lo siguen de forma implacable. Pronto, Höfgen deja de resistirse y mira directamente a la cámara, con la cara pálida y los ojos fijos: es una máscara, y está claro que ya no hay una persona real tras ella.

Dina Iordanova

Fecha 1981

Nacionalidad Hungría/Alemania Federal de Alemania/ Austria

Director István Szabó

Reparto Klaus-Maria Brandauer, Rolf Hoppe

Por qué es clave
Esta escena revela el extremo del oportunismo: la máscara ha reemplazado al ser humano.

Escena clave **El Dr. Jekyll se convierte en Mr. Hyde** *Dr. Jekyll et les femmes*

Como en todas las demás adaptaciones que se han hecho de *El Dr. Jekyll y Mr. Hyde,* de Robert Louis Stevenson, Walerian Borowczyk muestra a Jekyl convirtiéndose en Hyde. Lo que convierte esta escena de Borowczyk en algo poco corriente, aunque no único, es que Jekyll y Hyde están interpretados por actores diferentes, Udo Kier y Gérard Zalcberg respectivamente; pero lo que hace la escena de Borowczyk del todo única es que en vez de beber la fórmula que producirá su transformación, Jekyll la vierte en una bañera y se sumerge en ella. En una sola toma, Jekyll desaparece bajo el agua y, unos veinte segundos después, otra figura emerge a la superficie. Entonces descubrimos que Hyde/Zalcberg ha reemplazado a Jekyll/Kier.

¿Cómo se hizo esto? La cámara podía haberse detenido mientras un hombre sustituía al otro, pero el constante chapoteo del agua habría hecho que el corte fuera muy evidente. El truco es digno de Méliès: no tengo ni idea de cómo lo consiguió Borowczyk, pero estoy contento de permanecer en la ignorancia. Precisamente, es el hecho de ver las cosas con la capacidad de maravilla de un niño lo que despierta Borowczyk antes de seguir hacia el audaz punto álgido de la película, en el que la prometida de Jekyll, Fanny Osbourne (Marina Pierro), se baña en la fórmula de transformación y se une a Hyde. Entonces ambos se despojan de todo rastro de represión adulta y retroceden al estado anterior a la socialización, para azotar a la respetable sociedad burguesa: destruyen el cuadro de Vermeer *Mujer de azul leyendo una carta*, queman los libros de Jekyll, crucifican a un cura, apuñalan a la madre de Fanny y, finalmente, se devoran el uno al otro en un frenesí caníbal, un final que resulta todavía más asombroso por su tono de total alegría.

Brad Stevens

Fecha 1981

Nacionalidad Francia

Director Walerian Borowczyk

Reparto Udo Kier, Gérard Zalcberg

Títulos originales:
Dr. Jekyll et les femmes, Dr. Jekyll and His Women, The Blood of Doctor Jekyll

Por qué es clave
Esta escena muestra cómo los efectos especiales cinematográficos pueden emplearse para reforzar un proyecto poco convencional.

Personaje clave **Chow Yun-fat** Un corte de pelo, un arma y una sonrisa *The Story of Woo Viet*

Antes de que John Woo seleccionara a Chow Yun-fat para *Un mañana mejor* (1986), una importante directora de Hong Kong ya había sacado a la luz los rasgos más brillantes de su persona. En *The Story of Woo Viet*, Chow interpreta, con veintiséis años, a un asesino cansado que tiene que matar de nuevo, pero que no pierde su honor ni su dignidad. Es un antiguo soldado de Vietnam del Sur que termina en un campo de refugiados de Hong Kong, donde presencia un asesinato y liquida al culpable. Entonces, intenta emigrar a Estados Unidos desde Manila.

Primero, Hui lo muestra con el pelo largo, como la encarnación de un tipo discreto y con clase (evocado por Johnny To en *All about Ah-long*, de 1986). Para conseguir un pasaporte falso y hacerse pasar por japonés, Chow se corta el pelo y se pone un traje blanco; más tarde, en una misión en la que debe matar por orden de un jefe del barrio chino en Manila, se pone unas estilosas gafas de sol.

La principal diferencia entre los personajes de *The Story of Woo Viet* y *Un mañana mejor* es que el héroe de Woo es todo un hombre, mientras que la sensibilidad de Hui revela el romanticismo sensual que convertiría a Chow en un ídolo en Asia. Con su encanto, le rompe el corazón a una trabajadora social (Miao), pero se enamora locamente de una chica a la que conoce por casualidad en la oficina de un traficante (Chung). Para sacarla de la prostitución, renuncia a su oportunidad de marcharse a Estados Unidos y se convierte en asesino a sueldo. Hui recuperará al seductor Chow en *Love in a Fallen City* (1984), en la que el actor interpreta a un complicado mujeriego.

En *The Story of Woo Viet,* Hui también explora la vinculación afectiva masculina: hay momentos de amistad con un compañero del crimen (Lo) que anuncian *The Killer* (1989), de Woo. Había nacido una estrella.

Bérénice Reynauld

Fecha 1981

Nacionalidad Hong Kong

Director Ann Hui

Reparto Chow Yun-fat, Cora Miao, Cherie Chung, Lo Lieh

Título original *Woo yuet dik goo si*

Por qué es clave
En un tenso *thriller* de acción, la directora de la *nouvelle vague* asiática Ann Hui revela la madera de estrella de Chow Yun-fat.

Escena clave **«Los campesinos se levantarán»** *Trop tôt, trop tard*

La primera de las dos partes de esta película está ambientada en Francia. Por encima de los ruidos del campo, la voz del codirector Huillet lee un texto de Friedrich Engels sobre las condiciones de vida entre el campesinado francés en el siglo XIX. Esta parte termina con una larga secuencia que muestra una pequeña estructura de cemento que hay al extremo de una granja. En uno de los muros se ve un grafiti que reza: «Les paysans se révolteront» («Los campesinos se levantarán»). Después de la frase hay una fecha, «197...»; el último número, quizá un «6», o posiblemente un «0», queda oculto a nuestra vista por un poste de la valla de alambre que se extiende por el primer plano de la toma.

El texto de Engels analiza el fracaso de los movimientos sociales radicales a la hora de alcanzar los objetivos de la revolución francesa: «Igual que la Comuna de París, con sus aspiraciones de hermandad, llegó demasiado pronto, Babeuf [el precursor comunista François-Noël] llegó demasiado tarde». Demasiado pronto, demasiado tarde: estamos en algún punto de la historia, pero ¿en cuál? Por supuesto, la ocultación del último número de la fecha es deliberada, y puede recordarnos que es difícil estar seguro de cuándo se filmó la toma de una película o se hizo una fotografía, aunque el vínculo entre la fotografía y su tiempo permanezca intacto.

También puede que nos recuerde que cualquier momento en la historia tardocapitalista (Straub y Huillet están entre los más grandes cronistas cinematográficos de este período) es demasiado prematuro, porque los campesinos todavía tienen que rebelarse; o demasiado tardío: el barco ebrio quizá ya ha zarpado.

Chris Fujiwara

Fecha 1981

Nacionalidad Francia/Egipto

Directores Jean-Marie Straub, Danièle Huillet

Por qué es clave
En esta toma, Straub y Huillet nos dan tiempo para pensar en qué momento de la historia nos encontramos.

Escena clave **Noel se queda fuera de casa de sus suegros** *In the Blink of an Eye*

Mila (Charo Santos) y Noel (Ilagan) se casan pese a los deseos del padre de Mila, Mang Dadong (Vic Silayan), que convence a los recién casados para que se queden con él. Molesto por la situación, Noel habla de ello con su mejor amigo mientras toman una cerveza después del trabajo.

La secuencia en cuestión comienza con un plano general de la casa de Mang Dadong, donde Noel se baja del taxi que ha tomado con su amigo, por la noche. Hay un corte y, a continuación, la cámara enfoca por encima de la puerta a Noel, a través de un alambre de púas. Noel mira hacia arriba. Plano de lo que ve: la ventana iluminada del dormitorio de Dadong. Plano de Noel, que espera. Corte repentino y un nuevo plano general de la casa de Mang Dadong; la luz de la habitación se apaga. De nuevo un plano de Noel, cuyo rostro expresa una ira cada vez mayor. Le da una fuerte patada a la puerta, y la puerta tiembla. Noel se da la vuelta y se aleja. De nuevo un plano general, mientras el personaje sale del encuadre de la cámara.

Con siete breves planos de un hombre interactuando con la ventana de una habitación, De Leon ha descrito la situación exacta de Noel en la casa de Mila, ha resumido cuáles son los sentimientos del padre de Mila hacia él y la impotencia de Noel, que no puede hacer nada al respecto. El público, filipino o no, reacciona de idéntica forma: con una sonrisa insegura. El filme, la obra maestra del director de Leon y, seguramente, la mejor película filipina, es una comedia con alma de terror gótico, que provoca exclamaciones entrecortadas por su humor agudo y la sensación de claustrofobia cada vez más intensa que rodea a los personajes.

Noel Vera

Fecha 1981

Nacionalidad Filipinas

Director Mike de Leon

Reparto Jay Ilagan

Título original *Kisapmata*

Por qué es clave
Buen ejemplo del discreto estilo narrativo del director, es también una muestra elocuente del tipo de humillación dolorosa y crueldad mental que sus personajes pueden infligirse unos a otros.

Personaje clave **Yilmaz Güney** *Yol (El camino)*

La figura más extraordinaria del cine turco, el actor y director Yilmaz Güney, puede compararse con John Cassavetes en el sentido de que actuó en el cine para el gran público y utilizó sus ganancias para financiar proyectos de dirección comprometidos socialmente, en que fue pionero de un tipo de cine social y crítico, y en que murió de forma prematura.

En la década de 1960, Güney se convirtió en una figura clave del cine Yesilçam, y protagonizó una gran cantidad de películas de acción y aventuras, de bajo presupuesto, convirtiéndose de ese modo en el mayor icono de la pantalla en Turquía. Pese a todo esto, tenía frecuentes problemas con las autoridades debido a sus ideología de izquierdas y por el neorrealismo de sus filmes. Se puso del lado de los desfavorecidos de las ciudades, y criticó la occidentalización del país, que ocasionaba el abandono de sus raíces identitarias.

Güney soportó una serie de estancias en la cárcel a causa de su compromiso con la causa socialista, que culminaron con una sentencia de 18 años, en 1976, por el asesinato de un juez. Sin embargo, el hecho de que estuviera en prisión no significó que se mantuviera en silencio. Preparó largos guiones e hizo tratos que le permitían dirigir sus películas por representación. Su filme más famoso, *Yol*, premiado en Cannes, fue dirigido por Serif Gören, que trabajó siguiendo las directrices de Güney. En esta inquietante película de prisioneros que salen de permiso para visitar a sus abatidas familias en un pueblo del sur del Kurdistán, Güney abordó la difícil situación que los kurdos soportaban en silencio.

Después de una temeraria fuga de la prisión narrada en el largometraje *Yolda* (2005), de Erden Kiral, Güney terminó exiliado en París, donde trabajó en su último filme, *El muro* (*Duvar*), poniendo al descubierto la amenaza del sistema carcelario turco. Güney murió de cáncer a los cuarenta y siete años, en 1984.

Dina Iordanova

Fecha 1982

Nacionalidad Turquía

Director Serif Gören (como representante de Yilmaz Güney)

Reparto Tarik Akan, Halil Ergün

Por qué es clave
Güney realizó su mejor película dando instrucciones a su representante desde prisión.

Escena clave **Un barco es arrastrado hacia lo alto de una colina** *Fitzcarraldo*

Quizá pusiera todo su talento al servicio de sus películas, pero el verdadero genio de Herzog consiste en su habilidad para hacer que los demás parezcan incluso más locos y horribles que él. Kinski fue consagrado como el azote de Wernerverse, sobre todo por la fuerza de sus payasadas fuera de cámara durante la filmación de esta película (las historias del rodaje superan a las de *Apocalipsis Now*). Con el tiempo, sin embargo, se ha hecho patente que la inestabilidad de Kinski sólo era una rareza menor comparada con la locura misantrópica e hipnotizante de Herzog.

Con *Fitzcarraldo*, Herzog se las arregla para proyectar su locura al personaje que inspiró el filme, el semilegendario barón peruano Carlos Fermín Fitzcarraldo López, que supuestamente intentó abrir una nueva ruta de comercio desmantelando un barco y ordenando que lo transportaran por un estrecho istmo entre dos ríos. Pese a todo, esta historia de engañoso esfuerzo no era suficiente para Herzog, que sabía que para hacer una película sobre la odisea de pasar un barco por encima de una colina había que pasar un barco de verdad por encima de una colina, poniendo en peligro las vidas de tantos integrantes de su equipo como fuera posible. El acto de realizar la película era aún más lunático que la acción de la misma.

El resultado es un poco como un mapa del mundo perfectamente detallado. La secuencia es monótona, bella, laboriosa y absurda, pero se halla en el extremo opuesto de la estética de estudio, en la que la artificialidad suele ser la meta. La escena de *Fitzcarraldo* es dinero puro y duro, en el verdadero sentido de la palabra, y no se hace ningún esfuerzo por obtener un significado metafórico del espectáculo de arrastrar un barco de vapor hasta la cima de una colina, a través de kilómetros de barro. La lentitud, dificultad y torpeza del proyecto es su atractivo, y conocer el truco, o más bien, que no hubo ningún truco, hace que el acto de hacer y ver películas parezca algo absurdo.

Tim Cavanaugh

Fecha 1982

Nacionalidad República Federal de Alemania

Director Werner Herzog

Reparto Klaus Kinski

Por qué es clave
No hay efectos especiales; es un barco de verdad lo que están subiendo por la colina.

Pág. anterior *Fitzcarraldo*.

Escena clave **Trabajo de campo** *On Top of the Whale*

El reparto políglota de *On Top of the Whale* recita el guión como si hubiera aprendido fonéticamente las frases: hablan seis lenguas europeas y una inventada (para los dos miembros supervivientes de una tribu indígena de la patagonia, Mora y Navarro). El filme comienza en un futuro próximo en la República Soviética de Holanda, y sigue a un antropólogo (Badin) y a su familia hacia una casa en Tierra del Fuego (en realidad, Holanda), que el director de fotografía Henri Alekan capta como si fuera un paisaje de Murnau. Al final de esta «película sobre la supervivencia», no está claro si Ruiz se refiere a la supervivencia de los indios que se enfrentan a la extinción o a la de los europeos que traicionan su pasado.

Los indios creen que «uno es un número justo», y hablan un idioma de sesenta palabras cuyos significados varían con la entonación y cambian a diario. Al principio, el antropólogo está muy impaciente por estudiar a estos hombres, pero su entusiasmo se desvanece cuando ellos le repiten la misma palabra cuando les muestra una grabadora o unos prismáticos. Aislada en un paraje solitario donde los indios entierran espejos, la familia se pierde en las «imágenes metafóricas» del psicoanálisis de Lacan, que se convierte en una religión.

En la última escena de este filme hilarante y taciturno a la vez, el antropólogo se acerca a los dos indios en un plano general mientras ellos se encuentran al otro lado de un precipicio. Se sientan uno frente a los otros y hablan del futuro, en un plano contraplano. Cuando el antropólogo se levanta para marcharse, Ruiz vuelve a un plano general y recordamos lo separados que están. El extraño efecto de este corte sencillo e inesperado reverbera mientras la escena desaparece y la película termina.

A. S. Hamrah

Fecha 1982

Nacionalidad Países Bajos

Director Raoul Ruiz

Reparto Luis Mora, Jean Badin, Ernie Navarro

Título original *Het Dak van de Walvis; Le toit de la baleine*

Por qué es clave
La gramática básica del cine da la vuelta a los prejuicios occidentales.

Película clave *Tron*
La primera película de animación por ordenador

Hay sólo quince minutos de imágenes animadas por ordenador en *Tron*, pero lo que resulta asombroso es que el equipo de producción digital pudiera conseguir algo de metraje. No sólo se trata de que fueran necesarios cuatro ordenadores monolíticos trabajando durante dos horas para obtener medio segundo de película. Lo peor es que el *software* embrionario podía sintetizar sólo imágenes, no el movimiento de éstas. Los animadores tuvieron que adivinar la trayectoria y la velocidad de cada objeto, hacer los cálculos en páginas y páginas de papel y después ir tecleando una a una las coordenadas de cada encuadre.

Sin embargo, el trabajo mereció la pena. Tron es una maravillosa fantasía electrónica, una panorámica de neón del «ciberespacio», estrenada sólo tres meses después de que el escritor de ciencia ficción William Gibson acuñara el término. Pero después de ser derrotada aquel verano por *E. T, el extraterrestre*, *Tron* se retiró a una oscuridad de culto.

Su verdadero legado se halla en los técnicos, programadores y animadores que quedaron cautivados por las posibilidades insinuadas por su majestuosidad de píxeles. El director de Pixar, John Lasseter, recordaba haber visto el metraje de prueba de *Tron* mientras trabajaba como animador en los Disney Studios. Trece años después, la innovadora película de su compañía *Toy Story* (1995), ganó un Óscar especial «por el desarrollo y la aplicación de técnicas que han hecho posible la primera película animada por ordenador».

Por desgracia, ese honor no fue concedido también al director Steven Lisberger en 1982, porque la Academia de las Artes y las Ciencias no permitió que *Tron* entrara en la categoría de Mejores Efectos Especiales, pues argumentaron que usar ordenadores para hacer una película era hacer trampas.

Violet Glaze

Fecha 1982

Nacionalidad Estados Unidos

Director Steven Lisberger

Reparto Jeff Bridges, Bruce Boxleitner, David Warner, Cindy Morgan

Por qué es clave
Las innovaciones que se presentaron en esta película cambiaron para siempre la industria de los efectos especiales.

Pág. siguiente *Tron*.

Diálogo clave **Tootsie se despoja de su sexo**
Tootsie

SPOILER

En uno de los libros de Nicholson Baker encontramos a un personaje que lee novelas inglesas del siglo XVIII a causa de una «necesidad neurológica». Durante cierto período de la década de 1990 yo me vi en la misma situación con respecto a la película *Tootsie*, de Sydney Pollack. La veía como mínimo dos veces al mes, en una dosis fija. Los años que han transcurrido no me han aclarado esto: es cierto que estaba deprimido en aquella temporada, pero mi depresión no tenía mucho que ver con el tema de Tootsie. Dustin Hoffman interpreta a Michael Dorsey, un actor desastrado de Nueva York en busca de trabajo. Desesperado ante la falta de perspectivas, Dorsey se viste de mujer y supera las audiciones para el papel de una médica en la popular telenovela de televisión *Southwest General*.

Bill Murray da vida al compañero de piso de Dorsey, Jeff, un dramaturgo fracasado que observa todo el procedimiento con una reverencia lacónica. Tiene poco diálogo, pero sus frases son esenciales para el filme. Murray, en sus mejores momentos, puede producir la impresión de que es un hombre cuya capacidad de creer fue dañada hace mucho tiempo, y no tiene expectativas de curarse; en *Tootsie*, su masculinidad poco activa es el complemento ideal para el parloteo y el carácter proteico de Hoffman.

En el desmadrado final del largometraje, mientras Dorsey se quita la peluca con gran dramatismo y se desenmascara durante un capítulo en directo de *Southwest General*, y todo el mundo se queda boquiabierto en el estudio, de algún modo la reacción que más nos interesa es la de Jeff. Él está en casa, frente a la televisión, con su acostumbrada calma bohemia. «Eso sí que es un hospital de locos», comenta para sí.

James Parker

Fecha 1982

Nacionalidad Estados Unidos

Director Sydney Pollack

Reparto Dustin Hoffman, Bill Murray

Por qué es clave
Las deprimentes frases de Bill Murray fueron muy efectivas en esta divertida película sin demasiadas pretensiones.

Película clave *La cosa*

Los últimos años de la década de 1970 y los primeros de la de 1980 son la era de Rob Bottin, Rick Baker, Chris Walas y otros pioneros de los efectos de maquillaje que, de forma colectiva, crearon y satisficieron a un mercado floreciente que pugnaba por derretir, expandir, contorsionar, marchitar y transformar cuerpos. No necesitamos darle vueltas a las complejas estructuras del paso del tiempo, las partes animales, los calentadores y la piel de látex que se necesitaron para hacer los efectos de *Alien* (1979), *Un hombre lobo americano en Londres* (1981), *En busca del arca perdida* (1981), *Viscosidad* (1977) e incontables películas más.

La cosa requirió el trabajo de 34 maquilladores de efectos especiales, entre ellos, grandes expertos como Bottin y Stan Winston. Era una nueva versión de la producción de 1951 de Howard Hawks, *El enigma de otro mundo*, y está por encima de otras obras de «sangre e higadillos». El hocico de un husky siberiano explota como una flor que se abre; la cabeza de un hombre se le cae de los hombros, echa tentáculos y camina como una araña por una habitación; *La cosa*, en su forma definitiva, es un amasijo de perros, hombres, alienígenas, huesos y tendones.

Si éste fuera el alcance del logro, *La cosa* sería sólo una curiosidad técnica. Sin embargo, Carpenter, trabajando con el guionista de *The Bad News Bears*, Bill Lancaster, construyó un entretenimiento literario. La película le hace justicia al cuento clásico de John W. Campbell, «¿Who Goes There?», sobre un extraterrestre que se reproduce consumiendo el cuerpo, el alma y la mente, y creando una réplica perfecta de su víctima. Éste es un texto original sobre la paranoia de la ciencia ficción y la asimilación del terror, y Carpenter lo aprovecha hasta el final. Aunque hay una escena mala en la que el ordenador lo explica todo, las estrategias visuales resultan tan analógicas como los efectos especiales.

Tim Cavanaugh

Fecha 1982

Nacionalidad Estados Unidos

Director John Carpenter

Reparto Kurt Russell, Donald Moffat, T. K. Carter, Wilford Brimley, Keith David

Título original *The Thing*

Por qué es clave Uno de los mejores usos técnicos y artísticos de los efectos especiales de maquillaje en el cine.

Pág. anterior *La cosa*.

Persona clave **Bappi Lahiri y Mithun Chakraborty** *Disco Dancer*

Con *Disco Dancer*, el compositor Bappi Lahiri y el actor Mithun Chakraborty, los «reyes de la discoteca», se convirtieron en estrellas en la India de 1981. La mezcla ecléctica de pop occidental, rock y música disco hicieron del estilo de baile occidental una atracción en Bollywood, mientras que Mithun se convirtió en una estrella del baile. Canciones de su *Disco Dancer* como «Jimmy Jimmy» o «I am a Disco Dancer» fueron enormes éxitos.

La celebridad del dúo Bappi-Mithun le debía mucho a las aspiraciones de la clase media india de entrar en una modernidad más amplia, pero todavía inaccesible; se trataba de dominar los mecanismos que capacitaban al héroe del baile del Bollywood de la década de 1980 para luchar contra la injusticia y la corrupción. En *Disco Dancer*, el rico señor Oberoi (Om Shivpuri) acusa falsamente al joven Anil (Mithun) y a su madre de robo. Anil vive con rabia y humillación hasta que derrota al hijo de Oberoi, Sam (Karan Razdan) en un concurso de baile, y se convierte en una estrella.

La rabia, la ira y la cara dura del héroe Mithun no podrían expresarse sin la seguridad de la música de Bappi. Trastocando la música occidental como objeto privilegiado de la clase media india (sus adaptaciones de los éxitos de ABBA o Michael Jackson a menudo le acarrearon acusaciones de plagio), Bappi articuló una modernidad híbrida, una mezcla de lo antiguo precolonial y de lo nuevo postcolonial, que combina influencias indias y occidentales.

Las películas de Bappi y Mithun, a menudo relegadas a la categoría de productos de serie B para su distribución fuera de los grandes circuitos, y rechazadas por la crítica, fueron, sin embargo, grandes éxitos de público y establecieron nuevas tendencias que después fueron adoptadas por la industria.

Meenu Gaur

Fecha 1982

Nacionalidad India

Director Babbar Subhash

Reparto Mithun Chakraborty, Kim

Por qué es clave El éxito de *Disco Dancer* anunció el dominio de la música de Bappi Lahiri en la década de 1980, y lanzó a Chakraborty al estrellato.

Escena clave **El coche ataúd** *Who Pays the Piper* (también conocida como *Let it Be, Buddies*)

Un comisario de policía de Mumbai ha sido asesinado, y dos fotógrafos (Naseeruddin Shah y Ravi Vaswani) encuentran su cuerpo enterrado en un puente de reciente construcción. Las vibraciones ¡del tren provocan que el ataúd se deslice y acabe en ¡el sendero que hay bajo el puente, donde el impacto hace que el cuerpo (interpretado por un actor vivo, Satish Shah) quede sentado y que la guirnalda que sostiene entre las manos parezca un volante.

Un constructor borracho (Om Puri) llega, encuentra el cuerpo bloqueando el camino y cree que el muerto es otro borracho que ha hecho un voto de silencio y que el ataúd es su coche deportivo, que tiene una rueda pinchada. Entonces, comienza a arrastrar el ataúd.

En los muros del puente, en un segundo plano de esta hilarante secuencia, hay carteles de películas del «nuevo cine» indio, como *Our Daily Bread* (1969), de Mani Kaul, *Mirror of ilusion* (1972), de Kumar Shahani y *The Passing* (1978), de Muzzafar Ali. Para cuando se rodó *Who Pays the Piper*, el «nuevo cine» indio era un fenómeno agonizante. Los carteles podían representar el anhelo de que un día adornasen toda la ciudad. También podían ser un toque de realismo: el «nuevo cine» indio había muerto, y su cuerpo estaba siendo retirado por un constructor borracho que ni siquiera se daba cuenta del valor de lo que tenía.

Sean cuales sean las connotaciones de esta secuencia, continúa siendo una visión personal sobre el «nuevo cine» indio tan extravagante como divertida.

Rashmi Doraiswamy

Fecha 1983

Nacionalidad India

Director Kundan Shah

Reparto Naseeruddin Shah, Ravi Vaswani, Satish Shah, Om Puri

Título original *Jaane Bhi do Yaaron*

Por qué es clave Exhibe un humor negro que rara vez se ve en el «nuevo cine» indio.

Escena clave **Cuando les arrancan los colmillos a los lobos** *El luchador invisible*

SPOILER

Lau Kar Leung, un maestro de las artes marciales de renombre, comenzó como coreógrafo de luchas de Shaw Brothers (un estudio muy influyente) en la década de 1960, y se convirtió en un prominente director de películas de kung fu durante la década siguiente. Sus trabajos, de los que quizás el más famoso sea *Las 36 Cámaras del Shaolin* (1978), posee una característica mezcla de acción y comedia, de profundo respeto espiritual por las tradiciones que a la vez cuestiona y honra, y una singular transparencia en los movimientos y los enfrentamientos.

Salvo por la comedia, esto también podría aplicarse a su oscura obra maestra, *El luchador invisible*, que marcó el comienzo del último año de producción cinematográfica de Shaw con una crítica a la venganza, un tema recurrente en el género de las artes marciales. Lau llevó el estilo de estudio a un nivel de rara intensidad estilística en esta obra.

Sólo dos hermanos sobreviven a la enemistad entre clanes. Uno de ellos (Alexander Fu Sheng) se refugia en la locura, y el otro (Liu), en un templo *shaolin*, donde los monjes se están entrenando con lobos de madera. Una secuencia magistralmente rodada muestra cómo les enseñan a arrancarles los colmillos a las figuras con una serie de movimientos muy hábiles, mientras el héroe aboga por el asesinato. El final, un asalto de artes marciales incesante y virtuoso, gira alrededor de una puesta en escena impactante: el método de los monjes causa una horrible sangría; la búsqueda de venganza del hermano, aunque exitosa, sólo produce una sensación de futilidad. En el proceso, se ha convertido en un eterno vagabundo, en un marginado, como Ethan Edwards en *Centauros del desierto* (1956): lo único que le queda es darse la vuelta y alejarse.

Christoph Huber

Fecha 1983

Nacionalidad Hong Kong

Director Lau Kar Leung

Reparto Gordon Liu

Título original *Wu lang ba gua gun*

Por qué es clave Es el momento clave de la película más estilizada de Lau Kar Leung, maestro de las artes marciales y de su representación en la gran pantalla.

Escena clave **La presentación del apartamento de Paul Snider** *Star 80*

Al igual que *Contratiempo* (1980), de Nicolas Roeg, parece que *Star 80* trate sobre las definiciones de la feminidad, pero en realidad es una investigación sobre la masculinidad. Aunque hace énfasis en las mujeres como objetos de la mirada masculina, el cuerpo que más se exhibe aquí es el de Paul Snider (Roberts). Snider expresa su masculinidad demostrando su habilidad para controlar a Dorothy Stratten (Mariel Hemingway), una habilidad exenta de significado a menos que otros hombres la conozcan, y es el homoerotismo subyacente del proyecto de Snider lo que hace que otros hombres «con éxito» lo rechacen (sobre todo Hugh Hefner), ya que no están dispuestos a enfrentarse a esos impulsos sobre cuya represión está construido «el mundo dentro del mundo» de *Playboy*.

Una toma del principio resulta clave: comienza enfocando un retrato de Telly Savalas (un actor con el que Snider dice tener buenas relaciones) fumando un cigarrillo con una pose estereotipada de tipo con clase. La cámara de Fosse se aleja de este retrato, pasa por encima de las fotografías de mujeres desnudas, un coche caro y la mansión de *Playboy* que decoran las paredes de Snider, y, finalmente, se detiene en Snider, que está haciendo pesas para modelar su cuerpo, tal y como después modelará el de Stratten.

Snider examina después su torso en un espejo, ensayando un estudiado encanto que pretende utilizar durante las reuniones sociales. Esta secuencia establece el ideal masculino al que aspira Snider y sugiere la completa artificialidad de su relación con él: podría ser un actor preparando un papel, creando un personaje por medio de la imitación de todos los detalles vitales para realizar una interpretación creíble. Esta obra de arte de aspecto descuidado sugiere la manera en la que nuestra cultura define la identidad y el género con la crítica más mordaz que uno pueda imaginar.

Brad Stevens

Fecha 1983

Nacionalidad Estados Unidos

Director Bob Fosse

Reparto Eric Roberts

Por qué es clave
Este momento revela la artificialidad de la masculinidad tal como la define nuestra cultura.

Escena clave **Rupert llega para pasar el fin de semana** *El rey de la comedia*

SPOILER

Fingiendo que tiene programado un fin de semana de trabajo, Rupert Pupkin (De Niro), un cómico *amateur* que está desesperado por conseguir la fama, se lleva a Rita (Abbott), una chica que conoce desde el instituto, a casa de Jerry Langford (Lewis). Este presentador de un programa de entrevistas nocturno es el ídolo de Rupert, que se convierte en su acosador. Langford no lo ha invitado a pasar el fin de semana en su casa.

La hostil desconsideración de Rupert hacia los demás se hace patente en esta escena, agravada por las bromas y la adulación. Su negativa a reconocer el abismo que separa su propia vida de lo que conoce de la televisión humilla a Rita, enfurece a Langford y pone nervioso al mayordomo de Langford, Jonno (Chan). Rupert empeora las cosas usando a Rita como escudo. Cuando ella insiste en que se marchen, él le ruega a Langford que la corrija: «Es una chica que trabaja en un bar. Dile que está equivocada, Jerry, por favor».

La paciencia de Langford alcanza el límite cuando Rupert admite que ha cometido un error. «¡Y Hitler!», grita Langford, con un palo de golf en las manos. Rupert, con petulancia, sigue poniéndose en ridículo mientras se retira: «¡Voy a ser cincuenta veces más famoso que tú!», le grita a su vez a Langford, confundiendo la fama con el talento.

Hay algo épico en el enfrentamiento entre De Niro y Lewis, y las esculturas modernas del decorado le confieren un aire griego. Langford, vestido con unos pantalones cortos y zapatillas de deporte, mantiene una actitud estoica y realista. Rupert, con su pequeño mostacho y sus zapatos de dos colores, es un bufón que anuncia un nuevo régimen de desvergüenza. Rita, con un vestido color melocotón y un abrigo blanco, aísla todavía más a Rupert en este salón donde no hay televisión.

A. S. Hamrah

Fecha 1983

Nacionalidad Estados Unidos

Director Martin Scorsese

Reparto Robert De Niro, Jerry Lewis, Diahnne Abbott, Kim Chan

Título original *The King of Comedy*

Por qué es clave El ansia de fama se convierte en una invasión de la privacidad en esta oscura sátira de Scorsese.

Escena clave **El paseo místico de Andrei** *Nostalgia*

SPOILER

Andrei (Yankovsky) es un poeta soviético que está visitando Italia para investigar la vida de un siervo del siglo XVIII que viajó a ese país para estudiar música y después volvió a Rusia y se suicidó. Como ese compositor, y quizá como el cineasta que tiene su mismo nombre, Andrei se ve atrapado entre varias ofertas: entre el este y el oeste, la lealtad hacia el pasado y las esperanzas de futuro, la lógica consciente y la intuición del subconsciente. Acuciado por la pena, los recuerdos y el deseo, parece que está más en sintonía con su paisaje interior que con el paisaje por el que está viajando.

Sin embargo, queda fascinado cuando conoce a Domenico (Erland Josephson), un anciano peculiar que una vez encarceló a su familia durante siete años, pensando, con un orgullo que ahora le parece ridículo, que podría protegerlos de un inminente Apocalipsis. Domenico muere en un acto de sacrificio purificador, y Andrei decide cumplir una extraña petición que le ha hecho el anciano: que recorra toda la longitud de una alberca medieval de la que una vez se pensó que tenía poderes curativos, con una vela encendida.

Andrei atraviesa la vieja estructura de piedra, seca y llena de barro, protegiendo la débil llama de la vela con las manos y el abrigo. Tiene que hacer tres intentos para llegar hasta el final, y cada vez, la cámara se acerca más a él. Cuando por fin tiene éxito, un sonido de fuera de la pantalla nos sugiere que quizá su frágil corazón no haya resistido el esfuerzo. Filmado en una sola toma, el paseo de Andrei es una de las escenas más llenas de suspense que se han rodado, y uno de los esfuerzos más sublimes por superar la brecha cinematográfica que existe entre la acción física y la visión metafísica.

David Sterritt

Fecha 1983

Nacionalidad Italia/U.R.S.S

Director Andrei Tarkovsky

Reparto Oleg Yankovsky

Título original *Nostalghia*

Por qué es clave
Un sencillo paseo a través de una construcción mohosa, presentado en una única toma, desdibuja los límites entre la ficción y la realidad con un efecto fascinante.

Película clave ***Zelig*** Inserciones en la historia

Gracias a la innovadora tecnología óptica, expresamente desarrollada para *Zelig* por Joel Hynek y sus socios, los cineastas pudieron insertar por primera vez, de una forma perfecta, a actores en filmaciones de carácter histórico. Este gran avance permitió a Allen construir un puente entre el noticiario inventado de *Ciudadano Kane* (1941), de Orson Welles, y la mezcla entre realidad y ficción de *Forrest Gump* (1994), de Robert Zemeckis.

Anticipando su desprecio por un hombre tan desesperado por asimilar que asume las características, la apariencia física e incluso los rasgos raciales de los otros, Woody Allen se introduce (interpretando a Zelig) en filmes de archivo. Este hombre sin cualidades aparece junto a celebridades de la era del jazz y de la Gran Depresión como Scott Fitzgerald, Al Capone, Babe Ruth o el propio Hitler. La premisa de Allen establece una convincente metáfora de la despersonalización ante la tendencia estadounidense al consenso, al tiempo que se refiere a la cultura de la fama, un tema que Allen también abordará en obras que van desde *Recuerdos* (1980) a *Desmontando a Harry* (1997). Con animaciones y canciones de encargo y comentarios de intelectuales de la talla de Susan Sontang y Saul Bellow, por no mencionar el caché cultural del acento británico del narrador, Allen aplica una sofisticación cinematográfica de la que carecen otras sátiras documentales posteriores, como *This is Spinal Tap* (1984), de Rob Reiner, *Borat* (2006) de Larry Charles, e incluso *Acordes y desacuerdos* (1999), del propio Woody Allen.

Por su parte, Hynek continuó avanzando en los efectos especiales situando a actores dentro de cuadros en *Más allá de los sueños* (1998), de Vincent Ward, y construyendo las influyentes secuencias de la «bala del tiempo» en la película de Andy y Larry Wachowski, *Matrix* (1999).

Robert Keser

Fecha 1983

Nacionalidad Estados Unidos

Director Woody Allen

Reparto Woody Allen, Mia Farrow

Por qué es clave
Una nueva tecnología estimuló el desarrollo de los «falsos documentales».

Pág. siguiente *Zelig*.

Acontecimiento clave **La publicación de *Director Yasujiro Ozu*, de Shigehiko Hasumi**

Es raro que un estudio crítico sobre un director cinematográfico tenga una influencia significativa no sólo en el modo en que se habla de las películas, sino también en cómo se hacen. Éste fue el caso de *Director Yasujiro Ozu*, un libro de 1983 escrito por Shigehiko Hasumi, un estudiante de literatura francesa de la Universidad de Tokio que dedicó muchos de sus escritos al mundo del cine.

En el libro, Hasumi rebatía los conceptos que tildaban a Ozu de minimalista o de ser el «más japonés» de todos los directores. Volviendo a los principios de Ozu en el cine, argumentaba que nada japonés era menos un reflejo de Japón que la manipulación que Ozu hacia de éste en sus cinematográficos productos. Éste, según afirmaba Hasumi, no reducía los mecanismos del cine al mínimo, sino que permanecía fiel a aquellos mecanismos que reconocían los límites del medio, la manera peculiar en que hacía coincidir, o no, la línea de las miradas, reconociendo así la incapacidad del cine para mostrar dos pares de ojos mirándose en el mismo plano. Hasumi, de esta manera, distancia a Ozu de trucos como el montaje que intentaba superar de un modo ficticio estas limitaciones.

Esta visión de Ozu y del cine dieron forma a la crítica cinematográfica de las décadas de 1980 y 1990, y cineastas como Masayuki Suo y Naoto Takenaka se inspiraron en ella para emularla. Muchos directores posteriores a la década de 1980, como Suo, Kiyoshi Kurosawa, Shinji Aoyama, Makoto Shinozaki, Akihiko Shiota y Junitoshi Manda fueron discípulos de Hasumi en la Universidad de Rikkyo, y sus películas todavía manifiestan la influencia de su visión de Ozu, incluso cuando utilizan planos secuencia.

Aaron Gerow

Fecha 1983

Por qué es clave
Seguramente, es el libro que más ha influido en el cine japonés.

Escena clave **La televisión absorbe a Max Renn** *Videodrome*

A Max Renn (Woods) le gustan las cosas raras. Como presidente de un canal por cable de contenido sórdido, se dedica a buscar vídeos extraños, repugnantes y algo pervertidos para ganarse la vida. Sin embargo, desde que descubrió la señal codificada de un programa *snuff* llamado *Videodrome*, las cosas se han vuelto demasiado raras incluso para él.

«Tu realidad ya es una media alucinación de vídeo», le advierte el profeta de los medios de comunicación Brian O'Blivion (Creley), en un mensaje grabado en una cinta. «Si no tienes cuidado, se convertirá en una alucinación total. Tendrás que aprender a vivir en un mundo nuevo, muy extraño».

La televisión de Max comienza a respirar, a jadear: «Ven conmigo», a través del mohín de Nicki Brand (Harry). Pronto, en una imborrable imagen de la televisión como una «gran teta de cristal», Max sucumbe a la llamada de la sirena y entierra la cara on la suave y palpitante pantalla.

La obra del director David Cronenberg gira en torno al horror instintivo de la rebelión de nuestro cuerpo contra nosotros mismos, pero esta vez la revolución ya ha tenido lugar. Nuestros ojos y oídos ampliados por el vídeo han viajado por el globo o por el universo, como nos recuerda un cartel del aterrizaje en la Luna que hay en el apartamento de Max. Los medios de comunicación, tal y como predijo McLuhan, han saturado nuestra personalidad de tal modo que ya no hay separación entre lo que hemos vivido y lo que hemos visto en la pantalla. Cuando Max lleva a cabo el deseo de inmolación propia de todos los niños a quienes se ha indicado que no se sienten cerca de la televisión, su fusión onanística con la imagen se acerca mucho, de manera incómoda, al fanático del cine, que habría abandonado con satisfacción su cerebro a las alucinaciones cinematográficas.

Violet Glaze

Fecha 1983

Nacionalidad Canadá/ Estados Unidos

Director David Cronenberg

Reparto James Woods, Debbie Harry, Jack Creley

Por qué es clave
Cronenberg describe de un modo inquietante nuestra simbiosis con la imagen.

Pág. anterior *Videodrome*.

Personaje clave **Maurice Pialat** El hoyuelo desaparecido de Suzanne *A nuestros amores*

Suzanne (Bonnaire) está enamorada de un compañero de colegio, Luc, pero lo pierde cuando le entrega su virginidad durante una aventura de una noche en un campamento de verano. El trauma hace que Suzanne tenga una adolescencia turbulenta: se vuelve rebelde y promiscua, y eso la aleja de su familia, que, a su vez, se desintegra. Ellos responden a esta actitud con una violencia física inútil.

Poco a poco, entendemos que quizá Suzanne no sea capaz de ser feliz. «Es como si tuviera el corazón seco», le dice a un amante. El director Maurice Pialat arroja importantes fragmentos de la vida de Suzanne entre escena y escena, de modo que sus diversos estados de ánimo y sus acciones se mezclan en un presente continuo, sin un desarrollo dramático convencional. Sin embargo, Pialat hace que el tiempo se detenga en una escena que se convierte en el centro emocional de la película: la sincera charla de Suzanne, a la una de la madrugada, con su adorado padre (Pialat), filmada casi por completo en primeros planos tomados por encima del hombro.

Después de haber golpeado a Suzanne, con furia, aquella noche, parece que el padre está empezando a aceptar la desenfrenada vida sexual de su hija; a su vez, obliga a Suzanne a que acepte que él va a dejar pronto a su familia, algo de lo que Suzanne no se recuperará nunca por completo. Pialat concluye la escena proporcionando documentación para la imagen que estamos viendo: «Sólo tienes uno ahora. Antes tenías dos hoyuelos», le dice el padre a su avergonzada y sonriente hija. Bonnaire, al igual que Suzanne, sólo tiene un hoyuelo, y la observación es tanto del director de la película como del padre de Suzanne. Como siempre, Pialat desconfía de la ficción y, por lo tanto, engaña a la realidad para que haga su aparición ante la cámara.

Dan Sallitt

Fecha 1983

Nacionalidad Francia

Director Maurice Pialat

Reparto Sandrine Bonnaire, Maurice Pialat

Título original *A nos amours*

Por qué es clave No es sólo el eje de la mejor película de Pialat, sino que también tipifica la fusión de la ficción y el reportaje personal en la médula del estilo de Pialat.

Escena clave **El beso de la inocencia** *Feliz Navidad, Mr. Lawrence*

SPOILER

Estamos en un campo de prisioneros japonés tórrido y oscuro de la segunda guerra mundial, donde el pacífico y antiguo prisionero Lawrence (Conti) ha aprendido a hablar japonés y ha llegado a apreciar la cultura japonesa. El comandante es Yonoi (Sakamoto), un joven amanerado, de gran cultura, meditativo y rígido.

A este escenario de confinamiento llega el poético sudafricano Jack Celliers (Bowie), con un asombroso cabello pelirrojo, los ojos soñadores y cierto aire místico. Es un rebelde de los que se adentran en la selva para recoger orquídeas rosas, y no tiene paciencia con el encantador Lawrence ni respeto por el severo pero también vulnerable Yonoi. Yonoi ha estado castigando a los prisioneros, sobre todo a los enfermos, y un día caluroso insiste en que se pongan en fila bajo el sol abrasador. Celliers se sale de la formación y se acerca con calma a él mientras Yonoi agarra la empuñadura de su espada. Con el sombrero cubriéndole el cabello rojo, Ceilliers se inclina con delicadeza hacia delante, como si fuera a susurrarle algo al oído al comandante.

Entonces, vemos que posa los labios cerca del cuello de Yonoi en un primer plano. ¿Está besando a Yonoi? El comandante se queda inmóvil durante un instante, y después explota. Celliers es condenado a muerte; lo entierran hasta el cuello en la arena. Una noche, ya cerca del final de la película, Yonoi se acerca para cortarle un mechón de pelo, que ahora parece blanco como la nieve: la pasión unida a la forma. Es la encarnación de la interpretación del amor homosexual durante la guerra.

Murray Pomerance

Fecha 1983

Nacionalidad Reino Unido/Japón

Director Nagisa Oshima

Reparto Tom Conti, Ryuichi Sakamoto, David Bowie

Título original *Merry Christmas, Mr. Lawrence*

Por qué es clave Es una combinación única de militarismo, masculinidad, eros y belleza.

Escena clave **Los viajeros del tren sueñan con la película definitiva** *Sin sol*

El documental de ficción de Chris Marker combina imágenes de viajes (supuestamente grabadas por un cineasta nómada) con un torrente de palabras repleto de digresiones (las cartas del cámara, leídas por una narradora). Este filme es un testimonio de las estimulantes propiedades de la alienación. Recorre desde Islandia a Guinea Bissau y San Francisco, pero se detiene sobre todo en el interior y los alrededores de Tokio, que suscita las reflexiones más ricas de Marker sobre la naturaleza del recuerdo y de la imagen grabada.

En un momento dado, el álter ego de Marker revela que sus sueños se desarrollan cada vez más en los almacenes subterráneos de Tokio. Se pregunta si estos sueños son fragmentos de «un sueño colectivo gigante del que, quizá, toda la ciudad sea una proyección». El laberinto subterráneo conduce a estaciones de tren, lo que procova el comentario de que los trenes actúan como almacenes de los sueños de los pasajeros que dormitan, haciendo «un solo filme de ellos, el supremo».

Vemos una corriente de viajeros que pasan por los torniquetes, entregando sus billetes para este «filme supremo». Entonces comienza el espectáculo. En un fragmento largo, sin palabras, con la banda sonora de un sintetizador Moog, Marker nos enseña cómo los viajeros comienzan a quedarse dormidos, y supone el contenido de sus sueños, intercalando fragmentos de ciencia ficción, terror y escenas de porno *softcore* de televisión. El sueño termina cuando una mujer se despierta. Desde fuera del tren, la observan unos ojos procedentes de un cartel publicitario.

Filmada y editada con gran belleza, es la secuencia más inquietante de la película. En unos cuantos minutos sugerentes e interminables, Marker evoca la potencia ambigua de las imágenes, la misteriosa esencia de los sueños y la comunidad anónima que poseen tanto la vida urbana como el visionado de una película.
Dennis Lim

Fecha 1983

Nacionalidad Francia

Director Chris Marker

Título original *Sans soleil*

Por qué es clave La poesía asociativa de los montajes de Chris Marker alcanza un punto álgido en este fragmento sin palabras, inquietante.

Película clave **«Los dioses de la espada»** *Zu, los guerreros de la montaña mágica*

Tsui Hark dirigió *Zu, los guerreros de la montaña mágica* para Golden Harvest, que le proporcionó unos espectaculares medios de producción para que adaptara el mundo fantástico de las artes marciales del novelista Huanzhu Louzhu, con unos efectos especiales que nunca se habían usado en Hong Kong.

El director contrató a los técnicos de *La guerra de las galaxias* Robert Blalack y Peter Kuran, junto con Tama Takahashi, técnico de fotografía de *Blade Runner*. Para *Zu, los guerreros de la montaña mágica*, se utilizaron cromas, maquetas, efectos ópticos, *matte painting*, *stop motion* o animación, cuadro por cuadro, así como mil quinientos fotogramas de efectos generados por ordenador. Tsui combinó toda esta tecnología importada con el talento de su equipo local: los directores de artes marciales Yuen Biao y Corey Yuen.

Los sistemas de cables (que se utilizaron por primera vez en *The Jade Bow*, en 1966) fueron modernizados, ya que Tsui quería que los luchadores «botaran y giraran» en vez de volar en línea recta, lo que consiguió con secuencias de una sola toma, en las que combinaba el *stop motion* y el trabajo con cables con ayuda del ordenador. Por otra parte, desarrolló un estilo de edición muy rápido, en lugar de grabar las escenas de lucha en tomas largas.

La película se zambulle en la mitología de «los dioses de la espada» *(jian xia)*, que sólo podrán vencer a los demonios si se unen. Para transmitir su concepción mística de las espadas, Tsui no las diseñó como objetos reales, sino como «poderes generados por ordenador», empleando un programa especial, Network Shader. La forma cambiante del monstruo Insomnia cobró vida con un programa llamado RenderMan. Los resultados son asombrosos y revelan toda la maestría de Tsui, además de las cosas que le hacían vibrar: las espadas, la hechicería, el misticismo antiguo, la pasión por la cultura china.
Bérénice Reynaud

Fecha 1983

Nacionalidad Hong Kong

Director Tsui Hark

Reparto Adam Cheng, Brigitte Lin, Damian Lau, Yuen Biao, Muon Lee, Sammo Hung, Mang Hoi

Título original *Suk san: Sun Suk san geen hap*

Por qué es clave Los técnicos de *La guerra de las galaxias* se unieron a los expertos en sistemas de cables de Hong Kong para crear una forma nueva y vibrante de realizar películas de artes marciales.

Escena clave **La matanza final**
El precio del poder

SPOILER

En *El precio del poder*, De Palma lleva a un extremo melodramático –operístico incluso– el tema del cine de gánsteres: la obsesión del héroe por el control del territorio y la inexorable pérdida de poder. Tony Montana (Al Pacino), un refugiado cubano, sueña con el control absoluto: de su propio cuerpo, del corazón y la mente de los que están cerca de él y de todo su imperio criminal; al fin y al cabo, es su sueño americano. Sin embargo, al final de esta extravagante crónica del ascenso y la caída, después de esnifar una montaña de cocaína, ni siquiera puede ver, en sus cámaras de seguridad, a los que van a matarlo.

La gran acción final de *El precio del poder* es hiperbólica: docenas de francotiradores entran en casa de Tony como insectos, y le disparan tantos balazos para matarlo que parece que se trate de un ser sobrenatural. De hecho, aguanta hasta su famosa frase: «¡Decidle hola a mi amiguito!». Es la fantasía de invencibilidad de un gánster, pero no salvará a Tony de que lo haga saltar por los aires un Ángel de la Muerte que se encuentra a su espalda, donde su visión no puede llegar.

El precio del poder fue considerada por muchos una obra al margen de lo políticamente correcto, una película vulgar y desagradable. De hecho, éste es el motivo por el que se encuentra entre los grandes filmes de la década de 1980. La superproducción de De Palma, más que ninguna otra, nos proporciona la emoción subversiva de ver cómo un microcosmos social explota en mil fragmentos mientras un zepelín vuela por el cielo mostrando un burlón y amargo eslogan en neón: «El mundo es tuyo».
Adrian Martin

Fecha 1983

Nacionalidad Estados Unidos

Director Brian De Palma

Título original *Scarface*

Reparto Al Pacino

Por qué es clave
Esta legendaria secuencia de acción pone la guinda a una de las películas más subversivas de la década de 1980.

Escena clave **La toma final**
L'enfant secret

SPOILER

En su libro *La imagen-tiempo*, el filósofo Gilles Deleuze describe el virtuoso plano secuencia final de *El hijo secreto*: «Vemos la ventana de la cafetería, el hombre vuelto de espaldas y, en el cristal, la imagen de una mujer, también de espaldas, mientras cruza la calle para reunirse con el traficante de drogas». Garrel comentó este análisis con respeto, pero también con total naturalidad: «Objetivamente, la razón de esto era la escasez de recursos: tenía que filmar a través de una ventana para evitar que hubiera más ruido». Y añadía: «siempre, cuando ruedo, me preocupan únicamente los problemas técnicos».

A pesar de su modestia, lo cierto es que éste es uno de los finales más demoledores del cine, debido a su fusión de intensidad emocional con un absoluto rigor formal. Es la escena de una traición absoluta: Elli (Wiazemsky), una drogadicta sin esperanza, rechaza el sermón que le da, compasivo, su amante Jean-Baptiste (De Maublanc); se desploma sobre su mano y la besa con dulzura pero con desesperación, mientras él le acaricia el pelo de manera obsesiva, en medio de un silencio brutal. Un punto muerto perfecto.

Al final, se encienden las luces; no hay créditos finales, ni siquiera un fundido en negro. Esta película, que fue hecha a retazos y que pasó años en el laboratorio antes de que Garrel pudiera permitirse rescatarla, lleva las cicatrices de su difícil pasaje al mundo, y refleja también las de la vida personal de su director (una adicción compartida con la cantante Nico y una terapia de electroshocks). Se trata de un filme dolorosamente frágil, en el que sentimos cómo nace el cine, y muere en esta escena final.
Adrian Martin

Fecha 1983

Nacionalidad Francia

Director Philippe Garrel

Reparto Anne Wiazemsky, Henri de Maublanc

Por qué es clave
Es uno de los finales más demoledores de la historia del cine.

Acontecimiento clave La UK Video Recordings Act

La gran proliferación del vídeo en los hogares británicos durante la década de 1980 se produjo sin regulación alguna, y películas cuyo estreno nunca hubiese consentido la BBFC (Asociación Británica de Censores Cinematográficos), podían alquilarse sin problemas. La prensa, ansiosa de moralidad y de detalles lascivos, publicó incontables artículos acerca de las obscenidades y los horrores a los que estaban expuestos los niños británicos, por no hablar de los espectadores adultos, e hizo famosos filmes como *SS Experiment Camp* (1976), *La violencia del sexo* (1978), *El asesino del taladro* (1979) y *Posesión infernal* (1982).

La fiscalía publicó una lista de «vídeos desagradables», como guía para los propietarios de videoclubs que desearan evitar una denuncia por violar las leyes contra la obscenidad. Esto no contentó a nadie, ya que había títulos realmente rechazables, como *Las torturas de la Inquisición* (1970), y otros mucho más suaves, como *Frozen Scream* (1975).

Además, una simple lista de títulos provocaba errores. Por ejemplo, se confundían fácilmente *Deathtrap* (*La trampa de la muerte*), de 1982, dirigida por Sydney Lumet, con *Death Trap* (*Trampa mortal*), de 1976, dirigida por Tobe Hooper. Por otra parte, cambiaba de forma constantemente, ya que los fiscales a menudo fracasaban a la hora de asegurar el resultado más conveniente.

La solución definitiva vino con la Video Recordings Act, que ilegalizó todos los estrenos de vídeo anteriores, fueran películas italianas de zombis caníbales o dibujos animados para niños, y confió a la BBFC la tarea de realizar una clasificación de películas de vídeo.

Entonces se produjo un contrabando de cintas, y algunas de ellas alcanzaron precios muy altos. Después de dos décadas, casi todas las películas que no se consideraron adecuadas en aquelllos momentos están hoy disponibles en DVD en el Reino Unido, sin cortes.
Kim Newman

Fecha 1984

Por qué es clave Reino Unido experimentó por primera vez la censura cinematográfica impuesta por el Estado (la BBFC era un organismo autorizado por la industria), y los cinéfilos fueron privados de una gran cantidad de material «poco recomendable».

Escena clave Abrazo en un taxi *Corrientes de amor*

SPOILER

Es imposible segmentar una película de Cassavetes, y menos *Corrientes de amor*: los acontecimientos se superponen y se entremezclan, los personajes entran y salen en coches y aviones sin cesar... Es una película de puertas abiertas a través de las cuales la gente (y los animales) se encaminan en todas direcciones.

Sin embargo, se pueden seleccionar tres secuencias para el recuerdo: Robert (Cassavetes) sale por la puerta principal de su casa y se acerca a dos taxis que han aparcado misteriosamente en su calle, con la intención de decirles que se vayan. La siguiente secuencia es una revelación: un conductor le dice a Robert que tiene a una dama en el taxi, y la cámara rodea el vehículo no para mostrarla a ella, sino a Robert en la puerta del vehículo. Después hay un corte y vemos a Sarah (Rowlands) dentro; «París», dice, señalando sus muchas maletas. Entonces Robert se lanza al interior del coche, y si alguna vez las emociones causaron un movimiento (una de las definiciones del cine), es en este *zoom* que sigue al desgarbado Robert en que el seguramente sea el abrazo más bello y real de todo el cine.

Cassavetes, el director, le concede tiempo a este momento; sin embargo, demasiado pronto se introduce una voz en *off* y una panorámica, porque no hay nada que logre interrumpir el fluir de la acción en esta película, y vemos, junto al taxi, a la consternada hija de Robert, Albie (Jakob Shaw), murmurando: «Papá...». Más tarde le preguntará a su padre en tono de acusación: «¿Quién era ésa? ¿La quieres? ¿La besas?». Y dos veces, Robert contestará con severidad: «No como tú piensas». Sin embargo, no se molestará en explicar que Sarah, en realidad, es la adorada hermana de Robert.
Adrian Martin

Fecha 1983

Nacionalidad Estados Unidos

Director John Cassavetes

Reparto Cassavetes, Gena Rowlands

Título original *Love Streams*

Por qué es clave
Es el saludo más bello de la historia del cine.

Escena clave **El lago Erie** *Extraños en el paraíso*

SPOILER

El triste examen que Jarmusch hace de la desolación renueva el anhelo de vacío en un mundo lleno de basura. *Extraños en el paraíso* capta lo que, en retrospectiva, resultó ser el último momento de realidad estadounidese a secas. Fue también el final del cine sin marcas, y llegó justo antes de que Sundance aglutinara el cine independiente en Estados Unidos. Jarmusch observaba al mundo y se daba cuenta de que no había nada en él. Hoy nos preguntamos por qué hay de todo en lugar de nada.

La escena del lago Erie llega hacia el final del segundo tercio de la película. En mitad del invierno, los extraños Willie (Lurie) y Eddie (Edson) salen de Nueva York para visitar a la prima adolescente de Willie, Eva (Balint), en Cleveland, una preciosa ciudad con un enorme lago. «¿Has estado allí?», le pregunta ella. «No», responde él.

El Cleveland en blanco y negro de la película es el de un país sin salida, de vías de tren y bares para viejos, puestos de perritos calientes como en el que trabaja Eva, interiores de cines que proyectan películas de kung fu y que apenas tienen público… algo no muy diferente del Nueva York del trío.

Eva lleva a Willie y a Eddie a ver el gran lago. Los tres están de espaldas a la cámara, que se detiene en esas figuras temblorosas, abrigadas con sombreros y abrigos, azotados por el viento y la nieve. El lago es un vacío blanco, la nada, el horizonte borrado. «No siempre está congelado», dice Eva.

A. S. Hamrah

Fecha 1983

Nacionalidad Estados Unidos

Director Jim Jarmusch

Reparto John Lurie, Eszter Balint, Richard Edson

Título original *Stranger than Paradise*

Por qué es clave
Era cine solitario, no independiente.

Pág. siguiente *Extraños en el paraíso.*

Persona clave **Harry Dean Stanton** Siempre intenso *El recuperador*

SPOILER

En *El recuperador*, Harry Dean Stanton, viajero existencial de las películas marginales, se convirtió en una figura paterna para la generación de hijos con los padres vagos, un mentor para la gente que odiaba a los profesores y los jefes. Conocemos a este personaje, Bud, un hombre enjuto con un traje marrón, que conduce un Impala azul por una zona peligrosa, y que engaña a un muchacho punk sin rumbo, Otto (Estévez), para que lo ayude a recuperar un coche robado.

El alma maltrecha de Stanton y su rostro demacrado encuentran el equivalente verbal en los monólogos rotos que Cox escribió para Bud. «No hay mucha gente que tenga un código de vida hoy día», le dice Bud a Otto. Van conduciendo a toda velocidad por L. A. River mientras Bud se explica desde el asiento del conductor. «Maldita gente corriente. Los odio. Una persona corriente se pasa la vida evitando las situaciones tensas. Un recuperador se pasa la vida metiéndose en situaciones tensas». Mientras Bud habla, sus sentimientos se esclarecen: «Ojalá hubiera una manera de averiguar cuánto deben los idiotas y de hacérselo pagar». Stanton juega contra el sarcasmo de Cox e interpreta a un Bud conmovedor cuando Otto lo fastidia: «¿No eres feliz con tu trabajo? Me siento como si ya no nos estuviéramos comunicando».

Desesperado, Bud viola su código. Cuando la policía le dispara sin miramientos, pide un cigarrillo, y se muere en medio de una gran confusión, junto a un Chevrolet Malibu irradiado, el símbolo del grial. Otto entra en el coche con otro habitante del patio de los recuperadores y se marcha. Nosotros recordamos algo que ha dicho Bud un poco antes: «Toda esta gente, tío, cada uno va en un coche. La ciudad quiere que compartamos un coche entre varias personas para ir a trabajar, y a nadie le importa un bledo».

A. S. Hamrah

Fecha 1984

Nacionalidad Estados Unidos

Director Alex Cox

Reparto Harry Dean Stanton, Emilio Estévez

Título original *Repo Man*

Por qué es clave
Después de treinta años de carrera como actor, Stanton consiguió por fin el reconocimiento que se le debía.

Acontecimiento clave **El renacimiento del cine chino con *Tierra amarilla***

Primavera de 1939, una provincia del norte de China. Un soldado (Wang), que está recopilando canciones populares, llega a una aldea extremadamente pobre y se hospeda en una especie de cueva donde vive una familia con una hija de trece años que todos los días va al río Amarillo y sueña con una vida distinta. La secuencia inicial de *Tierra amarilla* creó por sí sola una experiencia visual única. Rodada con las lentes largas de Zhang Yimou y con la influencia de la pintura de los pergaminos chinos de comienzos del siglo XX, la escena plasma un paisaje de montaña eterno, la luminosidad del río y la pequeñez del soldado. El horizonte aparece en la parte superior o inferior del cuadro. La canción de la hija –«el sufrimiento es eterno, la alegría dura poco»– expresa su aislamiento y el de toda la nación. Atrapada en un mundo confuciano de valores familiares tradicionales, la muchacha se queda atónita, por ejemplo, cuando ve que el soldado se cose la ropa; es una imagen que le hacer creer que, después de un largo estancamiento, el comunismo puede traer cambios y libertad. La historia afirma que trajo lo primero, pero no lo segundo, lo que hace que sus esperanzas resulten tremendamente tristes. Pero lo emocionante de *Tierra amarilla* fue su negativa a regodearse en determinadas certezas, ya fueran confucianas o maoístas. Su melancolía natural y su interés por la ausencia (nunca vemos a la madre o la boda de la chica) le confieren una delicadeza poco habitual, un aire cercano a la meditación budista. Después de la improductividad de la Revolución Cultural, el cine chino volvía a destacar, y el director de fotografía Zhang se convertiría en uno de los grandes artistas pictóricos de la historia del cine.

Mark Cousins

Fecha 1984

Nacionalidad China

Director Chen Kaige

Reparto Wang Xueqi, Xue Bai

Título original *Huang tu di*

Por qué es clave
Esta película anunció el regreso del cine chino.

Película clave ***Starfighter: La aventura comienza***

La increíble vileza de esta ópera espacial de la era Reagan imposibilitó que *Starfighter: La aventura comienza* fuera reconocida como un verdadero avance cinematográfico: es el primer largometraje en que casi todos los efectos, excepto el maquillaje y las explosiones, se realizaron por ordenador. El extravagante argumento nos muestra al impopular Lance Guest reclutado entre un grupo de héroes galácticos para enfrentarse a una batalla muy inferior a las de *La guerra de las galaxias* en una nave de combate. Robert Preston traza un círculo tanto en su vida como en su carrera con una nueva versión del personaje de charlatán que interpretó en *Vivir de ilusión* (*Music Man*).

Pero nada de eso importó en 1984, cuando los efectos especiales –cortesía de un ordenador Cray X-MP– nos proporcionaron una emocionante visión del futuro. Hoy en día resulta casi imposible recordar el hito que supuso, pues los efectos de la película resultan más primitivos que los que puede ofrecernos cualquier videojuego barato. Pero el nivel de detalle que consiguió plasmar el equipo de Castle –un efecto de profundidad bastante decente, las sombras en el casco de las naves espaciales, etc.– marcaron, sin duda, el final de la magia cinematográfica de las maquetas.

Como pasa con la propia película, vemos el universo de los efectos especiales creados por ordenador con sentimientos encontrados. Más de dos décadas después del comienzo de los efectos digitales, Hollywood aún ha de aprender que dichos efectos son una herramienta sin encanto que no puede hacer más que dar cierto estilo o personalidad a una premisa carente de inspiración. Sin embargo, la gama de expresiones que podía darnos antes la laboriosa producción de maquetas, es hoy muy ilimitada. Resulta extraño que precisamente esta película olvidada nos dejara ver por primera vez lo que estaba por llegar.

Tim Cavanaugh

Fecha 1984

Nacionalidad Estados Unidos

Director Nick Castle

Reparto Lance Guest, Robert Preston, Dan O'Herlihy, Barbara Bosson, Marc Alaimo

Título original *The Last Starfighter*

Por qué es clave
Fue la primera prueba de efectos gráficos por ordenador.

Pág. anterior *Starfighter: La aventura comienza.*

SPOILER

Escena clave **La sonrisa del opio** *Érase una vez en América*

La última toma de la última película de Sergio Leone nos muestra a David Aaronson, Noodles (De Niro), tumbado boca abajo en un fumadero de opio. Después de casi cuatro horas en las que el tenso personaje apenas ha esbozado una sonrisa, de pronto sonríe abiertamente. Esto ocurre al comienzo de la década de 1930, justo antes de las escenas con las que se abría la película. En el contexto argumental, Noodles acaba de delatar a sus mejores amigos ante la policía con el pretexto de ayudarlos, lo que desembocará en la muerte de todos ellos, y unos asesinos lo buscan para matarlo. ¿Por qué sonríe entonces? ¿Acaso la droga le ha traído a la memoria los recuerdos de la infancia que ocupan el primer tercio de la película? ¿O es que todas las escenas que transcurren en 1968, en las que Max (James Woods) está vivo y es el verdadero artífice de la caída, son simplemente el sueño de un hombre culpable? ¿Noodles se siente aliviado de quedar libre del control de su peligroso amigo, o sabe que el cuerpo quemado en realidad no era el de Max? O quizá se trate de que Noodles, al igual que nosotros, se siente maravillado con la altura cinematográfica del proyecto.

Kim Newman

Fecha 1984

Nacionalidad Estados Unidos

Director Sergio Leone

Reparto Robert de Niro

Título original *Once upon a Time in America*

Por qué es clave Nunca sabremos lo que el personaje interpretado por De Niro estaba pensando realmente.

Pág. siguiente *Érase una vez en América*.

Escena clave **Un zapato rojo en el paisaje amarillo** *Tierra amarilla*

Un soldado (Wang) avanza, solo, en un paisaje desértico; la tierra amarilla que da título a la película es una enorme y árida extensión que llena prácticamente toda la pantalla. Hasta entonces, la China posterior al año 1949 era una página en blanco en la que podían escribirse las hazañas heroicas del Partido Comunista. Aquí, la puesta en escena la muestra como un escenario de resistencia: la tierra resiste el penoso trabajo de los campesinos; la sociedad resiste el cambio. Chen Kaige y su director de fotografía, Zhang Yimou, encuadran al protagonista en un plano medio mientras se escucha la canción de un campesino al que no vemos y cuya humilde voz, mezclada con los alaridos de los pájaros, el sonido del viento, habita en medio de toda esa desolación.

Una estridente música instrumental sustituye a la melancólica melodía. La cámara se mueve lentamente hasta lo alto de una montaña, por donde avanza en fila una procesión nupcial que vemos perfilada contra el cielo pálido, casi como el diseño abstracto de los ideogramas. Los primeros planos de la película nos muestran algunos detalles de la procesión, y por fin vemos dos pequeños zapatos rojos que asoman en el palanquín: la novia es una niña.

Plano de ángulo inverso: otra muchacha (Xue) observa con horror y fascinación uno de los zapatos rojos. El soldado ve la procesión «desde fuera», en planos generales, como las muestras de música popular que debe recopilar. La muchacha la ve en primeros planos; ya está «dentro»: sabe que su destino es convertirse en una novia niña y el soldado no la podrá salvar de dicho destino.

Bérénice Reynaud

Fecha 1984

Nacionalidad China

Director Chen Kaige

Reparto Wang Xueqi, Xue Bai

Título original *Huang tu di*

Por qué es clave
Es una escena compleja y reveladora de una película que dio a conocer en el mundo a la quinta generación de cineastas chinos y anunció la llegada de un nuevo lenguaje cinematográfico en el cine del país asiático.

ONCE UPON A TIME
IN AMERICA
ARNON MILCHAN Presents A SERGIO LEONE Film
Starring ROBERT De NIRO "ONCE UPON A TIME IN AMERICA"
Also Starring JAMES WOODS ELIZABETH McGOVERN JOE PESCI
BURT YOUNG as "Joe" TUESDAY WELD and TREAT WILLIAMS as "Jimmy O'Donnell"
Produced by ARNON MILCHAN Directed by SERGIO LEONE

TREBLINKA

Escena clave **La apoteosis del gag**
Barres

Las comedias de gags de Luc Moullet, realizadas con una sorprendente economía de medios, le deben algo a Jacques Tati, pero tienen un trasfondo más político y de mayor crudeza. Todas las excentricidades neuróticas de los personajes de sus películas (algunos de los más memorables encarnados por el propio Moullet), todas sus obsesiones compulsivas de contar, recordar, ordenar o comprender la rutina, surgen como respuesta a lo mismo: una «sociedad del control» casi fascista que, en los países occidentales, impone todo tipo de restricciones en cualquier aspecto del trabajo y del ocio. *Barres* estudia esas «barreras» de la sociedad, como las que aparecen en la entrada del metro de París para regular y vigilar el paso. El método de Moullet es claro: va a enumerar (en preciosos títulos escritos a mano) y a demostrar (en rápidos gags cómicos), las docenas de maneras en las que los astutos ciudadanos consiguen sortear este sistema cada vez más complejo y en continua renovación, de «disciplina y castigo» impuesto por el Estado, para no pagar. Todo resulta útil en esta solemne misión: un chicle, una cuerda, repuestos de coches, la capacidad de saltar y de dar patadas...

Barres no tiene argumento, sólo una sucesión de gestos subversivos llevados a cabo por jóvenes y viejos, *hippies* y profesionales... e interrumpidos ocasionalmente por los letreros ideados para disuadir a la gente de cometer tales «estupideces». En contraste con su perspectiva, Moullet plantea una contraimagen de la nación francesa y de su cultura: sobrepasar las barreras es algo que reconcilia a las clases sociales, mejora la salud y –en una gloriosa apoteosis cómica– constituye un verdadero acontecimiento deportivo, cuando decenas de cuerpos pasan al mismo tiempo por los torniquetes del metro para burlar al sistema.
Adrian Martin

Fecha 1984

Nacionalidad Francia

Director Luc Moullet

Por qué es clave
Moullet plantea una «contraimagen» de la nación francesa y de su cultura.

Escena clave **El viaje en tren a Treblinka**
Shoah (Holocausto)

Como sabemos, apenas existen imágenes o fotografías del intento de genocidio de los judíos europeos que llevó a cabo el nazismo. Muchas películas intentaron recrearlo o utilizarlo como telón de fondo, pero la atrocidad parecía imposible de plasmar en imágenes fotográficas o fílmicas. Como resultado de ello, cuando Claude Lanzmann se dispuso a hacer *Shoah* (*Holocausto*), con una duración de 9 horas y 30 minutos y para la que necesitó once años, decidió no utilizar ni una sola imagen de archivo ni fotografía real de ningún tipo. Lo que hizo fue visitar los lugares de las atroces masacres, hablar con testigos y realizar minuciosas entrevistas. Hay una decisión del montaje que resulta extraordinaria. Aunque las entrevistas suelen contar con intérpretes, Lanzmann no eliminó la traducción del montaje; dejó que prosiguieran las tomas, y preguntas y respuestas se van transformando una y otra vez al pasar por los tres participantes de cada conversación. Es como si eliminar a ese intermediario hubiera sido una elipsis imperdonable en una película sobre la elipsis más espantosa del siglo xx.

Esta decisión convierte *Shoah* en una gran obra del cine y de la historia. También contribuye a ello el hecho de que, cuando Lanzmann se acerca a algún campo de concentración o de exterminio, a veces rueda desde la cabecera de un tren. El trávelin que resulta avanza por el espacio y, si no oyéramos el ruido del tren o viéramos la vía, parecería que estamos volando. Estos planos se inventaron en los primeros años del cine. El director británico G. A. Smith utilizó uno en 1898, rodando desde la cabecera de un tren, y para el público fue una experiencia visual completamente nueva. Luego se conocieron como *phantom rides* («viajes fantasma»). La utilización que hace Lanzmann de ellos, casi noventa años después, devuelve su cualidad fantasmal. Al verlos en *Shoah* (*Holocausto*), pensamos en los millones de personas asesinadas.
Mark Cousins

Fecha 1985

Nacionalidad Francia

Director Claude Lanzmann

Por qué es clave
Es una de las mejores películas que se hayan hecho nunca, y esta escena tiene la fuerza de los comienzos del cine.

Pág. anterior *Shoah* (*Holocausto*).

Escena clave **El diatópico sueño final** *Brazil*

SPOILER

La gran película de Terry Gilliam tuvo un comienzo difícil, pues la distribuidora estadounidense, Universal Pictures, dijo que era una porquería y se negó a estrenarla. No obstante, Gilliam organizó pases para la prensa y, cuando los críticos de cine de Los Ángeles la nombraron mejor película del año, Universal no tuvo más remedio que rectificar.

Es fácil comprender el nerviosismo del estudio, ya que *Brazil* se escapa a cualquier categoría comercial convencional ya desde su título, que no se refiere al país, sino a las fantasías escapistas alimentadas por Sam, el protagonista (Pryce). Este burócrata del futuro trabaja para una sociedad que podríamos calificar como totalitaria si no se saboteara a sí misma con continuos fallos técnicos y meteduras de pata. Uno de esos errores provoca que un hombre inocente sea arrestado, pero los intentos de Sam por arreglar la situación desencadenan una serie de disparatados errores que llevan a que sea acusado injustamente de terrorista. Perseguido por la autoridad, Sam se encuentra en las manos de su viejo amigo Jack (Palin), que ha ordenado que lo torturen hasta que confiese.

Haciendo caso omiso a sus súplicas, Jack le apunta al ojo con un instrumento letal; entonces suena un tiro, pero la bala alcanza a Jack y Sam es liberado por los verdaderos terroristas. Consigue escapar y, tras varios sustos, lo vemos a salvo en una casa de campo con la mujer de sus sueños (Greist). Pero de pronto aparecen en la bucólica escena los rostros de Jack y de su jefe (Vaughan) y nos damos cuenta de que la huida no era más que una alucinación. Sam ha sucumbido a la mayor de las torturas, la de la esperanza.

David Sterritt

Fecha 1985

Nacionalidad Reino Unido

Director Terry Gilliam

Reparto Jonathan Pryce, Michael Palin, Kim Greist, Peter Vaughan

Por qué es clave
El término *comedia negra* adquiere su tonalidad más oscura al final de esta enloquecida fantasía de ciencia ficción sobre un futuro nada halagüeño.

Pág. siguiente *Brazil*.

Película clave ***Masacre: Ven y mira*** La experiencia de la guerra

SPOILER

Basada en los escritos de Ales Adamovich, *Masacre: ven y mira* presenta una crónica de las atrocidades cometidas por las fuerzas de ocupación alemana contra los campesinos bielorrusos durante la segunda guerra mundial. La historia se narra desde la perspectiva de un adolescente llamado Flyora (Kravchenko). Al comienzo de la película, es un niño que juega con otros niños, pero, al final, se ha enfrentado a tanto dolor y a tanto sufrimiento que se ha convertido en un adulto con el pelo blanco y el rostro arrugado.

La odisea de Flyora comienza en su pueblo natal, donde su madre y sus hermanas mueren, junto a la mayoría de los habitantes, víctimas de un ataque alemán. Flyora se une a los partisanos y participa en varias acciones bélicas, durante las que presencia todo tipo de atrocidades. La más espeluznante es el terrible exterminio de todo un pueblo, en el que encierran a todos sus habitantes en un establo y luego le prenden fuego (algo que sufrieron en la realidad cientos de pueblos bielorrusos).

La experiencia de la guerra se retrata mezclando escenas naturalistas y elementos surrealistas (un pavo real perdido, que aparece en medio del humo; la inquietante imagen de un avión de reconocimiento; una mujer nazi comiéndose una langosta; un hombre nazi abrazando un animal exótico). Una de las escenas finales de la película –en la que se tratan temas como la culpa y la responsabilidad– nos muestra a los alemanes responsables de la masacre defendiendo su inocencia con acaloramiento. En un final simbólico se revela que Flyora, que ha sobrevivido al terror y ha estado a punto de perder la cabeza, no tiene intención de vengarse, pues eso significaría crear más destrucción indiscriminada.

Dina Iordanova

Fecha 1985

Nacionalidad U.R.S.S.

Director Elem Klimov

Reparto Alexei Kravchenko

Título original *Idi i smotri*

Por qué es clave Es la más potente película soviética sobre la segunda guerra mundial.

Película clave *Tiempo de vivir, tiempo de morir* Ah-Ha y su abuela

Tiempo de vivir, tiempo de morir es una intensa historia narrada en primera persona, que cuenta la historia de una familia cantonesa que vive en Taiwán desde 1948, apartada de su «hogar» en la China continental, adonde no podrán volver jamás. El personaje principal, un niño al que su abuela llama Ah-ha, no presta la menor atención a las noticias y las cartas que llegan de su tierra de origen, y cuando se hace mayor se convierte en delincuente. La película retrata de un modo conmovedor la creciente brecha que separa más y más a las generaciones –la mayor, atada espiritualmente al pasado que vivió en China, y la más joven, cada vez más inmersa en los cambios sociales que se viven en Taiwán–. *Tiempo de vivir, tiempo de morir* es la segunda parte de la trilogía de Hou sobre el viaje hacia la edad adulta. La primera, *Un verano con el abuelo* (1984) está basada en las experiencias del coautor del guión T'ien-wen Chu, y la tercera, *Polvo en el viento* (1986), la hizo junto al guionista Nien Jen Wu. Todas las obras de Hou se distinguen por su intimismo y por el extraordinario naturalismo de la acción, que nos hace sentir como si estuviéramos observando un retazo de la vida real. Los actores no parecen estar actuando, sino que dan la impresión de reaccionar de manera espontánea a lo que sucede a su alrededor. Sin embargo, sus obras tienen siempre un propósito, son complejas y consiguen provocar un fuerte impacto emotivo. *Tiempo de vivir, tiempo de morir* está llena de secuencias memorables, en especial las que detallan la relación del joven Ah-Ha con una abuela que se hunde de forma progresiva en la demencia. Es sin duda uno de los mejores filmes de Hou y atrajo la atención internacional, por lo que fue galardonada en el Festival Internacional de Cine de Berlín.

Andrew Pike

Fecha 1985

Nacionalidad Taiwán

Director Hou Hsiao-hsien

Reparto Mei-Feng, Yu-Yuen Tang, Feng Tien

Título original *Tong nien wang shi*

Por qué es clave
Es una película importante de uno de los mejores directores de Taiwán.

Escena clave **Los amantes se despiden** *Le Soulier de satin*

SPOILER

Al final de esta hermosa y punzante obra maestra de siete horas de duración, los dos posibles amantes (Cintra y Brazyk), que apenas se ven y nunca se tocan, saben que deben despedirse. Tienen que decirse adiós en la cubierta de un barco anclado en la costa de África, en una larga toma con un cielo marrón rojizo de fondo. El hecho de que la escena más larga que comparten sea la de su despedida encaja a la perfección con una película sobre las conquistas imperialistas de la España del siglo XVI, basada en la obra de teatro del mismo título y de nueve horas de duración, de Paul Claudel. Durante todo su metraje, la película va acumulando capas y capas de ambiciones y falsas ilusiones. Las discusiones sobre los intentos del cristianismo de conquistar el mundo se sitúan en coloridos fondos teatrales, evidentemente falsos, con olas y peces que saltan. La trascendental noticia de la derrota de la Armada Invencible se presenta con un estilo sobrio y comedido. Hacia el final de la película, se va haciendo evidente que las esperanzas de los amantes y las esperanzas imperialistas de unir el mundo entero no son más que falsas ilusiones predestinadas al fracaso, no tanto por razones de orden práctico como por motivos metafísicos: el mundo entero no es más que una colorida y gloriosa ilusión.

Esta tensión entre la belleza de las falsas esperanzas, en el argumento y en la imagen, y el presentimiento de que van a acabar viniéndose abajo es lo que mueve la historia, pero cuando llega la larga toma de la despedida, su dilatada temporalidad y la evidente sinceridad de los amantes la aparta de algún modo del delirante y fantasioso mundo de la película. Eran unos amantes de verdad a los que se les negaba la oportunidad de ser felices... y uno no puede evitar que le caigan las lágrimas.

Fred Camper

Fecha 1985

Nacionalidad
Portugal/Francia/República Federal de Alemania/Suiza

Director Manoel de Oliveira

Reparto Luís Miguel Cintra, Patricia Barzyk

Por qué es clave
El emotivo clímax de este drama resume de un modo conmovedor el tema más amplio que trata la película, las luchas y los fracasos de la humanidad.

Escena clave **La metasorpresa**
La rosa púrpura de El Cairo

SPOILER

Rara vez se le considera como un innovador de las formas cinematográficas y, sin embargo, es probable que en *La rosa púrpura de El Cairo* Woody Allen abriera el camino de la metaficción, de películas conscientes de su propia narrativa, como *Adaptation. El ladrón de orquídeas* (2002) de Charlie Kaufman; *La ciencia del sueño* (2006) de Michel Gondry, y *Más extraño que la ficción* (2006) de Marc Forster. Al mismo tiempo, se adelantó a la incursión del espectador como participante de la acción, como si se tratara de un videojuego.

En plena Gran Depresión, una camarera llamada Cecilia (Farrow) escapa de un marido opresor y grosero y de los problemas económicos yendo al cine de manera compulsiva. Allí ve una y otra vez una comedia anterior al Código, ambientada en apartamentos y clubes nocturnos de estilo *art decó*. La gran sorpresa llega cuando uno de los personajes de la película, el explorador Tom Baxter (Daniels), mira al patio de butacas desde la pantalla y se dirige a Cecilia. «Debe de encantarte esta película», le dice. Después sale de la pantalla y se marcha de la sala con ella mientras el resto de los personajes discuten qué hacer al respecto y los clientes del cine los reprenden por arruinar el argumento. La trama se complica cuando los atribulados productores le piden a Gil Shepherd (también interpretado por Daniels), el ambicioso actor que da vida a Baxter, que seduzca a Cecilia y le sonsaque el paradero del fugitivo protagonista, lo que evidencia la distinción entre personaje y actor. Finalmente, Cecilia acaba perdiéndolos a ambos, pero al menos le queda el consuelo de poder refugiarse en esa vida de fantasía que le proporciona el cine, como cuando ve bailar a Fred Astaire y Ginger Rogers en *Sombrero de copa*. ¿Debemos sentir lástima al ver cómo Cecilia escapa de la realidad o debemos envidiar su capacidad para sumergirse en la música y la historia de la película? ¿Es un final triste o feliz?
Robert Keser

Fecha 1985

Nacionalidad Estados Unidos

Director Woody Allen

Reparto Mia Farrow, Jeff Daniels

Título original *The Purple Rose of Cairo*

Por qué es clave
Woody Allen traspasa la frontera entre cine y público.

Escena clave **El doble suicidio**
Zoo

SPOILER

Greenaway organiza sus películas en torno a juegos, números y pautas de comportamiento que resultan tremendamente fascinantes. Pero no se muestra crítico hacia ellas y, en su mundo fílmico, sólo hay una cosa que se repite más que las dichas pautas de comportamiento, y es la ruptura de las mismas, incluyendo aquellas que elegimos para ordenar nuestras vidas.

Los personajes principales de esta historia son dos gemelos (interpretados por los hermanos Deacon) que pierden a sus esposas en un extraño accidente. Consumidos por el dolor, los hermanos tratan de comprender la irrupción de la tragedia en sus ordenadas vidas. Como ambos son zoólogos, se embarcan en un estudio sistemático de la descomposición, para el que fotografían cadáveres con una cámara que capta tomas a intervalos prefijados, de manera que la descomposición se hace visible. También comienzan una aventura sexual con la conductora del coche en el que murieron sus esposas; esta mujer da a luz a unos gemelos engendrados, en su opinión, por los dos hermanos.

La evolución de la película corre paralela a la investigación sobre la descomposición en criaturas cada vez más complejas, lo que hace pensar que, de forma inevitable, culminarán el proyecto estudiando la muerte humana. Deciden utilizarse a sí mismos como objetos de estudio, por lo que preparan una mesa en un tranquilo claro de un bosque, enfocan la cámara y, mientras en un tocadiscos suena la canción «The Teddy Bears Picnic», se inyectan el uno al otro una sustancia letal. Pero el plan no funciona; en este bosque hay caracoles, y cientos de ellos se suben a la cámara y al tocadiscos, con lo que estropean todo el decorado. Sólo hay una pauta de comportamiento en la que confía Greenaway: ésa en la que no se puede confiar.
David Sterritt

Fecha 1985

Nacionalidad Reino Unido/Países Bajos

Director Peter Greenaway

Reparto Brian Deacon, Eric Deacon

Título original *A Zed & Two Noughts*

Por qué es clave
La afición de Greenaway por las pautas de comportamiento se utiliza aquí con gran ingenio y una lógica sombría para acabar con los personajes a la vez que con la película.

Diálogo clave **La «explicación» de la maldad de Henry** *Henry, retrato de un asesino*

SPOILER

Henry (Rooker) es lo bastante perverso y peligroso como para asustar a cualquier otro villano de la gran pantalla. Sus asesinatos son tremendamente violentos, lo que hace pensar, sin temor a equivocarse que disfruta matando, pero se trata de asesinatos aleatorios, pues sabe que cuanto más impredecible sea su comportamiento, más difícil será que lo atrape la policía.

Aunque es un hombre solitario, Henry decide compartir su casa con Otis (Tom Towles) un tipo que va dando tumbos por la vida y que no tarda en aficionarse a los asesinatos en serie, con lo que se convierte en el protegido y compañero de Henry. La hermana de Otis, Becky (Arnold), se traslada también a vivir con ellos y pronto se gana el corazón de Henry, o lo que sea que haga bombear su sangre fría (Otis también se siente atraído por ella, pues para un asesino en serie, el incesto es una pequeña minucia).

Becky ha oído que Henry mató a su madre y un día decide preguntárselo. Éste le confiesa: «La apuñalé», y con la voz impregnada de dolor, relata cómo su madre abusó de él y lo humilló cuando era niño. Es una escena clásica en la que se nos ofrecen los datos psicoanalíticos que necesitamos para comprender las raíces de la maldad de Henry, y sentir que ejercemos algún tipo de control. «La maté de un disparo», concluye. Pero sólo uno momento antes había dicho que la había apuñalado. Cuando Becky se lo hace ver, Henry se corrige con total tranquilidad. «Ah, sí..., la apuñalé».

En ese mismo instante nos damos cuenta de que el monólogo que acabamos de escuchar no es más que otra muestra de su locura, que no nos dice más de él que la marca de cerveza que bebe. No hay explicación alguna para una maldad tan profunda. Simplemente es así y tenemos que vivir con ello..., si es que no nos lo impide alguien como él.

David Sterritt

Fecha 1986

Nacionalidad Estados Unidos

Director John McNaughton

Reparto Michael Rooker, Tracy Arnold

Título original *Henry: Portrait of a Serial Killer*

Por qué es clave
McNaughton nos ofrece una explicación freudiana del comportamiento del personaje.

Escena clave **«In Dreams»** *Terciopelo azul*

En una escena de *Terciopelo azul*, de David Lynch, Ben (Stockwell), a quien el siniestro Frank (Hopper) describe como un «cabrón amable», agarra una lámpara móvil de mecánico como si fuera un micrófono y comienza a cantar en *playback* el éxito de Roy Orbison «In Dreams». Es característico en la obra de Lynch elegir melodías de *easy listening* –como el tema de Bobby Vinton que da título a la película, o «Love Letters (Straight From the Heart)», de Ketty Lester– y presentarlas de un modo que denotan el fetichismo, la obsesión y el delirio onírico que se esconden tras las conocidas notas de esos clásicos en los que nunca nos hemos parado a pensar. El afeminado pero letal Ben, con el rostro escondido bajo un maquillaje blanco, propio del *kabuki*, y vestido con una chaqueta al más puro estilo de Claude Rains, parece atacar la canción de Orbison, proyectando su alma putrefacta en una letra compleja y retorcida. Volveremos a oír la canción en una escena posterior, cuando los matones de Frank le dan una brutal paliza a Jeffrey (MacLachlan), pero es la escena del *playback* de Ben, quizá inspirada por los *playbacks* de clásicos que utilizó Dennis Potter en *Dinero caído del cielo*, la que quedará grabada para siempre en nuestra memoria.

Kim Newman

Fecha 1986

Nacionalidad Estados Unidos

Director David Lynch

Reparto Dean Stockwell, Dennis Hopper, Kyle MacLachlan, Isabella Rossellini

Título original *Blue Velvet*

Por qué es clave
Esta escena sintetiza el dominio de David Lynch de las yuxtaposiciones más extrañas.

Pág. anterior *Henry, retrato de un asesino.*

Escena clave **Impresionismo en la galería de arte** *Todo en un día*

Ferris Bueller es un héroe atípico, al menos en un género cinematográfico como la comedia adolescente, que en tantas ocasiones ha valorado la rebeldía antisocial. Aunque se las ingenia para que su novia Sloane (Sara), su reprimido amigo Cameron (Ruck) y él mismo no tengan que ir al instituto un día, Ferris no es ningún delincuente juvenil. Es un autoproclamado gurú de la superación personal, vive la vida al máximo y, dada la admiración que le profesan todos los estudiantes, parece una especie de ídolo de culto. La divertida ruta turística por su ciudad natal no incluye los ingredientes típicos de las películas de adolescentes –sexo, drogas, alcohol y destrozos a la propiedad–, sino una instructiva visita al Instituto de Arte de Chicago para disfrutar de las obras de Picasso, Modigliani, Kandinsky... La escena es una mezcla homogénea de vídeo musical de la MTV (un estrambótico montaje al ritmo de la versión instrumental que hizo The Dream Academy del tema de The Smiths «Please, Please, Please, Let Me Get What I Want»), pedagogía positiva (el arte te hace sentir bien) y la fresca y vertiginosa inventiva que, durante unos años llenos de acción, aportó Hughes al cine popular, en especial con las posturas, los gestos y los movimientos de los actores, un sinfín de detalles que en todo momento amenazan con darle la vuelta a la historia. El punto culminante de la escena de la galería de arte son unos segundos hacia el final de la secuencia, cuando Cameron se queda mirando con gesto neurótico un cuadro de Seurat: su mirada, cada vez más profunda, se refleja en los planos insertados de la cara de un niño del cuadro, y los colores y las líneas que lo componen cada vez se ven más cerca, hasta que, finalmente, sólo vemos el tejido del lienzo.
Adrian Martin

Fecha 1986

Nacionalidad Estados Unidos

Director John Hughes

Reparto Matthew Broderick, Mia Sara, Alan Ruck

Título original *Ferris Bueller's Day Off*

Por qué es clave
Es un gran ejemplo de la inventiva que Hughes aportó al cine popular durante la década de 1980.

Pág. siguiente *Todo en un día*.

Escena clave **El restaurante** *Un mañana mejor*

En el plano más famoso de *Un mañana mejor*, el elegante gángster Mark (Chow) se enciende un cigarrillo con un billete (falso) de 100 dólares. Pero la dimensión verdaderamente mitológica del protagonista aparece más tarde, en una secuencia de dos minutos de duración, dividida en tres partes, en la que se pueden adivinar las obsesiones de Woo sobre el heroísmo y la religión. Mark entra en un restaurante en el que se encuentra a un traidor comiendo con su banda. En la primera parte, que está dirigida como un musical, Chow parece tan ligero como Fred Astaire. Mientras coquetea con una empleada del restaurante, Mark esconde varias pistolas en las macetas con plantas que adornan el pasillo del local. Luego, con todo heroísmo, entra en el salón, donde una serie de planos de ángulo inverso articulan el duelo entre Mark y el malvado padrino. Una segunda serie alterna la imagen de Mark disparando con la de los cuerpos de sus adversarios, que van cayendo. La última serie de planos emblemáticos contrapone a Mark disparando dos pistolas al mismo tiempo, y a los gánsteres intentando responder o muriendo. Después, Mark tira al suelo las dos pistolas, ya con los cargadores vacíos y sale a buscar las armas que había escondido para seguir disparando a los que lo persigan.

Con gesto pensativo, tira la pistola y se lleva una cerilla a la boca (su gesto característico). Un gánster herido sale arrastrándose por su propia sangre y le dispara en la rodilla. Mark cae junto a otra maceta, agarra la última pistola y dispara al hombre hasta matarlo después de varias ráfagas de disparos cruzados. En su rostro hay una expresión de tristeza, dolor y rabia: la Pasión de san Marcos ha empezado. Su cuerpo ahora es pesado, y durante el resto de la película será un personaje traumatizado, primero por una perversidad autoinfligida y luego al ser redimido a través de la amistad, antes de morir solo a causa de su «fe».
Bérénice Reynaud

Fecha 1986

Nacionalidad Hong Kong

Director John Woo

Reparto Chow Yun-fat

Título original *Yingxiong bense*

Por qué es clave
En este innovador filme, John Woo acuña un elegante lenguaje cinematográfico que moderniza el género de gánsteres de Hong Kong, y lanzó a Chow Yun-fat a la fama internacional.

Escena clave **Un ladrón tibetano llora la muerte de su hijo** *El ladrón de caballos*

Para esquivar a la censura, Tian Zhuangzhuang situó la acción en 1923, en el Tíbet de antes de la «liberación». Expulsado de su tribu por robar caballos, Norbu (Tseshang) huye con su esposa, Dolma (Dan), y su hijo, Tashi (Jayana), por un paisaje impresionante pero inhóspito. Cuando el pequeño Tashi cae enfermo, Norbu lleva un plato diminuto a un templo para recoger el agua santa que cae del tejado. Tian lo enfoca desde un ángulo contrapicado que lo convierte en una figura heroica, pero luego coloca la cámara en un ángulo oblicuo sobre el rostro de Norbu, lo que, unido al efecto del CinemaScope, hace que la imagen se descentre y Norbu parezca un enano. Finalmente, vemos sus piernas en un primer plano mientras, al fondo, un hombre entra en el jardín del templo y deja una gran jarra en un acto de amabilidad anónima.

Pero el niño muere, una tragedia que sucede fuera de plano. Tian nos muestra los ritos funerarios que llevan a cabo los padres en medio de la tundra cubierta de nieve. Vemos las mismas acciones repetitivas (alzan los brazos al cielo, se postran y se tumban sobre el suelo helado), tomadas desde ángulos y distancias diferentes y superpuestas en transparencia, una técnica que nos transmite la sensación de un dolor infinito, eterno. Se oye el lamento de una sola voz femenina que de forma gradual se complementa con música instrumental y el tañido de campanas, hasta que el cántico de unos monjes sustituye a la voz de la mujer. Al final se oye una voz de hombre que canta algo que parece una plegaria. Tian grabó estas canciones en las llanuras del Tíbet. Por primera vez desde 1949, se trata la espiritualidad con cercanía y respeto, entendida como un elemento fundamental de la psicología de los personajes en su contexto narrativo.

Bérénice Reynaud

Fecha 1986

Nacionalidad China

Director Tian Zhuangzhuang

Reparto Dan Jiji, Tseshang Rigzin, Jayan Jamco

Título original *Dao ma zei*

Por qué es clave
Con la mirada visionaria de un pintor y el cariño de un etnógrafo, este director de la quinta generación china nos muestra un Tíbet impregnado de una espiritualidad que se les prohíbe.

Escena clave **Spyros ve bailar a la Chica** *El apicultor*

Todas las películas de Theo Angelopoulos tratan sobre la relación entre el espacio dentro y fuera de plano: y si la principal preocupación del espacio dentro de plano es la visión pesimista de la historia de Grecia, ésta puede ser, simplemente, la expresión manifiesta de un pesimismo mucho más profundo que existe fuera de plano. Uno de los momentos más evocadores e inquietantes de *O Melissokomos* nos muestra a Spyros (Mastroianni) acercándose a una cafetería de carretera donde está bailando, junto a la máquina de discos, una joven autoestopista (Mourouzi), conocida simplemente como la Chica (como ocurre en *Carretera asfaltada en dos direcciones*). Observamos a la Chica desde el punto de vista de Spyros; sólo la vemos de espaldas mientras baila una canción en inglés, cuya letra dice: «All by myself, I'm bound to make it» («Yo sola voy a conseguirlo»). Recordaremos esa imagen más adelante, cuando Spyros visita a un amigo francés muy enfermo (Serge Reggiani), que realizará otro baile solitario parecido frente al mar. Angelopoulos hace hincapié en la relación entre ambas escenas, mostrándonos de nuevo sólo la espalda del que baila. Estos bailes en soledad contrastan con el baile colectivo que tiene lugar durante la boda de la hija pequeña de Spyros. Sin embargo, si nos parece que al enérgico baile de la Chica le falta alegría, el de la boda carece también de energía. La Chica vive por completo en el presente («No recuerdo nada», insiste), mientras que Spyros (al que ella apoda «Don Recuerdo») se siente abrumado por el peso del pasado. La película presenta las dos actitudes como dos extremos igualmente poco deseables. Para Angelopoulos, comunidad/memoria y aislamiento/amnesia, más que términos opuestos, son variaciones del mismo dilema: tal como nos recuerda la voz en *off* de Spyros, la colmena que sirve de metáfora no representa un ideal de comunidad, sino una «prisión de cera» cuyos prisioneros «bailan todos juntos... y se elevan por el aire».

Brad Stevens

Fecha 1986

Nacionalidad Grecia/Francia

Director Theo Angelopoulos

Reparto Marcello Mastroianni, Nadia Mourouzi

Título original *O Melissokomos*

Por qué es clave
Esta escena demuestra que una imagen puede tener gran resonancia por sí misma y como parte de un conjunto mayor.

Escena clave **La secuencia final**
Swan Song

A mediados de la década de 1980 el cine chino se llenó de nuevos directores e ideas que atrajeron la atención internacional. En el norte surgieron directores como Chen Kaige y Zhang Yimou. En el sur, en Guangzhou, desde los viejos estudios Pearl River, el joven Zhang Zeming dio mucho que hablar con su primera película, *Swan Song*. Filmada enteramente en escenarios naturales, en los barrios pobres de Guangzhou, *Swan Song* es la historia de un músico que encuentra inspiración en los sonidos de la calle. Su hijo vuelve, después de muchos años de penurias durante la Revolución Cultural, y no comprende el trabajo de su padre, pero poco a poco aprende a valorar su música y se da cuenta de que tanto su padre como él se han visto perjudicados por la imparable estampida del país hacia el materialismo. El hijo acaba por encontrar su lugar espiritual en los animados callejones traseros de la vieja ciudad. En la escena final, se observa la reconciliación con su ciudad natal, sin diálogo alguno pero con una gran elocuencia. Hace calor, y después de ver en la televisión una interpretación censurada de la música de su padre, el hijo sale a la puerta a fumarse un cigarrillo y por primera vez oye los sonidos de la calle que en otro tiempo inspiraron a su padre. La sobriedad de esta última escena le da a aún más fuerza, cerrando con brillantez una sombría visión de la China moderna, de su traición a los valores sociales y la cultura tradicionales. Como cabía imaginar, la película no se vio demasiado dentro de las fronteras chinas, pero se ganó el aplauso internacional en críticas y festivales.

Andrew Pike

Fecha 1986

Nacionalidad China

Director Zhang Zeming

Reparto Chen Rui, Diqing Feng

Título original *Juexiang*

Por qué es clave
Esta escena es la culminación de una historia que retrata con dureza el materialismo en la China de la Revolución Cultural.

Acontecimiento clave **El Manifiesto del Nuevo Cine taiwanés**

Esta noche hay una gran fiesta en el número 69 de la calle T'sinan de Taipei. Es el cuarenta cumpleaños del hombre que vive allí, que además es una figura relevante del joven cine taiwanés, Edward Yang, y está celebrando junto a sus amigos el surgimiento de una nueva manera de hacer cine, un estilo directamente conectado con el cambio de régimen político después de décadas de dictadura del Kuomintang, el Partido Nacionalista Chino. Jóvenes directores, productores, técnicos, actores, críticos y estudiosos del cine, algunos de ellos criados en países occidentales (Yang tiene un doctorado en electrónica de la UCLA), y otros profundamente arraigados en la cultura china, han reunido una selección de películas que han recibido el reconocimiento internacional. Dicha selección comienza con las dos películas que lanzaron el movimiento y dieron a conocer a dos de sus líderes: *In Our Time* (1982), que incluía un episodio realizado por Edward Yang, y *Sandwich Man* (1983), donde había uno de Hou Hsiao-hsien. Ha llegado el momento de que los nuevos cineastas se dirijan a la industria cinematográfica local y a los medios de comunicación para exigir la atención y el apoyo que se les ha negado hasta ahora. El documento, parecido al Manifiesto Oberhausen que veinte años antes lanzó el Nuevo Cine alemán, lo firmaron 54 figuras del séptimo arte el 6 de noviembre de 1986, pero tiene un alcance más amplio. Pone de relieve el nacimiento del cine asiático y servirá de referencia a otros jóvenes cineastas de la zona.

Jean-Michel Frodon

Fecha 6 de noviembre de 1986

Por qué es clave
Es la primera gran oleada de cine asiático que, desde Pekín a Seúl o Teherán, reestructurará el mapa del cine mundial con el cambio de siglo.

Escena clave **El incendio de la casa** *El sacrificio*

SPOILER

La última película de uno de los directores más enigmáticos gira en torno a un enigma imposible de aclarar. El punto culminante de la historia podría ser el Apocalipsis, el mundo podría o no haber llegado a su fin (aunque, si lo hizo, no fue con un estallido, sino con un quejido de vasos que tintinean y leche derramada). Puede que una oración obtuviera respuesta o puede que no, puede que se operara un milagro o puede que no, quizá fue producto de la imaginación de Alexander (Josephson), el protagonista. Para él, sin embargo, no existe la menor ambigüedad. Para salvar el mundo ha prometido sacrificar su casa, un lugar de felicidad. El sacrificio es tan absurdo como todos los sacrificios bíblicos y, al igual que ellos, nadie puede cuestionarlo.

Después de prender fuego a una especie de pira que él mismo ha construido, Alexander se sienta en la hierba, entre charcos, a ver cómo arde su casa. A lo largo de toda la secuencia, una toma de seis minutos de duración, un gran plano general nos sitúa lejos de los personajes. La cámara, en un trávelin de 45 metros, se desplaza hacia la derecha, luego a la izquierda y de nuevo a la derecha, siguiendo los movimientos erráticos de Alexander y, más tarde, de su aterrada familia y de dos operarios de ambulancia, todos ellos intentando atrapar a Alexander (hubo que sacrificar una primera toma de la secuencia por un problema con una cámara, por lo que hubo que volver a construir la casa para rodar una nueva toma, que es la que se ve en la película). Este distanciamiento de una acción, que casi parece acercarse a la comedia del absurdo, confiere más emoción a la escena de lo que se hubiera conseguido con cualquier otra técnica convencional como el primer plano, el montaje o la música. Con su movimiento, la cámara nos muestra la casa ardiendo y luego se aleja, hasta que la estructura se derrumba. Era algo que había que rodar en tiempo real, y pocas veces ha estado tan justificada una toma tan larga como ésta.
Jean-Pierre Coursodon

Fecha 1986

Nacionalidad Suecia/Francia

Director Andrei Tarkovsky

Reparto Erland Josephson, Susan Fleetwood, Valérie Mairesse, Sven Wolter

Título original *Offret*

Por qué es clave Es una escena inolvidable de lo que sería el testamento de Tarkovsky (murió poco después del estreno).

Pág. anterior *El sacrificio.*

Escena clave **El silencio de Frida en la silla de ruedas** *Frida, naturaleza viva*

Las películas biográficas son de las más difíciles de hacer bien. A menudo resulta forzado comprimir toda una vida en un espacio de dos horas, donde frases explicativas como: «Mira, ahí viene Oliver Cromwell» pueden sonar torpes y bruscas. Una película sobre la vida de la pintora mexicana Frida Kahlo parece, al menos sobre el papel, destinada a encontrar tales problemas (porque conoció a gente como Leon Trotsky, por ejemplo). Por ello, el director mexicano de origen judío Paul Leduc se merece todo el reconocimiento por sortear todas las dificultades del género y sugerir la esencia vital de Kahlo en una serie de estampas fascinantes y, en su mayoría, sin palabras.

Ya desde el principio, la cámara del director de fotografía Ángel Goded merodea por la casa de Kahlo, en el barrio de Coyoacán, hasta encontrar a la actriz Ofelia Medina en la cama, rodeada de sus cuadros y de una abundante decoración surrealista, y luego se acerca para captar otro detalle. Frida tararea, se abraza a Diego Rivera (Gurrola), pinta o sueña despierta. Hemos visto este estilo visual antes, en las películas de Robert Altman, pero hay un elemento clave que destaca el tratamiento que hace Leduc de dicho estilo: Kahlo pasa la mayor parte de la película en una silla de ruedas, por lo que esos planos en los que la cámara merodea tenemos inevitablemente la sensación de que están tomados desde la perspectiva de la protagonista. En otras palabras, la película representa los recuerdos de Kahlo (hay numerosos *flashbacks* de su juventud) y, de ese modo, plasma su subjetividad mucho mejor que el filme realizado por Julie Taymor en 2002, en el que Salma Hayek interpretaba a Kahlo.
Mark Cousins

Fecha 1986

Nacionalidad México

Director Paul Leduc

Reparto Ofelia Medina, Juan José Gurrola

Por qué es clave Esta gran película de un director infravalorado se sirve de un empleo muy especial, único, del trávelin.

Escena clave **La cámara rodea a los tres personajes principales en el primer acto** *Mélo*

La adaptación que hizo Alain Resnais del melodrama de Henry Bernstein del 1929, ¿es teatro filmado? Sí y no. Resnais es un cineasta muy personal al que le encanta esconderse tras sus escritores y que siempre tiene un plan escondido en la manga. Aquí, durante el primer acto de una obra sobre un triángulo amoroso entre músicos –el matrimonio formado por Pierre y Romaine (Ardite y Azéma) y su amigo Marcel (Dussollier)–, los tres se encuentran en un patio en el que acaban de cenar y Marcel, sentado frente a sus anfitriones, está explicando por qué renunció a la esperanza de encontrar un amor en el que confíe por completo. Recuerda un concierto que tuvo lugar un año antes, en el que tocó una sonata de Bach dedicada a su amante, que se encontraba entre el público, para luego descubrirla intercambiando miradas con un desconocido, algo sobre lo que ella le mentiría más tarde.

Resnais rueda el monólogo de Marcel en una sola toma. Un lento movimiento de cámara que comienza detrás de la pareja y termina en un primer plano de Marcel anuncia sutilmente la historia de adulterio que sigue a continuación, y lo hace mediante el agrupamiento de los personajes en el encuadre: Marcel junto a la pareja, luego entre ellos, luego con Romaine y finalmente solo. Ese mismo movimiento de cámara transmite la fuerza de la pieza de Bach que está interpretando mientras busca a su amante entre el público. En pocas palabras, Resnais –que en sus primeras películas, como *Hiroshima mon amour* o *El año pasado en Marienbad*, demostró ser un maestro de la mezcla de tiempos narrativos– nos enseña aquí cómo transmitir la información de *flashbacks* y prolepsis o saltos hacia delante, sin moverse del presente.
Jonathan Rosenbaum

Fecha 1986

Nacionalidad Francia

Director Alain Resnais

Reparto Pierre Arditi, Sabine Azéma, André Dussollier

Por qué es clave En un movimiento de cámara sostenido se hallan implícitos un *flashback* y una prolepsis que nos traslada al futuro.

Escena clave **Hwa-young se niega a reconocer a su hijo** *Gilsotteum*

SPOILER

Con cien películas en su haber, el director coreano Kwon-taek cuenta en su larga filmografía con varias obras dignas de resaltar: una película de temática budista como *Mandala* (1981), la ya legendaria *Sopyonje* (1993) y la adaptación de la ópera *folk Chunhyang* (2000). Aunque es más conocido por sus deslumbrantes dramas de época, sin embargo, una de las escenas con más fuerza de su filmografía aparece en una obra de 1986 ambientada en la época contemporánea.

Gilsotteum tiene lugar durante una campaña real que la televisión organizó en 1983 para reunir a familias que se habían separado durante la guerra de Corea y que quizá se habrían instalado, sin saberlo, en distintos territorios de Corea del Sur. Min Hwa-young (Kim) es una mujer de clase alta, ahora de nuevo casada, que recibe noticias de un hombre llamado Seok-cheol, que podría ser su hijo de treinta y tres años. Viaja a un pequeño pueblo junto con su antiguo novio para reunirse con él, pero el titubeante deseo de reconciliación (no están seguros de que sea realmente él) se rompe a menudo por la brusquedad de Seok-cheol y por la crueldad con la que trata a su esposa. Al final, Hwa-young se hace una prueba de maternidad que demuestra, casi con total certeza, que Seok-cheol efectivamente es su hijo. Pero ella se niega a aceptar el resultado y se aferra a la posibilidad de que la prueba haya dado un falso positivo. Y abandona a un atónito Seok-cheol para volver junto a su familia.

La referencia simbólica a una nación dividida desde 1945 puede resultar obvia, pero *Gilsotteum* trata también temas como los lazos de sangre, la identidad, la clase social y la idea de «una sola Corea». Esta escena, además, podría considerarse profética pues, según las encuestas, los jóvenes de Corea del Sur optarían en su mayoría por no volver a unirse a Corea del Norte.
Darcy Paquet

Fecha 1986

Nacionalidad Corea del Sur

Director Im Kwon-taek

Reparto Kim Ji-mi, Shin Sung-il, Han Ji-il

Por qué es clave Es un momento simbólico que nos ofrece un análisis sincero e inusual de Corea como una nación dividida.

Personajes clave **Zhang Yimou y Gong Li** La novia iba de rojo *Sorgo rojo*

Una novia es conducida hacia su boda en un tradicional palanquín rojo. Mientras mueven el palanquín con violencia, los jóvenes porteadores se burlan de ella porque saben que el novio es un enfermo de lepra. Poco después, la comitiva se ve detenida por un salteador de caminos que roba a los porteadores y a los músicos, y levanta el velo rojo que cubre el rostro de la novia. La inesperada y seductora sonrisa de la heroína ilumina la pantalla. Así fue cómo la joven Gong Li, de 22 años, se convirtió en estrella de la noche a la mañana. Y lo hizo también, de una manera aún más significativa, su director y amante, Zhang Yimou.

No es habitual que un director de cine se vea abordado por una multitud en busca de autógrafos, pero eso fue lo que le ocurrió a Zhang Yimou, y no sólo porque hubiera sido el protagonista de la película *The Old Well* de Wu Tianming, el «padrino» de la quinta generación. China Más allá de la sensual imaginería que ideó para *Sorgo rojo*, más allá del papel que desempeñó en el nacimiento de la nueva generación de directores chinos (como director de fotografía de la obra de Chen Kaige *Tierra amarilla*), lo que hizo famoso a Zhang Yimou fue su atractivo físico y su romance con Gong Li. La esposa del director rechazó públicamente la petición de divorcio de éste, lo que hizo las delicias de la prensa sensacionalista de Pekín y Hong Kong. Reunido con su elegante estrella sólo cuando filmaban, Zhang la llevó una y otra vez a las situaciones más melodramáticas (*Semilla de crisantemo*, *La linterna roja*), en las que la cámara se deleitaba en su exquisita belleza. El éxito internacional que cosecharon estas tres primeras películas los convirtió también en estrellas mundiales, lo que dio lugar a un nuevo *star system* chino que podía exportarse a Occidente.

Bérénice Reynaud

Fecha 1987

Nacionalidad China

Director Zhang Yimou

Reparto Gong Li

Título original *Hong gaoliang*

Por qué es clave El éxito internacional de la primera película como director de Zhang Yimou convirtió a la pareja que formó junto a Gong Li en héroes del nuevo *star system* chino.

Diálogo clave **Billy Crystal tiene dolor de cabeza en el ojo** *Tira a mamá del tren*

Tira a mamá del tren es un estudio brillante y tosco sobre el bloqueo creativo y la envidia, una comedia negra, pero no en el sentido del oxímoron habitual del término, en el que la negrura se ve débilmente iluminada por la comedia y la comedia se pierde en la negrura, sino en el sentido de que trata temas serios desde una perspectiva ingeniosa, corrosiva y, finalmente, redentora. Billy Crystal interpreta a Larry Donner, un profesor de escritura creativa de un centro para adultos, que se encuentra completamente atascado con la primera frase de la novela que está escribiendo: «Era una noche CÁLIDA...», «Era una noche HÚMEDA», «Era una noche SECA y sin embargo LLOVÍA...», etc. La acidez de Crystal y sus constantes comentarios jocosos encajan a la perfección con un hombre al que de pronto le faltan las palabras. El problema de Larry Donner tiene una única causa: el gran éxito comercial que está cosechando su ex mujer, Margaret, que vive en Hawái y escribe libros con títulos como *Fuego ardiente*.

Owen (DeVito) es un alumno que asiste con entusiasmo a las clases de escritura creativa de Donner. No es precisamente la estrella de la clase; más bien un enano blanco y sin talento que irradia entropía. El profesor apenas le presta atención, pero un día Donner mira los trabajos que le han entregado sus alumnos y resulta que el primero es el de Owen, que ha empezado su relato con la frase «Era una noche húmeda», y no puede seguir sin prestarle atención. Donner levanta la mirada con el horror reflejado en el rostro y suelta una frase inmortal y del todo surrealista: «La clase ha terminado. Tengo un tremendo dolor de cabeza en el ojo».

James Parker

Fecha 1987

Nacionalidad Estados Unidos

Director Danny DeVito

Reparto Billy Crystal, Danny DeVito, Kim Greist

Título original *Throw Momma From The Train*

Por qué es clave Esta película plasma de un modo brillante el pánico literario llevado al extremo.

Escena clave **Velu Naicker venga el asesinato de su esposa** *Nayakan*

El eje central de *Nayakan* es una secuencia de *vendetta* con referencias a *El Padrino* en la que, además, se demuestra el dominio de Ratnam en la composición, la descomposición en tomas y el ritmo narrativo. La esposa de un contrabandista de gran futuro llamado Velu Naicker (Hassan) ha sido asesinada por sus rivales, los hermanos Naidu. Nicker jura vengarse antes de que termine la ceremonia de incineración de sus restos. Así empieza la secuencia más escalofriante de *Nayakan*, en la que Naicker consolida su posición en el mundo del crimen. Con una serie de cortes montados con un ritmo parecido a la secuencia de *El Padrino* en la que Michael Corleone venga el asesinato de su hermano Sonny, los hermanos Naidu van muriendo uno por uno. La secuencia funde de manera magistral varios planos maravillosamente compuestos que retratan a hombres de Naicker matando a uno de los hermanos en la barbería y a otro mientras retoza con dos prostitutas. Naicker se encarga personalmente del tercer hermano pegándole un disparo en un ojo. La secuencia dura sólo unos minutos, pero se queda en la mente hasta mucho después de que haya terminado la película.

Ratnam, uno de los directores más famosos de la India, realiza las películas en su lengua materna, el tamil, y últimamente también en hindi, el idioma de Bollywood. Sin embargo, las obras de Ratnam siempre han estado alejadas de la grandilocuencia del cine tamil. Todas ellas hacen gala de una gran precisión y elegancia y sustituyen los diálogos declamatorios, tan habituales en ese cine, por pausas llenas de mensaje y frescos diálogos. *Nayakan* es una de las mejores muestras del cine de Ratnam y una gran adquisición para la lista de películas de gánsteres posteriores a *El Padrino*.
Nandini Ramnath

Fecha 1987

Nacionalidad India

Director Mani Ratnam

Reparto Kamal Hassan, Janakraj, Saranya, Nasser, Nizhalgal Ravi, Delhi Ganesh, Tinnu Anand

Por qué es clave No es sólo un espléndido homenaje a *El Padrino*, sino también una de las mejores muestras de la facilidad que tienen los directores indios para sintetizar influencias y crear productos híbridos que llegan tanto a Oriente como a Occidente.

Diálogo clave **Las diferentes formas de la vulgaridad** *Withnail y yo*

La obscenidad, a parte de resultar rotunda, en las manos adecuadas es como la punta de la pluma de un poeta. La película de Bruce Robinson *Withnail y yo* tiene algunas de las obscenidades más poéticas del cine inglés. Mientras el narrador sin nombre de la película (McGann) y su amigo y compañero de piso Withnail (Grant) –dos actores sin trabajo que parecen no tener éxito ni siquiera en su intento de ser bohemios– discuten las corrientes del Londres de finales de la década de 1960, las palabrotas y el vocabulario soez que utilizan alcanza un grado de perfección que resulta tremendamente divertido.

Cada uno de ellos utiliza un vocabulario diferente al del otro. Withnail, perteneciente a una familia aristocrática venida a menos, da a las palabrotas un aire de privilegio y desdén señorial: «¿Qué CABRÓN dijo eso?», pregunta lánguidamente en un pub del norte de Londres, después de enterarse de que alguien ha llamado «chulo» al narrador. El acento del narrador, sin embargo, da fe de su origen humilde, de clase trabajadora y, cuando llama «maldito HIJO DE PUTA» a Withnail, es como si estuviera poniendo en práctica su derecho a protestar por las diferencias de clase. (algo muy diferente a cuando lo llama «picha tonta», que es una muestra de cariño y preocupación).

Hoy en día todo el mundo dice palabrotas, también en televisión. Cuando entrevisté a Robinson en 1997, el director imaginó con alegría un tiempo en el que alguien saldría a dar la previsión meteorológica en televisión, y diría: «Se acerca un frente frío de cojones que os va a joder a todos...». En tales circunstancias en las que las palabras pierden su magia por momentos, *Withnail y yo* sería considerada un vestigio de romántica irreverencia.
James Parker

NOTA: Es imposible plasmar en español la diferencia entre la manera de hablar de uno y de otro, que en inglés se refleja también en las palabrotas que utiliza cada uno. *(N. del T.)*

Fecha 1987

Nacionalidad Reino Unido

Director Bruce Robinson

Reparto Paul McGann, Richard E. Grant, Richard Griffiths

Título original *Withnail and I*

Por qué es clave Utilizar bien un vocabulario soez es un arte como otro cualquiera, y en ningún filme inglés se hace mejor que en éste.

Pág. siguiente *Withnail y yo*.

IN VIETNAM
THE WIND DOESN'T BLOW
IT SUCKS

Stanley Kubrick's

FULL METAL JACKET

Escena clave **El ataque** *The Emperor's Naked Army Marches On*

SPOILER

En 1956 Kenzo Okuzaki mató a un agente inmobiliario, y en 1969, intentó matar al emperador. Una década después, contrató al cineasta Kazuo Hara para que documentara su investigación sobre las misteriosas circunstancias en las que murieron varios soldados japoneses en Papúa-Nueva Guinea tras el fin de la segunda guerra mundial. El resultado es una cruzada impulsada por la furia y la rectitud de Okuzaki, un documental que supone uno de los grandes dilemas éticos que haya presentado nunca el mundo del cine.

Okuzaki localiza a los oficiales que se encontraban al mando en el momento de la muerte de los soldados. Ya ancianos, los ex oficiales se muestran reticentes a hablar con él y aseguran que hay que olvidar el pasado. Para mostrar su feroz desacuerdo, Okuzaki comienza a atacarlos, pero antes les pide que le perdonen por su violencia. El cámara y director Hara no parece intervenir en ningún momento para defender a los viejos oficiales. Hacia el final de la película, Hara contrata a un actor para que se haga pasar por hermano de uno de los soldados y lo lleva a entrevistarse con un oficial con la esperanza de que la presencia del «hermano» le obligue a confesar lo que sucedió en realidad. Que los superiores de los soldados lo asesinaron y luego se los comieron. Pero el oficial no se conmueve y Okuzaki comienza a recriminarlo y a patearlo, tras lo cual él mismo llama a la policía para que lo detengan.

Son unas escenas asombrosas que, de manera superficial, recuerdan a los enfrentamientos en el programa de televisión de Jerry Springer, hasta que nos damos cuenta de que Okuzaki cree que la gravedad de los crímenes es tal que todo es permisible, incluso mentir y golpear a ancianos. El género documental japonés de las décadas de 1960, 1970 y 1980 era de los mejores del mundo y éste en concreto es el ejemplo más desasosegador.

Mark Cousins

Fecha 1987

Nacionalidad Japón

Director Kazuo Hara

Reparto Kenzo Okuzaki

Título original *Yuki yukite shingun*

Por qué es clave
Esta película llena de fuerza rompe casi todas las reglas del documental.

Escena clave **El primer plano de una mujer del Vietcong moribunda** *La chaqueta metálica*

Tuve el raro privilegio de ver la última película bélica de Stanley Kubrick junto a Samuel Fuller poco después de su estreno. Se trataba de una adaptación de la novela de Gustav Hasford *The Short Timers*, sobre sus experiencias durante la guerra de Vietnam. A Fuller la película no le dijo nada, según afirmó después él mismo, porque no le gustaban mucho las películas sobre entrenamientos y porque no era lo bastante antibelicista para su gusto; pensaba que podría incluso animar a algunos jóvenes a alistarse en futuras guerras. Por supuesto, Fuller había vivido de lleno la experiencia de la guerra y Kubrick no, lo que seguramente influía en su opinión.

Pero lo que sí le encantó de la película fue el primer plano de la francotiradora del Vietcong herida (Le) que sale al final, cuando le suplica a Joker (Bufón, en la versión española, interpretado por Modine) que acabe con ella; y le gustó sobre todo por el brillo de odio sin paliativos que había en su mirada. «¿Cómo conseguiría Kubrick algo así?», preguntó con admiración.

Es una escena poderosa por muchos motivos. Por un lado, es un momento en el que por fin se enfrentan cara a cara con esa enemiga que los ha obsesionado durante toda la película, una obsesión que aparece repetidas veces en la secuencia inicial en el campo de instrucción. Por otra parte, crea un inquietante paralelismo con el primer plano del enloquecido y sonriente Gomer Pyle («Recluta Patoso», en español), antes de que dispare al sargento Hartman al final de esa primera secuencia; las dos escenas quedan conectadas de un modo casi subliminal por medio de un zumbido que se oye en la banda sonora durante ambos primeros planos.

Jonathan Rosenbaum

Fecha 1987

Nacionalidad Estados Unidos

Director Stanley Kubrick

Reparto Matthew Modine, Ngoc Le

Título original *Full Metal Jacket*

Por qué es clave
Toda la fuerza de la película se condensa en este instante intenso y misterioso.

Pág. anterior
La chaqueta metálica

Escena clave **El plano final**
El siciliano

SPOILER

El siciliano, de Michael Cimino, termina con el funeral de Salvatore Giuliano (Lambert), completando así un círculo que empezó con la primera imagen que vemos de Giuliano, de pie detrás de un ataúd. Si bien es cierto que la historia de *El siciliano* es algo más sencilla que la obra maestra de Cimino, *La puerta del cielo*, sin duda ambas películas tienen en común a un protagonista dividido, un egoísta comprometido con las ideales comunistas, que vive entre pobres, pero se siente por encima de ellos y ejerce una especie de autoridad carismática que es vista como algo magnífico, aunque al mismo tiempo se exponga como un defecto insuperable. La toma final (eliminada de la versión que se estrenó en un principio en los cines estadounidenses) resume claramente esas visiones tan opuestas de Giuliano. Cuando se marchan algunos asistentes al funeral, vemos a Giuliano a lomos de un caballo, levantado como si quisiera alcanzar el sol. Esta imagen fantasmagórica queda justo en el centro del cuadro de la pantalla: en el extremo izquierdo del encuadre vemos un árbol y, en el derecho, una lápida con una cruz en lo alto. La evocación de la gloria de Giuliano se ve yuxtapuesta, por una parte, a una imagen positiva, de crecimiento natural y, por otra, a una negativa, sobre la tradición inflexible que asociamos con la religión y la muerte. Con esa capacidad para transmitir ideas complejas a través de la composición de elementos que podrían existir, tal cual, en el mundo dramático creado por él, Cimino demuestra ser uno de los grandes conocedores de una puesta en escena que solemos identificar con cineastas clásicos de la talla de Anthony Mann, Otto Preminger, Alfred Hitchcock y John Ford.
Brad Stevens

Fecha 1987

Nacionalidad Estados Unidos

Director Michael Cimino

Reparto Christopher Lambert

Título original *The Sicilian*

Por qué es clave
Este plano demuestra que la imaginería cinematográfica puede expresar complejos significados.

Escena clave **«Dot y yo somos *swingers*»**
Arizona baby

Hacia la mitad del metraje de *Arizona baby* nos encontramos con una sorpresa que tiene lugar durante un pícnic en un inhóspito cámping del desierto, donde Cage y Hunter –que encarnan a una pareja sin hijos que ha secuestrado al quintillizo que da nombre a la película, Nathan Arizona Junior, para criarlo como si fuera suyo– tienen un incómodo encuentro con el jefe de Cage y su esposa (McMurray y McDormand). La secuencia trasmite suspense desde múltiples ángulos: por una parte está la amenaza de que alguien descubra el delito cometido por los protagonistas; por otra, la presencia detestable e intolerante de la otra pareja y el riesgo de que los nervios y el agotamiento hagan que el personaje de Cage se descubra sin darse cuenta durante la conversación con el jefe. Sin embargo, éste lleva la charla hacia un terreno insospechado: su insulsa mujer y él son *swingers*, aficionados al intercambio de parejas, y eso es lo que esperan conseguir al final del día. Al oír tal proposición, Cage acaba pegando a su jefe, pero lo más irónico es que la película está llena de familias alternativas (Cage y Hunter ejercen de padres de un bebé secuestrado, una pareja de presos quiere ser los nuevos padres de Nathan Jr., un cazador de recompensas presume de haber sido vendido en el mercado negro cuando era niño), comparado con las cuales un matrimonio abierto parece poca cosa.

Algo que parecía extraño en su momento –que la región más republicana de Estados Unidos se pudiera convertir en el centro de las relaciones abiertas del país–, desde entonces se ha convertido en algo que todo el mundo sabe. Los Coen han utilizado discursos muy complejos en boca de personajes con dificultad para expresarse, sabores fuertes en un paisaje anodino, y riqueza y atractivos en una comunidad donde ser mojigato es motivo de orgullo. Ningún otro cineasta en activo ha reunido una filmografía tan impregnada de la locura y la variedad territorial de Estados Unidos.
Tim Cavanaugh

Fecha 1987

Nacionalidad Estados Unidos

Director Joel Coen

Reparto Nicolas Cage, Holly Hunter, Sam McMurray, Frances McDormand

Título original *Raising Arizona*

Por qué es clave Destapó la región sur de Estados Unidos y reveló un país más variado y extraño de lo que parecía.

Escena clave **Deseo**
La ley del deseo

En 1987, doce años después de que la muerte de Franco acabara con casi cuarenta años de triste negación del placer inspirada por el catolicismo, llegó el despegue internacional de Pedro Almodóvar con un canto a la libertad y a la utopía a través del cuerpo y la diversidad sexual. *La ley del deseo*, al igual que las obras de Buñuel, ofrece un homenaje explosivo a la sensualidad.

En 30 segundos de intensidad teatral que tienen lugar en el centro de Madrid, bajo una bochornosa noche de verano, tres personas –una mujer, un hombre y una niña subida a hombros de éste último– aparecen en un plano picado pasando por debajo del agua de una manguera, iluminados por la luz azul de la calle. Tina (Maura), una transexual voluptuosa y llamativa, enfundada en un ajustado vestido naranja y con el cabello pelirrojo y rizado, se lanza hacia el chorro de agua. «¡Riégueme! No se corte», le grita al hombre que está limpiando la calle. «¡Riégueme!», dice en voz más baja, extasiada de placer. El erotismo urbano de los edificios andamiados y el éxtasis sexual son el territorio distintivo de Almodóvar, el paisaje del deseo (no muy lejos de la Luisiana de Tennessee Williams, influencia importante en la obra del director español).

Observan la escena Pablo (Poncela), hermano gay de Tina, director de cine y teatro, y la hija adoptiva de Tina, Ada (Velasco): una familia alternativa dividida y conectada por el chorro de agua. En una película en la que está tan presente la frustración del deseo –en la que la heterosexualidad y la familia convencional conspiran con las restricciones impuestas por la tradición– este emblemático momento supone una liberación. Como parte de un drama familiar lleno de altibajos, la escena resulta tremendamente ambigua por el modo en que mezcla lo público y lo privado. No hay nada más público que la calle de una ciudad, el calor que desprenden los edificios de piedra, el choque del agua fría empapando la piel.

Steven Marsh

Fecha 1987

Nacionalidad España

Director Pedro Almodóvar

Reparto Carmen Maura, Eusebio Poncela, Manuela Velasco

Por qué es clave
Esta emblemática escena supone toda una muestra de liberación espontánea en un espacio público

Escena clave **Niankoro habla con la hiena**
Yeelen (*La luz*)

El cine indígena del África negra nació a finales de la década de 1960. Durante la mayor parte de la década siguiente, sus grandes talentos –Ousmane Semben, Djibril Diop Mambety, Med Hondo y otros– hicieron películas sobre la vida contemporánea en un continente que estaba sacudiéndose aún su pasado colonial. Criticaban con furia y satirizaban las estructuras de poder y las costumbres europeas, dando lugar a un cine-periodismo cargado de adrenalina.

Entonces, alrededor de 1980, el cine del África negra experimentó uno de los cambios temáticos más fascinantes de la historia. Se abandonó el presente y la descolonización como objeto en torno al cual hacer películas y se sustituyó por el pasado. Filmes como *Wend Kunni* (Gaston Kabaoré, 1982) y *Sarraounia* (Med Hondo, 1986) se desarrollaban en épocas anteriores a que llegaran al continente el cristianismo europeo o el islam árabe. La más hermosa de estas ensoñadoras historias es la de Souleymane Cissé, *Yeelen*, una obra luminosa ambientada hacia el año 1500 d. C. *Yeelen* es una historia edípica en la que un joven hechicero, Niankoro, emprende un viaje para huir de su malévolo padre y, al hacerlo, descubrirá la cosmología de su tribu. Al comienzo del viaje, Cissé idea una sencilla escena: Niankoro camina descalzo sobre un suelo ardiente y agrietado, y se sienta un momento bajo un árbol. Una risa lo sobresalta. Levanta la mirada y se encuentra con una hiena que le dice que va a tener una vida radiante. Es cierto que hay resplandor en lo que sucede después, pero, un día, el tío ciego de Niankoro le dice que «es posible morir sin dejar de existir», una desoladora premonición del colonialismo. El cine africano de la década de 1980 se centró en épocas míticas, y *Yeelen* fue su gran obra maestra.

Mark Cousins

Fecha 1987

Nacionalidad
Malí/Burkina Faso

Director Souleymane Cissé

Reparto Issiaka Kane

Por qué es clave
Es una escena clave en el cine mítico africano de la década de 1980.

Escena clave **El enfrentamiento en la estación de tren** *Los intocables de Eliot Ness*

El agente federal Eliot Ness (Costner) y su compañero (García) quieren arrestar al contable de Al Capone. En el guión original de David Mamet, conseguían hacerlo cuando su tren estaba saliendo de la famosa Union Station de Chicago, pero Paramount puso objeciones al presupuesto y le pidió a De Palma que lo rodara todo en el interior del edificio.

De Palma se ve a sí mismo como un estilista visual al que no le importa de dónde vengan los argumentos que rueda, por lo que a menudo pide prestados elementos de sus películas. Para resolver el problema de la Union Station se sirvió de un clásico del cine mudo: *El acorazado Potemkin*, dirigida en 1925 por Sergei Eisenstein. El primer gran teórico del montaje utilizó, en la magnífica secuencia de la escalinata de Odessa, un montaje rápido para transmitir la intensidad de la situación –los soldados masacrando al pueblo– y para crear una serie de dramas dentro de la propia escena, incluyendo el de una madre a la que se le cae por las escaleras el cochecito de su bebé.

En la versión actualizada de *Los intocables de Eliot Ness*, los federales están en la estación para recibir al contable. Utilizando el montaje y la cámara lenta para dilatar el tiempo, De Palma corta entre diferentes puntos de vista y ángulos mientras esperan, lo que aumenta el suspense. Cuando se acerca ya el enfrentamiento, una mujer comienza a subir a duras penas las escaleras de la estación con un cochecito de niño, llega justo en el lugar al que está a punto de empezar el tiroteo. Ness tiene que ayudarla, pero el contable está llegando ya... Esas dos misiones del héroe, ayudar a la desconocida y atrapar al villano, simbolizan los conflictos a los que se enfrenta un violento agente de paz como él. La brillante puesta en escena de De Palma demuestra la fuerza imperecedera del robo artístico y creativo.

David Sterritt

Fecha 1987

Nacionalidad Estados Unidos

Director Brian De Palma

Reparto Kevin Costner, Andy García

Título original *The Untouchables*

Por qué es clave La versión actualizada que hizo De Palma de una secuencia del cine mudo demuestra la vitalidad eterna de la narración visual.

Pág. siguiente *Los intocables de Eliot Ness.*

Escena clave **Una huida limpia en la primera escena** *El padrastro*

SPOILER

Un chico en una bicicleta lanza un periódico a una casa de un barrio residencial. La cámara tiembla ligeramente al acercarse a la casa, y corta a primeros planos cuando ya se encuentra en el interior. En el baño vemos a un hombre con barba (O'Quinn), vestido con unos vaqueros y una camisa de trabajo. Al principio parece una persona corriente, pero cuando aparece el reflejo de su rostro en el espejo vemos que tiene unas manchas rojas como de sangre. Se quita la ropa y se mete en la ducha. Después se afeita y se pone otra ropa, camisa blanca, chaqueta y corbata.

¿Es bueno o malo? ¿Lo que tenía en la cara era kétchup, lo que querría decir que toda la escena no es más que una pista falsa? Agarra un maletín en el que ha metido la otra ropa y sale al pasillo, donde se detiene a guardar un juguete en un baúl. Baja las escaleras, y la cámara se mueve con él. Hay algo que no está bien: en la pared que tiene a su espalda, uno de los cuadros está torcido, y casi al final de la escalera vemos manchas de sangre en la pared. El hombre llega al piso de abajo y apenas mira hacia lo que vemos tras la entrada del salón: una familia entera asesinada. Sale por la puerta principal y recoge el periódico antes de salir de la casa.

Ahora lo sabemos: es un tipo rematadamente malo. Y sean cuales sean los motivos de la atrocidad cuyos resultados acabamos de ver, él está huyendo con una facilidad aterradora.

David Sterritt

Fecha 1987

Nacionalidad Estados Unidos

Director Joseph Ruben

Reparto Terry O'Quinn

Título original *The Stepfather*

Por qué es clave Esta secuencia inicial, en la que se crea suspense y misterio revelando los detalles poco a poco, es una de las más efectivas de la historia del *thriller*.

Acontecimiento clave
Se crea el Fondo Hubert Bals

En 1988, el Festival Internacional de Cine de Róterdam lanzó el Fondo Hubert Bals, bautizado así en honor del fundador del festival. El fondo apoya la realización de largometrajes y documentales de cineastas independientes de países en vías de desarrollo mediante ayudas para la financiación del proyecto, el guión, la producción, la posproducción y la distribución. Las directrices para la solicitud de las ayudas establecen: «La principal consideración del jurado que evalúa todos los proyectos serán las cualidades artísticas de los mismos».

Hasta la fecha, el Fondo Hubert Bals ha prestado ayuda a más de 600 proyectos. Los asistentes a festivales internacionales y las salas con programaciones más audaces han visto el nombre del fondo en películas como *Lejano* (2002) y *Los climas* (2006), de Nuri Bilge Ceylan; *Intervención divina* (2002), de Elia Suleiman; *Opera Jawa* (2006), de Garin Nugroho; *La niña santa* (2004), de Lucretia Martel y *Waiting for Happines* (2002), de Abderrahmane Sissako, por nombrar sólo algunos de los títulos más destacados.

No hay lugar a dudas de que una gran proporción del cine más apasionante de los últimos treinta años ha llegado de Asia, Oriente Medio, Latinoamérica y África. Dada la inestabilidad de las ayudas que los gobiernos conceden al cine que se sale de la norma, los desastrosos efectos de la globalización en las culturas locales, y la política totalizadora y hegemónica de Hollywood, cada año es más importante el papel que desempeña el Fondo Hubert Bals en el panorama cinematográfico mundial.

Chris Fujiwara

Fecha 1988

Por qué es clave
El fondo presta un apoyo fundamental a los cineastas de países en vías de desarrollo.

Película clave ***Akira***
El *anime* invade Occidente

Es perfectamente lógico que *Akira* comience con una explosión. Según el prólogo de la película, el 16 de junio de 1988, una misteriosa bola de fuego destruyó Tokio. Hoy, 2019, el Neo Tokio reconstruido es una barriada *ciberpunk* habitada por pastilleros, fanáticos religiosos, terroristas y motoristas matones adolescentes como Kaneda (con la voz de Iwata) y Tetsuo (voz de Sasaki). Tetsuo resulta herido en un brutal choque contra un «niño anciano» grotesco (Nakamura), y es trasladado a un laboratorio secreto, donde, con la recuperación, adquiere extrañas habilidades psíquicas. Ahora Kaneda y el activista antigubernamental Kei (Koyama) deben unir sus fuerzas para rescatar a Tetsuo y desvelar el secreto de «Akira» y su conexión con la explosión que destrozó la ciudad 31 años atrás.

Antes de *Akira*, la mayoría de los occidentales creían que la animación japonesa se limitaba a series de televisión de dibujos animados como *Speed Racer* (*Meteoro*), es decir, animación para niños llena de efectos técnicos y doblajes extravagantes. Pero el director Katsuhiro Otomo (que previamente había escrito el cómic del mismo título) dotó esta épica futurista de un argumento complejo, una violencia muy gráfica, imágenes alucinógenas, humor negro, una banda sonora hipnótica, una atención al detalle preciosista y un diálogo perfectamente sincronizado, salpicado de reflexiones profundas sobre la evolución, la tolerancia y la aniquilación en masa. Cuando Akira explotó, la civilización se vino abajo, pero cuando lo hizo el filme (también el 16 de junio de 1988, día de su estreno), la onda expansiva no sólo abrió camino a películas como *El viaje de Chihiro* (2001) y *Ghost In The Shell* (1995), sino que además estableció nuevos límites para el arte de la animación.

Violet Glaze

Fecha 1988

Nacionalidad Japón

Director Katsuhiro Otomo

Reparto Mitsuo Iwata, Nozomu Sasaki, Tatsuhiko Nakamura, Mami Koyama

Por qué es clave El estreno de esta película marca el comienzo de la creciente influencia de la animación japonesa.

Pág. anterior *Akira*.

Escena clave **La secuencia del cine** *Voces distantes*

Esta escena no es ni mucho menos la única epifanía que se puede encontrar en la filmografía de Terence Davies, ni siquiera es la única relacionada con su infancia en Liverpool y con su experiencia cinematográfica (hay otra en *El largo día acaba*, con la música de fondo de la banda sonora de *Tammy, la muchacha salvaje*). Pero sí que es la única que tiene lugar en un cine. Davies la comienza con una imagen que él mismo describió como un homenaje a *Cantando bajo la lluvia*: la lluvia cae sobre un mar de paraguas negros, la cámara sube en una toma de grúa y se posa sobre unos carteles de *La colina del adiós* y *Ellos y ellas*. Después hay un corte a un lento movimiento de cámara hacia delante y a la izquierda, entre la multitud de espectadores que ocupan un patio de butacas y a los que vemos entre volutas de humo de cigarrillo. Allí encontramos a Eileen (Walsh) y a Maisie (Ashbourne), las dos llorando por lo que están viendo en la pantalla y que nosotros no vemos.

Es una conmovedora muestra de la catarsis emocional que pueden provocar las películas, incluyendo las de Davies. La escena concluye con uno de esos intensos momentos que sólo él puede crear: mientras se oyen las últimas notas de «Love Is a Many Splendored Thing», un díptico nos muestra de manera asombrosa, en dos tomas simultáneas, cómo otro personaje de la historia, George (Vincent Maguire), cae desde una gran altura y atraviesa una claraboya. Es mérito del gran genio de Davies conseguir que el anómalo ensamblaje entre el placer cinematográfico y un accidente laboral pueda parecer la cosa más lógica del mundo.

Jonathan Rosenbaum

Fecha 1988

Nacionalidad Reino Unido

Director Terence Davies

Reparto Angela Walsh, Lorraine Ashbourne, Vincent Maguire

Título original *Distant Voices, Still Lives*

Por qué es clave
Para Davies el acto de ir al cine es una experiencia religiosa, y esta escena es una epifanía.

Escena clave **Una gafas especiales para ver el mundo tal como es** *¡Están vivos!*

John Carpenter surgió en el mismo entorno californiano de la década de 1970 del que salieron también George Lucas y Steven Spielberg. Ha trabajado en el mismo Hollywood que ellos, en los mismos géneros, pero en muchos sentidos es el anti-Spielberg y el anti-Lucas, y *¡Están vivos!* es la prueba más extrema de ello. La película no sólo critica los grandes espectáculos de entretenimiento, sino que censura la creación de imagen comercial en general, y no es casual que lo haga en una película barata de ciencia ficción protagonizada por un luchador profesional. Carpenter se revela aquí como un enemigo de lo que uno de los malos de la película llama «la búsqueda continua de la expansión multidimensional».

¡Están vivos! trata de lo que otro personaje llama «la aniquilación de la conciencia», aunque Carpenter se refiere también a la conciencia de clase. Roddy Piper interpreta a un trabajador de la construcción sin empleo que encuentra unas gafas de sol con las que ve lo que realmente dicen los anuncios, las revistas y las etiquetas de los productos –OBEDECE, CÁSATE Y REPRODÚCETE, CONSUME, VE LA TELEVISIÓN– y ve también el aspecto de los caciques responsables de todo ello (son calaveras con tupé).

Cuando Piper lleva las gafas puestas, ve la palabra OBEDECE en blanco y negro. Carpenter hace un corte entre dos tomas corrientes, una en color y llena de carteles, y la otra en blanco y negro, también llena de carteles. Las mantiene separadas y no hace el menor intento de integrarlas visualmente. Esta simplicidad tan radical es pura semiótica, tan fascinante como cualquier cosa de Cronenberg. Después de ver *¡Están vivos!* será difícil olvidar lo que dice el billete de dólar en blanco y negro: ÉSTE ES TU DIOS.

A. S. Hamrah

Fecha 1988

Nacionalidad Estados Unidos

Director John Carpenter

Reparto Roddy Piper

Título original *They Live*

Por qué es clave
Todo un hito del cine estadounidense de la década de 1980 que además es la última película de ciencia ficción de Hollywood que censuró la realidad contemporánea.

Pág. siguiente *¡Están vivos!*

OBEY

Escena clave **El beso en la cabina telefónica** *As Fears Go by*

Aunque no se reconoce de manera oficial, muchas películas de Hong Kong son adaptaciones de éxitos europeos o estadounidenses. Para su debut, Wong Kar--wai utilizó como modelo la obra de Scorsese *Malas calles*, pero le añadió un profundo romanticismo que sus siguientes trabajos corroborarían como rasgo personal. *As Fears Go by* (*El fluir de las lágrimas*) es una película de gánsteres contemporánea, en la que un hombre (Lau) intenta cuidar mejor de su hermano (Jacky Cheung). Pronto entra en escena un chica hermosa, pero triste (Maggie Cheung), y se va viendo de forma gradual que está enamorada del personaje de Lau, aunque ninguno de los dos está dispuesto a comprometerse por el momento. Sin embargo, más adelante, cuando Wong ha explotado bien la tensión erótica existente entre ambos, los mete en una cabina telefónica en la que están demasiado cerca el uno del otro como para seguir resistiéndose: en una escena emocionante y erótica al mismo tiempo, los personajes se besan y se abrazan apasionadamente. Wong intensifica el clímax acercando la cámara un poco más, para, después, hacer un lento fundido en blanco.

La escena es tan memorable que no sólo se eligió para la portada de la edición en DVD de la película, sino que también aparece (en una serie de tres fotos fijas) en la portada del libro de David Bordwell *Planet Hong Kong*. Esta escena anticipa, además, ese romanticismo a la antigua que impregna la mayoría de las grandes obras de Wong.

Fernando Martín Peña

Fecha 1988

Nacionalidad Hong Kong

Director Wong Kar-wai

Reparto Andy Lau, Maggie Cheung

Título original *Wong gok ka moon*

Por qué es clave Define el romanticismo del cine de Wong.

Escena clave **La confesión grabada por el asesino** *The Thin Blue Line*

Errol Morris no tenía la intención de salvar una vida. El cineasta y detective privado sin trabajo sentía curiosidad por James Grigson, un psiquiatra forense apodado Doctor Muerte por su reputación de testigo estrella en casos de asesinato en los que el acusado se enfrentaba a una posible pena de muerte. Después de entrevistar a Grigson y a algunos de los delincuentes a los que había enviado al corredor de la muerte, a Morris le sorprendió la vehemencia con la que el preso Randall Adams mantenía que era inocente del asesinato por el que lo habían condenado. Después de reunirse con David Harris, el adolescente problemático que juraba que había visto a Adams apretar el gatillo, Morris supo que habían condenado a un hombre inocente. Durante tres años, Morris analizó el fraudulento caso contra Adams, desacreditó los testimonios de los «testigos», que no eran fiables, y descubrió la verdad sobre el asesinato del agente de policía Robert Woods, sucedido en 1976. El resultado fue también una película «de cine negro de no ficción» llamada *The Thin Blue Line*, que fue alabada en todo el mundo como una obra maestra del documental poco convencional. En ella se combinan entrevistas, reconstrucciones, pruebas fotográficas y una narcótica banda sonora obra de Philip Glass, para crear un poema sinfónico sobre el mal que va emergiendo lentamente. El momento más intenso es el inolvidable final de la entrevista a Harris, que escuchamos a través de una pequeña grabadora mientras vemos cómo se desenrolla la cinta. No se trata de una búsqueda de minimalismo intencionada –la única cámara cinematográfica de Morris se rompió aquel día–, pero la insólita técnica de filmar la grabadora que reproduce la confesión de Harris nos atrapa como un remolino de sinceridad. ¿Randall Adams es inocente? «Estoy seguro de que sí», dice la voz de Harris entre dientes. «Y nadie lo sabe mejor que yo». Gracias a las pruebas presentadas en el documental, Adams fue puesto en libertad en 1989.

Violet Glaze

Fecha 1988

Nacionalidad Estados Unidos

Director Errol Morris

Reparto David Harris, Randall Adams

Por qué es clave La película evitó que un hombre inocente acabara en prisión.

Escena clave **La boda**
Stars in Broad Daylight

Una boda doble en un pueblo sirio es la ocasión perfecta para que los miembros de una gran familia celebren su reencuentro y hagan alarde de su riqueza frente a un buen número de invitados. La boda se celebra al aire libre, bajo guirnaldas de bombillas. Sobre mesas llenas de comida y bebida, unas pantallas de televisión proporcionan, con un efecto desorientador, diferentes ángulos del acontecimiento: la llegada de un popular cantante (con esmoquin blanco y gafas de sol) aparece en una de las pantallas como si perteneciera a un programa de televisión (que sin duda es su hábitat natural). El contraste entre la convencional efusión de los participantes («Juro por Dios que no me moveré hasta que te bese la mano», «Que Dios perdone al que se vaya sin haber saciado su apetito») y la crueldad mafiosa con la que se ha organizado el evento resulta más divertida y aterradora a medida que cae la noche y la celebración sigue su curso: es el espectáculo del patriarcado en la máxima expresión de su vulgaridad. La cámara de Mohammad se mueve por el lugar con suavidad, pero los sirvientes que llevan las mesas con los monitores de televisión nos ofrecen tomas de cámara en mano en las que vemos a un novio sordomudo, sonriendo con incertidumbre, y a una novia cada vez más inquieta a su lado. Los hombres pronuncian discursos excesivos y delirantes; dos niños entonan un himno militar. Después, cuando el cantante termina su canción, la novia se levanta en silencio de su silla, cruza un campo y se sube a un microbús que se la lleva de allí sin más dilación. *Stars in Broad Daylight* fue prohibida en Siria, seguramente por su sarcástica crítica social. Esta escena es un magnífico ejemplo de dicha crítica y, al mismo tiempo, una muestra de cine complejo, misterioso y emocionante.
Chris Fujiwara

Fecha 1988

Nacionalidad Siria

Director Oussama Mohammad

Reparto Abdullatif Abdul-Hamid, Zuhair Ramadan, Sabah As-Salem

Título original *Nujum al-Nahar*

Por qué es clave
Esta brillante y divertida escena realiza un punzante retrato del patriarcado y las costumbres sirias.

Escena clave **Greenwald denuncia a Keefer**
The Caine Mutiny Court-Martial

La obra de teatro que escribió Herman Wouk en 1952, *The Caine Mutiny Court-Martial* (basada en su novela de 1951, *El motín del Caine*), terminaba con una fiesta en la que el abogado de la marina Barney Greenwald denuncia tanto al teniente Stephen Maryk, el hombre al que había defendido con éxito de los cargos de amotinamiento, y al compañero intelectual de Maryk, el teniente Thomas Keefer. En la adaptación cinematográfica de 1954, Edward Dmytryk hace que José Ferrer, en el papel de Greenwald, reprenda a Keefer (Fred MacMurray) de una manera que denota una gran certeza moral: a pesar de estar borracho, el Greenwald encarnado por Ferrer no pierde la lucidez ni la coherencia, y la puesta en escena de Dmytryk sugiere que todos los presentes reconocen la validez de la postura de Greenwald al defender la tradición que representan figuras como la del capitán Queeg. Aunque el texto era fiel a la obra de Wouk, en la película de Robert Altman, el sermón de Greenwald, interpretado por Eric Bogosian, es el de un borracho al que apenas se le entiende. Mientras que la puesta en escena de Dmytryk se centraba en Ferrer, Altman hace que Bogosian resulte casi invisible, se tambalee hasta salirse de cuadro en varias ocasiones o quede oculto tras otros invitados de la fiesta, inmersos en conversaciones que nada tienen que ver con la escena. Cuando Greenwald le tira una bebida a la cara a Keefer, Dmytryk inserta un primer plano del humillado MacMurray, pero Altman no abandona el plano general, lo que nos permite ver que Bogosian ha empapado por accidente a un personaje secundario (que protesta entre dientes), situado detrás de Kevin J. O'Connor (el actor que encarna a Keefer). Con estos cambios estilísticos, que hacen que el diálogo resulte inaudible y dan preferencia a la interacción de los grupos por encima del protagonismo individual, Altman hace una feroz crítica al autoritarismo del texto original.
Brad Stevens

Fecha 1988

Nacionalidad Estados Unidos

Director Robert Altman

Reparto Eric Bogosian, Kevin J. O'Connor

Por qué es clave
Esta escena demuestra cómo se puede cambiar el mensaje a través de la puesta en escena.

Escena clave **Ruprecht** *Un par de seductores*

Puede que elegir la secuencia de Ruprecht como el gran momento de *Un par de seductores* parezca un insulto a las impecables estrategias que aparecen en el resto de la cinta, como, por ejemplo, cuando vemos a Steve Martin haciéndose pasar por un oficial de la marina postrado en una silla de ruedas a causa de un «trauma emocional». Pero Ruprecht, como muestra de la comedia en estado puro, es el corazón de *Un par de seductores*. El estafador de medio pelo Freddy (Martin) se pega descaradamente a Lawrence Jamieson (Caine), maestro timador de la Riviera francoitaliana, y le exige al experto estafador que le enseñe algunos de sus trucos. Como parte del aprendizaje en la seducción de mujeres ricas, Freddy debe interpretar a Ruprecht –el hijo menor y algo «especial» de una familia real europea destronada y con problemas económicos–. Jamieson, como es lógico, interpreta al rey, que con dotes de seductor consigue que las mujeres le presten dinero a cambio de promesas de matrimonio y cuentos sobre la inminente devolución del trono, para luego –en el momento crucial– presentarles a Ruprecht, un elemento infalible para asustarlas con sus rarezas.

Con un traje demasiado estrecho, el pelo aceitoso y un parche en el ojo, Ruprecht se sienta a la mesa y pone nerviosas a las señoras. «Bueno, Diana», dice el afable Jamieson, «me estabas diciendo que crees que los museos no deberían dejar entrar a los pobres...». Diana no puede hablar. Ruprecht se está golpeando el parche con un tenedor. En otra escena se abrazará a una dama y el rey se verá obligado a amenazarle –aunque con mucho cariño– con un «golpe genital».
James Parker

Fecha 1988

Nacionalidad Estados Unidos

Director Frank Oz

Reparto Steve Martin, Michael Caine, Frances Conroy

Título original *Dirty Rotten Scoundrels*

Por qué es clave
El absurdo y la comicidad física que transmite el papel de Steve Martin es el complemento perfecto a la elegancia impecable de Caine.

Película clave ***Heshang* (*River Elegy*)**

En la década de 1980, como resultado del «leninismo de mercado» postmaoísta de Deng Xiaoping, la sociedad civil china –intelectuales, historiadores, políticos, medios de comunicación y ciudadanos– se estaba replanteando la relación del país con la modernidad, la historia, el progreso y Occidente. En ciertos ámbitos, se estaban poniendo en cuestión certezas del confucionismo y el comunismo. Por improbable que pueda parecer, en 1988, entró en lid un largo documental ensayístico al estilo de Chris Marker, *Heshang*. Realizado para la televisión estatal china, se emitió dos veces a lo largo de 1988, lo vieron más de 200 millones de personas, se convirtió en una noticia de portada y en los tablones de anuncios públicos se colgaron extractos de algunas de sus seis partes. Según Su Xiaokang, el objetivo de la película era «llevar hasta el gran público ciertas cuestiones intelectuales». Sobre unas imágenes montadas con rapidez y en las que se muestran todos los aspectos de la vida en China, la narración, argumentada con profusión de detalles, desmontaba muchas suposiciones sobre la cultura china: «La psique de nuestra nación tiene un punto débil», afirmaba la narración; «hacia la mitad del siglo XV, cuando la dinastía Ming reconstruyó la Gran Muralla, ésta se había convertido en un símbolo de fracaso y de retroceso». Decir que la Gran Muralla no era un símbolo de orgullo, sino de fracaso, era un acto de valentía; las autoridades lo tacharon de «propaganda del liberalismo burgués» y acabaron prohibiendo la película. Sus creadores huyeron de China o fueron detenidos y hostigados. Se ha dicho que el gobierno se asustó de la gran repercusión que tuvo el documental y que, en parte, desencadenó la campaña que culminó con la matanza de la plaza de Tiananmen. Si es así, *Heshang* tuvo un impacto social y político mayor que el de cualquier otra película de la historia.
Mark Cousins

Fecha 1988

Nacionalidad China

Director Xia Jun

Por qué es clave
Este documental épico provocó un intenso debate político en China.

Acontecimiento clave
El primer «megacine»

El auge de los multicines estuvo relacionado de manera tan estrecha con la mala calidad de las salas que parecía que ambas tendencias iban juntas. Durante la década de 1970 el ir al cine se convirtió en una experiencia cada vez menos gratificante; los cines con una sola sala fueron divididos en minisalas en las que las butacas estaban amontonadas, el sonido era pésimo y muchas veces las pantallas eran más pequeñas que las entradas de cine. Inventos como Sensurround no hicieron sino recalcar el declive de la calidad de lo que parecía una forma de entretenimiento destinada a desaparecer.

Todo ello empezó a cambiar cuando se extendieron por el mundo otro tipo de multicines con patios de butacas en gradas, sistemas de sonido estéreo y salas construidas con lógica. El cine Kinépolis de Bruselas, que abrió en 1988 con 25 salas y capacidad para 7.500 espectadores, suele considerarse como el primer «megacine». La llegada de los megacines demostró que los cines con varias salas no tenían por qué ser de mala calidad, y que las multisalas no estaban reñidas con un nivel de exhibición decente. Las salas de los multicines modernos no son siempre palaciegas, ni necesariamente grandes, pero son verdaderos paraísos del cine comparadas con las salas de proyección de estilo soviético que surgieron con el fin de las grandes salas. A cualquiera que recuerde el hedor a muerte que impregnaba esas minisalas del pasado le será difícil negar que la experiencia de ir al cine ha mejorado de forma considerable desde la década de 1980. No está mal para un medio tan longevo y siempre con sensación de estar en las últimas.

Tim Cavanaugh

Fecha Septiembre de 1988

Por qué es clave Señaló el final de la época oscura de los multicines.

Acontecimiento clave
Avid introduce el montaje digital no lineal

En la historia de la compañía que aparece en la página web Avid Technology, dice: en 1989, «Avid introduce en la industria el montaje digital no lineal con el sistema Avid/1 Media Composer, el producto estrella de la empresa en materia de montaje. El sistema Media Composer revoluciona el proceso de posproducción, proporcionando a los montadores una manera de trabajar más rápida, intuitiva y creativa que no habría sido posible alcanzar con los tradicionales métodos lineales. Este avance ayuda a preparar el terreno para la revolución digital en la industria del cine, el vídeo y la televisión».

Al contrario de lo que uno podría pensar, el montaje digital no lineal no es sólo un avance tecnológico que permite hacer de un modo más rápido y fácil lo que antes era un proceso lento y laborioso. Podría haberse limitado a serlo (y aún puede ser así, si es ése el empleo que quiere darle el cineasta), pero lo cierto es que se trata de una herramienta que ha cambiado la manera de entender el montaje cinematográfico y el aspecto de las películas. El montaje digital confirma la condición de datos de la imagen y el sonido, que los libera de ser un apoyo material y los aleja del cineasta, quien ya no tiene que trabajar con medidas de tiempo materializadas en la cinta de la película. La duración se ha convertido en valores de tiempo relativos e infinitamente variables, y todos los cortes que se realizan son virtuales, reversibles, «no destructivos». A pesar del nombre del popular programa de edición o montaje Final Cut Pro (montaje final), introducido por Apple en 1999, el montaje digital hace desaparecer el concepto de «final» del montaje.

Esto es sólo una nota sobre un cine, el digital, del que aún se conoce muy poco, aunque, desde el año 2000, cada vez domina más el panorama cinematográfico.

Chris Fujiwara

Fecha Abril de 1989

Por qué es clave Al liberar la imagen y el sonido de cualquier medida de tiempo, el montaje digital cambia el modo en que los cineastas y los espectadores entienden el tiempo cinematográfico.

Acontecimiento clave ***Batman* perfecciona el éxito de taquilla como producto**

Batman recibió la luz verde no sólo porque unos cuantos ejecutivos pensaron que podría ser un taquillazo, sino porque su creación aseguraba dar trabajo a múltiples talentos y promocionar otras parcelas del extenso imperio Time-Warner. La materia prima original –el enmascarado defensor de la seguridad creado por Bob Kane– procedía de DC Comics, una empresa subsidiaria propiedad de Time-Warner, y se consideraba un material ya vendido, lo que quería decir que tenía un público entusiasta esperando. La inevitable versión de vídeo de la Warner Home –cuyo lanzamiento se programó por adelantado para que la exhibición de la cinta no se limitara a un período demasiado breve en las salas comerciales– se vio impulsada por el boca a boca y se convirtió en el perfecto regalo de Navidad. Prince, artista contratado por la discográfica Time-Warner, recibió el encargo de crear una banda sonora «inspirada» en la película y aparecer en videoclips que pudieran vender al mismo tiempo la película y la banda sonora. El director, Tim Burton, era entonces un autor popular, al que se le consideraba una especie de «hombre orquesta» al estilo de Walt Disney o Steven Spielberg. Al malo de la película, Joker, le dio vida Jack Nicholson, un antihéroe de la década de 1970 que en la de 1980 hizo una fortuna interpretando una encantadora versión en cómic de su imagen cinematográfica.

Aunque se concibió con cinismo, *Batman* fue un bombazo que ha dado lugar a cinco secuelas y unos dos mil millones de dólares de beneficios. Todo ello hizo que el éxito de *La guerra de las galaxias* –una obra que se comercializó de modo tradicional y se convirtió en un fenómeno del *merchandising* meses después de su triunfo en las salas– resulte arcaico y curioso. Cuando el crítico de *Rolling Stone* Peter Travers se subió al carro del despliegue publicitario y describió *Batman* como «la película de la década» no sabía la razón que tenía.
Matt Zoller Seitz

Fecha 1989

Por qué es clave
Más que una simple adaptación de un cómic, Batman fue el primer gran «producto» de la industria del cine.

Pág. anterior *Batman*.

Escena clave **El tenedor volador** *El tiempo de los gitanos*

Al director Emir Kusturica no le gusta utilizar efectos especiales, sino que prefiere coreografiar las escenas sin tener que recurrir a trucos de montaje. Por eso, en *El tiempo de los gitanos*, la fantástica secuencia en la que Perhan (Dujimović), el protagonista, que tanto tiempo lleva sufriendo, se venga por fin lanzándole un tenedor al cuello a su opresor, el mafioso Ahmed (Todorović), está rodada en una única y compleja toma. La escena tiene lugar en una enorme tienda de campaña, durante una celebración de boda. Perhan finge suplicar el perdón de Ahmed y consigue que lo inviten a unirse a la fiesta. Sentado al final de la gran mesa, utiliza la telequinesia para matar a Ahmed, levantando un tenedor de la mesa y lanzárselo al cuello con gran fuerza. El resto de los invitados, bailando alrededor, hacen que la escena resulte aún más emocionante y compleja.

En una toma de más de dos minutos, la cámara (operada por el propio Kusturica) realiza cinco amplios movimientos, unidos mediante una compleja coreografía a los movimientos de objetos y gente situados al fondo. El tenedor, en realidad, está sujeto por hilos invisibles y movido por un marionetista que se encuentra escondido bajo la mesa, pero los movimientos de cámara crean la engañosa sensación de que sale volando, distrayendo la atención del espectador con la actividad frenética del fondo.
Dina Iordanova

Fecha 1989

Nacionalidad Yugoslavia/Reino Unido

Director Emir Kusturica

Reparto Davor Dujimović, Bora Todorović

Título original *Dom za vesanje*

Por qué es clave En lugar de valerse de efectos especiales, esta escena de toma única logra su riqueza y complejidad gracias a una coordinación de actores y una fotografía perfectamente planeada y ensayada

Película clave ***El síndrome asténico***
El cambio de una película a otra

Esta obra de Kira Muratova, la única película que se prohibió durante la *glásnost* de Gorvachov, es todo un hito del último cine soviético. Sin entrar en valoraciones políticas, Muratova pinta un retrato doloroso y conmovedor de la vida en la Unión Soviética en 1989. *El síndrome asténico* muestra cierta fascinación por lo absurdo y lo antiestético, y tiene una estructura centrífuga llena de extrañas digresiones e interpretaciones nada naturalistas, que captan el caos reinante en la época, sacando a la luz el declive del paisaje material y la confusión de las almas que lo habitan.

La propia película está aquejada del síndrome del título, un mal que provoca estados alternos de agresividad y pasividad. Muratova retrata el extraño duelo de una mujer (Andronova) que, destrozada por la pérdida de su marido, ataca a todo el que se cruza en su camino. Inesperadamente, aparecen imágenes en blanco y negro como proyecciones sobre una pantalla de cine en el momento en que Muratova muestra la presentación en color de la proyección de su película. Cuando un maestro de ceremonias presenta a la actriz principal, de quien dice que ha actuado en películas de Sokurov, Klimov y Muratova, el público se levanta y se va lanzando insultos a la película. «La vida ya es demasiado dura y triste, yo lo que quiero es que las películas me entretengan», dice un hombre. El único espectador que queda, completamente dormido, es Nikolai (Popov), el profesor aquejado de narcolepsia sobre el que se centrará el segundo y más largo acto de la película. Al ofrecernos esos comentarios sobre la respuesta del público ante su propia obra, Muratova expone la naturaleza impredecible y proteica de su cine.

Paolo Bertolin

Fecha 1989

Nacionalidad U.R.S.S.

Director Kira Muratova

Reparto Olga Antonova, Sergei Popov

Título original *Astenicheskiy sindrom*

Por qué es clave Este sorprendente momento es un síntoma del mal que sufre tanto la película como la realidad que se retrata en ella.

Escena clave **Buck pega al payaso**
Solos con nuestro tío

El ser encantador, algo mucho más misterioso que el resultar sexy, era la especialidad de John Candy: su afabilidad, su sonrisa de desconcierto y su risa, que parecía hacerse eco de su soledad. En *Solos con nuestro tío*, Candy, en la piel del personaje del título, tiene que acudir a cuidar de los tres hijos de su hermano por culpa de una emergencia familiar que ha dejado a los padres de los niños sin más opción que pedírselo a él. Buck se presenta en su palacio de barrio residencial, envuelto en humo de puro, torpemente cordial, desconcertado pero dispuesto a ayudar.

El gran momento de la película llega, como un ciclón, cuando Candy conoce a Pooter (Starr), el payaso al que han contratado para animar una fiesta en honor de uno de los niños (Macaulay Culkin). Pooter llega tarde y en cuanto vemos subir a la acera su coche ratón (un Volkswagen escarabajo con dos enormes orejas) y dirigirse tambaleándose hacia la casa, sabemos que algo no va bien. Llama al timbre entre murmullos y eructos. Buck abre con una enorme sonrisa en los labios, pero sólo con sentir el aliento del payaso se pone alerta. «¿Qué, te has tomado unas cuantas copas?», le pregunta Buck estudiándolo con detenimiento. Pooter reacciona de mala manera a la pregunta y empieza a soltar improperios, y Buck le pega dos puñetazos en la cara. En el primer impacto oímos la triste bocina de la nariz de payaso, en el segundo sólo se oye el hueso. Qué extraño y adecuado resulta ver la suavidad de Candy convertida, por un instante, en la brusquedad de un puño cerrado que golpea a un payaso borracho: transmite una sensación de justicia elemental.

James Parker

Fecha 1989

Nacionalidad Estados Unidos

Director John Hughes

Reparto John Candy, Mike Starr

Título original *Uncle Buck*

Por qué es clave Es un lujo poco habitual ver cómo se pone violento alguien tan dulce como Candy.

Escena clave **La conciencia de sí mismo**
Don't Cry for Salim the Lame

Don't Cry for Salim the Lame comienza con una imagen del protagonista (Pavan Malhotra) caminando por una bulliciosa calle de Mumbay, hablando sobre sí mismo y sobre su nombre en tono humorístico. Lo identificamos de inmediato con un tipo de personaje nuevo en el cine indio (donde los protagonistas rara vez pertenecen a comunidades minoritarias), un musulmán que habla con el estilo característico de las clases trabajadoras y marginadas de Mumbay, pero que es consciente de sí mismo y del lugar que ocupa en el mundo. Esta narración en primera persona, sobre todo al principio de la película, establece una conexión con la *nouvelle vague* francesa e incluso con el Nuevo Cine de Hong Kong.

La película retrata de manera efectiva a la comunidad musulmana y a otros «tipos» de personas diferentes. Salim está metido en actividades delictivas, pero los terribles enfrentamientos entre comunidades religiosas lo transforman, como lo hace también la influencia de un musulmán progresista, al que, después de negarse a participar en el asesinato de un hindú a manos de una banda, le confían haber pasado de la oscuridad a la luz. Este grito de alegría que repite en la calle, con la insistente afirmación de que él es «indio», establece una conexión entre esta escena y otra anterior, en la que Salim y sus dos amigos hablan de su pasado (tuvieron que abandonar los estudios muy pronto) y de la vida que les gustaría tener. Gritan enérgicamente y con alegría a la gente que se encuentra en los edificios que hay cerca de la playa: «¡Tenemos estilo! ¡No somos monos que nadie!», haciendo referencia a títulos muy populares del cine indio. Y entonces inician un baile que es una muestra perfecta del lenguaje corporal de su clase social.
Rashmi Doraiswamy

Fecha 1989

Nacionalidad India

Director Saaed Mirza

Reparto Pavan Malhotra, Makarand Deshpande, Ashutosh Gowarikar, Surekha Sikri, Neelima Azim

Título original *Salim Langde Pe Mat Ro*

Por qué es clave
Momento representativo del nuevo cine indio que trata sobre musulmanes marginados y el nacimiento de una conciencia laica y progresista.

Escena clave **El tentáculo en CGI**
Abyss

El momento que todo el mundo recuerda de la acuática película de ciencia ficción de James Cameron, *Abyss*, es la aparición del tentáculo, una forma líquida serpenteante que se eleva para explorar una base submarina y que, al enfrentarse con los seres humanos, refleja brevemente sus rostros en tres dimensiones. Las imágenes creadas por ordenador formaban parte del arsenal de efectos especiales del cine desde principios de la década de 1980 –habían aparecido en *Tron* (1982), *Starfighter: La aventura comienza* (1984) y otras–, pero esta recreación de un elemento orgánico en lugar de mecánico es el equivalente, en CGI, al «¡Aún no han oído nada!» de Al Jolson. En sólo unos meses, se desarrollaron ambiciosas películas –las más destacables son *Terminator 2: El juicio final* (Cameron, 1991) y *Parque jurásico* (Spielberg, 1993)– construidas por entero en torno a creaciones en CGI. Sin embargo, cuando se rodó la escena, nadie sabía si funcionaría el efecto. La secuencia se escribió de tal modo que se pudiera eliminar de la historia sin problemas si los programadores informáticos no conseguían que el efecto saliera bien: lo que ocurrió fue que el resultado excedió las mejores expectativas y, de ese modo, nació el CGI.
Kim Newman

Fecha 1989

Nacionalidad Estados Unidos

Director James Cameron

Reparto Ed Harris, Mary Elizabeth Mastrantonio, Michael Biehn

Título original *The Abyss*

Por qué es clave Ese pie que se mete en el agua con indecisión daría lugar a la incorporación de la CGI, un elemento primordial de los efectos especiales cinematográficos.

Película clave *Haz lo que debas* Mookie se decide

Producida, escrita y dirigida por Spike Lee y con un reparto coral encabezado por Spike Lee, *Haz lo que debas* encaja en el modelo «hazlo tú mismo» del cine afroamericano, que pusieron en práctica desde Oscar Micheaux, en la década de 1920, a Melvin Van Peebles, en la década de 1970. Pero aquí había una diferencia. Cuando Lee hizo *Haz lo que debas*, había tenido ya un gran éxito (*Nola Darling*, 1986), se había convertido en un conocido director de publicidad (había protagonizado anuncios de televisión junto a Michael Jordan) y había firmado un acuerdo de distribución con Universal. Era un momento del todo nuevo en la historia del cine: ningún otro director afroamericano había gozado nunca de tanta atención pública.

¿Qué decidió hacer entonces Lee? Un intenso drama sobre la animadversión racial, algo que él mismo había vivido en su querido Brooklyn. Algunos espectadores respondieron sobre todo al estilo llamativo y los ritmos de hip-hop de la película; otros, a su franqueza (que los más críticos calificaron de incendiaria). Pero el largometraje tenía además una sólida estructura, contenida en las frases que le dicen al personaje de Lee, Mookie. Su vecina Da Mayor (Ossie Davis) le da el consejo: «Haz lo que debas», mientras que su jefe, Sal (Danny Aiello), le proporciona la excusa: «Haz lo que tengas que hacer».

En el clímax de la película, cuando convergen en él todas las fuerzas de la historia, Mookie hace las dos cosas que le han dicho esos personajes. Cruza la pantalla para ir hasta unos cubos de basura, agarra uno y vuelve hacia atrás, hacia el escaparate de una tienda. No hay otro momento en la historia del cine tan resonante como esta aplastante liberación.

Stuart Klawans

Fecha 1989

Nacionalidad Estados Unidos

Director Spike Lee

Reparto Spike Lee, Danny Aiello, Ossie Davis

Título original *Do the Right Thing*

Por qué es clave
Spike Lee sienta las bases del nuevo cine negro tanto detrás de la cámara como en la pantalla.

Pág. siguiente
Haz lo que debas.

Película clave *Siddeshwari*

Mani Kaul estudió con el excéntrico director indio Ritwik Ghatak y se dio a conocer en 1970 con una de las grandes películas experimentales de la India, *Uski Roti*. El director, infravalorado en el hemisferio norte, estrenó once películas entre esa primera y *Siddeshwari*, la biografía semidocumental de la legendaria cantante de música clásica que da título a la película. La banda sonora está impregnada de la volátil música de Siddeshwari y, como si pretendiera encontrar una analogía visual, la cámara de Kaul se eleva alrededor de ermitas de color azafrán, se cuela por las ventanas y pasa por paredes bermellón, o bien queda atrapada en el azul oscuro de un bote que flota en un río, junto a la orilla. Ni siquiera *Senso* (1954), de Visconti, posee un aire tan operístico. El acabado de estas imágenes, la paleta de colores y las texturas que se utilizan en ellas son inolvidables. Al igual que hicieran *Ningen Johatsu* (*La evaporación del hombre*) de Shohei Imamura (1967), *Fraude* (Orson Welles, 1974) y *Confession* (Aleksandr Sokurov, 1998), *Siddeshwari* introduce elementos imaginarios en el documental y, del mismo modo que en esas obras, hace que la obra se enriquezca desde un punto de vista filosófico.

Mark Cousins

Fecha 1989

Nacionalidad India

Director Mani Kaul

Por qué es clave
Es una de las películas más hermosas que jamás se hayan filmado.

Escena clave **La canción de la directora** *Sink or Swim*

La obra maestra de Su Friedrich se desarrolla en 26 partes. Su narración autobiográfica, leída con gran elocuencia por la joven Jessica Meyerson, se centra en la infancia de la directora, cuando sus progenitores se estaban separando y su padre, un profesor muy autoritario, disciplina traspasaba la línea del abuso.

En lugar de intentar ilustrar de manera literal una narración con una carga emocional tan profunda, Friedrich invade la pantalla de imágenes alusivas, incluyendo material de archivo y fotografías tomadas ya de adulta. El resultado es un documental intensamente revelador, que podría hacer que algún espectador se sintiera incómodo por ser demasiado personal, si el contenido íntimo de las palabras habladas no estuviera equilibrado a la perfección por la circunspección de las imágenes. Otro elemento distanciador es la configuración global de la película, que marca el progreso de la historia distinguiendo los episodios con las letras del abecedario en sentido inverso.

El espectador espera que la película termine con el episodio catalogado con la A, pero en lugar de eso, Friedrich ofrece un clímax conmovedor: imágenes de una película casera en la que se la ve de niña, reproducida varias veces en capas traslapadas que imitan la estructura de lo que se oye de fondo, a Friedrich cantando «La canción del alfabeto», grabada con su voz actual reproducida en múltiples cintas al mismo tiempo. Justo al final, vuelve a aparecer en la pantalla una sola imagen y vuelve a oírse una sola voz, lo que nos deja con la imagen descolorida de Friedrich de niña y la sencilla cadencia de la última frase de la canción: «Tell me what you think of me» (Dime qué piensas de mí). El espectador querría responder: «Pienso que eres una de las artistas de vanguardia más valientes del mundo del cine».
David Sterritt

Fecha 1990

Nacionalidad Estados Unidos

Director Su Friedrich

Reparto Su Friedrich

Por qué es clave En un atrevido acto en el que desnuda su alma ante la cámara, la directora inserta su propia voz y su imagen en una película profundamente personal, lo que hace que este retrato tan íntimo y revelador lo sea aún más.

Escena clave **Henry lleva a Karen al Copacabana** *Uno de los nuestros*

Cuando se estrenó *Uno de los nuestros*, en una época anterior a *Pulp Fiction* (1994), los críticos se quedaron impresionados por lo explícito de la violencia que aparecía en ella, y por las ráfagas de improperios y groserías que se decían. Más de quince años después, puede que siga chocándonos su violencia, pero lo que llama más la atención es la maestría con la que Scorsese utiliza la cámara móvil y el plano secuencia, evidente en toda la película, pero quizá en ningún sitio tanto como en la entrada de Henry (Liotta) y Karen (Bracco) en el Copacabana.

Acompañada en toda la escena por el ritmo de la canción de The Crystals «Then He Kissed Me» y sin ningún tipo de corte, la cámara sigue fielmente a la pareja mientras salen del coche, se adentran por la puerta de servicio hasta las entrañas del club, pasando junto a Gino el portero, que está comiendo una hamburguesa, y una pareja que se besa en la oscuridad, y cruzan una laberíntica cocina llena de gente y comunicada con otra, hasta aparecer por fin en la sala de luz rojiza del club. Incluso entonces, la cámara se niega a dejar de observarlos, continúa con un «paneo» mientras les preparan la mesa y se sientan, intercambian saludos con otros mafiosos y el humorista se lanza con su monólogo. Tres emocionantes minutos de viaje por la pantalla, desde la calle hasta el escenario, ¡sin un solo corte que interrumpa la escena!

El más ilustre precedente de un plano secuencia como este es, por supuesto, el comienzo de *Sed de mal* de Orson Welles (1958), y, sin duda, esta escena es un guiño de un niño prodigio de Hollywood a otro. Pero el objetivo final de Scorsese es conmovernos más que citar a un genio y, desde luego, lo consigue. Al igual que Karen, el espectador se siente fascinado por el mundo de Henry: para bien o para mal, nosotros también quedamos atrapados.
Gino Moliterno

Fecha 1990

Nacionalidad Estados Unidos

Director Martin Scorsese

Reparto Ray Liotta, Lorraine Bracco

Título original *Goodfellas*

Por qué es clave
Un ejemplo secuencia es un ejemplo de virtuosismo cinematográfico que muestra a un Scorsese en todo su esplendor.

Pág. anterior *Uno de los nuestros*.

Escena clave **Cómo terminar con la nota adecuada** *Nunca te acuestes enfadado*

El cine es un medio visual, o al menos eso es lo que dice todo el mundo. Pero, ¿cómo simboliza Charles Burnett el regreso de la paz, el orden y el bien al final de *Nunca te acuestes enfadado*? Pues a través del sonido.

En una de las recapitulaciones más ingeniosas de la historia del cine –un momento tan aparentemente fácil como mágico– Burnett deja las últimas notas a un muchacho que a lo largo de la película ha estado atormentando a los otros personajes con su trompeta. De la ventana de este muchacho han salido de forma incesante todo tipo de quejidos y chillidos arrítmicos que obligaban a los niños del barrio de Los Ángeles en el que vive a taparse los oídos. Esta tortura cómica (que otros llaman «practicar») sirve de telón de fondo a la acción principal, que no tiene lugar en la casa del niño sino en la de al lado. Allí, una familia está sufriendo otro tipo de tortura, la provocada por la llegada de Harry Mention (Danny Glover), un viejo amigo del sur, o quizá alguien que finge ser un amigo.

La disonancia de la película procede de Harry: una fuerza descontrolada y extraña de un pasado que se niega a permanecer enterrado. Pero las notas deslavazadas de la trompeta nos recuerdan que *Nunca te acuestes enfadado* es algo más que la historia de una familia cuya paz se ve rota por la aparición de Harry. Es también la historia de una comunidad. Las imágenes pueden mostrar a una familia unida de nuevo, pero para plasmar la recuperación de una comunidad, Burnett necesita la música. El niño de al lado por fin aprende a tocar –y no de manera gradual como en la vida real, sino de golpe–, por lo que *Nunca te acuestes enfadado* concluye con un momento de mágica armonía.

Stuart Klawans

Fecha 1990

Nacionalidad Estados Unidos

Director Charles Burnett

Reparto Danny Glover

Titulo original *To Sleep with Anger*

Por qué es clave Una de las recapitulaciones más ingeniosas de la historia del cine es también un caso excepcional en el que el sonido gana a la imagen.

Escena clave **El paseo en moto de Makhmalbaf y Sabzian** *Primer plano*

Hossein Sabzian, encuadernador de profesión, sale de la cárcel después de haber cumplido condena por haberse hecho pasar por el famoso director de cine Mohsen Makhmalbaf para congraciarse con la acaudalada familia Ahankhah fingiendo que pensaba rodar una película sobre ellos. Afuera lo espera el verdadero Makhmalbaf, que ha ido en su moto para llevarlo a visitar a los Ahankhah, y el cineasta Abbas Kiarostami y su equipo, que han organizado el encuentro y van a grabarlo todo desde una cierta distancia. Les oímos decir que el micrófono de Makhmalbaf no funciona bien, y es cierto que en ciertos momentos el diálogo entre Makhmalbaf y Sabzian («¿Prefieres ser Makhmalbaf o Sabzian? Estoy cansado de ser yo») no se oye: en la calle, después de que Sabzian se suba a la moto, y cuando paran un instante para que Sabzian compre unas flores para los Ahankhah.

Pero este fallo del sonido, ¿es verdad, una media verdad o absolutamente falso? Lo que hemos visto en la película hasta el momento es, en realidad, una representación de los acontecimientos, incluyendo el juicio, en la que han colaborado todo los participantes. El sonido estaba también eliminado de manera deliberada durante parte de la última secuencia de la anterior obra «documental» de Kiarostami, *Mashgh-e Sab* (*Deberes,* 1988). Aquí, en la última parte del trayecto en moto, no oímos ningún diálogo en absoluto, pero hay una repetición muy efectiva del tema musical de la primera obra de Kiarostami, *Mosafer* (*El viajero*, 1974), lo que sugiere que este aparente incidente resulta muy útil para la historia. ¿Es posible entonces que el propio Kiarostami sea culpable de hacerse pasar por un director de documentales?

Jonathan Rosenbaum

Fecha 1990

Nacionalidad Irán

Director Abbas Kiarostami

Reparto Mohsen Makhmalbaf, Hossein Sabzian

Título original *Namay-e nazdik*

Por qué es clave Un impostor ya condenado por su delito conoce por fin al hombre por el que se ha hecho pasar y ambos se disponen a visitar a la familia engañada.

Escena clave **«Yo no te dejaré caer»** *Confía en mí*

Maria (Shelly) es una adolescente embarazada que ha dejado el instituto y a la que han echado de su casa después de que su padre cayera muerto tras una pelea con ella. Matthew (Donovan) estuvo en un reformatorio, tiene antecedentes penales y un violento temperamento que le impide integrarse en la sociedad. Como se trata de una película de Hal Hartley, Maria y Matthew son además poetas y filósofos *amateurs* y el amor que surge entre ellos de manera instantánea es cuestionado constantemente, por ellos mismos y por todos los que los rodean. En la escena central del filme, Maria se deja caer hacia atrás desde un muro situado bajo las vías del tren de Long Island. Encantada de que Matthew la haya agarrado a pesar del asombro, le pide que lleve a cabo también la misma demostración de confianza.

–Maria, peso el doble que tú –le dice él–. Si te caigo encima desde esta altura, te mataré.

–Matthew, sube ahí –responde Maria con absoluta serenidad–. Yo no te dejaré caer, te lo prometo.

Matthew contempla la situación unos segundos y, al final, acaba por resignarse a subir al muro para cumplir con la petición de su joven amada. Pero entonces surge otro hilo argumental que deja la prueba sin completar. ¿Qué habría hecho Maria para impedir la caída de Matthew? No es la pregunta correcta porque es evidente que no habría podido hacer nada. Deberíamos preguntarnos entonces: ¿Por qué habría Hartley de crear tan brutal conflicto entre la mitología del amor romántico y las leyes de la física para luego escaparse por la puerta de atrás? Quizá no quiere que confiemos en su capacidad para encontrar un modo de resolver la escena. Como decía el eslogan de otra película de Hartley: «El mundo es un lugar incierto y peligroso».

Dan Sallitt

Fecha 1990

Nacionalidad Estados Unidos

Director Hal Hartley

Reparto Adrienne Shelly, Martin Donovan

Título original *Trust*

Por qué es clave La escena que da título a la mejor película de Hal Hartley consigue celebrar el amor verdadero y al mismo tiempo desautorizarlo.

Diálogo clave **La locura de Zhang Xiaping** *Bumming in Beijing*

No encontrarás estas palabras en la versión subtitulada en inglés, pues la joven estadounidense que tradujo el diálogo se desorientó, pero no sin motivo. La secuencia se rodó en Pekín, a comienzos de 1990. Wu había estado documentando las vidas de cinco amigos suyos, licenciados en arte, que habían optado por quedarse de forma precaria e ilegal en Pekín en lugar de aceptar los trabajos que les habían ofrecido lejos de allí. Cuando puede continuar el rodaje, tras la masacre del 4 de junio, una mujer se ha casado con el primer estadounidense disponible y ha huido del país. Los que quedan se encuentran inmersos en una depresión. Zhang Xiaping, otra de sus amigas, en otro tiempo llena de vida, va a realizar su primera exposición. Wu va a visitarla mientras ella está colocando los cuadros, pero lo que recoge la cámara es un espectacular derrumbamiento.

Señalando a un autorretrato, Zhang grita: «¿Es un hombre o una mujer?». Después, rodando por el suelo, pronuncia una serie de frases repetitivas: «Dios, ¿puedes oírme? Hola, hijo de puta, ¿quién soy yo?... Se lo digo al mundo entero, mi apellido está mal... Hijo de puta, ¿de dónde viene mi apellido? Es muy doloroso... ¡Ni siquiera sé mi apellido!».

Incumpliendo las normas del decoro confuciano, las preguntas de Zhang Xiaping cuestionan la diferencia sexual y el patriarcado. Reclama el legado de la primera diosa loca de la mitología china, pero llora la violencia infringida a su generación, la transformación de la feminidad china en una mercancía que se vende a los extranjeros. Y sí, perderá su nombre y se convertirá en una *haustrau* en Austria.

Bérénice Reynaud

Fecha 1990

Nacionalidad China

Director Wu Wenguang

Reparto Zhang Ci, Mu Sen, Zhang Xiaping, Zhang Dali, Gao Bo

Título original *Liuliang Beijing: Zuihou De Mengxiangzhe*

Por qué es clave La cinta que marcó el nacimiento del «nuevo documental chino» documenta el derrumbe emocional de la generación post-Tiananmen.

Acontecimiento clave **La creación de NETPAC y la promoción del cine asiático**

Desde que, en la década de 1950, obras tan extraordinarias como *Rashomon* (1950), de Akira Kurosawa, y *La canción del camino* (1955), de Satyajit Ray, empezaron a ganar varios premios en festivales internacionales de cine, las películas asiáticas han atraído la atención del mundo entero. Sin embargo, durante muchos años este reconocimiento benefició a las películas que lograban acceder al circuito de festivales o a aquellos cines de arte y ensayo que llevaban el exótico atractivo del cine asiático a los espectadores occidentales. Centrados en un pequeño grupo de autores, la mayor parte de los cinéfilos occidentales, no mostraban demasiado interés en la historia del cine asiático en su globalidad.

El crecimiento que experimentó este cine a comienzos de los noventa, unido a la fuerza económica de algunas naciones asiáticas, coincidió con un esfuerzo consciente por parte de Asia de definir su propia cultura y costumbres. En 1990, tuvo lugar una conferencia en Nueva Delhi organizada por *Cinemaya*, una revista de cine fundada por la crítica india Aruna Vasudev, en la que se habló de la necesidad de crear una organización que promocionara los intereses cinematográficos asiáticos. La conferencia dio lugar al nacimiento de diversos centros de cine asiático en varios países y, en 1994, a la fundación de NETPAC, una organización internacional entre cuyos miembros hay cineastas, críticos, organizadores de festivales, distribuidores, exhibidores y educadores. NETPAC patrocina los jurados de concursos de cine asiático tanto en festivales importantes como de reciente creación, y el premio que concede ha ayudado al progreso de las carreras de un gran número de cineastas y ha hecho crecer la reputación del cine asiático en general.

Nick Deocampo

Fecha 1990

Por qué es clave NETPAC ha sido un instrumento fundamental para poner de manifiesto el amplio reconocimiento del cine asiático en festivales de cine de todo el mundo.

Diálogo clave **Frank White explica que ha cambiado *King of New York***

Todo el mundo parece estar de acuerdo en que resulta difícil hablar del trabajo de Abel Ferrara sin utilizar la palabra *improvisación*. Pero ¿a qué nos referimos cuando hablamos de improvisación en este contexto? ¿Quién es el que improvisa? ¿Y hasta qué punto? En un momento determinado de *King of Nueva York*, Frank White (Walken), el protagonista, visita un restaurante donde entabla conversación con un columnista (Hamill) y con una mujer a la que se identifica simplemente como «mujer británica» (Angel). En el guión de Nicholas St. John aparece la siguiente conversación:

Mujer: Frank White, he oído muchas cosas sobre usted (*pausa tensa*), todas malas.

Frank: No crea todo lo que sale en los periódicos. He cambiado.

En la película, Vanesa Angel recita el texto que le corresponde, pero Christopher Walker responde: «No crea todo lo que Pete escribe en sus columnas, porque... bueno... yo... he cambiado». Parece estar a punto de dar una explicación («porque»), pero luego pierde el hilo por un momento y cambia de opinión antes de «ir al grano» de manera titubeante («yo... he cambiado»).

Si Vanesa Dull y su personaje en la película son intérpretes aburridas, incapaces de salir de lo convenido o de concebir la identidad como algo que se aleje de lo rígido e inmutable, Christopher Walken y Frank White, sin embargo, son grandes improvisadores para los que la identidad es una obra en constante proceso, y utilizan la materia prima que proporciona la interacción social como base sobre la que realizar diferentes variaciones. Estar vivo es estar siempre en movimiento, protegiéndose del peligro de que nuestra identidad quede definida, de forma rígida, y deje de ser un proceso fluido. Para Ferrara, al igual que para Max Ophuls en *Lola Montes*, la vida es movimiento.

Brad Stevens

Fecha 1990

Nacionalidad Estados Unidos/Italia

Director Abel Ferrara

Reparto Christopher Walker, Pete Hamill, Vanessa Angel

Por qué es clave Esta escena revela la importancia de la improvisación en las películas de Abel Ferrara.

Pág. siguiente *King of New York*.

Escena clave **Saga regresa al pueblo**
Tilai

Un hombre atraviesa las áridas tierras del Sahel a lomos de su burro. El tema principal de la banda sonora de Abdullah Ibrahim crea una atmósfera relajante. El hombre, Saga (Rasmane Ouedraogo), vuelve a casa después de dos años de ausencia, se detiene a observar con serenidad su pueblo natal desde un alto y toca una bocina para anunciar su llegada. De pronto, en el pueblo, todo el mundo se queda inmóvil. «No te preocupes, lo entenderá», le dice Kougri (Assane Ouedraogo), hermano menor de Saga, a Nogma (Cissé), que era su prometida. Todos se reúnen a las puertas del pueblo mientras Kougri se acerca a saludar a Saga y darle la terrible noticia: el padre de ambos ha ejercido sus derechos sobre Nogma y la ha convertido en su esposa y en la madre de los dos hermanos. Saga se siente traicionado y decide marcharse.

Esta obra de Idrissa Ouedraogo es una importante muestra del cine africano que en los ochenta y principios de los noventa conoció un relativo éxito en los cines de arte y ensayo y en las salas alternativas. Películas como *Tilai*, ambientadas en el África precolonial y a menudo cargadas de referencias a tradiciones ancestrales, fueron criticadas por aquellos que creían que estaban hechas a la medida de un público occidental deseoso de exotismo. Al margen de tales críticas, *Tilai* presenta las impecables habilidades de Ouedraogo en toda su plenitud, como demuestra el impresionante comienzo. En sólo unos minutos, Ouedraogo realiza un drástico cambio de tono con una economía de medios y una sobriedad comparables a las del árido paisaje de la sabana africana. Un montaje ajustado, unas interpretaciones naturalistas y una magistral orquestación del espacio crean el escenario ideal para una tragedia de proporciones shakespearianas, en la que la tradición, las razones de la sangre y el honor chocan sin posibilidad de reconciliación.

Paolo Bertolin

Fecha 1990

Nacionalidad Burkina Faso /Francia/Suiza/Italia/Reino Unido/Alemania

Director Idrissa Ouedraogo

Reparto Rasmane Ouedraogo, Ina Cissé, Assane Ouedraogo

Por qué es clave
Esta secuencia inicial demuestra el gran manejo del lenguaje cinematográfico de Ouedraogo, al dotar a esta tragedia de la sabana de un comienzo conciso, pero de enorme fuerza.

Escena clave **El amanecer**
Noche en la tierra

Saliéndose de la estructura en tres partes de sus tres películas anteriores, Jarmusch realizó aquí una película que viaja por medio mundo; cada uno de los cinco capítulos que la componen –ambientados en Los Ángeles, Nueva York, París, Roma y Helsinki– se desarrolla durante los mismos veinte minutos (a una hora diferente de la noche, dependiendo de la zona horaria), y narra un encuentro entre un taxista y uno o más clientes. Todos ellos están introducidos por un breve montaje en el que se muestra la arquitectura de la ciudad en cuestión, y están marcados en mayor o en menor grado por la historia cultural y cinematográfica de la misma. De este modo, el capítulo de Los Ángeles está protagonizado por una agente que da por hecho, de manera errónea, que la conductora del taxi está deseando entrar en el negocio del cine, mientras que el episodio de Roma es una comedia que incluye conducción temeraria, sexo y religión.

El capítulo final y más conmovedor se desarrolla en Finlandia, y rinde homenaje a las películas pesimistas pero muy humanas de Aki Kaurismäki, amigo de Jarmusch. Los actores habituales de Kaurismäki interpretan a los pasajeros borrachos y, en el caso de su entonces actor fetiche Pellonpää, al conductor que consigue que sus clientes dejen de presumir de su dura vida contándoles la terrible fortuna de su familia. El escenario nevado y las horas del amanecer transmiten la melancolía ideal para cerrar una serie de episodios alegres en su conjunto, aunque Jarmusch nunca se regodea en el sentimentalismo. La película termina con el taxi dejando a uno de los borrachos en la puerta de su casa. Sentado medio dormido en la acera, atrae la atención de un vecino que se marcha a trabajar. El vecino se limita a decir «Buenos días» y logra evocar la amistad, la esperanza y el ciclo eterno de la vida.

Geoff Andrew

Fecha 1991

Nacionalidad Estados Unidos

Director Jim Jarmusch

Reparto Matti Pellonpää, Kari Vaananen

Título original *Night on Earth*

Por qué es clave Es la conclusión perfecta para una película inteligente, cálida y engañosamente intrascendente.

Pág. anterior *Noche en la tierra*.

Película clave *Thelma y Louise*
Thelma y Louise se lanzan al vacío

SPOILER

La película de Ridley Scott, que se convirtió en tema de conversación habitual a principios de los noventa, es, en ciertos aspectos, una *road movie* convencional. Pero, dado que las heroínas (o quizá antiheroínas) del título son mujeres, hizo que se debatiera la representación de los personajes femeninos en la cultura popular y la manera en que Hollywood retrataba los temas femeninos.

Como muchas otras historias de carretera, *Thelma y Louise* narra la huida de unos personajes armados. Pero a diferencia de películas como *El demonio de las armas* (Joseph H. Lewis, 1950) o *Los amantes de la noche* (Nicholas Ray, 1949), el protagonismo no recae en una pareja romántica que huye por motivos hedonistas o avariciosos. Estas dos mujeres de clase obrera de Arkansas deciden echarse a la carretera después de enfrentarse y matar a un tipo violento que está a punto de violar a una de ellas. Por miedo a las consecuencias legales, emprenden un accidentado viaje por el Oeste estadounidense durante el que les queda tiempo para breves encuentros románticos y pequeños robos.

La abrupta decisión de Thelma y Louise de suicidarse al final de la película lanzándose por un barranco desconcertó a los espectadores corrientes y molestó a los críticos y feministas. Por otra parte, muchos de estos comentaristas admiraron el hecho de que la película intentara tratar cuestiones como la violación y el abuso conyugal desde una perspectiva femenina (el guión fue escrito por una mujer, Callie Khouri, que aseguró que el largometraje era un intento de contrarrestar la tendencia de Hollywood retratar a las mujeres como personajes sexis y sin cerebro). Aunque el final les pareciera estereotipado y cobarde, la mayoría de los espectadores reconocieron los aspectos más innovadores de la película de Scott y pasaron por alto sus fallos.

Richard Porton

Fecha 1991

Nacionalidad Estados Unidos

Director Ridley Scott

Reparto Susan Sarandon, Geena Davis

Título original *Thelma and Louise*

Por qué es clave La brusca conclusión de esta *road movie* de Ridley Scott creó controversia y consternación entre críticos y espectadores.

Pág. siguiente *Thelma y Louise*.

Escena clave **Una muerte suave**
A Woman's Tale

Nacido en Países Bajos, pero con residencia en Melbourne, Paul Cox ha creado en sus treinta años de carrera una filmografía casi única. En este tiempo ha contado historias intimistas sobre gente corriente y si a veces estos personajes parecen obsesionados con el sexo, es porque así es el mundo de Cox. Las personas que han colaborado con él han sido algo más que compañeros de trabajo; han sido sus amigos y su familia. La actriz Sheila Florance, uno de los miembros más importantes y cercanos de ese grupo de colaboradores, participó en su primera película, *Illuminations* (1975), y realizó cameos en algunos de sus otros largometrajes (aunque en Australia era más conocida por su papel en la longeva serie de televisión *Prisoner*). En 1991, Florance estaba muriéndose de cáncer, pero Cox decidió darle el papel protagonista de *A Woman's Tale*, que cuenta la historia de una mujer mayor (Florance tenía 75 años), enferma de cáncer que repasa una vida satisfactoria. Puesto que desea morir en su casa, rodeada de sus cosas, una joven enfermera (Dobrowolska), que ha acabado queriéndola mucho, decide ayudarla a morir con una inyección letal.

La secuencia tiene el tratamiento de una escena de amor. La enfermera acuesta a la mujer en la cama con gran ternura, mientras la luz que entra por la ventana ilumina su rostro arrugado. Vemos la aguja hipodérmica, pero no el momento en el que le pone la inyección. «No tengo miedo», dice Florance con voz suave. «La vida es muy hermosa. Recuerda, no dejes nunca de amar». La enfermera se tumba junto a su paciente moribunda, momento en el que Cox hace un encadenado a una cascada, símbolo de vida eterna y renovación. Una muerte como ninguna otra que se haya rodado.

David Stratton

Fecha 1991

Nacionalidad Australia

Director Paul Cox

Reparto Sheila Florance, Gosia Dobrowolska

Por qué es clave
Es la apoteosis de uno de los autores más singulares del mundo del cine.

Película clave **A Brighter Summer Day**
El asesinato de la calle Guling

SPOILER

Xiao Si'r (Chang) espera a la salida de una escuela nocturna. Planea vengarse del hombre al que creía su mejor amigo y que acabó robándole a la mujer de sus sueños, Ming (Yang). Pero en lugar de a su ex amigo, se encuentra con Ming, que adivina lo que tiene en mente. Si'r le dice que quiere estar siempre con ella y ayudarla a cambiar, pero Ming rechaza su oferta. «Es inútil contigo», le dice él entonces, «no tienes vergüenza», y la apuñala. Mientras Ming yace en el suelo, sin vida, Si'r le suplica que se levante.

A Brighter Summer Day es la obra cumbre de la filmografía del abanderado del nuevo cine taiwanés Edward Yang. Esta crónica del Taiwán de los sesenta, de 239 minutos de duración (185 en la versión abreviada), retrata a una juventud fascinada por la cultura estadounidense y que forma bandas callejeras, mientras que sus mayores, inmersos en un clima de represión política, renuncian al sueño de regresar a la China continental. La existencia de múltiples hilos narrativos crea una densidad novelística que encuentra su unidad en la admirable puesta en escena de Yang. Mientras Si'r y Ming hablan, la cámara de Yang sigue sus movimientos en un plano medio. Cuando Si'r apuñala a Ming, vuelve a entrar en el encuadre, dándole la espalda a la cámara; una composición que aumenta el carácter inesperado del gesto y, al mismo tiempo, oculta la violencia más descarnada. Un instante después hay un corte a un plano general en el que se encuadra discretamente la desesperación de Yang que magnifica de este modo el impacto emocional de la escena.

Paolo Bertolin

Fecha 1991

Nacionalidad Taiwán

Director Edward Yang

Reparto Chang Chen, Lisa Yang

Título original *Guling jie shaonian sha ren shijian*

Por qué es clave El clímax dramático de la película pone de manifiesto la sutileza de Yang.

1990–1999

Escena clave **«Busca en tu interior, Clarice»**
El silencio de los corderos

Mientras un asesino en serie muy imaginativo, apodado Buffalo Bill, despelleja a sus víctimas a voluntad, una joven agente del FBI, Clarice Starling (Foster), es enviada a entrevistar a Hannibal Lecter, un sociópata encarcelado que podría tener información sobre el asesino y su última víctima, la hija de un político. Viniendo de la productora de cine de serie B de Roger Corman, el director Jonathan Demme parecía la persona ideal para llevar a la gran pantalla el material sensacionalista de la segunda novela de Thomas Harris, tras *El dragón rojo*, en la que el protagonista era Lecter (Brian Cox lo había interpretado ya en 1986 en la película *Hunter*, basada en el primer libro). Sin embargo pocos esperaban una película de rigor tan deliberado, con el que el guión de Ted Tally daba vida con tanta precisión a la novela. En ninguna parte resulta tan evidente como en el primer encuentro entre Starling y Lecter, que se reúnen en la fría y húmeda celda subterránea de éste último, separados por una gruesa mampara de cristal que resulta ser bastante frágil al final del encuentro. Es una secuencia magníficamente equilibrada: Foster, con los ojos abiertos de par en par, está aterrada y al mismo tiempo dispuesta a no dejarse intimidar ante el mal absoluto; Hopkins irradia encanto incluso cuando se percibe su profunda psicosis. Cabe destacar el uso del ruido blanco industrial, al estilo de Lynch, y la inquietante música de Howard Shore. Es en esta escena en la que aparece la frase «hígado acompañado de habas y un buen *chianti*», pero la secuencia es mucho más compleja y escalofriante de lo que sugiere la frase. «Busca en tu interior», recomienda Lecter, y esas palabras sí describen el espíritu de la escena.

David Stratton

Fecha 1991

Nacionalidad Estados Unidos

Director Jonathan Demme

Reparto Jodie Foster, Anthony Hopkins

Título original *The Silence of the Lambs*

Por qué es clave Esta siniestra y compleja secuencia ejemplifica el rigor de este *thriller* inteligente de Jonathan Demme.

Pág. anterior El silencio de los corderos.

Acontecimiento clave **Los cien millones de dólares de *Terminator 2: El juicio final***

La principal diferencia entre el *thriller* de ciencia ficción del año 1984 *Terminator* y su secuela de 1991 fue la disparidad del presupuesto: alrededor de 93 millones de dólares. El director de ambas películas, James Cameron, empezó trabajando para Roger Corman como experto en efectos especiales y saltó a la fama con su segunda obra como guionista y director, *Terminator*, la historia de un *ciborg* (Arnold Schwarzenegger) enviado a la Tierra, procedente de una sociedad futura dominada por máquinas, para matar a la camarera Sarah Connor (Linda Hamilton), predestinada a dar a luz al salvador de la humanidad. La película costó 6,4 millones de dólares (alrededor de la mitad de la media de Hollywood en 1984) y fue protagonizada por actores casi desconocidos (el más famoso era Schwarzenegger), con modestas escenas de acción y efectos especiales basados en efectos analógicos de la vieja escuela (entre ellos, retroproyecciones, miniaturas y marionetas en *stop motion* al estilo de Ray Harryhausen). En la secuela, encontrábamos al androide encarnado por Schwarzenegger después de haber sido reprogramado para proteger a Connor y a su hijo, John (Edward Furlong), de un *terminator* malvado (Robert Patrick), capaz de cambiar de forma. Los momentos de acción culminantes de la historia incluían la explosión real de un edificio de oficinas y persecuciones de coches que obligaron a cerrar algunos tramos del sistema de canales de Los Ángeles y la autopista de Long Beach. Los cambios de forma del *ciborg* se lograron a través del *morphing*, un costoso efecto digital que Cameron había probado ya en su *thriller* de 1989, *Abyss*. Todos estos elementos –unidos a los 15 millones que se necesitaron para volver a contar con Schwarzenegger, que en el intervalo se había convertido en una «superestrella»– hicieron que el presupuesto se elevara hasta los cien millones de dólares. Las cifras de taquilla obtenidas superaron los 500 millones de dólares.

Matt Zoller Seitz

Fecha 1991

Título original *Terminator 2: Judgment Day*

Por qué es clave Hasta la fecha, fue la película más cara que se había hecho nunca.

Pág. siguiente *Terminator 2: El juicio final.*

Escena clave *Kasba*

Kasba, basada en el relato de Anton Chejov «En el barranco», es una de las adaptaciones de un texto literario más inteligentes del nuevo cine indio. Tejo (Vashisht), casada con el hijo deficiente de un comerciante, ayuda a dirigir el negocio familiar, situado en un pequeño pueblo en las montañas y que consiste sobre todo en adulterar cereales. La mujer del hijo mayor del comerciante da a luz a un bebé que es hijo de otro hombre, pero el hombre da por hecho que es su nieto y le lega todas sus propiedades. Tejo, que no tiene hijos pero ha dedicado su energía y esfuerzos a mantener en funcionamiento el negocio familiar, se pone como una furia al enterarse. Arremete de un modo implacable contra su suegro, arranca la ropa que se está secando en una cuerda y pisotea un sari, y luego le arroja agua hirviendo al bebé de su cuñada. En la siguiente secuencia, vemos a Tejo mirando por una ventana con gesto pensativo. La cámara se aparta de ella y el resto de la secuencia descansa en una música instrumental que establece la distancia desde la que podemos observar la tragedia. La escena continúa con una imagen de la cuñada destrozada, Tara (Hansra), llevando a su bebé muerto al río. Se sienta en una roca junto al agua. La luz que baña el paisaje es inusual y transmite una sensación de benevolente calma. Un niño está intentando dar de beber a un caballo, se oye el ligero sonido de la campana que lleva el animal atada al cuello. Tara completa la música como si estuviera recitando una poesía y dice: «No beberá. No tiene sed. No beberá». Es un caso único en el cine en el que las palabras encajan con la música en lugar de ser al contrario.

Rashmi Doraiswamy

Fecha 1991

Nacionalidad India

Director Kumar Shahani

Reparto Mita Vashisht, Navjot Hansra

Por qué es clave Shahani se decanta por la melodía más que por el drama en esta crónica asfixiante que transcurre en un pequeño pueblo.

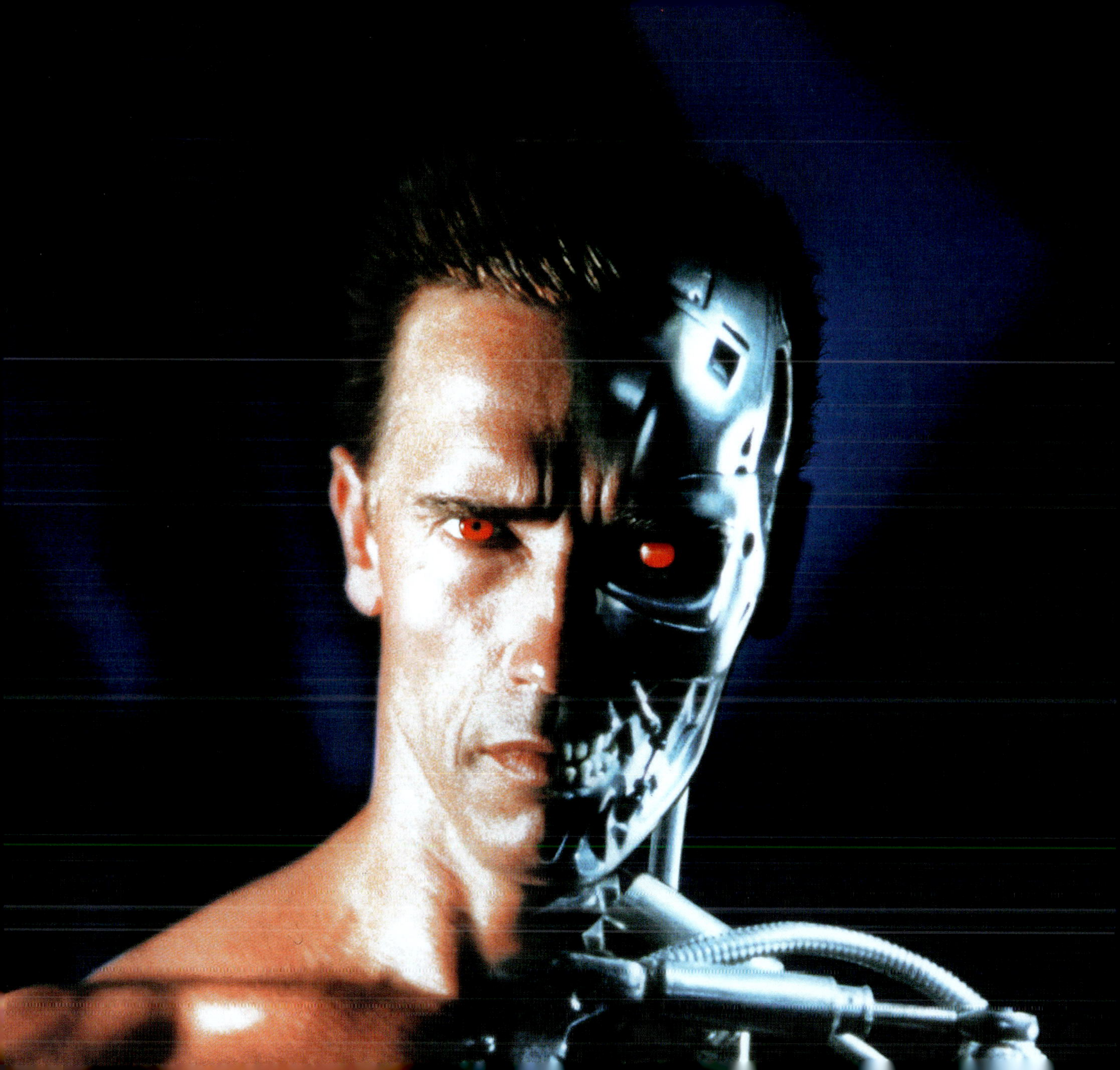

Película clave
A Year along the Abandoned Road

En 1990, cuando los efectos digitales aún eran un descubrimiento reciente, el director Morten Skallerud decidió realizar un cortometraje en un fiordo noruego. Instaló la cámara sobre un vehículo situado en una desierta carretera junto al mar, cada minuto grababa un solo fotograma. Luego, el vehículo avanzaba unos metros y tomaba otro fotograma. Siguió este meticuloso procedimiento durante todo un año, día y noche. Dado que el fiordo se halla muy cerca del círculo polar ártico, los conceptos *día* y *noche* tienen un significado distinto: hay luz durante todo el verano y una absoluta oscuridad en invierno. Por si el proyecto aún no era lo bastante peculiar, el director decidió que la cámara utilizara una película de 70 milímetros, lo que hacía que la tarea resultara aún más complicada. Pero tantas dificultades dieron como resultado un espectáculo digno de ver. En 12 minutos, pasa ante nuestros ojos el ciclo completo de las estaciones, con unas imágenes que son pura poesía sin aditivos. Las colinas adquieren una tonalidad verde, después surgen en ellas enormes constelaciones de flores, luego van adquiriendo un color amarronado hasta que, gradualmente, se van cubriendo de nieve. El cielo es un alegre mosaico de nubes de infinitas tonalidades de azul, amarillo y naranja, y estrellas que lo surcan en elegantes círculos. El océano baila al ritmo de las mareas. De vez en cuando, aparece brevemente alguna figura humana, sólo el tiempo suficiente para que registremos su presencia. La evocadora música de Jan Garbarek hace el resto. Hemos visto cómo respira la naturaleza.

Paolo Cherchi Usai

Fecha 1991

Nacionalidad Noruega

Director Morten Skallerud

Título original *Året gjennom Børfjord*

Por qué es clave Podemos respirar al ritmo de la naturaleza (sin efectos especiales).

Escena clave **Dos pintores cantando**
El sol del membrillo

Esta crónica documental (rodada casi día a día), en la que el pintor hiperrealista Antonio López intenta retratar un membrillo antes de que se pudran sus frutos, incluye pasajes de la vida cotidiana del artista rodeado de su familia y sus amigos, o escuchando música o las noticias de la radio mientras trabaja en soledad. Su colega y amigo Enrique Gran va a Madrid a visitarlo en un par de ocasiones. En la segunda visita, que tiene lugar el 23 de noviembre de 1990, mientras sujeta una rama del árbol para que su amigo pueda ver sin obstáculos el membrillo que está pintando, Enrique le sugiere a Antonio que canten y empieza a entonar una versión *amateur* y desafinada de una canción que Antonio también recuerda y cantan a dúo. Como no están satisfechos con el resultado, ambos paran y empiezan de cero hasta que les sale bien, mientras Antonio sigue pintando y Enrique continúa sujetando la rama. Esta escena, divertida y conmovedora, que, obviamente, no figuraba en el guión se rodó básicamente con planos frontales tomados desde detrás del lienzo, pero ligeramente escorados a un lado para obstaculizar el trabajo del pintor. En cierto sentido, recuerda a la sensación que plasmó John Ford cuando rodó a otros dos viejos amigos, James Steward y Richard Widmark, sentados junto al río en *Dos cabalgan juntos* (1961).

Miguel Marías

Fecha 1992

Nacionalidad España

Director Víctor Erice

Reparto Antonio López, Enrique Gran

Por qué es clave Esta escena sobre la verdadera amistad, forma parte de un documento único sobre la vida diaria y el trabajo de un artista.

Escena clave **El prólogo aleccionador** *Careful*

«¡Cuidado, niños!», dice el narrador, dirigiéndose a jóvenes y viejos por igual. Los personajes de esta comedia negra viven en un pueblo de alta montaña donde el sonido más insignificante puede desencadenar una avalancha mortal que entierra a los vivos y, a veces, desentierra a los muertos.

El peligro permanente obliga a todo el mundo a tener el máximo cuidado; contienen los estornudos y les cortan las cuerdas vocales a los animales para que un inoportuno balido no arrase todo lo que les rodea. Pero ni siquiera eso es suficiente, porque la naturaleza hace ruidos que el ser humano no puede controlar: una bandada de gansos emigrando puede provocar la catástrofe. Por fortuna, en las laderas de la montaña existen lugares aislados cuya extraña acústica impide que los sonidos escapen. Allí, los jóvenes pueden jugar y los padres pueden pegar a sus hijos cuando se portan mal, sin miedo a que ocurra nada. Pero fuera de estos refugios, nunca se puede bajar la guardia.

Las características de la vida en esta zona de alta montaña de Canadá se explican en la narración con la que se abre la película, donde la voz jadeante de Herr Trota (Cowie) nos advierte de los peligros («¡Piénsalo bien!» «¡El peligro acecha al caminante imprudente!»), ilustrados por imágenes en tono sepia en las que vemos comportamientos adecuados y otros más irreflexivos. Como es habitual en las obras de Maddin, todo en la escena está ideado para dar la impresión de que nos hallamos ante una vieja película del expresionismo alemán que hubiera estado almacenada durante décadas. Lo mismo se puede decir del resto de la cinta, lo que da como resultado un surrealista publirreportaje de represión en el que se cuenta la historia tristemente cómica de unos personajes obsesionados por deseos incestuosos que los llevan a la locura, la mutilación y el suicidio. ¿Es que nadie le dijo a esta gente que tuviera cuidado?
David Sterritt

Fecha 1992

Nacionalidad Canadá

Director Guy Maddin

Reparto Victor Cowie

Por qué es clave
Utilizando un montaje excéntrico y una narración un tanto alocada, Maddin nos muestra su manera de entender el cine como una ingeniosa combinación de elementos *kitsch*, referencias cinematográficas y nostalgia carente de sensiblería.

Escena clave **Busco mujeres que vuelen** *El lado oscuro del corazón*

Oliverio (Grandinetti) es un poeta pobre que recorre las calles de Buenos Aires intercambiando poemas por filetes y vendiendo versos a los motoristas que pasan, mientras seduce y abandona a multitud de mujeres hermosas en busca de su alma gemela. En una escena que, desde el comienzo, establece el tono de erotismo surrealista de la película, vemos por qué a Oliverio le cuesta encontrar esa alma gemela: «Me importa un pito que las mujeres tengan los senos como magnolias o como pasas de higo, un cutis de durazno o de papel de lija», explica a su última compañera de cama, pero «no les perdono bajo ningún pretexto que no sepan volar. Si no saben volar pierden el tiempo conmigo». Y, tras decir esto, aprieta un botón de la mesilla de noche y se abre una trampilla por la que su amante cae al vacío.

La secuencia es una impecable introducción al mundo cargado de sensualidad del admirado director argentino Eliseo Subiela (n. 1944). La primera vez que atrajo la atención internacional fue en 1987, con su taciturna fábula de ciencia ficción *Hombre mirando al sudeste*, con la que ganó el premio de la FIPRESCI en Toronto (de la que se hizo un flojo *remake* titulado *K-Pax* en 2001).

El impertérrito amor carnal hacia las mujeres y su afición a crear melodramáticas metáforas visuales le han granjeado a Subiela el éxito en Argentina y lo han convertido en un director de culto en el extranjero. Entre las películas posteriores de Subiela que merece la pena buscar se encuentran la cautivadora fantasía romántica de 1995 *No te mueras sin decirme adónde vas*, el manifiesto del comienzo del nuevo milenio *Las aventuras de Dios* y una encantadora secuela, *El lado oscuro del corazón 2*, del año 2001.
David Stratton

Fecha 1992

Nacionalidad Argentina

Director Eliseo Subiela

Reparto Dario Grandinetti

Por qué es clave
Una muestra de realismo mágico contemporáneo de la mano de un maestro inesperado.

Escena clave **La muerte de Mimi**
La vida de bohemia

SPOILER

El guión de Kaurismäki está basado en la novela de Henri Murger que inspiró la ópera *La Bohème*, de Giacomo Puccini, la historia de Rodolfo y Mimi, un pintor sin dinero y la mujer a la que ama. Pero ahí acaban las similitudes con la obra de Puccini. La gran ópera es..., eso, grandiosa. Kaurismäki, sin embargo, es uno de los grandes minimalistas del cine, construye historias absorbentes con diálogos concisos, interpretaciones sobrias y una fotografía sin aditivos.

Esta película comienza con una maravillosa comicidad gracias a la cual conocemos a los principales personajes: Rodolfo (Pellonpää), que es un emigrante albano sin visado; Marcel (André Wilms), que ha fracasado como dramaturgo porque se niega a recortar una obra de veintiún actos, y Schaunard (Kari Vaananen), un compositor que ha creado una obra vanguardista que resulta ser cómicamente horrible. Todos ellos hacen todo lo que pueden para mantener cierta dignidad, quitándole importancia a la pobreza mientras cumplen las reglas de etiqueta del artista muerto de hambre. Pero a medida que el argumento se vuelve sombrío, el diálogo pierde su ingenioso brío.

En la escena final, Mimi (Didi) está en el hospital, enferma de tuberculosis y Rodolfo se encuentra junto a ella. Él sale para llevarle unas flores y cuando vuelve la encuentra muerta. Sin decir una palabra, tira las flores al suelo y las pisa al salir de la habitación. Después de decirles a sus amigos que quiere estar solo, agarra a su fiel perro de la correa y se marcha por un oscuro pasillo, desapareciendo en la distancia, momento en que acaba la película. Kaurismäki respeta su deseo de privacidad. Nada que se diga o se haga puede aliviar a Rodolfo, ni a nosotros, del dolor inherente a la vida.
David Sterritt

Fecha 1992

Nacionalidad Francia/Italia/Suecia/Finlandia

Director Aki Kaurismäki

Reparto Mattie Pellonpää, Evelyne Didi

Título original *La Vie de bohème*

Por qué es clave Con una interpretación minimalista y una fotografía austera, el gran cineasta finlandés crea una de las expresiones de desesperación más auténticas del cine.

Escena clave **Ojo de Halcón corriendo**
El último mohicano

Hay maneras y maneras de correr. Tom Cruise avanza como una exhalación de película en película, mientras persigue o es perseguido, moviendo las manos en el aire en una especie de pantomima de urgencia, aunque sus piernas giren con la calma de los pistones. Su forma de correr tiene algo de vigor dramático, de actor; en ningún momento se nos pasa por la cabeza que pueda tropezar o topar con algún obstáculo. Harrison Ford, por su parte, es compacto: siempre sale disparado por alguna explosión, se arrastra en busca de refugio o cae golpeándose contra el duro suelo. Corre como tambaleándose, con las piernas arqueadas, con un movimiento que casi recuerda a Falstaff y la cara arrugada por la afrenta; el simple hecho de que esté corriendo parece un ataque a su dignidad. Y luego están, por supuesto, las zancadas violentas y poco elegantes de Franka Potente en *Corre, Lola, corre*, recorriendo las calles de Berlín con su pelirroja melena ardiendo como una antorcha olímpica.

Pero la flor y nata cinematográfica, en lo que a carreras se refiere, puede encontrarse en la adaptación de Michael Mann de *El último mohicano*, en la que Daniel Day-Lewis interpreta al valiente Hawkeye. Enamorado desesperadamente de Cora (Madeleine Stowe), Hawkeye se pasa la mayor parte del filme persiguiéndola para liberarla de sus secuestradores. En esta película, Daniel Day-Lewis está más fibroso e intenso que nunca; con los pies ligeros y la espalda ligeramente encorvada en un gesto salvaje, corre a toda velocidad atravesando los bosques. Se enfrenta a guerreros pieles rojas y a soldados que se interponen en su camino y de los que se deshace ya sea con el hacha de guerra, con un cuchillo o con una pistola; ni siquiera se molesta en ver dónde caen.
James Parker

Fecha 1992

Nacionalidad Estados Unidos

Director Michael Mann

Reparto Daniel Day-Lewis

Título original *The Last of The Mohicans*

Por qué es clave
Day Lewis tiene los pies más ligeros que ningún otro héroe de acción de la gran pantalla.

Pág. anterior *El último mohicano*.

Escena clave **Carl sirve café «Good Morning America»** *Twin Peaks (El diario de Laura Palmer)*

«Ya he visto sitios», dice Carl Rodd, encargado del cámping para caravanas Fat Trout, cuando recibe la visita de dos agentes del FBI una mañana, muy temprano. «Sólo quiero quedarme donde estoy», añade mientras pierde la mirada en el vacío. Sin afeitar, con vendas y vestido con una bata destrozada, es, en la interpretación lastimera y triste de Harry Dean Stanton, la imagen de un hombre que se esconde de la vida.

Carl acaba de servirles a los agentes unas tazas de café «Good Morning América»..., con el «aroma de llevar cuarenta y ocho horas preparado», según lo describe el agente Chester Desmond (Isaak). En una escena anterior, Desmond había rechazado un café en la oficina del *sheriff* por llevar hecho dos días; sin embargo acepta el de Carl, porque sabe que es lo mejor que puede ofrecerle alguien como él. Después, los agentes se presentan en su casa muy temprano, a pesar del aviso que cuelga en su puerta: «NO MOLESTAR NUNCA ANTES DE LAS 9 DE LA MAÑANA. JAMÁS». «Es tarde», se dicen el uno al otro Desmond y su colega Sam Stanley (Sutherland). Han estado toda la noche despiertos, trabajando en una autopsia. «Es temprano. Es muy temprano.»

«Nos vendría bien una buena visita para despertarnos», dice el ingenuo Stanley. Tiene razón. Van a suceder cosas muy oscuras en el cámping de Carl, a pesar de sus esfuerzos por esconderse de un mundo que lo ha llevado a lugares a los que no quería ir. Está a punto de aparecer una extraña mujer (Lynch vestido de mujer) y el agente Desmond está a punto de desaparecer. Y el agente Dale Cooper (Kye MacLachlan) volverá más y tarde y despertará a Carl otra vez. «No pasa nada», dirá él, «estaba teniendo un mal sueño».

Gregg Rickman

Fecha 1992

Nacionalidad Estados Unidos

Director David Lynch

Reparto Harry Dean Stanton, Chris Isaak, Kiefer Sutherland

Título original *Twin Peaks: Fire Walk with Me*

Por qué es clave El mundo de pesadilla creado de Lynch está basado en la vida cotidiana.

Diálogo clave **«Espabílese, hermana»** *Bad Lieutenant / Teniente corrupto*

Una monja (Thorn) que ha sido brutalmente violada por una banda de niños de la calle, se arrodilla a rezar frente al altar de una iglesia. A su lado está LT, el teniente corrupto (Keitel), abotargado, desgarbado, incoherente, drogado, incapaz de mantenerse de rodillas y, sin embargo, lo bastante respetuoso para no soltar ninguna blasfemia. Ambos entablan una conversación filosófica. LT le promete a la monja «justicia de verdad»: jura que va a pasar por encima de la ley y se va a encargar personalmente de encontrar y matar a los que la han atacado. Sus palabras resultan convincentes: ¿acaso eso no evitaría que se repitiera semejante horror? Pero ella responde con firmeza: «Yo ya los he perdonado». LT escucha el discurso cristiano de la monja y después le da un consejo exasperado: «Espabílese, hermana». Es una escena que, como muchas otras de *Teniente corrupto*, se debate entre el psicodrama y la hilaridad, y que resulta imposible ubicar en virtud de su «realismo». Este plano une extremos absolutos: dos maneras de vivir (sagrada y profana), dos lógicas (etérea y emotiva), dos estilos interpretativos (rígido y de método). ¿Realmente la monja está diciendo esas cosas? ¿Es posible que LT lo esté imaginando todo, que sea una proyección de su conciencia atormentada por la culpa? Nunca lo sabremos, pues el estilo directo y sin adornos de Ferrara identifica la aparente realidad de la historia y su oscuro entorno neoyorquino con las visiones internas (sórdidas y sublimes) de su antihéroe supremo. Un instante después de que la monja le dé un rosario, LT se volverá y reprenderá al mismísimo Jesucristo.

Adrian Martin

Fecha 1992

Nacionalidad Estados Unidos

Director Abel Ferrara

Reparto Harvey Keitel, Frankie Thorn

Por qué es clave Entre el psicodrama y la hilaridad, este momento demuestra la fuerza del estilo directo de Ferrara.

Pág. siguiente *Teniente corrupto*.

Película clave *Roja*

El director Mani Ratnam ya era muy aclamado en su región natal cuando saltó a la fama nacional con este cuento, alabado por la crítica y de gran éxito comercial, sobre la frenética lucha de una mujer joven por liberar a su marido, secuestrado por terroristas de Cachemira. El hecho de que tratara temas tan importantes en la India como la crisis en Cachemira, la coherencia de sus ideas sobre el concepto de nación india, una música pegadiza y su jingoísmo superficial hacían de *Roja* un producto ideal para el gran público, por lo que, aunque estaba rodada en lengua tamil, se dobló al hindi, al malabar, al maratí y al telugú. Los intérpretes principales y el equipo de *Roja* se convirtieron en celebridades nacionales, en especial el compositor musical A. R. Rahman, cuyo virtuosismo ha hecho que se le describa como «el Mozart de Madrás».

En los catorce años que han pasado desde su estreno, esta película pequeña, pero de grandes ideas ha sido alabada por su patriotismo y condenada por su xenofobia, consumida en masa por grandes audiencias y desacreditada por la crítica, emitida en la televisión india todos los años el día de la independencia del país y reestrenada para un público internacional en busca de soluciones cinematográficas a los problemas del terrorismo. *Roja* hizo enfurecer a académicos como Tejaswini Niranjana y Rustam Bharucha, que arremetieron contra su despreocupada mezcla de poética, polémica y política. El debate intelectual engendrado por la película dio lugar en la India a diversos estudios y hoy en día sigue siendo la película más analizada en los ensayos sobre cine indio. Al traspasar las barreras del idioma y dirigirse a un público nacional de un modo que no había hecho ninguna otra película de carácter regional, para bien o para mal, *Roja* pasó a formar parte de la colorida imaginería cinematográfica de la India.

Sonia Benjamin

Fecha 1992

Nacionalidad India

Director Mani Ratnam

Reparto Madhoo, Arvind Swamy, Pankaj Kapoor, Nasser

Por qué es clave Dio a conocer en la India a uno de sus mejores cineastas, traspasando barreras lingüísticas y geográficas y convirtiéndose en todo un éxito de taquilla. Como atractivo añadido, cabe destacar que fue el debut del genio de la música A. R. Rahman.

Escena clave **Johnny habla de religión** *Naked / Indefenso*

Johnny (Thewlis), el antihéroe de este feroz drama de Mike Leigh, tiene rasgos atractivos, como la energía y la imaginación; y otros repelentes, como la voracidad sexual y el odio injustificado. La película sigue sus aventuras durante una larga noche en Londres, adonde ha llegado procedente de Manchester huyendo de unos enemigos que lo persiguen.

Buscando un lugar donde guarecerse del frío, Johnny entabla conversación con un guarda de seguridad llamado Brian (Wight), que le deja entrar a calentarse. Johnny se compadece de él por tener, según él, el trabajo más aburrido de Inglaterra. Sin embargo, Brian afirma que las vigilias nocturnas le sirven para descansar de «la plebe» y reflexionar sobre el futuro, un pasatiempo que le parece «muy interesante». El optimismo de Brian hace que resulte un buen interlocutor en la conversación, durante la cual Johnny esboza unas ideas contradictorias que casi resultan coherentes gracias a la fluidez con que se expresa. Dice, por ejemplo, que la humanidad está predestinada a extinguirse, que la evolución hará que los seres humanos acaben siendo equivalentes a Dios y que es obvio que el Apocalipsis es inminente si uno estudia las Sagradas Escrituras, la astronomía y los acontecimientos actuales.

El conocimiento de la Biblia que exhibe Johnny resulta sorprendente en una persona tan dejada y beligerante. La afirmación de que cree en Dios se ve matizada por el siguiente comentario, en el que asegura que, dada la proliferación del mal en el mundo, el único Dios posible es el odio. Brian hace todo lo que puede para estar a la altura del debate, pero al igual que en el resto de la película, Johnny es el protagonista del espectáculo. *Indefenso* es un agudo retrato sobre la Inglaterra de la era Thatcher, y la perorata sobre religión de Johnny contribuye a convertirlo en algo más que un mero retrato político.

David Sterritt

Fecha 1993

Nacionalidad Reino Unido

Director Mike Leigh

Reparto David Thewlis, Peter Wight

Por qué es clave La conversación del protagonista con un guardia de seguridad revela aspectos de la personalidad de Johnny que confieren verdadera complejidad al personaje en esta metáfora sobre la Inglaterra de la era Thatcher.

Escena clave **La visita al lugar en el que Pasolini murió asesinado** *Caro Diario*

Esta encantadora y excéntrica película de Nanni Moretti, dividida en tres partes –una mezcla divertida, sagaz y a menudo conmovedora de recuerdos autobiográficos, ensayo meditabundo y sencilla ficción–, es una distinguida contribución personal a la tradición realista del cine italiano. Como tal, resulta muy adecuado que los últimos minutos del primer capítulo –que consiste básicamente en imágenes del director y protagonista paseando por Roma en su Vespa mientras comenta la arquitectura y la calidad de vida de la ciudad– sean un homenaje a otro autor de intenso carácter político anterior a Moretti: Pier Paolo Pasolini, que murió en 1975, asesinado en misteriosas y siniestras circunstancias, quizá relacionadas con la política.

Es curioso que Moretti nunca mencione las controvertidas cuestiones que rodean la brutal muerte de Pasolini. Dando por hecho que cualquiera que haya oído hablar de Pasolini sabrá algo sobre su muerte, Moretti se limita a anunciar que va a visitar el lugar en el que fue asesinado. Durante varios minutos, la cámara acompaña en un largo trávelin a la moto del protagonista en el trayecto desde una zona residencial de Roma hasta la costa; en la banda sonora se oye una lírica pieza de piano de Keith Jarrett. Finalmente, cuando llega al lugar, la cámara observa desde la distancia y a través de una valla el desolado erial en el que Pasolini encontró la muerte. Crudo, franco y carente del menor sentimentalismo, el tributo de Moretti se ve beneficiado de la falta de diálogo, es simple poesía originada por la realidad del paisaje italiano, un reconocimiento sutil y, sin embargo, extremadamente efectivo a la importancia e influencia de Pasolini, como artista y como analista político.
Geoff Andrew

Fecha 1993

Nacionalidad Italia/Francia

Director Nanni Moretti

Reparto Nanni Moretti

Por qué es clave
Es un tributo sobrio y profundamente cinematográfico de un cineasta a otro.

Escena clave **Ganga se convierte en Nagavalli a través del baile** *Manichithrathazhu*

SPOILER

Esta escena es una secuencia de baile coreografiada de forma magistral, que se convierte en el escenario perfecto para un ingenioso clímax y además nos ayuda a comprender el mundo de los psicóticos. Hasta ese momento, el *thriller* ha dado a entender que los extraños sucesos que tienen lugar en la centenaria casa Madambi podrían ser obra de los espíritus vengativos de unos parientes celosos, o quizá, simplemente, imaginaciones de sus supersticiosos habitantes. El doctor Sunny (Mohanlal) le confiesa entonces a Nakulan (Gopi) que la causa de los acontecimientos es, en realidad, la amada esposa de éste último, Ganga (Shobana), a quien una imaginación demasiado fértil y la esquizofrenia han hecho sucumbir a la sangrienta historia de la casa y la han convertido en Nagavalli, una hermosa bailarina que estuvo prisionera en la casa y fue asesinada hace cientos de años. Atraídos por el sonido de un tambor, los dos hombres salen al patio y allí encuentran a Ganga inmersa en su grandiosa alucinación, bailando en trance, con unas flores marchitas en el pelo despeinado y el *kohl* corrido en los ojos. Esta danza desesperada, tal y como la ven los dos hombres, estupefactos, aparece intercalada con imágenes de cómo se ve ella a sí misma: la elegante Nagavalli bailando ante una corte de admiradores. La escena constituye también el origen de la creativa cura del doctor Sunny, que supondrá el clímax de la película. Shobana, en la piel de Ganga, exhibe su considerable calidad como intérprete y un reputado talento como bailarina, en un papel que le valió el Premio Nacional de cine y en una escena que sigue siendo uno de los grandes ejemplos de la capacidad del cine indio para contar una historia a través de la danza.
Sonia Benjamin

Fecha 1993

Nacionalidad India

Director Fazil

Reparto Shobana, Mohanlal, Suresh Gopi

Por qué es clave
Esta compleja secuencia de baile incluye, con delicado equilibrio, los ingredientes más vitales del cine indio –música, danza y melodrama– con un estilo que no han podido igualar ninguno de los cuatro *remakes* que se han hecho de la película desde su estreno.

Película clave *Blue*

Después de permanecer sentado en la oscuridad durante la primera media hora, mi retina empezó a reaccionar de un modo extraño a la saturación del color del azul de Yves Klein que aparecía en pantalla. El espacio que rodea el rectángulo del encuadre empezó a volverse fluorescente poco a poco, con tonalidades de verde y ocre. Pasaron unos cuantos minutos más antes de que mi cerebro empezara a ver el azul como una nube gris que se movía, de manera intermitente, hasta tornarse casi blanca. Desde entonces, he visto la última película de Derek Jarman más de una docena de veces (siempre en pantalla grande y con el Dolby Surround a toda potencia). Cada vez, la superficie monocromática interacciona de modo distinto con la música, las voces, los sonidos, la noche artificial de la sala de cine. A menudo prestaba atención a lo que pensaba mientras veía la película; a veces lloraba. El distanciamiento crítico, signifique lo que signifique eso, llegó mucho después. Leí el libro de Jarman *Chroma*: «No he incluido ninguna foto en color en este libro, pues habría sido un intento inútil de apresarla. ¿Cómo podría estar seguro de que la impresora reproduciría el tono que yo quería? Prefiero que los colores floten y vuelen en vuestra mente». Después descubrí que *Blue* es una película sin negativo: cada copia está hecha con una compleja técnica que permite la aplicación directa del color en la copia de proyección, lo que quiere decir que no habrá dos idénticas. Podría ver *Blue* una y otra vez y tendría la certeza de no haberla visto nunca antes.

Paolo Cherchi Usai

Fecha 1993

Nacionalidad Reino Unido

Director Derek Jarman

Reparto Derek Jarman (voz en *off*), John Quentin, Nigel Terry, Tilda Swinton

Por qué es clave
Es una reflexión sobre el acto de mirar.

Escena clave **El cine explota la posmodernidad** *El sueño de Arizona*

La secuencia del ataque de la avioneta fumigadora de *Con la muerte en los talones*, de Hitchcock (1959), es uno de los grandes momentos del cine del siglo XX; una escena que explica en detalle la afición del director británico a sacar el máximo partido dramático de los escenarios y que, al mismo tiempo, presenta a Cary Grant, en aquellos momentos toda una estrella de la gran pantalla, en un aprieto profundamente cómico. El personaje que interpreta Grant, Roger Thornhill, va vestido con un traje caro y zapatos de ciudad, pero para salvarse tiene que atravesar campos polvorientos, tirarse al suelo y esconderse entre el maíz.

El sueño de Arizona nos muestra un concurso de talentos celebrado en un bar y a un bobo cinéfilo llamado Paul (Gallo) que alardea de un gran «talento» posmoderno: haber memorizado con devoción una película hasta el punto de poder representar toda una secuencia en una especie de homenaje silencioso. Paul anuncia que va a «interpretar» a Grant en la secuencia de la avioneta de *Con la muerte en los talones*.

Con cuatro cañas de maíz como atrezzo, Paul está solo en un triste y diminuto escenario, igual que lo está Thornhill en la película de Hitchcock. Plano por plano, hace una reconstrucción exacta de la escena, sin el acompañamiento de la banda sonora. Tenemos que imaginar el zumbido de la avioneta cada vez que pasa y maravillarnos con la precisión de la reconstrucción de Paul, incluso cuando el público le abuchea. La secuencia exige que veamos las dos películas al mismo tiempo, la una encima de la otra, y nos hace reír cuando aceptamos que Paul se parece tan poco a Cary/Roger como el bar al campo de maíz. El cine permite solapar e intercambiar lugares, para que la imaginación salte a su antojo.

Murray Pomerance

Fecha 1993

Nacionalidad Estados Unidos/Francia

Director Emir Kusturica

Reparto Vincent Gallo

Título original *Arizona Dream*

Por qué es clave
Es un brillante ejemplo de posmodernidad cinematográfica.

Pág. anterior *El sueño de Arizona*.

Escena clave **El pobre Valto se queda a solas con una mujer** *Agárrate el pañuelo, Tatiana*

La especialidad del maestro finlandés Aki Kaurismäki son los dramas cómicos de gran inexpresividad y una naturaleza taciturna que, suponemos, el director atribuye al temperamento finlandés. Sus películas están llenas de personajes masculinos exageradamente reservados, sombríos y dados a soportar las largas y oscuras noches con la ayuda del alcohol. Ésta, su comedia más perfecta (en los 65 minutos de metraje no hay nada que sobre en la historia), está protagonizada por dos «héroes», un consumidor tremendo de vodka y mecánico, Reino (Pellonpää), y su cliente, el sastre, adicto al café, llamado Valto (Valtonen). A pesar de asegurar ser unos locos del *rock and roll*, se trata de dos hombres ridículamente silenciosos, sobre todo cuando se encuentran en presencia de mujeres. Así pues, se ponen muy tensos cuando la estonia Tatiana (Outinen) y la bielorrusa Klavdia (Tykkyläinen) obligan a la taciturna pareja a llevarlas a casa en coche. La turbación y la ineptitud social de los dos hombres provocan momentos de absoluta comicidad (¡la única vez que se muestran entusiasmados es al ver unas llaves inglesas en el escaparate de una tienda!), pero el momento más revelador tiene lugar en el bar, cuando Reino, ahora perdidamente enamorado, acompaña a Tatiana a su hotel y deja solo a Valto, aún más tímido que él, sentado frente a Klavdia. Torturado ante la posibilidad de que la situación desemboque en un momento de intimidad, incapaz de entablar conversación y demasiado educado como para levantarse y marcharse, de pronto Valto se entretiene en ajustar el termostato de un radiador que hay junto a la mesa. El gesto dura sólo unos segundos, pero dice mucho de este sobrecogedor paradigma de la timidez patológica del género masculino.

Geoff Andrew

Fecha 1993

Nacionalidad Finlandia

Director Aki Kaurismäki

Reparto Mato Valtonen, Kirsi Tykkyläinen, Kati Outinen, Matti Pellonpää

Título original *Pidä huivista kiinni, Tatjana*

Por qué es clave
Un detalle muy revelador, tan sutil que podría pasar inadvertido, en la mejor calculada de todas las comedias melancólicas sobre las costumbres finlandesas que ha llevado a cabo Kaurismäki.

Escena clave **La lucha** *Sonatine*

El actor y director Takeshi Kitano es un verdadero todoterreno –humorista convertido en celebridad televisiva, pintor, escritor...–, así que no es de extrañar que su actitud hacia el cine pueda describirse como juguetona, por decirlo de una forma suave. Sin embargo, su aceptación como cineasta de talla mundial en Occidente radica sobre todo en valores tradicionales: se le valora por la idiosincrasia estilística de sus películas de género, más aún si las impregna de fuerza melodramática, como hizo en la que resultó ganadora en Venecia en 1997, *Hana-bi. Flores de fuego*. No obstante, la obra de Takeshi se muestra más personal en su faceta más despreocupada, como en su farsa de 1995, *Getting Any?*, que fue malinterpretada con enorme malevolencia, o en un largometraje que resultaba atrayente por su tono demencial, *Takeshi's* (2005). Aunque ya había mostrado todo su potencial en 1993, con *Sonatine*, cuyo aspecto de cine de autor y película de gánsteres conlleva un lado más simpático de serenidad contemplativa, junto a diversos estallidos de brutal experimentación. No se trata sólo de un filme sobre hombres que juegan –se centra en un grupo de inútiles miembros de la *yakuza* (liderados por el gran bromista Takeshi) que matan el tiempo inventando juegos en una playa–, sino que, en realidad, explora todas las oportunidades que da el cine para jugar con ese «gran tren eléctrico» del que hablaba Orson Welles. Takeshi ilustra esta idea de manera magistral con luchadores. Empieza con muñecos de papel que se mueven con los dedos y luego los lleva a tamaño natural y los hace saltar en la arena igual que los muñecos lo hacían sobre una mesa, gracias al maravilloso invento de la fotografía tomada a intervalos fijos y a una dedicación impresionante, volcada en dar vida a las visiones más extravagantes.

Christoph Huber

Fecha 1993

Nacionalidad Japón

Director Takeshi Kitano

Reparto Takeshi Kitano, Aya Kokumai

Por qué es clave Orson Welles dijo que el cine era «el mayor tren eléctrico que haya tenido nunca un niño». Takeshi Kitano juega con él.

Escena clave **Bubby ha sido padre**
Bad Boy Bubby

SPOILER

La primera parte de la película es tan sombría que uno se pregunta si va a poder soportar tanto horror hasta el final. Un hombre de 35 años, Bubby (Hope), ha vivido confinado desde su nacimiento en una habitación en la que su madre (Claire Benito) lo trata como objeto sexual. No hay escapatoria: si abre la puerta, según le dice su madre, el aire envenenado del exterior lo asfixiará. Cuando le pregunta qué significa *asfixiar*, la madre le demuestra el significado envolviéndole la cara en papel de celofán hasta que está a punto de morir ahogado. Intrigado por la experiencia, Bubby prueba el experimento con el gato y luego con sus padres mientras éstos duermen. Los mata a los tres y se queda solo, aterrado por lo que pueda esperarlo al otro lado de la puerta. Cuando el protagonista por fin consigue superar el miedo, *Bad Boy Bubby* se convierte en una deslumbrante comedia negra, un increíble rito de iniciación en un medio desconocido y eminentemente hostil.

Es en este punto cuando la película da un giro impresionante. Tras un encuentro casual en un parque, Bubby descubre que puede hablar con los parapléjicos y ellos no sólo le entienden, sino que encuentran en él un amigo. La atónita enfermera (Johnson) que cuida a los enfermos se enamora de él, y se trata de un amor verdadero y correspondido. Mientras aparecen los créditos finales, vemos a Bubby y a su esposa jugando con el hijo de ambos en el jardín de su casa. En menos de dos horas, una cruda visión del abuso familiar se ha convertido en un canto de vida y esperanza.

Paolo Cherchi Usai

Fecha 1993

Nacionalidad Italia/ Australia

Director Rolf de Heer

Reparto Nicholas Hope, Carmel Johnson

Por qué es clave Una historia de horror y abusos se convierte en un conmovedor cuento de hadas.

Escena clave **La resurrección en el cementerio**
The Lovers

SPOILER

La muerte separa a dos amantes. El funeral de la mujer acaba de terminar, y el hombre (Wu), desesperado, se queda solo frente a la tumba. El cielo se pone gris de pronto y el viento sopla cada vez más fuerte. Entonces, empieza una tempestad surgida de la nada, de otro tiempo y la joven muerta (Young) sale del profundo y oscuro limbo. Pálida pero viva, atrapa a su amante y se lo lleva al interior de la tierra. La tempestad termina, y de la tumba salen de repente dos mariposas que revolotean jugando un poco para después perderse en el cielo.

La escena pertenece a una historia de Romeo y Julieta asiática. Los amantes pertenecen a distintas clases sociales, han intentado romper las reglas de la sociedad neoconfucionista china, pero no ha servido de nada. Es una historia tradicional que intenta justificar la jerarquía social como una fatalidad de la que sólo se puede escapar a través de la muerte. Pero, gracias al tratamiento que le da a la escena, Tsui Hark impone una lectura alternativa de la historia. Después de una hora de comedia romántica tradicional, la tempestad, el suelo que se abre y el fantasma crean una dimensión mágica. Visualmente, se acerca a las grandes visiones de directores como Gance o Murnau. El cine puede romper las reglas de la realidad y revelar las relaciones profundas existentes entre las cosas. El mensaje ha cambiado: más allá de lo humano, más allá del bien o del mal, el orden social se encuentra en contacto con el orden de toda la naturaleza.

Antoine Coppola

Fecha 1993

Nacionalidad Hong Kong

Director Tsui Hark

Reparto Charlie Young, Nicky Wu

Título original *Leung juk*

Por qué es clave Vuelve a la pantalla la imaginación libre y sin límites –como en la era de visionarios como Abel Gance y F. W. Murnau– en una secuencia legendaria.

Escena clave **El baile de la venganza** *Anjaam*

SPOILER

Poco antes de convertirse en una superestrella adorada por las amas de casa del mundo entero, Shahrukh Khan protagonizó esta fantasía musical hindi en la que interpreta a un mimado niño rico obsesionado con una hermosa azafata (Dixit), cuyo amor intenta ganarse de todas las manera posibles, incluyendo el asesinato y la autolesión. Puede que suene al típico melodrama de Bollywood sobre un acosador, y durante alrededor de una hora puede que lo parezca..., hasta que de pronto Dixit acaricia serpientes y baila entre gigantescos cristales ardiendo en un psicodélico número musical. A esto le sigue otra hora de humillaciones sin fin, antes de que, en el último tercio de la película, se cumpla la promesa de la locura. Encarcelada injustamente en una prisión-burdel, y tras haber perdido al bebé que esperaba, el personaje de Dixit se convierte en la ira de Dios (en concreto, en la diosa Durga, de manera incesante tal como nos recuerda la canción que suena de fondo a continuación). En una serie de escenas sucesivas, la protagonista cuelga al guarda de la prisión y luego le corta las venas con los dientes a su cuñado... Mientras la cámara circula cada vez con más frenesí por escenarios infernales. Sólo entonces encuentra al *playboy* encarnado por Khan y se acerca a él con una guadaña. Él está tetrapléjico, y para vengarse, lo cuida durante la rehabilitación y luego le dedica una danza de amor junto a una piscina mientras él la observa desde la silla de ruedas..., hasta que lo tira a la piscina. Khan consigue salir para dar lugar a un final perverso muy adecuado.
Christoph Huber

Fecha 1994

Nacionalidad India

Director Rahul Rawail

Reparto Madhuri Dixit, Shahrukh Khan

Por qué es clave Muchas películas prometen una locura asesina. Esta fantasía de Bollywood cumple la promesa, y por supuesto, sin olvidarse de las canciones y los bailes.

Escena clave **La caída y el ascenso del *hula-hop*** *El gran salto*

El gran salto es una sátira de los hermanos Coen sobre el sueño americano en la posguerra que no se ha valorado lo suficiente, pero merece la pena verla una vez más por la sutil utilización que hace de ciertos motivos circulares y cíclicos. Estamos a finales de la década de 1950, y el pueblerino Norville Baines (Robbins) es nombrado, sin motivo alguno, jefe de la empresa Hudsucker Industries por el maquinador vicepresidente Mussburger. La única idea de Baines está representada en un dibujo de un círculo, y su explicación es: «Ya saben... para críos». Pero Mussburger, que necesita que Baines fracase, consigue que el Consejo de Administración dé luz verde al proyecto. A partir de entonces, con la música de fondo de Aram Khachaturian y una magnífica puesta en escena, se retrata el desarrollo, fabricación, primeros fracasos para intentar venderlo y repentina fortuna del invento de Norville: el *hula-hop*.

Con un montaje y una imaginería que recuerda a veces a los clásicos soviéticos de Eisenstein y otros, los hermanos Coen conciben Estados Unidos de Eisenhower como una burocracia descomunal ansiosamente enfocada a alcanzar dinero, poder y fama, y basada en un conformismo casi totalitario. De ahí el fracaso inicial del aro –nadie tiene la visión suficiente para saber para qué sirve–, hasta que, en un ataque de enfado el dependiente de una tienda tira uno que rueda por una calle como si estuviera predestinado, y se detiene a los pies de un niño. El anónimo visionario levanta el aro con curiosidad, se lo coloca en la cintura, mueve las caderas y cambia el curso de la historia: no tarda en llegar un tropel de niños que por fin comprenden lo que está haciendo el otro y salen corriendo en estampida hacia la tienda. Son los primeros seguidores de una moda nacional que pronto se convertiría en noticia de portada. Nunca se había contado la historia de un modo tan extravagante y divertido como en este filme.
Geoff Andrew

Fecha 1994

Nacionalidad Estados Unidos

Director Joel Coen

Reparto Tim Robbins, Paul Newman, Jennifer Jason Leigh

Título original *The Hudsucker Proxy*

Por qué es clave Una impresionante e inventiva comedia, profundamente cinematográfica en el aspecto técnico y su visión creativa.

Pág. siguiente *El gran salto*.

Melanie Hamilton
AS
SERIOUS
AS
TURNER CLASSIC
TCM
MOVIES

Escena clave **Jackie le lee a Michael su libro para niños** *What happened was...*

Tristemente infravalorada desde su debut en el Festival de Sundance de 1994, *What happened was...* es una película delicada y sutil que muestra una sensibilidad especial hacia sus imperfectos personajes, que brilla como un faro en un medio dominado por la cruel humillación de los débiles, en especial de las clases más bajas. La película retrata la incómoda primera cita de Jackie (Sillas), auxiliar administrativo, y Michael (Noonan), asistente jurídico, ambos trabajadores de la misma empresa de Nueva York. La película está salpicada de silencios tensos, preguntas malinterpretadas e insinuaciones, y, más delante, de estimulante sinceridad, a medida que esta historia de «chico-encuentra-chica» nada idílica va desarrollándose durante una larga noche oscura en la que dos almas se encuentran.

Michael estudió en Harvard, Jackie es una mujer de clase trabajadora de un barrio periférico. En la escena, Jackie le cuenta a Michael que es escritora y que ya ha publicado algún libro, y se ofrece a leerle algún extracto de su obra. Él se muestra indeciso, pues si lo que escribe es malo, podría crearse una situación aún más incómoda. Sin embargo, Jackie resulta ser una autora de literatura infantil algo ingenua, pero muy estimulante, además de una gran narradora. Apaga las luces y le lee un cuento de incesto, abusos y huida. Como si se tratase de una versión femenina de Charles Bukowski (¡imaginen!) o de una especie de demonio engendrado por Sam Fuller y Judy Blume, Jackie ha creado una historia de inocencia arrebatada (la duda sobre hasta qué punto es autobiográfica no hace sino aumentar la fuerza del cuento y la estupefacción de Michael). Aunque a esta escena le sigue una revelación que, en cualquier otro contexto, habría rebajado a Jackie, Michael –y los espectadores– responde con ternura e instinto protector.

Michael Sicinski

Fecha 1994

Nacionalidad Estados Unidos

Director Tom Noonan

Reparto Tom Noonan, Karen Sillas

Por qué es clave En el contexto de este estudio del autoengaño y las diferencias de clase, la escena brinda a su protagonista femenina un desgarrador momento de dignidad y orgullo.

Acontecimiento clave **El nacimiento de Turner Classic Movies**

Turner Classic Movies se puso en marcha con una premisa muy sencilla: que sirviese de escaparate para un gigantesco catálogo de fondo, y se convirtiera en competidor de American Movie Classics, que entonces dominaba el mercado (aunque desde entonces ha empeorado mucho). Pero, casi de manera inmediata, hizo que Ted Turner –hasta ese momento abanderado de horribles producciones coloreadas y con el dañino sistema pan-and-scan– pasara de ser un villano del cine a un amigo de los cinéfilos. Eso sin mencionar lo que significó para el vivaz contador de historias Robert Osborne, cuyos comentarios sobre las películas que emite el canal han hecho que muchas otras emisoras llegaran a la conclusión de que el cine era algo en lo que merecía la pena pensar.

Eso no significa que TCM fuera el campo de cultivo de la crítica cinematográfica revolucionara. La selección de la cadena –como da a entender su nombre– se basa sobre todo en la idea institucionalizada de lo que es el cine de calidad, y los comentarios de Osborne son, básicamente, chismorreos de Hollywood. Pero el buen nivel de la cadena, junto con las dificultades que conllevan 24 horas de emisión, dan como resultado una buena selección de películas que incluye cine mudo, obras en otros idiomas y curiosidades históricas.

TCM fue importante para la popularización del sistema letterbox (películas en pantalla ancha, con dos franjas negras en la parte superior e inferior, pero una mejor imagen), las emisiones ininterrumpidas y otras costumbres que se consideraban demasiado audaces. En 2003, se alcanzó un gran hito cuando el gran dinosaurio de los vídeos de alquiler Blockbuster anunció que daría preferencia al sistema letterbox en detrimento de la pantalla completa.

La constante defensa de la calidad de las emisiones de TCM fue un paso importante en la inesperada popularización del consumo doméstico de cine de calidad.

Tim Cavanaugh

Fecha 1994

Por qué es clave Popularizó la cinefilia.

Pág. anterior Presentación de Turner Classic Movies

Película clave *Satantango*
El médico bebe hasta perder el conocimiento

Hacia el minuto 75 del metraje de *Satantango* (una comedia negra en blanco y negro, de 450 minutos de duración, ambientada en un paraje de la Hungría rural en el que todos los habitantes son unos sinvergüenzas, todo es monstruoso y nunca deja de llover), comienza una hora durante la que película se centra en un corpulento doctor (Berling) que la mayor parte del tiempo está solo. Durante la primera mitad de ese prolongado tramo del filme, rodada en muy pocas tomas, el personaje está sentado en su casa, bebiendo coñac hasta alcanzar el sopor etílico, cuando no está espiando a sus vecinos con unos prismáticos y apuntando minuciosamente y sin ningún objetivo cada uno de sus movimientos, o hablando mal a una mujer que pasa por allí a llevarle comida. En cierto momento, le vemos incluso quedarse dormido y roncar; en otro, se cae al suelo y pierde el conocimiento. Aparte de eso, lo único que hace es beber y beber, servirse más coñac y hablar entre dientes. De algún modo, el director Béla Tarr y el guionista László Krasznahorkai, que adapta su propia novela, consiguen que nos quedemos fascinados ante el profano espectáculo.

Por el contrario, la segunda mitad de la secuencia –cuando el doctor se queda sin coñac y tiene que salir entre la lluvia y el barro a comprar más– está cargada de acción. Sin embargo, lo que es divertido de la primera mitad, gracias sobre todo a la interpretación de Berling (más conocido por su trabajo con Rainer Werner Fassbinder), es la demostración del tremendo esfuerzo que puede requerir para ese hombre tan gordo el simple hecho de emborracharse. El proyecto se convierte casi en una gesta heroica, propia de Samuel Beckett.
Jonathan Rosenbaum

Fecha 1994

Nacionalidad Hungría/ Alemania/Suiza

Director Béla Tarr

Actor Peter Berling

Título original *Sátántangó*

Por qué es clave En esta larga y artística secuencia en la que no pasa prácticamente nada, vemos lo difícil que puede resultar emborracharse.

Diálogo clave **El monólogo del reloj**
Pulp Fiction

En un momento dado de la película de Quentin Tarantino *Pulp Fiction*, el capitán Koons (Walken) le entrega un reloj a Butch, el niño que luego se convertirá en el boxeador al que da vida Bruce Willis. Koons explica que el reloj perteneció al padre de Butch y que se compró «durante la primera guerra mundial en una tienda pequeñita de Knoxville, Tennessee... Era el reloj de guerra de tu bisabuelo». El reloj, según nos cuenta Koons, perteneció más tarde al abuelo de Butch, fallecido en la segunda guerra mundial, y luego al padre de Butch, que murió en un campo de prisioneros de Vietnam, donde también estuvo preso Koons. En nuestra cultura, el reloj que un hijo hereda de su padre es un objeto de gran importancia, pues representa el falo que pasa de generación en generación, de patriarca en patriarca. La historia de este reloj en particular es también la historia de Estados Unidos a lo largo del siglo XX, desde la primera guerra mundial a Vietnam. Sin embargo, por mucho que lo carguemos de simbolismo, el falo no es ni más ni menos que un pene, ese apéndice anatómico que el macho ve como la encarnación de su superioridad frente a la hembra.

Haciendo uso de ese trasfondo de homoerotismo que surge en su trabajo de manera tan frecuente, Tarantino pone en boca de Koons la verdadera naturaleza de dicho simbolismo, al contarle a Butch que su padre tuvo que esconder el reloj «en el único lugar en que podía... su culo. Cinco largos años llevó este reloj metido en el culo. Luego, antes de morir de disentería me dio el reloj, oculté este incómodo trozo de metal en mi culo durante dos años... Y ahora, jovencito, te entrego a ti el reloj».

Para Tarantino, la mejor manera de representar el patriarcado es a través la imagen de varios hombres que se colocan un sustituto del pene en su culo.
Brad Stevens

Fecha 1994

Nacionalidad Estados Unidos

Director Quentin Tarantino

Reparto Christopher Walken

Por qué es clave En esta escena encontramos al mejor Tarantino.

Pág. siguiente *Pulp Fiction*.

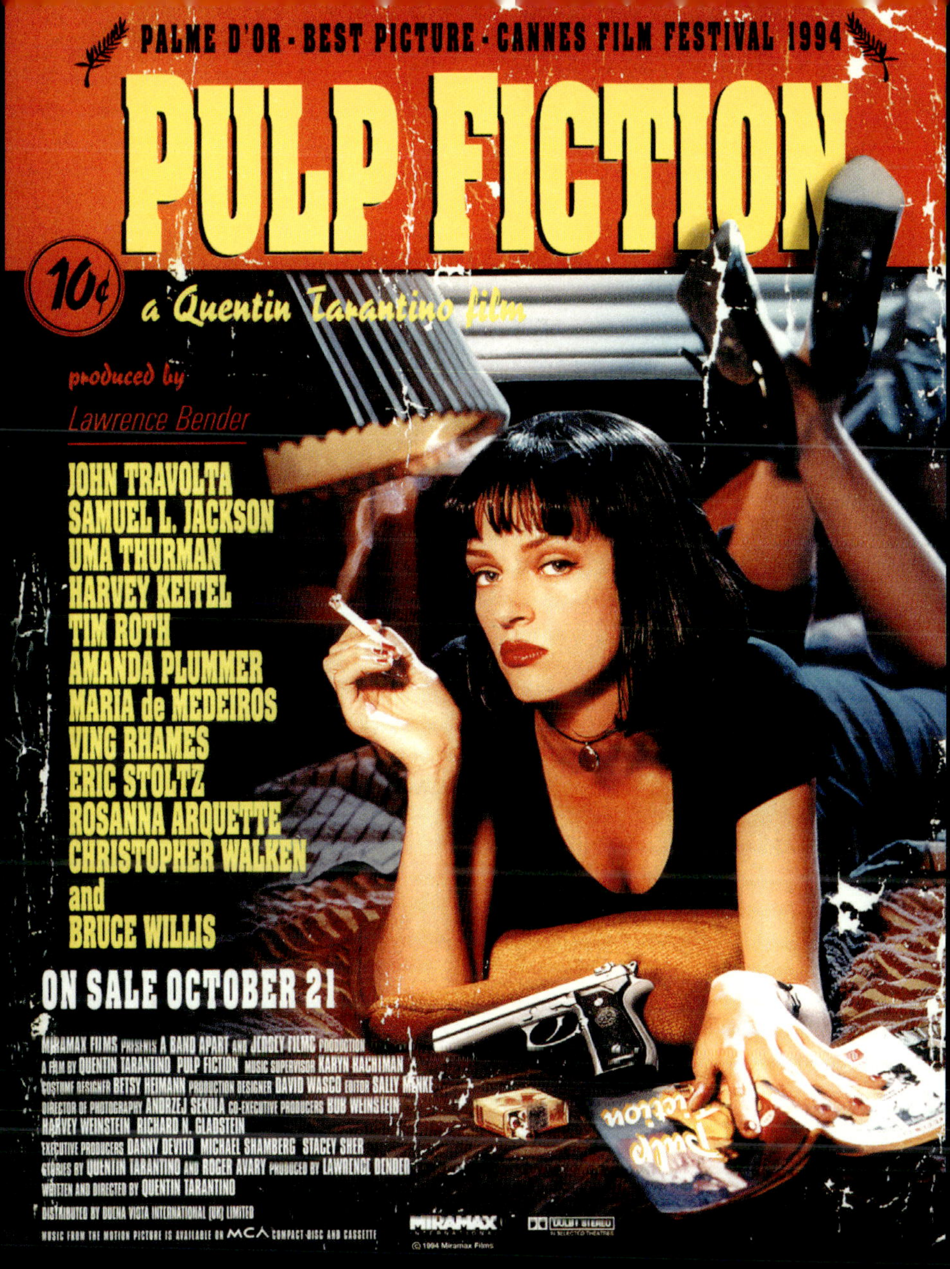
PALME D'OR - BEST PICTURE - CANNES FILM FESTIVAL 1994
PULP FICTION
10¢
a Quentin Tarantino film
produced by
Lawrence Bender
JOHN TRAVOLTA
SAMUEL L. JACKSON
UMA THURMAN
HARVEY KEITEL
TIM ROTH
AMANDA PLUMMER
MARIA de MEDEIROS
VING RHAMES
ERIC STOLTZ
ROSANNA ARQUETTE
CHRISTOPHER WALKEN
and
BRUCE WILLIS
ON SALE OCTOBER 21
MIRAMAX FILMS PRESENTS A BAND APART AND JERSEY FILMS PRODUCTION
A FILM BY QUENTIN TARANTINO PULP FICTION MUSIC SUPERVISOR KARYN RACHTMAN
COSTUME DESIGNER BETSY HEIMANN PRODUCTION DESIGNER DAVID WASCO EDITOR SALLY MENKE
DIRECTOR OF PHOTOGRAPHY ANDRZEJ SEKULA CO-EXECUTIVE PRODUCERS BOB WEINSTEIN
HARVEY WEINSTEIN RICHARD N. GLADSTEIN
EXECUTIVE PRODUCERS DANNY DEVITO MICHAEL SHAMBERG STACEY SHER
STORIES BY QUENTIN TARANTINO AND ROGER AVARY PRODUCED BY LAWRENCE BENDER
WRITTEN AND DIRECTED BY QUENTIN TARANTINO
DISTRIBUTED BY BUENA VISTA INTERNATIONAL (UK) LIMITED
MUSIC FROM THE MOTION PICTURE IS AVAILABLE ON MCA COMPACT DISC AND CASSETTE
MIRAMAX INTERNATIONAL
© 1994 Miramax Films

Escena clave **May Lin camina por un parque**
Vive l'amour

La película de Tsai Ming-liang *Vive l'amour* termina con una secuencia de 11 minutos en la que vemos a May Ling (Yang) entrar a un parque en construcción, sentarse en un banco y, en la imagen final, que dura nada menos que seis minutos, llorar. El motivo del llanto de May, aunque nunca se explica de manera explícita, se da a entender con bastante claridad en las escenas en las que la vemos caminando por el parque. Como ocurre con muchas otras películas ambiguas –en la obra de Jacques Tati *Playtime* (1967) o en la de Michelangelo Antonioni *La aventura* (1960)–, en las que se nos pide que aceptemos un enfoque narrativo que no nos resulta familiar, lo que en un principio nos parece escaso y monótono, en cuanto comprendemos el «lenguaje» del director, adquiere riqueza y emoción, una gran riqueza donde antes sólo habíamos visto pobreza. Cuanto más se ve esta secuencia, más obvio resulta que todos los aspectos de la puesta en escena de Tsai están relacionados con el estado emocional de May: el globo que flota en soledad, los árboles sin hojas (algunos rodeados de una valla protectora), las zonas acordonadas, los bloques de apartamentos en un segundo plano del encuadre, el agua llena de lodo, los montones de tierra, el sonido del viento acompañado por el crujido de los zapatos de May, la casi completa ausencia de hierba (visible sólo al fondo), los colores llamativos o los otros peatones. Todos esos detalles se combinan para crear un retrato más profundo e intenso de lo que le pasa a May por la cabeza, y nos brinda más información de la que jamás podría aspirar a darnos ningún diálogo. El paisaje sirve como externalización y contexto del aislamiento y la alienación del personaje.
Brad Stevens

Fecha 1994

Nacionalidad Taiwán

Director Tsai Ming-liang

Reparto Yang Kuei-mei

Título original *Aiqing wansui*

Por qué es clave Esta escena demuestra cómo la imaginería visual puede revelar estados emocionales de los personajes.

Personaje clave **Brigitte Lin**
Chungking Express

Cuando Wong Kar-wai eligió a Brigitte Lin como protagonista de *Chunking Express*, la actriz gozaba ya de fama internacional gracias al personaje de sexo cambiante Master Asia de la saga de Tsui Hark *Swordsman*. Aquí encarna a otro personaje disfrazado, atrapado entre Oriente y Occidente: una mujer china con peluca rubia, gafas de sol (aun en mitad de la noche), una gabardina con cinturón y zapatos de tacón alto.

Lin se convierte en un símbolo del inverosímil espacio creado por la película (tanto la ciudad como su estado de ánimo). Con la peluca rubia, Wong toma prestada una de las imágenes más predecibles de Occidente y la transforma en un icono de cinematografía pura. Cuando Lin apunta con su pistola, estirando el brazo derecho, evoca imágenes del Hollywood clásico: *El demonio de las armas* (1950), *Bonnie and Clyde* (1967)...; cuando se aleja caminando después de su último asesinato, su silueta recuerda a una famosa toma de *Agente especial* (1955). Es la mujer letal, es Marilyn, Madonna y Barbara Stanwyck, envueltas en un halo de amenaza seductora. Sin embargo, como fetiche es un bien desechable; mientras ella corre por las calles de la ciudad, su jefe y amante occidental se acuesta con otra mujer china con peluca.

Wong crea una nueva mitología que resurgirá en *Fallen Angels* y en otras cintas chinas como *Suzhou River* (Lou Ye, 2000) o *Shopping for Fangs* (Quentin Lee y Justin Lin, 1997). La presencia de Lin se define a través de sus cuervas, mientras escapa de los protagonistas y de los espectadores. Cuando por fin se quita la peluca aparece otro elemento cinematográfico tremendamente tentador, una melena de cabello negro asiático «de verdad», y además a cámara lenta, con el estilo de la parafernalia de Master Asia.
Bérénice Reynaud

Fecha 1994

Nacionalidad Hong Kong

Director Wong Kar-wai

Título original *Chung hing sam lam*

Por qué es clave
Una mujer rubia corriendo para seguir con vida se convierte en el símbolo del choque de China con la posmodernidad.

Pág. anterior *Chungking Express*.

Escena clave **Galería de rostros que nos miran** *Un animal, des animaux*

Más conocido por *Ser y tener* (2002), se podría decir que Philibert es el secreto mejor guardado del cine francés y uno de los maestros por descubrir del cine contemporáneo. Este documentalista posee una gran habilidad para conseguir que los personajes transmitan una extraordinaria sensación de confianza e intimidad, ya sean alumnos, padres y profesores de un colegio; los internos y el personal de un hospital psiquiátrico o unas personas sordas. Las películas de Philibert son, al mismo tiempo, humanas, poéticas y profundas, aunque alegremente, filosóficas. *La ciudad Louvre* es una obra maestra de una hora de duración en la que se relatan los tres años de restauración de la galería de zoología del Museo Nacional de Historia Natural de París, cerrada durante treinta años y ahora transformada en una extraña arca con todas las criaturas (muertas), grandes y pequeñas.

Sin comentarios o narración de ningún tipo, Philibert se limita a observar –aunque el término es engañoso si tenemos en cuenta el cuidado de sus encuadres y el montaje– a todos los que investigan, reparan, transportan y colocan los animales disecados que se van a exponer. Philibert le otorga al filme cierto aire surrealista, con las imágenes de una máquina de demolición golpeando una pared o aquellas en las que se ahuecan las plumas de los periquitos, se cepilla a los cocodrilos, se vacían las pieles de las focas, se pasa la aspiradora a los hipopótamos y se envuelve en plástico protector a elefantes, jirafas y rinocerontes. Mientras, los expertos hablan en su jerga críptica, preguntan cuántas mariposas *Heliconius* pueden caber en una vitrina o hacen un pedido de buitres por teléfono. Pero es la última escena, con una variada fauna que incluye desde un búho a un tigre que nos mira fijamente con ojos vidriosos, la que nos hace comprender el mensaje de que somos simple carne en movimiento, y que todo lo demás no es más que una ilusión.
Geoff Andrew

Fecha 1994

Nacionalidad Francia

Director Nicolas Philibert

Por qué es clave
Es un momento divertido y esclarecedor de una de las pocas películas que realmente nos hacen pensar en lo que significa estar vivos.

Escena clave **El final** *A través de los olivos*

SPOILER

No hay muchas películas que nos hagan escudriñar la pantalla para descifrar lo que ocurre al fondo de la imagen. Pero eso es precisamente lo que hace Kiarostami en la conclusión de *A través de los olivos*, cuando vemos a Hossein (Rezai) en la distancia, andando a toda prisa entre los árboles hasta alcanzar a Tahereh (Ladanian), según deducimos, para pedirle que se case con él. Pero no oímos nada de lo que se dicen y no conseguimos saber por qué Hossein vuelve solo a su punto de partida. Lo único que tenemos es la prueba de que durante toda la película dentro de la película, Tahereh se ha negado a hacerle el menor caso. ¿Quiere decir eso que el final confirma el pesimismo de lo que ya sabemos (el pasado), o que afirma el optimismo de la sorpresa (el futuro)? A menudo se identifica la obra de Kiarostami con una estética neorrealista, una ventana al mundo sin adornos, un retrato de las cosas comunes tal y como se muestran ante nuestros ojos. Pero este final (al igual que todos los de Kiarostami) es más bien una gran aparición, un verdadero acontecimiento, y no tanto una escena documental. Este aspecto visionario se subraya justo antes de ese plano final «entre los árboles» de 3 minutos y 45 segundos de duración cuando Hossein sale de plano y el director de la película (Ali Keshavarz) ocupa su lugar. Mira a su alrededor, para contemplar a escena, para ser testigo de ella, pero también, en cierto sentido, para darle vida graciasa la magia de su deseo.
Adrian Martin

Fecha 1994

Nacionalidad Irán

Director Abbas Kiarostami

Reparto Hossein Rezai, Tahereh Ladanian, Mohammad Ali Keshavarz

Título original *Zir-e darakhatan-e zeyton*

Por qué es clave
Esta escena subraya el aspecto visionario de la obra de Kiarostami.

Pág. siguiente *A través de los olivos.*

Escena clave **En la segunda parte, surgen formas simétricas** *Chartres Series*

Inspirada en una visita a la catedral de Chartres, esta película captura de forma magnífica los haces de luz que cruzan la aterradora oscuridad de la catedral, procedentes de las vidrieras. En contra de la objetividad clínica pero falsa del documental sobre arte, con sus primeros planos estériles, la visión de Brakhage encuentra una metáfora para la idea de la luz a través del espacio e incide en la conciencia mediante formas coloreadas cambiantes y orgánicamente irregulares. Como otras formas que aparecen en sus otras películas pintadas a mano, no son ni mucho menos tan regulares como las de la propia catedral. En la segunda sección hay una serie de formas orgánicas situadas un poco a la izquierda del centro, pero perfectamente simétricas de izquierda a derecha (una simetría que se consiguió a través de la impresión óptica). Esta secuencia acaba desembocando en las mayores simetrías de la cuarta parte de la película, en la que podemos ver unas columnas paralelas situadas lado con lado. A lo largo de la cinta se consigue un equilibrio entre la visión orgánica de Brakhage, que pone de relieve los cambios y lo impredecible, y los diseños repetitivos de la arquitectura gótica. Según dijo él mismo una vez, Brakhage odiaba la simetría; decía que representaba todas las formas fijas y predeterminadas que atrapaban la luz e interrumpían el fluir natural de su visión. En esta película resulta casi aterrador ver todas esas formas orgánicas reflejadas con tanta precisión y convertidas en líneas que recuerdan a las de una catedral.
Fred Camper

Fecha 1994

Nacionalidad Estados Unidos

Director Stan Brakhage

Por qué es clave
La simetría representa las estructuras fijas contra las que siempre luchó Brakhage, igual que lo hace aquí.

Escena clave **Contratar a una empleada de hogar** *La ceremonia*

SPOILER

Lo que sucede en los primeros segundos de metraje de *La ceremonia* es algo revelador y vital para la película, pero se trata de uno de esos momentos fugaces que uno no detecta, ni puede detectar hasta que el filme ha terminado. Claro que es posible que para entonces ya haya quedado en el olvido.

Una mujer (Bonnaire), una diminuta figura vista en un plano general, se detiene frente a un bar, mira la puerta y se da la vuelta para preguntar a alguien que pasa. El hombre le señala el otro lado de la calle. La mujer va hacia allí y entra en un café, donde la espera otra mujer (Bisset). Hemos visto la escena desde dentro del café, desde la perspectiva de la segunda mujer. Nuestro punto de vista es el suyo, un punto de vista que *La ceremonia* acabará condenando. Pero no es ése el detalle revelador.

La mujer del café es Catherine Lelièvre, un ama de casa burguesa y propietaria de una galería, y está allí para entrevistar a Sophie Bonhomme para el puesto de empleada de hogar. Catherine es amable y Sophie es formal; las dos mujeres, vestidas con estilo profesional, parecen estar en igualdad de condiciones. Pero, en realidad, no es así. La trama de este *thriller* se estructura a partir de las consecuencias del analfabetismo de Sophie. Ha de preguntar en la calle porque no sabe leer los carteles y, por tanto, no puede distinguir el ba del café.

Chabrol echa por tierra el concepto de *revelación*, quitándoselo de en medio desde el comienzo. Es el primer detalle solapado de una película de una sutil radicalidad.
A. S. Hamrah

Fecha 1995

Nacionalidad Francia

Director Claude Chabrol

Reparto Sandrine Bonnaire, Jacqueline Bisset

Título original
La cérémonie

Por qué es clave Chabrol revela el secreto de la película en los primeros cinco segundos.

Escena clave **Cruzar la línea** *Wild Side*

Durante algún tiempo, el cineasta de origen escocés Donald Cammell fue sólo una nota trágica de la historia del cine, pues había dirigido, junto a Nicolas Roeg, el clásico de culto *Performance*, que en 1970 había levantado una gran controversia. La obra siguiente de Roeg, que utilizaba similares técnicas de montaje elíptico, atrajo bastante la atención, mientras que el resto de la carrera de Cammell, que constó de sólo tres películas más, no fue debidamente apreciada. A primera vista las películas de Cammell parecen más convencionales, pero las rarezas se esconden en cada rincón de su visionaria y absurda fantasía titulada *Engendro mecánico*, de 1977, y de su obra de 1987, *The White Eye*, una temprana incursión en el género de los asesinos en serie que tanto se prodigaría poco después, aunque no se parece a ninguna de las que la siguieron: es fría, febril y desigual, lo que hace que resulte aún más inquietante. Esta irritante inestabilidad alcanzó su punto máximo en *Wild Side*, de 1995, cuyos productores, Nu Image, cortaron de forma drástica el montaje para que encajara en el molde del *thriller* erótico que solía emitir la televisión por cable (algo que sin duda contribuyó al suicidio de Cammell un año después). En el año 2000, su amigo y montador Frank Mazzola se encargó de restaurar la obra. En la versión completa, resulta sobrecogedora la constante y peculiar tensión entre la locura, la hilaridad y el lirismo, en gran parte gracias a la magistral interpretación del financiero Bruno Buckingham llevada a cabo por Christopher Walken, una interpretación que trasciende la mera actuación. En un momento determinado de una discusión, Walken grita algo que suena a: «Has cruzado la línea de Bruno», pero el lógico miedo que se refleja en el rostro de su oponente sugiere que es el propio Walken el que ha traspasado una línea y se ha convertido en su personaje. Entonces, parece capaz de todo, incluso de lo peor.

Christoph Huber

Fecha 1995

Nacionalidad Estados Unidos

Director Donald Cammell

Reparto Christopher Walken, Steven Bauer

Por qué es clave Durante mucho tiempo sólo se valoró a Donald Cammell como el codirector de la película de culto *Performance*, aunque toda su corta filmografía es fascinante. En *Wild Side*, Walken trasciende la interpretación y hace que sus amenazas parezcan reales.

Escena clave **Charlene avisa a Chris para que huya** *Heat*

En el cine de Michael Mann, la ubicación de la cámara es más crucial que los planos individuales. Mann es aficionado a los planos maestros o de situación –que abarcan toda o gran parte de la escena, por lo general con una cámara móvil–, y luego rompe ese plano maestro con varias tomas insertadas más detalladas. Pero si esta «continuidad intensificada» y la abundante «cobertura» recuerdan el estilo derivado de la televisión que se utiliza en el Hollywood contemporáneo, se debe matizar que lo que hace Mann es especial. En efecto, crea zonas o espacios perfectamente separados dentro de la misma escena, lo que multiplica los planos maestros que se necesitan y las posibles combinaciones de montaje.

La escena de *Heat* en la que Charlene (Judd), que ha caído en una encerrona con la que la policía pretende pescar a su cómplice Chris (Kilmer), aprovecha el único momento del que dispone para avisarle con una mirada y con un movimiento de mano casi insignificante, podría parecer sencilla sobre el papel, pero en la pantalla el efecto es monumental. Alrededor de Charlene hay varias personas, cada una de ellas esperando con ansiedad a que ésta se decida a identificar a Chris. Es este efecto pecera, que se resalta con numerosas superficies reflectantes, lo que intensifica la toma insertada del primer plano de su mano, un momento decisivo para la trama. Cuando casi estaban unidos, Charlene y Chris tienen que volver a separarse: su único vínculo a partir de ahora será un conmovedor dueto de primeros planos intercalados.

Adrian Martin

Fecha 1995

Nacionalidad Estados Unidos

Director Michael Mann

Reparto Ashley Judd, Val Kilmer

Por qué es clave El uso que hace Mann del espacio convierte un pequeño gesto en un momento decisivo e intenso.

Acontecimiento clave **La publicación del libro *Unthinking Eurocentrism***

La obra de Ella Shohat y Robert Stam *Unthinking Eurocentrism: Multiculturalism and the Media* (publicado en España con el título de *Multiculturalismo, cine y medios de comunicación*) expone la importancia del poder del «norte» sobre el «sur» y de Occidente sobre Oriente en las interpretaciones de la alteridad. Centrándose en cuestiones de representación, el libro muestra cómo el arte y la ideología occidentales han reprimido el pluralismo cultural dando validez a ciertas narrativas y suprimiendo otras.

Con abundantes y varias pruebas a lo largo de la historia del cine occidental, *Unthinking Eurocentrism* ofrece una crítica sistemática de la representación tendenciosa que se hace de las culturas no occidentales y aboga por una nueva didáctica de los medios de comunicación más diversa. Shohat y Stam, dos profesores de universidad afincados en Nueva York, insisten en que deberíamos acabar con las interpretaciones eurocentristas ya consolidadas analizando críticamente las representaciones que se hacen en Occidente de lo exótico y de lo foráneo. Sólo de esta manera será posible acabar con la visión del mundo como un lugar en el que hay una cultura superior y muchas inferiores («Occidente y el resto», según la expresión del estudioso de la cultura Stuart Hall), y sustituirla por una manera nueva y más progresista de entender el mundo como un lugar en el que coexisten múltiples entidades sin ningún orden jerárquico, pues todas son igualmente significativas.

Dina Iordanova

Fecha 1994

Por qué es clave Esta obra critica la representación tendenciosa que se tiene de las culturas no occidentales y defiende una nueva didáctica de los medios de comunicación a partir de una visión multicultural.

Escena clave **Los futuros amantes bailan juntos** *Los puentes de Madison*

Este momento mágico de la película llega de manera inesperada hacia la mitad del metraje, después del segundo encuentro de Francesca Johnson (Streep) y Robert Kincaid (Eastwood). Han estado juntos en el campo, mientras él hacía fotos a los puentes cubiertos, y ahora se disponen a cenar en casa de Francesca, cuando llama por teléfono una vecina algo chismosa y entrometida llamada Madge. Mientras habla con ella sobre él, un fotógrafo cuya presencia ha despertado curiosidad en el pueblo («¿Un *hippy*? No, no lo sé. ¿Es ése el aspecto de un *hippy*?», responde Francesca a un comentario que no oímos), Francesca le acaricia el hombro en un gesto de cariño (él está sentado a la mesa, dándole la espalda). Robert pone la mano encima de la de ella y la mantiene sobre su hombro. Cuando ella por fin cuelga el teléfono, Robert se pone en pie y se ponen a bailar al ritmo de una versión de Johnny Hartman de la canción de Dietz y Schwartz «I See Your Face Before Me». Parecen suspendidos en el tiempo, flotando, envueltos el uno en el otro en mitad del espacio, como si se encontraran juntos en una burbuja de cariño que los aísla del resto del mundo. Entonces él le susurra: «Si no quieres que siga, dímelo ahora», y una serie de encadenados –muy poco frecuentes en el cine moderno, aparte de en las películas de Víctor Erice– muestran cómo continúan bailando, lenta y placenteramente, mientras la música gira a su alrededor. La cámara se acerca un poco más, al tiempo que también ellos se acercan cada vez más el uno al otro: se miran, se sonríen, se besan y se abrazan. Son ya una pareja, y lo seguirán siendo después de que acabe la canción (que, se supone, sale de la radio).

Miguel Marías

Fecha 1995

Nacionalidad Estados Unidos

Director Clint Eastwood

Reparto Clint Eastwood, Meryl Streep

Título original *The Bridges of Madison County*

Por qué es clave Plasma, como lo han hecho muy pocas películas, lo que significa enamorarse.

Pág. anterior *Los puentes de Madison*.

Escena clave **Un agujero en la cabeza** *Rápida y mortal*

Rápida y mortal, con su heroína pistola en mano (Sharon Stone), sigue de algún modo la tradición de *Johnny Guitar* (1954), pero está aún más estrechamente relacionada con los *westerns* italianos de Sergio Leone. Es un puro juego de malabares, casi abstracto, una mezcla de humor cursi y exagerado, emoción intensa y un majestuoso sentido de la forma cinematográfica. Apenas toca temáticas complejas sobre la ley y la moralidad, tan habituales en el género; básicamente, se compone de un puñado de tiroteos en la calle principal de un pequeño pueblo del Oeste, unidos como una suerte de contienda que se libra entre los exaltados y los oportunistas que se hallan allí reunidos. Y una vez se desatan los enfrentamientos, todo se vuelve estilizado: los ángulos de cámara se tornan mucho más extraños, el montaje se acelera, la banda sonora amplifica cada respiración, el movimiento de la ropa y hasta el zumbido de un mosquito. La creatividad de Raimi no se concentra en los personajes ni en sus dramas emocionales, sino en los repentinos momentos de violencia, de sangre derramada, en los fragmentos de acción melodramática, de comedia grotesca con cuerpos encorvados, escupiendo, cayendo o siendo derribados por una bala a cámara lenta. Raimi es uno de esos directores para los que el cine es esencialmente un juego, un espectáculo exhibicionista. El efecto más salvaje llega cuando el malvado capitalista Herod (Hackman) interrumpe su perorata de cacique («¡Aquí mando yo! ¡Yo decido quién vive y quién muere!») para matar a Clay (David): le hace un enorme agujero (sin sangre) en la cabeza que permite a Raimi encuadrar a su villano a través del agujero.

Adrian Martin

Fecha 1995

Nacionalidad Estados Unidos

Director Sam Raimi

Reparto Gene Hackman, Keith David

Título original *The Quick and the Dead*

Por qué es clave
Es el efecto más salvaje en todo un despliegue de creatividad y acción estilizada.

Pág. siguiente *Rápida y mortal*.

Escena clave **A punto de ver una película legendaria** *La mirada de Ulises*

Un director cansado de la vida, A. (Keitel), viaja por los turbulentos Balcanes de los noventa con la intención de encontrar una película perdida de los hermanos Manaki, pioneros del cine de la región. El sinuoso viaje lo lleva a un Sarajevo azotado por la guerra, donde encontrará al conservador de la filmoteca local, Ivo Levi (Josephson), que conoce el secreto para descubrir el contenido de esos rollos de película sagrados. En medio de una devastación apocalíptica, los dos hombres se reúnen en un sótano, impacientes por que llegue el momento en el que podrán revivir las vidas de aquéllos cuyas imágenes perdidas volverán a verse proyectadas en la pantalla. Es un momento de extraordinaria calma: después de haberse encontrado por fin, los dos hombres están tranquilos porque, según parece, ahora tendrán todo el tiempo del mundo para estar juntos y charlar. Pero la escena provoca dudas sobre la posibilidad de utilizar archivos antiguos para satisfacer las necesidades intelectuales del presente.

Durante la hora siguiente, el conservador morirá asesinado en las calles sin ley y A. se quedará solo, observando las imágenes que brillan en la pantalla de una unión pacífica e inocente. Pero esas secuencias tan reverenciadas ya no importan. El viejo conservador ha despertado el recuerdo de una feliz coexistencia de diferentes culturas, que quedó grabada en unas películas largo tiempo perdidas. Pero ahora, en medio de la guerra y la destrucción, ese recuerdo de felicidad está irremisiblemente perdido, del mismo modo que aquellos a los que tanto les importaba han sido destruidos. Recuperar las imágenes que dan prueba de una convivencia pasada no cura la intolerancia del presente.

Dina Iordanova

Fecha 1995

Nacionalidad Grecia/Alemania/Reino Unido/Francia/Italia

Director Theo Angelopoulos

Reparto Harvey Keitel, Erland Josephson, Maia Morgenstern

Título original *To vlemma tou Odyssea*

Por qué es clave
Esta escena condensa el deseo y la futilidad de recuperar el pasado a través de imágenes grabadas.

LIGHT
BUS
YAMAHA

Escena clave **La calidez de un cuerpo en una moto al amanecer** *Fallen Angels*

SPOILER

El romanticismo pop de vanguardia del período de juventud urbana de Wong Kar-wai alcanzó grandes cotas de elocuencia abstracta en esta serenata nocturna de gánsteres, descaradamente estilizada, un retrato de acción con lluvia y neones. Ambientada de noche y rodada por Christopher Doyle, en su mayor parte con gran angular, *Fallen Angels* es una ensoñación cinética, un sueño de luz y movimiento que se despierta en un momento de trascendencia agridulce.

En la penúltima escena del filme, dos desconocidos perdidamente enamorados se encuentran juntos en una cafetería durante una fría noche de invierno. Ella (Reis), la agente de un matón, está fumando con nerviosismo y jugando con la comida. De una reyerta que comienza de forma inesperada detrás de ella, aparece manchado de sangre el joven sordomudo interpretado por Takeshi Kaneshiro. Se dan la espalda, pero ambos han detectado la presencia del otro.

Wong no muestra el momento del contacto y, cuando suenan las primeras notas temblorosas del «Only You», de The Flying Pickets, corta a una imagen que ya hemos visto antes: la moto de Kaneshiro avanzando como una flecha entre el tráfico y entrando en un túnel. El muchacho está con Reis, ella tiene el cuerpo pegado a él y la cabeza apoyada en su hombro. Una voz en *off* nos revela que hace tiempo que no estaba tan cerca de un hombre. «El camino no fue tan largo», dice, «y yo sabía que tendría que bajarme pronto, pero en ese momento sentí tanta calidez».

Esta escena está teñida de la melancolía de lo efímero, presente en todos los trabajos de Wong. En otro momento, Kaneshiro suelta una bocanada de humo que sube flotando y se evapora. La cámara sube poco a poco hacia el cielo: la luz del amanecer se abre paso entre los rascacielos de Hong Kong. Es el último plano de la película y la primera imagen del día. Dennis Lim

Fecha 1995

Nacionalidad Hong Kong

Director Wong Kar-wai

Reparto Takeshi Kaneshiro, Michele Reis

Título original *Duo luo tian shi*

Por qué es clave
Este precioso final ilustra perfectamente la paradoja de la melancólica visión del mundo de Wong Kar-wai: cuanto más feliz es un momento, más triste es.

Pág. anterior *Ángeles caídos*.

Escena clave **La protagonista acaba aislada** *Safe*

SPOILER

«Bien... Estoy bien... Está bien...». Una palabra tan insulsa como *bien* es una de las preferidas de Carol White (Moore), un ama de casa de clase media-alta que parece perfectamente instalada en la comodidad y la seguridad de su chalet de barrio residencial. Pero las cosas empiezan a no estar tan bien cuando contrae una misteriosa enfermedad que deja cada vez más desconcertados a sus médicos a medida que los síntomas van haciéndose más graves.

Lo más que alcanzan a decir es que tiene alguna «enfermedad ambiental», causada por la mezcla de toxinas y contaminantes de todo tipo que invaden cada rincón de las ciudades modernas. ¿Es una enfermedad real? El tono de la película sugiere que la respuesta no importa; para Carol es real, y en el mundo ensimismado de hoy, la frontera entre la realidad y la fantasía se ha visto difuminada de un modo irremediable.

Carol recobra un poco de esperanza cuando descubre un centro de salud *new age* que promete a sus residentes un entorno ultrahigiénico (y ultravacío de espíritu). Poco después de trasladarse allí, ve una extraña figura en la distancia, un hombre que, huyendo de impurezas, ha acabado viendo el mundo a través de una máscara antigás y viviendo en un refugio esterilizado. En el momento en que vemos ese iglú de alta tecnología, imaginamos que es ahí donde acabará Carol, en su búsqueda del aislamiento total. En lugar de buscar la plenitud ampliando sus experiencias, Carol ha elegido despojar su vida de casi todo, empezando por la casa y el marido que antes tanto apreciaba. Al final de la película la vemos mirándose al espejo y afirmando el amor que siente por ella misma, lo que da fe de que su solipsismo es completo. Es una de las escenas de amor más reales y aterradoras que se hayan rodado jamás. David Sterritt

Fecha 1995

Nacionalidad Reino Unido/Estados Unidos

Director Todd Haynes

Reparto Julianne Moore

Por qué es clave
La conclusión de esta inquietante historia es inevitable en términos narrativos, escalofriante en términos emocionales y valientemente despiadada en su crítica al llamado «individualismo» como excusa para caer en el narcisismo y el egocentrismo.

Escena clave **Stephen Chow cortado por la mitad** *Out of the Dark*

Antes de que la superestrella de la comedia de Hong Kong Stephen Chow se convirtiera en su propio director y fuera elogiado en todo el mundo, formó una formidable sociedad con el infravalorado Jeff Lau. La sociedad Chow-Lau alcanzó su punto álgido en 1995 con el estreno de la obra maestra en dos partes *A Chinese Odyssey* y de la película maldita *Out of the Dark*, una comedia de terror que no gustó nada en Hong Kong y que apenas se exportó. El filme se halla al borde de la comprensibilidad y es la aplicación más audaz del clásico *moi lei tau* (literalmente, «no tiene sentido») de Chow, un estilo de comedia de yuxtaposiciones imposibles y juegos de palabras (de)constructivos. Viéndola en retrospectiva, es una película que trata los miedos con gran autenticidad y a la que, supuestamente, aludirían todos los demás estrenos de Hong Kong de ahí en adelante. Bajo sus conversaciones disparatadas, sus despiadados chistes de humor negro sobre un interno del psiquiátrico (Chow) que se ha autodeclarado cazador de fantasmas al estilo de *Leon, el profesional*, los sombreros de papel voladores y los múltiples incidentes con dinamita, *Out of the Dark* es una película lúcida y rigurosa sobre la superación del miedo a la separación. La película se pone a toda marcha con la aparición de la cabeza de un fantasma separada de su cuerpo, y da un giro crucial con una mujer a la que se le impide unirse al intento de suicidio de su marido. De ahí no hay más que un paso a la separación de todo tipo de partes del cuerpo, pues el tema clave es la separación de la realidad. El final feliz llega, como era de esperar, con una separación definitiva de la cordura. Pero resulta prematuro: por supuesto, el final feliz sólo es posible después de que el protagonista convenza a su amor de que tiene que cortarlo por la mitad con una motosierra.

Christoph Huber

Fecha 1995

Nacionalidad Hong Kong

Director Jeff Lau

Reparto Stephen Chow, Karen Mok

Título original *Wui wan yeh*

Por qué es clave Una comedia tan oscura que fue el único fracaso en Hong Kong del chico de oro Stephen Chow. *Out of the Dark* no sólo es el ejemplo más extremo de su sentido del humor, sino que también incluye los temas habituales del cine de Hong Kong antes de la lógica conclusión.

Escena clave **«Ese año no nevó»** *The Neon Bible*

Pocos momentos en el cine revelan el poder de la imaginación de modo tan sucinto como el comienzo de la adaptación en CinemaScope que hizo Terence Davies de la primera novela de Kennedy Toole, que el autor del sur de Estados Unidos escribió con tan sólo dieciséis años. La historia se abre con un muchacho de quince años llamado David (Tierney), que viaja solo en un tren nocturno. La cámara pasa junto a él y se dirige a la oscuridad que se adivina en el exterior. Entonces vemos a David, a los diez años, mirando por la ventana de su casa rural mientras se oyen las notas de «Perfidia», hacia 1948. La narración de la voz en *off* dice: «Esas Navidades vino a vernos gente. Esa gente me trajo cosas...».

Un momento después, un corte da lugar a un «díptico»: en el cuadro izquierdo, un porche vacío, lleno de carámbanos de hielo que enmarcan una preciosa nevada, como una caja que hubiera llenado el artista surrealista Joseph Cornell. A la derecha, el joven David aparece sentado en el suelo, en el interior de la casa, mirando por la misma ventana, de perfil. Sigue la narración: «No había nieve; no, ese año no». Cuando aparece su tía en el siguiente plano, llenando todo el cuadro mientras saluda por la ventana, los carámbanos siguen colgando de la parte superior del encuadre. Pero un plano después, cuando David sale al porche a saludarla, está lloviendo otra vez.

Davies, que una vez comparó el hecho de llenar un encuadre de CinemaScope con establecerse en Canadá, conoce la época como la palma de su mano. El poder de la nieve para suplantar brevemente a la lluvia en la mente de un niño de diez años tiene la fuerza de una revelación.

Jonathan Rosenbaum

Fecha 1995

Nacionalidad Reino Unido

Director Terence Davies

Reparto Drake Bell, Jacob Tierney, Gena Rowlands

Por qué es clave Revela el poder de la imaginación en un abrir y cerrar de ojos.

Acontecimiento clave **El manifiesto Dogma 95**

En marzo de 1995, los cineastas daneses Lars von Trier y Thomas Vinterberg editaron su manifiesto Dogma 95, una lista de «reglas» que prometían cumplir en sus próximos proyectos. Muy pronto se adhirieron también al «voto de castidad» de la hermandad los directores Kristian Levring y Søren Krag-Jacobsen. «Fue fácil», dijo Vinterberg. «Nos preguntamos qué era lo que más odiábamos del cine de hoy en día y luego hicimos una lista en la que prohibíamos todas esas cosas. Tardamos media hora y nos reímos mucho». El manifiesto consta de diez normas, entre las que se encuentran éstas: «Se rodará cámara en mano», «La película no puede contener acción superficial (no deben aparecer asesinatos, ni armas, etc.)», «Están prohibidos los efectos ópticos y los filtros», «No se aceptan películas de género», «El director no aparecerá en los títulos de crédito».

Dogma 1 fue *Celebración* (*Festen*, 1998), de Vinterberg; y Dogma 2, *Los idiotas* (1998), de von Trier. Posteriormente, han aparecido más de 150 películas que supuestamente cumplían con las reglas del manifiesto, aunque los creadores del movimiento hace ya tiempo que perdieron interés en él. La primera película Dogma no danesa fue la quinta, *Lovers* (1999), de Jean-Marc Barr, y la primera estadounidense fue la sexta, *Julien Donkey-Boy* (1999), de Harmony Korine. Lo que empezó siendo una broma, un astuto recurso promocional y un sincero intento de defender las raíces comprometidas y artesanales del cine, acabó atrayendo una gran atención, alguna muy hostil (el crítico británico Alexander Walker se mostró indignado) y sugiriendo una alternativa viable a otras escuelas cinematográficas como, por ejemplo, la de Jerry Bruckheimer. Puede que sea imposible cumplir con todos los principios del manifiesto (a los directores les resultaba difícil la norma de no aparecer en los créditos) y la prohibición de realizar películas de género se infringió ya en la tercera cinta, pues *Mifune* (1999), de Kragh-Jacobsen, es una comedia romántica.
Kim Newman

Fecha 13 de marzo de 1995

Por qué es clave
Fue el movimiento cinematográfico que intentó «volver a lo básico» del cine.

Escena clave **La nevada curativa**
Maborosi

Dejando atrás la gran ciudad y los dolorosos recuerdos del aparente suicidio de su marido, un joven viuda (Esumi) se casa de nuevo y rehace su vida en un remoto pueblo junto al mar, pero no puede deshacerse de unos sueños recurrentes de culpa que la presionan con la misma fuerza con la que el viento invernal golpea las ventanas de su casa. En su película de debut, el documentalista Kore-eda comenzó sus investigaciones sobre la fragilidad humana cuando ha de enfrentarse al vacío infinito de la pérdida (a ésta le siguieron *After Life*, 1998, y *Nadie sabe*, 2004). Utilizando el espacio fuera de cuadro, Kore-eda mantiene los planos después de que los personajes hayan abandonado el encuadre, con lo que afirma la existencia real del espacio al margen de los intérpretes. La narrativa indirecta nos introduce en el ensimismamiento reconfortante de la protagonista y el diálogo directo nos dice mucho menos que las imágenes asimétricas e imprecedibles que transforman las oleadas de sentimientos en luz, visualizando incluso el final de un túnel que se acerca a toda prisa. Las alteraciones internas de la protagonista se resuelven cuando las campanadas anuncian una procesión funeraria, y una hilera de dolientes avanzan por un camino serpenteante junto al mar. Mientras continúa el plano, empiezan a caer copos de nieve que van haciéndose más y más gruesos, y se meten incluso en la lente de la cámara, que está tan alta que es evidente que la nevada tuvo que ser real. ¿Acaso Kore-eda atrapó la naturaleza en el momento preciso? Entonces, las figuras oscuras que van saliendo del encuadre una a una parecen liberar a la protagonista para que pueda devolver el equilibrio a su existencia. Más tarde, cuando sus conflictos han desaparecido gracias a la nevada curativa, por fin da voz a sus miedos y se los cuenta a su marido (Takashi Naito) en una infatigable toma de plano largo; está dispuesta a aceptar el universo sereno, imparcial e incontrolable.
Robert Keser

Fecha 1995

Nacionalidad Japón

Director Hirozaku Kore-eda

Reparto Makiko Esumi

Título original *Maborosi no hikari*

Por qué es clave
Es un testimonio de la generosidad espontánea de la naturaleza, que resuelve a la perfección el tema de la pérdida que se trata en la película.

Escena clave **La primera imagen de Islandia** *Cold Fever* (*Fiebre helada*)

Fridrik Thor Fridriksson es toda una industria cinematográfica por sí mismo, pues ha participado en muchas películas islandesas. Esta preciosa *road movie* recorre paisajes invernales y nos muestra a toda una galería de excéntricos; sin duda es una obra tan escueta desde un punto de vista visual como las otras películas del director, pero también es inesperadamente mística. La historia de Hirata (Nagase), un japonés que visita el lugar en el que murieron sus padres siete años antes para llevar un ritual en su honor, está salpicada de pequeñas explosiones de magia visual que impregnan el filme de espiritualidad. Una de esas explosiones tiene lugar en el momento en el que un coche, congelado desde hace mucho tiempo, surge de pronto entre el hielo como si fuera a levitar. El primer golpe visual es aún más significativo: la vida de Hirata, en Japón, junto a su abuelo (interpretado por el veterano director Seijun Suzuki) encuadrado en un formato de pantalla 1.66:1, lo que hace que la imagen resulte compacta y claustrofóbica. Pero la primera vez que ve Islandia, la pantalla se abre de pronto hasta alcanzar un formato de 2.35:1. El efecto no sólo resulta maravilloso para los cinéfilos –es como pasar de Ozu a Leone–, además hace que el espectador sea consciente de que Hirata ha entrado en un mundo diferente, tanto espacial como filosóficamente. Es un momento que merecería ser tan conocido como el cambio de blanco y negro a color de *El mago de Oz*.
Mark Cousins

Fecha 1995

Nacionalidad Islandia

Director Fridrik Thor Fridriksson

Reparto Masatoshi Nagase

Título original *Á köldum klaka*

Por qué es clave
Este instante de una obra cumbre del cine islandés ofrece una de las mejores utilizaciones del formato de pantalla de todos los tiempos.

Escena clave **El primer número** *Alto, bajo y frágil*

Hay algo en la puesta en escena de este encuentro en apariencia ordinario entre Ninon (Richard) y Roland (Marcon). En el espacioso estudio en el que se construyen los decorados de cine y teatro –un espacio empapado de ficción, artificio y magia– los cuerpos de estos personajes se ven poco a poco poseídos: adoptan espacios formales y poses, mencionan lo «cerca y distantes» que se encuentran el uno del otro, y el diálogo entre ambos adquiere un ritmo como de conjuro, basado en la repetición de palabras extrañas como *perturbé* (trastornado). Con un cariñoso abrazo y un acercamiento perfectamente calculado, comienza entonces a sonar la música, y empieza también la canción y el baile. A casi una hora del comienzo de esta típica película de Rivette sobre las andanzas y las conspiraciones parisinas, de pronto nos encontramos en un musical. Se puede describir la canción, con su letra equívoca («Ni oui ni non») como una pieza juguetona e insignificante, y puede que el baile resulte un algo torpe y poco profesional, pero Rivette y sus intérpretes lo abarcan todo: *Alto, bajo y frágil* muestra un sueño en el que la vida ordinaria se metamorfosea, a través de los más ligeros toques de estilo, en el reino idealizado del arte y, más específicamente, en el de la música popular. Las películas de Rivette, como las formas obsesivas y afectadas de sus intérpretes, han rozado a menudo este momento de ignición, pero aquí el director llega hasta el final: el amor se expresa en las poses y los movimientos irónicos y juguetones, pero *Alto, bajo y frágil* mantiene siempre un cierto margen de realidad que resulta encantador: la canción se interpreta «en vivo» (por lo que está sujeta a la imperfección) y la lluvia de chispas que acompaña el momento procede de la herramienta de un soldador.
Adrian Martin

Fecha 1995

Nacionalidad Francia

Director Jacques Rivette

Reparto Natalie Richard, André Marcon

Título original *Haut, bas, fragile*

Por qué es clave La vida corriente se transforma, de pronto, en arte.

Película clave *Floating Life*
La vida en constante movimiento

Floating Life es una de las películas que mejor han captado la sensación de vivir yendo de un sitio a otro, sin una base permanente ni una identidad étnica determinada. Es uno de los primeros largometrajes en reconocer que, en una época en que la emigración y la vida en diáspora se han convertido en modos de vida básicos, el tema de los desplazados es cada vez más importante.

Clara Law, directora hongkonesa nacida en Macao, trata en toda su obra asuntos relacionados con la emigración e hizo *Floating Life*, primera película australiana rodada en un idioma que no fuera inglés, poco después de trasladarse a Australia. La historia está ambientada en los últimos años de Hong Kong como colonia británica. Vemos a miembros de varias generaciones de la familia Chan marchándose hacia diferentes lugares, impulsados por la incertidumbre y la preocupación que provocó la anexión a China en 1997. Se dirigen a Australia, Canadá o Alemania, donde todos ellos intentan crear un nuevo hogar y empezar una nueva vida. Emigrar conlleva necesariamente experiencias inquietantes, pero tampoco es posible permanecer en el mismo lugar. Una vez dispersada, es difícil que la familia siga estando tan unida como antes, por lo que va separándose poco a poco. El Hong Kong enfermo terminal que retrata Clara Law genera una sensación de urgencia; los protagonistas nos parecen solos e inseguros, se aferran a una bolsa de té y a una fotografía de una casa mientras se enfrentan al reto de adaptarse a su nueva identidad «flotante» y pronto reúnen en el ciberespacio a la familia dispersa.
Dina Iordanova

Fecha 1996

Nacionalidad Australia

Directora Clara Law

Reparto Annette Shun Wah, Annie Yip, Anthony Wong

Título original *Fu Sheng*

Por qué es clave
Película sobre identidades «flotantes», la emigración y la vida en diáspora.

Escena clave **Las banderas rusa y checa**
Kolya

SPOILER

El protagonista de la película, Louka (Sverák), es un hombre de mediana edad que vive en la Praga de finales de la década de 1980. Su carrera se ha visto afectada por la deserción de su hermano y ahora tiene que utilizar toda su inventiva para conseguir llegar a fin de mes. Odia con todo su corazón a los rusos, que ocupan su país desde 1968; sin embargo, accede a casarse por conveniencia con una mujer rusa (Irina Livanova) para ganarse un dinero. La historia da un giro inesperado y de pronto se ve obligado a cuidar de Kolya (Chalimon), el hijo de cinco años de su nueva esposa.

En la escena clave de la película, llega con el muchacho al apartamento en el que vive. La dueña de la casa lo ha ordenado que ponga la bandera checa y la soviética para conmemorar el día de la victoria y Louka no tiene más remedio que hacerlo. Esto da lugar a una conversación entre Louka y Kolya (un diálogo que tiene lugar en checo y en ruso, y que está lleno de juegos de palabras) en la que ambos personajes dicen qué bandera prefieren, todo ello mientras Louka está arrodillado frente al muchacho para atarle los cordones de los zapatos, simbólicamente postrado ante el pequeño colonizador ruso.

En otro momento, las palabras de Louka lo habrían colocado en un serio peligro, pero como las está diciendo frente a un niño, no se pueden tomar en serio: la temible fuerza colonizadora está representada por un muchacho inofensivo. El temible *Homo sovieticus* ya no provoca temor sino burlas, las mismas que provoca el miedo con el que vivió el bloque soviético durante décadas.
Dina Iordanova

Fecha 1996

Nacionalidad República Checa

Director Jan Sverák

Reparto Zdenek Sverák, Andrei Chalimon

Por qué es clave La escena representa de un modo simbólico el final de la ocupación soviética en la Europa del Este.

Escena clave **La escena inicial** *Un momento de inocencia*

En la década de 1970, Mohsen Makhmalbaf, entonces un revolucionario adolescente, fue encarcelado por intentar apuñalar a un policía. El tiempo en prisión le sirvió para adquirir una amplia educación y, una vez libre, se convirtió en novelista y más tarde en uno de los cineastas más conocidos de Irán. A menudo trabaja con actores no profesionales, por lo que a mediados de la década de 1990 publicó un anuncio en un periódico de Teherán para reunir el reparto de una nueva película. Una de las personas que respondió al anuncio fue Tayebi, el policía al que había apuñalado Makhmalbaf. El director, fascinado, abandonó el plan inicial de la película y le preguntó al policía si estaba dispuesto a dirigir personalmente su versión de lo ocurrido veinte años antes; Makhmalbaf daría también la suya propia y luego se haría un montaje con ambos puntos de vista.

El resultado, que participó en 47 festivales de cine de todo el mundo, fue como el *Rashomon* de la década de 1990, una disquisición brillante e intensa sobre la relatividad de la verdad y la ambigüedad intrínseca de una escena filmada. En esta obra mezcla de varios géneros que es *Un momento de inocencia*, Tayebi va a la verdadera casa de Makhmalbaf, llama al timbre y habla con su hija Hana (que más tarde se convertiría en una aclamada directora), a quien le dice quién es: es un momento documental, pero escenificado (y muy divertido). Durante gran parte del metraje, mantiene ese tono, nos muestra a los dos directores escenificando sus respectivas versiones de lo ocurrido. Tenemos la impresión de que algunas de las escenas no pertenecen a la ficción, aunque sean escenificaciones. Al final, la película ha trascendido tales distinciones.
Mark Cousins

Fecha 1996

Nacionalidad Irán

Director Mohsen Makhmalbaf

Reparto Mirhadi Tayebi, Hana Makhmalbaf

Título original *Nun va Goldoon*

Por qué es clave
Los primeros minutos de esta película sientan las bases de una de las historias más fascinantes del cine de la década de 1990.

Personaje clave **Lili Taylor** «Me dedico esta obra a mí misma» *Yo disparé a Andy Warhol*

SPOILER

En este intenso retrato de la que estuvo a punto de convertirse en asesina de Warhol, Lili Taylor interpreta a Valerie Solanas, autora de *Manifiesto Scum*, y la hace parecer un repartidor de periódicos de una película de la década de 1930 que busca a alguien con quien hablar. Con un corte de pelo desigual, una gorra negra, mirando de refilón y fumando, pasa el rato en un quiosco de prensa de Nueva York. Es ahí donde conoce a su editor, Maurice Girodias de Olympia Press (Bluteau). «Dame 15 centavos y te diré una palabra malsonante», le dice la protagonista. «¿Qué palabra es ésa?», pregunta él. «Hombres», responde Valerie. Al oír eso, Girodias enseguida la invita a una copa.

La voz de Taylor prevalece sobre la trágica vida de Solanas. Harron tiene el acierto de permitirle recitar pasajes del manifiesto en unos monólogos en blanco y negro que pretenden evocar las pruebas cinematográficas de Warhol. Por disparatadas que sean las ideas de Valerie, Taylor las hace creíbles. Su voz irrumpe entre la complacencia del séquito de Warhol. Sus digresiones son memorables. «¡Un mosaico exquisito!», le comenta a un cliente que le muestra las cicatrices que tiene en el pecho.

Tras enfundarse un vestido rojo con el fin de firmar el contrato para publicar un libro con Girodias durante una cena (la escena más conmovedora de la película), Valerie empieza a dudar de sí misma y vuelve a ser la estudiante que contestó a una carta del periódico del instituto sobre prendidos florales escribiendo encima QUE TE DEN.

«Lo único que sé es que quiero un poco de ese mundo maravilloso.» Pero nunca lo consigue. «¿Dónde vives?», le pregunta un policía después de que sea detenida. «En ningún sitio», responde ella.
A. S. Hamrah

Fecha 1996

Nacionalidad Estados Unidos

Directora Mary Harron

Reparto Lili Taylor, Lothaire Bluteau, Jared Harris

Título original *I Shot Andy Warhol*

Por qué es clave
Es un retrato magistral de la honestidad artística convertida en locura.

Pág. siguiente *Yo disparé a Andy Warhol*.

980

Escena clave **La canción de Underworld «Born Slippy»** *Trainspotting*

Trainspotting es sobre todo una película sobre las miserias y las breves glorias del consumo de heroína, pero el oportuno momento en que se estrenó, la energía de su dirección y, por encima de todo ello, la utilización de la canción de Underworld «Born Slippy» le permitieron hacerse un hueco en la incipiente cultura de la Generación Éxtasis. «Conduce chico perro chico sucio atontado ángel chico/ En la entrada ella era un chico con pintalabios...» La voz distorsionada del letrista y cantante de Underworld, Karl Hyde, entonando lo que parecía una historia de picaresca alucinada y de cambio de sexo ambientada en las zonas más viciadas del centro en Londres, fue una llamada, si no a la acción, sí a la experimentación. En el contexto de la película de Danny Boyle, «Born Slippy» se utilizó para acentuar el subidón de adrenalina y de crueldad que tiene lugar cuando Mark Renton (McGregor) –el héroe/narrador de la película– decide robar a sus tres desventurados amigos drogadictos de Edimburgo el dinero que éstos acaban de ganar vendiendo heroína. El botín está en un maletín, los tres compañeros de adicciones han quedado inconscientes después de la juerga con a que han celebrado el negocio y, mientras Renton pasa con el dinero junto a sus cómplices, empieza a sonar la potente percusión de «Born Slippy». La escena carece de moralidad –los amigos de Renton no nos importan lo suficiente como para que nos preocupe que éste les esté robando– y la sensación de peligro es algo rudimentaria, infantil (¿se despertarán y lo descubrirán?). Sin embargo, la música transmite una gran fuerza a la acción, una vitalidad que parece realmente infundida por la droga.

James Parker

Fecha 1996

Nacionalidad Reino Unido

Director Danny Boyle

Reparto Ewan McGregor, Ewen Bremner, Johnny Lee Miller, Robert Carlyle

Por qué es clave
La música aquí no es sólo la banda sonora o un comentario: es pura estimulación, muy de los noventa.

Pag. anterior *Trainspotting*.

Película clave ***The Day a Pig Fell into the Well*** Hyo-sub y Po-kyong se aman en un motel

El debut de Hong Sang-soo en 1996, *The Day a Pig Fell into the Well*, no sólo fue el primer capítulo en la carrera de un cineasta excepcional, sino que también significó el comienzo de una nueva generación de autores coreanos que en los años siguientes atrajeron la atención internacional. *The Day*... apunta ya tres elementos fundamentales del cine de Hong. El primero y más importante es su obsesión por la estructura. La película está articulada en cuatro partes protagonizadas por otros tantos personajes relacionados entre sí (Hong encargó el guión de cada una de las partes a un guionista distinto), y todas ellas comienzan un día en el que todo sale mal (es a eso a lo que se refiere el título «El día que un cerdo cayó en el pozo»). El segundo elemento es una mirada distante y objetiva que se niega a adoptar la perspectiva de los personajes y hace hincapié en detalles extraños, por lo que las coincidencias y repeticiones que salpican las obras de Hong estallan en simetrías mágicas o se materializan en misterios indescifrables. El tercer y último elemento son las historias que se centran en relaciones entre hombres y mujeres que nunca satisfacen por igual a ambos miembros de la pareja y suelen reflejar la inmadurez de los personajes masculinos y la pasividad de los femeninos.

Uno de los sellos distintivos de Hong son las escenas de amor ambientadas en moteles, en que se muestran dichas relaciones en toda su crudeza. En la primera de estas escenas en la filmografía de Hong vemos al escritor Hyo-sub (Kim) y la adúltera Po-kyong (Lee) haciendo el amor después de que el primero haya revelado su egoísmo, su inseguridad y sus celos al preguntarle a su amante si aún se acuesta con su marido. Pero no satisfecho con eso, durante el acto sexual le pide que le diga que es suya. Es una página fundamental en el manual de Hong sobre el comportamiento humano.

Paolo Bertolin

Fecha 1996

Nacionalidad Corea del Sur

Director Hong Sang-soo

Reparto Kim Eui-sung, Lee Eung-kyung

Título original *Twaeji ka umul e ppajin nal*

Por qué es clave
Las escenas de sexo en moteles, sello característico del cine de Hong Sang-soo, revelan la esencia de las relaciones entre mujeres y hombres.

Escena clave **La secuencia del trampolín** *Shine*

Geoffrey Rush era ya un reputado actor de teatro en Australia antes de interpretar al protagonista de *Shine*. Aunque había hecho papeles secundarios en algunas películas, éste fue su primer gran papel en el cine, un trabajo que le valió con toda justicia el Óscar al Mejor Actor y con el que dio comienzo a una prolífica carrera en el cine internacional. En *Shine*, Rush encarna un personaje real, el pianista David Helfgott, que superó una dura infancia, las terribles presiones del competitivo mundo de la música y años de psicoterapia y hospitales psiquiátricos hasta convertirse en un genio excéntrico felizmente casado con una astróloga llamada Gillian. Uno de los primeros encuentros de ésta con David es una escena en la que él baila casi desnudo sobre un trampolín, al ritmo de la música clásica que escucha en un *walkman*. La escena, maravillosamente interpretada por Rush y por Lynn Redgrave en el papel de Gillian, se convirtió en la imagen del cartel de la película en su estreno en Estados Unidos. El modo en que Rush interpreta las excentricidades y la manera de hablar de Helfgott sirve de base a un drama conmovedor y bien elaborado. Además del Óscar de Rush, la película se hizo con un gran número de premios internacionales y se estrenó con gran éxito en multitud de países. El director, Scott Hicks, siguió trabajando en Estados Unidos en filmes como *Mientras nieva sobre los cedros* y *Corazones en Atlántida*, y el éxito de la película relanzó de manera increíble la carrera como concertista del verdadero Helfgott tanto en Australia como en el extranjero.

Andrew Pike

Fecha 1996

Nacionalidad Australia

Director Scott Hicks

Reparto Geoffrey Rush, Noah Taylor, Googie Withers, Armin Mueller-Stahl, Lynn Redgrave

Por qué es clave
Es un momento lleno de vida y entusiasmo en una película australiana que se convirtió en todo un éxito internacional.

Pág. siguiente *Shine*.

Escena clave **El *flashback* de la masacre de Gwangju** *El pétalo*

SPOILER

La masacre de Gwangiu ocurrida en 1980, que podría describirse como la plaza de Tiananmen de Corea, conmocionó a la sociedad y la política coreanas. Entre las películas que después relatarían los terribles acontecimientos de aquella semana, *El pétalo* de Jang Sun-woo sigue siendo la más intensa y controvertida. La historia se sitúa principalmente tras la masacre, por lo que el relato de lo ocurrido llega en forma de *flashback* hacia el final de la película, cuando la protagonista, traumatizada y víctima de abusos sexuales (interpretada por la futura estrella del pop Lee Jung-hyun), visita la tumba de su hermano mayor para explicarle cómo murió la madre de ambos.

La secuencia comienza en la casa de la muchacha, donde no hace caso de las advertencias de su madre y la sigue al centro de la ciudad. Las calles están abarrotadas de manifestantes que protestan con furia contra los tiroteos que los militares han llevado a cabo en los días anteriores. Finalmente los manifestantes se enfrentan a los soldados armados que se alinean frente a ellos. Cuando empiezan a oírse disparos y comienzan a caer cuerpos, se desata el caos.

Al tratar de huir, la chica se tropieza y se cae, y su madre vuelve corriendo a buscarla, pero entonces recibe un disparo en la espalda y cae al suelo. La chica grita, angustiada, pero al mismo tiempo mira a los soldados que se aproximan. El momento más traumático, que aparece dos veces en la película, es cuando la muchacha se ve obligada a soltar la mano con la que su madre, ya muerta, la tenía agarrada. No tiene fuerza suficiente y tiene que ayudarse con el pie para por fin soltarse y poder huir, dejando atrás a su madre muerta.

Darcy Paquet

Fecha 1996

Nacionalidad Corea del Sur

Director Jang Sun-woo

Reparto Lee Jung-hyun, Lee Young-ran, Moon Sung-keun

Título original *Kkotnip*

Por qué es clave
Este prolongado *flashback* en blanco y negro es el momento más desgarrador de esta película sobre el acontecimiento más traumático de la Corea moderna.

"A TERRIFIC TWISTED COMEDY
A DAZZLING MIX OF MIRTH AND MALICE"
PETER TRAVERS ROLLING STONE
A FILM BY JOEL AND ETHAN COEN
FARGO
18
SMALL TOWN
BIG CRIME
DEAD COLD
FRANCES McDORMAND
WILLIAM H. MACY
STEVE BUSCEMI
POLYGRAM FILMED ENTERTAINMENT PRESENTS IN ASSOCIATION WITH WORKING TITLE FILMS 'FARGO' FRANCES McDORMAND WILLIAM H. MACY STEVE BUSCEMI HARVE PRESNELL PETER STORMARE MUSIC BY CARTER BURWELL PRODUCTION DESIGNER RICK HEINRICHS
DIRECTOR OF PHOTOGRAPHY ROGER A. DEAKINS, A.S.C. LINE PRODUCER JOHN CAMERON EXECUTIVE PRODUCERS TIM BEVAN ERIC FELLNER PRODUCED BY ETHAN COEN WRITTEN BY JOEL COEN AND ETHAN COEN DIRECTED BY JOEL COEN
PolyGram
ORIGINAL SCREENPLAY PUBLISHED BY FABER & FABER ©1996 POLYGRAM FILM PRODUCTIONS B.V.

Acontecimiento clave **Se ponen a la venta en Japón los primeros reproductores de DVD**

La llegada de los discos de vídeo digitales o discos versátiles digitales (DVD) es un ejemplo de cómo la competitividad comercial puede enriquecer la cultura. Los estudios se enfrentaban al reto de conseguir que los escépticos espectadores de cine en casa abandonaran sus queridas cintas de vídeo VHS en favor de un formato extraño (ahora resulta difícil imaginar que pudiera suponer un problema, pero así fue). La solución llegó en dos rotundas verdades. La primera, que el formato de VHS era una basura y la economía de los videoclubs, una locura; la segunda, que al mejorar la calidad de la oferta de los vídeos de consumo doméstico, se podría convertir el DVD en un producto de venta y no sólo de alquiler. Este segundo descubrimiento desencadenó toda una explosión de material extra, comentarios, escenas eliminadas del montaje, documentales, *storyboards*, comparativas de guiones, críticas, etc.

De haber encontrado todo ese material en una escuela, nos habría parecido material de estudio o de trabajo. La genialidad del DVD fue el descubrimiento de que ese tipo de cosas podían resultar interesantes también para la gente normal. La suerte quiso que el DVD surgiera en un momento en el que la cultura empezaba a parecerse a la vida académica en varios sentidos –clubes literarios, colecciones de CD con notas, canales de televisión en los que se analizaba la industria del cine y el entretenimiento–, en detrimento del ideal del espectador pasivo (irónicamente, un medio como el DVD incrementó la participación del espectador). Puede que la mayoría del material adicional de los DVD no sirva para nada, pero hay muchas cosas que sí sirven y la cultura de participación a la que dio lugar dicho formato fue uno de los últimos regalos del siglo XX.

Tim Cavanaugh

Fecha 1 de noviembre de 1996

Por qué es clave
El DVD convirtió el cine en casa en toda una escuela de cine.

Escena clave **La escena del crimen**
Fargo

«Esto es una historia real», proclaman las primeras palabras que vemos aparecer al comienzo de *Fargo*, pero en realidad esta broma sobre secuestros y asesinatos es pura invención, fruto de la fértil imaginación de los hermanos Ethan y Joel Coen. Un vendedor de coches llamado Jerry Lundegaard (William H. Macy) idea un plan en la Minnesota de mediados de la década de 1980 que consiste en encargar que secuestren a su mujer para poder pedir un rescate. Como el público ha visto ya cómo han muerto asesinadas tres personas inocentes en medio de una carretera desierta y cubierta de nieve, el atractivo poco convencional de esta escena estriba en el modo en que la jefa de policía Marge Gunderson (McDormand), una mujer práctica y en avanzado estado de gestación, reconstruye los hechos con una actitud característicamente inexpresiva. «Muy bien», murmura, «así que tenemos un coche patrulla que para a alguien en la carretera, hay un tiroteo, los tipos se van, hay una persecución que acaba y luego esta especie de ejecución». A continuación, ayuda con gran dulzura a su subordinado Lou (Bohne, en su primer trabajo como actor) durante sus divertidas meteduras de pata. «Creo que no estoy de acuerdo del todo contigo con tu manera de actuar, Lou», le dice con ternura. Pero es una jefa generosa, por lo que elimina la tensión con un chiste: «¿Sabes el del tipo que, como no podía tener una matrícula personalizada, se cambió de nombre y se puso J3L2404?». *Fargo*, la película más equilibrada de los Coen hasta la fecha, es al mismo tiempo una comedia sombría y una áspera carta de amor a la realista clase obrera estadounidense.

David Stratton

Fecha 1996

Nacionalidad Estados Unidos

Director Joel Coen

Reparto Frances McDormand, Bruce Bohne

Por qué es clave Un guión ganador de un Óscar y una gran interpretación se combinan en una comedia sobre crímenes que desafía la propia definición del género.

Pág. anterior *Fargo*.

Escena clave **La muerte del padre en la era posterior a Tiananmen** *Sons*

Li Maojie y su esposa fueron bailarines de ballet famosos. Durante la Revolución Cultural probablemente se exiliaron a alguna alejada zona rural. Ahora Li Maojie está viejo, en baja forma física y es alcohólico. Su esposa, Fu Derong, lo mantiene dando clases de baile. Sus hijos, Touzi y Xiao Wei, son dos jóvenes inútiles implicados en la incipiente escena del *rock underground* de Pekín, que vomitan en la calle y pegan a sus novias. Un día Li Maojie decide divorciarse de su esposa, pero, debido a la falta de viviendas, siguen compartiendo casa en un gris edificio de apartamentos. Ella sigue sintiendo algo por él y cocina para toda la familia. Él, borracho y angustiado, grita su nombre en el patio comunal.

Los hermanos convencieron a su vecino Zhang Yuan, uno de los primeros exponentes de la Sexta Generación china, para que hiciera una película sobre su familia en la que cada uno de ellos se interpretaría a sí mismo. Con una mezcla de documental y ficción, *Sons* retrata un intenso momento de crisis.

Una noche, Fu Derong accede a quedarse en la habitación de su ex marido. Él la emborracha. Al llegar a casa y ver lo que ha hecho su padre, Touzi le rompe un taburete en la cabeza. Zhang corta a un primerísimo plano del rostro ensangrentado de Li Maojie, que, con gesto triste y repentinamente sobrio, dice dos veces: «Te lo agradezco, hijo mío». Luego añade: «Si un padre pega a su hijo, los dioses se enfadarán. Un hijo impío es culpa del padre».

Bérénice Reynaud

Fecha 1996

Nacionalidad China

Director Zhang Yuan

Reparto Li Maojie, Fu Derong, Li Ji (Touzi), Li Wei (Xiao Wei)

Título original *Erzi*

Por qué es clave
Aquí el cine sirve para retratar con precisión el malestar social que reinaba en China en los primeros años de la década de 1990.

Personajes clave **Los hermanos Farrelly** El perdón a través de la pelea *Vaya par de idiotas*

Los hermanos Bobby y Peter Farrelly son los últimos grandes humanistas de Hollywood. Bajo el barniz de grosería que recubre sus fabulosas comedias, llevan a cabo conmovedoras investigaciones sobre la relación entre la ignorancia y la inocencia de la raza humana. Su trabajo es la expresión más noble de un estilo muy particular de comedia popular en el que los chistes escatológicos y ese tipo de gags no pretenden poner en ridículo a los personajes, sino que ayudan a dar cuenta de terribles experiencias existenciales, en que las debilidades del cuerpo reflejan las de la mente. Y cuanto mayores sean las debilidades del personaje, más cariño parecen mostrar hacia él los hermanos Farrelly, como se demuestra en su película más infravalorada, *Vaya par de idiotas*, que la crítica despellejó cuando se estrenó en 1996, quizá porque ese humor grosero no quedaba mitigado por ningún elemento que pudiera servir de promoción (como la presencia de una estrella como Jim Carrey en su obra de 1994, *Dos tontos muy tontos*). Sin embargo, el tratamiento satírico de la cultura popular (y del fetichismo con los pechos) del largometraje lo convierten en digno sucesor de otra *road movie* cómica estrenada cuatro décadas antes, el clásico de Lewis y Martin dirigido por Frank Tashlin, *Loco por Anita*. Pero mientras que este último trataba de aproximar los objetos que se caricaturizaban, los Farrelly ponen de relieve el mensaje de esperanza y de perdón hacia sus personajes en ciertos detalles, aunque no lo hagan con ninguna elegancia. Lo que sin duda es un momento fundamental del romance del jugador de bolos manco interpretado por Harrelson y la exuberante mujer encarnada por Vanessa Angel tiene lugar durante una desagradable pelea en un aparcamiento (con puñetazos y patadas no sólo en la entrepierna), al ritmo de la música del tema de *Love Story*.

Christoph Huber

Fecha 1996

Nacionalidad Estados Unidos

Directores Bobby Farrelly, Peter Farrelly

Reparto Woody Harrelson, Vanessa Angel

Título original *Kingpin*

Por qué es clave
Los hermanos Farrelly, con la constante esperanza de la que dotan a sus personajes, retratan el romance en una pelea en un aparcamiento.

Pág. siguiente *Vaya par de idiotas*.

Escena clave **Las «postales»** *Rompiendo las olas*

Durante toda la década de 1980 y parte de la de 1990, el director danés Lars von Trier parecía atrapado en un formalismo sin compasión. Sus películas tenían un estilo tan excepcional como *Metrópolis* de Fritz Lang, pero carecían de corazón, hasta tal punto que podría haberlas dirigido el robot de dicha película. Pero entonces tuvo lugar un cambio radical. Pasó de ignorar a sus actores a adorarlos en la serie de televisión *The Kingdom* (1994) y más aún en *Rompiendo las olas*, siguiendo cada uno de sus movimientos cámara en mano, con una iluminación de 360° que les permitía ir allí donde quisieran y cortándoles a mitad de frase porque la expresión de su rostro había resultado más auténtica en otra toma.

Rompiendo las olas, primera parte de una trilogía que el propio director denominó «Corazón de Oro», es una de las películas más conmovedoras en su época por el modo en que retrata las cambiantes emociones de su personaje principal, Bess (Emily Watson). La bondad de la protagonista es absoluta y su sacrificio propio de un personaje bíblico. Otra sorpresa adicional es que –quizá como respiro a sus terribles emociones– Von Trier intercale en su feroz melodrama unas tomas amplias y estáticas de paisajes, cada una alrededor de un minuto de duración, acompañada de canciones de la década de 1970 y aumentadas de algún modo por el intenso colorido de un arco iris o de algún otro elemento *kitsch*. No hay demasiados precedentes de nada parecido en el cine, de momentos que parecen estar más cerca del teatro de variedades o los cuentos de hadas infantiles, pero de eso se trata precisamente. Lars von Trier buscaba ideas e inspiración más allá del cine. En los años posteriores se valdría de Brecht, Marx, Minnelli, el catolicismo y los dramas de la televisión británica. El director danés se ha convertido en el investigador estilístico más significativo del cine contemporáneo.

Mark Cousins

Fecha 1996

Nacionalidad Dinamarca

Director Lars von Trier

Título original *Breaking the Waves*

Por qué es clave Estas escenas son algunos de los momentos más inesperados desde el punto de vista estilístico del cine de la década de 1990.

Escena clave **Maggie Cheung roba las joyas de Arsinée Khanjian** *Irma Vep*

Enfundada en un traje de látex negro, Maggie Cheung, interpretándose a sí misma, está en París para hacer el papel del título en un *remake* de la obra de Louis Feuillade *Los vampiros* (1916). También parece ser el objeto de las fantasías sexuales de todos los que trabajan en la película, de manera más evidente en el caso del director (Jean-Pierre Léaud) y de la responsable del vestuario (Nathalie Richard).

Después de llevar algún tiempo sin poder dormir en su habitación del hotel, Cheung sale al pasillo, aún con el traje negro, sube las escaleras y, tras ver a una camarera que lleva una bandeja a una habitación y después se marcha, se cuela en dicha habitación. Desde un escondite, ve a una mujer desnuda (Khanjian, esposa y protagonista de las películas de Atom Egoyan), que está hablando de su soledad y su aburrimiento por teléfono con alguien llamado Fred. Entonces ve las joyas de la mujer en otra habitación y se las roba. Sale por la escalera de incendios y sube al tejado, donde acaricia las joyas durante un momento, bajo una lluvia torrencial, y después las tira a la calle a cámara lenta.

Cuando volvemos a ver a Maggie, la están despertando en su habitación, aún con el traje negro puesto. Después la vemos rodar una escena como doble, en la que Irma se sube a un tejado. No llegamos a saber si el robo es un sueño o es algo que ha hecho a modo de ensayo para la película. Kahnjian actúa también como una especie de doble, y su desnudez sustituye implícitamente el cuerpo de Cheung en nuestras fantasías sexuales. Las dos mujeres están solas y aburridas, y buscan algo de diversión, igual que nosotros.

Jonathan Rosenbaum

Fecha 1996

Nacionalidad Francia

Director Olivier Assayas

Reparto Maggie Cheung, Arsinée Khanjian

Por qué es clave
Si se puede decir que una película tiene inconsciente, aquí es donde se esconde el secreto del de ésta.

Escena clave **La coda**
El sabor de las cerezas

SPOILER

Un hombre (Ershadi) conduce por las afueras llenas de escombros de Teherán en un Range Rover, mientras habla con trabajadores y soldados. Quiere contratar a alguien para que se asegure de que está muerto después de que intente suicidarse y luego llene su tumba de tierra. El hombre, el señor Badii, no explica en ningún momento sus motivos, pero por fin encuentra a alguien que acepta su oferta, un taxidermista (Bagheri) que comprende su melancolía y sabe que «lo que uno tiene es cuestión de suerte. Los pájaros no caen en la red para hacerte feliz».

Al final de *El sabor de las cerezas*, Badii se toma unos somníferos y se tumba en un agujero que él mismo ha cavado para esperar a la muerte. Es de noche. Se oyen truenos a lo lejos. Un par de relámpagos lo iluminan, pero aparte de eso, la pantalla permanece del todo negra. Oímos la lluvia. Parece que la película ha terminado. Pero no es así. Kiarostami hace un encadenado a unas imágenes de vídeo en las que vemos soldados marchando en una toma panorámica, acompañada de la interpretación de Louis Armstrong de «St. James Infirmary» (sin letra). Hace un corte a unas escenas del equipo de la película trabajando, incluyendo a Ershadi, que está fumando y le ofrece un cigarrillo a Kiarostami. Esta inesperada ruptura de la historia aumenta la sensación de ambigüedad del final de la película y lo hace aún más intenso. No hay ninguna explicación del porqué de esas imágenes que son varias cosas al mismo tiempo: una escena de triste tranquilidad, la contemplación de la felicidad de estar vivo, descanso de la tensión de la película, una manera de rechazar el sentimentalismo, una escena de renacimiento y una invitación a marcharse de la sala.

A. S. Hamrah

Fecha 1997

Nacionalidad Irán

Director Abbas Kiarostami

Reparto Homayoun Ershadi, Abdolhossein Bagheri

Título original *Nema-ye Nazdik*

Por qué es clave
Kiarostami se niega a ofrecernos un cierre para la historia.

Escena clave **El hipnótico comienzo**
Giro di lune tra terra e mare

Giro di lune tra terra e mare de Giuseppe M. Gaudino es una película única que intenta de manera ambiciosa evocar el *genius loci* de Pozzuoli, una pequeña ciudad del golfo de Nápoles fundada en el Imperio romano y azotada durante toda su historia por la inestabilidad sísmica. A través de lo que el propio Gaudino ha denominado «bultos visuales» –grupos de imágenes fragmentarias e indefinidas superpuestos los unos sobre los otros–, *Giro di lune tra terra e mare* une ficción y documental, difumina los límites entre las épocas y concilia el cine popular con técnicas de vanguardia. En la construcción espacial y temporal que crea, Gaudino traza una geografía visionaria y al mismo tiempo reúne una historia basada en arquetipos.

El director establece su enfoque formal cuando aún están apareciendo los títulos de crédito. Un primer «bulto visual» une fragmentos de paisajes naturales y humanos con la música cautivadora de Epsilon Indi. Vemos al narrador de la historia, Gennaro (Grasso), el benjamín de una familia de pescadores, en el asiento trasero de un coche. Su voz en *off* nos presenta la «especial y extraña» ciudad de Pozzuoli y enumera las muchas celebridades que han pisado aquellas tierras; una lista que termina con él mismo, lo que iguala de manera sintomática cualquier jerarquía o distancia temporal. Las imágenes de archivo de los desplazados por los terremotos dan paso a una secuencia de ficción en la que vemos a la familia de Gennaro abandonando su hogar. Acompañando las imágenes aceleradas del golfo durante la noche, la voz de Gennaro nos relata después una cena del emperador Nerón y su madre, Agripina; vemos entonces unas imágenes no muy nítidas de los personajes hablando latín que ilustran dicho acontecimiento.

Paolo Bertolin

Fecha 1997

Nacionalidad Italia/ Alemania

Director Giuseppe M. Gaudino

Reparto Olimpia Carlisi, Salvatore Grasso

Por qué es clave
El comienzo establece la fascinante combinación de cine narrativo y de vanguardia que consigue esta película única.

Personaje clave **Pam Grier**
El comienzo *Jackie Brown*

Todas las películas que ha hecho Quentin Tarantino han demostrado por qué es el rey del pastiche de la cultura pop, pero sólo una tiene corazón. *Jackie Brown* es la obra maestra de Tarantino sencillamente porque en ella consiguió crear dos personajes que parecen seres humanos con una vida emocional creíble. La historia de amor entre la azafata del título y un agente de fianzas convierte el largometraje en algo más que la anunciada unión de dos estilos –el *blaxploitation* de la década de 1970 (películas protagonizadas tan sólo por negros), representado por Pam Grier, y el *thriller* televisivo rejuvenecido de la década de 1960 (Robert Forster)– y sirve de contrapunto emotivo al irónico distanciamiento que caracterizan a los personajes de Tarantino (aunque Samuel L. Jackson, como paradigma de dichos personajes en esta película, se deleita en su interpretación del excéntrico gánster que pronuncia los discursos patentados por el propio director). Éste trata a Grier con un respeto muy poco habitual en su filmografía, abriendo y cerrando la película con dos extraordinarias tomas de la actriz. La primera es especialmente inteligente, pues condensa lo que sucede a continuación: la cámara avanza junto a Jackie Brown, se desliza como si volara por la cinta transportadora de un aeropuerto, pasa junto a un mosaico (que anuncia el estilo ecléctico de la película) y entonces la protagonista empieza a moverse, cada vez más rápido, hasta que echa a correr hacia la salida. Tarantino logra aquí una gran elegancia ayudado por la maravillosa balada *soul* de Bobby Womack «Across 110th Street» (que además es una referencia, pues es la canción que da título a la película de Barry Shear de 1972). Pero la verdadera elegancia reside sin duda en la propia Grier, en su belleza madura y en ese aura de respeto y dignidad que transmite con una ternura admirable.

Christoph Huber

Fecha 1997

Nacionalidad Estados Unidos

Director Quentin Tarantino

Reparto Pam Grier

Por qué es clave La mejor película de Tarantino es la que tiene unos personajes más humanos y creíbles. El magnífico comienzo por sí solo da a la heroína del título (y a la actriz que la interpreta) algo que el director rara vez se permite: un respeto natural.

Pág. anterior *Jackie Brown*.

Escena clave **Mamiya le pregunta al policía: «¿Quién es usted?»** *Cure*

Mamiya (Hagiwara), un hombre con amnesia que podría ser también el hipnotizador que ha provocado varios asesinatos, está sentado frente a unos oficiales de policía junto a Takabe (Yakusho), el detective que lo detuvo. Un jefe de policía (Osugi) le pregunta si es consciente de los cargos que se le imputan, a lo que el joven responde con la pregunta que repite durante toda la película: «¿Quién es usted?». Puede que dicha pregunta se deba a la amnesia extrema que sufre y que le impide recordar lo que dijo hace tan sólo un minuto, pero esta vez resulta más insistente: «Jefe de policía Fujiwara, ¿quién es usted?». La pregunta de Mamiya ahonda en el origen mismo de la identidad propia, cuestiona la definición social de cada uno de nosotros. Como tal, es un ejemplo de un elemento prominente en el cine japonés de la década de 1990, pues tanto las películas de ficción como las de no ficción de esa época muestran personajes en busca de su identidad en el Japón de después de la guerra fría y del *boom* económico, un Japón inseguro de sí mismo. Pero el hecho de que Mamiya recuerde el nombre de Fujiwara y parezca también defender esa falta de identidad (la «cura» a la que hace referencia el título) indica que Kiyoshi Kurosawa no busca tanto una existencia que ya existe como una ambigüedad crítica que sacuda los cimientos no sólo de la sociedad japonesa –su moralidad y su concepto de identidad–, sino también de la existencia en sí. Su cine es inquietante porque elimina los límites que separan los cuerpos de las sombras, a las personas de sus imágenes en la pantalla, la vida de la muerte e, incluso, el cine y sus distintos géneros. La pregunta «¿Quién es usted?» está dirigida a nosotros y al cine tanto como al jefe de policía Fujiwara.

Aaron Gerow

Fecha 1997

Nacionalidad Japón

Director Kiyoshi Kurosawa

Reparto Masato Hagiwara, Koji Yakusho, Ren Osugi

Título original *Kyua*

Por qué es clave Este momento ejemplifica el complicado enfoque de la identidad del cine japonés de la década de 1990.

Película clave **La vida de un trabajador por horas** *American Job*

SPOILER

Chris Smith hizo su debut en el cine por 14.000 dólares junto al escritor Randy Russell, que interpretaba una versión de sí mismo, un tipo que pasa incesantemente de un trabajo mal pagado a otro. Russell, desgarbado y con gafas, se parece a Kevin, el oficinista típico que aparecía en *El recuperador*, pero su actuación fue modesta y nada empalagosa. *American Job* se estrenó a duras penas y recibió poco apoyo de la crítica. Rodada en 16 mm con los colores suaves del otoño de Wisconsin, la película es un verdadero logro para el cine independiente: tiene conciencia social, es formalmente atrevida y nada pretenciosa.

La historia se mueve entre trabajos mal pagados en los que las conversaciones de los empleados tratan de lo que haría cada uno si le tocara la lotería. Russell empieza la película trabajando en una fábrica y acaba haciendo ventas por teléfono; entre ambas cosas, lava platos en un restaurante, limpia en un motel y hace inventario en un almacén. Carece casi por completo de tiempo libre. En uno de esos empleos, su comida consiste en una loncha de carne que engulle en el baño de caballeros que se supone está limpiando.

El resto del reparto está compuesto por actores no profesionales que fueron elegidos porque tenían experiencia en los lugares de trabajo que aparecen en la película. Su labor es excelente y ayudan a Smith a desdibujar la línea que separa el cine independiente y modesto del documental *vérité*. El resultado es una tragicomedia sencilla que es como un *Office Space* (*Trabajo basura*) de la clase trabajadora, con menos esperanza y sin argumento. En el restaurante de pollo, lavan los panecillos viejos antes de tirarlos a la basura. Es una imagen que encaja con esa vida estadounidense olvidada que explora la película.

A. S. Hamrah

Fecha 1997

Nacionalidad Estados Unidos

Director Chris Smith

Reparto Randy Russell

Por qué es clave
Es un análisis único e independiente de los trabajos de salario mínimo en Estados Unidos de mediados de la década de 1990.

Escena clave **La mujer sostiene el cuerpo de su esposo** *Funny Games (Juegos divertidos)*

SPOILER

En la mayoría de sus películas, Haneke ha explorado los aspectos más desorientadores y deshumanizadores de la cultura saturada de medios de comunicación, desde el melodrama de 1992 *El vídeo de Benny* al drama político de 2005 *Caché (escondido)*. Esta película que lleva el irónico título de *Funny Games (Juegos divertidos)* está entre las más inquietantes –y por tanto más efectivas– ya que hace frente al «entretenimiento» sin esfuerzo que ofrece la violencia al público contemporáneo, incluido el de las obras del propio Haneke.

El argumento gira en torno a una madre, un padre y un hijo (Lothar, Mühe y Stefan Clapczynski) que ven invadida su residencia vacacional por dos asesinos que se divierten torturando y matando a víctimas indefensas. La vuelta de tuerca de la película es que de vez en cuando estos dos sádicos sonríen, hacen un guiño o hablan directamente a la cámara, lo que nos obliga a darnos cuenta de que nosotros mismos hemos elegido ver –y en cierto modo disfrutar– los «juegos» horribles que aparecen en la pantalla.

En uno de los momentos más angustiosos de la película, el marido tiene el cuerpo destrozado por una paliza, pero su mujer lo mantiene en pie e impide que se caiga sujetando todo su peso. Haneke presenta esta imagen en una larga toma ininterrumpida que sirve como continuación de la historia y como documento sobre una mujer real, la actriz Susanne Lothar, que lucha hasta el límite de sus fuerzas por sostener la pesada carga. Este momento transforma una película que podría haber resultado didáctica o tramposa en un estudio indeleble y real del límite inestable entre la violencia «real» y la «ficticia». Rara vez llega la ficción a superponerse con tanta fuerza al mundo real en el que vivimos, nos comunicamos y pasamos incontables horas de horror cinematográfico.

David Sterritt

Fecha 1997

Nacionalidad Austria

Director Michael Haneke

Reparto Susanne Lothar, Ulrich Mühe

Por qué es clave
Este plano secuencia transforma una película potencialmente abstracta en un devastador estudio de los efectos de la violencia en el mundo real.

Pág. siguiente *Funny Games (Juegos divertidos)*.

HANEKE: 'FUNNY GAMES'
A film by MICHAEL HANEKE
with SUSANNE LOTHAR · ULRICH MÜHE · ARNO FRISCH · FRANK GIERING · STEFAN CLAPCZYNSKI and others
Director of Photography JÜRGEN JÜRGES · Editor ANDREAS PROCHASKA · Sound WALTER AMANN · Production Designer CHRISTOPH KANTER · Costume Designer LISY CHRISTL
A WEGA-FILM production · Producer VEIT HEIDUSCHKA © WEGA FILM 1997
METROTARTAN
DISTRIBUTION
DOLBY DIGITAL
film INSTITUT
ORF

Escena clave **El autobús escolar que se hunde y la picadura de araña** *El dulce porvenir*

La mejor película de Atom Egoyan se centra en la historia de un abogado (Holm) que visita una pequeña ciudad rural de Canadá con la esperanza de organizar a los padres para que interpongan una demanda por un accidente de un autobús escolar en el que murieron varios niños. Las visitas a los hogares invadidos por la tristeza de la pérdida se contraponen con su propio dolor por su hija (Caerthan Banks), a través de cuyas llamadas deducimos que el consumo de drogas está llevando su vida hacia la tragedia.

Egoyan nos deja que descubramos la misión del abogado y que nos formemos nuestra propia impresión de las familias –algunas de las cuales desconfían de los motivos que impulsan al abogado– antes de mostrarnos el accidente en el que el autobús cae a un lago helado y el hielo empieza a resquebrajarse bajo su peso. En esta terrible imagen se intercala una conversación que mantiene el abogado durante un viaje en avión en el que se encuentra con una conocida de la familia. El protagonista le cuenta a la mujer un incidente ocurrido cuando su hija era pequeña; le picaron unas arañas y él tuvo que llevarla a toda prisa a un hospital, sujetando un cuchillo contra su garganta por si era necesario hacerle una traqueotomía antes de llegar.

Ese acontecimiento del pasado refleja la situación del presente: de nuevo se encuentra haciendo algo por misericordia y de nuevo tiene que aplacar sus propias emociones y mostrarse imparcial, hasta el punto de parecer frío e insensible, pero debe hacerlo para alcanzar el objetivo. Aunque se considera una persona buena y competente, también podría ser como el Flautista de Hamelin, que utilizó a los niños de un pueblo en su propio beneficio. La magnífica actuación de Holm hace que ambas posibilidades resulten creíbles.

David Sterritt

Fecha 1997

Nacionalidad Canadá

Director Atom Egoyan

Reparto Ian Holm

Título original *The Sweet Hereafter*

Por qué es clave
En un magnífico ejemplo de montaje paralelo, Egoyan hace un corte entre el traumático acontecimiento central de la película y un monólogo del protagonista que es al mismo tiempo metafórico y conmovedor.

Escena clave **El honor perdido de un carterista de una pequeña ciudad** *Xiao Wu*

Xiao Wu, gran revelación de la segunda ola de cineastas posteriores a 1989, sigue las andanzas del personaje del título (Wang) por las calles, obras, bares de karaoke, baños y granjas de su pequeña ciudad natal, Fenyang, en la provincia de Shanxi. Xiao Wu es un delincuente de poca monta, maestro carterista, sereno y con gafas –una especie de héroe de John Woo a menor escala– que cree en el honor de los ladrones, pero la situación en la que se encuentra revela la crisis de toda una generación. Jia rueda la película con el estilo del *cinema vérité*, a la cruda luz del postsocialismo, con escasez de medios y actores no profesionales, y consigue crear momentos de verdad poética y desgarrada, como el coqueteo incómodo y al mismo tiempo tierno entre Xiao Wu y una camarera del bar de karaoke algo mitómana, o la escena en la que el protagonista sin hogar busca refugio en unos baños públicos, se desnuda y comienza a cantar.

La toma de medio minuto con la que acaba la película distingue a Jia como un gran director del cine mundial. Xiao Wu y el policía que lo ha detenido cruzan la calle principal de la ciudad; el policía tiene que hacer un recado, por lo que esposa al detenido a un cable. Xiao Wu se pone de cuclillas y espera, mira con nerviosismo y luego se pone en pie. Al mismo tiempo, la cámara gira poco a poco hacia la derecha siguiendo la mirada del protagonista. En bicicleta o en moto o simplemente de pie, hombres, mujeres y algunos niños observan al protagonista (que se ha convertido en un punto difuminado y a punto de desaparecer de la pantalla, puesto que no hay contraplano). Todos ellos chismorrean con curiosidad, sin sospechar que están siendo testigos de su propia alienación.

Bérénice Reynaud

Fecha 1997

Nacionalidad China

Director Jia Zhangke

Reparto Wang Hongwei

Por qué es clave Con un suave movimiento cámara en mano, la Sexta Generación china entra en una fase postsocialista de la «sociedad del espectáculo».

Escena clave **El llanto grabado** *Happy Together*

Rodada poco antes de que Hong Kong volviera a ser territorio chino, *Happy Together* es una película sobre la separación y la renovación. Pero también es una reflexión sobre la perspectiva y sobre la distancia necesaria para alcanzar dicha perspectiva. Está ambientada en el otro extremo del mundo, concretamente en Argentina, adonde se ha trasladado la pareja gay protagonista en el enésimo intento de empezar de nuevo. La primera frase, «Podríamos empezar de nuevo», se repite durante todo el largometraje como una especie de mantra, aunque ni el que la pronuncia ni el que la escucha creen del todo en él.

Yiu-fai (Leung) es el adulto de la relación, el miembro paciente y sufridor, furioso por el papel de mártir que le ha tocado. Po-wing (Leslie Cheung) se muestra insensible o necesitado dependiendo de la situación, y es consciente del poder que ejerce sobre su amante. Después de varias rupturas y reconciliaciones, Wing se marcha y ambos se dan cuenta de que esta vez realmente han acabado.

Mientras, Fai se ha ido acercando a Chang (Chang Chen), un joven taiwanés con el que trabaja. Entre ellos surge una relación fácil e insinuante, pero el joven Chang está a punto de marcharse de la ciudad. La última noche que salen juntos, saca una grabadora y le pide a Fai que le grabe algo que pueda llevarse de recuerdo. Le explica que no le gustan las fotos y que le parece que la voz refleja mejor las emociones que el rostro.

Chang se levanta a bailar y Fai agarra la grabadora tapándose la cara, pero sus ojos nos dicen que está llorando. La cámara se detiene frente a él en un plano de medio minuto de duración. Fai se recompone en silencio, pero vuelve a derrumbarse de nuevo y suelta un sollozo ahogado. En este desgarrador retrato de un hombre solo e infeliz, las palabras no son suficientes, quizá ni siquiera sean necesarias.

Dennis Lim

Fecha 1997

Nacionalidad Hong Kong

Director Wong Kar-wai

Reparto Tony Leung, Chang Chen

Título original *Cheun gwong tsa sit*

Por qué es clave
Esta escena sin palabras, que abre la compuerta a un torrente de emoción contenida, es un momento fundamental en la evolución de Wong Kar-wai del estilismo despreocupado al romanticismo adulto.

Escena clave **Sandii sonríe al final de la película** *New Rose Hotel*

La inmensa mayoría de la crítica «seria» valora por encima de todo las obras cuyo significado se encuentra oculto como un mensaje enterrado en el código estilístico. No es de extrañar, por tanto, que el cine de Abel Ferrara, en el que es tan difícil penetrar más allá de la superficie, sea tan poco querido por la crítica.

Tomemos como ejemplo la última escena de *New Rose Hotel*: X (Dafoe) se mete en la cama con Sandii (Argento) y le dice: «Si realmente quieres, nos iremos». Sandii sonríe ante la desganada oferta de X de abandonar la peligrosa situación en la que están implicados. Es el último de los recuerdos en *flashback* que componen los 20 minutos finales de la película, en los que X se refugia en el hotel del título y trata de dilucidar si Sandii lo ha traicionado y, de ser así, cómo y por qué lo ha hecho. Ferrara se niega a resolver el misterio, a darnos alguna pista para adivinar si la mujer sonríe porque le divierte la sugerencia de X, porque está encantada con dicha sugerencia, porque está considerando la idea de traicionarlo o si está pensando en cualquier otra cosa. Como está dándole la espalda a X, puede incluso que esté dando a entender cierta complicidad con el espectador, lo que querría decir que, a pesar de su relación con dos hombres que la consideran un mero peón, en todo momento ha sido ella la que ha controlado la situación. Nunca se resuelve la duda que obsesiona a X, simplemente porque no puede resolverse tal como está planteada. En las obras maestras de Ferrara, igual que en las de Jean Renoir, no existen atajos hacia el entendimiento, no hay gestos fáciles de interpretar, ni conclusiones que sacar. Sólo existe la experiencia de estar constantemente vivo y receptivo a todo.

Brad Stevens

Fecha 1998

Nacionalidad Estados Unidos

Director Abel Ferrara

Reparto Willem Dafoe, Asia Argento

Por qué es clave
Esta escena revela esa compleja ambigüedad que caracteriza la obra de madurez de Ferrara.

Escena clave **El increíble y complejo plano inicial** *Snake Eyes (Ojos de serpiente)*

Pocas películas comienzan como *Snake Eyes*. El primer plano es tan largo, está tan lleno de personajes y de gente anónima, tiene tantos movimientos en tantas direcciones distintas que uno no es realmente consciente de que sea un único trávelin con paneo lo que sigue al protagonista, el jefe de la policía de Atlantic City (Cage), durante los preliminares y el comienzo de un campeonato de lucha. Es un plano en el que se cuenta la mayor parte de lo que sucede en toda la película. La impresión de estar viendo y captando todo lo que sucede se intensifica la segunda vez que se ve la película, porque entonces nos damos cuenta de que realmente es un único plano: por mucho que pensáramos que tenía que haber algún truco que ocultaba el montaje de varios planos, es una impresión que resulta ser ilusoria, como ocurre en otras película de De Palma. El autor de *Vestida para matar* (1980), *Impacto* (1981) y *Doble cuerpo* (1984) parece tener la recurrente obsesión de decirle al espectador: mira bien, mira mejor, crees que has entendido más de lo que en realidad has entendido porque en el fondo eres incapaz de ver muchas de las cosas que se te están mostrando, cosas que pasas por alto u olvidas o, por el contrario, das por sentado, lo que hace que llegues llegando a conclusiones precipitadas o interpretes ciertos detalles de manera exagerada. Así que no te fíes de lo que ves, ni de lo que oyes, ni de lo que piensas. Una buena parte de la película se dedica a ver el plano inicial a diferentes velocidades (ha quedado grabado por las cámaras de seguridad y las de televisión) y desde distintos puntos de vista (los recuerdos de los testigos ayudan a reconstruir parte de lo sucedido).
Miguel Marías

Fecha 1998

Nacionalidad Estados Unidos

Director Brian De Palma

Reparto Nicolas Cage, Gary Sinise, Carla Gugino

Por qué es clave
Es uno de los planos más largos y difíciles de la historia del cine.

Página anterior *Snake Eyes*

Escena clave **El final** *Dil Se...*

SPOILER

Meghna (Koirala) parte para llevar a cabo una terrible misión. Cargada de explosivos, se dispone a asesinar al Primer Ministro en un ataque suicida. De pronto aparece frente a ella el ejecutivo Amar (la superestrella Khan); ahí está otra vez, declarándole su amor inquebrantable. Meghna intenta marcharse, pero él la agarra del chal y, con un rápido movimiento, la estrecha en sus brazos. «No tienes por qué venir conmigo, pero, por favor, llévame contigo», le susurra y luego le pide que le diga que lo ama, al menos una vez. Ambos se echan a llorar, abrazados..., y entonces explotan.

Mani Ratnam es uno de los grandes innovadores del cine de Bollywood. Procedente de la industria tamil, supo superar con éxito la transición al mercado nacional y ayudó a introducir el concepto de autor en Bollywood fascinando al público con espectaculares números musicales, influidos por el estilo de la publicidad y de los vídeos musicales. *Dil Se...* es la tercera entrega de una trilogía sobre el terrorismo en la que se incluyen, además, *Roja* (1992) y *Bombay* (1995). Aunque fracasó en taquilla, tiene algunas de las secuencias musicales más fascinantes que se hayan creado jamás en Bollywood («Chal Chaiyya Chaiyya», «Dil Se Re»), todas ellas fotografiadas de forma espléndida por Santosh Sivan. El clímax de esta historia inusualmente directa (para el cine de Bollywood) representa una total ruptura con las convenciones del cine indio al concluir con un final desgarradoramente infeliz.
Paolo Bertolin

Fecha 1998

Nacionalidad India

Director Mani Ratnam

Reparto Shahrukh Khan, Manisha Koirala

Por qué es clave ¡Un gran final del cine de Bollywood que no debería perderse!

Diálogo clave **Eternidad, no propiedad** *La delgada línea roja*

Mirando hacia atrás nos damos cuenta de que ninguna gran producción de Hollywood de la década de 1990 parece tan noble como el regreso al cine del filósofo y director Terrence Malick. No tanto porque demostrara que sigue siendo posible que un gran presupuesto nos ofrezca una gran película, sino más bien por la sinceridad con la que *La delgada línea roja* continuaba y aumentaba los sorprendentes experimentos narrativos que Malick había comenzado ya en *Malas tierras* (1973) y en *Días de cielo* (1978). Además de un poema visual sobre la fugacidad del hombre en contraste con la naturaleza inmutable, típico de la filmografía de Malick, *La delgada línea roja* parece al mismo tiempo un regreso, un nuevo comienzo y una continuación.

La ambientación bélica de la historia, con las tropas estadounidenses atacando Guadalcanal, es sólo el telón de fondo de una reflexión sobre la luz y la muerte. El reparto se encuentra disperso en una polifonía de voces que se solapan, pensamientos susurrados que flotan como almas sobre los campos de batalla, como si fueran los verdaderos protagonistas, mientras las granadas y las balas destrozan cuerpos moribundos. La tragedia humana resulta aún más absurda y desgarradora en contraste con la naturaleza indiferente: los rayos de sol y los golpes de viento dejan una huella exquisita sobre los mares de hierba, una hoja se dobla tímidamente mientras, muy cerca de allí, la gente sigue muriendo por ideas que resultan del todo inútiles en el cosmos. «La propiedad», concluye un soldado (Penn) en un momento determinado, «todo esto es por la propiedad». Pero las imágenes de Malick nos obligan a preguntarnos: ¿cuál es el precio que hay que pagar por la eternidad?

Christoph Huber

Fecha 1998

Nacionalidad Estados Unidos

Director Terrence Malick

Reparto Sean Penn

Título original *The Thin Red Line*

Por qué es clave El regreso de Malick después de varias décadas supone la materialización de sus temas fundamentales.

Pág. siguiente *La delgada línea roja*.

Escena clave **Giovanni se esconde de una manifestación** *Così rivedano/Así reían*

El León de Oro que ganó en Venecia levantó no poca polémica, pero lo cierto es que *Así reían* muestra los elementos distintivos del estilo de Gianni Amelio en su expresión más madura. Su inclinación a la narración elíptica se refleja en la historia de dos hermanos que, a finales de la década de 1950, emigran de Sicilia al norte de Italia. La historia se estructura en torno a un conjunto de estampas, cada una de las cuales cuenta un día de un año distinto, mientras que las secuencias largas y una fotografía pictórica y pausada envuelven el colérico drama en una estética deslumbrante.

Hay un momento que resume la complejidad de la película de Amelio, en concreto cuando vemos a Giovanni (Lo Verso) con los libros de texto de su hermano, Pietro. En la avenida principal hay una manifestación de trabajadores con banderas rojas y entonando el himno comunista «Bandiera Rossa». Cuando los manifestantes pasan junto a él, Giovanni se inclina sobre los libros para protegerlos. Una bandera roja ondea sobre él y una música extradiegética hace enmudecer los cánticos de la multitud. Giovanni recita una carta para su hermano que no puede escribirle porque no sabe dónde está y porque es analfabeto. Además de recalcar el vínculo entre Giovanni y Pietro y la importancia de la educación como medio de emanciparse, esta conmovedora secuencia condensa brevemente un tema fundamental de la película: la necesidad de esconderse –tanto metafórica como físicamente–, pues la relación de los dos hermanos está salpicada de mentiras, secretos y sentimientos de inseguridad. En este caso, sin embargo, este elemento adquiere mayor relevancia, pues Giovanni se esconde también de la política y del público.

Paolo Bertolin

Fecha 1998

Nacionalidad Italia

Director Gianni Amelio

Reparto Enrico Lo Verso, Francesco Giuffrida

Por qué es clave Una secuencia engañosamente sencilla demuestra la habilidad de Amelio para combinar la densidad temática y estilística.

Escena clave **Un gángster reflexiona sobre su humillación** *Satya*

SPOILER

Satya redefinió el concepto de violencia en el cine hindi. La película contiene pocas secuencias de lucha al viejo estilo, en el que los hombres se deshacían de las armas y luchaban con las manos. Aquí el poder sale de las pistolas y nunca es por venganza, sino que se trata siempre de hacer un trabajo. La cinta acuñó una nueva clase de héroe del cine hindi: el delincuente profesional. El guión de Anurag Kashyap y Saurabh Shukla utiliza el lenguaje que podría escucharse en alguno de los sórdidos bares de bailarinas (en los que las mujeres actúan para los hombres) del norte de Bombay. La película tiene, además, la audacia de burlarse de la ayuda que Bollywood recibe del mundo de la mafia (un año antes, el asesinato de un productor de cine, Gulshan Kumar, se interpretó como una prueba de lo que podían hacer los asesinos a sueldo si uno dejaba de colaborar).

Satya (Chakravarthi), cuyo nombre significa «verdad» en sánscrito, llega a Bombay en busca de trabajo, se une a la banda de un político (Govind Namdeo) y se hace amigo de éste (Manoj Bajpai), que da vida a uno de los matones jóvenes más convincentes de la historia del cine. En una escena clave, Bhiku le confiesa a Satya que se avergüenza de tener que someterse al control de su jefe. Maldice y despotrica mientras ven cómo las olas del mar de Omán rompen frente a ellos. Habla de conceptos abstractos como el honor, la masculinidad y la jerarquía, pero lo hace en *tapori*, el argot de las calles de Bombay, que hasta entonces sólo se había utilizado en el cine hindi para conseguir un efecto cómico. Es una difícil hazaña que Bhiku ejecuta con brillantez. Su presencia resulta tan carismática que, cuando muere, la película decae, aunque sólo un poco.
Jerry Pinto

Fecha 1998

Nacionalidad India

Director Ram Gopal Varma

Reparto J. D. Chakravarthi, Manoj Bajpai

Por qué es clave
Una asombrosa primera interpretación de un enérgico actor que une el *tapori* –argot de la calle de Bombay– y el drama.

Película clave ***Histoire(s) du cinéma*** El tributo de Godard al neorrealismo italiano

La gran obra maestra de Godard hasta la fecha, al menos de su último período, es un vídeo dividido en ocho partes, aunque el tema principal sea el cine; una reflexión crítica en la que se incluyen múltiples fragmentos, comentarios y alusiones generales sobre arte e historia. Más concretamente, es la historia del siglo XX tal y como la refleja el cine y la historia del cine tal y como la percibió o al menos la presenció el siglo XX. En la mitología adoptada por Godard, tanto el uno como el otro están caracterizados por dos países fundamentales (Francia y Estados Unidos), dos grandes pérdidas de inocencia cinematográfica (el fin del cine mudo provocado por la llegada del sonido y el supuesto fin del cine hablado provocado por la llegada del vídeo), dos pérdidas de inocencia espirituales (las dos guerras mundiales) y dos resurgimientos cinematográficos colectivos que tuvieron lugar en Europa y que afectaron a la conciencia del resto del mundo: el neorrealismo italiano y la *nouvelle vague* francesa.

En mi opinión, el punto culminante de la obra llega al final del quinto episodio, *La monnaie de l'absolu* (*La moneda de lo absoluto*), cuando Godard acompaña un apasionado montaje de conmovedores momentos clave del neorrealismo italiano con una tierna canción sobre el idioma italiano. Tras esto, por supuesto, se esconde la convicción de que, «con *Roma, ciudad abierta*, Italia reconquistó el derecho de una nación a mirarse a sí misma a los ojos y tras ella llegó una impresionante cosecha de gran cine italiano». Pero, sea cual sea el pretexto, se encuentran pocos precedentes de esta oleada de emoción al final del capítulo en la filmografía del director francés.
Jonathan Rosenbaum

Fecha 1998

Nacionalidad Francia

Director Jean-Luc Godard

Reparto No aparece en los créditos

Por qué es clave El gran pensador de la *nouvelle vague* francesa demuestra que también tiene corazón.

Escena clave **«The Last Goodbye»** *Los que me quieran cogerán el tren*

La escena comienza como todo lo demás en esta increíble película, *in media res*, en medio de la narración. Sami (Cogan) acaba de mostrarle a Jean-Marie (Berling) una fotografía de la difunta madre de ésta tomada hace muchos años, y Jean-Marie, que la echa tanto de menos como va a echar de menos a Jean-Baptiste (Trintignan), el tío cuyo funeral narra la película, le dice que no quiere la foto. Entonces Elodie (Schiltz), hija de Thierry (Zem), el enfermero drogadicto y matón (y objeto sexual) que debe cuidar de Jean-Baptiste, agarra la fotografía y sale corriendo riéndose. De pronto, Elodie se detiene y señala al otro lado de la ventana. «¡Ahí está papá!», grita apuntando a un coche familiar que se acerca por la carretera que va junto al tren. Thierry va al volante y su pasajero es el ataúd con el cuerpo de Jean-Baptiste. Los dolientes que ocupan el tren se acercan a la ventana para mirar mientras empieza a sonar «The Last Goodbye», del entonces recién fallecido cantante y compositor Jeff Buckley. Al mismo tiempo oímos un fragmento de la última entrevista que concedió Jean-Baptiste sobre su vida y sobre su trabajo, en la que habla de sexo y de amor. «Amar a alguien significa aguantar todas sus cosas», dice, lo que condensa la idea de toda la película de Chéreau, en la que la vida y la muerte, la juventud y la vejez, la homosexualidad y la heterosexualidad se mezclan con desenfreno en una visión de aparente caos dibujada con claridad por la mano de toda una maestra del cine.
David Ehrenstein

Fecha 1998

Nacionalidad Francia

Director Patrice Chéreau

Reparto Charles Berling, Delphine Schiltz, Nathan Cogan, Roschdy Zem, Dominique Blanc, Jean-Loius Trintignant

Título original *Ceux qui m'aiment prendront le train*

Por qué es clave
Ofrece una de las más puras expresiones cinematográficas de la pérdida y el arrepentimiento.

Escena clave **La secuencia inicial** *Confession*

Aleksandr Sokurov nació en 1951, hijo de un oficial del ejército. Estudió en la prestigiosa escuela de cine de Moscú VGIK y, después de graduarse, tuvo la suerte de tener como mentor a Andrei Tarkovsky, que se convirtió en su amigo no sin antes calificarlo de «genio cinematográfico». En 1980, comenzó una carrera que sería la más fúnebre de la historia del cine. *Madre e hijo* (1987), un poético grito de lamento sobre una madre moribunda, es, en palabras de Paul Schrader, «73 minutos brillantes y desgarradores de puro cine». Al tener como protagonista a una mujer, la película es, sin embargo, atípica en la obra de Sokurov. Más cercana a la esencia dolorosa de su arte está *Povinnost*, pensada originariamente como serie de televisión. Al igual que gran parte de sus obras, es una película sobre hombres aislados. Las primeras escenas nos sitúan en el oscuro y gélido norte de Rusia. La nieve cae sin cesar en la noche ártica. Unos jóvenes marineros golpean un barco con unas barras metálicas. El sonido resuena en el cielo. Se oye una voz en *off* propia de Chejov, que resulta ser del capitán del barco. Habla sobre la noche, sobre su vida y sobre sus marineros.

Como en muchas de las películas de Sokurov, la imagen tiene un color tan verde y el sonido está tan mitigado que parece que tenga lugar en el fondo del océano. Los hombres son como caballitos de mar; se mueven despacio y con una cierta espiritualidad. No se representa la acción: el capitán y sus confesiones son completamente imaginarios. La música de Mahler y de Tchaikovsky se oye suavemente a lo largo de la película. El efecto de todo ello resulta monástico, a veces homoerótico, desde luego no periodístico ni griersoniano (trampas en las que a menudo cae el documental).
Mark Cousins

Fecha 1998

Nacionalidad Rusia

Director Aleksandr Sokurov

Título original *Povinnost*

Por qué es clave
Es una de las películas documentales más reflexivas que se hayan hecho nunca.

Película clave *The Last Big Thing*
Geist ha caído

SPOILER

Aunque se rodó en 1995, *The Last Big Thing* no se estrenó hasta 1998. La película sigue a Simon Geist, un alienado antitendencias (Zukovic), mientras se dirige en su maltrecho coche a hacer falsas entrevistas para una revista inexistente llamada *The Next Big Thing*.

Geist tiene un plan. Su empeño por denunciar la «la necesidad de fama» que está infectando la ciudad de Los Ángeles atrae la atención de una infeliz heredera llamada Darla (Heimbinder). Los dos se trasladan a una casa «sin personalidad y nada individualista» cerca del desierto, donde toman cerveza en el jardín mientras leen *Los Angeles Times* y planean incursiones por la ciudad. En su tiempo libre, farfullan monosílabos en algún club o van a algún cine para criticar algún gran éxito de taquilla. Cuando las confrontaciones aforísticas de Geist comienzan a fallarle, el protagonista empieza a volverse más y más megalómano. Se encuentra en un momento de crisis y le han pedido que dirija un vídeo musical.

Pocas películas satíricas levantan ampollas como lo hace ésta. Los discursos breves y controlados de Geist, que muchas veces graba mientras conduce, son monólogos incisivos y mordaces llenos de odio hacia la banalidad. La crítica que hace a «una cultura autocomplaciente» en la que «todo significado ha quedado neutralizado» y «todos los medios son inútiles» es un grito de desesperación, salpicado de topetazos y alarmas de coches, que lanza a un abismo digital. El personaje pelirrojo de Darla, con su mono color caqui, arrastra los desechos de un mundo sin amor. Los dos protagonistas tienen una extraña capacidad de recuperación, igual que la película, una joya en la era de los productos culturales manufacturados.
A. S. Hamrah

Fecha 1998

Nacionalidad Estados Unidos

Director Dan Zukovic

Reparto Dan Zukovic, Susan Heimbinder

Por qué es clave
Esta sátira es la mejor película desconocida estadounidense de la década de 1990.

Diálogo clave **El alcohol reclama a Joe**
Mi nombre es Joe

Joe (Peter Mullan) es un desempleado de Glasgow que roza los cuarenta quien, después de superar su alcoholismo, vive con precaria dignidad en la inestabilidad química entre la sobriedad y la recaída. En su mirada y en su corazón se adivina la fuerza de un superviviente dispuesto a hacer lo que debe: ayuda y protege a la gente, entrena un equipo de fútbol… Pero la ansiedad que provoca la situación en la que se encuentra se refleja en su pequeño cuerpo: los andares inquietos e irritables con los que parece pavonearse denotan las energías enfrentadas que pugnan en su interior todas ellas con igual fuerza. El caos lo acompaña. Uno de sus jugadores de fútbol infringe las normas de un traficante de drogas y, cuando el diálogo no da los frutos esperados, Joe comienza una guerra.

«… Y soy alcohólico»: es el final implícito en el título. La adicción de Joe es su lado oscuro, la sombra fascinante de su pasado. «Está bien, Joe», le dice un matón de la ciudad al que se enfrenta en un pub; «la última vez que estuviste aquí te measte en los pantalones». El compromiso político de Ken Loach –su compromiso con la realidad– lo convierte en un director nada sobrenatural, pero cuando el alcohol se apodera de Joe y habla por su boca con palabras repugnantes que parecen salir de una podredumbre que no vemos, sentimos de manera palpable la presencia de un espíritu maligno. Si esto no es la prueba del talento de Loach como cineasta, no sé qué es.
James Parker

Fecha 1998

Nacionalidad Reino Unido

Director Ken Loach

Reparto Peter Mullan

Título original *My Name Is Joe*

Por qué es clave Loach, realista acérrimo, se convierte en esta escena a la magia negra

Pág. anterior *Mi nombre es Joe*.

Escena clave **El padre arrepentido y la gracia de Dios** *El color del paraíso*

SPOILER

Mohammad (Ramezani) es un niño ciego al que su padre envió a Teherán porque quería volver a casarse y aprender el oficio de carpintero. En la última secuencia de la película, cuando ya se ha anulado el compromiso, el padre va a buscar a su hijo para llevárselo de nuevo a casa. En el bosque denso y solitario que atraviesan, sienten los sonidos satánicos que siempre oye el padre. Al cruzar un caudaloso río de montaña, se rompe el puente y el niño y el caballo caen al agua. El padre se tira al río para rescatar a su hijo, pero pierde el conocimiento mientras es arrastrado por la corriente.

Cuando vuelve en sí, se encuentra en un paisaje deshabitado lleno de troncos de árboles desnudos y arrancados de la tierra. Unos pájaros blancos surcan el cielo. El padre ve a su hijo que yace en el suelo a cierta distancia. Lo toma en sus brazos y llora. La cámara, que se había elevado en una toma de grúa cuando el padre echa a correr hacia Mohammad, se acerca para enfocar la mano sin vida del niño en el momento en que se posa sobre ella una cálida luz. Se oye de nuevo el canto de un pájaro..., y la mano comienza a moverse. ¿Estamos en otro mundo, o es en éste donde Dios ha tocado a Mohammad con su luz?

El uso de la grúa para darnos esta vista de pájaro y de Dios cuando envuelve con su gracia a aquellos que lo buscan contrasta con el espíritu, la trascendencia y el género de otra magnífica vista de pájaro, la que utilizó Hitchcock en *Los pájaros* (1963). *El color del paraíso* en todo su metraje y en esta secuencia en particular muestra la paradoja existente en la relación que establece el cine con lo que se ve y lo que no se ve, con la ceguera y con la visión, con la representación y la imposibilidad de representar.

Rashmi Doraiswamy

Fecha 1999

Nacionalidad Irán

Director Majid Majidi

Reparto Hossein Mahjoub, Mohsen Ramezani

Título original *Rang-e khoda*

Por qué es clave
Es una de las vistas de pájaro más extraordinarias –y paradójicas– del cine.

Escena clave **Asesinato en el Mediterráneo** *El talento de Mr. Ripley*

El rico, petulante y disoluto Dickie Greenleaf (Law) no se alegra lo más mínimo al encontrarse a un pálido y nervioso Tom Ripley (Damon) en una playa de Italia, pero, a medida que pasan los días, se despierta en él cierta curiosidad por su rareza y su habilidad para imitar a la gente. Le intriga que Tom crea que se conocieron en Princeton y más tarde le hace gracia descubrir que es en realidad un emisario de su padre, a cuya casa Dickie no quiere volver. Entre ellos nace un cierto vínculo, aunque Tom tiene en mente algo más que una simple amistad o la esperanza de vivir de la fortuna de los Greenleaf. En definitiva siente por Dickie algo más que admiración.

Un día se encuentran en medio de las aguas color zafiro del Mediterráneo cuando entablan una sincera conversación. Tom reprende a Dickie por dejarse llevar por los deseos de su pene y acostarse con todas las chicas que se cruzan en su camino; Dickie, satisfecho de su comportamiento, lanza una fría mirada a Tom y le dice que es aburrido, presuntuoso e insoportable. Esto desencadena una pelea en la que Dickie pega a Tom y éste responde con el ardor de un hombre humillado por amar a alguien que no le corresponde. Tras golpear a Dickie con un remo, deja que se desangre en la barca y al final lo arroja al mar.

En esta escena, Minghella ofrece un magnífico retrato de las diferencias de clase y de la violencia masculina que surge de una leve discusión. La arrogancia de Dickie y la vergüenza de sí mismo de Tom desencadenan una explosión incontrolable. Tom no odia a Dickie, sino que lo adora, pero resulta que su Dios no lo considera digno de él. ¿Se trata de un asesinato o de una especie de suicidio? Tom, el gran actor e imitador, va a apropiarse del pasaporte de su ídolo y va a transformarse en el hombre hermoso al que admiraba y que estaba por encima de él.

Murray Pomerance

Fecha 1999

Nacionalidad Estados Unidos

Director Anthony Minghella

Reparto Jude Law, Matt Damon

Título original *The Talented Mr. Ripley*

Por qué es clave
Es un caso fascinante de violencia provocada por un amor no correspondido.

Pág. siguiente *El talento de Mr. Ripley.*

Escena clave **«¿Crees que soy malo?»** *El viento nos llevará*

Un ingeniero llamado Behzad Dorani llega a un remoto pueblo kurdo con un pequeño equipo de rodaje a esperar la muerte de una mujer de cien años para poder grabar un documental sobre la ceremonia del funeral (fuera o no casual, esta película del año 1999 es, en más de un aspecto, una especie de testimonio del milenio). Un niño del pueblo llamado Farzad Sohrabi sirve de guía a Behzad, que a menudo se aprovecha y abusa de él de un modo vergonzoso, en especial cuando se siente frustrado por el hecho de que la anciana tarde tanto en morir.

Resulta evidente que el personaje de Behzad es un autorretrato crítico del propio Kiarostami, una mirada de escepticismo hacia el poder que el director ejerce sobre los actores no profesionales y pobres con los que a menudo trabaja. Ese escepticismo se demuestra en el modo en que filma algunos de los diálogos que mantienen Behzad y Farzad, lanzando sus propias preguntas al muchacho para luego intercalar sus respuestas con tomas de Behzad rodadas con posterioridad. En una de las conversaciones más reveladoras, Behzad le pide al chico que le diga con total franqueza: «¿Crees que soy malo?». El muchacho se sonroja al decir que no y uno tiene la impresión de que sólo ha sido amable.

Kiarostami confirmó dicha impresión cuando le pregunté sobre ello en una entrevista: «Tenía que hacerle esa pregunta porque no le caía muy bien, a diferencia del actor que interpretaba el papel principal», dijo riéndose. «¡Por eso resultó tan poco convincente cuando dijo que yo era un buen hombre!»
Jonathan Rosenbaum

Fecha 1999

Nacionalidad Irán/Francia

Director Abbas Kiarostami

Reparto Behzad Dorani, Farzad Sohrabi

Título original *Bad ma ra khahad bord*

Por qué es clave Kiarostami expone lo más cuestionable de sus tácticas como cineasta.

Acontecimiento clave ***Eyes Wide Shut*** **Vapuleada por la crítica y el público**

Cuando se estrenó la película, su mera existencia fue una afrenta para el público y, por tanto, para las arcas de Warner Bros., el estudio que la financió en una época en que los estadounidenses no tenían por qué desconfiar de su economía. Si algo era malo para el negocio, era malo y punto. Lo cierto es que *Eyes Wide Shut* ha sobrevivido a los tiempos de la burbuja financiera ocasionada por la misma sociedad a la que se critica en la película. Es un recordatorio de ese público entontecido, siempre dispuesto a sentirse satisfecho por aburrirse.

¿Eso es música clásica? Se están poniendo trajes de noche, ¿dónde están sus pistolas? Ella está bailando con un húngaro de mediana edad. Qué... yo no... no puedes... zzzzz.

Hubo K.O. en el primer asalto. La fluida fotografía de Kubrick los arrulló. La modulada interpretación de Tom Cruise y Nicole Kidman parecía estar malgastando a las estrellas de *Días de trueno*. La evocación que se hace en la película de Nueva York en Navidad como una ciudad solitaria llena de conspiradores sexuales resultaba falsa en un mundo de grandes empresarios y ejecutivos que aún no habían sido acusados de nada. Cuando en el verano de 1999 se estrenó *Eyes Wide Shut* en 2.500 salas, se hizo con la certeza de que iba a ser un fracaso, como si uno de los grandes estudios hubiera pretendido acabar para siempre con el cine de autor y hacer que pareciera un accidente comercial. ¿Se pretendía que fuera un sacrificio, como el que lleva a cabo una chica drogadicta por Bill Harford en la orgía?

El titular de un periódico que aparece en *Eyes Wide Shut* dice AFORTUNADO DE SEGUIR CON VIDA. Kubrick murió cuatro meses antes de que saliera a la luz.
A. S. Hamrah

Fecha 1999

Por qué es clave La falta de apoyo comercial y de crítica que recibió la última película de Stanley Kubrick demostró lo bajo que había caído el cine.

Pág. anterior *Eyes Wide Shut.*

Escena clave **Rosetta está a punto de dejar que su amigo se ahogue** *Rosetta*

Hay dos motivos por los que Luc y Jean-Pierre Dardenne son ávidos lectores del filósofo Emmanuel Levinas, y los dos son evidentes en *Rosetta*. En primer lugar, por lo que dice de nuestra percepción de una persona: que debemos ver el rostro, no porque sea un estereotipo banal, sino por su «desnudez» inapelable. A partir de ahí, los Dardenne inventaron una manera de rodar y, por tanto, de ver: más allá del simple realismo de lo que «está ahí», mira y mira hasta que desaparecen todas las máscaras. En segundo término, por el drama moral que evoca Levinas: sólo se puede asimilar la lección del «no matarás» realmente si hemos llegado a estar a punto de desear matar y hemos superado ese momento. Eso es justo lo que hace Rosetta en esta escena, en la que su amigo Riquet (Rongione) se cae con su moto en las aguas cenagosas cerca del cámping para caravanas en el que vive la protagonista. Durante unos segundos de agonía, es evidente, aunque no llegue a verbalizarlo, que Rosetta contempla la idea de dejar que Riquet se ahogue y así poder quedarse con su empleo. Es una clase de mujer que nunca antes hemos visto en el cine: lo que la impulsa (hasta el borde de la locura) no es el amor, la ambición ni la maternidad, sino el básico deseo de alcanzar la dignidad de tener un trabajo, de aferrarse incluso hasta al empleo más insignificante. Es ese deseo, esa determinación lo que la convierte en un monstruo y lo que muestra también el crisol que define su humanidad. Enfocada desde todos los ángulos, Rosetta sigue siendo una criatura misteriosa de pura transformación, un personaje cinematográfico por excelencia.

Adrian Martin

Fecha 1999

Nacionalidad Francia/Bélgica

Director Luc y Jean-Pierre Dardenne

Reparto Emilie Dequenne, Fabrizio Rongione

Por qué es clave
Este momento de debilidad moral revela la concepción del cine de los hermanos Dardenne.

Escena clave **El mejor duelo de espadas láser de *Star Wars*** *La amenaza fantasma*

Entre todo lo que George Lucas decidió corregir enla edición especial de *La guerra de las galaxias* que se estrenó a bombo y platillo en 1997, es extraño que se olvidara del anodino «duelo» entre Obi-Wan Kenobi (Alec Guinness) y Darth Vader (David Prowse). En una escena compuesta por una serie de medios y primeros planos que parecían escogidos al azar, Obi-Wan y Darth Vader daban vueltas el uno alrededor del otro como dos samuráis drogados y se atacaban sin demasiado ímpetu hasta que el primero quedaba reducido a un montón de arpillera. Si hubieran estado luchando en el salón de una casa, seguramente no habrían tirado ni una lámpara.

Sin embargo, gracias a la sinergia del coordinador de especialistas Nick Gillard, su ayudante Andreas Petrides y el actor, especialista y campeón de artes marciales Ray Park, el enfrentamiento final de los Jedis en *La amenaza fantasma* (1999) no sólo le dio al duelo de espadas láser el tratamiento que merecía, sino que además dio lugar a la mejor muestra de manejo de espadas que se haya visto en el cine occidental desde los tiempos de Douglas Fairbanks y Errol Flynn. La impetuosa banda sonora de John Williams intensifica la descarga de adrenalina que se produce cuando el joven Obi-Wan (McGregor) y su maestro Qui-Gonn Jinn (Neeson) se enfrentan a la mirada implacable del señor oscuro de los Sith Darth Maul (Park). Las espadas láser, o sables de luz, se encienden y los tres hombres se lanzan los unos contra los otros con una ferocidad que ponen de relieve las letales acrobacias de Maul cada vez que lanza un golpe o mueve su arma de doble filo y gruñe. Esta vez, George Lucas acierta al encuadrar la acción en planos largos como si se tratara de un baile en el que la emoción va aumentando hasta el catastrófico golpe final. No vamos a desvelar lo que ocurre, sólo diremos que es la única ocasión en toda la película en la que Darth Maul parpadea.

Violet Glaze

Fecha 1999

Nacionalidad Estados Unidos

Director George Lucas

Reparto Ewan McGregor, Liam Neeson, Natalie Portman, Jake Lloyd, Ray Park

Título original *The Pahntom Menace / Star Wars: Episode I: The Phantom Menace*

Por qué es clave
El duelo de espadas láser bien hecho por fin.

Pág. siguiente *La amenaza fantasma*.

W PLAYING
ENCE AND PHILIP
STARRING IN
SES OF FIRE
TICKETS
The Milk Song
COMING SOON
NEW YORK
TERRANCE
PHILLIP
NOW PLAYING

Escena clave **El hijo pasa sobre un muro y se sube a una lancha** *¡Adiós, tierra firme!*

En cierto momento de *¡Adiós, tierra firme!*, un joven sin nombre (Tarielashvili), vestido con un traje impecable, pero con una mochila maltrecha a los hombros, escala el muro que separa la lujosa casa de su familia del mundo exterior, baja por una escalera oportunamente colocada, va caminando hacia un río cercano, se sube a una motora que allí lo espera y se aleja navegando mientras se quita el traje para ponerse una ropa más informal. La escena contiene todos los elementos clave del cine de Iosseliani. Todo en este mundo propio de Keaton en el que no hay primeros planos está programado para facilitar un constante movimiento: sus habitantes cruzan el espacio en barcas, motos, coches, autobuses, trenes, caballos, patines, transportadores de equipaje y helicópteros; empujando, arrastrando o llevando mochilas, cestas, bandejas, perros, cochecitos, inodoros y papeleras; sortean con agilidad cualquier posible barrera que pudiera obstaculizar el movimiento (incluso las barreras sociales); se deshacen de sus identidades como quien se quita la ropa, y las estructuras inmóviles (como paredes o estanterías) existen tan sólo para que los personajes pasen por encima de ellas: el motociclista (Phillippe Bas) tiene que trepar hasta el diminuto lugar en el que vive, mientras una doncella (Mirabelle Kirkland) limpia unas ventanas desde una plataforma, se mete en una casa y la última vez que la vemos es junto a un precipicio. Hasta los vagabundos se las arreglan para escalar por la fachada de un edificio gracias a unos andamios. Iosseliani, un hombre con una incorregible tendencia a sobrepasar barreras que divide su tiempo entre Georgia y Francia, es uno de los grandes optimistas del mundo del cine. Puede que *¡Adiós, tierra firme!* tenga algo de Renoir, pero más que una película del director de *Boudu salvado de las aguas*, es una película del propio Boudu.

Brad Stevens

Fecha 1999

Nacionalidad Francia/ Suiza /Italia

Director Otar Iosseliani

Reparto Nico Tarielashvili

Título original *Adieu, plancher des vaches!*

Por qué es clave
Esta escena contiene todos los elementos clave del cine de Iosseliani.

Escena clave **«Uncle F*cka!»** *South Park: Más grande, más largo y sin cortes*

«¡Shut your fucking face, Uncle F*ucka!» («cierra la puta boca, "jodetíos"», si bien la canción se dobló al castellano como «Eres un cabrón, hijo puta»). A los pocos minutos del comienzo de la película de Trey Parker y Matt Stone *South Park: Más grande, más largo y sin cortes*, los cuadro niños de la serie televisiva de dibujos animados se van al cine a ver *Asses of fire* (*Culos de fuego*, traducida en el doblaje español como *Agujeritos de acero*), en la que intervienen Terrance y Phillip, sus ídolos cómicos canadienses. Pronto comienza una explosiva, divertida e irreverente canción con la que, en sólo tres minutos, Parker y Stone añaden un nuevo insulto al idioma, escandalizan a muchos espectadores, como los adultos que rodean a los extasiados niños de *South Park*, y parodian con destreza a Rodgers y Hammerstein. «You don't eat or sleep or mow the lawn, you just fuck your uncle, all day long!» («¡No comes, ni duermes, ni cortas el césped, sólo jodes a tu tío todo el día!»). Debería haber recibido el Óscar a la Mejor Canción Original, pero el estudio presentó «¡Blame Canada!» («Échale la culpa a Canadá») y perdió (igual que lo hicieron Aimee Mann y Randy Newman) en favor de una olvidable canción que Phil Collins había compuesto para *Tarzán* (1999). Pero Parker y Stone se vengaron quemándolo en la hoguera en un episodio de *South Park*.

Kim Newman

Fecha 1999

Nacionalidad Estados Unidos

Directores Trey Parker, Matt Stone

Título original *South Park: Bigger, Longer & Uncut*

Por qué es clave
Si pensabas que «Springtime for Hitler» era de mal gusto...

Pág. anterior *South Park: más grande, más largo y sin cortes.*

Acontecimiento clave **www.blairwitch.com** *El proyecto de la bruja de Blair*

En 1823, James Hogg publicó un artículo en la revista *Blackwood's Magazine* en el que afirmaba que se había descubierto un cadáver de cien años de antigüedad en una turbera de Escocia y, junto a él, un manuscrito que no tardaría en publicarse. Un año después salió al mercado la aterradora *Memorias privadas y confesiones de un pecador justificado*, que afirmaba ser dicho manuscrito. No importa si los lectores de Hogg creyeron que su novela eran realmente las memorias de un puritano que había vendido su alma al diablo, como tampoco importa que la multitud de gente que 176 años después acudió en masa a ver *El proyecto de la bruja de Blair* creyera o no que la película era una grabación documental de tres jóvenes cineastas desaparecidos tras topar con algo oscuro y sobrenatural en un bosque. La genialidad, tanto en el siglo XIX como en el XX, estuvo en la manera de publicitar dichas obras, estrategia que superó con creces la manida convención de «de verdad, es una historia real» que se había utilizado en todo tipo de películas, desde *Plan 9 del espacio exterior* (1959) hasta *La matanza de Texas* (1974). Daniel Myrick y Eduardo Sánchez, creadores del fenómeno de la Bruja de Blair, aprovecharon una herramienta nueva y crearon una página web, http://www.blairwitch.com/ (aún activa), que se suponía narraba la leyenda «real» de la bruja de Blair (una pura invención), y en la que todos los miembros del reparto de la película constaban como «desaparecidos, dados por muertos» (al igual que en Internet Movie Database). Además de despertar el interés del público por la película de un modo muy astuto, la página web (lo mismo que el pseudodocumental *The Curse of the Blair Witch*, que se estrenó en la televisión por cable y se incluyó como extra en el DVD) dio un valor añadido a la historia con datos históricos e información que no se incluían en la propia película.
Kim Newman

Fecha 1999

Título original *The Blair Witch Project*

Por qué es clave
El cine descubrió un nuevo pariente, que es al mismo tiempo un complemento y una herramienta comercial: Internet.

Pág. siguiente *El proyecto de la bruja de Blair.*

Escena clave **Elige bien tus pasos** *The Mission*

El prolífico director hongkonés Johnnie To empezó su carrera en televisión, donde los ajustados tiempos de producción (es de suponer que aún más que los de la industria cinematográfica de Hong Kong) le hicieron adquirir una habilidad especial para economizar en virtud de la necesidad, lo que constituye toda una ayuda para crear obras tan intensas como consistentes. Johnnie To rara vez ha hecho una película mala, sobre todo desde que, en 1996, pusiera en marcha su propia productora, Milky Way, y eso que hacer tres películas al año es para él la norma más que la excepción. Utiliza una amplia variedad de estilos con gran agudeza, como demuestran las tres películas que le valieron el reconocimiento internacional en 1999: en un extremo, *Running Out of Time*, una rápida mezcla de *thriller* y comedia; en el otro, *The Mission*, un impresionante ejercicio de coreografía (y en medio, el introvertido drama policíaco *Where a Good Man Goes*).

The Mission comienza con una escena aparentemente corriente: Lam Suet, el Peter Lorre del cine hongkonés, saltando en una de esas máquinas de baile en las que hay que seguir los pasos que se marcan. Si analizamos la escena con perspectiva, nos damos cuenta de que condensa toda la película, al tiempo que constituye una prueba fehaciente de la estructura impecable y autorreflexiva. Es la historia de cinco guardaespaldas (Lam Suet interpreta a uno de ellos) que matan el tiempo y a las personas que sea necesario de un modo perfectamente coreografiado, casi abstracto, lo que crea una sucesión de imágenes estáticas dramáticamente elegantes. La primera escena introduce, además, un importante elemento distintivo del ritmo de la película: un *riff* en tres acordes repetido una y otra vez que debe de ser la música más pegadiza que se haya hecho nunca con un sintetizador barato.
Christoph Huber

Fecha 1999

Nacionalidad Hong Kong

Director Johnnie To

Reparto Lam Suet

Título original *Cheung fo*

Por qué es clave
Es un comienzo aparentemente corriente para un *thriller* con un estilo excepcional que demuestra la sencillez y la elegancia de las construcciones del director Johnnie To.

MISSING
Heather Donahue
Joshua Leonard
Michael Williams
PLEASE CALL FREDERICK COUNTY SHERIFF'S OFFICE WITH
ANY INFORMATION YOU MAY HAVE!

Película clave *Outer Space*
La batalla de las películas

Ni siquiera después de décadas de cine hecho con metraje encontrado (*found footage*), podríamos haber estado preparados para la llegada de la madura obra de Peter Tscherkassky. La «Trilogía CinemaScope» del cineasta experimental austríaco, compuesta por *L'arrivée* (1998), *Outer Space* (1999) y *Dream Work* (2002) es una potente fusión de sus anteriores reflexiones teóricas y psicoanalíticas con una especie de éxtasis directo que alcanza en una enorme revisión de material llevada a cabo mediante operaciones manuales y meticulosos procesos en el cuarto oscuro. La expresión más sobrecogedora de dicha sensación de éxtasis es quizá la obra central de la trilogía, *Outer Space*, que se basa en la película de terror de Sidney J. Furie *El ente* (1982) para crear otro tipo de película de terror. En la discutible historia de Furie, la protagonista (Barbara Hershey) sufría el ataque psíquico y sexual de una fuerza invisible. En el asombroso *collage* de Tscherkassky, el ataque es obra de los propios elementos de la película: la luz irregular o las perforaciones del celuloide. La fragmentación y los ataques se intensifican (también en el entorno sonoro, un deslumbrante y perturbador choque de ruidos, palabras y música), de manera que la mujer encuentra su imagen reproducida y luego detenida en el tiempo antes de desaparecer. Pero vuelve y al final se logra un frágil equilibrio cuando fija la vista en su reflejo, a la espera de una nueva intrusión. Por el impacto que causa –al pasar de un hipnótico e inquietante aumento de la tensión a un clímax casi caótico–, *Outer Space* tiene tanta fuerza como podría tenerla cualquier película ilusionista, pero su belleza reside en la experta destrucción de dichas ilusiones: un equilibrio decididamente fructífero aunque casi paradójico.

Christoph Huber

Fecha 1999

Nacionalidad Austria

Director Peter Tscherkassky

Por qué es clave En esta obra maestra del *found footage* o metraje encontrado, Tscherkassky enfrenta una película de terror consigo misma y consigue un resultado magnífico.

Película clave *Matrix*
El efecto bala o «bullet time»

Las imágenes generadas por ordenador aparecieron por primera vez en el cine en la película de 1973 *Almas de metal*, pero fue necesaria casi una década para que las formas virtuales se hicieran un hueco en la conciencia del público gracias a *Tron* (1982). Enseguida empezó a disminuir la demanda de expertos en técnicas de la vieja escuela, como los fondos pintados de manera artesanal o las maquetas, pues los ordenadores eran capaces de crear imágenes tan asombrosas como el caballero de la vidriera de *El secreto de la pirámide* (1985), el monstruo de agua de *Abyss* (1989) o los realistas velocirraptores de *Parque Jurásico* (1993). Por eso en 1999 parecía algo descaradamente atávico que el diseñador de efectos visuales John Gaeta comenzara la memorable secuencia de *Matrix* uniendo cientos de cámaras fijas. Cada una de ellas generaba un solo fotograma al ponerlas en funcionamiento alrededor de un actor que estaba saltando o defendiéndose, al estilo del estudio del movimiento de Muybridge. Cuando las imágenes se unieron en el ordenador como un folioscopio, el resultado –Neo (Reeves) esquivando las balas a cámara lenta mientras el espectador gira a su alrededor como si fuera el ojo de Dios –fue revolucionario. Antes del efecto *bullet time*, para los cineastas un ordenador era tan sólo una herramienta con la que hacer sofisticadas maquetas y esculpir objetos partiendo de algoritmos en lugar de utilizar balsa y látex. Gaeta echó por tierra ese vetusto concepto y dio lugar a un espacio cinematográfico ilimitado que podía superar cualquier obstáculo de la física, el tiempo o la visión humana. Hace casi un siglo, Picasso y Braque destruyeron la idea de la perspectiva única al retratar objetos desde varios puntos de vista. Cuando Neo se giró a cámara lenta para esquivar las balas, el cine entró por fin en su período cubista.

Violet Glaze

Fecha 1999

Nacionalidad Estados Unidos

Directores Andy Wachowski, Larry Wachowski

Reparto Keanu Reeves, Carrie-Ann Moss, Laurence Fishburne, Hugo Weaving

Título original *The Matrix*

Por qué es clave El *bullet time* hizo que los efectos digitales alcanzaran todo su potencial.

Pág. anterior *Matrix*.

Escena clave **La escena inicial** *La Commune (París 1871)*

Al igual que en sus anteriores puntos de referencia, *El juego de la guerra* (1965), *Privileges* (1967), *Punishment Park* (1971), *Edward Munch* (1974) y *The Journey* (1987), *La Commune* de Peter Watkins es una radical reconfiguración del cine, no sólo como forma artística, sino como medio para transmitir información y para retar al público a ser algo más que meros receptores pasivos de efectos emotivos. Rodada en vídeo digital en blanco y negro, esta producción de cinco horas y media de duración recrea un episodio que rara vez se menciona en los estudios de historia; en concreto, un momento durante la guerra franco-prusiana en el que los ciudadanos de a pie de París crearon un gobierno socialista de facto y se dirigieron a sí mismos desafiando el statu quo de la monarquía. Por supuesto era una situación destinada al fracaso desde el principio y los artífices de la Comuna (hombres, mujeres y niños) no tardaron en ser asesinados y enterrados en una fosa común (el cortometraje de Straub y Huillet *Toute révolution est un coup de dés* se rodó en dicha fosa común). Como es su costumbre, Watkins utiliza una película dentro de la película y aquí se trata de una en la que dos canales de televisión rivales –Commune TV y Versailles TV– ofrecen dos visiones distintas de los acontecimientos. En la secuencia inicial de la película, vemos a los dos reporteros de Commune TV (Aurélia Petit y el hijo de Watkins, Gérard) en el escenario de la película, presentando lo que para ellos ya ha ocurrido. De hecho, ya ha ocurrido dos veces: una en la historia real y la otra ante las cámaras de Watkins, cuando se recrea el mundo de la Comuna en una fábrica que en otro tiempo albergó los estudios de Georges Méliès. En ese sentido, los actores que tenemos delante son dos fantasmas que al mismo tiempo están completamente vivos.

David Ehrenstein

Fecha 2000

Nacionalidad Francia

Director Peter Watkins

Reparto Gérard Watkins, Aurélia Petit

Por qué es clave Al aunar dos visiones del pasado, la escena da cuenta de las diversas maneras en las que el cine puede reflejar el Tiempo.

Escena clave **La chica lleva a su novio a cuestas** *En construcción*

Es el brusco final de un documental extraordinario, perceptivo, afectuoso y generoso sobre los efectos que tiene un proyecto de rehabilitación en el paisaje urbano y en los habitantes de un viejo barrio marginal del centro de Barcelona. Guerín y un pequeño equipo de jóvenes estudiantes lo rodaron durante más de tres años, y lo montaron en un período de tiempo igualmente largo. Este rápido trávelin hacia atrás tiene lugar casi cuatro minutos antes de que una joven pareja de drogadictos a la que hemos visto en varias ocasiones anteriores marchen (no sabemos hacia dónde) charlando mientras Juana (una prostituta) lleva a Iván a cuestas entre las casas de una calle estrecha, algunas de ellas en ruinas, otras recién reconstruidas. Pueden parecer bruscos y cínicos, pero la acción que retrata Guerín, el ritmo del movimiento de la pareja, y la respiración entrecortada de Juana dan fe de lo que sienten el uno por el otro y de hasta dónde está dispuesta a llegar ella para animar y ayudar a su novio. No son actores, no están interpretando un papel: ella corre, él se escurre y ella vuelve a levantarlo. Esta larga toma era imprescindible para mostrar –respetando el tiempo y el espacio– el esfuerzo real, el aguante y la carga que soporta Juana sin quejarse, incluso con orgullo, porque es una mujer fuerte y quiere a su novio tanto como para aguantar todos sus defectos, hasta el punto de casi hacer bromas sobre su holgazanería. Esta toma épica representa una nueva actitud que parece una respuesta tardía a la autocompasión de películas de James Dean en la década de 1950, en las que la juventud culpaba a los demás de sus problemas.

Miguel Marías

Fecha 2000

Nacionalidad España/Francia

Director José Luis Guerín

Reparto Juana Rodríguez, Iván Guzmán

Por qué es clave Esta escena muestra el amor de un modo realista y nada sentimental, a pesar de lo perdidos que están los dos amantes.

Escena clave **El suicidio del protagonista en la primera escena** *Peppermint Candy*

En 1999 un grupo de hombres y mujeres de mediana edad se reúnen junto a un río tras veinte años de separación. Poco después llega un ex compañero de trabajo llamado Young-ho (Sol) y empieza a comportarse de un modo extraño: lleva puesto un traje arrugado, grita a la máquina de karaoke, se mete corriendo al agua y maldice a gritos mirando al cielo. Cuando por fin se aleja y se sube a uno de los dos puentes de ferrocarril que pasan sobre el río, el grupo siente un gran alivio. Sólo una persona se preocupa por el bienestar de Young-ho y le pide que baje. El ruido de un tren que se acerca provoca el pánico, pero, cuando pasa, se dan cuenta de que iba por el otro puente y que Young-ho está a salvo. Pero no será así cuando pase un segundo tren sólo unos minutos después.

Young-ho muere gritando: «Quiero volver» y, en cierto sentido, la película le concede el deseo. El suicidio es la culminación de veinte años de traumas históricos y personales, pero como espectadores lo hemos visto sin ningún tipo de información previa. De un modo parecido a lo que ocurría en la película que Jane Campion hizo en 1986 para la televisión, *Two Friends*, la historia vuelve atrás en el tiempo para mostrarnos el origen del comportamiento de Young-ho: en concreto, retrocede a tres días antes, a 1994, a 1987, a 1984, a 1980 y a un pícnic que se celebró en el mismo lugar en 1979. Durante ese tiempo, el personaje de Young-ho va perdiendo sus traumas y va volviéndose menos corrupto y complicado a la vez que presenciamos algunos de los horrores de la historia de Corea en el último período del siglo XX.

Darcy Paquet

Fecha 2000

Nacionalidad Corea del Sur

Director Lee Chang-dong

Reparto Sol Kyung-gu

Título original *Bakha satang*

Por qué es clave
La imagen de un hombre a punto de ser arrollado por un tren es el punto de partida de una historia con una estructura muy ingeniosa, contada al revés, sobre una psique destrozada por los acontecimientos históricos.

Escena clave **Nena enseña a bailar a Jose** *Demons*

Nena (de Leon), hija adolescente de una familia de clase alta de la isla Negros, ha invitado a un amigo pobre de la infancia llamado Jose, al que no ve desde hace años, a la fiesta que va a celebrar en su mansión. Jose llega a la casa, pero es demasiado tímido para traspasar las enormes puertas. O'Hara lo enfoca a través de las rejas de la puerta. Nena lo invita a bailar, pero él no sabe. Corte a una toma en las que los vemos de espaldas en el momento en que Nena se gira hacia nosotros y le pide a Jose que se acerque. Rápido inserto de las manos de ella agarrando las de él; del rostro de Jose, sorprendido; de Nena, sonriendo. Empiezan a moverse. El tiempo pasa en una serie de encadenados al ritmo de una suave melodía *folk*; se oye el croar de una rana (O'Hara comenzó y continúa trabajando en la radio), que sugiere que los protagonistas son ajenos a todo lo que no sean ellos dos. Jose se detiene, aparta a Nena, se da media vuelta y echa a correr; la melodía se repite a un ritmo más rápido. Jose corre por la selva (de izquierda a derecha, en varios planos) y se lanza a una laguna con una hermosa cascada. Cuando su amigo le pregunta qué le ocurre, le responde: «¡Tuve una erección! ¡Una verdadera erección!».

La historia de amor va evolucionando desde la lástima (la chica mirando los viejos pantalones del chico) al reconocimiento (la joven se da cuenta de que él no está avergonzado, sino enfadado) y a las primeras señales de atracción sexual. El resto de la película es una mezcla de atrocidades bélicas, efectos especiales de presupuesto ínfimo y poesía filipina, pero ésta –el verdadero núcleo de la película– es tan sencilla y conmovedora como la música que acompaña a la historia.

Noel Vera

Fecha 2000

Nacionalidad Filipinas

Director Mario O'Hara

Reparto Matet de Leon, Alex Alano

Título original *Pangarap ng Puso*

Por qué es clave
Un magnífico ejemplo de la habilidad de O'Hara para esbozar una escena con sencillez, tranquilidad y efectividad.

Escena clave **El vuelo en helicóptero antes del choque** *Kippur*

En *Kippur* no hay discursos antibelicistas: lo que encontramos es una intensa reconstrucción de los combates que vivió el director diecisiete años antes. El sonido y la imagen, la naturalidad de los actores, todo contribuye a retratar lo que es la guerra desde la inusual perspectiva de unos soldados que no disparan, sino que llevan una camilla en la que retiran a los heridos.

Entre el fuego enemigo, los camilleros transportan a un soldado herido e intentan que no les disparen mientras mantienen la camilla recta aun cuando se les hunden los pies en el barro, pero el soldado muere antes de que puedan llegar al helicóptero de evacuación. Todos están destrozados, cansados y tristes cuando por fin despega el helicóptero. A pocos metros del suelo, ven el campo de batalla enlodazado convertido en un cementerio, y la inquietante y fúnebre música se entremezcla con el sonido enervante de la hélice. De pronto, cuando parece que están a salvo y el cielo se ve tranquilo y casi soleado, el helicóptero es alcanzado por un misil y por dos ráfagas. El doctor y la mayoría de los camilleros resultan gravemente heridos y se ven obligados a hacer un aterrizaje de emergencia que prácticamente es un choque contra el suelo.

No hay efectos especiales, ni chorros de sangre, ni manos y pies amputados, ni enemigos, ni heroísmo, ni discursos patrióticos. Sólo hay gente (la mayoría joven) sometida a una terrible situación de tensión en la que tratan de hacer su trabajo lo mejor que pueden.

Miguel Marías

Fecha 2000

Nacionalidad Israel/Francia

Director Amos Gitai

Reparto Liron Levo, Tomer Ruso, Uri Ran Klauzner, Yoram Hattab, Juliano Merr, Ran Kauchinsky

Por qué es clave Esta escena hace que el espectador viva de cerca la situación de crisis que sufren los pilotos y los pasajeros, cansados y desmoralizados, de un helicóptero atacado.

Escena clave **Después del incendio de la fábrica** *Canciones del segundo piso*

Un hombre acaba de incendiar su fábrica. Se encuentra en un sombrío vagón del metro, cubierto de ceniza. De pronto, todos los ocupantes del tren comienzan a cantar. Después nos encontramos en un café. Es de noche, afuera vemos la calle de una ciudad que converge hacia un punto de fuga. Llega entonces el hombre cubierto de cenizas y, aturdido, habla de un modo absurdo de lo que acaba de hacer. De nuevo en la calle, un acontecimiento apocalíptico ha hecho que la ciudad se detenga. Las ratas entran y salen del punto de fuga. El hombre de las cenizas está ahora en su compañía de seguros hablando del incendio, pero nos distrae lo que ocurre afuera y que vemos a través de la ventana de la oficina. El tráfico sigue parado. Oímos llantos. Poco a poco aparece al fondo una procesión de gente. Se azotan unos a otros con látigos.

Canciones del segundo piso resulta tan sorprendente como películas épicas del cine mudo como *Cabiria*. Está rodada en su mayor parte en enormes decorados construidos para forzar la perspectiva y constituye una clase magistral de diseño de producción y puesta en escena. En cuanto al color, predomina el verde. La cámara apenas se mueve y los planos se alargan durante muchos minutos, en los que a menudo surge al fondo la pieza central de la escena en medio de la acción. Al igual que en las últimas películas de Jacques Tati, como *Trafic*, Andersson se deleita aquí en una escenificación compleja. De nuevo como en el cine mudo, cada escena es un lienzo en el que hay pocos o ningún ángulo inverso. En la era de las imágenes creadas por ordenador, de los rodajes cámara en mano, digitales y de bajo coste, *Canciones del segundo piso* parece una obra de otro mundo. Es un retrato de la vida en la ciudad, donde las personas son como zombis y la interacción humana resulta absurda. Ni siquiera las películas de Luis Buñuel lograron plasmar de un modo tan brillante el surrealismo cinematográfico.

Mark Cousins

Fecha 2000

Nacionalidad Suecia

Director Roy Andersson

Título original *Sånger från andra våningen*

Por qué es clave Es la secuencia surrealista más impresionante del cine moderno.

Escena clave **Baño y ducha**
La cautiva

Después de acosar a Ariane (Testud) y de casarse con ella, Simon (Merhar) la encierra tras descubrir que no era él a quien iba dirigida una cariñosa sonrisa que quedó atrapada por casualidad en una película casera que rodaron en la playa con algunos amigos. El hecho de que la vea desde un punto de vista básicamente estético, como si fuera un bonito florero, una mesa elegante o una valiosa escultura –mientras ella, a pesar de ser su prisionera, se mantiene distante, y esquiva–, es algo que descubrimos al observar la imagen que se eligió para el cartel de la película: Simon sentado en la bañera mientras, al otro lado de una mampara de cristal empañada que le permite verla, pero no con claridad, ella se seca con una toalla. Así es como viven, en jaulas de cristal separadas por paredes traslúcidas, donde en teoría pueden verse y tocarse, pero en la práctica están muy lejos el uno del otro.

Miguel Marías

Fecha 2000

Nacionalidad Bélgica/Francia

Director Chantal Akerman

Reparto Stanislas Merhar, Sylvie Testud

Título original *La captive*

Por qué es clave
Esta escena plasma la falta de franqueza que existe en la pareja de Simon y Ariane, y lo hace en una sola y fugaz imagen de su día a día.

Película clave
In absentia

Desde el cortometraje *Street of Crocodiles* (1986) al largo *Institute Benjamenta* (1995), los hermanos Quay nos han regalado algunas de las obras más exquisitas del cine de animación. Aunque a veces resulte críptica para el espectador medio, la alquimia de sus efectos visuales nos da una nueva noción de sobrecarga sensorial: así ocurre en *The Piano Tuner of Earthquakes* (2005), cuya textura hace que cada plano parezca un cuadro de misteriosa belleza. *In absentia* lleva esta clase de experiencia al límite, pues une la elegancia y la artesanía que caracterizan el estilo de los Quay con una percusiva urgencia emocional que no encontramos en ninguna otra de sus obras. La historia es muy sencilla: una mujer trastornada está escribiendo una carta a un amante ausente que no sabemos si existe; vemos la mano de la protagonista moviéndose frenéticamente, llenando páginas y páginas con un lápiz cuya punta se rompe a menudo bajo la presión de sus dedos.

Las imágenes del tiempo, el recuerdo, la esperanza y el deseo aparecen ante nosotros con una fuerza desatada y angustiosa, como si estuviéramos viendo la peor pesadilla de un corazón abandonado. Pero lo que hace de *In absentia* una verdadera arremetida contra los sentidos es la intensa mezcla de imágenes y sonidos. La música de la película la compuso Karlheinz Stockhausen, que con sus melodías electrónicas convirtió el estado mental de la protagonista en una tormenta psicológica. La música acaba de repente y la pantalla se oscurece, sólo han pasado veinte minutos, pero durante algún tiempo no necesitaremos ver ninguna otra película. Ésta nos ha sacudido el alma.

Paolo Cherchi Usai

Fecha 2000

Nacionalidad Reino Unido

Directores Stephen y Timothy Quay

Por qué es clave
La música y el cine se unen en un ataque a nuestros sentidos.

Escena clave **Dos amantes amenazados por una imagen que se funde** *La flamme*

Las cortísimas películas de Ron Dyens son lúdicos homenajes al arte del cine mudo, con un matiz innovador. El tema central de *La flamme* es una experiencia habitual en las salas de cine, en concreto lo que ocurre cuando un proyector no funciona y la imagen se funde literalmente ante los ojos del espectador. Desde el punto de vista técnico, esto sucede cuando la película se queda atascada entre las ruedas de la máquina; las imágenes deben proyectarse de una en una y quedan expuestas durante una fracción de segundo, pero si un fotograma queda atascado frente a la luz, se quema de inmediato. En términos prácticos, el daño se limita a un mínima parte de la película, como el agujero que deja un cigarrillo en un trozo de tela. En la pantalla, sin embargo, un fotograma que arde se amplía hasta alcanzar proporciones épicas. En los tiempos de las películas de nitrato (hasta 1951), un accidente como ése podía hacer arder todo el cine; con la proyección digital, el efecto es imposible. El mensaje de *La flamme* es que una imagen fundida puede resultar hermosa (aún recuerdo una película en la que esto sucedió justo cuando una mujer muy bella estaba mirando a la cámara). Ron Dyens va más allá: la película fundida pone en peligro un romance de finales del siglo XIX en una playa, como un monstruo en una película de ciencia ficción. Lo único que pueden hacer los amantes es huir corriendo mientras el mundo se funde a su alrededor.

Paolo Cherchi Usai

Fecha 2000

Nacionalidad Francia

Director Ron Dyens

Reparto Lucie Duchêne, Régis Romele

Por qué es clave La destrucción de la película es la propia historia.

Escena clave **La lucha en el bosque de bambúes** *Tigre y dragón*

Li Mu Bai (Chow) se encuentra en una encrucijada, pues es maestro en un momento en el que las jerarquías sociales están en continuo cambio, igual que la ética que se asocia a su saber. El encuentro con Jen (Zhang) hace que se dé cuenta de que merece la pena tenerla como alumna, pero carece de la humildad hacia el saber: completamente fascinada por el mundo de *jiang hu*, quiere formar parte de las emociones de ese mundo sin aceptar los códigos de comportamiento que ello conlleva.

Cada escena de lucha de *Tigre y dragón* revela una emoción distinta. La secuencia del enfrentamiento entre Li Mu Bai y Jen en el bosque de bambúes está precedida por dos escenas que ponen de relieve la diferencia de tono de ésta por contraste. La primera, en la que vemos a Jen enfrentándose a unos guerreros en un restaurante, provoca un gran alborozo. A continuación, la coreografía de la apasionada lucha en la que Yu Shu Lien (Michelle Yeoh) y Jen se pelean por la espada Destino Verde está llena de dignidad y muestra a las dos mujeres como profesionales iguales a cualquier hombre, empleando una amplia gama de movimientos y, en el caso de Yu Shu Lien, también de cuchillos.

En la secuencia del bosque de bambúes, hay un buen número de elementos –el montaje rítmico, la música, los primeros planos llenos de afecto, los movimientos de acercamiento y alejamiento entre ambos, la inmensa ternura de Li Mu Bai y la rebeldía de Jen– que convierten el enfrentamiento en una escena de amor. Es inolvidable la picardía de Li Mu Bai como un profesor que plantea una tarea a una alumna demasiado arrogante y observa mientras si la joven se esfuerza por llevar a cabo dicha tarea o fracasa.

Rashmi Doraiswamy

Fecha 2000

Nacionalidad Taiwán/Hong Kong/China/Estados Unidos

Director Ang Lee

Reparto Chow Yun-fat, Zhang Ziyi

Título original *Wo hu cang long*

Por qué es clave Una secuencia de lucha como escena de amor.

Pág. siguiente *Tigre y dragón*.

LG
PEPSI

Escena clave **El salto** *Vanilla Sky*

SPOILER

Si la década de 1990 terminó con el «bienvenido al desierto de lo real» de Matrix, el salto de Tom Cruise desde un rascacielos neoyorquino hizo que el siglo XXI empezara con un «plaf» hiperrealista. Estrenada tres meses después de que cayeran las Torres Gemelas, *Vanilla Sky* es al mismo tiempo la última película de Hollywood anterior al 11 de septiembre y la primera posterior. En ella se plantea un mundo en el que la desfiguración del rostro de Tom Cruise es una gran catástrofe y el momento en que recupera la conciencia, un suicidio redentor. «Ahora las cosas son diferentes», le dice Edmund Ventura (Taylor) a David Aames, el arrogante publicista encarnado por Cruise. «Perdóname, te estoy volviendo loco».

La fantasía de Crowe está abarrotada de conceptos. Hacia el final de la película, cuando Aames se sube en el ascensor con Ventura como si fuera Lon Chaney quien actuara en *El manantial*, el espectador está dispuesto a dejarse sorprender de la peor manera posible. Después de una agridulce despedida de Penélope Cruz, en la piel de su amada Sofía («sabiduría») Serrano, una mujer que vive al máximo cada momento a pesar de estar muerta, Aames se tira desde el tejado del edificio y cae entre unas nubes de Monet al vacío de Manhattan.

Si bien es cierto que sería tan oportuno compararlo con el Correcaminos como con las víctimas del 11 de septiembre, Ventura lo describe (en *Vanilla Sky*, todo se describe al menos cuatro veces) como «un hermoso viaje de autodescubrimiento». Un montaje de imágenes acompaña a Aames mientras cae como si fuera uno de los globos que hemos visto pasar antes frente a la ventana de su casa, sólo que éste es de plomo.
A. S. Hamrah

Fecha 2001

Nacionalidad Estados Unidos

Director Cameron Crowe

Reparto Tom Cruise, Noah Taylor, Penélope Cruz

Por qué es clave
El despertar de Cruise es un monumento al orgullo desmedido.

Pág. anterior *Vanilla Sky*.

Escena clave **El padre o la madre de Xiao Bo** *Enter the Clowns*

La cámara sigue a Xiao Bo (Yu), un joven con un pijama rojo de cuadros escoceses, mientras mira a algún punto fuera de cuadro a la izquierda y luego aparta la mirada de ahí, con los ojos llenos de lágrimas. «Papá, tómate una copa.» Una voz suave responde fuera de cuadro: «Llámame mamá», y luego le pide: «Ayúdame con los pendientes..., con el pintalabios». Xiao Bo obedece, su mano desaparece y se mueve para pintarle los labios a alguien tumbado en una cama; otra mano, algo regordeta y con las uñas de manicura, aparece detrás de la de el, sujetando un estuche de maquillaje.

La voz ofrece ahora dar el pecho a su hijo, «ser una madre de verdad, por una vez». El rostro de Xiao Bo desaparece de la imagen; la cámara lo sigue mientras mama y luego cuando se pone en pie y aparta la cara. La voz habla sobre la muerte y le pide un último favor: «Despídeme con tu leche». Xiao Bo da la espalda a la cámara, moviendo el brazo derecho ligeramente; la cámara desciende y nos muestra que tiene los pantalones desabrochados. Está inclinado sobre el rostro de la persona que está en la cama, que está tocándole la entrepierna, sujetándole suavemente el muslo y luego, unos segundos después, se recuesta sobre la cama. Xiao Bo se aparta y se pone los pantalones. Corte. Primer plano de Xiao Bo mirando a la izquierda. Un movimiento de cámara nos revela por fin el rostro de la persona que está en la cama: un hombre afeminado con el pelo corto y maquillado con buen gusto. Es el director, Cui Zi'en.
Bérénice Reynaud

Fecha 2001

Nacionalidad China

Director Cui Zi'en

Reparto Cui Zi'en, Yu Bo

Título original
Choujue Dengchang

Por qué es clave
El alborotador *enfant terrible* Cui Zi'en comienza su primera película digital con una insolente toma de 9 minutos de duración que marca el comienzo de una nueva era del cine gay chino.

Escena clave **El incesto entre hermanos**
A la izquierda del padre

A través de un agujero de la persiana del granero, el adolescente André (Mello) observa a su hermana, Ana (Spoladore), vestida de blanco. A través de ese mismo agujero, André de niño observa cómo una paloma blanca se acerca a la trampa que ha colocado. Unos detalles apenas perceptibles en sus pupilas equiparan la ansiedad y la impaciencia de ambas situaciones. André abre la ventana: Ana ha desaparecido. La cámara se pasea por el granero vacío y finalmente se detiene en Ana, que está en el porche. Las manos del André niño sujetan la cuerda atada a la trampa. De adolescente, cierra la puerta; de niño, atrapa la paloma.Tras agarrar la mano de Ana, le pide al Señor que un milagro le permita seguir viviendo esa pasión incestuosa, mientras que la mano del André niño acaricia el ala de la paloma. Le promete a Dios sacrificar un cordero y, en ese momento, surge la imagen de Ana con un rebaño de ovejas. «Juntos revolucionaremos el mundo», dice el André adolescente. «Es mía, es mía», exclama exultante de niño mientras corre por el campo; después, deja libre la paloma.

A la izquierda del padre, una reinterpretación de la parábola del hijo pródigo protagonizada por una familia de inmigrantes libaneses dominada por un patriarca opresivo, es un barroco paseo de 170 minutos de duración por paisajes proustianos de temporalidad, guiado por las imágenes arrolladoras del maestro de la fotografía Walter Carvalho. Esta impresionante secuencia no es más que uno de los muchos momentos embriagadores de la sensual versión que Luiz Fernando Carvalho hizo de *Lavoura Arcaica* de Raduan Nassar, una tragedia lírica que hasta entonces se había creído imposible de adaptar al cine. La crítica recibió este audaz debut del director como la película brasileña más visionaria y luminosa desde Glauber Rocha.
Paolo Bertolin

Fecha 2001

Nacionalidad Brasil

Director Luiz Fernando Carvalho

Reparto Selton Mello, Simona Spoladore

Título original *Lavoura Arcaica*

Por qué es clave Esta fascinante secuencia denota la belleza salvaje y sensual de este poema visual.

Diálogo clave **Royal habla de su enfermedad**
Los Tenenbaum: Una familia de genios

¿Alguna vez ha habido alguien que hablara como Royal Tenenbaum? Seguramente no. Y, sin embargo, el lenguaje del vergonzoso patriarca que da nombre a la tercera película de Wes Anderson parece lo más real que hay en ella. En la actuación más divertida y brusca de Gene Hackman, la majestuosa utilización del argot de Royal y su pomposidad («Por supuesto que os he echado de menos una barbaridad, queridos míos», les dice a sus hijos el viejo impostor) evocan esa brillante bribonería de los años cincuenta, así como una extraña y escandalosa dignidad: en la ficción, el hermano de Royal sería el Henderson de Saul Bellow. «¡Eres una tía legal, Ethel!», «¡Vamos a echar un polvo...!», «Eso sí que es un perro de caza. ¿Cómo se llama?». El modo de hablar de Royal ofende y al mismo tiempo levanta la moral a los decepcionados hijos de los Tenenbaum, todos ellos poéticamente aquejados de diversas crisis. Royal les pide a unos nietos con los que no tiene relación que le llamen «papi». Entre sus magníficas frases, he elegido las siguientes, todas ellas aparecen hacia el principio de la película, cuando aún no se ha descubierto que la enfermedad terminal de Royal –una estratagema con la que pretende recuperar el afecto de la familia– es falsa. «¿Qué tienes?» le pregunta su hijo Richie (Luke Wilson), muy preocupado. «Es un caso bastante grave de cáncer.» Después, en un arranque de despecho, su fiel sirviente le clavará un pequeño cuchillo inofensivo. Nada le afecta, hasta que se ve aquejado de un caso bastante grave de muerte.
James Parker

Fecha 2001

Nacionalidad Estados Unidos

Director Wes Anderson

Reparto Gene Hackman, Luke Wilson, Ben Stiller, Gwyneth Paltrow

Título original *The Royal Tenenbaums*

Por qué es clave Las peculiaridades de Anderson le dieron a Hackman la oportunidad de ser más divertido de lo que había estado nunca.

Pág. siguiente *Los Tenenbaum: Una familia de genios.*

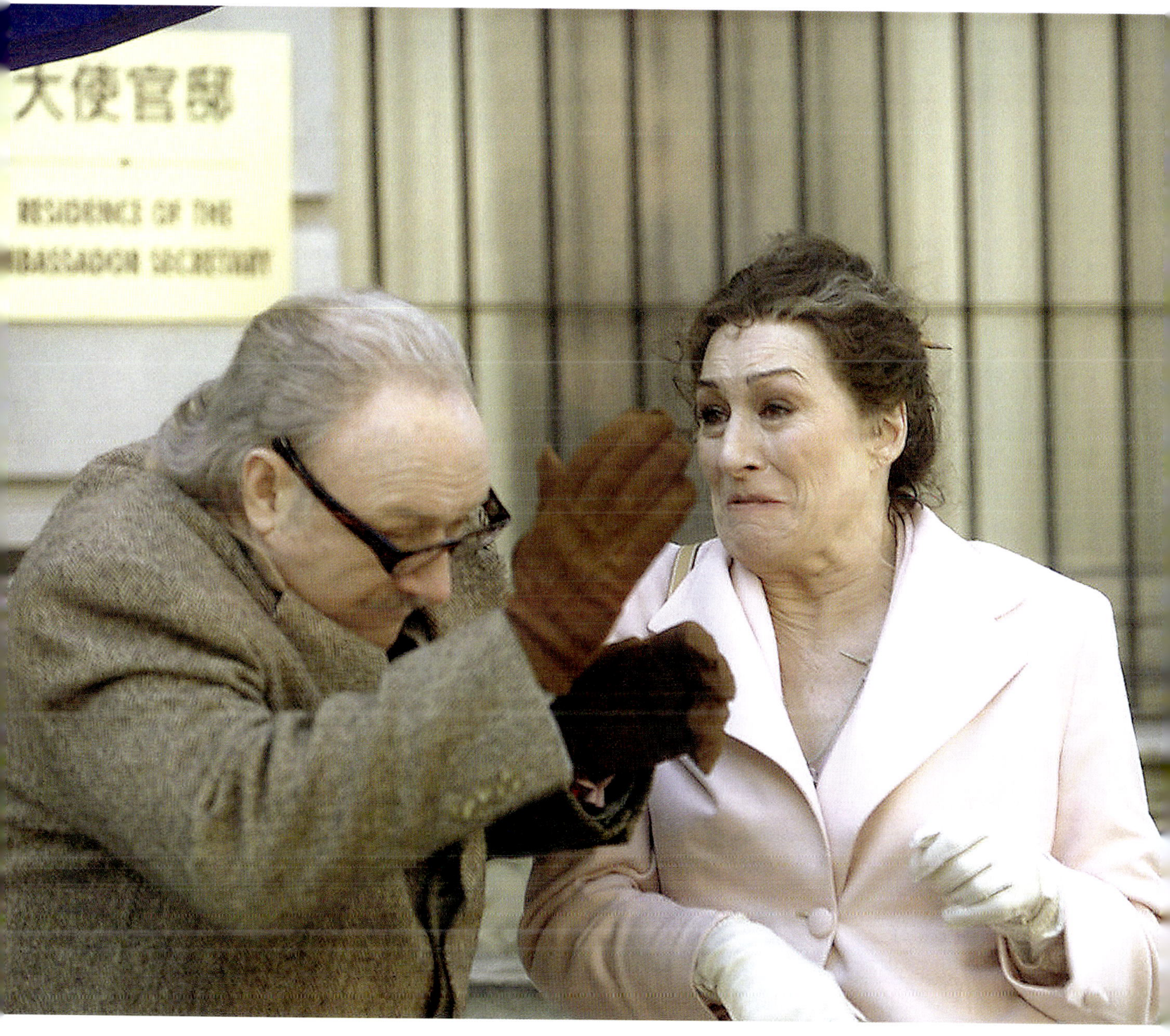
大使官邸
RESIDENCE OF THE

BRAD RENFRO WITH ILLEANA DOUGLAS AND STEVE BUSCEMI

THORA BIRCH SCARLETT JOHANSSON

A TERRY ZWIGOFF FILM

GHOST WORLD

Escena clave **Enid baila con un musical de Bollywood** *Ghost World*

Es de noche en un barrio residencial. La cámara pasa en un trávelin junto a varias ventanas de gente común y corriente, que está viendo la televisión. Se detiene en la habitación de una adolescente de donde procede la música que oíamos hasta el momento; es un baile de hombres y mujeres indios con antifaces que se mueven al ritmo de una melodía pop estilo años sesenta. Son movimientos frenéticos, cómicos, en especial los de una vivaz joven castaña que se entrega al baile sin reservas con un pijama de franela rojo.

Ghost World trata de cómo esta joven, Enid (Birch), se va distanciando de su padre, de la infancia, de su amiga de juventud y de su cultura. De esto último ya ha empezado a apartarse a través de los vídeos de películas musicales de Bollywood (este número musical en concreto, «Jaan Pehechaan Ho», procede de la película de Raja Nawathe *Gumnaam*, de 1965, y aparece íntegro en el DVD de *Ghost World*). Enid rechaza el mundo de la comida rápida y de los restaurantes retro de la década de 1950 en el que ha nacido, por lo que durante la película va probando otras culturas alternativas y encuentra su alma gemela en el alienado coleccionista de discos Seymour (Steve Buscemi), que tiene la pared llena de carteles de extrañas películas mexicanas y la pone en contacto con oscuros músicos de jazz. *Ghost World* apela a la alienación moderna de nuestro terrible mundo comercializado y nos muestra cómo personas sedientas de novedades como Enid y Seymour revitalizan dicho mundo buscando voces perdidas procedentes de otros mundos. Ellos representan a los cinéfilos a los que les gustan películas como *Ghost World*..., y buscan momentos especiales en todo tipo de películas, nuevas y antiguas... El objetivo de este libro.

Gregg Rickman

Fecha 2001

Nacionalidad Estados Unidos

Director Terry Zwigoff

Reparto Thora Birch

Por qué es clave
Se demuestra aquí con gran ingenio cómo los inadaptados buscan su identidad en otras culturas.

Pág. anterior *Ghost World*.

Escena clave **Los dos chicos se besan** *Y tu mamá también*

SPOILER

En la década de 1940, el trabajo de Emilio Fernández y de Fernando Fuentes supuso una verdadera edad de oro en el cine mexicano, que no hizo sino perpetuar la llegada de Luis Buñuel en 1946. A finales de la década de 1990, de repente, dicho arte cinematográfico encontró un público internacional. Algunos en México creyeron que *Y tu mamá también*, la primera película mexicana de Alfonso Cuarón después de una estancia en Hollywood, durante la que dirigió *La princesita* (1995) y *Grandes esperanzas* (1998), parecía una *road movie* de adolescentes estadounidense. Sin duda la historia –dos jóvenes que se llevan a una mujer hermosa en busca de una playa paradisíaca– suena familiar, pero los que critican a Cuarón pasan por alto su agudeza social. El director y su hermano (que es también codirector), Carlos Cuarón, introducen en esta aventura sexual numerosos elementos que hacen hincapié en las diferencias de clase y en las privaciones. En cierto momento, Tenoch (Luna), que procede de una familia más rica que su amigo Julio (Bernal), dice que cuando está en casa de éste levanta la taza del inodoro con el pie. Este detalle sugiere un rechazo clasista que juega un papel fundamental en el clímax de la película cuando los dos protagonistas, borrachos, besan a Luisa (Verdú) y luego se besan el uno al otro. Al día siguiente ambos se avergüenzan de lo ocurrido y, a partir de entonces, la amistad se rompe. Sin duda, la escena es una crítica al machismo y a la homofobia mexicanos, pero en un país radicalmente dividido en clases y en el que la movilidad social es tan limitada, las consecuencias de ese beso parecen intensificadas también por las diferencias de clase. La amistad de los protagonistas está construida sobre un abismo existente en la sociedad mexicana. Analizada desde este punto de vista, *Y tu mamá también* no sólo no es una americanización del cine mexicano, sino que es una de las películas mexicanas más reveladoras que se hayan hecho nunca.

Mark Cousins

Fecha 2001

Nacionalidad México

Director Alfonso Cuarón

Reparto Gael García Bernal, Diego Luna, Maribel Verdú

Por qué es clave
Es un gran momento simbólico del renacer del cine mexicano.

Película clave ***A.I. Inteligencia Artificial***
El último día con su madre

El último proyecto cinematográfico de Stanley Kubrick, realizado póstumamente por su amigo Steven Spielberg, puede interpretarse como una alegoría sobre el cine que se convierte también en una parábola sobre los engaños de la humanidad. Un niño robot llamado David (Osment) ha sido programado para querer a Monica, su madre adoptiva (O'Connor), incluso después de que ella lo abandone, y hasta el punto de que está convencido de que podría corresponder a su amor si, como Pinocho, se convirtiera en un «niño de verdad». Muchos siglos después de que la humanidad haya perecido, unos seres del futuro encuentran a David. Estos seres interceptan su memoria y le dicen que pueden resucitar a Mónica (clonándola con un mechón de su pelo) y reconstruir la casa en la que vivió con David, pero sólo durante un día, tras el cual ella desaparecerá para siempre. Así pues, madre e hijo pasan juntos un día idílico, el del séptimo cumpleaños de David, y después se van juntos a la cama, donde el niño se duerme por primera y única vez, con lo que se convierte en un «niño de verdad» en el mismo momento en que Mónica y el resto de la humanidad exhalan su último aliento.

Este tono sombrío es característico de Kubrick, la felicidad de los barrios residenciales es característica de Spielberg y el triunfo y el desconsuelo de esta búsqueda edípica parece reflejar la visión personal de ambos cineastas. El Hada Azul que concede a David su último deseo y le permite vivir ese idilio erótico con Mónica resucita también el misterioso monolito blanco de la obra de Kubrick *2001: Una odisea en el espacio* y los benévolos extraterrestres de la película de Spielberg *Encuentros en la tercera fase*, dos elementos que se fusionan en una visión ideal y, sin embargo, desesperanzada.
Jonathan Rosenbaum

Fecha 2001

Nacionalidad Estados Unidos

Director Steven Spielberg

Reparto Haley Joel Osment, Frances O'Connor

Título original
A.I. Artificial Intelligence

Por qué es clave
La humanidad llega a su fin con un androide traumatizado que pasa un día idílico con el clon de su madre adoptiva y luego se va a la cama con ella.

Pág. siguiente
A.I. Inteligencia Artificial.

Escena clave **Tiroteo en el baile de disfraces** *Sauvage Innocence*

Un joven cineasta llamado François Mauge (Kacem) llega a un turbio acuerdo con su productor (Subor) para rodar el guión que ha escrito sobre la adicción a la heroína con una actriz en ciernes a la que acaba de conocer y de la que se ha enamorado, Lucie (Faure). Después de cruzar la frontera con un cargamento de heroína, el rodaje comienza con un baile de disfraces en Ámsterdam, donde gente joven y guapa, de aspecto sofisticado y vestidos con trajes del siglo XVIII, con sombreros, casacas y camisas de volantes y puños bordados, bailan al ritmo de la canción de Them «Friday's Child» y domina los movimientos barrocos y una coreografía de locas convulsiones que, tras su exagerada elegancia y su aspecto idílico, rezuma tristeza y desesperación. Es un momento hermoso y conmovedor, rodado en blanco y negro y pantalla ancha, y culmina cuando la bella Lucie sale de la fiesta y se sienta a esnifar junto a un canal iluminado por la luz de la luna.
Miguel Marías

Fecha 2001

Nacionalidad
Francia/Países Bajos

Director Philippe Garrel

Reparto Julia Faure, Mehdi Belhaj Kacem, Michel Subor

Por qué es clave
Un momento mágico de felicidad y belleza que se revela como una ilusión escenificada.

Escena clave **Reconciliación familiar** *Sometimes Happiness, Sometimes Sorrow*

Esta película de Karan Johar es un ejemplo de las tendencias que dominan Bollywood en los albores del tercer milenio. La industria se dirige a las libras y los dólares de los indios no residentes en el país, cuyas monedas son cada vez más codiciadas que la rupia, de ahí que cree productos como *K3G* (así es como conocen los aficionados al cine de Bollywood la película *Kabhi Khushi Kabhie Gham...*), basados en un reparto lleno de estrellas (*K3G* reúne a tres generaciones del Olimpo de Bollywood: Amitabh Bachchan y su esposa en la vida real, Jaya Bhaduri, Shahrukh Khan y Kajol, Hrithik Roshan y Kareena Kapoor), localizaciones exóticas (en este caso, Egipto), una producción exuberante y unos imaginativos números musicales que adornan unas historias de gran conservadurismo sobre el amor y la familia, destinadas a mantener los valores tradicionales de la India en un mundo globalizado.

Hay tantos aspectos de *K3G* que resultan ofensivos –el modo en que expresa las diferencias de sexo, la descarada exaltación del consumismo (lo cual es un insulto a la pobreza), el absurdo nacionalismo indio– que uno debería acabar odiándose a sí mismo por sucumbir al irresponsable encanto y la emotividad anticuada de la película. Pero ésa es precisamente la magia de Bollywood, una magia que hace que sea posible resolver hasta las tensiones más profundas en los últimos cinco minutos de un largometraje de 210 minutos de duración. En medio de una avalancha de emociones exaltadas, Rahul (Khan) vuelve a la mansión de sus padres tras diez años de ausencia para reunirse con su padre (Bachchan) después de que éste lo repudiara por casarse por amor con una mujer de clase baja, Anjali (Kajol). De pronto, todo el mundo está dispuesto a admitir sus errores, a llorar y dar rienda suelta a sus emociones y a abrazarse para recuperar los lazos que los unen. Resulta difícil contener las lágrimas. Pero que no se entere Naomi Klein.
Paolo Bertolin

Fecha 2001

Nacionalidad India

Director Karan Johar

Reparto Amitabh Bachchan, Shahrukh Khan, Kajol

Título original *Kabhi Khushi Kabhie Gham...*

Conocida también como *Happiness and Tears*

Por qué es clave El nuevo Bollywood sigue siendo capaz de encontrar la redención en la avalancha de emociones de sus inevitables finales felices.

Diálogo clave **Discusión en la mesa de montaje** *Où gît votre sourire enfoui?*

A pesar del pequeño círculo de cinéfilos que defiende su obra, a menudo se considera la filmografía de Danièle Huillet y Jean-Marie Straub, pareja desde hace mucho tiempo, como inaccesible o al menos deliberadamente complicada. Su extremado materialismo, por el cual rechazan hasta los conceptos más comunes sobre la interpretación, la narración e incluso la puesta en escena, ha causado no poca controversia y los ha marginado durante toda su carrera. Ya su primera película, *Nicht versöhnt (Irreconciliables)*, terminada en 1965, y en la que sólo figura Straub como director, fue blanco de las iras hasta que intervinieron Godard y otros. Su última colaboración, *Quei loro incontri*, hizo que muchos (en especial la prensa) se salieran de la sala en la que se proyectó durante el Festival de Venecia de 2006, sólo un mes antes de la muerte de Huillet.

Si no lo hubiera visto un número tan bajo de espectadores, el magnífico documento que hizo Pedro Costa sobre la preparación del tercer montaje de la película de Straub y Huillet de 1999, *Sicilia!*, sería el antídoto perfecto para todas las erróneas ideas preconcebidas que existen sobre la pareja. Sus esfuerzos para realizar el montaje adecuado –en el que conceden gran importancia al sonido– no sólo demuestran que su precisión no es un acto de pedantería sino de pasión, y que su estética nace de la ética. La película, además, es una gran *screwball comedy* sobre el amor por el cine. «Cualquiera que saltara contigo caería siempre de bruces», le dice Huillet, sentada a la mesa de montaje e interrumpiendo uno de los largos discursos sobre cine de Straub. «Es difícil no decir tonterías», responde él. «Siempre puedes callarte», replica Huillet. «Ésa es la solución más radical», reflexiona Straub. «¿Puedes terminar tu monólogo, Straub? Tengo que trabajar.»
Christoph Huber

Fecha 2001

Nacionalidad Francia/Portugal

Director Pedro Costa

Por qué es clave Los radicales cineastas Danièle Huillet y Jean-Marie Straub son famosos por su intransigencia. Es cierto que son intransigentes, pero también son muy apasionados y divertidos, de ahí que este retrato documental sobre ellos sea una de entre las mejores películas sobre el cine.

Escena clave **El narrador tose**
Dogtown and Z-Boys

Entre las experiencias más dulces del cine, al menos para el espectador, está la de ser testigo de un fallo de alguno de los rudimentos básicos de la película, una de esas cosas que normalmente funcionan tan bien que uno ni siquiera las ve. Aunque ha habido muchos cineastas, desde John Waters a Raúl Ruiz, que han cultivado con ingenio estos «errores», no es tan habitual verlos en un documental, donde las convenciones de lo que es una película «bien hecha» se encuentran por desgracia cerca de las de la televisión común. Entre estas convenciones destaca la que se refiere a la narración de una voz en *off*. Puede que Sean Penn no sea exactamente la «Voz de Dios»[1] en el optimista documental sobre el deporte del monopatín, o *skateboarding*, *Dogtown and Z-Boys*, pero durante la mayor parte del mismo su tono dulce es lo que da cohesión a este *collage* de fotos, entrevistas, imágenes de archivo y gráficos. Pero entonces tiene lugar una curiosa metedura de pata. Corre el minuto 20 de la película y lo cierto es que sucede tan rápido que es fácil no darse cuenta. Penn está relatando la historia del deporte cuando dice «el nuevo...», se detiene, se aclara la garganta y retoma el hilo: «... las maniobras que se llevan a cabo sobre las tablas». No sólo se mantuvo este titubeo en el montaje final del documental, sino que sirve de base para una llamativa sucesión de imágenes y sonido propia de la obra de Orson Welles *Fraude* (1974). Cuando Penn pronuncia la palabra *nuevo* por error, la imagen tiembla, como si hubiera notado el fallo y, cuando el narrador tose, vemos un rápido *zoom-out*. En el siguiente plano aparecen unos patinadores no profesionales y una suave narración; *Dogtown* va sobre ruedas otra vez, como si nada hubiera ocurrido...
Adrian Martin

1. La Voz de Dios es el apodo con el que se conocía al famoso narrador Don LaFontaine.

Fecha 2001

Nacionalidad Estados Unidos

Director Stacy Peralta

Reparto Sean Penn

Por qué es clave
Un insignificante fallo de la narración queda registrado en la imagen.

Escena clave **Viaje en el tiempo**
Millennium Mambo

Millennium Mambo es una película del maestro taiwanés Hou Hsiao-hsien que ha sido injustamente infravalorada. La historia comienza de un modo tan etéreo que sugiere que a continuación veremos una larga resaca en los lugares más frecuentados de la escena electrónica de Taipei, siguiendo la vida, a menudo aburrida, de una chica narcisista (Shu Qi) como si fuera una superestrella de Warhol; aunque quizá a éste le hubieran horrorizado la iluminación y los elaborados planos secuencia del director de fotografía Mark Ping-bin Lee. Además, todo ello queda en perspectiva gracias a la voz en *off* de una tercera persona (quizá se trate de la protagonista, hablando en retrospectiva), que anuncia y a veces contradice los acontecimientos.

La fugaz imagen que encontramos hacia la mitad del metraje, en que vemos una cara apretada en la nieve, plasma de un modo memorable la fascinación de Hou por el paso del tiempo y la poca fiabilidad de la memoria. Pero aún más impresionante que eso es el comienzo, en el que la cámara avanza en un trávelin detrás de Shu, corriendo a cámara lenta por un sórdido paso subterráneo iluminado con fluorescentes mientras se oye un ritmo tecno al que se incorpora una armoniosa melodía (la canción va apareciendo en momentos cruciales que a menudo sólo se identifican como tal a posteriori). La voz en *off* comienza revelando que está hablando diez años después y recordando lo que sucedió en 2001. Shu se da la vuelta poco a poco y mira a la cámara como si la estuviera invitando a seguirla en ese viaje atrás en el tiempo. Pero al final de esta secuencia hipnótica, la cámara se detiene, impotente, en lo alto de las escaleras de salida mientras Shu se adentra corriendo en la ciudad, lo que nos recuerda que no podremos saberlo todo de ella ni de sus recuerdos.
Christoph Huber

Fecha 2001

Nacionalidad Taiwán/Francia

Director Hou Hsiao-hsien

Reparto Shu Qi

Título original *Qianxi mambo*

Por qué es clave
El comienzo de esta magnífica e infravalorada película de Hou establece el interés del director por el tiempo y la memoria con un hipnótico plano secuencia.

Personaje clave **Isabelle Huppert** El rostro de Erika cuando se apuñala a sí misma *La pianista*

Hay muchas escenas extraordinarias en la galardonada adaptación que hizo Haneke del desgarrador estudio de Elfriede Jelinek sobre una mujer tan traumatizada por una madre dominante y por los rigores de su formación en la música clásica, que es incapaz de mantener una comunicación emocional o sexual «normal». La película es profunda e inquietantemente transgresora (como buena parte de la obra de Haneke), pero al mismo tiempo muestra una admirable contención al negarse a caer en el sensacionalismo. Hay varias escenas que la convierten en una historia memorable: la visita de la profesora de música Erika Kohut (Huppert) a un espectáculo erótico; los encuentros sadomasoquistas con Walter (Magimel), un estudiante que al principio siente adoración por ella y con el que se ve primero en unos baños públicos y luego en el dormitorio de ella, y los intentos desesperados de Erika por mostrar cierto amor hacia la madre que detesta (Annie Girardot) y con la que sigue durmiendo en la misma cama.

Huppert lleva a cabo durante toda la película una interpretación valiente y llena de elocuencia, un ejemplo de sugerente contención y de detalles sutiles, casi minimalistas, que confieren a su personaje una gran profundidad e intensidad. Pero ningún momento iguala a la fugaz expresión que vemos en su rostro gracias a un primer plano de reminiscencias bergmanianas cuando –quizá en un irónico intento de liberarse de la obsesión masoquista que siente hacia Walter– se clava un cuchillo en el hombro. Angustiada, horrorizada y sin embargo extrañamente triunfal, es una expresión que más que al cine recuerda a ciertos cuadros, como *El grito* de Munch. Aunque sólo sea por estos breves segundos (en realidad, hay muchos otros motivos), Huppert y Haneke merecen un lugar privilegiado entre los grandes del cine.
Geoff Andrew

Fecha 2001

Nacionalidad Francia/Austria

Director Michael Haneke

Reparto Isabelle Huppert, Benoît Magimel

Título original *La pianiste*

Por qué es clave Los segundos más extraordinarios de una de las mejores interpretaciones cinematográficas de los últimos años.

Pág. anterior *La pianista*.

Película clave *My Sassy Girl*

SPOILER

Durante décadas, la mayor parte de Asia no prestó demasiada atención a la cultura popular coreana y el cine coreano fue una isla que se mostraba en contadas ocasiones en algún festival internacional. A medida que Corea se fue haciendo más rica y creció su industria cinematográfica, la situación empezó a cambiar. *Christmas in August* (1998) y *Shiri* (1999) se estrenaron con éxito en Hong Kong y en Japón, pero fue la comedia romántica *My Sassy Girl* la que realmente se abrió paso en el cine asiático. Ninguna otra película coreana ha igualado desde entonces el éxito de ésta. En 2006, se hizo una encuesta entre la juventud china en la que se les pedía que citaran diez cosas sobre Corea, y los encuestados mencionaron *My Sassy Girl* junto con el *kimchi* (plato típico de la gastronomía coreana) y el taekwondo.

Basada en una novela publicada por entregas en Internet, la película narra las tribulaciones de un universitario llamado Kyonwoo (Cha) durante el comienzo de su romance con una hermosa mujer (Jun) que tiene cierta tendencia a comportarse de un modo extraño, beber en exceso y perder los nervios. Se conocen una noche en un vagón de metro donde ella, muy borracha, vomita sobre la cabeza de un señor antes de llamar «cariño» a Kyun-woo (a quien no conoce de nada) y perder el conocimiento. A partir de ahí las cosas no hacen más que empeorar, pero Kyun-woo no tarda en enamorarse y caer rendido a sus pies. La actriz Jun Ji-hyun, a quien la película lanzó al estrellato, hace añicos no pocos de los estereotipos que existen sobre las recatadas mujeres asiáticas, al menos hasta que se da una explicación a tantas excentricidades y adopta un papel femenino más tradicional. En cualquier caso, la película plasma con brillantez un cierto cambio de papeles entre los sexos en la sociedad asiática, además de tratar temas universales como el amor y las relaciones.
Darcy Paquet

Fecha 2001

Nacionalidad Corea del Sur

Director Kwak Jae-yong

Reparto Jun Ji-hyun, Cha Tae-hyun

Título original *Yeopgi-jeogin geunyeo*

Por qué es clave Esta comedia romántica coreana se convirtió en un gran éxito comercial en toda Asia, lo que abrió paso a la llamada «Ola coreana» o locura por la cultura popular de este país.

Escena clave **Las ventanas vacías del instituto** *Conjugation*

Una fría noche de 1989, un trávelin lateral recorre sin prisas unas hileras de casas vacías. Entonces aparece una joven pareja en bicicleta. Guo Song (Quiang) intenta abrir las puertas de un autobús. Después él y su novia, Xiao Qing (Zhao), se agarran y comienzan a hacer el amor rápida y apasionadamente. Tras conocerse en la protesta de la plaza de Tiananmen, ahora no tienen ningún lugar al que ir. Guo Song ha sido destinado a una fábrica, mientras que Xiao Qing estudia francés y por la noche trabaja de camarera. En lugar de reconstruir el Pekín de diez años atrás, Tang se centra con perspicacia en escenas íntimas y domésticas.

De manera ilegal, puesto que no están casados, la pareja alquila una casucha en un *hutong* (callejón) escondido y trabajan con todas sus fuerzas para alcanzar su sueño de felicidad, con el recuerdo siempre presente de los amigos que «perdieron». Una noche el casero les avisa de que va a ir la policía, así que se van de la casa y matan el tiempo en un videoclub, tras, lo cual acaban en uno de los autobuses... Otra noche, Xiao Qing se fija en un edificio en el que las ventanas siempre están a oscuras. Es la residencia del Instituto de Ciencias. Seguramente los estudiantes fueron asesinados en primavera. Sin embargo, lo que está pensando Xiao Qing es que allí hay apartamentos vacíos y que deberían permitirles ocuparlos. Los muertos señalan el lugar de una ausencia de la que nadie habla y los vivos no tienen casa... *Conjugation* explora con sutileza todas estas grietas que se abren entre China y sus ciudadanos, y retrata así el malestar social de toda una generación.

Bérénice Reynaud

Fecha 2001

Nacionalidad China

Directora Emily Tang

Reparto Quiang Yu, Zhao Hong

Título original
Dong ci bian wei

Por qué es clave
Conjugation es la primera película *underground* china sobre las consecuencias de la matanza de la plaza de Taiananmen, pero también es el primer largometraje dirigido por una mujer de la Sexta Generación.

Escena clave **La escena del aeropuerto** *Água e sal*

¿Hasta qué punto son los caprichos de los distribuidores, las limitaciones de los críticos y la cuantía de los presupuestos publicitarios lo que determina nuestras opiniones sobre el cine? Teresa Villaverde nos plantea esta pregunta con gran agudeza en *Água e sal*. En mi opinión, esta película se encuentra entre las mejores del siglo XXI a pesar de que sigue siendo prácticamente desconocida, apenas se ha proyectado fuera del circuito de festivales y no está disponible en DVD (aunque en Portugal se estrenó una edición en VHS sin subtítulos). Puesto que es imposible demostrar las cualidades de esta obra maestra en tan poco espacio, debo elegir un momento que represente toda la película: en concreto una secuencia en la que vemos a la protagonista, Ana (Ranzi, dando vida a una artista, basada en la propia Villaverde), reuniéndose con su marido (de Almeida) en un aeropuerto, acompañada por su hija (Clara Jost, hija de Villaverde). La toma comienza con un primer plano de las manos entrelazadas de ambas, desde donde la cámara se retira cuando llega el marido y saluda a su familia. Pero la imagen está compuesta de tal modo que una mujer que está hablando en un teléfono público a la derecha del encuadre recibe la misma importancia visual que los protagonistas directos de la historia. Al negarse a utilizar ningún elemento que ayude a separar los personajes «importantes» de las personas «sin importancia» que los rodean, Teresa Villaverde nos ofrece un gran ejemplo de ese humanismo cinematográfico representado por Jean Renoir, Hou Hsiao-hsien y Abel Ferrara; un humanismo que se transmite no mediante afirmaciones retóricas, sino a través de una propuesta estilística que lo plasma en una forma con vida.

Brad Stevens

Fecha 2001

Nacionalidad Portugal

Directora Teresa Villaverde

Reparto Galatea Ranzi, Joaquim de Almeida, Clara Jost

Por qué es clave
Esta escena demuestra la calidad de una obra maestra desconocida.

Acontecimiento clave **La publicación de *Accented Cinema* de Hamid Naficy**

El libro de Hamid Naficy *An Accented Cinema: Exilic and Diasporic Filmmaking* es el primer estudio metódico del trabajo de cineastas que se han visto obligados a abandonar su país de origen. En él se pone de relieve el hecho de que dicho trabajo se ve definido por las condiciones específicas que afrontan estos directores, que a menudo son más restrictivas y, en cualquier caso, siempre diferentes a las de los que trabajan en su país natal. Naficy denomina las obras de estos cineastas como *accented cinema* («cine con acento») y lo explica así: «Si el cine dominante se considera universal y sin acento, las películas que hacen los directores desplazados y exiliados tienen acento... Ese acento reside no tanto en el acento lingüístico de los personajes diegéticos, como en el desplazamiento de los cineastas y de sus modos de producción artesanal». En culturas distintas, a menudo encontramos que el cine con acento muestra elementos análogos en sus historias y utiliza imágenes artísticas que representan el desplazamiento, motivos epistolares y narrativas biográficas.

La obra de Naficy tiene una especial relevancia porque ayuda a comprender que el estudio del cine, y sobre todo en su dimensión intercultural, debe tener en cuenta las expresiones simbólicas relacionadas con las formas de producción y de consumo (junto con enfoques más tradicionales, como el análisis textual y el psicoanálisis). Naficy reconoce la importancia de explorar las formas de representación, pero insiste en que las condiciones de producción y distribución deberían considerarse factores igual de importantes en la creación y recepción de textos cinematográficos, sobre todo en el mundo contemporáneo, en el que el cine de los desplazados y exiliados está adquiriendo tanta relevancia.

Dina Iordanova

Fecha 2001

Por qué es clave
Este libro fue el primer estudio sistemático de los directores desplazados y exiliados, las circunstancias en las que trabajan y las características específicas de su forma de expresarse.

Escena clave **Los créditos iniciales** *El baile de los sicarios*

En 1967, el director de culto japonés Seijun Suzuki hizo enfadar tanto al presidente del estudio Nikkatsu –donde había dirigido 40 películas rápidas en los últimos nueve años– con su barroco éxito sobre un asesino a sueldo, *Branded to Kill*, que fue despedido por hacer películas «incomprensibles». Tuvieron que pasar más de 30 años para que rodara una secuela, *El baile de los sicarios*, en la que no abundan las expresiones teatrales y, a juzgar por el resultado, no se puede decir si aprendió alguna lección sobre la claridad y la contención.

Incluso la secuencia anterior a los créditos, en la que vemos a un asesino a sueldo que quizá mate a otro con un rifle, vemos también un cuerpo en una toma panorámica que cae de un tejado y queda colgado al final de una cuerda, frente a su supuesta víctima, que esboza una sonrisa. Ya esta escena nos prepara para ver algo bastante abstracto. Pero lo que encontramos es algo aún más descabellado: con el sonido de fondo de un rock estridente matizado por los metales de música Dixieland y salpicado por gritos y una incisiva letra en japonés, aparecen sucesivos dibujos de ojos, luego unas siluetas y unas pistolas, unas figuras vagamente humanas y unos diseños muy llamativos. Todo esto entrecruzado rápidamente y seguido por una ráfaga de nieve y los ojos de un gato. La mayoría de estos elementos están relacionados con la acción que nos espera a continuación, en la que principalmente se cuenta la historia de una asesina a sueldo llamada Stray Cat («gato callejero», Makiko Esumi), que debe decidir si matar o no a las víctimas que le han designado. Pero los colores psicodélicos de la obra de Disney de 1944 *Los tres caballeros* parecen acercarse más al objetivo.

Jonathan Rosenbaum

Fecha 2001

Nacionalidad Japón

Director Seijun Suzuki

Título original
Pisutoru opera

Conocida también como
Pistol Opera

Por qué es clave Ya desde el principio estamos sobre aviso del bullicio formalista de la película.

Escena clave **El elefante iba de rosa**
Fish and Elephant

Con una «no interpretación» al estilo Warhol y seguidas por una cámara de cine *vérité*, dos mujeres jóvenes se abren paso por las calles abarrotadas de gente de Pekín, esquivan a novios groseros, pretendientes no deseados, clientes molestos, ex novias psicóticas y madres obsesionadas con el matrimonio. Una de las mujeres, Xiaoqun (Pan), es gay; la otra, Xiaoling (Shitou), no. O al menos eso es lo que parece. Se encuentran en el puesto de ropa de esta última; Xiaoqun, cuidadora de una elefanta, invita a su nueva amiga a ir al zoo. Después de un tímido y dulce flirteo, las vemos juntas en la cama. El novio de Xiaoling sufre una lamentable crisis de identidad y pronto desaparece de la historia. La madre de Xiaoqun (Zhang) es más entrometida: con la firme determinación de casar a su hija de treinta años, abandona su pueblo natal y se traslada al pequeño nido de amor de Xiaqun, completamente ajena a la realidad.

La madre, atrapada en su papel de pobre divorciada, conoce a un agradable viudo y se ve obligada a cuestionarse los preceptos morales que rigen su vida. En un plano estático de casi cinco minutos de duración, se reúne con su hija en un bullicioso restaurante; al fondo, dos hombres beben dos enormes vasos de cerveza. En vista de que su madre ha roto las normas de decoro confucianas al confesar su deseo de volver a casarse, Xiaoqun se atreve a romper el silencio y confesar a su vez que le gustan las mujeres y que Xiaoling es su amante...

La antigua documentalista Li Yu se pasó a la ficción para proteger a las protagonistas de sus obras. Mezclando varios niveles de la realidad, lleva a cabo un cariñoso retrato de la vida de una pareja de lesbianas que revela la complejidad de las relaciones entre mujeres, sean o no gays, en una China en proceso de cambio.
Bérénice Reynaud

Fecha 2001

Nacionalidad China

Directora Li Yu

Reparto Pan Yi, Shitou, Zhang Jilian

Título original
Jinnian xiatian

Por qué es clave
La primera película *underground* china y lesbiana causó un gran revuelo en el circuito internacional e hizo despegar la carrera de una joven directora de la Sexta Generación.

Escena clave **La muerte del viejo Maata**
Heremakono/En attendant le bonheur

Después de pasar toda la noche fumando y bebiendo té para despedir a un amigo que ha decidido marcharse a Europa, el viejo Maata (Abeid) sale al desierto con una bombilla encendida en la mano. Este hombre que detesta los viajes y las despedidas se prepara para el mayor de los viajes. Se sienta en las dunas y el brillo de la bombilla se hace más intenso. Con las primeras luces rosáceas del amanecer, se le acerca el pequeño Khatra (Kader), su aprendiz de electricista, quien descubre que su maestro está muerto. Entonces canta una canción francesa que odiaba el anciano, con la esperanza de que se despierte para regañarlo. Al final, Khatra coge la bombilla y se lleva el simbólico legado consigo.

Las películas de Abderrahmane Sissako evitan los argumentos convencionales y se basan en una dramaturgia escasa y carente de elementos dramáticos predecibles. La sobriedad con la que el realizador mauritano se acerca a los lugares y a la gente que retrata se aproxima a la sensibilidad del documental; sin embargo, *Waiting for Happiness* tiene momentos de pura magia y lirismo. Al retratar a la gente, los colores y los sonidos de Nouhadhibou, una ciudad de la costa occidental de África a la que acuden muchas personas para embarcarse en un viaje lleno de esperanza con rumbo a Europa, Sissako nos ofrece una reflexión sobre el exilio, sobre el siempre problemático subdesarrollo del continente y las terribles consecuencias de los vínculos postcolonialistas con Europa. El personaje del viejo Maata simboliza a todos los obstinados que se quedan en África y trabajan por el progreso; su muerte serena y el traspaso de la bombilla a Khatra transmiten con delicadeza un mensaje de esperanza.
Paolo Bertolin

Fecha 2002

Nacionalidad
Francia/Mauritania

Director Abderrahmane Sissako

Reparto Khatra Ould Abder Kader, Maata Ould Mohamed Abeid

Por qué es clave Esta serena representación de la muerte plasma la sencilla magia de la película de Sissako.

Pág. siguiente *Waiting for Happiness.*

Película clave
El arca rusa

Mientras rodaba el reflexivo documental *Confession* (1998), a Aleksandr Sokurov se le ocurrió un proyecto aún más audaz que concibió como una película «en un suspiro». En el pasado, directores como Hitchcock, Mizoguchi, Minnelli y Welles habían experimentado con planos prolongados, pero la tecnología había avanzado mucho desde entonces. En la era digital era posible rodar –en un disco duro– durante mucho más tiempo del que permitían el celuloide o las cintas de vídeo. Así pues, Sokurov ideó una película en una sola secuencia durante la que un europeo recorre el museo Hermitage de San Petersburgo y hace una reflexión sobre la cultura rusa del siglo XIX. La toma abarcaría 1.300 metros repartidos en 33 salas del museo, aparecerían en ella cientos de actores y extras, además de tres orquestas tocando en directo. Sokurov prolongó los ensayos durante seis meses, durante los cuales contó con 22 ayudantes de dirección y Tilman Büttner en la Steadicam. El rodaje tuvo lugar el 23 de diciembre, cuando la ciudad de San Petersburgo tiene tan sólo cuatro horas de luz al día, por lo que sólo era posible hacer dos tomas. La primera se abandonó. La segunda tenía que salir bien y así fue. Quizá a modo de rechazo del cine y la política soviéticos, no sólo no hubo ningún tipo de montaje, sino que el paseo del viajero europeo se detiene justo antes de la Revolución y termina con una sombría imagen del futuro como un mar amenazante. Puede que *El arca rusa* sea una película reaccionaria, una fantasía sobre la Rusia zarista, pero también es una obra maestra de la puesta en escena. Verla es como ver renacer el cine.
Mark Cousins

Fecha 2002

Nacionalidad Rusia

Director Aleksandr Sokurov

Reparto Sergei Dontsov, Mariya Kuznetsova

Título original *Russkiy kovcheg*

Por qué es clave Esta obra marcó un hito en la historia del cine porque es el primer largometraje compuesto por una única toma ininterrumpida.

Pág. anterior *El arca rusa*.

Escena clave **El montaje que abarca todo un país utópico** *La última noche*

SPOILER

El protagonista, Monty (Norton), es un joven neoyorquino que va a pasar con su familia y sus amigos la última noche antes de ingresar en prisión para cumplir una condena por tráfico de drogas. Cuando por fin llega la mañana, su padre, James (Cox), va a buscarlo para llevarlo a la cárcel. Exhausto por lo vivido en las últimas horas, Monty se queda dormido en el coche. Entonces, mientras circulan por la autopista, James le propone, de manera inesperada, tomar un desvío hacia el oeste y continuar conduciendo hasta dejarlo en algún lugar lejano en el que pueda empezar una nueva vida.

Dicha fantasía inunda la pantalla mientras oímos su monólogo sobre una utopía sin ningún tipo de cargas y errores del pasado, con todas las posibilidades que ofrece Estados Unidos a los espíritus libres y sin restricciones. Las equivocaciones del pasado desaparecen, las diferentes razas conviven en armonía y las nuevas generaciones viven libres de las decisiones erróneas de sus antepasados. En un momento impresionante en el que casi toda la pantalla la ocupa un autobús detenido en la calle principal de un pueblo, James sugiere que quizá la novia de Monty (Rosario Dawson) pueda reunirse con él algún día... Y justo entonces el autobús se pone en marcha y la vemos a ella, que se sube al coche junto a Monty, completando así la fantasía.

El último plano de la película, en el que vemos el coche dirigiéndose hacia la cárcel, confirma que todo ha sido un sueño. Pero eso no le resta importancia a la secuencia, que es una de las expresiones más elocuentes que hayamos visto en el cine sobre el magnífico potencial de la vida diaria que todos compartimos.
David Sterritt

Fecha 2002

Nacionalidad Estados Unidos

Director Spike Lee

Reparto Edward Norton, Brian Cox

Título original *25th Hour*

Por qué es clave Apartándose de la tristeza de sus protagonistas, la conclusión de la película ofrece una visión de una utopía sociocultural que resulta tan convincente como, lamentablemente, irreal.

Escena clave **El baile** *La vie nouvelle*

Las películas de Grandrieux son musicales con profundas transformaciones. La música *trance* que encontramos en ellos es un ritmo tecno robótico, salpicado de gritos, palabras arrastradas, gruñidos y murmullos. En *La vie nouvelle*, Boyan (Nagy) es un siniestro Lord of the Dance y Mélania (Mouglalis), su marioneta. Pero ésta busca algo más que éxtasis; quiere escapar de una triste existencia como prostituta y esclava sexual en Sarajevo, quiere salir violentamente de su propio cuerpo. En la escena de baile casi psicodélico que tiene lugar hacia el final de la película, no hay espacio entre los cuerpos, apretados los unos contra los otros en una tensa intimidad; no se dejan llevar por un abandono dionisíaco, sino que están en constante alerta. La puesta en escena –el arte de colocar cuerpos en un espacio determinado– es aquí un baile de muerte, los muertos vivientes de las relaciones de poder de cada día. Los cinco minutos de secuencia se desarrollan por etapas, íntimamente ligadas a la música. Boyan recuerda a Nosferatu. Los frenéticos movimientos de Mélania van en *crescendo*, acompañados por un sonido estremecedor que parecen latigazos. Su rostro en primer plano va cambiando de un fotograma a otro: se aplasta, se estira, se pierde y se encuentra. Durante unos mágicos segundos, parece un cuerpo ingrávido, al margen del tiempo y del espacio, por fin libre. Pero no hay escapatoria para Mélania: de pronto oímos una multitud y vemos que la protagonista ya no se encuentra en un ensayo, sino que está en un club. De nuevo está prisionera, a la vista de todos, a la venta... *La vie nouvelle* es «un inmenso videoclip» (como la describió Raymond Bellour), unido por ritmos, latidos y gritos de horror.
Adrian Martin

Fecha 2002

Nacionalidad Francia

Director Phillipe Grandrieux

Reparto Zsolt Nagy, Anna Mouglalis

Por qué es clave Grandrieux propone una puesta en escena que es un baile de muerte.

Escena clave **La bañera** *Femme Fatale*

SPOILER

Hay un libro titulado *Movie Stars in Bathtubs* (*Estrellas de cine en la bañera*), pero no hay suficientes películas en las que la estrella aparezca en la bañera. Con *Femme Fatale*, protagonizada por Rebecca Romijn, De Palma contribuye a corregir dicha situación.

Romijn encarna a Laure Ash, una ladrona de joyas a la que sus cómplices tiran por la terraza de un hotel. Cuando la encuentran inconsciente los padres de una chica desaparecida llamada Lily, se la llevan a casa y la acuestan en la habitación de su hija. Laure es una rubia teñida de castaña, un toque típico de De Palma, lo que hace que sea idéntica a Lily (a quién también da vida Romijn). Al despertar, Laure ve la fotografía de la joven desaparecida y se da cuenta de que puede utilizar su identidad para escapar de los hombres a los que ha traicionado. Antes de marcharse, decide darse un baño.

El baño de Laure forma al menos la mitad de la acción de la película. Después de beber tequila y fumar, Laure se queda dormida y el agua empieza a desbordarse de la bañera. Se despierta (otra vez) con el sonido de un trueno, justo cuando Lily regresa, carga una pistola y se la lleva a la sien para suicidarse. El agua de un acuario se sale cuando Lily aprieta el gatillo. Ahora Laure puede ocupar el lugar de Lily para siempre.

De Palma pone en práctica aquí, en su *thriller* más abstracto y satisfactorio, toda una vida contemplando trucos cinematográficos. Después de que la tiren por un puente sobre el Sena, Laure se encuentra de pronto sin ropa y se despierta de nuevo en la bañera. Lily regresa una vez más y se lleva la pistola a la sien, pero, por una vez, De Palma se priva de una víctima.
A. S. Hamrah

Fecha 2002

Nacionalidad Francia

Director Brian De Palma

Reparto Rebecca Romijn, Antonio Banderas

Por qué es clave De Palma en todo su esplendor.

Pág. siguiente *Femme Fatale*.

Escena clave **El nacimiento de un ternero** *(A)torsion*

Las películas sobre el conflicto de los Balcanes ocurrido tras la desintegración de Yugoslavia en la década de 1990 se han convertido en un subgénero del cine bélico. Aunque está ambientada en la misma época y en el mismo escenario, *(A)torsion* sorprende con la sencilla historia de un granjero cuyo problema principal sólo está ligeramente relacionado con la lucha étnica que sufre la región. Su vaca (preñada de un feto mal colocado) se asusta tanto con el ruido de las bombas que caen cerca del establo, que grita y patalea como si estuviera teniendo un ataque epiléptico. Entre la gente en busca de refugio y las ráfagas de ametralladoras, los integrantes de un coro renacentista tienen intención de huir del país (sin nombre) aprovechando un concierto que va a celebrarse en París. Han sobornado a un oficial del ejército y están a punto de entrar en el túnel que los conducirá a un lugar seguro, cuando un muchacho se encuentra con el grupo y les suplica que le ayuden a evitar que la pobre vaca se vuelva completamente loca. Pero ¿qué pueden hacer ellos? Son músicos, no veterinarios. Al final, hacen lo único que saben hacer: una vez en el establo, empiezan a cantar *a capella* frente a la vaca; la música va tranquilizándola poco a poco y pronto nace un ternero delante de la cámara. El coro se marcha mientras el muchacho se queda abrazando al ternero: «No tengas miedo», le susurra; «yo te cantaré otra canción». Fundido en negro. Se sigue oyendo el estruendo de los tiros en la oscuridad.

Paolo Cherchi Usai

Fecha 2002

Nacionalidad Eslovenia

Director Stefan Arsenijević

Reparto Admir Glamoćak, Davor Janjić

Título original *(A)torzija*

Por qué es clave Es posible encontrar un cuento de hadas (nada empalagoso) en la guerra de los Balcanes.

Escena clave **La retirada del velo** *10*

Este experimento de Kiarostami en el cine de bajo presupuesto se compone de 10 episodios rodados en el coche que conduce por Teherán una mujer divorciada (Mania Akbari); cada uno de ellos es una conversación con un pasajero, varios con su rebelde hijo y el resto con distintas mujeres. Lo que hace de *10* una obra notable es que (con una breve excepción) todos los planos están rodados por una cámara de vídeo fijada en el salpicadero del coche, enfocando al asiento de la conductora o al del pasajero. Durante la mayor parte de la película, Kiarostami ni siquiera estaba dentro del coche mientras se rodaban las escenas. Las conversaciones estaban inspiradas en parte en las experiencias reales de la conductora y de su hijo, pero también en la imaginación de Kiarostami. El resultado es un retrato de la realidad tan sugerente, tan puro y tan carente de artificios como el que pueda encontrarse en un documental.

De ahí la intensidad del momento en el que una pasajera se retira el velo y enseña la cabeza, que lleva completamente rapada después de que su novio la abandonara. Sin embargo, no la vemos como una víctima, sino como alguien lo bastante fuerte como para demostrar su valía, hasta el punto de mostrar la cabeza en público, algo prohibido en la República Islámica. Su valentía –del todo real, puesto que se utilizaron actores no profesionales de las calles de Teherán– resulta conmovedora no sólo por lo que dice de ella como persona y de la difícil situación de las mujeres en Irán, sino por el ejemplo alentador que supone para la conductora... De pronto, en una de las tres ocasiones en las que tanto la pasajera como ella están ante la cámara, vemos aparecer su mano a la derecha de la imagen para secar una lágrima del rostro de su interlocutora. Un gesto pequeño pero de enorme importancia.

Geoff Andrew

Fecha 2002

Nacionalidad Irán/Francia

Director Abbas Kiarostami

Reparto Mania Akbari

Por qué es clave Es el clímax de una película atrevidamente minimalista y demuestra que un gesto pequeño no sólo puede ser hermoso, sino que además puede tener una gran importancia emocional, psicológica e incluso política.

Escena clave **La Caballa** *Resurrección, empieza el juego*

El iconoclasta Jang Sun-Woo es tal vez el mejor director contemporáneo de Corea del Sur, al margen de la leyenda viva que es Im Kwon-Taek, pero, a diferencia de otros productos nacionales como Kim Ki-Duk o Park Chan-Wook, sigue siendo un director marginal gracias a lo imprevisible de su obra. Ese rasgo impredecible preside una de las grandes locuras cinematográficas del siglo XXI: *Resurrección, empieza el juego*, una visionaria sátira de acción y realidad virtual junto a la que las secuelas de *Matrix*, estrenadas sólo unos meses antes, parecían la ridícula pérdida de tiempo y de dinero que son. La extravagante premisa de la película de Jang es una muestra de su afición al humor negro y su interes por los marginados de la sociedad: el repartidor de un restaurante (Kim) se adentra en el mundo de videojuego basado libremente en el cuento de Andersen «La vendedora de cerillas», donde para ganar, el jugador debe conseguir que la chica piense en él al morir. Es una certera sátira no sólo de los videojuegos, sino también de lo que es el cine debido a su influencia, deconstructivo y eficaz. Las magníficas secuencias de acción tienen un estilo operístico que hace de ellas auténticos números musicales. Sin embargo, el pesimismo có(s)mico sobre las realidades virtuales y las desigualdades reales queda en equilibrio gracias a la filosofía taoísta como medio para relacionarse con el mundo. Esta dialéctica culmina con la introducción del arma más poderosa y legendaria imaginable: una pistola de juguete manejada por el control mental y llamada La Caballa (The Mackerel). La clave no tiene desperdicio: para llegar a controlar realmente La Caballa, hay que aceptar que es , una caballa.
Christoph Huber

Fecha 2002

Nacionalidad Corea del Sur

Director Jang Sun-Woo

Reparto Kim Hyun-Sung

Título original *Sungnyangpali sonyeoui jaerim*

Por qué es clave ¡Porque es la Caballa! No se puede cuestionar la legendaria Caballa.

2000–

737

Escena clave **La desintegración de la realidad** *demonlover*

SPOILER

«Sólo otro héroe cabalgando en la noche», anuncia un himno krautrock al comienzo de *demonlover*, y lo cierto es que este ingenioso *antithriller* narra la desaparición de una protagonista cada vez más insignificante (la fría Connie Nielsen). La película, que fue abucheada cuando se estrenó en la sección oficial del festival de Cannes de 2002 –lo cual muchas veces es una buena señal (véase *The Brown Bunny*)–, es una obra oscura, elegante y compleja que se lanza de lleno a un vacío virtual. Oliver Assayas plasma la caída con el estilo característico de sus notables melodramas anteriores (su habitual colaborador Denis Lenoir contribuye con sus tomas de cámara en mano), pero la historia se acerca al *thriller* de grandes empresas. Sin embargo, las guerras de ofertas con las que las compañías multinacionales pretenden hacerse con el rentable negocio del porno japonés *on-line* son tan superficiales como anónimos los escenarios globalizados (salas de prensa, hoteles). Entonces, como si le hubiera atacado un virus informático, el argumento empieza a desintegrarse y es como si nos moviéramos por Internet a través de hipervínculos, hasta que la película acaba pareciendo un siniestro juego de rol. *demonlover* transporta por fin a la era de Internet los temas y las transformaciones de la televisión de la obra maestra de David Cronenberg *Videodrome* (1983). Assayas muestra con picardía la admiración que siente hacia su predecesor. La realidad empieza a derrumbarse en un hotel japonés, con la televisión encendida, evocando el ambiente de transformación de la película de Cronenberg, incluso su película sexual japonesa dentro de la película, «Samurai Dreams», que señala el desarrollo narrativo de *demonlover*, lo que añade un nuevo e ingenioso metagiro a sus múltiples estructuras circulares. ¿Sería posible que esa irónica imagen final de una secuencia de ADN fuera la clave del código de la tan citada «nueva carne» de Cronenberg?
Christoph Huber

Fecha 2002

Nacionalidad Francia

Director Olivier Assayas

Reparto Connie Nielsen

Por qué es clave El complejo *antithriller* de Assayas, que por fin actualiza *Videodrome*, la obra maestra de Cronenberg, a la era de Internet, se quita el sombrero ante su predecesor con un estilo particularmente astuto.

Escena clave **El trascendente y vertiginoso final** *Irreversible*

Noé ya había ocasionado controversia en 1998 con su primer largometraje, *Solo contra todos*, la historia de un carnicero disoluto que contempla la idea de cometer todo tipo de crímenes y de suicidarse. Sin embargo, nada podría haber preparado a los cinéfilos para *Irreversible*, una película tan cruda que muchos espectadores tuvieron que abandonar la sala asqueados. Es cierto que contiene imágenes espeluznantes, entre ellas un salvaje asesinato y una atroz violación anal, rodadas en largas tomas agónicas que resultan casi imposibles de ver. Para desorientar aún más al espectador, la narración se desarrolla hacia atrás en el tiempo, con lo que cada escena nos revela lo que pasó antes de la que acabamos de ver.

Pero el que crea que el principal objetivo de la película es impactar es que no entendido su significado más profundo. Por una parte, *Irreversible* es un cuidadoso examen de los impulsos animales que yacen bajo la superficialidad de la vida contemporánea. Por otro lado, es un intrincado ensayo sobre la naturaleza interrelacionada del tiempo, la causalidad, la cognición y la intuición. Y en última instancia, es una declaración astutamente ambivalente sobre la posibilidad de encontrar paz y felicidad en el degradado mundo moderno.

Esto es algo que se hace evidente en la última escena, cuando la protagonista (Bellucci) –embarazada aunque aún no lo sepa y completamente ajena a la terrible violación que va a sufrir– está tumbada en un parque, leyendo y descansando, rodeada de niños jugando. La cámara, que durante la película ha descendido en picado constantemente, ahora se eleva al cielo para ofrecernos una hermosa vista aérea, y luego comienza a girar en una vertiginosa muestra de pirotecnia visual. A pesar de la degradación existente, el mundo puede ser hermoso. Igual que puede serlo también esta película única.

David Sterritt

Fecha 2002

Nacionalidad Francia

Director Gaspar Noé

Reparto Monica Bellucci

Título original *Irréversible*

Por qué es clave Cámara en mano y con un modesto presupuesto, un director innovador crea un momento de increíble belleza en una película marcada por el horror.

Pág. anterior *Irreversible*.

Escena clave **Las lesbianas de Hong Kong se deprimen** *Ho Yuk, Let's Love Hong Kong*

Nacida y criada en Hong Kong, pero con una vida que, por estudios o trabajo, la ha llevado a Nueva York, Míchigan, Londres y Taiwán, la directora de vídeos, escritora, conferenciante y activista Yau Ching retrata su ciudad como sólo saben hacerlo aquellos que han perdido su patria. Dado que la cultura gay de Hong Kong al mismo tiempo está presente y es invisible, los homosexuales experimentan una sensación de pertenencia y de privación. Yau plasma estos sentimientos planteando una duda sobre la realidad de lo que vemos, introduciendo las figuras retóricas de la fantasía sexual lesbiana y de ciencia ficción en un retrato sumamente realista de Hong Kong. Impregnada de melancolía postcolonial y angustiada por fantasmas posmodernos, la ciudad lleva las marcas de lo que Ackbar Abbas llama *déjà disparu* («ya desaparecido»). La lente de Yau la transforma en un lugar utópico, impulsado por la energía oculta del deseo de las lesbianas.

Chan (Wong) es una mujer sentimentalmente distante que vive con su madre y sueña con poder comprarse una casa propia, pero se gasta el dinero que gana trabajando como *stripper*/bailarina en un videojuego erótico en pagar los servicios de una prostituta de la China continental. Nicole (Koo) es una ejecutiva que se derrite por la imagen de Chan que aparece en el vídeo, mientras que la encantadora y menuda Zero (Lam), que vende juguetes eróticos y teléfonos móviles en la calle, se vuelve loca por la verdadera Chan, que no muestra el menor interés por ella. En la última secuencia, Nicole se encuentra por casualidad con Chan, pero no la reconoce; le pide fuego, da una calada en silencio y luego se aleja, justo en el momento en que Zero aparece en imagen llena de entusiasmo. Pero, una vez más, Chan la aparta de su lado.

Bérénice Reynaud

Fecha 2002

Nacionalidad Hong Kong

Directora Yau Ching

Reparto Wong Chung Ching, Erica Lam, Colette Koo

Título original *Hao Yu*

Por qué es clave Es la primera película hongkonesa hecha por una mujer sobre mujeres enamoradas de mujeres.

Película clave *Infernal Affairs (Juego sucio)* Ming lleva a cabo un baño de sangre

SPOILER

Tiene lógica que Martin Scorsese, maestro del sentimiento de culpa católico, quisiera hacer con *Infiltrados* (2006) un *remake* de *Infernal Affairs*, pues el original hongkonés empieza con una cita del sutra budista del nirvana: «El peor de los Ocho Infiernos se llama Infierno Continuo. En él hay sufrimiento continuo». Y eso es algo que tanto Yan (Tony Leung) como Ming (Andy Lau) conocen muy bien. El primero es un policía que ha pasado los últimos diez años fingiendo ser miembro de la Tríada y, a su pesar, ha participado en el mundo de la droga, la violencia y el crimen para asegurarse de que nadie lo desenmascarara. Ming, a su vez, no deja de preguntarse con angustia cuándo se darán cuenta en el departamento de policía de que es un topo que ha puesto allí el jefe de la Tríada, Sam (Eric Tsang). Los dos hombres llevan a cabo una turbia persecución con la imagen saturada del Hong Kong más urbano, donde cada uno de ellos camina sobre la cuerda floja y debe pagar el precio de vivir una vida basada en la mentira. El sorprendente desenlace nos muestra a un triunfal Yan tomando a su enemigo como rehén en el ascensor de un rascacielos, pero la victoria es fugaz, porque otro policía le dispara y lo mata. Ming agradece su buena fortuna y luego asesina a su inesperado benefactor, un acto que destruye su humanidad, pero que le hace sentirse seguro ante la certeza de que tres pueden guardar un secreto si dos de ellos están muertos. *Infernal Affairs* concluye con una nota inquietantemente existencial, desafiando las normas del género de acción con la demostración de que no somos castigados por nuestros pecados, sino que son nuestros pecados los que nos castigan.
Violet Glaze

Fecha 2002

Nacionalidad Hong Kong

Directores Wai Keung Lau, Siu Fai Mak

Reparto Andy Lau, Tony Leung

Título original *Mou gaan dou*

Por qué es clave Es una escena crucial en una película de acción existencial plagada por igual de balazos y de sentimiento de culpa.

Pág. siguiente *Infernal Affairs (Juego sucio)*.

Película clave *Tiexi Qu: West of the Tracks* La violenta belleza de las ruinas

Wang Bing pasó dos años documentando la lenta desaparición de las fábricas y los complejos de viviendas de la clase obrera de Shenyang. Sin embargo, sus imágenes, que alternan lo íntimo (un hombre desnudo en la ducha de una fábrica, una abuela bajo la lámpara de aceite, un joven llorando desconsoladamente) y lo grandioso (los enormes espacios de las fábricas abandonadas mientras el sol se cuela por las ventanas rotas), tratan en realidad sobre todos nosotros. Y no es sólo porque Wang lo ruede en primera persona con una pequeña cámara de vídeo digital, llevándose consigo al espectador mientras camina por las plataformas de la planta de laminación de acero o sube las escaleras de metal de la planta de fundición de cobre y sus pasos resuenan en el enorme vacío que le rodea, cuando se sienta junto a una madre que se está muriendo de cáncer, o cuando su sombra se proyecta sobre las calles cubiertas de nieve. Es porque la enorme tragedia que retrata de forma tan minuciosa refleja nuestra propia condición. Las fábricas del mundo entero están cerrando, lo que ocurre es que en China la transición entre la era preindustrial y la postindustrial es más brusca, violenta y cruel que en los países que participaron en la primera guerra mundial.

Tomemos como ejemplo el tren, el caballo de hierro, antiguo heraldo del progreso industrial y ahora cada vez más obsoleto, ruidoso y contaminante. Los trenes atraviesan el distrito de Tiexi; transportan el cargamento entre las fábricas a pesar de que estén cerrando una tras otra; pasan junto a las casuchas de los trabajadores, que son desalojados a la fuerza por los promotores inmobiliarios (algunos pobres se niegan a marcharse y deben pasar el invierno sin calefacción, ni electricidad, ni agua). Los trenes permanecen en el paisaje destruido, siguen recorriendo su itinerario sin salida, ofreciendo los últimos empleos, una paradójica manera de sobrevivir.
Bérénice Reynaud

Fecha 2003

Nacionalidad China

Director Wang Bing

Título original *Tiexi Qu*

Por qué es clave Una monumental trilogía de nueve horas sobre el desmantelamiento de un complejo industrial del noreste de China se convierte en todo un hito cinematográfico.

Escena clave **El beso durante una parada en el camino** *The Brown Bunny*

Bud Clay (Gallo), un corredor de motos celoso e insatisfecho, recorre Estados Unidos en su camioneta desde la costa este hasta Los Ángeles. En el exterior de un área de descanso de la autopista, se fija en una mujer rubia (Tiegs) que está sentada sola, bebiendo café y fumando. Al pasar para comprar una Coca-Cola de una máquina, ella lo mira: sus ojos se encuentran y cada uno siente la soledad del otro. La mujer, que aunque ya no es del todo joven y parece cansada, sigue siendo muy atractiva y muestra cierto interés por Bud. Cuando casi ha llegado a la camioneta, Bud se vuelve a mirarla y entonces va a la mesa y se sienta junto a ella; vemos su nombre –Lilly– en su bolso. Bud la acaricia, le pregunta: «¿Estás bien?» y se besan mutuamente reconfortados. Mientras se besan, la cámara permanece en el rostro de Lilly, vemos la cabeza de Bud desde atrás, casi fuera de plano. Se abrazan y el rostro de ella queda enfocado mientras Bud parece hundirse en la desolación; entonces es ella la que le besa y le consuela. Él se levanta, se sube a la camioneta, pone en marcha el motor y se va, mientras Lilly (a la que ahora vemos de espaldas) lo ve marchar.

Dos completos desconocidos intercambian por un breve momento silencio, contacto físico, ternura, compasión y consuelo mutuo en una secuencia conmovedora que dura más de 6 minutos y cuya fuerza reside sobre todo en el modo en que el director, escritor y director de fotografía Vincent Gallo pone en escena y encuadra cada plano, con una composición asimétrica y descentrada que hace que todo parezca espontáneo, sin ensayar.

Miguel Marías

Fecha 2003

Nacionalidad Estados Unidos

Director Vincent Gallo

Reparto Vincent Gallo, Cheryl Tiegs

Por qué es clave
Esta secuencia casi sin palabras transmite a través de una composición y una interpretación inusuales la amabilidad de los desconocidos.

Pág. anterior *The Brown Bunny.*

Diálogo clave **La muchacha lee la última carta de su madre muerta** *Saraband*

De las once partes en las que está dividida *Saraband*, la séptima, «Carta de Anna», es tal vez la más larga e intensa. Dura alrededor de 8 minutos y nos muestra a Karin (Dufvenius), la joven nieta del ex marido de Marianne (Ullman), del que se divorció hace ya mucho tiempo. Karin le confía a Marianne (que podría haber sido su abuela, pero no lo es) la carta que ha encontrado, escrita a su padre, Henrik, por su madre, Anna, sólo una semana antes de morir, cuando acababa de saber el poco tiempo que le quedaba. Es una carta muy dura, le advierte Karin a Marianne, demasiado dura para volver a leerla ella, pero esta última no comprende la letra de Anna, por lo que Karin debe leerla en voz alta. Bergman divide la escena en cuatro planos sencillos, casi convencionales: uno nos muestra a los dos personajes de perfil, otro enfocando a cada uno de los personajes con el hombro del otro dentro de cuadro y luego un primer plano de Karin; sabe que la escena no necesita dramatización alguna, ni efectos que la refuercen. La carta, que la muchacha se ve incapaz de leer en su totalidad, nos hace pensar que Anna fue una mujer sensible, cariñosa e inteligente temerosa de que, tras su muerte, Henrik tome posesión de Karin, como en efecto ha sucedido a pesar de sus advertencias. El hecho de que su padre sepa lo que le está haciendo y que nunca le haya mencionado la carta hace que Karin sienta una intensa rabia, pero al mismo tiempo le hace temer por la vida de Henrik si ella decide marcharse para seguir su carrera como violonchelista.

Miguel Marías

Fecha 2003

Nacionalidad Suecia

Director Ingmar Bergman

Reparto Liv Ullmann, Julia Dufvenius

Por qué es clave Rara vez ha conseguido el cine que un personaje que no vemos (excepto en una fotografía en blanco y negro) y que está ya muerto cuando empieza la película parezca tan vivo y tan presente, y sin siquiera utilizar su voz.

Escena clave **El número musical final** *Abajo el amor*

Abajo el amor pretende parodiar tres comedias que no me interesan lo más mínimo –*Confidencias a medianoche* (1959), *Pijama para dos* (1961) y *No me mandes flores* (1964). Me alegro mucho de que el equipo, demasiado joven para conocer de primera mano la época, lo hiciera todo mal, desde el símbolo del estudio hasta los lujosos apartamentos de Manhattan (al estilo de *Cómo casarse con un millonario* o *El solterón y el amor*) y los decorados publicitarios (como en *Una cara con ángel* y *Una mujer de cuidado*), todo lo cual se remonta al período entre 1953 y 1957. Los dobles entendidos visuales y lingüísticos, las bromas antitabaco y las claras referencias al feminismo y la homosexualidad son obviamente posteriores a 1964.

Pero esta mezcla de las décadas de 1950, 1960, 1970 y 1980 en el sueño hiperbólico de un sueño dice mucho de lo que es la sociedad actual, pues expresa la añoranza de una época que erróneamente creemos menos cínica y más romántica e inocente. *Abajo el amor* ofrece una perspicaz visión llena de creatividad y poesía de algunas de las más tiernas aspiraciones del mundo de hoy en día.

El broche de oro es el número musical final, «Here's to Love», un derroche de energía maravillosamente ejecutado en el que Ewan McGregor y Renée Zellweger, vestidos con trajes de noche, se mueven entre colores chillones y decorados de televisión de mal gusto como si se encontraran en una especie de paraíso recuperado. Aunque con un tono irónico, su euforia parece lo bastante sincera como para recobrar la fe en la posibilidad de reinventar el presente.
Jonathan Rosenbaum

Fecha 2003

Nacionalidad Estados Unidos/Alemania

Director Peyton Reed

Reparto Renée Zellweger, Ewan McGregor

Título original
Down with Love

Por qué es clave
Puede que retrate mal la década de 1960, pero el año 2003 lo plasma de maravilla.

Pág. siguiente *Abajo el amor.*

Escena clave **Han nacido tres almas gemelas** *Soñadores*

Según William Wordsworth, la poesía es emoción recogida en la tranquilidad. Hacia el comienzo de *Soñadores*, encontramos un momento de profunda poesía, en concreto cuando se lleva a la pantalla la emoción adolescente que florece en presencia de lo desconocido y posible. Un joven estadounidense lejos de casa por primera vez se encuentra en el París de 1968. Matthew (Pitt) intenta grabar en su memoria todo cuanto ve, pues considera que está en un lugar legendario y cada aliento le resulta embriagador mientras cruza el Pont d'léna hacia la Cinématheque française. El cine es su religión, su arte, su filosofía, su alimento, su razón de ser. Al toparse con una multitud de estudiantes protestando contra la destitución de Henri Langlois, se abre camino entre ellos cada vez con más impaciencia hasta que llega a la puerta del templo sagrado, que encuentra cerrada. Allí, inmovilizada con unas simbólicas cadenas, encuentra a la bella Isabelle (Green), cuyos ojos se clavan en él y lo atrapan en un primer plano. Su hermano gemelo, Theo (Garrel), llega poco después, entusiasmado y con el pelo alborotado. «¿Sabes lo que dice Godard?», pregunta Theo con prisa. «Dice: "¡Nicholas Ray es el cine!"». Isabelle resplandece; Matthew es todo inocencia, ansia e impaciencia. Los gemelos se lo llevan de allí, hacia el río. Son sus primeros amigos en Francia, sus guías en un viaje en el que descubrirá el amor, la verdad, el arte, la política y el espacio que separa lo que es él de lo que no es. Theo le ofrece un trozo del bocadillo que se están comiendo Isabelle y él, Matthew lo rechaza, pero Theo insiste cortésmente. De manera instantánea, mientras pasean bajo los árboles del Port de Passy junto al mágico río, se han convertido en un solo ser.
Murray Pomerance

Fecha 2003

Nacionalidad
Italia/Francia/Reino Unido

Director Bernardo Bertolucci

Reparto Michael Pitt, Eva Green, Louis Garrel

Título original
Les innocents

Por qué es clave
Demuestra que el erotismo no depende necesariamente de la sexualidad.

RENÉE ZELLWEGER
EWAN McGREGOR
THE ULTIMATE CATCH HAS MET HIS MATCH
DOWN WITH LOVE
FOX 2000 PICTURES AND REGENCY ENTERPRISES PRESENT
A JINKS/COHEN COMPANY PRODUCTION RENÉE ZELLWEGER EWAN McGREGOR
"DOWN WITH LOVE" DAVID HYDE PIERCE SARAH PAULSON AND TONY RANDALL
CHRIS DOURIDAS AND LAURA Z. WASSERMAN
MARC SHAIMAN DANIEL ORLANDI LARRY BOCK
ANDREW LAWS JEFF CRONENWETH, ASC
PADDY CULLEN ARNON MILCHAN BRUCE COHEN DAN JINKS
EVE AHLERT & DENNIS DRAKE PEYTON REED
REGENCY
www.down-with-love.com

Escena clave **El *pas de deux* al ritmo de «My Funny Valentine»** *The Company*

Esta película de Altman sobre el ballet la vieron pocas personas y les gustó aún a menos. Sin embargo, es tal vez una de las mejores películas de todos los tiempos sobre el baile –casi todos los integrantes del reparto eran miembros del Joffrey Ballet de Chicago– así como un filme estadounidense radical, de ahí que renuncie a las estrategias de un argumento convencional. La historia –centrada en las experiencias del todo corrientes de la joven bailarina Ry (Campbell)– se limita a observar a la compañía de baile mientras se preparan para la primera representación de la fantasía *La serpiente azul*. Desde el momento en que el coreógrafo presenta su idea para dicho ballet hasta la escena de la *première*, muy lejos de ser el clímax, vemos ensayos, negociaciones, algunos encuentros sociales y otros bailes; en resumen, la vida pasa mientras la película va a caballo entre la ficción y el documental.

El *pas de deux* en el que Campbell –una bailarina correcta aunque no notable– baila al ritmo de «My Funny Valentine» junto a uno de los miembros del Joffrey es sencillamente el ejemplo más memorable del empeño de Altman en no jugar según las reglas. Ry consigue hacerse un hueco después de que otra bailarina se lesione, pero eso es todo: a diferencia de todas esas películas sobre el mundo del baile anteriores a *The Company*, aquí la chica recibe muchas felicitaciones por su actuación, pero no alcanza el estrellato. Sin embargo, la puesta en escena es magnífica. Altman utilizó varias cámaras de alta definición para rodar las secuencias de baile, con lo que logró una gran espontaneidad y autenticidad. Para este número –realizado en un escenario al aire libre– creó una tormenta; las cámaras se mueven con ritmo elegante, muestran cómo perseveran los bailarines a pesar de que el público está abandonando las butacas, así como la gracia, la habilidad, la fuerza y la dedicación de aquellos que se dedican al ballet.

Geoff Andrew

Fecha 2003

Nacionalidad Estados Unidos/Reino Unido/Alemania

Director Robert Altman

Reparto Neve Campbell

Por qué es clave
La belleza absoluta de la ejecución combinada con un claro empeño por no ajustarse a las normas narrativas hacen que está película encaje a la perfección en la última etapa de la filmografía de Altman.

Escena clave **Llegan los resultados** *Crónica de un asesino en serie*

SPOILER

El director coreano Bong Joon-ho basó su impresionante segundo trabajo en una serie de violaciones y asesinatos ocurridos en la Corea rural en la década de 1980. Hacia el final de la película, la policía –que con cada nuevo cuerpo que aparecía se iba desesperando más y más– cree haber identificado al asesino. Hyun-gyu (Park) es un hombre delgado y de mirada fría que llegó al pueblo poco antes de que empezaran los asesinatos. Aunque no tienen pruebas, la policía ha encontrado un rastro de semen del asesino y espera poder relacionarlo con Hyun-gyu gracias a las pruebas de ADN que se están llevando a cabo en Estados Unidos.

Bajo una lluvia torrencial, junto a un túnel del tren, Tae-yoon (Kim), el detective de Seúl que se preciaba de su técnica basada en la lógica, intenta hacer confesar a golpes a Hyun-gyu. Entonces aparece su compañero con el resultado de las pruebas procedente de Estados Unidos. Abren el sobre de inmediato, pero se encuentran con que, «dado que la muestra de ADN no corresponde exactamente con la muestra de semen, no se puede afirmar con certeza que el sospechoso sea el asesino».

El contenido de la carta es impreciso, pero el momento revela varias cosas: que incluso los sospechosos con más aspecto de culpables pueden ser inocentes; el fracaso de la ciencia para encontrar la verdad o ayudar a comprender, y quizá, en un nivel más simbólico, el fracaso de Estados Unidos. Durante la dictadura militar surcoreana, muchos activistas demócratas albergaron la esperanza de que Estados Unidos interviniera para apoyar su causa. Pero Corea del Sur se convirtió en un aliado clave durante la guerra fría y los activistas tuvieron que aceptar que tendrían que seguir luchando solos.

Darcy Paquet

Fecha 2003

Nacionalidad Corea del Sur

Director Bong Joon-ho

Reparto Song Kang-ho, Kim Sang-kyung, Park Hae-il

Título original
Sarin-ui chueok

Por qué es clave
Una película que al principio parece el típico *thriller* policíaco revela en esta penúltima escena una complejidad añadida.

Escena clave **El plano del patio de butacas vacío** *Goodbye, Dragon Inn*

Un aspecto singular de esta obra maestra de Tsai Ming-liang es lo bien que funciona. La he visto en dos ocasiones en salas abarrotadas de espectadores de festivales de cine y las dos veces, durante un plano del patio de butacas de un cine vacío en el que no sucede nada durante más de dos minutos, se podía oír el vuelo de una mosca. Tsai lo convierte en un momento épico.

En realidad, con todo su minimalismo, *Goodbye, Dragon Inn*, cumple muchos objetivos. Es una historia de amor heterosexual fracasada, una historia gay, *La última película* a la taiwanesa, una historia de fantasmas escalofriante, un poema melancólico y una comedia irónica. Un enorme y tenebroso cine teatro de Taipei que se encuentra en las últimas está proyectando el éxito de King Hu de 1966, *Dragon Gate Inn*, para un reducido número de espectadores, entre los que se incluyen algunas de las estrellas del filme (Miao Tien y Shih Chun), que permanecen allí como fantasmas después de que todo el mundo se haya marchado. Mientras, afuera cae una intensa lluvia. Al mismo tiempo que en la pantalla se desarrolla el clásico de las artes marciales, seguimos varias intrigas elípticas en el cine, como la de la taquillera coja (Chen Shiang-chyi), situada detrás del proyeccionista (Lee Kang-sheng), a quien ella nunca ve. Tsai tiene un don especial para crear una presencia poderosa en espacios y tiempos aparentemente vacíos.

Con la taquillera, vemos el final de la película en la pantalla. Entonces, en un plano de más de cinco minutos, la cámara enfoca el patio de butacas vacío cuando se encienden las luces y entra ella con una escoba para recorrer lentamente el pasillo derecho, el central y luego el izquierdo, por donde sale. Después nos quedamos allí dos minutos más, en íntima comunión con el silencio y la eternidad.

Jonathan Rosenbaum

Fecha 2003

Nacionalidad Taiwán

Director Tsai Ming-liang

Título original *Bu san*

Por qué es clave Un maestro del minimalismo nos demuestra lo que se puede hacer con el patio de butacas de un cine vacío.

Escena clave **Las celebraciones del Año Nuevo** *La mejor juventud*

SPOILER

Es Nochevieja. La familia Carati está celebrando el fin de año. Matteo (Boni) aparece de repente. Mientras todo el mundo juega, se siente cada vez más distanciado de los demás. Llama por teléfono a Mirella (Sansa); ella está en casa, pero prefiere no contestar. Entonces se marcha, pero sólo su hermano Nicola (Lo Cascio) se da cuenta. Ya en casa, llama de nuevo a Mirella; por fin responde, pero Matteo ya ha colgado. En la tele, el presentador Gianni Morando invita al público a unirse a él en el brindis de Año Nuevo. En casa de los Carati, todo el mundo está contento. «Feliz Año Nuevo», le dice Matteo a la televisión. Entonces se da media vuelta, abre la ventana y salta por la terraza. La cámara se acerca lentamente hacia esta última.

El imprevisible suicidio del personaje torturado y sensible de Matteo es el gran shock de la película de Tullio Giordana. *La mejor juventud* fue concebida en un principio como una miniserie de televisión dividida en cuatro partes, de seis horas de duración. (El título original procede de una colección de poemas de Pasolini) y se narra la historia de una familia italiana a lo largo de cuatro décadas, desde la década de 1970 hasta el año 2000. El suicidio de Matteo, que tiene lugar a mediados de la década de 1980, marca un punto crucial en la saga, el momento en que se aparta de lo político y se acerca más a lo personal. A pesar de tal cautela, la película de Giordana sufrió una dura autocensura por parte de los productores: la RAI canceló su emisión por miedo a su contenido algo izquierdoso (durante el gobierno del conservador Berlusconi). Por suerte, *La mejor juventud* fue rescatada del olvido gracias a su éxito en el festival de Cannes, donde resultó ganadora en la sección «Una Cierta Mirada», y se proyectó en cines de todo el mundo.

Paolo Bertolin

Fecha 2003

Nacionalidad Italia

Director Marco Tullio Giordana

Reparto Luigi Lo Cascio, Alessio Boni, Maya Sansa

Título original *La meglio gioventù*

Por qué es clave Esta sorprendente y emotiva secuencia marca un momento crucial lleno de simbolismo en la creciente saga familiar de Giordana.

Escena clave **El protagonista se tira a la piscina del millonario** *Crimson Gold*

La acción de la cuarta película de Jafar Panahi –la segunda que cuenta con un guión de su mentor Abbas Kiarostami, que basó la historia en un incidente real– gira en torno a los tristes esfuerzos frustrados que hace un repartidor de pizzas para atracar una joyería. La noche antes de llevar a cabo el golpe, y tras un largo día lleno de las humillaciones habituales, Hussein le lleva una pizza a un millonario que vive en un ostentoso ático de lujo y al que acaba de abandonar su compañera. El millonario, neurótico y hablador, invita a Hussein a tomarse la pizza con él; éste es el único momento de la película en el que vemos relajarse al protagonista. El resto de la noche la pasa deambulando por la mansión, se supone que como lo haría un niño en una tienda de golosinas. Pero el personaje de Hussein está interpretado por un actor no profesional –un enfermo de esquizofrenia paranoica bajo medicación y con sobrepeso–; sus inexpresivas reacciones al lugar nunca resultan tan incongruentes como cuando se tira, completamente vestido, a la piscina cubierta del millonario.

¿Deberíamos llegar a la conclusión de que la visita al magnífico ático motiva en parte el acto delictivo de la mañana siguiente al hacerle ver lo que nunca podrá tener? La película no responde en ningún momento a dicha pregunta, aunque quizá pudiéramos deducir que la amabilidad del millonario no hace más que subrayar el hecho de que Hussein nunca podrá formar parte de una clase social superior a la suya. El filme tiene mucho cuidado en no atribuir a su conducta motivaciones psicológicas simplistas, pero la falta de seguridad que denota la actuación del actor demuestra que ni siquiera puede mostrar una despreocupación convincente cuando quiere dejarse llevar y liberarse.

Jonathan Rosenbaum

Fecha 2003

Nacionalidad Irán

Director Jafar Panahi

Reparto Hussein Emadeddin

Título original *Talaye sorkh*

Por qué es clave Un repartidor de pizza que siempre se siente fuera de lugar intenta dejarse llevar.

Pág. anterior *Crimson Gold.*

Escena clave **Persecución por el Louvre** *Looney Tunes: De nuevo en acción*

Podría decirse que el cinéfilo Joe Dante nació para rodar *Looney Tunes: De nuevo en acción*, una mezcla de personajes animados y de carne y hueso que, por una vez, demuestra ser un verdadero homenaje al espíritu anárquico de los magníficos dibujos originales de Warner Bros., con el Pato Lucas, Bugs Bunny y otras inolvidables creaciones animadas. En la época de los Baby Looney Tunes y demás personajes animados castrados, la película de Dante destacó como una obra especial, a pesar de las ocasionales y evidentes intromisiones del estudio. Los hilarantes chistes que plagan cada fotograma, las divertidas incongruencias y los alocados gags demuestran la fascinación de un verdadero amante de la cultura popular, razón por la cual Dante consigue plasmar con brillantez incluso el histérico antagonismo de la clase trabajadora del Pato Lucas entre continuas referencias a sus objetos de admiración, desde el robot Robbie de la maravillosa comedia de 1956 *Planeta prohibido*, que era como una especie de Shakespeare en el espacio, a las satíricas comedias de acción que dirigió por aquella época el antiguo dibujante de los Looney Tunes Frank Tashlin.

La sátira actualizada de Dante es una muestra de cine de autor que encuentra una memorable expresión en el malévolo plan del director general de ACME (interpretado por Steve Martin) de convertir en monos a todos los humanos. Pero el golpe maestro –y no sólo por su impresionante ejecución técnica– es una persecución por el Louvre. Cuando Elmer Fudd sigue a Bugs Bunny y al Pato Lucas atravesando literalmente varios cuadros famosos (y los personajes mutan según la obra: se derriten en la de Dalí, mientras que en la del puntillista Georges Seurat se desintegran en puntos), no sólo es muy divertido, sino que también da fe del verdadero estatus de los personajes en la historia de la cultura.

Christoph Huber

Fecha 2003

Nacionalidad Estados Unidos

Director Joe Dante

Título original *Looney Tunes: Back in Action*

Por qué es clave Joe Dante, un verdadero fan de los Looney Tunes, actualizó a Bugs Bunny y al Pato Lucas. Y luego les dio el lugar que realmente ocupan en la historia de la cultura.

Escena clave **La última imagen: un legado** *Vai e vem* (*Va y viene*)

Entre las cosas que explican la sorprendente belleza del corte que da lugar a la última escena de la última película de João César Monteiro, *Vai e vem*, está ese rasgo inesperado tan característico de su estilo. El repentino y enorme primer plano de un ojo supone una ruptura en el estilo de planos amplios del director portugués, al que se ajustan las primeras tres horas de la película; consigue así un repentino peso emotivo, como ocurre con un primer plano similar que encontramos al final del filme de Jacques Tati *Mi tío* (*Mon Oncle*, 1958), pero aquí con más fuerza. Sin embargo, este largometraje no es sólo característico de su excéntrico y genial autor en el aspecto formal, con sus impecables tomas fijas, en su mayor parte simétricas, que resplandecen en lo que parece una luz natural increíblemente hermosa. La obra es típica de Monteiro también en todos los demás aspectos, como, por ejemplo, en que él mismo sea la figura principal del reparto, un hombre mayor que se divierte de manera evidente entablando conversaciones de contenido sexual con mujeres más jóvenes y que está destinado a ser un delincuente de poca monta. Su típico humor deliberadamente inexpresivo no invita a imaginar que el director casi septuagenario supiera que se estaba muriendo de cáncer cuando rodó la película, pero precisamente eso es otra razón por la que el último plano es tan magnífico. Cuando el ojo de Monteiro llena la pantalla de tal modo que en su retina vemos reflejado el parque en el que tiene lugar la mayor parte de *Vai e vem*, no sólo nos está diciendo «Así es como yo veo el mundo», sino que también nos está pidiendo que reflexionemos sobre la inmensidad de su declaración.

Christoph Huber

Fecha 2003

Nacionalidad Portugal

Director João César Monteiro

Reparto João César Monteiro

Por qué es clave
Puede que sea la toma de despedida más brillante del cine. Sin duda, es una de las más conmovedoras.

Escena clave **La escena de la lucha en el pasillo** *Oldboy*

Al comienzo de la escena más famosa de la película de Park Chan-wook, el protagonista, Oh Dae-soo (Choi) se encuentra al final de un pasillo, sujetando un cuchillo contra el cuello de otro hombre. Entre él y el ascensor que hay en el otro extremo del pasillo, hay al menos otros quince hombres con pinta de matones y con palos en las manos. Tal vez podría utilizar al rehén para salir de la situación, pero hay algo dentro de él que lo impulsa a pelear. Después de apartar a su rehén y de cambiar el letal cuchillo por un martillo, ataca a sus enemigos.

El guión gráfico o *storyboard* original de la película definía un buen número de planos individuales, pero Park cambió de opinión sobre la marcha. En la imagen vemos un caos ingeniosamente coreografiado: los cuerpos caen a izquierda y derecha, el actor Choi Min-shik lanza el martillo o pega puñetazos como un boxeador larguirucho (aquí no hay la menor exhibición de artes marciales), alguien le lanza un cuchillo por la espalda (hecho con una imagen creada por ordenador), pero eso no consigue detenerlo y, por fin, vemos la duda y el miedo reflejados en la mirada de los quince hombres, que se han dado cuenta de que no van a poder derrotarlo. En contraste con el amasijo de cuerpos que vemos en pantalla, la fotografía es todo un modelo de sencillez: la escena está rodada con continuidad, sin giros; la cámara se mueve lentamente hacia la izquierda o hacia la derecha, manteniendo siempre a Oh en el centro del cuadro. Esta única toma, para la que, según dicen, se necesitaron 17 intentos, se prolonga durante 2 minutos y 40 segundos increíbles.

Darcy Paquet

Fecha 2003

Nacionalidad Corea del Sur

Director Park Chan-wook

Reparto Choi Min-shik, Oh Dae-soo

Por qué es clave
Este enfrentamiento de un hombre contra quince rodado en una sola toma y en un estrecho pasillo es una de las escenas de lucha más memorables que se hayan rodado nunca.

Pág. siguiente *Oldboy*.

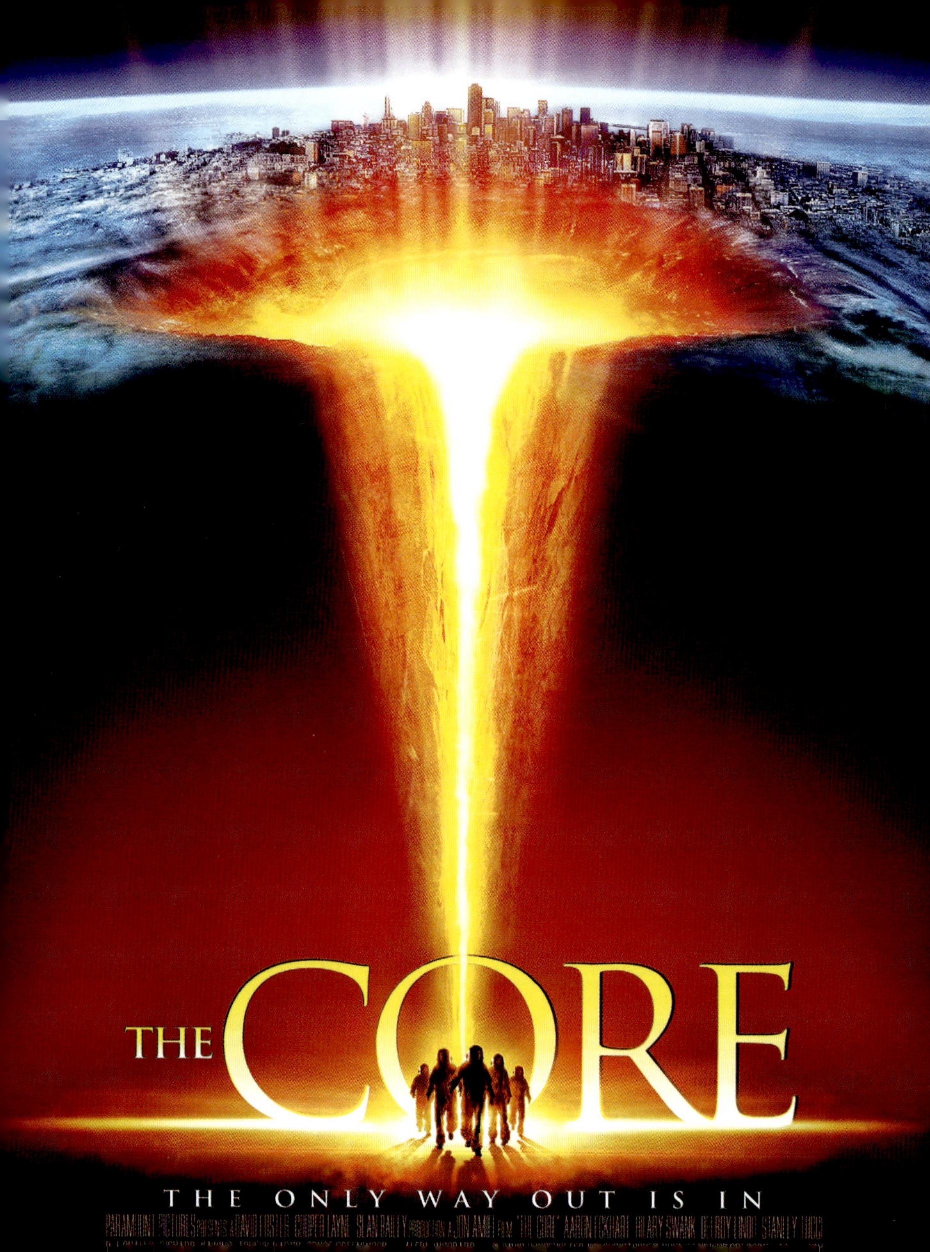
THE CORE
THE ONLY WAY OUT IS IN

Escena clave **Los patos a la orilla del mar** *Five (5 Long Takes Dedicated to Yasujiro Ozu)*

Como explica el subtítulo, esta película de 75 minutos de duración y rodada en vídeo digital en la playa de San Lorenzo durante la visita de Kiarostami al Festival de Cine de Gijón está compuesta por cinco largas tomas estáticas. Ésta de la que hablamos, en concreto, es la cuarta y la más corta. La cámara, situada en un trípode, enfoca al borde del mar, encuadrada de tal modo que un sexto de la imagen es la playa, tres sextos el mar y el resto lo ocupa un cielo gris y con nubes.

Entonces aparece un pato –una imagen no muy habitual en una playa– caminando tranquilamente de izquierda a derecha. Luego otro y otro, y después todo un grupo. Algunos, de hecho, parecen gansos más que patos. La verdad es que es todo un desfile. Hay patos blancos, blancos y negros, marrones o de un blanco sucio, algunos son muy ruidosos, otros están en completo silencio. Algunos cruzan la imagen lentamente, o con cierta dificultad, otros parecen muy decididos y aceleran el paso. De vez en cuando, alguno parece empeñado en ganar a los demás, que llenan el trozo de tierra en el que se ha centrado Kiarostami. Cada uno tiene su propio estilo, su ritmo, su manera de caminar. La escena se prolonga cinco minutos divertidos y fascinantes, durante los que uno empieza a preguntarse cómo va a terminar. De pronto y de manera inesperada (quizá provocado por Kiarostami fuera de cuadro; lo imagino perfectamente moviendo los brazos para que los patos volvieran por el mismo camino), éstos cambian de sentido y comienzan a cruzar nuestro campo de visión de derecha a izquierda y caminan o corren durante el minuto que queda. Se parece más al cine de Tati que al de Ozu.

Miguel Marías

Fecha 2003

Nacionalidad Irán/Francia/Japón

Director Abbas Kiarostami

Título original *Talaye sorkh*

Por qué es clave Es una demostración práctica de lo divertidas e interesantes que pueden resultar hasta las cosas más sencillas, con los medios más básicos, sin actores, sin diálogo y sin argumento.

Escena clave **Aterrizaje de emergencia en Los Ángeles** *El núcleo*

Los habitantes de Los Ángeles están acostumbrados a relacionar la terrible congestión del tráfico de la ciudad con las diferentes autopistas que atraviesan el sur de California. Los espectadores saben bien que la capital del cine estadounidense tiene una vía más transitada que la 405, la 101 y la 10 juntas. Es la cuenca seca de hormigón del río de Los Ángeles, que en diferentes momentos ha proporcionado un acceso de emergencia a las hormigas gigantes de *La humanidad en peligro* (1954), a Roy Scheider en *El trueno azul* (1983), a John Travolta en *Grease* (1978), a Arnold Schwarzenegger y al *terminator* que se metamorfosea en *Terminator 2: El juicio final* (1991), a Lee Marvin en *A quemarropa* (1967), a los hermanos Rodríguez en *El recuperador* (1984), a Mark Wahlberg en el *remake* de *The Italian Job* (2003), así como al reparto de decenas de películas más, series de televisión y anuncios publicitarios.

La película de catástrofes y ciencia ficción *El núcleo* tiene pocos elementos que vayan a pasar a la historia del cine, pues parte de una premisa argumental de lo más boba, un guión sensiblero y un reparto que debería haberse dedicado a hacer algo mejor. Pero la escena inicial, en la que la astronauta interpretada por Hilary Swank tiene que hacer un aterrizaje de emergencia con una lanzadera espacial en la ciudad de Los Ángeles, es la suma de todas las películas en las que ha aparecido el canal del río de Los Ángeles. De todos los vehículos que han pasado por ahí, la lanzadera es sin duda el más grande y el más insospechado. Hasta los espectadores que esperaran una tragedia a la altura del *Challenger* o del *Columbia* sudaran la gota gorda al imaginar todas las generaciones de talentos del cine que desaparecerán cuando este elefante blanco de la NASA pase por encima de todos ellos. Pero no tienen por qué temer: Swank, a punto de convertirse en una Amelia Earhart de la era espacial, afronta el reto con verdadero aplomo.

Tim Cavanaugh

Fecha 2003

Nacionalidad Estados Unidos

Director Jon Amiel

Reparto Hillary Swank, Bruce Greenwood

Título original *The Core*

Por qué es clave Evitó por poco que se cerrara para siempre la autopista más transitada de Los Ángeles.

Pág. anterior *El núcleo*.

Escena clave **La última advertencia** *Greendale*

Curiosamente, dos de las películas más políticas del año 2003 fueron creaciones de estrellas del *rock and roll. Anónimos* (*Masked and Anonymous*), dirigida por Larry Charles, pero arrollado por su coguionista y protagonista, Bob Dylan, era una fantasía distópica sobre la codicia de las empresas y la mitología privada, marcada por la divertida interpretación completamente inexpresiva de Dylan, que resulta tan críptica como cáustica. Puede que parte de la idea fuera disimular algunas de las opiniones más ingenuas (aunque conmovedoras) del veterano e inconformista roquero.

No es de extrañar que a Neil Young no le preocupara lo más mínimo tal discreción. Su obra político-musical *Greendale*, basada en el álbum del mismo nombre, puede que resulte muy directa en la defensa de sus ideas ecolibertarias y antibush, pero nadie podría confundirla con una ópera rock pretenciosa. Rodada en un formato de súper 8, de aspecto orgullosamente granulado y con actores no del todo profesionales cantando las letras del director, escritor, compositor y director de fotografía, la película tiene un aire a película casera guerrillera. Es una locura cinematográfica muy personal, pero a pesar de su preocupación por la libertad individual, Young reconoce la necesidad de llevar a cabo una lucha colectiva. El gran final tiene lugar en un escenario en el que se reúne todo el reparto, cautivados todos ellos por el enérgico mantra de la canción de rock de garaje. Hay algo triunfal y desafiante en este llamamiento final a salvar el planeta (y, sí, «Be the Rain», «ser la lluvia») al que se une todo el mundo: es impresionante ver a los activistas acompañados por bomberos, policías y agentes del FBI con los puños en alto y coreando la canción que advierte: «No creas lo que dice el gobierno».

Christoph Huber

Fecha 2003

Nacionalidad Estados Unidos

Director Neil Young (aparece como Bernard Shakey)

Reparto Sarah White, Eric Johnson, Ben Keith

Por qué es clave El estilo guerrillero de la película de Young pretende infundir fuerza al rock protesta por todos los medios, como la memorable imagen de los agentes del FBI levantando el puño mientras corean la canción final en favor de la Tierra y en contra del gobierno.

Escena clave **Bush en el aula** *Fahrenheit 9/11*

La mayoría de los espectadores tienen una opinión hecha de Michael Moore, ya sea a favor o en contra. Pero se puede aplaudir la sensatez de su cine y sus críticas políticas sin por ello dejar de reconocer su tendencia a ofrecer argumentos tendenciosos así como al alarde personal.

Todas esas características se muestran en su documental sobre la reacción de la administración Bush ante los ataques terroristas del 11 de septiembre de 2001 contra el World Trade Center y otros objetivos. Sin duda, la escena más impactante es ésa en la que vemos al presidente Bush cuando decide seguir adelante ante la prensa con una visita a un colegio de Florida después de que le informaran de que un primer avión se había estrellado contra las Torres Gemelas y cómo se queda en el aula al saber que había un segundo avión y que Estados Unidos estaba siendo atacado. Con la imagen de Bush en el aula, con un libro en el regazo y la preocupación reflejada en el rostro, Moore añade al plano una narración con su polémico enfoque de la situación: «Sin saber qué hacer..., el señor Bush se quedó allí sentado y siguió leyendo el cuento con los niños».

Tras contar que la falta de reacción de Bush, que ni siquiera salió de la habitación para que le dieran más información, duró casi siete largos minutos, Moore se pregunta si este presidente tan aficionado a las vacaciones se estaría lamentando de no haber ido a trabajar más a menudo, o de no haberse reunido con el jefe del departamento encargado de investigar el terrorismo, o de haber reducido el presupuesto del FBI en materia de terrorismo. Cuando acaba el monólogo de Moore, la imagen de la parálisis de Bush ha quedado grabada en nuestra memoria para siempre. Y es difícil que esa imagen pierda su espantosa fuerza incluso después de que la administración Bush sea (literalmente) historia.

David Sterritt

Fecha 2004

Nacionalidad Estados Unidos

Director Michael Moore

Reparto George W. Bush

Por qué es clave Moore ofrece toda una lección de cómo hacer que unas imágenes engañosamente anodinas adquieran una intensa carga ideológica.

Pág. siguiente *Fahrenheit 9/11*.

BEAR ON A BIKE
FLASH CARDS
FLASH CARDS

Escena clave **El primer plano final del rostro de la abuela Emilia** *Familia rodante*

A finales de la década de 1990, Argentina se convirtió de manera sorprendente en uno de los países de los que surgía el cine más gratificante del mundo. Hacia mediados de la siguiente década, y a pesar de la crisis económica que atravesaba, se había establecido como campo de cultivo de obras imaginativas y llenas de vitalidad artística que triunfaban en los festivales internacionales. Hubo varios directores –entre los que se incluyen Lucrecia Martel, Lisandro Alonso o Carlos Sorín– que llamaron la atención, pero ninguno tan prolífico y entretenido como Trapero, cuya mejor película sigue siendo esta *road movie* aparentemente destartalada sobre la odisea de una numerosa familia que viaja de Buenos Aires hasta la frontera con Brasil en una autocaravana.

El clan emprende este viaje de 1.000 km después de que la octogenaria matriarca, Emilia (Chironi), anuncie durante su fiesta de cumpleaños que va a ejercer de dama de honor en la boda de una sobrina. Mientras el abarrotado y maltrecho vehículo avanza hacia su destino, las lealtades de los miembros de la familia van cambiando, los ánimos se exaltan y estallan las peleas, hasta que llegan a la boda y la disfrutan de lleno. La caprichosa narrativa parece tan descontrolada –y absurda– como la realidad de cada día... Hasta que, después de la fiesta, Emilia se toma un merecido descanso del viaje y de las celebraciones. Hay entonces un largo e inmóvil primer plano lleno de profunda compasión de su rostro arrugado, resignado pero capaz de recuperarse de todo por lo que la vida le ha hecho pasar, una imagen que da fe de la fuerza, la paciencia, la experiencia y la sabiduría ganadas con el tiempo. Además de establecer un paralelismo con el primer plano más corto del comienzo, nos ayuda a comprender por fin todo lo que hemos visto hasta entonces en la película.
Geoff Andrew

Fecha 2004

Nacionalidad Argentina/España/ /Brasil/Reino Unido

Director Pablo Trapero

Reparto Graciana Chironi, Liliana Capurro, Ruth Dobel

Por qué es clave Es una conclusión inteligente y maravillosamente inmóvil para un caótico retrato de la vida familiar.

Pág. anterior *Familia rodante*.

Escena clave **Una secuencia animada en el parque temático** *Shijie* (*El Mundo*)

La obra maestra de Jia Zhangke se desarrolla en un parque temático llamado *El Mundo* situado a las afueras de Pekín, en el que hay reproducciones de monumentos como el Taj Mahal, la torre de Pisa, el Partenón e, incluso, lugares como el sur de Manhattan con las Torres Gemelas aún intactas. La historia se centra en los alienados empleados que trabajan en el parque y cuya intimidad se expresa a través de furtivos mensajes de texto. Seguimos en particular el delicado romance entre Tao (Zhao), una bailarina que trabaja además en otras atracciones en las que debe llevar los trajes correspondientes, y Taisheng (Chen Taisheng), un guardia de seguridad que lleva saliendo con ella desde que ambos vivían en la provincia de Shanxi, aunque últimamente se han ido distanciando.

En esta escena, ella va vestida de azafata de vuelo y se encuentra en el interior de la réplica de un avión, que es una de las atracciones del parque. Está sentada en el regazo de Taisheng durante un descanso cuando alguien lo llama al teléfono móvil. Taisheng dice que tiene que irse a ver a un amigo de ambos; Tao le pregunta si puede acompañarlo, pero él la convence para que no lo haga.

En ese momento, la película se transforma de pronto en una fantasía animada, algo que ocurre cuando algún personaje recibe un mensaje de texto y se nos permite ver sus fantasías secretas. En ésta, pasamos de un dibujo animado del móvil de Taisheng a la imagen de Tao con su uniforme, sobrevolando el parque y la ciudad, disfrutando de una libertad y de una euforia que nunca encuentra en su vida real.
Jonathan Rosenbaum

Fecha 2004

Nacionalidad China

Director Jia Zhangke

Reparto Zhao Tao

Por qué es clave Incluso los alienados empleados de un parque temático chino pueden soñar con sus clientes.

Escena clave **Campo de flores hablando**
Izo

Hay cineastas para los que sus admiradores y defensores pueden convertirse en sus peores enemigos. Tal es el caso de Takashi Miike, no sólo uno de los directores más prolíficos del mundo, sino también uno de los más reverenciados. Por desgracia, no se le rinde culto por su aparente originalidad estilística, sino más bien por el uso recurrente de imaginería violenta, lo que lo coloca en la sección «Asia Extrema», en la que suele haber mucha afición a la sangre y pocas ideas (el mismo motivo por el que algunas de sus obras más flojas, como la excesiva adaptación cómica *Ichi the Killer*, de 2001, inexplicablemente se promocionan a bombo y platillo). Es evidente, sin embargo, que Miike es un humanista, como demuestran sus dulces comedias, a las que no se les suele prestar demasiada atención, y, de manera más sorprendente, su película más polémica: *Izo*, un baño de sangre de 128 minutos, de duración sobre un vengativo demonio samurái que se abre camino a cuchilladas entre la sociedad japonesa. Es sin duda una película sangrienta y espiritual, llena de imaginería religiosa e histórica, directa en su visión de la violencia como tragedia humana. Su desafiante estructura repetitiva evoca una canción *punk* (aparece gritando con desesperación el cantante de *acid-folk* Kazuki Tomokawa), pero también un mantra. El antihéroe asesino (Nakayama) es descrito como la personificación del absurdo («un alma sin alma»), que nos conduce a todo tipo de escenas inesperadas, como la que nos lo muestra ridiculizado por las flores del campo en el que se encuentra. Pero tras un clímax místico que sugiere renacimiento y redención, Miike, el gran humanista, termina con un primer plano de una flor, lo que simboliza el perdón.

Christoph Huber

Fecha 2004

Nacionalidad Japón

Director Takashi Miike

Reparto Kazuya Nakayama, Kazuki Tomokawa

Por qué es clave
Demuestra que Takashi Miike, el extremista más prolífico entre los cineastas asiáticos de culto, es en realidad un humanista.
Y sí, es un campo de flores hablando.

Acontecimiento clave **«The Long Tail» («La Larga Cola») de Chris Anderson**

The Long Tail («La Larga Cola»), término acuñado en 2004 por el editor jefe de la revista *Wire*, Chris Anderson, en el artículo (y en el posterior libro) del mismo nombre, describe una era marcada por Internet en la que las nuevas tecnologías han cambiado por completo el consumo de cultura al multiplicar el alcance de emisiones minoritarias y permitir la distribución en masa de algunos productos selectos. Con este nuevo modo de distribución, se puede obtener a través de Internet un gran número de productos que no están disponibles en las tiendas. Los distribuidores *on-line* cuentan con extensos fondos que se adaptan a las demandas del público y que pueden hacer crecer los mercados ya existentes y satisfacer los intereses de los consumidores. Los mercados se ven así liberados de la «tiranía geográfica»: los nuevos métodos de distribución posibilitan la disponibilidad ilimitada de ciertos productos y permiten que cualquier pueblo remoto pueda recibir los mismos productos culturales que las grandes metrópolis. Por primera vez en la historia, al distribuidor le merece la pena vender un artículo especializado tanto como un gran éxito comercial porque un gran número de productos multiplicado por un número reducido de ventas es una cifra comparable a los ingresos obtenidos por un éxito comercial.

Esto tiene unas importantes repercusiones en la distribución cinematográfica. Las estrategias comerciales cambian de manera radical, pues en la Larga Cola las recomendaciones que se hacen en la Red tienen el mismo poder que los anuncios televisivos. La era de los éxitos de taquilla está llegando a su fin con el crecimiento de la demanda de productos culturales menos comerciales. La globalización va acompañada de la difusión de material audiovisual para un público concreto; no nos dirigimos hacia un mundo más homogéneo, sino a uno en el que se puede elegir de manera individual.

Dina Iordanova

Fecha 2004

Por qué es clave
Este artículo es el anuncio definitivo del fin de la cultura de los grandes éxitos de taquilla y el comienzo de un floreciente mercado de productos selectos posible gracias a Internet.

Escena clave **La imitación de Nina Simone** *Antes del atardecer*

SPOILER

«Tenemos toda clase de tiempo.» Eso es lo que dice un personaje al final de *Cleo de 5 a 7* (1962), cuando de pronto deja la historia en suspenso (como escribió el crítico Roger Tailleur) «en un momento de sereno silencio, sin tiempo finalmente». Algo parecido ocurre al final de *Antes del atardecer*, que, al igual que su predecesora *Antes del amanecer* (1995), cuenta con tensión el paso de las horas, minutos y segundos antes de que Jesse (Ethan Hawke) y Celine (Julie Delpy) tengan que separarse y poner fin a su «breve encuentro». En la primera película, los dos están en un lugar extranjero, Viena; ahora Jesse está en la ciudad de Celine, París, promocionando un libro en el que ha contado en clave de ficción su primer encuentro. En los 15 minutos finales, *Antes del atardecer* se vuelve particularmente tensa; una escena en un taxi encuentra de nuevo esta exquisita tensión entre la intimidad y la demostración pública que caracteriza *Antes del amanecer*, pero añade nueve años de dudas, dolor y arrepentimientos acumulados. Pero el final, en el apartamento de Celine, consigue borrar ese ambiente sombrío. El taxi está esperando y hay un avión que no tardará en despegar, pero Jesse no parece tener la menor intención de levantarse del sofá de Celine; de hecho, está disfrutando de la cariñosa imitación de una actuación de Nina Simone en la que, como explica Celine, la cantante se tomó «todo el tiempo del mundo». De pronto, en ese magnífico paréntesis en el que se olvidan del final que se avecina, Jesse y Celine parecen tener todo el tiempo del mundo y el futuro está, una vez más, abierto y en sus manos.

Adrian Martin

Fecha 2004

Nacionalidad Estados Unidos

Director Richard Linklater

Reparto Ethan Hawke, Julie Delpy

Título original *Before Sunset*

Por qué es clave De pronto los personajes tienen «todo el tiempo del mundo».

2000–

Escena clave **La escena final** *10 on Ten*

SPOILER

En 1948, Alexandre Astruc afirmó que la cámara debía ser tan directa y expresiva como la pluma. En 1966, François Truffaut publicó el libro que recogía su entrevista con Alfred Hitchcock. En 1975, Gallimard publicó la obra de Robert Bresson *Notas sobre el cinematógrafo*. Al año siguiente, Martin Scorsese terminó *Taxi Driver*, donde Robert De Niro se paseaba en lo que Schrader llamaba un «ataúd de hierro». En cierto modo, este documental es una combinación de esas cuatro obras. Es una reafirmación de la autoría cinematográfica, una visión incisiva y personal sobre el arte de un cineasta y una película sobre la esencia de conducir en lo que el Kiarostami llama una «celda de hierro».

Durante la mayor parte del metraje, *10 on Ten* es un monólogo de Kiarostami mientras conduce por las colinas de Teherán en las que rodó *El sabor de las cerezas*. En él asegura que los guiones deben ser minimalistas y abiertos, que el equipo debe ser discreto, las situaciones naturales, no forzadas, que no se deben utilizar efectos especiales y que, en definitiva, el cine debe ser un arte de lo real.

La película mantiene ese mismo tono durante 80 minutos, pero entonces, al final, Kiarostami desengancha la cámara, la lleva por el lateral del coche y encuadra un cedro. Después baja la cámara y hace un *zoom* para mostrar un hormiguero oculto en una grieta de la carretera. Este segundo haiku provoca una oleada de sentimiento, como si una conferencia algo árida se hubiera vuelto de pronto apasionada, como *Walden* de Thoreau. Inmediatamente se nos pasa por la cabeza que es imposible que Kiarostami tuviera la suerte de encontrar el hormiguero en el instante en que hacía el *zoom*. Debió de encontrar el lugar y planear ese pequeño estímulo metafísico. Y si es así, ¿cómo? Un final misterioso para la madre de todos los *making of*.

Mark Cousins

Fecha 2004

Nacionalidad Irán

Director Abbas Kiarostami

Reparto Abbas Kiarostami

Por qué es clave Esta película es un *making of* convertido en obra de arte, cuyo final la eleva aún más.

Escena clave **La escena anterior a los créditos** *Café Lumière*

Café Lumière comienza con una escena anterior a los créditos que revela la complejidad de la que es capaz Hou Hsiao-hsien. Nos presenta a la protagonista, Yôko Inoue (Hitoto), en un plano secuencia de tres minutos y medio de duración en el que la vemos en su apartamento de Tokio. La cámara se mueve de izquierda a derecha, pero se mantiene básicamente en la misma posición: cuando Yôko va detrás de un tabique para hablar con su casera, vemos sólo el espacio que ha dejado vacío. El efecto que crea es distante y cálido; aquí no hay ninguno de esos recursos estilísticos que nos dicen si estamos ante un personaje bueno o malo, importante o no, ordinario o complejo. El sueño que cuenta Yôko sobre una madre infeliz no tiene ni más ni menos importancia que los pasteles de piña que le da a la casera o que la colada que está colgando. Para Hou, no se puede separar los asuntos prácticos y «superficiales» de las «profundas» vidas interiores. En todo momento se respeta la autonomía del espectador y la del personaje como si, para «entender» a Yôko, tuviéramos que hacerlo prestando atención a cada movimiento y cada gesto en lugar de tratar en vano de dilucidar qué detalles son más «significativos». «Tuve la sensación de estar observando un día en la vida de la casa de al lado», afirmó un amigo japonés al que le enseñé la película, y lo cierto es que Yôko (y *Café Lumière*) nos resultará incomprensible hasta que dejemos de intentar colocarla en una categoría psicológica, sociológica y temática, y empecemos a tratarla con el mismo respeto con el que trataríamos a los seres de carne y hueso.

Brad Stevens

Fecha 2004

Nacionalidad Japón/Taiwán

Director Hou Hsiao-hsien

Reparto Yo Hitoto

Título original *Kôhî jikô*

Por qué es clave
Esta escena es un ejemplo perfecto de humanismo cinematográfico.

Escena clave **Encuentro en el puente** *Le Pont des Arts*

SPOILER

La filmografía más fascinante del reciente cine francés se la debemos a un estadounidense afincado en París. En la década de 1970, Eugène Green, fundó una compañía de teatro en la capital de Francia «con un doble propósito: redescubrir la modernidad del cine barroco y hacer que el teatro contemporáneo experimentara una renovación». Hacia 1999 esos esfuerzos de renovación (que a su tiempo afectaron también a la música y a la literatura) se extendieron al cine con la magnífica adaptación de la obra de Flaubert *Toutes les nuits*, que exhibió un estilo nuevo, cercano a Robert Bresson, pero con un pronunciado sentido del humor inexpresivo. La continuación de ésta, *Le monde vivant* (2003), era un cuento de hadas sin presupuesto con caballeros con pantalones vaqueros y un perro que rugía como un león. Pero nadie duda de la sinceridad del estudio que lleva a cabo Green sobre el amor, el arte, el poder de las palabras y las ideas barrocas. Encontramos su expresión más conmovedora en el clímax «imposible» de su obra maestra de 2004, *Le Pont des Arts*. En el puente del título, un estudiante (Michaux) se encuentra con una cantante (Régnier) de cuya voz se ha enamorado (gracias a Monteverdi), a pesar de que en un momento anterior de la película ella se ha lanzado desde allí a la muerte. Mientras se acercan el uno al otro, Green corta a la sombra de ambos, que se funde en el puente, inundado por la delicada luz del sol de la mañana. Un momento imborrable, tanto por la afirmación de que el amor y el verdadero arte pueden trascender la realidad material como por su demostración implícita de que el cine, el arte de la luz y las sombras, puede hacerlo también.

Christopher Huber

Fecha 2004

Nacionalidad Francia

Director Eugène Green

Reparto Adrien Michaux, Natacha Régnier

Por qué es clave Eugène Green, un estadounidense afincado en París, hace las películas más originales del cine contemporáneo francés. Son muy divertidas, pero el imborrable clímax de esta obra maestra demuestra que, además, son serias.

Escena clave **Va a tener un hijo** *Entre copas*

Entre copas es una película perspicaz sobre los endebles lazos de la amistad y los caprichos del amor, escrita con gran maestría por el director Alexander Payne y su colega desde hace mucho tiempo, Jim Taylor (a partir de la novela de Rex Pickett), y magníficamente interpretada por un soberbio cuarteto formado por Paul Giamatti, Thomas Haden Church, Virginia Madsen y Sandra Oh. Abundan las ocurrencias memorables, pero bajo esa hilaridad hay un intenso sentimiento de añoranza y de pérdida que en ningún sitio es tan palpable como hacia el final de la película, cuando Miles (Giamatti), después de sobrevivir a un viaje de solteros, lleno de aventuras y finalmente de desastres, por los viñedos de California junto con su amigo Jack (Church), ejerce de padrino en la boda de Jack y se encuentra con su ex esposa, Victoria (Hecht), que acaba de volver a casarse y a la que le ha costado mucho olvidar. Triste después de que un malentendido con Jack arruinara una prometedora relación con Maya (Madsen) y de que su novela haya sido rechazada, Miles se queda de piedra al enterarse de que Victoria está embarazada de su nuevo marido, Ken (Brooks). La reacción de Jack es: «Ah. Pues... bueno. Felicidades, Vicki. Es una estupenda noticia». Giamatti maneja la situación con maestría: en su rostro se refleja el dolor y la pérdida que los buenos modales y una fuerza emocional aún sin explotar apenas pueden contener. Es un momento impresionante, que resulta aún más intenso por los cientos de extras de la boda que lo rodean. La interpretación de Miles que lleva a cabo Giamatti es de ésas que no se olvidan: tiene algo de niño de mamá, algo de insatisfecho y mucho de buena persona. David Stratton

Fecha 2004

Nacionalidad Estados Unidos

Director Alexander Payne

Reparto Paul Giamatti, Jessica Hecht, Lee Brooks

Título original *Sideways*

Por qué es clave Es un momento revelador de una película inteligente que nos ofrece un retrato agudo, benevolente y al mismo tiempo feroz de la crisis de la mediana edad.

Escena clave **Unos pies con sandalias bajando unas escaleras** *Nuestra música*

Este conmovedor plano –una isla en mitad de la película– no sólo afecta a la secuencia en la que queda de pronto insertado, como una bocanada de aire fresco, sino que repercute en todo lo que vemos a partir de entonces. Quizá porque no guarda relación con lo demás, puede que sea el momento más musical y el único verdaderamente tranquilo de *Nuestra música* (una nueva reflexión de Godard sobre la muerte, la guerra y el cine, ambientada en un Sarajevo en paz, pero destrozado), ya que incluso la tercera y última parte resulta bastante triste, a pesar de que su título sea «Paraíso» (después de «Infierno» y «Purgatorio»). Este sorprendente plano de los pies de una mujer con sandalias bajando unas escaleras no guarda ninguna relación argumental con el plano que lo precede y la relación con el siguiente resulta más bien desconcertante: ¿de quién son esos pies con sandalias (que aparecen en el cartel de la película y en el tráiler)? Pertenecen a la india encarnada por Leticia Gutiérrez: aunque nunca la vemos de cuerpo entero, deducimos que son suyos porque es su rostro tranquilo y sonriente el que vemos en el plano siguiente.

Mientras que la mayoría de los cineastas montan los planos para transmitir algún tipo de mensaje, Godard siempre los utiliza para cuestionar lo que damos por hecho y el modo en que vemos las cosas. Este plano en cuestión tiene un efecto estimulante y conmovedor, pues los pies se convierten en símbolo de serenidad y confianza en uno mismo. En el contexto de Sarajevo, son casi un indicio de esperanza. Pero también de algo que Godard (re)descubrió hacia 1979 y que no ha dejado de buscar desde entonces: la belleza, ya sea natural o creada por el hombre. Para eso debería servir la cámara: para capturar, aumentar y hacer visible lo que quizá esté oculto. Es una revelación, uno de los poderes del cine del que se están olvidando la mayoría de los cineastas. Miguel Marías

Fecha 2004

Nacionalidad Francia/Suiza

Director Jean-Luc Godard

Reparto Leticia Gutiérrez

Título original *Notre musique*

Por qué es clave Este fugaz momento demuestra cómo un detalle aislado y «sin sentido» puede afectar a toda una película.

Diálogo clave **Las terribles palabras del padre a la hija** *Reyes y reina*

Llega de un modo tan inesperado para Nora (la impresionante Devos) como para el público, hacia el final de una larga y compleja película en la que los acontecimientos divertidos se alternan de un modo perturbador con los trágicos mientras Desplechin observa con compasión a varios personajes al borde de la histeria o de un ataque de nervios, a menudo obsesionados con la paternidad e incapaces de mantener una relación madura y equilibrada. El padre de Nora (Garrel) ha muerto hace poco mientras revisaba las pruebas de edición de su último libro, una especie de diario personal. Nora encuentra un texto manuscrito dirigido a ella –su hija preferida–, pero resulta ser una crítica muy dura a la mujer en la que se ha convertido, en la que confiesa que ha acabado odiándola y que le enfurece la idea de morir antes que ella, pues le gustaría que fuera ella la que estuviera sufriendo los dolores del cáncer en lugar de él. Nora se queda horrorizada al leerlo y se imagina a su padre pronunciando las palabras que está leyendo, como un fantasma que quisiera atormentarla con una dolorosa verdad. Finalmente rompe las páginas en pedazos y las esconde. Sin duda es la escena más dura de recriminación entre dos personas desde que Ingmar Bergman se atrevió a rodar las cartas de dos amantes en *Los comulgantes* y la confesión de la madre a su hija en *Sonata de otoño*, por no mencionar la reciente *Saraband*. Al mismo tiempo, nos recuerda el poder único del cine, muy por encima del de la novela o del teatro, para transmitir el daño que pueden ocasionar las palabras, incluso por escrito, porque en el cine normalmente podemos también oírlas y ver cómo afectan a la persona a la que van dirigidas y, a menudo, sentimos la dureza con la que están pronunciadas, como en *Reyes y reina*.

Miguel Marías

Fecha 2004

Nacionalidad Francia

Director Arnaud Desplechin

Reparto Emmanuelle Devos, Maurice Garrel

Título original *Rois et reine*

Por qué es clave Esta escena demuestra que ciertas palabras pueden ser como armas y que el cine es capaz de transmitir su impacto destructor.

Escena clave **Scraps ve a Frankie saliendo del hospital** *Million Dollar Baby*

SPOILER

Con dolor y un gran peso en el corazón, que podemos ver en su rostro y en sus movimientos, y en contra de sus convicciones y deseos (como han dejado claro las dos escenas anteriores), por amor a Maggie (Swank), la chica que lo convenció para que la entrenara como boxeadora, con gran éxito, pero con resultados trágicos, Frankie (Eastwood) acaba de poner fin a su sufrimiento y a un futuro terrible, si es que acaso llegaba a sobrevivir.

Frankie se ha colado en su habitación del hospital, le ha dicho que iba a hacer lo que ella quería, la ha besado y ha cumplido con dolor y eficiencia la tarea que le había pedido. Le da un beso en los labios inertes y se marcha, creyendo que nadie lo ha visto. Pero suponemos y luego comprobamos que su compañero Scraps (Freeman) está escondido y ve lo que ocurre, sufre por ambos y los comprende. La manera en la que Eastwood muestra sus rostros a media luz y luego a Frankie marchándose en un plano general –mientras la voz de Freeman explica: «Y entonces se fue. No creo que le quedara nada»– transmite la visión generosa y comprensiva que el director tiene de los tres protagonistas de la película. Y la voz se revela como parte de la carta que escribe Scraps a la hija de Dunn («Deberías saber la clase de hombre que fue realmente tu padre»).

Miguel Marías

Fecha 2004

Nacionalidad Estados Unidos

Director Clint Eastwood

Reparto Clint Eastwood, Morgan Freeman, Hilary Swank

Por qué es clave Utiliza la voz en *off* con moderación para ofrecernos al mismo tiempo tres puntos de vista distintos sobre un acontecimiento dramático.

Pág. siguiente
Million Dollar Baby.

meekrab

Diálogo clave **Un universo justo** *Dos colgaos muy fumaos*

En lo que se refiere a temas importantes, la Academia de Hollywood siempre favorecerá los guiones portentosos como el de *Crash* (*Colisión*) de Paul Haggis, pero lo cierto es que ninguna película de estudio ha ofrecido en los últimos años un retrato tan esperanzador y diverso de la sociedad multicultural como el de la excelente comedia de Danny Leiner *Dos colgaos muy fumaos*. Aún mejor que la anterior comedia fumeta de Leiner, *Colega, ¿dónde está mi coche?* (que probablemente no tenía tanto valor sociológico, pero fue el mejor retrato surrealista de la cultura popular que se hizo en el año 2000), esta búsqueda del sueño americano, como demuestra el deseo insaciable de hamburguesas de cadenas de comida rápida inducido por los porros, es una historia de lo más inteligente que sólo los espectadores con prejuicios podrían confundir con una película fácil. Sólo hay que ver el comienzo engañosamente corriente (con un típico exceso de montaje) que parece centrarse en esos deportistas blancos que suelen protagonizar las comedias populares, pero luego los deja de lado en favor de los verdaderos héroes de la historia: un coreano y un indio estadounidenses (Cho en el papel de Harold y Kal Penn en el de Kumar), cuyo largo y errante (por culpa del cannabis) viaje nocturno es una muestra de fortalecimiento personal. Como les dice un hombre negro víctima de los prejuicios raciales de la policía (Williams) al que conocen en la cárcel, con el libro *Essays on Civil Obedience* (*Ensayos sobre la obediencia civil*) en la mano: «Al final el universo tiende a evolucionar como debe hacerlo». La genialidad de las películas de Leiner reside en que lo hace realidad sin poner en peligro su actitud, que es una sátira de la corrección política y los manidos estereotipos raciales.

Christoph Huber

Fecha 2004

Nacionalidad Estados Unidos

Director Danny Leiner

Reparto Gary Anthony Williams, John Cho

Título original *Harold & Kumar Go to White Castle*

Por qué es clave
Esta *stoner comedy* o comedia «fumeta» es el mejor retrato que ha hecho Hollywood de la sociedad multicultural.

Pág. anterior
Dos colgaos muy fumaos.

Escena clave **La masajista coreana ciega y el coche de Trebor** *L'intrus*

Esta escena tiene lugar hacia el final de la historia, que nos lleva desde la frontera franco-suiza a Corea y luego a Tahití, siguiendo a Trebor (Subor), un misterioso hombre de mediana edad, sin duda un personaje sospechoso, que se ha sometido a un transplante de corazón ilegal e intenta recuperar a un hijo abandonado cuando parece que ya es demasiado tarde para casi todo. Una mujer coreana rechoncha y baja (Jang), que en seguida vemos que es ciega, entra en la oscura habitación de hotel en la que Trebor está descansando después de la operación. Abre las cortinas de la ventana, lo que deja entrar algo de luz grisácea (y nos preguntamos por qué), deja su bolso en un sillón y se dirige a él en coreano; después comienza a darle un masaje en silencio hasta que finalmente le destapa la enorme cicatriz que le atraviesa el pecho. La mujer se pone los zapatos, recoge el bolso, acepta los billetes que él le da como pago del masaje y sale por la puerta, adonde la ha dirigido amablemente su paciente. Sólo intercambian unas cuantas palabras, tal vez sin comprenderse el uno al otro; el contacto que se establece entre ellos es puramente físico e impersonal. Sin embargo, entre ellos hay una extraña relación, incluso cierta intimidad que, al igual que todo lo demás en la película de Claire Denis, no se explica: al principio no comprendemos muy bien lo que está pasando, pero si prestamos atención a todo lo que vemos y oímos, enseguida podemos suponerlo. Es una de las maneras más sencillas y fascinantes de narrar una historia, contando con la cooperación del intrigado espectador, que nunca sabe con certeza qué está ocurriendo.

Miguel Marías

Fecha 2004

Nacionalidad Francia

Directora Claire Denis

Reparto Michel Subor, Jang Young-sook

Por qué es clave
Esta breve escena resume la estructura misteriosa y angustiada de los encuentros de esta película elíptica.

Escena clave **Un romance gay transformado en la cacería de un tigre** *Tropical Malady*

Es por la mañana y Tong (Kaewbuadee) está durmiendo. Se despierta y mira la vegetación del exterior por la ventana. El soldado Kent (Lomnoi) entra en la habitación, pero Tong ya no está allí. Leng se sienta en la cama de Tong y aparta las sábanas. En la radio, alguien del pueblo cuenta que está desapareciendo el ganado y le echa la culpa a un monstruo de la selva. Keng hojea un álbum de fotos y se detiene en una en la que aparece Tong con otro hombre. De pronto, la imagen se vuelve negra, como si el proyector se hubiera estropeado. En un fundido surge el dibujo de un tigre a la vez que comienzan a aparecer los créditos de un nuevo rollo de película: *A Spirit's Path*. La acción se traslada a la selva y nos presenta la historia de un chamán jemer atrapado en el cuerpo de un tigre.

Mysterious Object at Noon (2000) y *Blissfully Yours* (2002) catapultaron a la fama a Apichatpong Weerasethakul por su renovación del lenguaje cinematográfico y su creatividad lúdica. Al ganar el Premio del Jurado en el festival de Cannes de 2004, *Tropical Malady* lo convirtió en el primer director tailandés en conseguir el favor de la crítica internacional. La tierna crónica de los flirteos entre un chico de campo y un soldado que ocupa la primera mitad de la película deja paso en la segunda mitad al aciago cortejo entre un espíritu tigre y un soldado que intenta cazarlo, interpretados por los dos mismos actores. Weerasethakul niega cualquier explicación, lo que deja al espectador la libertad de interpretar. No cabe la menor duda, sin embargo, de que el falso fallo de la proyección con el que se unen las dos mitades es toda una genialidad.

Paolo Bertolin

Fecha 2004

Nacionalidad Tailandia/Francia/Italia/Alemania

Director Apichatpong Weerasethakul

Reparto Banlop Lomnoi, Sakda Kaewbuadee

Título original *Sud Pralad*

Por qué es clave
Esta brillante cesura divide la película en dos y revela la sensibilidad cinematográfica de Weerasethakul.

Película clave ***East of Paradise*** Cambio de punto de vista

SPOILER

Una elegante dama llamada Maria Werla entra en una habitación de Nueva York y cuenta una historia de su infancia. Al comienzo de la segunda guerra mundial, huyó de Polonia hacia el este, sufrió tremendas penalidades a manos del Ejército Rojo y terminó en un campo de trabajo soviético en Siberia. Habla durante más de una hora en un primer plano y se va poniendo más y más triste a medida que avanza la historia, como si estuviera reviviendo el horror de aquel tiempo. No hay imágenes de archivo ni fotografías que ilustren la historia. Sólo vemos su cabeza, como en las entrevistas televisivas, por lo que el duro relato se hace casi insoportable.

Entonces, después de una hora, vemos unas fotos fijas de Nueva York en la década de 1950. ¿Por qué? Quizá representan la imagen del Nuevo Mundo que vio la mujer cuando emigró allí. Luego, de manera no menos misteriosa, hay un corte a unas imágenes de la década de 1970 en las que vemos a un hombre saliendo de la ducha, secándose el pelo teñido de rubio, preparando una dosis de heroína e inyectándosela. Le vemos vestirse. Va en patín por Nueva York mientras nos habla su voz en *off*. ¿Qué relación puede tener esa dionisíaca historia de la década de 1970 con la de Werla? El tipo prosigue la narración. Entonces lo vemos enfermo en la cama y luego muerto a causa del SIDA, pero la voz en *off* continúa hablando en primera persona. Sólo entonces nos damos cuenta de que todo el rato hemos estado oyendo «Yo» mientras lo observábamos, pero no era él. Llegamos a la conclusión de que ese «yo» es el propio director Kowalski.

El punto de vista es uno de los recursos fundamentales a la hora de estructurar un documental, pero nunca había visto utilizar la primera persona en un documental sólo en su etapa final, después de ver a dos personajes –Werla y el tipo de la década de 1970 –que parecen ser los protagonistas. *East of Paradise* experimenta un momento de torsión a mitad del metraje y el resultado es electrizante.

Mark Cousins

Fecha 2005

Nacionalidad Estados Unidos

Director Lech Kowalski

Por qué es clave
Esta película es uno de los documentales mejor estructurados que se hayan hecho nunca.

Escena clave «This Time Tomorrow» *Les amants réguliers*

Si busca a Philippe Garrel en YouTube, verá una deslumbrante serie de vídeos musicales, una larga toma de una mujer conduciendo con la música de Nico de fondo o imágenes del rodaje de una película montadas al ritmo de Them. Lo cierto es que esa misma música se utiliza con moderación en el cine minimalista de este director. Pero la cima de la música pop en su filmografía es sin lugar a dudas la escena de los jóvenes bailando en *Les amants réguliers*. Como de costumbre, Garrel apenas «llena» el decorado: algunas personas en un sofá y unas paredes que definen un espacio abierto es todo lo que se necesita para representar un club (no se ve ninguna barra, ni ningún pinchadiscos). La canción, elegida a conciencia para estas memorias en blanco y negro de la revuelta en el París de 1968, es el tema de The Kinks «This Time Tomorrow» (aunque, como siempre, Garrel se permite un anacronismo, pues el álbum *Lola versus Powerman and The Moneyground* no se publicó hasta 1970), un tema que nos transmite la sensación de que estos jóvenes están viviendo en una intensa aunque precaria utopía, que todo puede desaparecer (como de hecho ocurre) de aquí en un día, un mes o un año. La coreografía de cuerpo y cámara es relativamente sencilla, pero en una película tan centrada en estados de bloqueo y melancolía, esta escena parece estallar y salirse de la pantalla: los bailarines cruzan el espacio, los solos se convierten en tríos, se forman parejas y luego se separan. Es un momento de pura alegría. Y, algo muy infrecuente en el cine contemporáneo, escuchamos una canción completa, respetando su integridad, en lugar de oír sólo un fragmento para transmitir cierta emoción o marcar una transición.

Adrian Martin

Fecha 2005

Nacionalidad Francia

Director Philippe Garrel

Por qué es clave
Es la cima de la utilización de la música pop por parte de Garrel.

Escena clave El dolor de un pueblo *Evolution of a Filipino Family*

SPOILER

La ambición, la forma y el alcance de esta épica de 12 horas de duración realizada por Lav Diaz serían algo digno de mención en cualquier contexto, pero resulta más impresionante por el hecho de venir de Filipinas, un país cuyo panorama cinematográfico está gobernado por las fórmulas más comerciales. La inusual duración de la película encaja con el provocador tema central de la obra, que se trata con asombrosa complejidad. En última instancia, es nada menos que una obra sobre la negativa de un pueblo a aceptar un pasado turbulento. *Evolution*, la crónica de una familia a lo largo de 16 años, que comienza poco antes de que Ferdinand Marcos declarara la ley marcial en 1972 y termina después de que se viera obligado a abandonar el poder en 1987, narra una opresiva experiencia con un estilo casi documental, plasmando las penalidades diarias en escenas compuestas de planos secuencia a tiempo real. La película se rodó a lo largo de doce años (en función del dinero disponible), por lo que lleva el *arte povera* al máximo extremo. La mala calidad de la imagen (un vídeo barato al que se pasó el material de 16 mm aún peor con el que comenzó a rodar Diaz) no hace sino intensificar el tono de la obra, cuya credibilidad se realza por el hecho de que vemos crecer a los actores que comienzan apareciendo de niños. A media que se desarrolla la historia, nos damos cuenta de que sus escenas hiperrealistas forman parte de un complicado mosaico que representa la conflictiva relación con la historia. Sin embargo, la gran fuerza de la película reside en la toma ininterrumpida. Este «momento» revelador es una escena de 20 minutos en la que un miembro de la familia deambula por las calles vacías de los barrios más pobres: su sufrimiento simboliza el dolor de un pueblo, la experiencia de una nación que lleva siglos de agonía.

Christoph Huber

Fecha 1994-2005

Nacionalidad Filipinas

Director Lav Diaz

Reparto Pen Medina

Título original *Ebolusyon ng isang pamilyang Pilipino*

Por qué es clave
Hace mucho que el sufrimiento de una nación personificado en el destino de un personaje se ha convertido en un tópico. Esta épica única le devuelve la dignidad y el poder a tal concepto.

Escena clave **Los fuegos artificiales ya no funcionan** *La tierra de los muertos vivientes*

SPOILER

Con *La tierra de los muertos vivientes*, George A. Romero continuó con el ciclo de zombis que había inaugurado en 1968 con la obra de culto *La noche de los muertos vivientes* y regresó al estudio después de marcharse decepcionado más de diez años antes. Puede que costara más que todas sus películas anteriores juntas y esté pensada para que resulte más accesible incluso que la más parecida de la serie, la épica sangrienta de 1978 *Zombi* (*Dawn of the Dead*), pero eso no quiere decir que el retrato que hace de la reprimida y oprimida sociedad estadounidense sea menos sincero. Unos 21 años después del sangriento y filosófico final de la trilogía *El día de los muertos*, la navaja de Occam deja paso a un instrumento contundente para crear la sátira política que se merece Estados Unidos: vivimos en un tiempo lo bastante terrible como para crear horrores sobrenaturales sin necesidad. Romero imagina un Pittsburg fortificado en el que la división de la «civilización» entre ricos y pobres ha alcanzado el máximo extremo: un magnate corrupto maneja la ciudad desde una gran torre rodeada de las casas de la clase marginada, a la que se contenta a través de juegos al estilo de Abu Ghraib en los que tienen que enfrentarse al «otro», el enemigo zombi. Al principio los fuegos artificiales sirven de distracción a los muertos vivientes, pero están desarrollando una conciencia propia. En un gesto radical, Romero propone que las barreras que realmente hay que superar son las existentes entre los hombres oprimidos y los zombis. Esto da lugar al final a una imagen imborrable: llenan el cielo unos enormes fuegos artificiales a los que los zombis «iluminados» ya no responden y que anuncian el Día de la Independencia de los Muertos.
Christoph Huber

Fecha 2005

Nacionalidad Estados Unidos

Director George A. Romero

Título original
Land of the Dead

Por qué es clave En su propuesta más radical, el cuarto largometraje del ciclo sugiere que las diferencias entre los humanos (oprimidos) y los zombis son cada vez menores.

Pág. siguiente *La tierra de los muertos vivientes.*

Escena clave **El matadero** *Workingman's Death*

El documental en otro tiempo confinado a las corrientes dominantes de la producción ha experimentado un resurgimiento mundial en los albores del siglo XXI. No es de extrañar que el fenómeno haya adoptado formas muy distintas que van desde variaciones actualizadas y a menudo incoherentes del *cinema vérité* al puro populismo, cabezas parlantes y abstracciones minimalistas. *Workingman's Death* desafía todas esas categorías: no cuenta con voz en *off*, pero su mensaje político se escucha alto y claro; se realizó en condiciones prohibitivas y, sin embargo, mantiene un firme control sobre el estilo y la técnica, es una épica a escala sin por eso perder de vista el drama individual. Cada uno de los cinco episodios que componen la obra (además del epílogo) trata un aspecto del trabajo manual en un ambiente hostil: una mina abandonada de Ucrania, una mina de azufre en Indonesia, un cementerio de barcos de la India en el que los emigrantes arriesgan su vida desmontando piezas de metal oxidado con las manos desnudas. Pero la secuencia más sobrecogedora tiene lugar en un matadero al aire libre en Port Harcourt, Nigeria, una imagen que podría pertenecer a las descripciones que hizo Dante del Infierno. Cientos de personas llevan su ganado y sus cabras a un matarife especializado que mata a sus víctimas con salvaje precisión en medio de una escalofriante mezcla de lodo, sangre y humo, todo ello empapado de una sinfonía de voces humanas y gritos de animales. Es difícil imaginar cómo pudo aguantar allí el equipo de rodaje de la película. Incluso desde la distancia de la butaca del cine, nos convertimos en testigos de primera mano del Apocalipsis llevado al cine.
Paolo Cherchi Usai

Fecha 2005

Nacionalidad Austria/Alemania

Director Michael Glawogger

Por qué es clave
El infierno en la tierra se convierte en una impresionante experiencia visual.

Diálogo clave **«Lo he vendido»** *El niño (L'enfant)*

Sin hogar en el paisaje postindustrial de Bélgica, durmiendo en cajas bajo los puentes, robando carteras y vendiendo objetos robados de poca importancia, Bruno (Renier) y Sonia (François) retozan y se frotan las cabezas como dos cachorrillos hasta que el padre adolescente se marcha empujando el cochecito del hijo recién nacido de ambos mientras mendiga. Cuando vuelve con el cochecito vacío, Sonia le pregunta: «¿Dónde está el niño?», a lo que él responde sin malicia: «Lo he vendido». Con esas tres palabras que hielan la sangre (cuatro en francés: *Je l'ai vendu*), la existencia despreocupada de Bruno se detiene de golpe cuando esa muestra del monstruoso vacío moral de su compañero hace que Sonia acabe en el hospital. Hemos presenciado la venta clandestina del bebé a cambio de un puñado de euros, pero sus palabras hacen que el acto resulte aún más deleznable («Tendremos otro bebé»). Su necesidad de recuperar el respeto de Sonia, incluso su atención, lo impulsan a actuar mientras se deshace del egoísmo irreflexivo de un adolescente y se acerca al compromiso humano y consciente de un adulto. Con la cámara de los Dardenne acompañándolo mientras acelera la motocicleta por la autopista en un intento de redimirse, *L'enfant* consigue poner cara a una economía sin rostro al tiempo que refleja una sociedad en la que todo está a la venta y es el dinero lo que mide el valor de cuanto nos rodea, una sociedad en la que el maravilloso teléfono móvil de Bruno lo impulsa a actuar sin pensar, a dejarse llevar por cualquier impulso, por más que los directores se compadezcan de este desastre de padre.

Robert Keser

Fecha 2005

Nacionalidad Bélgica

Director Jean-Pierre y Luc Dardenne

Reparto Jérémie Renier, Déborah François

Por qué es clave
Estas tres palabras constituyen una crítica a la sociedad consumista en la que todo está a la venta y la satisfacción instantánea lleva a la juventud a traicionar su propia humanidad.

Pág. anterior
El niño (L'enfant).

Escena clave **La felación** *El sabor de la sandía*

SPOILER

Si a pocos minutos de una película, la cámara normalmente estática de Tsai Ming-liang comienza a moverse de forma lenta e implacable, es evidente que va a ocurrir algo extraño. Extraño, provocador y alucinante, pero también sublime, ya que nos desafía a superar las convencionales suposiciones morales y éticas. Tal el caso del encuentro de padre e hijo en una sauna gay en *The River* (1997) y del final de *El sabor de la sandía*. La vacilante historia de amor entre Chen (Chen Shiang-chyi) y Lee (Lee Kang-sheng) no pierde ternura mientras se miran el uno al otro en un columpio infantil o preparan la cena siempre y cuando Lee mantenga en secreto su trabajo como actor porno. Pero tal compartimentación –que encuentra una analogía perfecta en los encuadres segmentados geométricamente y en las localizaciones de Tsai– oculta en último término una represión, un muro que deben romper si quieren alcanzar juntos una intimidad real. Eso es lo que representa el final. Lo que Chen ve a través de una rejilla después de que la cámara se haya acercado a ella es el rodaje de una escena porno con una actriz japonesa (Sumomo Yazakura) en estado comatoso o quizá muerta, a quien sostiene para que sirva de compañera a Lee. Cuando las miradas de Chen y Lee se encuentran, ella comienza a imitar el sonido de un orgasmo –¿por identificación o por locura?– y justo antes de que él termine, ella se mete su pene en la boca. ¿Se trata de una transgresora historia de *amour fou* o de una cosificación alienada llevada al extremo? Esa nube solitaria y caprichosa de la canción que suena durante los créditos finales no nos saca de dudas.

Adrian Martin

Fecha 2005

Nacionalidad Taiwán/Francia

Director Tsai Ming-liang

Reparto Chen Shiang-chyi, Lee Kang-sheng, Sumomo Yozakura

Título original *Tian bian yi duo yun*

Por qué es clave
¿Se trata de una transgresora historia de amor o de una cosificación alienada llevada al extremo?

Escena clave **Unos estadounidenses hacen fotos a Hirohito** *Solntse (The Sun)*

A diferencia de los demás líderes absolutistas del siglo XX retratados por Sokurov (el último Hitler en *Moloch*, el primer Stalin y un Lenin moribundo en *Taurus*), el emperador japonés Hirohito (Ogata) es, en cierto modo, declarado no culpable (entonces uno recuerda que es el único de los derrotados en la segunda guerra mundial que no sólo sobrevivió, sino que se mantuvo en el gobierno, aunque sin poder) y se le presenta como una especie de extraña majestad (aunque majestad es precisamente algo de lo que carece), inquieto como un dios (renuncia con impaciencia a tan aislante condición), un ser humano delicado, tímido y modesto, la figura menos imponente que uno se pueda imaginar.

La modestia le ayuda a adquirir una imagen que, a su vez, le salvará la vida cuando permite que un grupo de fotógrafos estadounidenses haga una sesión en el jardín de su palacio. Al principio sale sin que nadie se fije en él y, cuando por fin lo ven, mientras huele unas rosas él los saluda, sombrero en mano, y los periodistas lo relacionan de inmediato con Charlie Chaplin, una figura querida en todo el mundo aunque algo anticuada. La sutiliza cómica de la escena revela una faceta que hasta ese momento no se sospechaba de Sokurov, un cineasta serio y en constante crecimiento.

Miguel Marías

Fecha 2005

Nacionalidad Rusia/Japón/Italia

Director Alexandr Sokurov

Reparto Issey Ogata

Por qué es clave Sokurov introduce en esta escena una nueva concepción del cine histórico.

Pág. siguiente *Solntse (The Sun)*.

Escena clave **Car springs** *Hat Wolff von Amerongen Konkursdelikte begangen?*

La primera película del director austríaco Gerhard Benedikt Friedl es sorprendentemente original en su concepción y ejecución, pues su forma no es sólo la expresión de una crisis social (y, sobre todo, una crisis de representación). En realidad, su ingenioso diseño invita al espectador a tomar parte en un complejo problema, y lo hace de un modo divertido y a la vez alarmante, como un rompecabezas cinematográfico. Aunque abarca mucho, los métodos que utiliza son muy sencillos: visualmente, hay una sucesión de «paneos» y trávelins encuadrados con los que se nos lleva por los centros financieros europeos, paisajes rurales y plantas de producción (la fotografía de profundidad es sencillamente asombrosa). Todo esto está acompañado por una inexpresiva voz en *off* que narra la historia de las dinastías económicas alemanas del siglo XX, haciendo especial hincapié en sus delitos y debilidades. A medida que se acumulan los detalles de modo laberíntico, empieza a resultar imposible separar lo «relevante» de lo secundario; una dificultad que refleja la imposibilidad actual de seguir y comprender la intrincada economía moderna entre tanta y tan confusa información. Esto provoca una sensación de paranoia y de inseguridad que aumenta el hecho de que el sonido y la imagen estén sincronizados sólo en ciertas ocasiones, mientras que en otras van desparejos y a veces sólo un poco. Hay un momento muy divertido hacia el final de la película, cuando se nos habla de un negocio sospechoso, aunque oficial, relacionado con «muelles de coches», mientras la cámara bota sin parar sobre un suelo inestable, después de tanto tiempo de imagen fija. No puede ser sólo una liberación cómica, ¿o sí? Enseguida comienzan de nuevo la voz en *off*, dudosamente «objetiva», y los movimientos de cámara ejecutados con frialdad.

Christoph Huber

Fecha 2005

Nacionalidad Alemania/Austria

Director Gerhard Benedikt Friedl

Conocida también como *Did Wolff Von Amerongen Commit Bankruptcy Offences?*

Por qué es clave En el sorprendente debut de Friedl, el espectador nunca está seguro de cómo hacer corresponder exactamente el sonido y la imagen. Es el ejemplo más divertido de simple correspondencia... ¿o no?

Escena clave **Pocahontas corre por un laberinto** *El Nuevo Mundo*

En un artículo de la revista *Film Comment* (marzo/abril, 2006) sobre Terrence Malick, Kent Jones se lamentaba de que varios de los actores de *La delgada línea roja* (1998) apenas parecían habitar la misma película. Aunque pretendía ser un comentario negativo, esta observación denota algo crucial en el trabajo de Malick: la insistencia de sus personajes en comportarse como si fueran los protagonistas de historias de ficción, de ver el mundo como escenario y a las demás personas como simples personajes secundarios. *Malas tierras* (1973) estaba narrada por Holly (Sissy Spacek) con el estilo de una novela romántica, pero *El Nuevo Mundo* –en la que tanto los colonos blancos como los indios ven a Pocahontas (Kilcher) no como un individuo, sino como la personificación de los deseos que proyectan en ella– es la máxima exploración de ese tema. Para el capitán John Smith (Colin Farrell), Pocahontas es una inocente hija de la naturaleza que representa el nuevo mundo en el que puede abandonar su legado imperialista y empezar de nuevo desde cero. («Aquí se disfruta de todas las bendiciones de la tierra. Nadie tiene por qué ser pobre»). Pocahontas será recibida luego en la corte del rey James con un poema cuyo tono es una especie de parodia de las declaraciones de Smith («La princesa del Nuevo Mundo trae nueva vida y alegría en este día»). La imagen fundamental aquí es el laberinto de un jardín que aparece hacia el desenlace de la película. Para Malick, Pocahontas es demasiado compleja, imposible de reducir a una mera encarnación viviente de tal o cual ideal: es tan misteriosa e impenetrable como el laberinto que rodea mientras juega con su hijo y en el que finalmente desaparece.

Brad Stevens

Fecha 2005

Nacionalidad Estados Unidos

Director Terrence Malick

Reparto Q'Orianka Kilcher

Título original *The New World*

Por qué es clave Esta escena resume el tema central de la obra maestra de Malick.

Pág. anterior *El Nuevo Mundo.*

Escena clave **Suicidio cinéfilo** *El fin del mundo en 35 mm*

SPOILER

En el siglo XXI se ha aprovechado bien la superioridad de la televisión sobre el cine predominante en Hollywood, y no sin motivos. A la televisión de mayor calidad se le permite tratar temas que ya no reciben el visto bueno de la industria del cine, desde el complejo análisis de asuntos políticos al simple hecho de mostrar a alguien fumando (sin que por ello sea el malo de la película). Eso último es algo que se ve constantemente en los episodios de *Masters of Horror* (*Maestros del terror*), una serie de televisión concebida para aprovechar esa libertad (en la que hay una buena dosis de formidable sátira política gracias a la inteligente contribución de Joe Dante, *El regreso: El ejército de los muertos*) y dar a algunos veteranos del género la oportunidad de practicar al margen de las convenciones de las películas de adolescentes o sangrientas de Hollywood. A pesar de tener un guión un tanto extraño, el episodio de John Carpenter, *El fin del mundo en 35 mm*, es lo bastante sorprendente como para hacernos sentir nostalgia de la experiencia cinematográfica, aunque se adivine cierta ironía sobre su desaparición sólo con ver el título original (*Cigarette Burns*, «quemaduras de cigarrillo»): al igual que el resto de los episodios de *Masters of Horror*, *El fin del mundo en 35 mm* está rodada en vídeo de alta definición, por lo que sus quemaduras de cigarrillo son en realidad artefactos creados digitalmente. Sin embargo, la historia de la búsqueda de una misteriosa película que lleva a la locura a todos cuantos la ven tiene un desenlace tan sangriento como exquisito: un final del cine espantoso, verdaderamente humano. Después de décadas de espera, un coleccionista de cine (interpretado por Udo Kier, que de manera justificada describe esta escena como «su muerte en pantalla preferida») por fin ve la película, pone sus entrañas en el proyector y deja que ruede.

Christoph Huber

Fecha 2005

Nacionalidad Estados Unidos

Director John Carpenter

Reparto Udo Kier

Título original *Cigarette Burns*

Por qué es clave Fue necesaria una serie de televisión para presentar la apoteosis de la desintegración del cine. Si éste es el final del séptimo arte, que así sea.

Escena clave **La mujer enferma se enfrenta a los tanques** *Avenge but One of My Two Eyes*

Bajo la fría luz de la mañana, unos «turistas por derecho» –unos adolescentes estadounidenses y muchas otras personas– se encuentran en lo alto de la montaña de Masada, en Israel, y les están contando la historia de los 900 zelotes judíos que prefirieron suicidarse a tener que someterse a los romanos. En semejante escenario la historia resulta sobrecogedora. Avi Mograbi la rueda sin intervenir en lo más mínimo (al estilo *fly-on-the-wall*).

Más tarde vemos a unos niños israelíes aprendiendo la historia de Sansón. El título de la película procede del ruego que Sansón le hizo a Dios para que le dejara vengarse de los filisteos por uno de sus ojos. Igual que los adolescentes asimilan que sus antepasados llevaron a cabo un suicidio heroico, ahora estos niños más jóvenes aprenden un mito aún más antiguo, en el que uno se mata por un noble principio. En la tercera escena, dos tanques israelíes le impiden subirse a la ambulancia a una mujer palestina enferma mientras la acorralan junto a su familia como perros pastores. Cuando la entrevistan unos momentos después, la mujer confiesa que lo ocurrido ha sido humillante.

Mograbi no hace ningún comentario, pero estas tres escenas dan forma a su argumento. El mensaje de la historia de Masada es, sin duda, que «la muerte es preferible a la dominación», y el sacrificio de Sansón parte del mismo principio. Sin embargo, si añadimos la escena de la mujer enferma, se ve con claridad la similitud entre los dos mitos y la humillación que genera la aparición de terroristas suicidas. El estado de Israel siempre ha afirmado que las bombas suicidas son inconcebibles. Sin embargo, a través del montaje, Mograbi sugiere que Sansón fue el primer terrorista suicida. Al unir estas dos ideas, surge una tercera. *Avenge but One of My Two Eyes* es uno de los grandes ensayos documentales del cine moderno.
Mark Cousins

Fecha 2005

Nacionalidad Israel

Director Avi Mograbi

Título original *Nekam Achat Mishtey Eynay*

Por qué es clave Este gran ensayo documental es una de las mejores películas que se hayan hecho nunca en Israel.

Escena clave **La escena inicial** *Tiempos de amor, juventud y libertad*

Mientras que los mesurados dramas domésticos del maestro japonés Yasujiro Ozu rara vez se hacen eco de la profunda agitación que vivió su país en la primera mitad del siglo XX, las películas de su admirador Hou Hsiao-hsien siempre han reflejado los cambios políticos y sociales. Ahora bien, los acontecimientos históricos rara vez aparecen y a menudo sus protagonistas viven lejos de los núcleos de acción, por lo que las reverberaciones suelen ser sutiles, como las vibraciones en la superficie de un cuenco de té.

Tiempos de amor, juventud y libertad es una obra maestra hecha de tales vibraciones. Es un tríptico ambientado en 1966 («El tiempo del amor»), 1911 («El tiempo de la libertad») y 2005 («El tiempo de la juventud») que retrata la historia de tres parejas, todas ellas interpretadas por Shu y Chang, y el modo en que viven los cambios de la sociedad que los rodea. En el segundo episodio, ambientada en el período de dominación japonesa de Taiwán, Shu interpreta a la cantante de un burdel que sueña con escapar. El espacio es muy reducido, la imaginería es dorada y lo diálogos cuentan con exquisitos intertítulos como los del cine mudo. La ambientación contemporánea del tercer episodio nos muestra a la pareja inmersa en un mar de mensajes de textos, libertad sexual y un desarrollo urbano desalmado. El primer episodio es una elegía a la estética y el romance de la década de 1960, ambientada en unos billares, rodada con las lentes largas y el estilo que caracterizan a Hou, y acompañada por la música del tema de The Platters «Smoke Gets in Your Eyes». Chang ha sido reclutado para hacer el servicio militar. En sus últimos días antes de marcharse, conoce a Shu y le pregunta si puede escribirle. La delicadeza del encuentro, el sonido de las bolas de billar y el tono anhelante de la canción definen la belleza y el equilibrio de una relación que, en las siguientes partes de la película, resultará demasiado posesiva y luego demasiado distante.
Mark Cousins

Fecha 2005

Nacionalidad Taiwán

Director Hou Hsiao-hsien

Reparto Shu Qi, Chang Chen

Título original *Zui hao de shi guang*

Por qué es clave Es una de las escenas iniciales más sutiles y evocadoras del cine asiático.

Escena clave **Demasiado cerca**
Los climas

Durante unas tensas vacaciones, el profesor de universidad Isa (Nuri Bilge Ceylan) rompe con su novia, Bahar, directora artística de televisión (Ebru Ceylan, esposa del director en la vida real). Unos meses después, Isa se entera de que Bahar está trabajando en un rodaje en el este de Turquía y decide ir a verla para intentar volver con ella. Tras el reencuentro, hay una escena en una habitación del hotel, sin diálogo y rodada en una especie de *collage* de primerísimos planos: la cabeza de él, el pelo de ella, la mano de él sujetando un cigarrillo. El cuerpo de cada uno se convierte en una especie de barrera en la imagen. A lo largo de *Los climas*, Ceylan va alternando las perspectivas de Isa y de Bahar para reflejar cómo los deseos y las expectativas de cada uno no consiguen encajar con los del otro. La película trata el radical aislamiento de la subjetividad, pero al yuxtaponer constantemente el punto de vista de Bahar y el de Isa, Ceylan muestra en términos cinematográficos que la soledad de uno es sólo la destrucción momentánea del otro.

Después, Bahar le cuenta un sueño que ha tenido durante la noche y que la ha hecho feliz. La única reacción de Isa es preguntarle a qué hora tiene que estar en el rodaje. Al darse cuenta de su incapacidad (o su negativa) para compartir la experiencia con ella, el estado de ánimo de Bahar se ensombrece visiblemente. Hay pocas interpretaciones como ésta en el mundo del cine y pocos directores que tengan la paciencia y la habilidad para rodarlas.
Chris Fujiwara

Fecha 2006

Nacionalidad Turquía

Director Nuri Bilge Ceylan

Reparto Nuri Bilge Ceylan, Ebru Ceylan

Título original *Iklimler*

Por qué es clave Ceylan se revela como un maestro del tono emotivo y un filósofo cinematográfico.

Escena clave **El testimonio cantado**
Bamako

El cineasta de Malí Abderrahmane Sissako ha seguido refinando su estilo único, de cine paciente y observador, y ha preferido huir de los protagonistas individuales y de la psicología convencional de los personajes en favor de retratos más amplios de diferentes comunidades del África occidental. Este enfoque alcanza su máximo exponente en *Bamako*, una película que narra un improvisado juicio en el que los representantes de la población africana acusan a la Organización Mundial del Comercio y el Banco Mundial, de ahogar Malí y otras naciones africanas y obligarlas a someterse a la economía neoliberal occidental. Como declara una mujer, «África no es un continente pobre. Es víctima de su riqueza».

Hay quienes han criticado *Bamako* por ser un ataque simplista contra la globalización que utiliza palabras como *neocolonialismo* y *condonación de la deuda* sin definir adecuadamente los parámetros del debate. Sin embargo, las declaraciones que tienen mayor fuerza son en realidad las que cuestionan el juicio en sí, poniendo en tela de juicio la idea de que ideales occidentales como la jurisprudencia y la política económica puedan alguna vez enmendar, o siquiera expresar, la lucha diaria de los africanos. Después de esperar pacientemente a ser llamado al estrado, un anciano del pueblo (Bamba) se acerca por fin a testificar. En lugar de enumerar hechos o soltar alguna perorata ideológica, comienza a cantar una triste canción popular, con los ojos cerrados y moviéndose ligeramente de un lado a otro con contenida agitación. La canción, sin traducir ni subtitular, dice mucho no sólo de lo que se analiza en el propio juicio, sino sobre esas verdades enraizadas en la experiencia que no aparecen en los discursos racionalizados.
Michael Sicinski

Fecha 2006

Nacionalidad Malí/Francia

Director Abderrahmane Sissako

Reparto Zegué Bamba

Por qué es clave Plasma las limitaciones de los conceptos tradicionales de evidencia y testimonio, así como los de la jurisprudencia occidental.

Escena clave **«Haciendo nuestro trabajo»** *El último show*

La aparente insignificancia del último largometraje de Altman está en consonancia con su fuente de inspiración, el popular programa radiofónico de Garrison Keillor, aunque el tema principal de la película es la muerte. La premisa argumental es que la empresa que ha comprado la emisora y el Teatro St. Paul de Minnesota, desde el que se emite, está a punto de cerrar el programa de Keillor. Durante la última emisión, uno de los artistas que participan en él, un veterano cantante llamado Chuck (L. Q. Jones), muere plácidamente en el camerino y entonces le preguntan a Keillor (un hombre corpulento, cabizbajo y con gafas) si quiere anunciar la muerte de Chuck en antena. «Yo no hago panegíricos», responde. Cuando la cantante Yolanda (Streep) propone guardar «un momento de silencio», Keillor dice: «¿Silencio en la radio? No sé cómo se hace eso... En la radio no se mira atrás, es lo bello de este mundo. Nadie se hace viejo, ni muere. Simplemente seguimos funcionando».

Lola (Lohan), la hija adolescente de Yolanda, le replica, furiosa y atónita:

–¿Y si fueras tú el que muriera?

–Ya lo haré –dice Keillor.

–¿No quieres que la gente te recuerde? –pregunta Lola.

–No quiero que nadie les diga que tienen que recordarme.

Mientras la cámara se acerca, Lola insiste con fuerza:

–Acaba de morir un hombre, ¿no vamos a prestarle atención? ¿No vas a decir nada?

Keillor, desde fuera de cuadro, se limita a decir:

–Le prestamos atención haciendo nuestro trabajo.

Después vuelve ante el micrófono. En unos minutos de metraje aparentemente informales y sencillos, Altman pone en boca de Keillor su filosofía, con una declaración que reivindica la profundidad cálida y delicada de la gran obra final del director.

Chris Fujiwara

Fecha 2006

Nacionalidad Estados Unidos

Director Robert Altman

Reparto Garrison Keillor, Lindsay Lohan, Meryl Streep, Lily Tomlin, Tim Russell

Título original *A Prairie Home Companion*

Por qué es clave En un repentino momento de calma, Altman y Keillor articulan toda una filosofía del arte.

Pág. anterior *El último show.*

Escena clave **Marhab visita finalmente a Khatoun y llama a su puerta** *Es invierno*

En medio del frío invernal, Mokhtar abandona a su joven esposa, Khatoun (Hadjar), para ir en busca de trabajo. Cuando se marcha llega Marhab (Nicksolat), un joven mecánico que podría haber salido de una película neorrealista italiana. Él también emigró por dinero, pero no consigue concentrarse en el trabajo que encuentra, sobre todo desde que descubre a Khatoun. La observa desde cierta distancia y, poco a poco, reúne valor para ir a llamar a su puerta. La escena en la que por fin lo hace es una clase magistral de interpretación y montaje. La imagen no se mueve del rostro de zorro de Nicksolat, que refleja la ansiedad y el erotismo del momento mirando constantemente hacia la izquierda de la pantalla, a pesar de que Khatoun está a la derecha. Pitts y el director de fotografía Mohammad Davudi encuadran de un modo directo, como a menudo hacía Pasolini con sus actores. A medida que va ganando confianza, lo vemos prepararse para mirar a Khatoun. Por fin lo hace rápidamente y sólo entonces Pitts enfoca a la mujer. La idea visual más sencilla consigue aquí un resultado electrizante gracias a la autenticidad de las interpretaciones y al modo en que la película ha ido prorrogando el momento. Si nos atenemos a las estadísticas, Irán no podría tener otro gran director, pero *Es invierno* demuestra que así es. El truco, reconoce el actor y director Mania Akbari, consiste en hacer un cine que sea «pobre por fuera y rico por dentro».

Mark Cousins

Fecha 2006

Nacionalidad Irán

Director Rafi Pitts

Reparto Ali Nicksolat, Mitra Hadjar

Título original *Zemestan*

Por qué es clave Esta escena demuestra por qué los cineastas iraníes están en la cumbre del arte cinematográfico.

Escena clave **La liberación de Meera** *Dor*

En una región desértica del estado indio de Rajastán, Meera (Takia), una adolescente vulnerable y destrozada por la reciente muerte de su marido, acepta el sumiso papel que le corresponde en su patriarcal familia hindú. Se ha hecho amiga de una musulmana llamada Zeenat (Panang), sin sospechar que es la esposa del hombre al que han acusado en Arabia Saudí de matar a su marido. Esta amistad ha devuelto la risa a la árida existencia de Meera y ha hecho que adquiera cierta autoestima, pero cuando se entera de que Zeenat se ha hecho amiga suya para conseguir una carta de perdón para su marido, se siente traicionada. Entonces su autoritario suegro (Karnad), que pensaba «prestarla» temporalmente como concubina de un rico arrendatario, la encierra en su habitación.

Una mano se hace con las llaves que el suegro esconde bajo su almohada junto a la puerta de la habitación de Meera y abre la puerta: Dadi (Baokar), la abuela del difunto marido de la protagonista, ha acudido a rescatarla y animarla a que tome una decisión por sí sola: «¿Debo convertirme en un ángel en lugar de ser un ser humano que desea vengarse?». Dadi, que hasta entonces se había mostrado muy dura, le habla con sabiduría y ternura: «Escucha a tu corazón. Sólo los seres humanos son capaces de perdonar». Las enormes puertas se abren y la cámara encuadra a Meera: el azul apagado de su indumentaria de viuda parece ahora más vivo en contraste con la madera y las paredes. Sale corriendo a la calle, en dirección al templo en el que solía reunirse con Zeenat. La dramática escena es el preludio de la liberación final de Meera. Cuando la anciana matriarca, que en otro contexto habría apoyado las normas más ortodoxas, libera a la joven, se crea un momento emotivo y memorable sin necesidad de entonar un credo feminista.

Maithili Rao

Fecha 2006

Nacionalidad India

Director Nagesh Kukunoor

Reparto Ayesha Takia, Gul Panang, Girish Karnad, Shreyas Talpade, Uttara Baokar

Por qué es clave
Una película de ritmo pausado y exquisitos matices alcanza aquí su momento decisivo.

Escena clave **El pingüino solitario** *Encuentros en el fin del mundo*

La película *Encuentros en el fin del mundo* fue concebida para ser un cortometraje del Discovery Channel, pero es precisamente en este tipo de proyectos en los que Herzog realiza su mejor trabajo. La inspiración que dio lugar a la película llegó de las filmaciones no profesionales de Henry Kaiser, un apasionado buceador cuyas exploraciones lo habían llevado hasta el Mar de Ross, donde rodó un casquete glacial desde abajo. Después de eso, Herzog acompañó a Kaiser en su siguiente exploración a la estación McMurdo, base estadounidense de estudios antárticos, donde rodaron por debajo del hielo. Las imágenes que salieron de aquel rodaje son de una belleza extraordinaria y son una especie de canto elegíaco por la muerte de nuestro planeta. «No vine a hacer otra película sobre pingüinos», anuncia Herzog en su fría y sarcástica narración. Sin embargo no puede resistirse a entrevistar a un científico que está en el Antártico para estudiar el comportamiento social de los pingüinos. El científico empieza a incomodarse cuando le preguntan sobre la práctica de la prostitución entre los pingüinos. Entonces Herzog comienza a filmar a una colonia de pingüinos que se dispone a emigrar. Es en este momento en el que se encuentra con otro de sus héroes preferidos, visionarios locos que encarnan la concepción que tiene del mundo el director. Un pingüino se ha apartado del grupo y camina solo hacia un destino desconocido. Ante él se extiende una interminable llanura cubierta de nieve. No parece que ningún animal tenga posibilidad alguna de sobrevivir allí. ¿Adónde va, y por qué? Ésa es la cuestión; no sabemos nada. El pingüino sabe lo que está haciendo, pero nosotros no tenemos ni idea.

Fecha 2007

Nacionalidad Estados Unidos

Director Werner Herzog

Título original *Encounters at the End of the World*

Por qué es clave
El pingüino, en los confines de un planeta moribundo, aúna todas las características de los héroes cinematográficos de Herzog.

Pág. siguiente
Encuentros en el fin de mundo.

Escena clave **El misterioso zumbido** *Belle toujours*

El que haya visto la película de Buñuel *Belle de jour* (1967) recordará algo que volverá a preguntarse al acordarse de ello. Un cliente asiático de Séverine (Catherine Deneuve), prostituta ocasional y vocacional durante el día y por la noche dama casada de la alta sociedad, va a visitarla con una extraña caja de madera, cuyo contenido y utilidad nunca se llega a insinuar siquiera. La única clave es una especie de zumbido de insecto que emite cuando él la entreabre para que Séverine vea el interior. Todos hemos sentido curiosidad y todos nos hemos preguntado qué había en la caja y por qué la había llevado el personaje del cliente asiático.

Casi 40 años después, el viejo amigo de la prostituta (Piccoli) se reencuentra con Séverine (interpretada ahora por Ogier, una versión madura no demasiado verosímil) y, con esfuerzo, consigue que ella acepte una invitación para cenar en un lujoso restaurante. Pretende conquistarla con un regalo: una cara caja asiática que encontró en una tienda de antigüedades. No resulta sorprendente que a ella no le haga ninguna gracia la idea y que se marche inmediatamente del restaurante. La sorpresa está en otra parte: no tenemos la menor idea ni se da ninguna pista sobre el contenido de la caja, lo que demuestra lo bien que entendió Oliveira el sentido del humor y las estrategias narrativas de Buñuel en esta película de gran elegancia, belleza y serenidad.
Miguel Marías

Fecha 2006

Nacionalidad Francia/Portugal

Director Manoel de Oliveira

Reparto Michel Piccolli, Bulle Ogier

Por qué es clave Tomando como punto de partida una película de Buñuel, esta escena demuestra que es posible comprender el misterio y capturar el espíritu de otro director sin dejar de ser uno mismo.

Escena clave **Toto se hace adulto** *Gomorra*

Matteo Garrone es una excepción dentro del cine italiano. A diferencia de sus coetáneos, no pretende revivir el glorioso pasado del cine italiano. El melodrama, la comedia italiana, la sátira política, la psicología y las costumbres del Mediterráneo (técnicas que han hecho muy populares entre el público estadounidense a directores como Giuseppe Tornatore o Gabriele Salvatores) le resultan esencialmente ajenas. Garrone no busca el romanticismo del cine y, a pesar del cuidado con que elige el reparto (muchos de sus actores no son profesionales), no le interesan las películas de actores. Sus obras huyen del exceso y el sensacionalismo. Siempre que puede elegir entre poesía y prosa, Garrone se decanta por la prosa. Esto es algo que se ve con claridad en *Gomorra*, cuyo estilo prosaico nos da muchas oportunidades para la reflexión. Las cinco historias que se entrecruzan con el paisaje de fondo de un sur de Italia sórdido y destrozado no dejan lugar para el sensacionalismo ni para que el espectador sienta repulsión hacia ese mundo. El pequeño Toto está creciendo en una sociedad cuya única regla es la lealtad a la Camorra y ha llegado el momento en el que debe demostrar dicha lealtad. La escena en la que se muestra el rito de iniciación en el que Toto debe ponerse un chaleco antibalas y dejar que le disparen está rodada de un modo que no resulta ni horrible ni épica. Es la descripción completamente carente de emoción de un rito tribal que nos recuerda a la Edad de Piedra. No hay demasiadas diferencias entre una oscura cueva de la Edad de Piedra y el sótano en el que Toto debe «morir» para hacerse un hombre.

Fecha 2008

Nacionalidad Italia

Director Matteo Garrone

Por qué es clave El crimen organizado no tiene nada de romántico.

Pág. anterior *Gomorra*.

Escena clave **La vida a bordo de la nave Axiom** *Wall·E*

La película comienza en el planeta Tierra, o en lo que queda de él después de que los desechos tóxicos hayan envenenado el globo hasta tal punto que los seres humanos tienen que vivir en naves espaciales. El personaje que da título al filme es un encantador robot cuyo nombre son las siglas de *Waste Allocation Load Lifter-Earth Class* (Localización y recogida de residuos-Clase Tierra), que es una manera más fina de decir basurero. Alguien se olvidó de apagarlo antes de que los seres humanos abandonaran la Tierra para trasladarse al espacio exterior, por lo que él continúa haciendo su trabajo aunque ya no haya motivo para ello.

Es entonces cuando conoce a otro robot llamado Eve, que ha sido enviado desde la nave Axiom para comprobar si la situación en la Tierra ha mejorado lo suficiente para que los humanos puedan volver. Cuando Wall·E y ella regresan a Axiom con las esperanzadoras pruebas, nos damos cuenta de que la humanidad se ha convertido en una raza de vagos caprichosos y gordos que se pasan el día sentados en sus sillones flotantes. Las máquinas hacen todo el trabajo, por lo que ni siquiera el capitán de la nave tiene nada que hacer excepto anunciar cosas inútiles. Si alguna vez regresaran a la Tierra, serían demasiado inútiles para sobrevivir. Pero parece que el planeta pudiera estar reviviendo y el capitán podría llevar a sus pasajeros de vuelta a casa... si es que alguna de las máquinas no sabotea el plan.

Las escenas a bordo de la nave espacial están llenas de entretenimiento y energía, se burlan de todo, desde las pantallas gigantes de televisión a *2001: Una odisea del espacio*. La sátira que hace la película de los seres humanos, tan dependientes de la tecnología que se han convertido en gelatina, tiene una fuerza sorprendente para tratarse de una película de dibujos animados de Hollywood. No es de extrañar que entre sus mayores admiradores haya tantos adultos sensatos.
David Sterritt

Fecha 2008

Nacionalidad Estados Unidos

Director Andrew Stanton

Reparto Ben Burtt, Jeff Garlin, Sigourney Weaver.

Por qué es clave Una ingeniosa animación que se sirve de los holgazanes pasajeros de una nave espacial para hacer una sátira de lo alejada del mundo que puede llegar a estar la tecnológica sociedad de hoy en día.

Pág. siguiente *Wall·E*.

Escena clave **Amor entre el humo** *No quiero dormir solo*

Un hombre sin hogar (Lee) y la camarera de una lúgubre cafetería de Kuala Lumpur se encuentran varias veces por casualidad y es evidente que se atraen mutuamente. Una noche ella lo sigue hasta un palacio abandonado, sin terminar y medio inundado que representa en la película una vía de escape y un lugar de fantasía. Instalados en un piso superior del edificio, la pareja intenta hacer el amor en un entorno extraño e inhóspito, pero sus intentos se ven obstaculizados por la omnipresente bruma (supuestamente ocasionada por el incendio de un bosque) que ha invadido la ciudad. Los ataquesde tos interrumpen los largos y apasionados besos; en cierto momento, ella tiene que cubrirse la boca con el cuenco de plástico que utiliza como máscara de gas. Al final de la escena, el protagonista idea un improvisado filtro de aire para dos, con la pernera de los pantalones.

Esta escena divertida, alarmante y misteriosa es Tsai en estado puro. Los dos protagonistas se ven transportados a otro mundo por el deseo que sienten el uno por el otro y por la naturaleza sobrenatural del escenario de su encuentro. Al mismo tiempo, deben adaptarse a la atmósfera alterada del mundo, utilizando los objetos más comunes para propósitos inusuales. Su capacidad inventiva hace que los amantes inventen un lenguaje poético y concreto que expresa la necesidad que tienen el uno del otro, a pesar de las penalidades económicas, políticas y medioambientales a las que se enfrentan.
Chris Fujiwara

Fecha 2006

Nacionalidad Taiwán/Francia/Austria

Director Tsai Ming-liang

Reparto Lee Kang-sheng, Chen Shiang-chyi

Título original *Hei yan quan*

Por qué es clave Una vez más, en las películas de Tsai Ming-liang las personas no pierden su humanidad ni en las condiciones más hostiles.

SOLAR CHARGE LEVEL
WALL·E

ÍNDICE DE PELÍCULAS

787

ÍNDICE DE DIRECTORES

ÍNDICE DE PERSONAS

ÍNDICE DE ACONTECIMIENTOS

AGRADECIMIENTOS

Índices recopilados por
Ann Barrett

Fotografías:
Corbis
Bettmann/CORBIS 4, 5, 10, 15, 22, 35, 38, 50, 56, 62, 82, 89, 90, 93, 97, 104, 109, 112, 117, 118, 132, 137, 138, 159, 178, 200, 221, 260, 277, 308, 355, 389, 436, 451, 490, 501, 573; Bureau L.A. Collection/CORBIS 640; CinemaPhoto/Corbis 123,124, 283; CORBIS 94; CORBIS SYGMA 673, 684, 693, 708; David J. & Janice L. Frent Collection/CORBIS 556; Georges Pierre/Sygma/ Corbis 378; Hulton-Deutsch Collection/CORBIS 311, 394, 418; John Springer Collection/CORBIS 9, 13, 21, 27, 30, 65, 74, 129, 150, 153, 165, 170, 190, 199, 204, 207, 215, 218, 243, 247, 254, 265, 284, 298, 307, 356, 401, 412, 421, 439, 465; MAIMAN RICK/CORBIS SYGMA 652; Merie W. Wallace/ Warner Bros/Bureau L.A. Collection/Corbis 763; MGM/Corbis 351, 633, 634; Michael Gibson/Universal Pictures/ZUMA /Corbis 769; Michael Nicholson/CORBIS 55; Mitchell Gerber/CORBIS 716; PARIS CLAUDE/CORBIS SYGMA 16; Reuters/CORBIS 755; Roger Ressmeyer/CORBIS 484; Steve Sands/New York Newswire/ Corbis 719; Sunset Boulevard/ Corbis 143, 257, 512; Swim Ink 2, LLC/CORBIS 44, 49; Underwood & Underwood/CORBIS 79, 100, 103, 169, 182, 187; Warner_Bros_Italy/ epa/Corbis 700.

Kobal
20th Century Fox/The Kobal Collection 146, 346, 422, 448, 466; 20th Century Fox/Columbia/The Kobal Collection 540; 20th Century Fox/Fox Searchlight Pictures/The Kobal Collection 785; 20th Century Fox/ Regency/The Kobal Collection 745; A.I.P./The Kobal Collection 304; AKIRA/The Kobal Collection 610; AMBLIN/DREAMWORKS/WB/The Kobal Collection/JAMES, DAVID 723; ANGLO ENTERPRISE/ VINEYARD/ The Kobal Collection 390; AÑOUCHKA/ARGOS/SANDREWS/The Kobal Collection 386; ARGOS/OSHIMA/The Kobal Collection 522; ARGOS/ SVENSK FILMINSTITUT/FILM 4 INT/The Kobal Collection 598; ARTISAN PICS/The Kobal Collection 707; BASIC PICTURES/MEDIA ASIA FILMS LTD/The Kobal Collection 741; BERIT FILMS/The Kobal Collection 203; BUNUEL-DALI/The Kobal Collection 68; CALENDAR PRODS/ The Kobal Collection 559; CANAL+/SONY/The Kobal Collection CAPITOL/GRANADA/JERSEY/UA/The Kobal Collection 720; CAROLCO/ The Kobal Collection 637; CESKOSLOVENSKY FILM/The Kobal Collection 398; CINETHESIA-GROKENBERGER/ZDF/The Kobal Collection 581; CINO DEL DUCA/PCE/LYRE/The Kobal Collection 319; Columbia/The Kobal Collection 166, 222, 234, 253, 303, 360, 461, 516, 528; Columbia/ SONY/The Kobal Collection/CHUEN, CHAN KAM 715; CONSTALLATION/ HACHETTE ET CIE/The Kobal Collection 646; CUBAN STATE FILM/The Kobal Collection 428; DUO FILMS/ATRE FRANCE CINEMA/The Kobal Collection 731; EDWARD R. PRESSMAN PRODS/The Kobal Collection 643; EGG FILMS/SHOW EAST/The Kobal Collection 751; ELIAS QUEREJETA PRODS/The Kobal Collection 489; EMBASSY/The Kobal Collection 408; ENDGAME/KINGSGATE FILMS/SENATOR INTERNATIONAL/The Kobal Collection/GIRAUD, SOPHIE 764; EVE PRODUCTION INC/The Kobal Collection 377; EXCELSA/MAYER-BURSTYN/The Kobal Collection 156; FARABI CINEMA/KIAROSTAMI/The Kobal Collection 659; FIGMENT/NOEL GAY/CHANNEL 4/The Kobal Collection 674; FILMS 59/ALATRISTE/ UNINCI/The Kobal Collection 324; FILMS ALEPH/HISTORIA/The Kobal Collection 586; FORA FILM/ HERMITAGE BRIDGE STUDIO/The Kobal Collection 732; Fox FILMS/The Kobal Collection 71; GOLDEN HARVEST/ The Kobal Collection 457; 458; HAMMER/The Kobal Collection 290; HANDMADE FILMS/The Kobal Collection 603; HERZOG/FILMVERLAG DER AUTOREN/ZDF/The Kobal Collection 564; HORSEPOWER FILMS/The Kobal Collection 752; IMAGE TEN/The Kobal Collection 417; INTERNATIONAL FILMS ESPANOLA/ ALPINE PRODUCTIONS/The Kobal Collection 393; JAFAR PANAHI FILM PRODUCTIONS/The Kobal Collection 748; 782; JET TONE/The Kobal Collection 656; JET TONE PRODNS/The Kobal Collection 666; LADD CO/WARNER BROTHERS/The Kobal Collection 585; LENFILM/NIKOLA FILM/The Kobal Collection 773; LORIMAR/UNIVERSAL/The Kobal Collection 582; LUCASFILM/20th Century Fox/The Kobal Collection 703; MALJACK PRODS/The Kobal Collection 592; MAYSLES/20th Century Fox/The Kobal Collection 447; MGM/The Kobal Collection 196, 231, 237, 238, 295, 314, 339, 345, 369, 402, 411, 433, 444; MGM/The Kobal Collection/DAVE DAL 397; MIRAMAX/ BUENA VISTA/The Kobal Collection 655; MOMENTUM FILMS/The Kobal Collection 677; MOSFILM/The Kobal Collection 511; NEW LINE/The Kobal Collection/WALLACE, MERIE W. 774; P.E.A/The Kobal Collection 515; PALLADIUM/The Kobal Collection 250; 372; PALOMAR/The Kobal Collection 477; PANDORA/ LUMINA FILMS/ The Kobal Collection 756; PARALLAX/ROAD MOVIES/The Kobal Collection 696; PARAMOUNT/The Kobal Collection 244, 271, 333, 342, 479, 483, 502, 595, 609, 704; PARAMOUNT/MIRAMAX/The Kobal Collection/BRAY, PHIL 699; PARAMOUNT/RAFRAN/The Kobal Collection 427; PARC FILMS/MADELEINE FILMS/The Kobal Collection/JEANBRAU, HELENE 407; PICTUREHOUSE/The Kobal Collection/GORDON, MELINDA SUE 778; POLYGRAM/WARNERS/SILVER PICTURES/The Kobal Collection 651; PROD EUROPEE ASSO/PRODS ARTISTES ASSOC/The Kobal Collection 472; PROD TEPEYAC/ULTRAMAR/The Kobal Collection 225; PRODUCERS' RELEASING CORPORATION/The Kobal Collection 161; PRODUZIONE DE SICA/The Kobal Collection 181; QUINTA COMM./The Kobal Collection/GEORGE, ETIENNE 735; RAI/IC/GPC/The Kobal Collection 539; RETEITALIA/SCENA FILM/The Kobal Collection 629; RIAMA-PATHE/The Kobal Collection 320; RYSHER ENTERTAINMENT/The Kobal Collection/SHELDON, JIM 681; SEASONAL FILM CORPORATION/The Kobal Collection 535; STUDIO CANAL+/The Kobal Collection 738; STUDIO CANAL+/CENTRE NATIONAL DE LA CINEMATOGRAPHIE/ The Kobal Collection 726; SUNCHILD PRODS/ FILMS ARMORIAL/The Kobal Collection 505; SVENSK FILMINDUSTRI/The Kobal Collection 41; 278; TERRA/TAMARA/CORMORAN/The Kobal Collection 329; The Kobal Collection 289; 383; 543; 662; TOHO/The Kobal Collection 226; TOUCHSTONE/PARAMOUNT/The Kobal Collection/DORY, ATTILA 690; TRI STAR/The Kobal Collection/CLOSE, MURRAY 665; UNITED ARTISTS/The Kobal Collection 195, 323, 336, 521, 527, 551, 555; UNITED ARTISTS/SEVEN ARTS/The Kobal Collection 330; UNITED FILM/The Kobal Collection 536; UNIVERSAL/The Kobal Collection 352, 359, 365, 366, 454, 568, 574, 613, 623; UNIVERSAL/ EMBASSY/The Kobal Collection 589; VARIETY/The Kobal Collection 546; VICTOR/PYRAMIDE/ CANAL +/PANDORA/The Kobal Collection 630; VINCENT GALLO PRODS./ The Kobal Collection 742; WALT DISNEY PICTURES/The Kobal Collection 567; WARNER BROS/The Kobal Collection 149, 175, 212, 266, 272, 462, 469, 508, 552, 604, 624; WARNER BROS/DC COMICS/The Kobal Collection 618; WARNER INDEPENDENT PICTURES/The Kobal Collection 781; WEGA FILM/The Kobal Collection 687; WORKING TITLE/POLYGRAM/The Kobal Collection 678